2020

江门市人民政府地方志办公室　编

江门年鉴

JIANGMEN NIANJIAN

微信上的江门年鉴资源

方志出版社
Publishing House of Local Records

图书在版编目（CIP）数据

江门年鉴·2020 / 江门市人民政府地方志办公室编--北京 ：方志出版社，2020.9
ISBN 978-7-5144-4486-5

Ⅰ. ①江… Ⅱ. ①江… Ⅲ. ①江门－2020－年鉴Ⅳ. ①Z526.53

中国版本图书馆CIP数据核字(2020)第210548号

江门年鉴（2020）

编　　者： 江门市人民政府地方志办公室
责任编辑： 黄彦

出 版 者： 方志出版社
地址　北京市朝阳区潘家园东里9号（国家方志馆4层）
邮编　100021
网址　http://www.fzph.org
发　　行： 方志出版社图书经销中心
电话（010）67110500
经　　销： 各地新华书店
印　　刷： 江门市江海区艺朗彩色印艺有限公司

开　　本： 889×1194　　1/16
印　　张： 35
字　　数： 938千
印　　数： 001～300 册
版　　次： 2020年9月第1版　　2020年 9月第1次印刷

ISBN 978-7-5144-4486-5　　定价：380.00元

数字江门 2019

土地面积9505平方公里

年末常住人口463.03万人

年末户籍总人口400.11万人

地区生产总值3146.64亿元

第一产业增加值254.23亿元

第二产业增加值1352.54亿元

第三产业增加值1539.87亿元

人均地区生产总值6.8万元

规模以上工业增加值1008.6亿元

货物周转量178.22亿吨公里

旅客周转量58.54亿人公里

沿海主要港口货物吞吐量4478.88万吨

通信业务总量356亿元

社会消费品零售总额1206.96亿元

居民消费价格指数103%

旅游收入690.52亿元

实际利用外资82329万美元

海关出口总额1136.09亿美元

海关进口总额289.31亿美元

实际利用外商直接投资8.23亿美元

地方财政一般预算收入256.83亿元

地方财政一般预算支出421.24亿元

城乡居民储蓄存款余额2662.11亿元

城镇居民人均可支配收入38595元

农村居民人均可支配收入19873元

研究与试验发展（R&D）经费投入强度2.26%

高等院校在校学生4.8万人

中等职业在校学生4.79万人

小学在校学生34.95万人

卫生机构病床数24248张

人均公园绿地面积19.78平方米

建成区绿化覆盖率45.17%

编辑说明

一、《江门年鉴》是江门市各有关部门参与编纂的地方综合年鉴。它以马克思列宁主义、毛泽东思想、邓小平理论、“三个代表”重要思想、科学发展观、习近平新时代中国特色社会主义思想为指导，坚持辨证唯物主义和历史唯物主义的立场、观点和方法，旨在全面、系统、准确地反映江门市自然、政治、经济、文化、社会等方面的基本情况，为读者了解和研究江门市提供基本资料。

二、《江门年鉴》记述江门市的大事、要事和新事，时间界限为2019年1月1日至2019年12月31日。

三、《江门年鉴》采用分类编辑法。全书由卷首、百科、卷尾3个基本部分组成；框架结构分类目、分目、条目3个层次；在部分条目中，增加子目层次。卷首设年度关注、大事记、综述；卷尾设附录、索引。

四、本年鉴设33个类目，189分目，1284条目，条目条头统一用方头号【】标识。全书约85万字。

五、本年鉴采用的稿件均由江门市各市（区）、各部门、各单位专人撰写，并经单位审核。凡涉及国民经济和社会发展的统计数据，由地方志办公室与统计部门核对。对于统计口径、时限范围不一，条目中有些数字与统计部门的数据不一致，以江门市统计局出版的《江门统计年鉴》数据为准。

《江门年鉴》编纂委员会

主　任：胡　钛

副主任：罗会明

委　员：刘　萍　邝晓宁　曹　君

《江门年鉴》编辑部

主　编：罗会明

副主编：邝晓宁

编　辑：李文迪　邱锡亮　杨清华　关明珠

　　　　黄　蕾　赵燕欢　叶丽妍

审　读：吴冉彬　杨贵元　李　梅

江门市地图

审图号：粤S（2018）133号

广东省国土资源厅 监制

蓬江区地图

审图号：粤S（2018）135号

广东省国土资源厅 监制

江海区地图

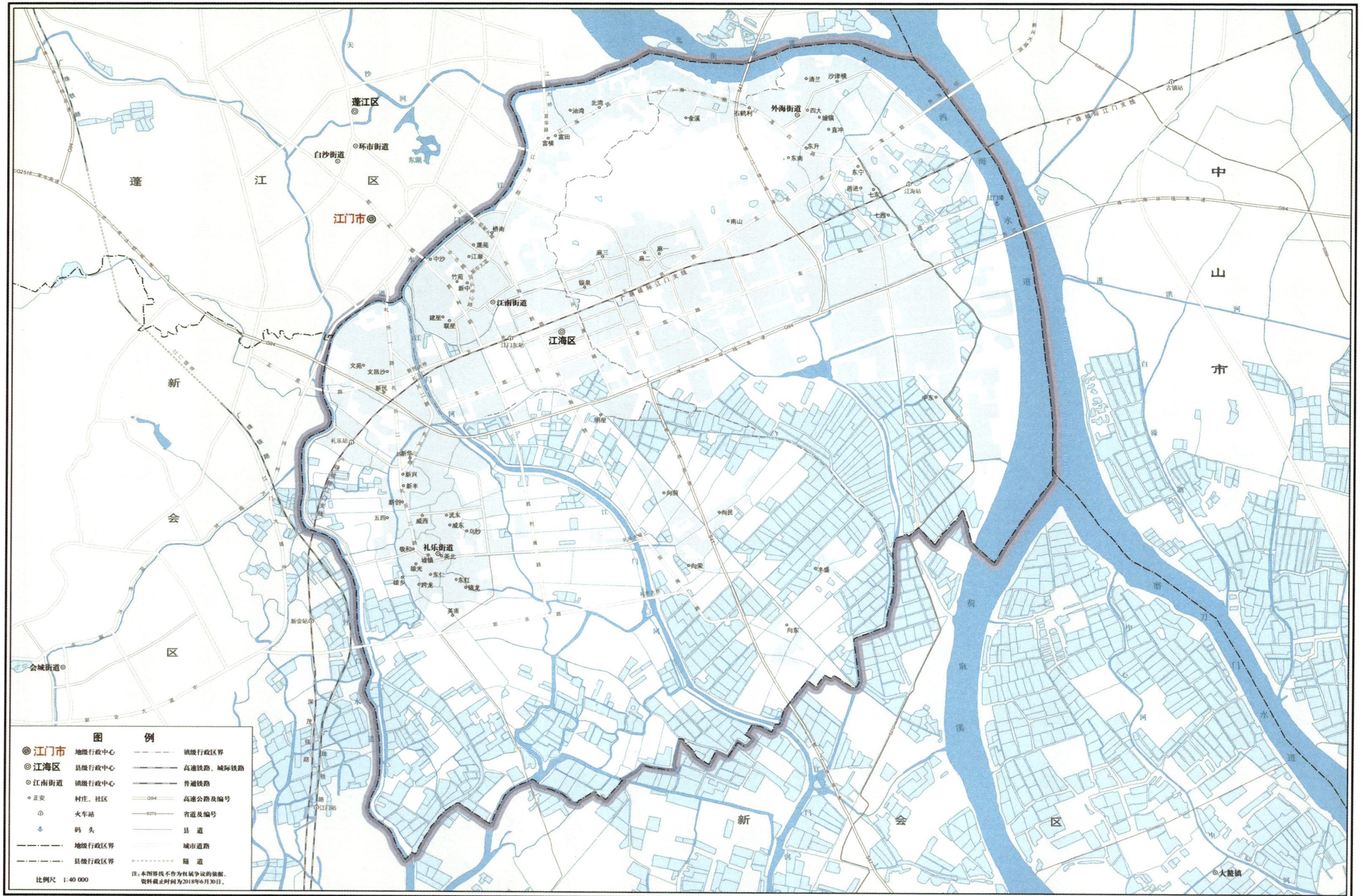

审图号：粤S（2018）132号

广东省国土资源厅 监制

新会区地图

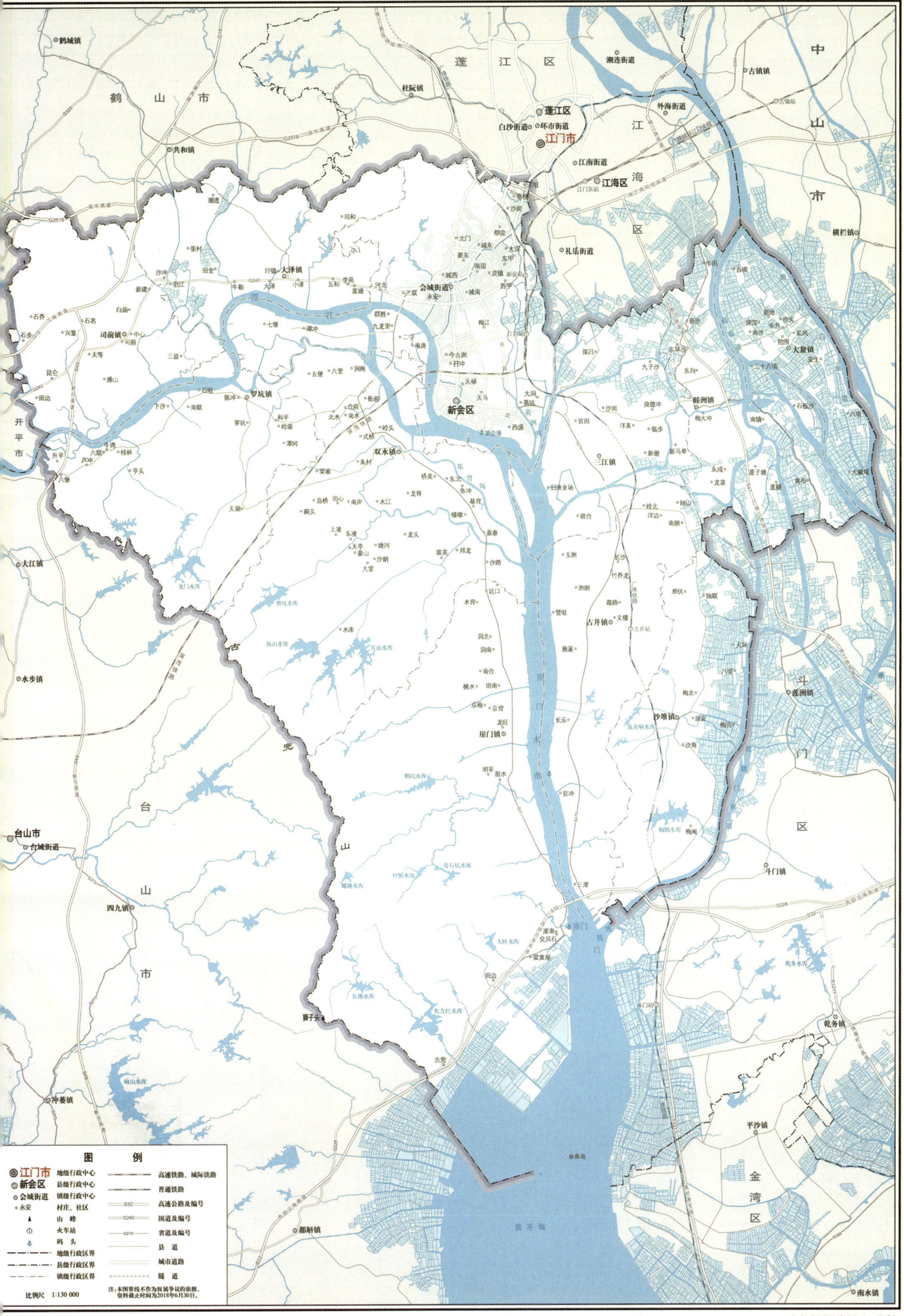

审图号：粤S（2018）137号

广东省国土资源厅 监制

台山市地图

审图号：粤S（2018）136号

广东省国土资源厅　监制

开平市地图

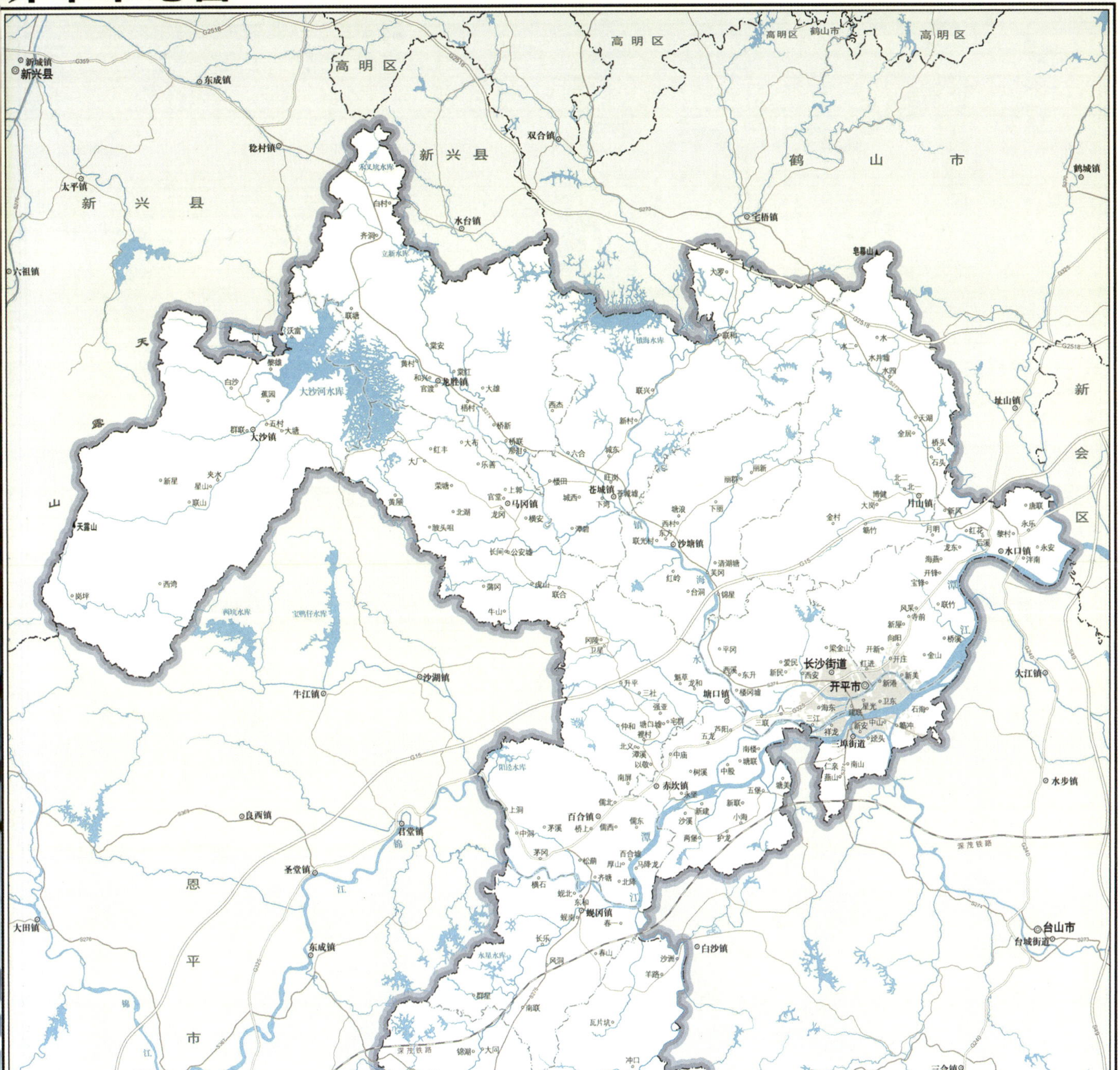

审图号：粤S（2018）134号　　　　广东省国土资源厅　监制

鹤山市地图

审图号：粤S（2018）131号

广东省国土资源厅 监制

恩平市地图

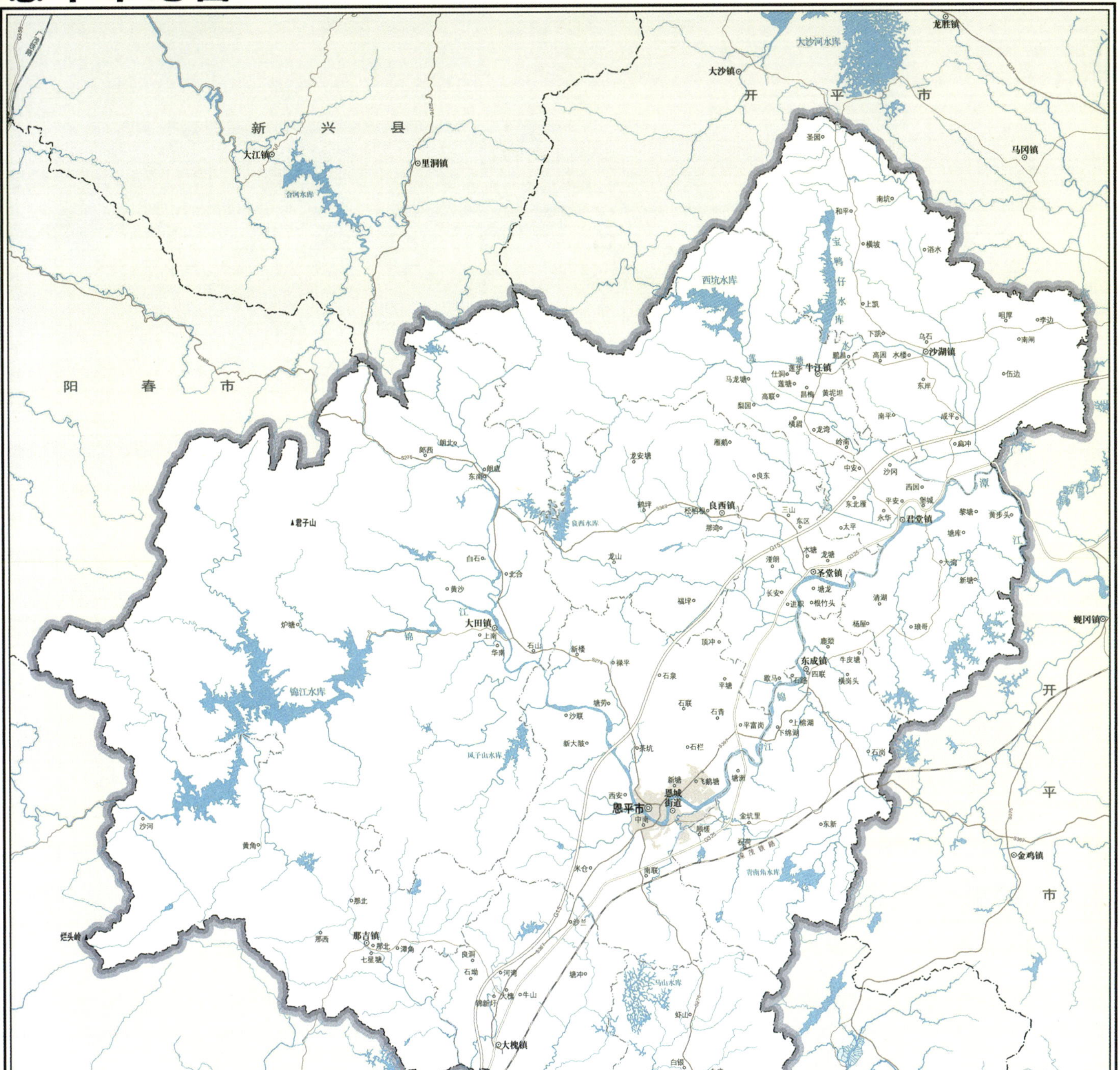

审图号：粤S（2018）130号

广东省国土资源厅　监制

总目

图片专辑

重要活动

2019年1月10日，中国共产党江门市第十三届委员会第九次全体会议在市委市政府小会堂召开。图为会议现场　（周华东　摄）

2019年1月15—17日，中国人民政治协商会议第十三届江门市委员会第三次全会在江门市区召开。图为会议现场　（市政协办　供图）

2019年1月16—18日，江门市第十五届人民代表大会第五次会议在市委市政府大会堂召开。图为18日闭幕现场
（周华东 摄）

2019年3月27日—29日，江港“奋进新时代 共建大湾区”对接会在香港举行。图为江门市商务局与香港中华出入口商会签订《联合参与粤港澳大湾区建设经贸合体备忘录》现场
（市委统战部 供图）

2019年7月30日，市人大常委会在市委市政府小会堂召开“一府两院”2019年上半年工作情况通报会　（杨小燕　摄）

2019年11月29日，澳门、珠海（横琴）、中山、江门消费维权合作第二次联席会议举行，并上线跨域视频调解平台　（市市场监管局　供图）

特色专题

2019年2月21日，中国侨联、广东省侨联、中共江门市委、江门市人民政府联合主办，江门市侨联、江门市文化广电旅游体育局承办的中国侨联庆祝中华人民共和国成立七十周年之“亲情中华·欢聚江门”文艺晚会在江门演艺中心侨都大剧院举办 （周华东 摄）

2019年6月12日，江门市关工委、市教育局关工委在五邑大学举办“腾飞中国辉煌70年”青少年爱国主义主题教育活动启动仪式暨首场演讲 （市关工委 供图）

2019年8月20日，中国民主同盟江门市委员会在江门市工人文化宫举办庆祝中华人民共和国成立70周年朗诵会
（民盟江门市委会　供图）

2019年8月20—28日，中国民主同盟江门市委员会在江门市工人文化宫举办纪念人民政协成立七十周年盟员书画展
（民盟江门市委会　供图）

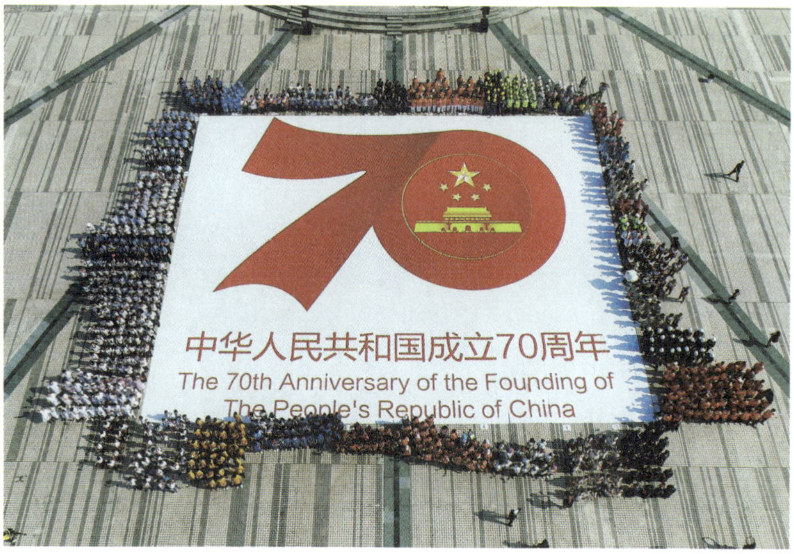

2019年9月7日，江门市1000多名志愿者和市民群众在江门市五邑华侨广场举行千人快闪拍摄活动，献礼中华人民共和国成立70周年

（团市委　供图）

2019年9月17日，江门市政协合唱团参加省政协在广州市友谊剧院举行“歌唱祖国·合唱音乐会”。图为音乐会现场

（市政协办　供图）

2019年9月26日，市委宣传部主办，市文联承办的“盛世欢歌致敬祖国”——江门市庆祝中华人民共和国成立70周年文艺晚会，在江门演艺中心侨都大剧院上演

（市委宣传部　供图）

2019年9月27日，江门市老干部庆祝中华人民共和国成立70周年文艺会演在市老干部大学校区礼堂精彩亮相

（市老干部大学　供图）

2019年9月29日，江门市财政局在单位楼顶举行升国旗仪式，庆祝中华人民共和国成立70周年

（市财政局　供图）

2019年9月30日，国家税务总局江门市税务局在局二楼报告厅开展“我与祖国共奋进——国旗下的演讲”活动，并向在中华人民共和国成立前参加革命工作和中华人民共和国成立后因参战荣立一等功的税务老前辈颁发“庆祝中华人民共和国成立70周年”纪念章。图为全场起立挥舞国旗，共同合唱《光荣啊，中国共青团》《我和我的祖国》

（市税务局　供图）

交通基建

2019年4月3日，高明至恩平高速公路建成通车　（市交通局　供图）

2019年6月4日，国道325鹤山大雁山至桃源改线工程正式通车　（市交通局　供图）

2019年6月18日，开平环城公路东环段正式通车 （市交通局 供图）

2019年11月7日，佛开南改扩建项目正式通车 （市交通局 供图）

科技创新

2019年5月10日，第八届中国创新创业大赛（广东·江门赛区）暨2019年江门市“科技杯”创新创业大赛启动仪式在新会举行

（市科技局　供图）

2019年6月18日，江门市政务服务数据管理局举行“江门市电子证照系统上线，暨首批电子证照发布活动”

（市政数局　供图）

2019年8月19日，“粤港澳大湾区西岸科技创新和人才培养合作联盟”在澳门大学举行成立仪式

（市科技局　供图）

2019年9月21日，江门市科协联合市科技局、团市委和蓬江区科协在江门市青少年宫科普教育基地举行首届江门市科普嘉年华活动

（市科技局　供图）

文化名市

2019年11月26日，中国舞蹈优秀作品集萃展演在江门演艺中心举行
（市文联　供图）

2019年12月17日，江门好声音唱进央视文艺晚会，唱响海外舞台
（市文联　供图）

2019年12月27日，鹤山市举行纪念李铁夫诞辰150周年系列活动开幕式暨鹤山铁夫美术馆启用仪式　（鹤山市档案馆　供图）

融入湾区

2019年3月27日—29日，在香港、澳门举办2019江门（香港、澳门）“奋进新时代 共建大湾区”对接会

（江门日报社　供图）

2019年5月12日， 江门市政协主办“传承中华文化·凝聚新生力量”活动联谊会

（市政协办　供图）

2019年6月19日，香港五邑总会在香港主办的“五邑共融庆回归·关爱长者乐融融”长者茶聚活动

（市政协办　供图）

2019年7月27—28日，粤港澳大湾区千人考察团到访江门　（市委统战部　供图）

2019年11月13—15日，江门市举办华侨华人文化交流合作暨粤港澳青年文化创意发展大会，正式启动“华侨华人文化交流合作重要平台”建设

（市文广旅体局　供图）

2019年11月14日，粤港澳青年文化创意暨人才创业创新分享会在江门举行，并举行粤港澳大湾区青年总会（江门）联络处揭牌仪式

（市侨联　供图）

体育竞技

2019年1月7—12日，东京奥运会亚洲男排资格赛在江门市滨江体育馆举行　（市文广旅体局　供图）

2019年11月3日，江门市第九届运动会开幕式在江门体育中心体育馆举行（市文广旅体局　供图）

蓬江区

2019年5月15日，“我和我的祖国”——2019“5·15”百姓健康舞全国展演活动（广东江门）在珠西国际会展中心上演
（李伟杰 摄）

2019年5月19日，弹响“爱心之城”献礼“新中国70华诞”大型古筝弹奏活动（江门分会场）在五邑华侨广场举办
（李伟杰 摄）

2019年9月5日，华为技术有限公司分别与蓬江区政府、江门职业技术学院签署合作协议现场，参与江门人才岛建设 （李伟杰 摄）

2019年9月6日，2019年蓬江区庆祝教师节暨首届“工匠杯”中小学（幼儿园）教师技能大赛颁奖大会在五邑大学吕志和礼堂举行 （李伟杰 摄）

2019年9月27日，“蓬江情·祖国颂”蓬江区庆祝中华人民共和国成立七十周年文艺晚会在珠西国际会展中心举行 （蓬江区委宣传部 供图）

2019年11月22—24日，“2019棠下镇乡村文化旅游节暨‘棠下牛肉’美食节”在棠下镇良溪村后珠玑巷纪念广场举行

（蓬江区委宣传部　供图）

2019年12月18日，蓬江区举行第四季度重大项目集中签约、动工（投产）活动——联东U谷·江门蓬江国际企业港奠基仪式，活动现场22个项目集中签约、动工（投产），计划总投资额超150亿元

（李伟杰　摄）

2019年12月31日，江门市蓬江区人民政府、江门市中心医院、江门市第二人民医院共建医联体签约仪式在蓬江区政府举行

(李伟杰　摄)

江海区

2019年2月1日，高新区（江海区）城央绿廊启用仪式在江门河南岸星海湾广场举行

（江海区地方志办　供图）

2019年2月，占地约2.5万平方米、总投资约3000万元的白水带体育公园投入使用。图为白水带体育公园篮球场

（江海区地方志办　供图）

2019年6月7日，礼乐龙舟闹端阳活动在礼乐河举行　　（江海区地方志办　供图）

2019年6月22日，2019江海乡村旅游文化节暨礼乐葡萄节在江海广场举行。图为活动现场歌舞表演

（李雨溪　摄）

2019年6月26日，连接蓬江和江海两区，作为江门市城市品质提升行动重点项目的釜山人行桥投入使用
（江海区地方志办 供图）

2019年8月23日，依托陈少白纪念馆改建的江海区博物馆启用仪式在外海街道办举行 （江海区地方志办 供图）

2019年9月3日，江门高新区创新创业大赛暨江门市“科技杯”创新创业大赛团体赛决赛在江门高新区举行

（江海区地方志办　供图）

2019年10月21日，高新区金融中心揭牌仪式暨“政银企”全面合作签约仪式在江门高新区创智城举行

（江海区地方志办　供图）

2019年10月1日，高新区西江外滩生态湿地公园全面开放使用，从外海大桥延伸到石咀水闸，全长约1公里，总面积约12万平方米。图为西江外滩湿地公园一角　　　　（江海区地方志办　供图）

龙溪湖阅读中心是2019年高新区(江海区)重点推进的公共文化设施建设项目，于2019年竣工。龙溪湖阅读中心总面积4000平方米，藏书约5万册，共有三层，可以容纳400多人同时阅读，分为阅读区、休闲娱乐区及学习体验区，并为儿童、青少年开辟独立天地，各区域之间保持相对独立又联系紧密

（杨兴乐　摄）

新会区

2019年1月22—23日，江门市新会区第十五届人民代表大会第四次会议在新会人民会堂召开
（新会侨报社　供图）

2019年2月11日，中国共产党江门市新会区委第十三届委员会第八次全体会议在新会区行政中心二楼会议厅召开
（新会侨报社　供图）

至2019年6月30日，作为江门地区第一大立交的东甲立交9条匝道全部通车

（陈立武 摄）

2019年7月19日，银鹭大桥正式通车。该道路工程起于三和大道东侧，跨越南坦水道，终于南坦岛，全长2.37千米

（新会区府办 供图）

2019年10月11日起，珠海站至湛江西站开通，列车开往湛江西站途经新会和开平南，列车开往珠海站途经恩平和新会。图为和谐号列车途经江门新会站向湛江方向驶过

（新会区府办 供图）

2019年12月，江门站主体工程竣工。江门站整体计划投资约40亿元，集多种交通功能建筑和商业开发于一体，建成后是广东省第四大铁路交通枢纽站

（新会区府办　供图）

2019年，新会区全面推进城市环境提质提档，完成造林面积1795公顷，森林覆盖率30.13%，全区公共绿地621.4公顷，覆盖率45.37%。图为新会区城市上空航拍

（郑洛文　摄）

2019年新会区城市品质提升工程获2019亚洲照明设计奖“特别之光奖”。图为新会区启超大道上空航拍夜景

（莫振光　摄）

台山市

2019年4月21日，台山市在新宁体育馆举办以“森林城市，共建大湾区，森林惠民”为主题的宣传活动（台山市地方志办　供图）

2019年12月16日，江门市第四季度重大项目部集中动工（投产）活动在台山市四九镇长龙工业区举行，总投资达63.9亿元的25个项目正式宣布动工（投产）（台山市地方志办　供图）

开平市

2019年2月5日，开平市首场“浓浓侨乡年，璀璨开平夜”2019年春节灯光秀在潭江河畔亮相
（关炳辉　摄）

2019年3月31日，广东省春茶开采节珠三角开采仪式在开平市大沙镇举办　　（关炳辉　摄）

2019年6月18日，连接三埠石海与水口新美的潭江河一开平金山大厦桥开通。大桥全长1512米，主塔塔高120米，桥面宽43米（关炳辉　摄）

2019年6月28日，“湾区花正开——首届粤港澳大湾区文化艺术节暨2019世界文化遗产嘉年华”晚会在开平市举行（关炳辉　摄）

2019年11月25日，2019中国侨都（江门）华侨华人嘉年华开平分会场、世界名厨之乡（开平）授牌仪式暨美食嘉年华在开平市潭江半岛酒店举行

（余映意　摄）

2019年11月30日，江门市第七届健走马拉松嘉年华开平分会场在开平市人民公园举行。

（关炳辉　摄）

鹤山市

2019年2月12日，维龙（鹤山）珠西智慧物流产业园举行动工仪式。图为举行进驻企业投产仪式
（鹤山市档案馆 供图）

2019年3月26日，鹤山市在沙坪街道坡山片区古劳水乡旁举行“融川·咏春文化旅游水世界”项目奠基仪式
（鹤山市档案馆 供图）

2019年6月3日，鹤山市举行国道G325线鹤山大雁山至桃源段改线工程主道通车仪式

（鹤山市档案馆　供图）

2019年11月8日，鹤山市政府与华侨城集团在古劳镇举行华侨城古劳水乡大型文化生态旅游度假区奠基仪式

（鹤山市档案馆　供图）

2019年11月15日，鹤山市在鹤山公园举行第三届梁赞咏春文化节暨乡村生态旅游嘉年华开幕式。图为大型山水实景音舞诗剧《情义咏春》表演

（鹤山市档案馆　供图）

2019年11月26日，鹤山市举行普洛斯鹤山物流园二期开园仪式暨招商推介会　　（鹤山市档案馆　供图）

2019年12月3日，由鹤山市人民政府主办的2019鹤山·深圳投资合作交流会在深圳举行，计划总投资173亿元。图为签约现场　　（鹤山市档案馆　供图）

2019年12月9日，鹤山市举行广东河谷精密机械有限公司奠基典礼，项目计划投资5亿元，项目用地4.73公顷

（鹤山市档案馆　供图）

2019年，鹤山市古劳水乡采用滩涂清污治水与河岸路桥规划一体修复的统筹治理模式，完成综合治理与生态修复。图为治理后的古劳水乡

（陈伟潮　摄）

恩平市

2019年2月，位于沈海高速开阳段的大槐服务区启用，是广东省规模最大、功能最全的高速公路服务区，也是广东省首个采用双开放设计理念的服务区　　（梁志华　摄）

2019年9月20日，冯如飞天110周年纪念大会暨江门市中小学生科技创新教育系列活动启动仪式 在恩平市冯如广场举行　　（郑伟粮　摄）

2019年9月30日，由中共恩平市、市政府主办，市委宣传部、市文化广电旅游体育局、市教育局承办，恩平广播电视台、市文化馆协办的“我和我的祖国——恩平市庆祝中华人民共和国成立70周年文艺晚会”在冯如广场举行

（郑伟稂　摄）

2019年11月15日，江门恩平市获全国首个“中国避寒宜居地”称号。图为中国避寒宜居地·广东恩平新闻发布会在北京举行

（郑伟稂　摄）

2019年12月6日，由恩平市良西镇委、镇政府、恩平市文广旅体局主办的2019年恩平温泉欢乐节暨良西镇第四届“四薯”文化美食节在花海欢乐世界举行。图为江门市恩平商会代表合照

（郑伟稂　摄）

目 录

年度关注

大事记

总 述

中共江门市委员会

江门市人民代表大会

江门市人民政府

政协江门市委员会

纪检监察

外事·侨务·港澳台事务

民主党派·工商联

社会团体

法　治

军　事

农　业

工　业

商贸业

金融业

信息业

交 通

口岸 · 邮政 · 物流

旅游业

财政 · 税务

经济监督管理

城乡建设

社会民生

科学技术

教 育

文 化

卫生·健康·体育

人居环境

人 物

区（市）

附 录

年度关注

政府工作报告

——2020年1月9日在江门市第十五届人民代表大会第六次会议上

江门市市委副书记、江门市市长 刘 毅

2019年工作回顾

2019年是新中国成立70周年。市政府坚持以习近平新时代中国特色社会主义思想为指导，全面贯彻党的十九大和十九届二中、三中、四中全会精神，贯彻落实习近平总书记对广东重要讲话和重要指示批示精神，在省委、省政府和市委的正确领导下，在市人大及其常委会的监督和市政协的支持下，认真落实省委“1+1+9”工作部署和市委“1+1+5”工作举措，抢抓建设粤港澳大湾区和支持深圳建设中国特色社会主义先行示范区的“双区驱动”机遇，全力稳增长、促改革、调结构、惠民生、防风险、保稳定。较好地完成了市十五届人大常委会调整后的目标任务，市人大代表票决的十件民生实事已全面完成。

一、“六稳”工作成效明显，全市经济保持平稳运行

高度重视“六稳”工作。去年，美国挑起的贸易摩擦给全球经济带来巨大的不确定性，制造业处于新旧动能转换的阵痛期，大宗消费增长放缓，我市经济面临史上少有的下行压力。面对严峻复杂的经济形势，我们坚决落实中央和省稳就业、稳金融、稳外贸、稳外资、稳投资、稳预期的“六稳”工作部署，早谋划、早上手，积极推进“六稳”工作实施方案及11批清单，深入开展“暖企”行动。预计全市完成地区生产总值超3000亿元，同比增长（下同）4%以上，全市经济实现了稳中求进、健康发展。

工业经济提质增效。全市工业克服了多种因素叠加的严重影响，逐步企稳，完成规模以上工业增加值超1000亿元，增长3%。新引进高端装备制造、新一代信息技术、新能源汽车及零部件、大健康、新材料等五大新兴产业超亿元项目91个、总投资388.5亿元，占全市引进超亿元制造业项目总投资的67.6%。工业投资、工业技改投资额在全省排第5、第6位。认定了第一批总部企业16家。认定了第二批公共服务示范平台和公共技术示范平台14家，新增1家国家级公共服务示范平台；新增14家省级企业技术中心，数量创历年新高。质量强市工作扎实推进。

重大项目加快推进。完成固定资产投资约1870亿元，增长9%左右。市重点项目完成年度投资计划的127%。“招商引资项目落实年”成效显著。在北京、广州、深圳和港澳等城市举办招商推介会，各市（区）均引进投资超20亿元项目并动工建设。实际利用外资54.5亿元，增长14.9%。全市共引进投资超亿元项目209个，投资额1298亿元，分别增长7.2%和5.7%，近8成的项目已落地、超6成的项目已经动工。台山核电一期2号机组、德昌电机、优美科、顶益食品等项目实现投产或试产。

消费和外贸稳中向好。搭建“春夏秋冬”促消费平台，完成社会消费品零售总额超1500亿元，增长7.5%。旅游消费水平提升，全年接待游客7673.9万人次，旅游总收入690.5亿元，分别增长18.2%、17.5%。新会区获“全国百佳旅游目的地”称号，台山市成为全国首批国家级全域旅游示范区，开平市成为全国首个“世界名厨之乡”，恩平市成为全国首个“中国避寒宜居地”。恩平市大槐服务区成为全国首批、广东省首家“全国高速公路旅游主题服务区”。完成外贸进出口总额超1400亿元，下降3.2%，其中出口基本与上年持平。口岸整体通关时间进一步压缩，大广海湾保税物流中心（B型）获批建设，新会港口岸天马港区二期对外开放通过验收。港澳籍船舶入境维修试点工作有序推进。

财政保障加力提效。在积极实施减税降费政策、支持企业发展的同时，努力保持财政收入增长在合理区间，全市地方一般公共预算收入256.8亿元，增长5.3%。争取到新增地方政府债券44.03亿元，增长83.5%，有力地保障了重点项目和重大平台建设。一般公共预算支出424亿元，一般性支出压减5%以上，盘活存量资金28.1亿元，保障了“三保”和重点领域的支出。深入推进预算编制执行监督管理改革，全面实施涉农资金统筹整合。

供给侧结构性改革扎实推进。大力支持民营企业发展，民间投资占全部投资6成以上。金融业持续稳健发展，金融机构本外币存款、贷款余额分别为4946.8亿元和3667.7亿元，分别比年初增长9.2%和16%。江门农商银行资产总额超千亿元，位列全国农商行30强。开平、台山农商银行顺利开业，全市农合机构改革任务全部完成，处置的农合机构历史遗留问题资产占全省总量的五分之一。高新区金融中心投入运营。完成了94户国有“僵尸企业”出清工作。房地产市场健康有序。地方政府债务风险化解工作扎实有效。完成“三旧”改造面积174.67公顷，闲置土地处置率为21.4%，均超额完成省考核任务。完成垦造水田1026.67公顷。获全省耕地保护目标责任考核二等奖。高质量完成第四次全国经济普查入户登记工作，全面摸清了全市第二产业和第三产业家底。

二、粤港澳大湾区建设开局良好，区域协调发展机制进一步完善

推进大湾区互联互通初见成效。“交通大会战”完成交通投资193亿元，交通“硬联通”不断加强。珠西综合交通枢纽江门站进展顺利，江门大道下穿隧道建成通车，主体站房西段及配套工程完成进度超70%。争取上级批准珠江肇高铁项目调整为近期实施项目。高恩高速、佛开南高速扩建工程顺利通车，中开高速、开春高速、开阳高速扩建工程加快建设，银洲湖高速启动建设，黄茅海跨海通道前期工作加速推进。在全省地级市率先实现镇镇通5G信号。机制“软联通”持续深化。市党政代表团赴广州、深圳学习考察，与广州签署战略合作框架协议，在香港、澳门举办对接会，支持深圳建设先行示范区，支持广州实现老城市新活力和“四个出新出彩”。新增引入澳门资金超过730亿元。首创粤港澳大湾区税务通。出台《实施大湾区个人所得税优惠政策财政补贴暂行办法》，实施港澳青年安居保障计划，完善港澳居民随迁子女入学政策。

重大平台建设加快。珠江口西岸高端产业集聚发展区、华侨华人文化交流合作重要平台、大湾区高质量农业合作发展平台等建设扎实推进。举办华侨华人文化交流合作暨粤港澳青年文化创意发展大会，组团参加美国太平洋铁路建成150周年纪念活动，恩平市牛江镇创建成为“中国华侨国际文化交流基地”，海外侨胞的作用得到进一步发挥。“少年中国说”活动首次走出江门、走进澳门。各大院校、医院和中小学加强了与港澳的合作。举办大湾区名特优新农产品推介暨农业重大项目签约系列活动。人才岛建设加快，完成年度投资35.8亿元，腾讯、华为等重大项目和广东邮电职业技术学院相继签约落户。五大万亩园区全部纳入了省产业园政策范畴，新增“三通一平”土地286.67公顷，新引入亿元以上项目28个。“1+6”核心园区提质增效，实现省级产业转移工业园在三区四市的全覆盖。江海区产业转移工业园获评为全省唯一的泛珠三角区域工业和信息化合作创新发展示范试点园区。

科技创新能力不断增强。制定实施《进一步促进科技创新推动高质量发展的工作措施》。我市荣获“全国小微双创示范城市”称号。高新区在全国国家高新区中综合排名第57位，连续5年实现争先进位。全市高新技术企业超过1500家。院士工作站增至11个，与14位院士建立了合作关系。2人入选了第四批国家“万人计划”。与省科学院共建省半导体产业技术研究院江门中心和省智能制造研究所江门中心。五邑大学建设高水平理工科大学稳步推进，参与大湾区西岸科技创新和人才培养合作联盟，与中科院半导体所共建“数字光芯片联合实验室”、与香港理工大学共建“纺织材料粤港联合实验室”，综合排名比上年提升123位，跃居全国第259位，整体实力进入同类高校第一方阵。江门中微子实验站建设进展顺利。珠西创谷成为全市首家获省认定的粤港澳台科技企业孵化器，与珠西先进产业优秀人才创业创新园等港澳青年创业园区共引进60家港澳企业和项目。举办中国创新创业大赛港澳台行业赛和2019年江门市“科技杯”创新创业大赛。百名博（硕）士引育工程累计引进博士32人、硕士19人，新增博士后创新实践基地5个，新引进在站博士后38人。广州知识产权法院诉讼服务处、市中级法院知识产权巡回审判庭等6个平台在江海区揭牌并投入运营。新会区被评为国家知识产权强县工程试点县（区）。

营商环境持续优化。商事制度改革深入推进，在全省首推商事登记“微信+智能化审批”服务，实现企业设立登记压减到0.5个工作日内，开办企业全流程1天办结，经验在全省推广。累计365个投资项目采用承诺制管理，项目前期工作平均提速1—2个月。食品药品监管领域实施“申请人承诺制”审批事项在全国领先。工程建设项目审批制度改革加快推进，政府投资项目、社会投资项目全流程审批时间分别压减至90个和55个工作日内，全国第二个“交地即开工”项目在开平落地。不动产登记业务实现复印材料“零提交”，一手房转移登记实现24小时自助办。全年在降低用地、用工、用电、用气成本及落实减税降费政策等方面累计为全市企业减负超过100亿元，有力地激活实体经济新动能。新登记市场主体9.04万户，各类市场主体总量52.8万户，排名全省第6。“数字政府”建设高标准推进，政府数据开放指数排名全国第11。商业信用环境指数排名全国第21。去年第三季度改革热度指数排名全国第7、全省第1。

“三区并进”加快推进。制定《东部城市带发展战略规划》《西部发展区发展战略规划》《加快构建“三区并进”区域发展新格局实施方案》《财政管理体制调整方案》，进一步加大区域协调发展的力度。在全省率先出台市内流域生态保护补偿办法。完成新一轮城市总体规划编制工作并将成果纳入国土空间规划。编制《综合交通一体化规划》《城市轨道交通线网规划》。完成银湖湾滨海地区启动区、人才岛、高新区局部地段等重点地区、先进制造业示范园区扩区、重点平台的控规编制。全面完成县域乡村建设规划，完成938条行政村村庄规划编制。重视市域内水陆交通连接，开平环城公路东环段、G325鹤山大雁山至桃源段改线工程建成通车，江门大道南、五邑路改造加快建设，南海至新会高速公路、广台高速开平至台山段和崖门出海航道二期工程等项目前期工作扎实推进。

乡村振兴力度明显加大。市县两级落实财政资金17.3亿元支持乡村振兴，乡村振兴工作考核获粤西片区第1名。建成国家农产品质量安全市。承办全国现代农业产业园工作推进会，现代农业产业园建设经验在全国推广，新会陈皮现代农业产业园成为第二批国家级现代农业产业园，省级以上现代农业产业园增至6个。恩平市沙湖镇、台山市五丰村成为国家级“一村一品、一镇一业”示范镇村。新增1家国家级、7家省级重点农业龙头企业和一批国家级、省级示范农民专业合作社、家庭农场。在全省粮食安全责任考核中被评为“优秀”。作为全省三个直播会场之一，我市举办的2019年“中国农民丰收节”被纳入全国70个地市庆丰收全媒体直播活动。国家农产品地理标志产品新增了台山蚝和恩平濑粉，全市的数量增至10个、排全省第1。新会陈皮、台山大米和恩平大米被评为国家级农产品区域公用品牌。承办首届“广东十大美丽乡村、广东美丽乡村精品线路”发布会系列活动，开平市自力村入选广东十大美丽乡村，开平市碉楼侨乡美丽乡村精品线路入选广东美丽乡村精品线路。台山市入选中国“十大田园城市”，台山市浮石村入选“全国乡村旅游重点村”。新会区石板沙村获“中国最美乡村”称号。全市新增5个村被评为“中国传统村落”。农村人居环境整治初具成效，农村生活垃圾治理和污水处理、新一轮农村电网改造升级、农村公路等基础设施建设加快推进，全面实现200人以上的自然村通水泥路。蓬江区获评省级“四好农村路”示范县。新建（改建）农村标准公厕1118座，农村无害化卫生户厕普及率达到99.4%。农村综合改革全面深化，全面完成农村集体资产清产核资工作。深入推进乡风文明“十个一”工程。恩平市石桥头村成为“全国民主法治示范村”。全市4个村入选全国乡村治理示范村。江海区全国农村社区治理实验区建设经验获民政部专家组肯定，蓬江区推动“1+N”多方主体参与社区治理列入全省城乡社区治理十大创新经验。

三、社会民生事业健康发展，政府建设不断加强

民生保障能力进一步提升。全市各级财政投入民生事业292.57亿元，增长12.9%，占一般公共预算支出近7成。市十件民生实事投入36.37亿元，完成年度投资计划的102.3%。积极落实“不忘初心、牢记使命”主题教育民生事业建设部署，实施《“为民服务解难题”事项清单》《着力解决群众操心事烦心事揪心事工作方案》，一批群众身边事得到解决。稳就业工作成效显著，出台“促进就业九条”的配套政策，打造“乐业五邑”品牌，启用港澳青年创新创业基地。新会高级技工学校升格为全省首个县级技师学院。落实“南粤家政”工程，打造全省首个家政服务产业园。深入实施“粤菜师傅”工程，培训“粤菜师傅”5108人次。全市城镇新增就业4.7万人，城镇失业人员再就业3.2万人。城镇登记失业率为2.12%，控制在年度目标3.2%以内。平稳推进企业职工基本养老保险、工伤保险省级统筹和机关事业单位养老保险改革工作，城乡居民基本养老保险基础养老金最低标准、企业职工养老保险基本养老金稳步提升。省星级养老机构达24家，数量排全省第2。蓬江、江海和新会三个区实现居家养老服务站区镇全覆盖。全市医疗救助政策范围内支付比例达80%以上，实现与基本医疗保险、大病保险“一站式”结算。基本完成5097户16659人的脱贫任务，贫困户的教育、医疗和饮水安全保障实现全覆盖，扶贫工作连续三年被省评为“好”的等次。深入推进低收入对象帮扶改革试点工作，实现帮扶资源与帮扶对象精准对接。全市低保标准统一提高到850元/人·月。做好重要民生商品保供稳价工作，发放低收入群众价格临时补贴1567万元，受惠42.9万人次。对口帮扶的广西壮族自治区崇左市4个贫困县中3个县实现了脱贫“摘帽”、1个县达到了国家脱贫考核标准。

社会事业不断进步。江门一中扩建工程、培英高中新校区动工建设，江门幼儿师范高等专科学校建成招生，市体育学校改造工程完工。老年教育加快发展。顺利通过国家卫生城市复审及评估。全市16个紧密型医联体试点分院按照二级医院标准建设基本完成，基本公共卫生服务项目在省级绩效评价中排名第2。医保城乡一体化进程稳步推进，待遇水平连续三年提高。“公共文化事业建设年”成效显著，市美术馆、市文化馆完成升级改造并对外开放，江海区陈少白博物馆和龙溪湖阅读中心、鹤山市铁夫美术馆建成开放，五邑华博馆、市图书馆升级改造工作扎实推进。市县镇村四级公共文化设施网络不断完善，新会区创建成为省公共文化服务体系示范区。文艺创作水平不断提升，广播剧《今生无悔》获全国“五个一工程奖”，新会葵艺作品《粤韵葵风》获北京世界园艺博览会金奖。举办江门市第九届运动会，圆满承办2019年世界排球联赛江门站赛事。文明城市创建成果进一步巩固和深化，鹤山市入围全国文明城市县级提名城市，台山市顺利通过提名城市年度测评。对口支援四川省甘孜州、对口合作黑龙江省七台河市工作扎实推进，积极参与援藏援疆特别是对口支援新疆喀什工作。积极创建全国双拥模范城，在省考核中获好评。全市建成四级退役军人服务保障体系。市培英高中被评为“全国民族团结进步模范集体”。侨务、外事、台港澳、民族、宗教、人防、海防、打私、妇女儿童、地方志、红十字会等工作得到进一步加强。

生态环境持续优化。全面办结中央环保督察“回头看”、省级环保督察交办案件。$PM_{2.5}$、PM_{10}指标明显改善，关停搬迁主城区高污染高排放企业207家，完成3793家“散乱污”企业和776台生物质燃料锅炉的整治。河长制湖长制工作在省考核中获优秀等次，鹤山市沙坪河整治入选全省生态修复十大示范项目，开平市住家船整治列入省河长制五大经验。提前完成县级饮用水源地环境问题整治。市区11条黑臭水体消除黑臭。新建（扩建）城镇污水处理厂13座，实现建制镇生活污水处理设施全覆盖。固废危废综合处置中心加快建设，全市新增工业固废处理能力50.3万吨/年，开平循环经济生态园一期投入运行，恩平华新水泥协同处置危废项目获批运营，市区餐厨垃圾项目试运行。新会区创建成为国家生态文明建设示范区，台山市获“省节水型社会示范县”称号。

城市品质持续提升。高品质完成东湖公园、釜山公园、新会北园升级改造，新建（改建）儿童公园等各类公园164个。碧道建设高质量启动，已建成86.4千米。推进丰乐路北延线等“断头路”开工建设，完成了一批道路“白改黑”改造提升工程，交通出行环境进一步改善。积极推进老旧小区“微改造”、老旧住宅加装电梯以及公共停车场建设，市区新增停车泊位超过2500个。全市纯电公交车达1293辆，电动化率超80%。市档案中心项目动工建设。累计新建（改建）城市公厕217座，提前超额完成省下达的三年任务。积极推动垃圾分类，推行“城管进社区管到位”行动，蓬江区完成环卫一体化改革，城市更加干净整洁。台山市水步镇成为全省唯一的镇级国家新型城镇化标准化试点。

社会安全形势总体平稳。深入开展扫黑除恶专项斗争、“飓风”专项行动和全民禁毒工程，全市刑事警情同比下降10%。信访形势平稳向好。江门监狱收归省级直管。初步搭建了应急管理综合体系，实现市县镇三级安全生产委员会“双主任”制全覆盖。全市各类生产事故死亡人数同比下降。顺利完成国省道安全隐患治理、平安村口建设及安全生命防护工程，国省道一般程序以上道路事故同比下降20%。实现全市自然灾害、火灾事故、森林防灭火领域“人员零伤亡”。拆除高速公路违法广告牌、铁路沿线周边环境综合整治和市区违法户外广告治理成效明显。在全省率先建立气象涉灾部门信息联合报送机制。

抓好政府系统党的建设。制定实施《市政府党组会议工作规程》《市政府党组关于重大问题决策、重大项目投资决策和大额资金使用等向市委报告制度》，修订实施《市政府党组工作规则》。市政府党组开展主题教育取得成效，省委巡视整改任务措施按照时间节点完成或取得阶段性成效。认真配合做好省委审计办的审计工作。全面落实政府系统机构改革各项任务。大力加强政府系统意识形态工作。落实中央八项规定精神，基层减负工作初见成效，以市政府或市政府办公室名义制发文件的总数同比减少56.7%，以市政府名义召开的会议同比减少55.1%。加强政府系统党风廉政建设，严格落实“一岗双责”，推进审计监督全覆盖，坚决查处违纪违法案件。

自觉接受人大和政协的监督。办理人大代表建议和政协提案满意率均达100%。向市人大常委会提交了地方性法规草案《历史文化街区和历史建筑保护条例》，制定政府规章《地名管理办法》。政务服务“好差评”系统评价平均得分排名全省第3。落实市政府常务会议季度学法制度，全年市政府党组会议、常务会议共学习法律法规21部。在法治广东建设考评中首次迈进优秀行列，其中法治政府排名全省第2。法治示范镇村实现创建活动质量、数量双达标。政府决策的民主化、科学化、法治化水平进一步提高。

过去一年我们攻坚克难，全市经济社会发展取得了来之不易的成绩，根本在于坚持习近平新时代中国特色社会主义思想的科学指引，关键在于省委、省政府和市委的坚强领导，市人大、市政协的大力支持和港澳台同胞、海外侨胞的关心帮助，以及全市干部群众、广大企业、海内外投资者建设者和驻江门军警部队的共同努力！在此，向参与、支持和关心江门发展的各界人士，表示崇高的敬意和衷心的感谢！

我们也清醒地看到，江门经济社会发展中仍然存在一些不平衡不协调不充分的矛盾和问题：一是经济发展量小质弱。一些主要经济指标增速放缓，整体经济抗风险能力比较弱，新兴产业和先进制造业未成规模，产业转型升级和新旧动能转换慢，未能融入珠三角高端产业体系，自主创新和招才引智能力较弱，节约集约用地水平不高。二是区域发展不充分不平衡。东部发展不充分，东部对西部、中心城区对周边的辐射带动力比较弱；城市建设和精细化管理水平有待提升，农业农村发展基础薄弱。三是保障和改善民生存在短板。一些群众的操心事烦心事揪心事未能及时解决好。空气质量、水环境质量、污染物减排等，与省的考核目标相比还有差距。教育、医疗卫生、养老、公共文化等公共服务供给不足，人民生活质量有待提升。安全生产风险隐患不容忽视。同时，在各级政府工作中，还存在着因循守旧、不敢担当、各自为政、形式主义和官僚主义等顽疾，党风廉政建设任务依然艰巨。对这些问题，我们要勇于面对，采取有力措施加以解决。

2020年工作安排

2020年是全面建成小康社会和“十三五”规划的收官之年，我们肩负着实现第一个百年奋斗目标的伟大历史任务。今年市政府工作的总体要求是：以习近平新时代中国特色社会主义思想为指导，全面贯彻党的十九大和十九届二中、三中、四中全会精神以及中央经济工作会议精神，深入贯彻落实习近平总书记关于粤港澳大湾区建设的重要论述和对广东重要讲话、重要指示批示精神，认真贯彻落实省委十二届八次、九次全会精神和市委十三届十一次全会精神，认真落实省委“1+1+9”工作部署和市委

“1＋1＋5”工作举措，抢抓“双区驱动”机遇，紧扣全面建成小康社会目标任务，坚持稳中求进工作总基调，坚持新发展理念，坚持以供给侧结构性改革为主线，坚持以改革开放为动力，推动高质量发展，加快建设现代化经济体系，坚决打赢三大攻坚战，推动侨资源优势变成为侨动力，全面做好“六稳”工作，统筹推进稳增长、促改革、调结构、惠民生、防风险、保稳定，保持经济运行在合理区间，确保全面建成小康社会和“十三五”规划圆满收官，加快打造珠江西岸新增长极和沿海经济带上的江海门户，为“十四五”实现良好开局打好基础。

今年全市经济社会发展主要预期目标是：地区生产总值增长5.5%左右，规模以上工业增加值增长5%左右，固定资产投资增长10%，社会消费品零售总额增长7.5%，外贸进出口总额正增长，地方一般公共预算收入增长4%，居民消费价格指数涨幅控制在3.5%以内，居民人均可支配收入增长与经济增长基本同步，城镇新增就业4.5万人，城镇登记失业率控制在3%以内。为此，要着力抓好以下工作：

一、抢抓“双区驱动”机遇

打造融入大湾区的产业发展平台。推进珠江口西岸高端产业集聚发展区建设，探索区域合作新模式、新机制，高规格高标准开展集聚发展区规划编制工作。做好广海湾、赤溪片区产业规划，深化海岸带产业布局研究。加快建设银湖湾滨海新区，抓好碧海银湖文旅项目、新澳重大技术装备创意创业园等项目建设。推进五大万亩园区和“1＋6”核心园区提质增效。确保珠西新材料集聚区、江门市（鹤山）精细化工产业园顺利通过省的考评。推动村级工业园和低效工业用地升级改造。进一步优化各园区管理体制，完善基础设施和生产生活配套设施建设，提高园区土地集约利用效率和综合效益，推动产业集聚集群发展。

强化与大湾区城市的“硬联通”和“软联通”。围绕打造沿海经济带上的江海门户，安排交通大会战年度计划完成投资200.9亿元。加快融入全国轨道交通网络。确保珠西综合交通枢纽江门站年内投入使用。力争南沙港铁路建成通车，推动南沙港铁路客运改造，实现三区四市铁路客运站全覆盖。推动深茂铁路深江段动工建设，力争珠江肇高铁年内动工，稳步推进深南高铁前期工作。加快高快速路网建设。确保中开高速凤山互通至双水互通段建成，开春高速基本建成，打通西部连接珠三角大动脉。加快银洲湖高速建设和开阳高速扩建，推进黄茅海跨海通道尽快立项并开工，加快江鹤高速扩建、中江高速扩建、南海至新会高速、广台高速开平至台山段的前期工作，谋划推动斗恩高速项目。推进高速公路出入口改造升级，加快建设江门大道与佛开高速连接线。加快江门大道南、五邑路改造、会港大道、迎宾西延长线、华盛路西延线、S270、S272改扩建、台开快线、G240新会段等项目建设，围绕珠三角枢纽（广州新）机场规划快速连接线。积极推进水路运输和码头等设施建设。推进高新区公共码头一期尽快投入运营，加快崖门出海航道二期工程和广海湾进港航道、防波堤、LNG接收站码头、万吨级通用码头等的前期工作，深化与广州、深圳、珠海港口战略合作。加快推进恩平冯如通用机场、台山通用机场等前期工作。争取省天然气粤西主干管阳江-江门段年内投产运营，实现三区四市天然气主干管网全覆盖。进一步扩大5G覆盖面，累计基站建设超4000座，力争2021年年底前在全省地级市中率先实现行政村村村通5G信号。深入实施“湾区通”工程。积极推动与大湾区城市在规则标准衔接、平台共建、科技创新和旅游、金融、物流、生态农业等特色产业，以及青年就业创业、康养、教育、医疗、食品安全等民生领域的合作。

对标先进建设一流营商环境。大力改革商事制度。深化“证照分离”改革，市县两级同步推进改革事项全覆盖。深入推进企业准入制度改革。企业开办压缩为设立登记、公章刻制、申领发票3个环节。加大商事登记全程电子化、“微信＋智能化审批”改革力度，推进企业退出制度改革，破解企业“注销难”。加快“数字政府”建设。全力打造全数字化“掌上政府”和“智慧大脑”，建设省政务大数据中心江门节点。推进“政务服务无堵点城市”建设，实现与企业和群众生产生活息息相关的依申请政务服务事项一次办率、就近办率、马上办率、网上可办率均达100%，全流程网办率达60%，100项高频事项实现全城通办。切实解决群众反映突出的不动产交易、房屋租赁、社保费缴纳办理耗时长等问题。认真落实工程建设项目审批制度改革。全面实行“一张表单”“一窗受理”“一网通办”。优化水电气等市政公用基础设施报装接入服务，推动市政公用服务开展“互联网＋线上办理”。推进招投标全流程电子化，打造招投标交易风险点监督系统，在江海区探索试点项目实行招投标“评定分离”。创造公平竞争的制度环境。全面落实公平竞争审查制度，深入推进网上中介服务超市运营，落实完善“双随机、一公开”监管审查等制度。搭建全市“信用联合奖惩一张网”。推动先进装备制造业知识产权保护试点五大平台运营建设，指导企业挖掘和培育高价值专利，促进专利申请量质齐升，争创国家知识产权示范城市。

以侨为桥共建人文湾区。深入打造侨务强市、文化强市，全力推进华侨华人文化交流合作重要平台建设，积极筹办2020年华侨华人文化交流合作暨粤港澳青年文化创意发展大会及第七届世界江门青年大会、“少年中国说”、华人嘉年华等系列活动。做好侨乡文化资源的挖掘、传承和活化利用，创建国家级侨乡文化（江门）生态保护实验区，承办中央广播电视总台2020年春节戏曲晚会（江门分会场）的录制工作，启动名人博物馆群、名人数据库、港澳影视制作基地、侨乡文化示范村等前期建设，做好有历史价值的侨胞祖屋（故、旧居）保护工作。完善政策支撑体系，加大全市统筹和平台建设力度，做实“侨梦苑”，扩大影响力和吸引力。

二、大力构建支撑高质量发展的现代产业体系

加快打造先进制造业强市。大力推进“招商引资项目提质年”。积极开展产业招商，建立加快招商项目落地建设工作机制。积极承接深圳等产业转移，探索建立“广深总部＋江门基地”“广深研发＋江门转化”等产业合作体系。各市（区）年内均要引进投资额20亿元以上的项目并动工建设，东部三区一市均争取至少引进一个投资额50亿元以上项目，西部三市均争取至少引进一个投资额30亿元以上项目。加快项目落地，每季度举办项目集中开工活动，力争全年动工投资亿元以上项目超过150个。推动制造业加速向数字化、网络化、智能化发展。发展五大新兴产业，培育一批大型骨干企业，壮大工业经济的核心技术力量。推动重点行业和重点企业加大投资，推进传统产业优化升级，培育新的发展动能。积极推广机器人应用。力促工业绿色低碳发展，大力发展工业互联网和5G产业，推动区块链技术和产业创新发展。培育生产性服务业新业态、新模式，加强与大湾区工业设计先进城市的交流与协作，推动企业加强供应链管理和电子商务应用。开展质量提升行动，全力创建全国质量强市示范城市。

增强创新驱动能力。主动对接粤港澳大湾区国际科技创新中心和广深港、广珠澳科技创新走廊建设，推进国家创新型城市创建。支持台山创建国家创新型县（市）。加快制定“科创十条”配套实施细则，力争高新技术企业达1700家，省级科技创新平台450家。持续做强“科技杯”创新创业大赛品牌。打好“高水平理工科大学牌”，深化五邑大学与地方经济对接合作，建设环五邑大学创新生态圈，支持五邑大学与港澳高校开展科研合作。打好“院士牌”，建设一批院士工作站、特派员工作站、博士后工作站、联合实验室、技术创新中心等创新平台。打好“大科学装置牌”，推动江门中微子试验站年内完成基建工程并开始设备安装，以其为依托筹建中微子实验科普馆。积极推动与省科学院共建江门产业技术研究院。加快全国博士后创新（江门）示范中心建设。做好人才引进和培育工作，推动科技人才对外合作交流。促进企业与科研机构、科研人才密切对接合作，支持企业技术创新和科技成果转移转化。

激发各类市场主体活力。认真落实国家和省减税降费政策，继续实施好省、市“实体经济新十条”“民营经济十条”，优化民营企业发展环境。持续开展“暖企业、促投资”行动，发挥“工业企业诉求办理系统”及“江企通”微信小程序的作用，及时为企业解决困难。加快实施“政银保”保费扶持政策，解决企业融资难题。继续做好小升规企业培育，培育一批专精特新“小巨人”企业、单项冠军企业，实施企业家培训。积极推进国资国企管理体制改革，做优做大做强国有资本。支持国企参与“三旧”改造、园区开发、市政工程、高速公路、环境治理、民生项目等的建设，扩大代建规模和市场占有率，提高企业盈利能力。加大力气完成国有“僵尸企业”出清任务。市、区两级国资共同出资组建一家市级的投资开发平台。深化江澳金融合作，打造大湾区跨境金融平台，推动企业积极与澳门金融机构合作。抓紧推进解决恩平金融风险历史遗留问题。支持建筑业发展总部经济。加强房地产市场监管，保持房地产市场平稳健康发展。

扩大高水平开放。推动制造业、服务业、农业扩大开放，拓展对外贸易多元化。组织企业参加50场境外展览会，利用广交会、深交会的前端和后端时间举办贸易对接会，加强与港澳的对接合作，推动三地“拼船出海”，帮助企业巩固传统市场，开拓“一带一路”沿线国家市场和新兴市场。落实扩大进口扶持政策，进口更多优质商品满足人民群众需要。发展外贸新业态新模式，完善和优化跨境电商公共服务平台。加快大广海湾保税物流中心（B型）验收运营，启动珠西国际陆港工程，推进鹤山“无水港”建设，打造多式联运国际陆港。谋划建设川岛对外开放口岸。积极开展港澳籍船舶入境维修业务，推动船舶维修业发展。

加快发展现代服务业。积极推动全域旅游。开展侨乡历史文化游径和美丽乡村旅游建设，加快赤坎古镇、古劳水乡、台山融创和海丝史迹考古遗址公园等重点文旅项目建设，推动开平市加快创建国家AAAAA级旅游景区和国家全域旅游示范区。办好中国粤菜美食文化节暨开平家宴美食嘉年华。创建省级文化产业示范园区。加快打造有国际影响力、具有本土文化特色、拥有自主知识产权的高水平职业体育赛事，发展体育会展产业，推进体育健身产业市场化发展，承办2020年世界排球联赛江门站比赛。制定出台会展业扶持政策，充分利用珠西国际会展中心等资源，积极举办大型会展，推进“以会促销”。打造港澳影视基地。积极发展“夜经济”，打造区域消费新热点。

打造更具吸引力的人才发展环境。高质量建设人才岛，加快推动腾讯“WeCity未来城市”、华为ICT学院、IBM软件外包中心、科创中心、科技产业园、智慧城市展示中心、人才公寓建设，力促软件产业园、广东邮电职业技术学院等项目早日落户动工。推动“侨都英才计划”、“五邑人才工程”等重点人才工程提质增效，深入实施博士后创新实践工作、“百名博（硕）士引育工程”、博士博士后引育工程，出台博士博士后管理办法。建立人才安心保障机制，深化职称制度改革，扩大市领导联系高层次人才范围。实施技能提升十大工程，推动职业教育校企精准对接。深化户籍管理制度改革，全面取消城镇落户限制，加快主城区人口集聚。

三、持续推进城乡区域协调发展

积极实施“三区并进”发展新格局。制定“三区并进”工作协调推进机制和差异化政策，强化都市核心区引领带动能力，提升大广海湾区蓝色发展动力，激活生态发展区绿色发展潜力。加强全市自然资源统筹管理，建立重大平台、重大项目市级统筹机制。积极推进都市核心区深度一体化，努力建设中心城区产城融合示范区。编制国土空间总体规划（2020—2035年），加强市级统筹。完善促进区域协调发展的财政政策体系。统筹做好全市特色小镇的发展规划。积极推进革命老区振兴发展。加快推进垦造水田工作，落实耕地保护责任，深入推进涉永久基本农田、违规违法占用国家资源挤占生态空间等问题的清理整治。全面完成国家海洋督察整改年度任务。挖掘利用海洋资源优势，大力发展海洋经济。

大力推进乡村振兴。抓好15个市级乡村振兴试点示范镇（街）创建工作。加快农业供给侧结构性改革。发展农村集体经济，完善农村经营制度。落实市长负责制，保障粮食安全均衡供给，发展生态规模养殖，做到重要农产品生产保供稳价。培育一批全产业链企业集群，连线连片推进乡村旅游，促进农村一、二、三产业融合发展。加快现代农业产业园建设，继续推进“一村一品、一镇一业”，创建一批侨乡农业知名品牌。加快推进省农产品加工示范区和大湾区农产品交易流通中心建设，大力发展农产品冷链物流产业，高水平打造粤港澳大湾区高质量农业合作发展平台。推进供销合作社新型乡村助农服务示范体系建设。累计培育新型职业农民5000人以上。加快改善农村人居环境。全面完成农村人居环境基础整治任务，纳入乡村振兴规划的1108个村（社区）全部达到省要求的干净整洁村标准，60%以上达到美丽宜居村的标准。连线连片建成14条以上美丽乡村精品路线。巩固“厕所革命”建设成果，健全农村标准化公厕后续管护长效机制，农村无害化户厕普及率达100%。加强“四好农村路”建设，完成150千米农村公路建设。加快推进农村生活垃圾、污水处理，村庄保洁率和行政村垃圾处理率均达到100%，农村生活污水治理覆盖率达55%以上。加快推进农村水利、电网改造、信息基础设施建设和物流服务体系建设。解决农村饮水安全保障问题，完成332条革命老区自然村集中供水全覆盖。深化农村综合改革。深入推动涉农资金统筹整合。加强农村“三资”监管，积极探索镇人大实时监督村账镇管的机制。高标准完成江海区全国农村社区治理实验区建设，推动村（社区）完成修订完善村规民约和居民公约工作。深入推进乡风文明建设，全市文明村镇覆盖率达95%。

深化城市提质工程。积极推进城市文明建设法制化，持续抓好创文工作常态化长效化，迎接全国文明城市三年总评。推进江门河、天沙河两岸品质提升及生态修复、人才岛滨水景观带、城心轴线慢行系统建设，打造江海云道等特色游览休闲路径。完成江门水道新会段等的建设，全年新增碧道100千米。新建（改建）镇街、村居公园123个，新建（改建）精品口袋公园9个。大力整治沿江门大道、高速公路及国、省道沿线环境，抓好高铁沿线美化工作。大力发展公共交通，持续推进城市道路升级改造，打通“断头路”，优化停车泊位设置和停车场规划建设，畅通“微循环”。在有条件的路段探索设置摩托车专用道，实现汽车摩托车分道行驶。全市公交纯电动化率达到100%。加快“三旧”改造，大力推进老旧小区改造、老旧住宅加装电梯。深化环卫一体化改革，推进生活垃圾全过程分类，实现公共机构生活垃圾分类全覆盖，蓬江区和江海区建成省级全区推进垃圾分类示范片区。全面落实“城管进社区管到位”。推进国家节水型城市达标建设。

四、不断提高群众获得感幸福感安全感

提高就业和社会保障质量。健全高质量就业促进机制。全市城镇失业人员再就业3万人。打造“乐业五邑”就业创业工作品牌，深入推进港澳青年创新创业基地建设，高标准运营江门人力资源产业园，实施珠西先进产业优秀人才创业创新园扩容提质工程。积极推进“广东技工”“粤菜师傅”“南粤家政”三大工程。落实失业保险基金支持就业创业措施。提升社会保障水平。推进企业职工基本养老保险基金、基本医疗保险基金、工伤保险基金省级统筹，确保养老金按时足额发放，推动机关事业单位养老保险制度平稳运行，持续深入开展医保城乡一体改革。持续提高城乡最低生活保障、特困人员供养、孤儿供养、城乡医疗救助、困难残疾人生活补贴和重度残疾人护理补贴等五项底线民生保障项目水平，逐步缩小地区和城乡差距。健全多层次住房供给和保障体系，探索放宽住房保障范围，大力发展租赁住房。推进残疾人精准康复服务，确保有需要的残疾儿童和持证残疾人接受基本康复服务的比例达90%以上。全力创建全国双拥模范城。健全退役军人工作体系和保障制度，落实双拥工作常态化。

优先发展教育事业。实施教育优质发展三年行动计划。大力发展学前教育，确保全市公办幼儿园在园幼儿数占比达到50%以上，公办幼儿园和普惠性民办幼儿园在园幼儿数占比达到80%以上。加快推动义务教育均衡一体化发展，全面实施教师“县管校聘”管理改革。推进普通高中提质扩容，加快推进江门一中扩容和培英高中新校区建设。深入推进强师工程、信息化工程，打造高素质教师队伍。推动民办教育规范特色优质发展。有效解决异地务工人员子女入学问题。推动高等教育加快发展。进一步提高特殊教育普及度，大力发展老年教育，努力构建老有所学的终身学习体系。深化产教融合、校企合作，积极培育职业教育特色、骨干专业。

提升卫生健康水平。全面深化医药卫生体制改革，加快现代医院管理制度建设，推动医疗联合体国家试点城市建设工作。提升基层医疗服务能力，加强基层医疗机构学科体系建设，推动家庭医生签约服务提质增效。推进紧密型县域医共体建设，新会、台山、开平、鹤山、恩平5个市（区）县域医共体上半年要实现全覆盖。推进市中心医院新院区建设。加快江门市区域卫生信息平台和“互联网＋医疗”建设。推进医养结合国家试点城市建设工作。加快建设养老服务体系，修编养老服务设施布局专项规划，大力推进敬老院、长者食堂项目建设，发展社区嵌入式养老模式，提升居家养老服务水平。积极推进3岁以下婴幼儿照护服务，支持社会力量发展普惠托育服务。建立管用高效的医保支付机制和医疗服务价格动态调整机制，落实国家组织药品集中采购和使用试点扩围工作。加强医疗保障三重制度综合保障功能，推进医疗救助市级统筹。开展“红十字＋救在身边”应急救护培训，在公共场所设置自动体外除颤仪（AED）。大力开展爱国卫生运动，巩固国家卫生城市创建成果。

持续打好污染防治攻坚战。全面完成污染防治攻坚战三年行动计划各项目标任务，高标准抓好中央和省级环保督察整改落实。打赢蓝天保卫战。加快推进主城区高污染高排放工业企业淘汰、搬迁和改造工作，全面完成“散乱污”企业整治任务，强化挥发性有机物整治，大力推进柴油货车污染治理攻坚，力争全市空气质量全面达标。打好碧水攻坚战。严格落实河长制湖长制，确保潭江牛湾断面达到上级考核目标要求。基本消除城市建成区黑臭水体。实施城镇污水处理提质增效行动，新增城镇污水管网193千米，修复、改造老旧污水管网37千米。打好净土保卫战、固体废物和农业农村污染治理攻坚战。全面完成中西南北四大固废危废综合处置中心建设。

打赢精准脱贫攻坚战。确保年内实现高质量脱贫目标。加强对建档立卡贫困户的动态管理，深化到村到户到人的精准分类施策，确保扶贫路上不漏一户、不落一人。统筹推进产业、就业、教育、社保等扶贫措施，进一步加强贫困户住房安全保障工作，健全和完善医保扶贫机制，织密筑牢民生保障网。出台低收入对象帮扶改革实施方案，建立解决相对贫困的常态化长效帮扶机制。加强与广西壮族自治区崇左市的扶贫协作、与四川省甘孜州的对口支援，积极开展援藏援疆各项工作。争取更多爱心力量共同参与慈善事业。

推动文化惠民事业。加快公共文化设施建设。大力推进五邑华博馆、市图书馆、市档案中心，蓬江区文化中心，江海区图书馆、科技馆和青少年活动中心，台山市华侨文化博物馆，开平市红线女故居，恩平市新图书馆和博物馆等文化馆舍建设和升级改造。加快镇（街）文化站和村（社区）服务中心提档升级。做好市粤剧传习所搬迁工作。启动市规划展览馆内容更新工作。开展文化祠堂建设。推动市文化馆、博物馆、美术馆夜间开放，市图书馆延长开放时间，鼓励各市（区）有条件的文化馆所夜间开放。做好国家级非遗项目台山广东音乐的传承推广工作。举办全市群众艺术花会、粤剧曲艺私伙局大赛等艺术活动，支持台山承办第二届国家考古遗址公园文化艺术周。进一步完善文化创作的支持机制。

增强社会安全保障能力。加快推进社会治理现代化，打好扫黑除恶专项斗争决胜战，严厉打击“套路贷”等新型涉黑恶违法犯罪，大力整治“盗抢骗”、电信网络诈骗犯罪，深入推进全民禁毒工作。完善社会治安防控体系，加快推进智慧新警务战略，继续实施“雪亮工程”，提高社会治安立体化、法治化、专业化、智能化水平。健全信访矛盾化解机制，维护群众合法权益。配合做好江门监狱收归省级直管的后续工作。做好自然灾害防治和安全生产工作，健全风险防范化解机制，推进应急管理科技信息化建设，加强应急救援队伍和应急管理装备建设，组建西部森林消防队伍，启动新消防救援指挥中心建设，加快上川岛国家天气雷达和相控阵雷达网建设，坚决遏制较大以上生产安全事故发生，减少自然灾害造成的损失。深入推进全域创建省食品安全示范城市，加快食用农产品溯源系统建设。推进中心城区农贸批发市场提档升级、搬迁改造。落实《中华人民共和国药品管理法》《中华人民共和国疫苗管理法》，加强药品、医疗器械、化妆品安全监管。

做好上述民生工作，必须加大民生投入，全市各级财政安排民生支出314.5亿元，增长7.5%。抓好民生实事落实，补齐民生社会事业短板，切实解决好群众普遍关注的操心事烦心事揪心事。进一步完善国防动员体系，继续做好侨务、外事、台港澳、民族、宗教、人防、海防、打私、妇女儿童、地方志、红十字会等工作。做好第七次全国人口普查工作。积极推进与黑龙江省七台河市的对口合作。

五、加强政府治理体系和治理能力现代化建设

加强政府系统党的建设。坚持和加强党的全面领导，增强“四个意识”，坚定“四个自信”，做到“两个维护”。在市委的领导下，不断加强市政府党组建设，严格落实重大问题决策、重大项目投资决策、大额资金使用集体决策和报告市委的制度，发挥各级政府、政府各部门党组织在抓好业务工作中的保障和引领作用。认真落实省委巡视、省委审计办审计和市委巡察的整改任务。加强国企基层党组织建设，推进民营企业和外资企业的党建工作，抓好社会组织领域党的组织和工作覆盖。持续加强和改进政府系统意识形态工作。

积极推进法治政府建设。深入开展法治政府建设示范创建活动。主动接受人大依法监督和政协的民主监督，认真执行市人大及其常委会各项决议决定，支持政协委员参政议政，提高人大代表议案、建议和政协提案的办理水平。落实市人大常委会年度立法计划，继续深入推进政府规章制定工作和政府规范性文件制定、备案审查工作，积极实施人大代表票决民生实事项目。支持市监委和市中级法院、市检察院工作。坚持市政府常务会议学法制度。深入推进政务公开。动态完善行政执法自由裁量基准制度，加强行政执法监督体系建设。加快建设覆盖城乡、便捷高效、均等普惠的公共法律服务体系，提升公共法律服务水平。

加大作风建设力度。持之以恒正风肃纪，带头弘扬党的光荣传统和优良作风，严格落实中央《八项规定》精神，坚决整治形式主义、官僚主义。坚持厉行节约，严控“三公”经费预算。密切联系群众，深入基层调查研究，增强履职能力，畅通服务群众最后一公里，认真解决群众反映强烈的突出问题、难点问题。进一步精简会议文件，严格规范督查检查考核。全面建立政务服务“好差评”制度。健全激励机制和容错纠错机制，激励干部担当作为，推进政府职能转变。

大力建设廉洁政府。严格执行党风廉政建设各项规定，自觉接受纪律监督、监察监督、派驻监督和巡视巡察监督，强化审计监督，一体推进不敢腐、不能腐、不想腐。紧盯重大工程、重点领域、关键岗位，强化廉政监督和廉政风险防控。保持惩治腐败的高压震慑，严肃整治群众身边的腐败问题，永葆为民务实清廉的政治本色。

新时代催人奋进，新使命更要实干。让我们更加紧密地团结在以习近平为核心的党中央周围，在省委、省政府和市委的坚强领导下，高举习近平新时代中国特色社会主义思想伟大旗帜，不忘初心、牢记使命，闻鸡起舞、日夜兼程、风雨无阻，以新担当新作为开创江门工作新局面，加快打造珠江西岸新增长极和沿海经济带上的江海门户，坚决夺取全面建成小康社会的伟大胜利，为广东实现“四个走在全国前列”、当好“两个重要窗口”做出江门贡献！

2020年1月9日，江门市第十五届人民代表大会第六次会议在江门市委市政府大会堂隆重开幕 （市人大办 供）

江门市2019年国民经济和社会发展计划执行情况与2020年计划草案报告

——2020年1月9日在江门市第十五届人民代表大会第六次会议上

江门市人民政府副市长、市发展改革局局长 王长青

2019年国民经济和社会发展计划执行情况

2019年，我市坚持以习近平新时代中国特色社会主义思想为指导，全面贯彻党的十九大和十九届二中、三中、四中全会精神，深入贯彻习近平总书记对广东重要讲话和重要指示批示精神，在市人大及其常委会和市政协的监督支持下，认真落实省委“1+1+9”工作部署和市委“1+1+5”工作举措，抢抓建设粤港澳大湾区和支持深圳建设中国特色社会主义先行示范区的“双区驱动”机遇，着力推进稳增长、促改革、调结构、惠民生、防风险、保稳定各项工作，推动经济平稳健康发展，社会事业全面进步，较好完成市十五届人大常委会调整后的目标任务。

（一）以“六稳”为重点做好宏观调控，经济高质量发展基础进一步夯实

经济运行处于合理区间。面对多方面因素叠加形成的经济下行压力，我市全力落实中央稳就业、稳金融、稳外贸、稳外资、稳投资、稳预期的“六稳”决策部署和省有关工作安排，出台《关于推动“六稳”工作的实施方案》，提出50条具体政策措施以及11批工作清单，对稳定经济运行和提振市场信心发挥重要作用。全市经济实现稳中求进、健康发展。预计全市实现地区生产总值超3000亿元，增长4%以上；人均地区生产总值增长3%；规模以上工业增加值超1000亿元，增长3%；固定资产投资约1870亿元，增长9%左右；社会消费品零售总额超1500亿元，增长7.5%；外贸进出口总额超1400亿元，下降3.2%，其中出口基本与上年持平。

经济质量效益持续提升。产业结构持续优化，农业发展稳中向好，工业经济逐步企稳，服务业占GDP比重进一步提高。财政金融运行稳健，完成地方一般公共预算收入256.8亿元，增长5.3%；全市金融机构本外币存、贷款余额分别为4946.8亿元、3667.7亿元，分别增长9.2%、16%。招商引资成效显著，各市（区）均实现引进超20亿元项目的目标，全市引进超亿元项目209个，投资额1298亿元，分别增长7.2%和5.7%。全年实现利用外资54.5亿元，增长14.9%。重点项目快速推进，我市纳入省重点建设项目完成投资306.1亿元，完成年度投资计划的131.2%，居全省第5位；市重点项目完成投资822.5亿元，完成年度投资计划的127%。

企业发展活力不断增强。出台总部经济扶持政策，推动大型骨干企业壮大规模增强实力，年营业收入超50亿元的大型企业达7家。大力支持民营企业发展，民间投资占全部投资6成以上。在财政部开展的第一批“小微双创”城市示范绩效评价中排名第2，正式获得“全国小微双创示范城市”称号。建立重点企业首席服务官制度，开发运行“江门市工业企业诉求办理系统”及“江企通”微信小程序，为企业提供优质、精准服务。实施“政银保”项目，累计发放36亿元融资担保贷款。全市市场主体总量达52.8万户，排名全省第6。

（二）粤港澳大湾区建设全面推开，重点领域工作成效初显

交通设施建设取得新突破。“交通大会战”完成交通投资193亿元，落实《江门市综合交通一体化规划（2018—2035年）》，交通规划布局进一步优化。珠西综合交通枢纽江门站主站房和配套工程顺利推进，完成深茂铁路深圳至江门段可研批复前置工作。成功争取珠江肇高铁、深南高铁项目调整为近期实施项目。高恩高速和佛开南改扩建工程提前建成通车，中开高速、开春高速、开阳高速改扩建工程加快建设，银洲湖高速动工建设，黄茅海跨海通道和江鹤扩建等项目前期工作加速推进。完成开平环城公路东环段、国道G325鹤山大雁山至桃源段改线工程建设，江门大道南、五邑路改造等项目进展顺利。

科技创新引领作用显现。高新区在国家级高新区综合排名提升至57位，连续5年实现争先进位。全市高新技术企业超1500家。国家级科研平台增至6家；省级科研平台增至394家，其中省级工程技术研究中心342家，位居全省第5位。全市规上工业企业研发机构覆盖率达60%，主营业务收入5亿元以上工业企业研发机构实现全覆盖。在德国新设“联络五邑”海外服务工作站，新增5个博士后创新实践基地，新引进在站博士后38人，建立省内首家外国人才驿站。积极对接广深港、广珠澳科技创新走廊，全面加强与中科院的合作，江门中微子实验站、“数字光芯片联合实验室”“再生医学大动物实验研究联合基地”等项目进展顺利；依托五邑大学，与港澳高校共建“纺织材料粤港联合实验室”“粤港澳大湾区西岸科技创新和人才培养合作联盟”。

重大平台谋划建设取得新进展。依托大广海湾经济区，结合黄茅海跨

海通道规划，与珠海、中山谋划建设珠江口西岸高端产业集聚发展区，作为大湾区重要产业平台纳入省委、省政府工作部署。加快银湖湾滨海新区开发，进一步完善管理体制，完成启动区控规编制工作，总投资168亿元的首批项目启动建设。江门人才岛建设加快推进，已收储土地4812亩，完成年度投资35.8亿元，引入腾讯、华为等龙头企业，推进人才岛科创中心建设。华侨华人文化交流合作重要平台建设得到中央统战部（国侨办）、文化和旅游部、中国侨联的支持，成功举办华侨华人文化交流合作暨粤港澳青年文化创意发展大会，印发《关于中国（江门）“侨梦苑”华侨华人创新产业聚集区“一苑多园”建设工作方案》，推进“侨梦苑”提质扩容工作。粤港澳大湾区高质量农业合作发展平台有序推进，成功举行2019年江港绿色农产品供需对接会、粤港澳大湾区（江门）名特优新农产品推介暨重大农业项目签约活动，签约总金额超60亿元。

体制机制创新扎实推进。深化商事登记跨境“离岸受理”，已有60家港澳资企业通过“离岸受理”方式落户江门。首创粤港澳大湾区税务通，港澳居民可以在“家门口”办理江门25项涉税（费）业务。印发《江门市实施粤港澳大湾区个人所得税优惠政策财政补贴暂行办法》。健全以居住证为主要依据的港澳居民随迁子女入学政策。打造“乐业五邑”品牌，出台《江门市关于加强港澳青年创新创业基地建设实施方案》，建立港澳青年创业创新服务中心，举办“2019澳台青年大湾区（江门）体验实习之旅”。与香港安老协会开展养老护理培养项目试点工作。推动家政服务类粤澳“一试两证”技能人才评价。落实港澳人员与我市职工、居民享受同等基本医疗保险待遇有关政策，港澳居民在我市就业参保约7000人。积极推进卫生医疗合作，3个合作项目入选《粤港澳大湾区卫生健康合作共识》。江澳金融合作进一步深化，新增引入澳门资金超730亿元，为省推动粤澳金融深度合作提供经验。

（三）加快构建现代产业体系，产业竞争力稳步提升

制造业提质升级。新引进五大新兴产业超亿元项目91个、总投资388.5亿元，占全市引进超亿元制造业项目总投资的67.6%。中车广东公司完成股权调整工作。落实省珠西产业带聚焦攻坚行动计划（2018—2020年），新引进、新开工、新投产超亿元装备制造业项目分别为38个、53个、32个，项目完成数量、进度均居珠西八市前列。推动企业开展新一轮技术改造，安排技改奖励金超5亿元，全市新增技术改造项目400个，投资额在全省排第6位。落实机器人应用扶持政策，全市新增机器人应用1105台。雅图仕智能印刷工厂建设示范项目成为2019年省智能制造试点示范项目，江门市五金电器智能装备技术公共服务平台、五金制品生产工艺专业技术创新平台被评为广东省智能制造公共技术支撑平台。制定5G产业规划和发展行动方案，在全省地级市率先实现镇镇通5G信号。

产业园区扩容增效。五大万亩园区基础配套设施建设有序开展，新增“三通一平”土地4030亩。“1+6”核心园区盘活闲置土地967.8亩，处置空置厂房19万平方米，新引入亿元以上项目87个，计划投资总额超700亿元。江门产业转移工业园完成管理架构调整，江海区产业转移工业园获评为全省唯一的泛珠三角区域工业和信息化合作创新发展示范试点园区，台山、开平、恩平园区升级为独立的省级产业转移工业园，实现了省级产业转移工业园三区四市全覆盖。成功申报蓬江、江海、鹤山3个省级产业集聚地。

现代服务业提速发展。金融业发展水平显著提高，高新区金融中心投入使用，新增3家保险公司，浙商银行和华润银行获准在我市设立分行，开平、台山农商银行先后开业。实施《江门市现代物流业发展规划（2018—2025）》，珠西物流中心加快建设，江门北——盐田港铁路货运班列标箱货柜发送量突破5000个，普洛斯物流园二期工程已完工。成功举办2019中国（江门）“市长杯”工业设计大赛，2家企业被认定为“广东省工业设计中心”。台山市成功创建首批国家全域旅游示范区。全市旅游总收入690.5亿元，增长17.5%，接待游客7673.9万人次，增长18.2%。

现代农业发展步伐稳健。成功创建国家农产品质量安全市，14家企业被认定为粤港澳大湾区“菜篮子”生产基地（信誉农场），4家企业被认定为粤港澳大湾区“菜篮子”加工企业，14家企业被认定为广东省农产品出口示范基地。新增3个省级、16个市级现代农业产业园，1家国家级、7家省级重点农业龙头企业。我市现代农业产业园建设经验在全国推广，承办全国现代农业产业园工作推进会。在全省粮食安全责任考核中被评为“优秀”。扎实推进“一村一品、一镇一业”，成功创建2个国家级示范村镇和2个省级专业镇。省农产品加工示范区一批项目集中动工。乡村休闲旅游产业快速发展，开平市碉楼侨乡美丽乡村精品线路入选广东美丽乡村精品线路。

（四）深入推进重点领域改革，经济社会发展活力不断释放

“数字政府”加快建设。印发《江门市“数字政府”建设总体规划（2019—2021年）》，建立“全市一盘棋”政务信息化统筹集约机制。建成政务云平台江门节点，优化政务服务一体化、全市公共视频会议系统等平台，大力推广“粤省事”“粤商通”“侨都之窗”自助终端等服务渠道，实现政务服务线上线下融合发展。优化审批服务办理形式，深入推进“堵点清零”专项行动，清理材料重复提交、业务办理来回跑等257个堵点，推动市、县（区）及较大镇

（街）政务大厅实行“5＋X”工作日服务，实现办理时限整体压缩58%，一窗受理率53%。建成电子证照系统，为群众减少材料提交近7万次。政府数据开放指数在全国排名第11、全省第3。

营商环境综合改革成效显著。全省首推商事登记“微信＋智能化审批”服务，在全国电子政务工作座谈会暨国家电子政务综合试点工作现场会上作专题介绍。全国首推银行STM智慧柜员机智能办照，将“商事登记＋智能化审批”延伸到银行自助终端。实现企业设立登记压减到0.5个工作日内，开办企业全流程1天办结。“双随机一公开”监管改革持续走在全省前列，实现对市场主体和非市场主体全覆盖。深化投资项目承诺制改革，累计已有365个项目采用承诺制管理，项目前期工作平均提速1—2个月。加快工程建设审批制度改革，政府投资项目审批时间压减至90个工作日内，社会投资项目控制在55个工作日内。新建“江门市社会信用联合奖惩应用系统”并在全市推广使用，商业信用环境指数在全国被监测的252个地级市中排名第21位。2019年第三季度改革热度指数排名全国第7、全省第1。切实降低企业用地、用工、用电、用气成本，不折不扣落实各项减税降费政策，全年为企业减负超100亿元。

财政、国资等领域改革稳步推进。出台新一轮财政管理体制调整方案，全面推进预算编制执行监督管理改革，建立健全“三项清单”制度，全面实施涉农资金统筹整合，财政管理和资金使用绩效明显提升。市城投、交建集团“代建制”工作有序推进，加快推进市碧源公司等国资企业上市工作。农村综合改革持续深化，全面完成农村集体清产核资工作，鹤山市、恩平市国家级农村集体产权制度改革试点工作扎实推进。深入实施农业“政银保担”，创新推出“陈皮贷”，获省委肯定。

（五）统筹推进城乡建设和生态文明建设，人居环境明显改善

城市品质显著提升。编制主城区景观设计，打造“十大精品”工程。积极推进老旧住宅加装电梯、公共停车场建设以及老旧小区“微改造”。建立道路微循环系统，市区新增停车泊位超2500个。高品质完成东湖公园、釜山公园、新会北园等城市公园升级改造，新建（改建）儿童公园等各类公园164个，实现300米见绿、500米见园的目标。台山市水步镇成为全省唯一的镇级国家新型城镇化标准化试点。恩平市成功创建全国首个“中国避寒宜居地”，台山市浮石村入选“全国乡村旅游重点村”。

乡村振兴扎实推进。深入实施“百村示范、千村创建、万村整治”工程，全域推进“五大美丽”行动，10905个自然村完成人居环境基础整治任务，80%以上村庄达到干净整洁村标准。农村公路等基础设施建设加快推进，全面实现200人以上自然村通水泥路，蓬江区获得“四好农村路”省级示范县称号。新建（改建）农村标准公厕1118座，农村无害化卫生户厕普及率达99%以上，我市“厕所革命”受到省领导肯定并在“世界湾区市长”圆桌会上作经验介绍。开平市塘口镇自力村入选广东十大美丽乡村。成立乡村振兴智库中心。启动创建15个市级乡村振兴试点示范镇（街）。

生态环境明显好转。新建（扩建）城镇污水处理厂13座，新增处理能力20.04万吨/日，成为全省实现建制镇生活污水处理设施全覆盖的8个地市之一。新增1449个自然村覆盖农村生活污水处理设施。建成开平市固体废物处理一期项目和市区餐厨垃圾处理场，成为全省第5个拥有餐厨垃圾处理项目的地市。完成垦造水田1.54万亩，获全省耕地保护目标责任考核二等奖。环境空气质量进一步提升，$PM_{2.5}$、PM_{10}等指标明显改善。《河长制》《湖长制》工作在省考核中获优秀等次，市区11条黑臭水体消除黑臭。关停搬迁主城区高污染高排放企业207家，完成3793家“散乱污”企业和776台生物质燃料锅炉的整治。全市公交电动化率超80%。新会区被授予“第三批国家生态文明建设示范市县”称号，台山市荣获“广东省节水型社会示范县（市、区）”称号。

（六）加大保障和改善民生工作力度，发展成果惠及群众

社会保障体系持续完善。全面完成市十件民生实事。全市低保、特困人员供养、孤儿供养、残疾人两项补贴等底线民生保障水平大幅提升。城乡居民基本养老保险基础养老金最低标准提高至每人每月170元，惠及53万市民。企业职工养老保险基本养老金月人均增加157元，惠及43万名退休人员。扩大住房保障覆盖面，全市政府投资公共租赁住房共11392套，已入住10802套，入住率94.8%。超额完成省下达的棚户区住房改造基本建成任务和发放租赁补贴任务，完成率分别达113.8%、266.7%。城镇登记失业率为2.12%，控制在目标要求3.2%以下。有力防控非洲猪瘟等重大动物疫病，肉类等农产品市场供应稳定。物价总水平基本稳定，居民消费价格指数涨幅控制在3%以内，完成年度调控目标。

社会事业加快发展。印发推进我市学前教育公益普惠发展工作方案，广东江门幼儿师范高等专科学校建成招生，江门市第一中学扩容增效工程和江门市培英高级中学新校区建设工程进展顺利。完成市美术馆、文化馆升级改造和江海区博物馆建设，全市累计建成覆盖城乡24小时自助图书馆46家。全市16个紧密型医联体试点分院按二级医院标准建设基本完成，卫生资源总量保持上升趋势，千人床位数提高到5.11张，千人执业（助理）医师数提高到2.24名。圆满承办2019年世界排球联赛江门站赛事。大力推动全国质量强市示范城市创建工

作，市民质量满意度稳定提升。结对帮扶广西壮族自治区崇左市、对口支援四川省甘孜州及对口合作黑龙江省七台河市等工作顺利推进。

社会治理卓有成效。深入开展扫黑除恶专项斗争，打掉涉黑组织7个、恶势力犯罪集团27个，刑事警情、刑事立案、八类主要案件分别下降10%、10.6%、14.2%。江海区全国农村社区治理实验区试点工作获得民政部专家组肯定。蓬江区推动“1+N”多方主体参与社区治理入围省城乡社区治理十大创新经验。全省首推外卖餐食“放心封签”，21316家餐饮单位实施“明厨亮灶”，食品安全态势持续稳定向好。积极创建全国双拥模范城，在省考核中获好评。建成四级退役军人服务保障体系，形成了军地融合发展的良好格局。实现市县镇三级安全生产委员会“双主任”制全覆盖，安全生产形势总体稳定，全市各类安全生产事故死亡人数下降11.7%。

总体来看，在国内外环境严峻复杂、多重困难挑战相互交织的背景下，我市能取得这样的成绩，实属来之不易。我们也要清醒地认识到江门发展仍面临诸多挑战与不足：经济发展量小质弱，一些主要经济指标增速放缓，新兴产业和先进制造业未成规模，产业转型升级慢，资源环境约束持续加大；区域发展不充分不平衡的问题依然突出，城市建设和管理水平有待提升，农业农村发展基础薄弱；保障和改善民生存在短板。对这些问题，我们要高度重视，采取有效措施，认真加以解决。

2020年国民经济和社会发展计划安排意见

2020年是“十三五”规划的收官之年，也是全面建成小康社会之年，做好经济社会发展工作至关重要。从国际看，世界经济增长持续放缓，世界大变局加速演变的特征更趋明显，全球动荡源和风险点显著增多。从国内看，面临的外部环境更趋复杂严峻，“三期叠加”影响持续深化，经济下行压力加大，但我国经济稳中向好、长期向好的基本趋势没有变。从全省来看，虽然面临着国内外经济增长放缓等不确定因素，但随着“双区驱动效应”加快释放，我省经济将延续平稳增长态势。从全市来看，我市仍处于优化经济结构、转换增长动力的紧要关口，但面临的积极因素不断增加，“双区驱动效应”对我市经济的拉动作用将进一步增强，同时珠江口西岸高端产业集聚发展区、江门人才岛等重大平台加快建设，将为我市经济发展提供源源不断的动力，预计2020年我市经济社会发展总体呈平稳增长态势。

2020年全市工作总体要求是：以习近平新时代中国特色社会主义思想为指导，全面贯彻党的十九大和十九届二中、三中、四中全会精神以及中央经济工作会议精神，深入贯彻落实习近平总书记关于粤港澳大湾区建设的重要论述和对广东重要讲话、重要指示批示精神，认真贯彻落实省委十二届八次、九次全会精神和市委十三届十一次全会精神，认真落实省委“1+1+9”工作部署和市委“1+1+5”工作举措，抢抓“双区驱动”机遇，紧扣全面建成小康社会目标任务，坚持稳中求进工作总基调，坚持新发展理念，坚持以供给侧结构性改革为主线，坚持以改革开放为动力，推动高质量发展，加快建设现代化经济体系，坚决打赢三大攻坚战，推动侨资源优势变成为侨动力，全面做好“六稳”工作，统筹推进稳增长、促改革、调结构、惠民生、防风险、保稳定，保持经济运行在合理区间，确保全面建成小康社会和“十三五”规划圆满收官，加快打造珠江西岸新增长极和沿海经济带上的江海门户，为“十四五”实现良好开局打好基础。

综合考虑高质量发展要求和我市发展环境条件，建议2020年我市经济社会发展主要预期目标如下：

——地区生产总值增长5.5%左右，人均地区生产总值增长4.5%左右；

——规模以上工业增加值增长5%左右；

——固定资产投资增长10%；

——社会消费品零售总额增长7.5%；

——外贸进出口总额实现正增长；

——地方一般公共预算收入增长4%；

——城镇新增就业人数4.5万人，城镇登记失业率控制在3%以内；

——居民消费价格指数涨幅控制在3.5%以内；

——居民人均可支配收入增长与经济增长基本同步；

——研究与试验发展经费支出占生产总值比重达2.25%；

——节能减排约束性指标完成省下达年度计划。

为实现上述目标，2020年重点做好以下工作：

（一）抢抓“双区驱动”战略机遇，推动大湾区建设纵深发展

推进交通基础设施互联互通。“交通大会战”年度计划投资200.9亿元。加快珠西综合交通枢纽江门站建设，确保年内投入使用。推动深茂铁路深圳至江门段动工建设，力争珠江肇高铁年内动工。启动南沙港铁路客运改造，新增蓬江、鹤山站点，实现三区四市铁路客运站全覆盖。加快推进城市轨道交通建设规划，推进与大湾区中心城市联通。加快珠西物流中心建设，深化与盐田港、南沙港、高栏港合作，建设海铁联运物流枢纽平台，打造大湾区物流产业国际合作示范项目。加快推进广海湾作业区进港航道、防波堤、万吨级码头和崖门出海航道二期工程等项目前期工作。优化高速路网，确保中开高速凤山互通至双水互通段建成通车，力争开春高速主线贯通，加快银洲湖高速建设和开阳高速扩建，推动黄茅海跨海通道尽快动工，加快江鹤

高速扩建、中江高速扩建、南海至新会高速、广台高速开平至台山段等项目的前期工作。织密城市快速路网，重点推动江门大道南、五邑路改造、会港大道、滨江快线、发展大道东过江通道、台开快线、G240新会段、G325址山至塘口段等项目建设，实现市内“毛细血管”无缝对接大湾区“主干动脉”。加快推进恩平冯如机场、台山通用机场等前期工作，引入战略投资者，推动通用机场项目与珠海航空城集团合作取得实质成效。

深入实施“湾区通”工程。以港澳企业和居民需求为出发点，畅通要素流动、强化发展对接。大力推动大湾区职称评价和职业资格认可，加快推进港澳专业人才在我市便利化执业。加强与港澳地区在质量检测、认证认可等领域的对接，推动检测标准、检测结果互认，实现商品和服务“自由通行”。拓展江港澳商事登记直通车离岸服务路径，探索与港澳居民出入境数据库对接，实现港澳自然人开办企业（个体户）智能化离岸办理。支持港澳居民依法参加社会保险，享受社会保险待遇合法权益。优化建设市县两级大湾区“一站式”综合服务窗口，推进商事登记、缴税、增量房不动产登记等事项在港澳离岸办理。持续深化与澳门的金融合作，探索新型业务，完善跨境金融平台。

集中资源抓好重大发展平台建设。积极引入有实力有经验的央企或国际资本，高标准推动银湖湾滨海新区整体开发和产城融合，抓好碧海银湖文旅项目、新澳重大技术装备创意创业园等项目建设。在省的统筹指导下，高规格开展珠江口西岸高端产业集聚发展区规划建设工作，探索区域合作新模式，加快广海湾LNG接收站等项目前期工作。依托腾讯、华为在移动互联网、大数据、人工智能等领域的核心技术优势，推动“WeCity未来城市”、ICT学院、广东邮电职业技术学院等项目建设，全力争取IBM软件外包中心项目落户，将人才岛打造成为大湾区科技研发、技术转移的重要支点和智慧城市建设的标杆。

支持深圳先行示范区建设。积极参与综合性国家科学中心建设，推动江门中微子实验站与深圳大亚湾中微子实验站的全面对接。深化与深圳在数字光芯片技术创新方面的合作。加强政务服务管理交流协作，推动建立联动机制和城市管理互通机制，大力推动5G＋政务应用。联合打造华侨华人文化遗产游径、海丝文化遗产游径等旅游线路。与深圳协调探索确立生产及质量安全标准体系和食品质量安全标准。共同推进区域大气环境联防联治。将支持深圳先行示范区建设和支持广州“四个出新出彩”实现老城市新活力紧密结合起来，主动承接珠三角核心城市外溢的高端资源要素，探索推动交通、产业、科技等领域的创新合作。

（二）加快产业转型升级步伐，打造先进制造业强市

做大做强龙头骨干企业。深入开展“暖企业、促投资”行动，落实市领导挂钩联系重点项目及重点企业的制度，加大对企业的帮扶力度，通过政策激励引导、支持企业开展技术改造和增资扩产。落实总部经济办法，组织认定一批总部企业，加快形成总部经济规模效应。实施重点企业倍增计划，推动重点企业实现营业收入倍增，培育工业增长新动能。同时，加大力度推进小微企业升级为规模以上企业，推动大中小企业融通发展。

推动产业迈向中高端。加快培育五大新兴产业，力争在最有活力、最具增长潜力的新材料、高端装备制造产业上取得大的突破。积极引导和推动传统优势产业开展数字化、网络化、智能化技术改造，坚持以“智能＋”驱动产业创新发展。力促工业绿色低碳发展，淘汰落后产能，加快推进主城区高污染、高排放企业搬迁改造工作。大力发展工业互联网，做好标杆示范项目培育，完善应用生态体系，推动互联网和实体经济深度融合。加快推进5G发展，全力布局5G网络，力争累计建成5G通信基站超过3000座。

提升产业园区综合效益。以五大万亩园区及“1＋6”园区为重点，根据园区主导产业发展方向，进一步完善园区电力配套、污水处理、集中供热、固废处理、公交站场等生产生活配套设施，提高园区土地集约利用效率，提升承接高端产业项目能力。探索创新合作模式，积极引导多种资本投入园区开发，强化园区融资保障。持续推动村级工业园升级改造。依托深江产业园等平台，探索建立“广深总部＋江门基地”“广深研发＋江门转化”产业合作体系。大力推进“招商引资项目提质年”。各市（区）年内均要引进投资额20亿元以上的项目并动工建设，东部三区一市均争取至少引进一个投资额50亿元以上项目，西部三市均争取至少引进一个投资额30亿元以上项目。

（三）强化科技支撑引领作用，加速推进新旧动能转换

主动对接粤港澳大湾区国际科技创新中心建设。完成江门中微子实验站基建工程并开始设备安装，启动江门中微子实验科普馆前期工作，力争打造粤港澳大湾区重要科普基地。支持五邑大学建设高水平理工大学，持续加强与港澳高校及科研机构的对接交流，加快“粤港澳大湾区人类重大疾病大动物模型联合创新基地”“粤港澳大湾区生物医药博士生联合培养基地”等项目建设。探索建设面向港澳的科技企业孵化器，为港澳青年创客提供项目孵化、项目加速、成果转化及产业化等服务。

全力推进国家创新型城市创建。研究制定“科创十条”配套实施细则。联动推进创建国家创新型城市与建设珠三角（江门）国家自主创新示范区，持续落实创新驱动发展“八大举措”。推动鹤山工业城创建省级高新区。深化科技金融结合，鼓励和支

持金融机构开展金融创新，完善“邑科贷”政策，为科技型中小企业增信，缓解企业融资难题。进一步落实《江门市高新技术企业提质增量行动工作方案（2018—2020年）》，力争高新技术企业达1700家。优化升级“侨都英才计划”“五邑人才工程”，引进和培养一批科技领军人才、青年科技人才和高水平创新团队。深入实施百名博（硕）士引育工程，完善博士后创新实践工作。

加强科技创新平台建设。依托研发条件较好的大中型企业、高新技术企业等，建立一批省级以上科技创新平台。加强规模以上工业企业科技创新平台建设力度，重点推动规上工业企业市级工程技术研究中心提质发展，进一步提升科研人员、设备、承担科研项目等方面的能力。加强与院士团队领衔的国家重点实验室、技术创新中心的对接合作，支持在我市建设协同创新平台，开展产业核心技术攻关，实施一批重大科研项目，对接解决一批产业技术难题。

（四）加大改革开放力度，构建资源高效配置的市场体系

全面深入推进“放管服”改革。加大商事登记全程电子化、“微信＋智能化”审批服务改革力度，推动商事登记全流程网上办、随时办、就近办。探索商事登记法律文书境外公证制度改革。加强社会信用体系建设，加快构建全市信用联合奖惩一张网。深入推进网上中介服务超市运营管理。全面深化“数字政府”综合改革试点工作，大力推进“全程网办、全城通办、四少一快、智能办理、指尖计划、堵点清零”六大专项行动，打造“政务服务无堵点城市”。推进工程建设项目审批制度改革在各市（区）落地实施，力争上半年基本建成全市统一的工程建设项目审批和管理体系。推进招投标全流程电子化。纵深推进“双随机一公开”监管常态化制度化，实施“互联网＋监管”，实现公正智慧监管。

深化经济体制改革。统筹推进国企国资管理体制改革，以管资本为主推进全市国有资产监管体制改革，加快实现从管企业向管资本转变。进一步推动国有企业改革，在更大范围、更深层次、更广领域统筹配置国有资产，持续优化布局结构，不断提升信用评级和强化资本运作，加快打造市场化专业平台。完善政府举债融资机制，建立健全重大平台重大项目资金统筹机制，探索创新片区综合开发和重大基础设施建设投融资方式。优化金融服务体系，支持村镇银行、小额贷款、融资性担保等新型地方金融业态发展壮大，为地方小微企业和“三农”提供优质金融服务。进一步完善“三旧”改造政策，做好“工改工”政策调整，探索建立产业升级改造与“工改住”“工改商”挂钩制度。全面推行区域评估，落实用地清单制度和迁移迁改“豁免制”。

推进更高水平对外开放。加强与港澳经贸界的对接合作，携手开拓多元化国际市场。利用广交会、深圳高交会的前端和后端时间，举办进出口贸易对接会，精准对接引流客商资源，推介本地优质产品，打响江门制造品牌，进口更多优质商品满足人民群众需要。积极申报跨境电商综合试验区，发展外贸新业态新模式。推动大广海湾保税物流中心（B型）加快验收运营、高新区公共码头一期尽早建成投入使用。进一步优化通关流程和作业方式，提升通关便利化水平。推进港澳籍船舶入境维修，探索推动粤港澳游艇自由行，扩大口岸开放。

（五）统筹推动城乡区域协同发展，培育壮大发展动力源

加快推动“三区并进”工作。出台实施《江门市加快构建“三区并进”区域发展新格局实施方案》，强化都市核心区引领带动能力，提升大广海湾区蓝色发展动力，激活生态发展区绿色发展潜力。加快交通基础设施建设，提升区域快速通达能力。创新区域协调发展体制机制，实施新一轮财政管理体制调整，研究建立推进全市性重大项目、跨区域项目建设统筹机制，完善促进区域协调发展的财政政策体系。积极做好革命老区振兴发展工作，重点研究解决老区村巷道硬化、安全饮水、垃圾污水处理等民生问题。统筹推进特色小镇建设。

持续推进城市品质提升。把城市品质提升建设工作向内街背巷延伸，打造优质便民的出行环境。推进东湖公园品质提升三期、江门河北岸品质提升、天沙河两岸品质提升及生态修复、人才岛环岛滨水景观带、城央绿廊（江门大桥至江门船厂）、龙溪湖公园二期、新会马山公园升级改造工程建设，打造提质精品工程。完成江门水道新会段等碧道建设，全年新增碧道100千米。以群众关心的事情为出发点和落脚点，深入推进老旧小区改造、社区口袋公园建设、老旧住宅加装电梯等，切实改善居民居住环境。加快“智慧城管”体系建设，推动城市管理要素、城市管理过程、城市管理决策等全方位智慧化。

全面实施乡村振兴战略。深化农业供给侧结构性改革，做优大米、生猪、水产品等传统产业，做强岭南水果、花卉等特色产业，做大休闲农业、智慧农业、设施农业等新兴产业，培育一批全产业链企业集群，促进农村三次产业融合发展。加快现代农业产业园建设，培育壮大新型农业经营主体，扶持发展产业化联合体，创建一批侨乡农业知名品牌，推进大湾区农产品流通中心等项目建设，高水平打造粤港澳大湾区高质量农业合作发展平台。全面完成农村人居环境基础整治任务，继续抓好14条美丽乡村精品线路打造提升，深入推进1个省级示范县、7个省级示范镇、105个省级示范村创建工作。推动纳入乡村振兴规划的1108个村（社区）全部达到省要求的干净整洁村标准，60%以上达到美丽宜居村标准，农村饮水安全、厕所、垃圾污水处理等农村基础设施和公共服务设施更加完善。加快

“四好农村路”建设，完成150千米农村公路建设。

（六）高质量打好三大攻坚战，夯实全面建成小康社会基石

坚决打赢脱贫攻坚战。严格落实“四级书记”齐抓扶贫要求，做实做细“三级结对、四级挂扶”工作机制，确保年内实现高质量脱贫目标。加强对建档立卡贫困户的动态管理，深化到村到户到人的精准分类施策，确保扶贫路上不漏一户、不落一人。统筹推进产业、就业、教育、社保等扶贫措施，巩固脱贫成果，切实防止返贫。出台低收入对象帮扶改革实施方案，着力探索消除绝对贫困后低收入人口的帮扶创新经验。切实加强与广西壮族自治区崇左市的扶贫协作、四川省甘孜州的对口支援，积极开展援疆援藏工作。

全面打好污染防治攻坚战。坚决落实中央和省级环保督察整改任务。打好蓝天保卫战、碧水攻坚战、净土保卫战、固体废物和农业农村污染治理攻坚战，努力实现全市大气、水、土壤环境质量目标，完成省下达的总量减排任务。深入落实《河长制》《湖长制》，深化工业、农业、生活污水等源头治理。推进生活垃圾全过程分类，蓬江区和江海区建成省级全区推进垃圾分类示范片区。

全力防范化解重大风险。做好地方政府债务、房地产市场、国有“僵尸企业”处置等领域的风险防范化解工作，坚决守住不发生区域性风险、不引发系统性风险的底线。防范重点领域金融风险，加大对非法集资、互联网金融、农合机构、股权质押等领域的防控力度，加强对金融风险预防和监测能力，妥善处置非法集资案件善后工作，维护社会稳定。抓紧推进解决恩平金融风险历史遗留问题。

（七）切实办好民生实事，进一步提升民生事业发展水平

统筹推进社会保障体系建设。推进企业职工基本养老保险基金、基本医疗保险基金、工伤保险基金省级统筹，推进机关事业单位养老保险制度平稳运行。落实失业保险基金支持就业创业措施。持续提高城乡最低生活保障、特困人员供养、孤儿供养、城乡医疗救助、困难残疾人生活补贴和重度残疾人护理补贴等五项底线民生保障项目水平。深入实施“广东技工”“粤菜师傅”“南粤家政”三大工程，切实稳定就业。打好根治欠薪攻坚战，全面落实各项“治欠保支”制度。探索开展购买劳动争议专业性调解服务工作。做好退役军人服务保障工作，深化双拥共建，大力支持驻江门部队建设改革，巩固军政军民团结。

强化公共服务有效供给。实施教育优质发展三年行动计划。大力发展学前教育，确保全市公办幼儿园在园幼儿数占比达到50%以上，公办幼儿园和普惠性民办幼儿园在园幼儿数达到80%以上。进一步完善集团化办学，增加优质学位供给，推动义务教育均衡一体化发展，落实高水平高质量普及高中阶段教育任务。持续完善养老服务体系，加快发展居家和社区养老服务，推进长者饭堂建设，鼓励发展社区嵌入式养老模式。持续提升人民卫生健康服务水平，大力推动“三医”联动改革，推进建立现代医院管理制度，打造粤港澳大湾区西翼医疗中心。开展公共服务质量监测，推动公共服务业质量提升。推动建立覆盖城乡、便捷高效、均等普惠的现代公共法律服务体系。

提升社会治理效能。以扫黑除恶专项斗争为牵引，严厉打击涉黑恶、盗窃、电信网络诈骗、涉黄赌等违法犯罪活动，深入推进全民禁毒工程，持续改善社会治安环境。加强社会治安防控体系建设，加快推进警务大数据平台、治安视频监控系统建设等工作，着力打造立体化、智能化巡防体系。健全安全生产隐患排查治理体系，进一步完善消防及应急救援基础设施建设，着力防控化解重点行业领域安全风险，坚决遏制较大以上安全生产事故发生。加大食品安全问题治理力度，深入推进全域创建广东省食品安全示范城市。加强社区治理，高标准完成江海区全国农村社区治理实验区建设，总结形成创新经验进行推广。进一步推动健全党组织领导下自治、法治、德治相结合的新时代城乡基层社会治理机制，建立和完善多元化解矛盾纠纷机制。

同时，全力做好“十四五”规划和国土空间总体规划（2020—2035年）编制工作，做好侨务、外事、台港澳、民族、宗教、人防、海防、打私、妇女儿童、地方志、红十字会等工作。继续推进与黑龙江省七台河市的对口合作。

做好我市今年经济社会发展工作任务艰巨，意义重大。我们要在市委、市政府的坚强领导下，坚定信心，主动作为，确保“十三五”规划圆满收官，坚决夺取全面建成小康社会伟大胜利。

庆祝中华人民共和国成立70周年系列活动

【国庆70周年宣传文化活动】 2019年，中共江门市委宣传部（简称“市委宣传部”）紧扣庆祝中华人民共和国成立70周年热点（简称“国庆”），在国庆期间策划举办大型活动265场，150万人次直接参与活动。举办“盛世欢歌致敬祖国”——江门市庆祝新中国成立70周年文艺晚会及10万名志愿者快闪、“国庆节吃国庆面”等特色群众性活动，全方位全媒体宣传，国庆信息被中央电视台矩阵客户端采用26条，被广东触电新闻App采用85条、《广东新闻联播》播出7条，创历年国庆档新高，在全省各地级市名列前茅，庆祝活动得到包括港澳同胞、海外侨胞在内的社会各界一致好评。

【新闻媒体宣传报道活动】 2019年，江门市委宣传部策划庆祝中国成立70周年的宣传报道，协调市直媒体开设“壮丽70年奋斗新时代”专栏和“爱国情奋斗者”系列报道，把握主流舆论导向，唱响礼赞新中国、奋进新时代的昂扬旋律。全市投放国庆主题户外广告2万平米，悬挂国旗12万面，全市国庆氛围浓厚热烈；隆重庆祝中国成立70周年，举办“盛世欢歌致敬祖国——江门市庆祝新中国成立70周年文艺晚会”“南粤百园庆国庆”“我和我的祖国”国庆大型群众文艺嘉年华、十万江门人为祖国庆生快闪等265项庆祝活动，邀请2108名港澳同胞、海外侨胞共同参与。

（中共江门市委宣传部）

【广播电视宣传报道活动】 2019年，江门市广播电视台为庆祝中华人民共和国成立70周年，推出《江门电台庆祝新中国成立70周年系列报道——五星红旗在我心》系列报道，《民生热线》策划10期献礼新中国成立70周年系列访谈节目《扬帆大湾区建功新时代》，与江门市档案局合作推出以“新中国的记忆”为主题的《礼赞新中国　奋进新时代》栏目，展现新中国成立以来特别是改革开放以来江门的变化。

（江门市广播电视台）

【老干部文艺庆祝活动】 2019年，江门市各级老干部们在国庆前夕共举办文艺会演8场，深入各镇（街）、学校、敬老院、社区、企业举办展演活动100场。举办书画摄影展40场，展出作品3800幅。江门市老干部大学合唱团在2019全国中老年合唱大会比赛中荣获金奖；围绕“我看新中国成立70周年新成就”主题，各市（区）、市直各单位老干部组织离退休干部开展调研座谈100场，7位离退休干部接受《江门日报》采访，以历史见证者、亲历者的身份，讲述70年来江门市在党的领导下发生的巨大变化。

【江港澳三地青年庆祝活动】 2019年9月21日，由中共江门市委统战部、共青团江门市委等多部门联合举办的“我和我的祖国”庆祝中华人民共和国成立70周年暨粤港澳大湾区青年节交流活动在江门市启动，活动包括“大湾区大型考察团”“祝福香港、点赞祖国”等约25场次，吸引2300名江港澳三地青少年参加。

【医疗卫生领域庆祝活动】 江门市医疗卫生行业将庆祝中华人民共和国成立70周年与庆祝医师节相结合，利用现代媒体开展系列活动。在《江门日报》庆祝中华人民共和国成立70周年特刊上刊登《江门市医疗卫生事业飞速发展——建设健康江门，守护百姓健康》专题文章；借助《健康江门》栏目，在江门电视台播出3期“建国70周年暨医师节专题”节目，分别以“守护——在离‘艾’最近的地方”“乡村医生陈少甲”和“不忘初心的女中医人——余尚贞”为主题，介绍江门市杰出的医护工作者代表，展现出江门市医护工作者敬畏生命、对爱体恤、将自己的青春年华毫无保留地挥洒在自己岗位上的奉献精神。

【江门市文学艺术界庆祝活动】 2019年，江门市文学艺术界聚焦庆祝中华人民共和国成立70周年主题，开展丰富多彩的系列庆祝活动，共组织大小庆祝展演活动150场次。9月26日，由市委宣传部、市文学艺术界联合会（简称“市文联”）主办的江门市庆祝中华人民共和国成立70周年“盛世欢歌致敬祖国”文艺晚会在江门演艺中心侨都大剧院上演，晚会以时间为主轴展现江门五邑70年的沧桑巨变，江门市音乐家协会(市音协)、江门市戏剧家协会(市剧协)、江门市舞蹈家协会(市舞协)、江门市曲艺家协会（市曲协）、江门市影视家协会（市影视协会）、江门市合唱家协会（市合唱协会）、江门市民间文艺家协会(市民艺协)、江门市摄影家协会（市摄协）等文艺组织派员参加节目演出与制作。市合唱协会组织“江门市百歌颂中华”合唱比赛活动；市书协、市美协分别联合开平市举办现场书法活动，70位书法家以“同唱一首歌，共写新时代”主题现场挥毫创作70米书法长卷活动，举办“庆祝中华人民共和国成立70周年·2019江门市美术作品展”；市民协举办“庆祝国庆主题剪纸精品展览”；市摄协举办“新中国成立70周年五邑摄影精品展”等；蓬江区文联组织举办“爱党爱国爱蓬江”70米书画长卷创作活动；江海区文联举行大型群众文艺嘉年华晚会；新会区出版“纪念中华人民共和国成立70周年”诗词专辑；台山市举办“爱曲艺、爱祖国”曲艺展演；鹤山市、恩平市等分别组织“我和我的祖国”快闪活动；市汽运集团文联主办市国资系统《辉煌七十年唱响新时代》文艺晚会。

（中共江门市委宣传部）

粤港澳大湾区华侨华人文化交流重大平台建设

2019年2月,国务院发布《粤港澳大湾区发展规划纲要》,提出“支持江门市建设华侨华人文化交流合作重要平台”。3月，市文化广电旅游体育局聘请国内专业团队编制《华侨华人文化交流合作重要平台建设方案》（简称“建设方案”）,经11月1日市政府常务会议审议通过。“建设方案”以“固根、筑魂、圆梦”为建设主线，以华侨华人的精神家园、文明互鉴的交流典范、共建共享的文化实验区、华侨华人创业创新基地为定位，提出“重要平台”建设2020年、2025年和2035年3个阶段工作的目标和措施。11月14日，江门市在广东珠西国际会展中心举办华侨华人文化交流合作暨粤港澳青年文化创意发展大会，近1100海内外嘉宾参加，其中海外嘉宾逾830人，国内嘉宾近200人，涵盖国家，省市有关部门，粤港澳大湾区城市代表，海外华侨华人重要社团首长，商界，文化教育和科学艺术界精英，国外文化遗产学者文旅行业专家学者，优秀企业家以及一带一路国家和地区的手工艺大师代表等。举行“重要平台”建设启动仪式,举办“一带一路”文化遗产合作与交流（2019江门）国际研讨会暨国际手工艺展、文旅中国·江门文化旅游产业发展论坛等8项重大活动和12个文化旅游项目现场签约，总投资额647亿元。12月25日，江门市推进粤港澳大湾区建设领导小组原则通过“建设方案”，同意“建设方案”按程序提请广东省推进粤港澳大湾区建设领导小组会议审议。

（江门市文化广电旅游体育局）

2019年江门市十件民生实事完成

1. 提高底线民生保障水平。全市城乡居民基本养老保险基础养老金最低标准从每人每月148元提高到170元。年内实现城镇低保补差水平不低于当地低保标准的75%，农村低保补差水平不低于当地低保标准的50%，且不低于省定标准；特困人员基本生活标准按不低于当地最低生活保障标准的1.6倍、且不低于当地现行特困人员基本生活标准确定。全市孤儿基本生活最低养育标准分别为集中供养每人每月不低于1800元、分散供养每人每月不低于1025元；全市困难残疾人生活补贴每人每年1980元、重度残疾人护理补贴每人每年2640元。城乡低保对象、建档立卡贫困人口政策范围内基本医疗救助比例达到80%以上。

2. 提升基层医疗卫生服务能力。实施农村妇女“两癌”免费检查，保障妇女健康。鹤山市完成作为国家“两癌”项目县的筛查任务数；台山市、开平市、恩平市完成国家及省的筛查任务数；蓬江区、江海区、新会区按各自既定的计划完成筛查任务。进一步加强基层医疗卫生人才队伍建设，培训全科医生287名，产科医生（含助产士）9名，儿科医生12名，扩大订单定向医学生招收规模至每年约40名，为3家升级建设中心卫生院招聘符合条件的首席专家6名，为基层群众提供更加优质、便捷的基本医疗卫生服务。

3. 提升基础教育服务水平。补齐教育经费保障机制短板，建立学前教育、公办普通高中生均拨款制度及逐步增长机制，全市公办幼儿园年生均公用经费补助标准不低于每生每年300元，对符合条件的普惠性民办幼儿园给予补助。全市公办普通高中生均公用经费补助标准不低于每生每年500元；继续落实义务教育公用经费生均拨款制度，全市义务教育学校生均公用经费标准小学不低于每生每年1150元，初中不低于每生每年1950元。大力推进普通高中提质扩容，适应新高考改革需要，提升中心城区优质高中学位供给，建设江门市第一中学提质扩容工程和江门市培英高级中学新校区工程，两个项目2019年开工建设，2021年建成并投入使用。

4. 提高市场食品质量安全水平。全面加强食品质量安全监督管理，完成不少于2.27万批次食品抽检任务，食品检验量达到每年每千人5批次；在全市75家食用农产品集中交易市场开展以蔬菜类、水产品类和肉类等为主的快速检测，及时公示快检信息，对不合格产品处置率100%，全年快检批次不少于32万批次。

5. 加大力度促进就业创业。降低基本医疗保险缴费费率，将用人单位缴费费率降低至5.5%；工伤保险在全面实施浮动费率的基础上，阶段性下调缴费费率，全市平均费率再下降20%左右；为符合条件的创业者提供最高30万元、最长3年的创业担保贷款及贴息；培养“粤菜师傅”500名。实施劳动力技能晋升培训补贴、失业保险技能提升补贴政策，对按规定参加职业技能晋升培训、法定劳动年龄内的在粤务工省内外城乡劳动者发放补贴5000人次。将生活困难的应届高校毕业生求职创业补贴标准从每人1500元提高到2000元。江门市技工院校生均财政拨款基本标准不低于每生每年3000元。深入推进“圆梦计划”，择优资助500名在我市务工的优秀新生代产业工人参加学历继续教育的本、专科学习，打通新生代产业工人成长发展的向上通道。

6. 建设“四好农村路”。改造影响人民群众出行安全的农村公路四、五类桥梁8座，完成农村公路建设100公里，实现200人以上自然村通水泥路，全力推进“四好农村路”示范路建设。

7. 加大精准脱贫攻坚力度。加快推进扶贫线和低保线“两线合一”项目实施，探索建立城乡统筹的长效扶贫机制，今年进一步完善“江门市低收入人口识别指标体系”和“搭建低收入人口信息管理平台”，重点在全市范围组织开展低收入人口对象认定，制定完善相关配套帮扶政策。

8. 加快提升公共文化服务水平。完善市县镇村四级公共文化设施网络。推进公益性文化设施免费开放力度，加快江门五邑图书馆和五邑华侨华人博物馆建设进度，推动各市（区）标志性文化设施建设。保障各公益性文化场馆免费开放，打造城乡“十分钟文化圈”。以“十分钟文化圈”为阵地精心策划群众性文化活动，全年共开展活动300场以上。进一步推动国家级“侨乡文化生态保护实验区”创建工作。

9. 扩大农业保险覆盖面。在2018年16个政策性农业保险保费补贴险种品种基础上，2019年再增加2个品种，达到18个，进一步扩大政策性农业保险覆盖面，其中全市政策性水稻种植保险承保覆盖率达到90%以上，保险保额提高到800元。

10. 大力推进“厕所革命”。加快老城老区公厕建设，不断提升城市公厕服务管理水平，新建和提升改造城市公厕100座，新建和提升改造乡村公厕1100座，全面实现每个自然村按实际需求基本建成1个标准化公厕，农村无害化户厕普及率达到98.5%，新建和提升改造旅游厕所28座，提升改造高速公路服务区等交通厕所13座。

江门市2019年度十大新闻

【江门市成为粤港澳大湾区重要节点城市】 2019年2月18日，中共中央、国务院印发《粤港澳大湾区发展规划纲要》（简称“规划纲要”），江门市成为粤港澳大湾区重要节点城市之一。该“规划纲要”提出支持江门市建设粤港澳大湾区华侨华人文化交流合作重要平台，推进中国（江门）“侨梦苑”华侨华人创新产业聚集区建设等。江门市推进粤港澳大湾区建设，制定“1+1+5”工作举措，把大湾区建设摆在五项重点任务之首。

【中共广东省委书记李希到江门调研】 2019年1月11—12日，广东省委书记李希到江门，深入农村、企业、民生保障点和生态保护区，就学习贯彻习近平总书记对广东重要讲话和重要指示批示精神，推动省委十二届六次全会精神落地落实进行调研。李希强调，要坚持以习近平新时代中国特色社会主义思想为指导，以新担当新作为把江门打造成为珠江西岸新增长极和沿海经济带上的江海门户。

【“不忘初心、牢记使命”主题教育扎实开展】 2019年9月，江门市第二批“不忘初心、牢记使命”主题教育拉开帷幕。各市（区）、各单位共1.1万个基层党组织、21万名党员投身其中，攻克制约发展的重难点问题，解决人民群众的操心事、烦心事、揪心事。中共中央第九巡回督导组、广东省委第二巡回指导组均对江门市主题教育工作给予充分肯定。

【华侨华人文化交流合作暨粤港澳青年文化创意发展大会举行】 2019年11月13—15日，华侨华人文化交流合作暨粤港澳青年文化创意发展大会在江门市举行。大会围绕“汇聚华侨华人力量　共建美丽人文湾区”主题，邀请众多海内外嘉宾共襄盛会。在大会重要活动之一——2019中国侨都（江门）华侨华人嘉年华的开幕式上，江门市启动建设华侨华人文化交流合作重要平台。

【江门市首开全省民生实事代表票决制先河】 2019年1月18日，在江门市十五届人大五次会议上，与会373名市人大代表首次无记名差额票决江门市2019年十大民生实事项目，在全省首开市级人大探索民生实事代表票决制的先河。经大会代表票决，底线民生保障、基层医疗卫生、基础教育、食品安全、就业创业、“四好农村路”建设等项目从12个候选项目中入选。

【江门“放管服”改革持续深化】 2019年3月26日，江门市“开办企业1天办结”示范点工作启动；5月上旬，全市全面实现“开办企业1天办结”。5月15日，江门市首个“交地即动工”项目在开平产生；6月3日，江门市在全省率先推出商事登记“微信+智能化审批”服务改革；11月15日，江门市在全省首创商事登记“变更智能办”；是年底，江门市“多证合一”“证照分离”改革项目入围全国法治政府建设示范创建候选项目，成为广东省入围的5个地区（项目）之一。

【江门市思想政治教育联盟成立】 2019年6月18日，江门市思想政治教育联盟成立，全力打造思政课的“江门经验”“江门样本”。全市各高校、江门第一中学、江门市培英高级中学等13所学校成为团体会员。是年，江门市加强思政理论课教学，创新教学方法，众多学校和教师的思政课成为最受学生欢迎的“人气课”，涌现出江门紫茶小学教师周丽娜、江门一中教师徐先善、新会葵城中学等一批思政课教学的先进个人和先进集体。

【江门人才岛建设提速】 2019年，江门人才岛建设加速。8月30日和9月5日，蓬江区先后与腾讯、华为等企业签约共建江门人才岛；10月30日，融资工作获突破性进展，项目公司与中国农业发展银行（江门市分行）签订第一期24亿元项目贷款协议；11月1日，江门人才岛同时启动科创中心、科技产业园、智慧城市、人才公寓4个项目建设，从“建造环境”阶段进入到“建造环境+筑巢引凤”新阶段。

【城市品质提升行动向纵深发展】 2019年，江门市紧抓粤港澳大湾区建设的历史机遇，以建设“宜居宜业宜游”高品质生活圈为目标，推动城市品质提升行动向纵深发展，重点打造城市中央活动区、江门儿童公园、东湖公园升级改造、历史街区活化利用等十大城市精品工程。国庆节前夕，东湖公园北园区等4个公园、江翠口袋公园等6个口袋公园投入使用。

【江门市成功创建国家农产品质量安全市】 2019年11月2日，江门市作为广东省唯一整市创建第二批国家农产品质量安全市的代表，在江苏省徐州市获授牌。江门市位于珠江三角洲西岸，有“中国陈皮之乡”“中国优质丝苗米之乡”的美誉，是粤港澳大湾区重要的“米袋子”“菜篮子”。江门三区四市同步创建国家农产品质量安全县和广东省食品安全示范城市，是广东省唯一的开展“双安双创”的地级市。

（江门日报社）

2019年9月5日，华为技术有限公司与蓬江区政府在江门富力万达嘉年华酒店签署全面合作协议共建江门人才岛 （蓬江区地方志办 供）

·责任编辑 赵燕欢·

大事记

2019年江门市大事记

1月

1日 江门市公安边防支队、珠海边检总站江门边检站举行公安现役部队转改官兵集体换装仪式。

4日 江门市第四次全国经济普查登记启动仪式在蓬江区奥园广场举行。

5日 江门市第31届摄影作品展开幕式暨2018年度摄影十杰颁奖典礼在东湖白沙艺苑举行。

10日 中国共产党江门市第十三届委员会第九次全体会议召开。

同日 “敦家风济国运”——江门名人黄嵩龄家族百年历史展览在江门市工人文化宫第二展厅开幕。

11—12日 中共中央政治局委员、广东省委书记李希到江门市调研农村、企业、民生保障点、生态保护区等工作。

15—17日 政协第十三届江门市委员会第三次会议召开，首次邀请港澳委员后代列席，加强与海外及台港澳新生代人士的联谊。

16—18日 江门市第十五届人大第五次会议在市委市政府大会堂举行。大会应到代表383名，实到代表373名，符合法定人数。373名人大代表首次以无记名差额票票决江门市十大民生实事，首开广东省市级人大探索民生实事代表票决制先河。

同日 《江门市海上丝绸之路史迹保护条例》经广东省十三届人大常务委员会第九次会议批准，自3月1日起施行。

22日 江门市举行春节拥军座谈会，同庆新春佳节。

24日 中共江门市纪委第十三届第四次全体会议在市委市政府大会堂召开。

27日 江门市人民政府与中矿亿隆能源控股有限公司、新世界国际投资集团有限公司、泛华建设集团股份有限公司、剑桥医疗管理有限公司在广州市签订联合开发江门国际科创城项目战略合作框架协议，对标美国硅谷，打造粤港澳大湾区江门国际科创城。

是月 江门市机构改革后46个党政部门挂牌运转。

2月

1日 广东省首个开放式文化旅游主题服务区——大槐服务区启用。大槐服务区位于沈海高速公路（G15）开阳段，总投资3亿元，总建筑面积3.5万平方米，总车位1200个，是广东省内最大的高速公路服务区，具备物流配送、商贸服务、旅游服务、休闲娱乐、交通枢纽5项功能。

7日 2019年江门市职工贺新春龙狮武术邀请赛在江门市工人文化宫广场举行，来自全市各基层工会及企事业单位、职工体育团体、工人龙狮武术协会等21支队伍参加比赛。

11日 江门市数字档案馆（室）信息系统建设及试点推广启动，该项目是中共江门市委、市人民政府重点工作任务之一。

12日 江门市第六届（2019）社会治理公益创投活动接受报名，活动主题为“保民生，促和谐”，设置10个社会治理公益创投综合服务项目，实施时间3年。

14日 由江门籍女导演李依理执导的首部电影《五十米之恋》在全国各大院线上映，影片主要取景地为台山市梅家大院、端芬中学、台山一中、利众生态园等。

18日 中共中央、国务院印发《粤港澳大湾区发展规划纲要》，江门市是粤港澳大湾区重要节点城市之一。

21日 由中华全国归国华侨联合会、广东省归国华侨联合会、中共江门市委、江门市人民政府联合主办，江门市侨联、江门市文化广电旅游体育局承办的“亲情中华·欢聚江门”庆祝中华人民共和国成立70周年文艺晚会在江门演艺中心侨都大剧院举行。

22日 江门市全域旅游工作现场会在台山和开平两市召开，发布并解读《江门市促进全域旅游发展实施方案》。江门市委副书记、市长刘毅参加并听取两市推进全域旅游的思路与工作介绍。

27日 江门日报社《空中诊室》栏目首次采用5G网络技术进行全程直播。

28日 江门市人大常务委员会召开江门市2019年立法工作会议。

3月

1日 中共江门市委政法工作会议召开。

2日 “香港中学闪游大湾区计划”首批江门先导团师生一行22人到访江门市，先导团一行参观了南方教育装备创新产业城台湾新创中心、中车广东轨道交通车辆有限公司和李锦记（新会）食品有限公司。

4日 中共广东省委第七巡视组巡视江门市工作动员会召开。

8日 由中共江门市委宣传部、江门市妇女联合会、江门市文明办联合主办的“倾情礼赞新中国 巾帼奋进新时代”江门市庆“三八”暨十大“最美家庭”揭晓仪式在市工人文化宫举行。

18日 江门本地电子口岸平台应用系统将物流服务平台升级建成

2.0版本，并上线运行。

19日 江门市社会科学界联合会召开学习宣传贯彻《粤港澳大湾区发展规划纲要》座谈会。

22日 江门市市场监督管理局与建设银行江门市分行在建设银行江门分行举行党建结对共建暨商事登记惠企便民服务点揭牌仪式，双方签订《深化商事登记银政直通车协议》，为全市首个商事登记惠企便民服务点揭牌，向现场企业代表颁发首张由服务点打印的营业执照。

26日 江门大广海湾保税物流中心（B型）顺利通过由江门海关、国家财政部广东监督管理局、广东省税务局第二税务分局、国家外汇管理局广东省分局组成的联合验收组验收。

同日 江门市蓬江区法人一门式服务中心启动“开办企业1天办结”示范点工作。

27—29日 江门（香港、澳门）“奋进新时代共建大湾区”对接会分别在香港、澳门举行,会议以经济贸易、农业、文化、科技交流为主要议题，举办创新融入产业平台及政策宣讲、企业家座谈、绿色农产品供需对接等6场活动。

4月

11日 江门市知识产权司法保护服务中心在江门市中级人民法院举行揭牌仪式。

16日 由广东省人民政府地方志办公室主持召开的广东省地方志数字化工作现场会在江门市举行，广东省人民政府地方志办公室党组书记陈华康表示江门在地情资源数字化加工、地情网站建设等方面取得较好成绩，为全省地市地方志工作部门做好地方志数字化工作提供经验借鉴。

17日 江门市2019年“河长制”与水利工作电视电话会议，以电视电话会议的形式开至镇一级。市领导容福华主持会议，市政府副秘书长莫劲锋、市全面推行河长制工作领导小组成员单位分管负责同志、市水利局有关负责同志在主会场参加。

19—20日 由国家农业农村部主办，江门市承办的全国现代农业产业园工作推进会在江门市召开，农业农村部部长韩长赋出席会议并讲话，广东省省长马兴瑞致辞。

21日 由江门市社会科学界联合会和市梁启超研究会联合举办的梁启超与五四——纪念五四运动100周年座谈会在江门市召开。

23日 鹤山雅图仕印刷有限公司印刷技术主任冯新源，授予“全国五一劳动奖章”。

24日 江门市知识产权宣传周启动仪式在汇悦城举行。宣传周活动由江门市市场监督管理局与市知识产权局主办，主题为“严格知识产权保护、营造一流营商环境”。

26日 江门市科技创新大会召开，部署2019年及今后一个时期全市科技创新工作。江门市委书记、市人大常委会主任林应武出席会议并讲话，市委副书记、市长刘毅主持会议。

27—28日 由江门市社会科学界联合会主办的2019年社科普及主题日活动暨文玩展览启动仪式在江门市陈白沙纪念馆举行，主题为建设人文湾区•打造岭南儒城。

29日 江门市举行庆祝“五一”国际劳动节暨劳模代表座谈会，表彰江门市获2019年全国和省“五一劳动奖章”、奖状、工人先锋号的先进个人和先进集体。

30日 江门市实施乡村振兴战略工作推进会，总结2018年全市乡村振兴及脱贫攻坚工作，研究部署2018—2019年工作任务。

5月

1—3日 侨都龙狮文化节在江门演艺中心举行，全省15个城市派出31支强队伍。

4—5日 “传承中华文化·凝聚新生力量”——江港澳青年共商共建大湾区活动由市政协办公室联合市公共外交协会在江门市举行。

6日 江门市红十字会与市国防教育训练基地共同举行应急救护知识推广合作签约仪式，将应急救护知识培训融入国防教育训练系统，实现双方的平台共享和资源融合。

8日 丹麦王国驻广州总领事馆总领事安雅率团访问江门市。

同日 江门日报社开展全媒体优化，“中国江门网”更名为“江门新闻网”，“直播江门App”升级优化。

9日 《江门市打赢蓝天保卫战实施方案（2019—2020年）》由江门市人民政府关于印发。

10日 第八届中国创新创业大赛（广东·江门赛区）暨2019 年江门市“科技杯”创新创业大赛在龙泉酒店启动。

13日 江门市退役军人服务中心挂牌成立。

18日 香港特别行政区行政长官林郑月娥带队到江门市考察。

24日 秘鲁驻广州总领事馆一行访问江门市。

30日 “携手同行，合作共赢”恩平泉林黄金小镇与恩平歇马举人村战略合作签约仪式在恩平市歇马村举行。

31日 由市语言文字工作委员会、市教育局、江门日报社联合举办的以“童心追梦”为主题的2019年江门市首届小学生现场写作大会，历时2个月，设8个赛区，有1362名小学生参加，有12名选手获得一等奖。

是月 江门市3条文化游径入选广东省首批历史文化游径。包括江门川岛海丝文化游径（广海卫城城墙遗址—大洲湾遗址—新地村天主堂遗址—台山海上丝绸之路博物馆—石笋村航海标志），江门侨乡世界遗产历史文化游径（开平碉楼与村落—风采堂—司徒美堂故居—赤坎古镇—庙边学校—汀江圩华侨近代建筑群），侨乡红色基因历史文化游径（广东人民抗日解放军司令部旧址—赤坎南楼—司徒美堂故居—周文雍故居—周文雍、陈铁军烈士陵园）。

6月

3日 江门市商事主体登记"微信+智能化审批"服务启动仪式在市行政服务中心举行，标志江门市成为全省首个推出"微信+智能化审批"服务的城市。

4日 江门市滨江新区二期建设项目开工建设，项目投资额约30亿元。

6日 江门市蓬江区潮连街道卢边村入选中国传统村落名录。

同日 江门市退役军人法律援助工作站和老兵调解室在江门市公共法律服务中心挂牌成立，是全省首个退役军人法律援助工作站和老兵调解室。

7—8日 江门市2019"文化和自然遗产日"非物质文化遗产主题活动在新会古兜温泉度假村举行。

11日 新会陈皮"全球征集令"活动举办启动仪式，"首次直播江门"市与新华社现场云同步直播，并获得新华网App作首页推荐。

13日 2019年世界排球联赛收官战在江门体育中心体育馆举行，中国女子排球队迎战美国女子排球队。中国女排以0:3不敌对手，止步世界排球联赛九连胜。

15日 江门—七台河对口合作座谈会和七台河市招商推介暨签约仪式在哈尔滨市举行。

17—18日 江门市政协在澳门召开港澳委员座谈会，组织港澳委员围绕"江门如何加快投入粤港澳大湾区建设"建言献策。

18日 江门市思想政治教育联盟成立，打造思想政治课"江门经验""江门样本"。

21日 全市农村人居环境整治现场推进会在江门鹤山市召开。

25日 江门市残疾人联合会综合科科长阮美兰获中央组织部、中央宣传部授予全国"人民满意的公务员"称号。

26日 江门市蓬江区滨江新城、粤澳（江门）产业合作示范区、台山工业新城、开平翠山湖科技产业园、鹤山工业城、恩平工业园区六大园区均加挂"华侨华人创新产业集聚区—侨梦苑"牌匾。

27日 2019年"广东扶贫济困日"活动仪式在江门举行。

28日 开平市举办"湾区花正开"——首届粤港澳大湾区文化艺术节（江门分会场）暨世界文化遗产嘉年华活动。

同日 中共江门市蓬江区委员会举行庆祝中国共产党成立98周年暨"七一"表彰大会，表彰一批优秀共产党员、优秀党务工作者和先进党组织。

同日 2019年江门市蓬江区扶贫济困日慈善公益专题活动晚会在广东珠西国际会展中心举行，主题为"决胜脱贫攻坚·助力乡村振兴"。晚会募集善款3005.24万元。

同日 委内瑞拉国驻广州总领事馆及委内瑞拉艺术团在江门市举行中国与委内瑞拉国建交45周年纪念音乐会。

是月 "领航工程"丁玉华名师工作室获教育部授牌，成为江门市首个"国培计划"的名师工作室。

7月

1—4日 "少年中国说'家国梦江澳情"系列活动在澳门综艺馆开幕。活动由中共江门市委统战部、江门市委宣传部指导，澳门江门同乡会、江门五邑海外联谊会主办，江门市广播电视台承办。

2日 江门市庆祝中国共产党成立98周年座谈会召开。

9日 "我和我的祖国"——江门市第十三届"百歌颂中华"歌咏活动在东湖影剧院举办。

10日 江门市教育大会召开。

12日 全国乡村产业振兴推进会在江苏省扬州市举行，江门市新会区的陈皮产业作为广东种植业的唯一代表，入选《全国乡村产业振兴典型案例汇编》。

同日 江门市的维达纸业（中国）有限公司获评"全国模范劳动关系和谐企业"称号，成为江门地区唯一上榜的企业。

14日 华南理工大学大学生创业训练基地在江门市的开平市翠山湖科技园落户。

15—19日 江门怡福中学初三部分毕业生参加由15名队员组成的大湾区江港澳少年警营，参加由香港警务处主办的国际青少年营训练。同营活动的还有中国澳门司法警察局少年团、中国澳门治安警察局少年团、中国香港少年警讯和新西兰国Blue Light警营等团队。

16日 民建江门市委员会"江门民建会员之家"企业名门艺术教育集团揭牌成立。

17日 江门市人民政府主要领导在市政府召开落实联系跨国公司直通车机制的首场座谈会。

21日 江门市汽车运输集团联合澳门国际机场在江门市胜利汽车站举行澳门国际机场"江门候机大楼服务中心"启用仪式。服务中心设直通快线专车接送往来于江门和澳门国际机场的乘客，车程节省约20分钟。

23日 江门市政协首个委员工作室揭牌成立，有效延伸政协委员的履职平台。

同日 江门市人民政府与中国国际海运集装箱（集团）股份有限公司在江门市签订全面战略合作协议。

25日 江门市社区科普大学在江门市甘化社区举行揭牌仪式。甘化社区科普大学成为江门全市首个教学试点。

26日 江门市STM智慧柜员机智能办照系统全国首发暨个体工商户“微信+智能审批”服务，举行首发仪式。

同日 “劳动者港湾”App与“江门义工”App互嵌项目上线，成为全国首个公益类互嵌项目，使建设银行江门市分行所提供的港湾服务抵达40万个江门义工用户。

28日 江门市通过广东省2018年度全面推行“河长制”“湖长制”工作考核，获评定为优秀等次。

29日 江门市与澳门澳马建筑工程有限公司、中建三局集团有限公司在澳门签订三方战略合作协议，建立长期战略合作伙伴关系。

同日 2019粤港澳大湾区青少年艺术展演芭蕾专场在江门演艺中心侨都大剧院举行。

8月

3日 广东省第十一届少儿艺术花会在江门市举行开幕仪式，有来自全省22支代表队的97个节目、约1700名演职人员参加，全省各地的222件少儿美术书法作品。

5日 江门市举办首次“创客广东”江门市创新创业大赛，收到参赛项目108个。

13日 江门市人民政府与广东省航运集团有限公司举行战略合作协议签约仪式。

14日 江门产业转移工业园管理委员会挂牌仪式在翠山湖科技园举行，由原江门产业转移工业园开平园区（翠山湖科技产业园）承接江门产业转移工业园管理委员会的牌子与工作。

同日 江门市人民政府与阿里巴巴合作建设农村电商项目签约仪式举行，双方将完善农村电子商务配送及综合服务网络，构建农产品进城、工业品下乡的双向流通体系，促进农村电子商务加快发展。

15日 澳门江门同乡会拜访团一行12人在创会会长萧德雄、会长甄瑞权带领下，回乡拜访江门市领导。

16—18日 由广东省文物考古研究所主办，广东省科技考古基地、江门市博物馆共同承办的首届广东省科技考古夏令营在江门市陈白沙纪念馆和惠州市惠东县白盆珠镇白马窑址举行。

19日 斐济国工贸部部长普瑞米拉·库马尔率团访问江门。双方商谈斐济劳托卡市与江门市友城合作事宜。

20日 江门海关签发关区首份“升级版”中国—东盟自贸协定原产地证书。证书由联新（开平）高性能纤维有限公司申请，签证产品为价值8.49万美元的聚酯高强力纱，运抵印度尼西亚，凭原产地证书可享受关税减免4248美元。

同日 江门金融融资推介系列活动首场推介会举行。兴业银行江门分行与世运电路、美达股份、嘉宝莉等10家企业签订银企合作协议。

22日 由中信银行广州分行主办的江门（中信）城市发展暨政府和社会资本交流会在江门市举行。

30日 由江门市人民政府、中车青岛四方机车车辆股份有限公司、中车南京浦镇车辆有限公司、广东省铁路建设投资集团有限公司联合主办的“湾区新枢纽，轨道产业城”2019广东（江门）轨道交通装备产业发展大会在江门富力万达嘉华酒店举行。

同日 广东（江门）轨道交通装备产业发展大会在江门市举行，旨在贯彻落实《粤港澳大湾区发展规划纲要》，展示广东（江门）轨道交通产业园发展成果，招商引资引智，推动江门加快打造世界级轨道交通产业基地。

30—31日 由广东省人力资源和社会保障厅牵头，省教育厅、省科技厅等部门联合主办的2019年广东“众创杯”创业创新大赛博士、博士后创新赛复赛在全国博士后创新（江门）示范中心举行。对六大行业的60个博士、博士后人才项目，争夺决赛的24张“入场券”。

9月

4日 2019年江门市政协“庆祖国华诞·展政协风采”书画摄影作品展在市工人文化宫举行。

同日 台山市成为国家文化和旅游部公布的首批国家全域旅游示范区之一。

5日 中国创新创业大赛港澳台赛行业赛首次在江门市举行。

同日 江门市五邑中医院肺病科（呼吸与危重症医学科）在中华医学会呼吸病学分会2019年学术年会开幕式上，获国家呼吸与危重症医学科（PCCM）规范化建设项目，被认定为三级医院达标单位，是江门市首家通过PCCM国家认证的单位。

9日 江门市开展“不忘初心、牢记使命”主题教育工作会议在中共江门市委市人民政府小会堂召开。

12日 “红十字守护计划”启动，填补江门市在公共场所配置AE（视频特效制作教程）的空白。

16日 广东江门幼儿师范高等专科学校启用。

同日 江门市文化馆新馆开馆，使用面积1.3万平方米，设有文化剧场、多功能厅、舞蹈室、活动室、培训室等功能区，具备演出、培训、讲座、展览等功能。

18—19日 江门市举办2019年广东“众创杯”创业创新大赛之博士、博士后创新赛暨海内外高层次人才江门行活动。

20日 五邑大学与香港岭南大学在香港签署合作框架协议，双方加强教育交流合作，共建“五邑大学—岭南大学居家养老联合研究创新中心”“智能居家养老示范实验室”。

同日 由江门、东莞两市联合举办的“东江韵侨乡情翰墨丹青颂”——江门、东莞老干部庆祝新中国成立70周年书画作品联展开幕式在江门市文化城一楼展厅举办。

23日 江门市“贺硕果金秋、庆幸福丰年”农民丰收节活动在新会区陈皮村举行，活动被纳入2019年中国农民丰收节“全国70地庆丰收全媒体直播活动”。

25日 江门市上川岛气象站站长杨万基在北京获“最美奋斗者”荣誉称号。

同日 首届“广东十大美丽乡村、广东美丽乡村精品线路”发布会在开平市塘口镇举行。开平市塘口镇自力村成功入选广东十大美丽乡村，开平市碉楼侨乡美丽乡村精品线路入选广东美丽乡村精品线路。

同日 江门市召开统一战线各界人士庆祝中华人民共和国成立70周年座谈会，庆祝新中国成立70周年，凝聚党外力量。

26日 中共江门市委宣传部主办、江门市文学艺术界联合会承办的“盛世欢歌致敬祖国”——江门市庆祝中华人民共和国成立70周年文艺晚会在江门演艺中心侨都大剧院举行。

30日 江门市人大常委会党组书记、副主任易中强在市人大常委会机关接待美国著名华人代表、美国加州蒙特利公园市议员、前市长，美国兰姆师集团董事长林达坚一行7人，双方交流增进民间交往和促进华侨华人回乡投资的意见。

10月

9日 江门市四套班子领导参加由江门市档案馆打造的党员教育重要阵地——“不忘初心、牢记使命”主题教育档案文献展开幕式。至年底，有接待361批次9870人观展。

11日 江门市科技局与广东省半导体产业技术研究院在江门高新区举行珠西科技产业创新服务中心挂牌仪式暨广东省半导体产业技术研究院江门中心成立大会。

12日 委内瑞拉江门五邑青年联合会总会长李国忠一行拜访中共江门市委、市人民政府有关领导。双方就受邀出席中华人民共和国成立70周年庆典活动、第二届委内瑞拉江门五邑青年联合会会务与工作计划、响应国家“一带一路”的号召强化双方经贸合作等议题进行座谈。

15日 第五届中国·新会陈皮文化节新闻发布会在北京人民大会堂举行。

16日 江门市陈白沙祠、司徒美堂故居、开平风采堂入选第八批全国重点文物保护单位。

18日 江门市党政代表团到深圳市学习考察。

同日 江门市新会区第八届葵乡文化艺术节在新会体育馆开幕。

20日 2019中国寻根之旅·风韵南粤秋令营（江门营）在五邑大学文化交流中心举行第一期法国团开营仪式，该活动由中华全国归国华侨联合会主办、江门市归国华侨联合会承办。

21日 江门高新区金融中心成立，是江门市首家由国资牵头主导成立的金融中心。

24日 江门市人民政府、广东省海上搜救中心开展江门市海上搜救应急综合演习，在江门台山市国华台电港地水域举办。

30日 江门市融资工作获突破，项目公司与中国农业发展银行签订第一期项目贷款24亿元协议。

11月

1日 珠海、江门两市围绕推动“珠海—江门高端产业集聚发展区”建设进行对接交流。发展区规划面积约220平方千米，其中珠海区域内面积约90平方千米，包括珠海航空产业园、高栏港经济区、富山工业园；江门区域内面积约130平方千米，包括珠西新材料集聚区、粤澳（江门）产业合作示范区、银湖湾滨海地区核心区、赤溪片区、广海湾片区。

同日 江门人才岛同时启动科技创新中心、科技产业园、智慧城市、人才公寓4个项目建设，从“建造环境”阶段进入“建造环境＋筑巢引凤”阶段。

2日 江门市在江苏省徐州市被中华人民共和国农业农村部授予“第二批国家农产品质量安全市”称号，是广东省唯一全市获此荣誉的地级市。

4日 江门市鱼菜共生联合气雾栽培植物循环工厂项目在第六届“创青春”中国青年创新创业大赛上获农业农村组金奖，成为广东省2个获金奖项目之一。

同日 第八届中国创新创业大赛港澳台赛新材料、生物医药及大健康决赛在江门市新会龙泉度假酒店开赛，江门市蓬江区轻绿包装有限公司获初创组一等奖。

14日 由江门市人民政府、省侨办、省文旅厅、省港澳办、省归国华侨联合会联合主办的华侨华人文化交流合作暨粤港澳青年文化创意发展大会在广东珠西国际会展中心开幕，同时举行2019中国侨都（江门）华侨华人嘉年华等活动。大会主题为“汇聚华侨华人力量、共建美丽人文湾区”，江门市在开幕式上宣布启动建设华侨华人文化交流合作重要平台。

15日 “中国避寒宜居地”专家评审组现场授予江门恩平市“中国避寒宜居地”称号，颁发牌匾和证书。

同日 江门市知名农产品新会陈皮、台山大米、恩平大米入选由农业农村部发布的《中国农业品牌目录2019农产品区域公用品牌》一书。

17日 江门侨界青年联合会成立15周年庆典暨2019首届江门侨界运动会闭幕式举行，吸引来自各地的侨界青年近500人出席。

21日 江门市工艺美术（传统家具）高级职称评审启动仪式在新会区

古典家具城举行，江门市成为全省首个获得工艺美术副高级职称评审权的地级市。

22—24日 江门市城市建设成果展在广东珠西国际会展中心开展，以“数字之城智慧江门”为展览主题。展览由江门市住房和城乡建设局、江门市自然资源局为指导单位，由江门日报社、江门市广播电视台、江门市房地产行业协会联合主办。

23日 2019 江门设计师之夜暨大赛颁奖典礼举行，对大赛概念组、产品组、产业组获奖作品，家具、文创、空间专项赛获奖作品，江门市2019年度十大新锐设计师及十大设计师等颁奖。其中，“振动音乐疗法的设计研究——推动老年人健康产业高质量发展”“香帅500CC 摩托车”“废旧沥青再利用处理工程车”分别获市长设计奖产业组、产品组、概念组金奖。

25日 2019 中国侨都（江门）华侨华人嘉年华开平分会场——世界名厨之乡（开平）授牌仪式暨美食嘉年华活动在开平潭江半岛酒店举行。

是月 悉尼江门五邑青年联合会（澳大利亚）广东办事处在江门市挂牌成立。

12月

13—14日 江门市政协港澳委员座谈会在深圳市召开，通报江门市经济社会发展情况，学习中央、广东省委、江门市委政协工作会议精神，考察支持深圳建设中国特色社会主义先行示范区、加强江深交流合作专题工作。

13—16日 江门市举办2019年“粤菜师傅”技能大赛（江门）暨“粤菜师傅”工程展示会。

26日 广东省江门监狱收归省级直接管辖移交仪式在江门监狱办公楼礼堂举行。

27日 中共江门市委书记林应武主持召开市委常委会会议，传达学习习近平总书记在中央经济工作会议上的重要讲话精神，学习贯彻《中国共产党党员教育管理工作条例》等党内法规和《2019—2023年全国党员教育培训工作规划》，传达贯彻省委主要领导关于主题教育批示精神和省委十二届第151次常委会（扩大）会议精神，研究部署工作。

同日 由中共江门市委老干部局主办、江门市老干部大学承办的大型音乐会“不忘初心颂中华”在江门市演艺中心侨都大剧院举行。

同日 纪念李铁夫诞辰150周年系列活动开幕式暨鹤山铁夫美术馆启用仪式在鹤山市文化中心举行。

28日 2019第十四届中国全面小康论坛在广东省佛山市顺德区举行，中共江门市委网信办公室被授予“2019年度中国十佳民生决策”奖项。

30日 江门市扫黑除恶专项斗争微电影及文学创作大赛举行颁奖仪式。台山市扫黑除恶办公室选送的微电影《温柔刀》，获得大赛的微电影一等奖。至2019年10月，有文学作品388件、视频作品31部参赛。经大赛评委评审和市民投票，共评出获奖文学作品65件、获奖微电影9部。

31日 中共江门市委常委会召开扩大会议，市委书记林应武听取并评议各市（区）党委书记和市直属有关单位党组织书记对基层党建工作的述职报告。

同日 江门市人才工作领导小组召开会议，通报2019年全市人才工作及江门市百名博（硕）士引育工程开展情况，肯定2019年江门市在人才引育、人才载体建设、人才服务等方面取得的成效。

是月 江门市新会区被授予“第三批国家生态文明建设示范市县”称号，全国有84个市县同获授予该称号。

是月 江门市制定实施《江门市打赢蓝天保卫战强化措施及分工方案》，打好打赢蓝天保卫战，确保完成2019—2020年空气质量改善目标。

2019年12月27日，由中共江门市委老干部局主办、江门市老干部大学承办的大型音乐会“不忘初心颂中华”在江门市演艺中心侨都大剧院举行
（李学廉 摄）

总　述

基本市情

【地域】 江门市地处广东省中南部、西江下游，珠江三角洲西部。东邻佛山市顺德区、中山市、珠海市斗门区，西接阳江市阳东区、阳春市，北与云浮市新兴县、佛山市高明区、南海区为邻，南濒南海，毗邻港澳。江门市2019年度行政区域面积9510.92平方千米。其中：蓬江区324.3平方千米，江海区109.18平方千米，新会区1354.71平方千米，台山市3287.8平方千米，开平市1658.6平方千米，鹤山市1082.73平方千米，恩平市1693.6平方千米。

江门市地貌特征为北西高，以低山丘陵为主；西南部及东南部较低，以河谷冲积平原和少数丘陵为主，地面标高在5—40米之间。全市山地丘陵面积达4400多平方千米，占土地总面积46.8%。境内海拔500米以上山地约占总面积1.77%。800米以上山脉有9座，多为东北—西南走向。全市最高山为西北部的天露山，南北长约100千米，东西宽约40千米；主峰海拔1250米。北部皂幕山脉的婆髻顶、东部的镬盖尖和南部的笠帽山、凉帽顶，均山势陡峻，岩石嶙峋，“V”形谷发育。东南沿海的古兜山主峰海拔986米，俯瞰南海，气势雄伟。全市河流冲积平原及三角洲平原面积4880多平方千米，占总面积51.90%，现多为良田。境内地层有震旦纪、寒武纪、奥陶纪、石炭纪、二叠纪、三叠纪、侏罗纪、白垩纪、下第三纪及第四纪等地质年代的地层，尤以第四纪地层分布最广。侵入岩形成期次有加里东期、加里东—海西期、印支期、燕山期，尤以燕山期最为发育，规模最大。境内岩浆岩分布广泛，构造比较发育，构造单元属“东南低洼区”。地质构造以新华夏构造体系为主，大的断裂带有北东向的恩苍大断裂和金鹤大断裂。

【建置沿革】 元末明初，在肆水(西江)出口江门海西岸地域，形成一个商贸墟集，称江门墟。明万历年间，属新会县龙溪乡归德都辖。清沿明制。康熙年间，江门墟仍为新会县龙溪乡归德都十五图辖地。光绪二十三年(1897)，据《中英西江通商条约》，辟为外国船只停泊及货物上落站。光绪二十八年（1902），《中英续议通商行船条约》议定，江门为对外通商口岸，并设立海关。时称江门埠。

民国时期，建置易制。民国14年（1925年），据广东省政府《民国十七年年刊》本省各市政调查材料载：“民国14年（1925）11月26日，经广东省政府批准，江门为省辖市建置”，民国20年（1931）2月，撤销省辖市建置，改为新会县第十二区辖镇。民国26年（1937）3月改属新会县第二联乡辖。民国34年（1945）9月至江门解放，为新会县第二区辖镇。1949年10月23日，江门解放。10月25日，中国人民解放军江会区军事管制委员会在江门成立，对江门、新会实施军事管制。翌年5月1日，设立江会区军事管制委员会江门办事处，为县级建制，负责江门行政管理事务。1951年1月12日，经中央人民政府政务院批准，江门改为省辖地级市，归粤中专署辖。同年4月1日，成立江门市人民政府。同时撤销江会区军事管制委员会江门办事处，结束军事管制。1952年5月改属粤西办事处领导，11月归粤中行署辖。1958年4月11日，江门市改为县级市，归佛山专区辖。1958年12月，归属江门专区。1961年4月2日，改属肇庆专区。1963年6月再改隶佛山专区辖。1966年初，复升为省辖地级市。1970年，江门降为县级市建置，归佛山地区领导。1975年11月，经国务院批准，江门市复改为省辖地级市，受广东省和佛山地区双重管辖。1979年11月24日，江门市革命委员会撤销，复设江门市人民政府。1983年6月1日，实行市领导县体制，江门市下辖新会、台山、开平、恩平、鹤山5县。同年9月1日增辖阳江、阳春两县。1984年7月，江门市区分设城区与郊区两个县级区。至1987年末，江门市共辖7县2区。1988年1月，阳江县、阳春县从江门市划出。1992年4月至1994年2月，辖下的台山、新会、开平、鹤山、恩平5县先后撤县设市，为省辖县级市建制，省政府委托江门市代管。2000年末，江门市辖新会市、台山市、开平市、恩平市、鹤山市5个县级市及蓬江区、江海区两个市辖县级区。2002年6月22日,江门市辖下原新会市撤市设区。

（江门市地方志办）

【行政区划】 截至2019年年底，江门市辖3个区，代管4个县级市，全市共有61个镇，12个街道办事处，1050个村民委员会，266个社区居民委员会。2019年，完成江门市与珠海市和台山开平、鹤山蓬江的行政区划界线联合检查。

表1

2019年江门市行政区划简表

单位：个

市、区	镇、街道名称	镇数	街道数	村委会数	社区居委会数
蓬江区	镇：荷塘、棠下、杜阮； 街道：环市、白沙、潮连	3	3	55	79
江海区	街道：外海、礼乐、江南	0	3	36	26
新会区	镇：大泽、司前、沙堆、古井、三江、崖门、双水、罗坑、大鳌、睦洲； 街道：会城	10	1	193	34
台山市	镇：大江、水步、白沙、冲蒌、端芬、都斛、斗山、三合、赤溪、北陡、川岛、海宴、四九、深井、汶村、广海； 街道：台城	16	1	277	36
开平市	镇：水口、月山、沙塘、龙胜、马冈、塘口、蚬冈、百合、赤坎、金鸡、苍城、大沙、赤水； 街道：长沙、三埠	13	2	226	42
恩平市	镇：大槐、良西、圣堂、君堂、东成、牛江、大田、沙湖、那吉、横陂； 街道：恩城	10	1	151	23
鹤山市	镇：雅瑶、龙口、桃源、古劳、址山、宅梧、双合、鹤城、共和； 街道：沙坪	9	1	112	26
合计		61	12	1050	266

（房江骅）

【水文】 江门市河流属珠三角水系和粤西沿海诸河两大水系，全市集水面积超过100平方千米的河流共25条，主要河流有西江、潭江及其支流和沿海诸小河。西江、潭江、朗底水、莲塘水、蚬岗水、白沙水、镇海水、新昌水、公益河、新桥水、址山水、江门水道、天沙河、下沙河、沙坪河、大隆洞河、那扶河等。西江,位于江门市东北部的西江下游干流，属江门市的过境河流，在鹤山石岩头以上集雨面积约35万平方千米，流经鹤山、江门、新会、佛山、中山、珠海等河。江门境内西江西海水道多年平均径流量约为1078亿立方米，其中部分流经银洲湖。潭江，是珠三角水系的干河。主流发源于阳江市牛围岭山，自西向东流经恩平、开平、台山、鹤山、新会等市（区），在新会区环城镇附近折向南流，从崖门口出海。沿途汇纳朗底水、莲塘水、蚬冈水、白沙水、镇海水、新昌水、公益水、新桥水、址山水、新会河、江门水道、天沙河、下沙河、虎坑水道及虎跳门水道等支流。流域面积6026平方千米，在江门市境内流域面积5882平方千米。主流全长248千米，上游多高山峻岭，植被良好，雨量充沛，水资源丰富。潭江主流上游建有大（二）型锦江水库，并已建成水沾、江北、恩城、塘洲、东成、江洲、合山等梯级开发的水闸，兼顾发电。潭江流域水力资源理论蕴藏量29.86万千瓦，已建成大、中、小（二）型以上水库421宗[其中大（二）型水库3宗，中型水库19宗，小（一）型水库109宗，小（二）型水库290宗]，控制流域面积2006平方千米。总库容16.86亿立方米，现已开发小水电246宗，装机容量14.612万千瓦，2019年度发电量3.29亿千瓦时。

表2

2018年江门市集雨面积100平方千米以上河流特征一览表

河名	河流等级	发源地	河口地点	集雨面积（平方千米）	河流长度（平方千米）	平均比降（%）
潭江	干流	阳江牛围岭	新会崖门	6026	248	0.45
朗底水		恩平五马巡朝	恩平大田	148	27	13.4
莲塘水		恩平天露山	恩平蒲桥	252	44	4.77
蚬冈水	一级支流	恩平五点梅花山	开平茅朗村	185	34	1.3
白沙水		开平三现金银山	开平白足尾	383	49	0.77
镇海水		鹤山将军岭	开平交流渡	1203	101	0.81
开平水	二级支流	开平天露山	开平南楼	470	56	2.46
曲　水		恩平白马坑	开平潭壁村	101	2	1.31
新昌水	一级支流	台山狮子尾	开平肥氮厂	576	52	1.81
五十水	二级支流	台山螺塘	台山东华里	101	20	15.50
三合水		台山横排迳	台山员山仔	110	22	0.10
公益水		台山烟斗岗	台山公益	136	28	0.68
新桥水		鹤山皂幕山	开平水口	143	29	3.24
址山水	一级支流	鹤山横岗顶	新会田边村	204	30	3.35
会城河		新会上浅口	新会河口	482	37	
江门水道		江门北街	新会溟祖咀	313	23	
天沙河	二级支流	鹤山观音障	江门东炮台	290.6	49	1.32
下沙河		新会古兜山	新会沙口	143.5	23	8.20
虎跳门水道	一级支流	新会狗尾	斗门蠕蛛仔	187	31	
沙坪河		鹤山皂幕山	鹤山黄宝坑	328	39	0.31
大隆洞河	干流	台山婆髻山	台山烽火角	709	60	0.8
那扶河		开平鱼潭山	台山横山	684	52	0.39
深井水	一级支流	开平鱼潭山	台山船步龙	226	36	1.07
倒流河	二级支流	恩平横陂方洞山	恩平大槐	192.92	28.3	11.7

说明：数据引自《江门市江河流域综合规划》

表3

2019年江门市与广东、全国水资源量比较一览表

地区	面积（万平方千米）	年均降水量		河川径流量		地下水资源量		水资源总量	
		降水量（毫米）	降水量（亿立方米）	径流量（毫米）	径流量（亿立方米）	径流深（毫米）	资源量（亿立方米）	资源量（毫米）	资源量（亿立方米）
江门市	0.9372	2105.3	197.31	1288.3	120.74	276.9	25.95	1296.1	121.47
广东省	17.67	1760	3110.0	1087	1921.0	264	466.70	1095.6	1936.0
全国	960.00	648	61889.0	284	27115.0	86.8	8288.0	295.0	28124.0
比值（%） 广东	5.30	119.62	6.34	118.52	6.29	104.89	5.56	118.30	6.27
比值（%） 全国	0.098	324.89	0.32	453.63	0.45	319.01	0.31	439.36	0.43

说明：表中水量数据为多年平均值

（江门市水利局）

【气候】 江门市地处低纬，属亚热带海洋性季风气候。冬季盛行东北季风，夏季是西南季风，春秋为转换季节。冬短夏长，气候宜人，雨量丰沛，光照充足。无霜期在360天以上，常年无雪。区域气候分为山地温凉区，丘陵温暖区，沿海温热带三级。江门市有海洋季风的调节，气候温和多雨，冬夏分明。太阳辐射较强，有丰富热力资源。每年3月上旬可以稳定通过日平均气温12℃。气温年际变化不大。各地的年平均气温在22.5℃左右，上川岛略高。气温具有明显的季节性变化，最冷月（1月）与最热月（7月）相差14℃～15℃。每年3月底4月初，有南方暖湿气流加强并向北推进，气温明显回升，7月达到最高值。11月开始，北方寒冷干燥的冷空气不断南侵，本地受冷高压脊控制，气温显著下降。主要灾害性天气有：暴雨（连续性暴雨和特大暴雨）、台风、干旱、冷害等。每年春夏季节时有范围小突发性强的雷雨大风、龙卷、冰雹等强对流天气发生，冬季的寒潮、早春的低温阴雨对农业生产和种养殖业亦有一定影响。每年4—9月是汛期，全年80%以上的降水出现在这段时间里，前汛期雨量与后汛期雨量大致持平，年雨日最多的年份有200天。本市所辖的恩平市由于地形等因素是全国的暴雨中心，年降水量比东部多五成左右。7—9月是台风活动的频发期，影响江门的台风时空分布不均匀，常有暴雨到大暴雨甚至特大暴雨和12级大风，造成严重气象灾害。

（江门市气象局）

【自然资源】 *土地资源* 江门市土地总面积950691.55公顷，按照现状地类划分：农用地766620.92公顷（含耕地保有量210116.72公顷），建设用地120964.41公顷，未利用地63106.22公顷。按照行政区域划分：蓬江区32196.80公顷，江海区10916.46公顷，新会区135471.49公顷，台山市328780.00公顷，开平市165694.44公顷，鹤山市108272.60公顷，恩平市169359.76公顷。

矿产资源 江门市共发现矿产51种，矿产地:490处，占广东省已发现矿产150种的33%（注:数据来自于2016年广东省矿产资源年报）。其中地质工作程度较高，探明有一定矿产储量的矿产有35种，矿区119处，达大、中型规模的39处;在已发现矿产地中，能源矿产4种，矿产地45处，金属矿产19种，矿产地146处，非金属矿产25种，矿产地244处，水气矿产4种，矿产地55处。

海洋资源 江门市是广东省海洋大市，拥有丰富的海域、岸线、海岛、港湾、旅游、生物等资源，组合优势十分明显。全市领海基线以内海域面积2886平方千米；大陆海岸线414.8千米，约占全省的1/10。海洋生物资源丰富，是多种经济鱼、虾、蟹、贝、藻类的繁育场，是传统海洋渔业捕捞养殖大市。海岛岸线长约400公里，约占全省的1/6；共有海岛561个，数量位居全省第二，上、下川岛分别为全省第二、第六大岛，双双入选广东省“十大美丽海岛”，发展滨海旅游业潜力巨大；银洲湖、广海湾、川岛等海域具备建设深水良港的条件，银洲湖是西江黄金水道的出海通道，适合发展海洋交通运输业。

渔业资源 江门海域水质好，海洋生物资源丰富，是多种经济鱼、虾、贝、藻类的繁育场，也是省内从事捕捞和养殖渔业生产的理想区域。浮游动物在春、秋两季出现有11个类群72种；底栖生物约140科364种，其中软体动物52科129种，甲壳动物28科139种，是全省软体动物和甲壳动物的主要分布区之一。软体动物的主要种类有近江牡蛎、泥钳、毛钳、棒锥螺、光滑河蓝蛤、壳肌蛤、文蛤、巴非蛤、翡翠贻贝、泥东风螺、鲍等。甲壳动物的主要种类有墨吉对虾、日本对虾、近缘新对虾、刀额新对虾、周氏对虾、锯缘青蟹、远海梭子蟹、锦绣龙虾和日本龙虾等；游泳生物主要以经济鱼类为主，约有98种，分别隶属于10目41科71属。经济价值较高或群体较大的鱼类有红笛鲷、带鱼、鳓鱼、蓝点马鲛、银鲳、长尾大眼鲷、鲐鱼、蓝圆鲹、海鳗、青石斑鱼、梭鱼、金线鱼、黄鳍马面

鲀、黄鲫、龙头鱼、黄斑篮子鱼、斑鳐、灰星鲨、燕鳐鱼、四指马鲅、宝石石斑鱼、短尾大眼鲷、银方头鱼、黄鲷、六齿金线鱼、小公鱼等。

动植物资源　江门市野生动植物资源丰富。维管植物183科618属1184种，其中国家重点保护植物有紫荆木、白桂木、华南杉、吊皮锥、绣球茜草、藤槐等。古兜山有野生植物161科494属924种，恩平市七星坑亚热带次生林区植物种类有735种，其中，刺木沙椤等12种属国家级和省级珍稀濒危保护植物。全市境内野生动物有兽类100余种、鸟类400余种、蛇类100多种、昆虫类200多种，其中山猪、小灵猫、山蛤、龟、鹧鸪、鳖、蛇、穿山甲等于西北部山地常见。属国家重点保护的动物共有24种，占广东省国家重点保护动物的25.8%。国家一级重点保护动物有蟒蛇，国家二级重点保护动物有穿山甲、小灵猫、鸳鸯、苍鹰、黑翅鸢、红隼、三线闭壳龟（金钱龟）、虎纹蛙等23种。

森林资源　江门市林业用地面积为43.07万公顷,森林面积为42.43万公顷，全市森林覆盖率为44.62%，林木绿化率为46.59%，活立木总蓄积量为2490.0万立方米，其中森林蓄积量为2488.6万立方米。全市商品林26.78公顷，占林业用地的62.2%；生态公益林有16.29公顷，占林业用地面积的37.8%；优势树种以桉树、松树、其他软阔、其他硬阔等为主。

（江门市自然资源局）

水资源　江门地表水资源、地下水资源和水资源总量均高于全省、全国平均值，多年平均降雨量2105.3毫米，为全省均值的119.62%、全国均值的324.89%；年均河川径流量120.74亿立方米，占全省6.29%、全国0.45%。地下水的补给主要来源于大气降水，全市地下水资源总量25.95亿立方米，占全省5.56%、全国0.31%。水资源总量的主体是河川径流量，江门水资源总量121.47亿立方米，占全省6.27%、全国0.43%。至2019年年末，全市有蓄水工程2349宗，其中大㈡型水库4宗，中型水库29宗，小㈠型水库157宗，小㈡型水库414宗，总库容24.62亿立方米，灌溉库容15.92亿立方米。全市水力资源理论蕴藏量42.37万千瓦，可开发量15.56万千瓦。全市建成投产的小水电站246座，总装机容量14.612万千瓦，已开发量占可开发量95%。其中单站装机容量1000千瓦以上的有33宗，共7.07万千瓦。全市小水电多年平均发电量约3亿千瓦时。

（江门市水利局）

【人口语言】　截至2019年年底,江门市总户数121.03万户，同比增加0.91万户；总人口数400.11万人，同比增加11967人。总人口中男性200.86万人，女性人数199.25万人；年内办理出生登记入户4.08万人，出生率1.02%；年内办理死亡注销2.54万人，死亡率0.63%。年内迁入5.11万人，其中省外迁入1.13万人，省内迁入3.98人；迁出5.58万人，其中迁往省外0.91万人，迁往省内4.67万人。全市城镇人口210.61万人；暂住人口51.46万人，同比减少13.81万人；江门各市（区）之间以及广播、电视等领域通用广州话，随着经济发展，人员交流增多，普通话成为较为通用的语言。各市（区）内均使用方言，全市方言属于汉语粤方言中的四邑话，四邑话与广府（广州）话基本相通。台山、开平、鹤山、恩平、新会等各市区之间的语音、声调、词汇等方面有所差异。鹤山的共和、鹤城，新会的部分山区，台山的赤溪、斗山，开平东北部的水井等地，是客家人聚居地方，使用客家方言。

（容伟伦　江门市地方志办）

【民风民俗】　江门市及所辖的台山、开平、鹤山、恩平五地，俗称“五邑”。五邑有独特的节日、婚嫁、丧葬、饮食、娱乐等习俗，主要有龙舟比赛、舞狮舞龙、广东曲艺、民间舞蹈、民歌演唱，如台山跳禾楼、飘色，新会鱼灯、大鳌咸水歌，开平泮村舞灯会、八音演奏、鹤山狮艺、恩平木鱼等。

（江门市地方志办）

领导机构和党派团体领导人名单

【中国共产党江门市委员会】

书　记：林应武
副书记：刘　毅　胡　钛
常　委：林应武　刘　毅　胡　钛　张元醒　冯立坚　项天保　周惠红（女）　利为民　许晓雄　程大欣

【江门市人民代表大会常务委员会】

主　任：林应武
副主任：易中强　钟　军（女）　吴国杰　郭建红　甄仁旺　顾达华
秘书长：凌伟中
法制工委主任：曹　利
监察司法工委主任：候明飞
财经工委主任：梁炎浓
教科文卫工委主任：齐丁民

农村农业工委主任：王　义
华侨外事工委主任：梁国昌
城建环保工委主任：陈　旻

【江门市人民政府】
市　　长：刘　毅
常务副市长：许晓雄
副 市 长：林春生　梁许赞（8月止）　林飞鸣
　　　　　蔡德威　赖燕芬（女）　刘国华（挂职）
　　　　　王长青（10月起）

【政协江门市委员会】
党组书记、主席：周伟万
党组副书记、副主席：赵翠玲（女）
党组成员、副主席：蓝　华　向　斌　马跃敏
副主席：胡念芳（女）　任安良　周津明　费伟东
党组成员、秘书长：马克烈
提案委员会副主任：丁成玉
农业和农村委员会主任：陈壁光
经济和人口资源环境委员会主任：周　文
社会和法制委员会主任：练泽鹏
教科文卫体委员会主任：杨少景
港澳台侨联络和外事委员会主任：赵洁英（女）
学习和文史委员会副主任：陈健威
联络工作委员会负责人：区海熔

【江门市纪委监委机关】
市纪委书记、监委主任：项天保
市纪委副书记、监委副主任：陈允均　莫健文　李云龙
市纪委常委、监委委员：罗锦达　冯妙妍　王文波
　　　　　　　　　　　何国航

【江门市中级人民法院】
党组书记、院长：陈明辉

【江门市人民检察院】
党组书记、检察长：郭　玉（女）

【民主党派】
民革江门市委员会主委：任安良
民盟江门市委员会主委：赖燕芬（女）
民建江门市委员会主委：王建生
民进江门市委员会主委：费伟东
农工党江门市委员会主委：周津明
致公党江门市委员会主委：胡念芳（女）
九三学社江门市委员会主委：吴国杰

【市委组成部门】
市委组织部部长：张元醒
市委宣传部部长：周惠红（女）
市委统战部部长：易中强（6月止）　利为民（6月起）
市委政法委委员、书记：胡　钛（至11月21日止）
　　　　　　　　　　　冯立坚（11月21日起）
市委政策研究室主任：郑文江
市直属机关工作委员会书记：杨健平
市委台港澳办主任、台港澳事务局局长：李欣立
市委机构编制委员会办公室主任：黄慧明（女）
市委老干部局局长：谢思敏
市委党校常务副校长：李　纯
市委党史研究室主任：陈　弢

【市政府组成部门】
市政府秘书长、机关党组书记：温伟文
市发展和改革局党组书记、局长：王长青
市工业和信息化局党组书记、局长：余中华
市教育局党组书记、局长：张　璐
市科学技术局党组书记、局长：冯一宁
市公安局党委书记、局长：林春生
市民政局党组书记、局长：谢鸿猷
市司法局党组书记、局长：苟晓彤（女）
市财政局党组书记、局长：李文聪
市人力资源和社会保障局党组书记、局长：钱杰润
市社会保险基金管理局局长：刘学文
市自然资源局党组书记：胡亦邦
　　　　　　　局长：刘建新
市生态环境局党组书记、局长：廖辉文
市住房和城乡建设局党组书记、局长：林健生
市交通运输局党组书记、局长：许春绵
市水利局党组书记、局长：梁君明
市农业农村局党组书记、局长：郑少强
市商务局党组书记、局长：赵瑞思
市文化广电旅游体育局党组书记、局长：汤惠红（女）
市卫生健康局局长：周津明
市退役军人事务局党组书记、局长：李广义
市应急管理局局长：刘志方
市医疗保障局党组书记：叶仕钦
　　　　　　　局长：张慧琳
市审计局党组书记、局长：陈新汉
市国有资产监督管理委员会党委书记、主任：卢国壮
市市场监督管理局党组书记、局长：容新荣
市城市管理和综合执法局党组书记、局长：赖惠镇
市统计局党组书记、局长：黄俊伟
市金融工作局局长：曾锦俊
市公路局党组书记、局长：简锦聪
市行政服务中心党组书记、主任：梁柏源
市政务服务数据管理局党组书记、局长：元小文
市信访局党组书记、局长：刘曙光

【社会团体】
市总工会党组书记、主席：顾达华
共青团江门市委书记、党组书记：梁钊俊
市妇女联合会党组书记、主席：林露华（女）
市工商业联合会党组书记、常务副主席：庄春维

归国华侨联合会党组书记、主席：林春晖（女）
市残疾人联合会党组书记、理事长：梁培招
市文学艺术界联合会党组书记、主席：尹继红
市社会科学界联合会主席：谭乐生（5月止）
陆黛云（11月起）
市科学技术协会主席：吴　森
市红十字会常务副会长：黄集文

【市委市政府直属事业单位】

市档案局党组书记、局（馆）长、市地方志办主任：罗会明
市供销合作联社党组书记、主任：刘志方（至1月）
陈林基（1月起）

【宣传媒体】

江门日报社党委书记、社长：张永源
党委副书记、总编辑：刘运华
江门广播电视台党委书记、台长：何志斌

【高等院校】

五邑大学党委书记：张　焜
党委副书记、校长：张运华
江门职业技术学院党委书记：张忠林
校长：刘智勇
江门开放大学党委书记：吴　军
校长：蓝　斌（至10月）
任忠红（10月起）
广东江门幼儿师范高等专科学校党委书记：黄锦棠
校长：华明海
广东南方职业学院党委书记：张紫露（女）
校长：陈光潮（至8月）

【垂直管理机构】

江门海关党组书记、关长：徐建华（8月起）
江门市税务局党组书记、局长：陈雁成
市邮政管理局党组书记、局长：李群辅
江门海事局临时党委书记、局长：邵　国
江门航道事务中心副主任：陈柏君（5月起）
江门市烟草专卖局局长：李程坚
江门边防检查站站长：阮统奇
市气象局党组书记、局长：张晓东
江门供电局党委书记：马超然
局长：徐忠伟

【县（市、区）】

蓬江区

区委书记：伍培进
副书记：文　丽（女）　林伟勤　郑丹辉（挂任）
常　委：邹　强　林建中　何　莲（女，至3月）
张文新　关志钒　何惠能（至11月）　余登伟
梁凤琼（女，3月起）　黎国新（挂任）
李青峰（至11月）　郭　强（挂任，至3月）
人大常委会主任：赵　全
副主任：黄锡炎　张长齐（女）　何瑞鹏　张沃芬
林贤光
区政府区长：文　丽（女）
副区长：张文新（3月起）　亢雁直　李达成　李泗玲
黄达斌　谢树浓　董应虎（挂任，至5月）
政协蓬江区委主席：杜振飞
副主席：赵洪辉　谢雁平（女）　吕国荣
黄月嫦（女）　林永康　廖炳华

江海区

区委书记：彭章瑞
副书记：汤惠红（女，至1月）　劳茂昌（1月起）
朱辉荣
常委：余启超　赵晓斌　邹德昌　陈　诚　李　丹
李国和　肖咏延（女）　张连军
唐明菊（女，挂职，5月起，至10月）
区人大常委会主任：余志坚
副主任：林锦集（至1月）　胡影儿（女）
黄卫明　陆润球　张成富　郑仕进
伍国胜（1月起）
区政府区长：汤惠红（女，至1月）　劳茂昌（1月起）
副区长：陈　诚　王作青（女）　梁中杰　丑继明
区　用　曾国华　梁俊刚（至3月）
庞晋山
政协江海区委主席：何　腾
副主席：吴　刚　周　明　黄伟权　吴　旭
黄少芳（女）

高新技术产业开发区
书　记：彭章瑞
副书记：汤惠红（女，至1月）　劳茂昌（1月起）
朱辉荣
委　员：郑耀强（至11月）　余启超　赵晓斌　邹德昌
陈焕溪　陈　诚　李　丹　李国和
肖咏延（女）　曾计开

江门高新技术产业开发区管理委员会
主　　任：彭章瑞
常务副主任：汤惠红（女，至1月）　劳茂昌（1月起）
副　主　任：郑耀强（至11月）　陈焕溪
任安良（至1月）

新会区

区委书记：文　彦
副书记：梁明建　陈树歆
常委：文　彦　梁明建　陈树歆
张　华（女，12月起）　黄明亮（3月起）
宋　岩　陆锦健　张华景　梁海标　易思保
郑祖材（4月起）　聂加伟（至2月）
黄淑质（女，至10月）
方向阳（挂职，至1月）

白迎春（挂职，至7月）
区人大常委会主任：梁远球
副主任：张莲友（女） 钟景贤 吴捷雄
陈华操 李俊杰 马 坚（1月起）
区政府区长：梁明建
副区长：张华景（5月起） 凌华威（11月起）
李福达 胡悦玲（女，2月起）
黄来兴（4月起） 谭炎明（9月起）
史朝阳（挂职，8月起） 聂加伟（至2月）
黄锐楼（至11月） 梁凤琼（女，至4月）
郑祖材（至5月） 张 斌（挂职，至8月）
白迎春（挂职，至8月）
政协新会区委主席：林社攸
副主席：谢惠雯（女） 邹达明
邓佩兰（女） 黄寿根 陈维盛
张赞天（1月起）

台山市

市委书记：李惠文
副书记：谢少谋 黄振中（至10月）
赵建涛（10月起）
常 委：彭大荣 马品高 罗海华 李白云（女）
陈瑞琪 刘 刚 宋峻峰 李超华

市人大常委会主任：黄伟红（女）
副主任：李新潮（至10月） 蔡红珍（女）
郑大有 谭钜安（至10月）
叶锐箭（至1月） 黄沃旋
吴东文（1月起）
市政府市长：谢少谋
副市长：马品高 关耀东
张慧琳（女，至1月）
赵智健 方健康
灵 君（女，2月起）

政协台山市委主席：李健慈
副主席：伍仲晃（至1月） 黄国忠（1月起）
陈翠芹（女）、陈力君（至8月）
梁小青（女） 梁永波

开平市

市委书记：庞正华
副书记：邝积康 李沃华（至5月） 陈军凯（7月起）
蔡明明（至7月）
常委：庞正华 邝积康 李沃华（至5月）
蔡明明（至7月） 陈军凯 谭良发 陈伟成
凌华威（至10月） 颜海娜（女） 何武健
郭海平 余文锋（10月起） 伍德斌
市人大常委会主任：张星杰
副主任：李宝贞（女） 邝业礼
吉 喆（女） 陈百浓 谢常荣
冯健楚

市政府市长：邝积康
副市长：何武健 林国宁 陈杰文
黄力奔（女） 陈 勇（至7月）
吴健明（7月起） 何光骏（2月起）
范拓源
政协开平市委主席：梁民跃
副主席：余荣深 黄旭征 黄婉慈（女）
何俊贤 郑永钦

鹤山市

市委书记：林贤进
副书记：聂加伟（2月起） 施国亨
常委：叶永雄（至8月） 钟海军 李健中
招文娟（女，至10月） 赵群笑（女）
林锡波 张镇就（10月起） 朱发理
李 想（挂职，至3月） 刘德贤（4月起）
邓志华（11月起）

市人大常委会主任：冯细就
副主任：邓祺伟 林慧梅（女） 温伟强
冯宝能 叶志强 李活文

市政府市长：林贤进（至2月） 聂加伟（3月起）
常务副市长：李健中
副市长：杨海泉 吴健明（至7月）
朱立辉（7月起） 陈 文 胡国伟
潘 蕊（女） 陆 芳（女）(挂职，7月起)

政协鹤山市委主席：冯伟华
副主席：陈民军 黄建华 崔常平（至8月） 梁暖勋
吴秋红（1月起）

恩平市

市委书记：谢超武
副书记：刘 兵 何焕仍
常委：陈伟文 吴彩堂（女） 关凯宁 郑成博
郑立森 禤活源 吴永芳（女）
梁 斌（至12月） 刘迪雄（12月起）
市人大常委会主任：李健忠
副主任：吴月波 叶婵娟（女） 徐兆赞
岑仲平 梁新庭 冯国暖（至1月）
市政府市长：刘 兵
常务副市长：郑成博
副市长：劳沈川 岑安林 张红艺
黄艳芬（女，2月起） 王文忠（9月起）
江 伟（至4月） 朱立辉（至9月）
李 博（至9月） 白云梅（女，至2月）
政协恩平市委主席：禤缵灵
副主席：郑将统 冯文锋 吴雅静
吕琼峰（女） 余超群（女）

经济建设与社会发展

【概况】 2019年，江门市实现地区生产总值3146.64亿元，增长4.3%，其中，第一产业增加值254.23亿元，增长6.3%；第二产业增加值1352.54亿元，增长2.5%；第三产业增加值1539.87亿元，增长5.8%；人均地区生产总值68194元，同比增长3.5%；地方一般公共预算收入256.80亿元，同比增长5.3%；规模以上工业增加值1041.95亿元，增长1.5%；固定资产投资1857.98亿元，增长8.3%；社会消费品零售总额超1520.43亿元，增长8.0%；外贸进出口总额超1425.4亿元，下降3.2%，其中出口1136.1亿元，增长1.2%。

【实体经济】 江门市形成食品、纺织服装、机电、造纸、电子信息以及精细化工六大支柱产业，以及水暖卫浴、家具、船舶等特色产业，呈现出产业门类齐全，产业基础良好。2019年，江门市规模以上工业企业实现营业收入4109.75亿元，规模以上工业增加值同比增长1.5%。加快发展新材料、新能源汽车及零部件、大健康、高端装备制造、新一代信息技术五大新兴产业，并引进一大批相关项目，形成一定产业集聚。

（江门市发展改革局）

【农村经济发展】 2019年，江门市以建设现代农业产业园、创建国家农产品质量安全市、发展“一村一品、一镇一业”、培育新型农业经营主体、打造农业品牌、发展现代渔业和乡村旅游业为抓手，谋划建设立足江门、覆盖湾区、联结粤西、辐射全省、面向全国的大湾区高质量农业合作发展平台，推进乡村产业兴旺。全年实现第一产业增加值254.23亿元，增长6.3%，增速全省第一。成功创建国家农产品质量安全市。累计创建5个国家级、6个省级、14个市级现代农业产业园和发展平台。累计培育市级以上重点农业龙头企业100家（含2家国家级、48家省级）、“三品一标”产品195个。创建14个粤港澳大湾区“菜篮子”生产基地（信誉农场）、4家大湾区加工企业和14家省级农产品出口示范基地。沙湖镇和海宴镇五丰村成功创建国家级示范村镇，牛江镇和马冈镇成功创建省级专业镇，启动33条“一村一品”专业村建设。成功举办2019年粤港澳大湾区（江门）名特优新农产品推介活动，吸引来自港澳、全省及对口扶贫地区的261家农业企业参加和65万人次到场参观，现场促成销费近2000万元。全年粮食产量93.2万吨，比上年增长5.0%；蔬菜产量162.4万吨，增长7.8%；糖蔗产量16.8吨，下降4.3%；油料产量3.2万吨，增长7.3%；水果产量38.07万吨，增长7.2%。全年肉类总产量28.9万吨，比上年增长3.0%；其中猪肉产量14.89万吨，下降15.4%；禽肉产量13.7万吨，增长40.7%。全年水产品产量79.2万吨，增长3.4%。

（江门市农业农村局）

【重点项目建设】 2019年，江门市安排市重点建设项目444项，项目总投资5141亿元，年度计划投资647.4亿元。全年项目累计完成投资822.5亿元，占年度投资计划的127.0%。交通类项目完成投资193.4亿元,投资完成率达120.7%。江门大道三江段以北、高恩高速、佛开南扩建等项目建成通车，珠西综合交通枢纽江门站进展顺利，中开高速、开春高速、开阳高速扩建等加快建设，银洲湖高速先行段启动建设，黄茅海跨海通道、深岑高速等前期工作加速推进，其他等级公路、市政道路项目按计划推进建设，江门市交通“硬联通”不断加强；产业类项目完成投资359.2亿，投资完成率达136.1%。台山核电一期1号、2号机组顺利并网发电，江门人才岛、五大万亩园区建设加快，鑫辉新材料研发制造基地、东洋油墨、富华重工智能制造、依利安达电子等一批制造业项目新开工建设，德昌电机、优美科长信、得润汽车、芳源新能源、富华鹤山工业园、地尔汉宇机器人等制造业项目有序建设，其他园区平台、产业项目加快建设步伐，产业发展后劲增强；城建类项目完成投资270.0亿元，投资完成率达120.9%。潭江河流治理、市区黑臭水体治理、三清三拆三整治、沙坪河综合整治、以及江门市崖门工业固体废物处理处置中心、开平市固废综合处理中心等环境治理项目加速建设，五邑大学现代工程综合训练中心及综合体育馆、广东江门幼儿师范高等专科学校、江门中医药职业学院、广东南方职业学院等高等教育项目、以及江门一中、培英中学、广实附属学校、葵城中学等基础教育项目加快建设，银葵医院、市人民医院综合大楼、新会养老中心、台山市妇幼保健院、开平市第二人民医院、鹤山市人民医院、恩平市妇幼保健院等医疗卫生项目按计划建设，民生保障和人居环境水平不断提升。

【营商环境建设】 2019年，江门市出台《江门市进一步深化营商环境综合改革2019年工作要点分工实施方案》，统筹推进营商环境综合改革，成效显著。实现开办企业1天办结,改革经验被省政府列入《我省形成在全省复制推广借鉴的优化营商环境改革举措清单》全省推广。投资项目承诺制改革成效显现，累计已有365个项目的相关审批采用承诺制管理，537个项目采用容缺审批，项目前期工作平均提速1—2个月。出台《江门市工程建设项目审批制度改革实施方案》及一系列配套措施，建成覆盖各部门和市（区）、镇（街道）各层级的工程建设项目审批管理平台，政府投资项目、社会投资项目审批时间分别压减至90个、55个工作日内。深入推进“数字政府”综合改革试点建设，实施全程网办、全城通办、“四少一快”、智能办理、指尖计划和堵点清零六大政务服务行动，全力打造“政务服务无堵点”城市，商事登记“微信+智能化审批”改革成果作为广东省“数字政府”建设地级市中唯一一个成果示范项目，在全国电子政务工作座谈会暨国家电子政务综合试点工作现场会上进行专题汇报。

【社会事业发展】 2019年，江门市居民人均可支配收入3.23万元，增速达6.2%。城乡居保基础养老金最低标准提高至每人每月170元，惠及53万市民。企业职工养老保险基本养老金月人均增加157元。城乡居民住院（含大病保险）年度最高支付限额提高至54万元，参保人在三级定点医疗机构住院基金支付比例提高至65%，基本医疗保险一档普通门诊基金支付比例提高至70%，年度累计支付限额提高至240元。推进扶贫与低保“两线合一”改革试点工作，发放低保金2.1亿元。扩大住房保障覆盖面，全市政府投资公共租赁住房共11392套，已入住10802套，入住率94.8%，超额完成省下达的棚户区住房改造基本建成任务和发放租赁补贴任务，其中棚户区住房改造已基本建成215套，完成率113.8%；已发放租赁补贴320户，完成率266.7%。城镇新增就业人数等核心就业指标均按进度超额完成任务，城镇登记失业率为2.12%。物价总水平基本稳定，居民消费价格指数涨幅控制在3%以内。圆满承办2019年世界排球联赛江门站赛事。市美术馆、文化馆和江海区博物馆完成升级改造并对外开放，全市累计建成覆盖城乡24小时自助图书馆46家。全市16个紧密型医联体试点分院按二级医院标准建设基本完成，卫生资源总量保持上升趋势，千人床位数提高到5.11张，千人执业（助理）医师数提高到2.24名，千人注册护士数提高到3.03名。

【国民经济动员】 2019年，江门市开展年度国民经济动员潜力统计调查工作，并重点针对往年调查中存在的短板，对潜力相关数据进行更新完善。根据省国防动员“十三五”规划安排和形势发展要求，积极推动省“十三五”规划中江门市相关项目的筹备建设。完成专业（应急）保障队伍的整组工作，提升经济动员保障能力。

（江门市发展改革局）

精神文明建设

【新时代文明实践中心试点建设】 2019年，江门市精神文明建设指导委员会办公室（简称江门市文明办）建立工作联系机制，探索建立“十个一”阵地建设标准。全市设立新时代文明实践中心（所、站）1052个，形成涵盖县、镇、村三级，全域覆盖的实践阵地布局。全市组建各类文明实践志愿服务队伍2232支，开展文明实践故事宣讲大赛、乡风民俗趣味运动会、广场舞大赛、优秀童谣大赛等文明实践活动1.41万场次，参与群众80.8万人次。分三批到各市（区）开展新时代文明实践江门“七个一百”精品项目下基层活动，丰富群众文化生活，深化新时代文明实践志愿服务。助推台山市成为全国第二批新时代文明实践中心试点县市，蓬江区、新会区成为第二批省级试点。

2019年4月29日，在台山市举办江门市新时代文明实践中心建设工作推进会 （市委宣传部 供）

【文明城市建设管理】 2019年，江门市文明办推动实施《江门市深化全国文明城市创建工作总体方案（2019—2021年）》，指导各牵头单位制定20项工作任务子方案。印发《2019年江门市深化全国文明城市创建工作任务清单》。修订《江门市创建全国文明城市实地考察指南》（2019年版），举办全国文明城市创建工作培训班，对实地考察、材料报送工作进行分类分众指导。组建市创文办日常督查队伍，开展常态化创文督查。同时对集贸市场升级改造、老旧社区改造等项目进展情况进行督查，开展铁路沿线环境整治工作。是年，共下发督查通报107期，发现问题18837条，整改率93.32%。发布创文督查整改率“红黑榜”8期，组织第三方创文测评3次，强化创文动态管理，推动创文工作常态长效。统筹推进“四级联创”，指导各县市开展文明城市对标创建，定期开展实地暗访督查，推动台山、鹤山加快创建全国文明城市，开平创建全国文明城市提名城市，恩平创建广东省文明城市。

【公民道德教育】 2019年，江门市文明办制定《江门市市民素质提升长效化工作方案》，将社会主义核心价值观融入精神文明建设全过程。深化“爱心之城”建设，命名第三批“爱心单位”“爱心企业”“爱心社区”“爱心家庭”示范点。启动首届“最美江门人”选树学活动，评出10个类别共97名“最美江门人”。评选“江门好人”共39名，每季度举办好人发布会暨现场交流会，推荐获评“广东好人”3名。举办2019年度江门市十大“最美家庭”颁奖活动、召开文明家庭现场会，弘扬社会主义家庭文明新风尚。深化文明道德风尚建设，落实“文明交通”“文明旅游”“文明餐桌”“文明上网”等工作要求，制作3部以文明家庭、移风易俗、文明乡村等为题材的动漫宣传片，开展江门市“庆中国70华诞展侨乡文明风采——寻找十大最美创文公益广告景观”评选活动，培育市民文明行为。实施“江门市困难道德模范（身边好人）精准帮扶计划”项目，以购买社工服务的方式为19名困难道德模范（身边好人）提供精准帮扶服务，倡导“好人好报”的价值导向。完成“江门市社会信用联合奖惩应用系统”建设并在全市推广使用，建立“信用奖惩、一键搞定”便捷模式，加强诚信建设。

【未成年人思想道德建设】 2019年，江门市文明办深化“扣好人生第一粒扣子”“清明祭英烈”“开笔礼”“向国旗敬礼”等主题教育实践活动。评选2019年上半年“江门新时代好少年”20名，举办“新时代好少年”发布暨优秀童谣颁奖活动，推荐获评“广东新时代好少年”1名。开展全市乡村学校少年宫督导检查，推进乡村学校少年宫建设。

【志愿服务】 2019年，江门市文明办开展春运暖冬行动、护河护水、秀美乡村、精准扶贫等志愿服务活动，常态化督导“让行微公益”“洁城绿生活”“创文你我他”三大志愿服务行动，打造“守护计划”和“清源行动”等十大志愿服务品牌项目。组织志愿者参加世界排球联赛（广东·江门）站、华侨华人文化交流活动、第九届江门市运动会等大型赛会志愿服务活动9场次，达1800人次，服务时长超过2万小时，展示江门文明和城市形象。依托新时代文明实践中心志愿服务工作，打造100支“百佳志愿服务团队”，为群众奉献新时代的“文化大餐”“爱心礼包”“便民方阵”。推出电子支付系统，建立公益联盟商城平台，开通项目众筹与公益捐赠。发布志愿服务一体机，实现志愿服务迈进“互联网＋”时代，推动江门市志愿服务事业持续发展。是年，全市新增志愿服务队伍587个，队伍总数达5600多个；新增注册志愿者1.3万多名，志愿者总数超过38.4万名；新增志愿服务数293.85万小时，总时长超过1503.3万小时；开展培训2743场次，培训人次达15.7万人次，培训时长达24.4万小时；活动场次多达22.7万场次，志愿者参与率达84%。

【群众性精神文明创建】 2019年，江门市文明办深化文明村镇创建，命名2017—2018年度江门市文明村镇31个；结合乡村振兴战略，出台《关于加强农村精神文明建设的工作意见》，深入推进乡风文明“十个一”工程；建设具有江门特色的文明村镇示范样板，命名2019年江门市特色文明村镇61个；深化文化祠堂工程，发展新乡贤文化，开展星级文明户创建等活动，评出300户江门市星级文明户，培育文明乡风、良好家风、淳朴民风。深化文明单位创建，命名2017—2018年度江门市文明单位44个，推动文明单位创建向各行业领域延伸拓展。深化文明家庭创建，命名第一届江门市文明家庭20户，为构建团结稳定和谐文明社会提供精神动力和道德支撑。

（江门市文明办）

·责任编辑　关明珠·

中共江门市委员会

综　述

【市委全会】 市委十三届九次全会 2019年1月10日，中国共产党江门市第十三届委员会第九次全体会议在市委市政府小会堂召开，67名委员到会，市委书记、市人大常委会主任林应武主持会议。会议的主要任务是，以习近平新时代中国特色社会主义思想为指导，全面贯彻党的十九大和十九届二中、三中全会精神，深入贯彻习近平总书记视察广东重要讲话精神，认真贯彻落实广东省委十二届六次全会精神，总结2018年工作，部署2019年工作，统一思想、抢抓机遇、改革创新、真抓实干，努力建设“四个走在全国前列”示范城市。市委书记林应武代表市委常委会向全会作报告。市委副书记、市长刘毅作经济工作专题讲话。会议审议市委常委会抓党建工作情况报告。会议号召，全市各级党组织和全体共产党员更加紧密地团结在以习近平为核心的党中央周围，以坚如磐石的信心、只争朝夕的劲头、坚韧不拔的毅力，沿着习近平总书记指引的方向坚定前行，奋力建设“四个走在全国前列”示范城市，以优异的成绩迎接中华人民共和国成立70周年。

市委十三届十次全会 2019年10月23日，中国共产党江门市第十三届委员会第十次全体会议在市委市政府小会堂召开，67名委员到会，市委书记、市人大常委会主任林应武主持会议。会议的主要任务是，以习近平新时代中国特色社会主义思想为指导，深入学习贯彻习近平总书记关于粤港澳大湾区建设的重要论述和对广东重要讲话、重要指示批示精神，全面贯彻落实《粤港澳大湾区发展规划纲要》，认真贯彻落实省委十二届七次全会精神，总结江门市推进粤港澳大湾区建设工作情况，分析面临的新形势新任务，举全市之力推进粤港澳大湾区建设，奋力打造珠江西岸新增长极和沿海经济带上的江海门户，为推动粤港澳大湾区建设国际一流湾区和世界级城市群贡献江门力量。江门市委常委会主持会议。市委书记林应武代表市委常委会向全会作报告，市委副书记、市长刘毅作经济工作专题讲话，省委主题教育第二巡回指导组组长肖怀跃到会指导。会议号召，紧密团结在以习近平为核心的党中央周围，不忘初心、牢记使命，闻鸡起舞、日夜兼程、风雨无阻，全力推动粤港澳大湾区建设取得实实在在的成效，加快打造珠江西岸新增长极和沿海经济带上的江海门户，为广东实现“四个走在全国前列”、当好“两个重要窗口”做出江门贡献。会议通报江门市2018年度选人用人工作“一报告两评议”评议结果及整改措施。

【市委常委会会议】 2019年，中共江门市委共召开45次市委常委会会议。主要议题包括：传达贯彻中国共产党广东省第十二届委员会第六次全体会议精神；审议市委常委会向全会作的报告（送审稿）；审议《市委十三届九次全会决议（草案）》；审议《市委常委会抓党建工作情况报告（送审稿）》；审议《市委十三届九次全会议题（送审稿）》；审议《市委十三届九次全会日程（送审稿）》；审议刘毅在市委十三届九次全会上的专题讲话；讨论《政府工作报告（送审稿）》；讨论《江门市2018年国民经济和社会发展计划执行情况与2019年计划草案的报告（送审稿）》；讨论《江门市2019年重点建设项目计划草案（送审稿）》；讨论《2019年江门市民生实事候选项目（送审稿）》；讨论《江门市2018年预算执行情况和2019年预算草案的报告（送审稿）》；讨论《江门市本级2019年综合预算草案（送审稿）》；传达贯彻省委书记李希在江门调研时的讲话精神；研究江门市所辖区（市）机构改革方案（送审稿）；听取和评议各市（区）党委书记和市直有关单位党（工）委书记抓基层党建工作述职；传达学习习近平总书记在中共中央政治局民主生活会上的重要讲话精神；传达贯彻十九届中央纪委三次全会和十二届省纪委四次全会精神；审议《中国共产党江门市第十三届纪律检查委员会第四次全体会议上的工作报告（送审稿）》；传达学习《中国共产党支部工作条例（试行）》；传达贯彻省十三届人大二次会议精神；传达贯彻省政协十二届二次会议精神；传达贯彻全国、全省安全生产电视电话会议精神；传达贯彻全省“一核一带一区”区域发展格局建设推进会精神；传达学习《中共中央办公厅、国务院办公厅转发〈中央农办、农业农村部、国家发展改革委关于深入学习浙江“千村示范、万村整治”工程经验扎实推进农村人居环境整治工作的报告〉的通知》；传达贯彻全省宣传部长会议精神；深入学习贯彻习近平总书记视察广东重要讲话精神和省委书记李希在江门调研时讲话精神；传达学习习近平总书记关于实施乡村振兴战略重要论述精神；传达贯彻全省实施乡村振兴战略工作推进会精神；传达贯彻全省市厅级主要领导干部学习贯彻习近平总书记重要讲话精神防范化解重大风险专题研讨班精神；传达贯彻全省推进粤港澳大湾区建设工作会议精神（含《粤港澳大湾区发展规划纲要》）；传达贯彻全省审计工作会议和省学习贯彻省委审计委员会第一次会议精神暨2017年度审计查出问题整改工作会议精神；传达贯彻十二届省委第四轮巡视工作动员部署会精神，研究部署江门市配合巡视工作的具体安排；学习贯彻全省传达贯彻习近平总书记重要讲话精神暨全国“两会”精神干部大会精神；学习贯彻《中国共产党农村基层组织工作条例》；传达贯彻省对口支援西藏新疆工作领导小组第九次会议精神；审议《2018年度江门市党政领导班子工作总结（送审稿）》；

听取十三届市委第六轮巡察情况汇报；传达贯彻中央领导同志关于江苏响水天嘉宜化工有限公司“3•21”爆炸事故的重要指示批示精神；传达学习习近平总书记在中央政治局第十三次集体学习时的重要讲话精神；传达贯彻全省科技创新大会精神；传达贯彻全省组织部长会议暨老干部局长会议精神；审议《江门市贯彻落实中央环境保护督察“回头看”及固体废物环境问题专项督察反馈意见暨省级环境保护督察反馈意见整改方案（送审稿）》；学习贯彻新修订的《党政领导干部选拔任用工作条例》；听取市人大常委会党组工作汇报；听取市政府党组工作汇报；听取市政协党组工作汇报；听取市中级人民(规范简称为市中级法院)法院党组工作汇报；听取市检察院党组工作汇报；审议《江门市政协2019年协商计划（送审稿）》；传达贯彻全省教育大会精神；传达贯彻省委主要领导关于应急管理工作指示要求和全省应急管理工作座谈会精神；传达贯彻全省农村人居环境整治现场推进会精神；传达贯彻2019年全省一季度经济形势研判会暨全省财政收支专题工作会议精神；传达贯彻国务院、省政府第二次廉政工作会议精神；学习贯彻新修订的《中国共产党党组工作条例》；学习贯彻《中共中央办公厅关于解决形式主义突出问题为基层减负的通知》；审议《关于解决形式主义突出问题为基层减负的若干具体措施（送审稿）》；审议《2019年政党协商（会议协商）计划（送审稿）》；传达贯彻珠三角片区（七市）工作现场会精神；传达贯彻全省推动老区苏区振兴发展工作现场会精神；传达学习习近平总书记对民政工作的重要指示精神和第十四次全国民政会议精神；传达学习习近平总书记关于自然资源保护与利用方面重要论述精神；传达贯彻全国开展违建别墅清查整治专项行动电视电话会议精神；传达贯彻中央编制委员会第一次会议、省委编制委员会第一次会议及全省编办主任会议精神；听取江门市未成年人工作情况汇报；审议《中共江门市委关于打造珠江西岸新增长极和沿海经济带上的江海门户的决定（送审稿）》；学习贯彻习近平总书记在“不忘初心、牢记使命”主题教育工作会议上的重要讲话精神；学习贯彻全省开展“不忘初心、牢记使命”主题教育工作会议精神；学习贯彻《关于加强和改进中央和国家机关党的建设的意见》；传达贯彻全省人大工作会议精神；传达贯彻全省公务员工作座谈会暨贯彻新修订《公务员法》和推行职务与职级并行制度培训班主要精神；传达贯彻省政府关于落实粤港澳大湾区个人所得税优惠政策有关会议精神；传达贯彻粤桂扶贫协作第四次联席会议精神；传达贯彻省政府十三届52次常务会议精神（关于我省援藏援疆近期工作情况及下一步工作计划；关于广东省与黑龙江省对口合作2018年工作情况和下阶段工作思路）；传达贯彻省政府经济“六稳”（稳就业、稳金融、稳外贸、稳外资、稳投资、稳预期）工作座谈会精神；传达贯彻2019年粤澳合作联席会议精神；审议《江门市推进粤港澳大湾区建设实施方案（送审稿）》；审议《江门市推进粤港澳大湾区建设三年行动计划（2018—2020年）（送审稿）》；传达贯彻全省防汛救灾工作视频会议精神；听取江门市公安工作情况汇报；传达贯彻全省打好污染防治攻坚战工作推进会精神；传达贯彻推进全省外贸高质量稳定发展座谈会精神；审议《江门市实施公务员职务与职级并行制度工作方案（送审稿）》；传达学习习近平总书记在中央和国家机关党的建设工作会议上的重要讲话精神；传达贯彻“不忘初心、牢记使命”主题教育警示教育会议暨广东省第十八期领导干部党章党规党纪教育培训班精神；传达贯彻省海洋督察整改工作领导小组电视电话会议精神；传达贯彻广东•四川对口支援和扶贫协作联席会议精神；传达贯彻2019年全省上半年经济形势研判会暨全省工业经济运行专题工作会议精神；传达贯彻中国共产党广东省第十二届委员会第七次全体会议精神；学习贯彻《中国共产党宣传工作条例》；听取江门市生态环境工作情况汇报；传达学习习近平总书记关于巡视工作的重要论述精神；传达贯彻省委关于巡视工作要求和省委第七巡视组巡视江门市情况反馈会议精神；审议《关于省委第七巡视组反馈意见整改落实工作安排意见（送审稿）》；审议《江门市违建别墅问题清查整治专项行动实施方案（送审稿）》；听取十三届市委第七轮巡察情况汇报；传达学习习近平总书记关于垃圾分类工作重要指示精神；听取江门市垃圾分类工作情况汇报；传达贯彻省信访工作联席会议第二次全体会议精神；传达贯彻省委网络安全和信息化委员会第一次全体会议精神；传达贯彻全省干部教育培训工作会议精神；审议江门市委关于省委第七巡视组反馈意见的整改落实方案（送审稿）；审议台山市委、鹤山市委关于省委第七巡视组反馈意见的整改落实方案（送审稿）；传达学习习近平总书记关于审计工作的重要论述精神；学习贯彻新修订的《党政主要领导干部和国有企事业单位主要领导人员经济责任审计规定》；学习贯彻《地方党政领导干部食品安全责任制规定》《关于深化改革加强食品安全工作的意见》；听取江门市食品安全工作情况汇报；传达学习习近平总书记在中央政治局第十五次集体学习时的重要讲话精神；审议《江门市关于开展“不忘初心、牢记使命”主题教育实施方案（送审稿）》；传达贯彻全省深化机构改革总结会议精神；传达贯彻全省涉农资金统筹整合改革视频会议精神；传达贯彻广东省推进高水平医院建设工作电视电话会议精神；传达学习习近平总书记在中央全面依法治国委员会第二次会议上的重要讲话精神；审议《江门市庆祝中华人民共和国成立

70周年活动方案（送审稿）》；听取市委政法委工作情况汇报；传达贯彻全省促进中小企业（民营经济）发展工作电视电话会议精神；传达贯彻广东省市厅级主要领导干部学习贯彻《关于支持深圳建设中国特色社会主义先行示范区的意见》专题研讨班精神；审议《江门市推动革命老区振兴发展实施意见（送审稿）》；传达学习习近平总书记在中央党校（国家行政学院）中青年干部培训班开班式上的重要讲话精神；传达学习习近平总书记在中央政协工作会议暨庆祝中国人民政治协商会议成立70周年大会上的重要讲话精神；审议《中共江门市委关于激励干部新时代新担当新作为的若干举措（送审稿）》；审议《江门市鼓励和促进总部经济发展实施办法（送审稿）》；传达贯彻全省第四季度防范重特大生产安全事故暨消防及秋冬季森林防灭火工作视频会议精神；审议8个方面突出问题专项整治工作方案（送审稿）；听取市总工会、团市委、市妇联工作情况汇报；学习贯彻《中国共产党农村工作条例》；传达贯彻2019年全省前三季度经济形势研判会精神；传达贯彻广东省重大工程建设项目总指挥部第一次全体会议精神；传达贯彻服务粤港澳大湾区建设座谈会精神；传达贯彻广东省庆祝中华人民共和国成立70周年系列活动总结会精神；传达贯彻全省第二批“不忘初心、牢记使命”主题教育暨基层党建三年行动计划推进会精神；审议市委常委会向全会作的工作报告（送审稿）；审议《市委十三届十次全会决议（草案）》；审议刘毅在市委十三届十次全会上的专题讲话；审议《市委十三届十次全会议题（送审稿）》；审议《市委十三届十次全会日程（送审稿）》；传达学习习近平总书记在庆祝中华人民共和国成立70周年大会上的重要讲话精神；传达学习习近平总书记在内蒙古、河南考察并指导主题教育的重要讲话精神；学习贯彻中央有关文件精神；听取江门市创建全国双拥模范城工作情况汇报；传达贯彻省全面推行“河长制”工作领导小组第二次会议精神；传达贯彻全省农村“厕所革命”、垃圾污水治理现场会精神；审议《关于2018年度江门市推进乡村振兴战略实绩考核工作情况的报告（送审稿）》《关于2018年度江门市推进乡村振兴战略实绩考核工作情况的通报（送审稿）》；审议《江门市直机关单位2019年度绩效考核方案（送审稿）》《江门市2019年县域经济社会发展考核实施方案（送审稿）》；听取省委巡视反馈意见整改落实进展情况汇报；学习贯彻党的十九届四中全会精神和全省学习贯彻党的十九届四中全会精神干部大会精神；审议《江门市财政管理体制调整方案（送审稿）》；研究市党政领导班子部分成员分工调整方案；传达学习习近平总书记对脱贫攻坚工作作出的重要指示精神；传达贯彻省委政协工作会议精神；传达贯彻全省政法领域全面深化改革推进会精神；听取江门市安全生产重点攻坚工作情况汇报；审议市政协有关专委会名称更改和职能调整事项；传达贯彻中国共产党广东省第十二届委员会第八次全体会议精神；传达贯彻全省推动制造业高质量发展大会精神；传达贯彻省委审计委员会第二次会议暨2018年度审计查出问题情况整改工作电视电话会议精神；传达贯彻第二十次广东民政会议精神；审议《中共江门市委关于落实省委第七巡视组反馈意见整改进展情况的报告（送审稿）》；审议《中共台山市委关于落实省委第七巡视组反馈意见整改进展情况的报告（送审稿）》《中共鹤山市委关于落实省委第七巡视组反馈意见整改进展情况的报告（送审稿）》；传达学习习近平总书记在中央政治局第十九次集体学习时的重要讲话精神；学习贯彻新修订的《中国共产党党内法规制定条例》《中国共产党党内法规和规范性文件备案审查规定》以及新制定的《中国共产党党内法规执行责任制规定（试行）》；传达贯彻全省生活垃圾分类工作推进会精神；讨论江门市2019年部分计划指标调整建议（送审稿）；传达学习习近平总书记在中央经济工作会议上的重要讲话精神；审议《江门市东部城市带发展战略规划（2019—2035年）（送审稿）》《江门市西部发展区发展战略规划（2019—2035年）（送审稿）》；学习贯彻《中国共产党党员教育管理工作条例》；学习贯彻《2019—2023年全国党员教育培训工作规划》；传达贯彻省委主要领导关于主题教育批示精神；学习贯彻《中国共产党机构编制工作条例》《中国共产党问责条例》《中国共产党重大事项请示报告条例》；传达贯彻省专题会议精神；传达贯彻省委十二届第151次常委会（扩大）会议精神；听取并评议各市（区）党委书记，以及市直机关工委书记、市国资委党委书记和市“两新”组织党工委书记、市教育局党组书记的述职。

2019年3月1日，市委在市委市政府小礼堂召开市委政法工作会议
（市委政法委 供）

【市委重要会议活动】　市委政法工作会议　2019年3月1日，中共江门市委在市委市政府小会堂召开政法工作会议。会议认真学习贯彻习近平总书记在中央政法工作会议上的重要讲话精神，深刻认识政法工作面临的新形势新挑战，研究部署当前和今后一个时期江门市政法工作。市委书记林应武出席会议并讲话。市委副书记、市长刘毅主持会议，各市（区）党委政府、市直有关单位、中直和省直驻江门有关单位主要负责同志共155人参会。林应武强调，要深入学习贯彻习近平总书记在中央政法工作会议上的重要讲话精神，切实增强做好新时代政法工作的责任感紧迫感使命感，确保政法工作始终沿着总书记指引的方向前进；要准确把握江门市政法工作面临的新形势新挑战，提高政治站位，坚持底线思维，勇于担当、主动作为，强化保安全、保稳定各项措施，奋力开创新时代江门政法工作新局面；要坚持党对政法工作的绝对领导，推动政法队伍全面进步全面过硬。市委副书记、政法委书记胡钛具体安排2019年全市政法工作。

全市科技创新大会　2019年4月26日，中共江门市委、市政府在市委市政府小会堂召开全市科技创新大会，深入贯彻落实习近平总书记对广东重要讲话和重要指示批示精神，全面落实国家科学技术奖励大会和广东省科技创新大会精神，部署推进江门市科技创新工作。市委书记、市人大常委会主任林应武出席会议并讲话，市委副书记、市长刘毅主持会议，各市（区）党委政府、市直有关单位、中直和省直驻江门有关单位主要负责同志，科技企业、新型研发机构和创新人才代表约160人参加大会。市政协党组书记、主席周伟万，市人大常委会党组书记、副主任易中强参加会议。林应武强调，要统一思想、凝聚共识，坚定不移实施创新驱动发展战略；要发挥优势、突出重点，奋力打造粤港澳大湾区国际科技创新高地；要加强领导、实干担当，狠抓科技创新各项措施落地见效。大会表彰2018年江门市获得全国创新创业大赛、省科学技术奖获奖代表和江门市“侨都英才计划”重大人才项目的代表。市委常委利为民通报江门市2018年度科技创新先进单位和个人。

2019年4月26日，中共江门市委、市政府在市委市政府小礼堂召开全市科技创新大会　（市科技局 供）

庆祝“五一”国际劳动节暨劳动模范代表座谈会　2019年4月29日，江门市在市委市政府小会堂举行庆祝“五一”国际劳动节暨劳动模范代表座谈会，表彰江门市荣获2019年全国、广东省“五一”劳动奖章、奖状、工人先锋号的先进个人和先进集体。市领导胡钛、顾达华、蔡德威、胡念芳出席。胡钛强调，要大力弘扬劳模精神、劳动精神、工匠精神，增强广大职工的新时代工人阶级自豪感和使命感；要把握粤港澳大湾区建设机遇，引导广大职工群众在大湾区建设的广阔舞台施展才干；要贯彻落实全心全意依靠工人阶级的方针，建设知识型、技术型、创新型劳动者大军；要充分发挥工会广泛联系职工群众的政治优势，调动广大职工的劳动积极性。

全市实施乡村振兴战略工作推进会　2019年4月30日，市委在市委市政府小会堂召开全市实施乡村振兴战略工作推进会，总结2018年全市乡村振兴及脱贫攻坚工作，研究部署今明两年工作任务。市委书记、市人大常委会主任林应武出席会议并讲话，市委副书记、市长刘毅主持会议，市直有关单位、中直和省直驻江门有关单位主要负责同志、市农业农村局副处级以上干部约80人参加会议参会。林应武强调，要认真学习贯彻习近平总书记关于农业、农村、农民“三农”工作重要论述精神，确保全市乡村振兴工作沿着正确的方向前进；要适应新形势、落实硬任务，以新担当新作为奋力开创全市乡村振兴工作新局面；要加强领导、担当作为，为实施乡村振兴战略提供坚强有力的政治保证和组织保证。

全市防范化解重大风险工作会议　2019年5月31日，江门市委、市政府在市委市政府小会堂召开全市防范化解重大风险工作会议，深入学习贯彻习近平总书记关于防范化解重大风险的重要论述精神，认真贯彻落实全省防范化解重大风险工作会议精神，部署全市防范化解重大风险工作。市委书记、市人大常委会主任林应武，市委副书记、市长刘毅，市政协党组书记、主席周伟万，市人大常委会党组书记、副主任易中强和各市（区）党委政府、市直有关单位、中直和省直驻江门有关单位主要负责同志共129人出席会议。林应武强调，要全力做好各领域防范化解重大风险工作，确保全市社会大局和谐稳定；要加强组织领导，形成防范化解重大风险的强大工作合力。

全市教育大会　2019年7月10日，市委在市委市政府小会堂召开全市教育大会，研究部署当前和今后一个时期江门市教育工作。市委书记、市人大常委会主任林应武强调，近年来江门市的教育事业取得长足进步，但与人民群众的期盼仍有差距，为此江门市要采取强有力、针对性的措施认真补齐短板，推动教育强市建设迈上新台阶；要深入学习贯彻习近平总书记关于教育的重要论述和全国、全省教育大会精神，切实把思想行动统一到中央决策部署、省委工作要求上来，以雷厉风行的姿态和久久为功的韧劲，推动江门市教育改革发展不断开创新局面；要加强党对教育工作的全面领导，确保江门市教育改革发展始终沿着正确方向前进；各级党委特别是“一把手”要坚持把教育事业放在一线位置，确保组织到位、责任到位、保障到位；要聚焦立德树人根本任务，推动学校思想政治理论课守正创新。市委副书记、市长刘毅主持会议，市人大常委会党组书记、副主任易中强和市直有关单位及中直、省直驻江门有关单位主要负责人，各市（区）党委和政府主要负责同志，市有关高校、市直学校的主要负责人，部分教师代表等共145人出席会议。

市委人大工作会议　2019年7月18日，市委人大工作会议在市委市政府小会堂召开。会议深入学习贯彻习近平总书记关于坚持和完善人民代表大会制度的重要论述，认真落实省委人大工作会议精神，推动新时代全市人大工作高质量发展。市委书记、市人大常委会主任林应武出席会议并讲话，市委副书记、市长刘毅主持会议，市检察院检察长，市人大常委会其他组成人员及派驻市人大机关纪检监察组组长，市有关单位主要负责同志，各市（区）委书记、各市（区）人大常委会主任等共106人参会。林应武强调要加强和改善党对人大工作的领导，提升江门市人大工作水平；全市各级党委要发挥好总揽全局、协调各方的领导作用，坚持党的领导贯穿人大工作始终，全力支持人大依法履职，着力加强人大及其常委会自身建设，为人大依法履职、开展工作提供强有力支持和保障。

市委政协工作会议　2019年12月6日，市委政协工作会议在市委市政府小会堂召开。会议以习近平新时代中国特色社会主义思想为指导，深入学习贯彻党的十九大和十九届二中、三中、四中全会精神，深入学习贯彻中央、省委政协工作会议精神，总结江门市政协工作经验，研究部署今后一个时期全市政协工作。市委书记、市人大常委会主任林应武出席会议并讲话，市政协党组书记、主席周伟万出席会议，市委副书记、政法委书记胡钛主持会议，市中级法院、市检察院、市有关单位、各市（区）主要负责同志，市政协机关有关同志等参加会议共127人参会。林应武强调，要深入学习贯彻习近平总书记重要讲话精神，把树牢“四个意识”、坚定“四个自信”、做到“两个维护”落实到新时代侨乡人民政协事业发展的全过程和各方面，把中央、省委政协工作会议精神一体学习领会、整体贯彻落实，切实增强做好新时代政协工作的自觉性和使命感。要履职担当、把握重点，努力开创新时代全市政协工作新局面，切实发挥人民政协爱国统一战线组织作用，在凝聚侨心侨力上有新突破；发挥政协专门协商机构作用，在调研选题上精准发力，在提升履职实效上持续发力，在推动民生问题解决上重点发力；激励政协委员争当“懂协商、会协商、善议政”的先锋，争做“守纪律、讲规矩、重品行”的表率。要加强党对政协工作的领导，加强和完善党委领导人民政协的工作机制，加强政协自身建设，切实为政协履职创造有利条件。

（中共江门市委办公室）

政策研究与改革

【概况】　2019年，中共江门市委政策研究室(简称“市委政研室”)共完成各类综合性文稿2048份，总计543万字，其中上报中央、省有关部门文稿58份，有20份被《广东调研》《广东改革工作简报》《广东改革督察情况》等采用。省领导对市委政研室、市委改革办公室上报材料批示6次，市委、市政府领导对市委政研室、市委改革办上报材料批示266次，其中市委、市政府主要领导批示76次。市委全会、书记专题会议、市委常委会会议、市委全面深化改革委员会会议、市政府常务会议对市委政研室、市委改革办牵头和参与起草的26份重要文稿进行专题研究。是年，市委政研室、市委改革办被评为“江门市文明单位”。

【综合课题研究】　重要文稿服务工作　2019年，市委政研室牵头起草市委主要领导在全市领导干部学习贯彻《粤港澳大湾区发展规划纲要》专题研讨班、全市领导干部学习贯彻《关于支持深圳建设中国特色社会主义先行示范区的意见》专题研讨班、全市领导干部党章党规党纪教育培训班、“不忘初心、牢记使命”主题教育专题党课、全市领导干部学习贯彻党的十九届四中全会精神研讨班等讲话和报告。起草市委十三届九次、十次、十一次全会报告。起草市委主要领导在省委全面深化改革委员会会议上关于乡村振兴和“数字政府”建设综合改革试点工作推进情况的汇报稿。牵头起草市委主要领导在省委书记李希到江门调研时的工作汇报。会同市人大起草市委主要领导在全省人大工作会议上的汇报稿《坚持“三个加强”争创“三个一流” 全面开创新时代侨乡人大工作新局面》。组织撰写市委主要领导在《广东调研》上发表署名文章《奋力打造珠江西岸新增长极、沿海经济带江海门户》。

推动高质量发展研究 2019年，市委政研室聚焦推动高质量发展开展调研。围绕市委、市政府提出的把江门建设成为“四个走在全国前列”示范城市目标要求进行专题研究，形成《关于江门建设“四个走在全国前列”示范城市的思考》研究报告上报市委，向省委巡视组报送《江门市谋划建设“四个走在全国前列”示范城市的情况汇报》。联合开平市委办公室、鹤山市委办公室、五邑大学江门经济研究中心、国家税务总局江门市税务局等单位开展调研，完成《加快重大特色合作平台建设，强化参与粤港澳大湾区建设的载体支撑》《中美贸易战背景下水暖卫浴产业转型升级策略研究》《加强区域协同促进融合提质——关于鹤山市融入江门东部城市带发展的专题调研》《江门市探索建立共建共治共享基层治理模式研究》《江门市2019年税收收入形势展望》。

重点改革项目研究 2019年，市委政研室针对深化营商环境综合改革，对江门市营商环境便利度进行评估，并与珠三角地区其他城市进行比较分析，形成《江门市营商环境便利度评估报告——基于珠三角九市的比较研究》，获市委市政府领导批示。针对重点领域及关键环节改革情况进行调研，上报《关于推进重点领域和关键环节改革的调研报告》。赴贵州省、省内顺德区等地学习外地改革先进经验做法，形成《共享数据红利提升群众获得感——关于贵州省“数字政府”建设的考察报告》《顺德区建设广东省高质量发展体制机制改革创新实验区的做法和启示》。聚焦地方重点改革进行调研，完成《开平市推进承诺制改革的经验与启示》《恩平市农村宅基地拆旧复垦现状分析与建议》《关于高新区（江海区）深化营商环境改革的调研报告》等报告，其中《开平市推进承诺制改革的经验与启示》《恩平市农村宅基地拆旧复垦现状分析与建议》获市委主要领导批示。

重要政策文件起草与把关 2019年，市委政研室牵头制定多份市委市政府重要政策文件并付之实施。研究起草和制定《中共江门市委关于打造珠江西岸新增长极和沿海经济带上的江海门户的决定》《关于支持江门人才岛建设发展的实施意见》《关于江门人才岛财政支持和用地保障的配套政策》《关于推动“六稳”工作的实施方案》《江门市推进大湾区建设实施方案》。对省（市）各部门、各市（区）政府送来的150份文件稿进行认真研究，累计提出近600条修改意见和建议。

【重点课题研究】 *粤港澳大湾区建设及落实“两个定位”专题研究* 2019年，市委政研室围绕粤港澳大湾区发展规划纲要赋予江门的定位及工作要求开展调研，完成《关于加快推进我市“侨梦苑”建设的调研报告》等研究。围绕省委赋予江门“两个定位”进行调研，向市委报送《关于江门打造珠西新增长极和沿海经济上的江海门户研究报告》，报告中提出的5个细化目标及工作举措写入市委十三届十次全会报告，转化为市委工作部署。联合鹤山市委办公室开展珠西物流中心建设专题调研，形成《加强规划引领狠抓项目建设——关于推进珠西物流中心建设的调研报告》，省委常委郑雁雄、副省长张虎、陈良贤分别对根据此报告形成的工作信息作出批示，要求省发展和改革委员会、省大湾区办公室研究跟进。会同市有关部门、新会区委办公室、恩平市委办公室开展专题调研，形成《关于江门助力澳门经济适度多元发展的情况报告》《关于加快新会万亩园区建设助力打造珠江西岸新增长极的调研报告》《关于恩平市打造宜居宜业宜游生态示范城市的调研报告》《构建“农业+”平台打造大湾区“粮仓”》。

经济社会热点问题研究 2019年，市委政研室联合专家开展江门市“十四五”发展规划课题研究，发挥专家智囊作用，对江门市经济社会发展思路进行战略性、前瞻性研究，形成《江门未来五年经济发展形势预判和发展战略选择》《粤港澳大湾区视角下江门现代化产业体系的构建研究》《聚心强轴优化空间推动江门市区高质量发展》《江门市服务业高质量发展比较研究》《我市民营经济发展问题与对策研究》等成果。

乡村振兴战略研究 2019年，市委政研室围绕乡村振兴开展相关研究。报送省委政研室的《关于江门市大学生投身乡村振兴情况的报告》，获省委常委叶贞琴、副省长张光军分别对根据此报告形成的工作信息作批示，要求省委政研室、省人社厅（记全称）作深度研究。省有关部门推荐开平3个大学生团队到北京参加全国性比赛，后以全国第一名的成绩获得“中国青年创新创业大赛总决赛”金奖。会同国家统计局江门调查队进行调研，完成《农村人居环境整治扎实推进实现美丽嬗变仍需克难攻坚》。联合恩平市委办公室开展专题调研，向市委报送《盘活闲置土地助力乡村振兴》《关于恩平市整县推进村镇污水处理设施建设的调研报告》，获市委主要领导批示，要求有关部门跟进，并印发给各地各部门学习参考。

【体制机制改革】 改革顶层设计 2019年，市委政研室研究制定市委全面深化改革委员会工作规则、专项小组工作规则、办公室工作细则。牵头制定和实施《市委全面深化改革委员会2019年改革工作安排》，统筹推进实施192项改革任务。聚焦改革重点，研究确定江门市2019年重点推进的10项改革项目，推进江门市重点改革项目对标一流标准，力争打造成全省乃至全国的标杆。做好组织协调，组织召开9次全面深化改革委员会会议，审核推进粤港澳大湾区建设实施方案、深化公立医院综合改革行动方案等15份重要改革文件，研究部署全面深化改革工作。

改革任务落实　2019年，市委政研室根据市领导的批示精神，及时批转共享单车管理机制、现代医院管理制度、养老服务等改革事项给有关部门跟进办理。深入推进乡村振兴、“数字政府”2项省级综合改革试点工作，梳理有关改革成效，形成汇报材料，在省委深化改革委员会的会议上作书面汇报。协助省开展低效用地改造情况、改革督察落实制度机制情况等调研，形成《关于江门市低效用地情况的报告》《关于江门市改革督察落实制度机制情况的报告》上报省委改革办公室。落实省第二批基层改革创新经验复制推广工作，上报《关于报送基层改革创新经验复制推广建议的报告》。推进粤港澳大湾区建设工作，做好科技创新与教育合作、构建现代产业体系、文化旅游合作、港澳居民就业创业等方面的体制机制改革创新。

改革督查督办　2019年，市委政研室配合省开展改革督察落实制度机制情况专项督察、“科创12条”落实情况专项督察，配合做好职称制度改革、义务教育资源均衡配置、医联体建设等改革任务第三方检查评估工作。开展重点改革专项督察，对江门市乡村振兴综合改革、“数字政府”改革建设、投资项目承诺制改革等重点改革任务进行专项督察。强化改革考核，对市直机关和各市（区）改革推进情况开展年度绩效考核工作。

改革宣传引导　2019年，市委政研室健全各市（区）各部门改革工作进展情况月报制度，定期向省委改革办公室和市委深化改革委员会汇报重点改革任务落实情况，编发《江门改革工作简报》70期，获《广东改革工作简报》《广东改革督察情况》刊发江门市改革信息4篇。联合国家、省和市主流媒体，开展江门市全面深化改革系列报道，在《中国改革报》刊登《江门首季改革热度指数高于全国平均水平》专文；在《南方日报》刊登《江门在全省率先推出商事主体登记“微信＋智能化审批”服务改革》《江门项目审批承诺制改革再获突破》《江门：六大行动打造“政务服务无堵点城市”》等5篇报道；在《江门日报》刊登《江门“数字政府”改革“跑”出新速度》《江门打造工程建设项目审批“高速公路”》《江门奋力打造全省乡村振兴示范模板》共11期系列报道。以“江门政研”微信公众号、“江门智库”微博、“今日头条”等为载体，加大力度宣传报道全面深化改革，增强和集聚改革正能量，营造良好改革氛围。中国经济体制改革研究会发布的《2019年第三季度改革热度第三方评估报告》显示，江门改革热度指数排名全国第七位、广东省首位。

【决策咨询服务】　重大决策咨询论证　2019年，市委政研室高质量开展重大决策咨询论证工作。组织召开专家咨询论证会16场，形成《关于〈江门市关于进一步促进先进制造业发展的若干措施（试行）（修订稿）〉专家咨询论证会的报告》《关于〈江门市国家生态文明建设示范市创建规划（2018—2030年）〉专家咨询会的报告》《关于〈江门市现代物流业发展规划（2019-2025年）〉〈江门市农村物流发展规划（2019—2025年）〉专家咨询论证会的报告》等决策咨询报告16篇，服务市委、市政府科学决策。

建言献策　2019年，市委政研室组织专家围绕重点热点难点问题建言献策，编辑上报《决策参考》17期，市领导对众多建言献策作重要批示，其中《关于江门市居家养老服务的调研报告》《江门市住宅小区物业管理行业高质量发展调研报告》《关于谋划广州至江门城际地铁快线的建议》等均获市领导批示，并要求相关部门积极跟进。市委政研室做好专家委员建言献策跟踪、督办和反馈，及时将市领导批示转发给对口部门办理。

综合信息服务　2019年，市委政研室密切关注经济社会热点问题和重大政策走向信息，及时为市领导提供决策信息服务。编发《江门调研》12期，刊发调研报告、领导讲话、专家建言、政策文件、政研动态和改革动态，为社会各界了解市内外经济社会发展情况提供信息服务。指导五邑大学江门经济研究中心、江门职业技术学院经济发展研究所、侨智库等智库开展工作，就江门市经济社会发展热点问题进行专题研究。协助市人大、市委统战部、市发展和改革局等单位修改完善各类文稿近10份。持续更新“江门政研”微信公众号和“江门智库”微博，及时发布权威信息，解读重要政策，刊登调研成果，全年通过微信、微博、电子显示屏等途径发布信息1000条。

（中共江门市委政研室）

组织

【概况】　2019年，江门市委组织部贯彻落实全国、全省组织部长会议和市委十三届九次全会精神，贯彻新时代党的建设总要求，践行新时代党的组织路线，增强“四个意识”，坚定“四个自信”，做到“两个维护”，聚焦主责主业，勇于攻坚克难、大胆改革创新，奋力推动组织工作高质量开展。

【“不忘初心、牢记使命”主题教育】　2019年，江门市委推进“不忘初心、牢记使命”主题教育。组建领导小组和10个指导组，编发学习资料汇编，市委常委带头开展“八个一”

活动。把学习贯彻习近平新时代中国特色社会主义思想、习近平总书记对广东重要讲话和重要指示批示精神作为首要政治任务抓紧抓实。分级分类推进“大学习大培训”，围绕学习贯彻粤港澳大湾区发展规划纲要、党的十九届四中全会精神等举办9期专题研讨班。推动各级党组织落实“第一议题”制度，发挥全市73个镇（街）党校和1317个村（社区）分教点作用，面向基层党员群众开展轮训，组织“两新”党组织学习培训800场次。依托“一书一片一剧一阵地一展览一特刊两报告会三讲座”，推动全市党员、干部深入学习。制定8个方面突出问题专项整治方案，做好2批市委领导班子检视问题和整改落实清单共105条问题的整改。制定《关于集中整治群众普遍关注的十大民生问题的工作方案》，组织省、市、县三级人大代表、政协委员检查评议群众操心事烦心事揪心事的“三事”整改落实情况。

【基层党组织建设】 2019年，市委组织部从严从实落实省基层党建“三年行动计划”，推进基层党建“十大专项行动”，着力夯实党在基层的执政基础。做好支部工作条例、农村基层组织工作条例等学习宣传贯彻，推动农村基层组织向党组织年度报告和即时报告。65个软弱涣散村（社区）党组织明确整顿工作举措600项，实现100%摘帽。每月定期发布党支部“组织生活清单”，建立党支部组织生活记录模板，指导全市1万个基层党支部规范化建设。2019年7月8日在全省率先制定村（社区）党组织书记向县级党委备案管理制度，调整村（社区）党组织书记241人，配备书记储备人选2600人。举办农村党组织书记培训班410次，实现全员轮（培）训不少于10天。制定加强和改进城市基层党建工作任务清单，探索开展“两新”组织（新经济组织和新社会组织）排查建库工作，印发《2019年市直机关模范机关创建活动实施方案》，完成将党建工作写入市属企业公司章程的修订工作，推动6家市属一级企业实现党委书记、董事长“一肩挑”。全市7个案例在南方杂志社主办的广东基层党建创新案例评选中获奖。在党成立纪念日“七一”期间表彰优秀共产党员50名、优秀党务工作者50名和先进党组织100个。深化“红色枣工”“红色印记”“红色家园”“红色指数”等“红色+”党建品牌创建。镇街党校建设经验在全省三年行动计划推进会上作介绍，新会区双水镇委党校获评“广东省基层党建最佳创新案例奖”，其60年不间断办学经验被《人民日报》、新华社、《南方》杂志报道。

【领导班子和干部队伍建设】 2019年，江门市委组织部坚持党管干部原则，坚持政治标准第一，把好干部标准落到干部工作全链条各方面。推动46个党政部门于2019年1月上旬全部挂牌运转，党政部门领导班子调整配备到位，工作进度走在全省前列。机构改革后，市直党政机构领导班子配备正职49名，平均年龄48.86岁，下降1.16岁，研究生学历提升9.81%。办理公务员（含参公管理单位）转隶1336人，做好部分市直单位39名超编公务员的调整安置。开展职务与职级并行，共完成市管干部职级套转184人，晋升市管干部95人次，覆盖33个单位。贯彻《干部任用条例》，研究制定市管领导干部选拔任用工作流程（试行）等配套文件13项。提请市委常委会会议研究干部调整配备事项183人次，其中提拔重用98人次，调整85人次。召开全市女干部队伍建设座谈会，提拔重用市管女干部28人。探索将镇（街）党（工）委书记上提一级管理。公务员招录，基层招录职位占招录总数80%。实施优秀年轻干部“青苗行动”，完善年轻干部选拔培养链条。实施“第一书记”驻村扶贫工程，从市县镇三级选派240名优秀年轻干部到村（社区）担任第一书记。一揽子对9个市直事业单位领导班子系统性调整配备，指导、协助4家市属重点企业完成党委集中换届。重新认定22名市管干部的档案遗留问题。完成市管干部信息系统升级、市管干部档案系统二期工程建设。

【干部监督管理】 2019年，市委组织部召开全市干部监督工作会议，部署做好新时代干部监督工作。抓好省委巡视反馈意见整改落实，制定整改总方案和选人用人专项整改工作方案，分别细化明确74个和43个整改事项，全部整改落实到位，建章立制18项。落实“凡提四必”“九部门联审”、廉政意见“双签字”、任前事项报告等制度机制，组织全市53名省管干部和911名市管干部集中填报个人有关事项，对328名有关人选进行九部门联审把关，对287名干部个人事项抽查核实，其中有6人因存在瞒报或严重漏报被作出诫勉或移送市纪委监委处理，暂缓提拔2人次，不同意兼职2人次。全年对市直单位、市（区）、镇（街）28名党政一把手经济责任审计。全年办理各类信访举报42件。优化各市（区）和市直机关综合绩效考核方案。

【干部教育培训】 2019年，市委组织部以抓实思想政治教育和干部大规模培训为主业，努力提升新时代干部队伍综合能力素质。推动习近平新时代中国特色社会主义思想入脑入心，先后举办3轮（9期）专题研讨班，覆盖超3.7万人次。在所有党校的主体班次中开设党性教育单元，组织45名处级领导干部到中央党校（国家行政学院）举办1期党性教育专题培训班。抓好粤港澳大湾区建设和支持深圳建设社会主义先行示范区、新发展理念、供给侧结构性改革、创新驱动发展战略、“一带一路”建设、脱贫攻坚、生态文明建设等专题，全年开展各类主体班次的培训项目25项、40个班次，参训3000人次。抓实基层干部培训工作，全年举办年轻干部能力提升、专门业务培训以及基层公务员培训等5个专题培训班次。举办“基层干部学历提高班”，全年新增报读入学308人。

【人才工作】 2019年，江门市成立人才工作局，作为市委工作机关，统筹推进人才工作，负责全市人才工作牵头抓总、宏观指导、综合协调、督促检查和服务保障。江门市人民政府印发《关于进一步集聚新时代人才建设人才强市的意见》。江门市人才工作局牵头市直有关部门制定《关于做好人才政策个人待遇发放工作方案》和《关于做好人才政策企事业单位补贴发放工作方案》。新增2人入选国家“万人计划”人才，新增1人入选广东省珠江青年学者，共评定认定高层次人才3203人。新建博士后创新实践基地2家，新增引进在站博士后29人，新增引进博士98人。新增专业技术人才4619人，设立技能大师工作室24家，认定技能大师28名，新增引进硕士482人。建成国家级科研平台6家，省级科研平台405家，市级科研平台1667家。新增孵化器3家，新增众创空间2家，新增申请发明专利1708个，新增授权发明专利539个，PCT专利申请78个。全年全市人才发展专项资金预算超2亿元，“侨都英才计划”2019年兑现资助3400万元。全力支持五邑大学加快创建特色鲜明的广东省高水平理工科大学。2019年12月3日建成全省首个外国人才驿站。全国博士后创新（江门）示范中心在各市（区）全覆盖建成7个示范中心分中心。江门人才岛被列入广东省重点建设项目，引进华为、腾讯等世界500强企业进驻，使招商引资与招才引智工作同步推进。继续实施百名博（硕）士引育工程。建设江门市人才数据库，建设江门人力资源服务产业园。市四套领导班子分别“一对一”联系32名高层次人才。通过政府购买服务选配138名“人才管家”，为7000人次提供各类服务。

【党建制度改革】 2018年，江门市着力深化干部人事制度、党的基层组织建设、人才体制机制等领域改革，加强党的建设。推动机构改革，2019年1月上旬，市本级46个党政部门全部挂牌运转。制定《关于激励广大干部新时代新担当新作为的若干举措》，提出28条具体措施激励干部担当作为。制定《江门市适应新时代要求大力实施优秀年轻干部“青苗行动”的实施办法》。推行基层党支部“每月组织生活清单”制度，制定党支部和党员“红色指数”评估标准，创建7个领域党支部考评标准体系，细化设置26项党员评估标准。建立农村各类组织向党组织报告工作制度，2019年7月8日在全省率先制定村（社区）党组织书记任职备案管理工作机制。深化社区“大党委”建设，建立“共享社区”运行“三张清单”。成立市人才工作局统筹推进人才工作，制定《关于进一步集聚新时代人才建设人才强市的意见》及配套政策，印发《关于支持江门人才岛建设发展的实施意见》。

（张　涛）

【“八个一”活动】 集中听一次主题党课、学一次十九大党章、重温一次入党誓词、参观一次专题展览、看一部红色教育片、瞻仰一次革命传统教育基地、接受一次警示教育、做一次志愿服务。

【市委基层党建“十大专项行动”】 党建促脱贫攻坚、党建促乡村振兴、党建促生态文明建设、“头雁”培育、党组织达标创优、先锋模范示范带动、“红色＋”党建品牌创建、基层基础保障、新兴领域党建扩面提质和村级干部队伍优化提升。

【一书一片一剧一阵地一展览一特刊两报告会三讲座】 中共党史出版社出版党员教育本土教材《五邑红色印记》；拍摄创作红色纪录片《林基路-共产党人的楷模》和廉政话剧《铁骨丹心林基路》；升级改造市级党群服务阵地，打造“南方党建智库研究基地”；举办主题教育档案文献展；全市“不忘初心、牢记使命”优秀党员先进事迹及“践行初心使命、奋力担当作为”等两个报告会；精心策划“主题教育特刊”《铸魂》；邀请红岩博物馆原馆长厉华、罗援将军、省委党史研究室主任杨建伟等专家学者讲授三场专题讲座。

【凡提四必】 强化审核措施，做到干部档案“凡提必审”，个人有关事项报告“凡提必核”，纪检监察机关意见“凡提必听”，反映违规违纪问题线索具体、有可查性的信访举报“凡提必查”。

【九部门联审】 对市委组织部拟考察的有关人选〔包括：市管干部的提拔重用、社团兼职、职级晋升，以及市人大代表及政协委员、镇（街）书记等〕，在考察期间，就干部廉洁自律、遵纪守法、社会治安综合治理和维护社会稳定、环境保护、计划生育、安全生产、经济责任等有关规定或履行职责情况，征求市纪委监委、市委政法委、市人民检察院、市公安局、市生态环境局、市人口计生局、市应急管理局、市审计局、市信访局等九个部门的意见并收集干部监督信息，进行联合审查把关，听取使用或处理的建议。

【廉政意见“双签字”】 新修订的《党政领导干部选拔任用工作条例》要求，考察对象呈报单位或者所在单位党委(党组)必须就考察对象廉洁自律情况提出结论性意见，并由党委(党组)书记、纪委书记(纪检监察组组长)签字。

宣传

【概况】 2019年，江门市宣传思想文化战线自觉担负起举旗帜、聚民心、育新人、兴文化、展形象的使命任务，紧扣庆祝新中国成立70周年主线，围绕市委、市政府中心工作，以全年58项重点工作和创新项目为抓手，守正创新，真抓实干，落实机构改革和“不忘初心、牢记使命”主题教育，开展宣传思想文化战线“四力”教育实践，全市宣传思想文化工作呈现导向正确、基调稳健、特色鲜明、重点突出、亮点纷呈的良好局面。中共江门市委宣传部机关党委创新开展“红色喇叭筒”系列活动，成为市直单位唯一一个在全年四个季度基层党建工作插旗亮牌考核中，获四面红旗的单位。市委网信办创新打造建设“新堡垒”打造“同心圆”互联网企业党建工作、“网媒新视野、江门新形象”宣传活动，正面引导水平提升。市文广旅体局打造“携手共建书香社区”、市社科联打造百姓百米社科普及长廊、蓬江区的“村居欢乐送”、江海区的首届儿童戏剧节、新会区的陈皮“千人开皮·传承非遗”创纪录活动、台山市的粤港澳青年文化交流基地等都创出特色。

【理论学习】 2019年，中共江门市委宣传部始终把学习习近平新时代中国特色社会主义思想作为首要任务，开展党委（党组）理论学习中心组学习，组织市委理论学习中心组专题学习18次，全市各地各部门党组（党委）严格落实“第一议题”制度，组织理论学习中心组共3000多场次，参加学习的党员干部达8.2万人次。开展“六进六入”宣讲活动，开展各类宣讲4300多场次。组织“践行新思想 同筑中国梦——江门市百姓故事宣讲大赛”，举办宣讲比赛（活动）279场，观看人数约31150人，选出优秀基层宣讲能人197人。创新举办“我和我的祖国——江门市百姓故事宣讲会暨五邑华侨华人爱国故事分享会”，展现新时代江门第一侨乡的人文精神。组织“驻村第一书记讲中国制度故事”，经验做法被中宣部《每日舆情》关注。创新成立“江门市思想政治教育联盟”，用好自编教材《中国梦我的梦》学习读本，统筹推进全市大中小幼思政课一体化建设。推广“学习强国”App平台，“学习强国”App全市注册人数近31.4万人，党员上线率超过90%，各项指标在全省排名前列，江门获全省乡村微视频大赛组织奖。

10月25日，召开“百名法学家百场报告会”江门理论学习中心组专场　（市委宣传部　供）

【意识形态工作】 2019年，中共江门市委宣传部开展省委巡视江门意识形态工作责任制反馈意见专项整改工作，补强阵地管控、制度建设短板，“扫黄打非”进镇街标准化规范化建设100%达标。市委网信办正式挂牌，市、县（区）两级网信管理体系建立，江门市互联网违法和有害信息举报中心获批成立，常态化舆情会商研判制度建立落实，网络舆情大屏监测共享平台建成启用，舆情发现力和报告力得到提升，全市意识形态工作保持平安稳定。

【新闻舆论宣传】 重大主题宣传

2019年，中共江门市委宣传部指导协调市直媒体围绕中央、省部署及市委市政府中心工作，筹备策划，通过全媒体平台和立体化传播体系做好各项宣传工作。开展习近平新时代中国特色社会主义思想及重要讲话精神的宣传报道，市直媒体开设12个专栏，“2019两会专题报道”版面19个、“聚焦市委十三届九次全会”专题版面3个；做好粤港澳大湾区发展规划纲要的宣传报道，制定印发江门市粤港澳大湾区发展规划纲要和学习宣传报道安排。推出“扬帆大湾区江门再出发”“学习贯彻《粤港澳大湾区发展规划纲要》”专栏；贯彻落实中央和省有关精神，履行各领导小组、议事协调机构成员单位职责，配合各地各部门开展扫黑除恶、城市品质提升、双拥创建、乡村振兴等数十项专题报道。重点做好《粤港澳大湾区规划纲要》、庆祝中华人民共和国成立70周年社会宣传，在市区重点路段设计制作粤港澳大湾区建设宣传画200幅。

媒体深度融合发展　2019年，江门市县级融媒体中心建设形成梯队推进的“江门模式”，台山、开平、鹤山、恩平的县级融媒体中心全部挂牌，开平推进全国试点工作。江门日报社融媒体中心建成，1人获广东省第十三届新闻奖金梭奖。江门市广播电视台加快构建融媒发展新机制，在《广东新闻联播》的发稿数地级市排名由2018年的第10名跃入2019年第3名。

【对外宣传】 2019年，江门市对外宣传工作高举习近平新时代中国特色社会主义思想伟大旗帜，围绕中心工作，做好重要时间节点和重大新闻主题宣传，协助组织媒体开展采访、调研、采风、专题片拍摄等活动近60场次，接待各路媒体记者2000多人次，各级各类媒体刊载、转载江门市新闻量、阅读量成倍增长，宣传效果得到各级领导及社会肯定，江门城市形象得到有效提升。一年来，外宣办精心策划全国“两会”、省“两会”、省委全会、市委全会及新中国成立70周年期间的宣传报道工作，组织做好“华侨华人交流合作大会”“华侨华人嘉年华”“现代农业大会”“防汛减灾”等30多个重大主题新闻宣传；借力“国际排赛联赛”“谭咏麟演唱会”等大型文体盛事精心开展赛事外宣，擦亮江门“排球之乡”“明星之乡”的金字招牌；组织“一带一路”沿线国家主流媒体、全球商报联盟、全国晚报联盟、海内外主流媒体、全国著名作家等大型高端采风活动；与“国家记忆”“国宝档案”“美食中国”等栏目精心策划《向经典致敬》《华侨往事》《美国筑路华工》《玩•古》《品味江门》等系列专题片，借力中央电视总台提升“中国侨都”江门的城市形象；制作出版《中国国家地理丛书•江门卷》《今日江门》《市外媒体看江门》以及城市形象宣传片等一批优秀外宣品。

【国防教育】 2019年，中共江门市委宣传部结合全年征兵、庆祝新中国成立70周年等重点工作及“八一”、全民国防教育日、烈士公祭日等时间节点，指导、协调驻江媒体、《江门日报》、江门广播电视台等市、内外主流媒体进行宣传；开展江门市红色革命遗址资源保护利用工作，组织各地积极申报红色革命遗址省级资金，争取扶持资金1200万元；起草制定江门市红色革命资源保护利用工作清单（2020—2021年）；配合省社科部门开展南粤红色名片推选工作，加强新时代江门红色革命资源保护利用工作，提升江门红色革命资源保护利用水平；配合江门市国防教育训练基地做好国防教育展厅布展，组织发动各地观看优秀国防教育影片《守边人》积极参与省“时代新人说——我和祖国共成长”演讲大赛“赞颂辉煌成就、军民同心筑梦”国防教育专题比赛。

（中共江门市委宣传部）

统一战线

【党外人士政治和实职安排】 截至2019年年底，江门市安排副厅级民主党派干部10名，占全市厅局级干部25.64%。其中，担任市人大常委会副主任1名，副市长1名，市政协副主席4名。全市县处级党外干部共有63人（民主党派成员39名，无党派人士24名），其中，在市人大工作委员会担任领导3名，分别是江门市人大常委会监察和司法工作委员会主任、江门市人大常委会农村农业工作委员会主任、江门市人大常委会法制工作委员会副主任。全市30个市政府工作部门中，市司法局、市财政局、市自然资源局、市住房和城乡建设局、市交通运输局、市卫生健康局、市审计局、市医疗保障局、市统计局、市城市管理和综合执法局共10个部门的领导班子配备党外领导干部，其中担任正职有市自然资源局、市卫生健康局、市医疗保障局，达到中央和省关于政府工作部门配备党外干部的领导班子不低于四分之一的要求。所辖市（区）人大、政府、政协领导班子基本都按规定安排党外干部，其中，进入人大领导班子7名、政府领导班子6名、政协领导班子14名。此外，江门市人民政府行政服务中心、江门市土地储备中心、江门市社会保险基金管理局、江门市公路局、江门开放大学、江门一中、江门中医药职业学院领导班子中也分别配备1名党外干部；市属国有企业中一级企业领导班子中有党外干部3名。在党外人士政治安排方面，截至是年底，江门市第十五届人大代表总数373名，其中，非中共人士139名，占全体代表37.3%；市人大常委会组成人员33名，其中，非中共人士10名，占全体常委会组成人员30.3%。政协第十三届江门市委员会委员总数341名，其中，非中共人士218名，占全体委员64%；常委62名，其中，非中共人士

38名，占全体常委61.3%。

【多党合作和政治协商】 2019年，江门市委统战部围绕“推动粤港澳大湾区建设”，引导江门市各民主党派为加快江门市的高质量发展出谋献策，以海洋开发利用、发展家政服务业、传统企业升级等为内容的调研报告，提出针对当前一些存在问题的意见建议，获得江门市委认可；探索政党协商工作，紧扣全市大局、创新工作形式、增强履职能力，获得市委、市政府高度重视；是年，市委统战部协助民盟中央、民建省委会、民进省委会四批次到江门市调研及举办重要会议活动，得到上级的肯定，民盟中央还特意发来《感谢信》；9月25日，江门市召开“统一战线各界人士庆祝中华人民共和国成立70周年座谈会”，庆祝新中国成立70周年，凝聚党外力量；是年，市委统战部深入各民主党派市委会机关走访调研，召开全市统战系统民主党派代表人士队伍建设工作座谈会，形成《江门市民主党派代表人士队伍建设问题研究》调研报告；组织举办江门市民主党派代表人士培训班；结合江门市新一轮机构改革，提请市政府审定，由市政府办公室印发《关于调整市政府与有关部门与民主党派、工商联等对口联系工作方案》；完善民主党派机关年度绩效考核机制，优化考核方案。

【非公有制经济领域统战工作】 2019年，江门市委统战部持续开展非公有制经济人士理想信念教育实践活动，举办培训、讲座、政策宣讲95场次，超7500人次参加；在厦门、苏州举办民营经济专题培训班、民营企业高级研修班，深化企业家世情、国情、政情认识，拓展企业发展思路，增强企业应对复杂国际经济形势能力；稳步推进非公党建，组织民营企业和商协会党务工作者赴汕尾、广州等地进行党史党建工作教育学习培训，推行“星火燎原”计划，非公有制经济党建“种子工程”工作经验被“中国共产党新闻网”刊登推广；举办系列《粤港澳大湾区发展规划纲要》宣讲会和江港澳三地企业家交流活动，为逾500企业家搭建平台，联合港澳10家商协会建立“江港澳商协会共建粤港澳大湾区合作机制”；深化“百企扶百村”和工商资本参与，助力乡村振兴，组织286家企业参与264条贫困村的结对帮扶工作，通过产业、就业、慈善助学、工商资本帮扶等投入资金3500多万元，惠及贫困村264条；发动企业家参与江门市对口黑龙江七台河市、广西崇左市的合作扶贫对接项目，参与对口扶贫。

【党外知识分子和新的社会阶层人士统战工作】 2019年，江门市委统战部组织党外知识分子、新的社会阶层人士、留学归国人员参加全省党外知识分子统战工作培训班、全省新的社会阶层人士培训班、全省归国留学人员国情培训班和市委的党外人士情况通报会、党外人士意见建议受理情况反馈座谈会、党外人士暑期调研座谈会、“实施乡村振兴、强化资源保障”协商座谈会，以及江门市统一战线各界人士《粤港澳大湾区发展规划纲要》政策宣讲会、粤港澳大湾区江港澳企业家交流会、广东经济形势报告会，深入学习贯彻党的十九大精神、习近平总书记视察广东重要讲话精神，不断加强政治引领，畅通建言献策渠道，为推进江门市参与粤港澳大湾区建设提供更多新的支撑；印发《江门市新的社会阶层人士统战工作联席会议制度》，联合市直17个单位和机构共同做好党关于新的社会阶层代表人士的方针政策宣传、教育培养工作。印发《江门市新的社会阶层人士统战工作实践创新基地建设方案》，制定江门市2020年实现县级新的社会阶层人士组织全覆盖、2021年各市（区）至少设立一个新的社会阶层人士统战工作实践创新基地的工作目标和保障措施。完成《我市新的社会阶层人士统战工作实践创新基地建设模式的思考》调研报告，为推进江门市新的社会阶层人士统战工作提供理论参考。12月挂牌设立江门市首批3个市级新的社会阶层人士统战工作实践创新基地；组织市党外知识分子联谊会、市新的社会阶层人士联合会召开会长会议、理事会议，传达学习省委书记李希到江门调研精神、省委“1+1+9”工作部署、省委市委全会精神。赴湖南长沙举办党外知识分子“弘扬爱国奋斗精神、建功立业新时代”和新的社会阶层人士“凝聚新力量、筑梦新时代”主题教育活动。向市委提交《粤港澳大湾区背景下发展江门市足球文旅产业的构想》《江门市技能人才状况调研》等调研报告。全市各级人大代表、政协委员的党外知识分子、新的社会阶层人士共提交建议提案23件。全年组织新的社会阶层代表人士参加省、市、县各类教育培训17场，完成江门市2018-2020年新的社会阶层代表人士3年培训任务的90.7%；以《同频共振、凝心聚智、服务大局，全面提升党外知识分子统战工作新效能》为题，在全省党外知识分子统战工作培训暨党外知识分子联谊会工作推进会上介绍党外知识分子统战工作经验。市委统战部参加并贯彻落实全省新的社会阶层人士统战工作推进会、全省新的社会阶层人士统战工作实践创新基地建设现场推进会会议精神，创新推进全市新的社会阶层人士统战工作。组织江门市新的社会阶层人士参加省新的社会阶层人士联合会会员大会、网络新媒体分会成立大会，组织全市党外知识分子、新的社会阶层人士赴湖南长沙考察学习，与广州、东莞、清远、湛江、长沙等各地党外知识分子、新的社会阶层人士互访交流，学习先进经验，促进江门市党外人士统战工作再上新台阶。

【民主党派建设】 截至2019年年底，江门市有民革、民盟、民建、民进、农工党、致公党、九三学社7个民主党派地方组织，13个县级委员会，253个基层组织，成员总数4019人（其中：民革361人、民盟1058人、民建479人、民进533人、农工党914人、致公党433人、九三学社241人），全年发展新成员169人。是年，各民主党派围绕市委、市政府的中心工作，履行参政议政职能。各民主党派市委会和广大成员向各级人大、政协提交的提案、建议、专题调研报告等共672篇，其中人大建议类66篇、政协提案类386篇、社情民意类187篇、调研报告类33篇。

表4　2019年江门市各民主党派组织情况表

民主党派名称	基层组织数（个）	成员总数（人）	年度发展新成员数（人）
民革江门市委员会	24	361	32
民盟江门市委员会	64	1058	32
民建江门市委员会	23	479	25
民进江门市委员会	34	533	22
农工党江门市委员会	24	921	25
致公党江门市委员会	27	433	22
九三学社江门市委员会	19	241	12

机构编制

【行政管理体制改革】　2019年，中共江门市委机构编制委员会办公室（简称“江门市委编办”）牵头制订印发市行政管理体制改革专项小组改革任务分工方案等系列文件，明确改革要点、节点计划和完成时间。发挥牵头抓总、组织协调作用，统筹推动行政管理体制改革各项任务和政策落实落细。开展镇街体制机制问题专项调研，分别赴14 个镇街了解情况，听取改革诉求和建议，研究提出对策措施。赴省委机构编制委员会办公室请示报告情况和存在问题，及时掌握改革要求，寻求政策支持和指导。

【政府职能转变和机构改革】　2019年，江门市委编办根据《中共广东省委办公厅广东省人民政府办公厅关于印发〈江门市机构改革方案〉的通知》精神，确保《江门市机构改革方案》各项改革任务要求落实到位，结合江门市实际，制定《江门市机构改革实施方案》。根据《中共中央关于深化党和国家机构改革的决定》和《广东省关于市县机构改革的总体意见》精神，经中共江门市委十三届第97 次常委会会议审议，将《江门市蓬江区机构改革方案（送审稿）》《江门市江海区机构改革方案（送审稿）》《江门市新会区机构改革方案（送审稿）》《台山市机构改革方案（送审稿）》《开平市机构改革方案（送审稿）》《鹤山市机构改革方案（送审稿）》《恩平市机构改革方案（送审稿）》（含说明）按程序报请省委审批。根据《江门市机构改革方案》《江门市机构改革实施方案》精神，以中共江门市委办公室、江门市人民政府办公室印发市纪委监委机关、市委办公室等49 个市直部门“三定”规定或机构编制调整文件。结合深化党和国家机构改革，同步深化事业单位改革。根据中央、省关于推进承担行政职能事业单位改革精神，对市粮食局、市旅游局、市档案局、市公路局、市机关事务管理局等27 家承担行政职能的事业单位进行调整，其中：不再保留市粮食局，其行政职能划归市发展和改革局；不再保留市旅游局，其行政职能划归市文化广电旅游体育局；将市档案局的行政职能划归市委办公室，市委办公室对外加挂市档案局牌子，市档案馆作为市委直属事业单位。结合党政机构调整，对市委组织部、市委宣传部等38 家部门所属事业单位的隶属关系、机构名称、主要任务等进行相应调整，印发相关机构编制调整文件。

【机构编制管理】　2019年，江门市委编办根据《江门市机构改革方案》《江门市机构改革实施方案》精神，调整市县两级行政编制、行政执法专项编制、政法专项编制层级数，并按程序报省审核备案；根据《中共中央关于深化党和国家机构改革的决定》《广东省关于市县机构改革的总体意见》精神，对标中共广东省委宣传部加挂广东省人民政府新闻办公室牌子的做法，经市委深化机构改革工作领导小组会议审议，就中共江门市委宣传部加挂江门市人民政府新闻办公室牌子事项报请省委审批；根据《中国人民对外友好协会章程》和《广东省人民对外友好协会》规定，参照省人民对外友好协会由省委编办直接管理机构编制的做法，经市委机构编制委员会批准，江门市人民对外友好协会机关调整为纳入机构编制管理的人民团体机关，依章程运作；根据中央和省关于加强和改进党的群团工作的文件精神，经市委机构编制委员会批准，明确市残联机关不定级别；经市委机构编制委员会批准，撤销市不动产登记局（市政府调处自然资源争议办公室）及其下设机构，其职能和编制划入市自然资源局机关；为落实习近平总书记和省委有关加强新时代社科工作的讲话精神，经市委研究审定，同意增加市社科联机关副主席职数1 名；加强党对相关行业组织的领导，参照省的做法，经市委研究审定，同意市委网信办增设市互联网行业党委专职副书记1 名（副处级）、市财政局增设市注册会计师行业党委专职副书记1 名（副处级）、市司法局增设市律师行业党委专职副书记1 名（副处级）、市民政局增设市社会组织党委专职副书记1 名（副处级）；根据《中共中央国务院关于推进安全生产领域改革发展的意见》精神，参照省的做法，以中共江门市委机构编制委员会印发《江门市党政部门及中央、省驻江门有关单位安全生产工作职责》，明确江门市有关党政部门及中央、省驻江门有关单位的安全生产工作职责；根据省委编办指导意见，规范机构名称，经市委机构编制委员会批准，江门市新会区江门站建设管理局更名为江门市新会区江门站建设管理委员会，仍为新会区人民政府正科级派出机构；健全完善公安打私工作体制机制，市公安局打击走私支队下设一大队、二大队、三大队。明确市公安局打击走私支队设支队长1 名，政委1 名，副支队长2 名（所需职数由市公安局调剂解决）。3个大队各设置大队长、教导员1 名（副科级），副大队长2名（正股级）。根据中共江门市委办公室《党内规范性文件征求意见函》要求，参照省委编办对各地级以上市“三定”文件备案审查的做法，对照广东法规要情专报〔2019〕第4 期指出的有关问题，对各市（区）共257 份（其中蓬江区31 份、江海区32份、新会区37份、台山市37 份、开平市40 份、鹤山市40 份、恩平市40 份）机构改革类党内规范性文件进行实质性审查。

【机构编制监督检查】 2019年，江门市委编办配合组织人事部门完成本轮机构改革市直涉改单位人员转隶和安置工作；从严从紧抓好机构编制管理刚性约束，加强机构编制违规问题自查自纠，督促指导各级有关单位推进本级机构编制问题台账整改工作，结合本轮机构改革基本完成2019 年度整改任务；优化简化实名制管理业务流程，制定《关于优化精简机构编制实名制管理有关业务办理程序的工作方案》，依托广东省机构编制实名制管理系统，通过推行网上申办、减少申报材料、精简审批环节、压缩办理时限等措施，着力解决市直机关事业单位申报机构编制实名制管理业务时多次跑、时间长、环节多等问题；严格按照中央和省关于做好机构编制统计工作的要求，完成2019 年度机构编制统计月报、季报和年报工作。

（张教业）

市直机关党建

【理论学习与政策宣传】 2019年，中共江门市直机关工作委员会（简称“市直机关工委”）坚持把政治建设摆在首位，建设“政治统领”工程。召开市直机关党的工作会议，部署加强党的政治建设和模范机关创建活动。组织党员干部研读《新时代中国特色社会主义思想学习纲要》《习近平关于“不忘初心、牢记使命”重要论述选编》等理论书籍，引导他们深刻领会、准确把握习近平新时代中国特色社会主义思想的丰富内涵和精神实质，加强党性锤炼。编印发出1000册《庆祝新中国成立70周年，不忘初心牢记使命走在前作表率促发展——江门市直机关党建巡礼》读本，对市直机关先进典型进行大力宣传，引导各级党组织和党员对照身边榜样，创先争优；严格落实意识形态工作责任制，突出“江门红星网”网站和微信公众号党建理论宣传阵地作用，以专题、专栏等形式大力宣传市直机关党组织学习贯彻习近平新时代中国特色社会主义思想等方面的好经验好做法，“江门红星网”网站全年发布市直机关党建信息4700篇次，微信公众号推送信息550条。推广使用“学习强国”学习平台，市直机关近1.44万名党员注册使用该学习平台，实现在职党员全覆盖，学习活跃度排在全市前列。联合市委宣传部举办“践行新思想同筑中国梦江门市百姓故事宣讲大赛”，30多万人次观看比赛，在社会上营造爱国、奋进的浓厚氛围，市直机关获得全市总决赛一等奖1名、二等奖2名、三等奖1名以及“优秀组织奖”“最具人气奖”“最佳舞台表现奖”等荣誉。

【机关党员教育培训】 2019年，江门市直机关工委以大规模、精准化学习培训推动干部能力提升，采用“请进来”和“走出去”的形式，将政治理论学习、党建业务学习和现场党性教育相结合，分期分批培训机关党组织书记、党建分管领导、机关党委专职副书记、党支部书记、专兼职党务干部等各层次党务干部，共举办相关培训班共6期，培训的党务干部近1000人次，有效推动党务干部队伍能力和素质提升。为机关党员干部订购和发放《党的十九届四中全会〈决定〉学习辅导百问》等学习资料，着力推动市直机关走在理论学习前列。举办《粤港澳大湾区发展规划纲要》宣讲会等3期“机关讲坛”，与机关党员干部面对面传播交流新思想、新理念，其中广东经济形势报告会江门市直机关专场，得到省委宣传部的充分肯定，《南方日报》等10家省市级媒体到场集中采访报道。举办“不忘初心牢记使命”主题教育市直机关基层党组织书记培训班和市直机关主题教育专题报告会，引导机关党组织书记和广大党员干部践行初心和使命，推动主题教育向纵深延展。

【“插旗亮牌”考核机制】 2019年，江门市直机关工委通过“插旗亮牌”考核机制以及星级党组织复核和评定工作，推进基层组织力建设。印发《2019年市直机关党建工作“插旗亮牌”目标化考评标准》，坚持每季度开展机关党建工作“插旗亮牌”目标化动态考评，全年共对35个单位党组织插“红旗”予以激励，对7个单位党组织亮“黄牌”予以提醒。根据“插旗亮牌”目标化考评结果，认真开展两年一次的星级党组织评定工作，共复评2017—2018年度市直机关五星级党组织11个、四星级党组织19个。完善机关党建绩效考核指标体系，突出对党的政治、思想、组织、制度、作风等方面的考核，督促各单位党组（党委）落实党建主体责任。

【规范日常党务】 2019年，江门市直机关工委严格落实基层党组织按期换届提醒机制，督促指导机构改革各涉改单位完善党组织架构并配强党建工作力量。严把机关党组织书记和专职副书记选配任职关，选优配强基层党组织带头人，全年新成立和调整单位党组织及领导班子共51个，新配备及任命机关党委专职副书记12名。贯彻落实《中国共产党支部工作条例（试行）》，规范党费收缴，加强对党内政治生活落实情况的督促检查，推进落实“三会一课”（定期召开支部党员大会、支委会、党小组会；按时上好党课）等组织生活制度的。扎实开展党员“红色指数”评估，推进党员教育管理；严把党员“入口关”，组织党员发展对象培训班，市直机关全年高质量发展党员455名。优化片组划分和活动开展，修订完善《市直机关党组织片组活动制度》，年内累计下拨20万元片组活动经费，推动机关党组织片组活动创新开展。召开2019年度市直机关党组织书记抓基层党建工作现场述职评议会，坚持“书记抓、抓书记”，强化党组织书记聚精会神抓党建的责任意识。做好市直机关党建基础保障工作，指导和支持各单位完善党组织活动阵地建设和开展困难党员慰问帮扶等，保障基层党建活动顺利开展。工委领导班子成员带头深入市直机关单位调查研究，实地走访市城管执法局、江门海事局等26个单位党组织，针对党建现状及存在问题向单位党组织书记和党建分管领导、专兼职党务干部、基层党支部书记等不同层次的党务干部和普通党员代表400人进行问卷调查，广泛征求对工委工作的意见建议，形成分别以“提升组织力建设”和“思想政治建设”为主题的调研报告。挖掘和选树市直机关先进典型，加大宣传表彰力度，引导各级党组织和党员干部创先争优。2019年，市直机关共有9个党组织获评为“江门市先进基层党组织”、4名党务工作者获评“江门市优秀党务工作者”、4名党员获评“江门市优秀共产党员”。

【党员志愿服务品牌建设】 2019年，江门市直机关工委推动机关党员亮身份作表率，广泛开展党组织和党员到社区“双报到、双服务”，推动党员志愿服务工作深入开展。以健全组织为基础，壮大志愿服务队伍，至2019年年底，市直机关有注册党员、团员和青年志愿者13541人，组织开展志愿服务活动3000场次，党员志愿者参与服务时数超20万小时。市直机关各单位先后建立和完善敬老助残、扶危济困、社区服务、文明引导、无偿献血、医疗救治、法律援助、科学普及、环境保护等各类志愿服务组织300个，志愿者队伍近10000人。

【机关群团工作】 2019年，江门市直机关工委坚持党建带群建，加强和改进党对群团工作的领导。在市直机关党组织开展“扶贫济困履使命”送温暖主题党日活动，对市区建档立卡的255名城市困难职工开展节日上门慰问活动，让困难群众真切感受组织的关爱；组织发动各市（区）机关工委、市直单位参加广东省市直机关第七届“先锋杯”工作技能大赛，江门市3个项目晋级全省总决赛，均获评全省优秀作品奖，其中市税务局《“粤港澳大湾区税务通”开启跨境办税新时代》项目作为7个优秀展示作品之一参加全省优秀作品展示会；市直机关各单位团组织开展“青春心向党·建功新时代”等系列主题鲜明、生动活泼的党工青妇活动，彰显党建引领力，增强群团组织的凝聚力、向心力和战斗力，推进和谐机关建设。

【机关作风建设与管理创新】 2019年，江门市直机关工委贯彻落实中央“八项规定”及其实施细则精神，坚持开展明察暗访，开展会风会纪监督检查；发挥“民生热线”平台作用，46个单位主要负责同志通过《民生热线》节目解答群众关心关注的热点难点问题，机关作风持续改善。开展满意度日常测评，继续委托第三方调查机构，对市直机关76个单位进行两轮测评，收集群众意见建议416条，及时将群众意见反馈至相关单位并督促落实整改。深化市直机关管理创新奖评选活动，2019年有61个单位58个项目申报管理创新奖评选，经过单位申报、专家组评价、评议团评分和领导审定等程序，最终评选出10个创新奖项目；严格落实“五个必须”，坚决反对“七个有之”，坚决全面彻底肃清李某、万某良、曾某权、毛某楷、邓某根、聂某权、邹某军、王某俊、魏某平、梁某赞等恶劣影响，严守党的政治纪律和政治规矩，确保在思想上政治上行动上始终同以习近平总书记为核心的党中央保持高度一致。严格落实党风廉政建设责任制，督促机关党组织层层签订《党风廉政建设责任书》，落实“两个责任”清单（党委负主体责任，纪委负监督责任），履行管党治党政治责任。开展纪律教育学习月活动，紧盯重要时间节点，强化纪律提醒，增强法律意识和廉洁自律意识。综合运用监督执纪“四种形态”，使“咬耳扯袖红脸出汗”成为常态，营造风清气正的良好政治生态。

（江门市直机关工委）

党校教育

【概况】 2019年，中共江门市委党校（简称“江门市委党校”）持之以恒做好习近平新时代中国特色社会主义思想和习近平总书记重要讲话、重要指示批示精神大学习大培训，举办“一校两院”（中共江门市委党校、江门市行政学院、江门市社会主义学院）主体班次43期，培训学员13836人次，承办异地培训班次24期，学员1204人次，承接社会办班（会）167期，学员19546人次。推进“用学术讲政治”的教学改革，干部教育培训质量持续提升。党校自身建设加强，江门市干部培训网络学院上线，停车场完成沥青化改造，美化校园环境，全校行政后勤工作效能提升。

【干部培训】 2019年，江门市委党校举办“一校两院”（中共江门市委党校、江门市行政学院、江门市社会主义学院）主体班次43期，培训学员13836人次。其中，举办3期（批次）江门市领导干部学习贯彻党的十九届四中全会精神专题研讨班，参训学员2708人；举办3期全市领导干部学习贯彻《粤港澳大湾区发展规划纲要》专题研讨班，2期市直单位正科级以下公务员学习贯彻《粤港澳大湾区发展规划纲要》专题示范班，累计培训学员3328人次；举办3期（批次）学习贯彻《关于支持深圳建设中国特色社会主义先行示范区的意见》专题研讨班，参训学员1792人。通过视频直播同步培训，覆盖到各市（区）、各镇（街），学员超3万人。此外，还举办全市部门（单位）“一把手”及分管党建工作负责人党建专题培训班各1期，把市直单位、中央直属和省直属驻江门单位、各（市）区直属部门“一把手”以及分管党建工作负责人共1200人分期进行党建专题培训。举办全市部门（单位）“一把手”及分管党建工作负责人党建专题培训班各1期，把市直单位、中直省直驻江门有关单位、各（市）区直属部门“一把手”以及分管党建工作负责人1200人分期进行党建专题培训。

2019年12月25日，举办江门市领导干部学习贯彻党的十九届四中全会精神专题研讨班　（市委党校　供）

【教学布局】 2019年，江门市委党校坚持以习近平新时代中国特色社会主义思想为引领，推进“用学术讲政治”的教学改革，强化党的理论教育、党性教育、党章党规党纪教育。设置习近平新时代中国特色社会主义思想和习近平总书记重要讲话精神教学模块；增开“加强党内政治文化建设”“深化改革开放”“领导干部意识形态能力建设”“贯彻新发展理念，推动江门经济高质量发展”“《〈政治经济学批判〉序言》导读”“永远的《为人民服务》--和青年干部一起读经典”等理论课程。组织开展党性分析、民情体验、访贫问苦、警示教育等党性教育，党的理论教育和党性教育在内容和形式上均有新突破。深化教学改革，改进教学方式方法。综合运用讲授式和案例式、模拟式、体验式等互动教学方法；专题课教学推行“2+0.5”教学模式（2小时教师授课+0.5小时师生互动）。

【教学管理】 2019年，江门市委党校严格对教师、教材、课件和提纲进行审查把关，对课堂教学、研讨监督把控；继续实施定人定座、挂牌上课制度，严格执行电子考勤和签到双重考勤制度以及请销假制度；落实好巡堂点名制度，学员出勤率始终保持较高，保证培训质量。学员平均满意度创新高，达到99.98%，整体提升教学质量。

【合作培训】 2019年，江门市委党校强化开放办学力度，组织主体班到深圳、杭州、南京、龙岩等地异地培训。优化师资结构，新增外聘教师12人。选购《习近平新时代中国特色社会主义思想三十讲》《马克思主义经典著作选读》《〈论共产党员的修养〉导读》《中国改革大趋势》《做一个思想清醒的人：提升党员干部意识形态能力》《走向辉煌》等10种理论书籍发放2000本给学员学习，选取视频课程20门给学员在线学习、自主选学，为学员自学提供丰富的资源，满足学员的学习需求。

【科研咨政】 2019年，江门市委党校编印4期《研究动态》报给市领导决策参考；紧贴时政热点，将《侨乡论坛》部分栏目调整为“学习贯彻习近平新时代中国特色社会主义思想和十九大精神”“现代化经济体系建设”，增设“粤港澳大湾区建设”栏目，搭建服务大湾区建设的科研咨政平台。全年完成结项2018年度课题14个，立项2019年度省、市、校级课题4个，承接市统计局第四次经济普查课题一项；2门课程参加中共省委党校精品课评选（我校推荐的《坚定文化自信，大力推进社会主义文化建设》和《走进〈共产党宣言〉——“自由人联合体”如何可能》2门课程获评“用学术讲政治”精品课）。先后有9篇论文入选各类研讨会征文活动，其中获二等奖2篇，三等奖1篇，优秀奖2篇。完成市委主要领导交办的调研课题——“江门市中小学思想政治教育工作专题调研”，提交《如何破解我市经济“低增长、低投入和低消费”瓶颈调研报告》调研报告。完成年度重点市情研究课题——《新时代江门市村（居）党支部加强党的领导和党的建设问题研究》，报送市委。

【理论宣传】 2019年，江门市委党校先后派出12名骨干教师参加市委宣讲团，深入基层宣讲广东经济形势和《粤港澳大湾区发展规划纲要》《习近平新时代中国特色社会主义思想学习纲要》等260场次。利用江门的红色教育资源，组织教师编写全市党性教育现场教学教材，转化为完善党性教育现场教学活动的理论支撑，为江门市党性教育基地提供讲解范本。举办2期江门市镇街党校师资能力提升专题培训班和4期全市村（社区）党组织书记培训班（其中2期在双水镇委党校举办），对1300名村（社区）党组织书记进行集中轮训，协助市委组织部举办全省镇街党校管理人员培训班（第四期）。

（赵凯欣）

党史工作

【概况】 2019年，中共江门市委党史研究室（简称“市委党史研究室”）加大力度征编、宣传地方党史，编撰出版精品红色教材，打造经典红色线路，做好革命遗址保护开发利用工作，为全市开展“不忘初心，牢记使命”主题教育提供党史滋养。

【地方党史征编】 2019年，市委党史研究室编撰出版红色教材——党史画册《五邑红色印记》，由中共党史出版社出版，是江门市首部全面介绍全市红色教育基地的权威著作，被市委确定为江门市开展“不忘初心、牢记使命”主题教育的重要教材，要求广大党员干部认真研读，并获“红岩文化的传播使者”厉华教授点赞。

【地方党史宣传教育】 2019年，市委党史研究室以开展地方党史“六进+E”（党史成果进机关、进院校、进企业、进军营、进社区、进乡村+进网络）为主要抓手，主动将党史课送进机关和基层。是年，到农村、社区、机关、军营、学校、企业等讲授党史课共45场，听众4000人；助力全市开展的“不忘初心，牢记使命”主题教育，利用官网、微信公众号等网络阵地加强地方党史宣传，共推出10期“不忘初心、牢记使命”主题教育暨庆祝新中国成立70周年江门党史特辑《坚守初心砥砺前行》；编写3篇推文，介绍江门市3条经典红色旅游线路；主动提出并协助市主题教育办公室，邀请中共广东省委党史研究室主任杨建伟在江门市举办的“不忘初心，牢记使命”主题教育中共党史专题报告会上作专场辅导报告。与市退役军人事务局、市直属机关工委、市教育局等部门联合发文，号召各市直单位、学校在清明节期间开展烈士纪念活动，传承革命精神；安排业务骨干前往东湖公园英雄山革命烈士陵园，为开展纪念和瞻仰活动的12个单位提供义务讲解。清明前在江门党史网站举办“祭英烈慰英魂——网上祭英烈”活动，上传、更新29位烈士的资料，超9万人次在江门党史网参加祭奠活动。与市档案馆、市文化广电旅游体育局联合主办“庆祝中华人民共和国成立70周年——‘我和我的祖国’暨五邑籍华人华侨共建桑梓展”，唱响主旋律；加强与媒体合作，开展地方党史宣传，向新中国成立70周年献礼；与广州日报社合作，拍摄、制作5集红色专题片《坚守与传承》，作为江门市红色文化名片的深化行动。在《江门日报》制作纪念江门和平解放70周年专版报道，与南方都市报联合制作的《探索广东红色印记——周文雍、陈铁军：刑场上的婚礼》，获整版刊登报道。联合共青团江门市委共同主办纪念五四运动100周年报道文稿，介绍江门五邑共青团组织从成立到发展的光辉历程和重要事件，以及在历史上涌现的先进青年代表的光辉事迹，在《江门日报》作专版报道。为江门广播电视台、《江门日报》等本地媒体开办的栏目提供党史资料。

【革命遗址作用发挥】 2019年，市委党史研究室按市政府要求，撰写《革命文化调研报告》，提交省政府发展研究中心；按照省委要求，开展全市新一轮革命遗址大普查工作，召开专门会议，开展业务培训和专题辅导，提出工作要求；联合市委组织部下发通知，在全市确定4个重点革命遗址建设项目，每个给予100万元建设经费补助。深度参与江海区首个红色教育基地——顺天里144号革命遗址的建设，给予10万元专项资金支持项目建设，完成该项目布展方案的撰写任务；该基地于2019年11月8日对外开放，至年底，接待来自市内外机关事业单位、企业、学校等各领域党组织的党员群众90批次超2300人次前来参观学习。为开平市周文雍陈铁军烈士陵园建设项目、开平市塘口镇谢创故居建设项目提出专业指导意见，市委党史研究室主要负责同志接受开平电视台采访，从党史角度简要介绍谢创的斗争经历和革命精神。开展粤港澳大湾区重要革命遗址申报工作，选取8个与港澳革命历史有关的重要革命遗址向省委党史研究室申报；联合市委宣传部、市社会科学界联合会开展南粤红色文化名片评选活动，共推荐11张红色文化名片参加全省评选。

【红色教育精品线路】 2019年，市委党史研究室以《五邑红色印记》一书为基础，结合其他红色革命遗址，面向全市党组织推出7条红色教育精品线路，一是周恩来视察周郡系列旧址（周郡码头纪念公园）—陈垣故居（棠下镇）—三堡烈士纪念碑（棠下镇）—红色松岭（杜阮镇）；二是江南街道建联社区党建文化广场（江海区江南街道）—中共四邑地委驻地旧址（江海区滘头顺天里144号）—桃荫别墅（大鳌镇）；三是纪念周恩来总理视察新会图片展览馆（新会劳动大学）—双水镇委党校（双水镇）—松山炮楼（司前镇）—同和村五和二社社委会旧址（大泽镇）—林锵云故居及故居展览室（罗坑镇）；四是周文雍陈铁军烈士陵园、周文雍故居（百合镇）—谢创故居（塘口镇）—万隆客栈（月山镇）；五是中共鹤山支部、鹤山县苏维埃政府旧址（雅瑶镇宋氏大宗祠）—云乡张怀楼、云乡革命烈士纪念碑（址山镇）—广东人民抗日解放军司令部旧址（宅梧镇余氏大宗祠）；六是林基路故居、林基路纪念公园、林基路事迹展览馆（都斛镇）—横江村、浮月村（斗山镇）—滨海松苑、海口埠（端芬镇）；七是吴有恒故居（沙湖镇）—举人村廉政教育基地（圣堂镇）—广东人民抗日解放军司令部驻地旧址（朗底励英学校）、朗底革命烈士纪念碑（大田镇）。《江门日报》分7期专题报道推介上述7条红色教育精品线路。

【党史人才队伍培训】 2019年9月，市委党史研究室通过公开招考，招录一名党史相关专业的硕士研究生，壮大党员专业人才队伍。8月19—23日，与市直属机关工委联合在河南省兰考县、红旗渠举办1期党性修养培训班，全市党史骨干、市直属机关优秀党员代表共53人参加培训。

（江门市委党史研究室）

老干部工作

【概况】 按照江门市机构改革政策，2019年中共江门市委老干部局的机构定性调整为“中共江门市委老干部局为市委工作机关，为正处级，归口市委组织部管理”。其主要职责是贯彻执行中央、省委、市委关于老干部工作的方针政策；向市委、市政府报告全市老干部工作情况，提出意见建议；协助市委、市政府制定、完善江门市老干部工作的政策、规定；指导各市（区）及市直各单位落实老干部工作方针、政策，对具体督促检查执行情况；调查研究落实老干部政治待遇和生活待遇工作中的问题，协调有关部门提出解决办法；指导老干部党支部建设和老干部思想政治工作；宣传老干部的历史功绩、现实作用和先进事迹，宣传老干部工作的重要意义；引导老干部在新形势下发挥作用；总结老干部工作经验；处理老干部来信来访；协助、支持江门市关心下一代工作委员会开展工作；指导、支持市老干部大学（活动中心）开展各项工作；加强老干部工作队伍建设。

【思想政治建设】 2019年，江门市委老干部局组织举办市直离退休干部党支部书记和骨干培训班，学习贯彻党中央《关于加强党的政治建设的意见》，教育引导广大老同志树牢“四个意识”、坚定“四个自信”、坚决做到“两个维护”，自觉在思想上政治上行动上同以习近平为核心的党中央保持高度一致，让老干部成为旗帜鲜明讲政治的表率。向全市439名离休干部颁发中共中央、国务院、中央军委“庆祝中华人民共和国成立70周年”荣誉章，增强离退休干部政治荣誉感；抓好经常性政治理论学习，为市直离退休干部党支部书记举办《粤港澳大湾区发展规划纲要》专题报告会，订阅《广东省政治理论读本》2558本；为市老干部大学各临时党支部订阅《习近平新时代中国特色社会主义思想三十讲》《中国共产党支部工作条例（试行）》等政治理论书籍300本（册），使老同志深化对习近平新时代中国特色社会主义思想的认识和理解。开平市利用老干部大学课前五分钟向学员重点讲授习近平新时代中国特色社会主义思想、党的十九大精神、习近平总书记系列重要讲话精神以及中央、省、江门和开平的最新政策、会议精神，提高全体学员政治理论水平。

【老干部党建工作】 2019年，江门市委离退休干部党工委召开2次委员会议，研究年度党工委工作和经费，通过《江门市委离退休干部工作委员会工作规则（试行）》和《2019年市委离退休干部党工委工作细则》；研究成立市老干部大学临时党支部，选配支部书记、委员等，共成立21个临时党支部，有1200名学员党员，规范党支部建设，强化临时党支部指导下的班委会负责制。

【老干部待遇】 2019年，江门市委老干部局在元旦春节前夕走访慰问280名困难离休干部、住院离退休干部、抗战离休干部、厅级离退休干部。做好日常探访工作，全年对98人次离退休干部进行上门或住院慰问，对40名在新中国成立前入党的离休老党员进行“七一”走访慰问，对2名易地安置离休干部进行上门慰问，及时掌握离退休干部健康状况；为相对集中居住的29名离休干部购买社会服务机构提供二次上门服务。蓬江区开展全区离退休干部基本情况信息收集工作，江海区除正常的住院必访、每月座谈外，还采用电话、微信等方式定期与长期患病或年纪较大的老干部沟通了解情况，帮助老干部排忧解难；对1名符合条件的离休干部办理享受省部长级报销医疗费待遇，对44名照顾对象做好离休干部生活待遇落实工作。对7人次的困难离休干部进行帮扶，发放医疗费补助共12960元。提高离休干部护理费标准，补发2019年1月1日以来离休干部护理费标准差额。召开企业离休干部大额医疗合理性审查会议2次，落实企业离休干部医疗保障。做好市直属机关离退休干部后事处理事宜，参加告别会8次；对来信2件、来访4人反映的问题及时与相关单位和人员沟通处理，将处理结果通报本人和原单位，确保老同志合理反映的问题得到解决。

【老干部活动】 *老干部工作理论创新* 2019年，江门市老干部大学坚持以“创新为发展老年教育的第一动力”，为“办有侨乡特色的、让老干部满意的现代化老干部大学”的办学目标提供理论支撑。在全国老年大学规范教学管理研讨会上，全市有9篇文章获奖，其中一等奖1篇、二等奖1篇、三等奖2篇和入围奖5篇。恩平市成立3个调研组，现场察看各镇（街）、部门单位的离退休干部党支部工作和老干部活动场所建设等情况，整理相关资料形成调研报告推动老干部工作发展。

助力江门推进国家战略 2019年，江门市委老干部局协助省委老干部局在江门市举办省级老干部学习《粤港澳大湾区发展规划纲要》主题读书班，组织省级老干部参观江门市乡村振兴示范点——来苏村，实地考察中车广东轨道交通车辆有限公司，让老领导为江门市参与大湾区建设和推进乡村振兴建言献策。印发《关于开展“我为江门参与粤港澳大湾区建设献智出力”主题活动的通知》，各市（区）、市直各单位老干部门主动组织老同志为江门市助力粤港澳大湾区发展贡献智慧和力量。鹤山市拍摄《红色土地美丽乡村》专题片，以江门市第一个中共党支部、第一个苏维埃政权、第一支广东人民抗日解放军等革命遗址为主线，重现各时期发生的革命战争故事，讴歌革命老区新农村建设新气象。

庆祝中华人民共和国成立70周年 2019年，江门市各级老干部们在国庆前夕共举办文艺会演8场，深入各镇（街）、学校、敬老院、社区、企业举办展演活动100场次。举办书画摄影展40场次，展出作品3800幅。江门市老干部大学合唱团在2019全国中老年合唱大会比赛中获金奖；围绕“我看新中国成立70周年新成就”主题，各市（区）、市直各单位老干部组织离退休干部开展调研座谈100多场次，7位离退休干部接受《江门日报》采访，以历史见证者、亲历者的身份，讲述70年来江门市在党的领导下发生的巨大变化。

国家、省级退休干部优秀集体和先进个人 2019年，江门市委老干部局推荐全省离退休干部先进集体2个、先进个人5名，其中离退休干部李权亨荣获全国离退休干部先进个人称号，在广大老同志中形成见贤思齐、争先创优的浓厚氛围。

爱国主义教育进校园宣讲 2019年，江门市委老干部局组织离退休干部开展“与新中国同龄，与新时代同行”革命故事进校园主题教育活动，让离退休干部以自己的亲身经历，累计为700名学生讲述革命故事，引导学生们自觉继承和发扬老一辈革命家身

上的红色基因，努力成为对国家和社会有用的人才；鹤山市邀请2018年“感动鹤山十大人物”、2018年第一季“江门好人”、第二季“广东好人”和2019年全国先进离退休干部李权亨，以“诚心做事，立德做人”为主题，到鹤山市32所中小学校，为2.8万名师生讲述自己助人为乐的故事。

【老干部大学】 2019年，江门市老干部大学召开全市老干部大学经验交流会，组织各市（区）老干部大学领导班子到东莞、佛山等地参观学习，推动全市老年教育高质量发展。以舞蹈学院举办舞蹈公开课为契机，探索在其他学院举办教学公开课。2019学年开设学科49门、教学班（含学员社团）246个，招收学员7500人次，比2018学年增加1000人次。升级改造学校教务管理系统，通过“市老干部大学”微信公众号，实现网上招生报名及缴费，减少学员现场轮候，提高报名效率，改善部分热门课程长期被挤占、“一位难求”的现状。针对江门市老龄化的情况，开展缓解老年教育学位供求矛盾的“深调研”，研究探讨扩大老年人教育资源供给的方法和对策，满足更多老年人学习需求。是年，新会区老干部大学新增加区文化馆教学点，形成以“老干部活动中心为主校＋知政校区为分校＋区成人中专、区妇女儿童活动中心、区文化馆为教学点＋北门社区老年学校”的教学布局。台山市开放大学校友楼划归其老干部大学使用。鹤山市老干部大学（老干部活动中心）及时消除部分课室墙体装修层剥落和消防梯锈蚀等场地安全隐患。恩平市老干部大学（老干部活动中心）安装2个可同时供500人使用的大功率WIFI，激起老干部的政治学习干劲。

【关工委工作】 2019年，江门市关心下一代委员会（简称江门市关工委）深化“传承红色基因，争做时代新人”青少年主题教育活动，以庆祝中华人民共和国成立70周年为契机，开展以“腾飞中国、辉煌70年”为主题的教育活动，为广大青少年讲好新中国成长故事，让广大青少年深刻了解中华民族从站起来到富起来再到强起来的伟大飞跃，树立爱国、爱党、爱社会主义、听党话跟党走的信心和决心，争做勇于担当民族复兴大任的时代新人。蓬江区举办“大手牵小手，共筑中国梦”主题教育活动，吸引全区500名中小学生提交作品。新会区继续深入创建未成年人零犯罪社区、村、学校活动，帮扶严重不良行为未成年人126人，一般不良行为未成年人225人。台山市重视传承侨乡华侨优良传统，开展形式多样的关注“洋留守儿童”活动，做好“涉侨留守儿童和困境儿童关爱保护”工作。开平市利用“五大基地”（红色基因基地、爱国主义教育基地、劳动实践和体验基地、校园教育基地和科普教育基地）组织举办青少年校内外学习活动253场次，参加活动82109人次。恩平市在香家堡花海世界和花海欢乐世界成立青少年校外实践基地，为青少年提供全方位教育活动。全市各级关工委积极发动港澳同胞、民营企业家和社会热心人士开展捐资助学活动，得到社会各界和海内外侨胞的支持，形成多方捐助新局面。2019年，全市募集扶困助学捐资1200万元，扶助困难学生超4000人次，力所能及帮助困难学生解决学习和生活中的问题。

（柯志强）

·责任编辑　关明珠·

2019年10月24日，市委党史研究室调研林锵云故居展览室建设，并向老同志赠书

（市委党史研究室　供）

江门市人民代表大会

综　述

【概况】　2019年，江门市人民代表大会常务委员会（简称“市人大常委会”）全面贯彻习近平新时代中国特色社会主义思想和党的十九大精神，学习贯彻习近平总书记对广东重要讲话和重要指示批示精神，围绕中共广东省委“1+1+9”工作部署（“1+1+9”,第一个“1”是指以推进党的建设新的伟大工程为政治保证，第二个“1”是指以全面深化改革开放为发展主动力；“9”是指9个方面重点工作，一是以粤港澳大湾区建设为重点，加快形成全面开放新格局，二是以深入实施创新驱动发展战略为重点，加快建设科技创新强省，三是以提高发展质量和效益为重点，加快构建推动经济高质量发展的体制机制，四是以构建现代产业体系为重点，加快建设现代化经济体系，五是以大力实施乡村振兴战略为重点，加快改变广东农村落后面貌，六是以构建“一核一带一区”区域发展新格局为重点，加快推动区域协调发展，七是以深入推进精神文明建设为重点，加快建设文化强省，八是以把广东建设成为全国最安全稳定、最公平公正、法治环境最好的地区之一为重点，加快营造共建共治贡献的社会治理格局，九是以打好三大攻坚战为重点，加快补齐全面建成小康社会、跨越高质量发展重大关口的短板）和江门市委“1+1+5”工作举措（“1+1+5”，第一个“1”是指以推进党的建设新的伟大工程为政治保证，第二个“1”是指以全面深化改革开放为发展动力；“5”是指5个方面重点工作，一是举全市之力推进粤港澳大湾区建设，二是坚定不移推动高质量发展，三是大力实施乡村振兴战略，四是着力构建“三区并进”协调发展新格局，五是坚持共建共治共享），履行宪法法律赋予的职责，实现“三个加强（加强党的领导、加强重大事项决定权的行使、加强县乡人大建设）”，争创“三个一流”（在立法、监督、代表工作上争创全省一流），人大各项工作取得新进展。2019年，就立法、监督、决定等工作向中共江门市委提交请示、报告34件，召开常委会会议9次、主任会议15次；制定、初审地方性法规各1部，备案审查市政府和各市（区）人大常委会规章和规范性文件10件，听取审议市人民政府、市中级人民法院和市人民检察院“一府两院”工作报告17项，开展执法检查、调研、视察和专题询问75次，督办代表建议148件，作出决议、决定11项，依法任免国家机关工作人员98人次，为江门市经济社会发展和民主法治建设作出贡献。

（杨小燕）

【市人民代表大会会议】　2019年1月15—18日，江门市第十五届人民代表大会第五次会议在江门市市委市政府大会堂召开。会议应到代表383人，实到代表371人。会议听取并审议《江门市人民政府工作报告》《江门市人民代表大会常务委员会工作报告》《江门市中级人民法院工作报告》《江门市人民检察院工作报告》，审查和批准江门市2018年国民经济和社会发展计划执行情况与2019年计划草案的报告及2019年国民经济和社会发展计划草案，审查江门市2018年预算执行情况和2019年预算草案的报告及2019年预算草案，批准江门市2018年预算执行情况和2018年预算草案的报告及市本级2018年预算，表决通过各项工作报告的决议、关于设立江门市第十五届人民代表大会社会建设委员会的决定以及社会建设委员会组成人员名单，票决产生市政府2019年十件民生实事项目，选举易中强为市人大常委会副主任，选举陈旻、梅新潮、曹利为市人大常委会委员。

【市人大常委会会议】　2019年，江门市十五届人大常委会共召开第19次至第27次共9次常委会会议。会议听取审议市人大常委会执法检查组关于《中华人民共和国大气污染防治法》执法检查情况报告和市人大常委会法制工作委员会关于备案审查工作情况报告；听取审议市政府关于江门市2018年环境质量状况和环境保护目标完成情况的报告、推进农业产业化发展情况报告、江门市地方政府性债务管理情况报告、2018年行政事业性国有资产管理情况专项报告及国有资产管理情况综合报告、2018年财政决算草案报告、2018年度市级预算执行和其他财政收支的审计工作报告、2017年度审计查出突出问题整改情况报告、2019年上半年国民经济和社会发展计划及预算执行情况报告、2019年上半年预算执行情况报告、调整江门市2019年部分计划指标的报告、“一府两院”关于市十五届人大五次会议及闭会期间代表建议办理情况报告；听取审议市政府关于精准脱贫工作情况报告，并进行专题询问；听取审议2019年市政府十件民生实事落实情况报告，并进行满意度测评；听取审议市中级人民法院关于开展刑事审判工作情况的报告和市人民检察院关于监狱看守所执法活动监督工作情况报告。会议审议通过《江门市新会陈皮保护条例》，审议《江门市历史文化街区和历史建筑保护条例》（草案）；审议通过市人大常委会组成人员守则，审议市人大常委会工作报告（稿）、关于市十五届人大六次会议民生实事项目票决办法（草案）。会议作出关于召开市十五届人大六次会议、关于调整市十五届人大六次会议召开时间、关于列席和邀请列席江门市第十五届人民代表大会第六次会议人员、关于废止《江门市人民代表大会常务委员会规范性文件备案审查办法》等的决定；作出关于同意《江门市国家生态文明建设示范市创建规划》、批准2019年江门市本级财政预算第一次调整方案、批准江门市2018年市本级财政决算、批准江门市2019年部分计划指标调整等的决议。会议决定接受刘国华辞去江门市人民政府副市长职务，决定接受劳茂昌、夏均超、陈国俊、梁国昌、李群辞去江门市第十五届人大常委会委员职务，决定接受张钜源辞去广东省第十三届人民代表大会代表职务，决定免去梁许赞江门市人民政府副市长职务，决定任命王长青为江门市人民政府副市长，审议通过其他有关人事任免事项。

【市人大工作会议】 2019年7月18日，中共江门市委在江门市市委市政府小会堂召开人大工作会议，市委书记、市人大常委会主任林应武出席并讲话。会议强调，要深入学习贯彻习近平新时代中国特色社会主义思想，特别是习近平总书记关于坚持和完善人民代表大会的重要思想，落实省委人大工作会议精神，研究部署今后一个时期的全市人大工作。

【市人大其他重要会议】 2019年2月28日，江门市人大常委会在江门市委市政府小会堂召开江门市2019年立法工作会议，总结2018年江门市地方立法工作，部署2019年工作，落实2019年度立法计划任务。4月2—3日，在开平市召开全市人大系统党的建设工作座谈会，深入学习贯彻习近平新时代中国特色社会主义思想、习近平总书记关于坚持和完善人民代表大会制度的重要思想，贯彻落实中共中央《关于加强和改进中央和国家机关党的建设的意见》，总结江门市人大系统党的建设工作，研究部署新时代人大系统加强党的建设工作，开创全市人大机关党建工作新局面。4月19日，在江门市人大常委会四楼主任会议厅召开2019年全市规范性文件备案审查工作会议，总结交流2018年备案审查工作的成绩和经验，研究部署2019年备案审查工作。7月30日，召开"一府两院" 2019年上半年工作情况通报会，听取"一府两院"上半年工作情况报告，听取市政府关于江门市上半年重点项目建设进展情况和十件民生实事推进情况报告。8月9日，在新会区双水镇召开全市人大代表联络站工作经验交流会，探索加强和改进县乡人大工作的新途径、新举措。9月10日，在江门市人大常委会四楼会议厅召开"不忘初心、牢记使命"主题教育工作会议，学习贯彻习近平新时代中国特色社会主义思想，贯彻落实中共中央、广东省委和江门市委的关于开展"不忘初心、牢记使命"主题教育的决策部署。11月20日，在江门市人大常委会四楼会议厅召开全市人大深入学习贯彻习近平总书记关于坚持和完善人民代表大会制度的重要思想暨纪念地方人大设立常委会40周年研讨会，开展理论和人大实践研讨交流，推动新时代全市人大工作发展。12月13日，在江门市四楼会议厅召开学习党的十九届四中全会精神宣讲报告会暨常委会理论学习中心组学习研讨会，贯彻落实十九届四中全会精神，推动江门市人大工作继续走在全省前列。

（卢建勋）

2019年2月28日，江门市人大常委会江门市委市政府小会堂召开2019年立法工作会议 （林秀萍 摄）

【人大监督】 2019年，江门市人大常委会听取审议市政府关于2018年度环境状况和环境保护目标完成情况的报告，关于推进农业产业化发展情况的报告，关于国有资产管理情况的报告，关于江门市城市总体规划修编的报告，关于江门市精准脱贫工作情况的报告并进行专题询问，关于江门市2019年上半年国民经济和社会发展计划执行情况的报告，关于江门市十五届人大五次会议代表建议办理情况的报告，关于民生实事项目落实情况的报告并开展满意度测评；听取审议市中级人民法院关于开展刑事审判工作情况的报告，市人民检察院关于监狱看守所执法活动监督工作情况报告。召开市人大常委会组成人员和代表小组长参加的政情通报会，听取市“一府两院”2019年上半年工作情况的汇报。加强财政监督，听取和审议市政府关于江门市2018年财政决算草案的报告、政府性债务管理情况的报告、江门市2019年上半年预算执行情况的报告及江门市2018年度市本级预算执行和其他财政收支的审计工作报告，促进依法理财和财政资金的有效使用。对“三医联动”（医保体制改革、卫生体制改革与药品流通体制改革联动）工作情况开展代表约见市长活动。围绕政府部门便民措施（涉个人事务）落实情况、民营经济发展、公共文化设施建设与管理、职业教育发展、“厕所革命”“三清三拆三整治”（清理村巷道及生产工具、建筑材料乱堆乱放，清理房前屋后和村巷道杂草杂物、积存垃圾，清理沟渠池塘溪河淤泥、漂浮物和障碍物；拆除危旧房、废弃猪牛栏及露天厕所茅房，拆除乱搭乱建、违章建筑，拆除非法违规商业广告、招牌等；整治垃圾，落实“门前三包”：包卫生、包绿化、包秩序责任制，建立保洁队伍，健全村庄卫生24小时保洁机制，整治污水，建污水处理设施，重点推进农户改厕，实行雨污分流、污水排放暗渠化，整治畜禽污染，建设栅栏圈围，实现人畜分离、家禽集中圈养）、城市更新提质、社区矫正、养老工作等开展专题视察和调研。根据监督法要求，对市政府和各市（区）人大常委会报送的10项规范性文件进行备案审查，维护法制统一。

（骆阳平）

【专题询问】 2019年5月22日，江门市十五届人大常委会第22次会议听取审议市政府关于江门市2016年至2018年精准扶贫精准脱贫工作情况报告，市人大常委会组成人员对精准脱贫工作进行专题询问，市农业农村局（市扶贫办公室）逐一回应。专题询问后，市人大常委会持续跟踪督办，力促政府采取措施，落实有关意见、建议，打好打赢精准脱贫攻坚战。

（钟汉华）

【重大事项讨论决定】 2019年3月22日，江门市十五届人大常委会第21次会议听取审议市政府关于江门市2018年环境质量状况和环境保护目标完成情况报告、关于江门市2017年度审计查出突出问题整改情况报告；5月22日，江门市十五届人大常委会第22次会议听取审议市中级人民法院关于开展刑事审判工作情况报告；6月24日，江门市十五届人大常委会第23次会议听取审议市政府关于2019年江门市本级财政预算第一次调整方案的报告，作出关于批准2019年江门市本级财政预算第一次调整方案的决议。8月8日，江门市十五届人大常委会第24次会议听取审议市政府关于2018年财政决算草案报告、2018年度市级预算执行和其他财政收支的审计工作报告，审议市政府关于2019年上半年国民经济和社会发展计划执行情况报告和2019年上半年预算执行情况报告，作出关于批准江门市2018年市本级财政决算的决议。10月31日，江门市十五届人大常委会第25次会议听取和审议市政府关于江门市2018年行政事业性国有资产管理情况专项报告，审议市政府关于江门市2018年国有资产管理情况综合报告，作出《关于废止〈江门市人民代表大会常务委员会规范性文件备案审查办法〉的决定和关于同意〈江门市国家生态文明建设示范市创建规划〉的决议。12月18日，江门市十五届人大常委会第26次会议听取审议市人民检察院关于监狱看守所执法活动监督工作情况报告，作出关于批准江门市2019年部分计划指标调整的决议和关于召开市十五届人大六次会议、列席和邀请列席江门市第十五届人民代表大会第六次会议人员的决定。12月30日，江门市十五届人大常委会第27次会议听取审议市政府关于2019年江门市十件民生实事落实情况报告、关于江门市地方政府性债务管理情况的报告，作出关于调整市十五届人大六次会议召开时间的决定。

（卢建勋）

【“更好发挥人大代表作用”主题活动】 2019年7月，江门市人大常委会开展“更好发挥人大代表作用”主题活动，确定7月18日为“代表活动日”，统筹指导全市各级人大按照要求有计划开展活动。主题活动期间，各级人大重点围绕推动落实省人大常委会《关于大力推进水污染防治的决定》，特别是在加强水源地保护、强化优良水体保护、消除劣V类水体、基本消除黑臭水体、加强推进污水收集和处理设施建设、加大水污染防治资金投入等方面，通过组织人大代表开展专题调研、视察、代表联络室（站）主题接待、实地巡查并跟踪河段污染治理情况等多种形式，了解水污染防治的状况，听取和反映群众呼声，督促政府和企业做好水污染防治工作。全市有5023名人大代表参加主题活动，占江门市人大代表总数的84.8%；代表联络室（站）开展活动622次，进联络室（站）活动的代表人数4274人，接待群众4617人次，收集群众意见建议734条；开展调研视察活动284次、代表约见国家机关负责人活动70次、执法检查25次，有578名代表向选民述职。

（梁朝爵）

【人大代表视察活动】 2019年7月，江门市人大常委会根据省人大常委会的要求，组织省人大代表围绕“农村人居环境整治情况”“水污染防治情况”2个专题开展调研活动。2019年12月，江门市人大常委会组织省人大代表围绕“加快江门市轨道交通建设情况”专题开展集中视察。代表们通过听取汇报、座谈交流、实地调研视察等方式，听取意见和建议，为形成代表议案建议、参加省十三届人大三次会议审议做好准备。同时，印发《关于组织江门市人大代表开展集中视察的通知》，委托各市、区人大常委会组织江门市人大代表开展视察活动。

（梁顺开）

【常委会组成人员联系代表和代表联系群众】 2019年10月，江门市人大常委会组成人员分成7个小组分别到各市区开展走访代表月活动。各小组通过召开座谈会、走访固定联系的代表等多种形式，听取收集市人大代表、代表小组长对市人大常委会以及“一府两院”工作的意见和建议50条，综合后交市政府反馈有关单位处理。推进人大代表联络站建设，全市共设立484个代表联络站，基本达到有场地、有人员、有制度、有活动、有经费、有设备的“六有”要求。各镇（街）积极组织开展代表驻站活动，通过约访、坐访、走访等形式联系选民、群众，听取收集选民、群众对地方经济社会发展、民生建设以及公共事务管理方面的意见和建议，并以代表建议的形式交有关部门办理，发挥人大代表联系人民群众的桥梁和纽带作用。

（陈东明）

2019年12月10日，市人大常委会召开养犬管理社会听证会 （唐 达 摄）

【督办议案和建议】 2019年，江门市十五届人大五次会议期间及闭会期间共收到代表建议148件。代表建议涉及的内容包括：城建环保方面的建议52件，占总数35.1%。；教科文卫方面的建议37件，占总数25.0%；财经方面的建议25件，占总数16.9%；政法方面的建议21件，占总数14.2%；农村农业方面的建议10件，占总数6.8%；华侨外事方面的建议3件，占总数的2.0%。148件代表建议中，交政府系统单位办理的140件，交市委有关单位办理的6件，交市中级人民法院办理的2件。从办理答复情况看，建议所提问题获解决或基本解决的（A类）105件，占71.4%；列入计划解决的（B类）31件，占21.1%；所提问题因条件限制暂时无法解决的（C类）11件，占7.5%。其中，苏锦凡等代表提出的《关于加快推进全域旅游，尽快融入大湾区发展大潮的建议》作为2019年市人大常委会重点督办的建议，经市政府组织办理，取得明显成效。

（陈东明）

【理论研究与宣传】 2019年，江门市人大常委会重视人大制度理论和工作实践研究，围绕《江门市全面推行民生实事项目人大代表票决制的实践探索与路径优化》和《新时代设区的市地方立法高质量发展对策研究》2个课题开展研究，两课题均入选省人大制度研究会2019年度研讨会，其中《江门市全面推行民生实事项目人大代表票决制的实践探索与路径优化》获全省人大优秀研究成果奖，并获得省人大常委会主任李玉妹表扬；

组织开展全市人大“深入学习贯彻习近平总书记关于坚持和完善人民代表大会制度的重要思想”课题研究，形成研究成果37篇，经专家评审出优秀研究成果25篇，并召开全市人大深入学习贯彻习近平总书记关于坚持和完善人民代表大会制度的重要思想暨纪念地方人大设立常委会40周年研讨会进行研讨交流。加强党对人大宣传工作的领导，制定《中共江门市人大常委会党组关于加强人大新闻宣传工作的意见》；加强新闻宣传队伍建设，建立全市三级人大新闻联络员制度，落实全市人大系统信息报送制度，密切与新闻媒体的沟通合作，宣传工作水平得到提升，获评为省人大新闻宣传先进单位；组织参加省人大第28届“广东人大新闻奖”评选，其中杨小燕的《感知群众冷暖传递民生温度》获得通讯类一等奖，骆阳平的《“票”出群众关切“决”出民主进步》获得评论类二等奖；新会电视台的《新会双水：大力践行绿水青山就是金山银山理念在全市首创人大+河长工作模式显成效》获得广电类二等奖，骆阳平的《区长首次“应考”选民现场“打分”》和台山人大的《船上走访选民》获得摄影类三等奖；江门市组织羊城晚报社、广东广播电视台、南方日报社记者采写的蓬江区区长以代表身份述职、选民进行评议的新闻作品分别获得通讯类一等奖、广播类一等奖、消息类二等奖；规范新闻宣传工作，制定《江门市人大常委会机关新闻稿件审核发布制度》，落实《江门人大网建设与管理办法》《“江门人大”微信公众号信息发布管理制度》；加强宣传阵地建设，将与江门日报社合办的“基层人大新鲜事”专栏升级为“江门人大风采”专版，编印《江门人大信息》（县乡人大工作专刊），深度挖掘立法、监督、代表工作、县乡人大工作和建设等年度重点工作中的典型案例、生动故事，打造宣传江门市各级人大工作的重要载体和品牌。

（杨小燕）

【推进县乡人大工作】 2019年是“推进县乡人大工作年”的深化推进年，江门市深入学习贯彻习近平新时代中国特色社会主义思想和党的十九大精神，全面贯彻落实习近平总书记关于坚持和完善人民代表大会制度的重要思想以及中央、省委关于加强和改进人大工作的决策部署，围绕落实市委对人大工作提出的实现“三个加强”、争创“三个一流”的目标要求，推进县乡人大工作和建设，提升县乡人大工作水平。各市、区人大常委会主任全部专职，全部人大机关行政编制不少于16名，工作机构全部达到一个办公室加五个工作委员会以上的标准；73个镇（街）全部设立人大办公室，全部配齐包括人大主席（主任）、专职副主席（副主任）在内的4—6名专职人员。全市所有镇（街）实现代表联络站全覆盖，共设立484个代表联络站，其中73个镇（街）均设立代表中心联络站，设立411个村居（其他）代表联络站，现有的5级人大代表编入镇（街）代表联络室的实际人数共5671名，平均11.7名代表配有一个代表联络站。市人大常委会讲师团继续送教下乡，加强培训人大代表和人大干部，基层人大履职能力和水平得到较大提高；通过开展镇街人大示范点创建活动，评选出16个镇街人大示范点，促进县乡人大工作规范化制度化标准化水平提升；创新人大工作载体，延伸代表履职触角，打造工作亮点，其中江门市的三级人大同步开展“民生实事监督周”活动，蓬江区开展的“民生无小事代表来议事”主题实践活动，江海区开展的“大榕树下议事会”代表户外接访活动、新会区开展的“人大+民间河长”、台山市开展的民生“微实事”、开平市开展的“代表约见市长”、鹤山市开展的“五级代表联动”、恩平市的代表建议“金点子”评选等，全市人大工作呈现创先争优的良好态势。

（梁朝爵）

【人大信访】 2019年，江门市人大常委会接收群众来信来访来电（含重复来信来访来电信访件）143件、300人次。其中，涉及2位人大代表投诉件13件（含重复件），涉法涉诉的50件，城市提质工程建议1件，物业管理纠纷2件，建设项目投诉3件，医患纠纷4件，村干部职务投诉5件，农村村务纠纷5件，涉黑涉恶检举4件，套路贷检举1件，环境污染1件，其他纠纷54件。

（胡晓君）

【友好往来】 2019年1月16日，来自全球10个国家和地区的13位江门华侨应邀列席江门市十五届人大五次会议，为江门发展建言献策，提出10条有关加快江门市融入粤港澳大湾区建设、保护华侨权益以及促进经济建设等方面的意见和建议。江门市领导刘毅、易中强、许晓雄、吴国杰参加接待活动。9月30日，江门市人大常委会党组书记、副主任易中强在市人大常委会机关接待美国著名华人代表林达坚（美国加州蒙特利公园市市议员、前市长，美国兰姆师集团董事长）一行7人，双方交流增进民间交往和促进华侨华人回乡投资的意见。12月20日，江门市人大常委会党组书记、副主任易中强在市人大常委会机关会见英国特兰米尔流浪足球俱乐部国际部亚洲业务负责人吴启帆等一行4人，对该足球俱乐部到江门进行足球文化交流表示欢迎，并希望通过足球运动，搭建起两地文化交流的桥梁，加强友好交往。

（林少芬）

·责任编辑 关明珠·

江门市人民 政府

综述

【市政府重要会议】 江门市安全生产暨防范较大以上事故及消防工作会议 2019年1月9日，在市政府9号楼二楼电视电话会议室召开全市安全生产工作暨第一季度防范较大以上安全事故会议，刘毅市长出席并讲话，市有关领导，市安委会全体成员，部分重点企业主要负责人共70多人参加，会议总结2018年、部署2019年尤其是第一季度、春节期间全市安全生产工作。2019年4月15日，在市应急管理局六楼会议室召开市政府第二季度防范较大以上安全事故会议，蔡德威副市长出席并讲话，市有关领导，市安委会有关成员单位领导共60多人参加，会议总结第一季度、部署第二季度全市安全生产工作。2019年7月25日，在市应急管理局六楼会议室召开市政府第三季度防范较大以上安全事故暨消防工作会议，蔡德威副市长出席并讲话，市有关领导，市安委会有关成员单位领导共60多人参加，会议总结上半年、部署第三季度全市安全生产工作。2019年9月18日，市委市政府小会堂召开全市第四季度安全生产和消防工作会议暨“防风险保安全迎大庆”安保攻坚战动员部署会，许晓雄常务副市长出席并讲话，市有关领导，市安委会有关成员单位领导共80多人参加，会议总结第三季度、部署第四季度特别是国庆节期间全市安全生产工作。

江门市全域旅游工作现场会 2019年2月22日，市政府在台山市四九镇芦荟庄园召开江门市全域旅游工作现场会，会议印发《江门市促进全域旅游发展实施方案》，全面部署江门市全域旅游工作。会议由市政府党组成员容福华主持，市委副书记、市长刘毅出席会议并讲话，市政府分管领导部署我市全域旅游工作，市文化广电旅游体育局局长汤惠红解读《江门市促进全域旅游发展实施方案》。与会人员于会前参观开平市塘口空间、台山市台城历史文化街区、四九镇大塘艺术驿站和芦荟庄园，听取两市推进全域旅游工作情况。各市（区）政府主要领导和分管旅游工作领导、市全域旅游发展工作联席会议成员及市其他相关单位负责同志、各市（区）旅游管理部门主要负责同志、各有关镇的负责同志、旅游及相关行业协会负责人、市主要旅游企业负责人和乡村旅游示范镇代表共约90人参加会议。

江门市政府残工委工作会议暨市残联第七届主席团第二次全体会议 2019年3月15日在名冠金凯悦酒店召开，江门市残联理事长梁培招主持会议。市政府分管领导，江门市残联第七届主席团委员和江门市政府残工委全体成员约80人出席。会议换选第七届主席团部分委员，传达中国残疾人联合会第七次代表大会、全国残联学习习近平总书记关于残疾人事业重要论述座谈会等会议精神，总结和部署贯彻实施《江门市残疾人事业发展“十三五”规划》《关于加快推进残疾人小康进程实施方案》。

江门市学前教育工作会议 2019年3月22日在市政府9号楼三楼大会议室召开，市政府副秘书长江宁进主持，市委常委、统战部部长利为民同志出席会议并讲话，市直有关单位分管同志，各市（区）政府分管领导、各市（区）教育局局长、分管局长共36人出席。会议贯彻落实国家、省对学前教育的任务要求，制定江门市学前教育2019年、2020年工作目标，着力扩大公益普惠性学前教育资源供给，推进江门市学前教育事业有序健康发展。

江门市民政工作会议 2019年3月25日在市政府召开，市府办公室副调研员岑明俸主持，市政府分管领导，市民政局局长谢鸿猷，市民政局领导班子成员、科室和直属单位负责同志，各市（区）政府分管民政工作负责同志、民政局局长、办公室主任共51人出席。会议传达广东省民政工作会议精神和广东省民政厅关于表扬2018年民政重点工作综合评估优秀地市的函，以及市领导在《广东省民政厅关于表扬2018年民政重点工作综合评估优秀地市的函》上的批示精神，总结2018年民政工作，部署2019年民政工作任务。

江门市2019年河长制与水利工作电视电话会议 2019年4月17日，在市政府9号楼二楼电视电话会议室召开，市政府党组成员容福华同志主持召开，各市（区）政府和单位代表共722人出席。会议总结2018年江门市河长制与水利工作情况，部署安排2019年和今后一个时期水利改革发展重点工作；要求各地各部门对标先进，扎实推动河长制湖长制工作从“有名”到“有实”；要突出重点，推动水利高质量发展，开创河长制与水利工作新局面。

全国现代农业产业园工作推进会 2019年4月19—20日在江门市富力万达嘉华酒店召开，并现场参观新会陈皮国家现代农业产业园，会议由农业农村部、财政部主办，江门市人民政府承办，农业农村部部长韩长赋、广东省省长马兴瑞和农业农村部副部长余欣荣等中共中央部委、广东省委省政府、全国各省（市、自治区）及新疆生产建设兵团农业农村部门的领导共400人参加会议。江门市市委书记、市人大常委会主任林应武，市委副书记、市长刘毅出席会议。

江门市科技创新大会 2019年4月26日，市委市政府在市委市政府小会堂召开全市科技创新大会，江门市委书记、市人大常委会主任林应武出席会议并讲话，市委副书记、市长刘毅主持会议。周伟万、易中强、利为民等市领导出席会议。会议贯彻落实习近平新时代中国特色社会主义思想和党的十九大、十九届二中、三中全会精神，学习贯彻习近平总书记对广东重要讲话和重要指示批示精神，落实国家科学技术奖励大会、全省科技创新大会精神，总结2018年全市科技创新工作，表彰奖励科技创新先进单位和个人，研究部署2019年及今后一个时期我市科技创新工作。各市（区）党委政府、市直有关单位、中直和省直驻江门有关单位主要负责同志，科技企业、新型研发机构和创新人才代表约160人参加大会。

江门市实施乡村振兴战略工作推进会议 2019年4月30日在市委市政府小会堂召开，江门市委书记、市人大常委会主任林应武出席会议并讲话，市委副书记、市长刘毅主持会议。市领导冯立坚、许晓雄、容福华，市直有关单位，中直、省直驻江门有关单位主要负责同志等50多人在市主会场参加会议。会议主要任务是以习近平新时代中国特色社会主义思想为指导，深入学习贯彻习近平总书记关于“三农”工作重要论述精神，深入学习贯彻总书记对广东重要讲话和重要指示批示精神，全面贯彻落实中央农村工作会议、全国扶贫开发工作会议、全省实施乡村振兴战略工作推进会以及市委十三届九次全会精神，认真总结2018年全市乡村振兴及脱贫攻坚工作，研究部署2019年和2020年的工作任务。

江门市政府全体会议暨廉政工作会议 2019年5月6日在市委市政府小会堂召开，市委副书记、市长刘毅主持，市政府工作部门、有关事业单位及市国资委监管企业，中直、省直驻江门有关单位负责同志以及邀请市委、市人大常委会、市政协有关部门，江门军分区、市纪委监委、市中级法院、市检察院，各民主党派江门市委，市工商联，市有关人民团体共141人出席。会议总结2018年江门市政府系统党风廉政和反腐败工作，部署2019年重点任务，并分析2019年第一季度江门市经济运行情况，布置下一步经济工作。

江门市审计工作会议 2019年5月14日在市政府召开，市委常委、常务副市长许晓雄主持会议并讲话，市政府秘书长温伟文，各市（区）人民政府主要负责同志以及协管审计工作的领导，市直有关单位主要负责同志，各市（区）审计局主要负责同志，以及市审计局领导班子及各科室负责同志共68人参加会议。江门市审计局局长陈新汉传达中共江门市委审计委员会第一次会议和全国、广东省审计工作会议精神，总结2018年审计工作，部署2019年审计工作。

江门市教育大会 2019年7月10日在市委、市政府小会堂召开，市委副书记、市长刘毅主持会议，市委书记林应武出席会议并讲话，市委常委、统战部部长利为民同志出席会议并传达全省教育大会、全省思想政治理论课建设推进会精神，市委常委，市人大常委会、市政协主要领导，市直有关单位、中直、省直驻江门有关单位主要负责同志，各市（区）党委和政府主要负责同志、分管负责同志、教育局局长，市有关高校党委书记、校长，市直学校校长（园长），思政课教师代表共148人出席。会议学习贯彻习近平总书记关于教育的重要论述，贯彻落实全国、广东省教育大会精神，研究部署当前和今后一个时期江门市教育工作。

江门市实施“粤菜师傅”工程联席会议第一次会议 2019年8月2日在市委市政府9号楼9302室召开，市政府副秘书长谭作瑜主持，市委常委、市实施“粤菜师傅”工程联席会议总召集人张元醒，各市（区）政府和市实施“粤菜师傅”工程联席会议成员单位代表共30多人出席。会议总结江门市实施“粤菜师傅”工程的工作成效，交流各市（区）、有关部门推进“粤菜师傅”工程的经验做法，研究下一阶段重点工作，对实施“粤菜师傅”工程进行再部署再推动。

江门市脱贫攻坚现场会 2019年11月27日2019年11月27日在恩平市横陂镇召开，市委副书记、市长刘毅主持，各市（区）政府分管负责同志、扶贫办主任以及市扶贫开发领导小组有关成员单位负责同志共35人参加实地调研和会议。会议总结江门市2019年脱贫攻坚工作，明确脱贫补短板工作任务，为江门市2020年实现全面打赢脱贫攻坚战奠定坚实基础。

江门市推进粤港澳大湾区建设领导小组第三次全体会议 2019年12月25日在市政府9号楼三楼大会议室召开，市委书记、是推进粤港澳大湾区建设领导小组组长林应武主持，市委市政府有关领导、五邑大学校长、各市（区）大湾区建设领导小组组长及有关单位代表共46人出席。会议听取今年以来江门市推进粤港澳大湾区建设工作情况、台山市推进粤港澳大湾区建设经验做法、粤港澳大湾区高质量农业合作发展平台规划建设、支持港澳居民到我市就业创业若干措施等工作情况汇报，审议并原则通过江门市推进粤港澳大湾区建设2020年工作要点、珠江口西岸高端产业集聚发展区建设方案、华侨华人文化交流合作重要平台建设方案等文件。

表5

2019年江门市市政府常务会议一览表

会议时间	会议名称	会议议题
1月7日	市政府常务会议（15届49次）	一、审议《2019年政府工作报告（送审稿）》 二、审议《江门市2018年国民经济和社会发展计划执行情况与2019年计划草案的报告（送审稿）》 三、审议《江门市2019年重点建设项目计划（草案）》 四、审议《2019年市民生实事候选项目（送审稿）》 五、传达贯彻全省今冬明春森林防灭火工作视频会议精神 六、审议《江门市农村集体资金资产资源管理办法》 七、审议《江门市区主城区混凝土搅拌站优化布局工作方案》 八、审议《江门市国土资源局关于江门市区不动产登记历史遗留问题的处理意见（试行）》 九、审议《江门市2018年预算执行情况和2019年预算草案的报告（送审稿）》及《江门市本级2019年综合预算草案（送审稿）》 十、审议《江门市2019年度政府规章制定计划(草案)》
2月12日	市政府常务会议（15届50次）	审议《江门市2019年主要经济指标分解方案（送审稿）》
2月19日	市政府常务会议（15届51次）	一、审议《2019年市政府重点工作任务分解表（送审稿）》和《2019年市十件民生实事任务分解表（送审稿）》 二、审议《江门市国际特色旅游目的地全域旅游发展规划（2019—2030）》《江门市促进全域旅游发展实施方案》（送审稿） 三、传达贯彻全省加强流浪救助管理工作专题座谈会精神，审议《江门市关于加强困境儿童保障工作的实施方案（送审稿）》 四、审议《江门市综合交通一体化规划（2018—2035）》 五、审议《江门市政府性债务风险应急处置预案》 六、审议《江门市环境保护责任考核实施意见》（送审稿）
2月27日	市政府常务会议（15届52次）	一、审议《2019年江门市人民政府重大决策出台前向市人大常委会报告事项清单（送审稿）》 二、审议《关于旺盈印刷集团江门一体化印刷包装产业项目用地选址规划有关问题的请示》 三、审议《江门市银洲湖高速公路特许经营项目社会资本招标有关工作的请示》 四、传达贯彻全省加强非洲猪瘟防控工作电视电话会议精神 五、通报全市四经普工作情况、布置下一阶段工作任务 六、审议《江门市潭江流域生态保护补偿办法》 七、审议《江门市基础测绘十三五规划（2016—2020年）》

续表

会议时间	会议名称	会议议题
3月21日	市政府常务会议（15届53次）	一、研究部署2019年全市清明期间森林防灭火工作 二、研究一季度经济工作 三、审议《江门市工业和信息化局关于审定江门市芳源新能源材料有限公司股权投资项目接受投资承诺函的请示》 四、审议《江门市国有建设用地使用权和矿业权网上挂牌交易规则（修订稿）》 五、审议《江门市2018年环境质量状况和环境保护目标完成情况报告（送审稿）》
3月26日	市政府常务会议（15届54次）	一、审议《江门市人民政府关于市政府机构改革涉及市政府规章规范性文件规定的行政机关职责调整问题的决定》 二、研究部署江门市减税降费工作 三、研究部署江门市迎接国家卫生城市复审工作
4月1日	市政府常务会议（15届55次）	一、听取全市禁毒工作情况汇报 二、审议《江门市贯彻落实中央环境保护督察“回头看”及固体废物环境问题专项督察反馈意见暨省级环境保护督察反馈意见整改方案（送审稿）》 三、审议《江门市2019年度政府规范性文件制定计划》 四、审议《江门市地名管理办法（草案）》
4月17日	市政府常务会议（15届56次）	一、通报各市（区）基层医疗卫生机构“一类保障”经费落实情况，研究部署相关整改工作 二、听取关于开展新一轮扫黑除恶专项斗争打击整治专项行动的报告 三、听取江门市推进行政执法“三项制度”工作情况报告 四、审议《江门市全面推行河长制湖长制工作考核方案》
5月5日	市政府常务会议（15届57次）	一、审议《江门市投资及工程建设项目审批制度改革实施方案（送审稿）》 二、审议《江门市公共文化事业建设年工作方案（送审稿）》的请示 三、审议《2014-2016年江门市城乡居民和职工基本医疗保险大病保险运营亏损补偿方案》 四、审议《关于促进社会办医加快发展的若干政策措施》 五、审议《江门市打造珠西医疗中心行动方案（2019—2020年）》 六、审议《江门市人民政府办公室关于实施高水平医院建设“登峰计划”的意见》
5月10日	市政府常务会议（15届58次）	审议《2019年各市（区）需市协调解决事项责任落实清单（送审稿）》
5月23日	市政府常务会议（15届59次）	一、审议《江门市人民政府2019年度重大行政决策事项目录（送审稿）》《江门市人民政府2019年度重大行政决策事项听证目录（送审稿）》 二、听取关于推进重点项目建设工作情况的汇报 三、审议确定大湾区农产品交易流通中心项目选址 四、审议《江门开放大学建设方案》 五、审议《关于完善公交专项资金筹集机制解决市公汽公司运营缺口的请示》

续表

会议时间	会议名称	会议议题
5月29日	市政府常务会议（15届60次）	一、听取关于解决全市禁毒工作三项问题短板的报告 二、审议《关于报送企业职工养老保险基金委托投资运营意见的请示》 三、审议《关于报送城乡居民基本养老保险基金委托投资意见的请示》 四、审议关于上解广东省退役军人应急救助基金的请示 五、审议关于追加东西部扶贫协作帮扶提标资金的请示
5月30日	市政府常务会议（15届61次）	审议《关于支持江门人才岛建设发展的实施意见（送审稿）》及配套政策
6月13日	市政府常务会议（15届62次）	一、审议《关于2019年江门市本级财政预算第一次调整方案的报告》 二、传达贯彻全国违建别墅问题清查整治专项行动部署电视电话会议精神 三、省自然资源厅传达讲解国家和省关于加强土地管理的政策要求 四、审议《江门市推进粤港澳大湾区建设实施方案（送审稿）》和《江门市推进粤港澳大湾区建设三年行动计划（2018—2020年）（送审稿）》
10月29日	市政府常务会议（15届42次）	一、审议《江门市进一步推进户籍制度改革实施方案》 二、审议《江门市市区国有农用地基准地价成果》 三、审议《关于市直机关单位绩效考核工作的请示》
6月28日	市政府常务会议（15届63次）	一、审议《关于推动“六稳”工作的实施方案》 二、听取关于江门市近期登革热和医疗机构感染防控工作情况汇报 三、学习《中国人民共和国统计法》 《广东省统计违纪违法责任人处分处理建议实施办法》 四、研究上半年财政收支管理情况
7月12日	市政府常务会议（15届64次）	一、学习新《消防法》和《关于深化消防执法改革的意见》 二、审议《江门市政府质量奖评审管理办法》 三、学习《中华人民共和国个人所得税法》，并听取大湾区紧缺、高端人才个人所得税情况汇报 四、审议《江门市国家生态文明建设示范市创建规划（2018—2030年）》
7月31日	市政府常务会议（15届65次）	一、审议《江门市违建别墅问题清查整治专项行动实施方案》 二、传达学习省海洋督察整改工作领导小组电视电话会议精神 三、审议《江门市生态环境保护“一岗双责”责任制考核办法（修订稿）》 四、审议《关于从失业保险基金中安排资金用于创业担保贷款担保基金和贴息支出的请示》 五、研究市财政预算收支执行工作情况 六、审议《2019年省科技专项资金（“大专项+任务清单”）安排工作方案（江门）》
8月7日	市政府常务会议（15届66次）	一、审议《江门市拥军优属实施办法》 二、审议《江门市关于加强非遗文化遗产保护和传承的工作方案》 三、审议《江门市推动革命老区振兴发展实施意见（送审稿）》

续表

会议时间	会议名称	会议议题
		四、审议《关于协调将江门市胜利新村房屋解危改造项目作为下沙水上人家搬迁安置房的请示》 五、审议珠海—江门高端产业集聚发展区规划编制费用安排 六、审议《关于启动江门市合睿房地产开发有限公司增资扩股工作的请示》
8月15日	市政府常务会议（15届67次）	一、审议《江门市“数字政府”建设总体规划（2019—2021年）（送审稿）》 二、听取工业稳增长专题汇报 三、审议《关于2019年盘活存量资金调整支出结构的请示》 四、审议《江门市本级财政预算支出审批权限规定（修订稿）》 五、审议《江门市市级财政专项资金管理办法（试行）》
8月27日	市政府常务会议（15届68次）	一、听取扫黑除恶专项斗争工作情况汇报及研究中央扫黑除恶督导“回头看”反馈意见整改工作
8月28日	市政府常务会议（15届69次）	一、学习《中华人民共和国电子商务法》 二、听取稳外贸专题汇报 三、听取促消费专题汇报 四、研究财税工作 五、审议《江门市鼓励和促进总部经济发展实施办法》
9月10日	市政府常务会议（15届70次）	一、审议《关于明确黄茅海跨海通道我市资金分担方案的请示》 二、研究中秋国庆安全工作 三、审议《关于审定以股权投资方式支持凯特精密机械生产研发项目的请示》
9月17日	市政府常务会议（15届71次）	一、听取稳投资专题汇报 二、学习贯彻《地方党政领导干部食品安全责任制规定》《关于深化改革加强食品安全工作的意见》
9月26日	市政府常务会议（15届72次）	一、听取财政收支管理工作汇报 二、审议《江门市促进5G产业发展行动方案（2019—2022）（送审稿）》 三、审议《江门市关于开展质量提升行动的实施方案》
10月16日	市政府常务会议（15届73次）	一、审议《江门市公共租赁住房管理实施细则》 二、听取江门市工程建设项目审批制度改革工作进展情况的汇报 三、审议《关于2018年度江门市推进乡村振兴战略实绩考核工作情况的报告（送审稿）》《关于2018年度江门市推进乡村振兴战略实绩考核工作情况的通报（代拟稿）》 四、听取稳就业专题汇报 五、听取江门市职业年金实账积累和机关事业单位养老保险准备期基金清算工作汇报 六、审议《江门市人民政府关于进一步加强江门市高技能人才队伍建设的若干意见》

续表

会议时间	会议名称	会议议题
10月23日	市政府常务会议（十五届74次）	一、研究全年主要经济指标目标任务和进一步分解情况 二、审议江门市对省涉农资金统筹整合实施意见（征求意见稿）的反馈意见 三、审议《江门市城市轨道交通线网规划》
11月1日	市政府常务会议（15届75次）	一、审议《华侨华人文化交流合作暨粤港澳青年文化创意发展大会实施方案》和《华侨华人文化交流合作重要平台建设方案（送审稿）》 二、审议《江门市红色旅游发展实施方案（2019—2021年）》 三、审议《江门市实施乡村振兴战略规划（2018—2022年）（送审稿）》 四、审议《关于调整我市市区住房补贴住房市场单价的请示》 五、审议《江门市现代物流业发展规划（2019—2025）（送审稿）》 六、审议《江门市农村物流发展规划（2019—2025）（送审稿）》 七、审议《江门市财政管理体制调整方案（送审稿）》和研究市财政预算执行情况
11月12日	市政府常务会议（15届76次）	一、学习《生产安全事故应急条例》 二、学习《江门市户外广告设施和招牌设置管理条例》
11月29日	市政府常务会议（15届77次）	一、学习贯彻《中华人民共和国宪法》暨习近平总书记在中央全面依法治国委员会第二次会议上的重要讲话精神 二、审议《江门市历史文化街区和历史建筑保护条例（草案）》 三、学习《中华人民共和国药品管理法》和《中华人民共和国疫苗管理法》 四、研究市财政预算执行情况 五、听取江门市财政性暂存暂付款挂账情况汇报
12月2日	市政府常务会议（15届78次）	一、通报国办在江门农村人居环境整治大检查情况并审议《国办农村人居环境整治大检查第十检查组在江门检查发现问题整改情况报告》
12月10日	市政府常务会议（15届79次）	一、审议《江门市东部城市带发展战略规划（2019—2035年）（送审稿）》和《江门市西部发展区发展战略规划（2019—2035年）（送审稿）》 二、审议江门市2019年部分计划指标调整建议 三、传达学习全国安全生产电视电话会议精神 四、听取江门市重点专项资金支出情况排查工作的通报 五、听取江门市猪肉市场供应专题汇报并审议《江门市种养循环发展规划（2019—2025年）》 六、听取江门市优化水电气等市政公用基础设施报装接入服务进展情况汇报 七、审议《关于落实市人大常委会〈江门市2017年国有资产管理情况综合报告〉和〈江门市2017年金融类企业国有资产管理情况专项报告〉审议意见的建议和措施》 八、审议《关于2019年盘活存量资金调整支出结构（第二批）的请示》
12月18日	市政府常务会议（15届80次）	一、传达学习习近平总书记在中央政治局第十九次集体学习时的重要讲话精神暨研究部署今冬明春火灾防控工作

续表

会议时间	会议名称	会议议题
		二、审议《江门市低收入对象帮扶改革实施方案（送审稿）》 三、听取生态环境部在江门市开展2019年第二阶段统筹强化监督工作情况汇报 四、审议《珠江口西岸高端产业集聚发展区建设方案》
12月25日	市政府常务会议（15届81次）	一、审议2019年涉及机构改革的地方性法规政府规章政府规范性文件清理结果 二、审议《市政府2020年度立法项目建议书》 三、听取全市违建别墅问题清查整治专项行动落实情况的汇报（套开市违建别墅问题清查整治专项行动领导小组会议） 四、听取江门市涉农资金统筹整合改革工作情况的汇报（套开市涉农资金统筹整合领导小组会议） 五、学习《优化营商环境条例》 六、审议《江门市医疗救助办法（送审稿》 七、审议《江门市城市节约用水管理办法》

【办理议案与提案】 2019年，自江门市十五届人大五次会议及市政协十三届三次会议以来，政府系统办理的市人大代表建议、政协提案共367件，其中市人大代表建议148件，市政协提案219件。所有建议提案均通过“江门市建议提案系统”进行网上交办，实现网上快捷查询、统计汇总、信息共享、实时监控等功能。至年底，总共367件建议提案完成办理答复，代表委员对办理工作满意和基本满意率为100%。

【政府考核项目】 2019年，江门市《政府工作报告》分解出281项重点工作任务，汇总形成《2019年市政府重点工作清单》，明确责任分工，倒排时间节点，强化督查落实，确保各项重点工作任务按时按质完成。截至年底，281项重点工作任务完成275项（含基本完成2项），未按进度完成1项，“积极推进澳门与江门跨境合作试验区”“全面实施智慧新警务工程，建成市反恐指挥中心”等5项工作因客观原因进行任务调整。

【2019年十件民生实事完成情况】 2019年，提高底线民生保障水平、提升基层医疗卫生服务能力、提升基础教育服务水平、提高市场食品质量安全水平、加大力度促进就业创业、建设“四好农村路”、加快提升公共文化服务水平、扩大农业保险覆盖面、大力推进“厕所革命”等市十件民生实事分解为37项工作任务，已全部完成。

应急管理

【概况】 2019年1月9日，根据江门市委市政府机构改革方案，江门市应急管理局在原市安全生产监督管理局基础上，整合应急管理、安全生产、水旱灾害、冰冻、台风、地震和地质灾害、森林火灾等应急救援工作职能，负责全市应急救援体系建设，组织、协调、指挥全市应急救援工作，负责全市应急救援资源和物资配置工作。该局在原市安全生产监督管理局基础上，整合应急管理、安全生产和应急救援水旱灾害、冰冻、台风、地震与地质灾害、森林火灾等工作职能。是年，江门市应急管理局研究探索防、治、救的工作方式方法，边组建边应急，统筹做好重点节假日和特殊节点的安全保障，加强应急救援建设，强化应急宣传教育，做好森林防灭火和自然灾害防治，突出做好危险化学品等重点行业专项整治，防控各类事故发生，全市“大应急、大安全”风险防范格局逐渐形成，得到市委市政府肯定。2019年，组织全市29个市级专项预案完成预案文本或操作手册的修订，制定《江门市应急管理局突发事件应急响应处置方案》和《江门市自然灾害救助应急预案》。组织开展“双盲”和夜间实战演练行动，通过接入“三防”指挥（防汛防旱防台风）、森林防火、地质监测等23个业务系统，整合6个视频监控系统共1352个视频点，建立市、县、镇三级视频会商调度机制，初步构建“大应急”综合指挥平台。

【保障体系】 2019年，江门市应急管理局对全市的应急队伍、应急避护场所、应急物资储备情况开展摸底调查，逐步健全江门市的应急资源数据库，全市各级专兼职应急救援队伍415支（其中民兵力量90支，消防力量84支），各级应急避护场所1802个

（其中市级42个，县级84个）；建立应急物资调用联动机制和工作联络网，制定《全市应急物资调度流程》，完善江门市突发灾害期间各类应急避护场所启用的相关机制；支持江门市社会应急力量参加全国首届社会救援力量技能竞赛，承接全国首次社会应急力量救援能力测评工作；探索政企共建的模式，由企业购置柴油机移动泵车无偿供市中心城区森林消防大队使用，提升江门市应急抢险防汛救灾能力；继续推动全国减灾示范社区创建工作，2019年全市有11个社区获“全国综合减灾示范社区”称号。(文件依据：国家减灾委员会应急管理部中国气象局中国地震局《关于命名北京市东城区龙谭街道新家园社区等976个社区为2019年度全国综合减灾示范社区的通知》应急【2019】188号)。

【宣教培训体系】 2019年，江门市应急管理局举办业务能力主体培训班8场，培训人员988人次，提高全市各级应急管理干部的应急管理综合能力和安全生产监管能力；举办“江门市应急管理大讲堂”5期，培训人员321人次，推动干部政治理论素养和业务水平共同提高；以2019年安全生产月和“119”消防安全宣传月活动为契机，制作“1＋3＋16”（局牵头制作系列科普视频，包括一个综合性防灾减灾科普大视频、3个专题视频、16个针对性防御措施视频。）共20个科普视频，利用电视、广播、微信公众号、新闻媒体、手机短信等宣传平台开展宣传教育活动，提升市民群众的防灾减灾意识和自救互救能力。是年，利用江门市安全应急展示体验培训基地组织开展“体验式”培训学习18期，培训人数1364人，为江门市三区四市各基层应急管理队伍提供培训和实训场所。

【值守和信息报送】 2019年，江门市应急管理局落实领导、中层和值班员三级24小时在岗带班值班和专家备勤制度，制定《江门市应急管理局应急值班工作制度》和《机构改革过渡期突发事件应急响应处置机制》，确保做好生产安全事故和其他突发事件、灾情险情的通信联络、信息报送和科学、迅速、有效处置；下发《关于进一步加强突发事件信息报送工作的通知》，要求全市各地、各部门在向市政府报送自然灾害、生产安全突发事件信息的同时，抄报市应急管理局，确保及时掌握和及时处置突发事件。是年，江门市应急管理局共向省应急管理厅、市委、市政府报送突发事件信息500条，编印《值班通讯》12期。

【基层应急管理】 2019年，江门市制定印发江门市安全风险分级管控办法实施细则，细化各行业领域安全风险点分类标准和管控措施，开展安全风险点摸排管控工作，建立3034条安全风险点数据库（其中，红色28条、橙色178条、黄色862条、蓝色1966条）；加大力度排查整治生产安全事故重大隐患，做到“每月有排查、月月有更新”，对完成整改的及时予以销号，对未完成整改的定期通报、督促，做到对重大隐患全面掌握和动态管理。1—12月共排查建档44项重大隐患（按要求挂牌督办18项），完成整改39项，推进整改5项。

【应急预案体系】 2019年，江门市应急管理局提请市政府办公室印发《关于开展应急预案修订准备工作的通知》，要求各市（区）政府、市有关单位结合机构改革职能调整，组织开展应急预案的修订准备工作。制订各类应急预案的审核或备案程序，简化审批流程，提高工作质量和效率。组织完成《江门市突发事件总体应急预案》文本的修订和全市29个市级专项预案文本或操作手册的过渡性修订，其中，《江门市防汛防旱防风防冻应急预案》《江门市石油供应中断应急预案》《江门市天然气供应突发事件应急预案》《江门市突发环境事件应急预案》《江门市涉外突发事件应急预案》《江门市突发重大动物疫情应急预案》报市政府审批印发。

【救灾救助】 2019年，江门市应急管理局对2018年度中央和省级自然灾害生活救助资金开展专项检查，依法依规对没有支出计划的部分资金约260万元回收给江门市财政局，用于市本级购置救助物资储备；与市发展和改革局(江办发【2019】49号三定方案对市级救灾物资储备管理明确市应急局与市发展和改革局的职责分工。)协商，共同制定2019年市级救灾（救助）物资采购计划；做好2018—2019年度自然灾害灾情上报工作。

【“三防”工作】 2019年，江门市共出现10次强降雨和7次雷雨大风天气过程，受到5个台风影响，汛期中全市共启动防汛应急响应2次，组织县级防灾救灾演练9次，组织相关单位动态会商210次，有效做好防汛各项工作，提早部署、提前防范。

自然灾害概况 2019年，江门市汛期雨量大，降雨时段集中，平均降雨量1953.4毫米，较常年同期偏多13%。龙舟水期间（5月21日—6月20日）全市平均降水量580毫米，较常年平均值偏多49%，为近10年历史同期最多。江门市在汛期共出现10次强降雨和7次雷雨大风天气过程。8月初受台风“韦帕”影响，潭江发生全年最大洪水，但各水位站均未超警戒线。台风“韦帕”影响期间正值天文大潮期，全市沿海实录最大风暴增水60厘米。全市33宗大中型水库蓄水量1001.94百万立方,较上年偏少近10%，较常年偏多5%；是年，江门市受到5个台风影响，分别为台风“木恩”“韦帕”“白鹿”“杨柳”和“剑鱼”，影响台风个数与常年相近，但影响程度总体较小，其中台风“韦帕”带来严重影响。受“韦帕”外围云系及残留环流影响，7月31日至8月3日江门市出现暴雨到大暴雨，局部特大暴雨，南部出现9—11级大风。在台风、洪涝灾害及防灾减灾效益方面，2019年受台风暴雨灾害影响，全市受灾人口53635人次，农作物受灾面积450.7公顷，全市直接经济损失1.28亿元，受灾乡镇23个，受淹乡村115个，紧急转移人口1680人，各级各部门的共同努力，提早部署、提前防范，全市实现人员“零伤亡”。

“三防”责任制　2019年，江门市应急管理局（简称“市三防办”）加强协作，组织动态会商研判，加强值班值守，明确启动应急响应期间内部工作机制，将不同业务科室分成不同的应对小组，处置响应的防御情况；江门市三防指挥部各成员单位间默契配合，各部门积极联动、互相补位，消除安全隐患，管控风险。市政府制定《江门市自然灾害预测预警预报信息报送制度》，市三防办相继制定《江门市三防指挥部成员单位职责规定》《江门市人民政府防汛防旱防风指挥部工作规则》，细化防御部门的三防职责；各地区迅速联动，积极防御。落实市、县、镇三级三防机构与防汛责任人，并将防汛责任人名单在《江门日报》登报公示，接收群众监督。

汛期应急防御重点　2019年，江门市应急管理局（市三防办）加强检查，排查安全隐患，在汛期时，组织工作组赴各市（区）进行市级隐患大检查和整改“后头看”共5次，抽查隐患157项，限期整改155项，2项按工程进度推进。组织市县级防灾救灾演练9次，启动防汛Ⅳ级应急响应和防风Ⅳ级应急响应各1次，组织相关单位动态会商210次，联系三大通信运营商发出预警防御信息560万条；接入三防指挥、森林防火、地质灾害监控监测预警、地震监测、重大危险源监控监测、非煤矿山视频监控、交通码头视频监控、公安视频监控、数字城市管理、海洋渔业、气象信息等23个系统，整合7个系统的1494个视频点到智慧城市汇聚平台，纳入江门“智慧城市”建设项目；明确规定应急物资调度日常准备、指令发出、运输程序、接收分发、回收撤离、调度手续等规范。

“三防”问题整改　2019年，江门市在防御“龙舟水”期间，行业职能部门消除隐患1486处，转移人口527人。防御“韦帕”期间，江门市三防办立即向江门地区全覆盖发布防御台风预警信息，通过短信、微信客户端等方式向大众宣传防风避险知识。行业部门发出防御信息50万条，派出检查人员784人，转移303人，将3443艘渔船全部按时上岸避风。特别对“三边”隐患点（三边：山边、水边、村边）逐项检查，加大力度排查削坡建房、危房，推动各市（区）对隐患销账清单，确保群众安全。

“三防”宣传　2019年，江门市应急管理局与江门市气象局联合制作系列气象防灾减灾综合科普视频，组织全市中小学校、中等职业学校在校学生学习，并在全市范围内宣传，增强广大群众防灾减灾意识，提高自救互救能力。市三防办印发城乡居民防汛防台风手册，增强群众防灾减灾意识，形成群策群防的良好局面。

【森林防火】　2019年，江门市应急管理局坚持“预防为主、科学扑灭、积极消灭”的工作方针，加强江门市大雁山等重点部位森林防灭火工作。是年，共接报森林火灾4起，受害面积14.73公顷，森林受害率0.037‰，低于1‰的控制指标，无人员伤亡，森林防灭火形势平稳;建立珠中江森林火灾扑救应急联动合作机制，珠海、中山、江门三市签订跨区域的森林火灾扑救应急联动合作协议，共同预防和处置三地的森林火灾事故；加强森林防灭火从业人员和森林消防队伍的培训演练工作，提高对火灾的扑救能力。全年全市自主开展的防火演练69场次，参加人员4378人次；江门市中心城区森林消防大队获评为2016—2018年度全国森林防火工作先进单位，成为广东省唯一获此殊荣的市级森林消防队伍。

（江门市应急管理局）

政务服务

【“12345”政府服务热线】　江门市“12345”政府服务热线开通于2003年7月，是全省首个开通政府服务热线的地级市。热线实行“统一接听、按责转办、限时办结、统一督办、统一考核”机制，24小时全天候受理群众有关政务和公共服务方面非紧急的咨询、求助、建议、投诉等各类诉求。截至2019年年底，整合部门服务专线36条，设置话务坐席73个，热线承办单位407个，涵盖市直部门、三区和四市（三区：蓬江区、江海区、新会区，四市：台山市、开平市、鹤山市、恩平市）各职能单位及部分公共事业企业单位、社会团体等;承办人民网《地方领导留言板》“江门市委书记”“江门市市长”板块事项，开设“江门微市长”微信公众号、“12345”政府服务热线微博，打造集电话、微信、微博、电子邮件、短信为一体的服务平台。是年，“12345”政府服务热线强化与其他政务服务的联动对接，降低部门行政成本，提高政府服务便利度。与网上中介服务超市联动对接，作为全省唯一试点，为市民提供有关中介超市业务的咨询投诉服务；与市人社局社保卡管理中心建立业务诉求直接转办机制，将中国银行江门分行等11家社保卡合作银行接入热线平台。涉及社保卡使用方面的事项由政府服务热线直接转相关银行处理，减少二次转办环节，各事项处理平均提速0.29个工作日；配合市政数局开展与“侨都之窗”的业务对接，承接“侨都之窗”自助终端机咨询投诉和报障工作，完善“侨都之窗”咨询投诉及报障处置机制，提升处理办结效率；与省“好差评”系统对接，市民拨打“12345”政府服务热线电话后，热线工作人员邀请市民对通话服务进行评分，市民按照语音提示即可进行评价。热线通过建设“智慧12345”政府服务热线综合信息系统”，为事项“智慧办”提供有力支撑。通过系统对事项办理难点、堵点的分析，为加快推进重点关注、重复投诉事项、人民网“江门市委书记”“江门市市长”留言板块事项，以及广东省政务服务网转办事项办理提供有力支撑；优化微信接收视频、音频、图片接入热线系统查阅办理功能，帮助承办单位快速准确了解群众反映诉求的实际情况。是年，智慧“12345”政府服务热线管理系统获评为2019年广东省“互联网＋政务服务”创新案例；市“12345”政府服务热线获评为广东省“巾帼文明岗”称号、获颁发“2019年全国最佳政务服务热线大数据应用创新示范奖”，被中共广东省委宣传部评为“第五批学雷锋活动示范点”，在第三方评估机构发布的全国“12345”政务热线服务质量监测报告中，江门市排名全国普通地级市总分第8名。

法治政府建设

【全面依法治市】 2019年1月，中共江门市委全面依法治市委员会办公室在市司法局挂牌，5月，市委全面依法治市委员会设立立法、执法、司法和守法普法4个协调小组，审议通过“两规则一细则”（《中共江门市委全面依法治市委员会工作规则》《中共江门市委全面依法治市委员会协调小组工作规则》《中共江门市委全面依法治市委员会办公室工作细则》）、《2019年江门市全面依法治市工作要点》等制度20项。8月，江门市法治政府建设示范创建活动申报量位列全省第二名。11月，江门市“多证合一、证照分离” 项目入围全国法治政府建设单项示范创建候选项目，成为全省入围的5个地区（项目）之一。11月，在全省率先实施《江门市关于进一步加强全面依法治市工作的若干意见》，全市2个集体获评为“广东省依法治省工作先进单位”，3人获评“广东省依法治省工作先进个人”，江门市司法行政系统1个集体和3人受到省司法厅记功表彰，其中江门市委依法治市办秘书科获省司法厅记集体二等功，江门市司法局四级调研员林健潮等3人获省司法厅记个人二等功。

【法治广东考评】 2019年，江门市依法行政工作领导小组统筹领导各级行政机关，上下联动，落实法治政府建设的各项任务，根据《广东省依法行政考评办法》的规定，按照《2019年度法治江门建设考评方案》和《2019年度江门市直机关单位依法行政工作情况绩效考核方案》的部署，江门市依法行政工作领导小组办公室会同市中级人民法院、市人民检察院、市人大常委会办公室、市委政法委员会、市委全面依法治市委员会办公室、市司法局、市信访局、市政务服务数据管理局和市律师协会等组成5个考评组，首次对各市（区）党委、政府组织开展2018年度法治江门建设考评工作。7月，江门市2018年度法治广东建设考评得分90.09 分，在全省排名第5位，首次迈进优秀行列，获省委通报表扬。

【法治资政】 2019年，江门市司法局统筹全市政府法律顾问资源，推动镇（街）法律顾问团组建工作，市政府法律顾问室印发《江门市建立一镇（街）一法律顾问团制度工作方案》，各市（区）选取1个镇（街道）作为试点，组建法律顾问团；组织汇编并提请市政府审议发布《江门市人民政府2019年度重大行政决策事项目录》和《江门市人民政府2019年度重大行政决策事项听证目录》，为市政府重大财政资金安排、土地处置、企业关停等决策事项及其重大行政决策进行合法性审查工作，对银洲湖高速公路项目、江门市芳源新能源材料有限公司股权投资项目等的实施方案、项目合同及补充协议、土地综合开发、投资方式调整、建设方案等提供法律意见，审查以市政府名义签订的重大合作协议，包括市政府与广东科学技术职业学校、广东省航运集团有限公司等的战略合作协议和友好合作协议；全年共出具法律意见和修改意见280份，其中包括30份重大决策事项、26份重点项目、22份政府合同和160份其他决策事项。

【地方立法】 2019年，江门市司法局起草地方性法规《江门市历史文化街区和历史建筑保护条例（草案）》及政府规章《江门市气象灾害防御规定》，公布政府规章《江门市地名管理办法》，废止政府规章《江门市海上丝绸之路文化遗产保护办法》。

【规范性文件管理】 2019年，江门市司法局拟订并组织实施《江门市2019年度政府规范性文件制定计划》，完成审核《江门市拥军优属实施办法》《江门市公共租赁住房管理实施细则》等政府规范性文件17件，审核部门规范性文件62件，审查各市（区）人民政府报送的规范性文件52件，向省政府和市人大报送备案规范性文件11件；组织实施涉及机构改革、生态环境保护、民营经济发展、证明事项等内容的规范性文件清理工作，废止政府规范性文件137件，取消证明事项86项；印发2018年度规范性文件合法性审查情况通报；举办依法行政业务专题培训班，邀请广东省人民政府法制办公室（省法制办）专家讲授规范性文件的管理知识。

【市政府行政复议及行政应诉案件办理】 2019年，江门市各级行政机关新收到行政复议申请1700宗，立案受理案件1647宗，全市各级行政机关办理一审行政应诉案件714宗；选取蓬江区棠下镇、开平市赤坎镇率先在全市开展基层行政复议案件受理点试点工作，实现江门市行政复议应诉工作下沉和延伸，打通便利群众行政维权的“最后一公里”；落实行政机关负责人出庭应诉“一案多效”带动作用，将行政机关负责人出庭应诉数量列入相关考核指标，倒逼江门市行政机关负责人出庭应诉逐渐制度化、常态化，是年，全市行政机关负责人出庭数占全年一审开庭案件数的实际出庭率69.30%；开展府院联动工作机制，印发《关于2019年上半年我市行政应诉及机关负责人出庭应诉情况的通报》；是年，江门市利用“普法达人”微信公众号平台专门开展“《行政复议法》实施20周年法律知识竞赛”。活动期间，每日约有35万微信公众号粉丝进行关注，有近6万人参与有奖竞答活动，向社会发放1万份行政复议宣传手册。

【行政执法监督、协调、指导】 2019年，江门市司法局深化行政执法体制改革，统筹配置行政执法职能和执法资源，梳理、规范和精简执法事项，推进市场监管、生态环境保护、文化市场、卫生健康领域行政执法体制改革，完善交通运输、农业、城市管理等领域行政执法体制改革。强化行政执法队伍建设，推进行政执法人员网上培训和考试，实现教育培训、资格审查、人员考试、证件管理、信息查询的网络化管理。是年，组织13场次综合法律知识培训，2082名行政执法人员参加考试，全市行政执法证持证人数累计6878名，辅助执法人员1835名（不含公安部门），组织全市近10万名公职人员参加年度学法考试，实现政府法律顾问全覆盖。规范行政执法行为，制定《江门市推进严格规范公正文明执法的实施意见》，推行行政执法公示、执法全过程记录、重大执法决定法制审核3项制度，推进全省执法公示平台在江门市普遍适用，全市187个执法部门在广东省行政执法公示平台开通平台账户，在平台公示行政执法全过程记录清单4908项，重大行政执法决定法制审核清单4391项，向省推荐11家单位作为“两平台”试点单位。建立健全行政执法自由裁量基准制度，行政执法机关利益与罚没收入完全脱钩，执法经费统一纳入财政预算予以保障。各级行政执法机关通过行政执法与刑事司法“两法衔接”信息共享平台移送涉嫌刑事犯罪案件，“两法衔接”联网覆盖率96.6%。

（市司法局）

江门市在开平市赤坎镇设立首批两级政府行政复议案件基层受理点　（市司法局 供）

政协江门市委员会

综　述

【概况】 2019年，中国人民政治协商会议江门市委员会（以下简称“江门市政协”）有各级政协组织机构8个，其中市政协1个，县（市、区）政协7个。各级政协有委员1835人，其中驻江门的省政协委员9人，市政协委员341人，县级政协委员1485人。江门市政协设常务委员会，由主席、副主席、秘书长和常务委员组成。设有提案委员会、农业和农村委员会、经济和人口资源环境委员会、教科文卫体委员会、社会和法制委员会、学习和文史委员会、港澳台侨联络和外事委员会、联络工作委员会。其中，农业和农村委员会于是年1月成立。另按地域分香港、澳门、蓬江、江海、新会、台山、开平、鹤山、恩平等9个联络组。2019年有主席1人，副主席8人，党组成员6人，秘书长1人，常务委员64名。

【中共江门市委政协工作会议】

2019年12月6日，中共江门市委政协工作会议在市委市政府小会堂召开。会议学习贯彻党的十九大和十九届二中、三中、四中全会精神，学习贯彻中共中央、广东省委政协工作会议精神，总结交流2019年江门市政协工作经验，研究部署下一步工作，开创新时代全市政协工作新局面。会上，中共台山市委员会、政协新会区委员会分别作交流发言；江门市政协主席周伟万通报江门市学习宣传贯彻中共中央、广东省委政协工作会议精神情况；讨论《中共江门市委关于新时代加强和改进人民政协工作的实施意见（讨论稿）》。中共江门市委书记林应武出席会议并讲话，市委副书记胡钛主持会议，市有关单位负责人，各市（区）委书记、统战部部长，各市（区）政协主席、秘书长，江门市政协副秘书长、专职常委及各专门委员会负责人参加会议。

【市政协农业和农村委员会成立】

2019年1月16日，中国人民政治协商会议第十三届江门市委员会常务委员会第九次会议审议通过《关于设立江门市政协农业和农村委员会的决定》。农业和农村委员会（简称“农业农村委”）成为江门市政协第8个专门委员会，主要职责是：组织本专委会委员、农业界委员学习宣传贯彻关于农业、农村、农民（简称“三农”）、乡村振兴等方面的方针政策和法律法规，为委员履职创造条件；负责该专委会会议、视察、调研、研讨、民主监督等工作的组织实施；联系相关界别委员及代表人士，综合、反映本专委会、委员和相关界别的意见、建议，促进调研成果转化；负责与省政协及各市（区）政协相关专门委员会的工作联系。3月26日，《中共江门市委办公室关于调整江门市政协机关职责机构编制的通知》同意增加江门市政协机关行政编制2名，用于加强农业和农村委员会工作力量。

【市政协十三届第三次全体会议】

2019年1月15—17日，中国人民政治协商会议第十三届江门市委员会第三次全体会议在金凯悦酒店举行，全体主席会议成员及340名市政协委员和60名特邀列席人员参加会议。江门市政协主席、党组书记周伟万代表政协第十三届江门市委员会常务委员会向大会作工作报告。报告指出，2018年，江门市政协围绕中共江门市委中心工作任务，通过“抓党建、树品牌、重履职”，带领全体政协委员履行政治协商、民主监督、参政议政职责，推动江门市政协各项工作提质增效。报告重点从五个方面回顾江门市政协2018年的工作，把政治建设摆在首位，推动学习宣传活动全覆盖，自觉将中央和省委、市委决策部署贯彻落实到政协工作各个方面，增强党对政协工作的全面领导；聚焦“四个走在全国前列”，开展支持上市公司做强做大、加快珠江口西岸物流中心建设、加强农村人居环境综合整治、高标准优化中心城区建设、打造白沙文化精品等多个课题、多个层次的协商活动，服务改革发展大局的能力提升；坚持打造“精准提案”，以调研视察、提案督办、专项督查、社情民意信息等为抓手，推动江门市重点项目和各项民生实事的落实，民主监督的实效逐步突显；坚持团结民主主题，发挥政协统战优势，加强与上下级政协及党派团体的联系、与港澳台侨及社会各界人士的联谊交流，推动发展的合力牢固凝聚；推进自身建设，突出政治标准，强化担当作为，提升委员履职能力和机关综合服务能力，提高政协工作质量和成效。

受江门市政协常委会委托，江门市政协副主席向斌向大会作提案工作报告。江门市政协十三届二次会议召开以来，立案交办提案207件，至2018年底，除1件闭会期间交办的提案仍在按程序办理外，其余提案全部办复，提案所提问题的91.75%获解决或基本解决。

会议期间，与会人员听取各民主党派、工商联和港澳联络组代表的大会发言；列席市十五届人大五次会议，听取并讨论市政府工作报告和其他报告；与会港澳委员以及列席的海外华侨华人代表、历届港澳委员代表和港澳新生代代表参加市委、市政府召开的江门市政协港澳委员座谈会（即委员约见市长座谈会），围绕“加快投入粤港澳大湾区建设”等主题，为江门发展踊跃建言。会议审议通过《政协第十三届江门市委员会提案委员会关于十三届三次会议提案审查情况的报告》《政协第十三届江门市委员会第三次会议决议》，向2018年度江门市政协优秀提案、优秀调研报告和优秀社情民意信息的获得者颁发荣誉证书；选举马克烈为政协第十三届江门市委员会秘书长，选举卢永权、刘展红、许彩华、李永安、陈壁光、周文为政协第十三届江门市委员会常务委员。

此次会议首次成立临时党委和临时党支部，加强党对政协工作的领导，发挥政治引领作用，保障大会各项任务顺利完成。

【首次邀请10名异地商会和协会代表列席政协全会】 2019年1月15—17日，江门市政协召开十三届三次会议，首次邀请10名异地商会和协会代表列席会议，充分发挥人民政协作为协商民主重要渠道和专门协商机构的作用，加强各界团结合作。

2019年1月15日，340名市政协委员和60名特邀列席人员参加市政协十三届三次全体会议　（市政协办　供）

【市政协常委会会议】 2019年，江门市政协召开4次常委会会议。

十三届九次常委会会议　于1月16日金凯悦酒店召开，69名常委会组成人员参加会议。会议审议同意《政协第十三届江门市委员会第三次会议选举办法（草案）》《选举大会总监票人、监票人名单（草案）》《政协第十三届江门市委员会第三次会议决议（草案）》以及《政协第十三届江门市委员会常务委员会组成人员候选人建议名单》；审议同意刘展红秘书长、林伙卿常委的请辞；审议通过《关于设立江门市政协农业和农村委员会的决定》；协商决定增补卢永权、许彩华、陈壁光、周文为政协第十三届江门市委员会委员，任命陈壁光为江门市政协农业和农村委员会主任、周文为江门市政协经济和人口资源环境委员会主任、杨少景为江门市政协教科文卫体委员会主任、区海熔为江门市政协联络工作委员会主任。中共江门市委常委、统战部部长易中强到会就增补委员及有关选举事项作说明。

十三届十次常委会（扩大）会议　于4月24日逸豪酒店召开，58名常委会组成人员参加会议。会议邀请中共江门市委党校常务副校长李纯宣讲《粤港澳大湾区发展规划纲要》，审议通过江门市政协全体会议工作规则、提案工作细则、委员履职工作规则等6项履职制度以及有关人事任免事项。

十三届十一次常委会会议　于9月19日逸豪酒店召开，59名常委会组成人员参加会议。会议围绕“推进‘证照分离’改革，优化营商环境”开展专题协商。与会人员听取江门市政府副市长赖燕芬介绍江门市优化营商环境工作情况，实地考察蓬江区法人一门式服务中心和江门市行政服务中心。

十三届十二次常委会会议　于12月23日市政协机关12楼常委会议厅召开，67名常委会组成人员参加会议。与会人员听取市政府通报江门市2019年经济社会发展情况和政府部门办理江门市政协十三届三次会议以来的提案工作情况，听取2019年江门市纪检监察工作、市中级人民法院工作、市人民检察院工作的情况通报；审议通过召开江门市政协十三届四次会议的决定、议程、日程、常委会工作报告（草案）、提案工作报告（草案）等有关事项，审议通过有关人事事项。

【江门市政协主席会议】 2019年，江门市政协召开主席会议13次。

十三届二十四次主席会议　于1月11日在市政协机关11楼综合会议

室召开，10名主席会议成员参加会议。会议审议相关人事事项，研究江门市政协十三届九次常委会会议方案，听取江门市政协委员2018年履职量化综合评价汇总情况报告，审议《关于设立江门市政协农业和农村委员会的决定》。

十三届二十五次主席会议　于2月14日在市政协机关11楼综合会议室召开，10名主席会议成员参加会议。会议研究调整安排第十三届江门市政协委员参加专门委员会活动。

十三届二十六次主席会议　于2月26日在市政协机关11楼综合会议室召开，9名主席会议成员参加会议。会议学习相关会议精神，审议同意江门市政协2019年协商课题、民主监督课题、重点提案课题和2019年工作计划表，审议通过各联络组的人事任免名单，审议各专门委员会的人事任免名单并同意提交常委会会议审议。

十三届二十七次主席会议　于4月3日在市政协机关11楼综合会议室召开，6名主席会议成员参加会议。会议学习《关于坚持和发展中国特色社会主义的几个问题》《关于解决形式主义突出问题为基层减负的通知》等文件精神，研究审议同意《市政协领导督办十三届三次会议重点提案分工安排》《市政协十三届十次常委会会议方案》《江门市政协2019年协商计划》，通报江门市政协办公室与广东省政协办公厅工作沟通交流的情况。

十三届二十八次主席会议　于4月17日在市政协机关11楼综合会议室召开，7名主席会议成员参加会议。会议学习《粤港澳大湾区发展规划纲要》；传达中共江门市委书记林应武在市委常委会会议上的讲话精神；审议有关履职制度。

十三届二十九次主席会议　于5月28日在高新区召开，8名主席会议成员参加会议。会议围绕“一号提案”—《关于扎实推进乡村振兴工作的建议》的办理情况开展集体督办。与会人员先后到江门市杰士植物营养有限公司、高新区(江海区)礼乐街道丰盛村、江门邓海满记食品厂有限公司等地参观考察，了解江门市在加快乡村产业、人才、文化、生态和组织振兴等方面工作情况，组织召开座谈会，听取提案主办与会办单位负责人分别介绍提案办理情况，与提案承办单位开展办理协商。

十三届三十次主席会议　于6月27日在市政协机关11楼综合会议室召开，6名主席会议成员参加会议。会议传达学习全省政协系统“不忘初心、牢记使命”主题教育活动暨地方政协工作经验交流会精神，审议各专委会半年工作情况报告，部署近期工作。

十三届三十一次主席会议　于8月6日在蓬江区召开，7名主席会议成员参加会议。会议围绕“促进江门市城镇小区配套幼儿园健康发展”主题开展专题协商。与会人员实地视察市教育第一幼儿园珑湖湾分园、培英实验幼儿园西江悦府园区，查看小区配套幼儿园规划、建设、移交、管理等情况，召集相关职能部门座谈交流。

十三届三十二次主席会议　于9月4日在新会区召开，9名主席会议成员参加会议。会议围绕“推进江门市健康养老体系建设”主题开展专题协商。与会人员实地参观考察新会区幸福寿星安老之家和新会区颐逸护老中心，召集相关职能部门座谈交流。

十三届三十三次主席会议　于9月10日在市政协机关11楼综合会议室召开，9名主席会议成员参加会议。会议审议江门市政协十三届十一次常委会会议方案。

十三届三十四次主席会议　于10月31日在市政协机关11楼综合会议室召开，7名主席会议成员参加会议。会议审议《江门市政协加强和改进调研工作实施办法》《市政协十三届四次会议筹备处组织机构和工作任务》以及有关人事事项。

十三届三十五次主席会议　于11月28日在市政协机关11楼综合会议室召开，7名主席会议成员参加会议。会议审议江门市政协十三届四次会议有关事项，研究有关人事事项。

十三届三十六次主席会议　于12月11日在市政协机关11楼综合会议室召开，7名主席会议成员参加会议。会议审议江门市政协十三届十二次常委会会议方案以及提请江门市政协十三届十二次常委会会议审议通过的文件，审议通过江门市政协十三届四次会议的有关事项，审议各专门委员会工作总结。

（杨双云）

【中共江门市委政协工作会议】　2019年12月6日，中共江门市委政协工作会议在市委市政府小会堂召开。会议学习贯彻党的十九大和十九届二中、三中、四中全会精神，学习贯彻中共中央、广东省委政协工作会议精神，总结交流2019年江门市政协工作经验，研究部署工作，开创新时代全市政协工作新局面。会上，中共台山市委员会、政协新会区委员会分别作交流发言；江门市政协主席周伟万通报江门市学习宣传贯彻中共中央、广东省委政协工作会议精神情况；讨论《中共江门市委关于新时代加强和改进人民政协工作的实施意见》（讨论稿）。中共江门市委书记林应武出席会议并讲话，市委副书记胡钛主持会议，市有关单位负责人，中共各市（区）委书记和统战部部长，各市（区）政协主席、秘书长，江门市政协副秘书长、专职常务委员及各专门委员会负责人参加会议。

【市政协委员工作室成立】　2019年7月23日，江门市首个政协委员工作室在豪爵商务大厦揭牌成立。此举成为人民政协充分发挥各界别委员作用，创新履职载体、拓展监督渠道、延伸协商触角的重要举措。政协委员工作室收集、整理、归纳群众的意见建议，通过政协转交相关职能部门办理，交党委、政府决策参考。年内，政协委员工作室按照中共中央和广东省委、江门市委支持民营企业发展的部署，组织开展系列“深调研”和与企业互访活动，探索中小企业发展、资本下乡运作和资金回笼投放等机制，帮助民营企业转型升级、做大做强。

（杨双云）

2019年7月23日，江门市政协委员工作室揭牌成立　　（市政协办　供）

【调研视察】 2019年，江门市政协办公室及各专门委员会联合各民主党派、各相关单位，组织政协委员开展调研视察活动，形成12份专题调研报告和建议案，供中共江门市委、市政府和有关部门决策参考。建议案内容包括《关于促进江门市城镇小区配套幼儿园健康发展的建议》、《关于推进江门市健康养老体系建设的建议》、《关于推进江门市医联体建设工作的建议》、《关于支持网球事业发展，创建体育品牌的建议》、《关于促进江门市海洋经济发展的建议》，专题调研报告内容包括《推进“证照分离”改革 优化营商环境的调研报告》、《关于引导工商资本下乡助力乡村振兴的调研报告》、《“融合资源，推动江门市文旅体产业链建设”专题调研报告》、《提升城市公园品质促进生态文明示范市建设》、《关于“推动江门市家政服务业高质量发展” 专题调研报告》、《江门市乡村社会治理调研报告》、《关于江门市县级政协工作情况调研报告》。

【协商议政】 2019年，江门市政协协商计划安排议题15项，主要分专题协商、界别协商、提案办理协商和对口协商。其中，常委会会议专题协商“推进‘证照分离’改革，优化营商环境”1项议题。主席会议专题协商“推进江门市健康养老体系建设，创建粤港澳大湾区养老示范基地”“规范城镇小区配套幼儿园建设”2项议题。界别协商“提升基层医疗机构服务水平”“落实减税降费政策，提升政策获得感”2项议题。提案办理协商4项议题，包括“扎实推进乡村振兴工作”“主动对接广东滨海旅游公路建设，推动江门市沿海乡村旅游产业发展”“推动民营企业参与乡村振兴战略”“推动巨灾保险新模式，提高政府抵御自然灾害风险能力”。对口协商6项议题，包括“促进江门市海洋经济发展”“推动家政服务业高质量发展”“加强农村基层社会治理建设”“ 融合资源，推动江门市文旅体产业链建设”“弘扬梁启超爱国思想和良好家风”“提升城市公园品质，创建国家生态文明建设示范市”。

【委员约见市政府领导座谈会】 2019年，江门市政协召开委员约见市政府领导座谈会2次。

1月15日，江门市政协港澳委员座谈会（委员约见市长座谈会）在金凯悦酒店召开。出席江门市政协十三届三次会议的港澳委员，以及列席会议的海外华侨华人代表、历届港澳委员代表、港澳新生代代表51人，围绕“加快投入粤港澳大湾区建设”等主题，与中共江门市委副书记、市长刘毅以及市府办和22个职能部门的负责人开展专题协商。

11月21日，江门市政协以“加强紧密型医联体建设，提高基层医疗机构服务水平”为主题，在市政府召开江门市政协委员约见市政府领导座谈会。6名政协委员与副市长赖燕芬及市卫生健康局、市财政局、市人力资源社会保障局、市医保局等有关职能部门负责人，围绕健全完善配套政策、推动江门市医联体建设开展专题协商。

【民主监督】 2019年，江门市政协

2019年11月21日，江门市政协以“加强紧密型医联体建设，提高基层医疗机构服务水平”为主题召开江门市政协委员约见市政府领导座谈会

（市政协办　供）

首次制定年度民主监督计划，包括“一号提案”回头看、协商课题回头看、提案监督、民生实事督办和重要建议“直通车”督办等10个议题开展民主监督。其中“一号提案”回头看议题1项，即“进一步完善大气污染防治”。协商课题回头看议题2项，包括“医保支付方式改革”“白沙文化建设分工落实情况”。提案监督议题4项，包括“促进民营企业政策落地”“设立江门市企业转贷专项扶持资金”“发挥侨乡优势，把江门打造成为大湾区港澳青年创新创业基地”“发展涉农职业教育，强化江门市振兴乡村的人才供给的建议”。民生实事督办议题2项，包括“乡村旅游厕所革命实施情况”“实施‘两线合一’，建立精准扶贫长效机制”。重要建议“直通车”督办议题1项，即“完善江门演艺中心道路建设，补齐公共文化建设短板”。

专项监督 2019年，江门市政协围绕实施乡村振兴战略、推动民营经济高质量发展、加快提升公共文化服务水平等课题，与中共江门市委办公室、市人大办公室、市政府办公室开展联合督查。根据中共江门市委的工作安排，开展“暖企业、促投资”行动，江门市政协领导走访重点项目和企业90次，协助解决实际困难23条；围绕党委政府年度重大项目建设开展督办，推动解决项目落地难、进度慢问题；督办农村交通干道两侧环境整治问题，整改道路210千米。

推荐政协委员担任监督员 江门市政协支持选派政协委员担任江门市中级人民法院、市公安局、市人力资源和社会保障局、市卫生健康局、江门海关、市征兵办公室等职能部门的人民陪审员、党风政风警风监督员、社会保险监督委员会成员、市级基金监管委员会成员、特约监督员、廉洁征兵监督员等，推荐政协委员参与江门市公务员考试、事业单位招聘考试、学校招生电脑派位、机关作风满意度测评等活动的监督工作。

2019年4月25日，市政协主席、党组书记周伟万率队到海信集团开展“暖企业促投资”行动 （市政协办 供）

【政协提案】 2019年，江门市政协全体政协委员、政协各参加单位和政协各专门委员会共提出提案236件，立案219件，主要涉及乡村振兴、粤港澳大湾区建设、高质量发展、医疗卫生体制改革、教育事业等内容。至2019年年底，除2件提案因较迟提交尚未办结外，其余217件提案全部办复；其中，获解决或被采纳的提案占80.18%，拟解决或拟采纳的占17.05%，部分未被采纳的意见也获得承办单位解释和说明。《关于扎实推进乡村振兴工作的建议》的提案获评为2019年“一号提案”，《关于成立广东省戴爱莲职业艺术学院的提案》等21件提案被评为江门市政协2019年度优秀提案。年内，江门市政协以“提质增效”为目标，强化“精准提案”意识，在提高提案质量、强化督办工作、健全工作机制等方面下功夫，面向社会公开征集提案线索，主动加强与党派、团体、联络组的协作，扩大党政主要领导领衔办理提案范围，探索开展民生类提案协商，修订完善《“一号提案”工作实施办法》《提案办理协商办法》等制度，开展提案办理“回头看”工作，推动提案工作高质量开展及见成效。

【社情民意信息】 2019年，江门市政协办公室编印《社情民意调查》7期，向市委报送《市政协委员重要建议“直通车”》1份，反映社情民意信息27条，内容涉及教育医疗、城市建设管理、社会治理等各方面。大部分意见和建议被中共江门市委、市政府和相关部门采纳，其中《关于完善江门演艺中心道路建设，补齐公共文化建设短板的建议》得到市委、市政府主要领导批示和现场督办，成功推动城央绿廊示范段往东延伸；关于农村污水管网建设、中小企业融资难融资贵等7条信息获得市领导批示和部门办理反馈；《关于进一步降低银洲湖地区用电成本的建议》等8条信息被评为江门市政协2019年度优秀社情民意信息。

【政协文史】 2019年，江门市政协学习和文史委员会编印《江门文史》第52辑，内容以“白沙文化”为专题，配设“文史纪事”专栏。其中“白沙文化”专题分为“‘岭南一人’陈白沙”“百世仰贤话今昔”“诗书乐艺古今传”“白沙文化在当代”四部分，内容包括陈白沙的史料、陈白沙遗迹、陈白沙的文化艺术成就和影响、当前江门市对陈白沙文化的关注和研究等。“文史纪事”专栏由“共同走过七十年”“五四运动一百年”“文史动态”三部分组成，内容包括纪念新中国和人民政协成立70周年、江门市政协发展历程、江门与“五四”运动、江门两级政协的工作情况等。全书入刊文章56篇，15万字，配图照100幅。第52辑《江门文史》由中国文史出版社出版，规格为170毫米×240毫米开本，206页，全彩色印刷，印刷1000本，赠阅给江门市全体政协委员，免费寄送到江门市有关单位及全国各级政协进行交流。

【政协宣传】 2019年，江门市政协综合利用门户网站、微信公众号、微博、今日头条号等各类载体重点报道政协履职活动，及时向社会发布江门市政协重要活动信息，以及开展“不忘初心、牢记使命”主题教育工作、调研视察、建言献策、关注民生等活动，并在《江门日报》等媒体推出“政协委员风采”“庆祝人民政协成立70周年——侨乡建设中的政协委员”等系列报道，把镜头聚焦政协委员、把话筒交给政协委员、把版面留给政协委员；在中央、省、市主流媒体刊发反映政协履职的新闻报道225篇。年内，由江门市政协主办的《江门画报》出版发行第537期—548期共12期，每期发行2700份，向海外乡亲宣传江门市的经济发展成就和良好投资环境。

【文化公益】 *庆祝新中国和人民政协成立70周年活动* 2019年，江门市政协先后组织政协委员和机关干部集中观看国庆盛大阅兵，参加广东省政协“歌唱祖国”合唱音乐会，举办“庆祖国华诞·展政协风采”书画摄影作品展，举办庆祝人民政协成立70周年主题汇报演出，印制“重温历程、不忘初心”江门市政协发展历程图片集等，增强政协各参加单位成员、各级政协和全体政协委员的爱国情怀与情感共鸣。

扶困助学活动 2019年11月6日，江门市政协在江门职业技术学院举行第十三批扶困助学金发放仪式，向该校211名学子颁发70万元助学金。扶困助学活动是江门市政协关注民生、联系群众的履职品牌项目，自2007年设立扶困助学金以来，已连续发放13年，共资助江门职业技术学院贫困学生超3100人，资助金额超780万元。

送医送药下乡 2019年，江门市政协教科文卫体委员会组织江门市中心医院、江门市人民医院、江门市五邑中医院、新希望眼科医院等医疗机构的医生，到新会区大泽镇、古井镇开展“送医送药下乡”大型专家义诊活动，为近1000名群众提供免费诊疗及咨询，发放各种健康宣传资料2000份。

【统战联谊】 2019年，江门市政协开展联谊交友工作，加强同各民主党派合作共事，完善党组成员联系各民主党派、市工商业联合会（简称：市工商联）制度，定期召开与各民主党派、工商联新春座谈会、半年工作交流会，江门市政协各专委会联合各民主党派开展调研视察活动，为各民主党派和无党派人士在政协履职创造条件，深化与参加人民政协的各民主党派、人民团体、社会各界人士的思想交流和团结合作；加强与港澳台侨胞的交往联谊，召开3次港澳委员座谈会，就“江门如何更好投入粤港澳大湾区建设”“支持深圳建设中国特色社会主义先行示范区，加强江深交流合作”等主题建言献策，组织港澳委员赴大湾区城市开展专题调研、赴四川成都开展爱国主义教育及城市品质提升项目考察，继续邀请海外华侨华人代表、历届港澳委员代表、港澳新生代代表列席江门市政协全会，组织三区四市港澳新生代人士开展“传承中华文化·凝聚新生力量之江港澳青年共商共建大湾区”活动，加强与港澳社会团体和代表人士的联络交流，为粤港澳大湾区建设汇聚力量。2019年首次邀请10名江门异地商会、行业协会会长列席江门市政协十三届三次会议，有效扩大“朋友圈”。

（杨双云）

·责任编辑 叶丽妍·

纪检监察

综　述

【概况】　以习近平新时代中国特色社会主义思想为指导，勇担“两个维护”的根本政治责任；深化纪检监察体制改革，健全完善监督体系；聚焦监督第一职责，让制度“长牙”、纪律“带电”；持续深化政治巡察，高质量推进巡察全覆盖；坚定不移惩治腐败，巩固发展反腐败斗争压倒性胜利；严查群众身边的腐败和作风问题，全面从严治党覆盖到“最后一公里”；全面加强自身建设，建设一支忠诚干净担当的高素质专业化纪检监察队伍。

【市纪委监委重要会议】　*市纪委十三届四次全议*　2019年1月24日，中共江门市第十三届纪律检查委员会第四次全体会议在江门市市委市政府大会堂召开。会议传达习近平总书记在十九届中央纪委四次全会上的重要讲话和中央纪委全会精神，学习贯彻十二届省纪委四次全会精神，市委书记、市人大常委会主任林应武出席全会并讲话；审议通过市委常委、市纪委书记、市监察委员会主任项天保代表市纪委常委会所作的题为《坚守政治机关定位忠诚履职尽责为新时代江门发展提供坚强纪律保证》的工作报告；听取并评议6名市有关单位党组织负责人的述责述廉述德报告。

“不忘初心、牢记使命”主题教育警示教育会议　2019年10月29日，市纪委监委协助市委在市委市政府大会堂举办“不忘初心、牢记使命”主题教育警示教育会议暨2019年江门市领导干部党章党规党纪教育培训班。江门市委书记林应武作开班动员讲话暨专题辅导报告，江门市委副书记、市长刘毅作专题辅导报告。其间，学员们集中观看《铸魂》《恶伞》《浊流之虐》3部由广东省纪委拍摄的警示教育片。市县镇村14000名党员干部同步接受教育。

市反腐败国际追逃追赃工作推进暨表彰会议　2019年12月11日，江门市反腐败国际追逃追赃工作推进暨表彰会议在江门市纪委监委4楼会议室召开，总结2017—2019年江门市追逃防逃追赃工作，部署动员下阶段工作，授予在追逃追赃工作中表现优秀的“百名红通人员”赖某敏追逃工作组等8个工作组“表现突出集体”称号，给纪检监察机关9人记三等功、4人嘉奖，并建议给相关单位（纪检监察系统外）6人记三等功。

第一届特约监察员聘请会议　2019年12月23日，江门市监委在江门市纪委监委4楼会议室召开第一届特约监察员聘请会议，聘请17名特约监察员。会议要求特约监察员提高政治站位，把准政治方向；履行监督责任、收集社情民意，积极献言献策，正确引导舆论；坚持党的领导，坚持学习强身，保持勤勉尽责，严格正身律己。市纪委监委各部门和派驻（出）机构要正确对待监督、自觉接受监督、主动配合监督，把特约监察员工作纳入全年工作部署，为特约监察员充分履职创造良好条件。

【监察体制改革】　2019年，江门市印发《中共江门市纪律检查委员会江门市监察委员会派驻（出）机构改革方案》《关于深化江门市纪委监委派驻机构改革的实施方案》，明确派驻（出）机构改革的总体要求和机构名称、职责、设置、监督范围，稳步有序推进派驻机构改革。制定市管企业纪检监察体制和高等院校纪检体制改革实施方案，明确市管企业、高校信访举报件和问题线索的办理原则，完善信息共享和通报机制。加强对各市（区）纪委监委派驻机构改革工作的指导，督促县级纪委监委改革工作深入有序推进；落实《关于进一步规范对涉嫌违法犯罪党员作出纪律处分工作的意见》，推动形成监察机关与司法机关相互衔接、有序对接、相互制衡的有效机制。制定《监督检查审查调查措施使用规定（试行）》等7项制度，修订完善14项制度，梳理健全执纪执法工作机制。贯彻落实全省审查调查安全工作会议精神，监委班子集体研究部署审查调查安全工作40次，主要负责同志赴留置点检查督导96次，压实责任。严守审查调查安全底线，推进谈话点建设，完成留置点扩建工程并投入使用，提升留置点信息化建设。全年全市采取留置措施61人2933天。

【政治生态建设】　2019年，江门市纪委监委持之以恒推动构建风清气正的政治生态，始终保持惩治腐败高压态势。召开市委反腐败协调小组会议，市委主要领导出席会议并讲话，强化统筹协调，增强工作合力。全市纪检监察机关接收信访举报2793件次，处置问题线索2740件，立案1133件，其中县处级干部29人（正处级6人），乡科级干部136人；结案1171件，处分1032人，其中县处级干部18人、乡科级干部140人。深入整治官商勾结问题，全年查处涉及官商勾结的行受贿违法犯罪案件62件72人。全市有10人向纪检监察机关主动投案；强化反腐败协调机制，实行“一案一专班”，打劝结合，加大国际追逃追赃工作力度，全年追回外逃人员12人，追回赃款约748万元。前移防逃关口，加强党员干部出入境证照和护照集中管理，做好案件风险评估和防逃工作预案；运用本地文化力量，挖掘本地红色文化资源，将从本地走出的革命先烈林基路的事迹搬上舞台，创演革命历史题材话剧《铁骨丹心林基路》，演出23场、15000名党员干部和青年师生接受教育。充分运用本地区本部门发生的违纪违法案例开展警示教育，选取江门市22个典型案例深刻剖析，编印《警示教育读本（2019）》3万册，逐层发放至村（社区）党组织。落实市管干部案件情况通报制度，督促发生市管干部严重违纪违法案件的6个单位召开专题民主生活会查摆整改。

【纪检监察责任担当】 2019年，江门市纪委监委贯彻落实《广东省各级党组织一把手开展党内谈话实施办法》，市委书记对11人进行谈话提醒，委托市管党组织一把手进行谈话了解处置问题线索40条。全市运用“四种形态”（第一种：经常开展批评和自我批评，约谈函询，让“红红脸、出出汗”成为常态。第二种：党纪轻处分、组织调整成为违纪处理的大多数。第三种：党纪重处分、组织调整成为违纪处理的大多数。第四种：严重违纪涉嫌违法立案审查的成为极少数。）处理2642人次，其中运用第一种形态处理1549人次，占比58.6%，第四种形态处理138人次，占比5.2%。全市有3315名领导干部开展谈话提醒9551次，其中“咬耳扯袖”8458人次、“红脸出汗”1093人次。紧盯“关键少数”，向新任命一把手发送书面提醒函28份，对全市15名新任正处职领导干部进行集体廉政谈话，激励担当作为。制定实施《江门市领导干部廉政档案管理实施办法（试行）》，建立一把手廉政档案，全面掌握、动态更新1081名市管干部廉政情况。完善述责述廉制度，市县两级共41人进行现场述责述廉。专门召开全市企事业单位党风廉政建设工作会议，督促各企事业单位党组织切实扛起全面从严治党主体责任。制定查处诬告陷害类信访举报行为和澄清保护工作制度，坚决保障党员干部合法权益，旗帜鲜明为干事者撑腰鼓劲。

【纪检监察队伍建设】 2019年，江门市纪委常委会高度重视队伍建设工作，新进班子成员必按习近平总书记的重要批示要求学习重温毛泽东《党委会的工作办法》。坚持民主集中制，公道正派选人用人，拓展视野招录选拔干部，加大轮岗交流力度。落实民主生活会、“三会一课”制度（http://dangjian.people.com.cn/n1/2016/0329/c117092-28235579.html），班子成员带头讲党课，以普通党员身份参加组织生活，交流学习心得。制定《关于进一步加强江门市纪委监委机关党支部建设的意见（试行）》，召开党支部书记抓党建工作述职评议会，实行党支部会议记录常态化检查，夯实基层党组织建设。加强巡察组、审查调查组临时党支部建设，确保党建工作全覆盖；建设学习型机关，以“学分制”推动全员培训，组织学习中央纪委统一配发的视频18期，按照上级统一要求闭卷测评，全员成绩合格，选送干部237人次参加各级培训。制定机关室务工作办法等制度规定，通过立、改、废修订完善规章制度80项，汇编成4册，规范内部管理与业务工作流程。加强纪检监察信息化建设，启动江门纪检监察专网扩改建工程，推进纪检监察检举举报平台建设；严格落实监督执纪工作规则和监督执法工作规定，严格执行省纪委“九条禁令”（http://static.nfApp.southcn.com/content/201805/28/c1203506.html?from=groupmessage），全覆盖、常态化落实家访、约谈制度。对2个市（区）纪委监委和4个市直派驻纪检监察组进行专项检查，发现问题108个，提出整改意见47条。聘请市监委第一届特约监察员17名，自觉接受监督。坚持刀刃向内，核查反映纪检监察干部的问题线索，立案审查3人、批评教育1人、约谈提醒12人，切实防治“灯下黑”现象。

（江门市纪委监委）

纪律监督与反腐倡廉

【巡察利剑】 2019年，江门市委巡察工作领导小组把粤港澳大湾区建设、支持深圳建设中国特色社会主义先行示范区等重大战略部署落实情况纳入巡察监督范围，着力围绕坚持党的领导、加强党的建设、全面从严治党开展市县党委巡察工作，深入查找纠正政治偏差。在开展好常规巡察的同时，提级巡察2个镇（街）党（工）委，统筹组织市（区）党委各选派1个巡察组对其他市（区）开展交叉巡察，覆盖17个县级巡察对象。2019年全年，十三届市委共开展8轮巡察，覆盖57个市级巡察对象，市本级常规巡察全覆盖进度60.6%。推进村级党组织巡察工作，各市（区）村级党组织巡察全覆盖进度均超40%；市纪委监委成立由主要领导任组长的整改落实工作领导小组，制定整改方案和责任分工表，梳理问题清单44条、整改措施82项，倒逼工期、压实责任。优先办理省委巡视组移交的128件信访件，办结112件，办结率87.5%，其中属实40件，立案31人（处级干部5人、科级及以下干部26人），处分23人、组织处理39人、移送司法机关4人；市本级前8轮巡察发现问题线索127条，根据移交的线索立案查处33名党员干部，其中处级干部12人。制定市委巡察机构与市纪委监委、市委组织部协作配合机制等7项制度，健全巡察机构运行机制，推进巡察监督与纪律监督、监察监督、派驻监督有效贯通。建立新任处级干部抽调参与巡察的工作机制，完善巡察人才库动态管理，举办巡察干部业务培训班，提高依规依纪依法巡察水平。

【作风建设】 重点督促各地各单位落实好习近平总书记对打好三大攻坚战、促进民营经济发展、整治利用名贵特产类特殊资源谋取私利、减税降费政策等重要指示批示精神，严肃查处贯彻落实党中央决策部署置若罔闻、应付了事、弄虚作假、阳奉阴违问题。做好省委工作部署和市委工作举措落实情况监督检查。全市查结违反中央八项规定精神问题40件，处分81人，通报曝光4期15起典型案例；突出抓好关于新形势下党内政治生活的若干准则、加强党的政治建设的意见等法规制度执行情况的监督检查，严查对党不忠诚不老实的两面派、两面人，全年立案审查存在违反政治纪律问题案件11件，办结8件，处分8人。严厉整治形式主义、官僚主义，查处问题80件，处理129人，通报典型案例2期8起。制作播放暗访片《别让道路堵在“最后一公里”》，推动有关部门解决形式主义、官僚主义问题。严把选人用人廉政意见回复关，市纪委监委回复党风廉政意见385人次。

【反腐败斗争】 2019年，江门市纪委监委召开工作推进会深化专项整治，全市纪检监察机关查结扶贫领域违纪违法问题205件，处分162人，通报4起典型问题。落实省纪委监委关于对口帮扶异地监督的要求，开展对口帮扶广西崇左、对口支援四川甘孜和参与对口支援新疆喀什协作监督工作；多次召开惩治涉黑涉恶腐败和“保护伞”工作会议，约谈工作进展缓慢的市（区）纪委书记。建立和完善领导包片督办制度，监委班子成员29次开展专项督导，展开打“伞”强大攻势。自开展专项斗争以来，全市累计排查公职人员涉黑涉恶腐败和“保护伞”问题线索469件，立案235件，其中处级干部3人、科级干部43人、其他公职人员或普通党员189人，结案192件，处分156人，打掉“保护伞”130人，移送司法机关44人；深入推进基层正风反腐，聚焦教育医疗、生态环保、农村集体“三资”管理（农村集体资金、资产、资源）等方面侵害群众利益的问题开展专项整治。全市排查基层党员干部违纪违法线索1811条，立案974件，结案处分893人。严肃查处国家海洋督察、省环境保护督察移交的问题线索，对16个责任单位和31名责任人员进行问责。

（江门市纪委监委）

2019年12月23日，江门市监察委员会召开第一届特约监察员聘请会议 （市纪委监委机关 供）

·责任编辑 叶丽妍·

外事·侨务
港澳台事务

外 事

【概况】 2019年，市委外办坚持以习近平新时代中国特色社会主义思想为指导，紧紧围绕国家总体外交、省委对外工作部署和市委市政府中心工作，加强与各国驻穗总领馆的沟通和交流，推动友好城市往来，认真做好因公出国管理和外国人管理工作，助力“一带一路”建设和粤港澳大湾区建设，提升江门市对外开放水平。

【外事接待】 2019年5月8日，丹麦王国驻广州总领事馆总领事安雅率团访问江门市，拜访中欧（江门）中小企业国际合作区服务中心，推动丹麦和江门市间的经贸往来与合作。5月24日，秘鲁驻广州总领事馆代馆长、领事IVAN SILVA一行访问江门市，参观江门市五邑华侨博物馆及开平碉楼。6月6日，英国驻广州总领事馆华南外交联络领事诺杰率访问团访问江门，与市发展和改革局、市商务局、市外事局座谈交流，了解江门市、粤港澳大湾区、中国与欧洲合作相关情况。8月30日，新加坡驻广州总领事馆总领事蔡篮合率团访问江门，在教育、城市规划、高科技、粤港澳大湾区建设交流意见。12月7—8日，所罗门群岛主流媒体记者团一行1人、所罗门群岛瓜达尔卡纳尔省农业代表团一行14人访问江门，参观江门市五邑华侨华人博物馆、广东新宝堂生物科技有限公司、新会陈皮村、开平立园等地。

2019年12月8日，所罗门群岛瓜达尔卡纳尔省农业代表团参观开平立园 （市委外办 供）

【友城友协】 2019年8月19日，斐济共和国工贸部部长普瑞米拉·库马尔率团访问江门市。双方商谈斐济劳托卡市与江门市友城合作事宜，推动友城合作发展。访问团还参观东湖广场及量子高科（中国）生物股份有限公司等地。

【对外交流合作】 2019年6月28日，委内瑞拉国驻广州总领事馆及委内瑞拉艺术团在江门市举办中国与委内瑞拉国建交45周年纪念音乐会，委内瑞拉驻华大使、广东省归国华侨联合会、恩平市、江门市外事局领导以及旅委内瑞拉侨胞代表、学生代表等应邀出席并观看演出。

【外国人管理】 2019年，江门市受理审核外国人到华《邀请核实单》74批次、111人次。经审核入境的外国人中，暂未发现有从事与到华身份不符的活动或违法犯罪行为，亦无滞留或生活无着现象。

侨务

【华侨归侨侨眷权益保护】 2019年，江门市人民政府组织市外事局、市侨务局、市教育局、市公安局、市民政局、市财政局和中共江门市委宣传部、政法委等部门共同研究并制定《江门市涉委突发事件应急预案》《江门市涉委突发事件应急预案操作手册》，在市外事局成立专门涉委事件处置办公室（“涉委”指涉委内瑞拉国）做好日常信息收集分析汇总等工作，多部门联动密切关注委内瑞拉国局势变化，分级别处置委内瑞拉国各类涉侨突发事件，协调委内瑞拉驻广州领事馆特事特办华侨华人签证及护照延期，做好委内瑞拉国返乡侨胞安置工作，筹建“华侨创业孵化基地”，为归国华侨华人提供创业就业支持。是年，协助全市37名符合“三侨生”加分政策的初中毕业生增加考试分数，协助35名符合具有江门市户口的归侨青年、归侨子女、华侨高中毕业生“在国内的子女参加市高考的可加5分”政策的“三侨生”增加考试分数；全年办理华侨回国定居申请1027份。

【社区侨务】 2019年，江门市侨务局会同市法院、公安、司法、侨联等部门，开展涉侨矛盾纠纷多元化解试点工作，推进社区维护侨胞权益机制建设。市侨务局会同市侨商总会、侨商总会青年会，筹集资金近40万元，分2次下基层开展春节、中秋节对归难侨胞慰问活动，受益归侨家庭近200户，使广大归难侨充分感受到党和政府的关怀温暖，激发起勤劳致富的信心。

【侨务联谊】 2019年9月25日，第七届世界江门青年大会巴拿马主办方代表，巴拿马前总统顾问陈国基、巴拿马江门五邑青年总会创会会长温国伟和会长郑艺良等到访江门市。双方就第七届世界江门青年大会筹备情况进行沟通协调。10月12日，委内瑞拉江门五邑青年联合会总会长李国忠一行拜访江门市委、市政府。双方就受邀出席中华人民共和国成立70周年庆典活动、第二届委内瑞拉江门五邑青年联合会会务与工作计划、响应国家共建共享“一带一路”的号召强化双方经贸合作等方面进行座谈。

【公益事业捐赠】 截至2019年年底，江门市外事侨务在招商政策、企业注册、土地审批等方面为侨商提供咨询服务。江门市接受海外侨胞为慈善公益事业捐资赠物历年累计47261项（次），折合75.50亿元港元。其中，2019年捐资赠物550项（次），折合1.07亿港元。

【服务侨乡经济】 截至2019年年底，江门市外资企业实有5706家，投资总额约479.57亿美元。为企业出入境提供便利，帮助企业开拓海外市场。

【市侨商总会】 2019年，江门市侨商总会有会员企业172家。全年组织与政府部门交流和对接专题讲座、座谈会7场，开展与各地侨商组织、友好商会交流合作、考察41次（项）。引导、发动会员参与慈善公益事业，发放助学金和捐赠慰问金、慰问品共31万元，为546人次学生、长者及归侨侨眷送温暖。

【海外华文教育】 截至2019年年底，江门市外派至海外教师7名，其中2018-2019学年荷兰圣马丁华侨会馆中文学校1名，2019年8月派出荷兰博纳尔华侨会馆学校1名、荷兰阿鲁巴新中华会馆学校1名、委内瑞拉国4名；向所罗门群岛中华总会赠送中文教科书100套，向荷兰加勒比海博内尔华侨会馆捐赠课桌椅50套。

【侨务扶贫】 2019年，江门市侨务局会同市侨商总会、侨商总会青年会，分2次下基层开展春节、中秋节“归难侨慰问活动”，共筹集资金近40万元，受益归侨家庭近200户，使广大归难侨充分感受到党和政府的关怀温暖，激发起他们勤劳致富的信心。

【侨务公共服务体系建设】 2019年，中共江门市委统战部牵头成立江门市涉侨协调跟踪落实专责小组，包括教育、科技、公安、住建、司法、民政部门，整合行政资源，加强统筹协调，广开侨胞诉求反馈渠道，加大涉侨事项督办力度，确保侨胞反映的事情件件有回音、事事有着落，共同做好引资引智引技、侨情共享、侨益维护、侨法宣传等工作，多部门协同聚侨、护侨、爱侨、引侨、用侨的横向联动新机制。

【品牌活动】 华侨华人文化交流合作暨粤港澳大湾区青年文化创意发展大会

2019年11月13—15日，江门市举办华侨华人交流合作暨粤港澳青年文化创意发展大会，国家部委、广东省人民政府及部门领导，粤港澳大湾区城市代表，海外华侨华人重要社团首长，海内外商界、文化教育科技艺术界精英，国外文化遗产学者、国内文旅行业顶尖专家学者、优秀企业家、“一带一路”沿线国家和地区的手工艺大师代表1100人出席活动。

五邑侨智库专家圆桌会议

2019年11月14日，江门市侨务局承办主题为“推动粤港澳大湾区发展建设宜业宜居美好侨都”的五邑侨智库专家圆桌会议。来自中国港澳地区和美国、泰国、加拿大国、新西兰国、委内瑞拉国、巴拿马国国家的侨领、专家共12位代表齐聚一堂，围绕江门推进大湾区建设，促进科技创新和华侨文化发展建言献策，为国务院侨务办公室国外司原司长张健青等8位五邑侨智库新成员颁发聘任书，市发展和改革局负责人向到会嘉宾介绍江门市粤港澳大湾区规划及建设的最新情况与进展。会议收到良好效果，明确五邑侨智库是江门市重要的“思想工厂”，是中共江门市委、市政府科学决策的“智囊”和“外脑”。

涉台事务

【概况】 2019年，江门各级台港澳部门贯彻落实中共中央对台工作决策部署，妥善应对复杂严峻形势，坚决反对和遏制“台独”，持续扩大江门与台湾交流合作，争取岛内民心，为推动两岸关系和平发展、推进祖国和平统一进程作出贡献。

【对台宣传与涉台教育】 2019年，中共江门市委台港澳办公室宣传宣讲习近平总书记关于对台工作的重要讲话精神，以“台港澳之窗”微信公众号、《江门日报》、江门广播电视台等网络和媒体为平台，印制手册、召开座谈会、入岛宣传、向台商台企宣讲，借助江门五邑台资企业协会网站、会刊等宣传涉台方针政策。全年发布涉台信息、推送文章56篇。全年开展赴台行前教育29批59人次。

【涉台服务】 2019年，江门市受理各类涉台求助事项包括子女入学、房产分割、经济纠纷、寻亲、就医等73件次，为台胞、台商办实事近260件次，处理率100%。

【惠台政策】 2019年，中共江门市委台港澳办公室推动落实落细“惠台31条措施”“26条措施”“粤台48条”“江台56条”等措施，开展“暖企”行动，深入企业调研，全年开展台资企业走访调研52家次，召开台商代表座谈会135人次，充分宣传解读各项惠台政策，让台商懂政策、会申报。听取台商在经营、生产中存在的问题及意见建议，协调有关部门有效解决问题，鼓励企业积极应对中美贸易摩擦，引导台资企业转型升级。

【对台招商引资】 2019年，中共江门市委台港澳办公室利用中共广东省委台湾工作办公室举办的“台商一起来融入大湾区”等活动，延伸对接广州、深圳、东莞周边产能外溢产业，按照江门市产业布局规划，主动向岛内外台商推介江门市投资环境，寻求合作商机。2019年，江门市新引进台资企业7家，投资总额1005.23万美元；台资企业增资扩产3家，投资总额192.48万美元。台湾商界知名人士共6批次40余人次到江门市参观访问并考察投资环境，深入洽谈先进装备、新材料、大健康等投资项目。

【对台交流交往】 2019年，江门市办理公务商务赴台湾交流考察29批59人次，其中公务人员赴台考察交流1批8人次，企业赴台商务考察25批46人次，学术交流3批5人次。8月，邀请台中市中小学青少年足球队与港澳青少年学生足球队共100人参加中共江门市委台港澳工作办公室举办的“同根同足”青少年足球夏令营活动，并按中共广东省委台湾工作办公室安排，组织12名台湾在校大学生到江门的企业实习。

【江门五邑台资企业协会】 2019年，江门五邑台资企业协会秉承“联系台商、服务台商、促进发展”的协会宗旨，发挥“服务、联络、沟通”的作用，为会员企业办实事好事，定期每季度召开理监事会议。通过江门市五邑台资企业协会网站和会刊等平台向台资企业发布国家、省、市实施的优惠政策和扶持信息，为企业提供良好的政策信息服务。推介江门市在粤港澳大湾区的定位和机遇，引导江门市台湾青年参加融入大湾区建设。完成江门市五邑台资企业协会换届。12月，江门五邑台资企业协会举行第十届理监事换届就职典礼，江门联福科技纺织彩印有限公司董事长张穗焜当选协会新会长。中共广东省委台湾工作办公室、全国台湾同胞投资企业联谊会、有关兄弟省市友协代表及中共江门市委、市政府、市直职能部门领导嘉宾、台商代表等600人出席典礼。

港澳事务

【概况】 2019年，江门市各级台港澳部门围绕《粤港澳大湾区发展规划纲要》和中共广东省委赋予江门的新使命新定位，开拓创新、主动作为，推动大湾区建设各项重点任务落地生根、开花结果。

【港澳联谊】 江港（江澳）“奋进新时代 共建大湾区”对接会 2019年3月27—29日，江港（江澳）“奋进新时代 共建大湾区”对接会分别在香港、澳门举行，江港澳三地嘉宾欢聚一堂，共叙乡谊，共享机遇，共商合作，共谋发展。活动中，江门分别与港澳签约12个投资类项目，包括供港农产品科创示范园、农产品深加工、新能源商用车、力宝集团、物流、文化旅游、医疗器械生产等项目，投资总额295.86亿元。分别与港澳的侨团社团、商会及企业签订系列合作协议，在文化旅游、经济贸易、青年创新创业等领域深化合作。

粤港澳大湾区千人考察团到访江门 2019年7月27—28日，来自香港的粤港澳大湾区千人考察团到访江门市，了解江门市参与粤港澳大湾区建设的规划和发展情况。考察团1100人，在2天里分别参观江门市规划馆、江门华人华侨博物馆、文体汇，了解江门城市规划和丰富多彩的华侨文化，到“李锦记”、“无限极”、陈皮村等品牌企业了解江门特色产业发展情况。

澳门江门同乡会拜访团回乡交流 2019年8月15日，澳门江门同乡会拜访团一行12人由创会会长萧德雄、会长甄瑞权带领，回乡拜访市领导。中共市委书记林应武，市委常委、统战部部长利为民等市领导接见访问团，召开交流座谈会。林应武高度评价澳门江门同乡会创会以来所取得的成绩。

【港澳官方交往】 2019年，江门市台港澳办公室落实与香港驻粤办公室、香港特别行政区政府及政制内地事务局、教育统筹局、渔农自然护理署，以及澳门特别行政区政府政策研究和区域发展局、社会文化司主要负责人等就江港、江澳在共建华侨华人文化交流合作重要平台、推动科技创新和教育合作、携手打造世界级旅游目的地、加强青少年交流合作等优势和特色领域的对接合作进行深入交流。3月27—29日，分别在香港、澳门举办江门（香港、澳门）“奋进新时代共建大湾区”对接会,会议以经贸、农业、文化、科技交流为主，创新融入产业平台及政策宣讲、企业家座谈、绿色农产品供需对接等6场活动。中央政府驻港澳机构代表、港澳政商界知名人士、港澳重点社团及杰出乡贤等超1200人参加活动，签订投资额近300亿元的产业项目合作协议。稳步推进江港澳民生福祉衔接，联合市人社部门制定支持港澳居民到江门市就业创业若干措施，推动到江门市发展的港澳人员与本地户籍居民同等享受创业就业各项补贴和扶持政策。联合市税务局通过香港五邑总会、澳门江门同乡会推出离岸智能办税通道，实现港澳人士在境外自助办理相关涉税业务，江门市成为粤港澳大湾区广东九个城市中率先实现离岸智能办税的城市。

【青少年交流】 2019年，中共江门市委台港澳工作办公室联合江门市人力资源和社会保障局、江门市科技局等部门举办第八届中国创新创业大赛（广东·江门赛区）暨2019年江门市“科技杯”创新创业大赛（港澳台赛）和“乐业五邑”创业创新大赛，由3名香港大学生创办的广东天菜农业有限公司凭借其拥有自主知识产权的“鱼菜共生”和气雾栽培生产技术在“科技杯”创业大赛上获得“初创组一等奖、最具投融资价值奖以及最佳人气奖”3项大奖，获得40万元扶持资金。会同中共江门市委统战部、江海区人民政府等落实香港特区民政事务局到江门市考察第二批“粤港青年创新创业基地”遴选工作。推动市人社局制定《关于支持港澳居民到江门就业创业的若干措施》在相关领域落实，搭建台港澳青年创新创业舞台。澳门中联办台湾事务部、广东省人民政府港澳事务办公室支持和指导，由澳门澳台青年交流促进会、澳门江门青年会牵线，首次组织12名台湾大学生到江门开展暑期体验实习，深入了解江门的经济社会发展和历史文化情况。通过承办“青年与社会文化司谭俊荣司长真情对话”活动、组队参加“粤港澳大湾区少年武状元大赛”“2019年粤港澳姊妹学校中华经典美文诵读比赛”、第四届“李锦记杯”粤港高中辩论赛、“香港中学生闪游大湾区计划”、香港青年江门实习计划等活动，为江台港澳青少年交流搭建更多平台，展示江门市改革开放取得的卓越成就。通过开展“青年同心圆”—江港、江澳青年交流活动，7月1—4日，“少年中国说”活动首次走出境外在澳门举办，江澳两地政府高层、澳门重要社团领导、国内知名专家学者、梁启超后人，以及澳门中小学生共计500人出席活动，50多家国内及境外主流媒体现场报道。活动包括“月是故乡明”华侨书信朗诵会、中华诗词大会、创客嘉年华、少年武术赛等，吸引广大粤港澳大湾区、港澳地区青少年和海外华裔新生代参与，为维护“一国两制”及澳门长治久安做出贡献，被专家认为是海外统战工作中“讲好中国故事，传播好中国声音”的一次全新尝试。接待港澳足球青少年夏令营35人，接待寻根之旅海外华裔青少年夏（冬）令营4批121人。《少年中国说》进澳门、国防教育训练营等品牌活动，加深港澳青少年对江门市历史文化、区位优势、产业布局的了解，增强港澳青少年爱国爱乡的家国情怀，激发他们关注大湾区、投身大湾区建设的热情。全年全市开展江港澳青少年交流活动57批3572人次，参加活动的港澳姊妹学校53所。

【因公赴台港澳办证管理】 2019年，江门市台港澳办公室严格执行中共中央、省委省政府和市委市政府因公赴台港澳的政策和纪律规定，完善审核制度和审批流程，提高因公赴港澳出访管理的质量和水平。全年，受理因公赴港澳申请1535批2165人次，因公赴台湾申请29批59人次。

（江门市台港澳办公室）

·责任编辑 叶丽妍·

民主党派·工商联

中国国民党革命委员会江门市委员会

【概况】 2019年，中国国民党革命委员会江门市委员会（简称“民革江门市委会”）共有基层组织24个，包括1个区委会、5个总支部、3个直属支部，发展新党员32名，调入1名，其中硕士以上学位党员2名、中高级职称党员4名、副科级党员1名。至2019年年末，有党员361名。

【思想建设】 2019年，民革江门市委会组织召开十二次委员扩大会议专题学习，安排班子成员、骨干成员参加中共江门市委统战部和党校、市政协、各支部组织的学习班。学习贯彻中共十九大和十九届二中、三中、四中全会精神，以中共中央有关文件精神为指导，践行“四新”“三好”要求（“四新”：多党合作要有“新气象”，思想共识要有“新提高”，履职尽责要有“新作为”，参政党要有“新面貌”。“三好”：各民主党派和无党派人士要做中国共产党的“好参谋、好帮手、好同事”。），夯实新时代多党合作的共同思想政治基础。结合“观故居，走多党合作之路”活动，开展“不忘合作初心，继续携手前进”主题教育活动，确保民革优良传统继续传承与多党合作事业薪火相传。基层组织联合举办“不忘初心，携手前进”主题联欢晚会；联合到英德市开展爱国主题教育活动；到雅怡社区开展社区共建活动；党员区卓彪、田雨青参演江门市庆祝中华人民共和国成立70周年大型交响合唱音乐会《我和我的祖国》；陈丽君、管侯斌、伍万鹏、赵志华参加中国国民党革命委员会广东省委员会（简称“民革省委会”）“同心共筑中国梦，携手奋进新时代”庆祝中华人民共和国成立70周年诗词朗诵比赛获三等奖。

【组织建设】 2019年9月，鹤山支部根据组织需要增补2名支部委员，10月，蓬江总支部根据组织需要增补4名总支部委员、补选2名副主委，补充2个基层组织的干部力量；10月，蓬江三支部、综合二支部、医卫二支部、职院支部、鹤山支部被民革广东省委会评为“2018年度示范支部”，蓬江三支部被民革广东省委会评为“2018年度创建示范支部先进集体”。陈桂梅等5位基层组织骨干被省委会评为“2018年度示范支部创建活动优秀党员”。11月底，综合二支部被民革中央授予“民革示范支部”荣誉称号。是年，组织新建的职院支部、新会区委会2个“民革党员之家”，总数达7家。10月，杜阮芝山花园民革党员之家、中山纪念堂民革党员之家被评为“2019年度广东优秀民革党员之家”。11月底，杜阮芝山花园民革党员之家被民革中央授予“优秀民革党员之家”荣誉称号。

【参政议政】 2019年，民革江门市委会在各级人大与政协“两会”共提交提案、建议93份、社情民意22份。市委会参政议政工作获得历史性突破，《扎实推进乡村振兴工作》被列为江门市政协“一号提案”；《关于成立广东省戴爱莲职业艺术学院的提案》被列为市13个重点提案之一。在2019年的市政协大会上，《关于进一步完善大气污染防治的建议》《关于精准布局，把江门打造成粤港澳大湾区重要发展平台的建议》《关于发展江门大道经济带，助力我市经济提速发展的建议》等3份提案被市政协评为2018年度优秀提案，《关于扶持我市优质中小企业发展的建议》《关于加强扩建、新建学校管理工作的建议被评为》2份社情民意信息被评为2018年度优秀社情民意信息。

【民主监督】 2019年，民革江门市委会委员梁汉文当选广东省廉洁征兵监督员、雷惠强受聘为江门市监察委员会第一届特约监察员，学习制度规定，熟悉工作方法步骤，听取群众意见，及时报告违规违纪问题，自觉遵守各项规定，履行好党派的民主监督职能。

【宣传工作】 2019年，《江门民革》延用上年办刊形式，由教育支部、职院支部和鹤山支部分别承办《江门民革》采编工作，全年征集稿件142篇，编印3期，内容充实。通过“江门民革微信公众号”，实时推送信息，发布公告，使宣传工作更具实效。“民革e家”信息平台关注率达100%,上网阅读率90%以上。是年，民革江门市委会孙中山陈少白研究会前往五邑图书馆找寻陈少白先生资料，协助市委会出版《纪念陈少白诞辰150周年专刊》传承发扬先生爱国爱乡精神。

【社会服务】 2019年，民革江门市委会响应民革广东省委会扶贫工作要求，举全市民革党员之力倡议助力纳雍县新房乡解决垃圾运输困难，为购买垃圾运输车项目筹集15万元善款，打好精准脱贫攻坚战。市“两会”期间，提出《关于完善关爱、救助抗战老兵机制的建议》，得到中共江门市委、市政府领导的重视，交由市退役军人事务局主办，为每位抗战老兵争取到每人每月平均1000元的生活补贴。开展“伸出博爱之手—民革基层组织牵手困难群众”活动。1月，民革江门市委会发动广大党员为鹤山支部党员唐某患自闭症的女儿捐款，在短短一周时间收到捐款47280元，助唐某一家渡过难关。6月，综合总支部联合台湾慈济慈善基金会到恩平市牛江镇开展扶贫慰问活动；10月，民革江门市委会与江门市江海区礼乐街道共同举办社会治理研究与合作签约仪式暨礼乐街道助残助困社区治理“地图攻略战”活动。

（民革江门市委员会）

中国民主同盟江门市委员会

【概况】 中国民主同盟江门市委员会（简称“民盟江门市委会”）管辖民盟新会区委员会和民盟台山、开平、恩平3个县级市委员会。至2019年12月底，全市有基层组织64个，盟员1058人，有中级、高级职称的党员占80.43%，在职占党员65.69%，年度发展新盟员32人。

【思想建设】 2019年，民盟江门市委会深入学习习近平新时代中国特色社会主义思想，学习贯彻中共十九大和十九届二中、三中、四中全会精神，开展“不忘合作初心、继续携手前进”主题教育活动，加强思想政治引领。召开主委会议、委员会议，开展集中学习，具体部署全市各级民盟组织开展主题教育活动。在广东省社会主义学院举办民盟江门市委会2019年盟务骨干培训班。组织部分班子成员、市委委员、基层支部班子成员赴苏州费孝通江村纪念馆及南京梅园纪念馆等地开展盟史传统教育轮训。

【组织建设】 2019年，民盟江门市委会获评为“民盟广东省委2018年度组织工作模范集体”，民盟江门市属一中支部、新会区一中支部、台山市培英中学支部、开平市电大理工支部、恩平市恩城中学支部获评为“民盟广东省委教育界别基层组织先进集体”。全年共发展新盟员32人，其中教育界19人，文化界2人，科技界2人，医药卫生界3人，新阶层人士4人，政府部门1人，民主党派机关1人。全市有基层组织64个，盟员1058人，平均年龄57岁，具中级、高级职称者占80.43%，在职占65.69%。民盟江门市委会与民盟崇左市总支部签订结对共建“友好民主党派基层组织”协议书，组织市直属女盟员赴深圳市“大潮起珠江改革开放展览馆”参观学习。是年，市直属一职支部届中改选，市直属文化支部、恩平市恩城中学支部先后建立“盟员之家”，全市有“盟员之家”6个。民盟江门市委会机关做好“双百工程”挂职干部的管理和培养，调入副科级干部1名。全年全市盟员获得各级各类奖项134人次，周令豪、陈汉君、雷良彬、沈慎、甘犁、许文华6位老盟员获中共中央、国务院、中央军委颁发“庆祝中华人民共和国成立70周年”纪念章。

【参政议政】 2019年，民盟江门市委会领导参加中共江门市委、市政府召开的党外人士情况通报会、党外人士座谈会等，就江门市产业发展、文化教育、医疗卫生、社会保障、人才建设等工作提出意见建议；是年“两会”期间，共提交各级政协提案58份与人大建议9份。其中，江门市级集体提案3份，盟员人大代表和政协委员分别提交建议7份、提案11份，反映社情民意信息12条，内容涵盖江门市经济、社会、文化、民生等领域；在政协江门市十三届三次会议上，民盟江门市委会作题为《关于尽快建立江门市3岁以下婴幼儿照护服务体系的建议》的大会发言，被列为2019年江门市政协重点提案，得到中共江门市委市政府重视，市长亲自带队对提案调研督办。提案《关于加大对智能装备制造业扶持的建议》获评为江门市政协2018年度“优秀提案”。是年，民盟江门市委会共开展7项专题调研工作，向民盟省委会、市政协、中共江门市委统战部报送信息104篇次。

【民主监督】 民盟江门市委会领导参加中共江门市委、市政府召开的党外人士情况通报会、党外人士座谈会等会议，就我市产业发展、文化教育、医疗卫生、社会保障、人才建设等方面的工作提出意见建议。盟员特约人员以严谨的态度和科学的方法履行职责，在加强行风评议、推进廉政建设中发挥作用。

【宣传工作】 2019年，民盟江门市委会利用微信公众号和《江门盟讯》等宣传平台和阵地，深入报道重点调研、重要建言、重大活动和盟员学习成果。全年微信公众号共发布信息44条，编印《江门盟讯》4期。12月，民盟江门市委会获民盟中央《群言》杂志社评为“优秀发行单位奖”。

【社会服务】 2019年，民盟江门市委会发挥盟员的界别优势，推动社会服务工作，开展较大型社会服务活动15次。

送文化到基层书画挥毫系列活动 2019年1月24—25日，民盟江门市委会组织民盟江门书画院书画家分赴江门市妇幼保健院、鹤山市古劳镇开展送文化到基层书画挥毫活动，现场为群众免费送出春联300副；12月30日，助力江门市红十字会开展书画挥毫活动。

“同心助学”活动 2019年6月12—15日，民盟江门市委会与江门市第一职业高级中学（简称“江门一职中学”）领导赴贵州省毕节市，落实对七星关区职校的三年帮扶工作；11月13-16日，协助七星关区中等职业学校6名校长、教师到江门一职中学跟岗培训。

送文艺送文化下乡活动 2019年5月1日，民盟江门市委会开展送文艺送文化下乡活动，助力第二届古劳水乡“荷香一夏”欢乐节，为当地群众送上一场文化盛宴。

盟员书画作品展 2019年7月19—26日，民盟江门市委会举办“同心共前行建功新时代——纪念人民政协成立70周年盟员书画作品展·鹤山巡展”；8月20—27日，举办“同心共前行建功新时代——纪念人民政协成立70周年江门市盟员书画作品展”。

朗诵会 2019年8月20日，民盟江门市委会举办“同心共前行建功新时代——纪念中华人民共和国建国70周年朗诵会”。

“农村教育烛光行动” 2019年10月至12月，民盟江门市委会与民盟开平市委会联合开展“农村教育烛光行动”，每月选派3名教师到开平市第二中学支教。

义诊送温暖活动 2019年12月23日，民盟江门市委会组织盟员医疗专家赴鹤山市宅梧镇开展义诊送温暖活动，助力江门市红十字会“博爱送万家”活动。

参加高层次文艺演出 2019年9月26日晚，由中共江门市委宣传部主办、江门市文学艺术界联合会承办的“盛世欢歌致敬祖国”——江门市庆祝中华人民共和国成立70周年文艺晚会在江门市演艺中心隆重举行，文艺界盟员承担并参与台前幕后工作。12月5日晚，助力江门市红十字会举办“关爱生命，情满侨都”纪念2019年世界志愿者日活动演出。

（赵兰芳）

2019年5月1日，民盟江门市委会送文艺文化下乡助力古劳“荷香一夏”欢乐节
（民盟江门市委会 供）

中国民主建国会江门市委员会

【概况】 2019年，中国民主建国会江门市委员会（简称民建江门市委会）共有基层组织23个，包括2个区县级基层委员会、2个总支部、10个市直属支部。至2019年年底，有会员479人，其中市直属389人，新会98人，开平92人，会员平均年龄54岁，经济界人士361人，占75.4%。

【思想建设】 2019年，民建江门市委会以学习贯彻习近平新时代中国特色社会主义思想和中共十九大精神为核心，与学习贯彻习近平总书记重要讲话精神和各级重要会议精神结合起来，把加强政治理论学习摆在首位，作为工作的重中之重；举办专题辅导报告会2次、学习培训16次，组织市委委员、基层组织负责人、骨干会员、新会员、机关干部435人次参加学习。贯彻落实民建中央和民建广东省委会部署要求，深入开展“不忘合作初心，继续携手前进”主题教育活动，制定具体实施方案，召开动员部署会议1次、中心组学习会议1次、领导班子民主生活会1次、委员（扩大）会议4次、机关双周会4次、支部专题学习会议18次；与各项会务工作相结合，举办“庆祝新中国成立70周年系列主题知识竞赛”、召开“庆祝新中国成立70周年文艺座谈会”、组织前往广州爱国主义教育基地参观学习，丰富主题教育活动。提交报送理论研究文章4篇、主题征文17篇，其中，在民建中央第四届“工匠精神与职业教育”课题研讨活动中，谭佩兴撰写的《以工匠精神引领粤港澳大湾区的创新发展开平新机遇湾区新地标》和郭梦诗撰写的《关于将工匠精神和双创型人才培养相结合的创新发展研究》同时获二等奖。

【组织建设】 2019年，民建江门市委会发展新会员25人，平均年龄38.7岁，其中，经济界人士20人，本科以上学历18人。4月，联合民进江门市委会、农工党江门市委会在广西南宁举办参政议政及乡村振兴专题培训班。6月，组织领导班子和骨干会员赴陕西延安开展“不忘合作初心，继续携手前进”主题教育培训。7月16日，依托会员企业挂牌成立“会员之家”，成为全省民建首批挂牌成立的“会员之家”之一，打造会史教育的重要载体。9月11日，发挥会员中文化艺术资源丰富的特色优势，挂牌成立“文化艺术院”，搭建会员活动交流新平台。10月，在中共江门市委党校举办2019年新会员培训班，全市40名近3年入会的新会员参加培训。

【参政议政】 2019年，民建江门市委会领导班子参与中共江门市委召开的党外人士情况通报会和党外人士暑期调研协商座谈会，与市委主要领导协商议政，就村级工业园建设和传统制造业企业升级换代等问题提出意见和建议。围绕中共广东省委“1+1+9”和江门市委“1+1+5”工作部署，专题开展“加快智能制造步伐，促进经济高质量发展”和“推动农村产业振兴”两个重点调研。联合省民建直综合七支部向民建广东省委会报送课题《发展特色产业对乡村振兴的启示以新会陈皮产业为例》，以最高票数中标2019年度参政议政招标课题，最终形成的调研报告通过专家组验收，获评为优秀课题报告。在

2019年各级人大和政协“两会”期间，民建江门市委会提交县级以上人大建议14件，县级以上政协提案65件，聚焦加快融入粤港澳大湾区建设、做强做大民营经济、实现经济高质量发展等重点工作和关系群众切身利益的教育、医疗、交通、环境等热点民生问题。在市政协十三届三次会议上，民建江门市委会提交的《抢抓粤港澳大湾区发展机遇构建现代物流产业新格局》被列为重点提案；《支持上市公司做强做大，发挥核心企业引领作用》《创建摩托车产业基础研发平台，推动我市摩托车产业转型升级》《关于推进农产品质量安全体系的建议》获评为优秀提案；《关于高标准提升我市城市品质的调研报告》获评为优秀调研报告；《关于进一步加强市政工程建设管理的建议》、《关于加强扩建、新建学校管理工作的建议》获评为市政协优秀社情民意信息。在广东省政协十二届二次会议上，由向佐春撰写并转化为民建省委会集体提案的《关于加快推进粤东西北六市新建本科高校进程，破解广东区域发展不平衡瓶颈的提案》获评为优秀提案。会员们围绕党委政府关注的重点问题和社会反映的热点、难点问题，反映社情民意信息48篇，其中，3篇被市政协采用，1篇被中共江门市委统战部采用。民建江门市委会被评为民建省委会2018年度参政议政工作先进集体二等奖，12名会员被评为民建省委会2018年度参政议政工作优秀个人。

【民主监督】 2019年，民建江门市委会各级人大代表、政协委员、特约人员积极参与相关活动，通过会议、调研、视察、提交提案建议和反映社情民意等方式，对政府管理、法治建设、社会民生等重要领域提出意见建议，充分发挥民主监督作用。潘德润副主委受聘为江门市监察委员会第一届特约监察员，助力我市纪检监察工作高质量发展；罗达全和吴德山受江门市政务服务数据管理局邀请，加入“为民服务解难题·政务服务无堵点”观察团，通过多次走访调研，监督推动我市政务服务改革。

【社会服务】 2019年，民建江门市委会响应民建中央和民建广东省委会号召，为脱贫攻坚贡献力量，在丰宁县、黔西县消费扶贫行动和阳西县帮扶活动中，投入公益慈善资金3.07万元。打造特色社会服务品牌，举办2期以弘扬梁启超家教家风为主题的“启超家风‘袋袋’传公益教育活动”，筹集会员捐赠资金3.27万元，向400个家庭发放家风袋。组织3名会员参加民建中央主办的“2019（第二十一届）中国风险投资论坛”、4名会员参加民建广东省委会、黔西县政府联合举办的贵州黔西县招商推介会，助力会员拓展商机。民建市委会被评为民建省委会2018年度社会服务工作先进集体二等奖，民建新会区委会被评为民建省委会2018年度社会服务工作先进集体三等奖，14名会员被评为民建省委会2018年度社会服务工作优秀个人。

【服务经济】 2019年，民建江门市委会的企业家会员在全年经济下行压力加大的形势下，稳增长、促就业，为江门市经济发展、科技创新、人才引进、招商引资增添动力。据不完全统计，会员企业本年度新增投资1.75亿元，实现产值28.28亿元，纳税1.39亿元，解决就业5700人，发明专利13项，获国家高新技术企业认定2家。

（民建江门市委员会）

2019年6月5日，民建江门市委会举办“不忘合作初心，继续携手前进”——庆祝新中国成立70周年系列主题知识竞赛
（民建江门市委会 供）

中国民主促进会江门市委员会

【概况】 截至2019年年底，中国民主促进会江门市委员会（简称“民进江门市委会”）有会员533名，年内发展新会员22人，高中级职称占70%，其中主要界别—教育界会员占65%，保持主界别特色；下设新会区委会，3个基层委员会（蓬江、江海和台山）、1个总支部（职院总支部），支部34个，成立鹤山市小组。

【思想建设】 2019年，民进江门市委会围绕民进中央基层组织建设主题年的工作要求，坚持以党为师，开展“不忘合作初心继续携手前进”主题教育活动，全力落实民进省委会和中共江门市十三届十次全会的各项工作部署，深入学习贯彻十九大精神和习近平总书记系列重要讲话精神。开展民进江门市委会成立35周年等系列主题活动。举办（参加）较大型宣讲会2场、培训5次、会议18次、征文2次、书画展览1次，参加各类学习、培训的会员约500人次。民进新会区委会、江海区基层委员会和企联会等各基层组织开展各具特色的组织活动。以修缮和充实雷洁琼祖居内涵为抓手，打造民进优良传统传承基地，推动“会员之家”建设取得新成效，完善网站、公众号（服务号）、市机关宣传栏的编辑工作，加强对多个微信群、QQ群的管理工作，加强对基层组织宣传工作的指导，完善机关文书档案数字化，引入OA系统管理，提升工作效率和社会影响力；加强会内宣传骨干队伍建设，基层组织撰写反映支部活动稿件数量和质量比上年有所提高。

【组织建设】 2019年，民进江门市委会完善定期学习制度，不定期召开主委会议和市委委员会议，加强领导班子成员联系各基层组织制度，成立参工处和宣工处，优化调整人员。加强后备干部队伍建设。就组织健康发展、后备干部培养等事宜，多次到中共各区委统战部及部分会员所在单位的党组织进行协商，并推荐优秀会员担任蓬江区、江海区政协委员；各基层组织的活力和凝聚力比上年提升，支部生活形式多样。组织会员骨干到内蒙古通辽、南宁、韶关等民进组织围绕参政议政、社会服务、组织建设等工作进行交流。青岛、柳州、汕头、湛江等地民进组织会员骨干到民进江门市委会进行交流会务工作心得体会。是年，民进江门市委会被评为民进全国组织建设先进基层组织。民进新会区委会、江海区基层委员会、新会区经济科技支部被评为“民进全国组织建设先进基层组织”，戴智刚、梁桥锋荣获“民进全国组织建设先进个人”称号。

【参政议政】 2019年，民进江门市委会向各级人大、政协提交建议提案55件；其中省政协5件，市人大4件，市政协16件，区（市）人大1件，区（市）政协29件，内容涉及教育、城市管理、医卫、环保等多领域；向中共江门市统战部和市政协提交社情民意和建言献策类信息15件。提交的《关于建立“智慧养老院”运作模式促进我省居家养老事业发展的提案》作为民进省委会的集体提案提交省政协大会。民进江门市委会的《主动对接广东滨海旅游公路建设，推动我市沿海乡村旅游产业发展》被选为江门市政协重点提案；民进江门市委会的提案《以建设全国陈皮交易中心为载体完善市场管理推进我市陈皮产业发展》被评为2019年度市政协优秀提案；《关于引导农民种植中草药，振兴五邑乡村的建议》被评为市政协优秀社情民意。各级民进的人大代表、政协委员围绕教育、城市管理、文化建设等领域积极建言献策。是年，组织开展建设大湾区华侨华人研学基地和优化提升政企通平台两项专题调研，撰写调研报告，向中共江门市委市政府建言献策。与市政协教科卫体委员会协作，深入一线开展调查研究，形成题为《规范我市小区配套幼儿园建设和管理》的报告，获得中共江门市委书记、市长批示。陆续开展工业园区建设、城市管理、教育等方面专题调研。履行民主监督，民进江门市委会人大代表、政协委员、特约人员积极参加中共江门市委、市政府举办的各类会议、观摩考察等活动，提出意见和建议，对中共党委、政府、政协、法院、检察院等的工作进行监督。

【民主监督】 履行民主监督职能。我会人大代表、政协委员、特约人员积极参加市委、市政府举办的各类会议、观摩考察等活动，通过提出意见、批评、建议的方式，对党委、政府、政协、法院、检察院等的工作进行监督。如戴智刚认真履行江门市特约检察员的职责，关注青少年校园欺凌现象；黄伟方秘书长受政协委托担任公务员考试教官工作，对考试纪律进行监督等。

【社会服务】 2019年，民进江门市委会坚持定点扶持，长期跟踪，打造扶贫复明工程、支教助学、送医进社区等多个社会服务品牌，新会义工服务队、企联会义工服务队的建立推进市委会社会服务工作迈上新台阶；继续资助“民进社会服务实践基地”—江海区外海中路小学“开明书屋”，开展传统中医药知识、口腔保健知识和机器人知识带到校园，捐赠价值5000元的书籍；连续3年到开平大沙镇开展扶贫助学支教活动，共资助6名贫困学生助学款约3万元；开平市支部连续2年到龙胜学校开展扶贫助学活动，共资助12个贫困学生，捐赠学习用品一批约2000元。

（李志华）

中国农工民主党江门市委员会

【概况】 中国农工民主党江门市委员会（简称“农工党江门市委会”）辖农工党新会区委员会、农工党台山市委员会、农工党恩平市委员会和农工党鹤山市总支部委员会4个县级基层组织，23个江门市直属基层组织。

2019年有农工党党员921人，其中医卫界559人，占60.70%；文教界216人，占23.45%；其他146人，占15.85%，保持农工党以医卫界高中级知识分子为主的特色。全年新发展农工党党员25人，发展率2.8%。

【思想建设】 2019年，农工党江门市委会坚持以“不忘合作初心，继续携手前进”主题教育活动为工作统领，带领全市农工党党员学习贯彻习近平新时代中国特色社会主义思想和中共十九大精神，传承弘扬长期以来同中国共产党风雨同舟、休戚与共的优良传统，增强“四个意识”，坚定“四个自信”，做到“两个维护”。全市农工党组织共举办4期主题教育培训班，4场主题宣讲会，60场支部学习会，全市农工党员党均接受“不忘合作初心，继续携手前进”主题教育学习。

【组织建设】 2019年，农工党江门市委会严格按照审批程序做好新党员发展工作。加强基层组织建设，推动农工党江门市委会“党员之家”建设，落实基层支部定期召开组织生活会制度，指导恩平市委会完成领导班子重组工作。开展廉洁自律教育活动，组织开展20场农工党廉洁自律教育和廉洁自律预警提示活动，通过活动促使全市农工党员特别是“关键少数”党员增强纪律意识、红线意识，筑牢拒腐防变的思想防线。开展培训学习，提升党员履职能力，全年共组织开展参政议政、宣传等培训10场，培训300人次。强化机关作风建设，强化机关干部为农工党员服务的理念，健全机关各项制度，组织机关干部参加农工党省委会、中共江门市委统战部等各级培训班，提高机关干部业务能力。

【参政议政】 2019年，农工党江门市委会向各级人大和政协“两会”提交提案、建议案共71份，其中，在江门市政协会议上提交的集体和个人提案17份，重点围绕人民群众关注的“健康中国”和“美丽中国”主题展开。向农工党中央、农工党广东省委员会、中共江门市委统战部、江门市政协报送社情民意信息50份。围绕“医改”主题，农工党江门市委会与江门市政协教科文卫体专门委员会联合，重点做好“跟进江门市医保支付方式改革情况”“提升江门市基层医疗机构服务水平”等课题调研，撰写《加强紧密型县域医疗卫生共同体建设，提升我市基层医疗机构服务能力》《推进天沙河综合治理，提升城市品质的建议》等调研文章，供中共江门市委市政府决策参考。

【民主监督】 2019年，农工党江门市委会各级人大代表、政协委员、特约人员通过会议、调研、视察等方式参与民主监督活动，对政府管理、法治建设、社会民生等重要领域提出意见建议，发挥民主监督作用，如朱正君副主委是江门市人民检察院特约检察员，林伟玲秘书长是江门市人民检察院的人民监督员。

【社会服务】 2019年，农工党江门市委会推动全民卫生健康教育工作，全年在恩平市横陂镇9个村民委员会以及横陂中学举办10场健康知识讲座，发放健康知识宣传资料2000份。农工党江门市各级组织及成员参与义诊活动40场，受惠1万人。开展慈善公益活动，在“腾讯99”公益日组织全市农工党党员响应农工党中央、农工党广东省委会号召，参与“支持乡村医生培训”项目筹集活动，共捐赠善款9319.38元。

【宣传及学术理论研究】 2019年，农工党江门市委会继续以“江门农工”微信公众号为基地，坚持正面舆论导向，传播中国共产党各项方针政策，宣传农工党江门市委会各项工作，扩大农工党社会影响面。发挥理论与党史研究小组作用，发掘江门农工党历史，研究成果《新时期中国农工民主党协商民主的主要形式和成效》获农工党中央2019年理论征文三等奖。蓬江支部党员叶丽芳撰写的《传承弘扬五四精神，奉献耕耘三尺讲台》获得首届农工党青年提案及征文比赛优秀奖。专职干部张劲英撰写的《从共同纲领看民主党派法定地位的奠定》入选《2019年广东省农工党史研讨会论文集》。

（农工党江门市委员会）

中国致公党江门市委员会

【概况】 中国致公党江门市委员会（简称“致公党江门市委会”）成立于1985年5月。至2019年年底，共召开8次全体党员（代表）会议，辖开平市委员会、台山市委员会、新会区总支部、蓬江区总支部、江海区支部、鹤山市支部以及6个市直属支部。

【思想建设】 2019年，致公党江门市委会通过集中学习与自学相结合的形式，学习了习近平新时代中国特色社会主义思想和中共十九大精神，学习领会习近平总书记关于加强和改进统一战线工作的重要思想、关于多党合作的重要论述，紧跟学习习近平总书记最新重要讲话文章精神，跟进学习致公党中央、省委会相关会议精神和中共江门市委相关会议精神，开展“不忘合作初心，继续携手前进”主题教育活动,学习多党合作政策理论和优良传统、致公党历史和章程等。

【组织建设】 截至2019年年底，致公党江门市委会有基层组织27个，党员433人（含是年新党员22名），其中市直属232人（含蓬江、江海、新会、鹤山），台山120人，开平81人；党员平均年龄56.4岁，本届别特色人士占85%。党员任全国人大代表1人、省人大代表1人、市人大代表8人，任市政协委员14人；任县级市（区）人大代表6人，任县级市（区）政协委员30人；有3人被聘为市级“特约人员”。

【参政议政】 2019年人大和政协

"两会"期间，致公党江门市委会向各级人大、政协提交的议案、提案、建议共55件，提案《提炼五邑华侨精神，助推江门社会发展》在市政协大会发言；向市政协提供社情民意信息10件。开展"城市生活垃圾分类""登革热防控""区域协调发展""长者饭堂""禁毒教育"等专题调研。

【民主监督】 市委会领导共参加了6次党外人士专题协商会、座谈会，听取中共市委情况通报，并提出了有价值的意见、建议。我会各级人大代表、政协委员、特约人员参加各市（区）委、市（区）政府举办的各类会议、观摩考察、行风评议等活动，坦诚地发表意见和建议。伍岸明（特约检察员）、郑悦均（地税局特约监察员）、高飞（国税局特约监察员）等，能以认真负责的态度，积极参与各种督查活动，切实履行监督职责。

【社会宣传】 2019年，致公党江门市委会编辑出版《参政议政集（2018年卷）》，出版内部刊物《同舟报》2期，向致公党省委会、中共江门市委统战部提供信息80篇；在江海区礼乐街道开展"送医送药送法助学"活动。

【海外联谊】 2019年，致公党江门市委会通过多种方式保持联系，接待美国、加拿大、巴西等海外社团；推荐海外华侨参加江门市人大会议列席代表和政协列席委员；邀请华侨代表参加江门市华侨华人文化交流合作暨粤港澳青年文化创意发展大会；与其他社团在北京联合举办"70周年国庆'五邑之夜'"活动，参加"五侨"部门（人大侨工委、政协港澳台侨委、外侨局、侨联、致公党）举办的联席活动，参与市归国华侨联合会举办的侨务活动；协助海外华侨寻根问祖和回乡探亲。

【慈善公益】 2019年，致公党江门市委会组织党员参与蓬江区志愿服务直通车"便民利民暖心下基层"活动；协助党员开展法律援助、法律进校园活动，参与妇女维权活动；参加江门市义工联合会组织的各类义工活动。

（陈东辉）

九三学社江门市委员会

【概况】 2019年，九三学社江门市委员会（简称"九三学社江门市委会"）开展"不忘合作初心，继续携手前进"主题教育活动，加强社员队伍和基层组织的自身建设，提升整体素质。紧扣江门发展的中心问题，履行参政党职能，各项工作均有长足发展。整合资源，开展系列有特色的社会服务活动，社会效应较好。

【思想建设】 2019年年初，九三学社江门市委会组织班子成员和骨干社员参加统一战线各界人士学习粤港澳大湾区发展规划纲要宣讲会、民主党派代表人士培训班、统战干部培训班等；推进机关正规化建设。7月，九三学社中央机关建设交叉检查工作组莅临江门进行考核验收，九三学社江门市委会获得97.6分的优异成绩，荣获2019年度全国九三学社机关建设交叉检查优秀组织奖和九三学社广东省委会2019年机关建设先进集体。8月，按照九三学社中央和省委关于深入开展"不忘合作初心，继续携手前进"主题教育活动工作方案要求，及时制定工作方案，召开主题教育动员部署大会，将开展主题教育活动作为当前一项重要政治任务，确保主题教育活动有成效。各基层组织同步开展系列主题教育活动，学习效果明显；组织基层骨干赴江西九江参观学习许德珩先进事迹展览，向九三学社先贤致敬；召开专题民主生活会，征求市委会委员对九三学社江门市委会领导班子的工作意见及建议，提升九三学社江门市委会的履职能力和水平。继续依托《江门九三》刊物、微信公众号、微信群等平台，推送学习资讯和工作动态，针对主题教育活动，在微信公众号开设网络课堂，组织全体社员及时收看九三学社中央主办的"不忘合作初心，继续携手前进"主题教育活动专题政治辅导。全年编印《江门九三》刊物4期，微信公众号发布信息83条，并向九三学社省委会、市政协和中共江门市委统战部投稿75篇。

【组织建设】 2019年，九三学社江门市委会发展新社员12人，其中具高级职称5名、中级职称4名，博士2名、硕士5名。截至2019年年底，有社员总人数241人，平均年龄47岁。与深圳、珠海等6市九三学社市委会联合举办2019年新社员培训班；组织骨干社员赴珠海参加主题教育之粤港澳大湾区经济形势专题讲座；举办2019年信息员暨九三学社社史学习培训班；与阳江、汕头市的九三学社市委会联合举办机关能力建设培训班。江海基层委员会按照社员的界别和行业特色，将原来3个支社重新划分为农业科技支社、高新支社、职业教育支社和综合支社，并在9月和10月分别召开基层委员会全体会议和支社成立大会，增补选举基层委员会主委和4个支社的领导班子成员。11月，五邑大学支社和江门职业技术学院支社分别召开社员大会，选举产生新一届支社领导班子，完善组织架构。

【参政议政】 2019年人大和政协"两会"期间，九三学社江门市委会向各级人大提交建议案6件，向各级政协提交集体提案10件，个人提案9件。《关于持续推动企业自主创新,加快珠三角（江门）国家自主创新示范区建设的建议》获评为2018年江门市政协优秀提案，《关于集聚高端创新资源，打造粤港澳大湾区科技成果转化高地的建议》被列为2019年江门市政协重点提案。按照九三学社省委会2019年工作部署，征集2019年参政议政调研课题，收到课题申报24个，选定"促进科技型民营企业高质量发展""推进我市石墨烯产业发展"等作为九三学社江门市委会2019年的重点调研课题。其中，"促进科技型民营企业高质量发展”课题已形成调研报告提交中共江门市委决策参考；组织调研组赴黑龙江七台河开展石墨烯专题调研、赴广东南方职业学院了解江门市民办职业教育、赴台山调研江门市水产产业、赴英德调研乡村生态旅游等发展情况。提案《推进科技创新资源统筹配置机制改革的建议》代表江门市参加九三学社省委会2019年课题评审。

【民主监督】 2019年，九三学社江门市委会办公室主任李芳被江门市监委委员会聘任为第一届特约监督员。

【社员风采】 2019年，九三学社江门市委会王远胜、詹雪梅和孔刚当选2019年岭南名医；陈永航获得“中国成立70周年，广东设计70人表彰”；罗刚编导的舞蹈作品《传承》获广东省第五届少新儿舞蹈大赛铜奖、2019江门市群众艺术花会（少儿艺术）舞蹈专场金奖；戚文辉的论文《高产优质杂交水稻裕优美占的推广应用》获2018年度广东省农业技术推广奖三等奖；袁国良获评为江门市（三）级高层次人才；黎锡强获评为2019年江门市劳动模范和先进个人。

【宣传工作】 2019年，九三学社江门市委会继续依托江门九三微信公众号和《江门九三》杂志，学习贯彻中共中央重要文件和习近平总书记重要讲话精神，宣传九三学社江门市委会社内主要工作动态，年内在微信公众号上推送工作信息83条，组织编印《江门九三》4期。

【社会服务】 2019年，九三学社江门市委会农业产业服务创新联盟安排多名社员企业的专业技术人员到现场为农户解答栽培、病虫害防治、水生动物保健等农业生产技术问题，派送农业科技知识科普手册等。9月，组织社内水产专家赴台山斗山小道村，为安海农场进行现场把脉，为其申请江门市“家庭农场”；与江门市中心医院工会、中共江门市委统战部党员义工服务队在市中心医院联合举办“健康齐努力，福气带回家”—挥春送群众活动，九三学社江门书画院4位书画名家即席挥毫，为市民送去一副副春联；鹤山支社携手九三学社江门市委会志愿者服务队到社员企业举办应急救护知识专场培训，提高企业职工在突发事件中的自救互救能力。

（黄玉婷）

江门市工商业联合会

【概况】 2019年，江门市工商业联合会（简称“江门市工商联”）系统有各类商（协）会组织172个，会员26710人，实现73个乡镇（街道）商会全覆盖，会员总数稳居全省前列，获评2019年度“创新中国”地市级工商联工作最佳案例，继2017年以来再次获得此项全国性殊荣。团体会员江门市江西商会被全国工商联评为“2019年民营企业调查点工作示范单位”，江门市浙江商会、江门市福建商会等获评为2019年广东省工商联系统“四好”商会。江海区、新会区、台山市、开平市、鹤山市工商联获评为2018—2019年度全国“五好”县级工商联。

【组织建设】 2019年，江门市工商联加强对基层工商联、商协会指导和服务，完成“五好”县级工商联的全覆盖、“四好”商会（“五好”工商联：领导班子好、会员发展好、商会建设好、作用发挥好、工作保障好；“四好”商会：班子建设好、团结教育好、服务发展好、自律规范好。）创建和巩固工作。召开全市工商联组织工作会议，举办江门—湛江工商联学习交流活动，完善会员数据库建设，加强对各市区、所属商协会数据库工作的督导和培训。指导所属商会开展人民调解工作，举办业务专题讲座，推进商会调解组织建设，提升协同社会治理水平；加强商会制度化规范化建设，每季度举办团体会员秘书处交流活动。创新搭建凝聚邑商力量载体，在北京举行全国五邑商界联盟启动仪式，拓展五邑异地商会的全国覆盖面。

【非公经济领域党建】 2019年，江门市工商联组织民营企业和商协会党务工作者赴汕尾、广州等地进行党史党建工作教育学习培训，延续“种子工程”、推行“星火燎原”计划，推动符合条件的商协会和企业成立党组织，非公经济领域党的组织和党的工作逐步从“有形覆盖”向“有效覆盖”达到“扩面提质”。《首创非公党建“种子工程” 力促民企发展共赢》获中华工商时报社“创新中国”评审委员会评为2019年度“创新中国”地市级工商联工作最佳案例。党建案例《播培红色种子，加强非公党建覆盖面》获得首届广东“两新”组织党建十佳创新案例奖。2019年8月22日，非公有制组织党建“种子工程”的工作经验在“中国共产党新闻网”刊登推广。

2019年12月30日，由全国工商联指导、中华工商时报社主办的以“制度中国：新中国新时代新民企”为主题的2019中国民营经济年会在北京举行。江门市工商联《首创非公党建“种子工程”力促民企发展共赢》获评为2019年度“创新中国”地市级工商联工作最佳案例，这是自2017年以来江门市工商联再次获得此项全国性殊荣

（市工商联　供）

【参政议政】 2019年，江门市工商联通过组织企业代表参加省人大开展的《中华人民共和国中小企业促进法》实施情况调研；通过中共江门市委党外人士座谈会、党外人士通报会等提出加强政企沟通、参与粤港澳大湾区、深圳先行示范区建设的意见建议；加强与政府部门沟通，对制定的“公共用水计划实施办法”等涉企政策措施做好征询企业意见的工作。深入调研融资难、融资贵问题，将《江门市中小企业反映融资难融资贵问题》调研成果转化为社情民意信息上报江门市领导及供市有关部门研究参考；组织部分人大代表、政协委员赴江苏徐州、扬州学习取经，拓宽参政建言的方式思路。凝聚企业家智慧，市工商联成员在市本级人大、政协提交建议、提案50份，提出的《关于推动民营企业参与乡村振兴战略的建议》被列为江门市领导重点督办提案，新会、台山提出优化营商环境支持民营经济健康发展的建议被列为江门市政协重点提案。全市两级工商联成员提出议案提案180件，10件获评为江门市重点或优秀议案提案，参政建言质量逐年提高。

【服务经济】 2019年，江门市工商联开展“下基层、进企业、优服务、促发展”暖企业工作，深入企业调研“中美贸易摩擦对民营企业影响”“民营企业防范化解风险”“民营企业运行状况”等专题。举办“送法进企业”法治与税务专场宣讲会、座谈会，与税务部门同进企业推动各项“减税降费”政策落地落实。举办“主席（会长）活动日”活动，刘毅市长、利为民常委及部门领导与企业家代表面对面交流，跟进协调解决企业普遍反映的28条意见建议。与中国人民银行江门市中心支行联合开展“访百万企业助实体经济”专项行动，在官方网站、微信公众号宣传减税降费政策、银行业金融机构主推的信贷产品等，为企业了解政策、融资提供便利。牵头筹建江门市侨资与民营投资股份有限公司，探索帮助民营企业解决“融资难、融资贵”途径。发挥市工商联与16个涉企业部门的“政一商一企”帮扶协调机制，深化与公安、检察、法院、税务、律师协会等单位协作，着力推进民营企业司法保障和权益保护，全年江门市工商联组织维护会员合法权益45起。

【湾区共建】 2019年，江门市工商联通过网站、微平台等渠道，加强宣传《粤港澳大湾区发展规划纲要》及相关信息，组织和举办系列《粤港澳大湾区发展规划纲要》宣讲会，为民营企业家提供了解纲要的渠道。举办江门、香港和澳门三地企业家交流会，邀请著名经济学家张立群为500位江港澳企业家代表解读《粤港澳大湾区发展规划纲要》，联合香港、澳门10家商协会建立“江港澳商协会共建粤港澳大湾区合作机制”，搭建湾区民间商会交流合作平台，携手共同发展。组织企业参加澳门国际环保展览、澳门国际贸易投资展览会，加强江门市企业与世界先进环保企业的交流合作。组团拜访澳门中华总商会、中欧国际工商协会、澳门专才发展学会等商社团，举办江港澳青年企业家交流活动，加强江澳两地工商界合作。组织江门市总商会足球队参与在香港举办的大湾区工商七人足球邀请赛，多形式增进粤港澳大湾区工商界的联系交流。

【慈善公益】 2019年，江门市工商联持续深化“百企扶百村”行动，助力乡村振兴。与中共江门市委农村工作办公室联合印发《关于进一步深化“百企扶百村”工作方案》，在帮扶系统全面铺开工商资本助力乡村振兴战略工作。全市共动员组织企业和商协会286家参与264个贫困村的结对帮扶工作，建立帮扶“项目库”276个，通过产业帮扶、就业帮扶、开办扶贫车间帮扶、助学帮扶、慈善帮扶等方式，共投入资金3500万元，惠及贫困村264个。发动和组织企业家参与江门市对口黑龙江七台河市的合作，江门市工商联党组书记庄春维带领15位企业家赴七台河市牵手两地项目对接。组织企业参加粤桂民营企业消费扶贫对接活动，参与对口广西崇左市扶贫工作。2019年，与崇左工商联联合开展“百企联百村”行动，副主席企业气派摩托、蓬江、江海、新会、鹤山等市（区）工商联企业陆续通过“扶贫车间”、结对帮扶、村企共建等方式，助力崇左市脱贫攻坚。

【教育培训】 2019年，江门市工商联组织党组中心组（扩大）学习5次，党组会议23次，用党的创新理论武装头脑、指导实践、推动工作。扎实开展“不忘初心、牢记使命”主题教育，把学习教育、调查研究、检视问题、整改落实做到位，结合工作实际推动主题教育真抓实做、高效开展、取得实效。开展非公有制经济人士理想信念教育实践活动，在厦门、苏州举办民营经济专题培训班、民营企业高级研修班，深化企业家世情、国情、政情认识，增强企业应对复杂国际经济形势的能力。新会区工商联继续刷亮“新商论道”“移动课堂”等商会学院品牌，助力提升企业家素质。全市工商联组织开展培训、讲座、政策宣讲95场次，7500人次参与。

（江门市工商联）

·责任编辑　叶丽妍·

社会团体

江门市总工会

【概况】 2019年，江门市各级工会以全面深化工会改革为主线，履职尽责，团结广大职工群众，围绕中心、服务大局，各项工作取得较大进展，市总工会2019年获广东省依法治省工作先进单位。

【职工建功立业引领】 学习贯彻习近平新时代中国特色社会主义思想，特别是学习贯彻习近平总书记关于工人阶级和工会工作重要论述，开展"不忘初心、牢记使命"主题教育，学习贯彻中央《粤港澳大湾区发展规划纲要》《关于支持深圳建设中国特色社会主义先行示范区的意见》，提高政治站位。通过中心组学习、"三会一课"，以及组织全市工会部分业务骨干赴厦门培训，组织各市（区）总工会干部赴佛山参观和加强产业工人队伍文化建设的经验，推动干部队伍的素质提升。坚持学用结合，报请市委、市府同意印发《江门市落实<新时期产业工人队伍建设改革实施方案>责任分工方案》；印发《贯彻落实<广东省总工会关于团结引领广大职工为推进粤港澳大湾区建设建功立业的决议>的实施方案》；开展"大学习、深调研、抓落实"，市总领导班子形成《关于我市工会基层组织建设的调研报告》等6份调研成果；开展各工种职工职业技能竞赛，涉及工种20多个、涵盖职工5万多人，创建劳模（职工人才）创新工作室；通过宣传劳模及杰出工匠事迹，开展劳模宣讲活动，结合庆祝国庆70周年开展"江门工会·我的70年"宣传活动，教育引导广大职工群众听党话、跟党走，并在粤港澳大湾区建设中建功立业。落实《粤港澳大湾区发展规划纲要》关于加强粤港澳劳工界联系的要求，做好港澳各界工会多批次代表团接待和组织职工代表队参加粤港澳大湾区职业技能竞赛、文艺会演；加强与香港工联会、澳门工联总会内地咨询中心合作；并将江门市就业的港澳职工纳入市劳模评选表彰范围。

【深化工会改革大抓基层】 创新工会组织机制和运行机制，健全各级总工会专兼挂领导体制及镇街工会设置。坚持依法治会，修订并实施人、财、物等一系列规章制度，坚持"三重一大"事项必经事前调研征求意见、党组集体讨论决策、事后绩效评价的程序，规范资金使用、采购，强化监督，增加服务针对性、普惠性及透明度；发挥党组的领导核心作用及班子成员遵章守规的示范作用。为激活基层工会组织，在全市各镇（街）打造面向基层为一线职工服务的"三支队伍"，其中社会化工会工作者171人、劳动争议义务调解员812人、工会义工及积极分子队伍4001人；健全风险排查和情报通报制度；推行对社会化工会工作者绩效管理及服务职工网格化管理，补足基层工会管理服务短板，确保劳动关系领域政治安全。加大资金向基层倾斜力度，税务代收工会经费返还基层工会比例由原来60%提高到70%，对25人以下小微企业暂缓收缴工会经费，推行工会经费预算绩效管理，开展重大项目的经费预算绩效评价，通过采购服务引入第三方对江门市总工会所属事业单位、职工社团和各级工会开展审计，推动经费使用效益最大化。

【工会服务方式创新】 推进"互联网＋工会"，江门智慧工会录入会员实名信息近51.8万人，激活会员账户24.6万多人，通过网上组织职工开展活动88项，并实现职工需求网上调查、培训、困难帮扶申请等业务线上办理，系统对接政府部门的公共服务项目24项，帮助390名职工申领就业补贴或技能培训补贴117万多元。建立多部门联动维权机制，搭建与法院、人社等10个部门维权、维稳联动机制及地、县、镇三级劳动争议诉、裁、调对接机制，召开总结推广劳动争议义务调解员队伍建设经验交流会；开设律师网上坐班法律专线服务、心理咨询热线服务；协同有关部门帮助382人次追讨欠薪，挽回损失232.6万元；通过开展春节"农民工平安返乡行动"和"暖流行动"，帮助累计12652人次。扩大困难职工帮扶服务的覆盖面，创新精准帮扶困难职工机制，摸清困难职工底数，建立特殊困难职工大病帮扶机制；慰问困难职工9019人次，发放救助金799.657万多元、发放子女助学金392.75万多元。扩大工会组织及其服务覆盖面，推广新会区睦洲镇工会深化"三个一批"经验；推动全市298家百人以上未建会企业中的275家建立工会，建立6个新业态人员行业工联会；截止年底，全市会员995850人，职工入会率达91.77%，全市独立基层工会委员会6171个，涵盖法人单位19858家，工会组建覆盖率达90%。

【劳模典范作用发挥】 开展评先评优，推荐评选"全国五一劳动奖章"1名、工人先锋号1个，省"五一劳动奖章"13名，省"五一劳动奖状"8个；评选表彰市劳模60人、先进集体30个。继续推动创建劳模和工匠人才创新工作室，全市共建创新工作室160家。利用工会新媒体加大对劳模、工匠宣传报道力度，市总建立新媒体工作室，在全省工会系统率先开通"江门工会"抖音号，新开今日头条政务号、西瓜视频号，抢占工会宣传舆论阵地；加强宣传策划和主题报道，扩大宣传效果，"江门工会"微信公众号粉丝数增加到8.3万人，增长492.9%，10月，在"广东工会系统微信公众号影响力Top20榜单"排名第三，在地市工会排名第二。关心关爱劳动模范，组织各级劳模132名参加全总、省总及市总组织的疗休养；组织350名全国、省级劳模体检；为退休劳模发放津贴约10万元；为困难劳模申请帮扶金约42万元。

（江门市总工会）

共青团江门市委员会

【概况】 2019年，中国共产主义青年团江门市委员会（简称共青团江门市委）坚持以习近平新时代中国特色社会主义思想为指导，切实按照市委和上级团委的工作部署，坚持围绕中心、服务大局，全面推进共青团改革攻坚，推进从严治团，各项工作取得新进展。

【乡村振兴】 2019年，共青团江门市委通过实施乡村青年就业促进行动，在贫困青年中培育一批“粤菜师傅”，促进青年技能就业、技能致富，助力乡村振兴。协助共青团广东省委举办为期40天的2019年广东青年“粤菜师傅”人才培训班，培训待业青年50多名，并举办现场招聘会推荐学员就业；制定“千（万）义工助千户”帮扶工作机制，开展节日慰问、爱心捐助、家居修缮等精准扶贫精准脱贫志愿服务367场次，参与活动志愿者1.2万人次，投入帮扶物资金额达189万元；依托社区（村）学雷锋志愿服务站，动员广大志愿者积极开展扫黑除恶宣传、文明乡风民风培育、协助农村“三清三拆三整治”等系列志愿服务活动590多场次，参与志愿者达8200多人次；举办育苗班、夏令营等活动，全年投入25万元为全市1000多名农村留守儿童、外来务工人员子女提供各类社会实践活动和特色培训课程；坚持开展“江门会亲”活动，筹集善款约10万元为100名低保家庭子女解决生活和学业困难；推动“展翅计划”就业促进行动延伸覆盖至乡村，发掘实习岗位2894个，首设“农村基层服务”专区，开发农村、乡镇基层公共服务实习岗位，为贫困青年搭建就业技能提升平台。

【团基层组织建设】 2019年，共青团江门市委开展习近平新时代中国特色社会主义思想宣传学习，重点学习宣传贯彻习近平总书记《在纪念五四运动100周年大会上的讲话》和《致中国少年先锋队建队70周年的贺信》。先后三次召开全市“命脉工程”工作推进会，结合“不忘初心、牢记使命”主题教育，开展“智慧团建”专项调研，了解掌握江门市“智慧团建”系统推广应用情况和存在问题，形成调研报告，研究解决办法；配强配齐工作力量，与市教育局联合推动全市中学落实团委书记干部待遇，通过中学共青团导师团说课带领等形式，不断提升学校团干部的综合素质，推动学校团建工作上新水平；争取市直机关工委的支持，将“智慧团建”纳入市直机关党建工作“插旗亮牌”考核项目，推动全市市直党组织关心支持共青团工作；借助各乡镇（街道）党校教育阵地资源优势，挂牌成立一批镇级“青年学习社”；执行发展团员细则的相关要求，规范入团程序，加强团前教育，切实增强团员先进性，提高团员发展质量。动员全市各级团组织、大中专院校、中小学校等组织，结合五四运动100周年、中华人民共和国建国70周年、少先队建队70周年等重大节点，举办祭奠英烈、参观红色教育基地、同升国旗、入团仪式、18岁成人礼、主题演讲、歌咏快闪等形式的爱国主义教育活动1000多场次，参与青少年达60多万人次；发挥党建带团建作用，对全市已建党“两新”组织、规模以上非公企业、青年集中的社会组织团建摸底排查，巩固已建的“两新”团组织的团建基础工作，挑选政治过硬的年轻党团员担任团组织书记，规范开展工作。

【青少年团员培训】 2019年，共青团江门市委分行线分领域组织学校、机关、金融系统、“两新”组织团干部开展专题培训学习，先后举办2019年江门共青团“不忘初心、牢记使命”主题教育专题培训班、江门市中学（中职）团委书记“不忘初心、牢记使命”主题教育业务能力专题培训班暨中学共青团名师工作室集体备课活动、珠中江三地少先队改革研讨交流活动暨少先队骨干辅导员培训班、江门市少先队干部培训班。选派66名团干参加2019年度广东省团干部教育培训主体班，加强团干部的思想教育和业务知识教育；全市各级团组织举办学习宣传贯彻习近平总书记在纪念五四运动100周年大会上的讲话精神和在庆祝中华人民共和国成立70周年大会上的讲话精神等活动超过700场次；结合“不忘初心、牢记使命”主题教育，市、县两级团委机关干部到基层团支部开展讲党团课160多场次；利用新媒体开展线上学习，创新开展打卡学“习”活动，利用微信、App等新媒体开展“奔跑吧·青年”关于习近平新时代中国特色社会主义思想知识网络竞答活动，覆盖团员青年13万多人次。

【青年创新创业】 2019年，共青团江门市委继续实施“银团合作”，为创业青年发放创业贴息贷款3589万元，推进青年创新创业；发动各市（区）团委、各机关单位团委参与“展翅计划”广东大学生就业创业能力提升行动，其中“党政机关”“事业单位”“大型企业”“基层一线”开发实习见习岗位2931个，完成率117.4%，签约532份；开展育苗小课堂、“邑乡青愿”等暑期大学生实践活动，促成用人单位和在校大学生对接，鼓励大学生在实(见)习中体验社会认识社会；承办2019年“创青春”广东青年文化和旅游创新创业大赛，并举办“创青春”文旅专项资本对接会、文旅产业（广东）发展论坛、大赛优质项目成果推介会暨2019开平市文化旅游展、青创训练营等活动。在第六届“创青春”中国青年创新创业大赛（互联网组）全国赛中，五邑大学获铜奖1项；在第十六届“挑战杯”全国大学生课外学术科技作品竞赛中，获三等奖1项；在第十五届“挑战杯”广东大学生课外学术科技作品竞赛中，五邑大学获特等奖1项，一等奖2项，二等奖2项，三等奖7项；江职院获“团体优胜杯”，并获特等奖2项、一等奖4项。五邑大学、江职院共获得广东省“攀登计划”大学生科技创新项目资助资金48万元。

【青少年成长服务】 2019年，共青团江门市委整合资金重点资助江门市新生代产业工人参加本、专科高等学历教育，吸引来自江门500多家厂企的1728名一线青年工人报考，报名人数创下历年新高。经过资格审核、公开考试、公示注册等环节，择优资助529名新生代产业工人圆“大学梦”；开展“青年文明号”“青少年维权岗”“青年岗位能手”等群众性精神文明创建活动。推荐7个单位参评2018—2019年度广东省青年文明号，评选出12个2018—2019年度江门市青年文明号，有7个参评单位获评2018—2019年度广东省“青少年维权岗”称号。

【青少年交流活动】 2019年，共青团江门市委利用青年资源和侨乡优势，参与实施“一带一路”倡议和粤港澳大湾区战略，深化海内外青少年交流合作。在北京、上海、湖北等6个省份筹建成立“邑青联盟”分部，给各地外出的五邑学子及优秀青年提供更多学习交流、合作发展的平台；组织市青联委员、青年企业家代表赴荷兰、比利时开展青年交流工作，拜访欧洲华侨华人青年联合总会等欧洲华侨青年社团，举办9场商贸推介会和青年企业家座谈会，与比利时华人青年联合会等8个侨团签订《友好协议书》，助力江门建设粤港澳大湾区华侨华人文化交流合作重要平台；继续打造“青年同心圆”项目品牌，推进江港澳青少年交流。举办“我和我的祖国”庆祝中华人民共和国成立70周年暨粤港澳大湾区青年节——“大湾区大型考察团”“祝福香港、点赞祖国”等交流活动25场次，吸引江港澳三地2300多名青少年参与，拓展江港澳三地在青年教育、文化、社会组织发展、志愿服务、创业就业、实习见习等领域的沟通合作，推动三地地青少年交往交流、交心交融；整合市青少年事务社工、律师等专业社会力量，筹集资金超过10万元，建立江门市首家粤港澳大湾区“青年家园”综合服务阵地——启迪之星（江门）青年家园，针对大湾区个城市来江门及江门市拟移居港澳的青少年群体提供个性化服务，为湾区青年人才在江门实习、就业、求学、创业创造便利条件；通过问卷调查与实地访谈相结合的方式，先后赴10家港澳青年相对集中的机构开展调研，形成调研报告，为港澳青年在江门发展创造更加便利的条件和环境。

【志愿服务】 2019年,江门市新增志愿服务队伍587个，队伍总数达5600多个。新增注册志愿者1.3万多名，志愿者总数38.4万名。新增志愿服务数293.85万小时，总时长1503.3万小时。活动场次多达22.7万场次，志愿者参与率达84%，为江门全国文明城市和“爱心之城”建设打下坚实的基础。成立传承优秀传统文化志愿服务总队，设立江门市传承中华优秀传统文化志愿服务站，依托市非物质文化遗产展厅，开展不可移动文物巡查和非遗展厅讲解活动开展专业服务30多场次，服务时间达1700多小时。众心救队、应急救援队等多次参与救灾、演练及大型赛会活动。法律、医疗等专业队伍蓬勃发展，广泛开展进社区、企业、学校、机关志愿服务活动；联合市义工联直属服务总队培训队，建立志愿服务团队内训讲师机制，培育10名初级志愿服务理念讲师。组织全市40名志愿者领袖到广州志愿者学院参与2019年度江门市义工领袖训练营培训。启动“FVL”——江门市义工未来领袖种子培育计划。截至年底，开展培训2743场次，培训人次达15.7万人次，培训时长达24.4万小时；接待黑龙江大同市、广西贵港市等地的合作交流，派员参加澳门、珠海、东莞等地志愿服务论坛，派遣师资到贵港市开展培训，提供跨地域支持。与江门市社工协会合作开展青年交友联谊活动，打造“公益+交友”志愿服务新亮点；依托新时代文明实践中心建设，打造100支“百佳志愿服务团队”，打造新时代的“文化大餐”“爱心礼包”“便民方阵”。全市举办三次文明实践“百佳”志愿服务团队下基层活动，遍及三区四市，有100多支志愿服务队3000多名志愿者参加；在第34个国际志愿者日宣布推出电子支付系统，建立公益联盟商城平台，开通项目众筹与公益捐赠。发布志愿服务一体机，实现志愿服务迈进“互联网+”时代，推动江门市志愿服务事业持续发展。

【青少年权益维护】 2019年，共青团江门市委与7家青少年事务社工机构或专业社会组织合作，围绕五类重点青少年、社区矫正青少年、附条件不起诉未成年人、涉毒人员未成年人子女等，开展思想教育、法治教育、心理辅导等工作，帮扶各类特殊青少年115名，开展个案辅导1380多人次，开展小组团队活动110多场，帮助8名青少年复学复读、创业就业和技能培训，使他们重新融入家庭、学校、社会，有效降低犯罪率；用好“12355”江门青少年综合服务平台。“12355”服务热线总接听电话6000多通，开展个案辅导33个，为青少年提供免费心理面询110多人次，开展现场宣传服务活动21场，对14名青少年心理危机干预，挽救6名有严重自杀倾向的问题青少年；各级团组织联合禁毒办、教育等部门在全市开展青少年禁毒宣教活动累计323场，直接向23万多名学生普及识毒、拒毒、防毒知识。5月，共青团江门市委宣传部获评“2018年度江门市全民禁毒工程先进集体”。

（共青团江门市委）

江门市妇女联合会

【概况】 2019年，江门市妇女联合会（以下简称江门市妇联）围绕中心，以联系和服务妇女为己任，在思想政治引领、服务发展大局、维护妇女权益、家庭文明建设、巾帼关爱帮扶和妇联组织改革六大方面都实现新发展，圆满完成市委、省妇联交办的任务，顺利召开江门市妇女第十四次代表大会。

【江门市妇女第十四次代表大会】 2019年11月12—13日，江门市妇女第十四次代表大会在市委党校召开，大会全面总结五年来全市妇女事业和妇联工作取得的新成就，深刻分析面临的新形势新任务，科学规划今后五年的奋斗目标。市妇联党组书记、主席林露华代表市妇联十三届执委会作工作报告。217名来自全市各行各业的优秀妇女代表参加会议。大会选举产生江门市妇联第十四届执委会委员和市妇联新一届领导班子，林露华当选江门市妇联第十四届主席，杨蕾、叶芳华当选为专职副主席，林彩娇当选为挂职副主席，陈玉华、高慧嫦、蒋青当选为兼职副主席，吕嘉琪等六名同志当选为江门市妇联第十四届常务委员。

【妇女儿童发展规划实施】 2019年，江门市妇儿工委持续推动全市妇女儿童事业持续健康发展。加大男女平等基本国策宣传力度，推动国策教育纳入市委党校主体班课程，促进性别平等意识纳入决策主流。推动妇女参与决策和管理，先后推动市委组织部出台女干部队伍建设问题清单及责任分工安排，中青年女干部培训班纳入《关于推进江门市干部教育培训工作实施意见》，连续两年与市委组织部联合举办全市农村妇女干部参与基层治理工作培训班。开展中小学性别平等教育工作，召开全市性别平等教育工作会议，组织开展学习交流活动，举办专题培训班，开展立项课题申报及论文征集工作。推动农村妇女“两癌”免费检查项目纳入市十件民生实事工作任务，年内为10.82万人次妇女开展“两癌”免费检查。截至2019年底，对比江门市妇女儿童发展规划127项可比量化指标，达标112项，达标率为88.19%。其中，对比江门市妇女发展规划81项可比量化指标，达标70项，达标率为86.42%；对比江门市儿童发展规划46项可比量化指标，达标42项，达标率为91.30%。妇女儿童发展规划实施整体进展顺利，妇女儿童生存、发展、受保护和参与的权利得到保障。

【思想政治引领】 2019年，江门市各级妇联围绕“倾情礼赞新中国，巾帼奋进新时代”“巾帼心向党·礼赞新中国”主题，开展歌曲快闪、歌舞表演、巾帼大宣讲等形式多样的群众性宣传教育活动2760场，覆盖人群超200万人次。在“南粤女声”“江门女性”微信公众号上开展“巾帼心向党·礼赞新中国”网上接力展示活动，图文并茂地展示各市区各级妇女儿童之家开展宣教活动的成果，总阅读量超15万。“三八”妇女节期间，以“倾情礼赞新中国巾帼奋进新时代”为主题，举办庆“三八”暨十大“最美家庭”揭晓仪式，将党的十九大精神及习近平重要讲话精神、社会主义核心价值观等内容融入群众性活动的每一个环节，传播党的声音，弘扬时代主旋律。国庆节前夕，举办“巾帼心向党·礼赞新中国”江门市各界妇女庆祝中华人民共和国成立70周年文艺会演，全市各界450名妇女代表向祖国唱出心中的颂歌。推荐范罗岗小学魏紫晴老师参加省委宣传部和省妇联联合主办的“时代新人说——我和祖国共成长”演讲大赛“家国情怀”广东主题赛事获得铜奖；深化“巾帼建功”活动内涵，开展岗位练兵、技能攻关、科技创新等活动，引领各行各业妇女创新创优，全市创建34个省、市“巾帼文明岗”。全年开展妇女素质大课堂361场次。

【创业创新巾帼行动】 2019年，江门市各级妇联开展百名巾帼致富领头雁培育工程，组织交流学习131场次，培育321名巾帼致富带头人。姚红英、冯仪、李青云、庄润爱等4名巾帼致富带头人被评为广东百名“最美乡村女能手”，恩平市雪荘簕菜基地被评为第十批广东省巾帼创业示范基地；江门启迪之星科技企业孵化器有限公司被命名为第二批“省粤港澳大湾区（广东）妇女创新创业基地”。实施妇女创业小额担保贷款贴息项目，开展专题培训班、户外宣传、项目座谈会等活动，引导妇女群众了解项目政策、用好政策。着重加强与乡村振兴战略、农村普惠金融、巾帼精准扶贫等工作融合，提高项目综合社会效益。6月，接受省财厅的第三方评估检查，项目推进情况及实施成效受到专家组的点赞认可。全市为96名妇女发放贴息贷款1021.9万元，贴息58.44万元，其中省财政贴息44.24万元，县级财政配套贴息

14.2万元，辐射带动1000多名妇女创业就业。争取财政每年40万元的专项资金，为农村妇女开展免费职业技能培训工作。整合利用市妇女儿童活动中心、市巾帼职业培训学校、市妇女就业服务中心等平台和资源，开展“技能培训—职业鉴定—就业推荐”的一站式服务，是年开展育婴员、保育员、中式面点师等各类职业技能培训和公益培训38期，培训总人数1200多人次，全年安置妇女在家政领域从业数816人次。江门市被省妇联确定为广东省6个促进家政健康发展试点之一。开展全市首个妇婴护理“一试两证”技能鉴定服务，首批27名澳门学员到江门市妇女儿童活动中心参加专项考试。

【乡村振兴巾帼行动】 2019年，江门市妇联继续发挥鹤山市、新会区、台山市3个省、市级“乡村振兴巾帼行动”先行点的示范带动作用，在全市推广乡村振兴中“鹤城模式”“学启超家教传优良家风”“侨乡巧厨娘”等经验做法。“三八”妇女节期间，在省先行点鹤山市举行江门市乡村振兴巾帼行动推进活动，推广试点经验，部署本年度工作，乡村振兴巾帼行动在江门市全面铺开。为推进“家家幸福安康工程”在农村落地，指导开平市塘口镇开展“家越美粤幸福”美丽家园展示活动；恩平市西门社区的《共定环境卫生公约》成功申报省妇联“家越美粤幸福”美丽家园建设项目。各级妇联以实施乡村振兴巾帼行动为契机，由基层妇联干部、执委带头，通过发挥妇联组织、巾帼志愿队伍作用，开展“三个一”大清洁活动，打造乡村宜居环境。全市在实施乡村振兴巾帼行动中共组建巾帼志愿服务队1105支，31539名妇女参与志愿服务活动。

【妇女合法权益维护】 2019年，江门市妇联开展“三八”维权周、妇女“普法大讲堂”等妇女法治宣传，全年开展户外宣传活动700多场。举办“法治我践行巾帼建新功”法治宣传教育大讲堂，400多名妇女工作者和维权志愿者参加学习。制作“维”课堂12期，网络浏览量近11万次，吸引5000多人次参与线上互动。举办为期2天的“2019年江门市妇联系统维权工作者法律知识培训班”，各市（区）妇联分管主席、妇女维权干部及妇女维权志愿者代表60多人参加培训。深化平安家庭创建，开展“不让毒品进我家”禁毒宣传活动50余场，累计直接受惠人数达15000人次，间接受惠逾10万人次。以“平安江门，无毒之家”为题制作3个禁毒微视频，超过1000人次观看及阅读系列推送。受理重点家暴等个案43宗，开展个案跟进和咨询服务100多次。做好妇女信访服务。2019年，争取省、市财政支持127万元作为全市8个维权站的工作经费。市妇联领导干部定期到市维权站值班和检查督导50次。以“倾听妇女心声关护妇女权益”为主题开展主席接听“12338”妇女热线日活动，全市接听妇女热线和接待来访35宗。开展对各市（区）维权站的调研督导工作。完成市维权站搬迁工作。迎接省妇联和市政府对市维权站评估检查。据统计，全市维权站接待处理妇女群众信访2292宗，开展小组活动23期，户外宣传活动114多场，民生座谈会34场，宣传教育课65场。推进社会心理服务体系建设。在蓬江、新会、恩平三地设立“舒心驿站”，为47人次提供咨询服务，开展11期心理健康讲座。举办“关注心理健康构建和谐家园”妇女心理健康知识大讲堂，近400人参加会议。

【家庭文明建设】 2019年，江门市妇联联合市文明办召开2019年江门市家庭文明建设工作现场会，推进江门市家庭文明建设工作。制定《江门市“家家幸福安康工程”工作清单》，为下一阶段各项家庭工作开展指明方向。常态化开展寻找“最美家庭”活动，各级推选出1888户各类先进典型家庭。冯佑来家庭、梁丽珠家庭获得全国“最美家庭”荣誉称号；李同护家庭等5户家庭获得广东百户“最美家庭”荣誉称号；陈海勇、莫斯如家庭获得第十四届广东“优秀书香之家”荣誉称号。廖有根家庭等10户家庭获得江门市十大“最美家庭”荣誉称号，章跟宁家庭等20户家庭获得江门市优秀“最美家庭”荣誉称号。联合市文明办开展家庭文明建设示范点创建活动，命名蓬江区环市街道丰雅社区等10个点为市级示范点，江门市妇女儿童活动中心等5个点被命名为广东省家庭文明建设示范点。开展江门市家庭文明建设进基层宣传项目，依托江门市巾帼义工联谊会举办好家庭好家风巡讲巡展、家书家信征集、主题宣传教育、优秀家信家书分享会。举办第七届江门市“千人相亲会”，为近2000名男女青年提供公益交友平台和婚姻指导服务。

【家庭教育工作】 2019年，江门市妇联联合市文明办、市教育局举办江门市“坚定文化自信传承美好家风”家庭教育巡回报告会，邀请广州市党校教授葛彬在市直及各市（区）开展8场巡回演讲，全市3000多名干部群众受到教育。推进家庭教育大讲堂进社区进乡村民生项目，2019年全市基层妇联组织家庭教育大讲堂1468场次，受益家长群众53.7万多人次，发放宣传资料35.03万多份，并通过各级“网上妇联”传播家庭教育知识，扩大家长群众受教育面。加强镇、村级家庭教育讲师团建设，全市新组建镇（街）级讲师团34个，村（社区）级讲师团39个，讲师团成员546人；组织家庭教育骨干培训班（研讨会）78场次，培训2000多人次，为基层家庭教育指导服务提供师资人才支撑。开展以“爱阅读爱文明爱生活”为主题的江门市“书香飘万家”家庭亲子阅读活动，向全市家庭倡议“崇文尚学读书传家”。指导蒲公英儿童阅读服务中心等社会组织参加2019南国书香节江门分会场暨侨乡阅读文化节，为亲子家庭提供阅读指导。组织召开市妇联“书香飘万家”家庭亲子阅读指导推进会，各级妇联依托“妇女儿童之家（儿童友好社区）”、社区（村）家长学校开展家庭亲子阅读活动741场次，服务儿童及其家长3.2万多人次。组织“童心向党礼赞新中国”爱国主义教育系列活动。“六一”儿童节期间，全市各级妇联抓住庆祝新中国成立70周年的契机，开展主题鲜明、形式多样、寓教于乐的爱国主义宣传教育活动3000多场次，参加儿童及家长群众60多万人次。发动各级妇联参加2019年江门市优秀童谣征集活动，选送童谣32首，其中5首获得奖项。做好暑期关爱儿童服务工作，联合市红十字会开展8场“家家幸福安康—儿童安全你我守护”社区（乡村）行活动，全市各级妇联开展儿童安全教育公益活动150多场，1万多名儿童及其家长接受教育；编印《儿童安全知识手册》1万册向基层儿童家庭派发。全市新创建16个江门市“儿童友好社区（村）”示范点，江海区江南街道仁美社区、新会区睦洲镇南安村、台山市水步镇乔庆村、开平市长沙街道南岛社区、鹤山市址山镇兴业社区5个社区（村）被评为广东省“儿童友好示范社区（村）”。

【困难妇女儿童帮扶】 2019年，江门市妇联围绕江门市精准扶贫精准脱贫工作要求，推进妇女精准扶贫三年攻坚实施方案，把农村困难群众挂在心间。举办江门市妇联启动2019年“关爱母亲•温暖儿童”新春慰问送温暖活动，全市各级妇联探访慰问困难妇女儿童家庭1856户，发放各类慰问金、慰问品130多万元。全年拉动社会资金20.9万元救助40名两癌和重大疾病贫困妇女；招募“爱心父母”40多个集体和1394名个人，帮扶困境儿童2742人次，筹集资金179.18万元；提供24万元市级财政资金援建（修葺）13户单亲特困母亲安居房援建；实施“贫困母亲心灵关怀”项目等，受惠妇女儿童2000多人次；“三八”妇女节，启动江门市“关爱她”女性安康保险项目，连续三年为全市低保妇女赠送年度保额为25000元的“两癌”保险。

【妇联基层组织建设】 2019年，江门市妇联召开“四新”领域妇联组织建设工作推进会，新建“四新”领域妇联组织104个。健全妇女代表常任制、直接联系服务妇女群众长效机制等，完善新的市妇女代表常任制工作室。联合市税务局举办“税企巾帼携手行减税降费送春风”女企业家专场政策分享会。推进“妇女儿童之家”建设工作，新创建22个江门市第七批“妇女儿童之家”示范点，24个广东省第三期“妇女之家”示范点，顺利通过省财政厅评价组与省妇联的绩效评价抽检工作。开展江门市妇联第三届妇女儿童微公益项目创投活动，通过公开评审有6个项目获得8万元经费支持。加大对以市妇联为业务主管单位的社会组织财务管理工作力度，举办社会组织财务管理专题培训暨交流座谈会。江门市五邑妇女海内外联谊会第五届会员大会选举产生新一届理事会成员。加强与港澳社团的交流，应邀出席由澳门妇女界贺双庆筹备委员会主办的“大湾区巾帼再建新功•融国家发展再创辉煌——妇幼发展成就展暨论坛”活动，市妇联党组书记、主席林露华做交流分享发言。澳门妇女联合总会一行到访江门，就大湾区建设下的妇女组织的发展与合作研讨和交流。

（江门市妇联）

江门市科学技术协会

【概况】 江门市科学技术协会（简称江门市科协）是江门地区科学技术工作者的群众组织，是中共江门市委领导下的人民团体，是党和政府联系科技工作者的桥梁和纽带，是发展科技事业的重要力量。江门市科学技术协会成立于1961年，至2019年12月，先后召开10次代表大会，现为第十届委员会，委员61人，常委33人。所属地方科协、市级学会、院校和厂企科协组织有47个，其中县级（市、区）科协7个，市级学会33个，院校科协2个，厂企科协8个。全市73个乡镇（街道办事处）设立科协组织机构，形成全市科协组织工作的三级网络，编有刊物《江门科协通讯》。

【基层科普】 2019年，江门市科协在全市范围内设有360处科普画廊和224个科普活动站（室），基本达到全覆盖；利用社区科普大学、中科院老科学家讲座等，建立科普讲座培训平台，全年举办科普讲座100多场次，惠及群众超3万人次；开展普惠性大型科普活动——“中国流动科技馆”展览，在新会区、江海区进行历时6个月的两场流巡展，吸引当地学生和民众近8万人次参观；结合纪念日开展科普进社区，联合农业、科技、卫生部门开展“三下乡”科普集市，开展“全国科普日”活动——首届科普嘉年华，服务群众近5万人次。

【科协公共服务】 2019年底，江门市建有23个市级科普教育基地和15个科普示范基地。其中，东湖公园、江海区长廊生态园和新会无限极三个单位在2019年被命名为“广东省科普教育基地”。江门市科协依托科普基地不断完善科普设施建设，开展丰富多彩的科普活动，全共面提升全市科普公共服务能力，调动社会资源投入到科普事业；江门市科协资助和指导科普基地积极完善科普设施建设和开展科普惠民活动，利用各种科普资源，着力提升科普公共服务能力，如：开平市青少年宫举办年开平市中小学生科普竞赛、新会（广东）桥梁博物馆开展桥梁科普系列活动，农村“稻田＋绿肥”生态种植、马冈鹅养殖技术等多个活动、推广项目，服务各阶段重点人群，科普助力乡村振兴。

【科创后备人才培养】 2019年，江门市科协举办四项省、市级科技竞赛，具体为江门市第二届青少年机器人竞赛、江门市青少年实践能力挑战赛、江门市第35届青少年科技创新大赛和第七届广东省人工智能机器人编程展示交流现场活动，参与师生超10万人次；江门市青少年科创后备人才不断涌现，罗逸琳同学获全国青少年科技创新大赛二等奖，钟灏松同学获广东省青少年科技创新大赛一等奖和英特尔国际科学与工程大奖赛三等奖；市科协指导各市（区）科协和各级科学教育特色学校，开展校园科技节等活动。如联合蓬江区冯如纪念中学举行2019年校园科技节暨开展青少年航空特色教育活动等。

2019年12月27—28日，第35届江门市青少年科技创新大赛暨第二届江港澳华裔青少年创客成果展在新会梁启超纪念中学实验区举行
（市科协　供）

【资源普惠民众】 2019年，江门市科协整合线上科普资源落地应用，利用“两微一端”平台，将“江门科普”“广东科普”“科普中国”等优质资源落地应用，精准推送到群众手里。“江门科普”微信公众号用户关注量达到3万多，各级科协推动科普中国落地应用e站建设工作，已建和在建科普e站达40多个，全年科普信息浏览量达9万人次；开展5场线上公民科学素质知识竞赛活动，答题人次达14万，利用“科普＋互联网”信息化渠道，扩宽科普的宣传渠道和受众面；开设每周“创新驱动、科普惠民”报刊栏目和每天“科普一分钟”电台栏目，全年刊登20期内容和播放65期电台节目，利用全媒体加强科普宣传，让全市老百姓随时随地都能接收到科普知识，增强群众的科普获得感。

【学术交流】 2019年，江门市科协支持60余项优质学术活动。鼓励市级学会（协会）举办各类学术交流会、专题报告会、技术研讨会等，达70多场。举办学术沙龙、讲座等50多场。重点支持专业人员继续教育培训班13场次。并组织各学会（协会）按照所属行业需求，举办各类培训班30多场，为科技人员专业提升搭建平台；江门市科协在系统内开展全国科技工作者日庆祝活动和广东省科协第十六届学术活动月活动；推动高校、学会合作，五邑大学科协、江门职院科协、医学会等十几个科技团体举办专业性学术活动38场次。

（李树新）

江门市社会科学联合会

【概况】 2019年，江门市社会科学联合会（以下简称江门市社科联）开展“不忘初心、牢记使命”主题教育，围绕新时代新使命新担当，团结广大社科工作者，闻鸡起舞、持续奋斗，全力为江门推动粤港澳大湾区建设、加快打造珠江西岸新增长极和沿海经济带上的江海门户，实现广东“四个走在全国全前列”、当好“两个重要窗口”作出社科界的积极贡献；是年，五邑炎黄文化研究会、江门市陈白沙思想研究会被授予“全国社科组织先进单位”荣誉称号；蔡勇、蔡俊彬两位同志获评“全国社科工作先进个人”。

【学术交流研讨】 *习近平新时代中国特色社会主义思想理论研讨* 2019年，江门市社科联围绕习近平总书记参加全国政协十三届二次会议文艺界社科界联组会议上重要讲话精神、粤港澳大湾区发展规划纲要、庆祝新中国成立70周年、中国共产党宣传工作条例及党的十九届四中全会精神等5个专题，组织江门分院所属社科研究机构负责人、部分研究人员和市有关社科专家学者170余人次召开理论研讨会。与会专家学者围绕会议主题，结合自身工作实际，畅谈学习体会，建议落实对策，撰写《坚持制度自信讲好中国故事》《激活江门文化资源做大做强主流思想舆论》《把全会精神融入日常宣传报道》《建立机制提高地方立法质量与效率》《用制度撑起海晏河清的政治生态》《改革是江门发展的关键抓手》《改革凝聚出的宝贵经验值得学习借鉴》《教育推动经济、社会、文化发展》《谱写侨乡“三农”新篇章》《透过数字看江门经济社会巨变》《为粤港澳大湾区建设贡献江门力量》等62篇理论学习文章，江门日报开辟5次专版刊登24篇学习文章、侨都新观察杂志连续5期刊登17篇理论文章、江门发布微信公众号专栏发布3次，在全市掀起学习贯彻习近平新时代中国特色社会主义思想新高潮，为推动习近平新时代中国特色社会主义思想在江门落地生根、开花结果。

《粤港澳大湾区发展规划纲要》学习交流 2019年3月19日，江门市社科联召开学习宣传贯彻《粤港澳大湾区发展规划纲要》座谈会，邀请市委党校、市人大常委会财经工委、市工业和信息化局、市统计局、五邑大学、江门职业技术学院等单位的专家学者，从文化、经济、旅游、交通、农业等角度对《粤港澳大湾区发展规划纲要》进行分析和探讨，并撰写《把握好大湾区建设机遇，推动江门高质量发展》《高筑台、广纳才、长安排》《做出粤港澳大湾区建设的江门贡献》《粤港澳大湾区发展的关键问题和江门的机遇》《建设国际一流湾区和世界级城市群也要念好“三农经》等理论文章。

纪念五四运动100周年座谈会 2019年4月21日，江门市社科联召开“梁启超与五四——纪念五四运动100周年座谈会”，邀请市人大、五邑大学、江门职业技术学院等单位10多名专家学者出席会议，就梁启超与五四运动为话题座谈。

未成年人思想道德建设理论研讨 2019年7月10日，江门市社科联召开江门市2019年度加强未成年人思想道德建设理论研讨会，印制论文集，针对江门当前未成年人思想道德建设工作中存在的问题提出对策和建议。

《中国共产党宣传工作条例》座谈会 2019年9月25日，江门市社科联召开学习贯彻《中国共产党宣传工作条例》座谈会，与会学者结合思想认识、工作实际和学习体会等展开研讨。

江门经济高质量发展理论研讨会 2019年11月6日，江门市社科联召开推动江门经济高质量发展理论研讨会。邀请省政协经济委员会主任、省社科院原院长王珺教授等专家作专题报告，印制《推动江门经济高质量发展理论研讨会论文集》。

【社科普及其宣传】 2019年4月27—28日，江门市社科联围绕“建设人文湾区•打造岭南儒城”主题，举办“2019年社科普及主题日活动暨文玩展览启动仪式”，开展社科团体义务咨询、文玩展览、古玩交流、省文物鉴赏专家免费鉴宝、非物质文化遗产现场技艺展示、书画家免费为市民挥毫、古琴表演等活动；编印6期《侨都新观察》杂志，面向市直单位、社科团体、各市区委宣传部、部分企事业单位等发放15000余册；精心打造百米社科普及长廊，喜迎祖国七十华诞。长廊主要包含“我和祖国共圆梦”“新时代新思想”“社会主义核心价值观”“粤港澳大湾区建设”“中国侨都”“岭南儒城”等多个版块内容；牵手会龙社区开展“普及社科知识传承侨乡文化”暑期亲子共建活动；联合江门职业技术学院（梁启超思想研究中心）、江门开放大学、江门市陈白沙中学、江门市职业技术教育学会等有关单位，面向社会群众举办《梁启超系列讲座“老照片里的故事”——讲述新会梁家不一样的精彩》《着力培育基层开放大学转型发展新动能》《白沙讲坛系列讲座》《中职语文教育对中职生职业生涯的影响及意义》等涉及理论宣传、传统文化、教育理念等各类型的社科讲座约10多场；创建“江门市收藏研究会会员活动中心”和“广东陈皮人家贸易公司——新会陈皮农业文化创意园”2个江门市人文社会科学普及基地。江门市的社科普及基地达到61个，其中，国家级基地1个，省级基地10个，市级基地50个。其中，五邑华侨博物馆被评为广东省首批社科普及示范基地。

【哲学社会科学规划】 2019年，江门市社科联完成市社科规划2019年课题立项及评审。对《江门市发展平衡性协调性研究》《荷塘沙龙的创造性转换与创新性发展》《江门职业教育现状调查及分析报告》《大湾区背景下江门市影视文化旅游产业发展研究》等87项事关江门经济社会发展和传统文化传承的课题立项；对《江门深度融入粤港澳大湾区建设研究》等88项课题结项；组织申报省社科规划课题，积极与省社科规划办沟通，该院协助申报的《全域旅游视角下“珠中江”旅游圈旅游产业创建粤港澳大湾区世界旅游示范区的对策研究》等4个课题获得广东省哲学社会科学规划立项；《追寻沉默的美国铁路华工——以中国近现代广东五邑侨乡文书为中心的探讨》论文获广东省第八届哲学社会科学论文成果奖二等奖，市委常委、宣传部部长周惠红作批示表示祝贺，勉励江门市社科界要在加强社科研究、多出学术成果方面继续努力。

【学会建设与管理】 2019年，江门市社科联加强报告制度，加强风险防控。为加强管理，依据有关规定，制订社科活动管理办法，办法要求各研究机构组织的活动或个人以研究机构名义参与的活动（论坛、讲座、研讨会、报告会、出版刊物等），必须提前15天以上报告，经审核同意后方可实施，为营造良好管理环境提供保障。

【省社科院江门分院】 2019年，江门市社科联加强对所属各研究机构的管理，两次组织各研究机构负责人学习《广东省社会科学院科研诚信管理办法〈试行〉》，并提出具体要求，强调所有研究人员要加强科研诚信建设，规范学术行为，确保在意识形态方面不出现任何问题，并与各研究机构签订安全协议；向省社科院积极申报的《江门融入粤港澳大湾区建设研究》课题获得省社科院立项；承担市有关部门委托课题，为发挥各研究机构的资源优势，鼓励引导承接江门市有关部门委托的《2019年江门社会经济若干问题研究》《开展经济运行形势研究工作》《江门市第四次经济普查系列课题研究》《江门市纳税便利度指数分析》《2019年市民质量满意度、服务业质量满意度及编制城市质量发展报告》《2019年江门经济社会若干问题研究》《江门市行政审批和政务服务改革调研》《2019年江门市直机关服务满意度测评》《2019年新会区直机关服务满意度测评》《江门市新会区经济普查数据开发研究》《“互联网＋旅游小镇”应用研究》《打造与弘扬“邑商精神”的建议》等课题20余项，6成研究成果得到转化，推动地方经济社会发展；力推优秀研究成果转化。向市领导呈送决策咨询报告10余份，其中《江门市营商环境便利度评估报告——基于珠三角九市的比较研究》获市委书记林应武和市政府相关领导的重要批示；《江门市住宅小区物业管理行业高质量发展调研报告》获林飞鸣副市长批示市住建局、城管局研究落实；《江门深度融入粤港澳大湾区建设研究》课题被市委办采用，以工作研究形式发全市各级各部门参考学习，并被省社科院采用，以经济决策参考的形式呈送省人大、省政协领导、省委办公厅、省政府办公厅、省委宣传部，为党委政府提供决策参考。《江门市“一网、一门、一次”落实情况调研报告》《江门市公务员激励制度及效果调研报告》等在江门市《江门调研》和《决策参考》上刊登，为市委市政府决策提供参考。所属各研究机构研究成果丰硕，出版《铁路华工的跨国生活：广东侨乡和北美铁路华工营的物质文化研究》《为何与如何：中国人移民美国的原因与方式（1871）》《中国侨乡研究期刊论文提要索引》《邑商文化史档案资料汇编》《江门五邑工商文化研究》等5本专著，全年发表经济类、社会类、文化类等论文30余篇，其中4篇发表在核心期刊。

（江门市社会科学联合会）

江门市文学艺术界联合会

【文艺组织建设】 2019年，江门市文学艺术界联合会（简称江门市文联）有一个事业单位——江门书法院、12个一级文艺家协会、七个市（区）文联、6个行业文联，所属协会有会员4775名。是年，江门市文联建立完善各级文联组织以及文艺家协会组织和基层文联组织建设，高度重视镇级文联组织建设，探索新的形式来推进基层文联的发展；充分发挥农村文化站、中小学校文艺人才的作用，使之成为乡镇文联组织建设的骨干力量；按照市委市政府“以文融城”的战略思路，推动各级文联组织、各级文艺家协会融合互动以及工作交流，推进全市“文联工作一盘棋”，努力构建“大文联格局”；根据各地文艺发展的基本状况，扶持各地文艺优势门类和薄弱环节的发展；高度重视市直各文艺家协会建设，从人员、经费、办公活动场地等方面保障各文艺家协会正常有序运作，加大对协会工作的经费保障；加强协会班子队伍建设，促进协会工作水平不断提升。

【文联党建】 2019年，江门市文联及各市(区)文联围绕“团结引领、联络协调、服务管理、自律维权”基本职能，团结引导广大党员、广大文艺工作者，贯彻落实《中共中央政治局关于加强和维护党中央集中统一领导的若干规定》等党内法规，坚持把“四个意识”“四个自信”“两个维护”的要求落实和体现到文艺工作行动上、思想上，同以习近平为核心党中央保持高度一致，不折不扣贯彻落实党中央决策部署，不折不扣贯彻上级党委工作要求，确保政令畅通，牢牢把握文艺工作正确方向。为加强文艺界意识形态安全，市文联出台《江门市文联关于防范化解文艺领域意识形态重大风险工作制度》《江门市文联意识形态工作分析研判制度》《江门市文联意识形态工作责任落实制度》等文件，明确各级文联、各文艺家协会领导班子及成员在意识形态管理方面的工作职责。广大文艺工作者均能保持高度警惕，做到头脑清醒、眼睛明亮、态度鲜明、行动自觉，保障文艺系统出版刊物、展演活动、公众号、网站等媒体的意识形态安全。

【文联系统改革】 2019年6月，江门市（区）文联全面完成机构改革，出台“三定”方案。改革后，各市（区）文联人员编制均加强，其中蓬江、新会、台山、开平、鹤山、恩平市文联达6名编制，江海区文联人员编制也有所增加；继蓬江区、开平市文联设立党组后，新会区、台山市、恩平市文联相继设立本级文联党组。为加强文艺界党的建设，制定印发《关于加强江门市文联下属各文艺家协会党建工作指导意见(试行)；由市文联领导带队到各文艺家协会开展大调研活动，全面掌握各文艺家协会在健全理事会、会员管理、日常运行等方面基本情况，推进文艺家协会法人治理能力。

【文艺创作与批评】 侨乡文学 熊育群描写开平赤坎的散文《双族之城》获得第十八届百花文学奖。谭月韶的电影剧本《河东河西》获华策克顿电视剧本创意大赛三等奖，获得30万奖金。张启雄的长篇小说《我的校园我的梦》，凤群的中短篇小说集《海上花》，开平作家张碧云的《水漾年华》、梁小恩的《碉楼怒汉》、黎仲穗的《远山的彩虹》以及台山作家《台山排球故事》《锦绣归程》《路过秋天的温柔》等书籍成功出版。为深度挖掘侨乡文化，开平市文联邀请全国著名散文作家前来赤坎古镇采风创作，一批佳作纷纷在国家级报刊发表：陈世旭的《流逝与永恒》在《人民日报》发表，杨庆祥的《赤坎，赤坎》在《青年文学》发表，叶梅的《赤坎的钟声》在《光明日报》发表等，该批散文将结集《赤坎古镇》出版。

舞台剧 2019年3月28—29日，大型原创话剧《大道无疆》在江门演艺中心成功首演，4月2—9日，在广州友谊剧院演出6场次。该剧由江门市委宣传部、江门市文联联合出品，是市委宣传部重点精品项目，由尹继红编剧、国家一级导演王佳纳执导、国家一级演员李仁义主演，场面恢宏，阵容强大，反响热烈。为扩大影响，推出以市剧协为主要演出阵容的《大道无疆》（校园版），走进江门职业技术学院、紫茶小学、江门中医学院、天鹅湾小学、新会尚雅小学等校园巡演。革命历史题材话剧《铁骨丹心林基路》、粤剧《梁启超之少年中国说》以及江海区倾力打造的五邑音画《侨都记忆》等大型舞台剧先后成功演出。

展览艺术 2019年，江门市书协史志伟的隶书、吴柱擎的行书和孙才球的刻字3幅作品入展全国第十二届书法篆刻展；市美协王飞宇的《端午·待赛》、王振帮《东方红》、林瑞华的《濠江之春》、汤洪贵的《家乡红树林》、郑中凯的《乡风·二月二》、罗艳渟的《封尘的岁月》共6幅作品入展第十三届全国美术作品展；市美协龚宝珍的《负重前行》，黄晓帆的《营生》，罗志群的《对话》，史维的《如果奇迹有颜色，那一定是中国红》《快乐的糖果世界》入展第27届全国摄影艺术展。市书协主席冯永胜潜心创作，以开平碉楼楹联为主题，举办“家风传承，百福迎春”个人书法作品展。

侨乡音乐 市音协、市合唱协会推出一批歌唱江门、歌唱侨乡原创音乐，广为传唱。歌曲《故乡月》获得广东省“五个一工程”优秀作品奖。庆祝国庆主题音乐ＭＶ《那红色的旗》《写给未来的诗篇》《旗杆》等在央视及各大音乐平台播出。梁向宁、黄玉娟创作的小学生毕业主题的歌曲《笑泪光》在中央电视台少儿频道展播。市音协副主席谭法宁创作的开平碉楼主题《碉楼春韵》音乐专辑于8月成功首发。孔雷、肖绍静、周德成、何锋等一批音乐人先后创作《相约碉楼》《春雨》《四十春华》《美丽乡村行》《姐姐的月亮》《乘风破浪》等。在国家级刊物《歌曲》刊登。市合唱协会的江门市女子合唱团在曼谷国际合唱节获得合唱最高奖、最佳指挥奖、最佳伴奏奖的荣誉。

戏剧曲艺 2019年，江门市江海区的《红船谣》《孤舟晚望》，新会区的《感怀故乡梦思归》《启超家风永相传》，开平市的《天露春早》《美丽家园齐呵护》《悬壶济世美名扬》等获得省级奖。戏剧艺术方面，邓荣宗的《天台上的星星》《妈妈爱吃啥》，黄樱枝的《歌唱二小放牛郎》在“2019年广东省群众艺术花会（少儿曲艺）”分别获得金、银、铜奖。11月10日，情景朗诵《可爱的中国》在省举办的“我爱你——新中国”经典名篇诵读比赛全省总决赛中获一等奖。

影视艺术 2019年，江门市影协的党建微电影《情满桥新》在“我与祖国共成长”牡丹亭影像盛典中获得全国大奖——最佳扶贫作品奖。崔少红《义路有你》获第四届美丽乡村国际微电影艺术节暨江门市第七届“金杜鹃”微电影大赛最佳编剧奖。唯登兔文化传媒有限公司制作江门本土首部科幻电影《鲸人》，受到社会各界广泛关注。

民间文艺　2019年，江门市民协张瑞亨的《茅龙花灯》获得广东省第七届花灯展银奖，《艺术茅龙笔》获中国(广东)民间工艺博览会银奖。林宇成的漆画《盼》，梁权英的《根雕》在2019年中国（广东）民间工艺博览会分别获银奖、铜奖。一批民间文艺新秀脱颖而出，张丽虹的《茅龙笔套装》、梁根祥的《恩州石雕》、冯玉云的《漆画》在第十一届广东省民间艺术精品展（青年专场）分别获银奖、铜奖。余惠云的《粤韵葵风》入展世界园艺博览会，并获得金奖。李泽添创作的《印度小叶紫檀寒雀图罗汉床》在中国红木家具作品大赛中获得银奖。

文艺评论　2019年4月4日，《大道无疆》专家研讨会在广州召开，来自北京和省内的戏剧专家、媒体人对该话剧展开热烈的讨论，评论家为舞台剧艺术的深化发展提出有益意见建议，4月24日在《中国艺术报》专版报道。市评协通过抓队伍、建阵地、搭平台，谢珊珊、郁勤、野松、宋雯等一批评论家创作一批有说服力的评论文章，助推文艺创作。谢珊珊的《初心存在于对信仰的追求中》《穿越时空的奋斗与初心》分别在《光明日报》《粤海风》发表，郁勤的《大数据时代“中国现当代文学史”课程研究与改革》在《文教资料》发表，野松的《印证时代的心灵史诗——郑小琼诗歌印象》在《粤海风》发表，宋雯的《20世纪90年代小说中的母亲形象及母子关系探析》《前方有一片灵魂的旷野——论谢有顺的文学批评》分别发表于《社会科学论坛》《当代作家评论》等期刊，五邑大学文学院编辑出版张启雄小说评论集《蜕变与超越》。

舞蹈艺术　2019年，江门市举办第二届“戴爱莲杯”人人跳全国群众舞蹈展演活动，收到来自全国26个省（自治区、直辖市）报名的119个展演节目，最终选出40支队伍前来展演。7月，承办2019粤港澳大湾区青少年艺术展演（芭蕾专场），来自大湾区11个优秀舞蹈节目前来展演。11月，承办2019年粤港澳大湾区文化艺术节舞蹈季——中国舞蹈优秀作品集萃展演，一批来自北京舞蹈学院、上海歌舞团、广东歌舞剧院等专业团队参加展演，可谓是舞蹈艺术界的年度盛会。市舞协的《禾雀花开》《五邑侨乡美》获第二届“戴爱莲杯”人人跳全国群众舞蹈展演“魅力之星”称号，《我爱夏天》获第十届“小荷风采”全国少儿舞蹈展演“小荷之星”称号。原创舞蹈《我爱芭蕾》入选中国舞蹈家协会2019年全国教学成果展演并获最高荣誉。

摄影写生　6月29日，首届粤港澳写生文化节在古井艺术部落启动，活动历时半年，举办“名师写生课堂”、现场写生活动、青少年写生夏令营活动、写生作品展览、粤港澳美术家联欢活动、“行摄江门”摄影活动以及纪念李铁夫诞辰150周年纪念活动等一系列活动。首届粤港澳写生文化节举办大小活动26次，其中，举办名师讲堂9次，写生活动17次，来自美国、韩国和中国香港、澳门等地区，来自北京、湖南、云南、福建等省市以及广东各地的画家、美术爱好者、大学院校、中小学师生等约2200人次到江门五邑各地写生创作。11月9日首届粤港澳写生文化节美术作品展在市美术馆举行，展出近150幅江门写生的优秀作品。11月29日，《中国艺术报》对尹继红主席专访，全面介绍江门市打造“写生文化城”有关情况。是年，市摄协联合中国摄影报举办“多彩江门”摄影作品征集活动，吸引海内外艺术家走进江门、关注江门，用镜头记录江门地区的发展变化。11月29日，《中国摄影报》专版登载《美在江门，厚度与温度》及20幅作品。建设艺术部落，推出文旅路线，打造写生、摄影平台。艺术改变乡村。近年来，经各方共同努力，新会古井艺术部落、台山南村艺术部落、大塘艺术驿站、鹤山古劳艺术部落、开平东仓教育基地等一批配套日益完备的艺术基地落成营业。打造江门老街区、新会风情、鹤山岭南水乡、开平碉楼与村落、台山洋楼滨海、恩平乡村风情等6条极具江门特色的写生摄影线路。6月，开平市与中国摄影报社共同主办“开平市文化旅游摄影艺术季暨首届沙飞摄影周”活动，70多位国内外摄影大咖云集开平，通过名作展览、名家讲座、主题研讨、摄影采风及全国摄影大赛等主题鲜明的文旅融合活动。分别在塘口粮仓和谭逢敬艺术院举办9个展览，展出近1000幅摄影作品，再现以沙飞为代表的广东红色摄影家抗战真实记录。12月27日，纪念李铁夫诞辰150周年系列活动暨鹤山铁夫美术馆启动仪式在鹤山市文化中心举行，纪念活动包括“向李铁夫致敬，见龙在田——寻找陈山村的故事”绘画活动、铁夫美术馆开馆仪式、铁夫作品展、铁夫艺术论坛等。

曲艺　2019年，台山、新会、开平迎来中曲协3年一次的“中国曲艺之乡”复评工作。新会区加大对曲艺社团的扶持力度，充分利用祠堂、文体广场、村居活动中心、文化室等基层公共资源，夯实曲艺阵地建设，民间曲艺社团蓬勃发展，新会全区53个曲艺社团、民间私伙局长期坚持在石戏台、怡园、广场、公园、人民会堂等演唱活动，形成一道亮丽纷呈的群众文化风景线。新会区获中曲协2018—2019年度“曲艺之乡标兵单位”称号。开平市连续16年坚持举办金秋曲艺敬老活动周，为广大城乡曲艺爱好者、市民奉献220多场精彩纷呈的“家乡节目”。台山市41个曲艺社团专场演出、送戏下乡近1000场次，用乡音凝聚人心。台山市举办“爱曲艺·爱台山”曲艺大赛，历时3个多月，吸引300多人参赛，参赛曲目72个。市曲协和各市区曲协、文艺义工服务队、全市200多个曲艺社团，组织惠民演出600多场次。

【文艺交流】 2019年，江门市曲协、市剧协、市影协等以各种文艺载体，参与2019年江门市委政法委扫黑除恶专项斗争，营造全民参与扫黑除恶专项斗争的浓厚氛围。是年，佛山、贺州、梧州、赣州等省内外文联来江门市开展调研、采风、展演交流，新会区《启超家风永相传》作为中曲协优秀作品受邀到四川省广安市参加第五届“岳池杯”中国曲艺之乡曲艺展演；精心办好《江门文艺》《江门作家》《江门美术》和“文艺江门”微信公众号及协会微信公众号等文艺交流媒体，加强文艺宣传，向全社会展示江门文艺家的创作成果。蓬江区文联以助力良溪古村建设，举办“乡村振兴，美丽良溪”摄影大赛和广东省良溪古村“罗贵奖”楹联书法大赛。台山文联与端芬镇政府合作，共同推进梅家大院等乡村文化品牌的打造。江海区文联举办首届儿童戏剧节、开平市文联开展“沙飞摄影周”、鹤山市文联开展纪念李铁夫诞辰150年周年系列活动等，有力地提升和助力当地经济社会和文化的繁荣发展。探索与企业合作，建立文艺奖励机制，开平市文联与企业家叶楚星先生联合设立“楚星书画艺术精品奖”，举办四届，有50人次获得奖励，发放奖金6万多元，是目前江门地区奖励奖金最高，奖励面最广的地方民间奖项。

【文艺队伍建设】 2019年，江门市各文艺家协会对会员资料进行一次全面摸底，建立会员管理档案。市直12个文艺家协会，在册会员4775名，其中国家级会员182人，省级会员1071人，市级会员3522人。一批文艺精英脱颖而出，2019年全市17人晋级国家级会员（市作协、书协、舞协、曲协各有1人，市民协2人，市音协、美协各3人，市摄协5人）。市民协主席、非遗项目白沙茅龙笔制作传承人张瑞亨被授予“广东省民间文化技艺大师”称号，这是五邑地区继廖惠林之后第二位广东省民间文化技艺大师；建立完善《市文联党组学习制度》和《市文联党员干部学习制度》，坚持每月1次党组政治理论学习以及每月一次党员干部学习。建立文艺家协会党员骨干政治理论学习制度，要求各文艺家协会理事会每年开展政治理论学习不少于2次。举办江门市文艺骨干培训班，集中组织开展政治理论和业务培训学习。2月28日—3月1日,江门市文联2019年“使命在肩，文艺为民”专题培训班在古井艺术部落举办培训班，通过狠抓政治理论学习，切实提高文联干部和广大文艺家的政治素养，筑牢思想基石；市书协邀请省内著名书法家李远东、颜奕端、王忠勇三位老师举办为期3天的备战国展“冲刺班”。市音协继续举办《音乐大讲堂》，邀请金钟奖评委、男高音歌唱家吕继宏、蒋志伟、吉他名师吴强进行授课。市合唱协会邀请徐瑞祺、王军、傅春华等合唱指挥专家进行指导。市摄协举办备战国展专题辅导班，邀请摄影名家陈建强前来主讲；在古井艺术部落开展广东省摄影家协会“百家千场”艺术讲座下基层活动中（摄影江门专场），省摄协专职副主席郭小宁、刘炽棠亲自授课。市美协邀请中国美术学院绘画艺术学院油画系主任封治国教授、中国油画学会理事杨尧教授等名家分别在新会古井、台山南村艺术部落多次进行学术讲座。市舞协邀请古典印度舞专家张京晖为江门舞蹈爱好者授课等等。各市（区）文联也组织高端学习讲座，如新会区邀请广东省版画特色教学与创作实验基地主持人张欢卫、刘天雄进行套色版画的培训，著名诗人苏俊主讲《诗词的语言》。开平市文联邀请中摄协主席李舸、副主席居杨作辅导讲座。一批批文艺名家走进江门，给广大文艺家带来高端的视野、高超的艺术；市书协出台名师工作室的申报办法，旨在利用书协这个服务平台，向社会宣传和推广一批有实力有能力的书法名师，2019年给具备资格的10名会员授予名师工作室牌匾。市作协开展“名家带新秀”活动，让更多有潜力的年轻作家走出江门、走向全国。市舞协以戴爱莲舞蹈培训中心为平台组织和承办《天使芭蕾》《健康养生舞》金牌师资培训班。市书法院以乡村音乐、书法、美术、舞蹈等艺术教师为对象连续多年开展业务培训；市评协推进“广东省文艺评论基地”的申报和建设工作，打造成一个集“召集高水平学术会议、培养学术研究人才、发挥智库功能”于一体的多功能地方学术研究交流平台。12月14—15日，市评协联合省评协、暨南大学、五邑大学共同主办“区域视野与想象空间——粤港澳文学研讨会”，来自粤港澳学者50多人参加研讨会。市作协筹资20万元在鹤山宵南建设散文创作基地，在开平建设江门诗歌创作基地，更好的促进散文、诗歌创作的交流。市剧协分别以白沙剧社、朗诵创作委员会、喜戏工作坊为基地，开展丰富多彩的培训和交流活动。

【文艺惠民】 2019年，江门市文联组织文艺家义工服务队深入社区、工厂、农村、部队，开展大量的惠民活动。开展“广东红色文艺轻骑兵新春走基层”活动，各文艺家协会、文艺家个人举办的展览、展演和讲座等近百场。市文联及各团体会员单位开展各类“使命在肩、文艺为民”文艺志愿活动200多场，惠及群众10多万人次；10月26日在端芬启动“千名文艺家送文艺到基层”演出，在开平、恩平、鹤山、新会等地演出5场，将文艺直接送入社区、农村、企业、学校、军营基层一线，社会各界反响热烈。市文联机关还多次前往结对的雅怡社区开展暑期夏令营、慰问困难户、全城大清洁、文明志愿岗等活动，文艺志愿服务取得丰硕成果。

【“不忘初心、牢记使命”主题教育活动】 2019年，江门市文联党组紧紧围绕主题教育的根本任务、总体要求和具体目标，紧密联系文艺工作和文联实际，结合市委巡视整改，坚持把学习教育、调查研究、检视问题、整改落实贯穿主题教育全过程。围绕文艺精品创作、文艺家协会规范化建设、加强文艺家协会党的建设等主题，开展专题调研，形成调研报告，并促进相关调研逐步转化为成果。

（周凌敏）

江门市残疾人联合会

【概况】 2019年，江门市残疾人联合会（以下简称市残联）围绕残疾人脱贫攻坚同步小康目标，残疾人两项补贴再提标扩面，受惠对象扩大到三、四级智力、精神残疾人，在标准化联盟式推进残疾人日间托养工作、资助残疾人参加商业保险等加强底线民生兜底工作上创出示范性、探索性经验，残疾人整体工作保持在全省前列。3月15日，市政府残工委工作会议暨市残联第七届主席团第二次全体会议召开，会议调换第七届主席团部分委员，传达中国残联第七次代表大会、全国残联学习习近平总书记关于残疾人事业重要论述座谈会等会议精神，就贯彻实施《江门市残疾人事业发展“十三五”规划》《关于加快推进残疾人小康进程实施方案》情况总结和部署。

【残疾人康复】 2019年，市残联着力提升基层残疾儿童康复机构服务水平，制订出台《江门市残疾儿童康复救助实施方案》。是年，全市有24家0～6岁残疾儿童康复服务机构（其中8家为全日制康复教育机构），为803名残疾儿童提供抢救性康复服务；特殊儿童康复教育中心发挥资源指导中心作用，为209名学龄前残疾儿童提供免费康复教育服务，34名特殊儿童成功转介到普幼、普小，听障儿童入普率达到100%；加强残疾预防，协调卫健部门，着力推进建立残疾儿童筛查和报告制度，依托现有的出生缺陷综合防控、儿童健康管理工作网络，开展儿童残疾筛查和发现工作，截至是年底，筛查8344人次。为精神疾病患者、残疾学生家庭提供社区支援、个案跟进服务；加强人员培训，先后举办残疾评定医生师资、残疾人社区日间托养机构康复训练和日托业务等4期培训班，重点实施0～6岁残疾儿童抢救性康复服务、肢体康复、精神康复、视力康复等38项康复救助项目，为提供残疾人精准康复服务10216人次，服务率为91.58%，提前超额完成服务率85%的目标任务。

【残疾人特殊教育】 2019年，市残联加快普及残疾人15年免费教育，做好残疾学生资助工作。出台学前残疾儿童、高中阶段残疾学生免费教育政策，提前实现残疾学生15年免费教育；出台《江门市建档立卡家庭经济困难学生精准资助工作实施方案》，落实“南粤扶残助学工程”助学补贴政策，解决贫困残疾家庭学生就学困难。做好未入学适龄残疾儿童少年调查登记，通过特殊学校、随班就读、送教上门等方式，保障残疾儿童受教育权利，听障儿童入普率达到100%；是年，全市275名残疾儿童享受学前3年免费教育，1040名义务教育阶段贫困残疾人家庭学生享受50元/月生活费补贴，58名残疾学生享受高中免费教育，38名残疾学生享受高等教育助学金。

【残疾人心理健康服务】 2019年，江门市以特殊认识对待特殊教育，逐步完善服务体系，不断提高服务水平。通过“四位一体”培训模式，市残联特教中心发挥指导中心“传帮带”和“标杆”作用，开展基层康复技术人员跟班培训，立项的结题论文《孤独症儿童家长的挫折应对模式研究》获省级评选优秀奖，全力推动残疾儿童康复教育机构的规范化建设和发展。制定并落实《市残联落实江门市开展全国社会心理服务体系建设试点工作实施方案》，建立江门市残联社会心理服务辅导室、江门市特殊儿童康复教育中心家长心理健康服务室、未成年人心理及健康成长辅导室，举办两期社会心理健康及服务能力培训班，指导全市残联依托各级基层残疾人服务机构，为残疾人及其家属提供心理健康教育与科普宣传、心理辅导、家庭关系调适等心理健康服务。

【助残解困】 残疾人补贴提标扩面 2019年，市残联精准落实残疾人两项补贴，投入221.56万元扶持486户困难残疾人家庭发展生产及自主创业（完成年度任务的127%）。配合民政部门落实残疾人两项补贴提标扩面，按时足额发放，实现困难残疾人生活补贴1980元/人·年，重残护理补贴2640元/人·年，智力和精神残疾人纳入护理补贴范围。截至是年底，为10068名低保残疾人发放生活津贴资金2029.31万元，为40102名重度残疾人发放重度护理补贴资金1.03亿元，两项补贴总资金1.24亿元。加强与住建、民政、扶贫办等部门的沟通，统筹各方资源和力量，将残疾人扶贫工作纳入政府“精准扶贫”整体布局。

粤桂、粤川东西部扶贫协作 2019年，江门市本级、三区、鹤山市与崇左市及其下辖天等、大新、宁明、龙州四县建立残疾人扶贫协作框架，帮扶粤桂残疾人转移就业105人次；市残联梁培招理事长带队前往甘孜州康定市、泸定县，开展协作调研、扶贫慰问、康复技术交流培训等工作，市本级安排资金20万元，扶持康定市、泸定县40户困难残疾人家庭发展生产和自主创业。

社会各界襄助残疾人公益 2019年，五邑慈善会、香港台山慈善基金会、香港伍威权慈善基金会、广东省豪爵慈善基金会、爱心企业和个人支持江门市残疾人公益事业；中国电信江门分公司推出“天翼献爱心”系列活动，为残疾人给予通讯优惠套餐；9—10月，江门市首次依托国内全民公益平台“九九公益”通过线上、线下联动，筹集约17万元用于帮扶失禁残疾人士；实施商业补充医疗保险试点工作，以江海区为试点，市、区两级投入24.2万元为该区3225名所有持证残疾人购买商业补充保险，撬动社会资本放大保障效应，实现残疾人得实惠、政府减压力双赢局面。

【残疾人体育健身】 2019年，江门籍运动员在多个残疾人体育运动会斩获殊荣。18名江门籍运动员代表广东省参加在天津举办的全国第十届残运会，获得10金3银2铜、1个第五名和1个团体项目第七名的佳绩；新会籍运动会陈健新在2019加拿大残疾人自行车公路世界杯赛中勇夺冠军；此外，还有运动员参加全国第十届残运会坐式排球比赛，获得第七名。委托社会组织开展篮球、乒乓球等日常性体育训练，举办残疾人青少年暑假羽毛球、乒乓球、自行车培训班，储备残疾人运动员苗子。推动全民助残健身工程，新建7个全民助残健身示范点，举办江门市残疾人体育健身指导员训练营，开展康复体育关爱家庭计划。

【残疾人文艺活动】 2019年，江门市盲协主席屈双宁获广东省第九届盲人诗歌散文朗诵大赛决赛一等奖。联合市文化广电旅游体育局举办第六届“阳光·和谐”江门市残疾人事业书法美术摄影展、首届江门市残疾人绘画培训班助力残疾人文创梦。开展市残联系统“书香伴我成长”演讲比赛、“爱咏恒”合唱团残疾人声乐培训、残疾人周末朗诵课堂、江门市文化进家庭“五个一”等活动，丰富残疾人精神文化生活。举办第28个“国际残疾人”主题日活动，组织200名残疾人及其家属外出参观游玩，帮助更多的残疾人走出家门，提高参与度，融入社会。

【残疾人宣传服务】 2019年，市残联利用报刊、电视台、户外LED屏、网站和微信等媒体媒介抓好残疾人事业常规宣传工作。借助第二十九次“全国助残日”，市残联理事长梁培招带队做客江门电台《民生热线》，就助残扶残、残疾人就业创业等热点话题与广大市民隔空互动交流；市残联、新会区残联联合举办“自强脱贫，助残共享”残疾人文艺晚会，发放发展生产和自主创业专项资金。各市（区）开展社区康园中心开放周活动、走访慰问等扶残助残系列活动，弘扬扶残助残良好社会氛围。建设江门市智慧助残信息平台。利用“互联网＋”技术为江门市残疾人提供求助信息采集发布、对接社会助残资源、提供助残云服务，通过“一张网”连接残疾人士、社会爱心人士、残联系统的“供需”三方，打通基层精准服务最后一公里。平台第一期5月上线，开设爱心邑家、多彩互动、最新资讯三大主模块，以及招聘求职、助残服务、爱心云电台配套服务功能模块。

2019年11月30日，在第28个“国际残疾人日”到来之际，市残联组织5个残疾协会共200多名残疾人及其家属到顺德旅游 （市残联 供）

【日间托养机构社会化管理】 2019年，市残联加快社区康园中心建设，推进日间托养机构社会化管理。全市96家社区康园中心，全部实现社会化运作管理，升级完善《江门市残疾人社区日间托养服务标准》《江门市社区日间托养机构星级评估办法》2.0版本，促进标准化联盟和评星定级管理科学性和可操作性。摸索解决大龄心智障碍残疾人日间托养问题示范性经验，以蓬江区为试点，建立大龄心智障碍残疾人日间托养机构，织密织牢服务网。是年，江门市有96个社区康园中心，覆盖73个街镇，为1617名智力、精神和重度残疾人提供综合性社区服务。

【社区精神康复服务网络建立】 2019年，市残联立足社区,创新服务,建立社区精神康复服务网络。以“四居”（居家康复、居家养护、居家职业培训和居家无障碍改造）服务为突破口，引进医疗机构和社工机构等社会组织提供服务，创新“医务人员＋社工＋义工”开展残疾人居家康复服务。建立江门市首个市级精神障碍患者社区康复服务机构，作为连接医院和社区之间的服务桥梁，建立社区精神康复服务网络，对接现有精神疾病防控体系的精神卫生康复服务资源，为残疾人融入社会、回归家庭，提供有力的技术支撑。做好社区康复工作，以康园中心为阵地，通过康园督导项目，加强全市社区康园中心的建设及资源运用，推动社区康园中心服务专业化、系统化发展，为残疾人营造更好的日间托养环境；残疾人无障碍改造暖人心，无障碍环境创建工作全面展开。开展贫困残疾人居家无障碍改造需求调查、评估和公示工作，落实改造方案及资金，全市资助427户（完成年度任务的129%）符合条件的残疾人家庭居家无障碍改造，召开《江门市无障碍环境建设管理条例（专家建议稿）》（草案初稿）意见和建议征集立法座谈会。举行“不忘初心牢记使命”主题教育无障碍环境体验活动，组织残疾人共同体验城市的规划和建设，促进无障碍环境建设。

【残疾人组织建设】 2019年，市残联加强基层服务队伍建设，开展“学跟听”专项活动。举办全市镇（街）残疾人专职委员培训班，发挥残疾人专职委员的作用；由江门市选派专职委员代表参加的广东省参加全国首届残疾人专职委员知识竞赛勇夺亚军，受到省残联通报表扬；全市各级残联开展“不忘初心，牢记使命”主题教育、学习宣传贯彻党的十九届四中全会精神宣讲辅导会等活动，以学习促业务、强作风。做强残疾人法律救助工作，切实维护残疾人合法权益。依托政府“12345”热线开通“12385”残疾人服务热线，建立涉残舆情收集、处理、反馈机制，帮助残疾人及时获得法律援助、法律服务和司法救助，扩大残疾人法律援助范围，市、县两级完善残疾人法律救助机制，挂牌成立残疾人法律救助站，推进残疾人法律服务向村（社区）延伸。贯彻落实“简政放权、放管结合、优化服务”，优化残疾人服务措施，加快江门市残疾人证网上办理便民服务，开展残疾人证全流程网上办理，实现“残疾人证办理最多跑一次”的愿望。提升志愿助残服务能力，推进志愿助残工作的开展。提升“志愿在康园”项目志愿者对康园的服务能力，开展阳光课程进康园服务、普法进康园巡演服务、残疾人专场法律讲座等主题服务，加大志愿在康园服务覆盖。市各残疾人专门协会工作有声有色。各协会根据残疾人需求，结合自身特点，举办以“自强脱贫，助残共享”为主题的江门市肢协第29个“全国助残系列活动”，组织参观国际康复设备展览会。

【残疾人就业及职业培训】 2019年，市残联高度重视，加大残疾人就业创业政策扶持力度。在已出台《江门市扶持残疾人就业创业办法》的基础上，继续完善申报流程。做好扶持困难残疾人家庭发展生产和自主创业摸底、建立扶贫台账、挖掘适宜的培训和生产项目等工作。全年全市投入221.56万元扶持486户困难残疾人家庭发展生产及自主创业（完成年度任务的127%）。开展辅助性就业机构建设，制定《江门市发展辅助性就业实施意见》给予政策扶持。全市成立示范性残疾人辅助性就业机构45家，安置智力、精神及重度残疾人389名。促使按比例和集中安置残疾人就业，全年全市2473家用人单位安置6234名残疾人就业，14家集中性就业企业安置1620名残疾人。各地利用集中安置残疾人就业企业、23个扶贫基地和职业培训基地，为残疾人提供就业和培训服务。举办残疾人就业服务机构综合业务提升培训班，强化残疾人就业工作者能力建设；举办化妆师、小儿推拿、汽车美容、电子商务等特色订单式、定向定岗培训，免费培训残疾人1340人次（完成年度任务148%），其中残疾人新增就业834人（完成年度任务的139%）。多措并举，确保残疾人就业。开展残疾人就业援助活动，组织12场专场招聘会，对未就业大学生实施一对一就业服务。举办“乐业五邑”2019年江门市创业创新大赛残疾人公益赛，8个项目晋级广东省残疾人“众创杯”大赛复赛，团队组自强类项目梁杏花——“破茧成蝶爱有千千结”获金奖。林耀辉、陈锡驰、黄炜春、黄龙4名选手参加第六届全国残疾人职业技能大赛，分别获得IT网络系统管理项目第三名、第四名，文本处理项目第五名，木雕项目“锐意拼搏奖”。

（张　凤）

江门市归国华侨联合会

【概况】 江门市归国华侨联合会(简称江门市侨联)是中共江门市委领导，由归侨、侨眷组成的人民团体，是党和政府联系广大归侨、侨眷和海外侨胞桥梁和纽带。市侨联机关内设办公室（加挂基层建设部）、联谊联络部、经济科技部3个部门。直属团体有：江门侨界青年联合会、市留学生联谊会、市印尼归侨联谊会、市越柬老归侨联谊会、市华侨历史学会等5个社会组织。2019年，江门市侨联围绕市委、市政府工作中心，坚持国内海外工作并重、老侨新侨工作并重，拓展海外联谊和新侨工作，深化侨联改革。履行服务经济发展、依法维护侨益、拓展海外联谊、参政议政、弘扬中华文化、参与社会建设六大工作职能。

【政治理论学习】 2019年，江门市侨联坚持把政治建设摆在首位，结合“两学一做”“三会一课”，组织党员干部召开支委会议、党小组（扩大）会议、早读学习和个人学习，学习习近平新时代中国特色社会主义思想和党的十九大及十九届四中全会精神、《习近平谈治国理政》第二卷、《习近平新时代中国特色社会主义思想三十讲》以及习近平总书记对广东重要讲话和重要指示批示精神等。是年，江门市侨联召开100多次党支部小组会议、学习会议、座谈会、组织生活会， 500多人次参与；结合“不忘初心，牢记使命”主题教育活动，开展学习教育、调查研究、检视问题、整改落实，围绕7个专题开展集中学习研讨，围绕2个专题开展调查研究，对照党章党规找差距。加强主题教育正面宣传引导，利用学习强国App、侨联微信工作群、网站等活动载体，播放形象直观、丰富多彩的主题教育学习资源，及时推送学习内容。加强教育培训，多次组织党员干部到党群服务中心、市档案馆、红色革命传统教育基地观看主题教育文献展，开展先进典型教育、警示教育和革命传统教育；举行新中国成立70周年“我和我的祖国”主题活动，开展各项群众性主题宣传教育活动，举办“2019全市归侨侨眷迎国庆暨市印尼归侨联谊会成立32周年联欢会”“礼赞新中国，奋进新时代”庆祝新中国成立70周年文艺表演暨科普便民服务、“凝聚侨力量，共筑中国梦”全市侨联系统“羽毛球”邀请赛等系列活动。落实党建工作和党风廉政建设责任制，严肃党内政治生活，严守党的政治纪律和政治规矩，落实中央“八项规定”精神；开展“两学一做”学习教育，落实党组理论中心组学习制度，每周一、三、五组织侨联机关干部学习半小时；开展“大学习、深调研、真落实”侨情调研，将思想理论学习与实践相结合。

【侨联改革】 2019年，中共江门市委办下发《中共江门市委办公室关于调整江门市归国华侨联合会职责机构编制的通知》，将海外华人华侨社团联谊等职责划归市侨联。内设机构调整，办公室加挂基层建设部（与办公室合署办公），主要承担指导推动基层组织建设职责。将联络文宣部更名为联谊联络部，主要承担海外联谊和有关联络职责。调整后，江门市侨联共设置3个内设机构：办公室（基层建设部）、联谊联络部、经济科技部；在各市（区）层面，根据省、市群团改革方案，各市、区侨联均设置挂职副主席，并不同程度增加人员编制和领导职数。新会、台山、开平、恩平等4个市区侨联独立设置，成立党组。其中新会、台山、开平、恩平4个市区分别设主席1名、专职副主席2名。蓬江、江海、鹤山3个市区侨联单列“三定”方案，侨联独立设置，与当地统战部合署办公；全市县级以上侨联机关内设机构设置和职能配备得到整合优化，侨联工作领导体制得到整合优化健全，侨联队伍得到强化。

【组织建设】 2019年，江门市侨联强化规范管理，抓好巡察整改任务落实，建立完善24项规章制度，强化机关内部规范管理；抓好侨联党风廉政建设，强化日常监督；做好广东省第十一次归侨侨眷代表大会代表候选人、先进个人和先进组织推荐工作。在广东省第十一次归侨侨眷代表大会上，江门市4名侨联工作者和2个侨联组织分别获得先进个人和广东省侨界贡献奖表彰（恩平市侨联主席李小聪、江门侨界青年联合会理事长杨学东、新会区侨联副主席黄金顺、开平市侨联副主席梁海燕等4人获得广东省归侨侨眷先进个人，台山市侨联和江门市留学生联谊会获得广东省侨界贡献奖）；贯彻落实中国侨联《关于新时代加强基层侨联建设的指导意见》，打造“小机关、强基层、全覆盖”体系，逐步在全市建立健全以社区（村委会）为依托的侨联工作体系。据不完全统计，截至是年底，全市有侨联组织960个（其中市本级1个、院校1个、县级7个、镇级69个、村社区882个），建立市、县（区、市）、镇街（华侨农场）、行政村（居委）、村小组五级侨联工作网络。各村（居）委会设有联络员，成立为侨服务小组，负责开展基层侨联工作。全市配备专、兼职侨联工作人员1256人。全市“党建带侨建”建点411个（其中蓬江6个、江海2个、新会205个、台山181个、开平5个、鹤山2个、恩平10个），“侨胞之家”229个（其中蓬江6个、江海2个、新会87、台山97个、开平4个、鹤山2个、恩平31个）。

【企业咨询服务】 2019年，江门市侨联依托法律顾问委员会，及时向侨资企业提供政策咨询服务，依法保障侨资企业权益。定期或不定期上门访问侨资企业，与企业负责人召开座谈会，及时了解侨资企业的生产经营情况，听取他们对办好企业的意见和建议，及时与有关部门沟通协调，帮助侨资企业解决一些困难。提高侨资企业管理人员水平，建立“五邑大学侨资企业培训基地”，举办侨资企业培训班。同时，引导、动员侨资企业参加各种展销会，扩大市场销售；建立侨之家服务平台，通过华侨创业孵化基地和“侨梦苑”，为回乡侨胞和港澳同胞提供创业投资服务。推动香港东区青年交流促进会、香港青年创新企业家协会、香港物联网商会、香港网商会在江门市高新区建立“香港青年创业起步基地”，引导港澳人士、华侨华人到江门发展。截至是年底，超过40家香港高科技孵化项目进驻珠西创谷，约3000人次的港澳青年在江门就业创业。

【项目引进】 2019年，江门市侨联打造江门侨创孵化营，对接港澳地区及海外侨创资源；推进“海创空间”、珠西创谷建设，吸引众多港澳高层次人才和项目落户江门，引进飞秒光纤激光项目落户江门“珠西智谷”，“糖尿生物科技”、透明陶瓷研发项目等多个高端博士博士后项目进驻高新区“博士双创园”创业；引导侨界到江门投资发展，协助美国林氏集团投资“侨都·美国城”项目，计划在江门城区建设集服务侨界创新创业、健康养老、国际教育、国际品牌酒店、文创旅游于一体的商住综合体。协助泰中文化产业集团总裁、泰中侨商联合会会长邝锦荣投资泰国城项目，计划在新会建设“旅游、商贸、休闲、娱乐和文博”于一体的综合性多功能文化商业街区。

【高端人才引进】 2019年，江门市侨联加强设立“北美硕博联盟（江门）联络站”，做好海外高层次人才、留学生回国创业及举办创业创新大赛等工作，举办江门和港澳地区“人才发展分享会暨物联网技术应用及发展大趋势研讨会”“传承中华文化·凝聚新生力量——江门行”“相约中秋·情满侨都江门市高层次人才中秋节联谊晚会”“江门和港澳地区智能装备制造业交流暨人才、科技政策分享会”“海外学生学者江门行暨高层次人才项目对接会”等多场江门和港澳地区及海外人才对接及交流活动，助力粤港澳大湾区建设；举办粤港澳青年文化创意暨人才创业创新分享会，引进推动粤港澳大湾区青年文创基地、侨都文旅城、海悦大健康生活等3个总投资额55.8亿元的项目落户江门，促成江门启迪之星与马来西亚拉曼大学创意学院开展文化交流，引荐3名海外文创专业博士人才到江门启迪之星孵化器创新发展，促成江门市文化馆与澳门舞蹈总会开展高端舞台剧合作等多个文创领域合作。

【联络联谊】 2019年3月，江门市召开第六届世界江门青年大会总结会暨第七届世界江门青年大会筹备工作动员会，市侨联获“先进集体”，江门侨界青年联合会、江门市留学生联谊会等社会组织受到表扬。市侨联余泽权、王青桃分别受到嘉奖和表扬。5月，市侨联领导随同市政府访问团前往美国、智利、秘鲁开展海外侨务活动并考察第八届世界江门青年大会举办场地，先后与江门市(美国—纽约)商务交流处、美东江门五邑青年联合会、美国德州五邑联谊协会、德州广东总会、休斯敦中国人活动中心（华助中心）、智利智京中华会馆、秘鲁古冈州会馆等多个团体对接座谈，与当地侨胞代表交流，了解侨情侨意，推介江门在粤港澳大湾区中的定位和发展前景；联系港澳地区各类爱国爱港社团和青年人士，参加港澳地区各团体举办的周年会庆、迎中秋、庆国庆、新春团拜等活动，接待来访港澳侨界社团和港澳地区同胞，召开港澳地区委员顾问座谈会，拜访港澳地区知名领导，团结联系港澳地区乡亲，壮大爱国爱港爱澳力量。邀请港澳青年回江门，通过开展人才政策对接交流、慰侨演出等文化和商贸交流活动，弘扬爱国主义和中华传统文化。9月，市侨联协助“粤港澳大湾区”青年总会组织“大湾区大型考察团”1200名港澳青年到江门市考察交流。11月，协助澳门侨界青年协会“中国心·粤澳情——江门发展考察团”江门市考察，团结联系澳门侨青、推动江澳侨青交流合作。搭建文体交流平台；11月，市侨联与江门侨青会举办以“亲情中华律动江门”为主题的“2019首届江门侨界运动会”。参与办好华侨华人文化交流合作暨粤港澳青年文化创意发展大会、2019中国侨都（江门）华侨华人嘉年华；支持各级侨联举办第九届世界台山宁阳会馆（同乡会）联谊大会、第六届世界海宴都同乡联谊恳亲大会、世界梅氏宗亲总会第十四届恳亲大会、台山白沙镇第二届海内外乡亲恳亲大会、新会陈皮与美食文化全球分享交流会等。是年，全市侨联接待回乡商务考察、寻根祭祖的华侨、港澳台地区同胞及社团312批，9775人次。其中市侨联接待30个国家和地区的重要侨团，共61批次1731多人次。截至是年底，江门市各级侨联与世界上100多个国家和地区574个社团建立联系。

【信息宣传与文化交流】 2019年，江门市侨联扩展对外宣传，夯实“侨刊、侨网、侨微”三大平台。截至是年底，市侨联发布微信216条、网站311条信息，上报省侨联《侨情专报》和市委信息超过30条有价值的信息。其中被中国侨联《侨情专报》采纳4条建议，被市委采用2篇综合信息，被《江门日报》采纳20篇；顺应机构改革要求，“侨”类杂志《炎黄天地》《中国侨都·江门》主管（主办）单位变更为市侨联，拓宽侨联对外宣传和文化交流领域；打造侨界文化交流平台。2月，市侨联承办“亲情中华·欢聚江门”文艺晚会，超过1000名归侨侨眷、海外侨胞、留学生、高层次人才代表现场观看，网络在线点击收看超过28万人次。8月，市侨联联合广东珠超俱乐部、香港北区足球康乐会、澳门新会同乡会举办为期5天的2019亲情中华之港澳青少年足球夏令营。12月，赴马来西亚吉隆坡、槟城、马六甲举办3场“亲情中华”文艺慰侨演出，为马来西亚华侨华人献上一台中国文化盛宴；坚持举办海外华裔青少年夏（冬）令营“寻根之旅”，市侨联分别于10月、12月举办泰国、法国团等4期2019中国寻根之旅·风韵南粤秋令营（江门营），140多名海外华裔青少年参与。并协助印尼小太阳三语国民学校足球队到江门市学校参观交流。

【权益维护】 2019年，江门市侨联通过宣传墙报、印发宣传小册子、侨联工作会议、培训班、座谈会等多种形式，加强对《中华人民共和国归侨侨眷权益保护法》及其实施办法、《广东省华侨权益保护条例》等涉侨法规政策宣传普及；妥善处理信访，各级侨联在为海外侨胞、港澳同胞、归侨侨眷解决房产、宅地、集资等纠纷，以及协助解决兴办公益事业、寻亲访友、入学、就医、办理财产继承、出国、出港澳定居手续、华侨回国定居等问题。全年全市侨联处理来信来访来电244件次；帮扶贫困归侨侨眷，发展侨界公益慈善事业，建立100多户困难侨界群众资料库，组织开展“送温暖、献爱心”和精准扶贫、精准脱贫。各级侨联充分发挥“归侨侨眷困难救助基金”“救助站”“侨心助学基金会”“老人食堂”等作用，组织开展“送温暖、献爱心”等侨爱心工程和活动；鼓励和支持江门侨青会组织开展公益性活动，动员江门侨青会会员参加每季度“爱的抱抱”活动，多次到台山海宴华侨农场、鹤山双合镇、恩平大槐华侨农场、恩平恩城街道新塘社区、恩平君堂镇等地探访困难归侨学生家庭和“洋留守”学生；打造涉侨纠纷多元化解工作平台，贯彻《江门市中级人民法院江门市归国华侨联合会涉侨纠纷诉调对接工作规范（试行）通知》精神，改进和优化侨联法律维权机构工作方式，推进涉侨纠纷诉调对接工作，努力化解矛盾。省、市侨联和新会区侨联协调新会区罗坑镇政府解决拖延十几年的江门市银光玻璃科技有限公司（著名侨领陈伯年先生的公司）用地问题。同时全市10多个重点侨乡镇调研，探访回乡的海外侨胞和基层侨联干部，收集侨情和基层反映的突出问题，关注侨胞诉求。

【参政议政】 2019年，江门市侨联拓宽侨界参政议政渠道，做好议案、提案办理工作，协助归侨侨眷人大代表、侨联界政协委员解侨情民意，建言献策。是年，市侨联会办4件侨界人大代表议案，其中《关于强化司徒美堂历史名人效应推进江门文化强市建设的建议》《关于充分发掘旧城区文化教育资源打造“景贤”教育新地标的建议》2件人大建议，受到有关部门高度关注。开平司徒美堂故居成功列入第八批全国重点文物保护单位，对弘扬司徒美堂伟大爱国精神，提高江门知名度意义重大。

（何春图）

【江门侨界青年联合会】 联谊交流 2019年，江门侨届青年联合会搭建平台，开展对外联谊，举办以“亲情中华·江门律动”为主题“2019首届江门侨界运动会”，来自全球30多个国家的海外侨胞代表，以及粤港澳大湾区“9＋2”城市侨青代表约500人参加活动；组织会员赴港参加香港江门同乡会第十八届第14次理监事联席会议暨会员周年大会、香港江门五邑侨联联谊总会第四届暨香港江门五邑同乡联谊总会第二十二届理监事就职典礼，以及香港江门同乡会的第十九届理监事就职典礼；协助市侨联举办江港携手共建粤港澳大湾区分享会、2019“寻根之旅”夏令营、秋令营和冬令营等；密切联系友好侨青组织，组织参加市外商投资企业协会新春交流会、开平市青年企业家联合会第一届理监事会就职典礼、市侨商总会第五届暨青年会第三届理监事就职典礼、美国大洛杉矶地区中国统一促进会新一届会长就职典礼，以及市侨商总会青年会品牌活动“相聚一刻”、深圳市海归会、广州市侨青会、东莞市侨留会、中山市侨青联、惠州市侨青会、阳江市侨青会、江门市海归会（留联会）联谊活动等，共谋侨青、海归合作机遇。

信息宣传和参政议政 2019年，江门侨届青年联合会拓宽侨青交流工作渠道，创办好“江门侨青会微信公众号”“江门侨青汇平台”“江门侨青网站”和《侨青之友》刊物。推荐本会多名首长、会员参加广东省第十一次归侨侨眷代表大会，并推荐杨学东、林蔚然等首长、会员评选大会的先进个人。搭建侨青参政议政平台，协助市侨联推荐、邀请美国、加拿大、新西兰、澳大利亚、比利时、智利、秘鲁、马来西亚等10多位华侨华人代表列席江门市“两会”（市人大会议、市政协会议）。为江门经济社会发展踊跃建言献策。

商务考察 2019年，江门侨届青年联合会实行会长轮值活动，组织会员企业拜访，加强与侨青会员的维系沟通，先后拜访台山市伍炳亮黄花梨艺博馆、江门市美耐德科技有限公司、江门市金锵金属制品有限公司、台山市牧仁农业有限公司、广东迪浪科技股份有限公司、香港北角天蓝中日火锅料理店等，听取行业发展需求，了解当前形势下会员企业发展状况及发展中遇到的问题。实施“走出去”战略，开展海外商务考察、经贸洽谈会等形式多样的活动，拓展侨青创业平台。3月，江门侨青会企业家们跟随市侨联主席林春晖赴京参加“2019年江门（北京）投资推介会”。北京广东五邑侨乡海外联谊会举行以“情系五邑，缘聚京华”为主题的10周年庆典暨北京江门五邑乡亲新春团拜会，江门侨青会一行与五邑籍海内外乡亲欢聚联谊，杨学东理事长向乡亲们介绍侨青会会务情况及2019年一些重点活动，并挚诚邀请乡亲们多回家乡参观考察、交流合作。同时还拜访北京尚东数字谷创业园及实地参观园区内北京创新爱尚家科技股份有限公司、飞天联合公司等高新科技企业。6月18日，江门侨青会理事长杨学东率团赴泰国拜访泰中侨商联合会，受到该会会长邝锦荣先生的热情接待，双方就共建江门侨商与泰国华商合作平台，促进江门与泰国两地经济共同繁荣等话题展开交流及座谈。

慈善公益　2019年，江门侨届青年联合会坚持举办慈善公益活动，传递侨青关怀。每季度举办一次“爱的抱抱”活动，多次联合江门市侨联、开平市侨联、台山市侨联、恩平市侨联、江门市暖侨义工队等到各大华侨农场探访贫困归侨家庭、慰问洋留守儿童，并发动多名海内外会员捐助善款，参与支持侨青公益。4月18—20日，江门市侨联党主席林春晖率市红十字会、江门侨青会赴广西崇左市天等县开展教育扶贫协作交流活动，并为佩光小学捐赠10万多元用于教学设备和校服采购。9月3日，江门侨青会理事长杨学东、秘书长郭汝红参加新会双水镇委镇政府举办“2019江门侨界青年联合会爱心扶贫助学”活动捐赠仪式，并上台为侨界困难学生捐赠支票。

（何春图）

【江门市留学生联谊会】　2019年，江门市留学生联谊会是党和政府联系广大留学人员的桥梁和纽带，是以高学历、高层次留学人员为主体自愿组成的统战性、非营利性的社会团体。从2014年发展至今现会员人数已高达310人，主要吸收分布在世界各地的留学生和江门地区工作、生活、创业的留学归国人员，行业分布包括市直机关和企事业单位、高等院校、双创园区等留学归国人员聚集地。

联谊交流　2019年，江门市留学生联谊会为团结凝聚五邑地区港澳政协委员后代的新生力量，搭建江港澳青年联谊交流合作平台，增进对江门市创业创新基地建设发展情况的了解，助力粤港澳大湾区建设国。5月，举办“传承中华文化·凝聚新生力量之江港澳青年共商共建大湾区”活动，来自江港澳青年欢聚一堂，搭建友谊桥梁，共同探讨粤港澳大湾区江门的发展优势。9月，承办“相约中秋，情满侨都”高层次人才中秋节联谊晚会，助力江门市粤港澳大湾区建设，促进江门市人才政策落地。9月，粤港澳大湾区青年总会《我和我的祖国》庆祝中华人民共和国成立70周年暨粤港澳大湾区青年节——大湾区大型考察团约1200名港澳青年到江门，了解侨乡历史文化，市留学生联谊会组织会员与港澳市青年开展互动交流，拓宽会员合作领域。11月4日，市留联会组织会员前往珠海可口可乐公司、珠海欧美同学联谊会参观学习。

创新创业　2019年，江门市留学生联谊会发挥联系服务和桥梁纽带作用，先后协助市侨联打造海创空间、海创联盟等创新创业新基地。建设侨创服务中心、广东博士俱乐部江门站，服务归国留学生创新创业。5月，承办第一届“江港澳”未来人才发展高峰论坛。10月，五邑大学创新创业学院和市留学生联谊会联合举办“走进五邑大学暨大学生创新创业主题沙龙分享会”。12月，协办2019海外（港澳）学生学者江门行暨高层次人才项目对接会（北美硕博联盟江门联络站揭牌仪式），为会员们创业发展铺桥搭路。此外，还开展多场科技项目对接、人才政策宣讲等引才引智活动，推动多个高科技项目落户江门。

（李　洋）

【江门市印尼归侨联谊会】　2019年1月，江门市印尼归侨联谊会举办迎新春茶话会，对80岁以上老归侨慰问并现场发放慰问金。2月，组织会员参加厦门市印尼归侨联谊会2019年元旦联欢晚会暨成立30周年庆祝大会，促进两地的联谊会相互交流学习。6月，郭汝红会长参加中国侨联在北京主办的“一带一路”宣讲会。12月，郭汝红会长出席广东省第十一次归侨侨眷代表大会。8月，参加印尼驻广州总领事馆印尼独立日74周年活动，并送上74周年纪念品一件，更多获得海外华侨的资讯，更好为侨友们服务。9月，在银龙阁举办2019年全市归侨侨眷迎国庆70周年暨江门市印尼归国华侨联谊会成立32周年联欢会，邀请印尼驻广州总领事馆文化领事及印尼留学生参加联欢会，江门市侨联主席林春晖等领导向80岁以上归侨慰问。9月，郭汝红会长率本会会员参加广东省第十六期海外华文幼师班（江门）开班典礼，促进中国和印尼的文化交流。

（莫晓婷）

江门市红十字会

【概况】　2019年，江门市红十字会系统开展“不忘初心，牢记使命”主题教育，举办“坚定跟党走，建功红十字——我的红十字之路”演讲比赛。派员参加广东省红十字会“坚定跟党走，建功红十字——我的红十字之路”演讲比赛，获得第一名的好成绩，江门市红十字会获得组织奖；在台山市三合镇举行“博爱送万家”启动仪式，活动筹集款物合计超过21万元，为500户困难群众送去党和政府的温暖；江门市红十字生命安全体验馆（实体馆）吸引参观者63批次，人数达1867人次，参观563批次，16410人次，移动馆浏览量52605次。

【应急救护】 2019年5月6日，江门市红十字会与市国防教育训练基地举行“应急救护知识推广合作签约仪式”，将应急救护知识培训融入国防教育训练系统，实现双方平台共享和资源融合。9月12日，“红十字守护计划”启动，填补江门市在公共场所配置AED的空白。首期在交通运输站场、公共文化教育场所以及行政事务中心等人流密集的公益性公共场所配置15台AED。举办救护员培训班42场，1725人取得初级急救员证，举办应急救知识讲座56场6000人次受益。

【备灾救灾】 2019年10月，江门市红十字会备灾救灾中心被广东省红十字会评定为三级红十字应急物资储备库，这也是广东省红十字系统唯一的三级红十字应急物资储备库，是等级最高的地级市红十字应急物资储备库。10月31日上午，中国红十字会广州备灾救灾中心黄沛龙副主任等到江门市红十字会备灾救灾中心指导工作并颁发三级红十字应急物资储备库牌匾。

【“一元爱心”救助】 2019年5月10日，江门市红十字会在江门市妇幼保健院（江门市红十字会医院）举行2019年纪念“5·8”世界红十字日暨“一元爱心”启动仪式。仪式上江门市人民政府副市长赖燕芬代表接收七家爱心单位代表递交捐赠支票，并回赠“一元爱心”活动爱心单位牌匾。现场“一元爱心”项目捐款超过15万元。全年江门市本级募集一元爱心捐款27.44万元，救助6名贫困先天心患者。

【“三献”工作】 2019年，江门市红十字会参与造血干细胞血样采集的宣传和推动工作，造血干细胞捐献志愿者采集总数165人份。成功捐献2例；协助省红会做好人体器官捐献服务工作，做好志愿者捐献前解答疑问、捐献前体验、捐献陪同接送、捐献后电话回访等服务；加大宣传力度，提升广大市民对无偿献血的认知度与参与度。

【志愿服务】 2019年12月5日，江门市红十字会联合江门市卫生健康局、江门市无偿献血委员会办公室、江门市五邑义工联合会在东湖广场举办“关爱生命，情满侨都”为主题的纪念2019年世界志愿者日活动。对叶德华、陈荣超、高耀华等15人颁发“江门市无偿捐献造血干细胞爱心奖”；对周永强、梁锦成、陈根德等10人颁发“江门市固定无偿献血者荣休留念”纪念奖座；对张培绚、叶瑶源、曹志英等12人颁发“2019年度优秀红十字志愿者奖”。

【博爱家园项目】 2019年，江门市红十字会将博爱家园项目推进与市政府“乡村振兴”战略要求结合起来，邀请第三方有关专家组成验收组对2016—2017年度博爱家园项目开展验收工作。主要是对建设项目从决策、立项、设计、建设直至交付使用全面评估，考核项目建设和管理工作预期目标完成情况，总结项目建设和管理经验和教训，为提高后续项目的决策水平、管理水平和投资效益积累经验提供依据。

（江门市红十字会）

2019年5月6日，江门市红十字会与市国防教育训练基地举行“应急救护知识推广合作签约仪式”，并为江门市应急救护知识培训合作单位揭牌　（市红十字会　供）

·责任编辑　赵燕欢·

法　治

人大立法

【人大立法】 2019年，江门市人大常委会坚持科学立法、民主立法、依法立法，有序推进地方立法工作。1月16日，《江门市海上丝绸之路史迹保护条例》经广东省十三届人大常委会第九次会议批准，自3月1日起施行。《江门市人民代表大会常务委员会关于修改〈江门市潭江流域水质保护条例〉的决定》经3月28日省十三届人大常委会第十一次会议批准。市人大常委会首次自主起草的实体性法规——《江门市新会陈皮保护条例》，经12月30日市十五届人大常委会第二十七次会议通过。2月28日，召开江门市2019年立法工作会议，首次对地方性法规进行立法后评估。12月25日，市十五届人大常委会第四十一次主任会议听取审议《江门市潭江流域水质保护条例》立法后评估报告。12月10日，召开养犬管理社会听证会；为首次举办的立法听证会。在规范性文件备案审查工作方面，2019年，江门市人大常委会对"一府两院"报送备案的1件政府规章、10件规范性文件进行主动审查并备案；4月19日，召开2019年全市规范性文件备案审查工作会议；5月22日，市十五届人大常委会第22次会议听取审议2018年规范性文件备案审查工作情况报告；10月31日，市十五届人大常委会第25次会议作出关于废止《江门市人民代表大会常务委员会规范性文件备案审查办法》的决定；加强备案审查信息化建设，实现市、县、镇三级人大与省规范性文件备案审查信息平台接轨；12月，全国人大常委会法制工作委员会2次到江门市分别调研基层立法联系点和规范性文件备案审查工作，肯定江门市的工作措施和成果。

（伍青萍）

政法委与综治工作

【概况】 2019年，江门市委政法委坚持以习近平新时代中国特色社会主义思想统领江门政法一切工作，坚持党对政法工作的绝对领导，学习贯彻《中国共产党政法工作条例》，紧紧围绕省委"1＋1＋9"工作部署和市委"1＋1＋5"工作举措，践行新使命，忠诚保大庆，统筹抓好防风险、护稳定、促发展、惠民生等工作，社会大局和谐稳定，群众安全感稳步提升，为江门市经济社会高质量发展和加快融入粤港澳大湾区建设提供坚实法治保障。是年，江门政法工作满意度全省排名第2，群众安全感全省排名第5。市委政法委在市直机关单位年度绩效考核再次被评为"优秀"等次。

【维护社会稳定工作】 2019年，江门市委政法委坚持"准、快、狠、小"工作机制，紧扣新中国成立70周年和澳门回归20周年安保维稳工作主线，全力压实党政"一把手"第一责任、市（区）主体责任、党委政法委牵头抓总责任和职能部门主管责任，形成市委主要领导主体推动、分管市领导主导联动、市委政法委牵头抓总、各市（区）各部门具体落实、商会及维稳律师团等社会力量广泛参与齐抓共管的维稳工作格局。全市各级各部门牢固树立"一盘棋"思想，以最高标准、最严要求、最实措施、最强保障落实各项安保维稳任务。广泛开展风险隐患大排查，动态掌握和研究全市稳定形势和突出风险问题，协调解决涉稳重点个案，严密防范化解政治和社会领域重大风险，有力保障新中国成立70周年大庆、澳门回归祖国20周年等重大活动期间社会政治大局平安稳定。全市没有发生严重危害国家安全和社会稳定的重大政治事件、没有发生暴力恐怖事件和个人极端事件、没有发生重大群体性事件、没有发生重大公共安全事件，政治社会大局保持和谐稳定。江门市全国"两会"维稳安保工作被省评定为"优秀"，澳门回归20周年安保维稳工作获省委政法委书面表扬，市委书记林应武专门作出批示：全市各级政法部门以"四个最"的标准，落实上级要求和市委部署，完成澳门回归祖国20周年安保维稳任务，市委予以充分肯定。

【扫黑除恶】 2019年，江门市坚持打防并举、标本兼治，开展重点案件、重点问题、重点地区、打伞打财、基层组织建设行业治理"五大攻坚行动"，对黑恶势力掀起强大攻势，推动专项斗争取得阶段性成效，多项指标排在全省前列。市委、市政府多次专题研究部署，党政主要领导一线指导、靠前指挥，各级各部门政治担当不断增强，"七个纳入"工作全面落实，中央督导组督办线索全部办结。侦破台山马某想涉黑组织、恩平何某谋涉黑组织、江海陈某来涉黑组织等一批大要案。开展百日追逃行动，实现国内逃犯到案率100%目标。推动中央扫黑除恶督导及"回头看"反馈意见、省委巡视反馈意见整改落实工作形成高质量整改成果，开平市涉黑涉恶突出问题挂牌整治摘牌，蓬江区挂牌整治取得阶段性战果。开展规范农村资源管理、整治建筑工程行业、打击非法采矿采砂等专项行动，严厉打击民生领域涉黑涉恶犯罪。结合主题教育开展"对黄赌毒和黑恶势力听之任之、失职失责、甚至包庇纵容、充当'保护伞'问题"专项整治，社会治安形势持续向好。推进"打伞破网"，新会区蒋某达涉黑组织及"保护伞"案例得到省纪委监委主要领导批示肯定。精准排查软弱涣散村（社区）党组织，选派优秀年轻干部到村（社区）担任第一书记，一村一策精准整顿。出台《办理重大黑恶势力犯罪财产处置工作意见》《江门市扫黑除恶专项斗争行业治理双向反馈办法》等规范性制度，长效常治机制不断健全。开展扫黑除恶宣传发动"十大专项行动"，新会区沙堆镇梅阁村蒋某达涉黑组织案作为广东代表性案件，先后被央视《平安中国》《南方日报》《南方》杂志等媒体报道。

2019年12月30日，江门市举办江门市扫黑除恶专项斗争主题微电影及文学创作大赛颁奖仪式（市委政法委　供）

【综治工作】 2019年，江门市委政法委紧紧围绕市委林应武书记提出擦亮平安江门这块金字招牌的总要求，健全落实综治领导责任制，扎实推进全市综治平安工作。江门市2018年度综治工作（平安建设）考评得分为93.233分，排名全省第4，获评优秀等次，受到省委政法委通报表扬。用好督查考核手段，把综治工作（平安建设）考评纳入县域经济社会发展考核和市直机关年度绩效考核体系，强化对单位、个人评先评优、晋级晋升综治工作履职尽责情况审核，推动各地各部门扛起一手抓稳定、一手抓发展主体责任。做好社会治安问题突出地区的挂牌整治和考核验收工作，推动挂牌整治地区问题得以整治，带动挂牌整治地区社会治理总体水平提升。2019年，全市刑事警情、刑事立案、八类严重暴力案件同比分别下降9.9%、10.6%、14.2%，没有发生严重个人极端事件和暴恐案件。协调推进特殊人群服务管理，特别是严重精神障碍患者救治救助工作，全年没有发生肇事肇祸致人死亡事件。2019年，江门市被授予“2018年度广东省严重精神障碍管理治疗工作先进市”称号。协调配合安全生产、食品药品安全、禁毒、反恐、“扫黄打非”等工作，统筹协调寄递物流和邮件快件安全、危爆物品管理工作，做好国庆安保期间公共安全领域风险隐患防范管控。

【社会治理】 2019年，江门市委政法委、探索社会治理新模式，着力推动社会治理社会化、法治化、智能化、专业化水平。制定并印发《江门市社会治理综合指挥中心建设指导意见》，打造市（区）级“区域性枢纽平台”和镇（街）级“实战化工作平台”。全力推进全科网格，依托现综治信访维稳中心，全市建成7个县级综治中心，73个镇级综治中心和1324个村（社区）综治工作站，划分3925个全科网格，落实专职和兼职网格员5506名。坚持“雪亮工程”与综治中心建设协同推进、深度融合，确立“一总多分”整体框架和“重建＋新建＋整合”建设思路，分级整合视频资源，全市建有一类视频点7693路，二、三类点18万路，基本覆盖城乡主要道路卡口及人员密集场所。推进3个省级、13个市级社会治理实践创新项目建设。制定并印发《中共江门市委政法委开展社会心理服务体系建设试点工作实施方案》，将心理健康服务融入社会治理体系，全市建成3个县级社会心理服务中心，42个社会心理服务站和430个心理咨询室。面向15类重点服务对象，持续推进全市47个社会治理公益创投项目，加快推动社会治理重心向基层下移，其中“平安通”项目顺利移交市民政局。按照省的统一部署，组织开展全市铁路安全专项行动，开展集中整治409次，整改问题153个，举办大型护路宣传活动373场，发放宣传资料15万份。市委政法委与市公安局、市教育局联合印发《2019年江门市中小学校幼儿园“护校安园”专项工作实施方案》，开展校园周边环境整治，推进平安校园建设。

【法治监督】 2019年，江门市委政法委高度重视党政机关不执行人民法院生效裁判工作，加大执行力度和督办力度，推动涉党政机关执行案件全部执结，实际执结率100%，执行金额到位率100%，获省通报表扬。组织推动和落实涉法涉诉信访工作，办理涉法涉诉信访案件，推动和规范律师参与江门市政法机关涉法涉诉信访案件化解工作，完成省交办重点涉法涉诉信访案件，化解率100%。召开全市政法领域全面深化改革推进会，推动司法体制综合配套改革、完善政法机构职能体系、执法司法权力运行机制等改革任务落地见效。推进江门市先进装备制造业知识产权保护试点工作，打造知识产权信息检索服务、中介服务、维权援助服务、先进装备制造业企业协同保护、司法保护服务五大平台，2019年12月，五大平台全面启用并投入运营。依法保障民营企业，成立依法保障和服务民营企业健康发展工作领导小组，制定《江门市委政法委关于依法保障和服务民营企业健康发展的实施方案》，把依法保障和支持民营企业发展工作提上重要议事日程。开展涉政府产权纠纷问题专项治理行动，处理问题线索3条，实现良好的法律效果和社会效果。

（陈婧怡）

【信访工作】 2019年，江门市市、县两级党政信访部门共处理群众来信1091件次，同比下降23.6%；来访881批 2656人次，同比分别下降2.4%、25.1%；群众通过网上信访反映事项1289件次，同比上升45.0%。没有发生重大异常群体性事件和恶性信访事件，信访秩序良好；通过完善、升级信访信息系统，实现信访信息系统纵向从国家、省、市、县、镇实现联通，横向覆盖各职能部门，所有信访事项在系统内流转、办理、督导、考核。运用信访信息系统开展信访事项按期办结率和合格率“双提升”行动，提升信访问题处置效率。先后三次组织市、县信访部门通过信访视频系统收看信访业务大讲堂，组织市直部门和各市区信访局业务骨干参加全省信访工作业务培训，强化业务能力。抓好法治信访宣传工作，通过网络平台、宣传栏、宣传手册、LED屏幕等途径向群众宣传《信访条例》《广东省信访条例》，信访秩序明显好转。推进开展通过法定途径分类处理信访投诉请求，各职能部门制定本部门的法定途径清单。发挥信访法律服务作用，提升法治信访水平。市、县两级信访部门已引入专业律师驻点参与信访工作，每天有专业律师在接访大厅值班，配合做好法制宣传和政策解释工作，对甄别分流涉法涉诉事项、做好依法分类处理群众诉求起到积极作用；3月，按照省、市开展信访矛盾化解攻坚专项行动部署和“解决问题、化解矛盾、息诉息访”总要求，理顺“案结事了、事心双解”攻坚思路，对江门市重点领域、重点群体、重点事项、重点人员开展拉网式排查，化解一批“无头案、钉子案、骨头案”等特殊疑难信访矛盾。是年，省信访工作联席会议交办国专件、省专件已全部办结，市、县党政领导包案的突出信访问题已得到化解；落实意识形态工作责任，制定《市信访局贯彻落实意识形态工作责任制清单》《市信访局意识形态阵地管理制度》《市信访局意识形态研判分析制度》等，履行信访部门意识形态工作职责。推动扫黑除恶专项斗争向纵深推进，加强研判工作，提升线索挖掘精准度。开展初任公务员到信访岗位锻炼工作。全年，安排4批13名初任公务员到江门市信访局挂职锻炼；抓好全国“两会”、新中国成立70周年庆祝活动、党十九届四中全会、庆祝澳门回归70周年庆祝活动等特别防护期信访保障工作，落实领导接访、领导包案制度，抓好矛盾化解攻坚，依法维护群众合法权益，确保问题处置化解到位。

（江门市信访局）

公 安

【概况】 2019年，江门市公安机关围绕新中国成立70周年和澳门回归祖国20周年两个重大活动安保主线，全面加强维护政治安全和社会稳定中心工作，实施改革强警和智慧新警务战略，着力建设高素质过硬公安队伍，为江门市打造成为“全省最安全稳定、最公平公正、法治环境最好地区之一”提供坚强保障。年内，扫黑除恶和打击突出犯罪取得新突破，成功打掉涉黑组织7个、恶势力犯罪集团27个，同比分别上升75%，35%；以命案标准侦办“两抢”案件，“两抢”警情同比下降78%，“零两抢警情”天数达288天，带动刑事治安警情、刑事立案、八类主要案件同比分别下降9.9%、10.6%、14.2%。群众安全感第三方评价排名全省第5。完成全市110统一接处警工作。狠抓智慧新警务建设，立体化治安防控体系建设取得新成效。启动市级困难派出所三年帮扶计划，推动两级政府每年投入资金1000多万元对18个困难派出所分批进行重建或修缮改造。公安“放管服”改革取得新进展，90%的审批事项实现“一次办”“就近办”“网上办”，“邑微警”查询办理业务量达到88.6万宗，同比上升15.3%。

（叶芊溥）

【打击经济领域犯罪】 2019年，江门市公安机关经侦部门以“利剑2019”为牵引，推进“猎狐行动”“百城会战”“粤鹰行动”和打击地下钱庄等专项行动。在涉税犯罪方面，全市侦破涉税案件25件，依托云端行动系统发起集群战役7个，市局经侦支队组织蓬江分局、江海分局一举侦破“飓风86号”特大虚开增值税普通发票案，打掉虚开增值税普通发票犯罪团伙3个，刑拘10人，提请批准逮捕7人，虚开价税合计人民币近10亿元；在银行卡犯罪方面，全市经侦部门对银行卡犯罪持续高压严打，破获信用卡诈骗案件12件。新会侦破“飓风83号”邓某敏等人涉嫌妨害信用卡管理案，捣毁犯罪窝点9个，抓获涉案人员65名，打掉犯罪团伙8个，依托公安部“云端”行动系统部署全国集群战役，摧毁一个涉及全国22个省市从事非法提供信用卡信息犯罪团伙。在地下钱庄犯罪方面，台山成功侦破“飓风199号”地下钱庄专案，抓获涉案人员118名，打掉犯罪窝点16个，总涉案金额达人民币400余亿元；在涉知识产权犯罪方面，全市共立侵犯知识产权犯罪案件34件，破案24宗，市局组织江海、蓬江侦破王某群非法经营卷烟案，刑拘10人，提请批准逮捕6人，查扣假烟、走私烟229万余支，货值156.62万元；在猎狐工作方面，全市坚持分类施策，分别从澳大利亚、中国香港等地劝返8名外逃人员投案自首。年内，全市公安机关受理经济犯罪案件693件，立案497件，破案342件，抓获犯罪嫌疑人823名，刑拘617人，提请批准逮捕

283人，总涉案金额486亿余元。

（黄志南）

【专项打击整治行动】 2019年，江门市公安机关按照省公安厅的部署，开展“飓风2019”专项行动，打击涉枪爆、涉电信诈骗、涉“两抢一盗”、涉黄赌、涉食药环等突出违法犯罪活动。在打击整治枪爆违法犯罪专项行动中，侦破宝维化工有限公司非法经营易制爆危险化学品专案，抓获犯罪嫌疑人8人，查获非法储存易制爆危险化学品60.775吨，涉案总值约6000万元。在打击涉枪违法犯罪专项行动中，组织开展2个涉枪飓风集群战役，抓获嫌疑人64人，侦破枪案积案4件。在打击电信网络诈骗犯罪专项行动中，组织开展3个涉电信诈骗飓风集群战役，抓获涉电信诈骗犯罪嫌疑人124人，捣毁犯罪窝点12个，冻结涉案资金近1000万元人民币。在打击涉“两抢一盗”犯罪专项行动中，组织开展4个涉盗抢飓风集群战役和3个刑事技术“三大会战”飓风集群战役中，共打掉盗抢销犯罪团伙23个，抓获盗抢犯罪嫌疑人136名，带破系列盗抢案件25串186件。在扫黄禁赌专项行动中，组织开展4个涉黄赌飓风集群战役，抓获涉案人员170名，打掉犯罪窝点12个。在打击食药环违法犯罪专项行动中，侦破“飓风135号”专案，抓获犯罪嫌疑人13人，现场查获国家一、二级保护野生动物和濒危野生动物100多只，涉案总值约1000万元。在“飓风2019”专项行动中，全市破刑事案件11086件，比上年上升1.2%，提请批准逮捕4648人，比上年下降4.1%。

（蔡锦鸿）

【禁毒工作】 2019年，江门市公安机关禁毒部门开展“两打两控”（打击制毒犯罪、打击贩毒犯罪和管控制毒物品、管控吸毒人员）专项行动，深化禁毒整治工作。严厉打击制毒、贩毒犯罪，先后侦破李某钦、韩某、梁某鹏等贩卖毒品案团伙贩卖毒品案。年内，全市共破获毒品案件568件，其中破获公安部、省毒品目标案件13件，侦破团伙案件36件，刑事拘留犯罪嫌疑人638人，提请批准逮捕586人，缴获各类毒品15.1千克。严格管控制毒物品，查处易制毒化学品行政案件31件；管控吸毒人员，查获吸毒人员3831人，处置强戒2500人；开展省吸毒人员社会化管控系统试点工作。

（吴培周）

【打击食品药品及环境犯罪】 2019年，江门市公安机关食品药品与环境犯罪侦查部门紧扣“飓风2019专项行动”这一主线，开展打击涉野生动物及其制品违法犯罪、整治食品安全问题、打击非法盗采河（海）砂等专项行动，先后侦办的“12·21”特大假冒注册商标案、“飓风135号”魏某渊等人涉嫌非法出售珍贵、濒危野生动物案，严厉打击各类食药环违法犯罪活动。年内，全市食药环侦部门共立食药环类案件343件，破案399件，刑拘526人，提请批准逮捕251人，起诉208人。

（朱　燕）

【社会治安管理】 2019年，江门市公安机关治安管理部门紧扣“飓风2019”专项行动，加强社会治安管理。严查“黄、赌”违法犯罪，组织全市开展扫黄禁赌百日行动、涉黄赌治安重点整治等专项行动，全市破获涉黄刑事案件99件，刑事拘留276人，提请批准逮捕221人，查处涉黄行政案件485件，行政拘留906人；破获涉赌刑事案件250件，刑事拘留519人，提请批准逮捕405人，查处涉赌行政案件2134件，行政拘留2115人。加强重点治安要素管控，推进行业管理信息化建设。加强危爆物品安全管理，全市实行露天爆破使用电子雷管。开展打击整治枪爆物品违法犯罪活动，全年破涉爆刑事案件17件，抓获犯罪嫌疑人36人。做好各类大型活动安全保卫工作。

（吴柏林）

【出入境管理】 2019年，江门市公安出入境管理部门深化“放管服”改革，推出一系列便民举措，3月起，在全市各级出入境办证大厅陆续推行出入境记录自助查询服务；4月1日起，中华人民共和国普通护照、往来港澳通行证、往来台湾通行证等出入境证件实行“全国通办”；7月1日起，全国实行降低普通护照和往来港澳通行证收费标准，同时在全市各级出入境办证大厅内推行自助免费照相服务；8月1日起，全国实施12项移民出入境便利政策措施，扩大外国人才申请永久居留对象范围，放宽签发长期签证和居留许可的对象范围，拓宽外国人才引进对象范围，提高外国人服务管理水平；9月15日起，全市出入境管理部门启用出入境电子档案系统，实现无纸化审批；12月23日，江门公安出入境“智慧办证大厅”启用。查获“三非”（非法入境、非法居留、非法就业）外国人725人，同比增长7.5%，共遣返外国人551人次。

（初贵德）

【户政管理】 2019年，江门市公安户政部门稳步推进户籍制度改革，推动重点群体在江门落户，年内三类重点落户群体共11595人（专才入户227人，应届毕业生入户354人，稳定居住入户11014人），全市户籍人口城镇化率为52.63%，同比提高1.33%；深化“放管服”改革工作，提升户政窗口服务质量，扩大省内“一站式”户政业务范围，将大中专学生迁移、随军家属迁移等事项纳入省内“一站式”范畴；全市投放22台身份证自助受理设备，实现居民身份证办理24小时的服务模式；继续解决无户口人员登记户口问题，推进部级人口信息人像比对系统任务线索核查清理工作，强化流动人员管理服务；推广门禁视频系统建设工作，年内全市安装门禁视频共计覆盖实有房屋32250间；创新发展人口信息服务管理模式，制定“二标四实”基础信息采集工作方案，继续推动“邑微警”民生服务平台应用，上线户政业务117项，“邑微警”应用平台累计接受群众进行身份证进度查询93734人次，户籍审批进行查询12805人次。

（容伟伦）

【交通安全管理】 2019年，江门市公安交警部门以做好新中国成立70周年和澳门回归祖国20周年交通安保工作为主线，开展“遏事故保安全2019”“百日安全行动”“夏季攻势”“2019年治理酒驾醉驾违法犯罪行为”“隐患清零百日攻坚”“‘两客一危’重点交通违法行为周末集中查处行动”“打击‘营转非’专项行动”“多警种联合整治行动”“10类重点违法行动统一整治行动”“国庆70周年全市多警种联合整治交通秩序统一行动”等系列道路交通秩序整治行动，提升预防道路交通事故能力和城市道路排堵保畅能力。年内，全市共发生道路交通事故2443宗，造成412人死亡，2433人受伤，直接经济损失506.9万元，与2018年相比，事故宗数减少1205件，下降33.03%；死亡人数减少49人，下降10.63%；受伤人数减少1468人，下降37.63%；经济损失下降27.43%。

（李 彬）

【信息化建设】 2019年，江门市公安机关以大数据应用为方向，推进智慧新警务建设，继续推进数据资源采集整理，开展新一代公安网建设；推进新一代移动警务建设；推进视频云建设，开展“平安江门”市直二期改造项目，继续推进各市区开展“十三五”规划前端建设，依托视频云平台，提升应用成效，2019年通过视频监控系统为业务部门提供各类案件线索约8600余条，直接参与破案700余起。

（朱 静）

【在线服务】 2019年，江门市公安局推进“互联网＋宣传”工作模式，强化公安政务微信微博等新媒体平台的宣传力度，开通“江门公安”抖音号，创新移动互联网短视频宣传方式。利用公安政务新媒体平台传播正能量，健全完善“江门公安”新浪微博和“江门公安”微信公众号的运维工作机制，及时准确发布各类警务动态信息，为群众释疑解惑，年内，发布江门公安微博信息1400多条，发布微信850多条；全力打造“江门公安”官方抖音品牌，3月28日，开通“江门公安”官方抖音号，制作一批群众喜闻乐见的微视频，针对不同时间节点的网络热点进行推送，与网友在线互动交流，牢牢网络舆论主阵地，年内，发布抖音短视频90个，播放量超过1.53亿次，点赞453.3万。

（黄宇军）

【森林公安】 2019年，江门市森林公安机关组织开展严厉打击涉野生动物及其制品违法犯罪专项行动、2019红线行动、春雷、绿剑、绿盾、绿卫2019、国门利剑2019、林区禁毒、查处野外违规用火严惩肇事者、打击走私象牙等野生动植物及其制品、2019护飞行动等一系列严打整治专项行动，打击各类涉林违法犯罪活动。在打击涉野生动物及其制品违法犯罪专项行动中，检查野生动物活动区域387处，检查野生动物人工繁育场所61家，检查餐饮场所339家；在推进绿卫、红线系列专项行动中，巡查使用林地项目30处。年内，全市森林公安机关涉林刑事和林业行政案件共立案166件，查破154件；其中，立刑事案件72件，破案66件（立破重大案件8件、特大案件8件），刑事拘留105人，提请批准逮捕66人；立林业行政案件94件，查处88件，处罚123人次，罚款214.7197万元，责令补种43人次；收缴野生动物2188多只，涉案价值约1143.591万元。

（邓志敏）

表6

2019年江门市交通事故统计表

统计时间：2019年1月至12月

单位	事故次数（宗）			死亡人数（人）			受伤人数（人）			财产损失（元）		
	数量	比上年同期增减	增减百分比（%）	数量	比上年同期增减	增减百分比（%）	数量	比上年同期增减	增减百分比（%）	数量	比上年同期增减	增减百分比（%）
蓬江区	461	-372	-44.66	43	-8	-15.69	439	-459	-51.11	1065400	-167530	-13.59
江海区	88	2	2.33	30	2	7.14	93	4	4.49	869200	13899	1.63
新会区	602	-330	-35.41	59	-18	-23.38	622	-366	-37.04	154889	-123422	-44.35
台山市	321	-127	-28.35	69	-4	-5.48	341	-145	-29.84	306800	-317000	-50.82
开平市	478	-167	-25.89	73	-2	-2.67	482	-209	-30.25	1221700	-389300	-24.17
鹤山市	300	-18	-5.66	62	-3	-4.62	302	-51	-14.45	190300	-65134	-25.50
恩平市	165	-166	-50.15	60	10	20.00	126	-216	-63.16	64400	-127364	-66.42
高速一大队	5	-11	-68.75	3	-13	-81.25	3	-5	-62.50	29000	-219701	-88.34
高速二大队	5	-4	-44.44	3	-4	-57.14	13	2	18.18	180000	-111000	-38.14
高速三大队	5	-9	-64.29	5	-9	-64.29	5	-16	-76.19	800000	-480000	-37.50
江门大道大队	13	-3	-18.75	5	0	0.00	7	-7	-50.00	188000	70000	59.32
合计	2443	-1205	-33.03	412	-49	-10.63	2433	-1468	-37.61	5069689	-1916552	-27.43

说明：2019年与2018年统计表出现的误差，是由于当时提取系统数据时，部分单位还未录入相关的数据，后来又补录，以至部分数据出现误差

【消防安全管理】 2019年，江门市政府先后出台《装备建设三年行动计划》《全面加强专职消防队伍建设意见》等文件，推行"1+N"建队模式（城市中心站+镇（街）站+小微站），58个重点乡镇建立政府专职消防队并实体化运行，建成率达95%。1332个行政村（社区）均建立志愿消防队，实现应急救援力量全覆盖。承担华为公司"背负式融合通信指挥系统"研发工作，代表总队参加部局冬训考核优秀率100%，全省消防执法质量考评成绩排名第4，在全省第一届"火焰篮"比武竞赛中获得团体第7，在夏训片区比武中获得团体第3，在全省装备比武竞赛中获得团体第9，先后打赢新会"7·26"坍塌事故救援、佛山高明森林火灾增援等一系列急难险重任务。探索出租屋专项整治"敲门"行动升级版（断水断电行动），建立"消防+城管+巡警"综合治理模式，完成新中国成立70周年等重大消防安保任务，连续2年在省政府消防工作考评中获评"优秀"。新争取消防建设用地约4.402公顷（江海约1公顷，台山约1.4公顷，恩平约2公顷），1个消防站投入使用，2个动工建设，10个消防站完成升级改造，新指挥中心大楼建设取得突破性进展。新建9个政府专职队站，补充专职队员203人，同比增长37%。全年实现"三个未发生"（未发生一起较大以上火灾事故，未发生一起有影响火灾，未发生一起伤亡火灾）的工作成效亡人数、财产损失数同比下降100%、26.8%。

2019年江门市火灾事故统计表

表7

项目	宗数（宗）	死亡人数（人）	受伤人数（人）	经济损失（元）
2019年	776	0	0	12922800
与2018年对比	↑51.86%	↓100%	持平	↓26.896%

说明：因2019年采取全口径录入原则，导致火灾宗数大幅上升

（魏　聪　欧阳杏洁）

检　察

【"不忘初心、牢记使命"主题教育】 2019年，江门市检察机关推进"不忘初心、牢记使命"主题教育，在讲政治、学理论上下功夫，将集中学习研讨扩大到四级高级检察官以上党员干部，建成党建教育中心，综合运用党务素能培训、领导讲党课、升国旗仪式、快闪短视频、现场教学，以及主题征文、朗诵、演讲比赛等方式，把学习教育落到实处；在重调研摸实情上下功夫，通过深入基层、走访座谈、咨询专家，形成7个高质量调研报告；在真检视找差距上下功夫，查摆出14项存在问题，列出28项整改措施和要求；在抓整改解难题上下功夫，19项近期整改措施项项落地，9条中长期整改措施条条坚持，6件司法惠民实事件件落实。

【服务江门高质量发展】 2019年，江门市检察机关助推法治化营商环境建设，出台服务民营经济"23条措施"；开展"送法进企业"法治宣讲活动，建设服务保障民营经济健康发展法治教育基地；落实涉非公经济案件立案监督和羁押必要性审查专项活动，推进涉民营企业刑事诉讼"挂案"及刑事申诉积案专项清理。加强产权司法保护，批捕侵犯知识产权犯罪36人，起诉167人，办理涉产权申诉案件8件。宋某等二人假冒注册商标案被评为全国检察机关保护知识产权典型案例，陈某行假冒注册商标案被评为广东省检察机关保护知识产权典型案例。着力防范化解金融风险维护金融安全，批捕非法吸收公众存款、金融诈骗等犯罪29人，起诉84人。决战决胜污染防治攻坚战，批捕破坏生态环境资源犯罪129人，起诉201人，其中依法办理中央环保督察重点案件2件2人。开平、恩平、台山、新会四地检察院联签潭江生态环境和资源保护公益诉讼工作框架协议，开平市检察院与云浮新兴县检察院联签大沙河水库饮用水水源地跨界流域生态环境和资源保护公益诉讼工作协议。开展"守护海洋"公益诉讼专项监督活动，发出海洋生态领域诉前检察建议11件。推动检察公益诉讼与生态环境损害赔偿制度相衔接，支持市生态环境局办成江门市首例生态环境损害赔偿案件。

【维护敏感节点社会稳定】 2019年，江门市检察机关成立以检察长为组长的信访维稳工作专班，多次召开涉法涉诉信访案件工作联席会议。发挥"12309"检察服务中心便民作用，抓实"群众来信件件有答复"工作。办理控告申诉信访案件1626件，群众来信100%实现"7日内程序回复"和"3个月内办理结果或办理过程答复"，未发生一起涉检"到省进京"非正常上访案件。国家司法救助工作合力不断增强，两级检察院分别与退役军人事务部门建立军人服务工作协作机制，台山市人民检察院与扶贫开发办公室联签国家司法救助融入脱贫攻坚工作文件。办理国家司法救助案件39件，发放救助金约111万元。

【助力构建“平安江门”】 2019年，江门市检察机关批捕各类刑事犯罪3291件4767人，起诉4563件6452人。“608”特大走私“金钱鳘鱼胶”案被评为全国打击濒危物种及其制品走私十大典型案例。认罪认罚从宽制度适用比例逐步提高，量刑建议精准水平走在全省前列。检察机关与监察机关衔接机制日趋健全，起诉省、市监察委员会移送和广东省检察院交办的职务犯罪案件56件67人。对“百名红通人员”许某凡涉嫌贪污、挪用公款案依法提起公诉。依法行使查办司法工作人员相关职务犯罪案件职权，立案侦查3件4人，居广东省第2。

【扫黑除恶专项斗争“深挖根治”】

2019年，江门市检察机关依法批捕涉黑恶犯罪138件427人，起诉67件414人；追捕41人，追诉48人。依法对被列为广东省十大涉黑恶典型案件的蒋某达等涉嫌组织领导参加黑社会性质组织案提起公诉，21名被告人全部获刑。两级检察院正副检察长带头办理涉黑恶案件46件。坚持对涉黑案件和重大涉恶案件100%提前介入，对涉黑恶案件实行上下级检察院同步审查，坚决做到“不放过、不凑数”。主攻“破网打伞”，坚持“一案三查”，挖出涉黑恶及“保护伞”线索64条。力抓“打财断血”，引导公安机关及时清查、冻结涉黑恶财产，建议法院依法判处财产刑。针对办案中发现的社会治理漏洞制发检察建议15份，促进源头整治。

4月22日，江门市检察机关扫黑除恶专项斗争研讨会在开平市院举行 （市检察院 供）

【刑事检察】 2019年，江门市检察机关落实“在办案中监督、在监督中办案”理念，监督立案69件，监督撤案79件，均居广东省第3；纠正漏捕229人，纠正漏诉337人，分别居广东省第二和第三；依托“两法衔接”信息共享平台，监督行政机关移送案件83件，督促公安机关立案73件。采取“定点＋巡回＋派驻检察官”模式，推进对公安派出所刑事侦查活动监督，在75个派出所设立侦查监督工作室。杨某梅涉嫌容留他人吸毒案被评为广东省检察机关十大优秀侦查活动监督案例。加强刑事审判监督，提出、提请刑事抗诉30件，其中法院改判和发回重审18件。做好刑事执行检察监督，办理特赦检察案件65件；对江门监狱开展两次巡回检察发现14个方面问题，已全部整改；对减刑裁定不当案件提出书面纠正意见4件；对不需要继续羁押的570名犯罪嫌疑人、被告人建议释放或变更强制措施。王某恩羁押必要性审查案、甄某成等28人财产刑执行监督案均被评为全国精品案例。

【民事检察】 2019年，江门市检察

机关提出民事抗诉14件，同比增长600%；提请民事抗诉31件，同比增长158.33%。发出民事审判程序违法行为监督检察建议31份、民事执行监督检察建议53份，到期采纳率均为100%。依法监督民事虚假诉讼案件11件，其中对“套路贷”刑事案件涉及的4件民事“假官司”开展同步监督。

【行政检察】 2019年，江门市检察机关发挥行政检察“一手托两家”作用，着力推动解决行政诉讼案件应当立案而不及时立案等“程序空转”问题。发出行政非诉执行监督检察建议57份，到期采纳率100%。江门市检察院与自然资源局建立行政检察与行政执法衔接机制，鹤山市人民检察院推动检法税三家建立行政检察、行政非诉执行与行政执法联动工作机制，行政检察监督与法治政府建设同向同行。

【公益诉讼检察】 2019年，江门市检察机关率先在广东省全部消除两级检察院公益诉讼起诉空白，率先提起广东省首2件药品安全领域民事公益诉讼。发出诉前程序检察建议260件，行政机关到期回复率100%；提起行政公益诉讼3件，居广东省第1。发布诉前公告42件，提起民事公益诉讼数居广东省第二；提起刑事附带民事公益诉讼41件，居广东省第1。办成江门市首例英烈权益保护领域公益诉讼案件。江门市人民检察院与11家市直行政机关召开行政公益诉讼工作联席会议，江海、新会、开平等地检察院分别与监察委员会、生态环境局、市场监督管理局建立协作机制。落实食品药品安全“四个最严”要求专项行动，推动有关部门整治城镇二次供水水质安全、网售药品安全等民生问题。公益诉讼“随手拍”平台上线，推动公益保护过程让群众参与、成果让群众共享。

【未成年人检察】 2019年，江门市检察机关批捕侵害未成年人权益犯罪137人，起诉169人。“杨某撤销监护权案”被评为广东反家庭暴力维护妇女儿童权益十大案例。做好最高人民检察院“一号检察建议”监督落实工作，推动建立校园防范性侵制度。侵害未成年人违法犯罪信息和入职查询制度初步建立，涉及未成年人重大敏感案件快速反应机制日渐完善，未成年人社会心理服务体系建设日趋健全。两级检察院班子成员作为中小学法治副校长讲授法治课55场次。“推动成立未成年人帮教救助基金实现社会司法多元化救助”被评为全国检察机关推动加强和创新未成年人保护社会治理十大典型案（事）例；“护苗爱心行动”被评为广东省“谁执法谁普法”优秀普法项目。

【检察队伍“四化”建设】 2019年，江门市检察机关持续推进援藏援疆，落实与云浮检察机关结对帮扶。选配优秀中层干部担任驻村“第一书记”，落实对鹤山古劳精准扶贫。重视“智慧借助”，在业务研讨、案件咨询、调研评选、专题讲座等多个层面上发挥专家咨询委员会作用。检察职业道德教育贯穿始终，释法说理融入办案、监督、接访全过程。争先创优氛围浓厚，江门市人民检察院民事行政检察科被广东省检察院记集体二等功，1人被评为江门市劳动模范；江门市人民检察院及四个基层检察院在“谁执法谁普法”履职报告评议活动中均获第一。打造让人民满意的检察队伍，江门市人民检察院2018年以来政法工作满意度连续三次荣居全省检察系统首位；台山市人民检察院获广东省第五届“人民满意的公务员集体”称号。

（区水容）

8月6日，台山市人民检察院举行广东省“人民满意的公务员集体”揭牌仪式　（市检察院　供）

法 院

【概况】 2019年，江门市中级人民法院（以下简称市中院）共受理各类案件10490件，审结10143件，同比分别上升20%、22.2%，全市法院结案率达到95.58%，未结案件下降至4378件。全市法院在受理案件首次突破10万件大关的压力下，结案率跃居全省第一，超额完成院党组确定的“全市法院全年存案5000件以下，同比去年下降10%以上”的结案目标，收案数增长29.1%，结案增幅超过收案增幅，结案率上升2.6%，未结案件下降20.6%，呈现“三大升一大降”。

【党建及队伍建设】 2019年年初，市中院部署印发党建、队建、纪律作风、审判执行和司法改革5份工作计划。制定《落实习近平总书记重要指示批示精神和党中央决策部署工作台账》，全院通过80多条的实际举措把总书记重要指示批示精神落实到工作中。结合“大学习、深调研、真落实”要求，院党组主动下基层、走企业、访群众，围绕民事简易程序审判改革、民营企业和企业家产权保护开展调研。建立“主题党日”制度，开展各类型“主题党日”35次，举办集体“政治生日”1次，进行党员义工活动71次，进学校、进社区、进企业进行普法宣传7场，派驻先进党员任“第一书记”对口帮扶鹤山龙口村开展扶贫工作。制定10项党内生活实施细则，支部书记述职、季度党建考核、基层法院党组评价、党员发展和工青妇群团组织等各项党建工作体系初步完善。持续创建“红色＋”特色党建品牌，与市委党校、市银行同业公会、江门日报社等机构党组织共同建立“金媒＋”党建联盟。党建文章《抓党建江门“一群人”带动全部人》在《人民法院报》刊登。印发《江门法院英模推报和宣传工作方案》，拍摄《总有党员在身边》微电影，树立可信可学的身边典型。抓廉政教育，通报传达违纪违法案例6次，组织观看案例警示片4次。全市法院系统7个集体和10名干警受到省级以上表彰奖励。

【刑事审判】 2019年，市中院受理各类刑事案件750件，审结702件，同比上升10.9%、12.7%。强化“深挖根治”推进扫黑除恶，全市法院共受理一审涉黑涉恶刑事案件63件457人（其中涉黑案件12件182人），审结并认定35件263人，受理二审涉黑涉恶刑事案件17件137人（其中涉黑案件7件59人），审结13件131人，判处重刑人数22人，涉黑案件重刑率排名全省第3，完成中央及省委“黑恶积案清零”目标；判处财产刑8918万元，处置涉案财产1.007亿元，判处财产刑金额同比上升2644%，判决案件资产居全省第三。审结省扫黑办重点督办张俊等33人、蒋秾达等21人、马松想等18人涉黑案和蓬江法院审理“套路贷”系列涉恶案等。编印《扫黑除恶案例汇编》下发，对重大疑难涉恶案件或涉黑案件开展专人专项指导。强化会商制度和涉黑案庭前会议制度，主动提议或参与市公检法联席会议19次。建立扫黑除恶专业化审判团队，以业务骨干为基础，把院庭长编进团队，发挥院庭长挂帅示范作用。强化对未成年人的司法保护，探索对未成年被告人的背景调查、前科封存、心理干预等制度，指导基层法院建立各具特色且架构完备的少审品牌。

【民事审判】 2019年，市中院受理各类民生案件4583件，审结4388件，同比上升10.8%、13.6%，解决标的金额9.36亿元。针对民间借贷纠纷增多，成为民商事第一大类型案件，着力加强对基层法院审判指导，发布首批“职业放贷人名录”，规范民间借贷。探索建立与民营企业的良性互动机制，邀请11名企业代表到市中院参加“优化营商环境”座谈活动。建立“法院＋工会”“法院＋劳动仲裁”机制，调解劳动争议案件29件，撤诉21件。严抓涉军停偿案件审判指导，指导台山法院办理100多起涉军停偿案件并全部审结。完善道交一体化平台建设，调解成功率为67%。涉外商事18个月以上未结涉外商事案件实现“清零”。市中院共受理知识产权案件320件，审结320件，同比分别下降18.79%和18.16%。强化知识产权司法保护项目被省委政法委确定为全省“四个走在全国前列”试点。与市工商联、五邑大学、律协共建“江门市知识产权司法保护服务中心”，推动广州知产法院江海高新区诉讼服务处挂牌。创新电子证据庭上固定模式，推动行政执法与司法证据互通互认。发布《江门市制造业知识产权司法保护白皮书》，被“学习强国”广东学习平台引用。多次邀请大学师生走进法院观摩庭审，进行知识产权法治讲堂。

12月30日，广州知识产权法院江门诉讼服务处、江门市中级人民法院知识产权巡回审判庭、江门市江海区人民法院知识产权法庭在高新区（江海区）揭牌运行
（市中级法院　供）

【行政审判】 2019年，市中院受理各类行政案件570件，审结555件，同比上升27.8%、28.5%。推进法治政府建设，进与市委党校共建的依法行政教育基地建设。探索行政机关负责人出庭应诉常态化，联合市委依法治市办、市普法办、市司法局组织200多名处级以上领导干部现场旁听行政案件审理。全年全市行政机关负责人出庭案件595件，出庭率52.06%。探索开展行政争议实质性化解工作，总结出“三大便民利民机制”“三大社会管理手段”以及“两大法治建设路子”的“江门经验”，被指定在全省法院行政审判工作座谈会上作经验交流。依法审查司法救助案件，全年共向29名救助申请人给予司法救助金18.5万元。发布《2016—2018年全市法院行政审判白皮书》，对近三年江门市行政审判以及行政执法工作态势进行分析。

【审判监督】 2019年，市中院主动接受监督，承办并办结代表建议5件，委员提案4件，办理代表关注案件1件，收集对法院提出的建议111条，代表委员满意率为100%。主动邀请代表委员旁听涉黑恶案件庭审、邀请指导执行工作通报会、视察减刑假释工作、座谈交流等54人次。主动配合市人大常委会做好规范性文件备案审查工作。

【案件执行】 2019年，市中院受理执行案件2063件，结案1993件，同比上升121.35%、131.74%，执结率为96.61%。江门法院实际执结率、执行到位率、执行平均用时等23项考核指标继续走在全省前列。8月份，全省法院执行工作会议在江门中院召开，省法院党组成员、副院长胡鹰带队，组织全省中级法院执行局局长开展集体考察调研，推广江门“两个机制”“两个系统”和“四项举措”执行创新经验做法。10月份，市委林应武书记对市中院执行工作作专门批示：“江门中院贯彻落实中央精神和省委部署，高标准、严要求、强措施，化解一批执行积案，在专项考核中取得全省第一的好成绩，市委予以充分肯定”。推进“南粤执行风暴2019”专项活动，共限制消费23506人次，发布失信名单16851人次，限制出境136人次，罚款37.69万元，拘留309人，开展集中现场腾退、清场活动251次，移送（自诉）追究刑事责任25件，执结案件22562件，执行到位69.3亿元。推进党政机关49件执行积案清理，执结金额1060万元。办结执行信访案件80件，办结率为100%。加大长期未结案件清理力度，清理超1年以上未结案件195件。建立江门市破产管理人机制，推进“僵尸企业”退出市场，共受理破产案件154件，审结108件。

【司法改革】 2019年，市中院贯彻落实习近平总书记关于“繁简分流、轻重分离、快慢分道”重要指示批示精神，以民事简易程序适用为重点，以民事审判组织架构和资源配置进行变革优化为关键，构建人员相对集中、管理相对统一的民事简易程序审判新体系，出台14份配套改革文件。院长、副院长等党组成员亲自带队到各基层法院调研，召开2次全市推进会，明确5大项16小项改革路线图和任务书。全年全市基层法院适用简易程序审结案件31177件，简易程序适用率为67.3%，案件平均审理周期缩短至24.8天。制定6大项24条《江门法院司法体制综合配套改革工作要点》，细化工作安排和节点目标。加强审判执行工作标准化、规范化建设，探索完善民事、刑事、行政、执行等领域审判执行流程标准体系。全面修订《江门市中级人民法院审判委员会工作规则》，建立类案强制检索报告机制。制定《全市法院推行一审裁判文书简化改革的实施意见（试行）》，推广要素式、令状式裁判文书应用。探索建立以立案庭为主体，立案、诉讼服务、信访工作归口统一的“诉讼服务中心”管理体制。

【司法宣传】 2019年，市中院发挥司法宣传“隐性司法”职能作用，编写新闻稿件135篇，被《人民法院报》、CCTV等国家媒体采用45篇，被《广州日报》等省级媒体采用50篇，其中“欧某诉高某饲养动物损害责任纠纷案”被《人民日报》、人民网、光明网、澎湃新闻等媒体平台转发，案例关键词搜索位居百度搜索实时排行榜第1，新闻微博话题浏览量达1.9亿次。加强官方微信公众号、微博建设，开设《南粤执行风暴2019》《扫黑除恶专项斗争》等专栏，发布信息861条。创新宣传媒介，上线“江门法院”抖音号，现已发布资讯10条，吸引200多万“抖友”关注，其中单条视频“大快人心，女子抢夺方向盘被判刑”聚焦群众关注的危害交通公共安全，浏览量达100多万。联合作家撰写《丹心映天平江门法官故事》一书，展示江门市法院40年来法治历程；编辑出版《初心永驻》一书，集合全市法院干警的优秀文学作品与摄影作品。举办“铁肩担公正红心献祖国”庆祝中华人民共和国成立70周年文艺会演，展现全市法院干警不忘初心、砥砺奋进精神风貌。

（江门市中级人民法院）

6月5日，江门市中级人民法院在市中心广场举行“6·5”环境日宣传普法活动并为到场市民提供法律咨询 （市中级法院 供）

司法行政

【概况】 根据江门市机构改革方案，2019年，市委全面依法治市工作领导小组改为市委全面依法治市委员会，办公室设在市司法局；将市司法局和市法制局的职能整合，重新组建市司法局，作为市政府组成部门。重组后的司法局，提升法治服务改革发展稳定能力，司法行政系统各项工作取得新突破。广东省委政法委通报的2019年群众安全感和政法工作满意度调查结果，江门市司法行政工作在全省排名第一。

【江门监狱】 2019年，江门监狱组织开展监狱开放日、社会帮教、法律援助、亲情帮教和安置帮教等活动，逐步提高庭审率和假释率，全年共办减刑1044件、假释30件、暂予监外执行7件；推动劳动改造功能回功，有1017名罪犯接受专项技能教育和专项技能鉴定考核，连续16年实现安全稳定。提前做好监狱摸底调研和清产核资、改革期间的教育引导等监狱收归省级直管的各项准备工作，于12月26日完成江门监狱正式移交省级直管。

2019年12月26日，广东省江门监狱收归省级直管移交仪式举行　　（市司法局　供）

【强制隔离戒毒管理】 2019年，江门市强制隔离戒毒所参与“全民禁毒工程”，紧扣教育戒治中心任务，落实隐患排查整治，强化对重点人员、重点物品、重点环节、重点部位、重点时段的安全隐患排查整治。加强戒毒人员教育矫治、医疗戒治和心理康复训练，与社工服务机构建立戒毒人员教育长期合作机制。建立完善延伸帮戒工作机制，开展职业技能培训工作。推进场所规范化建设，完成热水工程、车间环保空调建设，提高场所基础设施水平。推进生活卫生达标管理工作，加强与市五邑中医院医的联体合作，完成全国统一的司法行政戒毒工作基本模式建设和达标验收。实现连续17年安全稳定。

【社区矫正】 2019年3月，江门市司法局印发《关于进一步加强全市社区矫正工作的意见》，在全市社区矫正机构中实行每月工作通报机制，江海区司法局获评首个“优秀社区矫正中心”称号。4月，完成机构改革和部门重组，原社区矫正改管理科和监狱强戒管理办公室实行职能整合，组建刑罚执行和戒毒管理科。7月，成立“迎国庆、保平安”工作专班，全市两级社区矫正机构奋战一百天，确保新中国成立70周年大庆平安稳定。10月，贯彻落实新中国成立7周年对部分罪犯予以特赦工作，对全市符合条件的38名在册社区矫正对象、27名监狱服刑罪犯予特赦。刑罚执行和戒毒管理科成婷被评为全国司法行政系统特赦实施工作中作出突出贡献个人。

【安置帮教】 2019年1月15日，江门市司法局社区矫正（安置帮教）暨江门市强戒所戒毒康复延伸帮扶恩平牛江基地揭牌仪式在恩平市牛江镇举行，标志着江门市首个具有戒毒康复、社区矫正（安置帮教）就业帮扶、精准扶贫等功能的复合型工作基地成立，是江门市司法局打造“扶贫

+服务”平台的一项创新举措。

【人民调解】 2019年，江门市各镇（街）新增专职人民调解员142名，打造江海区“创继调解室”、新会“苏俊权调解室”、开平“锋叔调解室”、恩平“恒叔调解室”、鹤山“志锋调解室”等人特色调解室建设。在江门市湖南、浙江、罗定、电白、安徽、四川、江西等7家商会和江门市装饰建材行业协会成立人民调解委员会，9月联合工商联开展商会人民调解委员会业务知识专题讲座。是年，开展“大排查早调解护稳定迎国庆”专项矛盾纠纷排查工作，排查矛盾纠纷8574次，调解案件数14888件，调解成功14765件，成功率为99.17%。

【基层法律服务】 2019年，江门市基层法律服务所参与民事和经济代理，为当地民营经济体和群众提供法律服务和法律保障，全市基层法律服务所办理各类法律事务约9717件，其中代理民事、行政诉讼、仲裁事务239件，代理非诉讼法律事务354件，解答法律询问和代书8057人次，参与公益或免费法律服务1067人次，全年业务收入合计116.67万元。

【法治宣传教育】 2019年，江门市司法局审议通过《中共江门市委全面依法治市委员会守法普法协调小组工作规则》等系列文件，建立和完善市委全面依法治市委员会领导下的普法工作长效机制。10月，组织开展2019年江门市国家机关“谁执法谁普法”履职报告评议活动，对市检察院、市人力资源社会保障局、市交运输局、团市委、江门广播电视台等5个单位履职报告评议。开展“宪法在我心中”法治宣传进校园活动暨全市“宪法教育大课堂”师资培训班，全市各中小学举办“宪法教育大课堂”活动500多场次。组织发动全社会开展宪法学习宣传活动，“12·4”宪法宣传周期间各级各部门（单位）开展宪法法律宣传教育。研究制定《关于建立领导干部旁听案件庭审学法用法机制的意见》，组织市直各单位，中直、省直驻江门各单位200多名处级领导干部参加2019年全市领导干部旁听庭审活动启动仪式并现场旁听庭审。在《江门日报》开设“法治江门实践进行时”专栏、江门电台开设“以案说法”栏目，《中国江门网》开设“法治江门”网络视频节目、江门广播电视台开设“敬叔调解室”栏目，宣传法律知识；继续打造“普法达人”微信学法竞答活动品牌，对市民群众开展“指尖上的普法”，共举办活动40期、全国485万群众参与。11月，全国普法办公室通报表扬“七五”普法中期先进集体和先进个人，江门市市场监督管理局获评先进集体、开平市获评先进县（市、区）、江海区司法局局长龙标获评先进个人。

【公证事务】 截至2019年年底，江门市有公证机构8家，公证员35名，全市全年办理公证153069件，其中国内公证50601件，涉外公证97274件，涉港澳台公证5194件；是年，江门公证处、五邑公证处分别参与市中级人民法院、江海区人民法院司法辅助事务，其中参与调解案件984件、参与取证20件、参与送达46888件、参与执行5件；8月21日，经广东省司法厅批准，原江海公证处整体改制为合作制公证机构试点，更名为广东省江门市五邑公证处，主管机关为江门市司法局，执业区域为江门市辖区，仍坚持公益属性。五邑公证处是江门市首家合作制公证机构，标志着江门市公证体质改革机制创新迈出重要一步；是年，组织在全市复制推广公证“最多跑一次”工作，五邑公证处先行先试推出夜间延时办证、证后延伸代办、365天无休办证、在线办证服务；7月20日，联合市公证协会召开江门市公证协会第六次会员大会。审议通过第五届理事会工作的报告和五届理事会财务工作的报告。通过新修改的《江门市公证协会章程》，将公证行业党建工作写进章程，将“会员大会制度”修改为“会员代表大会制度”，新增设立监事会制度，选举产生江门市公证协会新一届领导机构。探索推进公证参与行政执法事务。

【司法鉴定管理】 截至2019年年底，江门市有8家司法鉴定机构，业务范围主要是四大类中法医类和物证类鉴定为主，具体包括：法医临床、法医病理、法医精神病、法医物证、法医毒物、文书鉴定、痕迹鉴定、电子数据鉴定等8类鉴定业务，有司法鉴定人95人，其中有博士2人，硕士16人，正高职称26人，副高职称29人。是年，新审核登记18人，全市8家鉴定机构共受理鉴定案件9369件，鉴定业务收费1779.3万元；是年，共办理司法鉴定机构和司法鉴定人的各项行政许可申请41件；组织鉴定机构开展司法鉴定能力验证和认证认可工作；是年，全市8家司法鉴定机构均参加能力验证活动，参加能力验证项目42项，获得“通过”以上评价36项；7月29日至8月2日，对全市司法鉴定机构收费情况进行全覆盖式的执法检查；9月25—26日，联合市公安局、市人民检察院、市中级法院、市律师协会、部分司法鉴定人对全市8家司法鉴定机构开展质量大检查活动，规范司法鉴定机构及鉴定人执业行为。

【公共法律服务】 2019年，江门市以建成覆盖全市、事项齐全、共融互通的公共法律服务体系为目标，打造覆盖城乡的“半小时公共法律服务圈”，全市建成四级公共法律服务实体平台1397个，包括7个公共法律服务中心、74个镇（街道）公共法律服务工作站、1316个村（社区）公共法律服务工作室，为群众提供法律咨询5万多次，办理公共法律服务事项20万余件；公共法律服务三大平台实现互联互通，打造全市26个示范性乡镇公共法律服务工作站和157个村（社区）公共法律服务工作室，助力乡村振兴，为群众提供优质高效公共法律服务。高效率处理“12348”语音平台产生的公共法律服务需求“工单”，2019年，全市办理144件工单，全部按时办结，响应群众的公共法律服务需求。高配额安排法律服务资源进驻网络平台在线值班，工作日安排8名执业律师、2名公证员、2名司法鉴定人值班，超出省厅每日最低5名执业律师的配额要求；依托“江门司法”微信公众号，制作江门市法治地图为30分钟公共法律服务圈提供有效的查询和引导。法治地图目前可以查询市区两级司法行政机关、公共法律服务中心、公证处、司法鉴定机构、仲裁委员会等51个机构；可以查询市区两级人民法院诉讼服务中心和人民检察院检察服务中心，后续将扩展到司法行政全业务项目，包括74个公共法律服务工作站，1316个村（社区）公共法律服务工作室，7个社区矫正中心，90家律师事务所，1400个专业人民调解组织和1316个村居法律顾问等4254个机构和个人。

【律师工作】 2019年，江门市有律师执业机构100家，其中普通合伙律师事务所53家，分所8家，个人律师事务所20家，公职律师事务所8家，法律援助处8家，公司3家；全市律师1086名，其中社会律师685名，公职律师344名，法律援助律师55名，公司律师2名，提前达到全面建成小康社会万人律师数指标2.3名的指标。江门市律师行业党委副书记李静染律师被评为“全国律师行业优秀党员律师”，广东广能律师事务所党支部、广东巨信律师事务所党支部等5个律师事务所党支部被评为“2018—2019年度全省律师行业先进基层党组织”，广东良匠律师事务所党支部被市委评为“江门市先进党组织”，广东永泽律师事务所卢泽铭律师被评为优秀党务工作者，广东凌志律师事务所、广东永基律师事务所等共11家律师事务所获评“2017—2019年度规范化建设先进律师事务所”称号；是年，全市362名村（社区）法律顾问律师提供法律服务23284次，其中提供法律咨询16616次，出具法律意见书399份，上法制课5554场次，参与法律援助40件，调处矛盾纠纷113起，其他法律服务事项562件。在《江门日报》推出《法律顾问在身边》专栏14期；制定市司法局参与粤港澳大湾区建设社会治理合作专项工作行动计划、事权清单和应急方案，定期报送工作情况；建立涉外法律服务人才监管台账，指导组建市涉外法律服务律师人才库和市律师协会涉外法律服务专业委员会；加强涉外法律服务人才培训，组织举办粤港澳大湾区法律服务专题讲座和首期涉外法律服务人才高端培训班，全市490名涉外法律服务人才参加；开展涉外法律服务工作交流合作，举办江澳两地法律研讨、第七届广东知识产权法律服务论坛等活动。

【法律援助】 2019年，江门市受理法律援助案件5956件，其中申请类法律援助1572件（民事1521件，刑事39件，行政12件），通知类法律援助案件4384件，安排值班律师提供法律帮助1159次，提供见证签署认罪认罚具结书服务606次，为军人军属提供法律援助7次，为来访、来电群众解答法律咨询8653次，挽回经济损失1790.96万元。全市法律援助机构指派律师办理刑事案件4384件，指派律师办理王军等19人涉黑案、蒋秾达等20人涉黑案、涉及143人假酒系列案、张俊等20人涉黑案等；组织办理集体欠薪案件666件，为劳动者追回劳动报酬1000多万元；6月6日，江门市退役军人法律援助工作站和老兵调解室在江门市公共法律服务中心正式挂牌成立，这是广东省首个退役军人法律援助工作站和老兵调解室；8月21日，江门市法律援助处组织开展法律援助案件质量评估。

（库　平）

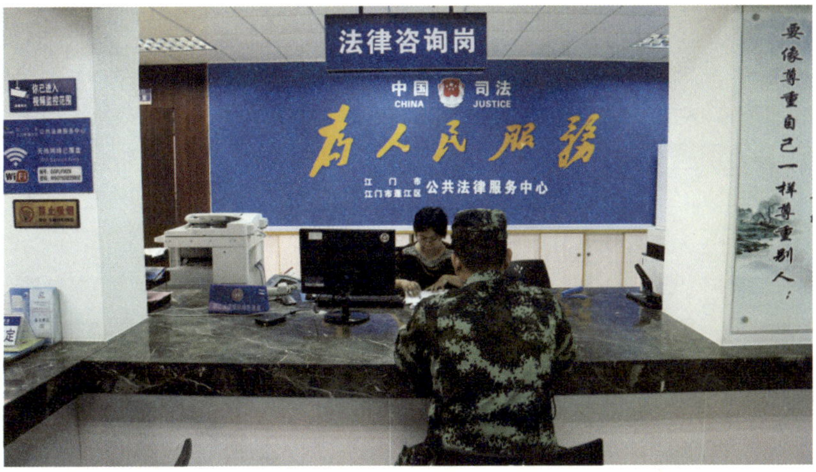

江门各市（区）成立公共法律服务中心　　（市司法局　供）

·责任编辑　赵燕欢·

军 事

江门军分区

【思想政治建设】 2019年，中国人民解放军江门军分区（简称江门军分区）深入贯彻习近平强军思想，组织党委中心组带机关和人武部4个专题理论学习，开展“传承红色基因，担当强军重任”“不忘初心、牢记使命”主题教育活动，完成6个方面7个专题内容学习，系统梳理46个具体问题并抓好整改落实；师团职领导登台为官兵作辅导授课49次，官兵维护核心、听党指挥的行动更加自觉。全面贯彻军委主席负责制，持续肃清郭徐房张流毒影响，开展肃清工作“回头看”，对营院政治文化环境进行整治和规范；着力打好意识形态领域主动仗，严密组织党的纪律教育、“四反”教育和“党性、党纪、党规”专题教育整顿活动，确保部队纯洁巩固和高度集中统一。

【军事训练】 2019年，江门军分区组织3期集中学习训练，落实工作日1小时体能训练，军事训练基础不断夯实。联合大连舰艇学院等军地专家，编撰24个课目、约20万字教案，解决训练教材、教案不足的难题；组织通信兵和侦察兵集训，组织基层民兵看展基地化轮训，经验做法在省军区民兵训法集训作交流发言，对口保障海军民兵分队训练得到海军参谋部和南海舰队工作组好评。为全市73个镇（街）各配齐2艘橡皮艇，为市直民兵应急营和7个市（区）民兵应急连配置抢险救灾、反恐维稳等各类装备物资器材，提高遂行急难险重任务能力。出动民兵支援地方抢险救灾，转移受灾群众780余人。

【国防动员建设】 2019年，江门军分区各级贯彻军委国防动员部和省军区决策部署，按照“举旗铸魂、练兵备战、转型提质、强基固本、正风肃纪、保稳兜底”的基本思路，重视民兵调整改革工作落实，完成基干民兵组织调整任务，实现力量结构和功能要素与平时应急有机衔接。在全省深化民兵调整改革工作检查考评中，综合成绩全省排名第2。出台《江门市征集大学生任务统筹暂行办法》《江门市大学生预征青年视力矫正资助办法》等措施，完成新兵和直招士官征集任务。资助大学生预征青年视力矫正、创新大学生兵员征集区域统筹等做法得到省军区肯定，经验做法先后被《中国国防报》、省委办公厅《每日汇报》、南方传媒等媒体进行专题报道。

【双拥共建】 2019年，江门军分区党管武装工作得到提升，协调召开市委议军会议，军转安置、随军家属就业、军人子女入学等取得突破，随军家属通过事业编专场考试得到安置；发挥军地桥梁纽带作用，协力创建“全国双拥模范城”；参与脱贫攻坚，在困难退役军人中实施脱贫攻坚帮扶行动三年规划，上年投入54.75万元对辖区内148户退役军人家庭实施帮扶。

【党建工作】 2019年，江门军分区组织召开师团两级党委民主生活会，召开军分区第五次党代会完成换届选举工作。贯彻落实《关于加强新时代省军区团级以上党委建设的措施》，加强两级党委能力建设，台山市人武部党委被军委国防动员部表彰为“先进团级单位党委”。先后接受军委巡视组常规巡视和国防动员部巡察，民兵队伍建设、兵役征集、民兵武器装备仓库集中管理等工作得到肯定。严格选人用人，安排干部转业、推荐优秀干部、确定后备干部、提升使用团营职干部等工作，群众反映良好。

武警江门支队

【概况】2019年，武警江门支队党委以习近平新时代中国特色社会主义思想为指导，深入贯彻习近平强军思想，坚决贯彻武警部队、总队党委决策部署，精心抓落实，扎实打基础，年度工作有力推进，各项任务完成圆满，全面建设稳中有进，官兵精神面貌为之一新，被总队表彰为“先进支队”。

【政治引领】 2019年，武警江门支队坚持用习近平新时代中国特色社会主义思想武装头脑、建队育人，围绕学懂弄通做实要求，抓好《习近平谈治国理政》《习近平新时代中国特色社会主义思想学习纲要》《习近平强军思想纲要》学习运用，用好党委中心组理论学习、理论学习日、学习强国和军职教育等载体；开展“不忘初心、牢记使命”“传承红色基因、担当强军重任”两项主题教育，深入学习习主席为武警部队授旗训词，不断增强“四个意识”、坚定“四个自信”、做到“两个维护”，贯彻军委主席负责制。

【练兵备战】 2019年，武警江门支队着眼担负任务需要，开展执勤法规学习教育，抓查勤管勤制度落实，推进“智慧磐石”工程建设和目标执勤隐患治理，实现固定目标安全无事故。加强实战化训练，开展群众性练兵比武，部队实战能力得到提升，完成鹤山“5·29”抢险救援和新中国成立70周年、澳门回归祖国20周年庆典安保任务。

【综合保障】 2019年，武警江门支队完善应急保障方案和战备物资储备，组织专业岗位培训和比武竞赛，开展后勤训练演练，应急保障能力得到增强。开展“清仓归零”整治、装备系统整肃治理和枪弹安全专项整治活动，规范物资采购，严格经费结算，后勤保障依规运行、顺畅高效。抓好伙食管理，推进直饮水进班排、基层营房整修、健康体检等暖心工程。

（孔德启）

人民防空

【概况】 2019年，江门市人民防空部门落实第七次全国人防会议和全省、全市人防会议精神，牢固树立“人民防空为人民”“人民防空是国家战略”的理念，坚持科学统筹、融合发展，坚持以人为本、服务民生，坚持平战结合、提升效益，人防“十三五”规划扎实推进，为全市改革开放和现代化建设提供坚强的安全保障，走在全省人防工作前列，人民防空事业在新起点上创新发展、全面建设，人民防空融合发展迈上新台阶。

（黄梦岚）

【人民防空指挥体系建设】 2019年，江门市完成基本指挥所音视频会议系统高清化升级改造工作；完成人防警报新标准新规范警报报知系统升级改造，建成人防指挥通信网（红网）建设。制定江门市2019年度人防训练工作计划，多次组织参加珠海、中山、江门三市机动指挥所跨区域协同训练，组织市本级和各市（区）人防机动指挥所训练和人防综合救援队伍部分骨干集训，参加在全省人防机动指挥所区域协同野外拉练训练（清远市佛冈县）。组织“9·18”年度防空警报试鸣暨人民防空行动演练。

（杨晓兵）

【人民防空防护体系建设】 2019年，江门市人民防空部门依法落实人防“结建”政策，加大防空地下室建设力度，人防工程体系建设实现快速发展，全市人防工程报建率达100%。结合停车场规划推进公共人防工程建设，缓解“停车难”问题。截至年末，江门市建立和在建人防“窗口”工程，提供车位约2900个。9月，按时按质完成“应建防空地下室民用建筑项目许可承诺制审批基准承诺标准”的编制工作并发布实施，规范江门市“应建防空地下室民用建筑项目许可”的承诺制实施流程。完善许可事项的承诺内容、承诺标准和失信处罚的相关规定，在提高行政审批效率的同时，加强许可事项的事中事后监管。全市应建防空地下室民用建筑项目承诺制项目13项。从项目规划公示到开工建设，可促使项目动工时间比原计划提早两个月，实现“企业在开工前只需跑一次”的目标。

（黄梦岚）

【人民防空宣传教育】 2019年，江门市投资90余万元，在蓬江区丰乐苑公园建成江门市人防暨双拥文化主题公园建设；江门市人民防空部门指导蓬江、江海两区完成“天福”社区、直冲村等10个人防工作站建设，顺利完成人防宣传教育“进社区”的工作任务。

（杨晓兵）

退役军人事务

【概况】 2019年，江门市建立健全军地协调退役军人移交安置工作机制，成立江门市委退役军人移交安置工作专项小组，分管市领导任组长，办公室设在江门市退役军人事务局，撤销原市军队转业干部安置工作领导小组和原市退役士兵安置工作领导小组及相关办公室。

【移交安置与就业创业】 2019年，江门市退役军人事务局解决驻军部队军人随军家属就业安置问题，全年相应安置机关、事业单位和国有企业工作人员身份的随军未随队家属22名，举办8期退役士兵适应性培训班。参加中职技能培训195人、高职院校21人和高职扩招135人。举办14场退役军人专场招聘会，提供岗位5000个，签订就业意向书200人，150人上岗。成立退役军人就业创业孵化基地、电商创业基地和农民专业合作社。

【退役军人服务保障】 2019年，江门市已建成1399个退役军人服务中心（站），其中1个市级退役军人服务中心（正科级）、1个五邑大学退役军人服务中心（正处级）、7个县级服务中心（正股级）、73个镇级和1317个村级服务站。全市落实退役军人落实编制172名，服务中心（站）面积7.07万平方米。落实烈属、军属和退役军人家庭悬挂“光荣之家”牌匾活动。2019年期间开展“最美退役军人”“最美军嫂”评选工作，发动群众推荐和评选首届江门市“最美退役军人”“最美军嫂”，最终评选出“最美退役军人”9名、“最美军嫂”5名，并邀请媒体八一召开表彰宣讲会，在市工人文化宫举办“江门市2019年革命英烈暨最美退役军人、最美军嫂事迹展”，组织全市党员参观学习，展览期间，接待8000余参观人次；是年“八一”期间，江门市与各市（区）四套领导班子走访慰问退役军人和重点优抚对象，发动妇联、红十字会、残联、慈善会、社会热心企业共同开展走访慰问活动。开展走访慰问抗战老兵活动，是年发放抗战老兵生活补助业务经费16.8万元，并纳入2020年财政预算。慰问师团职务、立功受奖、身患重病、生活困难企业军转干部；开展初心永不忘、爱心献功臣活动。开展帮扶救助行动，全市支出638万元为退役军人“解三难”。每年申请40万元专项经费为全市80岁以上孤寡独居退役军人购买团体保险。

【双拥工作】 2019年是第十一轮全国双拥模范城的评选年。是年，江门市出台《江门市拥军优属实施办法》、推出102项拥军优抚优惠措施，探索在“党建”“就业”“金融”“通信”“健康”“生活”6个维度社会化拥军工作。

【优抚与褒扬纪念】 2019年，江门市共有享受抚恤补助的优抚对象

21526人，其中伤残人员985人，“三属”227人，在乡复员军人602人，带病回乡退伍军人1766人，部分参战涉核退役人员8465人，享受老年生活补助的农村籍退役人员8855人、部分烈士子女37人，“五老”人员207人。各类定恤定补标准较上年有较大幅度的提高，其中：烈属抚恤金月平均标准2701元，因公牺牲军人遗属抚恤金月平均标准2319元，病故军人遗属抚恤金月平均标准2174元，在乡复员军人生活补助月平均标准1491元，带病回乡退伍军人生活补助月平均标准825元，部分参战涉核退役人员生活补助标准796元，“五老”人员平均每人每月651元。2019年全市修缮改造建设烈士纪念设施经费支出约1198万元，其中周文雍陈铁军烈士陵园改造工程约905万元，鹤山市烈士纪念馆建设工程约273万元，邵荣雁烈士墓修缮工程20万元。各级政府和部门积极开展清明节期间烈士祭扫活动和“9•30”烈士公祭活动。据不完全统计，全市举办烈士祭扫活动共约938场，参加烈士祭扫约20.5万人次。

【军休人员待遇落实】 2019年，江门市军队退休干部休养所有军休干部37人，其中离休干部3人，退休干部34人，需要发放补助的军休干部遗属13人。按政策规定每年1月给军休干部年定期增加离退休费，37人每月增加离退休费标准共4881.45元。2019年根据《转发财政部等四部门关于印发调整移交政府安置的军队离休退休干部退休士官基本离退休费、有关补助补贴标准和实行住房物业服务补贴制度三个实施办法的通知》精神，调整补发2018年7月至2019年11月军休干部离退休费、遗属生活补助及住房物业服务补贴157.2万元，其中:离退休干部补发145.8万元，遗属补发11.4万元。调整后军休干部离退休费标准较上年有较大幅度的提高，其中：离休费月平均标准1.94万元，较2018年增加0.32万元；退休费月平均标准1.5万元，较2018年增加0.33万元。2019年11月新接收一名军队退休干部，生活待遇从2020年1月起发放；参照市直机关离退休人员待遇，发放七大节日补助每人每年8000元（春节2000元，清明、五一、端午、国庆、中秋、元旦各1000元），同时春节、八一对全体军休干部、遗属进行走访慰问，发放慰问金13.53万元，其中发放军休干部慰问金11.84万元，遗属慰问金1.69万元。目前军休干部医疗保障按其职别共分三类执行：第一类是离休干部和行政副厅以上退休干部（含副厅），凭住院和门诊医疗报销发票（不含自费药）全额报销；第二类是技术七级具有高级职称（生活待遇享受副厅）及以上的技术退休干部，住院1万元以下的凭住院医疗发票（不含自费药）按95%报销，1万元以上的凭住院医疗发票（不含自费药）按97%报销；门诊凭医疗发票（不含自费药）按90%报销；第三类是副厅以下退休干部纳入江门市社保医疗保障，享受非统发公务员基本医疗和非统发公务员医疗补助。另外，每月由地方财政对70周岁以下的军休干部每人每月补助100元，70周岁以上的军休干部每人每月补助200元，已纳入地方财政部门预算，每月由军休所随军休干部离退休费一起发放。

（刘　启）

2019年8月1日，江门市“最美退役军人”“最美军嫂”先进事迹报告会在中国电信江门分公司附8楼举行

（市退役军人事务局 供）

·责任编辑　赵燕欢·

农　业

综 述

【农村经济体制改革】 2019年，江门市农村土地制度改革稳步推进，台山市三合镇、开平市百合镇和恩平市牛江镇3个省级农村土地流转奖补试点工作有序开展，启动土地经营权入股发展农业产业化经营试点工作，在鹤山市试点开展全市宅基地使用权确权登记工作；结合城乡建设用地增减挂钩等政策，统筹落实农村拆旧复垦工作，全市完成水田垦造1026.07公顷，拆旧复垦项目立项104.8公顷。农村集体产权制度改革持续深化，鹤山、恩平2个国家级农村集体产权制度改革试点工作扎实推进，全市1050个村民委员会全部完成农村集体资产清产核资工作，完成登记单位14250个；基本完成新会区国家农村集体产权制度改革试点任务，其中大鳌镇100%实现股份合作制；农村集体产权流转管理服务平台全面升级，全省首个地级市全域构建市、县、镇三级农村产权流转管理服务平台，全市村、组账100%实现镇级代管，累计增值33%。

【市乡村振兴工作推进会】 2019年4月30日，江门市召开全市实施乡村振兴战略工作推进会，总结2018年全市乡村振兴及脱贫攻坚工作，研究部署2019—2020年的硬任务，提出必须坚持农业农村优先发展总方针，以实施乡村振兴战略为总抓手，确保顺利完成2020年农村改革发展目标。会议解读全市《关于对标三年取得重大进展硬任务　扎实推动乡村振兴的工作方案》，该方案列出包括全面加强基层党组织建设、坚决打赢精准脱贫攻坚战、推进生态宜居美丽乡村创建、大力推进乡村产业振兴、加快农村基础设施和公共服务提档升级、促进城乡融合发展机制体制创新、强化乡村振兴保障机制共7个方面的57项硬任务。会议强调，要坚决打赢脱贫攻坚战，重点推进产业、就业、教育、健康、生态精准扶贫；着力发展壮大乡村产业，力争2019年新增省级现代农业产业园2—3个；加快改善农村人居环境，开展万里“碧道”工程试点，开展以“三清一改”为重点的村庄清洁专项行动，启动创建省级示范县、示范镇、示范村，连线连片打造14条美丽乡村精品线路；加速完善农村配套服务体系，扎实推进“厕所革命”，确保当年完成1449个农村生活污水处理设施建设；要全面深化农村改革，加强农村基层组织建设，全面向贫困村、软弱涣散村和集体经济空壳村派出第一书记，在干部配置、资金投入、公共服务等方面，优先考虑、满足和保障农业、农村、农民发展。

（江门市农业农村局）

农 业

【农村耕地流转】 2019年，江门市在农村土地承包经营权确权工作全面完成的基础上，做好农村承包地确权登记颁证后续工作，坚持依法依规、分类施策、民主协商，推动解决各类历史遗留问题，为加快土地经营权有序规范流转，引导农村土地集中连片流转向新型农业经营主体，发展农业适度规模经营奠定基础。截至年底，江门市农村承包地总面积166478.67公顷，土地承包经营权流转总面积83946.67公顷，占承包地总面积的50.42%。其中，出租（转包）70713.2公顷、入股6010.47公顷、转让1361.53公顷、互换2228.8公顷；通过交易平台流转面积38127.93公顷；农户自发流转面积41726.4公顷；签订流转合同面积58735.53公顷。全市连片流转达61630.8公顷，主要流转用途为粮食、水产养殖等，每亩的流转均价1120元。

【农业产业化经营】 2019年，粤港澳大湾区高质量农业合作发展平台建设扎实推进，全市创建14个粤港澳大湾区“菜篮子”生产基地（信誉农场）、4家粤港澳大湾区加工企业和14家省级农产品出口示范基地。新型农业经营主体档次规模提升，新增培育1家国家级、6家省级、16家市级重点农业龙头企业，全市市级以上重点农业龙头企业增至100家；新增培育1家国家级、4家省级、11家市级农民专业合作社示范社。1家合作社被评为“广东省十大最具潜力农民合作社”，1家联合社及1家农业服务公司被评为“广东省十佳农业社会化服务主体”；新增6家省级、25家市级示范家庭农场。全市农业产业化带动农户36万户，户均增收5000元。

【农业结构调整优化】 2019年，江门市深入推进农业供给侧结构性改革，坚持“稳粮优经”“优猪稳禽增牛羊”、扩大冬种等农业生产策略，水稻、马铃薯、玉米等粮食作物生产稳中有进，蔬菜、园艺、水果、南药、茶叶等主要经济作物种植面积逐年扩大、产量逐年增加、品质逐年提升。全年农作物总播种面积30.81万公顷，比上年增长7.5%；其中粮食播种面积18.12万公顷，增长3.1%；蔬菜种植面积7.33万公顷，增长5.1%；糖蔗种植面积1733.33公顷，下降4.3%；油料种植面积12373.33公顷，增长4.5%。全市拥有国家农业部畜禽标准化养殖场13家、省级生猪重点养殖场20家、重点家禽养殖场17家、原种及祖代种畜禽场7家，全市畜牧生产规模化率94.5%，规模以上养殖场机械化率87.3%。

【农业科技发展】 2019年，江门市深化与华农大、省农科院、五邑大学等高校院所的农业产学研合作，继续推进袁隆平院士水稻科研所、中国农科院和中国热带农科院江门基地等项目建设，培育农业新型研发机构。全市建立水稻新品种新技术试验示范点37个，种植水稻品种328个次，推广面积超13333.33公顷。先后转化粮食、蔬菜、畜禽、水产、水果、花卉、南药等良种300，引进水肥一体化、立体设施栽培、人工光照种植、遥感监控系统等30个农业技术。全市建有温室大棚4.3万平方米，现有省级现代农业科技创新中心6家，涉农高新技术企业31家，新型研发机构2家，工程技术研究中心26家，科技特派员工作站6家，院士工作站3家，省级农业星火技术产业带2家。承担实施国家农业部"南方低温雨雪冰冻灾区蔬菜集约化育苗建设项目"、国家发展和改革委员会"高优多抗鲜食加工兼用型甜玉米新品种繁育及产业化"项目和省农业厅、省科技厅的"三高"农业和技术推广等项目40个。先后自主研发"双重基质蔬菜育苗技术""农用无轴转鼓过滤技术""农用沉淀过滤一体化"等7项农业新技术。

【农业品牌建设】 2019年，江门市制定农业品牌培育奖励办法，编制恩平簕菜地方标准和黄喉拟水龟繁养地方标准。累计培育"三品一标"农产品195个，新增广东省名牌产品（农业类）15个，培育国家名特优新农产品5个、省级名特优新农产品89个。创建省级特色农产品优势区6个，数量为全省最多。累计培育国家地理标志农产品10个，数量居全省第1位。培育区域公用品牌48个，数量约占全省的15%。在2019年第十届广东现代农业博览会上，江门市作为全省唯一受邀的地级市在会上作品牌建设经验分享。

【现代农业园区创建】 2019年，江门市将现代农业产业园建设作为推动农业高质量发展的重要抓手，全年新增创建3个省级（恩平丝苗米产业园、江门水产产业园、鹤山茶叶产业园）、13个市级现代农业产业园。全市累计创建1个国家级、5个省级、19个市级现代农业产业园；实现园区总产值年均增速超15%、农民人均可支配收入高出当地平均水平28%以上；其中新会陈皮产业园预计是年底产值超53亿元，带动农户种植新会柑近6666.67公顷，人年均增收2万元，带动全产业链总产值80亿元。4月，全国现代农业产业园工作推进会在江门成功举办，江门市现代农业产业园建设经验得到国家农业农村部和广东省的肯定，"大基地、大加工、大科技、大融合、大服务"的产业园建设经验在全国推广。

【农业信息网建设】 2019年，江门市农业信息网站集约迁移到江门市政府网站江门市农业农村局部门频道。一年来，江门市农业农村局加强"江门市农业农村局"网站信息管理，规范"江门农业"微博、微信公众号运维，开通官方"抖音""南方＋""今日头条"等媒体平台，多渠道推送农业信息。全年通过江门市农业农村局网站（频道）、微博、微信等为主要平台发布信息9000条，通过省农业信息联播发布信息近800条，位居全省前列；通过市政府信息公开目录系统发布信息300条。配合江门广播电视台深入基层采拍反映江门市农业发展、农村建设、农民增收喜人成就与美好前景的宣传片，按期在"江门新时空"频道播放。推介农业专题新闻报道在江门电视台、江门广播电台、《江门日报》、《南方农村报》等媒体发布。加强与电视台、广播电台、日报社等媒体合作，推介农业专题新闻报道约230篇。

【农产品质量安全监管】 2019年，江门市成功创建全国第二批国家农产品质量安全市，是广东省唯一、全国11个地级市之一。全市建成市县镇村四级农产品质量安全监管体系，开展7个领域的专项整治行动，4969家农产品生产经营企业纳入溯源平台管理。全年溯源打码量超100万张，建设"农安保"试点85个。全年抽检农产品超35万批次、检测合格率99.3%，江门市连续9年实现农产品质量安全"零"事故报告。江门市农产品质量监督检验测试中心通过资质认证，检测项目扩项230项，累计591项，居全省前列；12月，国家农业农村部授予江门市农产品质量监督检验测试中心"全国农业农村系统先进集体"称号，广东省仅有7家单位获此殊荣。

【粮食生产】 2019年，江门市全年粮食作物播种面积18.12万公顷，比上年增长3.1%。其中，水稻播种面积16.99万公顷，增加2266.67公顷；总产量90.4万吨，增加4.5万吨；早稻播种面积8.39万公顷，产量45.7万吨，晚稻播种面积8.6万公顷，产量44.7万吨。冬种谷物、豆类、薯类等粮食作物6533.33公顷，产量11.7万吨。

【良种及新技术推广】 2019年，江门市重点围绕国家水稻产业技术体系江门综合试验站项目加强水稻良种良法示范推广，探索水稻栽培优新技术，建立37个示范点，种植水稻品种328个次，累计示范面积279.33公顷，主要推广美香占2号、粤禾丝苗等优质水稻品种和水稻三控技术、水稻绿色防控综合防治技术、华南双季稻一次性施肥等现代高效栽培技术，辐射带动推广面积超13333.33公顷。开展蔬菜新品种新技术试验示范推广，完成2019年省级农作物品种试验，试验参试品种59个，筛选出7个表现较好的品种在江门地区推广。开展农作物新品种新技术示范推广，配套高效节约型的水肥一体化栽培技术、病虫害绿色防控技术等模式进行示范推广，全年共完成农作物新品种（组合）试种与示范150个，筛选出水果甜玉米高峰、青春之歌小番茄、台松65天松花菜、连州丰裕3号菜心等10个推广前景良好的品种。

【现代标准农田建设】 2019年，江门市扎实开展高标准基本农田建设。全年建设高标准农田面积2.04万公顷，在全省粮食考评分项中拿到满分，助推全市粮食考评在全省考核中获优秀等级。“十二五”发展规划时期以来，全市累计完成高标准农田建设项目面积11.57万公顷，占基本农田80%，近5年在省考核中均位居全省前列。通过新建农渠、小型排灌设施、田间道路等，有效改善农业生产条件，巩固和提高粮食综合生产能力。

【农业污染防治】 2019年，江门市聚焦畜禽养殖污染排放量控制，推进畜牧业转型升级。巩固禁养区整治成果，落实中央和省环保督察反馈意见整改，至是年5月，全市全面完成中央、省环保督察期间禁养区复查整改和“回头看”工作；各市（区）、各镇（街）分别建立长效巡查机制，严防反弹复养。狠抓畜禽养殖废弃物资源化利用，全市畜禽养殖废弃物综合利用率、规模场粪污处理设施装备配套率分别87.7%和98.1%，分别比2019年度任务数高出17.7个百分点和16.1个百分点，提前1年完成2020年度任务目标（2020年任务目标分别为75%和95%）。聚焦农业面源污染治理，推进农业清洁生产。实施化肥农药零增长行动，推广测土配方施肥面积14.53万公顷，施用配方肥2.9万吨，推广覆盖579个行政村，全市化肥使用量从13.4万吨降至12.5万吨，农药使用量从6442吨降至6068吨，实现负增长。全市农作物秸秆综合利用率85%。推广世界银行贷款环境友好型种植业项目，截至年底，全市环境友好型种植业项目覆盖16个镇（街）、93个行政村，水稻种植参加农户近3万户，早晚造共实施1.73万公顷。

【经济和园艺作物生产】 2019年，江门市经济、园艺作物播种面积12.46万公顷。其中，蔬菜播种面积7.33万公顷、总产量162.4万吨，比上年增加11.8万吨；水果种植面积2.29万公顷、产量38.07万吨，增长7.2%；花卉种植面积9986.66公顷；中草药材种植面积1800公顷，增加1.2%；甘蔗种植面积3666.66公顷，减少2.7%；花生种植12373.33公顷，增加5.3%，产量3.2万吨，增加8.4%。茶叶总面积1066.66公顷，增长16%，干毛茶总产值7580万元，增长12%。

表8

2019年江门市水果种植情况表

项目	播种面积（亩）	产量（吨）
合计	343785	380653
1.柑	87880	135965
2.橘	15960	18050
3.橙	8702	9963
4.香（大）蕉	42776	100218
5.菠萝	463	492
6.荔枝	86631	22281
7.龙眼	58893	24071
8.梨	0	0
9.柿子	45	17
10.李子	293	37
11.番石榴	5850	11983
12.芒果	1851	1788
13.柚子	585	347
14.杨桃	904	778
15.火龙果	11648	16963
16.黄皮	1724	2002
17.百香果	902	512
18.桃子	752	360
19.青梅	402	197
20.其他杂果	670046	726677

【农业机械化发展】 2019年，江门市狠抓农业机械（简称“农机”）安全生产管理和项目实施，突出重点、突破难点，加快农机化新技术新机具推广步伐，加强农机农艺相结合，推动农机社会化服务，实现全市农业机械化新发展，江门农机化发展水平继续走在全省前列。到年底，江门市农机总动力约174万千瓦，水稻生产综合机械化水平85.9%，其中机耕率99.2%、机插率56.2%、机收率97.8%。

【农业机械服务】 2019年，江门市发放农机购置补贴资金1861万元，补贴机具15260台，受惠农户1720户，带动农户购机投入4697万元。全年完成农机社会化服务面积近4.47万公顷（台山完成3.27万公顷、开平完成1.2万公顷），超额完成省下达的3.47万公顷。全市拥有农机服务组织200个，其中农机专业合作社171个，涉及社员2570人；拥有农机户35703户，涉及5.49万人；拥有农机维修厂机修维护点1164个。全年开展各类农机人员培训3270人次，出动农机监理人员1240人次，开展安全检查380次，检查农业机械2730台，排查并落实整改一般事故隐患246项，整改率100%，办理机车年检审5000台。

（江门市农业农村局）

表9 2019年江门市主要农业机械拥有量情况表

市、区	农业机械总动力（千瓦）	耕作机械（台）	农田排灌机械（台）	收获机械（台）	渔业机械（台）
合　计	174.4	41536	91555	4523	70176
蓬江区	14.5	230	0	0	1391
江海区	4.1	177	1574	0	1894
新会区	29.2	7523	13916	701	25973
台山市	53.1	16347	27315	2431	18063
开平市	39.6	9372	16954	802	6002
鹤山市	17.4	5348	28017	203	14121
恩平市	16.5	2539	3779	386	2732

畜牧业

【畜牧业概况】 2019年，江门市畜牧业围绕种养业协调发展的工作思路，紧盯“保安全、保稳定、保生态、保供给、促发展”工作目标，以绿色发展为导向，调整优化产业布局和养殖结构，确保畜产品质量安全和畜牧业健康可持续发展。全年全市生猪出栏198.93万头，比上年减少16.73%；家禽出栏9654.92万只，增长18.16%；肉牛出栏0.43万头，肉羊出栏1.76万头。全市肉类总产量28.89万吨，增长2.97%。

【生猪生产】 2019年，江门市重点落实扶持规模养殖场标准化建设政策，推动生猪养殖向规模化、标准化方向发展。全市有20家生猪养殖场列入省级重点规模生猪养殖场，8家生猪养殖场列入国家标准化示范场，500头以上生猪养殖规模场的出栏量占全市出栏量的94.5%。江门市生猪年末存栏56.29万头，比上年减少43.6%。受非洲猪瘟疫情和环保整治影响，全市上半年生猪大幅抛售，2019年1月为全年猪价最低位，瘦肉型猪每百斤售价530元；下半年，生猪市场供应开始紧缺，从6月初开始，猪价持续走高，全年猪价最高位在11月份，瘦肉型猪每百斤售价2133.5元，随后猪价逐步回调，仍基本保持瘦肉型猪每百斤售价1691元。

【鸡鸭鹅“三鸟”与珍禽生产】 2019年，江门市现有5家国家标准化示范家禽养殖场，家禽养殖龙头企业发挥资金、技术和市场优势，以“公司＋农户”模式带动农户发展健康养殖业。马冈鹅、参皇鸡、白鸽、鹌鹑等特色畜禽形成规模养殖，分别集中分布在开平市马冈镇、月山镇和新会区罗坑镇、崖门镇等地。受生猪供应紧缺，家禽作为替代肉品，2019年家禽市场总体向好，其中三黄鸡在10月的售价最高为每斤23.87元/千克。全年家禽饲养量有所增长，年出栏量9654.9万只，分别比上年增加18.2%。

【动物防疫检疫】 2019年，江门市开展动物检疫工作，至年底，全市开展产地检疫生猪320.9万头，家禽1.3亿羽；屠宰检疫生猪192.3万头，家禽276.3万羽，产地检疫率、屠宰检疫率均达100%。全市产地检疫出具动物检疫证明40.2万份，屠宰检疫出具动物检疫证明95.4万份。稳抓疫情监测工作，是年，全市抽检畜禽动物疫病监测样品2.6万份，其中病原学监测量1.5万份，抗体监测数量1.1万份；全年全市强制免疫疫病抗体合格率均达到国家要求（即70%以上水平）。加强对生猪临床症状排除，全市预计累计排查生猪场点数量6.5万场次，排查猪只数量2083万只次，出动排查人员9.1万人次，完成采样送检390份任务。

【畜牧业良种培育与推广】 2019年，江门市继续推广畜牧业优良品种，家禽基本实现良种养殖，生猪良种覆盖率超95%以上。家禽主要良种为三黄鸡、麻黄鸡、广西草鸡、石岐杂配套系、樱桃谷鸭、澳白圣鸭、马岗鹅等；珍禽良种为美国皇鸽、鹧鸪、珍珠鸡、山鸡、鹌鹑等；生猪良种为长白、大白、杜洛克等配套系。

（江门市农业农村局）

林 业

【林业产业概况】 2019年，江门市林业产业总产值414.26亿元，其中第一产业47.06亿元、第二产业288.97亿元、第三产业78.23亿元。

【营造林】 2019年，江门市造林总任务2492.87公顷，其中宜林荒山和疏林地造林235.07公顷、退化林分修复面积1411.13公顷、封山育林面积846.67公顷。全年完成造林面积2515.34公顷，其中宜林荒山和疏林地造林235.07公顷、退化林分修复面积1433.6公顷、封山育林面积846.67公顷，超额完成年度建设任务。

【依法治林】 2019年，江门市森林公安机关分别组织开展"严厉打击涉野生动物及其制品违法犯罪专项行动""2019红线行动""春雷""绿剑""绿盾""绿卫2019""国门利剑2019""林区禁毒""查处野外违规用火严惩肇事者""打击走私象牙等野生动植物及其制品""2019护飞行动"等系列严打整治专项行动，始终对各类破坏森林资源违法犯罪活动保持高压态势，有力维护林区治安秩序稳定。全年累计出动公安执法民警2395人次，车辆1229台次，检查野生动物活动区域387处，检查野生动物人工繁育场所61家，检查餐饮场所339家，成功侦破一批涉野生动物重特大刑事案件；推进绿卫、红线系列专项行动，严厉惩治破坏林地资源违法犯罪行为，全年累计出动森林公安民警612人次，出动车辆120台次，巡查使用林地项目30处，核实省转发的2019年矿产疑似违法图斑7个，受理涉林地刑事、行政案件14件（其中刑事案件1件），查处7件，罚款13.30万元，涉及违法占用林地约71.5公顷。据统计，全市森林公安机关2019年涉林刑事和林业行政案件共立案166件，查破154件。其中，立刑事案件72件，破案66件（立破重大案件8件、特大案件8件），刑事拘留105人，提请逮捕66人；立林业行政案件94件，查处88件，处罚123人次，罚款214.72万元，责令补种43人次；收缴野生动物2188只，涉案价值约1143.59万元。

【林政管理】 2019年，江门市森林采伐量113.8万立方米，生产木材79.9万立方米，未突破江门市"十三五"发展规划期间115.6万立方米的年森林采伐限额。年内，办理使用林地手续78宗，面积425.5公顷，完成多项省、市重点项目的林地手续申报任务，如粤西天然气主干管网江门段、大泽工业园、司前工业园、台山工业园等。

【森林防火】 2019年，江门市共发生森林火灾4宗，森林受害面积14.73公顷，森林火灾受害率0.03‰，当日扑灭率100%，没有发生人员伤亡事故。全市各级林业主管部门联合地方政府开展"森林防火宣传月"主题宣传活动，为森林防火各项工作开展营造良好社会氛围。9月24日，江门市自然资源局会同新会区自然资源局、新会区司前镇政府在司前镇文沧广场开展"森林防火法律法规咨询和森林防火知识宣传"活动；9月30日，江门市自然资源局会同蓬江区自然资源局在杜阮中学开展森林防火知识"进校园"活动；9月27日，江门市森林防灭火指挥部办公室联合江门市自然资源局在市古斗林场白水带工区组织开展森林火灾"以水灭火"技能培训和"双盲"演练，市中心城区森林消防大队和全市7个国有林场半专业森林消防队参加演练活动。

【林业有害生物防治】 江门市的林业有害生物主要包括马尾松毛虫、松茸毒蛾、松突圆蚧、湿地松粉蚧、黄脊竹蝗、桉树尺蛾、桉树毒蛾、桉树青枯病、桉树枝瘿姬小蜂以及薇甘菊等。2019年，全市落实林业有害生物监测面积163.5万公顷次，监测覆盖率100%；病虫害发生面积0.844万公顷，其中发生轻度病虫害0.813万公顷，发生中度病虫害0.031万公顷；防治面积0.520万公顷，无公害防治面积0.487万公顷，无公害防治率94%。9月，经抽样检测发现在蓬江区棠下镇虎岭村和环市街群星经济联合社有松材线虫病疫情，发生面积15.80公顷；11月，蓬江区棠下镇、环市街道确认为松材线虫病发生疫区。

【林业科技】 2019年，江门市以抓好林木良种选育、繁殖、推广作为林业科技工作重点，推进林木良种化建设。依托申报和实施科技项目，开展各类林业科学研究，开拓林业科技工作新局面。一是申请中央林业改革发展资金310万元，用于大沙林场古巴加勒比松国家种子资源库、新会区国家相思良种基地和台山市红岭国家湿地松、杂交松良种基地基础设施建设，开展育种试验研究，培育良种苗木等工作，为全市植树造林、乡村绿化美化提供优质种苗，全面提高营造林质量。二是申报省林业科技创新项目2项，分别是江门市林业科学研究所的"龙脑香科珍贵用材树种栽培技术研究”和台山甫草林场的“甜油甘子高效丰产栽培技术研究”项目，申请省级资金60万元。三是台山红岭种子园的“南方主要松树材脂新种质创制及良种产业化关键技术”获梁希林业科学技术奖科技进步二等奖和南粤林业科学技术特等奖；江门林科所马锡权等撰写的《杂交相思采穗圃营建与嫩枝扦插育苗技术研究》和新会林科所王立等撰写的《Research of Factory Guarantee for Acacia Melanoxylon Clone》分别获江门市2017—2018年度自然科学优秀学术论文二等奖和三等奖。江门市退休老干部薛华正、吴芝杨被广东省林学会授予“终身贡献奖”;台山红岭种子园林昌明、江门市林科所税珺被评为2018年度江门市“林业名家”及“专家工作室”领衔人，新会区林科所黄宏健被评为2018年度江门市“林业名家”。

【生态公益林建设与管理】 2019年，江门市根据省林业局关于同步开展生态公益林完善落界工作的部署要求，理顺管理机制，采取服务外包形式聘请第三方开展工作，保障公益林完善落界各界数据更新工作顺利进行。全市持续推进市县级生态公益林扩面工作，在2018年完成1.13公顷扩面任务的基础上，2019年计划继续扩面1.13公顷，全力保障2020年年底前完成生态公益林面积占比50%的目标任务。据统计，全市2019年累计完成生态公益林扩面任务1.13公顷，占总任务量的100%，取得较好建设成果。

【义务植树和群众性绿化活动】 2019年3月11日，市四套班子领导带领市直属机关工作人员和江海区代表近500人，在江海区胜利南路延长线睦洲水道迎信闸外滩开展义务植树活动，种植凤凰木、紫薇、黄花风铃木、落羽杉等开花和常绿乔木2000株。各市（区）亦把握早春植树造林的黄金季节，组织发动各镇（街）、村分别开展义务植树活动。江门市创新义务植树方式，开展认种、认植、认养等形式多样的义务植树活动，营造全市动员、全民动手、全社会参与的良好氛围。据统计，2019年全市参与义务植树活动206.49万人次，共植树596.24万株。江门市各地提前谋划、积极筹资、科学设计、专业施工，提升农村绿化美化水平。年内，完成88个乡村绿化美化建设任务，年度计划任务完成率100%。

【重点林业生态工程建设】 广东响水龙潭森林生态综合示范园项目进展顺利，自然教育系统及配套设施建设工程于2019年9月26日全面开工，科普宣传牌建设完成。恩平市先后2次在广东响水龙潭森林公园组织开展义务植树活动，累计500人参加，种植乐昌含笑、粉花山扁豆、紫玉兰等共1100株，完成义务植树4公顷。完成林分改造20公顷，种植深山含笑、山杜英、荷木、黧蒴等乡土阔叶树种，涵养水源、保持水土。省级森林公园申报工作按计划完成。2019年12月26日，广东白云石森林公园获省林业局批复成立。广东鳌峰山省级森林公园（拟设立）完成可研报告，按程序向省林业局申请组织专家论证。广东大雁山森林公园总体规划修编工作稳步推进，于2019年12月12日通过专家评审，按程序报请省林业局审批。广东大雁山森林公园按照国家AAAA级旅游景区标准开展升级改造工作，完成游览观光车站点设施建设、导视系统升级工程、植物和地理科普路径工作、步行道升级改造工程、导览标志牌等建设工作。森林碳汇工程方面，根据《广东省森林碳汇重点生态工程二期建设规划（2016—2020）》部署安排，江门市2019年森林碳汇重点生态工程任务为814.93公顷建设，分布于新会区、台山市和鹤山市。年内，完成814.93公顷，其中补植套种13.33公顷、更新改造451.6公顷、封山育林350公顷，任务完成率100%。森林抚育工程方面，省下达江门市2019年中央森林抚育53.3公顷。至年底，中央森林抚育任务全面完成。江门市通过省级以上财政投资建设，重点对近年来的碳汇造林成果实施抚育，巩固和提升森林碳汇建设成效。

【国有林场改革】 江门市自然资源局会同江门市发展和改革局及时做好全市国有林场改革迎检的自查工作，对全市11个国有林场上报的自评自查资料进行审核，实地抽查江门市狮山林场、开平市镇海林场。2019年全市11个国有林场改革任务全面完成并通过省林业局验收。

【森林保险】 2019年，江门市投保林木面积16.66万公顷，投保农户（单位）数23户。2019年上半年，阳光保险公司支付受灾林木理赔款3547.83万元，理赔款支付率100%。

海洋与渔业

【海洋经济发展】 2019年，江门市抢抓建设粤港澳大湾区和支持深圳建设中国特色社会主义先行示范区“双区驱动”机遇，以加快转变海洋经济发展方式为主线，创新海洋经济发展思路，加大对海洋经济的政策扶持力度，经省人民政府同意成立江门大广海湾经济区，制定《关于打造珠江西岸新增长极和沿海经济带上的江海门户的决定》等系列政策文件，海洋经济成为江门市国民经济的重要组成部分和新增长点。据统计，全年海洋经济总产值预计1307.1亿元，海洋经济增加值486.82亿元，比上年分别增长4.2%、4.3%。

【海域海岛管理】 2019年，江门市围绕粤港澳大湾区和大广海湾经济区建设，加强和规范海域海岛管理工作。一是统筹抓好国家海洋督察整改工作，按照时间节点要求完成6项整改事项、28项整改措施的整改。二是制定《江门市围填海历史遗留问题处理方案》，分类施策、妥善处理围填海历史遗留问题。全市列入围填海历史遗留问题清单的图斑共27个，总面积945.0546公顷。其中，7个确权图斑基本完成处理，台山广海湾鱼塘港物流区建设项目、台山市广海渔港升级改造和整治维护项目获省批准继续实施围填海；20个未确权图斑分6个区域完成生态评估报告和生态保护修复方案的编制评审和处理方案编制上报工作，工作进度在全省排名第四位。三是推进阳光用海工程，保障重大项目用海，年内全市确权登记用海项目46宗、用海总面积801.69公顷，累计确权登记用海项目133件、用海总面积3309.94公顷。四是深入推进养殖用海清理整治，全市累计确权登记养殖用海项目54宗、用海总面积924公顷，清拆非法养殖的蚝桩蚝排面积1108.56公顷。五是全面加强海域海岛监视监测，年内开展监视监测活动45次，实地核查用海项目28个，巡查无居民海岛12个，发现疑点疑区18个，通报海监部门依法处理。六是加强海岸线保护管理，完成22段严格保护岸段共42个标识设立任务，全市大陆自然岸线保有率超50%，为全省最高。

【海洋生态修复】 2019年，江门市编制完成《江门市镇海湾（台山北陡）美丽海湾建设方案》和《江门市海岸线整治修复实施方案（2019-2020年）》，利用省下达全市海岸线生态修复专项资金1300万元，用于海宴镇公角山透水式防浪堤、海宴镇海侨青山围仔红树林整治修复、海宴镇瓦窑湾生态景观廊道建设和川岛镇山咀港进港路海岸线生态修复等4个海岸线生态修复工程。

【海洋防灾减灾】 2019年，江门市继续和南海预报中心合作，每天制作专题精细化海洋预报信息，通过《江门日报》、江门电视台《侨乡气象》节目、江门市海洋预报网等渠道发布。发挥部门防灾预警职能，采取短信、传真等方式，及时发送海洋预警预报信息，确保沿海地区和涉海企业、渔民群众能及时响应，有效防灾避灾。年内，共发布风暴潮预警信息4条，海浪预警信息13条。年内，江门市船载自动气象观测设施项目完成验收，验潮站、海洋观测浮标等项目均完成招标，按计划推进建设。投入资金近300万元，完成江门市重要渔港、重点增养殖区承灾体调查及风险区划项目，成为全市完成的首个海洋灾害风险区划，有效提升海洋防灾减灾水平。

【渔业生产】 2019年，江门市水产养殖面积55289公顷，总产量704304吨，比上年分别增长0.17%、5.69%，养殖总产值172.1亿元，增长36.5%。其中，海水养殖面积18539公顷，产量225655吨，产值23.36亿元；淡水养殖面积36750公顷，产量478649吨，产值150.81亿元。水产养殖面积在全省排第二名，淡水养殖面积在全省排名第一位。全市有捕捞生产渔船3707艘，总功率212858千瓦，捕捞总产量87669吨，减少11.76%，捕捞总产值150.8亿元，减少25.6%。其中海洋捕捞生产渔船2673艘，总功率201987千瓦，产量77498吨，产值14.1亿元；淡水捕捞生产渔船1034艘，总功率10871千瓦，产量10171吨，产值165亿元。

【渔政执法检查】 2019年，江门市组织开展“亮剑”系列渔政执法行动，严厉打击各类渔业违法违规行为。至年底，全市涉海渔政部门共查处电鱼案件14件，查扣涉渔“三无”船舶106艘，清理取缔“绝户网”“滩边罟”等禁用渔具设施6.2万米；成功向公安部门移交违法案件13件，涉案人员24人，有效维护江门市正常渔业秩序。加强海洋监察执法，全年立案查处海洋违法案件10件，结案8宗，收缴罚款43万元。全市各级渔政队伍共开展安全检查642次，出动人员3218人次，检查渔船7091艘次，排查出各类安全隐患247项，共查处违反安全生产规定行为24件，为海洋经济强市提供坚强保障。

（江门市农业农村局）

水　利

【水利概况】 2019年，江门市完成水利投资18.82亿元，其中中央投资1.33亿元、省级投资1.45亿元、市级投资0.35亿元、县级投资15.61亿元、乡镇及群众自筹0.08亿元。完成土方315万立方米，石方52万立方米，砼方25万立方米，加固江堤30.25千米，维修江堤12.5千米。

【潭江河流治理工程】 潭江河流治理工程列入国家、省江河主要支流、重点独流入海河流治理项目，治理范围为潭江上游恩城至银洲湖出海口，包括恩平、开平、台山、新会4段。工程任务为防洪（潮）、排涝。本工程堤防防洪（潮）标准均为30年一遇，恩平市莲塘河支流堤防防洪标准为20年一遇。加固潭江干堤恩平堤段、开平堤段、台山堤段和新会堤段等共76.886千米的堤防以及162座穿堤建筑物的重建、加固改造。其中恩平堤段加固堤长23.169千米，重建、加固改造穿堤涵闸（管）31座；开平堤段加固堤长16.871千米，重建穿堤水闸14座，重建或新建穿堤涵管22座；台山堤段加固堤长23.165千米，重建穿堤水闸18座，重建或新建穿堤涵管19座；新会堤段加固堤长13.681千米，新建闭口水闸11座，重建穿堤建筑物47座。工程批复概算8.73亿元（其中新会堤段3.46亿元，台山堤段2亿元，开平堤段1.81亿元，恩平堤段1.46亿元）。2019年潭江河流治理工程投资计划完成，工程项目实施建设。

【江新联围加固工程】 2019年12月，江新联围加固工程完成可行性研究、初步设计等前期工作，并开工建设。江新联围是珠江三角洲五大堤围之一，工程保护江门核心城区和新会区城区等区域。由于工程处在深厚淤泥之上，近年堤围沉降变形较大，部分堤段达不到设计防洪标准，穿堤涵闸存在闸底脱空等隐患，需要进行加固，消除安全隐患，按设计标准恢复工程的防洪能力。

【中小河流治理工程】 2019年，江门市完成中小河流治理（二期）项目有10件（其中台山4宗、开平3件、恩平3件），累计完成治理任务139.61千米，完成广东省下达中小河流治理年度任务。

【病险水闸除险加固工程】 2019年，江门市列入省五大民生水利工程建设方案中的病险水闸除险加固工程有7宗，获省发展和改革委员会批复5宗，下达投资计划5宗，其中合山水闸竣工验收，恩平塘洲水闸完工、江洲水闸收尾，开平交流渡水闸、恩平恩城水闸在建中。

【水资源管理】 2019年，江门市河道外新发（延续）取水许可证109宗，核发取水量57099.962万立方米，河道内新发（延续）取水许可证26宗，核发取水量194904.2万立方米，全市征收水资源费约1.03亿元。节水型社会建设取得较大进展，台山市通过省的验收获得全省第一批县域节水型社会达标建设示范县称号，全市建成各类节水载体107个。开展对全市14个地下水监测站点的常规维护以及地下水信息系统的运行维护与地下水水质监测工作。编制《江门市水量分配方案及河道生态流量核定》，对全市集雨面积50平方千米以上河流进行河流健康生态流量核定，提出江门市水量分配方案。

【河长制工作】 2019年，江门市推进水资源保护、水安全保障、水污染防治、水环境治理、水生态修复、河湖管理保护等各项河长制工作，全面完成“清四乱”“五清”专项行动，扎实开展西江和潭江流域重点支流综合治理，高标准完成82千米省级碧道试点和市级示范段建设，在全省首创县级总河长向市级总河长、领导小组成员向领导小组组长述职的做法，推动“河长制”“湖长制从”“有名”到“有实”到“见效”，150个自设市级“河长制”水质监测断面的优良水体比率同比上升21.0%，达标水体比率同比上升19.6%，在省河长制考核中以排名第一位的成绩获评优秀等次。

2019年召开江门市冬春水利基本建设工作会议　　（市水利局　供）

【水旱灾害防御】 2019年，江门市践行“两个坚持、三个转变”防灾减灾救灾新理念，贯彻落实水利改革发展总基调，切实抓好水旱灾害防御，有效防御10场次强降雨、7次雷雨大风天气的袭击，尤其是做好“龙舟水”短时急降雨的防御工作，全市江河水库水情总体平稳，实现无人员伤亡和重大水利工程险情的胜利。开展“两不两直”检查，形成各市（区）“问题清单”，检查发现310宗问题，全部整改落实。2019年全市累计投入水利水毁修复资金2500万元，57宗水毁项目全部完工。加强山洪、水库、水电站和重点堤围的安全监管，针对全市721个受山洪灾害威胁的村落、35个重点易涝区以及中小河流沿岸地区，利用灾害监测预警系统和群测群防体系，及时发布山洪预警信息和防灾避灾指引3138次、启动预警广播1284次，发布预警短信10.2万条，确保预警信息覆盖山边、河边、海边等重点区域人员及偏远地区群众，及时提请地方政府组织做好危险区域人员转移避险工作，切实保障人员安全。

【水行政执法】 2019年，江门市查处水事违法案件19件（其中河湖案15件、水资源案1件、水工程案3件），共办理群众来信来电11件，办结率100%。是年，由水政管理支队组织西江和潭江干流沿线各市（区）水政监察大队，并联合公安、海事等部门开展16次联合执法专项巡查行动，检查过往采、运砂船80艘次；按照中央、省、市开展扫黑除恶专项斗争的工作部署和要求，扎实开展全市水利系统扫黑除恶专项斗争工作。据统计，全年全市水利系统累计出动执法人员6500人次、执法车辆1900车次、执法船艇120航次，巡查河道长度3万千米、巡查水域面积超2500平方千米，清理整治河道管理范围内违规堆放场37件，整治完成侵占江河湖泊违法违规建设问题439件。全市立案查处河湖水事违法行为19件，移交并配合公安机关立案查处刑事案件8件，刑拘涉案人员6人。

·责任编辑　叶丽妍·

工业

综 述

【概况】 2019年，江门市实现规模以上工业增加值1041.95亿元，比上年增长1.5%。全市工业销售产值4149.07亿元，下降3.3%，其中，出口交货值实现915.6亿元，占全部工业销售产值的22.07%。

（张莉莉）

【产业结构优化调整】 2019年，江门市推进产业结构调整，先进制造业实现规模以上工业增加值412.94亿元，比上年增长4%。其中，装备制造业实现规模以上工业增加值327.04亿元，增长2.5%。高技术产业实现规模以上工业增加值115.04亿元，增长17.3%。先进制造业、装备制造业、高技术产业占规上工业增加值分别达到39.63%、31.39%、11.04%，比2018年度分别高0.54个、1.39个、1.78个百分点。江门市推动优势传统产业转型升级，组织实施一批优势产业重点技术改造项目，从机器人应用、设备更新、智能化改造等方面全面提升传统产业生产效率、信息技术应用水平。

（张莉莉）

【传统产业】 2019年，江门市优势传统产业包括食品、纺织服装、机电、造纸及纸制品、电子信息、精细化工等产业。六大优势传统产业实现规模以上工业增加值超750亿元，实现规模以上工业总产值超3100亿元，约占全市规模以上工业总产值的72%。

（张莉莉）

【循环经济发展】 2019年，蓬江区产业转移工业园被认定为省级循环化改造试点园区，全市累计7个园区获得“广东省级循环化改造试点园区”称号；推动企业清洁生产，全市共有101家企业完成清洁生产审核验收；推动绿色制造产业体系建设，嘉宝莉化工集团股份有限公司7个型号成功入选国家级绿色设计产品名单；推动一般工业固废综合利用，组织开展工业固废综合利用示范项目创建和评价管理工作，支持江门市崖门定点电镀基地金属污泥资源化利用、华新水泥（恩平）有限公司水泥窑协同处置固体废物等项目。

（区志聪）

【工业企业技术改造】 2019年，江门市完成工业技改投资275.1亿元，比上年增长16.2%，投资额排全省第六位，增速排全省第十位，比全省平均增速高4个百分点。全市新增技改项目411个，投资总额120.3亿元，项目数在全省排第7位，投资总额在全省排第5位，占全省比重约7.7个百分点。

（越 超）

【产业创新能力和平台】 2019年，江门市共推荐33家企业参与申报广东省省级企业技术中心，其中14家企业技术中心认定为第十八批广东省级企业技术中心，认定数量排全省第5位。

（越 超）

【中小企业发展和民营经济】 2019年，江门市中小微工业企业实现规模以上工业增加值691.07亿元，占全市规模以上工业增加值的66.32%。其中，中型企业实现规模以上工业增加值309.01亿元，比上年增长2.7%；小型企业实现规模以上工业增加值375.15亿元，下降0.4%；微型企业实现规模以上工业增加值6.91亿元，下降21.8%。是年，江门市规模以上民营企业工业增加值476.02亿元，下降4.8%。

民营企业政策落地 2019年，江门市落实“民营经济十条”和“实体经济新十条”等系列政策措施，组织开展对民营企业反映强烈的问题进行全面排查整改，督促国家、省、市支持民营经济发展政策贯彻落实。组织召开江门市减税降费政策落实情况座谈会，倾听民营企业的诉求，了解江门市减税降费政策落实情况。举办“民营经济十条”“实体经济十条”（修订）相关政策宣传会20场，参加的企业代表2000人。

企业家培训 江门市工业和信息化局举办各类企业家培训26次，培训企业家1800人次。2019年9月17日，在华南理工大学举办民营中小企业管理者培训班。11月25日，在安徽举办“邑企出发智汇科大”二期高端企业家培训；4月、6月、11月，在全市各地分别举办3期公益大讲堂培训，培训主题为“智能制造”，约350人参加培训；8－11月，组织江门市中小企业参加广东省工业和信息化厅免费人才培育计划；在江门市举办粤港澳大湾区高级研修班、工业互联网创新与应用专题研修班、智能制造专题研修班、产业发展高级研修班等5个专题培训班，江门市企业管理人员约250人参加。协同市人社局人才训练中心开展10多期技能人才培训，培训500人。

企业服务体系完善 2019年，江门市打造覆盖全市公共服务平台网络体系，认定第二批公共服务示范平台和公共技术示范平台14家，全市公共示范平台总量51家，基本覆盖全市中小微企业涉及的各类公共服务；新增江海区网商时代产业园投资管理有限公司为国家级公共服务示范平台，国家级公共服务平台有2家。推进省级中小型企业服务券工作，江门市第二次纳入省服务券扩大试点范围，共注册服务机构34家，审批通过服务产品93件，发放100余万元服务券，惠及企业近100家。

融资环境改善 2019年，江门市优化“政银保”融资项目（政府、银行、保险公司共同为中小企业提供贷款）审批程序，压缩办理时间，提高办理效率，推动项目不断做大。截至是年底，各银行共批复额度44.57亿元，放贷笔数3698笔，放大倍数为40.5倍。制定“政银保”保费补贴政策并组织实施，降低企业融资成本。推进政策性担保机构发展，全年新增133户机构担保贷款，新增担保额3.47亿元。

“创客广东”江门市创新创业大赛 2019年8月5日，江门市工业和信

息化局举办首次“创客广东”江门市创新创业大赛，共收到108个项目参赛。经过专家初审评定、赛事培训、决赛路演、专家评审等环节，决出12个项目推荐入围省复赛，1个项目入围全省50强，打响“创客”品牌。

（王 庆）

【信息化基础设施建设】 2019年，江门市光纤接入用户161.1万户，光纤入户率116.7%，其中百兆以上用户148.7万户，占比92.3%。新建4G移动通信基站6687座，5G基站150座；新建窄带物联网（NB-IoT）基站638座，合计2853座，建设进度居全省第三位。制定《江门市促进5G产业发展行动方案（2019—2022）》，推动免费开放公共资源支持信息基础设施建设。启动编制《江门市5G基站建设专项规划》。建立信息基础设施建设工作联席会议制度，统筹协调信息基础设施建设计划与实施工作以及具体组织与检查督导，解决基站选址、智慧杆建设和开放公共资源等问题。

（丘锦锋）

【信息化和工业化融合】 2019年，江门市人民政府召开全市工业互联网现场会，向相关部门以及企业宣传国家和省关于工业互联网发展的战略部署。依托工业互联网联盟和服务商等单位，开展工业互联网技术推广、政策宣传贯彻等活动，向超1000家企业宣传工业互联网应用知识和“上云上平台”服务券扶持政策，全面提升全市企业对工业互联网的认知水平；推动江门市工业互联网联盟发展，截止2019年底，全市工业互联网联盟成员单位65家，成员涵盖各大电信运营商、平台服务商、行业协会、高等院校、重点工业企业等，合力培育江门市工业互联网应用市场；推动企业“上云上平台”，开展第一批“上云上平台”服务券兑换工作，共为51张服务券兑换资金1288.88万元，资金额度在全省20个地级以上市中（深圳市除外）排名第四位；树立工业互联网应用标杆，培育8个江门市工业互联网标杆示范项目，下达扶持资金962.12万元。

（梁业旺）

产业园区

【概况】 江门市将园区建设作为推动经济高质量发展的重要抓手，按照在所辖的三区四市的每个市（区）重点打造一个产业园区的思路，通过整合提高质量，打造7个重点园区，即“1＋6”园区（包括江门国家高新区、江门滨江新城、新会银洲湖、鹤山工业城、台山工业新城、开平翠山湖科技产业园、恩平工业园）。2019年4月，原江门产业转移工业园开平、台山、恩平分园区获省工业和信息化厅批准，升级为三个独立的省产业园，实现每个市区均有一个独立建设的省级产业转移工业园。江门国家高新区、江门蓬江区产业转移工业园区、新会经济开发区、台山广海湾工业园区、开平翠山湖科技产业园、鹤山市产业转移工业园区、恩平市工业园经国务院同意纳入《国家开发区公告目录》（2018年版）。2019年，“1＋6”园区完成年度固定资产投资830.82亿元，比2018年增长16.71%；实现工业增加值560.43亿元，约占全市工业增加值比重的53.78%，成为江门市工业经济发展的主战场。2019年，“1＋6”园区完成工业固定资产投资310.98亿元，新引入亿元以上项目100个，投资总额750亿元，其中投资20亿元以上的大项目12个，实现引进项目数量和质量双提升；为抢抓粤港澳大湾区建设重大战略机遇，江门市谋划建设更大空间、更高水平的产业新平台—五个万亩园区（包括：粤澳（江门）产业合作示范区、珠西新材料集聚区、深江产业园、台山工业新城拓展区、开平翠山湖科技产业园拓展区），为大湾区产业共建和协作提供高质量载体。。2018年9月底，五个万亩园区全部纳入广东省产业转移工业园管理，享受省产业园和产业共建政策的扶持。2019年，五个万亩园区建设取得实质性进展，完成全社会固定资产投资100亿元。基础配套设施建设全面加速，完成深江产业园司前园区跨线桥主体工程，大泽园区大圣线潮透至共和试验段，粤澳（江门）产业合作示范区的工业固体废物处理处置中心和台山工业新城拓展区污水处理厂建成运营，珠西新材料集聚区污水处理厂动工建设。项目引进和建设取得新突破，全年新引入亿元以上项目30个，投资总额超153亿元，其中超10亿元项目5个，新落地项目37个。园区已成为江门市改革创新排头兵和实体经济增长极。

【粤澳（江门）产业合作示范区】 位于新会区崖门镇，规划面积1694.67公顷，依托环保电镀产业基础，重点发展高端制造业（含电子、汽车零部件、珠宝、钟表制造业）、循环经济及新材料产业，目标打造粤港澳高端装备制造基地和小微企业创业创新中心。园区按照“以我为主、借船出海”思路，探索采用“一区三园、一区多点”的模式规划建设；其中，“一区”指粤澳（江门）产业合作示范区，“三园”指环保产业园、澳葡青年创业园、滨海旅游及中医养生产业园，“多点”即在具体园区中建设崖门环保电镀基地、钟表珠宝项目、电子和汽车零部件项目、澳葡青年创业项目、金融示范项目（江澳合资银行）、澳葡贸易产品交易平台、中医养生保健产业研发项目和粤澳“一程多站”旅游项目等。2019年，园区新增“三通一平”土地18.67公顷，完成全社会固定投资8.74亿元，新引入亿元以上项目5个，园内企业总数112家。

【珠西新材料集聚区】 位于新会区古井镇，规划总面积617.53公顷，重点发展特种精细化工材料和生物医药健康产业，承接市内优质化工企业搬迁入园改造升级。园区是江门市唯一也是珠江三角洲核心区域唯一尚具有连片开发能力的省级化工专业园区，获纳入广东省危险化学品生产企业承接园区名单，是江门市发展新能源产业和主城区化工企业搬迁改造的重要载体。园区区位条件优越，濒临银洲湖黄金水道，拥有优质岸线资源，全潮可通航5000吨级航海轮船（简称“海轮”），乘潮可通航1万吨级海轮。园区距离广珠铁路古井货运场仅6.5千米，至西部沿海高速公路出入口5千米，陆路至香港、澳门、广州、深圳各城市均在1.5小时车程内。2019年，园区完成209.27公顷土地征收和100公顷土地整理，新增“三通一平”土地55.33公顷，全社会固定资产投资15亿元。

【深江产业园】 位于新会区大泽镇和司前镇，规划面积1542.33公顷，包括大泽园区和司前园区，于2018年9月依托新会产业转移工业园成功申报纳入省产业园管理，享受省产业共建等优惠政策扶持，纳入省产业园管理的面积为785公顷。园区纳入国家工业和信息化部批准的“中欧(江门)国际合作区”规划建设，重点对接深圳市的产业溢出，打造电子信息、智能装备及新能源新材料装备等产业。

大泽园区　位于新会区大泽镇，规划面积859.13公顷，其中纳入省产业园管理面积375公顷。重点发展新能源新材料、电子信息、先进装备制造（含精密仪器设备、数控机床、母机类）。园区区位条件优越，距佛开高速公路与江鹤高速公路连接点共和出口约3.5千米，距规划中的银洲湖高速公路约3千米。园区开发条件较好，以山地丘陵为主，建设成本低，具有连片开发优势。2019年新增“三通一平”土地33.33公顷，大圣线示范段（潮透村至共和段）建成通车，引入唯是晶圆项目和星辉数控项目。

司前园区　位于新会区司前镇，规划面积683.2公顷，其中纳入省产业园管理面积159公顷。园区重点发展智能电气、智能装备制造产业。园区距离佛开、新台等高速公路出口约1.5千米，距离江罗高速公路出口约5千米，交通便利。2019年12月，园区完成入园跨线桥主体工程建设，2019年新增“三通一平”土地26.67公顷，完成全社会固定资产投资7.1亿元。

【台山工业新城拓展区】 位于台山市，园区规划面积812.07公顷，重点发展重型卡车和商用汽车及汽车零部件、新材料新能源及装备（含新能源动力装备）、装备制造等产业。石化商务区为配套商服区，紧邻深茂铁路台山站，形成1分钟到高铁站、5分钟上高速公路、10分钟到港口的便捷物流。园区内学校、医院、生活区、大型商业综合体、公共绿地、公共交通等配套服务一应俱全，建成日处理能力达1万吨的水步污水处理厂。2019年，园区新增“三通一平”土地66.67公顷，完成全社会固定资产投资20亿元，新引入亿元以上项目15个。其中，2019年引进中南高科项目，合作共建台山智能装备产业园，集约打造“园中园”发展新模式。

【开平翠山湖科技产业园扩展区】 位于开平市区北部，规划面积1143.4公顷。园区以“高新产业集聚园区、江门先进制造高地”为发展定位，重点发展金属材料、电子信息、汽车及零部件、大健康等主导产业。园区沿开阳高速公路两侧布局，设有翠山湖高速公路出入口。园区所在地集江罗高速公路、高恩高速公路、中开高速公路、开春高速公路、深茂高速铁路、三埠港的“四高一铁一口岸”交汇于一处，是珠三角链接粤西地区阳江、云浮、肇庆等地的枢纽中心。园区建成公共服务中心、客运站、物流中心、开平市跨境电子商务快件分拣清关中心、污水厂、消防站以及员工村、体育公园、商业中心、医疗中心、幼儿园等生产生活配套设施。2019年，新增“三通一平”土地68公顷，全社会固定资产投资43.86亿元，新引入亿元以上项目7个，总投资额17.37亿元。园区内有企业131家，包括普利司通、联新纤维、海鸿电气、科仕特精密机械、高美空调等行业龙头企业。

（肖艳霞）

电子工业

【电子信息产品制造业】 2019年，江门市电子信息制造业实现规模以上工业总产值约390亿元；实现规模以上工业增加值约100亿元。全市有电子信息类企业2000家，其中规模以上企业300家，主要优势领域为家用电器、电子信息机电产品、电子元件、半导体光电器件（LED）、电子信息材料和计算机外部设备制造等，是江门市支柱产业之一。

（梁业旺）

【仪器仪表制造业】 2019年，江门市仪器仪表制造业完成工业总产值约1.6亿元；完成规模以上工业增加值约0.4亿元。

（张莉莉）

【机械设备及金属制品业】 2019年，江门市机械设备及金属制品业完成规模以上工业总产值超1450亿元，完成规模以上工业增加值超340亿元。

（张莉莉）

【金属制品业】 2019年，江门市金属制品业完成规模以上工业总产值超510亿元，完成规模以上工业增加值约120亿元。江门市金属制品业主要分布在蓬江区、新会区、台山市和开平市。开平市水口镇是中国三大水暖卫浴生产基地之一，2002年被中国五金制品协会命名为“中国水龙头生产基地”；蓬江区杜阮镇、鹤山市址山镇全国重要的五金卫浴产业基地；新会区司前镇主要生产五金不锈钢制品，产品出口欧美、亚洲、非洲等90个国家和地区。

（张莉莉）

【交通运输设备制造业】 2019年，江门市铁路、船舶、航空航天和其他运输设备制造业完成规模以上工业总产值超220亿元；完成规模以上工业增加值超36亿元。

（苏珊珊）

【摩托车制造业】 2019年，江门市摩托车制造业完成规模以上工业总产值超180亿元；完成规模以上工业增加值超32亿元。全市经由国家发展和改革委员会公告的摩托车整车生产企业16家，零部件及相关配套生产企业300家。江门市是全国最大的摩托车制造基地之一，“中国摩托车产业示范基地”称号，拥有“国家摩托车及配件质量监督检验中心（广东）”“广天机电工业研究院”“气派摩托车检测中心”等国家性、区域性以及企业自主性多层次服务平台。江门市大长江集团有限公司连续17年在全国摩托车行业中生产的整车产量与销售量均排位第一名。

（苏珊珊）

【家用电力器具制造业】 2019年，江门市家用电力器具制造业实现规模以上工业总产值约200亿元，完成规模以上工业增加值超40亿元。产品产量方面，房间空调器产量478.96万台，比上年增长7.6%；电风扇产量2240.5万台，增长4.3%；家用洗衣机产量184.72万台，增长4.7%%；灯具产量12479.23万只，下降8%。

（张莉莉）

化工产业

【概况】 化学工业产业是江门市重要支柱产业之一，主要化工产品有高效低毒农药、涂料、印刷油墨、明胶、食品添加剂、水处理剂、金属表面处理和防锈剂、醋酸酯类溶剂、羧甲基纤维素（CMC）、荧光粉、胶粘剂等。

（张莉莉）

【化学原料及化学制品制造业】 2019年，江门市化学原料及化学制品制造业产值约290亿元，完成规模以上工业增加值超43亿元。江门市在化学原料及化学制品制造业有一批成长性较好的企业，其中，江门市谦信化工发展有限公司是全国最大的酯类生产企业之一；江门东洋油墨有限公司生产的印铁、印铝、塑料薄膜及丝网印刷系列油墨，其生产设备、技术水平及产品质量均属国内先进水平。

（张莉莉）

【涂料工业】 2019年，江门市涂料、油墨、颜料及类似产品制造业共完成工业总产值超90亿元，完成规模以上工业增加值超20亿元。广东嘉宝莉化工有限公司是全市最大的涂料生产企业，凭借其生产的“嘉宝莉牌”建筑涂料，该公司成为全国涂料行业第一个获得“中国名牌产品”称号的企业。

（张莉莉）

建材产业

【概况】 2019年，江门市建材工业（非金属矿物制品业）完成规模以上工业总产值超260亿元，完成规模以上工业增加值约55亿元。

（张莉莉）

【玻璃制造业】 2019年，江门市玻璃制造业完成规模以上工业总产值约30亿元，完成规模以上工业增加值超12亿元。玻璃制品制造业，完成规模以上工业总产值超17亿元，完成规模以上工业增加值4.5亿元。

（张莉莉）

【水泥制造业】 江门市水泥制造业主要集中在恩平市和新会区。代表企业有江门海螺水泥有限公司、华新水泥（恩平）有限公司。2019年，江门市水泥、石灰和石膏制造业实现规模以上工业总产值超25亿元。恩平市拥有丰富的石灰石和黏土资源，素有“水泥之乡”之称。

（张莉莉）

能源工业

【概况】 江门供电局是广东电网有限责任公司直属大型一类供电企业，担负9541平方千米区域的供电任务，主要负责江门市电网规划建设、电网运行维护、电力供应和供电服务等主营业务，可提供分布式能源、电动汽车、充电桩、储能、需求侧节能改造、市场化售电、增量配网建设等综合服务，服务客户258万户。

【电网建设】 2019年，江门供电局建成220千伏变电站1座，扩建主变6台，新增主变容量786兆伏安，新增输电线路323千米，新增10千伏及以下配电线路长约588千米，新增10千伏配变容量212万千伏安。110千伏容载比由2.92下降至2.67，主变“N—1”通过率由88.68%提升至91.11%，配网可转供电率由80.5%提升至81.5%，农网户均配变容量达每户2.63千伏安，供电能力持续提升。完成31回输电线路防风偏改造，加固6回输电线路、244千米配电线路，提升设备抗灾能力。加强政府与企业联动做好线路防山火工作，全年无发生因山火引起的线路停运。

【电力服务】 2019年，江门供电局提升用户办电用电体验，实现客户办理用电业务“一次都不跑”，将用电报装远程“一口受理＋上门收资”服务纳入“粤省事”平台，互联网办理比例达99.6%，连续11年在江门市政府公共服务满意度公众测评中排名第一位。优化电力营商环境，全面压缩中压业、低压业扩报装时限，中压业扩报装平均用时47天，低压业（非居民）扩报装平均用时2.5天。加快客户接电时间，精简报装资料80%，缩减流程至2—3个环节。落实国家一般工商业电价再降低10%要求，降低全市用户年用电成本2.75亿元。实现小微企业接电“零投资”，降低企业成本2亿元。利用传统节假日及特殊时间节点开展“线上＋线下”诚信用电、节约用电、安全用电、电子渠道、充电桩等宣传，提升客户对供电服务品牌认知。贯彻国家新能源发展战略，积极推动电动汽车推广应用，建设公共充电桩453个。

（李健玲）

2019年江门市各行业用电情况表

表10　　（填报单位江门市供电局）

行号	项目	用户数量(户)	用户用电装接容量（千瓦）	用电量（万千瓦时）					
				当月			累计		
				本年本月	上年当月	增长（±%）	本年累计	上年累计	增长（±%）
1	全社会用电总计	2595229	34082971.33	244490.2643	239850.6657	1.93	2947074.9273	2821515.4191	4.45
2	A.全行业用电合计	390687	25321508.9	219489.5825	214560.8645	2.30	2564807.5846	2463475.8178	4.11
3	第一产业	72006	797877.33	10197.9909	9927.8283	2.72	131353.6651	127200.0610	3.27
4	第二产业	60334	19494084.7	180751.7147	177762.5144	1.68	2029404.7554	1970360.9533	3.00
5	第三产业	258347	5029546.87	28539.8769	26870.5218	6.21	404049.1641	365914.8035	10.42
6	B.城乡居民生活用电合计	2204542	8761462.5	25000.6818	25289.8012	-1.14	382267.3427	358039.6012	6.77
7	城镇居民	1104347	5117452.01	15414.4103	15720.4224	-1.95	239871.9874	225380.7232	6.43
8	乡村居民	1100195	3644010.5	9586.2715	9569.3788	0.18	142395.3554	132658.8780	7.34
9	全行业用电分类	390687	25321508.86	219489.5825	214560.8645	2.30	2564807.5846	2463475.8178	4.11
10	一、农、林、牧、渔业	87682	995467.7	11182.5520	10981.8986	1.83	145662.0008	141875.5766	2.67
11	1.农业	39386	334012.21	3139.9702	3032.2330	3.55	39722.3173	38327.8304	3.64
12	2.林业	1831	17256.9	111.9631	119.5257	-6.33	1399.5144	1352.9480	3.44
13	3.畜牧业	6982	90343.54	1132.1183	1346.1027	-15.90	14930.6021	15913.5127	-6.18
14	4.渔业	23807	356264.7	5813.9394	5429.9669	7.07	75301.2313	71605.7700	5.16
15	5.农、林、牧、渔专业及辅助性活动	15676	197590.32	984.5611	1054.0703	-6.59	14308.3357	14675.5156	-2.50
16	其中：排灌	10770	128871.6	182.8645	200.8898	-8.97	3224.1108	3641.3157	-11.46
17	二、工业	52587	18969513.29	179093.9719	175795.5100	1.88	2008709.9805	1953523.5123	2.82
18	（一）采矿业	297	127321.9	2440.9658	2308.0728	5.76	23484.7347	22990.3091	2.15
19	1.煤炭开采和洗选业	13	833.00	22.6143	25.8128	-12.39	180.3145	199.6029	-9.66
20	2.石油和天然气开采业	5	124.0	0.6031	0.6507	-7.31	9.2482	7.9575	16.22
21	3.黑色金属矿采选业	3	92.50	1.1716	1.3866	-15.51	12.9675	11.6865	10.96
22	4.有色金属矿采选业	9	5903.0	73.7546	77.9513	-5.38	768.5800	766.8455	0.23
23	5.非金属矿采选业	180	90826.70	1844.3670	1772.9705	4.03	18105.5185	16968.6691	6.70
24	6.其他采矿业	87	29542.7	498.4553	429.3009	16.11	4408.1059	5035.5477	-12.46
25	（二）制造业	49043	8667166.99	166353.8869	161020.7679	3.31	1833136.5604	1784554.0878	2.72
26	1.农副食品加工业	5367	242470.5	3101.4520	3112.9179	-0.37	42371.2372	41377.4481	2.40
27	2.食品制造业	730	202411.18	3504.9671	3218.4558	8.90	40470.7666	34636.0801	16.85
28	3.酒、饮料及精制茶制造业	92	44173.6	339.2509	333.1193	1.84	6395.6261	5404.7022	18.33
29	4.烟草制品业	3	314.00	1.6491	2.1500	-23.30	46.6425	42.8722	8.79

续表

行号	项目	用户数量(户)	用户用电装接容量（千瓦）	用电量（万千瓦时）					
				当月			累计		
				本年本月	上年当月	增长(±%)	本年累计	上年累计	增长(±%)
30	5.纺织业	705	290696.3	9318.7962	8497.3380	9.67	93971.0540	83260.3061	12.86
31	6.纺织服装、服饰业	2521	249733.18	4595.1789	4066.0162	13.01	49702.5887	46555.9065	6.76
32	7.皮革、毛皮、羽毛及其制品和制鞋业	1224	140586.1	2365.9563	2286.9940	3.45	25287.7632	26378.2517	-4.13
33	8.木材加工和木、竹、藤、棕、草制品业	3713	221010.67	3440.1888	3919.9777	-12.24	38193.6968	39561.4775	-3.46
34	9.家具制造业	1027	106403.9	1331.8763	1277.0819	4.29	14510.2400	13506.5762	7.43
35	10.造纸和纸制品业	865	365465.29	14797.8103	14531.1456	1.84	152577.5509	135667.0029	12.46
36	11.印刷和记录媒介复制业	732	116312.4	1966.7085	1784.1958	10.23	25141.2284	24082.3171	4.40
37	12.文教、工美、体育和娱乐用品制造业	765	55455.20	869.2299	823.0927	5.61	9878.9724	8986.0746	9.94
38	其中：体育用品制造	50	8904.5	124.9070	124.5643	0.28	1455.5395	1176.6154	23.71
39	13.石油、煤炭及其他燃料加工业	147	18880.30	191.0490	181.8840	5.04	1980.0831	2130.9422	-7.08
40	其中：煤化工		0	0	0	0	0	0	0
41	14.化学原料和化学制品制造业	2863	450011.28	8181.5159	7820.8049	4.61	89403.3716	91620.1184	-2.42
42	其中：氯碱	571	163310.9	3119.1928	3010.5682	3.61	34792.6293	38340.0924	-9.25
43	电石	4	7535.00	305.9743	305.4016	0.19	3396.0892	4443.6990	-23.58
44	黄磷		0	0.0000	0	0	0	0	0
45	其中：肥料制造	64	12307.00	131.0760	172.9761	-24.22	1936.5191	2283.1711	-15.18
46	15.医药制造业	62	36673.2	407.6846	469.4821	-13.16	5759.3208	5924.3263	-2.79
47	其中：中成药生产	21	12683.50	181.6165	243.3796	-25.38	2735.5081	2882.9990	-5.12
48	生物药品制品制造	5	605.0	5.3454	5.1456	3.88	67.1816	60.2284	11.54
49	16.化学纤维制造业	125	190166.77	3004.8560	2914.6783	3.09	34746.4332	35425.8088	-1.92
50	17.橡胶和塑料制品业	2527	496241.9	10525.7785	10017.7620	5.07	111152.9188	107624.4940	3.28
51	其中：橡胶制品业	365	75601.24	1511.9650	1420.2703	6.46	16238.7197	15763.9416	3.01
52	塑料制品业	2133	412455.6	8866.5765	8477.8958	4.58	93290.6915	90683.9018	2.87
53	18.非金属矿物制品业	1222	984842.36	20610.3126	21899.5285	-5.89	248273.6356	266800.7979	-6.94
54	其中：水泥制造	87	92262.1	2618.0004	2367.1100	10.60	23824.8311	23804.0866	0.09
55	玻璃制造	137	186687.90	3649.7248	4175.0523	-12.58	43986.6494	45223.7520	-2.74
56	陶瓷制品制造	102	448164.0	10486.6246	11739.7180	-10.67	140707.3343	142671.5822	-1.38
57	其中：碳化硅	2	830.00	1.8449	0.6259	194.76	27.2516	8.4314	223.22

续表

行号	项目	用户数量(户)	用户用电装接容量（千瓦）	用电量（万千瓦时）					
				当月			累计		
				本年本月	上年当月	增长(±%)	本年累计	上年累计	增长(±%)
58	19. 黑色金属冶炼和压延加工业	623	179245. 5	2284. 1101	2311. 4471	-1. 18	24223. 9041	28049. 4251	-13. 64
59	其中：钢铁	463	147016. 89	1911. 9841	1925. 8618	-0. 72	20089. 4524	23474. 7133	-14. 42
60	铁合金冶炼	153	29400. 6	332. 6064	353. 5479	-5. 92	3737. 7404	4419. 3236	-15. 42
61	20. 有色金属冶炼和压延加工业	374	119258. 50	2286. 4256	2301. 5468	-0. 66	24625. 8521	25801. 5101	-4. 56
62	其中：铝冶炼	13	15283. 0	374. 9672	355. 7650	5. 40	3706. 4832	3775. 3238	-1. 82
63	铅锌冶炼	1	80. 00	2. 7790	0. 2603	967. 62	42. 6501	280. 0770	-84. 77
64	稀有稀土金属冶炼	2	84. 0	0. 0000	0. 0000	#DIV/0!	0. 0000	11. 1883	-100. 00
65	21. 金属制品业	10588	1818013. 36	31294. 4639	29757. 3518	5. 17	338275. 6557	325867. 8400	3. 81
66	其中：结构性金属制品制造	3079	446871. 9	6749. 4651	6509. 2787	3. 69	75004. 8863	72118. 5619	4. 00
67	22. 通用设备制造业	1653	101837. 89	1394. 9857	1485. 4146	-6. 09	16159. 9607	17954. 2475	-9. 99
68	其中：风能原动设备制造		0	0	0	0	0	0	0
69	23. 专用设备制造业	334	106502. 00	1815. 4591	1753. 1391	3. 55	19696. 6442	20156. 5193	-2. 28
70	其中：医疗仪器设备及器械制造	12	1262. 0	15. 7339	18. 2739	-13. 90	218. 3505	201. 9214	8. 14
71	24. 汽车制造业	35	148656. 05	2598. 7780	2198. 2137	18. 22	24833. 2301	25633. 6758	-3. 12
72	其中：新能源车整车制造	1	1430. 0	22. 4629	0	0	40. 6284	0. 0000	0
73	25. 铁路、船舶、航空航天和其他运输设备制造业	192	207768. 75	1838. 1602	1628. 2561	12. 89	19966. 7696	18145. 3778	10. 04
74	其中：铁路运输设备制造	7	36005. 0	153. 4236	41. 3013	271. 47	778. 7828	497. 5692	56. 52
75	城市轨道交通设备制造	1	250. 00	0. 2079	0	0	0. 6149	0	0
76	航空、航天器及设备制造	2	252. 0	1. 3338	1. 4012	-4. 81	18. 2690	15. 2120	20. 10
77	26. 电气机械和器材制造业	1308	319877. 92	6115. 2936	5686. 1185	7. 55	66360. 7996	64798. 8822	2. 41
78	其中：光伏设备及元器件制造	4	980. 0	25. 0728	39. 1346	-35. 93	329. 8508	297. 1591	11. 00
79	27. 计算机、通信和其他电子设备制造业	1220	729309. 10	15345. 7224	13585. 7914	12. 95	178534. 6426	160411. 5784	11. 30
80	其中：计算机制造	8	7978. 0	257. 3645	181. 4288	41. 85	2842. 7703	1373. 2057	107. 02
81	通信设备制造	27	33278. 00	910. 3593	790. 4228	15. 17	9982. 8923	9459. 1228	5. 54
82	28. 仪器仪表制造业	6	5725. 0	152. 2781	97. 4383	56. 28	1564. 9489	1120. 8531	39. 62

续表

行号	项目	用户数量(户)	用户用电装接容量（千瓦）	用电量（万千瓦时）					
				当月			累计		
				本年本月	上年当月	增长(±%)	本年累计	上年累计	增长(±%)
83	29.其他制造业	6407	451547.18	6846.7679	6758.3357	1.31	74156.3942	76981.6063	-3.67
84	30.废弃资源综合利用业	491	142202.1	3958.8567	4735.7937	-16.41	35199.8121	34417.2854	2.27
85	31.金属制品、机械和设备修理业	1122	125375.58	1868.3249	1565.2964	19.36	19674.8166	16229.7840	21.23
86	（三）电力、热力、燃气及水生产和供应业	3247	10175024.4	10299.1191	12466.6693	-17.39	152088.6854	145979.1153	4.19
87	1.电力、热力生产和供应业	1248	10050712.62	8286.4778	10734.5242	-22.81	129781.4574	125763.2745	3.20
88	其中：电厂生产全部耗用电量	1	800.0	2.5180	2.7585	-8.72	12.1369	2.7725	337.76
89	线路损失电量		0.00	6322.0000	4558.1149	38.70	79100.4670	75369.1179	4.95
90	抽水蓄能抽水耗用电量	1	160.0	0.0369	0	0	0.0369	0	0
91	2.燃气生产和供应业	74	5242.22	55.7701	68.9927	-19.17	621.4355	610.5260	1.79
92	3.水的生产和供应业	1925	119069.6	1956.8712	1663.1524	17.66	21685.7925	19605.3149	10.61
93	三、建筑业	8869	649946.95	3526.0677	3532.3008	-0.18	40369.5914	33067.2250	22.08
94	1.房屋建筑业	6715	278426.8	1372.3067	1303.4802	5.28	17165.5761	14456.4330	18.74
95	2.土木工程建筑业	804	175800.04	863.4152	806.6812	7.03	9245.3944	5618.2645	64.56
96	3.建筑安装业	196	55665.4	220.4200	213.3832	3.30	2662.5424	2246.8012	18.50
97	4.建筑装饰、装修和其他建筑业	1154	140054.71	1069.9258	1208.7562	-11.49	11296.0785	10745.7263	5.12
98	四、交通运输、仓储和邮政业	9354	473761.3	2155.0254	1807.5169	19.23	26465.4549	20862.0348	26.86
99	1.铁路运输业	27	234779.00	700.5555	523.1116	33.92	7804.8298	4240.9458	84.04
100	其中：电气化铁路	7	114880.0	382.0227	401.0763	-4.75	5169.1913	3162.0621	63.48
101	2.道路运输业	691	66547.10	379.1144	378.3585	0.20	5098.3430	5027.2251	1.41
102	其中：城市公共交通运输	319	18720.5	143.6998	130.6471	9.99	1738.6725	1613.3682	7.77
103	3.水上运输业	37	4230.90	23.0991	18.5212	24.72	283.6366	228.2923	24.24
104	其中：港口岸电	4	312.2	0.3351	0.4417	-24.13	5.7214	3.2653	75.22
105	4.航空运输业		0	0	0	0	0	0	0
106	5.管道运输业	3	208.2	1.6577	0.0163	10069.68	21.0496	0.1592	13119.09
107	6.多式联运和运输代理业	12	9462.00	67.2446	61.4386	9.45	986.3242	1011.5593	-2.49
108	7.装卸搬运和仓储业	8401	151162.0	929.2881	772.7702	20.25	11400.7716	9504.4580	19.95
109	8.邮政业	183	7372.08	54.0661	53.3005	1.44	870.5002	849.3951	2.48

续表

行号	项目	用户数量(户)	用户用电装接容量（千瓦）	用电量（万千瓦时）					
				当月			累计		
				本年本月	上年当月	增长（±%）	本年累计	上年累计	增长（±%）
110	五、信息传输、软件和信息技术服务业	24383	182454.4	1862.1614	1800.4538	3.43	23778.4397	23856.8308	-0.33
111	1. 电信、广播电视和卫星传输服务	23631	164851.29	1805.7659	1756.5641	2.80	23035.3314	23244.8909	-0.90
112	2. 互联网和相关服务	510	11797.9	25.7682	14.4128	78.79	293.0227	194.6302	50.55
113	其中：互联网数据服务	49	7821.00	2.4613	0.7161	243.71	13.0273	12.3423	5.55
114	3. 软件和信息技术服务业	242	5805.2	30.6272	29.4769	3.90	450.0857	417.3097	7.85
115	六、批发和零售业	124120	1410888.75	7878.3444	7558.5696	4.23	120775.5984	110541.5814	9.26
116	其中：充换电服务业	1301	62777.9	295.7004	83.7534	253.06	2775.1153	769.1151	260.82
117	七、住宿和餐饮业	11433	509115.61	3450.9954	3461.9072	-0.32	55973.5628	53318.5076	4.98
118	八、金融业	3039	67037.7	418.9519	434.8666	-3.66	7036.5449	7033.7476	0.04
119	九、房地产业	2386	244501.87	824.7007	789.2642	4.49	11515.2006	10147.2980	13.48
120	十、租赁和商务服务业	5679	281622.0	1511.5349	1381.3471	9.42	21236.4241	17768.8509	19.51
121	其中：租赁业	1243	62032.65	337.1655	169.2774	99.18	3506.5564	1330.5259	163.55
122	十一、公共服务及管理组织	61155	1537199.3	7585.2768	7017.2297	8.10	103284.7863	91480.6528	12.90
123	1. 科学研究和技术服务业	184	19368.60	53.7556	49.1940	9.27	788.5339	633.2560	24.52
124	其中:地质勘查	9	203.0	1.4993	1.3775	8.84	23.8073	24.7259	-3.72
125	其中：科技推广和应用服务业	41	5674.00	21.4588	22.7676	-5.75	262.8664	248.2353	5.89
126	2. 水利、环境和公共设施管理业	31892	609221.3	2715.8733	2289.8578	18.60	30324.5370	26378.7660	14.96
127	其中：水利管理业	1271	92992.36	239.4421	248.0329	-3.46	3131.4497	2863.9871	9.34
128	其中：公共照明	23914	274744.1	1437.8465	1224.1046	17.46	15368.7692	13790.4051	11.45
129	3. 居民服务、修理和其他服务业	8934	140383.95	634.2842	595.2533	6.56	9213.6777	8091.3190	13.87
130	4. 教育、文化、体育和娱乐业	6206	332398.4	2002.2293	1933.1603	3.57	26915.6334	22729.8715	18.42
131	其中：教育	2546	230455.30	1583.6472	1533.2640	3.29	20680.9462	17147.9475	20.60
132	5. 卫生和社会工作	2805	131647.5	807.9790	784.7447	2.96	12964.1299	11390.1932	13.82
133	6. 公共管理和社会组织、国际组织	11134	304179.58	1371.1553	1365.0196	0.45	23078.2744	22257.2472	3.69

【台山核电】 台山核电项目位于广东省江门市辖属台山市赤溪镇，规划建设6台百万千瓦级核电机组。按照国家的统一部署，一期工程采用第三代欧洲先进压水堆技术（EPR）建设2台机组，单机容量为175万千瓦，为世界上单机容量最大的核电机组。台山核电1号机组于2018年6月29日成功并网发电，2018年12月13日完成168示范运行，投入商业运行。台山核电2号机组充分吸收1号机组工程建设经验，于2019年6月并网，2019年9月7日完成168示范运行，投入商业运行。

（江门市发展和改革局）

轻工业

【概况】 2019年，江门市轻工业实现规模以上工业增加值492.33亿元，比上年下降2.7%。

（张莉莉）

【食品制造业】 江门市食品产业历史悠久，是中国食品工业生产基地（新会区），食品工业是江门市六大支柱产业之一，具备较为雄厚的产业基础，拥有“味事达”酱油和“嘉士利”饼干2个中国驰名商标。江门市在食品企业中推广智能制造，成功创建“国家新型工业化产业示范基地（食品）”“广东省智能制造示范基地”。2019年，全市食品工业实现规模以上工业总产值超490亿元，实现规模以上工业增加值超160亿元。其中，农副食品加工业完成规模以上工业总产值约195亿元，完成规模以上工业增加值超30亿元；食品制造业完成规模以上工业总产值超270亿元，完成规模以上工业增加值超120亿元；酒、饮料和精制茶制造业完成规模以上工业总产值超27亿元，完成规模以上工业增加值超10亿元。

（张莉莉）

【造纸及纸制品业】 2019年，江门市造纸和纸制品业实现规模以上工业总产值约240亿元，实现规模以上工业增加值超40亿元。江门是广东省三大造纸基地之一，拥有规模以上造纸和纸制品企业60家，机制纸及纸板产量约占全省的6%、全国的1%。主要产品类别有生活用纸、办公用纸、文化用纸、新闻用纸、卷烟用纸、包装用纸、特种纸等。

（张莉莉）

【印刷业】 2019年，江门市印刷和记录媒介复制业完成规模以上工业总产值超85亿元，实现规模以上工业增加值超26亿元。印刷业主要以鹤山雅图仕公司为代表，主要产品包括精装书、儿童益智书、立体书、贺卡、礼盒、纸袋等，产品出口远销欧洲、美洲、澳洲及亚洲等世界各地。

（张莉莉）

【家具制造业】 2019年，江门市家具制造业完成规模以上工业总产值约65亿元，实现规模以上工业增加值约16亿元。除现代家具制造，江门还是传统广作家具发源地之一，截至年底，从事传统家具行业的企业约3000家，产业基础雄厚，是中国红木五大产业聚集地之一，有“中国古典家具之都”美誉。

（张莉莉）

【化学纤维制造业】 2019年，江门市化学纤维制造业完成工业总产值超20亿元；完成规模以上工业增加值约2.3亿元。江门市是广东省乃至全国的重点化纤生产基地，也是国内最早开始化纤生产的地区之一。江门市主要化纤企业有广东新会美达锦纶股份有限公司、广东泰宝聚合物有限公司、广东彩艳股份有限公司等。

（张莉莉）

【纺织服装、服饰业】 2019年，江门市纺织服装、服饰业完成规模以上工业总产值超66亿元；完成规模以上工业增加值超18亿元。开平是广东省重要的牛仔布和牛仔服装生产和出口基地，是全国五大牛仔休闲服装专业生产基地之一。

（张莉莉）

表11 2019年江门市工业产业主要产品产量情况表

产品名称	计量单位	产量	增幅（%）
原电池及原电池组	万只	63935	5.1
打印机	万台	371.14	-8.2
印制电路板	万平方米	800.59	-11.5
摩托车	万辆	321.21	-0.6
日用不锈钢制品	万吨	9.95	-13.2
金属集装箱	万立方米	409.35	-41.0
涂料	万吨	57.43	35.9
塑料制品	万吨	60.73	8.7
水泥	万吨	515.83	-3.0

续表

产品名称	计量单位	产量	增幅（%）
平板玻璃	万重量箱	3013.72	4.7
化学纤维	万吨	8.34	10.9
布	万米	7955.00	-32.0
服装	万件	14615.00	-58.1

装备制造业

【轨道交通产业】 2019年，江门轨道交通产业实现规上工业产值超30亿元。江门轨道交通产业拥有华南地区唯一一家具备和谐号动车组生产资质的中车广东轨道交通车辆有限公司，引进广东南奥、广润轨道、格兰达、国通克诺尔等一批配套企业落户，已形成从制造到研发、人才培育、检验检测的全产业链条。中车广东轨道交通车辆有限公司代表产品CRH6型城际动车组和城市轨道车辆，该系列动车组分为时速200千米、时速160千米和时速140千米3种速度级，均为动力分散、交-直-交传动电动车组，采用轻量化车体、大轴重转向架、变频变压牵引控制、电空复合制动等核心技术，适应大站停及站站停等不同运营模式的需求。

（苏珊珊）

【船舶与海洋工程装备业】 2019年，江门市船舶及相关装置制造业实现规模以上工业总产值约15亿元。全市拥有一批造船、拆船、修船及配套生产企业，初步形成造船、修船、游艇、配套、拆船五方面产业集聚发展业态。江门市是中国船舶拆解基地和广东省中小船舶及配套产业基地，在船舶制造、拆船产业等方面优势明显。其中造船方面，生产能力在10万吨以下，在中小型细分船舶市场中具有竞争力。在拆船方面，拥有200万吨的拆解能力，占全国拆船能力的50%。

（苏珊珊）

【汽车制造与零部件制造业】 2019年，江门市汽车制造业完成规模以上工业总产值131.38亿元，同比下降6.42%；实现规模以上工业增加值35.36亿元，下降15.10%。汽车及零部件产业初步形成以富华集团、中集车辆、世界500强德尔福集团为核心企业的专用车及零部件产业集聚，主要产品覆盖专用车、车轴及各种零部件，其中半挂车轴、铝合金油罐车、铝制轮毂、等速万向节、车载DVD、转向器、雨刮器等产品在质量和技术含量上均居世界或国内同行业领先地位；培育本土企业地尔汉宇，研发生产新能源汽车高效电机及电控设备，引进“广粤”清障车，“德普”吸污车等项目。

（苏珊珊）

CRH6动车组车头　　（市工业和信息化局　供）

商贸业

综 述

【社会消费品零售快速增长】 2019年，江门市社会消费品零售总额1520.43亿元，同比增长8%，与全省增速持平，居全省第6位并列。其中，限额以上实现零售总额391.43亿元，增长3.1%。分地区看，各市（区）实现社会消费品零售总额分别为：蓬江区303.87亿元，增长5.6%；江海区53.91亿元，增长5.6%；新会区322.3亿元，增长9.6%；台山市278.95亿元，增长9.3%；开平市226.85亿元，增长7%；鹤山市215.74亿元，增长8.6%；恩平市118.81亿元，增长9.2%。分行业看，批发业实现零售总额173.02亿元，增长12.2%；零售业实现零售总额1204.11亿元，增长7.4%；餐饮业实现零售总额130.65亿元，增长8.9%；住宿业实现零售总额12.65亿元，增长4.1%。

【出口稳定增长】 2019年，江门市外贸进出口总值1425.4亿元，比2018年（下同）下降3.2%，其中，出口1136.1亿元，增长1.2%；进口289.3亿元，下降17.2% 。一般贸易出口782亿元，增长7.0%，占出口总额的68.8%；出口高新技术产品138.5亿元，增长2.4%。民营企业的外贸活力进一步释放。2019年，民营企业进出口660.6亿元，逆势增长4.7%，占全市进出口总值的46.3%，比重较2018年上升3.5个百分点。江门市出口量位列前三位的商品为家用电器、纺织服装及印刷设备电路，其中，出口家电151.4亿元，增长7.3%，高于全市出口增速6.1个百分点；出口印刷电路57.4亿元，增长1.9%。

国内贸易

【概况】 2019年，江门市商务局（简称“市商务局”）搭建“春夏秋冬”四大促消费平台，举办春季汽车消费节、夏季“家5•20”家居购物节、秋季“食在五邑”美食节、冬季“12•3买年货”购物节促销活动。利用“国六”汽车标准推出契机，分别在春季、秋季举办“国际车展”，开展汽车促销活动，2019年全市汽车销售额134.06亿元，比上年增长2.6个百分点。推进肉菜流通追溯体系建设和农贸市场升级改造，开展消费升级系列行动，逐步形成以百货店、超市、便利店、专卖店、专业市场、商业综合体等多种商业业态和各类批发市场为支撑的商贸流通体系；编制《江门市现代物流业发展规划（2018—2025）》《江门市农村物流发展规划（2019—2025）》，商贸流通业的竞争力得到提升，成为江门市第三产业的重要支柱之一。是年，全市社会消费品零售总额1520.43亿元，增长8%，与全省平均增速持平，在全省排名第6位。

【肉菜流通追溯体系建设】 2019年，市商务局按照“总体设计、分步实施”的工作思路，先在市区先行先试，再在全市范围推进肉菜流通追溯体系建设，年内新建8个肉类蔬菜零售环节、2个团体消费环节、2个生猪屠宰环节和4个产销配送环节共16个肉类蔬菜流通追溯节点项目，利用信息化手段，在肉菜流通的各个环节中记录信息，实现来源可追溯、去向可查证、责任可追究的肉菜流通追溯体系。

【农贸市场升级改造】 2019年，江门市商务局按照《江门市深化全国文明城市创建工作总体方案（2019—2021年）》要求，制定《江门市区集贸市场升级改造三年提升计划（2019—2021年）》，提出用三年时间升级改造市区内73个集贸市场，确保至2021年市区集贸市场升级改造全覆盖。2019年完成蓬江区10个与新会区20个集贸市场升级改造。

【电子商务发展】 截至2019年年底，江门市在国内主要电子商务平台上开展零售业务的活跃店铺有2.1万多家，从业人员3.3万人；全年网络零售额约188.64亿元，比上年增长16%，占当年全市社会消费品零售总额的12.4%。从地域分布看，蓬江、江海、新会3个区的零售总额占全市总量的70%以上，台山、开平、鹤山、恩平4个市占比不足30%。从产品分类看，主要有家居家装销售额占比56.86%，行业特色明显；其次是饮食（占10.56%）、家用电器（占5.34%）。完善跨境电子商务“单一窗口”，实现“联合查验、一次放行”的“一站式作业”的服务功能。适应国家监管政策的要求，2018—2019年投入1000万元，建设江门市跨境电商公共服务平台，指导一批企业在其应用平台成功申报进出口通关业务。制造业龙头企业通过自建网络购销系统、第三方电商平台网络营销等方式开展电子商务，提高电子商务应用水平。一批知名制造业企业在互联网市场大显身手，维达纸业、金羚集团、大冶摩托车等大型企业组建专业团队，开发网络购销系统，促进实体购销渠道和网络购销渠道互动发展，提高供应链和商务协同水平。维达纸业实现年网络销售额近20亿元。农村区域（指台山、开平、鹤山、恩平四市）电子商务总体环境完善，电子商务交易规模迅速扩大。2019年，江门市农村区域网络零售额约54.9亿元，大幅增长72.47%，占当地社会消费品零售总额的6.5%（全市平均水平约为12.5%）。全市农产品网络零售额7.49亿元，增长33.35%。网络销售的当地农产品以陈皮、茶叶、休闲食品、调味品为主。2019年，江门市有21个村入选“淘宝村”，增加4个；6个镇入选“淘宝镇”，增加4个；显示江门市农村电商呈集聚化发展。

江门·广州企业家座谈会　（市商务局　供）

外经外贸

【概况】　2019年，市商务局加强“稳外贸”工作，建立健全市外贸工作联席会议、口岸工作联席会议、海关和地方与企业的关地企直通车等协调机制，应对中国与美国的贸易摩擦，组织企业开拓“一带一路”沿线及新兴国家市场，鼓励发展外贸新业态。是年，全市进出口总值1425.4亿元，比上年下降3.2%；其中出口1136.1亿元，增长1.2%；进口289.3亿元，下降17.2%；加强“稳外资”工作，宣传落实省、市“外资十条”等投资优惠政策，对有增资潜力和意向的外资企业，上门宣讲政策，推动企业增资扩产。是年，全市利用外资金额8.23亿美元，以国家商务部的人民币口径统计54.54亿元，增长14.96%，增长速度位居全省第六名、珠江三角洲第二名，增加的总量位居全省第三名，排位比上年跃升二位。

【国际市场开拓】　2019年，江门市商务局实施《2019年江门市重点展览计划》，组织企业参加50场境外展览会，其中“一带一路”国家和新兴市场国家展会17场。重点组织参加在巴拿马、波兰、阿根廷、巴西等国家举办的4场重点境外展会，通过打造江门品牌展示区，开展贸易对接等活动，提高“江门制造”区域品牌的影响力。组织企业参加2019年第125届、126届中国广州进出口商品交易会（简称“广交会”），帮助企业巩固传统市场，开拓新兴市场，优化国际市场布局。是年，江门市欧盟的进出口量比上年下降0.4%，对“一带一路”沿线国家（与东盟、欧盟部分国家重合）进出口量下降0.8%，对东盟、韩国的进出口量分别增长4.3%和9.8%。

【外贸新业态】　2019年，江门市鼓励引导有条件的企业拓展外贸新业态业务，推动江海区、鹤山市和开平市开展跨境电商进出口和低值快件进出口业务，培育新的进出口增长点。推动有实力的企业开展对外投资，实现企业资源优化配置。是年，经市商务局备案设立（增资）的境外投资企业13家。

【江门市贸易促进会】　2019年，中国国际贸易促进委员会江门市委员会（简称江门市贸促会）以服务企业为宗旨，开展展览服务、商事认证、对外联络、投资促进和经贸摩擦应对等各项业务。发动组织企业参加澳门国际连锁品牌加盟展、中国商品（印度孟买）展览会暨广东（印度）商品展览会、香港美食博览会、香港国际环保博览会、美国拉斯维加斯国际汽车零配件展览会、俄罗斯莫斯科国际汽车配件展等境外展览会，推动企业开拓国际市场。是年，江门市贸促会共签发原产地证明书11622份，签发区域性优惠原产地证明书1616份；签发国际商事证明书3616份；代办领事认证421份；全年新增备案企业46 家。新开办的签发东盟区域原产地证的业务获企业欢迎。开展经贸促进活动，参加中国贸促会与内地—澳门和内地—香港的商会联席会议，举办开拓新兴市场暨印度贸易投资介绍会，组织企业参加中国（广东）—马来西亚双边企业家会议和多场由广东省贸促会或兄弟市贸促机构主办的贸易投资对接活动。用好省贸促会及港澳贸易投资促进机构平台，加大力度推广外贸，提供国际展览会信息，推动企业开拓东盟、印度、俄罗斯等新兴市场。设立“江门市贸促会经贸摩擦预警点”和“江门国际商会经贸摩擦预警点”，指导企业应对国际经贸摩擦。

【吸收外资】 2019年，江门市新批准设立外商直接投资项目266个，比上年下降43.04%；合同利用外资金额13.92亿美元（以国家商务部口径统计92.97亿元人民币），下降31.35%；实际利用外资金额8.23亿美元（以商务部人民币口径统计为54.54亿元人民币），增长14.96%。来自中国香港地区的实际利用境外资金总额5.32亿美元，与上年基本持平，占全市实际利用外资金额的64.64%，是江门市实际利用境外投资的第一大来源地。海外投资来源地的第一位和第二位分别是法国、英属维尔京群岛，实际利用外资金额分别为1.33亿美元和0.61亿美元，分别占全市实际利用外资金额的16.17%和7.43%。世界500强项目投资有新突破。全年新增世界500强投资企业增资项目2个，包括台山核电和巴斯夫涂料，合计增加合同外资1.92亿美元。外资大项目多。全市新批（含增资）总投资超1000万美元的企业26家，合计合同外资金额12.23亿美元；其中超3000万美元的项目（含增资）7个。是年，新批（增资）投资总额较大的外商投资项目有6个，包括台山核电合营有限公司，合同外资增加1.83亿美元；江门市优美科长信新材料有限公司，合同外资增加1.57亿美元；江门星辉造纸有限公司，合同外资增加9030万美元；鸿兴印刷（鹤山）有限公司，合同外资增加4340万美元；广东和黄色色影城旅游文化有限公司，合同外资3840万美元；鹤山智诚科技有限公司，合同外资3054万美元。

【招商引资】 2019年，江门市推进“招商引资项目落实年”行动，围绕五大战略性新兴产业，实施“百企上门招商”，在香港、澳门、深圳、广州等地举办多场大型招商推介活动。建立“市政府主要领导联系跨国公司直通车机制”，发挥江门市招商引资工作联席会议协调作用，建立招商引资项目服务信息管理系统，加强对重点项目的跟踪服务，推动项目加快落户落地。是年，全市引进投资超1亿元项目（含增资扩产）209个，投资额1298亿元，分别比上年增长7.2%、5.7% 。其中引进超1亿元产业项目184个，投资额1061.5亿元。重大项目招商上新台阶。引进投资超20亿元项目30个，投资额676.3亿元，实现各市（区）各引进1个超20亿元产业项目并动工建设的目标。对世界500强招商有新突破。台山核电、巴斯夫等世界500强企业实现增资扩产，合计增加合同利用外资1.9亿美元。中集、腾讯、华为等世界500强企业与江门市合作有新发展。为制造业发展注入新活力，引进超亿元制造业项目141个，投资额574.5亿元。文旅项目招商有新成果，融创国际、江门•侨镇、侨乡记忆等投资超20亿元的重大文旅项目签约。大湾区对接呈现新发展，全市承接粤港澳大湾区投资超亿元项目86个，投资额588.8亿元。在香港、澳门、深圳、广州等地举办以“奋进新时代共建大湾区”为主题的对接会，推动61个项目签约，投资额756亿元；每季度组织举办全市重点项目集中动工（投产）活动，共推动328个项目集中动工（投产），投资额1365.1亿元。全市推动126个于2019年引进的超1亿元项目动工建设，落地率为77%，动工率60.3%。中集智能物流装备等9个投资超20亿元项目实现“当年签约、当年供地、当年动工”。

商务交流与展销

【加强与“一带一路”沿线国家商务交流】 2019年，江门市19个境外商务交流处发挥“桥梁”和“纽带”作用，举办“‘一带一路’新商机——2019江门市境外商务机构经贸合作交流会”，为江门企业与“一带一路”沿线国家企业搭桥牵线。组织江门市企业参加“一带一路”国家和新兴市场国家展会17场，推动经贸交流和双向投资。是年，江门市对“一带一路”沿线国家进出口总额322.4亿元。是年底，到江门市投资的“一带一路”沿线国家企业有208家，累计合同利用外资超14亿美元，累计实际利用外资金额超11亿美元；江门市到“一带一路”及沿线国家投资企业20家，投资总额超5600万美元。

【广交会参展】 2019年，江门市商务局组织全市247家企业参加第125届和第126届广交会，其中，获得品牌展位的企业有32家。参展企业主要分布在家电电子、五金建材卫浴、摩托车、餐厨用具、家居用品、浴室用品等10个展区。在两届广交会上，江门市第一期有115家企业参展，第二期有104家企业参展，第三期有39家企业参展。获得品牌展位的企业，在第一期有14家，第二期有15家，第三期有3家。江门交易团做好参展服务工作，为参展企业统一制作印有“江门制造”标志的资料架和布帘，通过印发《广交会参展商名录》《广交会导向手册》和在人行天桥灯箱刊登广告等途径，开展广告宣传，展示江门优势产品，打响“江门制造”区域品牌。

（江门市商务局）

粮食流通

【概况】 2019年，江门市口粮消费量77.26万吨，粮食产量93.22万吨，口粮消费实现自给有余。粮食自给率23.6%，社会粮食供需平衡压力稍微减缓。全年全市纳入粮食流通统计范围（简称“入统”）的粮食经营企业有125家，其中国有粮食经营企业11家，占总数的8.8%；非国有粮食经营企业114家，占总数的91.2%。

【粮油产业】 2019年，江门市入统的大米加工企业60家，小麦粉加工企业2家，饲料企业33家，养殖企业3家，食品及副食酿造企业11家。2019年全市入统粮食加工企业工业总产值230.80亿元，利润总额13.97亿元。

【粮食供销】 2019年，江门市粮食总供给493.27万吨。其中，粮食产量93.22万吨，从省外购进146.60万吨，进口7.61万吨，省内市外购进245.84万吨。供给的粮食品种有稻谷109.97万吨，小麦53.80万吨，玉米229.37万吨，大豆86.54万吨(含豆饼和豆粕72.87万吨)，其他13.59万吨。

【粮食收购】 2019年，江门市社会各粮食经营主体在市内收购粮食17.27万吨，其中国有粮食经营企业收购稻谷8.62万吨，占全市稻谷总收购的49.91%。

【粮食销售】 2019年，江门市销售粮食489.61万吨。其中粮食消费394.45万吨，包括城镇人口口粮消费47.51万吨，农村人口口粮消费29.30万吨，饲料用粮消费293.28万吨，工业用粮消费22.74万吨，种子用粮消费1.62万吨。销往省内市外的粮食95.06万吨，销往省外的粮食0.10万吨。销售的粮食品种有稻谷103.75万吨，小麦54.33万吨，玉米230.53万吨，大豆87.24万吨(含豆饼和豆粕73.06万吨)，其他13.76万吨。

【粮食储备】 2019年，江门市储备地方粮食31万吨。其中蓬江区、江海区储备10万吨，新会区储备6.5万吨，台山市储备4.8万吨，开平市储备4.1万吨，鹤山市储备3.3万吨，恩平市储备2.3万吨。储备粮食的品种有稻谷(含大米)14.6万吨、小麦13.5万吨、玉米2.9万吨。储备粮的数量真实，质量良好，储存安全。

【粮食检查】 2019年，江门市组织实施政策性粮食库存数量和质量清查行动，迅速建立江门市政策性粮食库存大清查工作部门间联席会议制度，统筹指挥全市大清查工作。开展粮食质量普查工作，在全市组织20人分设5个扦样小组，按照“统一抽调、混合编组、综合交叉、本地回避”的原则，对各市（区）的粮食质量进行扦样，共扦取粮食样品172个送检。开展粮食数量普查工作，历时20天，按照“统一抽调、混合编组、综合交叉、本地回避”的原则从全市抽调39人组成6个普查组，普查全市政策性粮食承储企业，检查政策性粮食承储企业19家，库点48个，普查结果显示全市的政策性库存粮食账实相符、账账相符，粮食质量良好、管理规范、储存安全。

【粮食仓储设施建设】 截至2019年年底，江门市规模以上单位完好总仓容93.94万吨。其中，平房仓58.52万吨，浅圆仓4.71万吨，立筒仓24.55万吨，楼房仓3.87万吨，其他仓型2.29万吨；1999年前建成的仓容17.59万吨，2000—2013年建成的仓容47.27万吨，2014年起建成的仓容29.08万吨。

【粮食安全责任考核】 2019年，中共江门市委、市政府高度重视粮食安全工作，将粮食安全保障作为全市改革发展稳定的重要基础，印发《关于统筹规范全市督查检查考核工作的管理措施》，将粮食安全责任考核列入市级23项工作考核之一，统筹实施，将“粮食安全”列入《江门市2019年县域经济社会发展考核实施方案》中的绿色安全发展考核评价指标体系，作为加快构建推动经济高质量发展体制机制重要内容，并将“落实市长负责制，保障粮食安全均衡供给”写入2019年市政府工作报告，将“粮食安全责任制”列为市政府重点工作任务清单。是年，江门市全面落实粮食安全责任制，圆满完成粮食安全责任考核目标任务，保障全市粮食安全。江门市在广东省2018年度粮食安全责任考核中被评为“优秀”等次。

商品供销

【概况】 2019年，江门市供销系统以实施乡村振兴战略为契机，以助农服务示范体系建设为抓手，全面深化供销社综合改革，实现商品总销售额比上年增长10.68%；实现利润总额增长19.82%。

【流通服务网络】 2019年，江门市供销社按照“电商平台＋实体网络”思路，搭建农村现代流通服务网络平台，成立电商公司4家，搭建各类电商运营平台（网店）9个。加大农资、农副产品、日用消费品和再生资源网络建设，建设农资网点461个、日用消费品网点390个、农副产品购销网点159个、再生资源回收网点119个。

【农民专业合作经济组织】 2019年，江门市供销社以基层社或农产品龙头企业为抓手，实施“农民专业合作社＋基地”模式，发展壮大农产品龙头企业1家、农产品生产示范基地2个、农民专业合作社示范社5家，通过合作社带动1.78万名农民发展生产。

【烟花爆竹安全经营和管理】 2019年，江门市供销社加强烟花爆竹网点的经营管理，全年烟花爆竹销售额1.14亿元。到基层联系点开展烟花爆竹仓库和经营场所安全检查，开展烟花爆竹安全应急演练6次。全年全系统实现安全生产经营无事故。

【废旧物资回收经营和管理】 2019

年，江门市供销社发挥供销社再生资源回收利用网络作用，建设完善再生资源回收利用网点6家，推进再生资源回收利用与城乡生活垃圾分类回收工作，规范再生资源回收利用行业经营，促进资源循环和高效利用，改善城乡生态环境。

【农业生产资料供应】 2019年，江门市供销社通过创办农业生产资料（简称“农资”）农业科技（简称“农技”）服务机构、开展下乡活动、举办培训班、开展土地托管、统防统治、农机作业等形式，满足辖区的农业生产需求。联合市农业农村局举办江门市2019年春耕生产现场会暨农业科技、放心农资、农业机械、金融惠农、供销对接“五下乡”活动，现场提供技术指导。全市供销社系统新创办庄稼医院、测土配方中心等农资农技服务机构7家，开展农技服务培训2.4万人次；供应各类优质农资36.22万吨，供应量占市场供应总量的50%。

【农产品流通体系建设】 2019年，江门市供销社围绕农产品流通的各个环节，通过搭建农产品配送中心、农产品旗舰店和连锁店等平台，为农产品产销对接、快速流通提供技术、信息和销售系列综合服务，全市建设农产品配送中心1家、农产品旗舰店1家、社区连锁店15家，全年农产品销售额12.44亿元，比上年增长25.9%。

2019年3月12日，举办农业科技、放心农业生产资料、农业机械、金融惠农、供销对接“五下乡”活动

（市供销社 供）

烟草专卖

【打击违法经营烟草行为】 2019年，江门市查处各类违法经营烟草案件786件，破获5万元以上案件109件；查获各类违法卷烟5158.86万支，涉案案值2702.18万元；配合公安、检察院、法院拘留24人、提请批准逮捕16人、判刑12人。成功破获1宗国标网络案件和4宗省标网络案件，其中江门“6.20”全环节非法经营卷烟网络案获公安部和国家烟草专卖局打击制售假烟网络工作领导小组办公室贺信表扬。

【烟草专卖管理】 2019年，江门市烟草专卖局（公司）推进现代卷烟商业网络建设，提高对客户的服务水平，卷烟经营呈现“市场状态良好、销售结构提升、规范经营基本到位”的良好态势，客户满意度96.55%。2019年11月在江门市蓬江区双龙大道建成新物流配送中心并顺利搬迁并投产。

【烟草公益】 2019年，江门市烟草专卖局（公司）履行烟草企业社会责任，通过派出驻村第一书记、开展调研、加大扶贫投入等方式，落实精准扶贫、乡村振兴部署。开展社会公益、城市创文、军民共建等活动，组织干部职工参加志愿活动，为促进地方发展贡献力量，全年捐助善款16.67万元。

（赵瑞嫦）

石油产品经营

【概况】 2019年5月，中国石化销售有限公司广东江门石油分公司因企业改制，中国石化销售有限公司广东江门石油分公司变更为中国石化销售股份有限公司广东江门石油分公司（简称中石化江门石油公司）。是年，中石化江门石油公司以“为美好生活加油”为企业使命，依托163座加油站、4座油库和156座便利店，提供成品油批发、零售，饮料、食品、粮油、百货、烟酒等便利店名优商品销售，以及汽服、餐饮、粤通卡、保险、银行ATM等综合服务。荣获 “2019年广东省五一劳动奖状”称号。

【石油产品营销】 2019年，中石化江门石油公司支持地方绿色发展，102座加油站完成油罐防渗改造，通过政企合资合作等方式新发展加油站网点5个；结合油管防渗改造，对加油站与便利店网点进行升级改造，增加自动洗车、无感支付等智慧元素，丰富服务内涵，为客户打造全新的消费体验；拓展“易捷”便利店和“广东石油”App品牌，携手建设、兴业、广东发展、邮政储蓄等银行与平安、人保、太平洋、太平等保险公司和电信、联通、供电等大型企业开展跨界合作，整合资源共同打造高效、便捷的线上线下综合服务商业平台。在甘棠加油站引进首座“麦当劳”快餐和易捷机动车检测站，丰富汽车后市场服务生态圈。门店销售额1.57亿元，App线上营业额4873万元；推进人才强企工程，连续2年与江门职业技术学院联合举办易捷店长班，是年共招收学生23名；践行中央企业的责任，倾力回报社会，连续7年举办“情暖驿站满爱回家”大型公益活动，为春节“返乡摩骑”务工人员提供“1＋10＋X”免费服务，荣获“热心公益服务社群”牌匾等公益称号。是年，中石化江门石油公司成品油总量65.18万吨，比上年减少8.4%；非油品营业额10.03亿元，增长16.2%。

（中石化江门石油公司）

食盐专卖

【概况】 2019年，广东省盐业集团（简称广盐集团）江门有限公司（简称江门盐业）投资广东益盐堂供应链管理股份有限公司的生产基地股权，总投资额143万元，受让益盐堂（应城）健康盐制盐有限公司持有的20%股权。9月，完成股权转让及工商变更登记，江门盐业对广东益盐堂供应链管理股份有限公司控股63%。11月14日，广盐集团第一届职工代表大会在广州召开，江门4名职工代表参加会议，会议审议表决通过《广东省广盐集团股份有限公司职工代表大会实施细则》。12月12日，广盐集团一届二次职工代表大会在广州召开，江门4名职工代表参加会议，审议表决通过《广东省广盐集团股份有限公司员工持股方案》。

【盐政管理】 2019年，江门盐业与江门市人民政府四市三区发展和改革局（简称“发改局”）订立储备盐承储协议，由四市三区发改局支付食盐储备费用，合计111.06万元，保障江门盐业按时按量储备和轮换政府储备食盐。江门盐业制订《广东省盐业集团江门有限公司人员流转安置方案》，落实广盐集团混合所有制改革，完成企业人员安置转流。

【盐产品销售】 2019年，江门市共销售食盐产品39915吨，较上年同期减少6961吨，减幅14.85%。其中，食盐销售38435吨，上年同期减少6856吨，减幅14.81%。全年全市盐产品销售收入8309万元（外部销售收入5860万元），上年同期减少439万元，减幅6.96%。

【盐产品库存】 2019年，江门市盐产品年度库存9888吨，比上年同期增加1793吨，增幅为22.15%；江门市级政府食盐储备1272吨，完成政府食盐应急储备任务。

（田海燕）

·责任编辑　叶丽妍·

金融业

中国人民银行江门市中心支行

【概况】 2019年，中国人民银行江门市中心支行（简称人行江门中支）隶属广州分行，面对保稳定促发展的巨大压力，落实上级工作部署，把握履职形势的新变化，遵循稳中求进工作总基调，在“严实暖进”工作理念下抓党建促履职，增强大局意识和忧患意识，促进地方经济金融和社会发展，全力守护辖区稳定适宜的货币金融环境。

【执行货币政策】 2019年，人行江门中支面对辖区经济下行压力，落实好“三档两优”存款准备金制度框架和定向降准政策，运用好宏观审慎评估“指挥棒”，引导金融资源向经济重点领域和薄弱环节倾斜，实施5次降准，为辖内法人金融机构释放资金约35.73亿元；做好贷款市场报价利率（LPR）推广运用工作，千方百计降低企业融资成本；联合银保监江门分局发起的“访百万企业助实体经济”行动与江门市政府发起的“暖企业、促投资”专项行动形成呼应和合力，促进银行贷款投放持续较快、高质量增长，成为地区“六稳”的重要支柱，实现稳定适宜的货币金融环境。是年底，全市本外币各项贷款余额3667.71亿元，比年初增加505.85亿元，比上年多增161.77亿元；比年初增长16%，比上年多增3.7个百分点；比年初增速高于当年地方GDP增速与CPI涨幅之和8.7个百分点。很好实现了年初总行和广州分行部署要求的信贷调控目标—2019年信贷投放总的原则是保持与名义GDP增速基本匹配的货币条件，贷款增量同比多增。当年新增贷款更多投向实体经济。是年底，普惠口径小微贷款余额328.81亿元，比年初增长19.52%；涉农贷款余额1268.94亿元，比年初增长12.96%；房地产贷款余额1538.60亿元，比年初增长16.92%。

继续加大货币政策工具运用，动态优化货币政策工具投向结构，最大化工具运用效能。2019年，累计办理再贴现17.93亿元，比上年增长19.53%。其中，小微企业票据占比74.25%，涉农企业票据占比40.62%，为小微企业、涉农企业节省利息支出410万元；累计发放支农再贷款11.67亿元，为各相关主体节省利息支出近700万元。延伸“粤信融”平台服务深度、扩展中征应收账款融资服务平台服务广度，改进小微企业征信服务。至2019年年末，2家企业成功与中征平台实现线上对接。“粤信融”（江门）采集到10个政府部门的数据，共1956.25万条信息。经各方面共同努力，小微企业融资呈“量增、面扩、价降”良好趋势。2019年年末，江门市小微企业贷款加权平均利率为5.73%，较年初下降8个基点。

【维护辖区金融稳定】 2019年，人民银行江门中支（简称人行江门中支）扎实推进金融改革发展，强化金融风险监测评估，全面落实打好防范化解重大金融风险攻坚战各项要求，加强系统性、区域性金融风险防范，切实维护辖区金融稳定。严格按照上级银行统一部署，在辖区稳步推进存款保险各项工作。加强金融改革跟踪监测，推动辖区农业合作机构改革（简称农合机构），广东开平农商银行、广东台山农商银行成功挂牌开业，至此江门辖区全部农合机构完成改制工作；是年，人行江门中支对当前辖区金融领域存在的风险进行全面排查分析，总结本地区突出的风险隐患，制定人行江门中支打好辖区防范化解重大金融风险攻坚战实施方案，建立涵盖流动性、民间融资、重大借贷、突发挤兑、互联网金融、集中取款等方面的应急预案，完善金融安全防线和风险应急处置机制；加强金融风险日常监测、评估，压实金融系统综合治理责任，推进金融综治现场考评工作，广泛开展平安金融宣传及打击非法集资宣传活动。加强敏感时点风险防控，全面排查金融维稳信访类风险事件，强化重大事项及专项信息报送，完善应急防范及值班制度。全年全市金融系统没有发生维稳、重点信访（指群体访、缠访和闹访）事件等。

【提供金融服务】 2019年，人行江门中支切实做好金融服务，持续提升金融服务实体经济和供给侧结构性改革的效能。持续提升企业银行账户服务质效，促进辖区营商环境优化。在全面实施取消企业银行账户许可的基础上，指导银行机构通过推出预约开户、资料预审核、整合表单协议、开通小微企业绿色通道等特色举措，简化业务环节、优化业务流程、速化资金周转效率；在开平、鹤山、恩平三县域打造“移动支付＋政务/校园/菜市场”等智慧应用场景，引导移动支付便民工程建设向农村地区延伸；在全市推广个人信用报告自助查询代理点，11月15日，江门市首家个人信用报告自助查询代理点在鹤山农村商业银行运行；制定《江门市残损人民币缴库专项工作实施方案》，建立金融机构残损人民币缴库长效机制，解决金融机构在办理残损人民币回收业务过程中因不成袋而无法缴存入库的问题；全年回笼残损人民币7245袋，金额54.47亿元；落实普惠减税优惠政策，联合财政、税务等部门在全市统一简化退库业务流程，加快办理小微企业普惠性税收减免政策集中退库业务，确保减税政策红利在小微企业落地落实。全年全市各级国库共办理小微企业普惠性减免退库业务59086笔，金额1.86亿元；3月，成功为境外纳税人日本株式会社伸光制作所开通办理首笔跨境人民币缴税业务，标志江门市跨境人民币缴税服务渠道开启。

【金融消费权益保护】 2019年，人行江门中支每季度参加江门市广告监管联席会议，与市市场监督管理局、市委宣传部等多部门交流开展广告监管工作情况，现场合力解决在工作开展过程中遇到的困难、问题；指导金融消费保险联合会充分凝聚各类社会资源，在“3·15”、6月、9月期间开展专项金融知识普及活动，提高金融消费者尤其低净值人群对金融风险的认知与防范，普及金融知识。

【推进社会信用体系建设】 2019年，人行江门中支推进失信联合惩戒机制建设。加强与发展和改革、市场监督等部门联动，强化部门间信息互联互通，多渠道整合社会信用信息，推动落实守信联合激励和失信联合惩戒措施。引导金融机构加大对新型经营主体的金融扶持力度，将农村生态优势转化为发展生态经济的优势，提供更多高质量的绿色生态产品和服务，持续深化农村信用体系建设。继续健全征信维权工作制度。按照依法、公正、及时、便民原则开展征信维权工作，督促金融机构做好异议处理，接受和处理信息主体投诉，以解决问题为导向，切实维护信息主体合法权益。落实精细化管理要求，为窗口受理的维权异议业务建立专项档案，实行一案一卷。在征信窗口公示金融机构异议处理服务电话，设立市民投诉登记本，从源头提高征信维权服务水平。结合“3·15”消费者权益日、“6·14”信用记录关爱日等特定时点，组织开展形式多样的征信主题宣传活动，2019年，辖区30家商业银行的420个网点参与征信主题宣传活动，举办宣传活动225次，受众4650人；营业网点利用LED屏播放宣传标语，摆放征信宣传展板，发放征信宣传材料，提供相关咨询，营造良好的社会诚信氛围。

【金融业发展】 2019年，人行江门中支对银行业金融机构实行“开业管理、营业管理；综合执法、综合评估”，引导银行业金融机构提供高效的金融服务，为金融业健康发展创造良好的金融生态环境。是年，广东开平农商银行、广东台山农商银行挂牌开业。年末，江门共有各类银行业金融机构30家，其中，法人机构8家；机构网点数889个，比年初减少11个；从业人员数13458人，比年初减少141人。银行业金融机构总资产5763.98亿元，比年初增长9.18%，总负债5524.06亿元，比年初增长9.32%。

【开展反洗钱工作】 2019年，人行江门中支持续做好金融领域扫黑除恶、打击利用离岸公司和地下钱庄转移赃款、打击非法集资等工作，确保金融运行规范有序。是年，共向市扫黑除恶办公室、公安局、税务局等部门移送线索41条，协助破获案件5宗；结合辖区实际，以灵活多样的形式持续开展反洗钱宣传，包括开展户外宣传，通过微信平台开展反洗钱有奖知识问答，开展“反洗钱知识进课堂”活动等，取得良好成效；及时归纳洗钱特征，发布风险提示。全面总结辖区典型的洗钱案例,收集、整理并分析可疑特征，及时向金融机构发出风险提示，加强对特定个人和账户的重点监测，有效防范洗钱犯罪。

【外汇管理】 2019年，人行江门中支推动制定《江门市促进经济发展专项资金（跨境融资平台）项目奖补方案》，为广东省首创。对江门与香港、澳门地区金融机构发生跨境人民币结算及跨境融资（含全口径跨境融资及贸易融资等）的银行实施奖补，受奖补银行给予企业融资优惠，降低企业跨境融资成本。截至是年底，发放300万元奖补资金，带动全市2019年港澳跨境融资总额达2.22亿美元，是2018年的0.94亿美元的超2倍。支持并配合申报成立江门大广海湾保税物流中心（B型），于2019年2月获批准设立，成为全市推进粤港澳大湾区建设落地的重大项目。宣传《国家外汇管理局关于进一步促进跨境贸易投资便利化的通知》。推广应用“国际汇税通”服务平台，至是年12月，全市共有15家银行为114家企业办理348笔“国际汇税通”业务，业务笔数覆盖率74.83%；合计金额39.96亿元，业务金额占比88.81%，明显提升跨境税收项下付汇便利化。推动跨境金融区块链服务平台试点工作，10—12月，全市企业通过跨境金融区块链服务平台办理115笔跨境融资，金额折合5572万美元；其中，25家企业通过服务平台办理95笔跨境外币融资，折合3931万美元；7家企业通过服务平台办理20笔跨境人民币融资，折合1641万美元。

（人行江门中支）

地方金融服务

【概况】 2019年底，江门市有银行、保险、证券、期货等金融机构共168家，其中银行30家，保险公司61家，证券营业部48家，期货公司3家，信用评级机构6家，小额贷款公司14家、融资担保公司6家。2019年，全市金融业增加值213.94亿元，占江门市地区生产总值的6.8%,比上年增长8.4%。全市金融机构本外币各项存款余额4946.81亿元，比年初增加417.93亿元，增长9.2%；全市金融机构本外币各项贷款余额3667.71亿元，比年初增加526.86亿元，增长16.8%；全市保险业实现保费收入168.44亿元，增长11.9%；赔付支出39.54亿元，减少24.8%。2019年共向小微企业信用体系建设试验区的44家企业发放信用评级补助资金10.5万元，其中27家获初评、17家获复评；9月，鹤山市1家小额贷款公司成功在广东省股权交易中心诚信板挂牌。

【证券资本市场】 2019年，江门市证券交易额12905.63亿元，有境内外上市企业20家，其中境内上市企业12家，在香港证券交易所上市企业8家，另有16家企业在新三板挂牌。江门市推出多项措施鼓励企业拓展资本市场融资渠道，鼓励江门市金融机构开发创新研发贷款专属产品；完善全市拟上市企业后备资源库，分层次、分梯队进行培育，加强跟踪服务企业，帮助企业解决上市过程中遇到的困难和问题；抓住科技创业板开设的机遇，完善企业上市奖补政策，减轻企业上市成本，助力企业登陆资本市场进行直接融资发展。2019年，江门市有广东绿岛风空气系统股份有限公司、广东芳源环保股份有限公司、广东奇德新材料股份有限公司3家企业获上市辅导。

【小额贷款】 截至2019年年底，江门市14家小额贷款公司注册资本金19.55亿元，资产总额24.02亿元，贷款余额20.16亿元，向金融机构融入资金余额2.78亿元，本年投放贷款共12.92亿，比上年同期减少5.5亿元；不良贷款余额0.89亿元，不良率4.4%；净利润为0.33亿元，平均资本回报率0.7%；其中投放“三农”808笔，投放金额3.1亿元，投放占比24%，贷款余额4.56亿；25家典当行和2家分支机构，注册资本3.38亿元，资产总额3.54亿元，负债总额0.04亿元，典当总额7.45亿元。

【融资担保】 截至2019年年底，江门市融资担保公司6家，其中国有控股融资担保公司1家，民营控股融资性担保公司5家；注册资本7.23亿元，从业人员99人，其中具本科以上学历51人；融资担保业务在保余额6.35亿元，其中对小微企业担保在保余额4.65亿元，占担保余额73.23%，融资担保放大倍数0.91，平均担保费率约2%。

【典当行】 截至2019年年底，江门市典当企业25家、分支机构2家，注册资本3.38亿元，资产总额3.54亿元，负债总额0.04亿元。2019年发生业务13960笔，比上年增长70.3%；其中对自然人的业务13923笔，占总数的99.7%，典当总额7.45亿元，增长131.1%，含房地产业务5.97亿元，增长114.9%，占主营业务的80.17%。营业收入0.18亿元，增长70.3%，其中利息和综合费用净收入0.16亿元，增长85.1%。税后利润0.03亿元，从业人员171人。

【地方金融改革】 *农合机构改革* 2019年，江门市整合地方金融资源，完成农合机构改革。2017年9月启动江门市农合机构改革，在2018年9月和12月完成市区的江门新会农村商业银行股份有限公司、江门融和农村商业银行股份有限公司合并改组为江门农村商业银行股份有限公司和鹤山农村信用合作联社改组为广东鹤山农村商业银行股份有限公司；2019年7月和9月，开平市、台山市先后完成农信联社改组为县级农商银行，至此全市农合机构改革完成，法人治理、资产质量和经营能力好转，发挥本地金融“主力军”助力本地企业、地方经济及乡村振兴的作用。

江门高新区金融中心成立 2019年10月21日，江门高新区金融中心在江门市江海区金瓯路233号成立，是江门市首家由国有资本牵头主导成立的金融中心，是打造提升金融产业发展的基础设施硬件平台，形成金融服务集聚区和财富地标，是为全市经济社会发展提供金融服务、增强金融供给的重大举措，旨在为江门市高新科技企业提供一站式、全方位、全产业链的金融服务，提高金融支持科技和实体经济的规模和效率。同时实施支持金融中心运营的配套政策，加大财政支持金融发展力度，引进多种金融类市场主体及配套中介机构进驻，带动全市金融业升级和业务多元化。

【融资扶持政策研发】 2019年，江门市金融工作局（简称“市金融局”）开展对企业跟踪服务，帮助企业解决上市过程中遇到的困难和问题，协助进入上市辅导的广东芳源环保股份有限公司申请扶持奖励资金。是年，完成企业申报2018年研发融资补助资金的审核，共向5家企业发放研发融资补助资金131万元。建立政府、银行与企业沟通合作机制，全年召开3场由金融机构牵头负责举办的金融融资推介会，重点介绍融资专项业务，加强政府、银行、企业之间的信息对接，约600家民营企业代表参加。

【供给侧结构性改革去杠杆行动】

2019年，江门市金融业供给侧去杠杆工作有序推进，各金融机构杠杆率符合监管要求，全市金融机构持续稳健经营，全市金融业发展态势良好，没有出现区域性或系统性金融风险。市金融局正确把握金融本质，深化金融供给侧结构性改革，平衡稳增长和防风险的关系，以“六稳”为要点，构建全方位、多层次金融支持服务体系，提供精准的金融服务，发展直接金融，同时调整现存的间接金融供给结构，提高金融体系整体的适应性、竞争力、普惠性，增强金融服务实体经济的能力，提高直接融资比重，促进多层次资本市场健康发展。以农合机构改革为契机，处置辖区内部分农合机构的不良资产，提升地方金融机构资产质量。2019年，各地方一级法人银行机构、小额贷款公司、融资担保公司等金融机构杠杆率符合监管要求，守住不发生系统性金融风险的底线。

【农村金融服务】 2019年5月，市金融局与保险公司签订2019—2021年政策性农房保险协议，3年投入财政资金1130万元，农房保险覆盖率100%，提高全市农民抵御自然灾害的能力。7月，市金融局制定《关于金融支持乡村振兴战略的指导意见》，结合“新会陈皮”特色农业产业，江门市的银行、保险等金融机构创新推出“农担项目贷款”“陈皮e贷”及“政策性柑树种植保险”等产品，截至2019年年底，陈皮产业的贷款余额超6亿元；8月，市金融局与保险公司签订2019—2021年年巨灾指数保险协议，

3年投入财政资金3834万元，强降雨最高赔付金额1.8亿元，支持政府开展灾难救助工作，提高江门市应对台风暴雨极端天气抢险救灾的保障能力。

【江澳金融合作】 2019年2月，市金融局抓住《粤港澳大湾区发展规划纲要》公布契机，围绕市委市政府投入粤港澳大湾区建设的工作部署，到银行深入调研，大胆创新，重点推进国际资金拆借业务，密集组织银行机构与澳门金融管理局、澳门金融机构进行业务对接，打通官方的沟通渠道和两地金融机构的业务对接渠道。是年，江门与澳门金融合作同业存放业务发生融入资金1018.91亿元，包括银行间同业存放1011.22亿元人民币，企业融资7.69亿元人民币。同业存放业务主要存放在兴业银行广东省分行，给予兴业银行江门分行200亿元的贷款规模，将吸收的部分境外资金投放全市经济建设，主要针对项目贷款，利率较基准下浮5%—8%，放出5笔金额合计7282万元的低于基准利率的绿色贷款。是年，江门兴业银行、光大银行、广州银行、中信银行、东亚银行等向其总行争取并获得跨境业务资质。市金融局继续探索江澳金融合作新合作点，推动试验创新型金融产品，如开展银团贷，帮助企业在澳门发债，推广澳门跨境电子直接缴费系统，实现澳门居民在澳即可缴交境内费用等。

【金融风险防控】 2019年，江门市将互联网金融风险专项整治工作和防范化解非法集资工作有机结合，构筑防范和处置非法金融活动“安全网”，推进涉众型金融风险防控工作，全市金融业稳健发展，未出现系统性风险和区域性风险隐患。打击非法金融活动，全年全市新发生的非法集资案件4宗，案件数、参与人数较同期大幅下降；加快推进互联网金融风险专项整治，通过加强风险监测和专项排查，2019年在江门市没有注册的P2P网贷法人机构，互联网金融风险处于可控范围内；做好监测预警和有效防范，推进“e租宝”、团贷网等P2P网贷平台的处置工作，维护江门市金融稳定和社会稳定；宣传打击非法集资活动，通过互联网、微信等线上以及组织现场活动等线下的方式，开展600场集中宣传活动和200场“六进”宣传活动，派发30万份宣传资料，效果良好。

（童　刚）

银行业

【银行监管】 银行机构概况　2019年，江门银保监分局辖区银行业资产总额5763.98亿元，比上年增长9.18%。1—12月，净利润80.57亿元，比上年增长12.17%；各项存款余额4897.63亿元，比上年增长9.18%；各项贷款余额3665.69亿元，比上年增长16.71%。风险水平整体可控。不良贷款余额31.93亿元，比年初减少5.03亿元，不良贷款率0.87%，比年初降低0.31个百分点，实现“双降”。

重点领域风险防控　2019年，江门银保监分局持续推进行业乱象治理，开展部分重点领域风险排查、信贷管理专项检查、房地产相关业务专项检查以及不合理抽贷、断贷专项检查、销售行为检查整改情况“回头看”和违规涉企业服务收费专项治理现场检查、公司治理内部控制（股东股权管理）专项检查、小微企业融资收费抽查等工作。全年共派出检查组17个，检查机构17家，检查发现问题95个，行政处罚1个、处罚金额40万元，责令机构处理人员21人。

支持地方经济发展　2019年，江门银保监分局推动农合机构改革，狠抓历史遗留问题彻底解决和确保农合机构洁净改制的核心，完成辖区5家农合机构改制工作。推进粤港澳大湾区建设，对大湾区港澳投资企业累计发放贷款69.88亿元，对港澳地区国际结算金额599.89亿元，累计启动粤港澳大湾区基础设施项目130个、提供授信金额1051.17亿元。加大对民营经济的支持力度，通过“政银保”“银税互动”“双创”债券等加大信贷资源配置，组织开展“百行进万企”工作，是年底民营企业贷款余额1017.34亿元，比上年同期增长15.36%，高于各项贷款增速1.43个百分点。加大绿色信贷投放力度，信贷优先支持环境保护、节能、清洁能源、绿色交通、绿色建筑等领域，是年底绿色信贷余额541.097亿元，占各项贷款比例14.76%。

引导优化金融服务　2019年，江门银保监分局落实乡村振兴战略，引导银行机构加强对县域经济特色产业和产品的支持，形成“陈皮贷”“柑树贷”等业务模式，通过发挥龙头企业带动效应、创新推出产业链融资产品、升级创新特色金融服务等措施，助力特色产业链做大做强。

【中国农业发展银行江门市分行】

2019年，中国农业发展银行江门市分行下辖新会、鹤山、开平、台山、恩平5个支行，共有在岗员工116人。年底贷款余额首破200亿元大关，达到202.20亿元，比年初增加21.95亿元，增幅12.18%。2019年投放贷款43.16亿元，支持项目16个，投放中长期贷款31.12亿元；支持和配合江门地区政府做好储备粮油收储、补库、轮换工作，全年累计发放粮油购销贷款8.79亿元，累计支持企业购进粮油33.6288万吨，支持的粮油企业在全市市场占有率60%，始终发挥粮食收购资金供应主渠道作用；为全面落实党中央打赢脱贫攻坚战三年行动部署，以产业扶贫的方式，大力支持贷款企业招收来自西部贫困地区的国家建档立卡的贫困人口就业，推动东西部协作扶贫。是年，审批扶贫贷款3.97亿元，发放3.24亿元，支持收购稻谷85303吨，直接带动贫困人口11人就业，年收入5万元，实现10人成功脱贫。

【中国工商银行江门分行】 2019年，中国工商银行江门分行有员工1455人，一级支行（含分行营业部）11家，全辖网点81家。各项存款时点余额突破700亿元，达到706.96亿元；各项贷款突破500亿元，达到530.14亿元。客户基础不断壮大，服务对公客户4.25万户，个人客户336万户。坚持全面从严治党从严治行，资产质量保持稳定，连续12年保持省行“内控评价一类行”地位。经营发展效能持续提升，连续10年跻身全国二级分行经营30强，并于2014年起位列前15强。落实“粤港澳大湾区”规划战略合作，支持“交通大会战”、招商引资、先进制造业发展，线上线下协同做实做细民营企业和小微企业的金融服务，支持消费升级，2018—2019年累计为江门市经济建设提供近740亿元融资支持。推动“智慧+”，助力数字政府、智慧校园建设。

【中国农业银行江门分行】 2019年，中国农业银行江门分行全辖共9个经营单位，营业网点92个，离行式自助银行47个，员工1466人。至是年底，本外币各项存款余额599亿元，本外币各项贷款余额399亿元，分别比年初增长53亿元、45亿元，不良贷款实现“双降”。加大实体贷款投放力度，支持交通基础设施、产业园区、县域旅游、县域“三旧”改造、民生工程和公共服务等项目建设，切实将金融活水引向实体经济，全年投放法人实体贷款75亿元。主动践行普惠金融，加大产品创新力度，通过推出“税银通”“结算通”“工资贷”“电费贷”等系列纯信用的企业特色产品，为小微企业提供融资便利；支持江门农业供给侧结构性改革，加强对新会陈皮、台山鳗鱼、开平家禽等现代农业产业园的金融服务，拓宽推进服务现代农业产业园的广度和深度；宣传推广陈皮贷产品，新华社记者以内参形式向国务院报告中国农业银行江门分行扶持新会陈皮产业的情况，得到行内外各级领导的高度重视与一致肯定。至2019年年末，累计发放“陈皮贷”4.26亿元，中国农业银行江门分行获“第五届中国新会陈皮文化节金融创新服务单位”荣誉称号。

【中国银行江门分行】 2019年，中国银行江门分行共有72家经营性机构（网点），其中县域中心支行5家、城区中心支行4家，在岗员工1460人。至是年底，本外币一般公司贷款319.43亿元，同比新增42.03亿元，新增贷款有效支持国家重点建设项目、江门市当地支柱产业、战略性新兴产业和传统产业转型升级；利用地方侨商资源，为大广海湾经济区内的企业核定授信总额近443亿元，当年累计投放约36.72亿元，发放的项目贷款余额超185亿元，支持项目数量22个，项目总投金额超824亿元；融入粤港澳大湾区建设，支持基础设施互联互通项目授信总额103.07亿元，自项目开始累计投放贷款36.68亿元。2019年，累计国际结算业务量60.36亿美元，累计跨境人民币结算业务量141.98亿元，稳居当地市场第一位。加大与港澳地区的金融合作，全年对港澳地区的国际结算业务累计发生额230亿元，有效降低企业融资成本。全面践行普惠金融。通过持续开展“千百十”工程和举办“芯连心”“投贷联动”“南粤行”等平台活动，全年普惠金融央行定向降准口径人民币贷款余额26.1亿元，新增10.27亿元；全年累计为民营企业投放贷款约79亿元，较上年翻一番；为小微企业提供500万元以下贷款余额超10亿元、净增近3亿元。

【中国建设银行江门市分行】 2019年年底，中国建设银行江门市分行（简称建设银行江门分行）有机构网点74个，在岗员工1280人。3月20日，建设银行江门分行与江门市社会工作协会签署“劳动者港湾”携手推进社会工作事业发展合作框架协议。6月5日，建设银行江门分行与江门市城市管理和综合执法局、中国太平洋财产保险公司江门中心支公司联合举办“情系城管温暖港湾”城管驿站与劳动者港湾共建活动，为全市城管系统一线的环卫工人、园林绿化管理工人、城市执法人员、市政设施养护工作人员提供温暖港湾服务，在全社会树立尊重理解支持城管工作的良好风尚。7月26日，“劳动者港湾”App与“江门义工”App互嵌项目正式上线，成为全国首个公益类互嵌项目，使建设银行江门分行港湾服务精准抵达40万名江门义工用户。11月28日，建设银行江门分行与江门市住房和城乡建设局联合举办“党建引领、科技赋能、优化服务、共普新篇”党建共建签约活动暨智慧公积金服务项目上线新闻发布会。对外展示网点智慧柜员机的公积金便民服务功能。

【广东发展银行江门分行】 2019年，广东发展银行江门分行（简称广发银行江门分行）有20个分支机构，在册职工504人，总资产225.70亿元，各项人民币存款余额211.35亿元，各项人民币贷款余额109.63亿元，存贷款规模稳居当地股份制同业首位；不良贷款率0.44%，资产质量持续保持优良；普惠小微企业贷款新增2.7亿元，全面完成监管机构下达的小微企业信贷任务。深耕社会保障业务19年，服务社保客户90万户、社保定点机构1092家，投入社保POS机1420台，年交易量650万笔，全面推广电子社保卡，助力当地社保服务改革。创新开启“智慧广发，城市管家”智慧城市项目，围绕“善政、惠企、利发”三个着力点，在政务、医院、法院、学校、交通等12个方面支持城市智慧服务。合规经营，全年没有发生重大金融风险事件，为维护地方金融稳定做出贡献。

【中国邮政储蓄银行江门市分行】

2019年，中国邮政储蓄银行江门市分行直属机构6个，金融网点115

个，员工580人，其中县及县以下农村地区的网点数占比超70%，乡镇覆盖率100%。中国邮政储蓄银行江门市分行为全市1万家中小微企业、个体工商户、农户及创业者提供强大资金支持，为江门市经济发展注入生机和活力。通过发挥网点覆盖城乡的网络优势，坚持服务“三农”（指农业、农村、农民）、服务中小企业、服务社区的市场定位，自觉承担践行普惠金融的社会责任；全力支持基础设施项目建设，支持珠江西岸综合交通枢纽建设，支持粤港澳大湾区建设；加快金融创新，构建日益完善的小微企业和“三农”金融产品体系，构建专业、高效的为农服务体系，全力实施金融精准脱贫；坚持服务民营经济，让利小微企业，在“政银保”项目平台实现突破。

【江门农村商业银行】 截至2019年年底，江门农村商业银行股份有限公司（简称江门农商银行）资产总额1050.31亿元，存款余额779.70亿元，贷款余额490.38亿元；在江门市区和恩平市共设有192家营业网点，在职员工2300人。江门农商银行回归本源，专注主业，与江门市农业农村局签订框架性协议，拓展农业“政银保”，全力支持乡村振兴；成功中标江门市创业担保贷款服务项目，推广“研发贷”，支持小微企业“双创”和企业产品研发；优化升级陈皮贷、柑树贷、红木贷、香业贷等地方特色信贷产品，支持特色小镇建设；成功上线现金管理系统、关联交易管理、天维绩效考核、协同等业务系统，逐步提升经营管理效能；依托省联社系统的推广应用，全面上线新柜面系统和集中作业平台，创新推出“电子社保卡”“拥军优抚卡”及ETC等金融产品，市场竞争力日益增强；针对POS特约商户和扫码收单商户推出“码上贷”，在广东农信系统首推全线上公积金个人网络消费贷，推出最快1分钟放款的“悦农e贷”线上个人网络消费贷款，“数字农商”建设取得有效进展。

（江门银保监分局）

保险业

【保险监管】 保险机构概况　截至2019年年底，江门市辖区共有保险机构61家，其中财产保险机构27家，人身保险机构34家。保险机构资产总额378.38亿元，较年初增长16.85%，资产总额在广东省排名第八位。保费收入同比快速增长。2019年，江门辖区保险机构保费累计收入168.44亿元，比上年增长11.86%。其中，财产险业务保费收入35.44亿元，增加1.37%；人身险业务保费收入133.00亿元，增长15.03%，保费收入在广东省内排名第七位。保险赔付支出同比大幅减少。2019年，江门辖区保险机构累计赔付支出39.54亿元，减少24.60%，其中财产保险公司累计赔付支出20.41亿元，减少9.13%；人身保险公司赔付支出19.13亿元，减少36.19%。

车险市场乱象整治　2019年，江门银保监分局针对部分机构车险业务出现的异常变动，加大督导力度，年内约谈机构10家、约谈机构负责人15次。指导市保险行业协会组织召开26次维护车险市场秩序工作会议，研究维护车险市场秩序的工作措施，组织各产险公司自行达成车险市场秩序规范共识并签署承诺书，保费超出承诺上限的保险公司将被停止接受新业务7天。建立车险增速及行业增速数据每周通报以及月度评定制度，监测各公司业务发展及执行承诺的情况。

推动助力救灾扶贫　2019年，江门银保税合作推出广东省内首个“退役军人贷”金融产品，辖区8.7万名退役军人和优抚对象受惠。推动政策性农村住房保险，辖区累计承保农房567万户次，保障金额超750亿元，实现100%全覆盖。

民生服务类业务创新　2019年，江门银保监分局推行车险缴费实名制，规范车险市场秩序。助力交通事故调解理赔，在辖区7家基层法院设立涉保险类交通事故案件调解工作室，在全省首创医院驻点交通事故人伤综合服务中心，联合交通管理部门设立11个轻微交通事故快速处理服务中心。

【人保财险江门市分公司】 2019年，人保财险江门市分公司全险种保费收口12.7 亿元，比上年增长3.5%，占市场份额33.86%，上升0.3%，保持全市市场占有率的首位。全年累计承担风险保障金额3800亿元，处理各类赔案9.76万件，支付赔款6.56亿；中标地市巨灾指数保险，提供风险保障金额3亿元；承保农民工保险、扶贫保险、残疾人意外疾病等项目。严抓党委主体责任和纪委监督责任，完善党委议事规则和“三重一大”党委决策制度；通过党委书记讲党课、党委中心组学习、集中培训、邀请专家授课等形式，提升基层党组织的党建专业能力。人保财险广东省分公司与江门市金融工作局签订“2019—2021年江门市政策性农村住房保险”合作协议，标志江门市推进新农村建设工作再上新台阶。

【平安财险江门市中心支公司】 2019年，中国平安财产保险股份有限公司江门中心支公司（简称平安财险江门中心支公司）共设置15个网点，在编员工282人。是年保费收入9.8亿元，同比增长7.3%。其中车险8.6亿元，增长5.0%，车险赔付3.84亿元，车险报案77046笔，结案67105笔，当年报案结案率87.09%。在行业内首推信任赔服务“平安车险信任赔”，在4300万车主大数据基础上上，基于图片定损、OCR票据识别、生物识别等技术搭建的AI智能理赔信用模型，为客户配置理赔信任额度，额度内的理赔款由客户自主赔付，车主全流程自助操作。落实社会责任，举办“消防安全”“守规则除隐患安全文明出行”“江门交警儿童道路安全教育——平安客户专场”等宣传活动。7—11月期间，分别在五邑地区各地成立9个交通安全劝导站，开展交通安全劝导活动。通过“警保联动、快处快赔”模式，实现当地轻微道路交通事故快处快赔、事故定责、理赔支付“一站式”办理。

【太平洋财险江门中心支公司】

2019年，太平洋财险江门中心支公司保费收入3.03亿元，从业人员1200人（含营销员），在江门市各县共设立8个经营机构，服务范围覆盖全市每个县区，提供快速、到位的各项保险服务。经营范围包括财产损失保险、责任保险、信用保险和保证保险、短期健康险业务和意外伤害保险等业务。参与承保广中江高速公路、江罗高速公路、江门市内多个省道（快速通道）等重点建设项目，是江门多个市区政府公务用车、江门市安全生产责任险、江门市精神病监护责任险等多个政府保障项目的主要承保公司。为李锦记、大长江、嘉宝莉、天地壹号、双水电厂、美达股份等大批江门大型企业提供全方位的保险服务。

【中国人寿江门分公司】 2019年，中国人寿江门分公司自营总保费收入30.89亿元，在江门寿险市场占有率23.58%；成功续标新一周期（2020—2022年）江门市城乡居民和职工大病保险项目，同步开拓“关爱·她”女性安康保险项目、妇女“两癌”保险、银龄安康保险及计划生育保险等民生保险业务，深化保险供给侧改革，将保险保障的社会功能与江门地区民生实际相结合，履行社会责任。

【平安人寿江门中心支公司】 2019年，平安人寿江门中心支公司实现个、银累计总保费收入17.24亿元，比上年增长15.6%，其中个、银新单保费收入5.76亿元，上升6.3%。截至2019年年末，共有各级分支机构11家，从业人员4536人，其中营销员4362人。人身保险业务累计保险金额2024.15亿元，赔款给付1.7亿元。开展系列公益活动，落实社会责任。3月，开展消费者权益保护宣传活动；7月，组织参与保险扶贫健步走活动；8月，参与江门市保险业无偿献血活动；9月，开展金融领域“扫盲”行动；10月，响应集团“三村工程”号召，开展橙果公益活动，发动内外勤伙伴组成志愿者队伍，为帮扶学校捐赠书本、家具、翻新旧阅览室、增设宣传栏。

【太平人寿江门中心支公司】 2019年，太平人寿江门中心支公司保险业务收入3.46亿元，从业人员1024人，保费规模位列江门市30家寿险公司第七位，个险新单保费稳居市场第四位。11月5日，在广东召开粤港澳大湾区跨境医疗保险产品发布会上，宣布推出国内第一款精准对接粤港澳大湾区的医疗保险产品——“太平粤港澳大湾区共享医疗保险”。太平人寿江门中心支公司累计服务港澳客户322名。开展“3·15”消费者权益日户外宣传活动、“7·8”保险公众宣传日公益跑、反洗钱户外宣传系列活动，履行公司社会责任，扩大品牌影响力。

（江门银保监分局）

2019年1月14日，市金融局举行第一季度金融风险研判会 （市金融局 供）

信息业

综　述

【概况】 2019年，江门市政务服务数据管理局（简称“市政数局”）以“数字政府”综合改革试点工作为抓手，聚焦企业群众的操心事、烦心事、揪心事，推进“全程网办、全城通办、四少一快（少填、少报、少带、少走、快办）、智能办理、指尖计划、堵点清零”的六大专项行动，打造“政务服务无堵点城市”，全方位推动“数据上云、服务下沉”，优化政务服务和营商环境。5月，在全省率先完成“数字政府”建设规划编制，全面推进“政务上云”“基层减负”“企业开办便利化”“不动产登记交易集成服务”“指尖办事”“政务协同办公”等改革工作。

【政务服务】 四级统一线下服务大厅　2019年，市政数局围绕“政府提效、服务提质”要求，以“互联网+政务服务”改革为重点，统筹推进政务服务体系建设，创新政务服务模式。按照“一门在基层、服务在网上”理念，以“一网通办”为目标，依托市、县、镇和村四级“1+7+74+1316”线下实体服务大厅和线上网上服务大厅，推进“一门一网式”四级联动、一体化运行政务服务体系，贯彻落实《粤港澳大湾区发展规划纲要》，回应港澳诉求和关切，增进民生福祉，设立大湾区一站式综合服务窗口。推进“好差评”机制，至12月31日，江门市“好差评”评价的大厅窗口1412个，覆盖率99.5%，产生有效评价数64233条。深化“放管服”改革，优化营商环境，提升审批服务便民化水平，推进政务服务发展，推行四级政务大厅“5+X”工作日服务，全市县级以上政务服务中心实行“5+X”工作日服务。

江门政务服务一体化平台　2019年，市政数局通过整合线下线上服务资源，业务流程再造、数据共享、协同审批，精简环节、压缩时限、优化体验，解决当前行政服务中存在的痛点、堵点等问题，全面提升江门市政务服务一体化能力，加快推进项目建设，使平台向“好用”“易用”方向完善。通过升级不动产登记集成服务、建设“一件事”专题服务、升级综合政务受理服务、升级智能大厅管理、升级数据统计系统、升级事项标准化管理系统，做好市事项标准库，为政务服务“马上办”“网上办”“就近办”“一次办”提供业务支撑；与省一体化在线政务服务平台对接，让数据多跑路，推动企业和群众少跑腿；拓展不动产水电气集成服务，群众取一次号即可办理水电气过户服务；与江门市政务服务监督管理平台对接，为政务服务全流程监督提供数据支撑。2019年，江门市政务服务一体化平台共受理业务265448宗。

“侨都之窗”政务服务自助机　2019年，市政数局提升“侨都之窗”政务服务自助机便民服务水平，在全市各级“一门式”服务大厅及部分人流密集的地方共铺设“侨都之窗”自助终端机627台，提供可办交通、社保、税务、住建、卫健、不动产等业务部门的服务事项等80项高频服务事项全城通办，实现与广州、佛山、东莞、惠州、梅州、河源和清远各城市的政务互通、跨城通办，2019年1月至12月共办理业务72万件。

【数字政府综合改革】 2019年，江门市“数字政府”改革建设取得重要进展，江门市人民政府印发《江门市“数字政府”建设总体规划（2019—2021年）》，江门市成为首个按照省“数字政府”总体建设规划框架编制地方建设规划方案的城市；9月23日，建成广东省“数字政府”政务云平台江门节点（一期）并于10月底交付使用，成为全省率先开通政务云节点地区之一；4月1日，率先开通使用省协同办公平台电子公文交换系统，10月1日率先实现省、市、县、镇四级协同办公；2018年12月底，建成全市统一的政务信息资源共享平台，编制2642个目录数据资源集，汇聚数据总量3.3亿条，累计数据共享交换10亿条，与省政务大数据挂接率100%。推动39个部门通过“开放江门”平台向社会开放政府数据476个数据集、86万条数据。2019年，在复旦大学联合国家信息中心数字研究院发布《2019年中国地方政府数据开放报告》中显示，江门市数据开放在全国副省级和地级以上市中位列前20名，在广东21个地市级（含副省级）中排名第三名。7月12日启动打造“政务服务无堵点城市”行动，开展政务服务“堵点清零”，清除扎堆排队、重复提交材料等堵点问题242项，实现10项高频公共服务事项上线“粤省事”。建成全市电子证照系统，开通高频电子证照66种、签发1639万张，实现853个事项用证，累计为群众减少材料提交近7万次。实现480项高频政务服务事项进驻“粤省事”、19项涉企业事项进驻“粤商通”，“粤省事”用户数85万人。“江门易办事”上线40个部门近200项事务；开展全市工程建设项目审批平台搭建工作，实现与省工程建设项目审批管理等关键平台互联互通。深化不动产交易登记集成服务改革，实现申请材料从需要提交13份减为“零提交”。助力商事主体登记“微信+智能化审批”服务率先在全省上线，全国首推银行STM智慧柜员机智能办照，实现商事登记“零人工介入”“全智能审批”“全自助打印”“全天候服务”服务在全省领先。本年度《南方日报》、学习强国、中共广东省委改革委员会微信公众号（“粤改粤好”）、人民网地方频道等众多媒体对江门市“数字政府”宣传报道文章近100篇。其中，11月18日，中央电视台赴江门市就“数字政府”改革建设助力提升广东省营商环境质量专题进行实地采访和拍摄。

【新型智慧城市建设】 2019年1月15日，江门市人民政府办公室印发《江门市新型智慧城市规划建设方案（2019—2021年）》，计划用3年时间，基本实现江门市城市规划和城市基础设施管理数字化,政府行政效能和城市管理水平大幅提升；2019年年底前，启动智慧城市运行平台建设，构建“云”（云计算）、“网”（基础网）、“数”（大数据）、“图”（电子地图）一体化城市云平台；2020年年底前，完成城市云基础平台建设，建成一体化城市云管控中心；2021年年底前，初步建成以基础设施智能化、公共服务便捷化、城市管理精细化、决策支持科学化、产业经济高端化为支撑的智慧城市体系框架。

（江门市政务服务数据管理局）

2019年11月26日，江门市“为民服务解难题·政务服务无堵点”观察团正式启动，邀请市人大代表、政协委员、企业家、媒体、高校专家、群众等多个群体的代表参加

（市政务服务数据管理局　供）

中国电信江门分公司

【概况】 中国电信江门分公司是江门市规模最大的国有通信骨干企业，下辖蓬江区、新会区、台山、鹤山、开平、江海区、恩平7个分公司，在江门五邑地区所有镇、街设有90个营销服务中心，主营固定电话、4G/5G移动通信、互联网光纤接入及应用、4K天翼高清IPTV、智能组网、数据专线、卫星通信、ICT、物联网、云/大数据、互联网＋行业方案/应用等综合信息服务。公司顺应信息通信业智能化发展趋势，在习近平新时代中国特色社会主义思想的指引下，着力推进网络智能化、业务生态化、运营智慧化，实施网络、业务、运营、管理四大智能化重构，致力做领先的综合智能信息服务运营商。2019年，中国电信江门分公司履行企业社会责任，协助市委、市政府加强网络安全建设及参与应急通信保障、抢险抢修、打击通信诈骗等社会公益活动。

【业务运营】 中国电信江门分公司在成功打造“天翼”4G/5G品牌，推出“畅享”“商务分享”“日租卡/爽卡”等客户套餐，以及“双千兆”“智慧家庭”“号码百事通”“天翼高清”“翼支付”等业务品牌，为客户提供跨地域、全业务的综合智能信息服务和客户服务渠道体系。拥有庞大的客户资源，截至2019年12月，固定电话用户70万户，宽带用户75万户（其中光纤宽带用户突破70万户），移动用户120万户，天翼高清（IPTV）55万户。中国电信江门分公司响应国务院“提速降费”号召，推出多项惠民举措，对部分中小企业逐一上门服务和提速，宽带资费下降37%，专线资费下降62%；移动网络流量平均资费下降23%；宽带百兆占比86.6%，全面普及百兆；开通“携号转网”服务；推出畅享5G套餐，推出千兆光纤产品；推动“三网融合”发展，实现天翼高清4K数字电视全市全覆盖，全面接入江门电视台江门综合、江门公共、江门教育三大电视频道。顺应“互联网＋”新趋势，开展“互联网＋智慧江门”建设，重点探索和参与“政务、产业、民生”等领域的多个“互联网＋应用”普及深化，包括平安城市视频监控、“邑门式”项目、消防网格化、综治网格化、居家养老“平安通”服务等。建设江门“互联网＋”体验演示中心为江门市“小微双创”企业提供政策、技术、运营、体验、展示的互动交流平台。

【网络建设】 中国电信江门分公司具备高速率、大容量、安全稳定的网络基础设施，是粤西地区信息高速公路的重要枢纽、广东电信互联网四大骨干节点之一。全市光端口总容量180万户，Internet出口带宽达2.5Tbps。近年大力投资建设光网城市，已实现城市100%光网覆盖，行政村光网覆盖率100%，20户以上自然村光网覆盖率超95%。在无线网络建设方面，累计建设4G基站4174个、市政公共WiFi热点5000个，实施LTE、800M网络精确深度覆盖，无线网运营质量行业领先，用户感知优良；完善新一代物联网技术NB-IOT网络的部署，为建设新型智慧城市提供广覆盖、低功率、大连接的物联网解决方案，优先应用于城市治理、公共事业中有关智能抄表、路灯、井盖、停车、垃圾箱等应用场景，推动政府社会治理能力提升。5G建设和推广方面，积极开展5G应用战略计划，支持企业率先使用5G技术和打造5G智慧工厂，先后与政府、多家企业签约70份5G战略协议。其中联合蓬江区嘉宝莉集团共同申报的“嘉宝莉5G＋工业互联网建设标杆项目”获省工信厅入库。打造200平方米的智慧城市江门展馆，展示江门市工业兴市及工业互联网的建设成果。

（中国电信江门分公司）

中国移动广东公司江门分公司

【概况】 2019年，中国移动广东公司江门分公司（简称“江门移动”）推进“大连接”战略落地，立足于粤港澳大湾区的发展需求，全面推进以5G为代表的新一代信息基础设施建设，为实体经济转型升级贡献重要力量。是年收入比上年增长3.4%，高于江门通信行业平均水平4pp,行业份额超55.6%，净利润率增长31.6%，纳税超2亿元，公司整体保持平稳健康发展。

【业务运营】 2019年，江门移动持续深化三大市场融合发展，个人、家庭、集团业务稳中有进，个人市场保持稳定，日均活跃用户份额超72.8%，家庭宽带市场份额53%，成为江门最大宽带运营商，集团业务收入份额35.8%，有效拉动地区就业、投资和消费，为地区发展作出应有贡献。推进通信“降费”惠民，加快大流量套餐普及，流量平均资费再降低20%以上；面向中小企业提供“特惠宽带”服务，实现企业宽带资费下降40%。推进网络“提速”惠民，推动宽带设备升级，实现城区区域100%具备千兆能力，全年建成千兆小区150个。推进服务“提质”惠民，全面收集客户意见建议，持续推进服务流程的优化改进，提升服务品质；推广宽带480服务标准（预约后4小时故障维修/8小时安装开通/0退单），提升业务开通及故障处理效率。推进智慧家庭升级，以宽带为载体，以电视机顶盒为入口，为用户提供点播、直播、远程教育等服务；打造智能安防、智慧社区等产品体系，实现报警提醒和远程开门等应用。推动智能设备普及，推广智能可穿戴、虚拟现实、增强现实（VR、AR）等新兴3C终端设备，满足市民对智慧生活的需求。开展线上剧场、奥运男子排球赛事直播、春节晚会节目直播等活动，打造5G＋VR三维立体全景观看体验，加快推进4K/8K超高清视频的应用和普及。参与“数字政府”建设，以政务云平台建设为切入，整合自身能力，支持政府推进“放管服”改革。民生建设方面，深度参与“互联网＋民生”建设，推进雪亮工程、智慧停车等应用落地，提升民生幸福感与满意度。互联网工业方面，以5G、物联网、移动云等应用创新为切入，构建工业互联网发展架构，助力各行各业转型发展。

【网络建设】 2019年，江门移动累计投入超9.8亿元，推进4G网络扩容，提升物联网覆盖规模，率先开展5G试验网建设，为粤港澳大湾区建设提供坚实的信息网络支撑。3月，率先启动5G网络建设，完成5G基站配套改造近700个、开通552个，实现主城区连续覆盖及“镇镇通”。完善4G网络，聚焦校园、商超、厂区等高流量场景，加快4G网络扩容，新增4G频分双工模式基站（FDD）站点超4000个、FDD载波1.6万个，更好满足客户日益增长的流量需求。提升蜂窝物联网覆盖广度和深度，新建基站800个，总数超1800个。深化“一张光缆网”建设，新增光缆超2700皮长公里、管道近500管程公里、杆路360杆程公里；结合企业园区、住宅小区的需求，精准推进城镇宽带网络补盲覆盖，提升网络覆盖的深度和厚度，家用宽带新增端口17万个达165万个；企业宽带新建覆盖1.8万户达25万户。打击网络信息诈骗，开展电信“实名制”业务登记，做好语音专线、400号码、物联网卡、短彩信等重点业务定期核查；制定24小时通信诈骗号码溯源追查机制，建立黑白名单库，加强异常预警提醒；开展不良网站、钓鱼诈骗网站监测检查，杜绝恶意软件App、违规下载类手机应用软件等安全事件。建立协同优化应急保障机制，强化应急预案演练，重点为“两会”、新中国成立70周年等重大活动和防汛防风提供可靠的通信保障。

（江门移动）

中国联通江门分公司

【概况】 2019年，中国联合网络通信有限公司江门市分公司（简称江门联通）作为服务江门本地的电信运营商，以党建统领全局，践行新发展理念，坚持高质量发展，按照“1＋1＋8”的工作思路（第一个“1”是始终坚持党的领导，充分发挥党委核心作用和支部堡垒作用。通过党建统领，推动全局、融入全局。第二个“1”是始终坚持创新变革，坚持创新文化，实现能力崛起。江门联通致力于成为“一型两化”的新型运营；深化创新领域组织变革，聚焦发展；深化支撑响应体系变革，强化支撑流程优化；深化划小单位改革，激发微观活力。第三个“8”是围绕八个方面重点工作，以5G为引领，面向三大市场，加强数字化创新转型，按照“一型两化”要求（平台型、数字化、生态化）构建差异化高质量发展新局面。同过2C赋新，实现通信消费向数字消费升级；引领2H突破，实现融合业务向数字家庭升级；通过2B引领，实现ICT3.0向数字产业升级；坚持服务的数字化转型；打造超卓网络3.0，提升网络能力；坚守企业经营本质，提升价值运营能力；立足持续健康发展，提升人力资源能力；强化基础管理提升，提升管理和执行能力。），上下一心，团结奋进，各项工作稳步扎实推进，“三大转型”（江门联通将落实发展方式由“数量规模型”向“质效规模型”，再到“统筹协调型”转变；运营模式由“传统封闭”的电信运营模式向“高效开放”的互联网运营模式，再到“智能生态”的平台运营模式转型；增长动能由“传统通信服务收入”向“大物移云智”为代表的创新型数字化服务收入升级，再到2B/2C/2H三大领域“数字创新型”收入全面规模发展，成长为党领导的基于数字化创新转型的高质量发展排头兵）再上新台阶。

【业务运营】 2019年，江门联通在互联网化转型方面，推进发展方式转变，移动业务发展趋势、发展质量和发展效益明显改善，实现“三提升（次月每用户平均收入值提升6.38元、中高端用户占比提升2.9PP）、三优化（高价值用户占比从26.9%提升至28.2%、创新业务收入占比从8.1%提升至12.6%、线上渠道收入占比从13.7%提升至15.1%）、两下降（流失率下降0.06PP、用户发展次月三无占比下降3.74PP）”；家庭业务结构、资源保障、业务模式明显优化；行业生态竞合初见成效，客户服务质量提升，2019年申诉率同比下降49%，用户净推荐值（NPS）口碑提升全面达标。智能中台和线上线下一体化（OMO）运营模式取得成效，充分利用智能中台工具，实现渠道、服务、存量互联网化，线上渠道成为主渠道，新型渠道服务所占比例为29%；全力构建OMO新型渠道体系，新型渠道发展所占比例为44%；加强综合支撑中心建设，集约支撑项目增加28%。政企全力推动增长动能升级，聚焦重点领域、重点区域塑造标杆，中标智慧城市智慧城市智能运行中心（IOC）千万级项目，打造数据融合解决方案（DCT）项目标杆。5月29日，由江门市人民政府指导、广东联通主办、江门联通承办的“5Gn让未来生长”行业发布会在江门万达嘉华酒店举行，助力江门产业转型升级，为建设湾区沿海经济用户增添新动力。

【网络建设】 2019年，江门联通完成各城区、所有乡镇、3A及主要旅游区、境内所有高速公路、集客拓展重点区域的4G和5G覆盖，5G站点总数50个，超卓区域完成站点总数1389个，规划在服率达94.4%，比上年提升2.4百分点；价值区域覆盖率95%，有效覆盖人群增加35万人。4G驻留比例98.8%，比上年提升0.8个百分点；全网无线接通率99.87%。无线网用户感知逐步改善，4G投诉率由8.91次/万户下降为6.89次/万户；快速完成政企精品网建成投产，覆盖江门全辖区21个汇聚机房，10月开通第一条SD-OTN政企精品网专线业务。

（江门联通）

无线电事业

【概况】 2019年，江门市着力提升频谱资源使用效率和效益，加强无线电台（站）和无线电发射设备的事中事后监管，强化技术基础设施建设，维护良好空中电波秩序，保障重大活动的无线电安全，服务经济社会发展和国防建设。

（曾春桥）

【无线电台站管理】 2019年，江门市工业和信息化局（简称“江门市工信局”）受广东省工业和信息化厅委托，行使江门市辖区内16项省级无线电管理行政职权。做好5G干扰协调工作，对江门辖区内3400～4200兆赫和4500～5000兆赫频段卫星地球站、微波站等无线电台（站）进行全面核查，建立需要干扰保护的无线电台（站）清单。成立5G干扰协调工作组，建立5G基站干扰协调通报机制。指导本地销售商通过全国统一的无线电发射设备销售备案信息平台办理销售备案手续，全年备案无线电发射设备销售主体196家。结合江门市开展“9月质量月”活动，开展无线电发射设备销售的专项监督检查行动，对销售市场随机抽检11次；组织开展广播电台、业余电台中继台等在用台站的监督检查。开展年度无线电频率使用率评价，利用现有固定监测站、移动监测站、智能化移动监测节点，在全市范围内对航空、铁路、水上、广播电视、5G公众移动通信、数字集群、1.8GHz无线接入等无线电业务重点频段的频率使用率进行评价，全市投入固定站11个，固定站累计监测时长1265.5小时，投入监测车6辆，监测车累计监测时长135.2小时，投入总人次126人次，监测总里程793.3千米，全市采集并上交原始数据总量1.88TB，其中移动站76GB，固定站1.62TB，智能化移动监测节点187GB。

（曾春桥）

【无线电监测和设施建设】 2019年，江门市工信局落实频谱监测月报制度，完成春运、“两会”、防汛、“五一”国际劳动节、新中国成立70周年庆典等活动和40场重要考试的无线电安全保障任务；配合公安部门开展电信网络新型违法犯罪打击治理工作，对“黑广播”“伪基站”实施24小时监测查找。5月，查处1起“黑广播”干扰航空频率事件，获中国民用航空中南地区空中交通管理局发来感谢信和省工业和信息化厅发文表扬。市无线电监测站派员代表广东省参加全国无线电监测技术演练预赛（第四赛区），广东代表队获得“干扰查找演练”科目单项第一名、“无人机测向演练”科目单项第二名、团体二等奖，受省工业和信息化厅发文表扬。按“十三五”规划，推进全市无线电监测网建设，实施省边海防无线电监测系统三期可搬移监测测向站（2个）、考试无线电安全保障（二期）、小型监测站实施升级改造等项目建设，深化无线电管理大数据分析平台应用，提升无线电管理技术能力和水平，构建适应新时代经济社会发展和国防建设需要的无线电管理技术支撑体系。

（曾春桥）

·责任编辑 叶丽妍·

交 通

综 述

【交通市场监管】 2019年，江门市交通运输局（简称“市交通运输局”）制定《江门市网络预约出租汽车经营服务管理实施细则》《关于规范江门市互联网租赁自行车发展的指导意见》《江门市防治船舶及其有关作业活动污染水域环境应急能力建设规划实施工作方案（2019—2025 年）》和《江门市推进运输结构调整实施方案》，开展道路客运变相挂靠整治、推进出租车行业“文明服务九大提升”行动，促进交通运输行业规范有序发展。修编《江门市交通运输局关于公路工程施工、监理企业和试验检测机构信用评价的管理办法》。加强公路工程信用评价管理，完成2018年度江门市公路工程从业单位信用评价综合评定和结果发布，参评企业共51家，其中施工单位31家，监理单位16家，试验检测机构4家，被评为AA级企业5家、A级企业15家、B级企业29家、C级企业2家，无D级企业。

【交通运输行业安全生产】 2019年，市交通运输局以机构改革为契机，健全安全生产责任制，完善《江门市交通运输局安全生产监管责任清单》，修订“三防”（防汛防旱防风防冻）、铁路行车事故等应急预案，夯实安全生产基础。采取部门联动、检查督导、加强值守等措施，保障全国人民代表大会和中国人民政治协商会议召开、新中国成立70 周年盛大庆典、庆祝澳门回归祖国20 周年等重大活动和春节运输、春节、”五一”国际劳动节、国庆节、汛期等重要时节的安全稳定。建立工程项目动态监管模式，随机抽查项目现场的实施情况，对市管工程开展暗访巡查，组织专家力量排查工程质量安全问题。协调化解道路货物运输和网约车行业的利益诉求，完善交通建设项目农民工工资支付管理及保障措施。指导建设高速公路服务区空中应急救援基地，构建交通运输行业空中救援体系。2019年，全市交通运输行业没有发生较大以上安全事故。

【交通规划】 2019年，《江门市综合交通一体化规划（2018-2035）》印发实施；《江门市综合交通运输体系发展“十三五”规划中期评估报告》完成编制；《江门港总体规划》启动修编；《江门市综合交通运输体系发展“十四五”规划》前期研究；《江肇第二高速江门至机场段路线踏勘报告》相继开展。

（江门市交通运输局）

交通基础设施建设

【概况】 2019年，江门市交通大会战完成投资193亿元，完成年度计划的110.28%。交通运输体系44项重点建设项目完成投资141.23亿元，完成年度计划的128.16%，比上年增长33.99%。其中高快速路项目完成111.21亿元，等级公路项目完成28.49 亿元，港口航道项目完成1.53 亿元。

【高速公路】 2019年，高恩高速公路、佛开高速公路南扩建成通车；银洲湖高速公路启动建设；中开高速公路、开春高速公路、开阳高速公路扩建项目加快建设；黄茅海跨海通道、江鹤高速公路扩建、江中高速公路扩建、南海至新会高速公路、广台高速公路开平至台山段项目前期工作有序推进。

【市区重点交通工程】 2019年，江门大道南加紧建设，五邑路至三江段实现全线贯通；开平环城公路东环段、国道G325 鹤山大雁山至桃源段改线工程建成通车；会港大道一期、五邑路扩建工程加快推进；国道G240新会段、台山大江至那金段改扩建工程、国道G325鹤山址山至开平塘口段改扩建工程和广东滨海旅游公路江门段等项目前期工作有序开展。江门高新区公共码头（首期）项目主体工程完工。广海湾深水港码头、LNG接收站码头，崖门出海航道二期工程和广海湾港区进港航道、防波堤项目前期工作加快推进。

【国省道管养工作】 截至2019年年底，江门市普通国道和省道里程共计1893.985千米，包括国道3条，共441.546千米；省道19条，共1452.439千米。其中，江门市公路事务中心管养总里程968.55千米，包括国道3条，共367.561千米；省道18条，共600.989千米。管养公路中，一级公路470.628千米，二级公路402.146千米，三级公路95.776千米。是年，全市国道、省道项目完成投资9.5224亿元。省道S364线江门五邑路外海大桥至江门大道段扩建工程、会港大道工程、G240线端芬至广海段路面改造工程均超额完成全年投资计划。G325、S273线重点水毁工程、S272线灾毁恢复重建工程完工；G240线（原S273线）大马桥、G228线（原S276线）那琴桥桥梁改造工程、S364线灾毁恢复重建工程、S274线扩建工程、S275路面改造工程等按进度完成。

（李颖钧）

道路运输

【概况】 截至2019年年底，江门市道路客运企业23家，其中客运班车企业15家，旅游包车企业8家。全市有营运客车1284辆共54253座；其中，客运班车978辆共39701座；旅游包车306辆共14552座。全市1050个行政村通客车或公交车，农村客运(公交车)通达率100%。全市客运站场77个，农村客运候车亭658个；其中等级站20个，简易站13个，招呼站37个，未定级客运站7个。客运线路覆盖全市乡镇，辐射全省各地，跨越周边省区。全市有危险货物运输企业77家，普通货物运输企业1128家，个体户7245家；有危险货物运输车辆1424辆，运力29004.8吨；普通货物运输车辆14431辆，运力266662.56吨。全市一类、二类、三类汽车维修业户1409户；“三检合一”（货车安检、综检、环检合并一起）检测机构16家。有驾驶培训企业58家，教练车2695辆。核发经营性道路货物运输资格证驾驶员25471人，核发经营性道路旅客运输资格驾驶员8178人；核发道路危险货物运输押运人员资格证2912人，核发道路危险货物运输装卸管理人员资格证193人，核发道路危险货物运输资格证驾驶员2912人。

【运输市场管理】 2019年，市交通运输局加强运输行业监管，实施重点营运车辆抽查和每月通报机制；开展机动车维修行业危险废物排查整治、道路客运变相挂靠整治行动，出动检查人数319人次，检查企业92家。推进运输行业转型改革，承接省市际班车包车审批事项下放；推进营运货车“三检合一”改革，全市16家检测站完成“三检合一”升级改造；取消总质量4500千克以下货运车辆营运审批，做好机动车维修审批改备案后的相关政策配套衔接；推进“四合一”（集客运、物流、旅游、超市一体）农村客运站建设，建成5个农村“四合一”客运站示范点。

【春运】 2019年春运期间，江门市发送旅客719.7万人次，比上年增长11.5%。其中道路发送249.39万人次，增长17.6%；铁路发送47.66万人次，增长80.8%；水路发送16.2万人次，增长17.99%；跨镇公交发送406.45万人次，增加3.4%。

（江门市交通运输局）

【轨道交通】 2019年，珠西综合交通枢纽江门站、南沙港铁路整体建设顺利，成功争取中国国家铁路集团有限公司同意南沙港铁路客运改造在江门市境内，新增滨江新区站，并把客运功能延伸至江门北站。完成深茂铁路深圳至江门段可研报批全部前置工作。成功争取珠江肇高速铁路、深南高速铁路项目在《粤港澳大湾区城际铁路建设规划》中调整为近期实施项目，完成《江门市城市轨道交通线网规划》编制。

（江门市发展和改革局）

【公共交通】 推进公共交通（简称“公交”）一体化发展，安排市区公交优先发展专项资金1.3314亿元，比上年增加81.25%，确立每年递增8%的机制。开展迎宾西路公交候车亭品质提升行动，首期完成8个公交站点候车亭改造。推进江门汽车总站公交首末站及站前广场改造项目，基本完成主体工程建设。全市公交线路317条，期间优化调整公交线路40条，增开定制公交66条，有效缓解“潮汐式”高峰出行的难题。

公交管理　截至2019年年底，江门市公交车保有量1628辆，其中新能源公交车1420辆（含纯电动公交车1293辆，插电式混合动力公交车127辆）。除应急运力外，公交车纯电动化率83.91%；完成2019年蓝天保卫战公交纯电动化80%的目标任务。市区公交车保有量1105辆（纯电动公交车884辆），中心城区每万人拥有公交车辆11.69标台。推进全国交通一卡通互联互通，实现支付宝、微信扫码乘车和刷卡乘车全国互联互通；2019年10月首发全国交通一卡通票卡，截止12月底发放全国交通一卡通票卡34046张。“五邑通”公交IC卡累计发放123.9万张，其中老人长者IC卡51.56万张，学生卡32.78万张，低保卡0.09万张，优抚卡1.15万张，残疾人卡0.23万张，普通卡38.09万张。

出租车管理　2019年，全市有巡游出租汽车经营权1284个，其中市区770个，鹤山78个，开平226个，台山130个，恩平80个。受经营环境变化影响，巡游出租车行业经营状况不佳，陆续出现退车现象。2019年，全市营运车辆474辆（投入营运车辆占全市经营权总数37.2%），其中市区225辆（投入营运车辆占市区经营权总数29.2%），鹤山32辆（投入营运车辆占鹤山市经营权总数47.1%），开平123辆（投入营运车辆占开平市经营权总数54.4%），台山80辆（投入营运车辆占台山市经营权总数61.5%），恩平14辆（投入营运车辆占鹤山市经营权总数17.5%）。

网约车管理　截至2019年年底，全市获得许可的网络预约出租汽车平台共有5家，分别为武汉斑马快跑科技有限公司江门分公司、深圳万顺叫车云信息技术有限公司江门分公司、欧拉信息服务有限公司江门分公司、重庆呼我出行网络科技有限公司江门分公司和滴滴出行科技有限公司江门分公司。全市核发网络预约出租汽车运输证710张，核发网络预约出租汽车驾驶员从业资格证12980个。

（江门市交通运输局）

港航管理

【概况】 2019年，江门市有水路运输企业40家（含个体1家）；营业性运输船舶350（含客船29艘、3194客位）、总载重吨42.02万吨，功率14.99万千瓦。经营航线有港澳航线、沿海航线和内河航线。江门市领取港口经营许可证的港口经营企业117家，其中从事危险货物港口作业资质的29家。全市有生产经营性泊位224个（含6个万吨级泊位），泊位总延长18782米，年通过能力散杂货5613.6万吨、集装箱127.35万TEU和旅客427万人次。

【水路运输】 2019年，江门市完成水路货运量3675.01万吨，货物周转量426913.53万吨千米，分别比上年增长3.2%和0.83%；完成水路客运量226.43万人次，客运周转量6219.41万人千米，分别增长3.03%、28.29%。

【港口经营】 2019年，江门市完成港口货物吞吐量6833.85万吨，比上年下降27.06%，其中：完成外贸货物吞吐量700.66万吨，下降0.36%，完成集装箱吞吐量159.68万标准箱，增长5.49%。

（江门市交通运输局）

交通行政执法

【概况】 2019年，江门市查获各类交通运输违法案件9388件，处罚案件3730件，罚没金额1498万元。申请人民法院强制执行21件，强制执行案件9件，追回罚没款22.6万元；没有发生公路“三乱”行为（乱设站卡、乱罚款、乱收费），无有效投诉、复议和诉讼。

【道路运政执法】 2019年，江门市交通运输局完成春节、“两会”、“五一”、“国庆节”等重大节假日及春节运输专项整治行动。联合开展珠海、中山、江门三地跨市运政联动执法行动；参与云浮、肇庆、茂名、阳江、江门、湛江六市“协同-2020”联合执法行动；取缔“猪猪出行”非法网约车平台，得到市出租汽车协会锦旗表彰。2019年全年查处运政案件1237件，其中危险货物运输违法案件96件、普通客货车违法案件905件、非法营运案件178件、出租车违规案件35件,超期检测案件21件、驾驶员培训机构违法案件2件。

【公路路政执法】 2019年，江门市交通运输局推进联合治理超限超载驾驶（简称“治超”）常态化制度化建设，开展江门和中山两地交通及公安交警部门联勤联动治超行动；开展4轮全市异地用警整治货车超限超载统一行动。全年联合治超查处案件4960件，超限超载卸载货物8.6万吨。推进超限超载可溯源治理，全市公示更新货运源头单位142家，源头治超案件累计查处114件。全力打好高速公路违建广告标牌整治攻坚战，在全省率先完成高速公路违建广告标牌清拆工作，清拆广告牌425块，清拆数量位居全省第1名，获广东省交通运输厅和中共江门市委、市政府主要领导肯定和表扬。

【水路运政执法】 2019年，江门市交通运输局联合江门航道事务中心重点查处崖门水道、虎跳门水道等重要航道的涉航违法行为，依法拆除南昌货运码头等涉航违章建筑2个，参与由市扫黑除恶办组织，市公安局、市交通运输局、市自然资源局、市水利局等多部门联合开展的重点河道非法采运砂整治暨扫黑除恶行动，全年共查处水路案件116件。

【科技执法】 2019年，江门市交通运输局加强科技执法平台建设，治超非现场执法在全市高速公路、国道、省道、重要道路桥梁全面铺开，超高超限驾驶等违法现象大幅下降。2019年，查处非现场案件2375件，其中，高速公路治超非现场案件326件，国道、省道及地方公路治超非现场案件1595件，运政非现场执法454件。

（江门市交通运输局）

航道管理

【概况】 2019年，江门航道事务中心（简称“江门航道中心”）管理辖区航道里程1120.1千米，其中内河航道999千米，沿海航道121.1千米；维护标志共计920座（其中一线航标369座、代管航标551座）。主要航道有西江虎跳门水道、崖门水道、崖门出海航道、劳龙虎水道、潭江等，是全国内河航道规划“两横”（长江航运干线和西江航运干线）和珠江三角洲区域“三纵三横三线”高等级骨干航道网组成部分；是年，江门航道中心严格执行《广东省航道局航道养护管理规定》《广东省航道局航标维护管理办法》《广东省内河高等级航道维护标准（2017年版）》《广东省内河五至七级航道维护标准（2017年版）》等养护制度和技术指标，加强对道、标、船的维护管理，确保养护各项指标达到要求；加强航道管理，做好航道行政审批技术审查、核查和管理监督技术服务等具体事务性工作，保护辖区航道资源。

【航道建设】 2019年,江门航道中心推进崖门出海航道二期工程,工程可行性研究报告报广东省发改委立项待批,经中心领导多次与广东省航道事务中心、广东省交通运输厅、江门市政府等沟通争取，项目立项所需的前置性专题项目均按要求开展，工程建设卸区基本落实，工程建设资金筹措方案编制完善，地方政府出具工程建设期以及维护期配套资金承诺函，工程可行性研究第三方咨询工作结束，项目勘察设计招标文件编制完成；推进那扶河及镇海湾出海航道工程竣工验收前相关工作。项目竣工前疏浚施工图设计海湾航道管理站场码头工程。是年，站场用地手续逐渐完善，取得站场林业用地许可证、建设用地规划许可证、不动产证，海域使用论证、环境影响评价等专题项目核批，施工图设计通过专家评审。

【航道航标船舶管理养护】 *航道养护* 2019年，江门航道中心航道按照航道养护年度计划，定期开展航道巡查和现场项目管理，做好水尺维护，加强辖区主要航道滩段日常水情报送和网上公布，完成西江、潭江、江门水道、虎跳门水道、劳龙虎水道、崖门出海航道等305.6千米主要航道的扫床探测，做好广州南沙港铁路西江大桥、中开高速公路虎跳门水道西江大桥等施工河段的保通航工作，妥善处置潭江水道公益大桥被船碰撞等4宗突发事件，及时派出人员和船舶检查事发河段航道通航情况，对沉船水域进行水深扫床探测，抛设临时助航标志，年内航道突发事件均未影响辖区航道正常通航。

航标维护管理 2019年，江门航道中心加强定期巡查航标，全年完成航标大保养1618座次，检测及维修各类灯器1183盏次，更换器材185座次；及时恢复被过往船舶碰撞损坏及移位的航标64座。根据航道通航实际，优化航标配布，适时调整崖门出海航道Y1航标标位。做好15座在建桥梁施工河段助航标志的设置及养护，继续推广航标遥控遥测技术，辖区安装遥控遥测系统的航标增至533座（含代管航标），加强使用监管，年内处理航标遥测报警113条，更换故障航标遥控遥

测终端（RTU）29个。推进航标巡查周期延长工作，在辖区航标遥控遥测全覆盖的西江、虎跳门水道完成试点测试，并获广东省航道事务中心批复同意，正式实施航标巡查周期延长至15天一巡查制度；

船舶维护管理 2019年，江门航道中心落实船舶三级保养管理制度，定期开展船舶技术鉴定和联合检，年内安排8艘船舶上排检修。围绕粤标509船的使用和管理维护，做好人员配备、船舶设备故障排查检修等，保障该船能够对高等级及沿海航道的航标进行维护与保养。

2019年10月16日，江门航道事务中心新会所航标与测绘所职工进行航标大保养——上漆作业 （江门航道事务中心 供）

【涉航管理服务】 2019年，江门航道中心依据《江门航道事务中心航道监督检查技术服务工作规定》，配合省交通运输厅做好辖区与通航有关的航道的行政审批技术审查、核查和管理监督技术服务等具体事务性工作。全年完成修建跨河、拦河、过河、临河建筑物征询意见复函12件；完成通航水域水上水下施工作业征询意见复函12件；完成设置专用航标和搬迁、拆除或者调整航标征询意见复函3件，完成专用航标复核检测5件。全年开展航道巡查668次，巡查航道33157千米，巡查出动2294人次，现场监管项目达43项，发现航道行政违章行为44件，向交通综合执法部门通报44件违法案件。开展安全专项治理。联合江门海事、交通等部门对辖区过河油气管线涉航安全问题、桥梁通航安全隐患进行专项排查，排查过河油气管线13条、1—7级航道桥梁104座，督促业主单位做好整改工作。继续强化专项整治，对镇海湾、潭江水道碍航渔网、渔栅开展联合执法清拆，依法拆除固定蚝桩约1.2万平方米，浮动蚝排15组120个小排，维护镇海湾出海航道的通航安全。

（赵三中）

海事管理

【概况】 2019年，江门辖区进出港船舶238438艘次，比上年增长9.2%；货物吞吐量2.01亿吨，增长14.6%；集装箱吞吐量146.5万标箱，下降5%；旅客运送量753.28万人次，增长3.3%。全年列入统计的一般等级以上水上交通事故2宗，死亡1人，沉船1艘，直接经济损失671万元。

【水上安全监督】 2019年，江门海事局严格监管、创新监管、重点监管水上交通安全监督工作。打击内河船涉海运输，全年查处66艘，责令驶向指定区域7艘，将10名无证驾驶人员移送公安部门；大力打击涉砂海船和浮吊船，采取加强安检、重点蹲守、集中看管、一对一点名等措施，有效遏制非法过驳和运输；行政处罚力度加大，全年办结案件2665件，罚款2762.1万元；专项整治有效，相继开展长期脱管船舶、防治船舶水污染、船舶救生设备、入沪船舶等专项安全检查和整治，发挥各市（区）水上交通安全专责小组作用，联合打击台山自用船非法载客，推动开平、恩平市政府牵头完成247艘“住家船”的清理。创新对船碰桥梁监管，编制《江门局桥梁通航安全管控工作手册》，按照“一桥一策”防船碰桥，推动各方落实防撞措施建设责任；创新防商渔船碰撞工作，研究归纳西江渔船活动、商船渔船碰撞事故规律，编写《西江防范商渔船碰撞工作指南》，在潭江实施渔船三级管理；创新附属艇监管，开展“艇安”附属艇监管品牌建设，打击艇员不穿救生衣等违法行为，全年共处罚56件；创新推进安全共建，在不断深化“侨乡幸福渡”共建的基础上，相继启动和推进“舟畅川岛”“平安工地”“侨海幸福船员”“幸福船员小屋”“平安西江”等安全品牌共建，水上交通安全命运共同体逐步构建。加强对春节、清明节、端午节、国庆节等重大节假日的安全监管，特别是圆满完成新中国成立70周年、澳门回归祖国20周年庆典活动的特别防护；针对川岛暑期旅游高峰，实施“两加强十个一”安全监管举措，确保暑期川岛近100万旅客水上出行安全。全年完成巡航里程74129海里，巡航时间6212小时，出动船艇（车辆）2163艘次和执法人员5278人次。

【事故应急】 2019年，设于江门海事局的江门海上搜救分中心正式更名为“江门市海上搜救中心”，修订

《江门市海上险情应急预案操作手册》《江门海事局防台工作指南》等搜救应急管理制度。举行银洲湖防台沙盘推演。特别是10月24日在台山市国华台电港地水域成功举办江门史上最大的海上搜救应急综合演习，检验预案，锻炼队伍，促进提高协调作战能力和救助能力，社会反响良好。全年全市海上搜救中心开展水上搜救36次，遇险人数100人，成功救助97人，搜救成功率97%。

【船员管理】 2019年，江门海事局推进“侨海幸福船员”品牌共建和“幸福船员小屋”建设。做好船员培训监督和船员考试管理工作，组织实施各类船员考试122期共3309人次，内河考试量位居广东局前列。指导江门市江中珠游艇会有限公司新建船员计算机考场并通过测试和验收。开展《广东滨海产业发展对船员的需求》课题研究。帮助川岛航运公司解决船员队伍发展问题。开展船员履职检查155艘次共273人次。实施船员违法记分350人次共1065分。加强船员任职解职管理，开展“船员远程便利任职解职”试点工作，推广应用“海事之眼”开展船员远程便利核查。

【船舶监督检查】 2019年，江门海事局有序推进体系内公司和船舶开展体系审核；推进第四批船舶实施船舶安全与防污染体系（NSM）规则；继续编制“防污染应急能力建设规划”；落实蓝天保卫战，加强船舶燃油质量监督检查；落实水污染专项整治，督促船舶落实加装防污染设备；推动配合地方开展船舶污染物接收、转运、处置相关工作；加强设备库日常运维，成功处置辖区溢油应急事故。是年，船舶进出港报告238438艘次；港澳航线船舶进出口岸查验13346艘次，国际航线进出口岸查验87艘次。

（江门市海事局）

表12 2019年江门辖区船舶进出港和查验情况表

项目	总数	比上年增长（%）
船舶进出港报告	238438份	9.2
办理港澳线船舶进出港	13346艘	-0.3
审批国际航行船舶进出口岸	87艘	-0.2

表13 2019年江门辖区船舶登记情况表

船舶证书名称	单位	数量
船舶所有权登记	宗	132
国籍登记	宗	208
抵押权登记	宗	26
注销登记	宗	171
最低安全配员证书	份	197

表14 2019年江门辖区船员证书与服务簿签发情况表

船员证书名称	单位	数量
内河船员证书	宗	1436
技术资格证	宗	83
有关船员适任证	宗	249
服务簿	宗	49
海船船员培训合格证	宗	382
海船适任证	宗	73
游艇驾驶证	宗	142
随有关船员适任证签发的服务簿	宗	79
合计	宗	2493

·责任编辑 叶丽妍·

口岸·邮政·物流

口 岸

【概况】 2019年，江门市共有一类港口口岸5个，二类港口口岸10个，其中，运作良好的货运口岸码头主要有6个，往来香港营运中的客运码头2个。全市口岸在使用码头总长4057米，泊位64个，其中，集装箱泊位21个，最大可靠泊6.5万吨货轮（煤船）；仓库面积13.05万平方米，堆场面积50.1万平方米，各类装卸运输机械设备近400台（套），最大起重能力50吨。加强口岸基础设施建设，推进口岸提效降费和“三互”大通关等业务改革，优化口岸通关环境，提升服务水平，实现口岸安全畅通，为促进外贸稳增长和外贸物流发展提供有力支撑。全年全市口岸水运集装箱量再创新高，首次突破90万标箱，增长6.6%;全市口岸综合货运量642.03万吨，下降3.9%；进出境旅客6.35万人次，增长55.6%。

【江门市直口岸】 2019年，江门市直口岸有江门客运港和高沙、外海、荷塘3个货运码头。外海、高沙均是江门地区超百万吨货运量的主要货运港。其中外海货运港年货运量196万吨，居全市口岸货运量之首。

江门港客运码头 是广东江门五邑地区具有百年历史的客运口岸（通航香港、澳门），原位于江门北街，1997年6月迁至西江河段江门外海大桥下游1.5千米处新港，江门市江海区金瓯路1号。水路距香港75海里、距澳门38海里。口岸占地面积8万平方米，码头长度133米，500吨泊位3个，设计年客运通过能力100万人次。查验综合大楼建筑面积4万平方米，大楼内出入境查验通关大厅、候船厅、免税商场、地下车库等口岸功能设施齐全，港口广场及绿化面积6.5万平方米。该口岸大部分时段保持通航澳门，1982年5月扩大开放通航香港。江门港原有的唯一船舶“蓬莱湖”于2017年12月29日报废，新船“江门”轮于2018年8月底投入营运，客位199个，与珠海斗门港挂港联运，日常每天2个航班往返于江门至香港，直航单程只需2小时50分钟左右，节假日进出境客流高峰时，每天进出航班会增开到4个。2018年，由于有8个月无船营运的空档期，出入境旅客18064人次，下降71.8%。2019年，由于受香港修例风波等影响，客运量35399人次，增长96%。

江门外海货运码头 即为江门中外运仓码有限公司，专为进出口贸易运输提供仓储、码头作业服务。码头地处珠三角腹地，位于西江下游江门高新技术开发区，距香港65海里，距澳门40海里，距深西55海里，距南沙50海里，年吞吐能力近40万标箱。经过30多年的发展，不断引入新技术，更新先进的硬件设备，江门外海码头已全面实现网络化，信息化管理，成为江门地区现代化的数码港之一。码头作业区总面积9.25万平方米，码头岸线长360米，泊位长度165米，泊位数量3个，前沿水深4～6米，仓库面积2.7平方米，集装箱堆场面积11万平方米，集装箱堆存能力1.05万标箱，危险品储存面积1000平方米。2019年，完成集装箱吞吐量为39.5万标箱。

江门高沙货运码头 即为江门国际货柜码头有限公司，是和记港口集团有限公司（和记港口）及江门市城建集团有限公司的合资公司，是和记港口信托旗下二个内河港的其中一个，也是江门地区历史最悠久、设备最齐全的集装箱码头。公司从事经营集装箱和件杂货装卸、运输、仓储及提供船代、货代业务，更可处理冷冻箱货物。营运以来，配置了各式现代化的装卸设备，并采用先进的电脑化管理系统，大大提高了港口生产效率和服务水平。码头面积12万平方米，岸线长度为623米，泊位12个，水深4～4.5米。码头监管区内仓库面积达9,235平方米，满足客户不同需求，提供一站式的物流仓储、拼拆服务，是江门最大、最专业散货进出口拼箱基地之一。2019年，完成集装箱吞吐量23万标箱，散杂货3.2万吨。

【新会口岸】 2019年，新会口岸有新会港口岸的天马货运港区及宜大化工、双水电厂、银湖船舶等专用码头，河口装卸点属下的大鳌集装箱等码头，牛牯岭易燃品专用码头和新会车检场。2019年，新会口岸进出口货物171.17万吨，减少1.2%；水运进出口集装箱12.11万个标箱，增长34.9%；进出境货柜车辆0车次，下降100.0%。

天马货运港区 位于潭江下游的银洲湖左岸，新会今古洲江裕路2号。其航道经崖门出南海，天然水深8～13米，是少有的内河优良建港水域，交通便利，水路距香港98海里、距澳门47海里，陆路紧靠广东西部沿海高速公路和广珠铁路。2001年12月，该港首期全面建成并获准开放，可靠泊外国籍船舶。

新会港口岸天马港区二期工程 是列入广东省口岸发展“十三五”规划的对外开放项目，由广东新会港国际货运码头有限公司投资建设，投资规模为3.76万元，在顺沿一期2个5千吨级泊位的下游建设了2个1万吨级泊位（兼顾3万吨级功能），码头岸线长度355米，设计年货物吞吐能力为91万吨。2019年11月22日，天马港区二期工程获广东省口岸办批复正式对外开放，将进一步优化该区的口岸营商环境，提升新会港口岸的竞争力和吸引力，发挥临港产业的优势，为企业提供更好的外贸物流服务，节约企业物流成本，助力该区融入“一带一路”和“粤港澳大湾区”建设，促进开放型经济发展。

新会天马港二期 （市商务局 供）

【台山口岸】 2019年，台山口岸进出境货量59万吨，减少7.58%，其中，进口货物约10万吨，增加64.96%；出口货物48万吨，减少15.85%。水运进出口集装箱5.4万个标箱，减少11.96%。台山市广海港是1985年10月经国家批准对外国籍船舶开放的一类口岸，位于台山市广海湾华侨投资开发试验区，面临南海，原址在台山广海镇海港码头，距澳门52海里、香港96海里。客运于1988年8月开通香港客运航线，年客运量曾超过10万人次。1996年11月，该口岸客运迁往公益港，2007年起暂停运行。货运于1996年规划迁建可靠泊万吨级轮船的鱼塘货运港区，目前该港区基本完成了码头泊位、堆场及进港道路等主体工程。2014年，台山市政府根据大广海湾的发展规划，拟将该港区规划调整升级为建设5万吨级泊位、规模更大的广海湾货运港区，现正进行前期设计调整工作。广海港口岸开放水域范围增开的国华粤电台山电厂进口煤专用码头，于2012年12月获准正式对外开放，该码头位于台山市广海湾东侧铜鼓湾内，建有2个5万吨级泊位（水工设计为10万吨级），港口接卸能力达到1300万吨。

【开平口岸】 2019年，开平三埠港口岸（三埠港货运码头装卸点）进出口货物共62.54万吨，增长5.44%，其中，进口21.54万吨，增长22.74%；出口41万吨，下降1.82 %；进出口集装箱有5.11万标准箱，增长3.26%。内贸货物吞吐量272.76万吨，增长13.41%；内贸集装箱吞吐量12.92万标箱，增长19.80%；内贸散货吞吐量0.67万吨，增长28.41%。

开平三埠水运（河港）口岸 位于开平市三埠镇街港口路7号、潭江中下游左岸，距香港146海里，澳门80海里，于1984年4月建成并开放使用，通航港澳。港区陆域面积54087.75平方米，岸线537.4米，拥有4个1000吨级泊位，包括有三埠港货运码头装卸点和三埠港客运码头。三埠港客运码头年客运量曾达到20多万人次，2007年9月起因客运量不足，取消直航航班，通过与中山港合作开展“三埠—中山—香港”水陆联运模式接送旅客。2009年6月起，暂停客运业务。三埠港货运码头装卸点内有3座仓库，面积共1613平方米，车辆查验台215平方米，查验场1085平方米，堆场6394平方米，查验单位业务用房面积2980平方米，现有三埠—香港，三埠—南沙、蛇口等两条进出口货运航线。

【鹤山口岸】 2019年，鹤山口岸有鹤山客运港、货运码头。客运港与邻近的高明口岸客运港挂港联运，每天一进一出2个航班往返鹤山至香港。2019年，鹤山口岸进出口货物49.7万吨，增长3%；水运进出口集装箱4.46万个标箱，下降6.6%。鹤山客运港当年出入境旅客2.81万人次，增长22%。

【恩平口岸】 2019年，恩平口岸有横板货运码头和进出境货运车辆检查场。2019年，恩平口岸进出口货物5.32万吨，增长23.9%。

（江门市商务局）

海　关

【概况】 2019年，江门海关监管进出口货运量2170.5万吨；监管进出口货值1398.9亿元；税款净入库44.17亿元；开展“国门利剑2019”联合专项行动，严厉打击江门关区走私犯罪活动，全年刑事立案43宗，案值12.39亿元；行政立案272宗，案值1.59亿元。截至是年底，江门海关共有各类机构37个，其中副厅级内设机构1个，正处级内设机构15个，其他正处级工作机构3个，正处级隶属海关单位9个，事业单位7个，下属经济实体2个。全关干部职工共1519人。

【海关机构改革】 2019年1月18日，江门海关根据机构改革“三定”方案，完成江门海关机构、职责和人员的全部调整。8月，按照海关总署关于整合调整海关事业单位的工作部署，江门海关顺利完成对关区内7个事业单位的“三定”工作。

【海关监管】 2019年，江门海关树牢严打、高压、联控理念，做到“制度建设、科技应用、源头治理”三位一体，持续严禁洋垃圾进境、打击象牙等濒危物种及其制品走私、强化芬太尼类物质监管，查获洋垃圾及电子垃圾情事5起、濒危物种及其制品情事88起。深化口岸监管重点领域和关键环节改革，推进货物监管领域“查检合一”，推广新一代查验管理系统，成为全国第3个口岸现场全覆盖的直属海关。完成水运运输工具监管领域“查检合一”试点和舱单系统申报功能的推广落地，关区所有监管作业场所智能卡口完成改造升级。严厉打击有害物品及非法出版物渗透入境，查获政治敏感有害书籍报刊59本、“问题地图”4009件。知识产权海关保护工作有新突破，开展“龙腾行动2019”，保持打击侵权高压态势，扣留涉嫌侵权货物批次增长1.6倍，其中查获涉嫌侵权干电池456万粒、涉嫌侵权摩托车387辆。2019年，江门海关监管进出口货运量2170.5万吨、货值1398.9亿元；进出境车辆578辆，进出境船舶11835艘；进出口集装箱标箱82.4万个。监管进口个人类快件410.3万票，货值8.2亿元人民币；跨境电商零售进出口54.8万票，总值1.96亿元。

【综合治税】 2019年，江门海关完成税收入库44.17亿元，增长4.1%。发挥集中验估优势，做好与税管局之间的“补位”角色，验估报关单风险排查处置率100%，风险排查处置有效率82.5%。完善立体化税收风险防控机制，关区归类补税335.8万元、审价补税5474.4万元，分别增长4.7倍、1.66倍。应对中美经贸摩擦，对1113票美国进口商品加征关税4849.94万元。建立50家重点属地纳税企业底账，超额完成精准画像管理任务。

【打击走私】 2019年，江门海关深入开展“国门利剑2019”联合专项行动，全年刑事立案43件、同比增长65.38%，案值12.39亿元、同比增长18.13%；行政立案272件、同比增长29.52%，破获总署缉私局挂牌督办案件10件（其中一级6件，二级4件）。其中，依托“缉私-风控”联合分析研判机制，破获跨境电商渠道走私大案3件，案值超19亿元；查获“D-01”专案等走私冻品案，查证涉嫌走私冻品2.1万吨；“NUT128”走私坚果案大幅扩案，案值37.3亿元，涉税7.7亿元，查证走私坚果8万吨；查获涉嫌走私洋垃圾案件6件，查扣涉案洋垃圾42.4吨；查获濒危物种及其制品走私案件8件，查扣走私石首鱼鱼胶、活体穿山甲、犀牛角、珍稀木材一批。

【检验检疫】 2019年，江门海关落实生态把关职责，检疫监管进出境动植物及产品3.7万批、135.6亿元，截获进境植物有害生物132种、2639次，其中检疫性有害生物15种、262次。加强口岸公共卫生核心能力建设，将口岸公共卫生核心能力建设与境外、口岸、境内3道检疫防线建设相结合，加强动态管理，持续巩固提升口岸核心能力，2019年9月新会港口岸顺利通过总署复核督导检查。严格出入境特殊物品卫生检疫管理，强化检疫查验，分析重点检疫对象，梳理常见成像特点，在入境寄递物中查获无检疫审批特殊物品19批，同比增长217%，其中查获人体胎盘素针剂6900支。强化联防联控机制，江门海关与江门市卫生健康局、各隶属海关分别与地方卫生健康部门签订应对口岸突发公共卫生事件合作机制，2019年联合处置5例境外感染输入性病例（4例登革热、1例麻疹），开展了4次共21例输入性疟疾病例的回顾性调查。加强口岸卫生检疫查验严防传染病传入传出，推行风险管理，精准锁定目标、精准下达指令、精准现场拦截、精准及时处置，在出入境人员中排查并确诊病毒性肝炎等7例传染病病例。扎实做好进出口危险化学品检验，检出18批不合格，查获5票伪报的危险化学品快件。完善进出口商品质量安全风险预警与快速反应机制建设，采集风险监测样品126批，检出不合格32批。建立分层对接的进出口食品安全工作新机制，落实抽样检验和风险监测工作，检出不合格进口食品20批次。

【海关促进地方经济发展】 2019年，江门海关落实“一带一路”沿线国家的AEO互认政策，为关区进出口企业制定个性化政策支持措施，关区对“一带一路”沿线国家进出口增长13.3%。继续运用跨境快速通关模式支持中国香港至江门空陆联运物流业务，推行同船运输模式，打通了“江门至广州南沙港的内外贸同船运输”物流渠道，江门大广海湾保税物流中心（B型）获批并推动建设，已进入预验收阶段。推动高新区公共码头向智能化港口方向建设取得进展，按照“高质量发展”要求，结合粤港澳大湾区的发展优势，综合海关管理需求和企业作业需求，创新理念，在功能上满足智能化管理和“智慧海关”需要，有效提升口岸营商环境。继续支持粤港、粤澳环保合作项目，累计监管中国香港惰性拆建物料台山处置项目物料1.3亿吨，形成堆填面积约682.67公顷，增加了地方发展土地储备。推进澳门废旧车辆转移广东处理项目，制定操作规程，办理了675辆废旧摩托车和10辆废旧汽车进境通关手续。成立6个工作专班开展课题研究，向地方提出推进外贸高质量稳定发展、推动跨境电子商务发展、推进“市场采购”贸易方式试点等建议；继续巩固压缩整体通关时间成效，与

2017年相比进口压缩80.0%、出口压缩70.8%。严格落实“先放后检”，铁矿石等金属矿产品平均验放时间压缩89.9%。推动国际贸易“单一窗口”建设，主要申报业务应用率达到100%。落实国家关于增值税改革及行邮税税率调整的降税政策，为企业和个人减轻税负5.2亿元。落实降费政策，按照检疫处理指征实施处理，停止对进口空集装箱进行预防性消毒处理（符合检疫处理指征的除外），为企业减负291.6万元。协助地方免除口岸查验配套服务费454.5万元，惠及2257家次企业。推动“多证合一”改革，完善了海关与市场监管部门、商务部门信息共享机制。优惠贸易安排项下进口货物共享惠2.2亿元；签发各类原产地证书8.1万份，获进口国（地区）关税减免约1.3亿美元，助力企业开拓国际市场。改进原产地证书签领方式，企业通过自助打印方式申领原产地证书9273份。

【海关队伍建设】 2019年，江门海关制定并落实打通全面从严治党“最后一公里”工作措施35条，梳理形成党委、党委纪检组，党委书记、党委委员以及各单位部门领导班子等层级的全面从严治党主体责任清单，建立“四责协同”机制，压紧压实管党治党责任；制定并落实加强党（总）支部建设的工作措施28条，制定方案推进基层党建“强基提质”工程，全关126个党支部全部通过合格党支部的考核验收，培树了6个示范品牌和12个培育品牌单位，开展了基层党建特色做法展示，承办了华南片海关基层党建品牌特色做法展示交流活动。开展“不忘初心、牢记使命”主题教育，坚持将学习教育、调查研究、检视问题、整改落实四项重点措施贯穿始终、一体推进，扎实开展第一批主题教育，深入学习习近平新时代中国特色社会主义思想，学习党史、新中国史等，深入基层一线开展调研24次，征集意见建议148条，立行立改39项，解决跨关区业务协调等企业反映问题19个，基层减负、后勤保障等群众反映问题62个，集中整治理论学习不深入等问题21个；坚持工作标准不降低、落实行动不打折，扎实开展第二批主题教育，集中学习研讨239次、理论测试59场，参加人员1446人次，做到全覆盖，深入开展调研215次，梳理问题269个，制定落实整改措施347条，解决了企业保税料件互用、核燃料组件进口通关等414个群众和企业关注的问题。全力做好配合总署党委巡视江门海关党组工作，制定并落实江门海关党组配合总署党委巡视工作的实施方案，对巡视反馈的6方面16个问题制定108项整改任务并开展5个专项整治，全面有效落实并取得成效，建立健全相关制度23项、机制20项，常态化持续推进巡视整改。落实“全员培训年”部署，分类分级精准施训，开发“每日一答”学习微程序推动学在日常，完成集中调训、转岗培训、资质专题培训等关级培训班142期，共8792人次参训，新增卫生、检验、动植物检疫查验等岗位资质人员377名。

【外海海关】 2019年，外海海关监管进出口货物 205.4万吨，货值488.1亿元；监管进出境船舶3383艘次。征收关税及进口环节税8.74亿元；查获行政案件41件，案值合计约392.1万元，涉税约42.4万元。2019年年末，该关设科室13个，干部职工126人。

【高沙海关】 2019年，高沙海关监管进出口货物104.88万吨，货值246.45亿元；监管进出境船舶2547艘次。征收关税及进口环节税4.01亿元；查获行政案件27件，案值合计约894.43万元，涉税约26.92万元。2019年年末，该关设科室15个，干部119人。

【新会海关】 2019年，新会海关监管进出口货物171.2万吨，货值151.2亿元；监管进出境船舶1763艘次。征收关税及进口环节税7.7亿元；办理行政案件4件，案值约172万元，涉税19万元。2019年年末，该关设副处级机构1个（驻新会港区办事处），事业单位1个（新会海关综合技术服务中心），科室12个，干部职工158人。

【台山海关】 2019年，台山海关监管进出口货物61.09万吨，货值8.5亿美元；监管进出境船舶587艘次。征收关税及进口环节税3.45亿元；查获行政案件43件，案值合计约13142.20万元，涉税约117.10万元。2019年年末，该关设科室7个，干部职工61人。

【开平海关】 2019年，开平海关监管进出口货物50万吨，货值8.7亿美元；监管进出境船舶775艘次，监管进出境车辆0辆次。征收关税及进口环节税0.97亿元；查获行政案件10宗，案值合计约12853.37万元，涉税约172.72万元。2019年年末，该关设科室13个，干部职工89人。

【鹤山海关】 2019年，鹤山海关监管进出口货物44.1万吨，货值13.8亿美元；监管进出境船舶1905艘次。征收关税及进口环节税2.7亿元；查获行政案件47件，案值合计约716万元，涉税约188万元。2019年年末，该关设科室12个，干部职工112人。

【恩平海关】 2019年，恩平海关监管进出口货物5.33万吨，货值2.26亿美元；征收关税及进口环节税0.024亿元。2019年年末，该关设科室4个，干部职工26人。

【阳江海关】 2019年，阳江海关监管进出口货物1529.6万吨，货值21.9亿美元；监管进出境船舶695艘次。征收关税及进口环节税16.6亿元；查获行政案件30件，案值合计约268万元，涉税约8.8万元。2019年年末，该关设事业单位1个（综合技术服务中心），科室13个，干部职工108人。

（孙 雪）

边防检查

【概况】 2019年，江门边检站坚持“抓担当、抓有为”，以践行“对党忠诚、服务人民、执法公正、纪律严明”为总要求，以坚持稳中求进为总基调，毫不动摇加强党的建设，积极服务“一带一路”和粤港澳大湾区建设战略，持续深化“放管服”改革，牢牢抓住政治工作这条“生命线”，紧紧围绕边检主责主业这“一个中心”，深化运用改革创新和科技信息化这“两大驱动”，纵深开展比忠诚学原文、比精业学技能、比奉献学典型“三比三学”活动，推进队伍革命化、正规化、专业化、职业化“四化建设”，打造和谐管理大稳定、口岸管控大联防、全警实战大练兵、教育管理大家谈、警地共建大融合“五大精品品牌”，全站民警职工经受了考验、做出成绩、赢得喝彩，江门市边检站被评为总站2019年度先进单位，3个集体、5名民警荣立三等功，3个集体、25名民警获评嘉奖。

【综合查验管控服务】 2019年，江门边检站建成证件研究室，完成珠海总站“黄埔系统”培训保障，提升口岸综合查验管控能力；全年验放出入境人员约12万人次、往来港澳小型船舶7000余艘次，查处边检行政违法案件2起，查获在控对象6人，先后5次协助总站开展重点敏感人员排查25000余人次，边检业务保持零事故、零投诉，服务满意率100%。

【政治党建】 2019年，江门市边检站1名民警获评“全国移民管理系统建国70周年大庆安保维稳工作成绩突出个人”，1个集体、1名民警分别获评总站先进基层党组织和优秀党务工作者，3名民警获评总站优秀共产党员，1名民警获评总站年度执法执勤标兵；1个集体获评江门市红旗团支部，1名民警在江门市百姓故事宣讲大赛中斩获一等奖；《检查员手册》MV视频被国家移民管理局宣传推广，《我与我的祖国》歌唱视频被“学习强国”平台采用推广。

【边检队伍建设】 2019年，江门市边检站以“比忠诚学原文、比精业学技能、比奉献学典型，开展系列文化活动”的方式，结合一线验放、证件鉴别、后台查控、勤务组织、执法办案、交通工具监护与管理等方面内容，创新开展“三比三学”活动，同时充分依托考核系统题库、模拟操作、实操实践为依托，民警自学、集中授课、互帮互学、跟班实践、业务竞赛等方式开展专题培训，建成“精业、精干、过硬”的业务骨干队伍。

【边检立体防控】 2019年，江门市边检站圆满完成新中国成立70周年大庆、澳门回归20周年等系列安保任务，强化粤港澳三地警方联动，与江门市反恐支队、政保支队签订合作备忘录，细化联防协作内容。出入境管控方面，进一步升级口岸智能化查验系统，推进完成员工通道出入信息数据与梅沙系统关联，采用指纹对比和证件扫描双重验证的自动比对系统，得到省厅、澳门与香港三地警方领导的充分肯定。

【基础设施建设】 2019年，江门市边检站推进民警公寓楼、机关办公楼与综合楼招待所改造工程，加快推动址山训练基地维修（农场）规划，营区营貌环境维护，民警职工、家属的幸福感和获得感进一步提升。

【服务湾区建设】 2019年，江门市边检站整合江门片边检站协作区服务粤港澳大湾区的资源优势，牵头成立服务粤港澳大湾区江门片边检站协作区，积极服务国家“一带一路”和粤港澳大湾区建设，持续深化“放管服”改革部署，为出入境对象营造优质的通关环境；同时积极走访驻地相关职能部门和经营公司，紧密对接省厅出台服务粤港澳大湾区建设的18项举措，结合驻地政府发展规划，推动江门市高新区公共码头建设，力争将公共码头建成“内河边检”示范点。

（江门边检站）

邮 政

【概况】 2019年，江门市邮政业务总量27.50亿元，同比增长22.54%；邮政业务收入22.06亿元，同比增长12.08%。其中，快递业务量9879.91万件，同比增长8.03%；快递业务收入15.00亿元，同比增长6.24%。江门市邮政普遍服务营业网点121个（城市网点41个，农村网点80个），行政村通邮率达100%。江门市主要快递品牌36个，依法取得快递业务经营许可证的法人企业100家，备案分支机构161家，营业网点468个，快件分拨中心7个，快件分拣清关中心6个，快递从业人员6226人。

【邮政服务】 2019年，江门市邮政普遍服务继续完善升级覆盖城乡、惠及全民、水平适度的邮政普遍服务体系，形成以创新为主要引领和支撑的发展模式，邮政包裹类新业务不断涌现且增速明显，进一步优化调整邮路作业计划，探索创新开放共享网点服务平台。是年，开通江门市全部普遍服务营业场所121处，电子化营业场所121处，其中城市自办网点40处，城市代办网点5处，农村自办网点57处，农村代办网点19处,总体数量与往年保持不变。江门全区共设置邮筒（箱）165个，智能信包箱73个，报刊亭9个；江门全市提供邮政终端服务的信报箱有516321个，较上年增加19240个，增长率为3.7%；信报箱的格口数已有516780个，较上年增加46208个，增长率为8.9%。另外在江门市邮政管理局的支持下，通过结合《2017年广东省邮政基本公共服务均等化专项资金项目》的投入，在2019年新建16组智能信包箱，能提供350个智能信包箱的格口，全江门市现共有智能包裹箱73组；支撑承载江门市普遍服务邮件运输任务的邮运邮路有70条，其中城市邮路50条，农村邮路20条；城市邮路总长4416千米、农村邮路总长536千米。

【快递业务】 2019年,江门市快递业务总量9879.91万件，同比增长8.03%。其中国内同城快递业务量1942.73万件，同比下降30.23%；国内异地快递业务量7766.92万件，同比增长26.14%；国际及港澳台业务量170.27万件，同比下降16.20%；江门市快递营业网点达468个，其中城区营业网点383个，乡镇网点85个，江门全市61个乡镇均实现快递网点全覆盖。智能快件箱末端投递服务能力进一步提升，2019年江门全市增设智能快件箱84组，共696组，全年智能快件箱投递量1672.53万件，箱投占比达7.94%；江门全市投递路线合计有630条。其中城市投递道段397条，农村投递道段233条。江门全市日均投递量约为6.8万件，其中日均妥投率为98%。是年,江门市获得省促进经济发展专项资金（现代服务业发展用途）财政补贴10万元，用于补贴江门市内快递企业落实寄递渠道三项制度要求和推动快递业绿色发展，共补贴快递企业6家；江门市邮政管理局与江门市生态环保局、江门市市场监督管理局等8部门联合印发《关于建立江门市邮政业绿色发展协调机制的意见》，建立健全邮政业生态环保工作体系；组织快递企业开展《快递绿色包装操作指南》宣传培训，建立行业生态环保信息定期报送制度；落实国家邮政局“9571”工程任务，推动快递企业电子运单使用率达到95%，顺丰、德邦、韵达等品牌企业基本实现100%；电商快件不再二次包装比例达到60%；快递企业省内循环中转袋使用率达到75%；全市设置包装废弃物回收装置的网点数量达到50个。

【邮政企业】 2019年，江门市邮政普遍服务建设稳健发展。全市普遍服务网络承载传统业务量（函包汇发）4622.98万件，代理速递12.96万件。业务收入情况：传统业务（函包汇发）8083.30万元，代理速递472.74万元，代理金融43268万元，代理保险11405万元。包裹类业务发展情况：普通包裹量累计业务量3.1万件，同比下降17.69%，收入392.7万元，同比下降27.66%；快递包裹业务量1144.95万件，同比增幅60.65%，收入5461.76万元，同比增幅49.99%；国际小包业务量153.09万件，同比下降2.97%，收入3498.78万元，同比增幅8.89%。邮务类业务收入占公司整体业务收入28.16%（含包裹、传统邮务），邮政包裹类业务量的行业占比11.75%，收入的行业占比6.5%。

【邮政市场监管】 2019年，江门市邮政管理局对邮政企业累计检查普服合标邮政营业场所81个次，“扫黄打非”执法检查243处。2019年，准予撤销提供邮政普遍服务营业场所5个，准予停止办理或者限制办理邮政普遍服务和特殊服务业务的邮政普遍服务营业场所1个，暂时停止办理邮政普遍服务业务备案12个，新增普服营业网点备案5个，就近迁址备案2个，恢复营业备案6个，网点名称或营业时间变更等其他信息变更备案32个。组织邮政管理部门工作人员34人次，社会监督员96人次对16套纪特邮票开展纪特邮票发行监督检查。开展信报箱专项验收检查22个共11637户。开展邮政特邀监督员社会监督活动442人次，走访消费者431人，监督网点431处；

【快递市场监管】 2019年，江门市邮政管理局共协助广东省邮政管理局完成行政许可现场核查32家，注销快递业务经营许可3家，完成快递业务经营许可延续换证1家。受理并通过分支机构备案3家。全面推进末端网点线上备案管理工作，完成末端网点线上备案50个；2019年召开安全生产工作会议4次，通报行业安全形势，传达上级有关禁毒、打假打私、涉枪涉爆、易制爆危险化学品及消防等会议精神；组织主要品牌快递企业参加省邮政行业第三期安全应急演练及安检机操作培训；联合江门市公安局、江门海关等部门开展打击整治象牙等濒危物种走私专项行动；加强与县区各部门合作，共同加强寄递行业安全生产隐患大排查，深化寄递渠道涉枪涉爆隐患集中整治、扫黑除恶、反恐、禁毒等方面的专项治理；着力推进实名收寄信息化实名率达99.08%，严格落实“收寄验视、实名收寄、过机安检”三项安全管理制度，强化重点时期、敏感事件的服务保障，抓好重大活动的安全整治，落实台风、强暴雨等自然灾害的应急预警，妥善应对安能、运通中港、全一等品牌快递网络停运，做好疏解和劝导，防止积压、投诉和群体性事件发生；是年，江门市邮政管理局对全市快递市场开展行政执法检查633人次，检查企业及网点179家次，下达责令整改通知书10份，约谈企业负责人4次，执行行政处罚10起。

【邮政服务民生】2019年，中国邮政集团有限公司江门市分公司推行邮政营业场所代办公安交警业务，拓展税务代理业务。为响应中央“放管服”改革号召，更好服务广大人民群众，通过警邮合作打造“群众零跑动、最多跑一趟”的政务服务新体验，强塑邮政便民新形象的方向和目标。中国邮政集团有限公司江门市分公司共有91个邮政网点代办公安交管业务，其中有32个上线集团警邮综合服务平台系统，系统上线点中有8个已经升级为警医邮服务网点；江门市邮政管理局开展“3•15”行业主题宣传活动，做实申诉处理，2019年共受理申诉案件1050件，其中有效申诉45件，为消费者挽回经济损失约10.8万元。

（李　乐）

表15　　2019年江门市邮政主要发展指标一览表

项目	单位	实绩	比上年增长（%）
一、邮政行业总体状况业务总量	亿元	27.50	22.54
业务收入	亿元	22.06	12.08
二、邮政普遍服务业务发展状况业务总量	亿元	7.56	23.78
函件业务量	万件	555.51	-29.06
包裹业务量	万件	3.47	-18.54
机要通信	万件	2.32	-29.27
报纸销量	万件	3744.15	-2.60
杂志销量	万件	171.93	-2.81
汇兑业务量	万笔	1.94	-48.81
三、快递业务发展状况业务总量	万件	9879.91	8.03
国内同城快递业务量	万件	1942.73	-30.23
国内异地快递业务量	万件	7766.92	26.14
国际及港澳台快递业务量	万件	170.27	-16.20
四、总业务收入	亿元	15.00	6.24
国内同城快递收入	亿元	1.54	-41.41
国内异地快递收入	亿元	8.10	9.98
国际及港澳台快递收入	亿元	2.57	33.38
其他业务收入	亿元	2.80	26.76

物　流

【概况】　截至2019年年底，江门市登记注册的物流企业及物流关联企业3000多家，注册资金500万元以上的物流企业20多家。2019年，位于江门大道中段的“江沙物流市场”建成营运，80多家物流企业以及10多家快递企业进驻经营。

【江门物流企业管理】　2019年，江门市商务局为促进现代物流业和农村物流业发展，切实提升其发展层次，根据江门市实施乡村振兴战略重大规划和配套政策文件任务分工安排，编制《江门市现代物流业发展规划（2019—2025）》和《江门市农村物流发展规划（2019—2025）》，于11月8日在市政府十五届75次常务会议审议通过，以市府办公室名义印发实施。

【物流项目招商引资】　2019年，江门市引进投资超亿元物流项目4个，投资额32.8亿元。其中，投资超10亿元项目2个，澳大利亚嘉民公司、维龙物流公司相继签约落户江门市。

【江门市物流行业协会】　2009年11月18日，江门市物流行业协会挂牌成立，是由江门市从事物流运输、仓储、配送、货代、联运、信息等70多家企业自愿组成，并经江门市民政局批准的地方性行业组织，是具有法人资格的非营利性社会团体。

（江门市商务局）

·责任编辑　叶丽妍·

旅游业

综　述

【概况】 2019年，江门市文化旅游产业作为江门市“六个千亿”产业集群之一，重点围绕“碉楼、温泉、滨海、生态”品牌，培育壮大文化产业，推动全域旅游发展，促进文化和旅游深度融合发展。2019年9月20日成功创建台山市国家全域旅游示范区。中信产业基金投资的开平市赤坎古镇、华侨城投资的鹤山市古劳水乡文旅项目、顺峰集团投资的台山下川度假旅游岛项目建设施工顺利推进。

【旅游接待与收入】 2019年，江门市旅游总收入690.52亿元，比上年增长17.54%；接待游客7673.92万人次，增长18.19%；其中过夜游客3337.1万人次，增长22.56%，一日游游客4218.85万人次，增长11.89%。

【旅游产业规模】 截至2019年年底，江门市有旅行社87家，其中具备出境旅游业务的旅行社19家。星级饭店11家，其中五星级饭店4家，四星级饭店1家，三星级饭店6家。A级旅游景区18家，其中AAAA级旅游景区10家，AAA级旅游景区7家，AA级旅游景区1家。全市持证导游从业人员1130名，其中高级导游5名，中级导游32名，初级导游1093名，旅游业形成“碉楼、温泉、滨海、生态”四大品牌体系，拥有世界文化旅游遗产、世界记忆遗产等世界级旅游资源，以及5个国家文物保护单位、7个国家级非物质文化遗产等国家级文化旅游资源。在建的旅游重大项目有赤坎古镇、古劳水乡、顺峰集团下川项目。

【旅游厕所建设】 2019年，江门市旅游厕所建设布局由城市向乡村、由A级景区向非A级景区、由景区向全域拓展，共新建、改建旅游厕所42座，其中，蓬江区4座，江海区3座，新会区8座，台山市7座，开平市7座，鹤山市6座，恩平市7座，全部达到“数量充足、干净无味、实用免费、管理有效”的要求。厕所管理有效机制初步建立，厕所科技应用水平提升，文明如厕新风尚逐步形成。

【江门旅游新业态】 2019年，江门市推进旅游与文化、体育融合发展，发展旅游新业态和文化创意产业。编制《江门市侨乡文化遗产游径总体规划》，重点聚焦华侨文化游径、海丝文化游径、南粤古驿道游径等建设，将辖属的三区四市主要旅游景点、非物质文化遗产的文化点整合串联，形成文化和旅游资源全市一盘棋的格局。2020年4月10日，江门市文广旅体局等七部门出台《江门市民宿管理暂行办法》，并于5月10日起正式实施，推动民宿产业加快发展，新会区石涧故事八号院食馆、台山市四九镇望岗碉楼民宿、台山市四九镇原舍民宿、台山市台城尚雅民宿店等一批民宿分别于5月11日、5月25日、6月3日、6月19日领取《江门市民宿登记证》。

【旅游发展规划】 2019年，江门市政府办公室印发《江门市国际旅游目的地全域发展规划（2019-2030）》《江门市促进全域旅游发展实施方案》，推进全市创建全域旅游。江门市文化广电旅游体育局编修《江门市侨乡文化遗产游径总体规划》，提出在市域范围内构建“世遗双绝—纵横六带—精华十三段”的历史文化游径总体布局体系，将文化遗产及相应的旅游服务项目串珠成链，整合为区域整体旅游产品，促进全域旅游发展；继续与中山大学共建联合国世界旅游组织旅游可持续发展观测点管理与监测中心（简称监测中心），推动开展江门旅游可持续发展指标监测工作，监测组于7月15日至22日在开平市开展实地调查，将监测范围扩展至开平市重点旅游景区、主要的旅游企业、商业和文化街区以及乡村旅游示范（村）镇。

【全域旅游】 2019年，江门市发挥以市长为总召集人的市全域旅游发展工作联席会议制度的作用，市政府在台山市四九镇芦荟庄园召开江门市全域旅游工作现场会，推进全域旅游工作加快开展。是年，台山市创建国家全域旅游示范区取得显著成效，被国家文化和旅游部认定为首批国家全域旅游示范区。

旅游业态

【概况】 2019年，江门市推进旅游与特色产业融合，扶持新文旅业态壮大。重点支持新会小冈香业、新会古典家具城、台山江山多骄国际文旅展贸城、东望洋观光工厂、新会陈皮村、新会新宝堂等旅游新业态发展，着力打造具有地方特色的产业旅游融合发展标杆。推进旅游与文化创意融合，做大文化创意产业。优化旅游与文化融合发展环境，重点围绕白沙文化、碉楼文化、红色文化、民俗文化等领域，以体制机制建设、产业集群培育、创意研发、人才技术支撑等为重点，让文化活起来，全方位、深层次推动旅游业与文化创意产业融合发展，构筑文创旅游新高地。重点推进台山上川岛海丝史迹考古遗址公园、台山南粤古驿道、鹤山古劳水乡等文化旅游项目开发建设，丰富文化旅游产品供给。

【红色旅游】 2019年，江门市文化广电旅游体育局印发《江门市红色旅游发展实施方案（2019—2021年）》和《2019年度发展乡村旅游助推乡村振兴涉农资金使用实施方案》，为红色旅游发展落实资金保障，安排60万元资金扶持中共新会区双水镇镇委党校、开平市百合镇周文雍陈铁军烈士陵园、鹤山市广东人民抗日解放军司令部旧址建设，指导按照国家AAA级旅游景区标准打造红色旅游景区，升级配套服务设施。

【乡村旅游】 2019年，江门市文化广电旅游体育局推进“醉美江门100村”乡村旅游建设工程，全市创建省级乡村旅游休闲农业示范镇（点）12个。会同市农业农村局，打造推出全市14条美丽乡村精品线路。创建台山市大江镇、开平市塘口镇2个省级旅游特色风情小镇。开平碉楼乡村文化旅游精品线路于2019年8月19日被国家农业农村部推介为2019年休闲农业和乡村旅游春季精品景点线路，是广东省唯一的全国推介的春季精品景点线路，受到广东省农业农村厅、国家农业农村部相关司处室的认证宣传。2019年7月31日台山市斗山镇浮石村入选由国家文旅部、国家发展和改革委员会确定的第一批全国乡村旅游重点村名单。汀江华侨文化走廊（古驿道）一日游、开平世遗文化经典游、鹤山红色文化两天游、恩平温泉生态乡村两日游共4条旅游线路入围首批广东省乡村旅游精品线路名单。开平市塘口镇强亚村、新会区崖门镇京梅村、鹤山市龙口镇霄南村、恩平市圣堂镇歇马举人村入选首批广东省文化和旅游特色村。抓住中秋节、国庆节等黄金周假期，整合江门民宿资源，对石涧故事民宿、望岡碉楼民宿、碉民部落精品民宿综合体等12家精品民宿进行整体包装策划，推出以“住民宿过中秋”为主题的乡村特色民宿旅游产品。市文化广电旅游体育局委托华南理工大学建筑设计学院专业团队做好江门市历史文化游径的空间规划和顶层设计，推出侨乡世界文化遗产游径、海上丝绸之路游径、岭南传统文化游径等6条侨乡特色历史文化游径。

【生态旅游】 2019年，江门市文化广电旅游体育局开展生态旅游，以开平碉楼与村落、赤坎古镇、鹤山古劳水乡、恩平的地热国家地质公园等龙头旅游吸引带动周边生态区发展，推动恩平大田镇、开平大沙镇、鹤山双合镇和宅梧镇等乡村旅游、山地生态旅游发展，系统布局生态风景道、游步道、营地驿站、停车场、旅游厕所、乡村民宿等旅游配套设施，推动建设生态健康养生旅游目的地。开平大沙生态文化旅游度假区项目建设集茶文化、登山探险、赏花观光、康体度假、美丽乡村、有机农产品、美食文化等功能于一体的旅游综合基地。天露山生态旅游区建设天露峰农场、特色民宿街、红色旅游村、圩镇一河两岸商业区、榄坑梅花观赏基地、岗坪茶文化生态园等系列项目。恩平森林小镇培育“森林＋温泉＋村落＋土特色”旅游品牌，开发森林徒步、森林探险、森林体验等旅游项目，开发以森林为主题的农家民宿客栈，建设森林村落，打造森林人家，开发建设大肚老婆山淘金文化公园。大雁山高品位文化体验区围绕纪元塔6个仿古建筑开设书画创作、研修、交易的沙龙会所，以海会寺为依托打造禅宗文化体验区。

【体育旅游】 2019年，江门市文化广电旅游体育局谋划旅游+体育融合发展，组织旅游企业结合赛事资源和旅游产品打造旅游线路，利用全国少年儿童跳水锦标赛、国际男子篮球对抗赛、世界排球联赛、全国女排锦标赛、崇武英雄世界自由搏击巡回赛（江门站）等高规格体育赛事平台，丰富江门市旅游产品体系，开拓珠江三角洲旅游市场。

旅游宣传推介

【概况】 2019年，江门市文化广电旅游体育局加强区域合作联动，组织参加旅游展览、开展专题推介活动和编制江门旅游宣传资料、制作有本土特色的文化创意小礼品等，走出家门“邀客”。适应旅游消费需求转变与旅游目的地市场竞争加剧的双重挑战，创新营销旅游目的地，举办形象宣传片播放、歌舞表演、上台推介、互动抽奖等推介会常规项目，开发具生活味、趣味、人情味的现场互动环节，抓住重大节日、黄金周、假期等时机，创新应用抖音、快手等新媒体开展旅游营销，推广江门市旅游资源，深度宣传推广江门“中国侨都”的城市品牌形象。

【旅游宣传促销】 2019年，江门市文化广电旅游体育局组织全系统各单位参加2019亚洲文化旅游展、2019中国-东盟博览会旅游展、香港国际旅游展、澳门国际旅游（产业）博览会、广东旅游博览会和第十五届中国（深圳）文化产业博览交易会等活动，2019年5月16日—20日，江门市在第十五届中国（深圳）文化产业博览交易会获得“优秀组织奖”和“优秀展示奖”，江门市10件参展作品分别获“两金牌一银牌五铜牌两佳作”好成绩。2019年9月委托上海优迦文化传播有限公司策划江门文化旅游品牌建设项目，在宣传口号、旅游标识、文化旅游品牌活动打造、旅游精品线路设计、营销推广策划、人才培养等方面建立可持续的江门文化旅游品牌建设与管理体系，塑造江门文化旅游总体形象。

【旅游交流与合作】 2019年，江门市文化广电旅游体育局对接港珠澳大桥开通的机遇，深化江港澳合作，2019年4月携手打造“双门传奇—澳门＋江门四天三夜奢华星级历史、美食之旅”旅游线路。2019年7月18日—24日，在江门成功承办“2019年粤港澳青年文化之旅”（广东段）活动。发挥“澳门历史城区”和“开平碉楼与村落”2处世界文化遗产资源优势，举办“湾区花正开—首届粤港澳大湾区文化艺术节（江门分会场）暨2019世界文化遗产嘉年华”活动，打造粤港澳大湾区文化名牌，增进粤港澳三地民众的文化认同。与对口支援城市广西崇左市、黑龙江七台河市、四川甘孜州康定市及泸定县进行文化旅游合作交流，江门市是全国第一个走进甘孜举办旅游推介活动的城市。加强区域联盟合作，促进共同发展，先后携手广州和中山、珠海和中山及阳江整合旅游线路和产品，以联盟方式举办共5场省外旅游推介会，拓展客源市场。

旅游行业管理

【概况】 2019年，江门市文化广电旅游体育局切实把旅游市场管理领域安全生产纳入日常巡查监管的重要内容，开展旅游企业专项整治检查，加强对旅游企业各项业务进行事前事中事后监管，提升旅游企业服务质量；分别于7月、10月、11月组织安全监管能力提升培训、消防应急演练及业务培训，督促落实A级景区、星级酒店、旅行社等旅游经营单位安全生产主体责任，确保旅游市场领域安全与稳定。是年，举办地接导游、中高级旅游管理人才等主题培训班，参加第二届粤港澳大湾区新型导游人才培训论坛等对外交流活动，提升导游、旅游管理等从业人员综合素质，探讨与湾区各城市导游业界的合作。

【旅游安全监管】 2019年，江门市文化广电旅游体育局在旅游景区、星级饭店和旅行社加强旅游安全生产宣传，督促旅游主体单位完善旅游安全生产和应急处置机制，全年深入星级饭店、旅游景区等单位举办安全监管能力提升培训及应急演练、消防演练等安全应急演练活动，培训人员500人次；联合市市场监督管理局、市交通运输局等部门开展旅游行业消防安全生产大检查，加强对旅行社旅游包车、星级饭店消防、食品、特种设备等重点隐患部位进行重点检查管理，抓好节假日等重点时段旅游安全工作，保障重点时段和重点环节旅游安全，全年无旅游安全事故发生。

【旅游质量监督管理】 2019年7月，江门市文化广电旅游体育局严厉打击“不合理低价游”“非法港澳游”“强迫消费”等突出问题，规范导游（领队）执业行为，联合市市场监督管理局等部门开展“不合理低价游”及非法经营旅行社业务专项整治行动，加大对旅行社低价揽客、不签订旅游合同以及导游擅自增加购物和另行付费项目、强迫或变相强迫、诈骗游客消费等行为的查处力度。加强出境游和边境游市场整治，针对投诉问题多、安全隐患大的旅游线路，集中力量加大执法检查力度，严厉打击“不合理”低价游、诱骗引导游客购物、甩团滞留以及经营非目的地国家旅游产品等违法违规行为；根据《江门市文化广电旅游体育局关于推进旅游服务质量提升计划行动方案》的要求，分别指导江门市旅游行业协会、江门市旅游景区质量等级评定委员会及江门市旅游星级饭店评定委员会开展旅游行业质量提升工作，提升规范化、专业化和个性化服务水平。江门市旅游星级饭店评定委员会针对星级饭店开展评定性复核工作，是年有2家星级饭店顺利通过三星级旅游饭店年度评定性复核。

【旅行社监管】 2019年7月，江门市文化广电旅游体育局开展“不合理低价游”及非法经营旅行社业务专项整治行动，加强对旅行社低价揽客、低于成本操作、不签订旅游合同等行为进行监管和查处。10月，对全市87家旅行社缴纳质量保证金情况开展全面核查，重点核查旅行社按时缴纳质量保证金或提交银行担保，质量保证金的金额或银行担保的额度与经营范围、分公司数量相符等情况。11月20日—21日，在开平市潭江半岛酒店举办全国旅游监管服务平台培训班，结合旅行社工作实际，开展具很强指导性和针对性的培训。

【旅游景点监管】 2019年，江门市文化广电旅游体育局重点开展旅游景区秩序专项整治行动。一是加强景区安全监管。督促景区加强对临水临崖、窄路陡坡急弯等复杂路段的安全管理，加大资金投入，完善景区安全提示警示标志。二是加强景区旅游高峰期客流量管控。指导旅游景区依法向主管部门申请核定并对外公布景区最大承载量，加强对节假日、暑期等旅游旺季客流高峰时段人员的管控和疏导，确保景区秩序正常。指导景区完善制定客流高峰应急预案，开展经常性应急演练。三是强化景区玻璃桥、索道、涉水等高风险项目的安全监管，防止出现“重建轻管”“重效益轻安全”现象。加强巡查、检查企业取得特种设备使用登记证、在检验有效期内运营，管理、维护、操作人员持证上岗，操作规范，建立技术档案和安全管理档案，建立突发事件应急预案并组织经常性演练等工作。

【旅游人才建设】 2019年，江门市文化广电旅游体育局共举办6期地接导游质量提升培训班和2期中高级旅游管理人才培训班，通过邀请国家高级导游、省内外旅游先进地区优秀导游人员和景区讲解员，以课堂讲授、沙龙座谈、实地模拟讲解等形式，理论结合实际，提升全市地接导游、景区讲解员和乡村讲解员带团讲解接待水平；鼓励考取等级证书，在全市旅行社、景区点、旅游院校中挖掘优秀导游人员进入优秀导游人才库，有针对性进行重点培训。对优秀导游人才，加大政策倾斜和奖励力度；2019年年初，江门市旅游行业协会组织全市旅行社在职导游参加“花城杯”百名广东旅游推广大使评选活动，取得团体三等奖、最佳组织奖的荣誉，江门市有3名参赛选手入选广东省百名旅游推广大使。9月19—21日，江门市文化广电旅游体育局会同江门市旅游行业协会组织业务负责人前往香港、澳门拜会两地导游业界代表，共同就三地导游业务管理及提升展开交流与探讨，参加10月15日在澳门旅游学院举办的第二届粤港澳大湾区新型导游人才培训论坛，加大与湾区各城市导游业界的合作；江门市文化广电旅游体育局对参与国家、省、市比赛获奖的导游人员进行正面宣传，实施奖励政策。

旅游基础设施建设

【国家旅游景区创建】 2019年，国家文化和旅游部资源开发司张夕宽副处长率全国旅游景区质量等级评定委员会专家到开平市调研，对开平碉楼文化旅游区创建国家AAAAA级旅游景区工作给予指导，提出开平碉楼文化旅游区创AAAAA整改任务清单，指导景区主要在丰富旅游业态、增强文化底蕴、加强宣传品牌营销、营造创建氛围等5大类别13项意见和建议中开展整改工作。2019年起台山颐和养生旅游度假区、恩平泉林黄金小镇、新会区石板沙疍家风情岛、台山伍炳亮黄花梨艺博馆、鹤山市宵南鲜卑古村落等7家景区开展创建国家A级旅游景区工作；2019年12月25日，江门市恩平泉林黄金小镇、新会石板沙疍家风情岛、开平周文雍陈铁军烈士纪念馆和开平市博物馆4家景区成功获评为国家AAA级旅游景区。至2019年12月，江门市A级旅游景区总数18家，其中AAAA级景区10家，AAA级景区7家，AA级景区1家。

【旅游重点项目开发建设】 2019年，江门市文化广电旅游体育局重点推动中信产业基金投资的开平市赤坎古镇、华侨城投资的鹤山市古劳水乡、顺峰集团投资的台山下川度假旅游岛项目等项目建设。赤坎古镇项目房屋征收任务完成率超99.0%，古镇范围完成土地出让24.31公顷，一期示范段基本完成外立面修缮工作，推进内部装修工程，二期示范段进场施工。2019年8月华侨城成功竞得位于古劳镇的10.67公顷首期建设用地，并正式接管运营古劳水乡游客中心，开展道路施工及钢桥建设。办理台山下川度假旅游岛项目第一期用地土地报批程序。2019年4月崖门镇银湖湾御海酒店、鹤山融川·咏春文化旅游水世界项目、塘口镇“开平泉林稻香小镇”项目举办奠基动工仪式。台山盘皇岛国际旅游度假区项目、北陡月亮湾滨海旅游项目加紧落实土地招拍挂工作。台山“江山多骄国际文化展贸城”与广州岭南国际酒店管理有限公司签约携手打造“江山多骄主题酒店”精品项目，古兜温泉与奥园文旅集团强强联手合作打造多元业态混合发展的康养旅游度假区。市文化广电旅游体育局与银河娱乐集团签订文化和旅游合作意向书，银河娱乐集团副主席吕耀东带团队考察台山滨海旅游资源。融创集团、中国文旅集团、广东省航运集团、澳马集团、中集集团、中英文创集团等投资团队前来江门市接洽文化旅游项目合作事宜。

大型旅游活动

【华侨华人文化交流合作暨粤港澳大湾区青年文化创意发展大会】 2019年11月13—15日，华侨华人文化交流合作暨粤港澳大湾区青年文化创意发展大会（简称大会）在江门市举行。大会紧密围绕“汇聚华侨华人力量共建美丽人文湾区”主题，共襄华侨华人文化交流合作暨粤港澳大湾区青年文化创意发展盛举，吸引近1100位海内外嘉宾参加，其中海外嘉宾830人，国内嘉宾近200人，涵盖国家、省、市有关部门，粤港澳大湾区城市代表，海外华侨华人重要社团首长，加拿大、新西兰、墨西哥、印度尼西亚、香港等商界、文化教育和科学艺术界精英，国外文化遗产学者，美国、委内瑞拉、秘鲁、马来西亚、香港、澳门等文旅行业专家学者、优秀企业家等。大会活动包括开幕式、“一带一路”文化遗产合作交流（2019江门）国际研讨会暨国际手工艺交流展示、粤港澳青年文化创意暨人才创业创新分享会、文旅中国（江门）文化旅游产业发展论坛、分组考察活动、主题文艺晚会。大会现场签约12个投资项目，总金额647亿元。

（江门市文化广电旅游体育局）

2019年4月26—28日，江门市文化广电旅游体育局组织各市（区）文化广电旅游体育局、江门市旅游行业协会及各旅游企业共计150多人参加第七届澳门国际旅游（产业）博览会

（市文化广电旅游体育局 供）

财政·税务

财 政

【概况】 2019年，江门市一般公共预算收入完成256.8亿元，比上年同期增收12.87亿元，增长5.3%。其中：税收收入完成174.34亿元，增长0.8%，税收收入占一般公共预算收入的比重67.89%；非税收入完成82.46亿元，增长16.3%，占一般公共预算收入的比重32.11%。全市一般公共预算支出完成424亿元，比上年同期增支45.55亿元，增长12%。

（吴华清）

【财政收支管理】 2019年，江门市各级财政部门全面贯彻新发展理念，落实高质量发展要求，实施积极财政政策，强化收支管理，深化财政改革，推动中央、省委和市委重大决策部署落实，做好“六稳”（稳就业、稳金融、稳外贸、稳外资、稳投资、稳预期）工作，较好完成各项工作任务，促进全市经济社会平稳健康发展。开源挖潜抓好组织收入。积极应对减税降费政策对财政收入的影响，加强经济运行监测，抓好税源分析挖潜，强化地方税种征管，做好非税收入组织，梳理盘活政府资源资产，确保财政收入平稳增长；多措并举加强预算执行管理。市政府主要领导带头坚持每月至少一次研究预算管理，强化部门预算执行主体责任。全面推进预算管理改革，简化资金分配审批流程。强化动态监督和问责，实施更严格的盘活资金措施，实行预算动态调整机制。全市一般公共预算收入完成256.8亿元，增长5.3%，增速保持在合理区间。全市一般公共预算支出完成424亿元，其中八项重点支出科目完成336.6亿元，增长13%；全市拨付民生支出292.57亿元，增长12.9%，占一般公共预算支出比例近70%。

（吴华清）

【财政管理体制改革】 2019年，江门市实施新一轮财政体制改革，深化预算编制执行监督管理改革，推进区域协调发展财政体系建设，加快构建现代财政制度。按照“三区并进”（都市核心区、大广海湾区、生态发展区）的区域发展思路，制定出台《江门市财政管理体制调整方案》，以激励原则为导向，下沉财力，调动各级的发展积极性，增强各市（区）发展能力，加大对西部三市的转移支付补助力度，促进区域协调发展。完善配套措施，加大对全市性重大项目、跨区域项目的支持，推动重大项目落地。推进预算管理改革，明晰部门权责，建立健全“三项清单”（市级专项资金目录清单、部门保留审批项目清单、市财政部门参与审批项目清单），调整优化项目管理流程。全面推行部门零基预算编制，提高预算科学性和精准度。完善专项资金管理、支出审批权限等配套制度。落实“大财政大预算大资产”和“先谋事后排钱”理念，推进项目分级分类管理，做实做细项目库，2019年市直部门超过70%的项目提前报批分配到具体的使用用途方向（二级项目），接近50%项目提前细化到三级项目。强化项目绩效目标管理，预算编制更加精准科学，相关改革工作走在全省前列；区域协调发展财政支持体系逐步完善。制定《江门市潭江流域生态保护补偿办法》，在全省率先探索建立流域生态保护补偿机制。争取上级支持，成功将台山市、开平市、恩平市纳入省均衡性转移支付范围，缓解财政收支压力，提升江门市区域发展平衡性和协调性。

（吴华清）

【政府投融资改革】 2019年，江门市财政局加大补短板工作力度，召开全市投融资会议，提出《江门市2020年政府投资项目投融资思路》，指导各市（区）财政部门在落实国家“防风险、稳投资”部署下，抓住全面对接粤港澳大湾区建设发展大机遇，创新思路、上下联动，推进基础设施建设托底地方经济发展。规范实施政府和社会资本合作模式（PPP模式），推动江门市PPP工作高质量发展，指导督促市直属有关单位和各市（区）财政部门规范开展PPP工作。是年底，江门市纳入财政部PPP综合信息平台系统的项目39个，累计总投资规模约323亿元，成功签约落地33个，实际落地率84.62%，吸引60家国内大型中央企业、民营企业前来投资，撬动社会资本投资约208.7亿元；加大政策配套支持力度，为江门市PPP项目提供融资增信支持，推动PPP基金入股江门大道PPP改造项目0.49亿元，成功对接中国PPP基金入股财政部第三批示范项目——江门市国省道（国道325、五邑路等）PPP项目1.38亿元，为探索推进PPP模式在重点领域和短板领域广泛应用打下坚实基础；加大专题培训力度，提高各级人员专业能力。结合国家关于建设粤港澳大湾区的战略部署以及政府投融资与债务管理工作实际，举办新形势下政府和社会资本合作专题研讨会，全面提升各参会人员政府投融资政策水平和业务素质；协助中信银行广州分行承办江门（中信）城市发展暨政府和社会资本合作交流会，结合江门特点及优势，荟聚政府、企业、金融机构等专家和学者，开展广泛交流，为江门发展建言献策，助力江门实现“融资、融才、融智”，深入推进江门市经济社会和重大项目建设可持续发展。

（阮　航）

【政府债务管理机制】 2019年，江门市财政局完善政府债务管理顶层设计，研究制定《江门市基础设施和公共服务领域政府投资项目资金筹措指导意见》，探索符合江门市社会经济特点的规范的地方政府举债融资路径；加强预算管理和政府债务限额管理，修订完善《江门市政府性债务风险应急处置预案》，建立政府性债务风险事件报告和分级响应制度，动态监测债务风险，形成“制度预防、源头管控、预警监测、应急处置”的政府债务全过程闭环管理链条。严控债务风险，多措并举化解存量债务，压降非政府债券形式的政府债务规模，优化政府债务结构，腾出空间承接新增债券，分类施策有序化解存量隐性债务，坚决遏制隐性债务增量，超额完成省、市下达的2019年隐性债务化解目标。用好再融资政策，2019年全市累计发行再融资债券12.12亿元，促进存量债务良性循环，腾出财力投向省、市重点项目。开好规范举债融资“前门”，用足地方政府债券政策，2019年成功发行新增债券44.03亿元（其中土地储备专项债券29.08亿元、其他专项债券14.95亿元），有效拉动基建投资，推动一批基础设施项目开工建设，补齐江门市交通和民生领域短板，推动经济发展。

（阮　航）

【国库集中支付改革】 2019年，江门市财政局以改革创新为推动力，以完善管理制度、提高支付效率、规范安全监管、提升服务为抓手，持续深化财政国库集中支付改革。扩大财务核算集中监管改革覆盖范围。是年底，市本级及辖属蓬江区、江海区、开平市与恩平市均完成所有本级部门预算单位全部纳入核算集中监管改革范围，实现财务核算信息集中监管改革全覆盖；市本级支付电子化实现全业务全流程上线。人民银行、代理银行以及各相关单位共同配合，1月和5月分别实现预算单位与代理银行国库集中支付授权支付业务和财政与市人民银行的国库实拨业务电子化上线，11月实现财政、市人民银行、代理银行三方之间的国库集中支付清算业务电子化上线，最终完成财政资金支付全业务全流程电子化业务上线；推进动态监控改革。2019年江门市继续推进预算执行动态监控工作，市本级和辖区内7个县（区）及辖属所有乡镇在实现动态监控的基础上，市本级通过升级动态监控系统版本、优化预警规则实现事前监控，各市（区）及辖属所有乡镇实现事后预警；落实“放管服”改革（即简政放权、放管结合、优化服务），扩大授权支付的范围。为明晰预算单位责任，优化流程，提高财政预算资金执行率，从8月19日起，市财政优化部分授权支付的审核方式。对授权支付中日常公用经费、人员支出且非工程建设及政府采购支出经费，财政国库支付中心不再审核，预算单位填制支付凭证经单位电子签章后发送银行即可划款。推进乡镇公务卡制度改革。规范乡镇公务支出管理，扩大公务卡使用范围，减少公务支出中的现金提取和使用，推进乡镇公务卡改革。年底，全市所有乡镇均开展公务卡改革，其中新会区、台山市、鹤山市、恩平市所属乡镇推行公务卡制度改革和实施公务卡强制结算目录。

（赵月圆）

【财政绩效管理】 2019年，江门市财政局根据全面实施预算绩效管理的要求，改革预算绩效管理，逐步形成全方位、全过程、全覆盖的预算绩效管理体系，提高财政资金使用效益。

绩效目标管理　实现“五同步”。协同推进绩效目标与预算编制融合，促进绩效目标与预算编制实现同步布置、同步申报、同步审核、同步批复和同步公开。列入2020年预算草案呈人大审议的重点项目预算绩效目标共644个，涉及财政资金54.98亿元，占项目支出的46.59%。开展第三方评审。选取市本级预算中新增项目、增支较大项目、政府采购定价或资金分配自由裁量权较大的159个项目开展第三方评审，评审范围覆盖四本预算账（一般公共预算、政府性基金预算、国有资本经营预算、社会保险基金预算），涉及申报金额18.44亿元，核准金额14.54亿元，核减金额3.9亿元，核减率21.17%。

绩效运行监控　于6月和9月分2个阶段对绩效目标实现情况和预算执行进度进行“双监控”。6月对35个部门单位支出进度低于40%的47个项目开展监控，涉及资金规模4.45亿元；9月对24个部门单位支出进度低于75%的37个项目开展监控，涉及资金规模2.23亿元；对部分重点项目进行重点监控。选取中共江门市委统战部“侨务强市专项资金”、五邑大学“建设高水平理工科大学专项资金”以及市卫生健康局“信息化建设专项资金—区域卫生平台建设经费（二级项目）”共3个项目开展重点绩效监控，经第三方评审，评审等级均为“中”。

绩效评价　绩效评价范围覆盖四本预算账。一是绩效自评。对市卫生健康局等46个部门单位共113个100万元以上的事业发展类专项资金开展绩效自评，涉及资金规模5.09亿元。二是重点绩效评价。选取市金融工作局“支持企业研发融资专项资金”等15个重大项目开展重点评价，涉及财政资金4.37亿元；其中，优等级项目2个，良等级项目11个，中等级项目1个（为市金融局“支出企业研发融资专项资金”），低等级项目1个（为市自然资源局“市区国有建设用地基准地价调整及地价监测情况更新项目”）。三是转移支付绩效评价。选取“市级卫生计生事业发展专项资金”为评价对象开展转移支付评价，评价单位包括市卫生健康局、各市（区）卫生健康局以及资金使用单位，评审等级为良。四是部门整体支出绩效评价。选取江门市人民政府行政服务中心等12个部门单位开展部门整体支出绩效评价，其中市行政服务中心等2个单位被评为“优”，市土地储备中心等6个单位被评为“良”，市博物馆等3个单位被评为“中”，五邑大学被评为“低”。

（李晓蕾）

【“工业立市”推动】 2019年，江门市坚持“工业立市”不动摇，加快打造先进制造业强市。全年兑现各项产业扶持政策资金8.59亿元，大力发展五大新兴产业，培育一批大型骨干企业，推进传统产业转型升级，支持发展工业互联网，促进招商引资。配合各业务主管部门研究制定包括总部经济政策、重点企业高质量发展倍增计划、中小企业“政银保”保费扶持政策（对通过“政银保”项目融资并缴纳保险费用或担保费用的企业给予全额补贴）、其他营利性服务业行动计划等新一轮产业扶持措施，修订招商引资激励政策十二条，引导和支持产业提质增效。推进产业基金投资取得成效，先进装备制造业基金完成组建江门市弘创新兴产业投资基金、江门市毅达创新创业投资基金2项子基金的投资决策程序，拟出资6430万元；创业创新基金投放1个项目（为鹤山澳米欧无人驾驶专用车生产项目），实际出资1625万元。完成组建鹤山银涂新材料基金、鹤山厚机机械投资基金、江门市弘创新兴产业投资基金共3项子基金的投资决策程序，拟出资2170万元。

（彭胜荣）

【减税降费】 2019年，江门市深化供给侧结构性改革，贯彻党中央、国务院关于实施更大规模减税降费的决策部署，落实普惠性减税与结构性减税并举措施，深化增值税改革、落实小微企业普惠性税收减免政策、推进个税改革、降低企业社保缴费负担，清理规范行政事业性收费和政府性基金，强化监督管理工作，杜绝违规收费行为。全年全市累计新增减税降费75亿元（不含残保金退库、用电成本及其他收费），在此基础上，在减免行政事业性收费，降低用地、用工、用电、用气成本等方面累计为全市企业减负超100亿元。随各项政策落地、叠加发力，减税降费对冲经济下行压力和助推经济提质增效的政策导向作用逐步显现，使江门实体经济的发展在不断释放的财税改革政策红利中获得更强劲动能，推动江门经济高质量发展。

（林敏子）

【推动“创新驱动战略”】 2019年，江门市财政局对科技投入15.4亿元，比上年增长15.96%，占本级财政支出3.66%。通过加大财政对科技的投入力度，落实高新技术企业培育、新型研发机构建设、科技企业孵化器、创新平台建设和科技成果转化等8项措施，推动全市高新技术企业超1500家，院士工作站增至11个，与14位院士建立合作关系，同时建设一批特派员工作站、博士后工作站、技术创新中心等创新平台，强化企业创新主体地位，构建以企业为主体的自主研发体系，引导各类创新资源加速向企业集聚，提升科技创新能力，培育经济增长新动能。江门市在小微企业创业创新基地城市示范期间（2015—2017年），小微企业营业收入增长96.01%，小微企业就业人数增长56.28%，小微企业技术合同成交额增长390.00%，小微企业获得授权专利累计增长369.57%，实现创业目标、就业目标、创新目标“三大突破”，顺利通过国家财政部组织的绩效评价，在15个城市中排名前50%，获国家财政部奖励3000万元。

（彭胜荣）

【推动涉农资金统筹整合】 2019年，江门市财政局多措并举推进江门市涉农资金统筹整合改革工作。一是保投入，初步建立涉农资金投入的长效机制。统筹整合各类涉农资金，从土地出让收入中核拨5%-10%的资金用于支持乡村振兴工作；2019年全市一般公共预算农林水支出34.02亿元，比上年增长21.74%；市县两级财政从土地出让收入中核拨16.80亿元支持乡村振兴工作，占全市土地出让收入的7.84%。二是促整合，强化制度保障。市县两级均成立涉农资金统筹整合领导小组及办公室；市建立联席会议协调工作机制，制定《江门市涉农资金统筹整合实施方案（试行）》作为政策指引，落实“两个50%”（由市级组织实施的项目资金不得超过涉农资金总额的50%；由市（区）统筹实施的每类资金，市级下达的约束性任务所需资金占比原则上不得超过50%），赋予市（区）“三个权利”（各市（区）统筹省级、市级和县级资金，根据任务清单，结合实际，按照轻重缓急的原则，确定项目规划布局、确定项目建设先后顺序、确定项目实际投资额度），2019年市统筹整合并新增投入3.52亿元，以“大专项＋任务清单”模式下达给各辖属市（区），加大各辖属市（区）资金使用自主权；各市（区）制定本地区实施方案，统筹省市县涉农资金推动乡村振兴战略实施。三是深调研，提高财政资金使用效益。市财政部门牵头会同有关部门组成调研组，深入县镇村开展专题调研，形成《关于加快财政涉农专项资金支出推动乡村振兴的调研报告》，制定《关于加快乡村振兴资金使用的指导意见》，简化审批手续，优化流程。2019年江门支出省级涉农资金5.73亿元，支出进度87%，支出进度排名全省前列。四是严把关，规范项目入库管理。按照“先谋事，再排钱”理念，建立定期研究预算工作机制，实现“钱”随“事”走。严格落实至少提前一年储备实施条件项目要求，提前组织项目的研究谋划、评审论证、入库储备和择优排序等工作，按照“三突出、一确保”（即突出重点项目、硬任务和项目成熟度，确保在预算年度内能形成实际支出）的原则，做好各级涉农项目的储备入库、审核和报送工作。

（柯　翔）

【民生保障】 2019年，江门市坚持把保障和改善民生作为发展的出发点和落脚点，抓住人民最关心最直接的利益问题，加大投入、守住底线、突出重点、完善制度，促进江门市各项民生事业蓬勃发展。支持打赢精准脱贫攻坚战，全年全市统筹落实扶贫资金1.77亿元，巩固精准脱贫工作成效，推进扶贫线与低保线“两线合一”。落实六项民生保障底线项目资金1.83亿元，提高6项民生保障水平。江门市城乡低保标准提高为每人每月850元，特困人员供养标准提高为每人每年16320元，并实现全市城乡一体化。推进医药卫生体制综合改革，深化医保支付方式改革，强化监管基本医疗保险基金，全力推进“医联体”（将同一区域内的医疗资源整合在一起的区域医疗联合体）和高水平医院建设。

（王　鹤）

【城市提质服务】 根据江门市2019年本级政府投资项目计划安排，2019年市本级政府投资项目总投资137.34亿元，计划投资22.92亿元，主要涉及交通、环境整治、民生、社会管理等62项提升城市品质的项目建设。为保证上述项目建设顺利推进，江门市财政局根据工作职能，重点抓好以下五方面工作：一是严格贯彻执行法律法规。在工程支出管理中执行《基本建设财务规则》、《工程招标投标法》、《政府采购法》、《江门市政府投资项目管理办法》等规章制度。二是科学合理安排财政预算资金，坚持“先急后缓，保重点”的原则，向重点项目倾斜安排财政资金，2019年安排建设资金5.76亿元，推进市本级政府投资项目建设。三是以改革提升效率。根据《关于深化市级预算编制执行监督管理改革的意见》改革精神，配合市发展和改革局修订《江门市政府投资项目管理办法》，明确简化基建项目资金支付审核流程，为推动基建预算高效执行、发挥效益夯实基础。四是做好基建资金安全监管工作，建立基建资金检查机制，加强监督管理基建资金，确保基建资金安全、高效使用。五是提升财政投资评审效率。在简化工程预算审批程序和放开财务决算审批权限的基础上，通过部分放开工程结算审批权限，提高财政投资评审效率，助力政府投资项目提速增效。

（周瑾秋）

2019年8月12日，江门市组织举办深化预算编制执行监督管理改革暨2020年部门预算编制工作布置专题培训

（市财政局　供）

税　收

【概况】 2019年，国家税务总局江门市税务局（简称江门市税务局）在广东省税务局和市委、市政府的领导下，以习近平新时代中国特色社会主义思想为指导，取得来之不易的成绩，在市直属机关绩效考核中获评为优秀等次，得到各级领导肯定性批示20次，全系统先后获评为“广东省三八红旗集体”“广东省五四红旗团支部”“江门市先进集体”等多项省市级荣誉，江门税收事业进入良好发展状态。是年全市组织税费收入755.12亿元，比上年增长9.05%，其中组织国内税收收入478.87亿元，税收总量在全省排位第八名，费金收入253.11亿元。全市办理出口退（免）税149.06亿元，增长5.35%。实现省、市税收收入目标，助推全市地方一般公共预算收入增长5.3%，为经济社会发展提供财力保障。

【从严治党】 2019年，江门市税务局通过推进全面从严治党，开展“不忘初心、牢记使命”主题教育。期间，形成各级党委主抓、主题教育办公室组织、巡回指导组督促、基层党支部实施的组织机制，推动主题教育达到总体要求、实现具体目标。各级党委坚持落实第一议题学习制度，学习贯彻习近平新时代中国特色社会主义思想、习近平总书记关于税收工作的重要论述和党的十九届四中全会精神，把握住意识形态工作的正确方向，开展模范机关创建，为在前所未有的困难形势下完成收入任务增添信心和动力；各级党委围绕“8+4”专题开展集中学习研讨，检视问题，抓好整改，开展调研，形成调研报告81篇，组织四项教育91次，党支部查找存在问题621个，制定整改措施865条，为纳税人和缴费人办好事、实事385件。开展“五个五”党建品牌创建，打造的“红色＋税务党员教育”品牌荣获广东省和江门市直属机关第七届“先锋杯”工作技能大赛优秀作品奖和广东省机关和事业单位党建十佳创新案例奖，有力推动主题教育走深走实。实施“六个一”工程，推进税务分局和办税服务厅规范化标准化建设。深化机关与基层、税务与地方、税务与企业党建工作“三个共建”，实现互促共赢。组织开展对辖属的2个市（区）局党委和4个机关党支部的巡察工作，强化党内监督。做好省局巡察的“后半篇文章”，对4类41个问题全面彻底整改。持之以恒反“四风”，促进工作作风持续改进。通过加大力度“一案双查”，深化专项整治，加强纪律监督。打造“以案明纪”品牌警示教育项目，开展“八个一”警示教育活动，增强干部知敬畏、守底线的意识。正风肃纪，推动执纪工作减存量遏增量，信访举报量比上年下降22.2%，问题线索量减少31.4%。坚持惩前毖后、治病救人，把“四种形态”贯穿纪律审查工作始终，年内给予处分8人、组织处理18人次，从严治党向纵深推进。

江门市税务局党建创新项目《江门税务打造“红色+党员教育”品牌 推动主题教育走深走实》代表江门市参加广东省市直属机关第七届“先锋杯”工作技能大赛决赛，获省优秀作品奖 （市税务局 供）

【落实减税降费】 2019年年初，成立江门市税务局减税降费工作领导小组，将落实减税降费工作作为全市税务系统全年的工作主题和一号工程，坚实过硬推动减税降费政策措施落地生根。1—12月，全市新增减免税费75亿元（不含残保金退库），其中：新增减税65亿元，新增减费10亿元；全市小微退库应退户数15114户，应退金额828.19万元；已退抵户数11134户，已退抵金额775.91万元，已退抵进度按户数、金额计算，分别为73.67%和93.69%，减税降费对冲经济下行压力和助推经济提质增效的政策导向作用逐步显现。税费的普遍降低给纳税人和缴费人带来真金白银的实惠，赢得经济增长的信心和发展动能的增强，激发市场活力。全年全系统坚决承担落实减税降费责任，开展大量的政策落实、宣传辅导、统计分析等工作：市县两级减税办公室实现实体化运作，对照117项工作任务压茬推进，建立健全联络沟通、快速反馈、扎口管理机制，推动形成“政府主导、部门协调、社会参与”的协同共治新格局。年内举办“县长税课”92次，实现全市“县长”全覆盖。通过集中面授培训、上门走访辅导、网络视频教学等多种形式，分层次、分类型开展宣传，举办系列宣讲会及宣传辅导1320场，参与者35万人次，确保纳税人对政策红利应知尽知、应享尽享。

【依法治税】 2019年，江门市税务局坚持运用法治思维和法治方式推动税收工作，优化税务执法方式，提升规范公正文明执法的能力和水平。建立“1＋1＋6”组织架构，推进规范化标准化一体化建设在江门落地，在抓紧抓牢建章立制的基础上参与省局16个共建项目，在省局第一批、第二批展示的54项“三化”建设成果中占比例30%，为全省“三化”建设贡献江门力量。坚持先行先试，在主题办税、后勤管理、政务服务等方面探索本地创新，取得丰硕成果。推行“三项制度”，实施行政执法最大化公示，完善留痕化管理，健全重大执法决定法制审核制度，该项工作在全省税务法制工作会议上作典型经验介绍。首创税收法制员制度，规范执法行为，健全法制审查制度，清理税收规范性文件53份，审结重大税务案件243件。依法开展行政复议和诉讼工作，办理行政复议案件5件，办理行政诉讼案件11件，全部胜诉。推进内控机制建设，加强对廉政违纪、重点领域和风险高发领域的动态风险防控，筛查疑点数据1.6万条，采取“数据筛选＋人工核查＋问题整改”的信息化督审方式，提高督审工作的精准度和效率。年内对23人次进行执法过错责任追究，倒逼责任落实，促进规范执法。组织专项风险核查，开展数据核查比对，全年市局推送疑点数据55批3292户次，全市完成风险应对任务3851户次，查补税款6.55亿元，增强税收法治的震慑力。强化增值税发票风险的日常管理，接收并办理异常扣税凭证转出4340份，涉及税款金额？6690万元。加大增值税发票专项整治力度，组织核查企业5290户次，发现问题企业105户次，涉及税款金额19.71万元。开展打击虚开发票骗税专项行动，严厉打击虚开发票团伙，查实虚开发票企业502户，认定虚开增值税发票1.57万份，价税合计13.81亿元，打击税收违法行为。落实“双随机一公开”机制，企业自查补税5339万元。加大对稽查遗留案件的清欠力度，深化综合治理和配合打击，推进深入开展扫黑除恶专项斗争。

【税费征管】 2019年，江门市税务局探索建立高效统一的税费征管体系，提升征管质效。完成城乡居民社保费和非税收入征管职责划转，推进金税三期并库，累计测试“金三”业务36.7万笔、特色软件8426笔，完成全市5.9万户纳税人管户对照数据确认，并库后各征期申报率高于全省平均水平。探索“属地＋分类分级”，对纳税人实施多维度、不同颗粒度的分类分级管理，采取差异化的管理策略，优化征管资源配置。推进信息系统建设，强化税收信息化支撑。优化完善房地产税收一体化管理平台，在省税务总局召开的研讨会上交流经验。探索建筑项目多税种联管新模式，规范异地建筑服务税收管理。紧抓企业所得税事前持续“优化服务”、事中实施“风险预警”和事后注重“规范管理”三大环节，探索全链闭环式管理，提升企业所得税管理服务质效，2019年企业所得税入库90.15亿元。加快推进纳税人建账建制，核定征收面由2018年的15.68%降低到2019年的0.64%，为历年最低水平。制定二手房交易、转让农村集体留用地、配建住房等税收政策指引，推进以地控税信息管理平台建设，加强房产税和土地税的两税管理。落实车辆购置税法，全年征收车辆购置税13.57亿元。推进出口退（免）税无纸化管理，实现从申报到退库全流程无纸化，全市无纸化申报比例92%。对于无疑点的退税申报，平均5个工作日办结，远低于国务院10个工作日办结的要求。为“一带一路”和粤港澳大湾区建设提供税收支持，做实非居民税收“预测、统计、分析”3个环节工作，运用税收协定，全市办理享受税收协定待遇220户次，减免企业所得税3.86亿元。建立完善“走出去”企业管理清册，强化境外税收风险管理，助推提升税收征管效能。

【纳税服务】 2019年，江门市税务局以积极的探索创新深化“放管服”改革，让办税缴费流程更简、时间更短、体验更好、满意度更高。首创主题办税，纳税人办税体验提升，实现办税资料压减20%，导税时间提速30%，办税时间节省20%。升级改造办税设备，打造智能化、标准化办税场所，推进纳税服务综合管理系统“双一百”工程，全市办税厅硬件设备和系统功能实现“双达标”，平均办税时间降至14.8分钟，平均服务时间降至7分钟，纳税人满意率高达99.9%。创新推出“粤港澳大湾区税务通”，使港澳同胞离岸办税成为现实。该项目参加广东省市直属机关第七届“先锋杯”工作技能大赛获第十名好成绩，入选全省优秀作品展示会。打造不动产登记、个人房屋租赁“线上＋自助”办税新模式，将办理时长、跑动次数、提交资料减至最低。落实新办纳税人“套餐式”服务，推进开办企业“多证合一”“证照联办”全链条“一窗通”，5大类128项办税事项实现“一次不用跑”。优化税务注销即办服务，纳税人办理注销大幅提速。扩大取消增值税发票认证范围，上线推广代开电子发票业务，为线上申领的纳税人免费配送空白发票，年内配送发票1.8万件。联合金融机构推出“税易贷”“税融通”等13个金融服务产品，为2232户企业发放贷款43亿元。推出全省首个“退役军人贷”，助力退役军人就业创业。全面推广“税险同窗”，实现38项社保、税费业务“一窗交件、后台流转、综合办结”。探索大企业分类分级管理服务模式，开展税企高层次见面会53场，走访企业698户，为企业解决疑点难点问题300个，以优质、高效、贴心的服务助力优化营商环境。

江门市税务部门以“落实税收政策+精准税收服务”为双引擎，助推港澳青年扎根粤港澳大湾区“双创”热土　　（市税务局　供）

【队伍建设】 2019年，江门市税务局以打造适应新时代税收现代化建设需要的坚强领导集体和过硬干部队伍为目标，坚持党管干部原则和好干部标准，把握正确的用人导向，开展班子调研分析，增强各级班子的凝聚力、向心力和战斗力。开展谈心谈话，规范借调人员管理，制定医疗保障措施，实施孕产和哺乳期女职工临时调整工作单位等“关爱工程”，提升离退休老干部服务精准化水平，营造人心顺、队伍稳的氛围。做好干部选任，年内推荐选拔了3名处级非领导干部，组织选任7名科级非领导干部，优化队伍结构。开展人员编制核定，推进公务员职务与职级并行，全市职务职级套转2101人，晋升35人。推动干部交流任职，选派3名科级干部挂职“驻村第一书记”。制定干部教育培训工作意见，分级分类做好各项培训工作。面向全系统选拔46名兼职教师，抓好“岗位大练兵、业务大比武”，为税务事业发展提供人才保证和智力支持。做好绩效管理和数字人事工作，创新建立联动考核机制，完善考核考评体系，制订绩效执行计划，推动绩效指标高质量落实。践行中国税务精神，工会、青年、妇女、共青团等群团组织举办厨艺比赛、演讲比赛、改革成果分享会等精彩纷呈的活动，拉近干部职工心与心的距离，促进税务队伍的“四合”。

（梁健玲）

2019年江门市税费收入情况表

表16　　单位：万元

项目	2019年
税费合计	7551324
一、税收收入合计	5020185
(一)税务部门组织税收收入	4788728
国内增值税	2275482
国内消费税	70481
企业所得税	901502
个人所得税	229173
资源税	13285
城镇土地使用税	150135
城市维护建设税	150494
印花税	38267
土地增值税	433202
房产税	136217
车船税	24692
车辆购置税	135672
契税	185239
耕地占用税	38445
环境保护税	3359
其他税收（营业税）	3083
（二）海关代征进口税收	231456
二、社会保险费收入	2085729
三、其他费金收入	445410
四、出口退（免）税	1490583

说明：其他费金收入包括：教育费附加、文化事业建设费、税务部门罚没收入、残疾人就业保障金、地方教育附加、工会经费、职业年金、政府性基金收入

·责任编辑　叶丽妍·

经济监督管理

发展与改革

【概况】 2019年，江门市认真落实省委“1+1+9”工作部署和市委“1+1+5”工作举措，抢抓建设粤港澳大湾区和支持深圳建设中国特色社会主义先行示范区的“双区驱动”机遇，着力推进稳增长、促改革、调结构、惠民生、防风险、保稳定各项工作，推动经济平稳健康发展，社会事业全面进步。具体表现在：“六稳”工作成效明显，全市经济保持平稳运行，全市GDP突破3000亿元；粤港澳大湾区建设开局良好，区域协调发展机制得到完善，“交通大会战”完成交通投资193亿元，高新区在国家级高新区综合排名提升至57位，全市各级财政投入民生事业292.57亿元，增长12.9%。

【固定资产投资】 2019年，江门市投资保持平稳增长，完成固定资产投资1857.98亿元，比上年增长8.3%。国有投资完成360.85亿元，比上年增长14.2%；港澳台及外商投资完成227.84亿元，增长1.8%；民间投资完成1133.27亿元，增长6.2%，民间投资占整个全社会固定资产投资的61.0%。第一产业投资完成9.89亿元，比上年增长19.2%。第二产业投资完成664.30亿元，比上年下降5.0%，其中制造业完成544.26亿元，下降3.6%。其中，工业技改投资完成275.08亿元，比上年增长16.2%，装备制造业244.71亿元，比上年下降1.9%。第三产业投资完成1183.79亿元，比上年增长17.4%。基础设施完成投资459.94亿元，比上年增长9.5%。其中，城市建设投资增长较快，完成投资172.98亿元，比上年增长27.1%。全市房地产开发投资717.45亿元，比上年增长24.8%，基本与2018年持平。商品房施工面积4163.58万平方米，比上年增长13.8%。商品房竣工面积535.19万平方米，比上年增长14.8%。商品房销售面积666.92万平方米，比上年下降2.6%，商品房销售额514.57亿元，比上年下降10.6%。各市（区）投资基本保持平稳增长。蓬江区完成投资272.62亿元，比上年增长4.1%。江海区完成投资170.62亿元，增长15.2%；新会区完成投资428.89亿元，增长12.1%；台山市完成投资307.68亿元，增长12.6%；鹤山市完成投资234.80亿元，增长13.0%；恩平市完成投资157.53亿元，增长11.5%；开平市完成投资271.27亿元，下降7.4%。

【经济体制改革】 *高质量发展改革* 2019年，江门市出台《江门市2019年推动落后产能退出行动计划》和2019年《现代产业体系工作任务清单》，坚决淘汰落后产能，加快产业转型升级。全年全市先进制造业、装备制造业、高技术产业占规上工业增加值分别达到39.63%、31.39%、11.04%，比2018年度分别高0.54个、1.39个、1.78个百分点；完成工业技术改造投资275.08亿元，增长16.2%，总量排全省第6位；创新驱动步伐加快，国家高新区排名提升至57位，全市高企存量达1582家。

营商环境改革 2019年，江门市主动对标先进，打造一流营商环境。全市开办企业实现一天办结，全省首推商事登记“微信+智能化审批”，开办企业便利度走在全省前列。其中，“开办企业一天办结”被推荐入选《我省形成在全省复制推广借鉴的优化营商环境改革举措清单》。投资项目承诺制改革经验在全省推广，365个项目试点承诺制改革，前期工作平均提速1—2个月。出台工程建设项目审批制度改革实施方案。

减税降费政策 2019年，江门市出台《江门市落实减税降费政策工作方案》。全年全市新增减税降费75亿元（不含残保金退库、用电成本及其他收费等）。其中，新增减税65亿元。江门市全年在减免行事收费，降低用地、用工、用电、用气成本等方面累计为全市企业减负超过100亿元。从减税效应来看，制造业改革成效显著，受益最大。全市制造业增值税一般纳税人减税面高达99.31%。制造业下属的31个行业大类均实现减税，减税金额达20亿元。生产、生活性服务业受益于加计抵减政策等三项配套措施，均实现税负只减不增，其中：现代服务业和生活服务业分别实现减税2163万元和1893万元，减税面分别为89.1%和84.97%。

粤港澳大湾区建设 2019年，江门市出台推进粤港澳大湾区建设实施方案、三年行动计划和年度工作要点，印发《关于打造珠江西岸新增长极和沿海经济带上的江海门户的决定》。珠西综合交通枢纽江门站将于明年建成使用，高恩高速建成通车。推动与港澳在民生领域的深度合作，创新推出港澳智能税务通和商事登记跨境“离岸受理”服务。对接广深港澳科技创新走廊和国际科创中心建设，建成11个院士工作站，加快推进“江门中微子实验站”建设。粤港澳大湾区特色合作平台加快建设，珠海—江门高端产业集聚发展区纳入省实施意见，华侨华人文化交流合作重要平台建设方案得到国家部委支持。特色金融合作先行先试，与澳门签订金融合作协议，高新区金融中心建成并投入使用，省地方金融监管局安排300万元财政资金支持江门跨境金融平台建设，江澳金融合作业务量首次突破千亿元人民币。

重点项目改革 2019年，江门市工程建设项目审批制度改革实现新突破。出台《江门市工程建设项目审批制度改革实施方案》，将政府投资项目和社会投资项目审批时间分别控制在90个、55个工作日内，比省政府改革要求分别压缩10个和5个工作日。出台《江门市关于加强港澳青年创新创业基地建设实施方案》。设立创业担保贷款基金和贴息支出，为符合条件创业者和小微企业提供担保贷款和

贴息。创新打造“乐业五邑”就业创业工作品牌。珠西先进产业优秀人才创业创新园投入使用。出台《江门市财政管理体制调整方案》，推动增量改革、激励发展、促进均衡，有效增强江门市发展的平衡性和协调性，增强支持东西部区域的协调发展能力。加快建立主要由市场决定技术创新项目和经费分配、评价成果的机制。调整财政科技资金投入方向，实现“科技资源由政府主导向市场配置转变；投入方向由项目资助向平台建设转变；投入方式由事前资助向事后补贴转变”。全年落实扶持科技发展资金1.53亿元。

【计划管理】 2019年，江门市根据国家和省的部署，与省同步开展市“十四五”前期研究工作，筛选并提出一批重大课题清单，启动编制全市“十四五”规划编制工作方案，提出纳入国家和省“十四五”规划基本思路的重大事项。制定《东部城市带发展战略规划》《西部发展区发展战略规划》《加快构建“三区并进”区域发展新格局实施方案》，编制《综合交通一体化规划》《城市轨道交通线网规划》，加大区域协调发展的力度。制定《江门市推进革命老区振兴发展的实施意见》，提出加快革命老区发展政策。

（江门市发展改革局）

国有资产监督管理

【概况】 2019年，江门市国资委坚持以习近平新时代中国特色社会主义思想为指导，全面贯彻党的十九大和十九届二中、三中全、四中会精神，增强“四个意识”，坚定“四个自信”，做到“两个维护”，在市委、市政府领导下，融入粤港澳大湾区建设，加快国资职能和监管方式转变，确保国有资产保值增值，取得较好成效，为全市经济社会发展做出贡献。

【国有企业经营】 截至2019年年底，江门市属企业资产总额为344.83亿元，同比增长1.37%；负债总额为153.22亿元，同比下降2.49%；净资产为191.61亿元，同比增长4.68%；营业收入32.54亿元，同比增长14.65%；实现净利润3.6亿元，同比增长143.34%。其中，市滨江建设投资有限公司合并营业收入27.32亿元，同比增长14.95%。实现合并净利润3.43亿元，同比增长101.23%；市交通建设投资集团有限公司实现收入23.17亿元，同比上升6.92%。实现净利润2.33亿元，同比上升55.81%；市企业资产经营有限公司全年实现主营业务收入40683万元，同比下降11.14%。净利润1295万元，同比下降28.34%；金羚集团公司及控股企业实现销售收入1.15亿元，同比下降9.6%。净利润0.04亿元，同比增长187.6%。市属企业国有资本经营预算全年完成总收入15791万元，为年度预算的100.71%，完成总支出15791万元，为年度预算的100.71%。

【盘活存量资产】 2019年，江门市国资委为盘活市属国有企业闲置资产，确保国有资产保值增值，召开市属国企加快盘活闲置资产工作座谈会，对如何做好盘活闲置资产工作进行交流和探讨。市属国有企业高度重视，主要领导亲自抓，成立工作领导小组，盘活闲置资产工作力度，根据闲置资产的具体情况，认真分析研究，制订工作计划，尽快将闲置的资产盘活，提高资产质量和效益。是年，市属国有企业盘活闲置资产约9500平方米。

【“僵尸企业”出清重组】 2019年，江门市各级政府、部门和企业根据省国资委的工作部署，增强国有“僵尸企业”出清工作的紧迫感，调整工作思路，探索工作新模式，推进“僵尸企业”出清工作。全市国有“僵尸企业”705户，通过努力，已完成出清94户，其中台山市完成35户、市企业资产公司33户、蓬江区13户、市交建集团7户、开平市3户、新会区1户、江海区1户、恩平市1户、鹤山市0户。

（饶帅雄）

【江门市交通建设投资集团有限公司】 江门市交通建设投资集团有限公司是江门市属国有独资的总资产超百亿元的国有资产运营实体，其经营四大业务板块：交通工程建设、交通运输、资产管理和土地开发和金融（股权）投资业务。该公司前身为原江门市建设集团有限公司，于2017年12月28日挂牌成立，是江门市委、市政府依照优化布局、稳妥、市场化运作和有效监管等原则组建的两大平台中的交通建设投资平台，承担江门市铁路、轨道交通、高速公路、桥梁、码头、道路运输、市内公共交通等交通设施及配套项目的投资、融资、建设和运营的重任。2019年实现收入162424万元，实现净利润11963万元，比去年同期6400万元增加5563万元，增幅86.93%。完成考核任务8329万元的143.63%。

（关子秋）

【江门市企业资产经营有限公司】 2019年，江门市企业资产经营有限公司被纳入国有资产系统考核的10户企业，合计实现主营业务收入4085万元，实现净利润720万元，实现资产盘活收入5066万元，向地方财政上缴资产收益418.7万元。

国有企业经营 2019年，江门市广悦电化有限公司投入160万元进行优化生产系统，提高装置运行效率，解决生产系统瓶颈问题，全年实现工业总产值35562万元，营业收入37359万元，利润1875万元，主要产品烧碱产量82257吨（100%）。是年，江门市东林物业管理有限公司坚持提高物业服务的市场占有率，在保留原有江门市质量技术监督局、江门市融顺交通投资管理有限公司、江门市审计局等7个服务点的基础上，通过参与省、市政府采购网和市公共资源交易网的竞投，新增江门市蓬江区机关事务服务中心、江门市市区公路局、江门市气象局、江门市市场监督局等8个服务项目，全年实现营业收入673万元，比上年增长27%，实现利润47万元，比上年增长8%；是年，江门市物资股份有限公司设立机动车登记服务站，以一站式的服务，简化车辆报废业务的办事流程和缩短办理时间，全年回收拆解报废机动车36428辆（汽车5539辆、摩托车30889辆），实现营业收入664万元，比2018年增长6%，实现利润12万元，比上年增长26%。

电子口岸建设 2019年，江门市电子口岸管理有限公司坚持落实国务院有关优化口岸营商环境和促进跨境贸易便利化的决策部署，继续打造具有江门特色的电子口岸平台。抓好国际贸易“单一窗口”14个应用功能66个子系统投入使用，服务范围覆盖江门市所有口岸以及特殊监管区域、进出口外贸企业。优化江门本地电子口岸平台应用系统，将物流服务平台升级建成2.0版本，于3月18日上线运行。与第三方合作研发快件数据可视化系统和跨境快件身份验证平台，其中跨境快件身份验证平台已在江门市3个分拣中心投入使用。

盘活存量资产 2019年，江门市企业资产经营有限公司根据城市发展规划，清理处置低效企业用地，将江门市化肥总厂地块、江门市粤江机电公司兆生围地块、江门市建侨实业总公司高新开发区2号地块、江门市化工原料公司滘北白庙坑地块等交由江门市土地储备中心收储。改善招租环境条件，推动资产盘活经营，江门百货集团股份有限公司实现物业租金收入415万元，比上年增幅2%。江门市煤建实业发展有限公司实现物业租金收入240万元，同比增长6%。

产业改革整合 2019年，江门市企业资产经营有限公司坚持现代企业制度改革，对没有生存能力和发展潜力的企业实行出清，向江门市中级人民法院提交130户“僵尸企业”破产清算申请，获法院对其中47户企业出具民事裁定书。促进结构整合优化，增强核心竞争力，将江门市电力发展公司幼儿园委托江门市财贸幼儿园经营管理，将江门市化肥总厂有限公司及其子公司江门扬氏多层电路板有限公司归口江门市建业投资经营有限公司管理。针对二手车交易市场竞争激烈、业务效益下降的环境，对新会区天元二手车交易中心有限公司实施结业清算。

（林立武）

自然资源管理

【土地供应保障】 2019年，江门市承接省下放的土地审批权限，加大用地报批力度，适应省的指标管理改革要求，争取重大产业项目奖励、民生设施保障等专项指标。提前完成省要求的报批进度，达到竞争省开放调整建设用地指标的条件，争取到指标192.3公顷（其中农用地指标168.9公顷），约占珠三角9市可使用指标数量60.50%（其中农用地指标约占79.82%）。省下达江门市的年度新增建设用地指标约260公顷，截至年底，已使用259.3公顷，使用率为99.81%，保障珠西新材料集聚区、江门大道三江至南门大桥、滨海新区银垦大道、江门北站综合货运枢纽一期、鹤山富华重工、台山市金桥轻合金科技、鹤山华侨城、粤澳江门产业园区示范区等重点项目和园区，以及培英中学、旗杆石垃圾场、餐厨垃圾等民生基础设施项目的用地需求。

【耕地保护】 2019年，江门市落实耕地保护责任，在全省耕地保护考核中获二等奖。省下达任务保障耕地保有量不少于167633.33公顷，基本农田面积不少142633.33公顷，全市实际耕地面积210219.07公顷，实际基本农田面积143506.66公顷，均高于广东省考核要求。垦造水田总任务1061.27公顷，完成水田指标承诺兑现，工作进度位居全省前列；超额完成省下达江门市拆旧复垦60公顷任务，截至2019年年底，全市完成拆旧复垦项目24个，总面积为90.93公顷。

【不动产登记】 江门市不动产登记“五办”服务（不动产交易登记一窗办、抵押登记银行一站办、不动产登记信息查询自助办、互联网指尖办、历史问题重点办）等工作受到省厅通报表扬，被推荐为全省先进典型。全市实现一般登记4个工作日内、抵押登记2个工作日内办结，提前2年完成国家下达的压缩不动产登记办理时间任务。全市实现不动产交易缴税登记一窗办理，申办材料由31份材料简化为2份甚至“零收取”，办证时间由原来的15个工作日提速到24小时，受惠群众已超10万多人次。全市开通不动产登记电子证照用证服务，通过数据共享和调用技术，市民可通过“粤省事”小程序实时查询不动产登记电子证照资料，每月有2万多人次的群众受益。实现贷款抵押登记银行一站办理，与14家银行合作设立103个便民服务窗口，办证时间由原来7个工作日提速至1至2个工作日办结。全省首创24小时自助申请办理一手房转移登记。实现商品房转移登记等业务1个工作日内办结、抵押登记3个工作日内办结、其他登记5个工作日内办结。设置不动产登记信息600多个自助查询点，延伸到各镇（街）、村、社区，实现全市通查、异地查询。市区实行继承公证免税一体化办理服务。通过政府采购方式，对市民办理不动产继承、遗赠公证实行免费服务；同时一窗办理继承（遗赠）公证、不动产登记及免税业务，既减轻市民经济复返，又方便市民“跑一次、只交一次材料、一次搞掂”。制定《江门市区不动产登记历史遗留问题处理意见（试行）》，解决因历史遗留问题导致的办证难题。

【矿产资源管理】 2019年，江门市落实矿山企业开发利用信息公示并开展抽查检查，是年，山企业58个，1个矿山列入异常名录；实施矿山储量动态管理，按月度或季度委托第三方开展矿山开采储量核实；加强对矿山开发利用情况的监督管理，建立矿山矿区范围监测预警体系对25个重点矿山进行监测，全市非煤矿山开发利用总体情况有序平稳。是年，江门市建成省级绿色矿山5个，并获得省级绿色矿山建设奖励基金。获得“省级绿色矿山”称号矿山企业分别是江门市蓬江区华宇石业有限公司良溪石场、江门市新会区恒泰石业有限公司、台山市耀成石料有限公司、恩平市朗春矿业有限公司（那吉镇岭仔凸建筑用花岗岩矿）和鹤山市绿环金属科技有限公司。

【地质灾害防治】 2019年，江门市加强地质灾害防治工作，落实汛期应急值守制度、市三防办的联合值守制度，严格按照预警启动响应等级。落实地质灾害隐患点汛前排查、汛中巡查、汛后复查的地质灾害工作制度，重点巡查排查在册隐患点及学校、村庄、医院等人员密集场所。开展地质灾害气象预警预报。是年，发布市级地质灾害气象风险2级预警1次、3级预警31次、4级预警5次，发布预警短信6890多条。全市共出动地质灾害巡查约5044人次，巡查在册地质灾害隐患点70处（不含核销的2处），在册隐患点没出现异常情况，全市没有发生造成人员伤亡报告的地质灾害。强化地质灾害隐患点综合治理。全年投入地质灾害治理资金超过3500万元，完成地质灾害隐患点治理任务12处，超额完成年度地质灾害隐患点治理任务。利用世界地球日、世界土地日、世界测绘日开展地质灾害防治知识宣传与培训。是年，在台山市川岛镇举办一期全市自然资源系统地质灾害防治知识培训班，邀请广东省地质环境监测总站副站长前来授课，全市自然资源主管部门地质灾害防治工作人员及市地质灾害防治专家共60人参加培训。

【测绘管理】 2019年，江门市完成“江门市基础测绘框架项目”，该项目作为“华南沿海复杂地理环境下现代测绘基准构建关键技术与应用示范”典型示范，经中国工程院著名大地测量专家刘经南院士等7名专家组成的评价组对该项目的技术创新进行专业论证，项目成果处于国内先进水平，部分研究成果达到国内领先水平。完成国土资源历史存量数据2000国家大地坐标转换与基础测绘数据整理项目工作。完成《江门市基础测绘“十三五”规划》中期评估。完成地图审核审批4宗（含委托审批）。开展对全市全覆盖地图监管巡查，检查辖区内26家测绘资质单位、各政府部门门户网站、各类地图市场、书店、纪念馆、展览馆等多家对外提供或展示的地图。检查各类地图200多种，对检查中发现出现的“问题地图”已采取措施发送《整改通知》下架或扣押没收处理。对全市范围内测绘基准框架建设项目182个控制点设立标志牌标记。8月29日在荣基广场开展以“规范使用地图，一点都不能错”为主题的测绘法宣传活动。受理测绘资质行政许可变更申请4宗，测绘资质申请1宗，全部审批许可通过，并在门户网站公布公开。按照“双随机一公开”监管和行政执法有关要求，对江门市22家的丙、丁级测绘资质单位开展测绘质量监督检查，检查结果全部合格。

【土地执法监察】 2019年，江门市结合卫片执法工作，查处整治违法用地。制定工作方案，建立违法用地整改清单，现场抓好督导，逐宗落实整改措施。至2019年年底卫片执法全市立案查处违法用地1421宗，拆除违法用地地上建筑物面积43万平方米，复耕复绿184公顷，收缴罚没款952万元，完善用地手续379公顷。建议党纪政纪处分9人，落实3人，移送追究刑事责任2人。

市场监督管理

【概况】 2019年1月9日，江门市市场监督管理局挂牌成立。全市市场监管系统秉承“开局就奔跑、起步就争先”的理念，以商事制度改革为主线深化“放管服”改革，激发市场发展活力，加大市场监管力度，防范应对市场风险挑战，落实质量强市战略战略，加快培育国家知识产权示范城市步伐，推动经济高质量发展。江门市局被评为全国“七五”普法中期先进集体。“多证合一”“证照分离”改革入围全国法治政府建设单项示范创建项目单项32强（全省2个项目入选），并进京接受最终评审；“微信+智能审批”、开办企业1天办结等改革经验被全省复制推广；在2019年全国食品安全法治大会上介绍分享食品药品行政许可“申请人承诺制”改革经验。市委书记林应武、市长刘毅等市领导先后7次对全市市场监管工作给予批示表扬。江门市局在2019年全市绩效考核中获“优秀”等次。台山市局川岛所获评“全国市场监管系统优秀市场监管所”。

【企业和个体工商登记注册】 截至2019年底，江门市发放“多证合一”营业执照47.8万个。全年全市新发展市场主体63996户，同比增长8.52%；注册资本551.9亿元，同比下降16.7%；新发展各类企业14067户，同比增长0.33%，其中，外资企业323户，同比增长-43.43%；内资企业924户，同比增长-9.23%；私营企业12692户，同比增长2.94%；个体户76378户，同比增长-57.32%；农民专业合作社128户，同比增长2.43%。截至12月底，江门市各类市场经营主体期末实有户数52.8万户，同比增长11.16%。其中，外资企业5706户，同比增长3.56%；内资企业10243户，同比增长-0.02%；

私营企业71507户，同比增长7.86%；农民专业合作社1687户，同比增长-0.04%；个体户438928户，同比增长12.16%。

【商品交易市场监管】 2019年，江门市市场监督管理局开展商品交易市场扫黑除恶专项斗争工作，结合市场创文工作，对全市商品交易市场开展地毯式线索摸排，并建立摸排记录和台账。全市市场监管系统共出动执法人员153210人次，摸排市场数量3560个次，暂未发现市场涉黑涉恶涉乱线索。强化农资市场监管加大对农资违法经营行为监管力度，全市系统出动执法人员826人次，检查农资经营户3261家，未有立案查处农资违法案件。配合做好市场疫情防控工作，重点防控非洲猪瘟等动物疫病，对辖区相关生猪产品经营户、冻库经营企业、肉制品生产企业等完成100%全覆盖检查，对餐饮单位100%下发餐厨垃圾处置告知书，督促相关单位落实进货查验制度和疫病防控主体责任。

【合同管理】 2019年，江门市市场监督管理局组织全市各级市场监管部门针对经营者利用旅游类合同、房地产类合同、汽车销售合同中的典型不公平格式条款，免除自身责任、加重消费者责任、排除消费者权利的违法违规行为，开展集中规范整治。做好2018年度“守合同重信用”收尾工作。向社会公示江门市2018年度“守合同重信用”企业1215家，其中新发布公示企业295家，连续公示10年以上企业239家。

【广告管理】 2019年，江门市市场监督管理局加强广告导向监管，严查借“国庆70周年”进行商业炒作。强化广告监测，在监测当地传统媒介的基础上，将江门橙子网、开平妈妈网2个互联网纳入监测范围，全年监测各类广告9543条，共293355条次。深化整治虚假违法广告，开展“百日行动”广告监管、房地产领域社会矛盾专项治理、涉嫌非法集资广告排查、教育培训类广告整治等专项整治，全年查处广告案件244宗。是年，江门市整治虚假违法广告联席会议办公室召集各成员单位召开3次季度会议及1次年度会议，会议通报该年各成员单位整治违法广告工作情况，就如何开展加强广告监管进行讨论和研究，发挥江门市整治虚假违法广告联席会议协调联动、协同共治的作用。截至是年底，江门市有广告经营单位1561户，同比增加414户，增长16.85%；广告从业人员4172人，同比增加225人，增长5.70%；广告经营额72509.09万元，同比减少4015.08万元，下降5.54%。

【企业信用信息监管】 2019年，江门市市场监督管理局作为国家市场监管总局自主年报试点地区，加大宣传力度，做到宣传手段和宣传主体“两个全覆盖”。江门市企业2018年度年报率为86.85%，个体工商户年报率为82.31%，农民专业合作社年报率为93.68%；是年，全市共207个部门推送、归集的涉企信息302908条。严格落实经营异常名录及严重违法失信企业名单管理制度，通过公示系统对外公示，同时引导违法主体修复信用；是年，全市公共38142户次企业被列入经营异常名录，5466户次企业改正违法行为后申请移出异常名录，4490户企业被列入严重违法失信企业名单。

【“双随机一公开”监管】 截至2019年年底，江门市市县两级160个部门通用江门市“双随机、一公开”抽查系统。江门市“双随机、一公开”抽查系统与“国家企业信用信息公示系统”、省“双随机、一公开”抽查系统实现对接，构建起“五统一、一促进”（统一系统平台、统一管理制度、统一抽查标准、统一结果运用、统一督查考核，促进“最多查一次”）的双随机监管新体系。建立“双随机、一公开”8项基本抽查制度，即系统应用实施暂行细则、抽查实施办法、跨部门联合抽查实施细则、联席会议、全领域各部门抽查监管工作指引、抽查监管事项清单、执法文书规范、行政检查案卷规范，以及4项工作推进制度，即监管执法监督制度、专项督查方案、监管事项清单及年度抽查计划审查制度、治理“为官不为”问责制度，压实部门责任，规范执法行为，提升监管执行力，尤其是为确保“双随机一公开”监管合法合规、公平正义、创新建立“抽查监管事项清单及年度抽查计划审查制度”，通过引入司法机关合法性审查、政府统一审定公示，促进抽查事项、监管对象类型全覆盖，推动实现“尽职照单免责、失职照单追责”“双随机、一公开”、跨部门联合抽查成为常态。

【价格监督管理】 2019年，江门市市场监督管理局全面落实公平竞争审查制度，印发《江门市公平竞争审查制度实施办法（暂行）》，调整公平竞争审查联席会议成员单位，召开全市公平竞争审查工作会议，推动引入公平竞争审查第三方评估，提高审查质量。重点强化春运、殡葬服务、机动车停放服务、生猪屠宰等市场价格监管力度，严防和打击不正当价格违法行为，维护市场价格秩序稳定。组织开展涉企收费、电力价格、进出口环节收费、医疗服务价格等专项整治工作，清退不合理电价收费近260万元，有效优化市场价格营商环境；依法查处行政事业性、医疗服务等价格违法案件4宗，实施经济制裁金额65.1654万元，推动价格行为规范。

【市场监管执法】 2019年，江门市市场监管系统以机构改革为契机，立足市场监管职能，准确定位、依法行政，持续加大市场监管执法力度，狠抓“专项行动”及监督抽验，严厉打击食品安全、“两品一械”（药品、化妆品、医疗器械）、广告、特种设备、侵犯商标专利知识产权、制假售假、计量、走私等各类违法违规行为，维护市场经营秩序，优化市场营商环境。全市系统共查处各类案件2150宗，案值652.14万元，罚没金额1777.22万元。

【消费者权益保护】 2019年，江门市市场监督管理局，制定并下发《江门市市场监督管理局关于开展放心消费环境创建工作方案》，在全市开展放心消费创建活动，明确各市、区单位创建活动的具体任务和要求，细化创建活动的具体内容，明确系统各业务口所承担的具体任务。全市系统各单位、各业务科室通过切合日常工作的开展，从群众用得放心、吃得安心、买得舒心三个民生重点着力，亮化“外卖放心签、线上净网线下清源、网络市场监管专线行动”等重点工作成效，为创放心消费创建活动筑基提升；江门市市场监督管理局依托江门日报社等主流媒体平台，借助新闻专题报道、网络平台直播、户外广告发布等多种形式宣传江门市放心消费创建活动。在《江门日报》以专题形式对创建活动进行具体报道10次；在江门日报官方微信公众号和直播江门App发布创建动态信息7条；在户外阅报栏灯箱投放宣传口号40个；制作并推广放心消费知识竞答系统、放心消费示范点投票系统，让广大群众通过手机App参与到放心消费创建活动其中。通过一系列的创建活动，提升全社会对创建活动的关注度、参与度及美誉度；为检验江门市放心消费创建活动的成效，8至10月份，江门市市场监督管理局通过招投标方式，聘请第三方评估机构对江门市消费环境进行评估。评估结果显示，江门市2019年消费环境总得分75.87分，比上年75.44分有所提高。消费者整体满意度有所提升，消费基础环境设施建设有所提升，消费品质量与安全整体大幅提升，企业品牌与诚信建设平稳发展。

【产品质量监督】 2019年，江门市开展产品质量监督抽查，制定印发《2019年江门市重点产品质量监管目录和监督抽查计划》，强化产品质量安全监管，全年对钢铁、水泥、水暖卫浴、机动车、车用燃油、人造板、电线电缆、灯具、危险化学品等116种产品开展质量监督抽查1223批次。开展不合格产品后处理工作，督促做好自查下架、召回整改等工作，对严重不合格的立案调查处理；开展各类重点产品专项整治工作。组织开展电线电缆、防爆电气、砂轮、危险化学品及其包装物、容器等5类重点工业产品质量安全专项整治。开展儿童和学生用品安全守护行动，重点检查儿童玩具、学生文具、校服、校园跑道用塑胶颗粒、胶水等产品。开展流通领域来源不明产品专项清查行动，重点检查儿童用品、延长线插座、小家电、灯具、电动自行车等与群众生活密切相关产品；落实江门市产品质量安全提升工作，解决产品质量安全问题。是年，印发《开展产品质量安全“问诊治病”活动工作方案》，成立“产品诊所”，开展产品质量安全问题“清零”工作。举办全市不合格产品企业约谈培训会、产品质量安全“义诊”活动，向不合格企业通报近年江门市产品质量监督抽查情况，宣贯有关标准及法律法规，提高企业质量意识；江门市市场监督管理局开展陶瓷片密封水嘴阀芯润滑脂析出挥发性有机物风险监测和休闲鞋、恒温水嘴产品质量比对研究提升工程，并通过验收。

【无证无照经营查处取缔】 2019年，江门市市场监督管理局贯彻落实《无证无照经营查处办法》和《广东省市场监管条例》，坚持“谁审批谁监管，谁主管谁监管”原则，采取“重点突出、分类监管、协同监管、信息化监管”的管理模式，加大整治力度，维护健康良好的市场经济秩序。是年，全市出动执法人员21.3万人次，执法车辆5.6万车次，检查市场主体20.4万户次，查处取缔无证无照经营户1176户次。全市各部门共引导办证办照1.12万户（其中市场监督管理部门引导办照5538户；其他职能部门引导办证5662户）。

【传销打击直销规范】 2019年，江门市市场监督管理局牵头全市联合整治“保健”市场乱象百日行动，组织开展打击网络传销专项整治，妥善处置“无限极”网络舆情事件，查办案件148件，案值126.5万元，恩平某茶行涉嫌营销黑茶传销案入选全省“百日行动”典型案例。强化直销企业监管，指导直销企业无限极公司开发建立“智慧监管平台”，第一期实现上线运行。举办该年度“打击传销规范直销”大型宣传活动，报备和检查直销企业会议（培训）活动176场，规范直销企业市场秩序。

【江门市消费者权益保护委员会】 江门市消费者权益保护委员会（江门市“12315”投诉举报中心），是江门市市场监督管理局下属正科级、公益一类事业单位。2019年，江门市各级消委会共受理消费者投诉1092件，调解969件，为消费者挽回经济损失近491万元。全市“12315”投诉举报中心受理投诉举报8102件，办理咨询、建议6193件，为消费者挽回经济损失1770.71万元。该会被中国消费者协会评为2018—2019年度全国消协组织消费维权先进集体，梁荣杰同志被中国消费者协会评为2018—2019年度全国消协组织消费维权先进个人。举办以“信用让消费更放心”为主题的2019年江门市“3·15”国际消费者权益日现场宣传咨询活动，接受市民咨询3486人次，发放宣传资料7609份，受理群众投诉10件；走进校园、工厂、实验室开展4场消费维权宣传教育活动和消费知识讲座；加强与粤港澳大湾区消费者组织的合作。与香港消委会签署消费维权合作协议，建立合作机制。与珠海、中山、澳门、横琴消委会签订跨域视频调解合作协议，上线

“跨域视频调解平台”，建立以“跨域视频调解平台”为支撑，以签订框架协议为合作基础的跨境跨区域消费维权合作机制；召开“江门市住宅小区物业管理服务质量调查报告”新闻发布会，发布电线电缆和移动插座两类商品的比较试验结果报告。

【小微“双创”】 2019年，江门市市场监督管理局为推动江门市产业结构升级，提升广大个体工商户市场竞争力，推进个体工商户转型升级工作，超额完成2019年“个转企”1000户的目标任务，完成“个转企”1106户，完成比达110.6%；指导273家“个转企”企业申请奖补资金，发放奖补金额共273万元。

【“小个专”党建】 2019年，江门市市场监督管理局坚持履行指导“小个专”党建工作职责不放松，把开展“小个专”党建工作与日常业务工作同部署、抓落实。召开全市市场监管系统“小个专”党建工作推进会议，及时传达、学习贯彻省“双同步”工作会议和文件精神，对“小个专”党建工作进行专题培训。配合组织部门对非公党建情况进行摸查。江门市非公有经济控制的企业法人单位建立的党基层组织情况如下：私营独资12324个、港澳台商独资200个、外商独资63个。

【网络交易监管】 2019年，江门市市场监督管理局坚持“依法管网、以网管网、信用管网、协同管网”思路，结合市场监管职能转变整合的契机，完善网络经济户口建档和研判，对从事网络商品经营和网络服务经营主体的情况进行摸底、调查，做到底数清、情况明，截至2019年年底，全市入库管理网络经济户口11003户，入库网站（店）15232户，红盾电子标识发放530个。对网络经营主体进行定向监测，监测其是否利用网络销售假冒伪劣商品、违禁商品，是否利用网站进行扩大经营范围、虚报注册资本、虚假宣传等违法行为，重点对网络交易市场经营中的假冒公司名义、无照经营、发布违法广告、虚假宣传、侵犯注册商标专用权等违法行为查处力度。2019年全市在线检查网站（店）9981个次，共查处网络交易类案件93件，案值16.78万元，罚没款54.72万元，其中主要涉及虚假宣传、虚假广告、消费欺诈等类型案件。

【反不正当竞争执法】 2019年，江门市市场监督管理局组织落实防范和制止借“不忘初心、牢记使命”主题教育搞不当营商活动暨开展重点领域反不正当竞争执法行动，着重加强对网络交易、“保健”市场、农村市场、医药、教育等重点行业和领域的监管执法力度，依法查处不正当竞争行为案件18件，维护公平、竞争、有序的市场环境。

【商事服务全程网上办】 2019年，江门市市场监督管理局推动“互联网+商事登记服务”改革，商事登记实现“四个办”。依托广东省政务服务网开办企业一窗受理系统，打造线上“5＋2＋24小时”不打烊的“一网通”平台，全市共办理全程电子化业务25073件，其中无纸化业务8506件。

【商事服务微信智能办】 2019年，江门市市场监督管理局借助“人脸识别”等人工智能技术，研发应用移动端商事登记智能化审批系统，“微信＋智能审批”改革持续走在全省前列。改革以来，共办理智能审批业务3971笔，商事登记办理时间提速至最快只需5分钟，申请材料压缩至1个电子文档。“微信＋智能审批”在商事登记中的应用作为数字政府改革建设复制推广经验，要求在全省推广应用。

【银政合作证照全流程智能办】 2019年，江门市市场监督管理局与建设银行合作，全国首发上线全流程智能办照STM智慧柜员机，是年年底，全市有11家银行378个银行营业网点开通营业执照办理业务、10个银行网点开通STM机智能办照服务，建设银行广东省分行将江门作为智能办照STM智慧柜员机的试点在全省推广。

【商事登记境外离岸办】 2019年，江门市市场监督管理局委托港澳社团（商会）为当地投资者回江门投资经商办企业提供商事登记代办服务，推动商事登记“离岸受理”。

【质量强市】 2019年，江门市将质量工作纳入全市重点工作任务，全力推动“全国质量强市示范城市”创建工作。召开2019年质量强市工作会议，调整完善由市长任组长的市质量强市活动领导小组，印发工作方案。将质量工作纳入对各市区“县域经济社会发展考核体系”，延伸至镇街，以考促建。出台《江门市政府质量奖评审管理办法》，完善质量激励制度。组织开展卓越绩效管理模式培训班，引导企业实施卓越绩效管理模式。主动融入粤港澳大湾区质量合作，与五邑大学共建质量发展研究院，组建专家委员会；举办“江门市质量发展研讨会”，并与香港品质管理协会签署江港质量管理战略合作备忘录。打造立体式、全方位质量宣传格局，牵头举办全国“质量月”宣传活动启动仪式暨大型宣传咨询、主题演讲比赛、“质量开放日”实验室参观等质量月特色活动；组织全市10多个部门共同开展近40项质量月活动；通过公交车车身广告、街头阅报栏、《江门日报》专版宣传、《江门新闻网》网络通栏等宣传方式拓宽宣传覆盖面；建成全省首个质量文化主题公园。开展江门市公共服务质量整改提升，开展江门市2019年市民质量满意度测评和服务业质量满意度测评，其中2019 年江门市市民对质量总体满意度为83.53分，江门市2019 年服务业质量满意度指数为75.04。

【标准化监督管理】 2019年，江门市企事业单位完成主导制定国家标准参与9项；主导制定行业标准1项、参与3项；发布团体标准39项、联盟标准18项；加大实施标准化战略扶持，为93个项目发放奖补资金405.1889万元。推行企业自我声明公开产品和服务标准，全年对338家企业的1240项标准进行审查，发动全市513家企业实施标准自我声明公开2481项，涉及7113种产品，其中国家标准162个,行业标准56个,企业标准2262个。12月5日至6日，省局组织中南财经政法大学、浙江省产品质量安全检测研究院、广东省标准化研究院等单位专家组成试点工作目标考核组，对台山市水步镇新型城镇化标准化试点项目进行终期评估。专家组通过听取汇报、审阅资料、实地考核、现场质询和综合评估等方式，最终专家组一致确定水步镇项目以102分的优秀成绩通过终期评估。12月19—20日，水步镇项目代表广东省，在总局举办的新型城镇化标准化试点工作总结会上向全国与会代表介绍经验。

【计量监督管理】 2019年，江门市推动计量标准建设，完成计量标准器具核准8件66项，截年底，全市有社会公用计量标准384项；新增3家企业通过测量管理体系认证，截至2019年年底，11家企业通过测量管理体系认证；全市7家企业进行能源计量审查，完成全市定量包装生产销售企业监督抽检150批次；全面完成辖区集贸市场与基层医疗卫生单位计量器具的强制检定工作，免费检定383个单位在用计量器具30393台/（件），免收检定费用308万元。

【质量监督检验检测平台建设】 2019年，江门市加快珠西综合质量检测服务平台建设。珠西综合质量检测服务平台已完成项目招、投标程序，破土动工。该平台建成后将辐射全国的轨道交通等先进装备制造业，服务江门市中车及轨道交通配套企业，为企业提供质量检验、研发中试、技能培训在内的多方面服务，将有效帮助企业提升自主创新能力和产品开发能力，增强企业系统集成能力，加快轨道交通装备产业体系健全。

【特种设备安全监管】 截至2019年年底，江门市在用特种设备共62800台（套），其中电梯23746台、起重机械9497台、厂内机动车8523台、大型游乐设施43台、客运索道2条、锅炉1162台、压力容器17716台，使用单位16701家，生产单位140家，江门市特种设备安全形势总体平稳。

【实施品牌战略】 2019年，江门市规范品牌建设，根据国家市场总局和省局文件要求，开展名牌产品评比表彰的清理，对企业做好解释工作，并办理《江门市质监局江门市财政局印发关于获得广东省名牌产品（工业类服务业类）企业奖励办法的通知》（江质监通〔2018〕7号）文件的废止手续。同时，探索新的方式，推动开展区域品牌建设工作。与澳门厂商会推动协调“澳门优质”产品认证推广工作，打造湾区品牌。制定《江门市关于开展质量提升行动的实施方案》《江门市水暖卫浴产业集群质量提升行动计划（2019—2020）》；组织开展质量义诊、产品质量分析会、品牌讲座、恒温水嘴质量比对研究等系列工作。推出广东省质量监督水暖卫浴产品检验站(江门)共享实验室，承诺免费为企业检验100批次以上，为企业节省检验费用近100万元。

【认证监督管理】 2019年，江门市以电动自行车、玩具、电线电缆等产品为重点开展专项监督检查，检查企业393家，产品656批次。在三区四市开展中小企业质量管理体系认证免费培训班，超过700家中小企业参加培训共795人参加培训。深化“放管服”改革，加大3C免办后续监管力度，共审核申请470件，审核发证279单，涉及产品货值金额达11.2亿元。

【检验检测机构监督管理】 2019年，江门市组织开展检验检测机构资质认定监督检查工作，通过双随机抽查和专项检查等形式，对检验检测机构开展行政检查工作，共检查73家次。组织开展年检验检测机构上报的统计数据进行审核工作，全市166家检验检测机构已全部完成自查，上报率达到100%。组织开展机动车检验检测机构能力比对工作，共完成对55家摩托车安检机构78条检测线，42家机动车安检机构56条检测线的比对。

【食品安全综合协调工作情况】 2019年，江门市食品安全工作在市委、市政府高度重视下，市食安委贯彻落实《中华人民共和国食品安全法》、国家和省的有关文件精神，组织协调各市（区）政府、各部门落实食品安全属地管理责任。印发《江门市市级党政领导干部食品安全责任清单》《江门市有关部门食品安全监管事权清单》及《江门市食品安全委员会工作规则》明确市食安委及各成员单位的主要职责；扎实推进广东省食品安全示范城市创建工作；超额完成不少于2.27万批次食品抽检任务，完成食品抽检量达到每年每千人5批次的民生实事工作(2019年食品抽检27248批次，总合格率：98.62%)；加强食品安全考核；组织开展全市校园食品安全整治督导工作；结合实际开展海岛旅游景区食品安全事故Ⅲ级示范性应急演练，首次调用直升飞机参演；开展各项食品安全宣传培训；并以前所未有的力度开展整治食品安全问题联合行动，连续查办涉案金额50万元以上的大案要案8宗，销毁问题食品近180吨，江门海关破获的一宗特大坚果走私案，案值高达37.33亿元，是全国海关查获的最大一起食品走私案。全市未发生重大食品安全事故，食品安全呈良好态势，食品安全工作成效显著，有力保障全市人民群众舌尖上的安全。

【食品生产安全监管】 2019年，江门市取得食品生产许可证的食品生产企业有1316家，持有食品生产加工小作坊登记证的小作坊有692家，取得工业产品生产许可证的食品相关产品生产企业有230家。在食品生产环节，构建以风险分级管理为基础、企业自查为前提、日常检查为主体、飞行检查和体系检查为重点的监督检查工作体系，将60家重点食品生产企业纳入直管范围，对135家食品生产企业开展体系检查，对食用植物油、肉制品和食品相关产品等30家生产企业开展飞行检查。对高风险小作坊食品包括烧腊、豆腐、湿米粉、生榨花生油和热加工糕点分类制定《江门市食品生产加工小作坊管理规范指南》，并重点开展婴幼儿谷类辅助食品、米面制品、淀粉及其制品、小麦粉及面条类食品、小作坊以及食品用纸包装产品等专项整治，率先在乳制品生产行业启动实施“吹哨人”制度，规范行业生产秩序，促进柑普茶等新兴食品产业快速发展。组织企业开展培训，引导企业实施HACCP、GMP、ISO22000体系，提高企业产品质量与竞争力，推动企业高质量发展。发挥各地食品行业协会作用，构建社会共治格局。

【食品市场安全监管】 2019年，江门市食品市场环节没有发生区域性、群体性食品安全事故。食用农产品集中交易市场食用农产品快检工作被列入2019年江门市十件民生实事。对全市115家食用农产品批发、零售市场经营的蔬菜和水产品开展每周不少于5天的快筛快检工作，超额完成32万批次的年度任务。全市食品流通环节监督抽检共12168批次产品，不合格190批次，合格率98.4%。实施“新会陈皮”、柑普茶、小青柑等茶叶制品监督抽检629批次，其中合格625批次、不合格4批次；风险监测抽检76批次，其中新会陈皮成品26批次，小青柑制品所用的新会柑原料25批次、普洱茶原料25批次，监测结果均符合国家食品安全标准。开展非洲猪瘟防控工作，对辖区相关生猪产品经营户、冻库经营企业、肉制品生产企业等完成100%全覆盖检查，对餐饮单位100%下发餐厨垃圾处置告知书，督促相关单位落实进货查验制度和疫病防控主体责任。开展16期农贸市场、超市“一监到底”网络执法直播及6期食用农产品“你点我检，你送我检”免费检测活动，提升公众对食品安全问题的参与度和感知度。

【食品餐饮安全监管】 2019年，江门市市场监督管理局以科学监管、确保餐饮食品安全为主线，以完善餐饮服务食品安全监管机制、创新监管模式，为江门市人民营造放心餐饮服务食品安全消费环境，全市餐饮服务环节无重大食品安全事故。全市共持有效《食品经营许可证》餐饮单位25107家，其中单位食堂（含学校食堂）2380家，中型以上餐馆2715家，集体用餐配送单位13家，中央厨房6家。实施“明厨亮灶”餐饮单位数量21316家，占比84.9%，其中单位食堂（含学校食堂）已实施“明厨亮灶”2067家，占比89%，中型以上餐馆已实施“明厨亮灶”2335家，占比86%。全市持有《食品经营许可证》餐饮单位25147家，全市应量化餐饮单位达24131家，完成餐饮单位量化评级23913家，其中A级480家，B级10294家，C级13043家，江门市餐饮服务单位量化分级率为99.5%。主要做法包括突出监管重点，开展学校食堂专项整治；利用新媒体资源，开展“一监到底”网络直播活动；加强网络监管，推出30万张一次性外卖封签；强化日常监管，做好量化分级管理工作；提高经营者自律意识，推进“明厨亮灶”建设；维护社会稳定，做好重大活动食品安全保障；规范行政审批流程，“放管服”承诺制深化改革；开展食品餐饮环节抽检工作。

【药品监督管理】 2019年，江门市市场监督管理局以人民健康为中心，遵循“四个最严”，加强药品行业综合治理，保障人民群众用药安全；宣贯《中华人民共和国疫苗管理法》、新修订《中华人民共和国药品管理法》，覆盖药品全行业的研发、生产、经营、使用、监管领域，落实药品法治。开展市监管讲堂下基层，服务提升基层执法水平。推动地道药材新会陈皮质量标准提升，新会陈皮已纳入《广东省地方药材标准》（最新版）；新会陈皮以专属道地特征提升为国家药典标准（2020）。开展疫苗风险隐患排查整治专项，对辖区内所有的疾病预防控制中心和疫苗接种使用单位全覆盖检查，督促疫苗全链条质量安全规范。推行承诺制和远程审方制度，严把药品经营企业准入关；是年，辖区内取得《药品生产许可证》的企业共有23家，取得药品包装材料生产资质的企业11家，取得《医疗机构制剂许可证》的单位8家，取得《药品经营许可证》（批发及零售连锁）共有46家，取得《药品零售经营许可证》的药店共有1680家。辖区内基本构建有基本齐备的药品生产链条以及分布覆盖城乡的药品经营网络，保障辖区内药品经营用得上有保障。辖区内2019年药品类生产总值约40亿元，药品类经营总值约60亿。

【信息化建设】 2019年，江门市市场监督管理局结合江门市“数字政府”建设要求，确定“互联网＋智慧市场监管”建设“1＋9”工程（“1”是一网通办，市场监管所有商事登记、行政许可、监督检查、抽查检验、行政处罚、产品追溯、应急处置将在网上同步实现全过程记录，由系统自动生成电子文书档案，对不需要现场核查的登记许可事项，如承诺制程序办理的9个事项，做到系统自动智能“秒批”，没有人为干预。

"9"是9大模块：商事登记全程电子化+智能审批子系统、市场监管许可全程电子化＋智能审批子系统、监督检查全程电子化子系统、产品抽查检验风险管理子系统、"双随机一公开"抽查子系统、"邑校食安"和"邑餐食安"阳光餐饮子系统、产品全程溯源子系统、行政处罚全程电子化子系统、突发事件应急处置子系统）。其中，江门市商事登记全过程电子化智能审批平台和"邑校食安"阳光学校食堂平台在当年上线运行。

【医疗器械监督管理】 2019年，江门市市场监督管理局办理医疗器械经营许可（批发）89件，医疗器械网络销售备案128件，第一类医疗器械备案105件，第一类医疗器械生产备案23件。完成47批次医疗器械质量监督抽检，5批次省局专项抽检。开展医疗器械生产经营使用全链条大检查，排查医疗器械生产企业38家，经营企业376家，医疗机构222家，排查存在隐患数46个，立案查处2件，罚没金额2万元；开展医疗器械"清网"专项行动和整治保健市场乱象百日行动，将3件涉嫌互联网医疗器械网络交易违法违规线索移交至当地局调查处理；开展装饰性彩色平光隐形眼镜专项整治，检查装饰性彩色平光隐形眼镜经营企业150家，查处无证经营企业3家，罚没金额4万元；开展避孕套质量安全管理工作，检查避孕套经营企业967家，发出责令整改通知书5份；开展无菌和植入性医疗器械生产经营使用环节专项检查，检查无菌和植入性医疗器械生产企业11家，经营企业90家，使用单位488家，发出责令整改通知书6份，立案查处1件，罚没金额1.2424万元。优化营商环境，助推医疗器械产业高质量发展，涌现出一批龙头生产企业，产品涵盖多个种类，呈现出医疗器械产业规模不断增长，高附加值企业占比增大的态势。

【保健食品监管】 2019年，江门市在保健食品领域重点组织开展风险隐患排查，全年监督检查保健食品生产经营企业3600多家次，发现问题204个，责令整改131次。保健食品生产环节抽检32批次，全部合格，经营环节74批次抽检，有3个批次不合格，交由属地局处理已结案。开展食品安全联合整治行动，在此次整治食品安全问题联合行动中，全市立保健食品类行政案件8件，结案1件，罚款5000元。通过居民社区、学校厂企、乡村、网络等场所，宣传保健食品科普知识。通过设立保健食品咨询台、发放宣传资料、现场进行快筛快检、课堂授课等方式开展活动，发挥电视台、电台、公众号等宣传媒体的作用，普及科学常识，引导公众增强自江门防范能力，科学理性消费。全市组织保健食品"五进"科普宣传活动451场。

【化妆品监管】 2019年，江门市结合化妆品安全风险隐患大排查工作，对30家化妆品生产企业，实现生产企业全覆盖检查，飞行检查3家化妆品生产企业及2家化妆品经营企业，3家化妆品生产企业均被江门局约谈，其中3家化妆品生产企业及1家化妆品经营企业被立案查处；组织全市29家化妆品生产企业按照《化妆品生产许可工作规范》所涉及的机构与人员、质量管理、厂房与设施、物料与产品、生产管理、验证及产品销售、投诉、不良反应等项目开展全面自查并评估。认真落实生产许可制度，严格标准要求、严格审查流程、严格规范审查行为，从严审查企业资质条件，把住生产准入关口，及时准确公布获得许可的企业名录和产品信息，共完成化妆品生产许可核发1件，变更9件，注销1件，完成国产非特殊用途化妆品品种备案初审3584个、复核3565个，备案后监督检查2550个。全年完成化妆品监督抽检146批次，其中省抽任务105批，国抽任务29批，市级专项12批。已建立省级化妆品监测哨点4家、市级化妆品监测哨点15家，收到不良反应监测报告265份。

【专项整治行动】 2019年，江门市市场监管系统发挥职能作用，立足市场监管领域开展各项专项整治行动。以习近平总书记重要指示批示精神为指导，推进扫黑除恶专项斗争，全年全市系统摸排黑恶势力线索40条，向公安机关或地方扫黑办移交线索21条，以群众反映强烈的行业乱象为重点，开展联合整治"保健"市场乱象百日行动，共查处案件148件；开展整治食品安全问题专项行动，查处案件194件，销毁假冒伪劣食品175.51吨。开展落实食品药品安全"四个最严"要求专项行动，全年查处"两品一械"案件240件，移交司法机关案件5件。开展"网剑"专项行动，检查网站、网店8707个次，实地检查网站、网店经营者1785个次，查处网络违法案件77件；开展转供电环节电价整治行动，清退不合理电价收费近260万元，成效明显。以"戴摘帽"制度为抓手，开展辖区内打假重点区域、打假警示区域、打假重点产品的整治和综合治理。撤销上年江门市打假警示区域——江海区礼乐街道（农资），确立是年打假重点产品——一次性卫生用品（新会区）。结合市场监管工作职能，持续保持高压态势，开展相关打私工作，先后开展元旦春节应节商品打私联合行动、"国门利剑2019"联合行动、打击整治象牙等濒危物种走私专项行动及打击整治非设关地成品油等重点商品专项行动。全市系统出动执法人员7542人次，出动执法车辆952辆次，检查油库、储油点270家次，检查冷冻库80家次，食品生产企业800家次，烟草制品、汽配、电子产品经营户560户次，查处6宗违法经营行为，涉案金额2.0143万元。

（江门市市场监督管理局）

表17 2019年江门市个体工商户情况表

行业代码	项目	2019年	2018年	增减变化情况	
				绝对数	增减（%）
	户数（户）	438928	391338	47590	12.16
	资金数额（万元）	2346486.09	1937188.14	409297.95	21.13
	按行业分类（户）				
A	农、林、牧、渔业	3160	2727	433	15.88
B	采矿业	27	31	-4	-12.90
C	制造业	33696	33316	380	1.14
D	电力、热力、燃气及水生产和供应业	37	40	-3	-7.50
E	建筑业	5882	4724	1158	24.51
F	批发和零售业	140248	131295	8953	6.82
G	交通运输、仓储和邮政业	8132	7064	1068	15.12
H	住宿和餐饮业	35122	31290	3832	12.25

安全生产监督管理

【概况】 2019年，江门市发生各类生产安全事故156起，死亡91人，受伤102人，比上年分别上升17.3%、下降11.7%、上升67.2%，直接经济损失2270.895万元，同比下降10.6%。发生1起较大坍塌事故，造成3人死亡。全市安全生产形势总体稳定，各类事故死亡人数同比双位数下降，道路交通未发生一起死亡3人以上的较大交通事故。

【安全生产责任制落实】 2019年，江门市实现市、县（市、区）、乡镇（街道）三级安全生产委员会“双主任”制，为全市安全生产工作提供组织保障；落实2019年度安全生产责任书签订工作，明确各级安全生产工作责任及主要目标任务；开展全市2019年度安全生产责任制和消防工作考核，对各市（区）及17个市有关职责部门开展现场考核；制定并以中共江门市委机构编制委员会名义印发实施《江门市党政部门及中央、省驻江门有关单位安全生产工作职责》，为部门定责、履责提供依据和指引；保留安全生产“一票否决”制度，强化全市各级、各部门单位的安全生产责任意识；压实企业主体责任，开展企业安全承诺公告制度，在危险化学品等重点行业领域实现主体责任承诺“全覆盖”，加大企业从业人员和社会力量对企业履行安全生产责任的监督力度。

【危险化学品安全监管】 2019年，江门市有危险化学品生产企业124家，经营企业（带仓储、批发和零售）544家，加油站393家，剧毒品经营（甲证）3家。江门市组织开展年度危险化学品安全综合治理和专项整治，推动危险化学品领域安全隐患大排查大整治，做好“散乱差”危险化学品企业安全专项整治；推广使用“双随机一公开”“四不两直”（不发通知、不打招呼、不听汇报、不用陪同接待，直奔基层、直插现场）“明查暗访”“突击检查”等形式，严厉打击安全生产非法违法行为；深入开展危险化学品企业安全承诺公告制度，开展危险化学品企业安全文化氛围宣传，开展化工（危险化学品）重点行业领域安全事故警示教育会议，提高危险化工工艺特种作业人员持证上岗率，督促企业落实安全生产主体责任；深刻吸取江苏响水“3·21”特别重大危险化学品事故教训，加强重点危险化学品企业安全监管，推行关键风险岗位安全操作“明白卡”、应急处置卡，开展化工园区风险评估和清退工作，推进城镇人口密集区危化企业搬迁改造，堵塞安全监管工作漏洞；选派监管人员参加化工专业培训，推进安全监管“三个转变”，改善提高监管人员的工作作风和专业能力水平；加强在节假日前后、汛期极端天气下的危险化学品监管，推行危险化学品领域事故应急救援“双盲”演练（事前不通知参演单位演练时间、地点和演练内容），提高危险化学品安全监管和应急能力水平。2019年，全市出动安全执法人员4500余人次，执法检查各类危险化学品企业1200多家次，立案处罚27家次，共处罚金额100万元。是年，除恩平万达福在试生产期间发生“3·15”闪爆事故造成1人死亡外，危险化学品行业领域未再发生其他生产安全事故，安全生产形势总体受控。

【非煤矿山安全监管】 2019年，江门市持有效安全生产许可证且正常生产的非煤矿山企业22家（另有2家被自然资源部门责令停产），均为露天矿山企业。江门市应急管理局通过使用视频监控系统对企业矿区开采现场进行实时监控，通过安全生产风险分级对企业实行重点监管；组织开展监管执法人员和企业主及其安全管理人员的培训教育，并采取媒体曝光、安全事故警示会等方式强化企业安全生产主体意识，以“六个是否到位”（指安全生产管理机构和管理人员是否设置配备到位、承包租赁安全生产管理是否到位、边坡浮石危石等隐患是否清理到位、排水系统及防洪设施以及排土场截洪和排水设施设置和维护是否到位、主要运输设备定期维护检查及检测检验记录是否到位、铲装设备信号和警报器等设备状态符合标准规范是否到位）为重点执法项目，并贯穿全年持续推进；全年现场监督检查非煤矿山企业22家，排除隐患问题112项，关闭矿山企业1家，实现全市非煤矿山领域安全稳定。同时，作为全国首个率先推行绿色矿山的地市，江门市应急管理局多方联动、加强配合，持续推动绿色矿山创建工作，截至2019年年底，全市正常生产的17家企业完成创建14家。

【烟花爆竹安全监管】 2019年，江门市有烟花爆竹批发单位7家，零售网点256个。重点加强烟花爆竹销售旺季安全监管工作，在春节、元宵节、清明节等传统节日期间，加大对烟花爆竹批发和经营企业的安全执法检查力度，重点检查烟花爆竹企业安全生产条件和落实出入库登记以及使用烟花爆竹流向信息化管理系统的情况；宣导并推动烟花爆竹企业贯彻落实《烟花爆竹零售店（点）安全技术规范》，提高烟花爆竹经营企业的安全能力水平；在重点时段联合公安等部门开展“打非”（打击非法生产经营行为）联合排查行动，严厉打击超规格产品、超量储存等非法违法行为。2019年，检查烟花爆竹批发零售企业220家次（含批发15家次、零售点205家次），查处违反“三严禁”行为（严禁销售超标违禁、专业燃放类产品或从非法渠道购进的产品，严禁在许可证载明的经营场所外存放烟花爆竹，严禁超许可证载明限量存放烟花爆竹等违法行为）零售店29家，查处非法经营行为31起，罚款1.7万元，处罚涉案人员7人。

【安全生产行政执法监察】 2019年，江门市应急管理局（简称“江门市应急局”）制定年度安全生产执法“双随机一公开”监管年度抽查计划和随机抽查事项清单；在全市范围内开展安全生产打非治违行动，落实对严重违反安全生产法律法规的企业责令停产停业整顿等处理措施；首次适用《安全评价检测检验机构管理办法》（自2019年5月1日起施行）对安全评价机构实施行政处罚；首次适用《安全生产培训管理办法》对安全培训机构进行立案调查；首次取得全省安全生产行政处罚案卷评查优秀案卷等次；抓好重要时段安全生产执法检查工作，有针对性开展岁末年初、春节后复产、“两会”期间，汛期和恶劣天气防护及其后续复工、清明节、“五一”国际劳动节、“十一”国庆节的特别防护期等节假日的安全生产执法检查工作；落实安全风险辨识管控与事故隐患排查治理双预防机制；加大对化工园区的安全风险监管工作，制定江门市危险品领域安全生产大检查方案，组织对全市危险化学品企业开展安全执法专项大检查；牵头执法队伍建设和执法规范化建设工作；全市推广运用安全生产执法信息系统，推动运用信息化手段提升安全生产监管执法的能力与水平；截至2019年1—12月底，全市共监督检查企业40470家次，督促生产经营单位有效治理隐患问题52766项，责令停产停业企业20家，制作执法文书22372份，实施处罚403宗，处罚金额671.57万元。

【安全法制建设】 2019年，江门市应急管理局完善应急制度机制，先后制定《江门市应急管理局行政处罚案件审理工作规则（暂行）》《江门市应急管理局法制审核办法》，整理安全生产、应急管理、防灾减灾救灾法律法规、政策文件汇编约116万字；制定《江门市应急管理局2019年重大行政决策事项目录》，健全和落实重大行政决策的公众参与、专家论证、风险评估、合法性审查、集体讨论决定等程序，促进科学、民主、依法决策；全面落实“三项制度”（行政执法公示制度、执法全过程记录制度、重大执法决定法制审核制度），行政执法实现全过程文字、音像记录，事前、事中、事后信息依法公示，法制审核覆盖重大行政执法决定、规范性文件及其他需要审核的事项；实施行政执法案审分离制度，依照《江门市应急管理局行政处罚案件审理工作规则（暂行）》做好案件审查及审理；强化法制监督工作，开展行政执法案卷评查，完善行政执法监督机制和纠错机制；加强法治思维培育，通过中共江门市委理论学习中心组专题报告会、应急管理大讲堂等形式将安全生产、应急管理、防灾减灾救灾法律法规纳入领导干部和国家工作人员学法课程；打造普法立体格局，制定并公示普法工作计划和责任清单，为普法工作提供明确指引，促进落实“谁执法谁普法”，持续提升应急管理普法工作力度。

【应急救援】 2019年，江门市应急管理局对应相关突发事件应急预案的规定，完善对不同类型突发事件的局内应急响应方案，并制定《应急响应处置方案》，规范突发事件处置流程，明确局内各领导、各科室应对不同类型、不同级别突发事件的响应措施和分工，切实把广东省应急管理厅“第一时间报告信息、第一时间应急响应、第一时间赶赴现场、第一时间开展处置”的要求落到实处，确保江门市应急管理局应对突发事件高效有序；组织开展应急预案演练和形式多样的应急演练活动，提高应对突发事件的处置能力。全年全市共开展百人以上参与的大型演练近60场次，参加演练人员超1万人；组建应急管理专家库，入库专家200名精英的专家库，为全市应急管理日常评估、检查、咨询、培训以及应急处置提供技术保障。

【安全生产宣传教育】 2019年，江门市在加强和创新网站、微信、微博宣传的基础上，新开通南方号（2019年5月开通的）、“今日头条”，“江门应急管理”南方号在“南方号·江门矩阵”174个号中，影响力指数一直名列前茅；电视台、报社和电台三大主流媒体发力，全年在电视台、电台、报社的重点栏目和相关平台播报推送应急科普和应急工作宣传；在覆盖市区主要区域的公交车候车厅和入住率高的小区电梯张贴应急宣传海报，把应急科普普及到千家万户；与中国移动、联通、电信三大运营商建立框架合作关系，三大运营商免费向全市四市三区发送应急管理公益宣传和预警短信，打通应急宣传最后一公里。创新举办“5·12防灾减灾宣传活动”和“安全生产月”系列活动，其中的航拍同步、巨幕呈现、技能竞技、现场安全体验、答题互动和线上线下互动领奖等环节成为2019年度的活动亮点。联合中共江门市委宣传部、市气象局及有关行业主管部门，制作1＋3＋16系列安全公益科普视频，对应不同时节特点有针对性开展宣传，其中针对“龙舟水”制作的科普视频推文《“龙舟水”时节，这些预防知识你要知道！》，被南方＋首页刊登，入选南方+客户端热文榜五十佳，其中《灾害来了怎么办？》科普视频获在“应急管理科普作品征集评选活动”中被评为优秀奖，是应急管理部新闻宣传司颁发的全国优秀奖。

【工贸行业安全监管】 2019年，江门市应急管理局坚持贯彻执行监管执法一体化和“双随机一公开”，对金属冶炼及工贸行业有限空间、粉尘涉爆、液氨制冷使用等重点领域，组织实施多个专项行动，重心下移，一线开展工贸行业安全生产监管执法工作，全年出动执法人员361人次对全市115家次单位（包括安全评价、安全培训机构3家）进行监督检查，排除隐患问题632项（其中重大隐患51项），责令4家企业局部暂时停产停业，实施处罚8宗，罚款8.75万元。是年，江门市工贸行业安全生产形势保持稳定，行政执法工作取得突破：首次适用《安全评价检测检验机构管理办法》（2019年5月1日起施行）对安全评价机构的安全评价报告质量问题进行立案处罚；首次适用《安全生产培训管理办法》对安全培训机构的培训档案管理不规范进行立案处罚；办理的安全生产行政处罚案件首次取得全省2019年安全生产行政处罚案卷评查优秀案卷等次；首次适用《工贸企业有限空间作业安全管理与监督暂行规定》对有限空间作业违法行为进行立案处罚；首次适用《安全生产事故隐患排查治理暂行规定》针对作业现场的重大生产安全事故隐患进行立案处罚。

（江门市应急管理局）

价格管理

【概况】 2019年，江门年居民消费价格总水平（CPI）累计上涨3%，实现年初制定物价指数涨幅不超过3%的调控目标，保持江门市价格总水平基本稳定。

【稳价惠民】 2019年，江门市开展稳价惠民工作。保障困难群众基本生活不受食品价格上涨的影响，严格按照社会救助和保障标准与物价上涨挂钩的联动机制发放低收入群众价格临时补贴，全年全市累计发放低收入群众价格临时补贴63万人次，合计2573万元。严格落实降费政策，自7月1日起对符合条件的免征不动产登记费，将车库、车位、储藏室不动产登记减按80元/件收取；降低无线电频率占用费、出入境证照类收费、商标注册收费等部分行政事业性收费。

【价格改革】 2019年，江门市制定农业水价综合改革实施计划，推动农业水价综合改革稳步前进。制定《江门市非居民用水超定额超计划累进加价制度实施方案》，建立健全非居民用水超定额超计划累进加价制度，以严格用水定额和计划用水管理为依托，以改革计价方式为抓手，通过健全制度、完善标准、落实各市区和各部门责任、保障措施等手段，促进江门市水资源节约集约利用和产业结构调整。规范收费行为，公布并动态调整全国性行政事业性收费目录清单、省定行政事业性收费目录清单、涉企行政事业性收费目录清单、政府定价的经营服务性收费清单和政府定价中介服务收费目录清单5张清单，确保“收费项目进清单，清单之外无收费”。落实电价改革政策，降低企业用电成本。一般工商业电价合计每千瓦时降低7.31分，降价幅度达到10%，每年减轻一般工商业企业的电费负担8亿元左右。制定《江门市区优化调整路边停车差别化收费方案》，完善江门市机动车停放服务差别化收费政策，发挥价格杠杆作用促进停车设施建设，提高停车资源配置效率，引导机动车合理使用公共资源。规范物业服务收费行为，保障业主和物业服务企业的合法权益，下发《关于进一步加强我市物业服务收费管理的通知》，明确江门市物业服务收费管理的相关规定。

【价格监测和成本调查】 2019年，江门市优化和完善江门市价格监测品种和网络体系，提升价格监测分析预警能力。在做好国家以及省布置的煤电油气和粮油盐肉禽蛋菜等重要商品和服务价格常规监测任务外，拓宽价格监测品种范围，新增开展生猪应急价格监测及天然气价格监测任务。全年累计向国家和省报送各类价格监测数据约36万条，在2019年全年四个季度全省价格监测质量考核情况通报中均取得考核满分的好成绩；注重数据分析研究，增强价格形势分析的前瞻性和权威性。通过对市场商品和服务价格的监测数据分析，定期编写月度、季度价格变动情况分析。为省、市级的宏观决策和价格形势分析提供有力的数据支撑和参考依据；强化采价队伍建设，扎实开展市场价格调查巡视。为加强价格监测、分析、应急预警工作，有效督促和引导监测网点正确履行价格采集报价职责，保障监测数据的真实及时，先后多次有针对性地组织开展猪肉、食盐、粮、油、蛋、菜、水产品等居民生活必须品价格调查巡视工作，为生产、流通和消费环节价格起到引导作用。深化农产品成本调查，服务农村经济发展。江门市在完成各项调查任务的数据采集和直报工作的基础上，先后组织开展农户存售粮情况专项调查、农户购买农资情况专项调查、早晚稻成本预测、花生种植成本等多项农产品成本专项调查，为农村经济发展发挥应有的作用；深化价格机制改革，推进定价成本监审。成本监审是政府制定和调整价格的重要程序，是价格监管的重要内容。是年，市价格成本调查队紧紧围绕价格机制改革的目标和任务，坚持依法监审、客观公正和公开透明原则，开拓思路、加强力量、提升质量，开展价格成本监审工作，为合理制定和调整价格提供有力的成本参考依据。

（江门市发展改革局）

统　计

【概况】 2019年，江门市统计局坚持以习近平新时代中国特色社会主义思想为指导，贯彻市委十三届九次、十次全会精神，推进各项统计调查工作，做好“三个服务”（为党委和政府服务、为部门和市区服务、为社会公众服务），经济运行监测与分析取得新进展，市领导10余次对统计工作作出批示肯定。

【统计调查】 2019年，江门市统计局根据国家统计局和省统计局统计方法制度，完成各专业常规报表数据报送，以及相关抽样调查、重点调研等工作，完成全市经济社会统计任务。按照上级统一部署，推进国民经济核算改革，实施核算下算一级，全市与三区四市在总量和增速方面实现衔接。改革镇村两级的农业基层表报送及台账登记制度。开发数据监测与核查系统，实现对数据质量异常情况及时发现及时核查，提高数据监测和核查工作的规范化和信息化水平，提高江门市统计数据质量。加强上规入统工作，建立准“四上”企业库，指导各市（区）加强对储备企业进行跟踪培养，对达规企业及时进行入库审批。

【经济普查】 2019年，江门市统计局针对“四经普”的普查对象比“三经普”多一倍、普查内容多、入户登记时间紧的特点，依靠市委、市政府领导，把“四经普”作为今年全市统计系统的头等业务工作来抓，争取省统计局的指导支持，牵头推动各市（区）履行主体责任、各部门齐心协力，落实财力和人力保障，开展“红色＋经普”活动，发挥党员先锋模范作用，带领全市4000多名普查工作人员完成全市“四经普”各项工作任务。通过全面、客观的调查，顺利反映江门市的经济发展成果，全市GDP突破3000亿元，GDP总量在全省地级市中排名上升1位。江门市获得“四经普”国家先进集体2个、先进个人2人；省级先进集体7个、优秀工作者12人；2人获得全省“金牌讲师”荣誉称号。

【统计服务】 2019年，江门市统计局创新经济运行监测预警分析，强化事前分析预判，每季首月将本季全市主要经济指标走势进行分析预判，以《江门统计速报》形式供市领导、各市（区）及市直相关部门参考。每月10日将主要经济指标初步统计情况以短信形式报市领导，突出“短、平、快”；每月20日前，将全市经济运行详细情况以《江门统计直报》形式报市领导，突出“全、准、细”；每月25日左右将全市经济运行情况及各市（区）短板指标以《江门统计资料》形式发各市（区）、市直相关部门参阅。致力打造系列专题分析精品，为党政领导和职能部门科学决策提供参考依据。江门市统计局报送的《加快我市其他营利性服务业发展的建议》《江门市大型工业企业实行产销分离模式的调研报告》等，推动江门市制定出台相关的政策措施。

【统计改革创新】 2019年，江门市统计局深化统计管理体制改革各项工作。向市领导汇报中央和省委省政府关于深化统计改革的新情况新要求。5月，江门市统计局在市政府常务会议上对习近平总书记关于统计工作的重要论述和《广东省统计违纪违法责任人处分处理建议实施办法》作专题学习报告。为确保市委深化统计管理体制改革各项重点工作有序开展，于年初印发《2019年江门市统计深化改革和统计法治工作要点》，并于年底对各市（区）和各部门贯彻落实市委深化统计管理体制改革情况进行调研督导，并向市委、市政府作专题报告。改革镇、村两级农业基层统计报表报送和台账登记制度，规范农业农村统计工作，做好乡村振兴监测。10月29日，农业农村部召开完善农村一、二、三产融合发展统计制度研讨会，江门市作为全国两个地级市代表之一作会议交流发言。

【统计法治建设】 2019年，江门市统计局制定《江门市统计局关于统计造假专项整治工作方案》，在全市开展“两防”专项执法检查，直接现场检查的企业（项目）50家。对基层普查机构以及各类普查对象依法普法情况进行检查，检查镇（街）10个、各类普查对象131家。配合省统计局“双随机”抽查，将其与江门市“双随机一公开”抽查工作融合，全年随机抽取100家企业。推进统计执法检查信息化系统，形成执法与专业部门的“大执法”监督体系，确保行政处罚案件全过程都留有痕迹，提升依法行政水平。采取有效措施加强“两防”（防弄虚作假、防少报漏报）基础数据报送，保证统计数据的真实性。加大统计普法宣传力度，营造良好统计法治环境。印发《关于加强镇（街）统计队伍建设的意见》，支持和保障基层统计人员依法履行统计职责。举办全市镇（街）统计干部业务培训班，提高基层统计队伍的统计能力和依法统计水平。结合年报工作组织对全市4000多家“四上”企业统计人员进行全员轮训，夯实江门市统计基层基础。

2019年11月1日，江门市召开国民经济核算基础指标责任部门联席会议　（市统计局　供）

审　计

【概况】 2019年，江门市审计机关推进审计管理体制改革，在全省率先成立地级市党委审计委员会，作为市委议事协调机构，于1月9日挂出本轮机构改革中全省首块地级市审计委员会办公室的牌子。江门市审计机关完成审计（调查）项目120个，查出主要问题金额79.67亿元，其中违规金额4429万元、损失浪费金额1443万元、管理不规范金额79.08亿元；审计发现非金额计量问题424个；损益（收支）不实金额9.57亿元；审计发现侵害人民群众利益1262万元；出具审计报告和专项审计调查报告166篇，被批示、采用8篇次。审计处理处罚金额1.23亿元，其中应上缴财政4157万元。审计促进整改落实有关问题资金34.79亿元；移送司法机关、纪检监察机关和有关部门处理事项40件，移送处理金额2.96亿元。审计提出建议445条，被采纳424条；促进被审计单位建立、健全规章制度16项；提交审计信息39篇。向社会公告审计结果8篇。

【财政审计】 2019年，江门市审计局实现“纵向到底”财政审计全覆盖，在对一般公共预算、政府性基金预算审计的基础上，加强支出预算执行和重大政策落实情况审计，对省级安排下达市县的医疗卫生健康事业发展、教育发展、促进实体经济发展资金的管理使用及相关政策落实情况，以及地方政府债券资金使用情况、市县财政资金统筹盘活情况等5个专题内容进行审计。是年，全市各级审计机关审计重点抽查196项省级专项资金，涉及104个部门180个项目；抽查8家医院、12个村卫生站，涉及省级加强基层医疗卫生服务能力建设财政补助资金48631万元；抽查33家学校，涉及省级2018年教育发展专项资金6880.04万元；抽查26个单位36个项目，涉及债券金额454589万元等，发现问题共24个，促进加强预算绩效管理和公共资金安全高效使用。

【政策跟踪审计】 2019年，江门市审计机关对全市2019年度贯彻落实国家和省重大政策措施情况进行跟踪审计，重点关注江门市2014—2018年大气污染防治、“放管服”改革推进和营商环境优化、支持实体经济发展、市场监管部门检验检测领域降费减负、公立医院清欠民营企业中小企业账款、“稳就业”等方面政策措施落实情况、行业协会商会收费领域减税降费、稳投资、东西部扶贫协作等方面政策措施落实情况，抽审单位296个，抽审项目94个，发现问题44个，问题涉及金额34854.84万元。

【经济责任审计】 2019年，江门市审计机关对46名领导干部开展经济责任审计，其中：县处级领导4人，乡科级领导40人，地方企业负责人2人。查出违规金额852万元，审计发现侵害人民群众利益金额1262万元，增收节支365万元，提交建议182条，被采纳建议167条。开展镇街党政主要领导干部任期经济责任异地同步审计，审计镇（街）9个，领导干部16人。

【固定资产投资审计】 2019年，江门市审计局对江门市大推车山垃圾处理场封场二期工程进行专项审计，审计查出超合同约定比例提前支付工程进度款等问题。规范政府投资建设项目招标及采购行为，加快建设项目投资进度，提速江门市经济建设发展，江门市审计局对各市（区）开展建设项目招标及采购执行情况检查。

【民生审计】 2019年，江门市审计机关对2018年度社会保险基金预算执行情况进行审计，揭示社会保险基金保值增值制度不完善等问题，为维护江门市社保基金的安全保驾护航。对江门市2018年度人才发展专项资金管理使用情况进行审计，揭示项目资金预算编制和调整不规范、项目管理制度不够健全等问题，为江门市实施创新驱动发展和人才强市战略提供支持和保障。对江门市2018年市级生态宜居美丽乡村“三清理”(清理村巷道及生产工具、建筑材料乱堆乱放，清理房前屋后和村巷道杂草杂物、积存垃圾，清理沟渠池塘溪河淤泥、漂浮物和障碍物)、“三拆除”（拆除危房、废弃猪牛栏及露天厕所茅房，拆除乱搭乱建、违章建筑，拆除非法违规商业广告、招牌等）、“三整治”环境整治（整治垃圾乱扔乱放，整治污水乱排乱倒，整治电力线、电视线、通信线乱搭乱接)资金进行审计，揭示部分市（区）资金投入不足、“三拆除”任务实际进度不理想等问题，助力推进江门市乡村振兴工作。

【企业审计】 2019年，江门市审计局推进国有企业审计，对江门企业资产经营有限公司2018年度财务收支情况进行审计。揭示企业存在资产管理不规范、内部管理制度不够完善等问题。

【资源环境审计】 2019年，江门市审计局对江门市蓬江区原区长李欣立任职期间，履行自然资源资产管理和生态环境保护的情况进行审计。审计组听取蓬江区自然资源资产管理和生态环境保护相关职能部门领导干部的意见，参考江门市有关考核结果，重点抽查蓬江区自然资源资产管理和生态环境保护个别职能部门，对重要事项进行延伸和追溯。

（李嘉伟）

2019年5月14日，市委常委、常委副市长许晓雄主持召开全市审计工作会议　　（市审计局　供）

·责任编辑　李文迪·

城乡建设

国土空间规划

【概况】 2019年1月9日，江门市自然资源局挂牌成立。该局作为新组建的市政府工作部门，持续开展“大学习、深调研、真落实”活动，坚持以习近平新时代中国特色社会主义思想为指导，贯彻落实党的十九届四中全会、广东省委十二届八次全会精神，深入学习习近平生态文明思想和关于自然资源管理的重要论述，在江门市委、市政府以及省自然资源厅的正确领导下，全面加强党的建设，开展各项改革，认真推进专项工作，紧紧围绕市委市政府的工作重点，发挥职能作用，参与粤港澳大湾区建设，较好地完成了年度目标任务和各项考核任务，多项工作得到上级的肯定。包括：获得全省2018年度耕地保护目标责任考核二等奖、垦造水田和市不动产登记“六办”服务等工作受到省自然资源厅通报表彰或表扬；成功争取到新增建设用地指标212.9公顷举措受到市政府表扬；推进县域乡村建设规划和村庄规划进展位居全省前列，得到市委实施乡村振兴战略领导小组会议充分肯定；全市已建成湿地公园13个，其中国家级3个，建设成效得到新华社刊文点赞；基础测绘框架项目建设成果经中国地理信息产业协会鉴定为国内先进水平；开展产业用地政策研究并推出工业用地面积212.9公顷（102块），切实支持民营工业发展需求；向省自然资源厅争取解决历史遗留的围填海区域的利用问题，受到市委、市政府主要领导的肯定和表扬。江门市不动产登记中心党支部获“江门市先进党组织”荣誉称号；市国土测绘大队被授予江门市“青年文明号”称号。

【城乡规划编制】 2019年，江门市自然资源局推动实现“多规合一”（“多规合一”，是指将国民经济和社会发展规划、城乡规划、土地利用规划、生态环境保护规划等多个规划融合到一个区域上，实现一个市县一本规划、一张蓝图，解决现有各类规划自成体系、内容冲突、缺乏衔接等问题），提升国土空间治理体系和治理能力现代化水平，根据中央关于建立国土空间规划体系的决策部署，按照国家和省的有关要求，启动江门市国土空间总体规划（2020—2035年）编制工作。加强对主城区的规划控制，完成《江门市蓬江区篁边地段控制性详细规划》《江门市棠下镇桐井东/桐井南地段控制性详细规划》《江门市蓬江区先进制造业示范园区扩区控制性详细规划》《江门市潮连岛PJ06-E/F地段控制性详细规划》《江门高新区JH03-R地段控制性详细规划》《江门市高新（江海）区44、45、51#地段控制性详细规划》等编制。新编控制性详细规划面积13.2平方千米，主城区历年政府批准控制性详细规划（不含修改）共97项，面积203.9平方千米。编制完成并按程序批准938条行政村的村庄规划，实现辖属的三区四市需要编制村庄规划的行政村规划全覆盖，助力乡村振兴工作。

【重大项目规划研究】 2019年，江门市自然资源局完成《江门市银湖湾滨海新区城市设计及启动区控制性详细规划》《江门市主城区城市景观设计》《江门市南粤古驿道专项规划》等项目的规划研究，为重点地区建设、城市品质提升、历史文化保护等工作提供重要支持。《江门市主城区城市景观设计》规划范围580平方千米，包括蓬江区、江海区和新会区。制定江门未来一定时期城市设计工作方案、梳理城市风貌特色、塑造城市景观形象定位、确定城市景观总体形态格局。通过构建项目库，达到城市品质提升、打造城市地标和名片、提升门户形象的目标。明确不同城市地区、空间、景观等要素的设计指引和管控标准，指导建设实施。

【城乡规划实施管理】 2019年，江门市深化“放管服”改革，根据机构改革要求，下放除法定规划编制以外的规划管理权限至蓬江、江海、新会三区人民政府行使。加快推动工程建设审批制度改革，建设一流营商环境，继续深化“承诺制”“容缺审批”等改革，制定“容缺审批”配套文件和“建设工程许可承诺制标准”，推进项目落地便利化；制定“多规合一”工作实施意见和设计方案审查制度，推动全市工程建设审批制度改革。落实国家、省“多审合一”改革部署，将建设项目用地预审和选址意见书合并为“建设项目用地预审与选址意见书”一个事项办理，将建设用地规划许可和建设用地批准合并为“建设用地规划许可证”一个事项办理，并制定“建设项目用地预审意见与选址意见书”及“建设用地规划许可证”办理实施细则，精减审批事项，规范审批流程。是年，组织召开市城乡规划委员会会议3次，审议项目20项；召开环境艺术专业委员会会议9次，审议项目50项；召开控制性详细规划专业委员会会议7次，审议项目29项；召开技术协调会议4次，对涉及城乡规划管理中的104个问题给予指导。

（江门市自然资源局）

城市建设

【城市基础设施建设】 2019年，江门市城市品质提升交通水平提升行动共安排市政道路建设项目138项，重点围绕开展道路交通治堵、完善城市快速路网、道路微循环、慢行系统完善和城市停车设施建设等。建成义乌小商品城北侧道路、江门河南岸道路（半岛华庭段）工程（二期）、东区学校周边道路工程、鹤山十一号街（砚江河—过境路）道路工程、恩平新妇幼保健院门前道路等城市道路16条；完成胜利路（堤西路—迎宾路）、东华路（江华路—潮江路）、冈州大道、台山人民路、富城路沥青铺设工程、鹤山人民路（博物馆—人民医院）改造工程、恩平沿江东路道路改造工程等改建、扩建道路32条；新建釜山人行天桥二期、公园东路人行天桥等2座人行天桥；新建步行与自行车交通系统示范项目长度13.4千米；完成农林、美景、银泉、礼乐等8个片区道路微循环改造；新增公共停车位超3300个，完成育德社区停车场、汽运集团停车场、东湖公园北园区配套服务设施和三区公共停车场项目建设。

（吴少华）

【地下综合管廊建设】 2019年，江门市新建成地下综合管廊项目5个，完成8360米。其中，江侨路缆线管廊完成1180米；云沁路综合管廊完成1000米；大岗路、小范街(经华路—过境公路)道路工程管廊建设完成1830米；滨江大道鹤山延伸工程管廊建设累计完成2900米；德政路综合管廊工程完成1090米；恩平中心城区新妇幼保健院前道路建设工程完成360米。

（吴少华）

【房屋租赁管理】 2019年，江门市住房和城乡建设局完善江门市房屋租赁管理信息系统，实现全市归集运用系统实时办理、传输、查询、统计房屋租赁登记备案业务等功能，与全国联网运行，全年办理房屋租赁登记备案1162宗。

（梁晓燕）

【城市更新】 2019年，江门市按照广东省自然资源厅的部署要求，下达“三旧”改造项目（三旧分别指的是：旧城镇、旧厂房、旧村居）。新增200公顷，完成改造任务数133.33公顷的实施任务。年内，完成新增实施改造面积290.84公顷，完成省下达任务的145.42%；完成改造174.97公顷，完成率131.23%。

（江门市自然资源局）

村镇建设

【概况】 2019年，江门市村镇建设总投资达42亿元，其中村镇住宅建设投资15.49亿元，住宅竣工面积97.07万平方米，年末实有住宅建筑面积7980.87万平方米；公共建筑建设投资3.81亿元，竣工面积21.60万平方米，年末实有公共建筑面积2146.48万平方米；生产建筑建设投资12.01亿元，竣工面积100.97万平方米，年末实有生产建筑面积3496.28万平方米；市政公用设施投资11.76亿元，主要用于村镇供水、燃气、道路桥梁、排水、园林绿化和污水、环境卫生和垃圾处理工程。镇区人均住宅建筑面积50.60平方米，农村人均住宅建筑面积30.9平方米；镇区实有道路1847.69千米，道路面积1345.38万平方米，农村实有道路6908.46千米，道路面积3335.81万平方米；镇区供水普及率95.74%，农村供水普及率93.41%；镇区燃气普及率90.23%，农村燃气普及率81.72%；镇区公园绿地面积248.09公顷，人均公园绿地面积5.13平方米；全市58个建制镇镇区建成区面积19275.74公顷。

（汪　雪）

【宜居城乡建设】 2019年，江门市推动创建“江门市宜居城镇”和“江门市宜居村庄”，其中宜居城镇投入10085.59万元，宜居村庄投入4388.92万元，用于完善镇村基础设施建设。12月，鹤山市古劳镇和台山市三合镇通过验收，获得“江门市宜居城镇”称号；蓬江区棠下镇河山村、江海区外海街道办事处直冲村和礼乐街道办事处雄光村、新会区古井镇慈溪村和崖门镇坑口村、台山市四九镇白石堡村民委员会桥头村和汶村镇大担村民委员会美西村、开平市塘口镇魁草村民委员会新奎村和赤水镇涟溪村民委员会朝安村、鹤山市共和镇大凹村民委员会和址山镇昆联村民委员会、恩平市沙湖镇高园村民委员会和大槐镇河湾村民委员会下岭村共13个村获得“江门市宜居村庄”称号。

（汪　雪）

2019年6月6日，蓬江区潮连街道卢边村入选“中国传统村落”名录
（市住房和城乡建设局　供）

【传统村落】 2019年，江门市新增5个村被评为“中国传统村落”，分别为蓬江区潮连街道卢边村、台山市斗山镇横江村和端芬镇海阳村东宁村、开平市塘口镇仓前村、鹤山市龙口镇霄南村。经江门市人民政府同意，决定授予潮连街道办坦边村、新会区崖门镇京梅村、开平市马冈镇官堂村、恩平市良西镇横屋村、4个村“江门市传统村落”称号，实行挂牌保护，按照江门市传统村落5万元的标准给予补助。

（汪　雪）

【农村人居环境整治】 2019年，江门市实施“百村示范、千村创建、万村整治”工程，部署开展“三清理”（清理村巷道生产工具、建筑材料乱堆乱放；清理房前屋后和村巷道杂草杂物、积存垃圾；清理沟渠池塘溪河淤泥、漂浮物、障碍物），“三拆除”（拆除危旧房、废弃猪牛栏及露天厕所茅房；拆除乱搭乱建、违章建筑；拆除非法违规商业广告、招牌等），“三整治”（整治垃圾乱扔乱放；整治污水乱排乱倒；整治“三线”即电线、电视线、通信线乱搭乱接。）农村环境整治、“三清一改”（清理农村生活垃圾、清理村内塘沟、清理畜禽养殖粪污等农业生产废弃物和改变影响农村人居环境的不良习惯）村庄清洁行动，农村人居环境改善，全市1050个行政村、10905个自然村完成人居环境基础整治任务，80%以上村庄达到干净整洁村标准。实施农村公厕改造两年（2018—2019年）行动计划，新建及改建农村标准公厕1118座，实现每个自然村按实际需求建设1座标准化公厕的目标；农村无害化卫生户厕普及率达99.5%。建立健全“户集、村收、镇运、市（区）处理”城乡生活垃圾处理模式和“村村保洁”机制，村庄保洁覆盖面达100%。全市773个村（社区）完成雨污分流管网建设，占全市列入人居环境整治1090个村（社区）的70.9%。全面实现200人以上自然村村道硬化，938个行政村完成。全市完成938条行政村的村庄规划编制工作，实现全覆盖。

【名村示范村建设】 2019年，江门市推进1个省级示范县、7个省级示范镇、105个省级示范村开展示范创建，打造14条美丽乡村精品线路。12月14日，在海南博鳌举行的2019美丽乡村国际品牌盛典上，江门市新会区睦洲镇石板沙村荣获“2019年中国最美乡村”，新增5条村被评为“中国传统村落”、2条村被评为“广东美丽乡村特色村”。承办首届“广东十大美丽乡村、广东美丽乡村精品线路”发布会系列活动，活动中开平市塘口镇自力村入选“广东十大美丽乡村”，开平市碉楼侨乡美丽乡村精品线路入选“广东美丽乡村精品线路”。

【扶持老区和贫困地区发展】 2019年，江门市坚持精准扶贫、精准脱贫基本方略，自加压力、自定标准、自帮自扶，深入推进脱贫攻坚和对口协作工作，全市建档立卡贫困人口5097户16659人全部达到实现脱贫退出，实现“两不愁三保障一提升”目标，连续3年在全省扶贫考核中获评“好”最高等次。全市实现建档立卡贫困户基本医疗保障和重大疾病100%保障，累计建成规模以上产业或资产收益扶贫项目199个，登记备案就业扶贫点105个，在江门市中心城区万达广场搭建超3000平方米消费扶贫展示销售平台，率先在广东省开展解决相对贫困长效机制改革试点工作，初步构建统筹城乡的常态化扶贫长效机制，走在全省前列。与广西壮族自治区崇左市开展扶贫协作，累计实施扶贫项目158个，帮助贫困人口脱贫6.8万人，对口帮扶协作的4个贫困县全面达到脱贫“摘帽”标准，龙州县、大新县、宁明县实现脱贫出列，天等县各项指标达到脱贫标准。

（江门市农业农村局）

建筑业

【概况】 2019年，江门市纳入监管的房屋建筑和市政基础工程项目3612个，房屋建筑工程总面积4720.01万平方米，市政基础设施工程总长度147408延米。完成建筑业总产值316.38亿元，增长3.1%；建筑业增加值152.23亿元，增速5.6%。江门市有资质以上建筑业企业234家，其中特级企业1家；一级总承包和专业承包资质企业23家，二级68家，三级及以下142家。

（李达钊　林荣深）

【建筑工程质量】 2019年，江门市企业广东耀南建筑工程有限公司获中国建设工程鲁班奖，江门市房屋市政工程获广东省建设工程优质奖2项，广东省建设工程优质结构奖5项，广东省建设工程金匠奖1项，广东省安全生产文明施工示范工地8项；江门市建设工程优质奖22项，江门市“五邑杯”奖5项。

（林荣深）

【建筑施工安全】 2019年，江门市工程质量事故和建筑施工生产安全事故“零发生”，建筑施工安全形势总体保持稳定可控。是年，全市办理产权登记的塔吊140台，施工升降机137台，物料提升机201台；注销塔吊13台、施工升降机41台、物料提升机11台。

（林荣深）

【建筑市场管理】 2019年，江门市房屋建筑和市政建设工程招标309项，其中施工类项目共招标228项，工程招标控制价88.63亿元，中标金额85.92亿元，通过招投标节约投资2.7亿元，下浮率3.05%。是年，江门市信用登记企业3336家，其中市内企业347家，占比10%，市外建筑企业2989家，占比89.6%；开标评标平均时长缩减50%，招投标活动顺畅；招投标投诉由2016—2017年间的80宗下降到2018—2019年间的16宗，大幅下降80%，因投诉纠纷引起的重评重招项目大幅下降83.3%，政府投资项目推进顺利。信用扣分处罚数量从2018年的387项下降到2019年的130项，下降66.4%。申报创优项目97项。

（李达钊）

【勘察设计】 至2019年底，江门市共有勘察设计企业79家，其中勘察行业企业21家，建筑行业设计企业23家，市政行业设计企业9家，电力行业设计企业8家，水利行业设计企业4家，公路行业设计企业2家，另有一批专项设计单位。是年，勘察设计行业完成新签合同额5.679亿元。本地勘察设计行业从业人员共2231人，其中具有技术职称1522人，勘察设计类注册执业人员为334人次。江门市高新东路（江睦路—旧江睦路）道路升级改造工程、220千伏沙栏（海宴）变电站工程、上城嘉泰商住小区工程勘察项目分别获得2019年广东省优秀工程勘察设计奖的路桥、电力、工程勘察三等奖。

（潘锦俊）

【建筑科技】 建筑节能与绿色建筑 2019年，江门市城镇新建民用建筑全面按照一星级及以上绿色建筑标准设计和建设，年内，新增的城镇民用建筑884.45万平方米均为节能建筑，其中城镇新增绿色建筑面积649.07万平方米，占城镇新建民用建筑比例的73.39%，其中有13个项目（共201.37万平方米）取得一星级绿色建筑评价标识证书。

建筑产业化 2019年，建邦杭萧装配式建筑钢结构基地投入建设，广东松本绿色新材股份有限公司被省住房和城乡建设厅认定为广东省第一批装配式建筑产业基地（部品部件类），市装配式建筑试点项目新会骏凯豪庭二期18号楼和滨江新区启动区52号地块项目7号楼落地建设。

散装水泥 2019年，江门各级政府全面启动市主城区混凝土搅拌站优化布局并完成年度工作任务，其中7家（含蓬江4家，江海2家，新会1家）拟搬迁的混凝土搅拌站均全面铺开搬迁工作，其中新会区（1家）完成搬迁工作，蓬江（2家）、江海（1家）落实选址工作，其余3家进行选址等前期工作。

（潘锦俊）

表18

2019年江门市建筑业生产情况

区域	报送信息企业(个)	建筑业总产值(千元)	其中：			按构成分		
			装饰装修产值（万元）	在省内其他地级以上市完成的产值（万元）	在外省完成的产值（万元）	建筑工程产值（万元）	安装工程产值（万元）	其他产值（万元）
市辖区	12	108852	9844	50179	4514	97160	3380	8311
蓬江区	40	274261	335	13529	/	206496	23325	43949
江海区	10	65560	751	/	/	57789	7770	/
新会区	41	296927	1826	14400	/	266165	20499	6795
台山市	13	107782	/	/	/	57405	11902	38474
开平市	21	884124	13102	/	/	739036	26580	118507
鹤山市	21	159771	3866	/	/	137596	18920	2627
恩平市	11	115252	1754	/	/	67843	35073	12336
合计	169	2012531	31480	78108	45143	1629492	147452	231002

房地产

【概况】 2019年，江门市2次优化限购区域购房资格政策、优化商品房预售款监管、调整新建商品住房价格联动管理机制、上调普通住房价格标准等，助力房地产市场整体平稳健康发展。

（何伟明）

【房地产市场投资与销售】 2019年，江门市房地产开发投资717.45亿元，比上年增长24.8%。新建商品房批准预售面积879.26万平方米，增长5.6%。新建商品房销售面积740.62万平方米，增长1.8%，商品房销售金额577.41亿元，减少1.9%。其中，商品住房销售面积594.81万平方米，减少0.2%；销售套数53968套，增长2.7%，销售均价8060元/平方米，减少3.1%。二手房销售面积343.50万平方米，减少18.7%；二手住房销售面积290.42万平方米，减少13.4%，销售套数28754套，减少11.9%；销售均价4973元/平方米，增长15.4%。

（何伟明）

【公房管理】 2019年，江门市公房经营收入4771.29万元（其中保障性住房收入1064.36万元），比上年增长1.5%。公房修缮工程投入维修资金782万元，维修房屋2316间次。组织协调房屋管理单位开展14次安全专项检查，检查房屋11533间次，对存在问题及时整改。对各类符合优惠政策规定的188户租户减免租金15.33万元（其中保障性住房的退役军人减免79户，金额4.57万元）。

（梁晓燕）

【住宅专项维修资金】 2019年，江门市住宅专项维修资金新增交存20885.58万元，新增交存8.37万户，提取使用268.53万元，利息收入1200.91万元。期末，住宅专项维修资金账面余额123988.01万元，累计交存48.19万户。

（余策瑶）

【物业管理】 截至2019年底，江门市物业管理项目617个，物业管理建筑面积8777.81万平方米，有物业服务企业380家，物业从业人员约15384人。

（余策瑶）

【房地产市场】 2019年，江门市全力做好防范化解房地产风险工作，确保房地产市场平稳，制定《2019年江门市涉房地产问题专项治理工作方案》等系列方案。修订市区商品房预售款监管实施细则，印发《江门市工业厂房开发经营和分割销售管理的指导意见（试行）》《江门市住房和城乡建设局商品房现售管理办法》、新版《商品房预售方案》和《江门市住房和城乡建设局关于购买商品房的温馨提示》等系列政策文件，建立健全房地产长效监管机制，提升监管水平。至12月底，全市住房建设部门共检查540家房地产开发企业、455家房地产中介机构，出动检查人员1691人（次）、开展“双随机一公开”抽查76次，对8家房地产开发企业违法违规行为进行诚信扣分处理，上报省住房城乡建设厅3宗违法违规典型案例。

（何伟明）

【房地产管理信息系统】 2019年，江门市开展房屋网签备案全国联网采集工作，成为全省首个完成数据核验采集的城市，获得省住房城乡建设厅通报表扬；在全省率先探索房屋买卖合同网签备案应用电子签章功能，彻底解决房屋交易登记过程中合同反复提交问题，建立覆盖全市的新建商品房和存量房交易网签备案系统，提升对房地产市场的监测分析水平。通过运用电子签章功能，在全省乃至全国首创房屋买卖合同“云上签”模式，实现“云共享”房屋交易信息和“指尖查”合同。

（何伟明）

【房地产开发企业】 2019年，江门市有房地产开发企业571家，其中有一级资质企业1个，二级资质企业2个，三级资质企业21个，四级资质企业367个，暂定资质企业180个。

（何伟明）

【问题楼盘处置】 2019年，江门市完善处置问题楼盘联席会议工作机制，市委常委利为民、副市长林飞鸣主持召开第一次处置问题楼盘联席会议，确定首批问题楼盘处置重点清单。

（何伟明）

表19　2019年江门市新建商品房、二手房销售面积与均价情况一览表

区域	全市	蓬江区	江海区	新会区	鹤山市	台山市	开平市	恩平市
新建商品房销售面积（万平方米）	740.62	112.09	54.07	120.89	154.62	123.97	92.89	82.09
新建商品住房销售平均价格（元/平方米）	8060	11219	10356	9313	7643	7027	7400	5895
二手房销售面积（万平方米）	343.5	93.13	39.05	32.44	39.06	66.50	51.60	21.72
二手住房销售平均价格（元/平方米）	4973	6447	7272	6106	5741	2884	3139	2947

公共事业

【城市供电】 2019年，江门市电力供需基本保持平衡，电量保持增长。累计完成供电量286.11亿千瓦时，比上年增长4.59%；售电量278.17亿千瓦时，增长4.89%；最高负荷501.56万千瓦，增长10.77%。全口径客户平均停电时间3.45小时，减少0.63小时，1小时区域客户平均停电时间0.82小时，为历史最好值。综合电压合格率99.999%。综合线损率2.77%。累计报装总容量183万千伏安。

（李健玲）

·责任编辑　李文迪·

社会民生

人力资源管理

【人才引进】 2019年，江门市出台实施《关于进一步集聚新时代人才建设人才强市的意见》（即人才强市"新四十条"），制定13项个人待遇及11项企事业单位补贴等申请指南。资助企事业单位柔性引进高层次人才12人，发放资助金额39.03万元。全市新增博士后创新实践基地5家，新增引进在站博士后38人；12名在站博士后获得中国博士后科学基金面上资助，获批人数为历年最多。全市新增评定认定高层次人才783人，其中，一级7人、二级196人、三级580人。与暨南大学等省内4所高等院校签订人才供给战略合作协议，搭建人才供给平台。举办海内外高层次人才江门行活动，组织23个人才对接项目实地对接。组织开展"乐业五邑"产业人才专项招聘，打造"智汇江门"人才引育工作品牌。

【专业技术人员职称评定和继续教育管理】 2019年，江门市深化职称制度改革，成为全省首个获得工艺美术专业（传统家具）副高级职称评审权的地级市，向各市（区）下放建筑中级职称评审权，向市风景园林协会下放园林和林业专业中、初级职称评审权。全年全市通过专业技术人员职称评审2881人，其中，正高级91人、副高级1152人、中级851人、初级787人；通过职称认定2130人，其中，中级123人、初级2007人。完成2019年专业技术人员继续教育51919人，其中，市本级7617人、蓬江区8596人、江海区2883人、新会区10267人、台山市5101人、开平市7719人、鹤山市5014人、恩平市4722人。

【事业单位人事管理】 2019年，江门市直38家涉及机构改革的事业单位新完成或重新调岗位设置，分流安置职员673人。市直事业单位3631名编内人员的养老保险参保资格审核通过。开展市直事业单位各类型公开招聘会6场次，推出招聘岗位707个，聘用538人，其中，首次对江门市驻军部队随军家属进行定向招聘，聘用34人。推动江门市人民医院、江门市结核病防治所开展公立医院薪酬制度改革试点工作。

2019年9月18-19日，江门市举办2019年广东"众创杯"创业创新大赛之博士博士后创新赛暨海内外高层次人才江门行活动

（市人力资源和社会保障局　供）

【人力资源市场建设】 2019年，江门市建成公共就业服务机构298个，其中，市级人力资源市场1个，县级公共就业服务机构7个，镇（街）基层公共就业服务机构76个，社区基层公共就业服务机构214个。全市各级公共就业服务机构为各类就业群体提供免费职业指导、职业介绍、政策咨询等公共服务，定期发布用工形势分析、人力资源供求、人工成本等人力资源市场信息。

【公共就业和人才服务建设】 2019年，江门市各级公共就业服务机构开展就业援助月、南粤春暖、春风行动、民营企业招聘周、就业扶贫、粤菜师傅招聘等就业专项服务活动。全市举办现场招聘会326场，入场企业1.33万家次，提供岗位24.2万个，进场求职者18.9万人次。创新设立"首席就业服务专员"，主动服务企业。"江门市职业指导下基层活动"被评为第二届全国创业就业服务展示优秀项目。高标准运营全市首家人力资源服务产业园，入驻优秀人力资源服务机构20家，为1.32万家企业提供服务，引进和服务对象60.63万人。

【人事考试】 2019年，江门市人力资源和社会保障局完成公务员招考、专业技术资格考试、市直事业单位职员招聘等考试工作，报名人数超过4.6万人次。其中，招考公务员471人，报名人数19050人，面试人数1592人（湛江考生）；设置二级建造师、计算机水平考试等8项专业技术考场，开展专技考试，报名人数15916人次；完成江门市事业单位定向招聘随军家属笔面试等专项人事考试，总报考人数7451人；首次在人事考试面试中采用"无纸化"面试形式，完成3项"无纸化"面试，共990人。

【留学归国人员创新创业项目评审】

2019年，江门市人力资源和社会保障局开展留学归国人员创新创业资助项目考核，组织行业专家对2017年和2018年受资助项目进展情况进行考核，发放2017年项目第三期资助资金和2018年项目第二起期资助资金，82万元。支持留学归国人员申报国家和省人才项目，其中1家企业入选人力资源和社会保障部2019年度“最具成长潜力的留学人员创业企业”名单。

劳动就业

【就业创业】 2019年，江门市城镇新增就业47118人，城镇失业人员再就业31953人，就业困难人员实现就业2885人；城镇登记失业率为2.12%，控制在3.2%以内；发放各项就业创业补贴1.14亿元，惠及用人单位5289家、劳动者5万多人。成立江门市就业工作领导小组，加强对全市就业工作的组织领导和统筹协调。出台《关于进一步促进就业工作有关补贴事项的实施办法》《江门市关于加强港澳青年创新创业基地建设实施方案》《关于返乡创业孵化基地认定建设实施办法》等政策，完善具有江门特色的“1+1+N”就业创业政策体系。举办“乐业五邑”江门市创业创新大赛、创客素质提升班、就业创业大讲堂等系列活动，打造“乐业五邑”就业创业工作品牌。从失业保险基金中安排1.58亿元用于设立创业担保贷款担保基金和贴息支出。高标准运营珠西先进产业优秀人才创业创新园，入驻孵化企业9家。

【职业技能培训】 2019年，江门市新增技能人才1.5万人，技能人才总量达47.73万人；新增国家级技能大师工作室1家、省级粤菜师傅培训基地和大师工作室各3家。推进“广东技工”工程，江门市新会高级技工学校升格为全省首家县级技师学院；江门市技师学院与德国莱茵TÜV集团建成大中华地区唯一的国际焊接人才培训认证基地，与中德诺浩公司合作建立广东首个“广汽新能源高技能人才培养基地”；推广“企校双制、工学一体”的新型学徒制，全市26家企业1076名职工开展新型学徒培训；出台推进高技能人才队伍建设新政及13项配套补贴政策；成立覆盖全行业、全工种的江门市工匠协会；组织参与技能竞赛，获得国家级技能竞赛奖项28个、省级奖项120个。深入实施“粤菜师傅”工程，制作五邑风味菜标准教材，建立江门特色“粤菜师傅”职业资格评价、专项职业能力考核等多层次评价体系，3202人获证；培训“粤菜师傅”5108人，其中在广西崇左、四川甘孜培训粤菜师傅554人；成立江门市“粤菜师傅”工程咨询委员会，建立“粤菜师傅”研修院、研修工作站、培训点多类载体；实施粤菜师傅就业创业“彩虹计划”，对“五邑菜系”美食项目创办餐馆给予最高10万元的创业扶持补贴；举办新会陈皮与美食文化全球分享交流会、世界名厨之乡（开平）授牌仪式暨美食嘉年华等大型主题活动。实施“南粤家政”工程，创新建立全省首家江门“南粤家政”服务产业园，首期入驻项目10个；培训家政服务人才5174人次，开展技能鉴定4687人，获证3050人；探索与香港安老协会开展“雇主对接+培训服务”合作，13人通过香港专业评价考核；与澳门联合开展妇婴护理“一试两证”技能人才评价，首批27名学员通过评价；输出港澳地区的家政、养老护理人员156名。

【劳动关系协调】 2019年，江门市人力资源和社会保障局组织开展2018年度全市企业劳动保障信用评级，评定并向社会公布AAA级用人单位259家、AA级用人单位276家、A级用人单位1886家。

【劳动者权益保障】 2019年，江门市办理劳动监察案件156件，其中涉及欠薪案件130件，为4888名劳动者追回工资等待遇3898.81万元；移送涉嫌拒不支付劳动报酬罪案件55件，涉及劳动者2470人，涉及金额2385.21万元。严格落实重大劳资案件处理社会公开和拖欠农民工工资“黑名单”制度，集中向社会公布存在重大劳动保障违法行为的用人单位信息2家，对10家拖欠农民工工资用人单位进行认定并列入“黑名单”，实施多部门联合惩戒违法用人单位，形成严厉打击恶意欠薪等违法行为的高压态势。

（江门市人力资源和社会保障局）

社会保险

【概况】 截至2019年年底，江门市参加基本养老保险300.95万人；是年，全市城镇单位在岗职工月平均工资5948元，四项社会保险基金总收入为105.82亿元，总支出111.37亿元，当期赤字5.55亿元，滚存结余115.32亿元，结余基金均按规定存放于各银行专户。

【城镇职工基本养老保险】 2019社保年度（2019年7月至2020年6月）江门市参加城镇职工基本养老保险（含离退休人数）148.03万人，其缴费基数上限为19014元，缴费基数下限为3376元，单位缴费比例为13%、个人缴费比例为8%。企业职工基本养老保险基金总收入86.77亿元，其中，征缴收入81.74亿元、其他收入1.01亿元、利息收入3.19亿元、转移收入0.83亿元；基金总支出92.93亿元，其中，待遇支出89.59亿元、转移支出1.29亿元；当期赤字6.16亿元，滚存结余74.77亿元。2019年年底，全市参加城镇职工基本养老保险的离退休人员为35.09万人，比上年末增加1.98万人，抚养比为2.64：1；1月

1日起调整企业退休人员基本养老金，基本养老金人均增加157.31元，调整后全市企业退休人员月人均基本养老金达2131.82元；全年平均养老金2205.19元/人·月（含暂停人员和高龄津贴），平均替代率为37.07%。是年，江门市企业职工基本养老保险个人账户记账利率是7.61%。企业职工基本养老保险视同缴费账户记账利率12.27%。全年全市企业离退休人员养老金社会化发放率达100%。开展异地联网待遇资格认证业务8694笔，比上年增加1837笔，增长26.8%。2019年，全市办理企业职工基本养老保险转移接续16407人次，转移金额23795.27万元，其中办理转入7825人次，转入金额9728.3万元，转出8582人次，转出金额14066.97万元。办理失业保险转移接续4931人次，其中办理转入2589人次，转出2342人次。其中，全市办理企业职工基本养老保险与城乡居民养老保险制度衔接15人次，转移金额12.70万元。办理军人基本养老保险与职工养老保险制度衔接1133人次，转移金额3513.37万元。

【城乡居民基本养老保险】 2019社保年度（2019年7月至2020年6月），江门市参加城乡居民基本养老保险（含长期领取待遇人数）152.92万人，其缴费筹资标准为150元/人•年～3660元/人•年（蓬江区、江海区、新会区、鹤山市为230元/人•年～3740元/人•年），其中，个人缴费120元～3600元、低缴费档次（120元～360元）各级财政补助30元（蓬江区、江海区、新会区、鹤山市110元）、高缴费档次（480元～3600元）各级财政补助60元（蓬江区、江海区、新会区、鹤山市140元）。城乡居民基本养老保险基金总收入14.00亿元，其中，征缴收入1.51亿元、财政补助收入11.99亿元、利息收入0.50亿元；基金总支出12.38亿元，当期结余1.62亿元，滚存结余21.52亿元。城乡居民基本养老保险符合领取长期待遇条件的人员（含被征地农民）56.60万人，比上年末增加0.35万人；按照省的统一部署，从1月起，江门市城乡居保基础养老金最低标准从原来的148元/人·月提高到170元/人·月。调整后，蓬江区、江海区、新会区、鹤山市基础养老金标准为195元/人·月；台山市、开平市、恩平市基础养老金标准为170元/人·月。全年平均养老金190.34元/人·月。城乡居民基本养老保险个人账户利率1.5%。

【失业保险】 2019社保年度（2019年7月至2020年6月）江门市参加失业保险89.04万人，用人单位应以参加失业保险的职工的缴费工资之和、职工以本人工资为基数缴纳失业保险缴费。失业保险用人单位缴费从2018年1月1日起实行浮动费率，基准缴费费率用人单位为0.8%，个人缴费费率为0.2%。1—9月，用人单位费率根据用人单位前五年平均失业申领率分为三档，分别为一档0.48%，二档0.64%，三档0.8%；2019年10月起，根据阶段性调整失业浮动费率实施办法的要求，用人单位费率调整为一档0.32%，二档0.48%，三档0.8%。失业保险基金收入2.42亿元，其中，征缴收入1.78亿元，利息收入0.63亿元、上级补助收入0.01亿元；基金总支出2.84亿元；当期赤字0.42亿元，滚存结余14.76亿元。是年，全市领取失业保险金达1.62万人，失业保险金标准为1395元/月；领取一次性失业保险金5484人，人均2804.88元；失业保险基金为失业人员缴纳职工基本医疗保险费8.06万人次，人均缴纳医疗保险费1月为309.9元/月，2—12月为262.88元/月。

【工伤保险】 2019社保年度（2019年7月至2020年6月）江门市参加工伤保险101.15万人。全市用人单位按照本单位职工工资总额为基数缴纳工伤保险费，缴费费率按用人单位的行业风险类别分为八类，一类至八类行业的基准费率由低到高分别为各用人单位职工工资总额的0.2%、0.4%、0.7%、0.9%、1.0%、1.2%、1.3%、1.4%。5月1日至6月30日，江门市各参保单位工伤保险费率由从1月1日起执行的“统一阶段性下调20%段调整为“统一阶段性下调50%段。2019年7月1日至2021年4月30日，江门市各参保单位工伤保险费率按江人社发〔2016〕180号执行浮动费率的基础上，统一阶段性下调50%。工伤保险基金总收入2.63亿元，其中，征缴收入1.30亿元，利息收入0.19亿元、上级补助收入1.15亿元；基金总支出3.22亿元；当期赤字0.59亿元，滚存结余4.27亿元。是年，全市办理工伤保险待遇报销6244人，享受伤残待遇5582人(其中，1～4级伤残147人，5～6级伤残34人，7～10级1808人，未达到或未评定伤残等级人数3593人)，因工死亡64人，供养亲属598人。平均一次性伤残补助金32534.62元/人、伤残津贴2871.66元/人次、生活护理费2172.42元/人次、供养亲属抚恤金1251.66元/人次、一次性工亡补助金标准为78.50万元/人，工伤保险基金先行支付待遇32人次，费用152.19万元。

（邓　勇）

【基本医疗保险】 2019年，江门市城乡居民参加医保一档财政补助标准提高到520元，个人缴费标准为每人每年336元。用人单位缴费费率下调至5.5%，职工个人缴费费率保持2%不变。从2019年2月1日起，职工身份参加基本医疗保险一档、二档最低缴费基数下调至3505元。住院年度最高支付限额城乡居民为54万元，职工为64万元；普通门诊在基层定点医疗机构支付比例为70%；特定病种门诊补助最高可按住院费用结算方式由基金按规定支付，不设起付标准。落实对困难群体大病保险倾斜政策，其中建档立卡的贫困人员、最低生活保障对象大病保险起赔标准下降70%，基金赔付比例提高10个百分点；特困供养人员大病保险起赔标准下降80%，基金赔付比例提高20个百分点，且上述人员大病保险不设最高赔付限额。

【生育保险】 2019年7月1日，江门市将生育保险缴费费率由0.8%降低至0.5%。并在12月将生育保险和基本医疗保险合并实施，生育保险基金并入基本医疗保险（一档和二档）基金，不再单列生育保险基金收入，在职工医保统筹基金待遇支出中设置生育待遇支出项目。

（余恒亮）

医疗保障

【概况】 2019年，江门市政府整合原人社、卫计、民政、发改等部门的医疗保险、生育保险管理监督、医疗救助、医疗服务定价、药械采购等职责，新组建江门市医疗保障局，统一管理全市医疗保障工作。截至是年底，全市基本医疗保险参保人数391.36万人，其中职工基本医疗保险141.93万人，城乡居民基本医疗保险249.43万人。生育保险参保人数93.62万人。全市基本医疗保险、生育保险基金运行平稳，职工基本医疗保险基金收入45.57亿元，支出43.83亿元，当期结余1.75亿元，历年累计结余37.41亿元；城乡居民基本医疗保险基金收入22.32亿元，支出21.85亿元，当期结余0.47亿元，历年累计结余17.72亿元；生育保险基金收入1.87亿元，支出2.05亿元，当期赤字0.18亿元，历年结余1.35亿元。

【医疗救助】 2019年，江门市医疗救助与基本医疗保险、大病保险实现省内和跨省“一站式”联网结算，为困难群体提供更加便捷医疗保障服务。是年底，修订出台《江门市人民政府关于印发江门市医疗救助办法》，明确最低生活保障家庭成员医疗救助比例统一按照90%，年度最高救助限额统一为10万元；特困供养人员医疗救助比例统一按照100%，年度最高救助限额统一为12万元。低收入家庭成员医疗救助比例统一按照80%，因病致贫家庭重病患者和县级以上人民政府规定的其他特殊困难人员的医疗救助比例统一按照70%，上述人员医疗救助年度最高救助限额统一为8万元。

【医保精准扶贫】 2019年，江门市医疗保障局创新建立“2+3”医保扶贫体系，对精准扶贫对象100%实施医疗保障精准扶贫。即基本医疗保险和大病保险“两重医保”以及医疗救助、二次医疗救助、医疗保险精准扶贫托底救助“三重救助”。其中，基本医疗保险公平普惠。大病保险对建档立卡的贫困人员、最低生活保障对象、特困供养人员降低起付标准，提高保险比例，不设最高支付限额。医疗救助对特困供养人员和孤儿救助比例达到100%，最低生活保障家庭成员救助比例达到80%以上，低收入家庭成员、因病致贫家庭重病患者和其他特殊困难人员救助比例达到70%以上。二次医疗救助对救助对象自付医疗费用在2000元或以上的，给予不低于80%的二次医疗救助。医疗保险精准扶贫托底救助对精准扶贫对象在年度内发生的住院和特定病种门诊医疗费用，经基本医疗保险、大病保险、医疗救助支付后，剩余部分给予全额资助。

【医保付费】 2019年，江门市医疗保障局以完善医保支付方式改革为切入点，集中资源和力量，研究推出有针对性的改革措施。一方面是重新编制病种和医疗机构系数。以全市所有定点医疗机构近三年来的病历首页和结算数据为测算依据，重新编制江门市病种分值库，对照江门市疾病谱对病种库进行扩容，由原来的4646组增加至6136组，增幅32%。同时按照分级诊疗的原则，设置783个基层病种组并实施同病同价，引导基层病种在社区和乡镇医治，对常见病种细分为普通病种组和重症病种组，大幅提升疑难和危重症病种分值，鼓励二级以上医院对疑难危重症患者的救治。采用等级系数法叠加权重指标，重新编制科学合理、公开透明、激励引导的医疗机构系数。另一方面是开展基金总额预算管理。将区域总额预算管理和病种有机结合，通过宏观的区域总额预算控制全市医疗费用增长边界，同时又不限定各医疗机构的医疗费用发展边界，尊重医疗机构的管理权。各医疗机构客观获得的分值将总额控制与结算方式同步到位，实现“按劳分配、优劳优得”，有效避免医保原有总额控制分配简单粗暴的“一刀切”。

【药品招标采购】 2019年，江门市医疗保障局推行医疗机构药品在广东省药品电子交易平台集中采购和跨区域联合集中采购（深圳GPO平台）相结合的新机制，扎实开展药品跨区域联合招标采购工作。全市药品跨区域联合集中采购项目分两批上线1562个品规。其中，第一批上线药品目录数为480个、第二批上线药品目录数为1082个。全市122家医院加入药品跨区域联合集中采购项目，采购金额33152.33万元。

【医疗服务价格管理】 2019年，江门市医疗保障局认真落实省对医疗服务价格调整政策效果评估要求，统一全市公立医疗机构价格体系，科学合理开展对公立医疗机构因取消药品和耗材加成后合理收入减少的补偿工作。其中，公立医疗机构取消药品加成所减少的合理收入，通过调整医疗服务价格补偿80%，医疗机构自我消化10%，财政补助10%。取消医用耗材加成所减少的合理收入，全部通过调整医疗服务价格予以补偿。

（余恒亮）

社会保障

【残疾人补贴】 2019年，江门市民政局完成残疾人两项补贴提标扩面和资金补发，提标后实现困难残疾人生活补贴1980元/人/年、重度残疾人护理补贴2640元/人/年标准。将三级、四级智力、精神残疾人纳入重度残疾人护理补贴范围，提高残疾人生活水平，扩大政策覆盖率。全年向全市10068名困难残疾人、40101名重度残疾人和非重度（三级、四级）智力、精神残疾人发放“两项补贴”1.2亿元。

（李嘉华）

【高龄津贴】 2019年，江门市发放高龄津贴5505.15万元，其中向80至89周岁老人发放津贴3388.34万元、向90至99周岁老人发放津贴1997.53万元、向100周岁以上老人发放津贴119.28万元。

（徐国华）

【养老服务体系建设】 截至2019年年底，江门市登记备案并正常运营的养老机构98家，居家养老服务设施2558个，各类养老床位29550张；全市连续三年实施养老机构服务质量提升工程，养老服务质量持续提升，新增8家省星级养老机构，24家省星级养老机构，数量位居全省第二。深化养老服务“放管服”改革，新增运营养老机构5家，提供养老床位1200张。继续推动“一区市一品牌”长者食堂建设，各市（区）创建当地长者食堂品牌，全市新增长者食堂15家，累计建成45家，实现各市（区）中心城区长者食堂建设全覆盖，其中蓬江、江海和新会三区实现镇（街）全覆盖。江门市长者食堂建设“老年人舌尖上的幸福”项目获评2019年市直机关管理创新社会服务创新类表扬项目。大力推进医养结合，建立全市医养结合人才实训基地，举办全市首期医养结合人才培训班，95家养老机构通过不同形式提供医疗服务。主动融入大湾区养老体系，加强与澳门社会福利事务交流互访。

（徐国华）

【儿童福利服务体系建设】 2019年，江门市孤儿集中供养标准提高至1990元/人·月、分散供养标准提高至1240元/人·月，分别高于省定最低标准305元/人·月和215元/人·月。印发政府规范性文件《江门市关于加强困境儿童保障工作的实施方案》，从生活、医疗、教育、监护、福利、救助、服务等7个维度加强困境儿童保障工作。推进未成年人救助保护体系建设，打造鹤山市未成年人救助保护机构能力建设省级试点。强化服务队伍教育培训，举办全市首期儿童服务队伍培训班。加强困境儿童关爱帮扶，江门市慈善会联动市检察院等探索设立“护苗帮教基金”入选全国检察机关推动加强和创新未成年人保护社会治理十大典型案（事）例。

（骆慧晶）

【福利公益金管理】 2019年，江门市销售各类福利彩票70286万元，筹集福利彩票公益金21277万元，其中上缴中央、省公益金13685万元，全市提留公益金7592万元。其中，江门市本级提留2219万元、蓬江区提留1461万元、江海区提留433万元、新会区提留1070万元、台山市提留507万元、开平市提留868万元、鹤山市提留731万元、恩平市提留303万元。

（李龙鑫）

【福利彩票发行】 2019年，江门市销售福利彩票7.02亿元，完成省任务率为126.9%，完成率在珠三角排名第一，总销量位列全省第八位。全市总体市场份额56.7%，同比增长3.9%，占据市场主导地位。为江门市筹集福彩公益金7592万多元，代缴中奖个人偶然所得税近1100万元，取得良好经济效益和社会效益。

（路运通）

【慈善事业】 2019年6月27日，2019年“广东扶贫济困日”活动在市政府小会堂举行，主题为“决战脱贫攻坚，助力乡村振兴”，全市募集认捐善款折合人民币1.85亿元，高于2018年募捐水平；11月10日，慈善公益15周年主题活动在江门万达广场举办，主题为“慈善公益15载大爱传承暖侨乡”，深化江门市“慈善＋互联网＋政府＋企业＋志愿者＋运动＋N”的联动模式，融合慈善定向赛、慈善公益15周年主题展廊、公益书画展、慈善义卖等活动，现场超1500名参与者共同参与见证；截至是年底，全市建立公益慈善类社会组织205家，初步建成市、市（区）、镇（街）、村（社区）四级联动慈善援助网络。

（凌仕麒）

【收养登记】 2019年，江门市办理收养登记30件、其中市本级办理收养登记9件。全市办理解除收养登记1件。

（徐国华）

【城乡居民最低生活保障】 2019年，江门市实施低保提标。提标后，全市城乡最低生活保障标准统一提高至850元/人·月。城镇低保补差水平不低于低保标准75%，即637.5元/人·月；农村低保补差水平不低于低保标准50%，即425元/人·月。继续落实分类施保政策，加大特殊群众精准救助力度。是年，全市有低保对象16222户30677人，发放低保金20978.83万元，城镇低保补差722元/人·月，农村低保补差527元/人·月，分别比上年提高51元和49元。各市（区）低保标准和补差均超过省最低标准，实现低保应保尽保。

（贾兴溥）

【特困人员供养】 2019年，江门市特困供养人员基本生活标准为城乡最低生活保障标准的1.6倍，即16320元/年。全市有特困供养人员9400人，发放特困供养金15229.85万元。12月，印发《江门市民政局江门市财政局关于特困人员照料护理工作实施办法》，规范特困人员护理经费的统筹使用，落实镇（街）专职工作人员实施特困人员生活自理能力评估，由特困供养服务机构兜底实施特困人员护理，以保障特困人员照料护理工作的落实。

（贾兴溥）

【流浪乞讨人员救助】 2019年，江门市各救助站（点）救助流浪乞讨人员3632人次(站内救助3193人次，街面救助77人次)，其中未成年人80人次，精神障碍人员292人次、智力残疾人员17人次，护送返乡194人次，救助救治支出1174.45万元。所有受助人员均得到及时、妥善的救助，没有发生任何安全责任事故；落实流浪精神障碍人员寻亲安置工作，及时发布无身份信息人员寻亲公告，报请公安部门采集比对DNA数据和进行人脸识别，并通过“今日头条”“宝贝回家”等公益平台拓宽寻亲途径。全年全市救助并护送返乡流浪精神障碍人员124人次；11月，召开江门市区流浪乞讨人员救助管理工作协调会，对市区长期滞留流浪乞讨人员入户安置和流浪精神障碍患者救治达成统一意见，形成《江门市区流浪乞讨人员救助管理工作协调会会议纪要》。

（贾兴溥）

【棚户区住房改造】 2019年，省住房城乡建设厅下达给江门市政府的保障性安居工程计划任务是：棚户区住房改造基本建成189套；发放城镇住房保障家庭租赁补贴120户。截至年底，江门市棚户区住房改造基本建成215套，完成率113.8%；发放租赁补贴378户，完成率315%。

【住房保障资金】 2019年，江门市保障性住房建设投入资金8498万元，其中，中央补助资金758元，省级补助25万元，财政及其他资金7715万元。

【住房调整保障范围】 2019年，江门市持续放宽公共租赁住房的申请资格，其中，江门市区符合申请公共租赁住房的家庭（含外来务工人员）月人均可支配收入提高至2660元以下，新就业无房职工个人月人均可支配收入提高至4256元以下；青年医生、青年教师、公交司机、环卫工人家庭月人均可支配收入提高至4256元以下。符合申请廉租住房家庭的月人均可支配收入由1600元以下上调至1700元以下，降低住房保障准入门槛，扩大住房保障覆盖面。

【住房保障分配管理】 2019年，江门市政府投资建设的公共租赁住房以公开摇珠方式进行，全年全市举行公共租赁住房分配16批次，新增分配860套，解决已符合申请资格困难家庭的需求。对入住公共租赁住房的家庭实行定期资格审查，对审查不通过或不参加审查的租户取消住房保障资格，全年全市清退414户不符合保障资格的家庭。

【公房管理】 2019年，江门市公房经营收入4771.29万元（其中保障性住房收入1064.36万元），同比增长1.5%。公房修缮工程投入维修资金782万元，维修房屋2316间次。组织协调房屋管理单位开展14次安全专项检查，检查房屋11533间次，对存在问题及时整改。对各类符合优惠政策规定的188户租户减免租金15.33万元（其中保障性住房的退役军人减免79户，金额4.57万元）。

（黄天丽 梁晓燕）

【住房公积金】 2019年，江门市缴存住房公积金53.61亿元，当年新开户单位728家，新开户职工6.14万人。全年15.16万人提取住房公积金45.69亿元。全年发放个人住房贷款5258笔，16.18亿元。全年实现住房公积金增值收益15504.36万元。

（高雅芝）

民　政

【社会组织登记管理】 截至2019年年底，江门市两级民政部门依法登记社会组织3548家，其中社会团体2421家、民办非企业单位1124家、基金会3家，其中，是年新成立登记社会组织117家；是年，全市应年检（年报）社会组织3431家，已年检（年报）社会组织2130家；在促进社会组织健康有序发展工作中，评选出江门市照明电器行业协会等12家社会组织为“江门市社会组织品牌社会组织（第一批）”和江门市房地产行业协会等10家社会组织为“江门市品牌社会组织创建试点单位（第二批）”；排查出涉嫌非法社会组织10家，全部依法依规处置完毕，其中引导登记3家、劝散4家、自行解散3家。

（陶　飞）

【婚姻登记】 2019年，江门市办理婚姻登记33884对，其中结婚登记24777对、离婚登记9107对。婚姻家庭辅导服务实现江门地区全覆盖。根据《广东省民政厅关于做好全省婚姻登记机关形象标识运用工作的通知》要求，推动全省统一标志在婚姻登记处普遍使用。是年，蓬江区、江海区、台山市、开平市、鹤山市、恩平市婚姻登记处已按要求悬挂全省统一的婚姻登记机关形象标志，新会区预计在2020年完成。开展全市婚姻登记员业务培训，实地参观广州市白云区婚姻登记处，学习借鉴婚姻登记工作宝贵经验和成功做法。邀请广东省婚姻家庭建设协会专家到广州为婚姻登记员进行集中授课培训，提高江门市婚姻登记员业务水平，强化道德教育，提升职业素质。

（李嘉华）

【殡葬事业】 2019年，江门市火葬区遗体火化率保持100%，户籍人口死亡数为28563人，应火化遗体28300具，实际火化遗体28300具。台山市的上川岛、下川岛土葬改革区土葬遗体263具；深入开展开展违法违规私建“住宅式”墓地等突出问题专项摸排及殡葬领域突出问题专项整治“回头看”行动，江门市暂未发现有违法违规私建“住宅式”墓地的情况；认真做好清明节法定假期群众祭祀活动有关工作，制定相关安全保障工作方案和应急预案，市民政局牵头有关部门设立清明节工作值班室，各殡葬服务单位竭力做好有关服务工作。清明节期间，全市安全地度过清明祭扫高峰，无发生重大突发事件；殡仪馆、公墓管理规范。全市殡仪馆火化遗体30585具，馆经营总收入13041万元，利润1350万元。免除殡葬基本服务费27805件，折合金额2958万元。全市9个经营公墓销售穴位2341穴；依法办理华侨及中国香港、中国澳门、中国台湾同胞遗体入粤回乡安葬18具，骸骨（骨灰）2个；经济总收入达7670万元，纯收入1699万元；年提取护墓基金370万元。全市143个公益性墓地、生态墓地、骨灰楼（堂）2019年安放骨灰12122个，解决遗体火化后骨灰存放问题。

（房江骅）

【社会工作】 2019年，江门市有社会工作服务组织118家，其中江门市直21家，蓬江区18家，江海区11家，新会区17家，台山市10家，开平市16家，鹤山市13家，恩平市12家。取得社会工作者职业水平资格证书4080人，其中助理社会工作师（初级）3441人，中级社会工作师639人。举行“追梦新征程，社工在行动”为主题的第八届侨乡社工宣传周启动仪式，展示侨乡社工风采，提升社会工作的社会认知度及认同度；开展全国社会工作者职业水平考试考前培训，近2000人次参训，是年度报考人数3237人，比上年增加300余人，555人通过全国社会工作者职业水平考试，全市持证社会工作者达4080人。开展社会工作者继续教育培训75期，约5000人次参训。优秀社工人才辈出，全市有2家机构的社工服务案例获得2019年度广东省社会工作优秀案例；根据省民政厅“双百镇（街）社会工作服务五年计划”的要求，在全市建立第二批“双百计划”社工服务站17个，设置78个岗位招聘一线社工进驻服务点，落在村居，扎根基层，为民政服务对象提供服务，开展专业社会工作。

（杨嘉欣）

【基层政权与社区建设】 2019年，江门市江海区全面铺开全国农村社区治理实验区建设，以“三社联动”为主线，探索农村社区治理新模式，营造共建共治共享的社会治理格局，取得较好的成效。12个试点村（社区）已全部完成建设，村村都有社区治理的“招牌菜”，创出许多立得住、叫得响、可复制、可推广的好经验，获民政部主管的时政刊物《乡镇论坛》《中国社区报》和《江门日报》等媒体报道宣传。12月30—31日，民政部专家组到江海区开展实验区中期评估，实验区建设获专家组充分肯定；蓬江区推动“1+N”多方主体参与社区治理获“2018年度广东省城乡社区治理创新经验”，新会区打造社区治理“三二一”模式入选提名项目；部署全面修订村规民约和居民公约工作。截至年底，全市修订完善村民民约和居民公约完成率为92%，超额完成省提出完成60%的目标任务；在全市选树10位“最美社区工作者”，充分发挥典型引路、示范带动作用，提升广大社区工作者的身份认同和社会尊崇感。

（冯颖冰）

民族宗教

【概况】 2019年，江门市民族宗教工作以习近平新时代中国特色社会主义思想为指导，深入贯彻落实习近平总书记关于民族宗教工作的重要论述和中央民族工作会议、全国宗教工作会议精神，增强“四个意识”、坚定“四个自信”、做到“两个维护”，以民族团结进步创建和宗教活动场所“四进”为抓手，依托统一战线工作领导小组机制，贯彻落实党中央关于民族宗教工作决策部署的教育培训和以民族大团结、宗教中国化为重点的少数民族群众及信教群众宣传引导工作，确保民族宗教领域和谐稳定。

【民族事务】 2019年，中共江门市委统战部印发《关于做好2019年民族团结进步创建活动“六进”工作的通知》，推动民族团结进步创建工作在全市铺开。各市（区）及市直属有关单位确定创建示范点42个。台山市教育局、新会区会城街道同德社区、江门幼儿师范学校等3个单位被广东省民族宗教委员会命名为第二批全省民族团结进步创建示范单位；9月，江门市培英高级中学被国务院表彰为全国民族团结进步模范集体；利用网站、报纸、电视台、微博、微信公众号、手机短信等方式开展宣传教育，加深广大干部群众对民族宗教政策和法律法规的理解。通过举办专题培训班，专题辅导、印发宣传资料，宣传党和国家民族宗教政策法规，营造各民族团结和谐的良好氛围；以春节、中秋节等重大节日为契机，以上门走访、召开外来少数民族代表座谈会等方式，了解少数民族群众在江门市的生产生活状况。开展少数民族进城务工人员语言文化政策培训，帮助经商务工的外来少数民族群众提升国家通用语言使用能力、加强对党的民族理论与政策法规的理解，促进各族群众交往交流交融。

【宗教事务】 2019年，中共江门市委统战部指导全市70处宗教活动场所以“四进”工作为契机，通过在场所内悬挂国旗、张贴社会主义核心价值观宣传标语、挖掘宗教教义教规中与社会主义核心价值观相一致的内容等方式，深入践行社会主义核心价值观，弘扬中华优秀传统文化，增强宗教教职人员及信教群众的爱国主义情怀和遵法守法意识；将平安宗教活动场所创建工作纳入综合治理考评。结合风险点危险源排查治理等专项工作，做好全市70处宗教活动场所的规范管理工作。加强对市直属宗教场所的监督检查，联合消防部门举行市直属宗教活动场所消防演练，指导各市（区）民族宗教工作部门联合安全监督、消防等部门对场所开展安全检查，发现安全风险隐患及时督促整改治理，为场所安全提供有力保障；通过举办培训班、走访慰问和加强临时礼拜点监管等方式在宗教界人士中深入开展培育和践行社会主义核心价值观的活动，提高宗教界人士对坚持宗教中国化重要性的认识。7月，在贵州举办全市宗教界代表人士“爱国爱教”培训班，引导宗教界人士践行社会主义核心价值观，坚持用中国优秀传统文化浸润宗教，推进全市宗教中国化工作进程。加强对天主教、基督教人士的走访慰问，引导他们正确看待宗教活动场所“四进”工作，自觉主动地在宗教活动开展中向信教群众加强爱国主义教育，推进宗教中国化工作进程；做好佛教和道教商业化问题治理工作。针对滥塑大型露天宗教造像、投资承包佛教道教活动场所、假借佛教道教名义聚敛钱财等商业化问题开展排查治理，推进佛教道教活动场所开展“文明敬香”活动。督促指导市佛教协会、市道教协会发挥团体作用，及时召开专题会议开展学习和自查自纠，推进佛教道教活动场所规范化管理，全年依法整治宗教领域存在的突出问题。及时对主教府进行维修。做好基督教领域工作，指导江门市区基督教三自爱国会和江门市区基督教协会做好换届工作，加强宗教团体建设。做好伊斯兰教工作。加强伊斯兰教临时礼拜点管理，做好开斋节、古尔邦节等节日的现场秩序维护，引导现场300名穆斯林群众有序开展活动；引导全市宗教界发扬“一方有难，八方支援”的传统美德和人道主义精神，开展扶贫济困、慰问孤寡老人、助学和休渔放生等各种慈善活动，筹集善款50万元。

2019年7月8—12日，江门市民族宗教事务局在贵州省举办江门市宗教界代表人士爱国爱教专题培训班，带领全体学员参观　　（市委统战部　供）

【江门市佛教协会】 2019年，江门市有佛教宗教活动场所19处，备案宗教教职人员96人。释印弘任江门市佛教协会会长。江门市佛教协会加强爱国爱教的培训学习，以坚持爱国爱教为大方向，组织全市佛教界参加爱国主义和社会主义教育，提高僧众素质；开展慈善公益活动，全年开展扶贫助困、慈善捐款47万元。

【江门市道教协会】 2019年，江门市有道教宗教活动场所3处，备案宗教教职人员13人。刘嗣传任江门市道教协会会长。江门市道教协会依法加强对道教场所管理，重视团体领导班子建设，组织骨干参加各类学习培训班，提高道教骨干人员的理论水平和综合素质；向群众推广武当太极拳，带动道教养生文化和太极拳走出道观；开展扶贫助学、探访特困户等慈善活动，全年捐款4万元。

【江门市天主教教会、爱国会】 2019年，江门市有天主教宗教活动场所12处，宗教教职人员17人，主教、神父与执士各1人，修女12人。梁建森是天主教江门教区主教、江门市天主教爱国会主席。江门市天主教爱国会和江门市天主教会引导全市天主教教职人员和天主教信徒坚持独立自主自办教会的方针政策，重视做好圣诞节、复活节、圣神降临节、圣母升天节四大节日的安全工作，开展场所安全检查。

【江门市基督教“三自”爱国会、江门市基督教协会】 2019年，江门市有基督教宗教活动场所36处，宗教教职人员47人。何爱兰任江门市基督教“三自”爱国会主席，梁敏坚任江门市基督教协会会长。江门市基督教“三自”爱国会和江门市基督教协会加强“三自”爱国运动的宣传教育，带领基督教界走“三自”爱国道路；组织信徒参加扶贫济困，关怀弱势群体的慈善活动；指导各市（区）开展教务活动，做好团体换届工作。2019年11月16日，江门市区基督教“三自”爱国会和江门市区基督教协会完成换届工作。

（中共江门市委统战部）

·责任编辑　李文迪·

科学技术

综　述

【概况】 2019年，江门市深入实施创新驱动发展战略，贯彻落实省市创新大会精神和《关于进一步促进科技创新的若干政策措施》，参与粤港澳大湾区国际科技创新中心建设，对接广深港澳科技创新走廊，制定《江门市人民政府关于进一步促进科技创新推动高质量发展的工作措施》，从10个方面以33项措施激励科技创新，科技创新各方面工作再上新台阶。

【科技指标攀升】 2019年，江门市财政科技投入15.4亿元，研发经费占GDP比重达2.2%（快报数），市规上工业企业研发机构覆盖率61.99%。

【科技企业融资环境】 2019年，江门市以“科技杯”大赛决赛为契机，邀请20家投融资机构进行现场对接，达成意向投融资金额超27.8万元；新增备案科技支行5家，科技支行增至23家，实现四市三区科技支行全覆盖，比上年同期存量实现增长。加上2家科技小额贷款公司和2个经广东省科技厅同意设立的科技金融综合服务中心，江门市服务科技型企业的专业金融机构数量和质量均位居全省前列；开展科技金融扶持资金贷款贴息，降低科技企业融资成本。全年收到项目申请365个，比上年增长75%，通过备案申请242项，最终结算179项，涉及402笔贷款，贷款总额93297.77万元，安排扶持资金1715.14万元。其中，专利质押项目7个，涉及专利质押贷款17笔，贴息101.18万元；设立省市联动的风险准备金池，并联合市场监管局，扩大资金池规模达2610万元（其中市科技资金1000万元，市场监管局资金1110万元，省财政出资500万元），利用财政资金的杠杆效应，放大30倍，将带动金融机构向江门市科技型小微企业提供8亿元的科技贷款；向科技型小微企业提供融资28笔，金额4545万元。江门市地方财政设立的创业引导基金有8支，额度94927万元，其中财政资金48575万元。各基金包括润华基金25320万元，粤科泓润基金9000万元，粤科新鹤基金12607万元，启迪之星基金2000万元，江门市创业创新基金20000万元，江门市先进装备制造产业基金20000万元，新会区江门中科孵化创业投资基金到位2000万元，高新区组建的毅达汇邑创业投资基金到位4000万元。

【“科技杯”创新创业大赛】 2019年，江门市“科技杯”创新创业大赛继续申请成为中国创新创业大赛（广东赛区）的江门分赛区，在国、省、市、区四级联动的基础上还创新开展团队赛和承办中国创新创业大赛港澳台赛的新材料、生物医药及大健康行业赛。有455个企业和团队报名，企业赛参赛数量200项，连续2年位列广东赛区第3位，有32家企业在省赛获得奖项和扶持资金，比2018年增长28%；团队赛报名130项，辐射全国五大赛区，21家企业在决赛期间签订意向落地协议；港澳台赛报名125项，75项到江门市参加比赛和对接。江门市三尚新材料科技有限公司与江门市腾飞科技有限公司分别入围新材料行业与互联网行业全国总决赛。江门市科学技术局和江门市科技服务中心分别获得省赛组委会颁发的“优秀组织单位”和“优秀承办单位”奖。江门市成为唯一连续6年获得上述荣誉的地市，是获得组织奖项最多的地区。

2019年1月3日，召开江门市科协十届六次全体委员会会议　　（市科学技术协会　供）

科技创新平台建设

【省市工程技术研究中心建设】 2019年，江门市科技局按照《江门市人民政府印发关于进一步促进科技创新推动高质量发展工作措施的通知》文件要求，推进科技创新平台提质升级，加快江门市科技创新平台体系建设，推动江门市经济高质量发展；是年，新认定省级工程技术研究中心53家，其中企业类52家，公益类1家，新增数量位居全省地级市第5位。至年底，江门市省级工程技术研究中心增至395家，总数位居全省地级市第5位，市级工程技术研究中心累计达1557家；指导规模以上工业企业采取多方式建设多形式的研发机构，并对这些研发机构进行备案登记。江门市规模以上工业企业研发机构覆盖率61.99%，主营业务5亿元以上工业企业研发机构实现全覆盖。

【孵化器、众创空间建设】 2019年，江门市科技企业孵化协会在江门市港口路68号电子计算大楼成立，标志江门孵化育成体系建设进入新阶段。为提升江门市科技企业孵化器、众创空间的管理水平，引导科技孵化育成体系提质增效发展，制定《江门市科学技术局江门市财政局关于科技企业孵化器、众创空间后补助试行办法》，在2019年广东省运营评价中，获A级评价单位2家（孵化器1家，众创空间1家），得到省财政给每家30万元奖补；获B级评价单位4家（孵化器3家，众创空间1家），得到市财政给每家10万元奖补，合计100万元。同年，启迪之星（江门）孵化器申报的“启迪之星海外（粤马）孵化平台”、珠西创谷孵化器申报的“珠西创谷（江门）科技园粤港澳科技企业孵化器建设”2个项目在2019—2020年度广东省科技孵化育成体系高质量发展专项中获得立项，分别获省财政100万元资金扶持。启迪之星（江门）孵化器获得“国际化科技企业孵化器”称号，成为江门首家获国际化称号的孵化器；珠西创谷孵化器获得“粤港澳科技企业孵化器”称号，成为江门首家获省级资质的粤港澳孵化器；截至是年年底，江门市有孵化器39家，面积约51万平方米，在孵企业1153家，其中包括国家级孵化器2家，省级孵化器4家，粤港澳台科技企业孵化器1家；有众创空间41家，面积7.76万平方米，在孵企业超1095家，服务团队、企业达5000家，其中包括国家备案众创空间3家，省级众创空间4家，国际化科技企业孵化器1家。

【高新技术企业及产业发展】 2019年，江门市注重高新技术企业（简称“高企”）培育认定，坚持高企数量增长与质量提升并举，推动高企成为支撑江门市产业升级和经济发展主力军。是年，江门市推荐952家企业申报高企认定，其中560家企业通过认定，有效高企存量达1582家，完成市委、市政府高企存量超1500家的目标；推进科技型中小企业评价工作，壮大高企后备梯队，培育新的经济增长点，科技型小微企业在库数量达4028家，有1169家企业成功评定为2019年科技型中小企业；常年受理江门市科技型小微企业申报，提升对江门市科技型小微企业的精准支持。

科技创新与研发

【产学研结合】 市校联席会议制度 2019年，江门市制定《江门市人民市政府与五邑大学市校联席会议制度》，围绕江门市五大新兴产业发展、重点项目推进中的科研、人才、技术等资源开展供需对接。加强江门市企业与五邑大学智能制造学部、生物科技与大健康学院、轨道交通学院等院（部）的对接交流，了解学校最新科研成果，促成柔性传感材料与器件研究开发中心与江门市盈骅光电科技有限公司在柔性锂电池和柔性应力传感器技术产业化方面的合作。

国内及港澳地区科技合作 2019年，五邑大学与香港理工大学合作共建“纺织材料粤港联合实验室”，在2019年省科技专项资金“大专项＋任务清单”予以立项资助100万元；与香港岭南大学合作共建“居家养老联合研究创新中心”“智能居家养老示范实验室”；与澳门大学、北京师范大学—香港浸会大学联合国际学院等17所大湾区高校合作建立“粤港澳大湾区西岸科技创新和人才培养合作联盟”；与中国科学院半导体研究所合作共建“数字光芯片联合实验室”；与中国科学院广州生物医药与健康研究院合作共建“人类重大疾病大动物模型联合创新基地”。

共建产业创新平台体系 2019年，江门市科技局贯彻落实《广东省科学院与江门市人民政府全面战略合作框架协议》，开展江门市与省科学院产业技术育成中心、省半导体产业技术研究院、省工业分析检测中心、省智能制造研究所及省海洋工程装备技术研究所等骨干院所的对接合作。加快建设省智能制造研究所江门中心，4家知名企业进驻江门中心平台，与银特银机床、辉隆塑机、亿恒装备等企业签订技术合同，开展“智能制造专题研修班”等多场专题培训活动；10月11日，江门市科技局与广东省半导体产业技术研究院在江门高新区举办珠西科技产业创新服务中心挂牌仪式暨广东省半导体产业技术研究院江门中心成立大会。会上，双方签订共建江门中心合作协议，省半导体产业技术研究院江门中心在江门市落户。该中心与广东德力光电股份有限公司等3家企业开展项目合作，并在广东世运公司建立江门市首个“广东省科学院企业工作站”。

政产学研合作交流 2019年，江门市科技局组织市科研单位及企业到北京、哈尔滨、苏州、海南等地区开展产学研对接与交流活动。6月，与哈尔滨工程大学进行产学研对接与交流，江门市政府与哈尔滨工程大学签署全面科技合作协议，双方将围绕高端装备制造、新一代信息技术、新材料、船舶与海洋工程等重点领域发展，为江门市提供科技决策和咨询，共同促进科技成果转化，推动产学研合作，共建科技创新平台。7月，组织广东道氏、富华重工、江门中心医院等13家单位到国家纳米科学中心、中国科学院半导体研究所、北京航空航天大学、北京理工大学进行产学研对接与交流，促成道氏技术与清华大学材料学院在陶瓷墨水方面开展合作，力创（台山）电子与北京航空航天大学在铜铝材料、铝铝材料焊接技术方面达成初步合作意向；佳成新能源与中国科学院物理研究所在锂离子电池、固态锂电池等技术方面开展合作。

【科技型中小微企业发展】 2019年，江门市有1169家企业评定为2019年科技型中小企业。受理江门市科技型小微企业申报，科技型小微企业在库企业总数4028家。

【农业科技创新发展】 2019年，江门市科技局制定实施《江门市乡村振兴科技创新三年行动方案（2019—2021年）》《江门市加快星创天地建设工作实施方案（2020—2022年）》，从“开展创新示范区域创建行动、强化农业农村科技创新供给、完善农业科技创新平台体系、引进农业科技创新人才、强化成果转化和推广应用体系、发展壮大农业高新技术产业”6个方面，强化乡村振兴的创新驱动力，带动乡村全面振兴发展。是年，6支农业创新创业团队和企业获得第八届中国创新创业大赛(广东·江门赛区)暨2019年江门市“科技杯”创新创业大赛奖项，获得超200万元资金扶持。其中，3位香港青年罗伟特、梁立锋、谭慧敏领衔的“鱼菜共生联合气雾栽培循环农业种养技术”参赛项目荣获初创企业组一等奖，并获得广东青年创新创业大赛农业初创组二等奖，第六届“创青春”中国青年创新创业大赛农业农村初创组全国第一名；台山市国家创新型县（市）和广东江门国家农业科技园区建设并获得省科技厅600万元的专项资金扶持。台山鳗鱼产业园创建成广东省农业科技园区。星创天地建设取得新成效，5家单位通过省科技厅第三批“星创天地”的认定，通过数量位居全省第二位。江门市建成国家级创新型县（市）1个，国家级农业科技园区1个，省级现代农业科技创新中心6家，涉农市级以上新型研发机构2家、院士工作站6家、工程技术研究中心32个，形成“一市（县）一园多中心”的农业创新平台体系；2019年，江门职业技术学院共派出23名农业科技特派员进驻到广东省11个贫困村开展帮扶脱贫活动，获得省科技厅100万元资金扶持。江门职业技术学院申报的“新兴县天堂镇科技精准扶贫精准脱贫紫米产业基地建设”项目，获得省科技厅30万元资金支持。江门市引进高校院所150名农业类科技特派员入驻到企业、基层，建立农业科技特派员工作站20家，实施技术开发项目200项，为乡村振兴发展搭载强大的人才“引擎”。

（江门市科技局）

【知识产权保护】 2019年4月24日，江门市市场监督管理局与市知识产权局主办的以“严格知识产权保护营造一流营商环境”为主题的知识产权宣传周启动仪式在汇悦城举行；6—8月，选取小冈香、水暖卫浴、电声器材、装饰材料、食品、腊味等7重点行业开展商标执法维权专项行动，打击商标侵权的违法行为，共检查经营主体877个。全市查处商标侵权案72件，案值50.96万元。全市专利侵权纠纷案件立案25件，调处22件。10月，配合省局开展“蓝天”行动，打击违法专利代理行为，核查线索4条。11—12月，江门市市场监管局与市中级人民法院、江门海关联合到三区四市举办知识产权维权宣传讲座7场，参加企业396家。12月30日，江门市先进装备制造业知识产权保护平台、江门高新区知识产权运营公共服务中心、华发七弦琴国家知识产权运营（江门）平台揭牌仪式和2020年江门高新区高价值专利培育布局大赛启动仪式在江海区高新区举行。平台启动后为江门乃至珠三角地区企业提供知识产权司法保护、维权援助、中介服务、信息检索和协同保护五大知识产权服务。

【知识产权运用】 2019年，江门市积极推进知识产权与金融创新，分别与中国人民银行江门市中心支行、中国人民财产保险股份有限公司江门市分公司签署专利质押融资、专利保险合作协议，加大知识产权金融创新的补贴覆盖面和补贴力度，推动知识产权金融创新发展。与市科技局整合建设、共同管理知识产权质押融资风险补偿金和科技信贷风险准备金池，并已争取市财政投入710万元到知识产权质押融资风险池中，江门市2019年专利权质押融资金额4.4亿元。

【知识产权创造】 2019年，江门市专利申请量20475件，同比增长3.68%，其中发明专利申请量3055件；专利授权量13282件，同比增长8.22%，其中发明专利授权量647件。PCT专利申请量104件。截至12月底，发明专利拥有量4078件。全市有效注册商标总量78437件，其中驰名商标24件，集体商标14件，地理标志证明商标5件。

【知识产权示范城市培育】 2019年，江门市先后出台《江门市市场监督管理局江门市财政局关于商标品牌战略专项资金使用管理办法》《江门市知识产权局江门市财政局关于专利扶持实施办法》，加强政策引导作用，激发社会知识产权创造热情，推进企业实施知识产权战略，促进创新驱动发展；对照有关示范城市的考核体系和评定标准，突出重点，加快推进知识产权示范城市培育工作。新会区2019年成为继台山市和江海区后，江门市第三个县区被评为国家知识产权强县工程试点县（区），建设周期为2019年6月至2021年6月；加强全市商标品牌培育，2019年开展商标品牌培育指导站建设工作，在江门市智荟城工业设计中心、江门市江海区礼乐腊味行业协会、新会宝骏小冈香业城、台山食品行业协会、开平市水口水暖卫浴行业协会、鹤山市水暖卫浴五金行业协会、恩平市电声行业协会等地均建立商标品牌指导站，实现一地一个商标品牌指导站，为行业的企业提供商标注册、维权等咨询服务，推动提升江门市行业品牌影响。

【知识产权示范引领】 2019年，江门市发动和组织22个专利项目参加2019年粤港澳大湾区高价值专利培育布局大赛，其中4个项目进入复赛，2个项目进入决赛五十强，广东新会中集特种运输设备有限公司的“移动场馆及其配套设施”项目获大赛优秀奖；组织企业申报知识产权优势和示范，2019年江门市共有8家企业被评为国家知识产权优势企业、6家企业被认定为广东省知识产权示范企业，获评企业数量均为历年新高，为江门市创新主体高价值专利培育树立标杆。

（江门市市场监督管理局）

科技交流与合作

【石墨烯新材料项目合作与引进】

2019年6月15日，江门——七台河对口合作座谈会和七台河市招商推介暨签约仪式在哈尔滨市举行。期间，广东千色花化工有限公司、宝泰隆新材料股份有限公司、北京石墨烯研究院三方签订共建BGI宝泰隆研发中心——江门石墨烯产业基地的协议，三方将在江门市共同成立BGI宝泰隆研发中心——江门石墨烯产业基地，推动石墨烯科技成果在江门市落地转化和产业化，支撑江门市石墨烯新材料等产业快速发展。

【精准医学生物科技交流与合作】

2019年11月，加拿大皇家科学院院士、温莎大学副校长、加中科技联盟专家委员会主席萧锦荣教授，加中科技联盟共同主席、北京特聘海外院士专家、中关村海外顾问汤友志教授一行5人到访江门市中心医院，双方就“精准医学生物技术产业化”项目的合作事宜磋商。

【科技型中小企业技术创新基金项目】 2019年，江门市科技型中小企业技术创新基金项目与江门市“科技杯”创新创业大赛捆绑联动进行。本次大赛整合创新资金项目，争取省资金300万元，将大赛获奖项目增加8个，扶持项目41个，将扶持资金提升至1172万元。

【科技人才交流】 2019年，江门市科技局联合市人才局等部门组团参加“2019中国国际人才交流大会”和“2019中国海外人才交流大会”，通过特装展和专场推介会的形式向海内外人才展示江门市创新创业环境和城市魅力。江门市首获海外人才交流大会“最佳组织奖”殊荣；申请承办2019年“海外专家南粤行” 江门专场活动，联合市人才局向省科技厅争取“海外专家南粤行”活动承办权，吸引来自发达国家的48个海外专家项目。活动促进江门市在科技创新、高端人才引进、产业链发展等方面对外合作，通过项目合作、协同创新等方式引才引智，促进粤港湾大湾区国际科技创新资源的深度融合，并得到省科技厅、海外专家和参会单位代表的一致好评。通过活动提升江门在全球范围的影响力；积极筹备参加2019香港创科博览“湾”展区活动，委托江门广播电视广告有限公司拍摄制作江门市科创成就宣传片，全方位、多角度的展示江门市科创成就以及发展前景。

2019年12月3日，在江门市龙泉酒店举行举办由广东省科技厅主办的“海外专家南粤行”江门专场活动

（市科技局　供）

科技人才队伍建设

【外国专家管理】 2019年，江门市优化外国人来华工作许可审批服务。通过微信群、QQ群等渠道宣传外国人来华工作许可政策和业务办理指南，24小时在线答复各种咨询，帮助海外人才和聘请单位解决问题，收到申请单位对耐心细致的指引、解释赞不绝口，并发来感谢信。推行“网上办”，全部业务实现“最多跑一次”，个别业务实现“零跑动”；高度重视外国人才群体的特殊性，加强与国家安全、公安、外事侨务等部门的沟通联系，在省内率先建立外国人来华工作许可安全联审制度，确保外国人管理业务领域的意识形态安全；在江门文化的原点墟顶社区建立江门市外国人才驿站（为全省首家），为外国人才提供沟通交流、休憩休闲、体验江门传统文化的平台。通过驿站平台，组织外国人才“五邑行”、五邑文化主题摄影比赛、迎新年联谊会等活动，增强外国人才对江门的认同感和归属感。

【院士服务】 2019年，江门市制定《院士工作站对接工作机制》，加强与院士团队的沟通联系，引进院士团队及其创新成果到江门市转化落地。江门市人民政府、市科技局领导先后拜访任咏华、甄永苏、李椿萱、叶大年、邝宇平、赵宇亮、王贻芳、余艾冰、宋尔卫等院士，邀请殷国茂、陈小明、吴清平、戚发轫等院士团队到江门市开展对接交流活动。推进涂永强院士、金南衡院士在五邑大学分别建立“江门市先进生物医药院士研发平台”和“江门市天然产物合成和方法学院士研发平台”，引进国家纳米科学中心“癌症捕手”技术成果到在江门市中心医院转化落地。截至是年底，江门市建设11家院士工作站，涵盖智能装备、生物医药、大健康、新材料、航天育种、农业科技等领域，获得省、市科技扶持资金350万元。

【海外服务工作站建设】 2019年，江门市深化“联络五邑”海外服务工作站建设，新建美国站和德国站，吸引和引进更多欧美科研创新人才、优质项目、国际创新资源集聚江门。截至是年底，江门市有海外服务工作站8家；做好江门市存量工作站的考核工作，对考核达标的工作站按协议规定发放工作经费，对考核不达标的工作站提出整改意见并定期督促落实整改；通过走访中国香港地区、澳大利亚、加拿大、法国等工作站负责人在江门市设立的公司，了解各工作站引才工作进展情况，了解疑点难点，为工作站排忧解难，提供服务。通过微信定期与各工作站沟通联系，向工作站提供江门市人才需求及相关政策，提高引才引智和宣传推介江门的成效。

【高层次人才团队创业启动资助】

2019年，江门市加大高层次人才创业激励力度，结合科技型中小企业的培育，制定高层次人才团队创业启动资助办法并组织实施；加强业务培训，召开科技系统人才强市新四十条业务培训会，为各市（区）业务负责人员讲解政策的重点难点，为业务受理和审核工作做好准备；发动江门市高层次人才团队积极申报创业启动资助项目，安排专人跟踪，分片区包干落实，使资助政策应知尽知。全年全市受理审核8个高层次人才团队创业启动资助项目。

【高端人才项目申报】 2019年，江门市发动江门市高端人才和团队积极申报国家和省高端人才项目，共向省推荐高端人才项目47个，推荐项目总量及各单项申报量均创历史新高，其中：申报科技部高端外国专家引进计划3个、国家高层次外国专家项目3个、国家创新人才推进计划7个、“广东特支计划”18个、“珠江人才计划”团队及个人项目11个、省海外名师2个、粤港澳联合创新项目3个。两大省级重大人才项目“珠江人才计划”和“广东特支计划”，江门市均有项目入选，其中“珠江人才计划”实现“零的突破”。完成江门首个外籍高层次人才认定、首个外籍团队成员积分评估；发动江门市用人单位组织出境培训项目，提升就业人员的专业水平和业务素质，促进江门市用人单位在更高的起点上对外合作交流。受理五邑大学、江门职业技术学院2家单位提出立项申报。

2019年5月30日，江门市在市科学馆承办全国科技工作者日座谈会

（市科学技术协会　供）

表20

广东省2019年高新技术企业名单（江门市）一览表

序号	企业名称	企业所在区（市）名称	广东省高新技术企业证书编号	认定批次
1	广东滨崎食品有限公司	蓬江	Gr201944000812	第一批
2	广东道生科技股份有限公司	蓬江	GR201944000024	第一批
3	广东迪浪科技股份有限公司	蓬江	GR201944003074	第一批
4	广东东德科技股份有限公司	蓬江	GR201944001064	第一批
5	广东广天机电工业研究院有限公司	蓬江	GR201944002455	第一批
6	广东鸿美达科技有限公司	蓬江	GR201944001579	第一批
7	广东华城信息科技有限公司	蓬江	GR201944002732	第一批
8	广东科杰机械自动化有限公司	蓬江	GR201944002457	第一批
9	广东顺畅科技有限公司	蓬江	GR201944002829	第一批
10	广东天地壹号食品研究院有限公司	蓬江	GR201944001758	第一批
11	广东现代集装箱有限公司	蓬江	GR201944001530	第一批
12	广东兴艺数字印刷股份有限公司	蓬江	GR201944000508	第一批
13	广东盈骅新材料科技有限公司	蓬江	GR201944001242	第一批
14	江门劳士国际电气有限公司	蓬江	GR201944000426	第一批
15	江门市安恒爆破工程有限公司	蓬江	GR201944002787	第一批
16	江门市奥威斯电子有限公司	蓬江	GR201944002217	第一批
17	江门市德宜鑫塑胶模具制品厂有限公司	蓬江	GR201944001706	第一批
18	江门市东方活力体育器材制造有限公司	蓬江	GR201944000223	第一批
19	江门市恒登塑胶五金制品有限公司	蓬江	GR201944001931	第一批
20	江门市恒禾五金塑料制品有限公司	蓬江	GR201944000417	第一批
21	江门市恒健实业有限公司	蓬江	GR201944002010	第一批
22	江门市恒通无纺布有限公司	蓬江	GR201944002710	第一批
23	江门市科业电器制造有限公司	蓬江	GR201944000410	第一批
24	江门市乐米电器有限公司	蓬江	GR201944000251	第一批
25	江门市力丰电机有限公司	蓬江	GR201944002313	第一批
26	江门市蓬江区华龙包装材料有限公司	蓬江	GR201944002415	第一批
27	江门市蓬江区玖天灯饰照明有限公司	蓬江	GR201944002564	第一批
28	江门市蓬江区联诚达科技发展有限公司	蓬江	GR201944002447	第一批
29	江门市蓬江区鑫浩源科技有限公司	蓬江	GR201944002658	第一批
30	江门市蓬江区英格不锈钢制品有限公司	蓬江	GR201944001380	第一批
31	江门市品信塑胶制品有限公司	蓬江	GR201944002014	第一批
32	江门市普日智能设备工程有限公司	蓬江	GR201944001120	第一批
33	江门市樵夫科技有限公司	蓬江	GR201944001687	第一批
34	江门市瑞期精细化学工程有限公司	蓬江	GR201944001487	第一批
35	江门市天择精密橡胶制品有限公司	蓬江	GR201944001336	第一批
36	江门市同德化建设备有限公司	蓬江	Gr201944002916	第一批

续表

序号	企业名称	企业所在区（市）名称	广东省高新技术企业证书编号	认定批次
37	江门市拓普科技信息有限公司	蓬江	Gr201944002194	第一批
38	江门市威能实业有限公司	蓬江	GR201944002957	第一批
39	江门市西特智能科技有限公司	蓬江	GR201944002929	第一批
40	江门市新动力自动化工程有限公司	蓬江	GR201944001450	第一批
41	江门市兴江转向器有限公司	蓬江	GR201944002788	第一批
42	江门市星煌太阳能科技有限公司	蓬江	GR201944003024	第一批
43	江门市兄弟机械制造有限公司	蓬江	GR201944002245	第一批
44	江门市英豪农科有限公司	蓬江	GR201944002339	第一批
45	江门市盈华德科技实业有限公司	蓬江	GR201944002872	第一批
46	江门市裕浩家用电器有限公司	蓬江	GR201944002808	第一批
47	江门市忠佳食品有限公司	蓬江	GR201944002706	第一批
48	江门市铸鑫照明科技有限公司	蓬江	GR201944003107	第一批
49	江门市卓嘉电子有限公司	蓬江	GR201944002437	第一批
50	江门亿都半导体有限公司	蓬江	GR201944001912	第一批
51	派洛奇科技(广东)有限公司	蓬江	GR201944000837	第一批
52	乔登卫浴（江门）有限公司	蓬江	GR201944000620	第一批
53	广东奔豪照明有限公司	江海	GR201944002615	第一批
54	广东大冶摩托车技术有限公司	江海	GR201944001708	第一批
55	广东恒健制药有限公司	江海	GR201944001386	第一批
56	广东恒泰照明科技有限公司	江海	GR201944002589	第一批
57	广东华科新材料研究院有限公司	江海	GR201944001611	第一批
58	广东嘉威电器实业有限公司	江海	GR201944002631	第一批
59	广东坚朗秦泰机电窗控系统有限公司	江海	GR201944002017	第一批
60	广东聚科照明股份有限公司	江海	GR201944000731	第一批
61	广东蓝云照明工程有限公司	江海	GR201944002609	第一批
62	广东三志照明有限公司	江海	GR201944000144	第一批
63	广东盛唐新材料技术有限公司	江海	GR201944000551	第一批
64	广东岩羊照明有限公司	江海	GR201944001273	第一批
65	广东永创鑫电子有限公司	江海	GR201944001287	第一批
66	广东宇泉灯饰科技有限公司	江海	GR201944000777	第一批
67	广东筑龙涂料有限公司	江海	GR201944000165	第一批
68	江门黑氪光电科技有限公司	江海	GR201944003019	第一批
69	江门吉华光电精密有限公司	江海	GR201944002809	第一批
70	江门建滔电子发展有限公司	江海	GR201944002391	第一批
71	江门建滔高科技有限公司	江海	GR201944003046	第一批
72	江门建滔积层板有限公司	江海	GR201944002043	第一批
73	江门朗天照明有限公司	江海	GR201944002692	第一批
74	江门鲁班尼工业发展有限公司	江海	Gr201944001629	第一批

续表

序号	企业名称	企业所在区（市）名称	广东省高新技术企业证书编号	认定批次
75	江门麦威电子科技有限公司	江海	Gr201944001584	第一批
76	江门桑科氏生物技术有限公司	江海	GR201944001145	第一批
77	江门市艾加得电子有限公司	江海	GR201944002203	第一批
78	江门市阪桥电子材料有限公司	江海	GR201944000655	第一批
79	江门市奔力达电路有限公司	江海	GR201944000614	第一批
80	江门市创艺电器有限公司	江海	GR201944000965	第一批
81	江门市德众泰工程塑胶科技有限公司	江海	GR201944003013	第一批
82	江门市东利检测技术服务有限公司	江海	GR201944001355	第一批
83	江门市霏瑜照明电器有限公司	江海	GR201944002997	第一批
84	江门市富美康保健仪器科技有限公司	江海	GR201944000938	第一批
85	江门市高力依科技实业有限公司	江海	GR201944000263	第一批
86	江门市鸿凯换向器有限公司	江海	GR201944001879	第一批
87	江门市江海区东森五金制品有限公司	江海	GR201944002724	第一批
88	江门市江海区福利源照明电器有限公司	江海	GR201944000350	第一批
89	江门市江海区宏特机械有限公司	江海	GR201944001699	第一批
90	江门市钜泰光电实业有限公司	江海	GR201944002947	第一批
91	江门市开源电子有限公司	江海	GR201944001265	第一批
92	江门市凯拓电子有限公司	江海	GR201944001859	第一批
93	江门市科隆达半导体照明有限公司	江海	GR201944002999	第一批
94	江门市蓝羽建筑粘合剂实业有限公司	江海	GR201944003180	第一批
95	江门市三清环境技术工程有限公司	江海	GR201944000037	第一批
96	江门市泰林精密机械有限公司	江海	GR201944003078	第一批
97	江门市新光速电子有限公司	江海	GR201944001916	第一批
98	江门市亚泰智能抛磨科技有限公司	江海	GR201944000557	第一批
99	江门市宇浩照明有限公司	江海	GR201944001689	第一批
100	江门市兆业科技有限公司	江海	GR201944001919	第一批
101	江门市智控电子有限公司	江海	GR201944002927	第一批
102	江门市山沃照明有限公司	江海	GR201944001096	第一批
103	广东东吉智能设备有限公司	新会	GR201944001586	第一批
104	广东鸿信食品有限公司	新会	GR201944001883	第一批
105	广东凯特精密机械有限公司	新会	GR201944003155	第一批
106	广东科裕智能科技有限公司	新会	GR201944001021	第一批
107	广东新宝堂生物科技有限公司	新会	GR201944001563	第一批
108	广东新会中集特种运输设备有限公司	新会	GR201944001049	第一批
109	华冠新型材料股份有限公司	新会	GR201944000161	第一批
110	汇康卫浴（新会）有限公司	新会	GR201944001873	第一批
111	江门浦泰轨道交通设备有限公司	新会	GR201944000909	第一批
112	江门生力华工程机械有限公司	新会	Gr201944000981	第一批

续表

序号	企业名称	企业所在区（市）名称	广东省高新技术企业证书编号	认定批次
113	江门市安隆五金工艺有限公司	新会	Gr201944002511	第一批
114	江门市宝发纺织服饰制造有限公司	新会	GR201944001059	第一批
115	江门市鼎翔电子科技有限公司	新会	GR201944002229	第一批
116	江门市金钩包装机械有限公司	新会	GR201944002993	第一批
117	江门市钧崴电子科技有限公司	新会	GR201944002568	第一批
118	江门市俊发农业生态有限公司	新会	GR201944002070	第一批
119	江门市铨胜涂料有限公司	新会	GR201944000916	第一批
120	江门市锐驱电子科技有限公司	新会	GR201944000073	第一批
121	江门市润然生态农业发展有限公司	新会	GR201944001510	第一批
122	江门市山子玻璃有限公司	新会	GR201944001414	第一批
123	江门市水滋润卫生用品有限公司	新会	GR201944002862	第一批
124	江门市旺海饲料实业有限公司	新会	GR201944001476	第一批
125	江门市新会区龙泉污水处理有限公司	新会	GR201944002801	第一批
126	江门市新会区普惠饲料厂有限公司	新会	GR201944001658	第一批
127	江门市新会区向日葵科技有限公司	新会	GR201944002905	第一批
128	江门市新会区新华胶丝厂有限公司	新会	GR201944001551	第一批
129	江门市新会区新日旭电子材料有限公司	新会	GR201944002134	第一批
130	江门市新会区易捷信息技术有限公司	新会	GR201944002879	第一批
131	江门市新健饲料有限公司	新会	GR201944002711	第一批
132	江门市英海饲料有限公司	新会	GR201944001787	第一批
133	江门市永晋源无纺布有限公司	新会	GR201944002910	第一批
134	江门市悦策文化传播有限公司	新会	GR201944002704	第一批
135	金图美地毯（广东）有限公司	新会	GR201944002570	第一批
136	香港阿波罗（江门）雪糕有限公司	新会	GR201944001662	第一批
137	新会双水发电（B厂）有限公司	新会	GR201944000071	第一批
138	中集车辆（江门市）有限公司	新会	GR201944002394	第一批
139	广东高村空调制造有限公司	台山	GR201944000745	第一批
140	广东鸿特精密技术（台山）有限公司	台山	GR201944002830	第一批
141	广东互信生物科技有限公司	台山	GR201944001880	第一批
142	松田电工（台山）有限公司	台山	GR201944002050	第一批
143	台山鸿隆光电科技有限公司	台山	GR201944002046	第一批
144	台山市河朗新型环保建材有限公司	台山	GR201944003153	第一批
145	台山市华兴光电科技有限公司	台山	GR201944002498	第一批
146	台山市捷达电器有限公司	台山	GR201944001043	第一批
147	台山市金奥联食品有限公司	台山	GR201944001908	第一批
148	台山市绿盛食品有限公司	台山	GR201944002800	第一批
149	台山市赛科农业技术有限公司	台山	GR201944001434	第一批
150	台山市新华塑料制品有限公司	台山	Gr201944000881	第一批

续表

序号	企业名称	企业所在区（市）名称	广东省高新技术企业证书编号	认定批次
151	台山市新宁制药有限公司	台山	Gr201944001157	第一批
152	台山市星光玻璃工艺有限公司	台山	GR201944000040	第一批
153	维大树脂化工（台山）有限公司	台山	GR201944002188	第一批
154	亿迅（台山）金属制品有限公司	台山	GR201944002571	第一批
155	广东建成机械设备有限公司	开平	GR201944000822	第一批
156	广东龙心医疗器械有限公司	开平	GR201944000036	第一批
157	广东甜味食品有限公司	开平	GR201944000526	第一批
158	广东欣丰科技有限公司	开平	GR201944002913	第一批
159	江门锦鼎金属制品实业有限公司	开平	GR201944002177	第一批
160	金威宝(广东)健康产业有限公司	开平	GR201944001738	第一批
161	开平牵牛生化制药有限公司	开平	GR201944002630	第一批
162	开平市佰益饲料科技发展有限公司	开平	GR201944003173	第一批
163	开平市格莱美卫浴配件有限公司	开平	GR201944000357	第一批
164	开平市李氏实业发展有限公司	开平	GR201944000819	第一批
165	开平市易大丰纸业有限公司	开平	GR201944000152	第一批
166	广东德和科技股份有限公司	鹤山	GR201944002270	第一批
167	广东弘匠温控卫浴有限公司	鹤山	GR201944001217	第一批
168	广东红日星实业有限公司	鹤山	GR201944001674	第一批
169	广东华鳌合金新材料有限公司	鹤山	GR201944000708	第一批
170	广东江晟铝模科技有限公司	鹤山	GR201944001791	第一批
171	广东聚盈化工有限公司	鹤山	GR201944000323	第一批
172	广东狮特龙实业有限公司	鹤山	GR201944001909	第一批
173	广东伟强铜业科技有限公司	鹤山	GR201944002239	第一批
174	广东欣龙隧道装备股份有限公司	鹤山	GR201944002593	第一批
175	广东雅佳新型节能高分子材料有限公司	鹤山	GR201944000142	第一批
1756	广东珍宝健康日用品科技有限公司	鹤山	GR201944002454	第一批
177	鹤山国机南联摩托车工业有限公司	鹤山	GR201944001567	第一批
178	鹤山麦瑟文卫浴有限公司	鹤山	GR201944001924	第一批
179	鹤山市安得利卫浴有限公司	鹤山	GR201944003058	第一批
180	鹤山市冠亚海棉工艺制品有限公司	鹤山	GR201944000480	第一批
181	鹤山市恒保防火玻璃厂有限公司	鹤山	GR201944001375	第一批
182	鹤山市佳烨纸品包装有限公司	鹤山	GR201944001664	第一批
183	鹤山市嘉士威食品有限公司	鹤山	GR201944000370	第一批
184	鹤山市杰之星五金实业有限公司	鹤山	GR201944000889	第一批
185	鹤山市君子兰涂料有限公司	鹤山	GR201944001742	第一批
186	鹤山市联拓工程塑料有限公司	鹤山	GR201944001796	第一批
187	鹤山市千年化工实业有限公司	鹤山	GR201944000651	第一批
188	鹤山市正兴针织有限公司	鹤山	Gr201944000252	第一批

续表

序号	企业名称	企业所在区（市）名称	广东省高新技术企业证书编号	认定批次
189	江门市博盈焊接工程有限公司	鹤山	Gr201944002051	第一批
190	金富士家居（鹤山）制造有限公司	鹤山	GR201944000939	第一批
191	雅图高新材料有限公司	鹤山	GR201944002921	第一批
192	江门市自信电机有限公司	鹤山	GR201944000972	第一批
193	恩平市恩宝电子有限公司	恩平	GR201944001194	第一批
194	恩平市恒胜电子科技有限公司	恩平	GR201944000276	第一批
195	恩平市嘉鑫日用品有限公司	恩平	GR201944000085	第一批
196	恩平市雷蒙电子有限公司	恩平	GR201944001998	第一批
197	恩平市帕思高电子科技有限公司	恩平	GR201944001112	第一批
198	恩平市天行电子科技有限公司	恩平	GR201944002816	第一批
199	恩平燕怡新材料有限公司	恩平	GR201944003197	第一批
200	广东百卓鞋业有限公司	恩平	GR201944001317	第一批
201	广东大广生物科技有限公司	恩平	GR201944000434	第一批
202	广东全圣陶瓷有限公司	恩平	GR201944002126	第一批
203	广东安飞汽车配件有限公司	蓬江	GR201944003824	第二批
204	广东东睦新材料有限公司	蓬江	GR201944003205	第二批
205	广东共升教育科技有限公司	蓬江	GR201944003294	第二批
206	广东今科机床有限公司	蓬江	GR201944005975	第二批
207	广东聚金激光技术有限公司	蓬江	GR201944007172	第二批
208	广东敏华电器有限公司	蓬江	GR201944004001	第二批
209	广东启航精密科技有限公司	蓬江	GR201944004510	第二批
210	广东润立新材科技有限公司	蓬江	GR201944004481	第二批
211	广东四方威凯新材料有限公司	蓬江	GR201944006464	第二批
212	广东盈通新材料有限公司	蓬江	GR201944006915	第二批
213	广东中安消防智能科技工程有限公司	蓬江	GR201944003358	第二批
214	海目星（江门）激光智能装备有限公司	蓬江	GR201944004308	第二批
215	江门安迪科技工业有限公司	蓬江	GR201944003657	第二批
216	江门广洁环保技术开发有限公司	蓬江	GR201944005371	第二批
217	江门江东华普塑料容器有限公司	蓬江	GR201944004752	第二批
218	江门凯信科技实业有限公司	蓬江	GR201944006882	第二批
219	江门市傲视实业有限公司	蓬江	GR201944004626	第二批
220	江门市保丽科技有限公司	蓬江	GR201944003886	第二批
221	江门市诚昌铝业有限公司	蓬江	GR201944004478	第二批
222	江门市鼎丰节能厨房电气有限公司	蓬江	GR201944006427	第二批
223	江门市菲芃格林齿轮有限公司	蓬江	GR201944005094	第二批
224	江门市海丽纺织有限公司	蓬江	GR201944005198	第二批
225	江门市宏亿翔数控设备有限公司	蓬江	GR201944006495	第二批
226	江门市华灿包装材料有限公司	蓬江	Gr201944006554	第二批

续表

序号	企业名称	企业所在区（市）名称	广东省高新技术企业证书编号	认定批次
227	江门市建联检测有限公司	蓬江	Gr201944004408	第二批
228	江门市金信恒科技有限公司	蓬江	GR201944006632	第二批
229	江门市巨盛机车配件有限公司	蓬江	GR201944004359	第二批
230	江门市聚力化工科技有限公司	蓬江	GR201944004911	第二批
231	江门市亮晶实业有限公司	蓬江	GR201944006945	第二批
232	江门市美澳厨卫有限公司	蓬江	GR201944007292	第二批
233	江门市蓬江区超明科技有限公司	蓬江	GR201944003347	第二批
234	江门市蓬江区高威塑胶颜料有限公司	蓬江	GR201944007092	第二批
235	江门市蓬江区星硕方数控设备有限公司	蓬江	GR201944004135	第二批
236	江门市蓬江区茵豪电器有限公司	蓬江	GR201944006192	第二批
237	江门市瑞祥复合材料研究院有限公司	蓬江	GR201944005778	第二批
238	江门市圣米琪灯饰有限公司	蓬江	GR201944004606	第二批
239	江门市思盟电器有限公司	蓬江	GR201944005177	第二批
240	江门市拓辉照明电器有限公司	蓬江	GR201944005738	第二批
241	江门市翔发机电有限公司	蓬江	GR201944004246	第二批
242	江门市翔凤不锈钢有限公司	蓬江	GR201944007171	第二批
243	江门市星和诚电子科技有限公司	蓬江	GR201944006458	第二批
244	江门市印星机器人有限公司	蓬江	GR201944006786	第二批
245	江门市永成厨具设备有限公司	蓬江	GR201944003871	第二批
246	江门市振力机械有限公司	蓬江	GR201944006952	第二批
247	江门市植保科技有限公司	蓬江	GR201944003281	第二批
248	广东彬河光电科技有限公司	江海	GR201944004508	第二批
249	广东孔明芯光照明灯饰有限公司	江海	GR201944003897	第二批
250	广东蓝清环保工程有限公司	江海	GR201944006290	第二批
251	广东明炜电源有限公司	江海	GR201944004330	第二批
252	广东日大照明有限公司	江海	GR201944003376	第二批
253	广东万木新材料科技有限公司	江海	GR201944005274	第二批
254	广东伟创科技开发有限公司	江海	GR201944005088	第二批
255	江门必发机械设备有限公司	江海	GR201944006669	第二批
256	江门飞科光电有限公司	江海	GR201944005670	第二批
257	江门好立得胶粘实业有限公司	江海	GR201944006326	第二批
258	江门华辉煌照明科技有限公司	江海	GR201944005939	第二批
259	江门荣信电路板有限公司	江海	GR201944006899	第二批
260	江门市贝尔斯顿电器有限公司	江海	GR201944006056	第二批
261	江门市创亚照明电器有限公司	江海	GR201944004747	第二批
262	江门市高翔电气智能化有限公司	江海	GR201944006771	第二批
263	江门市宏丰电子科技有限公司	江海	GR201944006970	第二批
264	江门市虹星照明器材有限公司	江海	Gr201944005726	第二批

续表

序号	企业名称	企业所在区（市）名称	广东省高新技术企业证书编号	认定批次
265	江门市厚溢五金涂装有限公司	江海	Gr201944004506	第二批
266	江门市江海区红日玻璃制品有限公司	江海	GR201944003383	第二批
267	江门市江海区华星灯饰材料有限公司	江海	GR201944006926	第二批
268	江门市君盛实业有限公司	江海	GR201944004760	第二批
269	江门市科莱尔照明电器有限公司	江海	GR201944006329	第二批
270	江门市蓝极星照明电器有限公司	江海	GR201944005086	第二批
271	江门市力瓦士科技有限公司	江海	GR201944004275	第二批
272	江门市隆吉减震器有限公司	江海	GR201944005731	第二批
273	江门市美科星环保科技有限公司	江海	GR201944003957	第二批
274	江门市蒙德电气股份有限公司	江海	GR201944004691	第二批
275	江门市炜铝铝业有限公司	江海	GR201944004580	第二批
276	江门市秦鑫塑料制品有限公司	江海	GR201944004243	第二批
277	江门市锐洪照明有限公司	江海	GR201944004912	第二批
278	江门市三丰灯饰有限公司	江海	GR201944006501	第二批
279	江门市台森精智造科技有限公司	江海	GR201944006774	第二批
280	江门市腾飞科技有限公司	江海	GR201944005269	第二批
281	江门市扬帆实业有限公司	江海	GR201944006231	第二批
282	江门市亿联硅塑制品有限公司	江海	GR201944004984	第二批
283	江门市邑凯环保服务有限公司	江海	GR201944005562	第二批
284	江门市易洁玻璃卫浴有限公司	江海	GR201944006639	第二批
285	江门市盈彩化工有限公司	江海	GR201944003939	第二批
286	江门市优悦自动化设备有限公司	江海	GR201944005202	第二批
287	江门市振益纸业有限公司	江海	GR201944005897	第二批
288	江门中科电子科技有限公司	江海	GR201944007080	第二批
289	江门市坐标光电科技有限公司	江海	GR201944005577	第二批
290	江门天钇金属工业有限公司	江海	GR201944006112	第二批
291	江门小牛照明电器有限公司	江海	GR201944004114	第二批
292	信义环保特种玻璃（江门）有限公司	江海	GR201944005444	第二批
293	一诠科技（中国）有限公司	江海	GR201944006164	第二批
294	江门市碧源污水治理有限责任公司	江海	GR201944004826	第二批
295	福塔巴表面处理材料（江门）有限公司	新会	GR201944004814	第二批
296	广东百生医疗器械股份有限公司	新会	GR201944007273	第二批
297	广东丰茂环境建设有限公司	新会	GR201944003458	第二批
298	广东富华铸锻有限公司	新会	GR201944005230	第二批
299	广东国圣光电有限公司	新会	GR201944005408	第二批
300	广东鸿业机械有限公司	新会	GR201944006485	第二批
301	广东互爱健康产业科技有限公司	新会	GR201944006706	第二批
302	广东科隆生物科技有限公司	新会	Gr201944005256	第二批

续表

序号	企业名称	企业所在区（市）名称	广东省高新技术企业证书编号	认定批次
303	广东南奥交通设备有限公司	新会	Gr201944003929	第二批
304	广东新会罗坑电力线路器材有限公司	新会	GR201944006107	第二批
305	江门冠晖制衣有限公司	新会	GR201944004281	第二批
306	江门弘宇电器有限公司	新会	GR201944007148	第二批
307	江门雷恩电池科技有限公司	新会	GR201944004242	第二批
308	江门奇仕电器有限公司	新会	GR201944005552	第二批
309	江门仁科绿洲纸业有限公司	新会	GR201944006545	第二批
310	江门市澳新食品有限公司	新会	GR201944004649	第二批
311	江门市芳源新能源材料有限公司	新会	GR201944003216	第二批
312	江门市冠奇不锈钢制品有限公司	新会	GR201944004379	第二批
313	江门市恒正自动化设备科技有限公司	新会	GR201944003397	第二批
314	江门市厚润纸制品有限公司	新会	GR201944005556	第二批
315	江门市华津金属制品有限公司	新会	GR201944005647	第二批
316	江门市华睦五金有限公司	新会	GR201944004258	第二批
317	江门市晶美玻璃制品有限公司	新会	GR201944005140	第二批
318	江门市巨鸣实业有限公司	新会	GR201944003338	第二批
319	江门市科盈无纺布有限公司	新会	GR201944004031	第二批
320	江门市力声电工材料有限公司	新会	GR201944003569	第二批
321	江门市鹏威不锈钢制品有限公司	新会	GR201944005138	第二批
322	江门市祺昊不锈钢制品有限公司	新会	GR201944003566	第二批
323	江门市勤智电路有限公司	新会	GR201944003550	第二批
324	江门市三木化工有限公司	新会	GR201944004657	第二批
325	江门市胜鹏化工实业有限公司	新会	GR201944004624	第二批
326	江门市盛鑫充气玩具制品有限公司	新会	GR201944007279	第二批
327	江门市世鹰不锈钢制品有限公司	新会	GR201944004907	第二批
328	江门市舒而美医疗用品有限公司	新会	GR201944005240	第二批
329	江门市新会恒隆家居创新用品有限公司	新会	GR201944005087	第二批
330	江门市新会区城南铸造有限公司	新会	GR201944006831	第二批
331	江门市新会区浩信电器制造有限公司	新会	GR201944005499	第二批
332	江门市新会区康美制品有限公司	新会	GR201944007275	第二批
333	江门市新会区荣富制衣有限公司	新会	GR201944006634	第二批
334	江门市新会区生和饲料有限公司	新会	GR201944006949	第二批
335	江门市新会区先锋五金制品有限公司	新会	GR201944003725	第二批
336	江门市新会区先骏化工制品有限公司	新会	GR201944006278	第二批
337	江门市新会区亿诺五金制品有限公司	新会	GR201944005718	第二批
338	江门市新会区宇宏科技有限责任公司	新会	GR201944003724	第二批
339	江门市新会区卓高电器制品有限公司	新会	GR201944004927	第二批
340	江门延昌皮制品有限公司	新会	Gr201944004462	第二批

续表

序号	企业名称	企业所在区（市）名称	广东省高新技术企业证书编号	认定批次
341	新会大统机械包装材料有限公司	新会	Gr201944006463	第二批
342	中车广东轨道交通车辆有限公司	新会	GR201944004118	第二批
343	广东得宝食品有限公司	台山	GR201944003596	第二批
344	广东耀嵘科技有限公司	台山	GR201944004610	第二批
345	台山利铭高实业有限公司	台山	GR201944006544	第二批
346	台山市长富铝业有限公司	台山	GR201944004469	第二批
347	台山市戴隆塑料制品有限公司	台山	GR201944003411	第二批
348	台山市电缆厂有限责任公司	台山	GR201944005487	第二批
349	台山市鼎富金属制品有限公司	台山	GR201944005500	第二批
350	台山市富通达软包装材料科技有限公司	台山	GR201944006691	第二批
351	台山市汇铭五金压铸有限公司	台山	GR201944007112	第二批
352	台山市佳淳实业有限公司	台山	GR201944004205	第二批
353	台山市森美家居有限公司	台山	GR201944003460	第二批
354	台山市四九镇五金制品厂	台山	GR201944004203	第二批
355	台山市向友五金制品有限公司	台山	GR201944006439	第二批
356	台山市心华药用包装有限公司	台山	GR201944005369	第二批
357	台山市新建业（药用）五金包装有限公司	台山	GR201944006672	第二批
358	台山市远鹏研磨科技有限公司	台山	GR201944003238	第二批
359	台山市智雅汇五金制品有限公司	台山	GR201944003705	第二批
360	台山市忠兴五金制造有限公司	台山	GR201944003741	第二批
361	台山新欣电器厂有限公司	台山	GR201944007035	第二批
362	广东富生建设（集团）有限公司	开平	GR201944005630	第二批
363	广东华艺卫浴实业有限公司	开平	GR201944003378	第二批
364	广东月福汽车用品有限公司	开平	GR201944003818	第二批
365	广东粤泰建筑材料有限公司	开平	GR201944005449	第二批
366	江门粤玻实业有限公司	开平	GR201944004844	第二批
367	开平金牌洁具有限公司	开平	GR201944007010	第二批
368	开平市高美空调设备有限公司	开平	GR201944006567	第二批
369	开平市汉尔五金制品有限公司	开平	GR201944003979	第二批
370	开平市汉玛克卫浴有限公司	开平	GR201944006813	第二批
371	开平市汇金卫浴科技有限公司	开平	GR201944004650	第二批
372	开平市力泰五金制品有限公司	开平	GR201944005409	第二批
373	开平市齐裕胶粘制品科技有限公司	开平	GR201944005117	第二批
374	开平市亿洋塑胶制品有限公司	开平	GR201944003728	第二批
375	开平市中投能源实业有限公司	开平	GR201944003340	第二批
376	弗兰卡(中国)厨房系统有限公司	鹤山	GR201944004065	第二批
377	广东米奇涂料有限公司	鹤山	GR201944005869	第二批
378	广东世运电路科技股份有限公司	鹤山	Gr201944003549	第二批

续表

序号	企业名称	企业所在区（市）名称	广东省高新技术企业证书编号	认定批次
379	广东新众康制药有限公司	鹤山	Gr201944003249	第二批
380	广明源光科技股份有限公司	鹤山	GR201944003850	第二批
381	鹤山标达钢塑制品有限公司	鹤山	GR201944004526	第二批
382	鹤山市创美实业发展有限公司	鹤山	GR201944005594	第二批
383	鹤山市创享科技有限公司	鹤山	GR201944005840	第二批
384	鹤山市厚积工程机械有限公司	鹤山	GR201944003349	第二批
385	鹤山市金威豪泰卫浴实业有限公司	鹤山	GR201944006034	第二批
386	鹤山市精工制版有限公司	鹤山	GR201944006385	第二批
387	鹤山市联兴纸制品有限公司	鹤山	GR201944006521	第二批
388	鹤山市明可达实业有限公司	鹤山	GR201944004692	第二批
389	鹤山市顺亿达铜业制品有限公司	鹤山	GR201944003570	第二批
390	鹤山天山金属材料制品有限公司	鹤山	GR201944006890	第二批
391	江门市德商科佐科技实业有限公司	鹤山	GR201944003776	第二批
392	江门市德佑金属材料实业有限公司	鹤山	GR201944004808	第二批
393	江门市东江环保技术有限公司	鹤山	GR201944003360	第二批
394	江门市欧布尔电子科技有限公司	鹤山	GR201944005772	第二批
395	鹤山源昌电子科技有限公司	鹤山	GR201944004858	第二批
396	恩平市弘彩数码科技有限公司	恩平	GR201944004042	第二批
397	恩平市西特尔电子科技有限公司	恩平	GR201944005275	第二批
398	恩平市影响电子科技有限公司	恩平	GR201944005715	第二批
399	广东鑫龙电机科技有限公司	恩平	GR201944006587	第二批
400	鼎利光电（江门）有限公司	蓬江	GR201944009882	第三批
401	广东海信电子有限公司	蓬江	GR201944008152	第三批
402	广东绿洁能源科技有限公司	蓬江	GR201944010406	第三批
403	广东沃豪家具有限公司	蓬江	GR201944008219	第三批
404	江门菲普森电器制造有限公司	蓬江	GR201944009434	第三批
405	江门铨允电梯有限公司	蓬江	GR201944009072	第三批
406	江门市安捷易自动化科技有限公司	蓬江	GR201944008692	第三批
407	江门市奥多光电照明科技有限公司	蓬江	GR201944009770	第三批
408	江门市达百科机电设备有限公司	蓬江	GR201944009374	第三批
409	江门市规划勘察设计研究院有限公司	蓬江	GR201944007941	第三批
410	江门市鸿安五金有限公司	蓬江	GR201944010359	第三批
411	江门市华锐铝基板股份公司	蓬江	GR201944010057	第三批
412	江门市凯博力自动化机械设备有限公司	蓬江	GR201944009243	第三批
413	江门市力高玻璃制品有限公司	蓬江	GR201944008257	第三批
414	江门市联壹咨询管理有限公司	蓬江	GR201944008617	第三批
415	江门市联益精细化工有限公司	蓬江	GR201944010484	第三批
416	江门市名威电器有限公司	蓬江	Gr201944009213	第三批

续表

序号	企业名称	企业所在区（市）名称	广东省高新技术企业证书编号	认定批次
417	江门市蓬江区柏斯特水性涂料有限公司	蓬江	Gr201944010098	第三批
418	江门市蓬江区六艺电器有限公司	蓬江	GR201944009144	第三批
419	江门市蓬江区声汇电子有限公司	蓬江	GR201944009636	第三批
420	江门市蓬江区辛欣摩托车配件有限公司	蓬江	GR201944007666	第三批
421	江门市蓬江区豫源科技有限公司	蓬江	GR201944007709	第三批
422	江门市天澜清洗设备有限公司	蓬江	GR201944008740	第三批
423	江门市童章文教科技有限公司	蓬江	GR201944010200	第三批
424	江门市唯是半导体科技有限公司	蓬江	GR201944007782	第三批
425	江门市焱林家具有限公司	蓬江	GR201944008648	第三批
426	江门市银城电线有限公司	蓬江	GR201944008146	第三批
427	江门市银锋机车配件有限公司	蓬江	GR201944008504	第三批
428	江门市盈声电子科技有限公司	蓬江	GR201944008170	第三批
429	轻骑集团江门光速摩托车有限公司	蓬江	GR201944009282	第三批
430	广东汉通光电科技有限公司	江海	GR201944010125	第三批
431	广东桑海环保有限公司	江海	GR201944008910	第三批
432	广东省奥斯朗景观照明工程有限公司	江海	GR201944010292	第三批
433	广东怡兴达智能照明科技有限公司	江海	GR201944007360	第三批
434	江门桥联光电有限公司	江海	GR201944009725	第三批
435	江门市宝达服装辅料有限公司	江海	GR201944007650	第三批
436	江门市博极照明科技有限公司	江海	GR201944009710	第三批
437	江门市博林照明科技有限公司	江海	GR201944009631	第三批
438	江门市彩尔光电科技有限公司	江海	GR201944010413	第三批
439	江门市长辉五金电器有限公司	江海	GR201944009277	第三批
440	江门市恒天科技有限公司	江海	GR201944009767	第三批
441	江门市厚信电子有限公司	江海	GR201944008411	第三批
442	江门市华发镜业有限公司	江海	GR201944010470	第三批
443	江门市华辉煌灯饰有限公司	江海	GR201944007886	第三批
444	江门市江海规划建筑设计院有限公司	江海	GR201944010130	第三批
445	江门市江海区昊锐光电科技有限公司	江海	GR201944010505	第三批
446	江门市江海区华翔照明有限公司	江海	GR201944009319	第三批
447	江门市江海区金灯照明有限公司	江海	GR201944008092	第三批
448	江门市江海区威明金属制品有限公司	江海	GR201944007846	第三批
449	江门市江海区盈和金属制品有限公司	江海	GR201944008738	第三批
450	江门市杰出照明科技有限公司	江海	GR201944009468	第三批
451	江门市君业达电子有限公司	江海	GR201944010263	第三批
452	江门市骏威灯饰有限公司	江海	GR201944007836	第三批
453	江门市骏扬照明电器有限公司	江海	GR201944008780	第三批
454	江门市凯登灯饰有限公司	江海	Gr201944007453	第三批

续表

序号	企业名称	企业所在区（市）名称	广东省高新技术企业证书编号	认定批次
455	江门市凯骏环保科技有限公司	江海	Gr201944008915	第三批
456	江门市科华电器有限公司	江海	GR201944009221	第三批
457	江门市立信照明科技有限公司	江海	GR201944009941	第三批
458	江门市龙佑光电科技有限公司	江海	GR201944007403	第三批
459	江门市南极光照明科技有限公司	江海	GR201944009427	第三批
460	江门市品而亮照明有限公司	江海	GR201944009851	第三批
461	江门市森大医疗科技有限公司	江海	GR201944010465	第三批
462	江门市时尚五金实业有限公司	江海	GR201944009516	第三批
463	江门市信立方照明科技有限公司	江海	GR201944009385	第三批
464	江门市益控自动化科技有限公司	江海	GR201944007526	第三批
465	江门市泽天达科技有限公司	江海	GR201944009263	第三批
466	江门市资迪科技环保有限公司	江海	GR201944009303	第三批
467	广东澳林板业有限公司	新会	GR201944008273	第三批
468	广东富本电气有限公司	新会	GR201944008325	第三批
469	广东广泽实业有限公司	新会	GR201944007530	第三批
470	广东华南精细化工研究院有限公司	新会	GR201944007965	第三批
471	广东金达峰自动化有限公司	新会	GR201944007637	第三批
472	江门德森实业有限公司	新会	GR201944008513	第三批
473	江门韩诚金属有限公司	新会	GR201944009751	第三批
474	江门华睿科技有限公司	新会	GR201944009566	第三批
475	江门骅弘科技股份有限公司	新会	GR201944007625	第三批
476	江门市宝佳厨卫有限公司	新会	GR201944010173	第三批
477	江门市长实实业有限公司	新会	GR201944007533	第三批
478	江门市超卓科技有限公司	新会	GR201944008932	第三批
479	江门市达丰包装材料有限公司	新会	GR201944009335	第三批
480	江门市德高实业有限公司	新会	GR201944009684	第三批
481	江门市迪安电气科技有限公司	新会	GR201944008314	第三批
482	江门市高度化工实业有限公司	新会	GR201944010023	第三批
483	江门市广迪老红木家具有限公司	新会	GR201944008454	第三批
484	江门市广上建材有限公司	新会	GR201944010361	第三批
485	江门市华延自动化设备制造有限公司	新会	GR201944007372	第三批
486	江门市汇誉包装器材有限公司	新会	GR201944008316	第三批
487	江门市骏腾实业有限公司	新会	GR201944008665	第三批
488	江门市骏维实业有限公司	新会	GR201944009782	第三批
489	江门市科泉环保设备有限公司	新会	GR201944009654	第三批
490	江门市联超光电有限公司	新会	GR201944009614	第三批
491	江门市魅致网络科技有限公司	新会	GR201944010194	第三批
492	江门市桥石新型建材有限公司	新会	Gr201944007929	第三批

续表

序号	企业名称	企业所在区（市）名称	广东省高新技术企业证书编号	认定批次
493	江门市锐美金属制品有限公司	新会	Gr201944007510	第三批
494	江门市锐腾实业有限公司	新会	GR201944008154	第三批
495	江门市顺泽金属制品有限公司	新会	GR201944009912	第三批
496	江门市旺达科技有限公司	新会	GR201944007691	第三批
497	江门市纤纬弹性织物有限公司	新会	GR201944007332	第三批
498	江门市新汇红木检测有限公司	新会	GR201944007556	第三批
499	江门市新会区共成五金塑料制品有限公司	新会	GR201944010435	第三批
500	江门市新会区佳业钢构件有限公司	新会	GR201944008482	第三批
501	江门市新会区鹏达不锈钢制品有限公司	新会	GR201944010285	第三批
502	江门市新会区锐盈铸造有限公司	新会	GR201944008941	第三批
503	江门市新会区双水粤盛五金电器有限公司	新会	GR201944009979	第三批
504	江门市新会区汤镁理容器材有限公司	新会	GR201944009880	第三批
505	江门市新会区铜一百卫浴有限公司	新会	GR201944009018	第三批
506	江门市新会区祥誉金属制品有限公司	新会	GR201944008530	第三批
507	江门市新会区兴泰电镀有限公司	新会	GR201944009741	第三批
508	江门市新会区正一电工线材有限公司	新会	GR201944010072	第三批
509	江门市新会伟星五金制品有限公司	新会	GR201944009304	第三批
510	江门市依山金属制品有限公司	新会	GR201944007955	第三批
511	江门市中钢金属材料有限公司	新会	GR201944008782	第三批
512	江门英讯通光电科技有限公司	新会	GR201944009168	第三批
513	广东谷瑞澳食品有限公司	台山	GR201944009111	第三批
514	台山市得力道食品有限公司	台山	GR201944010512	第三批
515	新图美（台山）标签材料有限公司	台山	GR201944010079	第三批
516	江门市拓为运动用品有限公司	台山	GR201944009171	第三批
517	开平达威尔厨卫有限公司	开平	GR201944007577	第三批
518	开平韩信卫浴有限公司	开平	GR201944009025	第三批
519	开平赛道龙头配件有限公司	开平	GR201944010452	第三批
520	开平市金雅卫浴有限公司	开平	GR201944008747	第三批
521	开平市雷井水暖技术开发有限公司	开平	GR201944008166	第三批
522	开平市联洋卫浴配件有限公司	开平	GR201944009436	第三批
523	开平市唯石卫浴有限公司	开平	GR201944010490	第三批
524	开平市翔丰光电科技有限公司	开平	GR201944008203	第三批
525	开平市溢利达香料有限公司	开平	GR201944008090	第三批
526	开平市正纯纸业有限公司	开平	GR201944009383	第三批
527	迪克印材（江门）有限公司	鹤山	GR201944009404	第三批
528	广东给力体育器材有限公司	鹤山	GR201944008546	第三批
529	广东汇龙涂料有限公司	鹤山	GR201944010447	第三批
530	广东瑞发水箱制品有限公司	鹤山	Gr201944008736	第三批

续表

序号	企业名称	企业所在区（市）名称	广东省高新技术企业证书编号	认定批次
531	广东鑫凯科技实业有限公司	鹤山	Gr201944008062	第三批
532	广东鑫镁超硬材料有限公司	鹤山	GR201944008113	第三批
533	国腾彩色纸品(鹤山)有限公司	鹤山	GR201944008074	第三批
534	鹤山倍狮科技有限公司	鹤山	GR201944008889	第三批
535	鹤山市博安防火玻璃科技有限公司	鹤山	GR201944007909	第三批
536	鹤山市德尔迪电子科技有限公司	鹤山	GR201944009310	第三批
537	鹤山市广佛饲料有限公司	鹤山	GR201944010054	第三批
538	鹤山市汉彩色母有限公司	鹤山	GR201944008552	第三批
539	鹤山市巨隆铝业有限公司	鹤山	GR201944010121	第三批
54	鹤山市晟泰精密模具有限公司	鹤山	GR201944009177	第三批
541	鹤山市泰利诺电子有限公司	鹤山	GR201944010062	第三批
542	鹤山市宇红纳米润滑技术研究有限公司	鹤山	GR201944008891	第三批
543	鹤山市粤汉制伞有限公司	鹤山	GR201944007483	第三批
544	鹤山市正大汽车玻璃有限公司	鹤山	GR201944007363	第三批
545	江门市金环电器有限公司	鹤山	GR201944009376	第三批
546	江门市朗达锂电池有限公司	鹤山	GR201944009619	第三批
547	江门市易木科技有限公司	鹤山	GR201944009313	第三批
548	泰美斯热能技术(江门)有限公司	鹤山	GR201944007850	第三批
549	未来我来卫浴科技（广东）有限公司	鹤山	GR201944007781	第三批
550	恩平市帝凡电子有限公司	恩平	GR201944009489	第三批
551	恩平市鼎力音响设备有限公司	恩平	GR201944008340	第三批
552	恩平市华科电子商务有限公司	恩平	GR201944008810	第三批
553	恩平市江澎电子有限公司	恩平	GR201944010395	第三批
554	恩平市金爵电子有限公司	恩平	GR201944010290	第三批
555	恩平市龙峰电子有限公司	恩平	GR201944010105	第三批
556	恩平市石栏照明电子有限公司	恩平	GR201944009777	第三批
557	恩平市亿歌电子有限公司	恩平	GR201944009090	第三批
558	广东百强陶瓷有限公司	恩平	GR201944007482	第三批
559	广东宝索机械有限公司	恩平	GR201944010227	第三批
560	江门东大纺织企业有限公司	恩平	Gr201944009474	第三批

表21

2019年广东省科学技术奖项目名录（江门市）一览表

序号	奖励类别	项目名称	完成单位	主要完成人
1	科技进步奖一等奖	特色浆果的营养健康效应及其精深加工关键技术研究与应用	广东省农业科学院蚕业与农产品加工研究所 华中农业大学 广东嘉士利食品集团有限公司 颜如玉医药科技有限公司 沈阳农业大学 江苏楷益智能科技有限公司 广东宝桑园健康食品有限公司	余元善、徐玉娟、李春美、邹　波、江水泉、李　斌、胡丽娜、谢　涛、卜智斌、温　靖、吴继军、林　羡、傅曼琴、周　波、刘家生
2	科技进步奖二等奖	移动场馆及其配套设备	广东新会中集特种运输设备有限公司 华南理工大学 广东珠超俱乐部有限公司	黎泽深、陈惠玲、祝胜光、谢飞龙、陈伟斌、陈成光、赵建刚、姚　谷、陆宏文、黄达昌
3	科技进步奖二等奖	特种工程塑料聚醚砜（EPS）工业化开发	江门市优巨新材料有限公司 五邑大学	王贤文、黎　昱、黄华鹏、卿　宁、龚　维、方　倩、曹红霞、饶先花、谭　麟、马俊涛

表22

2019年度江门市“科技杯”创新创业大赛项目资金明细表

序号	获奖企业名称	奖项名称	获扶持金额（万元）	获奖企业所在市区名称
1	广东和宇传感器有限公司	成长组特等奖	100	新会
2	广东新会和越生物科技有限公司	成长组一等奖	50	新会
3	广东科隆生物科技有限公司	成长组二等奖	40	新会
4	甫洛照明有限公司	成长组二等奖	40	江海
5	广东南大机器人有限公司	成长组三等奖	30	江海
6	江门市科锐新材料有限公司	成长组三等奖	30	鹤山
7	开平市唯石卫浴有限公司	成长组三等奖	30	开平
8	江门市开普勒厨卫科技有限公司	成长组三等奖	30	蓬江
9	台山市万力达金属制品科技有限公司	成长组三等奖	30	台山
10	广东科进应用技术研究有限公司	成长组三等奖	30	蓬江
11	江门市格雷亚特流体密封技术有限公司	成长组三等奖	30	恩平
12	江门市升迅科技实业有公司	成长组三等奖	30	蓬江
13	江门市繁星社区服务有限公司	成长组三等奖	30	蓬江
14	江门市携成机械有限公司	成长组三等奖	30	江海
15	广东月福汽车用品有限公司	成长组三等奖	30	开平
16	广东桑海环保有限公司	成长组三等奖	30	江海
17	开平市齐裕胶粘制品科技有限公司	成长组三等奖	30	开平
18	江门市瑞祥复合材料研究院有限公司	成长组三等奖	30	蓬江

续表

序号	获奖企业名称	奖项名称	获扶持金额（万元）	获奖企业所在市区名称
19	微充网科技有限公司	成长组三等奖	30	江海
20	江门市珍图新材料有限公司	成长组三等奖	30	蓬江
21	欧佩德伺服电机节能系统有限公司	成长组三等奖	30	蓬江
22	江门市佳信达模具科技有限公司	成长组三等奖	30	江海
23	江门市锐驱电子科技有限公司	成长组三等奖	30	新会
24	恩平市鼎力音响设备有限公司	成长组三等奖	30	恩平
25	江门市明道信息技术有限公司	成长组三等奖	30	蓬江
26	江门市富美康保健仪器科技有限公司	成长组三等奖	30	江海
27	广东龙飞生物有限公司	成长组三等奖	30	台山
28	恩平市圣保罗音响器材有限公司	成长组三等奖	30	恩平
29	广东云卡网络科技有限公司	成长组三等奖	30	蓬江
30	江门市云讯电子设备有限公司	成长组三等奖	30	蓬江
31	江门市奥伦德光电有限公司	成长组三等奖	30	江海
32	广东天菜农业有限公司	初创组一等奖	40	开平
33	江门市三尚新材料科技有限公司	初创组二等奖	20	蓬江
34	广东科明睿新材料有限公司	初创组二等奖	20	江海
35	江门市依潺环保科技有限公司	初创组三等奖	10	江海
36	开平市飞滴无人机技术有限公司	初创组三等奖	10	开平
37	江门市法斯特智能装备科技有限公司	初创组三等奖	10	江海
38	耀昶嵘相变材料科技（广东）有限公司	初创组三等奖	10	开平
39	江门市三尚新材料科技有限公司	入围国赛补贴	1	蓬江
40	江门市腾飞科技有限公司	入围国赛补贴	1	江海
41	江门市科技服务中心	创新基金及大赛专项工作经费	10	市直
	合　　计		1172	

（江门市科技局）

防震减灾

【概况】　2019年，江门市坚持“以防为主，防抗救相结合”的防震减灾工作方针，深化防灾减灾救灾体制改革，推进防震减灾现代化试点省建设，提升地震灾害防治能力，推进监测预报、震灾预防和紧急救援三大体系建设。

【地震设防烈度】　2019年，江门市应急管理局联合市住房和城乡建设局抽查《中国地震动参数区划图》（GB18306—2015）实施以来，江门市770个新建、改建、扩建房屋和市政基础设施工程项目的执行情况，勘察设计单位设计的工程图纸均严格按照区划图和《建筑抗震设计规范》，符合当地抗震设防要求，其中教育、医疗等设施的抗震设防均高于当地抗震设防要求，与区划图一致。

【应急演练】　2019年，江门市应急管理局分别到台山市李星衢纪念学校、培正中学、鹤山市共和中学、蓬江区农林双郎小学等指导开展地震应急疏散演练，3000名师生参与演练。

【防震减灾助理员队伍建设】　2019年，构建由江门市及各市（区）、镇（街）、村（社区）四级组成的防震减灾助理员体系，江门市镇、村基层防震减灾助理员人数2000人，对其中440名镇（街）级及重点市（区）村（社区）级的防震减灾助理员进行业务培训，为做好全市地震群测群防工作提供保证。

【地震监测台站建设与管理】

2019年，江门市配合广东省地震局推进“国家地震烈度速报与预警工程”项目，在全市建设各类烈度速报和预警台站100个；加强重点观测台站的日常检查维护，优化地震监测设施和观测环境，确保监测台网（站）运行正常，信息资料传输及时准确。

【防震减灾知识宣传普及】 2019年，江门市应急管理局利用“5·12”防灾减灾宣传周、安全生产活动月等契机，举办地震灾害体验活动、防震减灾知识巡展、防震减灾知识下乡等活动，包括作客江门电台《民生热线》节目，解答市民地震应急处理方面问题；联合五邑图书馆组织“灾难面前，你可以做得更好”——2019年广东省防震减灾科普知识展；组队参加第二届全国防震减灾知识竞赛广东赛区”比赛，荣获二等奖；响应中国地震局开展“不忘初心，防灾为民”为主题的2019年防震减灾千场科普讲座的号召，到基层和学校广泛开展防震减灾知识科普讲座，受众超1万人，收到很好的宣传效果。

【防震减灾示范工程建设】 2019年，江门市推进市级防震减灾科普示范学校创建工作，以防震减灾科普示范学校等示范工程为主阵地，发挥示范带动作用，建立健全防震减灾科普教育长效机制。2019年，全市新增9家市级防震减灾科普示范学校，累计市级示范学校达32家；3家晋升为省级科普示范学校，省级示范学校达4家。通过创建一批防震减灾示范学校，为全市中小学校深入开展防震减灾工作起到示范作用。

（江门市应急管理局）

气候气象

【概况】 2019年，江门市总体天气气候特征为气温高，开汛早，前汛期强对流多发，龙舟水雨量大，台风影响小，秋冬气象干旱重。全市平均气温23.7℃，较常年偏高1.2℃，破历史最高值。全年降雨量2292.5毫米，较常年偏多10%，降水前多后少，龙舟水为近10年最多；平均日照时数1712.0小时，接近常年。全年出现12次强降水过程，其中5月底连续强降雨造成多处受浸与水毁。发生11次明显强对流天气，其中4月新会区、台山市、恩平市先后共出现4次冰雹，6月12日新会区出现水龙卷。年影响江门市台风个数接近常年，但影响程度偏轻，只有台风“韦帕”带来较严重影响。全市年灰霾日数为近35年最少。

表23　2019年江门市平均气温、降雨量、日照情况表

气象站名	平均气温（摄氏度℃）	降雨量（毫升）	日照时数（小时）
新会区	24.0	1846.4	1651.6
鹤山市	23.4	2176.6	1760.4
开平市	23.6	2005.6	1545.9
恩平市	23.1	2461.4	1613.1
台山市	23.9	2371.1	1754.5
上川岛	24.2	2893.7	1946.2
江门市平均值	23.7	2292.5	1712

表24　　2019年影响江门的台风简况一览表

	生成		登陆		登陆最大风力（级）	江门市极大风力（级）	江门市最大日雨量（20时至次日20时）（毫米）
	时间	地点	时间	地点			
1904木恩	7月2日	南海	7月3日	海南万宁	8	9	153.8
			7月4日	越南北部	8		
1907韦帕	7月31日	南海	8月1日	海南文昌	9	11	294.9
			8月1日	广东湛江	9		
			8月2日	广西防城港	9		
1911白鹿	8月21日	西太	8月24日	台湾屏东	11	9	206.9
			8月25日	福建东山	10		
1912杨柳	8月27日	西太	8月30日	越南中部	8	9	48
1914剑鱼	9月3日	南海	9月2日	海南万宁	7	10	128.7
			9月3日	越南中部	8		

【气象服务】 2019年，江门市各级气象部门共发布各类预警信号831站次，启动或变更应急响应5站次，发布预警短信2754万人次，启动停课机制18次。服务效果得到党委政府肯定和社会认可，服务满意度测评居全省气象部门第8名。全年新建148个大喇叭终端，全市气象大喇叭1823个，总数居全省第一位。

2019年10月18日，中国气象局副局长矫梅燕到江门市调研台山“十合一”应急指挥平台　　（市气象局　供）

·责任编辑　李文迪·

教　育

综　述

【教育信息化】　2019年，江门市基础教育系统深入落实《教育信息化“十三五”规划》和《教育信息化2.0行动计划》，推进“互联网＋教育”，扎实推进教育信息化转段升级。全市相继成立“基础教育与信息化科（股）”，着力破解信息化深度融合、创新应用的瓶颈问题，持续加强教育信息化行政统筹力度；江门市教育资源公共服务平台上线服务，平台资源约56万份，注册用户数57.2万人，持续扩大优质数字教育资源服务供给；“一师一优课、一课一名师”活动提质增效，晒课教师数占本区域教师数比例72.54%，名列全省第一位，晒课总数和省级优课数均名列全省第四位；推进教育信息化应用创新发展行动，组织开展信息化中心学校、融合创新示范推广项目、数字教材和人人通空间应用等重点项目研究和实践工作，及时总结经验、推广成果。全年全市师生在各类竞赛和活动中获国家级奖项15个，省级奖项285个，其中江门市新会葵城中学的容妙娜老师获“2019年度全国中小学实验教学能手”（全省仅6人），成绩再创历史新高。

【师资队伍建设】　2019年，江门市加强党对教育事业的全面领导，推进新时代教师职业行为十项准则，要求融入到教师管理和日常教育教学管理。建立教师个人师德档案，将师德表现作为教师资格认定、招聘录用、考核评价、职称评聘、评优评先、定期注册的首要内容，坚持“师德一票否决制”。规范教师从教行为，严禁中小学教师有偿补课、违规收受家长学生礼品。严厉查处师德违规行为，对查实的问题，及时依法依规作出处理，对相关责任人严肃追责，做到有举必查、有查必果、失责必问、问责必严。推进中小学教师“县管校聘”改革，贯彻落实《关于推进江门市中小学教师“县管校聘”管理改革的实施意见》，加大校长教师交流力度，优化教师资源配置，推动教师从“学校人”向“系统人”转变。推动完善教师岗位管理制度，实行按需设岗、按需用岗，提高高级岗位结构比例。完善招聘方式，实行“县级统招，学校用人”的管理模式，创新公开招聘考试办法。落实教师工资收入水平“两个不低于或高于”和农村教师津补贴政策，提高教师工资和福利待遇。完善中小学校教师绩效工资分配方案，全市中小学教师工资和福利待遇与公务员同幅同步提高。提升乡村教师待遇，在业务培训、职称评聘、表彰奖励等方面向乡村教师倾斜，落实高校毕业生到农村从教“上岗退费”政策。落实好向原民办教师和原代课教师发放生活困难补助的工作，预防和化解该领域社会矛盾。是年，江门市6名教师被国家教育部授予“全国模范教师”和“全国优秀教师”称号、1名园长获宋庆龄幼儿教育奖。4名教师参加广东省中学物理和小学科学实验教师实验操作与创新技能竞赛获省一等奖。6位教师获第二届广东省中小学青年教师教学能力大赛省一等奖，同时获省“优秀组织奖”。通用技术和小学数学两位教师代表广东省参加全国比赛，双双获全国一等奖。在中小学电脑制作、计算机教育软件评审、创客大赛、实验教学说课活动、实验操作与创新技能竞赛活动中，获国家级奖项15人次，省级奖项285人次，其中江门市1位老师获“2019年度全国中小学实验教学能手”（全省仅6人）。

【教育教学研究】　2019年，江门市第一中学（简称“江门一中”）学习陈隽扬在全国中学生生物学联赛中以全省第37名的成绩获得一等奖，取得突破性优异成绩。还有4人获得二等奖，24人获得三等奖，获奖等次和人数均创新高；2019年中国化学奥林匹克比赛，全市18人获省的奖项（江门一中占16人），均超过2017年和2018年的8人和14人，比前2年获省二等奖的5人、4人，大幅增加至11人；支持“协同高效课堂”的探索改革，组织开展初中和高中集体备课优秀成果征集评选活动，收到参评成果366项；是年，高考再创佳绩，本科入围15588人，比上年净增1185人，净增数创江门市近10年之最，本科净增数约占全省净增数的14.29%，本科入围率首次突破60%，达60.12%，高出全省20个百分点（全省本科率为39.9%），高出上年5.16个百分点，增幅创江门市近10年之最；举办江门市第六届“国学小达人”比赛；2019年全省教育科研工作会议印发《江门市教研院2018年主要工作总结和2019年主要工作计划设想》等材料，20个项目入选“广东省教育科学‘十三五’规划2019年度研究项目”，获省财政资助36万元。3个项目获2019年广东省教学成果奖一等奖，1个项目获二等奖；评选江门市教育科学“十三五”规划2019年度课题53项。实地调研后完成近5万字的《南江北河，共谋研培:赴七台河市教育考察报告》。地方课程教材《江门历史》于2月29日通过广东省教育厅的严格复查。组织省内5名专家评选出2019年江门市普通教育教学成果奖29项，其中一等奖9项、二等奖20项；全学年举行小学、初中和高中3个学段11个学科课堂教学比赛，多位选手在全省教学比赛脱颖而出，其中江门一中通用技术教师冯慧芳和紫茶小学数学教师陈国柱均以全省第一名代表广东省参加全国比赛，双双获得全国一等奖；开展“一师一优课、一课一名师”活动，全市晒课33644节，晒课率居全省第三位，省推优课总数居全省第四位；举行2019年全市中小学11个学科教师教学基本功培训暨基本功比赛活动，超过6500名教师参加活动，取得良好效果；组织高中语文教师参加首届粤港澳大湾区“南方传媒杯”高考作文“下水作文”大赛，取得出色成绩，44人获奖，其中，获特等奖1名，一等奖6名，居全省前列。开展学科“名师大讲堂”系列活动。

【扶困助学】 2019年，江门市各学段贫困学生享受国家政策资助人数11.9万人次，资助金总额1.89亿元，没有因贫失学或因学致贫情况发生。其中，资助家庭经济困难学前儿童、孤儿和残疾儿童7470人次，发放资助资金373.5万元；资助义务教育阶段学生20016人次，发放生活费补助资金768.08万元。2012年开始实施义务教育农村学校营养改善计划，以台山市为江门市试点，投入资金244.35万元，2019年有4511人次学生分享该计划。2009年秋季开始实施中等职业学校免学费政策和国家助学金制度，2013年调整资助范围至今，2019年中等职业学校学生享受免学费政策有63338人次，补助资金11977.92万元，国家助学金资助中等职业学校学生5091人次，发放509.1万元。资助普通高中在校生中家庭经济困难学生8506人次，发放国家助学金850.6万元。2018—2019学年，资助普通高中家庭经济困难学生和高中阶段学校困难转复退军人子女（江门市政策）123人，补助资金9.77万元。2018－2019学年，为在江门学校就读的省建档立卡等家庭经济困难（含非建档立卡残疾、农村低保家庭、农村特困救助供养）普通高中学生免除学费547人，免学费134.01万元。2018—2019学年，为江门市建档立卡的家庭经济困难学生（义务教育阶段、高中阶段、技工学校、大专各阶段）5223人发放生活补助费1566.52万元；为就读普通高中和大专的市建档立卡等家庭经济困难学生837人免除学费306.04万元。资助大学家庭经济困难新生922人，补助资金506.75万元。全市办理生源地助学贷款1827人，发放贷款1462.52万元。是年，五邑慈善会助学和江门市慈善会蒲公英关爱活动资助困难家庭学生717人，资助金额142.8万元。

【新疆高中、西藏幼师班开办】

2019年，江门市培英高级中学承接内地新疆高中班学生159名。有内地新疆高中班16个，在校学生640人。是年内地新疆高中班毕业生147名参加高考取得优异成绩，本科入围率83%。2019年西藏班设有3个年级，有49名男生，123名女生，有2名西藏派驻生活管理教师参与管理。西藏班教育教学管理架构明确，日常管理岗位职责清晰，学生顺利实现汉藏混班适应过渡。学校成立音乐合唱社、篮球社、健身操社、吉他社、书法社、语言社、舞蹈社、阿卡贝拉社8个社团，开展多彩社团活动和综合社会实践；社会实践则参观江门华侨博物馆、开平碉楼、广州博物馆、新荔枝湾，清明节到白水带公园开展户外拓展活动，“五一节”期间与江门移动联合开展“雪域连侨乡，汉藏一家亲”联欢活动；丰富课堂教学内容和学余生活，开阔学生视野，提高西藏学生文化素养和综合素质及能力。开展西藏班学生的顶岗实习，应届毕业学生在东堤湾幼儿园、江南幼儿园和滘北幼儿园3家幼儿园顶岗实习，期间工作严肃认真，实习态度积极，在生活习惯、行为规范、精神面貌等方面获得幼儿园领导和老师们的交口称赞。

表25 2018—2019年江门市学生人均一般公共预算教育事业费和公用经费支出增长表

类别＼年份＼学校	普通小学			普通初中			普通高中		
	2018年（元）	2019年（元）	2019年比2018年增长	2018年（元）	2019年（元）	2019年比2018年增长	2018年（元）	2019年（元）	2019年比2018年增长
江门市学生人均一般公共预算教育事业费支出增长	10,481.87	11,507.56	9.79%	15,566.98	16,583.19	6.53%	13,732.90	15,659.63	14.03%
江门市学生人均一般公共预算公用经费支出增长	1,634.03	1,780.98	8.99%	2,433.11	2,641.73	8.57%	1,150.80	1,491.52	29.61%

基础教育

【学前教育】 2019年，江门市有幼儿园632所，在园幼儿14.36万人，适龄幼儿学前三年毛入园率116.44%。制定公办幼儿园和普惠性民办幼儿园建设目标任务，落实措施，推进学前教育公益普惠发展。制定城镇小区配套幼儿园文件，开展城镇小区配套幼儿园专项治理工作，规范和完善住宅小区配套幼儿园的管理。

【义务教育】 2019年，江门市有义务教育阶段学校499所，其中小学校326所、九年一贯制学校48所、初级中学校97所、完全中学校28所；其中民办学校38所。全市义务教育阶段学校普通在校学生49.05万人，含小学34.87万人、初中14.18万人，民办学校在校生5.81万人。小学学龄儿童入学率100%，五年保留率98.35%，小学毕业生升学率100%；初中阶段教育毛入学率104.4%，初中三年保留率97.07%，初中毕业生升学率99.07%；小学辍学率0，初中辍学率0.06%。

【普通高中教育】 2019年，江门市有普通高中学校48所，其中完全中学28所，高级中学17所，十二年一贯制学校3所，在校学生7.83万人。全市高中阶段教育毛入学率98.54%。

【特殊教育】 2019年，江门市有特殊学校7所，55个随班就读资源教室。义务教育阶段适龄残疾儿童少年在校生1965人，“三残”（智残，体残，肢残）“三残”儿童入学率97%。制定印发《江门市第二期特殊教育提升计划实施方案（2017—2020年）》，发展残疾儿童学前教育，多种途径做好适龄残疾儿童少年义务教育，发展以职业教育为主的残疾人高中阶段教育。配合残联（江门市残疾人联合会）等单位开展广东省实施《中华人民共和国残疾人保障法》执法检查工作，保障适龄残疾儿童少年受教育权利，核查和安置未入学残疾儿童少年1967人。

【民办教育】 2019年，江门市有民办学校493所，其中，大专院校1所，中等职业学校（简称“中职学校”）1所，普通高中学校2所，完全中学校3所，十二年一贯制学校3所，九年一贯制学校22所，初级中学3所，小学校5所，幼儿园453所。民办中职学校在校学生1403人，普通高中在校生5615人，初中在校生2.41万人，小学在校生3.4万人，幼儿园在园幼儿8.49万人。民办教育已覆盖学前教育、义务教育、高中阶段教育及高等教育各个阶段，有效增加教育服务供给，满足人民群众对多元化、高质量教育的需求。

【基础设施建设】 2019年，江门市投入各级各类学校基本建设资金126909.6万元，完成投入资金123546.2万元，完成率97.35%。施工建筑面积40.89万平方米，竣工建筑面积32.49万平方米，竣工率79.45%。完成教学及辅助用房建筑面积14.56万平方米（其中教室面积6.63万平方米，图书馆面积0.57万平方米，实验室及实习场所面积3.26万平方米，体育馆面积1.88万平方米，其他面积2.23万平方米），行政办公用房建筑面积1.46万平方米，生活服务用房建筑面积9.19万平方米（其中学生宿舍面积5.31万平方米，教工宿舍面积0.4万平方米，食堂面积1.99万平方米，其他面积1.49万平方米）。完成其他用房建筑面积7.26万平方米。全年新开工建筑面积9.88万平方米，全年新增土地面积18.33万平方米，全年新增固定资产85300万元。

【教师继续教育】 2019年，江门市中小学教师继续教育按照“人员全覆盖，分层分类、分科分段”的原则开展，开展道德与法治（思想政治）、语文、历史等学科教师培训5007人；高中学科组长教研能力整体提升、高考命题分析与复习教学专题培训、江门市新高考综合改革方案和普通高中新课标培训等骨干教师培训1874人；深化师德师风建设专题培训班、教育管理人事干部培训、公务员及教师日常礼仪培训等教育管理综合培训2453人；江门市领雁教师培养项目、名教师名校长培养对象跟岗活动、名师送教下乡等名师培养项目192人；专业课、选修课远程培训2.19万人；参加国家培训计划、省培训计划项目2738人。2019年开展培训项目30期次，3.37万人次参加。

【名师工程】 2019年，江门市按照省“新师范”实施方案，加大对年轻教师的培训培养力度，实施“青蓝计划”“领雁工程”“翱翔计划”“教育家计划”等名师培养措施。江门市有省特级教师58名，省名师、名校（园）长、名班主任工作室主持人19名、江门市教育专家29名，20名省“百千万人才培养工程”培养对象结业，具有中小学正高专业技术职称在岗教师23名。以名师队伍为抓手，推进“名校长”“名师”“名班主任”培养对象的培养工作，带动整个教师队伍素质提升。2019年，江海区、鹤山市、开平市挂牌成立教师发展中心，市本级、新会区、恩平市教师发展中心获批复，预计全市8所教师发展中心将于2020年年底前全部建成。依托教师发展中心，开展教师全员培训，推广教育教学教研成果，推动教师教育信息化建设，提升教师专业发展水平。落实中小学教师交流轮岗制度，继续从优质学校选派优秀教师到农村学校支教，从农村学校抽调教师到城区优质学校跟岗学习，选派省、市名师到农村学校巡讲、上示范课，促进农村学校教育教学教研水平。按照中共江门市委市政府乡村振兴战略要求，名师送教下乡活动42场次。优化农村学校教师结构，加大对农村中小学紧缺学科教师的补充力度。组织中小学教师参加"国培、省培、市培、县培""校本培训"项目，开展中小学教师全员培训。引进高层次人才进入教师队伍，优化教师队伍结构。

2019年12月28日，台山市教师发展中心成立　　（市教育局　供）

【德育工作】 2019年，江门市教育局坚持把思想政治工作作为教育各项工作的生命线，以"一校一精品课例""一班一优质课例"为抓手，推动全市中小学校思政课改革创新，打造思想政治教育"江门经验""江门样本"。配合中共江门市委宣传部、市委党校开展江门市中小学生思想政治教育以及思想政治理论课情况的调查研究，形成《江门市中小学生思想政治教育情况调研报告》，配合中共江门市委有关部门开好江门市思想政治理论课教师座谈会，推动建立江门市思想政治教育联盟和江门市中等职业思想政治教育联盟。各学校书记、校长带头办好思想政治课，教师上好思想政治课，有效创新课程思想政治、活动思想政治、文化思想政治等方式方法，各学校以主题班会、文艺展演、团队活动等形式，有效加强全市中小学生的家国情怀，展现全市中小学生充满自信、积极向上的精神风貌，在德体卫艺方面获省级以上个人和团体奖项400项，江门市培英小学亮相中央电视台"开学第一课"。建立和发挥教育系统"创文"工作机制（"创文"即文明城市创建工作），建设校园文化，2019年创建文明校园37所，创文工作位居市直属单位前列。在8月、9月江门市首期创文工作第三方测评结果中，市教育局均列入红榜，排列全市第一位。在11月市文明城市创建工作第三方测评实地考察中重点责任单位成绩排名第六位。德育科研取得丰硕成果，有10个课题立项为省德育课题，确立8个性别平等教育课题，评选出80件思想政治教育精品课例和优质课例。其中《用习近平新时代中国特色社会主义思想铸魂育人路径研究》课题立项为省教育科学"十三五"规划2019年度研究项目。组织编写《2019年度江门市未成个人思想道德建设理论研讨会论文集》等4本文集。江门市教育系统思想政治教育成为可推广的"江门经验""江门样本"，形成全员全过程全方位立德树人的工作机制。思想政治教育成为江门日报"2019年度江门市十大新闻评选项目"，在网络评选中位居首位。

【体卫艺教育】 学校体育教育　2019年，江门市教育局落实学校体育工作计划，加大学生体质健康标准监测的力度，提升学生体质健康监测工作成效。全年组织举办排球、网球、足球、篮球、健美操、游泳、乒乓球、田径、定向、羽毛球和"映美杯"校园足球冠军赛等11个项目体育比赛及举办幼儿园亲子足球趣味运动会，通过各类赛事引领全市学校体育教学发展，实现大学、中学、小学和幼儿一体化的体育教育，取得有史以来最好的成绩，为江门市人民交出一份出色的体育教育成绩单。鹤山市沙坪第六小学学生吴卓彬入选为全国总营的最佳阵容的历史好成绩；鹤山纪元中学邓江玲以609分排列省2019年体育高考成绩第七名；116所学校为新周期（2019—2023年）的江门市体育传统项目学校，产生73所侨乡武术特色学校，63所全国足球特色学校、94所省足球推广学校，建成大批"一校一品""一校多品"体育特色项目，参加省的体育教师教学能力大赛获1个二等奖和2个三等奖。

学校卫生教育　2019年，江门市教育局开展爱国卫生运动，在首次"创卫"红榜发布中（"创文"即文明城市创建工作），市教育局登红榜，排列第一名。加强心理健康教育工作，举办2019年江门市中小学心理健康教育骨干教师A证培训班、B证培训班，有492名教师参加培训，提高全市心理健康教师业务水平。举办江门市第三届心理教师专业能力大赛，在省的心理教师专业能力大赛中获得4个三等奖。制定《江门市中小学心理健康教育特色学校创建工作实施方案》，开展心理健康教育特色学校创建活动，31所中小学校被评为江门市中小学心理健康教育特色学校。

学校艺术教育　2019年，江门市教育局举办第二届江门市美术教师及中小学生作品评选和举办师生作品展活动、全市中小学美育改革发展成果交流活动，美育成果缤纷呈现。在国家教育部于2017年11月至2019年4月举办的全国第六届中小学生艺术展演活动中，江门市获得中学组一等奖和二等奖的殊荣；蓬江区教育局、新会区教育局获艺术展演活动的优秀组织奖。组织江门市农林小学参加由广东省教育厅、广东省美术家协会举办的第二届粤港澳大湾区学校美术与设计作品展暨第四届广东省高校设计作品学院奖双年展的参展作品获中小学组一等奖。选送江门幼师参加全国班级合唱展演广东赛区选拔赛，参赛作品《映山红》《咚咚嗟》，获广东省赛区二等奖。2019年11月，鹤山市鹤华中学获选参加2019年全省中小学校美育改革发展成果交流活动的高水平艺术团队创建经验交流发言。全市3所学校通过评选成为省中华优秀传育文化传承学校、10所学校成为第三批省艺术特色学校，比往年的总量翻一番。2019年，江门市有中华优秀传育文化传承学校3所、省中华优秀传育文化传承学校3所、省艺术特色学校23所。

【校园安全教育】 2019年，江门市有省级安全文明校园61所，市级安全文明校园116所，省交通安全文明校园6所，市级交通安全文明校园42所，广东省防震减灾科普示范学校3所，江门市防震减灾科普示范学校9所；登记在册校车658辆，100%安装校车卫星定位监管平台；市直学校（幼儿园）100%安装校园视频监控接入公安110报警服务系统，各市、区教育局逐步完成安装；2019年市直属园校、各地城区园校100%保安员岗前持证上岗。全市1017家学校食堂全部完成量化分级评定工作，其中评定为A级食堂412家、B级食堂605家，100%完成“明厨亮灶”建设。全市各级各类学校以防溺水、消防安全、交通安全、食品安全、传染病防控、毒品预防教育为内容的宣传专栏2000期、横幅200条，组织主题教育活动1300次，举办专题讲座1700场，开展应急疏散演练4000场，发放防溺水和扫黑除恶专项斗争《致家长的一封信》140万封，发布安全提示信息210万条。江门市校园微型消防站建设859所，其中消防重点单位和寄宿制学校微型消防站建设170间，消防重点单位和寄宿制学校微型消防站建设覆盖率100%。全市学校推进微型消防站应用演练。全年基础教育系统安全生产工作扎实推进，没有发生校方责任安全事故，没有发生师生群体事件，安全意识增强，为新中国成立70周年和澳门回归祖国20周年大庆创造安全稳定的社会环境作出贡献。

【江门一中】 2019年，江门一中获江门市2019年高中阶段教育质量先进学校一等奖，被授予“首批广东省中学示范团校”“江门市学校安全工作先进集体”“江门市学校体育教育工作先进单位”称号，被评为“广东省航空航天特色学校”“江门市防震减灾科普示范学校”“江门市首批中小学心理健康教育特色学校”。与江海区人民政府扎实推进共建优质民办学校，完成土地招完成土地招标、拍卖、挂牌工作；投资1.8亿元的科创中心和教工公寓通过立项、完成设计、开工奠基。锁定党委班子4项重点措施，做好支部“五个一”工作(党支部书记参加轮训一次、党支部书记讲一次专题党课、组织党员至少参加一次志愿服务、为身边群众至少办一次实事好事、开一次专题组织生活会)，牢记初心使命，主题教育成效显著。健全“学习第一议题”“议事民主集中”等依法管人、管事、管权制度，完善《五大学科竞赛方案》《教育教学管理工作绩效方案》及各类评优方案，激励担当作为。强化爱党熏陶，厚植爱国情怀，坚持立德树人，加强传统教育，校园文化建设先进，德育、智育、体育、美育、劳动“五育”发展并驾齐驱，形成德育管理“三全”格局（全员育人、全程育人、全方位育人）。教学改革与教研提升相得益彰，市级以上教师获奖40人次，“导学生成”式（江门一中“导学式生成课堂”是指教师以“导学案”为帮助学生自主学习、合作探究、创新发展的思维导图和脚手架，把教学的预期性目标和非预期性发展结合起来，根据课堂中的互动状态及时调整预设的教学思路和教学行为，充分发挥教师在教学过程中的能动性、创造性，让学生获得生动活泼的个性发展的课堂形态。）高效课堂探索产生品牌效应。2019年高考本科上线1108人，高分优先投档线以上668人，600分以上61人，1人被北京大学录取，3人被空军航空大学录取。学生获各级各类学科竞赛荣誉481人次，获国家、省、市一等奖93人次。

职业教育与成人教育

【职业教育】 2019年，江门市有中等职业学校（不含技工，以下相同）16所，其中民办中等职业学校1所、体育运动学校2所，在校生3.92万人。教职工2274人，其中专任教师2016人。国家级重点中等职业学校9所、国家中等职业教育改革发展示范学校3所、省级示范性中等职业学校4所、省级重点中等职业学校2所；承担全国制造业和服务业技能型紧缺人才培养培训工程任务的学校2所；全国重点建设专业1个；全国数控技术职业教育实训基地1个；省级以上重点建设专业（点）22个；广东省中等职业教育“双精准”（校企精准对接精准育人）示范专业13个。学生基本技能和专业水平持续提高，毕业生就业率99.57%。打造计算机软件、数控技术应用、模具制造技术、电子技术应用、汽车运用与维修、机电技术应用、会计、学前教育、工艺美术、中餐烹饪、中药、护理、药剂等一批省级品牌专业。

【成人高考】 2019年，江门市成人高考报考人数10289人，其中“专升本”专科起点升本科）3473人、“高起本”（高中起点升本科）10人、“高起专”（高中起点升专科）6806人；全市成人高考录取7498人，其中，专升本2919人、高起本3人、高起专6806人，总录取率72.87%，其中，专升本84.05%、高起本30%、高起专67.23%。

【自学考试】 2019年，江门市开考1月、4月和10月3次自学考试，全年合计报考34803人。6月和12月审核办理自学考试毕业证书2批，合计毕业生737人，主要是本科学前教育、工商管理专业。

（李月清）

表26

2019年江门市学校基本情况表（不含高等教育学校）

类别	学校数（所）	班数（个）	招生人数（人）	在校生人数（人）	毕业生人数（人）	教职员工（人）		校园面积（平方米）	
						合计	专任教师	占地面积	建筑面积
幼儿园	632	4783	52072	143662	53103	18560	9757	1986004	1388802
小学	326	8070	63474	348700	50390	20387	18864	6118050	2393906
初中	145	3058	49560	141788	43479	17121	15523	5914645	2335336
高中	48	1562	28250	78321	24460	9057	8265	3209796	1845518
普通中学	193	4620	77810	220109	67939	26178	23788		
特殊教育	7	84	240	2001	168	246	228	78653	46312
中职学校	16	902	13390	39217	12994	2274	2016	1073612	540961

说明：此表为江门市幼儿园、中小学、特殊教育、中等职业学校等统计数据整理而成，其中“普通中学”栏目数据为初中、高中两相同栏目数值之和

高等教育

【五邑大学】 2019年底，五邑大学有17个教学机构，77个本科专业（方向），涉及工科、理科、经济、管理、文学、法学、艺术等7个学科门类，理工类专业（方向）占比65%。有10个省级重点学科，8个一级硕士学位授权点和3个独立二级硕士学位授权点和工程硕士、教育硕士2个类别共9个专业硕士授权领域，硕士授权覆盖学校所有理工科专业。有各类在籍学生2.4万人，其中全日制本科生1.9万人，研究生近600人。教职工1300人，拥有国家级高层次人才27人（其中包括院士4人、长江学者3人、国家“杰出青年”4人、海外“杰出青年”1人、国家“优秀青年”2人、中国科学院百人计划特聘教授1人，国家“万人计划”入选者1人等），省级高层次人才12人，海外各类优秀人才60人。

人才培养 2019年，五邑大学推进“以马克思主义理论课程为理论基础，通识教育为理论拓展，课程思政为理论应用，实践环节为理论体验”“四位一体”思想政治教育体系建设。加大对思政课程切口的改革力度，设立“思政教改专项基金”，立项21个课题研究思政课和课程思政存在突出问题。加强以价值引领为主要目标的通识教育体系建设，开设以“中华文化与当代中国”等为主要内容5个模块18门主干课程，开展26场高端讲座，策划组织自编自导自演《木棉花开》情景教学话剧上演。强化实践活动理论体验功能。在暑期设立“全校社会实践周”，引导学生通过实践体验习近平新时代中国特色社会主义思想的真理力量；拓展实践活动形式和渠道，策划组织“新中国成立70周年祖国建设伟大成就”系列专题教育之新学期升国旗仪式暨万人大合唱等活动；推进“专业质量提升工程”。26个本科专业人才培养方案和课程教学大纲通过专家论证进入实施和质量持续改进阶段，纺织工程等5个专业获省级一流本科专业建设点。启动实施“高质量课程建设工程”，制定《五邑大学关于加强“金课”等三级课程建设的指导性意见》。组织“新一代信息技术与人工智能”课程建设，开展课程内容、教学方法以及人工智能学习馆等配套条件建设工作；加强创新创业教育体系建设。着眼构建“课程、平台、项目、基金”“四位一体”创新创业教育体系，加强创新创业核心课程建设和“数字光芯片联合实验室”“纺织新材料粤港联合实验室”等创新平台构建。学校本科教学工作审核评估整改得到专家组肯定。人才培养质量提升并得到社会广泛认可。学生在省级以上重要竞赛项目中取得新成绩。2019届本科毕业生初次就业率98.4%，位居全省公办本科高校前列。2019年本科生源情况持续向好，广东省文理科本科批次最低控制线上录取一次性满额，高分段生源显著增加，理工科专业招生占比80%。

学科建设 2019年，五邑大学瞄准“双区”经济社会发展需求，聚焦生物医药、新材料、智能制造等重点领域，加大学科建设力度。重点学科建设有新成效，“药学”“材料科学与工程”学科增列硕士学位授权一级

学科学位授权点，“药学”“机械工程”学科成为省珠江学者岗位计划设岗学科。特色专业建设有新进展，主动布局增设数据科学与大数据技术、精算学、食品科学与工程、工商管理（设施管理）4个专业（方向），理工科专业（方向）和理工类学生占比分别提升至64.2%和70%。

科学研究　2019年，五邑大学与德国人工智能研究中心、中国科学院半导体研究所、暨南大学等国内外著名高校（科研机构）新增共建“数字光芯片联合实验室”“再生医学实验动物中心——大动物模型研究中心”“非人灵长类大动物疾病模型研究联合实验室”等系列高水平创新平台，推动学校成为广东省实验室组成单位。学校构建“工业大数据创新中心”“生物医药大数据中心”等多个产业服务平台；获批国家自然科学基金18项，获资助金额近650万元；首次获100万元重大专项和外国青年学者研究基金项目。SCIE收录论文309篇，比上年增长61%，EI收录325篇，增长88%，高水平论文稳步增长，中国科学院分区一二区论文181篇，增长74%。最新一期自然指数国内高校排名137位，较2018年年末排名前进54名。学校在柔性应力传感材料、数字光芯片等研究项目取得重要进展；申请专利3082件，增长32%，其中发明专利566件。专利授权数810件，增长160%，其中发明专利25件；申请PCT国际专利39件。获粤港澳大湾区高价值专利培育布局大赛项目3项；其中，五十强项目1项，百强项目2项。牵头制定《广东省食品安全地方标准簕菜及干制品》经省食品安全标准专家委员会审查通过并实施，解决广东簕菜产业化发展的“瓶颈”问题，产生极大社会效益和经济效益。《粤产簕菜高值化利用关键技术及产业化》项目通过科技成果鉴定。学校获得中国产学研合作创新奖单位；获中国产学研合作创新奖个人1项、获中国产学研合作创新成果奖4项。

对外交流　2019年，五邑大学主动对接粤港澳优势资源，通过人才牵引、项目共建、基金保障等举措推动科技创新合作大平台建设，使服务创新发展体系日臻完善。构建粤港澳高校协同科技创新机制，设立港澳联合研发基金，吸引港澳高校教师与五邑大学开展科研合作。与澳门大学等高校共同发起成立“粤港澳大湾区西岸科技创新和人才培养合作联盟”，助力提升粤港澳大湾区西岸城市科创水平和合作层次；与香港理工大学共建“纺织新材料粤港联合实验室”，并从两校纺织领域优势合作拓展到轨道交通装备制造等领域；与香港岭南大学共建“居家养老联合研究创新中心”“智能居家养老示范实验室”，搭建多学科服务湾区宜居宜业建设发展需求的创新平台；与澳门管理学院等澳门高校和行业协会合作开展设施管理专业人才培养，探索跨境人才培养模式创新；与日本山梨大学、葡萄牙米尼奥大学等6所国（境）外高校签订合作协议或备忘录，联合共建学科及科研创新平台、培养研究生和骨干教师，共同举办高水平国际学术会议。坚持“引进来”和“走出去”相结合，实施澳门大学、澳门科技大学暑期研修等项目；服务“一带一路”建设，推进马来西亚沙巴大学学生互访研修项目。派出33名教师到国（境）外开展学术交流，选送18名优秀硕士研究生到境外联合培养基地研究学习，385名本科生到国（境）外参加培训学习及交流活动。

立德树人　2019年，五邑大学围绕贯彻落实全国高校思想政治工作会议、全国教育大会、学校思想政治理论课教师座谈会等精神，成立“思想政治理论课程建设与教学指导委员会”健全“大思政”工作格局，设立“思政教改专项基金”加大切口改革力度，推动形成全校上下努力办好思政课、教师认真讲好思政课、学生学好思政课的良好氛围；对照“六要”标准，持续加强思政课教师和思政工作专门队伍建设。推进落实思政课教师、通识教育课教师、辅导员的配备计划，全年3支队伍引进教师19名，其中思政课、通识教育课引进教师10名，均为博士学位；围绕庆祝新中国成立70周年主题主线，策划组织以“书记院长第一课”暨新中国成立70周年祖国建设伟大成就系列专题宣讲教育活动。推动思政课教学内容和教学方法创新，马克思主义学院组织师生拍摄以《家国情、轨道梦》等为代表的微电影、微视频近230个，把“思政课堂”设在红色革命教育基地和生动展现祖国发展成就的场景中，使学生在行走参与中感知变化体悟真理，增强思政课亲和力。学校获谁批准成为全省11家高校思政课区域协同创新中心之一；舞蹈作品《大江之门传奇》入选国家教育部2020年高校原创文化精品推广行动计划；《木棉花开》等多个教育活动登上“学习强国”平台，并获《中国新闻周刊》等媒体广泛宣传报道；31支暑期社会实践队伍获评为省级以上“三下乡”优秀团队；五邑大学再获省“征兵工作先进单位”。

表27　2019年五邑大学基本情况表

教职工（人）	建筑面积（平方米）	教学设备价值（万元）	图书（万册）	实验室（间）
1296	567029	24840.0789	186.6901	499

表28

2019年五邑大学在校学生情况表

<table>
<tr><th rowspan="2">项目
层次</th><th colspan="4">本科学生及专业设置情况</th><th colspan="4">硕士研究生及学位授权点情况</th></tr>
<tr><th>在校学生（人）</th><th>招生（人）</th><th>毕业生（人）</th><th>专业设置（个）</th><th>在校学生（人）</th><th>招生（人）</th><th>毕业生（人）</th><th>硕士学位授权点（授权领域）（个）</th></tr>
<tr><td>普通本科生</td><td>19057</td><td>4992</td><td>4459</td><td>50</td><td rowspan="3">582</td><td rowspan="3">225</td><td rowspan="3">106</td><td rowspan="3">1. 硕士学位授权一级学科点：8
2. 硕士学位授权二级学科点（不含一级科覆盖点）：3</td></tr>
<tr><td>成人学生</td><td>3735</td><td>1075</td><td>1233</td><td>17</td></tr>
<tr><td>留学生</td><td>9（培训生）</td><td>5（培训生）</td><td>10（其中：研究生1，结业生9）</td><td></td></tr>
</table>

【江门职业技术学院】 江门职业技术学院是2004年3月经广东省人民政府批准、国家教育部正式备案的公办全日制普通高等学校。学校由原江门教育学院、江门财贸学校和江门市工业中等专业学校合并组建。2004年7月江门职业技术学院挂牌。2006年9月，新校区建设投入使用。2009年6月，学校顺利通过教育部高等职业院校人才培养工作评估。2010年启动创建省级示范校和“创新强校工程”建设，2012年成为省级示范性高等职业院校培育单位，2013年成为建设单位，2018年通过验收。现为江门市职业教育联合会牵头单位，广东省“一带一路”职业教育联盟、学前教育教师发展联盟副理事长单位学校探索“政校企一体，专业与岗位融通”的人才培养模式，加强内涵建设，全面提高教育教学质量；现设有机电技术系、电子与信息技术系、经济管理系、教育与教育技术系、外语系、艺术设计系、材料技术系和马克思主义学院等8个院系。开设应用化工技术、复合材料工程技术、工程造价、机械设计与制造等52个专业。全日制在校生12572人。全校教职员工715人，专任教师598人，专任教师中高级职称教师156人；学校秉承“技术立校、文化育人、开放办学、服务侨乡”的办学理念，坚持走“校企合作”“工学结合”的发展之路，主动适应江门五邑地区产业发展需求，重点建设智能产品开发、模具设计与制造、机电一体化技术、应用电子技术、物流管理、会计等专业及专业群，建成省级重点专业、品牌专业8个；学校着力推进产教融合、校企合作“精准对接、精准育人”。与翠山湖工业园区、高新技术开发区、蓬江区“人才岛”、德昌电机等产业园区、重大项目、重点企业对接。与古兜温泉公司、中石化等大型企业合作共建现代学徒制试点；与古兜温泉公司合作成立温泉学院。与台山市校地合作，共建江门职院新宁学院，开设旅游管理、模具制造、机电一体化等专业。与澳门旅游学院签署合作协议，探索共建粤港澳大湾区旅游行业资格标准，推动成立大湾区旅游职业教育联盟，共同促进旅游人才培养；学校先后获得“广东省文明单位”“广东省安全文明校园”“江门市文明单位”“江门市先进集体”“广东省红旗团委”“广东省普通高校毕业生就业工作先进集体”“广东省语言文字规范化示范校”“广东省践行社会主义核心价值观示范点”“广东省首批法治文化建设示范点”和“全国职业院校魅力校园”“广东高校校园文化建设优秀成果特等奖”等荣誉。

“不忘初心、牢记使命”主题教育 2019年，江门职业技术学院党委紧扣学习贯彻习近平新时代中国特色社会主义思想这条主线，贯彻“守初心、担使命、找差距、抓落实”的总要求，“学研检改”一体推进主题教育；严格执行第一学习议题制度，党委会全年学习议题28个，召开党委理论中心组学习会12次，班子集中学习成为常态。集中专题学习7.5天，围绕7个专题进行300人次交流研讨，党员干部自觉主动学、及时跟进学、联系实际学；围绕党委领导下的校长负责制等7个方面开展专题调研。召开座谈会19场，走访392人次，发放问卷1454份，摸情况、找症结，撰写7份专题调研报告。召开调研成果交流会，讲专题党课79场次，把调研成果转化为解决问题的具体行动；学校党委强化问题检视，制定《征求意见表》、设置征求意见箱，找准教职工最关心、最迫切解决的困难和问题，建立“检视问题清单”。党委召开专题民主生活会，基层党组召开专题组织生活会75场，深入剖析根源，为整改落实奠定基础；着力抓好8个方面突出问题专项整治，排查问题49个，制定整治措施107条，问题全部整治到位；班子检视问题26项，制定整改措施86条，班子成员检视问题51项，制定整改措施149条，整改全部完成。主题教育成效得到中共广东省委巡回指导组的肯定。

党建工作　2019年，江门职业技术学院旗帜鲜明讲政治，教育引导党员干部树牢“四个意识”，坚定“四个自信”，坚决做到“两个维护”。实施6个特别防护期方案，严格执行领导干部在岗值班制度，召开12场舆情分析研判会，严格思想文化阵地管理，执行课堂教学“十不准”（不准非议中华人民共和国宪法；不准非议中国共产党的领导；不准传播宗教迷信；不准衣不得体、言行失当；不准迟到早退、随意调课停课；不准教学资料不齐全、不规范上课；不准违规使用手机；不准违反教学安全规范；不准纵容放任学生不良行为；不准私自向学生推销或变相推销教学资料与商品），全年无政治安全、校园安全等责任事故发生；实施“双带头人”培育工程，“双带头人”配备比例90.32%。全年共发展党员237名，分类培训党员干部764人次。坚持党建述职全覆盖，夯实“一岗双责”（“一岗”就是一个领导干部的职务所对应的岗位；“双责”就是一个领导干部既要对所在岗位应当承担的具体业务工作负责，又要对所在岗位应当承担的党风廉政建设责任制负责）。创新党建工作品牌，培育“党建+”品牌10个，2个党建创新案例获省委教育工委评比三等奖；制定《党支部工作实施细则》，严肃组织生活制度。编发12期《督导专报》，加强组织生活会动态指导，“三会一课”规范化成果得到巩固。推进党支部规范化建设，深入66个党支部开展排查，专项整治软弱涣散党支部，动态调整2个党支部；制定《解决形式主义突出问题的具体措施》，以学校党委及学校名义下发的文件减少31.1%，切实解决文山会海问题。制定《部门作风考核实施细则》，干部队伍执行力不断提高。开展免职干部、岗位调整干部谈话4人，约谈重点督办工作完成不及时干部3人。严格执行八项规定，落实两个责任，定期听取党风廉政建设，加强领导干部“八小时以外”监督，推进正风肃纪常态化。

宣传教育与思政工作　2019年，江门职业技术学院原创话剧《大义长争》《卖子救国》多次公演，蔡李佛拳进课堂受到中央电视台等媒体肯定，红色文化、侨乡文化深度融入教育教学，获南粤校园中华经典朗诵文化艺术节一等奖和最佳台风奖，“三年四季一校园”育人体系初步形成；建立网络新闻“三审”制度，确保讲准江职故事。“学习强国”发布学校新闻3篇，《南方日报》刊发2篇，“南方＋”发布12 篇，省厅官网发布103篇。官微阅读量稳居全国高职院校排行榜前50强。获广东省高校（高职高专组）新媒体传播影响力一等奖；落实《思想政治工作质量提升工程实施方案》，推进思想政治工作重点任务。制定思想政治工作行动方案，加强思政课主渠道建设，成立马克思主义学院，校领导带头讲好“思政第一课”，实施“课程思政360”改革计划，课程思政教学改革项目立项18项；以“三型”党支部（学习型、创新型、服务型）建设全覆盖为支撑，推进“1＋1＋6”（第一个“1”是指班主任，第二个“1”是指学生家长，“6”是指一个学期至少联络3次、一个学年则至少联络6次）班主任家访全覆盖、服务人员育人教育全覆盖，被评为省级十佳易班发展中心。军民共建助推国防教育，获广东省教育厅、广东省国防教育学会评为广东省国防教育先进集体。

教学改革　2019年，江门职业技术学院制订品牌（重点）专业建设实施方案，培育高水平专业群6个。试点开展分层分类教学。新增国家骨干专业1个、省级品牌专业3个、省级教学资源库1个、精品在线开放课程1门、省质量工程教改项目9项。获得省教学成果奖二等奖2项、省教学技能比赛二等奖4项。探索专本衔接一体化育人模式，与岭南师范学院开展协同育人试点。获得“1＋X”证书制度试点立项8个，新增现代学徒制培养试点专业2个。实训力量增强，新增国家级实训基地3个、省级实训基地6个。

教学质量与人才培养　2019年，江门职业技术学院获得第十五届“挑战杯”特等奖2个、一等奖4个，连续六届捧得“团体优胜杯”，是最近10年全省唯一获此殊荣的高职院校。在职业院校技能大赛中，获得全国三等奖5个、省赛奖项61个，其中一等奖9个，获奖总数排名全省第三位；是年，录取新生5424人，规模创近年历史新高，招生投档全部一次满档。生源质量提升，部分专业录取分数直逼本科线。落实高职扩招任务，录取专业学院（学前教育西藏班等）学生200人，高职二期扩招录取1700人。就业情况稳居全省同类院校前列，毕业生初次就业率98.22%，专业对口率87.96%，平均薪酬3780元。毕业生就业服务满意度提升至93.90%。

科学研究与社会服务　2019年，江门职业技术学院深化“放管服”改革，修订《科研经费管理规定》，激发教师科研活力。获得市厅级及以上项目149项（其中省部级项目12项），较上年增长79.8%。获得广东省和中央引导地方科技发展专项资金100万元，市重大科技创新平台资助100万元，科研经费到账745万元，是上年度的1.77倍。开办市新型职业农民培训班，增加珠宝首饰职业技能鉴定考点，继续教育培训收入达1000万元；支持人才岛建设，与蓬江区政府合作共建人才岛科创中心。助力大湾区建设，与澳门旅游学院共同牵头，成立粤港澳大湾区旅游职业教育联盟，学校为联盟副主席单位。推进产业学院建设，投入730万元与华为公司共建（华为信息与网络技术学院）ICT学院。

师资队伍建设　2019年，江门职业技术学院完成绩效工资改革方案修订，激发教职工干事创业的热情。新增副高级及以上职称教师20人、省级优秀教学团队2个、省级技能大师工作室1个、市级技能大师工作室2个，入选广东省中青年教师国内访问学者项目6人。

（唐祖军）

2019年江门职业技术学院基本情况表

表29

教职工（人）	在校学生（人）	招生（人）	毕业生（人）	建筑面积（万平方米）	教学设备（万元）	图书（万册）	实验室（间）	专业设置（个）
713	12572	4667	3820	26.87679	12872.33	76.76	217	52

【江门开放大学】 2019年，江门开放大学全体教职工围绕学校转型发展，创新思路，努力不懈，勇担责任，首次接受江门市教育局对该校的学习年度考核获得“优秀”等级，推动江门市成为全国“2018年全民终身学习活动周优秀组织单位”，获国家开放大学示范性考点、2018年度国家数字化学习资源中心优秀分中心、广东开放大学第四届英语大赛组织单位特等奖；是年，《江门开放大学建设方案》在5月23日召开江门市政府常务会议获得通过，《江门开放大学建设方案工作清单》于12月经市政府审批通过。学校开设开放教育9个本科专业，17个大专专业，中职教育有14个中专专业。开放教育全年招生3372人。其中，国家开放大学679人，广东开放大学2442人，奥鹏网络教育251人；在校生6926人，其中校本部3424人，教学点2855人，网络教育（奥鹏、中大）647人。开展初级会计师、职业技能鉴定（钳工和车工）、导游培训考证等15个非学历培训项目，参加培训学员2000人次。学校有教职工93人，其中专任教师37人，高级职称7人，中级职称32人。五邑地区开大系统有教职工290人，其中专任教师182人，高级职称40人，中级职称120人。举办40周年庆祝大会，结合“不忘初心、牢记使命”主题教育，与老教职工代表、师生代表同庆40年的发展成长，表彰5位为学校事业发展服务满40年的老同志，全体共产党员重温入党誓词，教师代表宣誓。

教学质量 2019年，江门开放大学加强对教学点的指导，抓好各教学点排课、上课、作业批改、论文指导等工作指导，与下级开大等沟通协调好教学规则、选课、实践环节布置、学位论文答辩、大专论文终审等工作，特别是对教学点的教学管理人员的配备、导学员（班主任）的配备、课程安排、老师导学、学员网上学习、师生教学互动和教学档案等方面进行督导检查；下属江门市工贸职业技术学校坚持中层领导巡堂制度和教务教学处抽查制度，组织教师进行巡堂督查，加强日常教学管理，提升教学质量。文经专业部推行“小组管理”的管理模式，开展手工课特色晚修活动，培养学生主动思考、乐于动手的学习习惯。综艺部实行班币积分制管理模式、小组合作管理模式、班级梯队建设模式，形成各具特色的班级文化。基础部实施目标激励管理，营造激励教育教学氛围，效果显著。理工部实行企业化管理模式，使学生提前了解企业员工的基本规范等内容，培养学生的基本职业素养、敬业精神、创新精神和服从企业管理的意识。是年，工贸学校获得省市荣誉11项，其中组织学生参加2019第七届“博导前程杯”全国电子商务运营技能竞赛广东分赛区比赛获一等奖等。

社区教育 2019年，江门开放大学在2018年全市26个社区教育实验点的基础上增加到29个。打造社区教育品牌特色，搭建终身学习平台，建设天福、丰雅、范罗岗3个老年教育基地和篁庄社区1个文化传承基地，基地内开展居民喜爱的系列性学习课程，满足居民终身学习需求。以天福社区实验点为抓手举办“长者学苑”，探索出社区老年教育常态化模式，2019年“长者学苑”开展2期培训，开设舞蹈、太极、唱歌、书法4门课程，每门课程安排8次课，受惠居民2000人次，打造独具影响力的江门老年教育品牌。开展“送教进社区”项目。整合社会资源，吸纳优质社会力量加入社区大学师资库，2019年有社会师资144人。全年开展公益性知识培训和讲座达95场，“送教进社区”项目形成特色，主题更加突出，成效更加明显，受惠近1万人次。推进社区教育资源共享。编写出版《智领潮头侨连天下》宣传册，总结潮连社区教育特色小镇工作成效，在全市范围内公开宣传推广；加强“邑学网”的建设，推进“计算机网络＋微信平台＋线下活动”教育模式深化运行。

教育教学研究 2019年12月24日，江门开放大学举行江门市终身教育研究学会2019年年会暨第三十次研讨会，收到论文及资源作品140篇（个），已发表论文及资源作品33篇（个），其中122篇（个）有效。其中，彭欣《新时代侨乡特色外语教育的探索与实践》、熊英《基于谱顶层分割的网络社区层次抽取方法》、邹良明《基于风险导向的行政事业单位内部控制分析》和《如何加强行政事业单位内部控制制度建设》、肖珊珊和张青莲《书法学习的观念与方法》、廖悦喜《太极八段锦视频教学》获得特等奖。

思想政治工作 2019年，江门开放大学党委围绕习近平新时代中国特色社会主义思想和党的十九大精神、十九届四中全会精神，加强党内学习，把认真学习、深入领会、大力宣传、全面贯彻党的十九大精神、十九届四中全会精神、习近平总书记系列重要讲话精神和《粤港澳大湾区发展规划纲要》，作为当前和今后一个时期学校首要政治任务。学校按照市委主题教育领导小组统一部署开展“不忘初心、牢记使命”主题教育，在市委第九指导组的指导和监督下，按照“守初心、担使命，找差距、抓落实”总要求，整体谋划，全面部署，上下联动，推进学校主题教育各项工作。开展主题教育期间，领导班子成员先后5次开展集中研讨；有针对性地开展调研，形成6篇高质量的调研报告，举行相关教育活动10场次，主题教育成效明显。邀请市委宣讲团成员，为全体教职工宣讲《粤港澳大湾区发展规划纲要》和党的十九届四中全会精神，使全体教职工深刻理解《粤港澳大湾区发展规划纲要》、深刻领会党的十九届四中全会精神，在思想通、机构通、人才通、机制通的“四通”上下苦功，打造侨都特色的新型高等学校。

主题党日教育 2019年，江门开放大学组织全体党员到市党群服务中心开展先进典型教育和警示教育，通过现场教育、观看影片等方式，引导广大党员加强理论武装、坚守初心使命；到开平市、鹤山市开展“重走侨乡红色路，传承革命精神”主题党日教育活动，重温入党誓词，感受广东人民抗日解放军艰难发展的历史，增强党员党性观念以及历史使命感和社会责任感。开展评选2018—2019年度“担当重任，开拓创新”先进共产党员活动。发挥典型示范作用，提升党支部的组织力，以好的党风带动好的教风、学风、行风和工作作风，以基层党建汇聚学校发展强大合力。开展党员义工服务活动。组织党员义工到挂钩联系点迦南社区开展写春联送居民活动，社区清扫等活动，全年597人次参与党员义工服务，共计1917小时。增强党员干部的宗旨意识和服务群众观念。做好发展党员工作。严格“程序关”，按照成熟一个发展一个原则，确定入党积极分子5名；开办业余党校，由党委书记、党委副书记带头讲党课，2019年有94名师生参加业余党校学习并结业。加强群团工作。工会、妇女委员会组织开展人文关怀活动，坚持对生病住院、困难家庭教职工、退休人员给予慰问；组织开展丰富的校园文化活动，比如女教职工庆祝“三八”妇女节活动、“五一节”趣味运动会、教职工乒乓球单项赛、迎“元旦”羽毛球团体赛；组队参加广东开放大学体系教职工乒乓球团体赛，获得亚军，创造该校参加省开放大学体系教职工乒乓球团体赛的历史最好成绩。加强共青团组织建设，组织形式多样的政治学习、业务培训、外送培训活动。

师资队伍建设 2019年，江门开放大学参加省举办的计算机、英语、行政管理、思想政治教育等专业、课程的培训和交流会议，加强学科教师间的交流。工贸学校选派52人次参加校外省市国家级8个项目的科研、教师提升等培训。

（冯淑婷）

【江门幼儿师范学校】 2019年，江门幼儿师范学校在校生3816人，2019届毕业生2335人，就业率保持在100%，招生录取1324人，超过招生计划数124人。其中，西校区983人；该校是广东省唯一一所承办内地西藏班中职学前教育班的职业院校，在校学生人数达173 人，其中男生51 人，女生122 人。是年，为西藏培养71 位毕业生，毕业后都返回西藏7个地区从事幼教工作，促进西藏经济社会发展和维护祖国统一民族团结。3月，获省人民政府批复同意设立江门幼儿师范高等专科学校。5月学校通过国家教育部备案。

校园基础设施建设 2019年9月，江门幼儿师范高等专科学校一期建筑，包括综合教学楼、学生宿舍、饭堂、图书馆、体育馆、艺术厅、音乐楼、体育场、园建工程等均已如期完成交付使用，同时完成空调、学生床、课桌椅、图书设备设施、办公家具、热水系统、智慧校园（含广播系统）、安防系统、心理咨询室等设施及物业管理、安全保卫、饭堂等服务的采购投入使用。学校教学仪器设备先进，设备总值2200万元，图书馆藏书16.59万册，为学生提供优良的学习环境。

高等专科学校建设与招生 2019年9月16日，江门幼儿师范高等专科学校第一届新生顺利升学。招生专业有学前教育、音乐教育和美术教育3个，招生计划1100人，其中学前教育900人、音乐教育100人、美术教育100人，学前教育和音乐教育一次性满档，实现开门红，各专业均完成招生任务，新生报到率90.17%。25日，成立中共广东江门幼儿师范高等专科学校委员会；10月12日，江门幼儿师范高等专科学校隆重举行成立揭牌仪式。中国学前教育研究会、广东省教育厅、江门市四套班子、市委教育工作领导小组成员单位、设立江门幼专的专家顾问、有关高校代表1300人参加。

创新强校工程 2019年12月，广东省教育厅组织开展高等职业教育创新强校工程建设工作，组织编写建设规划提纲。成立创强工作小组和核心编写小组，编制学校“创新强校工程”（2019—2021年）建设规划。

教育教学管理 2019年，江门幼儿师范学校与江门职业技术学院合作举办西藏大专班，为发展广东省学前继续教育事业作出突出的贡献；受江门市江海区教育局和江门市教育局委托，开展江门市江海区幼儿园园长任职资格培训班和2019年江门市直幼儿园教师教学能力提升培训班，培训272人；以活动促进学生全面成长，以学习宣传贯彻党的十九大精神，加强社会主义核心价值观建设、传承优秀中华传统文化为着力点，以“走出去，请进来”的方式，开展系列学习教育活动，新生军训、“国家安全进高校”“消费维权进校园”“禁毒话剧进校园”“扫黑除恶”专题教育活动，“非遗进校园”“防电信诈骗”“弘扬宪法精神”、青春期健康教育系列宣传活动、纪念五四晚会、元旦晚会，在活动中促进学生全面成长；9月，承办“海外一年制华文幼儿教师培训班”，21名学员大多来自印度尼西亚，为海外培养华文幼儿教育人才；10月，申报舞蹈教育、体育教育、英语教育3个新国控专业，现全部通过审批。

（陈慧丹）

2019年9月16日，广东江门幼儿师范高等专科学校在江门市高新产业园区启用　（江门市幼儿师范学校 供）

【广东南方职业学院】 广东南方职业学院占地面积93.33公顷，建筑面积30万平方米。专任教师481人，其中副高级以上教师130人，江门市高层次人才69人。学院设立智能制造学院、人工智能学院、信息学院、建设工程学院、财经学院、管理学院、医药学院、马克思主义学院、继续教育学院、创新创业学院、国际学院等11个二级学院，设置专业38个，以人工智能、智能制造、工业机器人、智能数控、新工科发展为特色，形成工学、经济学、管理学、文学、医学等学科全面发展的专业格局。2019年，在校生9607人，毕业生就业率99%。教师发表论文241篇（其中核心期刊9篇），课题立项20项，获专利授权12项，出版教材13部；学生技能竞赛获得国家级一等奖7项、国家级二等奖5项、国家级三等奖12项、国家级优秀奖1项、省级一等奖14项、二等奖55项、三等奖73项。

办学特色与成效　2019年，广东南方职业学院根据国家《中国制造2025》战略部署和国家教育部《高等学校人工智能创新行动计划》以及省、市的政策导向，结合学校特色发展，重点在人工智能与智能制造相结合，打造新工科；学校理论教学与企业实习实训相结合，推进校企深度融合，提高应用型人才教育质量；引入科研机构和科技创新企业、博士后科研创新团队，以产、学、研、孵为目标，探索建设一个以人工智能、大数据、工业机器人、智能数控、电子芯片产业为核心，融人才培养、研发、产业孵化、市场营销、培训服务于一体的新型科技创新园区。学校坚持智能制造专业群建设和人工智能协同各专业改造升级的发展理念，推动学校的育人与区域社会经济发展相结合。获得2019年教育部首批批准的《人工智能学院》试点单位，是职教高校中唯一一所民办高校。学校为创造良好的学习环境和条件，广泛开展校政合作、校所合作、校校合作，建立《广东省博士后创新实践基地》《智能系统与大数据研究中心》《机器人创新基地》。学校创办三个“校中厂”式新型企业，即为区域内企业提供升级装备，又配合高技能人才培养，使产、教融为一体。“校中厂”广东南大机器人有限公司，成立3年以来，为20家企业提供转型升级，是广东工业机器人应用示范企业、广东省新型研发机构、江门市中小企业公共技术服务示范平台，代表江门市参加2018年中国国际博览会，被授予全国高新科技企业。学校呈现出产、学、研、孵为一体的校企融合办学特色。

党的建设 2019年，广东南方职业学院党委以习近平新时代中国特色社会主义思想为指导，贯彻落实党的十九大及十九届二中、三中和四中全会精神，推进基层党组织建设。开展“不忘初心、牢记使命”主题教育，归类检视出党建、教学、人事和管理等方面存在的16项问题进行整改，将中层以上干部的专题发言和交流发言汇编成册；举行“身边的人身边的事”先进事迹报告会；组织中层以上领导干部到中共三大会址和黄埔军校参观学习；组织赴古田开展“不忘初心牢记使命”党性教育专题学习；先后邀请张应祥博士、徐大兵教授等专家学者到校，为全体教师和学生代表作《粤港澳大湾区发展规划纲要》和《深入领会习近平新时代中国特色社会主义思想》专题辅导；组织党员干部收看教育系统全面从严治党工作视频会议、组织团员青年收看纪念五四运动100周年大会直播，激励广大青年担当时代责任；组织师生代表集中收看《“时代楷模”卢永根先进事迹发布仪式》节目直播；持续在全校组织开展党的十九届四中全会精神学习；将参观学习遵义红色教育基地制作成《贵州红色之旅——缅怀先烈，见证革命的足迹》课件，在各基层党组织中组织学习；严格推进基层党组织“三会一课”工作落实，其中党总支部书记讲党课8次、党支部书记讲党课12次，牵头研究制定针对信息学院和管理学院学生党支部两个软弱涣散基层党组织的整改方案，整改已基本完成；召开“七一”表彰大会，表彰5个先进集体、37位先进个人、3位优秀党务工作者和1个党员工作站；组织125人次参加省、市、区各级各类培训学习；指导校团委筹备召开团代会，选举产生新一届团委会成员；指导团委举办青年马克思主义培训班，培训学员120人，结业120人；指导校团委做好学生社团管理与整顿工作，撤销不规范的社团；指导学校工会召开教职工代表大会和工会会员代表大会，完成工会换届工作，强化“双代会”制度建设；组织教职工趣味运动会、做好各大节日慰问和困难教职工的慰问。

教学改革 2019年，广东南方职业学院继续进行教育教学改革工作，形成以职业岗位为目标，职业能力为基础，岗位实践为主线的职业岗位能力培养体系，优化理论教学，充实实践教学，强化岗位实践，充分利用现有的校内外实践基地，实现教学与职业岗位的“零距离”对接。推动信息技术与教育教学的深度融合，在2018年引入31门优质在线课程的基础上，2019年再引入14门在线课程，内容涵盖德、智、体、美、劳诸方面，丰富学生网上学习的可选课程，满足学生学习的个性化需求，激发学生线上学习的积极性。巩固教育责任制改革成果，扩大改革范围。学校将2018年建立的32个教育责任制团队所覆盖的学生班级由1个年级的109个班级，扩大到2个年级的197个班级；参加工业机器人准学徒制试点的年级也由1个增加到2个，教育团队的改革效果逐步显现，全校的学风、教风稳步向好。建立专科生、本科生、研究生、博士生、博士后产业应用型人才培养纵向打通协同育人机制。

科学研究 2019年，广东南方职业学院通过修订科研工作制，发布《科研项目管理办法》《关于公布学术论文发表、专利及成果转化奖励标准的通知》《关于高级职称评审对学术论文要求的相关说明》等；确立科研兴校战略，发挥科研对教学的引领作用，将科研作为专业技术人员的基本工作任务加以精准化落实，在评奖评优等方面都要求完成基本科研任务；加大申报各类项目和专利的力度，并对报出项目进行严格审查，确保项目申报的质量，是年，学院主持国家级科研项目1项、省级科研项目7项、市级科研项目12项，公开发表科研和教研论文240余篇，其中EI论文1篇、国际会议论文2篇，被国内各类核心期刊数据库检索4篇，获得国家专利授权12项，软件著作权授权8项，学校竞争力在同类高校排名中大幅提升。

师资队伍建设 2019年，广东南方职业学院坚持“调结构、提内涵”以改革促发展的战略思路，制定一系列促进新时代教师队伍建设的政策措施，建立一支结构合理、专兼结合、师资数量满足教育发展需要的教师队伍。学院现有教师总数601人，其中专任教师481人，副高级职称以上者130人，占27.03%；中级职称223人，占46.36%，初级及以下者128人占26.61%；具有双师型素质教师302人，占专任教师的62.79%，其中专业课双师型教师261人，占专业课教师345人的75.62%；聘请企业兼职教师120人，其中高层次技能型兼职教师10人。制定系列吸引各类人才的激励机制。全年引进各类人才69人，其中副高级以上职称10人，提拔中青年教师晋升为副教授4人，选拔专业带头人34人；制定系列师资培训管理制度，创新培养培训模式方法，注重培养教师的素质和实践技能与科研能力水平。全年培训568人次，其中校外培训176人次，校内各类培训392人次。

（官飞鸿）

2019年9月11日，开学典礼暨新生军训表彰大会在广东南方职业学院运动场举行 （黄伟盛 摄）

【广东江门中医药职业学院】 2019年，广东江门中医药职业学院全日制在校生5748人，专任教师295人，其中拥有硕士以上学位教师76人；具有副高级以上职称142人；“双师型”教师154人，学院18名专业带头人均具有高校任职工作经历和丰富的行业企业工作经验，副教授以上专业技术职务。校舍建筑面积约20万平方米（未含附属医院），拥有18个实训中心，实训设备总值约5000万元。设基础医学院、护理临床学院、中医学院、南药学院、马克思主义学院5个二级学院和护理、助产、健康管理、康复治疗技术、中医学（国控）、中医康复技术、中医养生保健、针灸推拿（国控）、医学美容技术、药学、中药学、中药制药技术、中药生产与加工、药品经营与管理、药品质量与安全、食品质量与安全、医学检验技术、医学影像技术18个专业，其中中药学为省二类品牌建设专业。是年，学院制定《广东江门中医药职业学院五年发展规划》《广东江门中医药职业学院三年人才发展规划》等中长期规划。牵头成立广东省中医药职业教育集团，深化产教融合、建立创新型、发展型、复合型中医药人才培养体系。举办“奋进新时代中医药传统文化广东职教行”活动和学院第二届“科技文化节”，项目《“现代师承制”拜师仪式》被评选为2019年全国职业院校“奋进新时代中华传统美德职教行”活动的优秀成果，获得“优秀典型案例奖”。“创新强校工程”初见成效，首次参加全省考核成绩为70.59分，位列C类院校第五名，C类医药卫生类院校第一名。

教育教学 2019年，学院以专业建设为重点，推进教育教学改革，中药学专业“二类品牌专业”申报、“伍卫红中药技能大师工作室”和“常陆林领军才人”认定通过广东省高等职业教育教学质量与教学改革工程项目评审；主持广东省高职教育中药学专业《实训教学标准》和《实验室建设标准》的编写工作，通过专业建设指导委员会论证；承担全国职业教育“药品生产技术”专业教学资源库中的《传统医药案例资源建设子项目》工作。申报国控专业——针灸推拿专业，使学院国控专业增加到2个。学院获广东省教育厅批准成为首批“1＋X”证书制度试点院校，申报国家“1＋X”证书制度试点老年照护证书项目，参与研发“1＋X”证书制度试点老年康复服务证书培训标准，将有利于学院优化课程设置和教学内容，把证书培训内容有机融入专业人才培养方案，推进“学历证书”和“老年照护职业技能等级证书”有机衔接。

学生发展 2019年，学院开展考试分类招生改革，有春季招生（依据高中学业水平考试成绩录取、中职“3＋专业课程证书”）录取、夏季招生（普通高考文理科）录取、高职专业学院试点班录取和中高职贯通培养（三二分段）等类型，招收18个专业4708名学生，其中学院克服时间紧、任务重等困难，超额完成高职2次扩招的政治任务，招收1528名学生。学院在广东省、河南省、新疆维吾尔自治区三省区招生，招生计划较上年增加82.69%，招生中文科、理科、“3＋证书”出档线分别高出省公布分数线230分、127分、71分；充分整合专业特色与人才优势，依托校内外多层次平台，打造一系列具有医学专业特色的科技社团，如针灸推拿社团、药膳吧、标准化病人表演社、针刀与手法医学社、急救社、百味斋、圭峰药阁、阳光医学生协会等。通过举办校内外义诊推拿、志愿服务、校内特效化妆大赛、青春健康教育校内宣讲等活动，丰富校园生活，传承与弘扬中医药文化，推动中医药文化进校园、进社区、进机构。截至是年底，学院有注册登记学生社团37个，成员2463人（科技类社团10个，成员820人。思想政治类学生社团1个，成员50人。文化体育类学生社团24个，成员1478人。自律互助类学生社团2个，成员115人）。其中，针灸推拿社团被评为2018—2019年度广东省优秀学生社团荣誉称号。学术科技类学生社团组织51个活动项目，学生参与2158人次；思想政治类学生社团组织2个活动项目，学生参与51人次；文化体育类学生社团组织125个活动项目，学生参与3351人次；自律互助类学生社团组织12个活动项目，学生参与424人次。在第十五届“挑战杯”广东大学生课外学术科技作品竞赛中，获得6个三等奖，1个二等奖；在第九届广东省大学生职业规划大赛中，获优秀组织奖，1个省级二等奖，3个省级优胜奖；在2019年“创客广东”江门市中小企业创新创业大赛中获1个优胜奖。指导学

生参加全国职业院校技能大赛“东阿阿胶杯”中药传统技能赛项中获三等奖。参加全国大学生康复技能大赛，获“团队优胜奖”。

思想政治 2019年，学院党委以政治建设为统领，抓好党建工作。组织党委理论中心组集中学习12次，安排党支部组织集中学习18次，组织全体党员集体学习8次，党委委员上党课3次，支部讲堂党支部书记上党课4次。组织全体党员干部到开平市月山镇水井墟万隆客栈、鹤山市宅梧镇靖村余氏宗祠、龙潭山革命烈士纪念碑、龙潭山战斗遗址等爱国主义教育基地，开展红色教育学习活动。举办《我和我的祖国》快闪活动，录制活动视频被广东教育微信公众号转载，用燃情快闪向新中国成立70周年献礼。特邀中共江门市委宣传部领导到校作题为《当前意识形态安全面临的主要威胁与对策》和《高校应对媒体技巧培训》的专题辅导讲座。举办“现身说法”禁毒宣传教育进校园活动，组织师生到法制教育基地、中医药展览馆上思政实验课，加强思想政治建设。开办第二期“青马工程”培训班；2019年暑期“三下乡”社会实践活动中，学院共有“急救知识与青春健康知识普及”志愿服务团、“红星宣讲伴你行，关爱服务送温暖”志愿服务团、“青春正飞扬共筑爱心墙”志愿服务团三支队伍获得国家重点团队，广东省“灯塔实践团队”称号。参加广东省活力在基层团日竞赛，药学18（2）班获得第一赛季“百优”项目。与江门市强制戒毒所共建法制教育基地；与江门市华侨博物馆、江门市档案馆等单位建立4个思政教育基地。开展以“自觉爱国守法，潜心教书育人”为主题的师德建设主题教育月活动。教师节当天对“优秀教师”“优秀教育工作者”“优秀班主任”先进模范进行表彰，树立榜样。党委书记为全体教职员工上“不忘初心、牢记使命”主题师德教育课，全方位开展师德师风建设。

师资队伍 2019年，学院首次组织学院教师参加高校教师资格证认定，162名教师顺利通过认证。组织学院首次教师系列职称评审工作，有80名教师申报本次职称评审。2019年学院引进人才31名，其中博士3名，教授1名；硕士研究生27名。制定《广东江门中医药职业学院编外人员管理办法》，强化目标考核，形成能进能出的良性用人环境。努力提高师资水平，选送3名教师参加全国高等学院青年骨干教师国内访问学者培训项目学习。有74名专业老师参加顶岗实践活动，培训时间达1592天。组织老师参加广东省超星杯信息化教学比赛，获一等奖1名、二等奖1名、三等奖5名。

科研服务 2019年，学院主持省市级各类科研教研课题39项，广东高校省级重点平台和重大科研项目5项，广东省中医药局课题3项，共青团广东省委广东大学生科技创新培育专项“攀登计划”项目2项，江门市科技局项目11项，江门市社科联项目6项，广东省高职教育医药卫生类专业教指委项目12项，立项经费达118万元，立项课题数量远超过上年，标志着学院教科研迈上新的台阶。学院教师2019年发表论文25篇，其中SCI一篇，中文核心期刊2篇。学院应邀参加江门市首届科普嘉年华，“中医药展览馆成果展示与知识互动”和“中药药膳品尝与知识宣传”这2项文化成果精彩亮相科普嘉年华现场，让群众通过视觉和触觉体验充分感受中医药技术技能和中医药文化的魅力。发挥优势资源，服务地区卫生健康事业，设立江门市医学卫生类别报考中心，承接江门市各项医学卫生类别考试考务和卫生系列高级专业技术资格评审工作。完成2019年江门地区卫生系列高级职称评审工作审核高级职称申报材料697份；组织完成卫生专业技术资格考试、护士执业资格考试和执业医师资格考试，参考人数达9673人次；开展2019级江门市临床类别和中医类别全科医生岗位、转岗理论培训，培训基层卫生工作人员313人；开展美容师、公共营养师和育婴员等职业培训和鉴定工作，培训614人次；承办江门市残疾人联合会的培训项目“盲人按摩•小儿推拿”培训班、“盲人按摩•高级保健按摩师技能提升培训班”和“残疾人化妆师”培训班，培训残疾人近70人次，为残疾人重新融入社会、自立自强提供一技之长；举办12项医学继续教育项目，其中7项为省级项目，5项为市级项目，总培训数1745人次，为五邑地区卫生健康事业发展提供强有力的智力支撑。

国际合作 2019年，学院与德国、日本等国家和中国港澳地区开展合作交流办学，加入国际介护人才平台，参加中日（广州）养老产业论坛。与澳门医俪人集团初步接洽商谈健康美容产业合作，开展人才培养新模式。与澳门镜湖护理学院共同探讨江澳两地护理专业人才培养合作空间，达成初步合作意向；与香港职业发展服务处合作申报香港青年内地交流项目获审批通过。与华夏基金会合作，由华夏基金会投入10万美元支助资金，完善学院养老护理培训基地建设，规范化、系统化的培训高素质的老年护理人才。

（冉　超）

·责任编辑　李文迪·

文化

综　述

【文化旅游体制改革】 2019年，江门市文化广电旅游体育系统机构改革顺利完成，江门市和各市(区)原文化局、旅游局、体育局合并，成立江门市文化广电旅游体育局(简称“江门市文广电旅体局”)，市县两级文广旅体局组建、人员调配、工作安排全部到位。文化体制机制改革稳健推进，台山成立台山市文旅集团，开平成立开平市文旅集团，江海首创的“文体超市”开张，蓬江区、新会区、台山市、开平市、鹤山市、恩平市完成文化馆和图书馆总分制建设。

2019年1月9日，原江门市文化广电新闻出版局、江门市旅游局、江门市体育局机构改革，合并为江门市文化广电旅游体育局，在江门市图书馆前举行新局挂牌仪式（市文化广电旅游体育局　供）

【文化交流】 2019年，江门市文广旅体局对接港珠澳大桥开通的机遇，深化江港澳合作，承办广东省2019粤港澳青年文化之旅江门站活动。发挥“澳门历史城区”和“开平碉楼与村落”两处世界文化遗产资源优势，举办“湾区花正开”——首届粤港澳大湾区文化艺术节（江门分会场）暨2019世界文化遗产嘉年华，打造大湾区的文化品牌，增进粤港澳三地文化认同。组织全系统各单位参加2019亚洲文化旅游展、2019中国——东盟博览会旅游展、香港国际旅游展、澳门国际旅游（产业）博览会、广东国际旅游产业博览会和中国(深圳)国际文化产业博览交易会，江门市10件参展作品分别获得2枚金牌、1枚银牌、5枚铜牌和2个最佳作品。

【文化市场综合执法】 2019年，江门市文化市场综合执法队伍办理行政处罚案件23宗，处理93宗投诉，罚款及没收违法所得金额11.08万元。开展“扫黄打非”护苗、秋风、清源、固边、净网五大专项行动，立案查处12宗非法出版物案件，取缔销售非法出版物的游商地摊78个，依法查缴各类非法出版物1.6万份；开展“扫黑除恶”专项斗争，向市扫黑办公室和有关部门移交9条线索，其中4条线索已由公安机关立案。市文化广电旅游体育局安排专门督导小组，到蓬江、江海、台山、开平开展扫黑除恶专项斗争督导工作，跟踪督办省交办的“5条重点线索”，5条线索反映问题全部整改或移交有关部门立案处理。做好旅游市场投诉处理工作，共受理旅游投诉79起，其中涉及旅行社72起，占投诉总量的91.1%，涉及景区5起、涉及酒店1起、其他1起，结案率98.7%，为旅游消费者理赔金额12.08万元。

（江门市文广电旅体局）

【文化精品突破工程】 2019年，江门市实施文艺精品突破提升工程，广播剧《今生无悔》获中共中央宣传部（简称“中宣部”）“五个一工程”奖，并与歌曲《故乡月》同获广东省“五个一工程”奖，中共江门市委宣传部获省“组织工作奖”。江门市文广电旅体局成功承办2019广东省群众艺术花会（少儿艺术）。创排原创话剧《大道无疆》《铁骨丹心林基路》、粤剧《梁启超·少年中国》、歌曲《那红色的旗》《写给未来的诗篇》等，获得好评。纪录片《金山客》获评为“优秀南派纪录片”最佳作品。实施“公共文化事业建设年”行动，市美术馆、市文化馆、市体育馆、江海区博物馆、鹤山市铁夫美术馆等完成升级改造或新建并对外开放，市图书馆、市华侨博物馆改扩建项目顺利动工。全市所有公共文化场所全部实现免费对外开放，是全省6个达标率为100%的城市之一。新会区顺利创建全省公共文化服务体系示范区，开平市成为全省唯一的县级图书馆总分馆制建设示范地区。江门市版权登记站成为全省5个“优秀登记站”之一。

【企业政工职称评定】 2019年，中共江门市委宣传部组织开展2019年度政工专业职务任职资格评审工作。指导全市5名企业思想政工人员完成申报高级政工师。组织开展全市中级及以下企业思想政工人员申报。

【文化事业和文化体制改革】 2019年，中共江门市委宣传部贯彻落实《市委全面深化改革委员会2019年改革工作安排》，完成13大类35项文化体制改革措施。重点推出革命历史题材话剧《铁骨丹心林基路》、粤剧《梁启超·少年中国》、广播剧《今生无悔》、歌曲《那红色的旗》《写给未来的诗篇》等精品力作。广播剧《今生无悔》获中宣部第十五届精神文明建设“五个一工程”奖，散文《双族之城》获“第十八届百花文学奖”，广播剧《今生无悔》、歌曲《故乡月》获广东省精神文明建设“五个一工程”奖；发挥文化资源优势，聚焦提升“中国舞蹈之城”“武术之乡”品牌影响力，融入大湾区文化圈建设。举办第二届“戴爱莲杯”人人跳全国群众舞蹈展演活动、华侨华人交流合作暨粤港澳青年文化创意发展大会和2019中国侨都（江门）华侨华人嘉年华活动，搭建粤港澳大湾区和全球华侨华人文化交流合作平台；4个县级融媒体中心完成挂牌运作，开平成为全国首批试点之一。完善网络意识形态工作制度建设，开展网络安全专项整治行动，开展“江门70年”等网络正能量主题宣传，守好网络意识形态安全主阵地。创新文化精准扶贫方式，推动非物质文化遗产保护、振兴传统工艺与文化扶贫相结合，探索创新文化扶贫之路。制定《江门市红色旅游发展实施方案（2019－2021年）》，加强红色文化转化利用，打造红色旅游景区。

【人文湾区建设】 2019年，江门市启动华侨华人交流合作重要平台建设，举办首届华侨华人交流合作暨粤港澳青年文化创意发展大会、2019中国侨都（江门）华侨华人嘉年华、第二届“戴爱莲杯”人人跳全国群众舞蹈展演、首届粤港澳写生文化周等活动，“少年中国说”粤港澳台暨海外华裔青少年文化交流首次走出境外走进澳门、举办开平澳门双遗会，成为江门市侨乡文化走出去、助力“共建人文湾区”的亮点。全国首个中国侨乡武术数字博物馆在鹤山文化中心启用，开平获评为中国首个“世界名厨之乡”，鹤山举办纪念李铁夫诞辰150周年系列活动。

【三级政务新闻媒体矩阵打造】 2019年，中共江门市委宣传部打造市、县、各部门三级政务新媒体矩阵，形成“一号首发，全网联动”的发布新模式，成为全省首个全网信系统进驻“抖音”平台的地级市。策划推出“港澳人才江门创业创新故事”，组织名作家江门行、“海丝节点湾区寻梦”媒体江门行，在中央电视台《向经典致敬》《国家记忆》《国宝档案》《中国影像方志》等7个栏目推出系列江门专题，讲好江门故事，城市知名度和美誉度持续提升。各级报纸、广播、电视、网站、新媒体推送或转载江门市新闻的报道量、阅读量较往年同期呈倍数增长，取得良好宣传效果和社会反响。

（江门市委宣传部）

文化事业

【非物质文化遗产保护】 2019年，广东省人民政府同意省文化和旅游厅向文化和旅游部推荐江门市申报创建国家级文化生态保护实验区，市政府公布11项市级第七批非物质文化遗产项目名录，市政府办公室印发实施《江门市关于加强非物质文化遗产保护和传承工作方案》。市文化广电旅游体育局推荐灯彩（江门东艺宫灯）、中药炮制技艺（新会陈皮炮制技艺）、广式硬木家具制作技艺（台山大江传统家具制作技艺）、小冈香制作技艺4个项目申报第五批国家级非物质文化遗产项目。市文广电旅体局公布设立蓬江区荷塘镇荷塘纱龙总会等10个江门市非物质文化遗产工作站；首次在景区举办“文化和遗产日”宣传展示主题活动暨“‘非遗’进校园”活动；2019年11月14日至

15日，由国际民间艺术组织指导、中国工艺美术学会支持、江门市政府、暨南大学、五邑大学共同主办的"'一带一路'文化遗产合作与交流(2019江门)国际研讨会暨国际手工艺展"在广东省江门市举行。

【公共文化建设】 2019年，中共江门市委十三届九次全会将2019—2021年三年定位为"公共文化事业建设年"，市政府印发《江门市公共文化事业建设三年工作方案》，对公共文化事业建设作出全面部署。市美术馆、市文化馆、市体育馆完成升级改造对外开放，市体育学校改造工程提前1个月完工，市图书馆、市华侨博物馆改造工程开工；创建"十分钟文化圈"工作得到广东省文化和旅游厅肯定，选定江门市作为2019年度省戏曲进农村全覆盖工作粤西地区唯一试点。公共文化服务体系建设取得成效，全省有2个县（区）获得创建省级示范区资格的地级市共有4个，江门市是其中之一；广东省人民政府向中华人民共和国文化和旅游部推荐江门市为广东省创建国家级生态保护实验区（2019年唯一申报单位）；江门市新增3处国家重点文物保护单位，新增15处省级重点文物保护单位。至12月31日，江门市有8个公共文化馆，全部为国家一级馆，市文化馆完成易地搬迁改造工程。全市有8个公共图书馆，其中，国家一级馆7个、三级馆1个。市图书馆启动升级改造工程，蓬江区、江海区、恩平市启动公共图书馆新馆建设。全市有7个公共博物馆，江海区博物馆完成迁址至陈少白故居工程于8月对外开放，市博物馆启动升级改造工程，恩平市启动博物馆新馆建设。全市有5个公共美术馆，市美术馆完成升级改造工程对外开放。全市有73个乡镇（街道）文化站，其中省特级站19个，一级站54个。全市行政村（社区）综合性文化服务中心共1316个，实现全覆盖。

【文化信息资源共享工程】 2019年，江门市图书馆建成国家公共数字文化工程——"江门海上丝绸之路多媒体资源库"，共完成相关图书5000页、图片2000张、报刊600页、新闻报道2800篇的数字化工作，拍摄音频500分钟、视频120分钟。

（江门市文广电旅体局）

文化馆所

【二十四小时自助图书馆】 2019年，江门市共建成48家自助图书馆，其中，蓬江区15家、江海区4家、新会区7家、台山市4家、开平市4家、鹤山市5家、恩平市9家。建成的48家自助图书馆中，46家投入使用，总存书量35.98万册，全年总接待177.81万人次，总借阅43.13万人次；暂未开放的2家自助图书馆进行图书配置。

【江门市文化馆】 2019年，江门市文化馆从市港口路102号文化城内迁至发展大道五邑华侨广场内。9月16日，市文化馆新馆开馆，使用面积约1.3万平方米，设有文化剧场、多功能厅、舞蹈室、活动室、培训室等功能区，具备演出、培训、讲座、展览等多元化功能。是年，市文化馆积极履行文化馆免费开放、演出、展览、培训等公共文化职能，东湖广场"周末大舞台"全年完成70场周末演出活动，"十分钟文化圈"文艺演出全年完成82场组织演出工作，"送戏下乡（进社区）"文化志愿惠民活动320场，"我们的节日——激情广场大家唱（跳）"品牌活动全年组织8场节日主题演出。是年，市文化馆培训班涵盖成人和少儿开设27个班14个类别，包含成人非洲鼓班、成人礼仪班、成人美术班、成人朗诵主持班、少儿戏剧表演班等门类，招收学员540人，培训6660人次。在江门演艺中心侨都大剧院举办成功承办"广东省群众艺术花会（少儿艺术）"。创排大型话剧《铁骨丹心林基路》取得首演和巡演的成功。举办2019年江门市庆祝中华人民共和国成立70周年大型广场歌舞晚会和江门市庆祝中华人民共和国成立70周年大型交响合唱音乐会文化演出。

【江门市美术馆】 2019年，江门市美术馆经过升级改建，于6月26日重新开放。升级改建后的市美术馆建筑总面积为2.8万平方米（其中，展馆面积1.11万平方米，办公区·综合功能区面积670平方米）。有A、B、C3个展馆，共设6个展厅，部分展厅配备恒温恒湿设备及独立展柜，另有典藏室、装裱修复室、摄影室和影音室等功能室。是年，该馆整理江门五邑美术历史文化，完善包括5类大型展览、3套丛书和1个论坛的"美术工程"，重点打造《"井喷的年代"1869—1949江门五邑籍美术名家活动文献展"》和《"井喷的年代"1869—1949江门五邑籍华侨华人美术名家美术作品展》，梳理李铁夫、黄新波、罗工柳、司徒乔等80余位近现代五邑籍美术名家的文献资料和作品。做好其他美术展览和藏品入库工作。全年举办各类美术展览26场，新入藏美术作品119件/（套）（共237幅）。扫描整理历史图片及五邑美术名家艺术类图片5000张。

【江门市博物馆】 2019年，江门市博物馆被国务院核定并公布为国家重点文物保护单位。是年，该馆对祠堂四进建筑残损部分进行修复，对陈白沙先生生平事迹展馆进行全面升级、改造，将1个展室扩展为3个展室，增加新收集的文物资料。该馆以"我们的节日""'非遗'在身边""火与土的艺术——陶艺考古班""时光印记""广东省科技考古基地大讲堂""考古公众开放日""我在江博修文物"等为主题举办60场社会教育活动，全年举办“开笔礼”“亲子游学活动”“贺新年挥春送祝福”“书法家泼墨送百福进社区”等国学堂活动近20场。“白沙国学堂”通过全省第二批公共文化服务体系示范项目验收。该馆多次举办与考古文博相关的学术讲座或交流活动，先后成立6支志愿服务队，登记注册的志愿者共447人。是年，市博物馆征集藏品1056件/（套），包括华侨口供纸、宣传单、收据、华侨书信及江门五邑教育类书籍期刊、毕业证书、布标、证章等，接受捐赠8件（套），接收江门海关移交的物品一批，包括银元、硬币、纸币、邮票等约100件。

【江门五邑华侨华人博物馆】 2019年，“中国侨都五邑文礼”系列文创产品开发取得新进展，华博馆文创产品达到200款，包括八大系列主题产品以及华哥侨妹抖音短视频、卡通片、表情包等，参加2019香港国际授权展、江门市首届侨乡文化产业博览会、第十五届中国（深圳）国际文化产业博览交易会、2019广东国际旅游产业博览会、江门书香节等，反响热烈。华博馆升级改造工程加快推进，完成可研报告编制、专家咨询会、工程立项、签订代建合同、土建EPC招标等工作。

【江门市粤剧传习所】 2019年11月13日，江门市粤剧传习所排演的本土原创大型粤剧《梁启超·少年中国》在首届华侨华人文化交流合作暨粤港澳青年文化创意发展大会上成功首演；开展粤剧进校园工作。该所入选由广东省教育厅、省文化和旅游厅、省财政厅联合主办的“2019和2020年省高雅艺术进校园”活动项目，是本次活动承办单位中2个粤剧类院团之一。该所与江门职业技术学院双方合作共建非物质文化遗产传承基地，全年组织“红豆飘香进校园”活动5场；继续精心组织系列文化惠民活动，深化“十分钟文化圈”建设。精心策划“扫黑除恶粤剧小戏专场晚会”“粤剧下乡惠民演出”系列活动共30场。

【江门市图书馆】 2019年9月，“江门市五邑图书馆”更名为“江门市图书馆”，馆藏纸质文献总量达91万余册，电子图书80万种，新增地方文献2000册（件），地方文献总藏量4.1万册（件），在全国可移动文物普查中完成古籍审核上报5010册。是年，该馆继续推进国家公共数字文化建设，向广大读者提供手机移动图书馆、中文在线、中华古籍库、中少动画等17个数字资源库服务，完成国家文化和旅游部数字图书馆工程项目“江门海上丝绸之路多媒体数据库”建设，推进“江门五邑联合图书馆”“自助图书馆”和“县级公共图书馆总分馆”项目建设，五邑联合图书馆成员超100家，全市自助图书馆共53家。是年11月，该馆改扩建工程动工，文化城3座建筑物及大院全部纳入图书馆改扩建项目。

（江门市文广电旅体局）

文化产业

【概况】 截至2019年年底，江门市有各类文化生产经营单位8000家，其中新闻信息服务企业7家，印刷复制企业1442家，工艺美术品制造企业近4000家，娱乐服务经营单位809家，电影院50家，图书出版、发行企业（出版物发行单位）478家，形成文化休闲娱乐、文化装备（用品）生产、文化创意和设计、新闻出版发行、广播影视、工艺美术品生产等结构逐步优化、门类齐全的文化产业体系。是年，江门市文广电旅体局制定《江门市推进“粤港澳大湾区文化圈”建设三年行动计划》《江门市促进全域旅游发展实施方案》，修订《文化强市专项资金使用管理办法》，引导文化企业开发利用本土文化资源，推动文化价值转化为社会价值、经济价值。落实1000万元文化强市专项资金扶持政策，支持江门演艺中心开发建设项目、“禾海稻浪”水稻田文化主题公园建设项目、大型会展服务平台建设项目等，撬动文化产业建设投资1.2亿元。

【印刷业】 截至2019年年底，江门市有印刷企业1442家，其中出版物印刷企业18家，其余为包装装潢和其他类印刷企业，从业人员约4.4万人。2019年印刷业总产值约200亿元，规模以上企业（工业产值5000万元以上）48家，前5名分别为鹤山雅图仕印刷有限公司、江门市蓬江区中泰纸品有限公司、鹤山市华美金属制品有限公司、鹤山市永丰泰包装有限公司、鸿兴印刷（鹤山）有限公司。

【版权产业】 2019年，江门市作品著作权登记1156件，比上年增加161件，增幅16%。2018年被广东省宣传事务中心评为“优秀代办机构”。2019年12月，在市政府小会堂举办“江门市政府机关软件正版化工作培训班”“江门市企业软件正版化工作培训班”，参加培训班的机关单位及国有企业、民营企业200家。加强版权保护，2019年全市查办版权案件6宗，其中江门“院线电影高清盗录案”为广东省版权局挂牌督办案件。

【图书发行业】 2019年，江门市有正常经营的图书发行企业（出版物发行单位）394家，从业人员约4800人，年营业收入约15亿元，全市较大规模书店分别为江门市新华书店、江门市一牧书城、江门市文化书店、新会区新华书店、新会清华书城、新会环球书局等。

【新闻出版业】 2019年，江门市有7家新闻单位，分别为江门日报社、江门市广播电视台、新会区广播电视台、台山市广播电视台、开平市广播电视台、鹤山市广播电视台、恩平市广播电视台。从业人员2036人，经营收入32754.1万元。出版单位84家，分别为江门日报社、五邑大学报社及82家侨刊乡讯编辑部。3家外地媒体驻江门记者站，分别是南方报业传媒集团、羊城晚报社、广州日报社驻江门记者站。

（中共江门市委宣传部）

【工艺美术业】 2019年，木雕古典家具企业发展壮大，形成台山大江镇以及新会古典家具第一街、五邑古典家具城、河北村古典家具产销十里长街为主的古典家具产业带，在国内外具有较大影响。新会是中国明清家具最早的外销和仿造地之一，是年获“中国古典家具之都”称号，生产企业4000家，产值100亿元，从业人员超15万人；台山市大江镇是全国传统家具生产的核心基地之一。“大江传统家具”是台山市非物质文化遗产项目，是年成功入选广东省第三批非物质文化遗产名录。江门市工艺美术展厅在江门市文化馆新馆揭牌，展厅不定期轮换展示各级非物质文化遗产和工艺美术作品。发挥展厅的公益作用，市工艺美术协会争取江门市义工联合会支持，组建江门市传承中华优秀传统文化志愿服务站，在展厅提供讲解志愿服务。

【文化会展业】 2019年，江门市文广电旅体局推进江门与大湾区城市深度对接融合，组织江海区国艺根雕工艺馆、江门市新会区建宇古典家具有限公司、开平喜一堂文创公司、台山市广府陶艺文化有限公司等21家独具侨乡特色的非遗文创单位参加深圳文博会，江门馆展位面积约200平方米，5天的成交额和意向成交额逾700万元。组织由古兜温泉小镇、台山市嘉乐城食品、江门市博物馆、开平塘口空间等80家文化、旅游企业组成300人的参展团参加广东旅游博览会，创下历届参展企业数和人数最多的纪录。

【文化创意产业】 2019年，江门市举行华侨华人文化交流合作暨粤港澳青年文化创意发展大会。大会以“汇聚华侨华人力量共建美丽人文湾区”为主题，举办大会开幕式、“一带一路”文化遗产合作交流国际研讨会、文旅中国文化旅游产业发展论坛、粤港澳青年文化创意暨人才创业创新分享会、主题文艺晚会等系列活动，推进粤港澳大湾区侨务、文化、旅游工作融合发展，由香港中富湾区投资有限公司发起设立的粤港澳大湾区青年文创基地在大会上揭牌，该基地旨在团结大湾区各青年协会团体、文创青年群体，围绕青年文创成果孵化、项目加速、创业创新等主题开展培训交流和分享，打造大湾区青年人才文化创意品牌高地。

【动漫业】 2019年，江门市文广电旅体局举行第八届江门侨乡动漫节，打造具有影响力和延续性的侨乡动漫节自有品牌活动，举办动漫展会、Cosplay挑战大赛、宅舞大赛、燃歌大赛、电竞大赛、动漫萌娃评选等多项活动，会场由品牌商展区、活动表演区、电竞互动区、摄影特装区、青年创意集市、庙会文化街、作品展示区等区域组成。项目吸引大批动漫爱好者、动漫设计者、动漫游戏相关人才、动漫企业参与，推动江门动漫游戏产业与周边城市的交流与发展，在扩大活动影响力的同时提升收入、培育动漫消费市场和拉动经济增长。

（江门市文广电旅体局）

文物博物

【文物保护和管理】 2019年，新宁铁路北街站旧址防雷工程、溯源家塾、凤凰里镇东楼、官堂村文昌阁等文物维修工程完工，开平市周文雍故居等15处文物保护单位入选第九批广东省文物保护单位名单。8月，迁至市级文物保护单位陈少白纪念馆的江海区博物馆启用。10月，陈白沙祠、司徒美堂故居、风采堂3处省级文物保护单位被公布为第八批全国重点文物保护单位。11月，胡蝶旧居、梁赞故居、广东人民抗日解放军政治部旧址被公布为鹤山市第五批鹤山市文物保护单位。

【开平碉楼与村落保护】 2019年，江门市文广电旅体局完成百合镇凤凰里镇东楼、马冈镇官堂村文昌阁等文物维修工程；初步完成开平碉楼与村落智慧消防监管平台建设，加强日常巡查监管，确保文物安全。完成赤坎南楼、周文雍故居和中山楼等展览的布展陈列并对外开放。开展开平碉楼与村落世界文化遗产周期性监测，对塘口镇自力村村落与方氏灯楼、百合镇马降龙村落群、蚬冈镇锦江里村落、赤坎镇迎龙楼（三门里）4处世界文化遗产地的文物建筑本体、自然环境因素、自然灾害、人为因素、建设控制、社会环境、旅游与游客的情况进行监测并作评估分析。澳门开平两地文化部门联合举办世界文化遗产保护与活化利用研讨会、灰塑壁画培训班，探讨世界文化遗产保护与传承。开平文博部门编印开平市全域旅游手绘地图，创作24个碉楼表情包，开发“开平碉楼趣寻堡”平台，为游客提供开平文旅资讯、浏览开平景点、体验互动游戏等服务。

【海上丝绸之路史迹保护】 2019年3月1日，广东省人大常委会发布《江门市海上丝绸之路史迹保护条例》实施。江门市人民政府公布第一批江门市海上丝绸之路史迹保护名录，有9处海丝史迹入选。新地村天主堂遗址被省人民政府公布为第九批广东省文物保护单位。江门市博物馆在新会区古兜温泉度假村举办江门市海丝考古成果展览。台山市海上丝绸之路博物馆首层对外试运行。

【文物展览】 2019年，江门市博物馆举办展览共30场，其中包括本地临时展览19场、对外交流展览8场，联合办展3场。“我还是一个地道的中国人——爱国侨领司徒美堂诞辰150周年专题展”入选国家文物局公布的“弘扬优秀传统文化、培育社会主义核心价值观”主题展览。本地临时展览由市档案局、市档案馆（地方志办）、市委党史研究室、市文广电旅体局主办的《赤子丹心——我和我的祖国暨五邑籍华侨华人共建桑梓展》。对外交流展包括国内展7场、出境展1场。国内展《护行天下——华侨护照展》应约连续在国内各省展出7场，受到当地观众热捧。《少年中国说——家国梦•江澳情》大型图片及实物展在澳门展出，共展出展品及资料55件套。不同博物馆联合设计、制作的联合展，主要包括市博物馆与中国华侨历史博物馆、广东华侨博物馆联合举办的《金色道钉——美国铁路华工展》，在广州、北京等地展览时引发观众强烈反响。是年，江门市各市（区）博物馆加强与其他博物馆的交流合作，引入、推出优秀展览，新会区博物馆分别与哈尔滨市阿城区金上京历史博物馆、广东省流动博物馆合作举办《“镜说千秋”铜镜专题站》《文物动物园——儿童专题文物展》，台山市博物馆引入大连博物馆主办的《圆梦——从北洋铁甲到航母舰队》，鹤山市博物馆引进由广东省流动博物馆、广东省瑶族博物馆共同主办的《瑶岭长歌》瑶族文化展，开平市博物馆在引进江汉关博物馆《拾光·时光——老武汉市民生活记忆展》和广东省博物馆《粤香茶韵》两大展览的同时，还在江汉关博物馆中展出《开平碉楼背后的故事》。

（江门市文广电旅体局）

新闻出版

【概况】 2019年，江门日报社通过开展“增强‘脚力、眼力、脑力、笔力’教育实践活动”，推进媒体融合，做大做强主流舆论阵地，采编工作呈现旗帜鲜明、亮点突出、立体传播的特点。江门日报社有一批作品和个人获得全国和省的奖项，《传承—奔走中的侨乡文化人》获2018年度广东新闻奖新闻名专栏三等奖，《大学生村医夫妇的“逆行”之路》获中共广东省委宣传部、省广播电视局、省记者协会颁发的2019年度广东省新闻战线“走转改”优秀作品二等奖；总编辑助理、总编办主任傅健获广东省第十三届新闻金梭奖。江门日报社被中国报业协会、中国地市报研究会评为“中国报业十大最具影响力创新性平台”，被全国报纸自办发行协会评为“全国报纸自办发行先进单位”，发行中心主任李斌获得“全国自办发行先进个人”称号。

【报道创新】 2019年，《江门日报》要闻版常态开设《沿着总书记指引的道路奋勇前进》《在习近平新时代中国特色社会主义思想指引下——新时代新气象新作为》等专栏、专版，相关报道刊发约900篇。派记者赴北京采访全国人大和政协“两会”，报道中共广东省委十二届四次全会和江门市委十三届九次全会精神；联合江门市委组织部推出《五邑党旗红追梦新时代》系列专题报道，全年刊发党建文章630篇。7月1日，推出52版江门“七一”党建特刊；3月，推出“壮丽70年奋斗新时代”“爱国情奋斗者”“我和新中国同生日”“我们的日子·变迁”等“庆祝中国成立70周年”栏目，刊发相关稿件1000篇。国庆节期间，连续出版9大特刊，总版数近400个；围绕中共江门市委、市政府中心工作，开设“乡村振兴进行时”“打赢脱贫攻坚战之江门实践”“暖企业促投资”等专栏专题报道。对《粤港澳大湾区发展规划纲要》、深化文明城市创建、扫黑除恶专项斗争、公共文化建设年等方面进行专题报道。

【全媒体建设】 优秀媒体作品 2019年，江门日报社守正创新，推进媒体融合，构建全媒体传播格局。一批新媒体作品获奖，选送的《习总书记，小鸟天堂期待您再来》H5作品入选中国报业第三届融合创新大会H5作品十佳；江湛铁路开通特别报道，获评2019年全国首届创新创意超级杯年度传媒创意奖；与中共江海区委宣传部联合拍摄的《江海十二时辰》短视频获首届国家高新区微视频大赛创新类优秀奖。

媒体融合纵深化 2019年5月8日，江门日报社获省互联网新闻信息服务许可后进行全媒体优化，“中国江门网”更名为“江门新闻网”，直播江门App升级优化，官微由一天一次推送改为一天两次推送，有重大新闻时一天三次推送。5月14日，《江门日报》航拍队成立，7名“飞手”持证上岗。年底，融媒体中心完成改扩建，办公场地、软硬件设施设备升级换代。

新闻直播常态化 2019年，直播江门App开展视频、文图直播100场，全国、省市人大和政协“两会”、江门市机构改革、手术直播间、粤港澳大湾区发展规划纲要实施、“壮丽70年·奋斗新时代”“爱国情奋斗者”、普惠金融节、中国(深圳)国际文化产业博览交易会、科技创新创业大赛等直播备受好评。2月27日上午，“空中诊室”栏目首次采用5G网络技术进行全程直播。6月11日，在江门日报社演播厅举办新会陈皮“全球征集令”活动启动仪式，首次将直播江门与新华社现场云同步直播，并获得新华网App的首页推荐。为庆祝中国成立70周年，江门新闻网、直播江门App发布相关稿件逾400篇，总阅读量超150万人次，总点赞量近50万人次。

传播阵地立体化　2019年，“江门日报”微博粉丝超121万人，是江门地区粉丝数最多的微博账号；“直播江门”客户端总安装量超43万人次；江门新闻网日均IP量2.12万，长期位居广东地市报社官方网站前列；江报君抖音号粉丝近2万人，总点赞量逾33.8万人次，总播放量近5000万人次，单条视频最高播放量超442.2万次，点赞数逾17万人次，评论数超6200条。《江门日报》、代运营的“江门发布”2个微信大号（微信粉丝量分别逾36万人、43万人）：“江门日报”头条平均阅读量稳定在2.2万人次以上，稳居全省纸媒第九位、地级市第三位；“江门发布”头条平均阅读量约2万人次，稳居全省政务号前五位、地级市前四位。

【经营工作】　2019年，江门日报社总体经营收入稳中有升。全媒体经营中心通过举办国际车展、旅游博览会等品牌活动和开展综合营销带动创收，全年到账收入比上年增长4.8%。发行中心报款到账创新高，多种经营收入实现突破，增长19.5%。印务部门外接业务，增长约10.5%。融媒体事业部和各地方站政务服务能力获认可。与14家单位开展业务合作。教育相关业务连续3年大幅增长，教育类广告的经营业绩实现30%左右的逆势增长。新文化、新时空公司整合并合署办公，完成项目20个，活动50场，成功承办谭咏麟许冠杰巡回演唱会（江门站）等。

（赵玉环）

广播电视

【概况】　2019年，江门市广播电视台围绕中心服务大局，做好新闻宣传，推进融媒发展，稳住经营创收，推进事业发展，全年各项工作都取得长足进步。广播自办的2个频率收听率继续高居江门本地前2位，占有超过68%的本地广播市场份额；《敬叔调解室》栏目获评为全国城市电视栏目创新力10佳作品，大型主题晚会剧《赤子之心》荣获全国电视（地面频道）大型活动20佳作品，赴美国、澳洲等地采访拍摄5集华侨历史文献纪录片《金山客》获评2019中国（广州）国际纪录片节广东日南派纪录片最佳作品，专题片《五星红旗在这里升起》获评广东日“记录新时代”优秀作品；“邑网通”App累积安装量突破200万人次，在泽传媒与国家广电总局共同研究发布的广播电视移动传播系列榜单中，江门广电在城市台微信、微博传播力榜中均位列全国前十位，在第四届（2019）中国广播电视媒体融合发展年会暨融合影响力指数发布会上，江门广播电视获得多项融合创新大奖。

【广播节目创新】　2019年，广播2个频率精心改版，邀请省音乐台专家把脉音乐节目设置，推出《乐品时光》《有事慢慢讲》《普通读者》等新版节目，对《民生热线》《吴丹读报》《健仔音乐杂志》等品牌栏目进行重新包装。拓展线上收听广播节目的平台和渠道，与国内成立最早的音频平台蜻蜓FM签约，江门电台受众在该公众平台中显示的总收藏人数超过65万人。重点打造与社会重大事件、热点新闻密切相关的新闻报道和节目，推出《江门电台庆祝新中国成立70周年系列报道——五星红旗在我心》系列报道，《民生热线》策划10期献礼新中国成立70周年系列访谈节目《扬帆大湾区建功新时代》，与江门市档案局合作推出以“新中国的记忆”为主题的《礼赞新中国奋进新时代》栏目，展现新中国成立以来特别是改革开放以来江门的变化。

【电视节目创新】　2019年，江门市广播电视台推进全平台全流程提质工作，通过加强管理、优化流程，着力从理念、内容、形式、方法、手段等方面推陈出新，新闻宣传质量和水平明显提高。电视名牌栏目《新闻共同睇》通过调整版面编排，优化节目结构，创新互动形式，改版升级整体包装，采用融媒体方式做好本地民生报道。与蓬江、江海两区宣传合作升级，推出《蓬江视窗》和《高新观潮》两档节目。《敬叔调解室》栏目获评为全国城市电视栏目创新力10佳，并入选广东省司法厅《第二批固强补弱创新创先示范培养项目经验汇编》，在全省推广其特色经验成果。结合庆祝新中国成立70周年、“不忘初心、牢记使命”主题教育、学习贯彻“十九届四中全会”精神等内容，精心策划一批有针对性、舆论引导性强的对外宣传稿件，效果突出。全年省台《广东新闻联播》用稿80条，在全省地级市中排名第三位；由江门市广播电视台策划和推动执行的品牌活动“少年中国说”，2019年7月首次走进澳门，在澳门综艺馆举办“家国梦·江澳情”大型图片展和梁启超家风文化论坛，受到中央人民政府驻澳门联络办公室、澳门特区政府、澳门江门同乡会等各方领导和参与嘉宾的一致好评。“诗词大会”“华侨书信朗诵会”“科创嘉年华”“武术大会·狮王争霸赛”等“少年中国说”品牌系列活动均顺利完成。项目受到中共江门市委市政府及市委统战部、宣传部的高度重视和支持，先后列入市人大第十五届五次会议审议通过的《政府工作报告》和中共江门市委第十三届十次全会、十一次全会报告，成为江门市推进大湾区“华侨华人文化交流合作重要平台”建设的骨干项目。2019年，江门市广播电视台承办的华侨华人文化交流合作暨粤港澳青年文化创意发展大会开幕式和大型主题晚会，得到市委市政府和相关部门的高度肯定。大型主题晚会剧《赤子之心》获全国电视（地面频道）大型活动20佳。推进华侨文化重点项目建设，赴美国、澳洲等地采访拍摄5集华侨历史文献纪录片《金山客》在广东国际频道播出，获评2019中国（广州）国际纪录片节广东日南派纪录片最佳作品，专题片《五星红旗在这里升起》获评广东日“记录新时代”优秀作品。

【全媒体建设】 2019年，江门广播电视台通过印发《江门市广播电视台推动媒体融合发展工作方案》《关于进一步深入推进媒体融合发展工作的执行方案》《江门广电各中心、部室媒体融合专业组联合工作方案》等系列工作方案与保障措施，鼓励媒体融合产品的策划生产，以短视频制作开发为重点打造融媒体新矩阵。邑网通紧扣城市融合媒体信息服务平台的智慧城市掌上门户的核心定位展开各项工作，强化提升平台自身影响力、覆盖面，累积安装量突破200万人次。在“少年中国说”、农民丰收节等活动期间，探索推出包括短视频、H5互动页面等各类型的融合媒体产品，通过新媒体渠道推送，收到良好效果，累计总阅读量超400万人次。扩展融合媒体的运营推广渠道，推出邑网通爆料、邑网通粉丝会以及电台资讯等小程序，通过电台节目直播和微信小程序展开线上线下的商品销售联动，线上抢购活动总量超1000件；尝试通过抖音、今日头条等新的渠道推广节目内容，江门广播电视官方抖音近3个月来，发布短视频内容132条次，其中最高播放量近100万次，点赞数近5万人次。优化项目开发运营，全面提升新媒体信息系统平台的网络安全防护和应急处理能力，在全年的重点播出安全保障期未发生任何网络安全事故；完成“江门旅游通”服务模块的开发和试运营；举行线上线下活动超45场，用户活跃度保持稳定。江门广播电视台官方微信公众号和官方微博号粉丝数量稳中有增，在泽传媒与国家广电总局共同研究发布的广播电视移动传播系列榜单中，江门广播电视连续多年在城市台微信、微博传播力榜中均位列全国前十位。在第四届（2019）中国广播电视媒体融合发展年会暨融合影响力指数发布会上，江门台获得多项融合创新大奖。

【无人机航拍项目】 2019年，江门市广播电视台继续完善无人机市场化运作，围绕无人机培训、无人机数据采集、正射影像制作及倾斜三维实景建模展开运行。开展2期无人机培训班，考证通过率高达90%。承接杜阮镇三维实景建模项目、江门市精神文明建设委员会办公室城轨沿线环境调查项目以及青少年宫2019年中小学生科技创新教育系列活动项目，承办“智慧+”合作论坛，与市水利局等单位签订合作框架协议，为长期合作指明方向。

（江门市广播电视台办公室）

档案·地方志

【理论学习与机关党建】 2019年，江门市档案馆、江门市地方志办公室通过馆务会、理论中心组学习、“三会一课”（党员大会、支部委员会、党小组会和党课）、主题党日等多种形式学习贯彻党的十九大精神、习近平总书记系列重要讲话精神等。全年开展理论中心组学习20次，党总支部委员会议14次，机关党支部支委会12次，党员大会10次，党小组会36次。领导班子带头讲党课7次，开展主题党日活动12次。落实每个季度向馆务会报告党建工作制度。按要求参加各项党建工作培训，提高党建工作水平；加大党建工作信息及研讨类文章等报送。扎实开展“不忘初心、牢记使命”主题教育，制定具体方案，开展6天集中学习研讨，领导班子确定4个课题深入开展调研，领导班子检视问题29条，制定措施61条；切实落实整改。通过主题教育，较好实现理论学习有收获、思想政治受洗礼、干事创业敢担当、为民服务解难题、清正廉洁作表率的目标。

【档案系统机构改革】 江门市档案局专题调研全市机构改革中档案系统机构人员设置，掌握各市（区）档案机构调整以及工作开展情况，确保各项工作有序衔接，强化党员干部队伍思想政治教育，严肃各项纪律，合力做好各项管理和服务工作；制定档案处置和管理专项工作方案，对较复杂的部门和单位进行上门指导和解决实际存在问题，确保各涉改部门和单位档案完整、准确、系统与安全。江门市一级涉改部门和单位的档案交接与管理工作基本完成。

【档案执法检查】 2019年，江门市档案局联合市司法局组成联合检查组，对全市8个机关、镇（街）进行档案行政执法检查，并将整改意见逐一反馈至被检单位，检查情况在全市范围内进行通报，贯彻落实《机关档案管理规定》。深化“放管服”改革，优化营商环境。市重点建设项目档案验收已列入江门市投资及工程建设项目审批管理平台，在行政服务中心综合窗口受理，实现“一窗办理，联合验收”。10月，审批管理平台完成与广东省工程建设项目审批监管系统对接。

【档案业务指导】 2019年，江门市档案局开展档案业务指导“三进”（进机关进企业进院校）工作，努力实现档案指导的全覆盖。全年现场、电话指导350次，到江门市政府投资工程建设管理中心、市国家安全局、广东银葵医院、市电力工程输变电有限公司、江门职业训练指导中心、江门市幼儿师范高等专科学校等开展业务指导，其中市国家安全局档案室被认定为广东省特级档案综合管理单位。

【档案培训】 2019年，江门市档案局在四川省档案学校成功举办2019江门市档案管理工作专题培训班1次，全市档案局（馆）系统、市直属有关部门档案科室、市直属各专业档案馆、市档案学会等单位的干部，共50人参训。到市建管中心、市中心医院、江门职业训练指导中心等宣讲档案规范11次。依托互联网广泛开展网络培训，全市参加档案基础业务培训1000人。

【档案宣传】 2019年，江门市档案局利用新媒体开展档案宣传，在“江门司法”微信公众号开展“普法达人”档案法律学习活动，共4万人参加。从档案视野讲述江门故事，在江门电台FM93.3、FM100.2频道滚动播出《礼赞新中国、奋进新时代》，共7期140次。向《中国档案报》《中国杂志》投稿，全年有5篇信息被采用。在六九国际档案日，对社会群众进行档案知识宣传与答疑解惑。

【档案方志馆库建设】 2019年，江门市落实每半年向省报送全市综合档案馆达标建设情况。通过市重点工作和重点项目督查督办电子监察系统，每月收集蓬江区、台山市关于市档案中心、台山市档案新馆的建设进度情况，督促各责任单位按时间节点推进建设。6月，市档案中心开工，计划2021年底交付使用；台山市新馆完成封顶，并开始内部装修和设备调试。

【档案入库与档案管理】 2019年，江门市档案馆接收原市外事侨务局对外交往实物档案合计500件，有效避免因机构改革造成的档案散失。接收江门造纸厂文书、基建、生产管理、设备档案合计1127卷、1027盒；接收江门甘蔗化工厂人事、设备等档案114箱。修裱损坏程度为超重或重度的国家重点档案24卷、2549页；做好2019年机构改革涉改单位的档案接收工作。年内主动接收原江门市质量技术监督局、原江门市城市管理和综合执法局、原江门市海洋与渔业局等涉改单位档案进馆，合计171卷、22558件，解决涉改单位档案保管方面的实际困难；完成8个单位共2441卷、37330件档案接收工作。完成2017年广府人391件重大活动档案的接收工作。接收中共江门市委组织部已故人员档案1195卷。接收江门市民政局收养档案982卷，填补馆藏此类档案的空白。接收市外事侨务办公室实物荣誉档案一批，因保存情况较差且数量巨大，进行整理清点和价值鉴定工作。完成档案学会下属的东衡服务部各类档案的整理工作，共整理会计、经营、人员劳动合同等档案共645卷。完成251卷“6·30”事故档案整理归档。

【企业档案管理】 2019年，江门市实现企业档案工作规范测评零的突破，江门市电力工程输变电有限公司通过广东省企业档案工作二级甲等测评。结合党支部“五个一”活动，与广东银葵医院组成结对联系单位，指导企业规范做好档案收集和整理工作，做好建设项目档案管理工作。完成江门市LNG气化站工程等5个工程项目的档案专项验收。

【档案安全管理】 2019年，江门市档案局开展2轮档案安全专项检查，实现对全市综合档案馆、专业档案馆的检查全覆盖。实施节假日值班和日报告制度，全市各级档案馆无发生馆藏档案受损、泄密等情况；8月，与山东滨州签订电子档案数据备份协议，将江门市档案馆数据存入滨州市档案馆，完成首批电子档案数据异地备份工作。备份档案条目数据超200万条，电子档案超1000万页，容量接近5Tb。

【档案服务群众】 2019年，江门市档案查阅利用者接待472人次。调阅档案1234卷、305件，资料172册；查阅电子文件、电子目录3497张、391条；档案复印6518页，电子目录拷贝1199条，电子文件拷贝1859张；档案实体借阅档案38卷，1件，资料7册，目录2本，光盘3张。为市政协办公室“重温历程、不忘初心”发展历程图片展提供有关文件的数字化复制件，共103件1055页；为市社会科学联合会《江门巨变》展提供馆藏图片25张等。

【档案方志征集编研】 2019年，江门市档案、地方志部门充分发挥爱国主义教育基地的功能，承办“不忘初心、牢记使命”主题教育档案文献展，打造党员教育重要阵地。展览从准备到完成布展用时仅5天，创下市档案馆展览工作最快纪录，获中共江门市委组织部、市委主题教育办公室领导予以高度肯定；10月9日，市四套班子领导参加展览开幕式。是年底，共361批次9870人观展；与中山市档案地方志部门、五邑大学广东华侨文化研究中心联合开发主题编研项目，包括《珠江西岸历史中的粤港澳大湾区——粤港澳大湾区之中山、江门开发历史展》与出版图书《珠江西岸历史中的粤港澳大湾区——中山、江门开发图像简史》，为建设粤港澳大湾区和增强文化自信提供历史文化资源的有力支撑。与中共江门市委党史研究室、江门市博物馆合作开展《赤子丹心——我和我的祖国暨五邑籍华侨华人共建桑梓展》。以“中华人民共和国成立70周年”和“粤港澳大湾区华侨华人文化交流重大平台建设”为核心主题，全方位展现五邑籍华侨华人在革命战争年代捐资助战、民主斗争的爱国主义精神，在社会主义现代化建设时期投资兴业、捐资助学、公益慈善等奉献桑梓的爱乡情怀。该展览为江门市首次举办此类展览；通过深入基层现场办公、组建强有力的编辑部、按规范下拨扶持经费等措施，推进江门市第一部名镇志——《双水镇志》，第一部名村志——《豪山村志》的编修工程。其间，厘清清末名将张其光将军的原墓址的准确所在地、一座有150年历史的清代古墓，以及大量的清代墓碑、举人石，为“乡村振兴”提供文化支撑。合作开发《印象侨乡》画册，以历史人文、民俗民风、风景美食等为主题，精选全市普查图片，编辑成册；合作拍摄以“五邑侨胞、回报桑梓”“沧海遗珠、古村风韵”为主题的24条视频；合作开发《最美侨都美丽乡村》系列广播；开展“江门自然村落全貌航拍补拍”等活动，既提升《全粤村情》（江门卷）图片质量，又形象地向社会公众展示乡村之美，提高公众关心乡村发展，关注乡村振兴的意识。征集改革开放40周年图片300张（组）、开平市自然村落历史文化照片一批；征集接收民国时期地契、账簿等100件。围绕侨乡文化建设，征集家谱族谱20本、侨刊侨讯38本、文献史料、旧志典籍、老旧照片一批。

【修志编鉴】 2019年，江门市地方志办公室制定2019年度地方综合年鉴编纂工作方案，通过完善编纂纲目、优化编纂程序、举办专题培训、专家审读等措施，提高年鉴编纂效率和文稿质量。完成《广东年鉴》《粤港澳大湾区年鉴》年度供稿审稿任务。全市各级年度综合年鉴完成基础稿件编撰，以及出版排版审校等；持续督导跟进江门市首部中国名镇名村志——《双水镇志》《豪山村志》的编修进度，包括专项经费拨付使用、编纂资料征集、专家团队编稿、中国名镇名村志申报等；持续整理编修过程中的图文、影像资料，夯实乡村文化底蕴。《江门日报》曾作报道，提高社会公众对名镇名村志编修以及地方志工作的认知；借鉴先进地级市工作经验，推出完善年报资料共享供用机制，专项业务指导与督查催稿等，稳步推进江门市地方志资料年报工作，为即将启动的第三轮修志奠定基础。此外，为提高年报资料质量，通过会议培训形式进行专项业务培训，通报全市资料年报工作情况，提高工作人员素质，促使承办单位重视年报工作。

【档案方志信息化】 2019年，江门市数字档案馆（室）信息系统建设及试点推广是中共江门市委、市政府重点工作任务之一。该项目自2月11日启动。4月底，完成局域网数字档案馆和在政务云数字档案室系统的部署，进入数据迁移和功能完善阶段。9月，完成系统试运行的初验并进入项目试运行阶段，数字档案室系统完成二级等保测评。12月，完成10家单位推广系统，“增量电子化”和“文档一体化”的功能得到实现。12月18日，系统建设项目通过专家验收。该系统在局域网、政务网、互联网基础上采用集约化的建设模式，满足市、县（区）两级档案馆、档案移交单位对档案数字资源管理服务的需要；基于政务云的数字档案室平台应用于档案馆与各基层档案室（含市直、县级、村级）之间，成为全市档案信息化工作的重要平台，各基层单位档案室运用此系统可进行在线文件处理、在线档案整理、在线归档、在线移交、在线查阅等，彻底打破档案部门“信息孤岛”的状态并提高全市档案工作现代化管理水平。该系统将传统档案业务的“单一渠道”转为“多项互动”，打造“市区两级联动，普惠民生发展”的“江门”模式，走在全省前列；按时完成第四期数字化加工项目并完成整体验收，馆藏数字化加工总量1460万页，数字化比例达241.9%（按省档案馆统一口径以2010年馆藏量计）。第五期档案数字化项目采用委托代理方式招标，预计可完成81万页纸质档案数字化加工；全新设计江门地情网站，凸显滨海城市、方志文化、侨乡特色、全民修志等本地文化元素和塑造“众手成志”的特点，华侨文化特色鲜明，互动性强，得到广东省人民政府地方志办公室的高度认可。4月16日，全省地方志数字化工作现场会在江门市举行，省地方志办公室书记陈华康在会上肯定江门市在地情资源数字化加工、地情网站建设等方面取得的成绩，为全省其他地市做好地方志数字化工作提供经验借鉴；根据《粤港澳大湾区规划纲要》中关于江门“建设粤港澳大湾区文化交流重大平台”的定位，江门市地方志办深入挖掘地情资源，探索开发“侨都方志族谱数据智能分析利用系统”，借此开发蕴藏在五邑家谱族谱中的华侨文化资源，打通五邑籍海外华侨华人寻根问祖、返乡创业的道路，服务乡村振兴战略，推动粤港澳大湾区华侨华人重大文化交流平台建设。

（江门市档案局、江门市档案馆、江门市地方志办）

·责任编辑 李文迪·

卫生·健康·体育

综　述

【概况】　2019年，江门市有卫生机构1658个，其中医院类机构54个、基层医疗机构1580个；有床位24248万张，其中医院类机构床位18899万张、基层医疗机构床位5135张，全市每千常住人口床位数5.24张；卫生机构有在岗职工37841万人，其中卫生技术人员32010万人，含执业（助理）医师10934万人、注册护士15018万人，全市每千常住人口拥有执业（助理）医师、注册护士分别为2.36人、3.24人。全市三级甲等医院4间，其中三级甲等中医院1间。全市医疗机构完成年总诊疗量4534.17万人次，出院病人75.34万人。

【医药卫生体制改革】　2019年，江门市调整深化医药卫生体制改革（建设卫生强市）领导小组，推进强基提升工程，县级医疗急救体系全部建成并投入使用，县级公立医院强基项目主体工程全部封顶；3家中心卫生院升级建设项目完成，除台山市汶村镇中心卫生院在2018年提前开业外，开平市第二人民医院、恩平市大槐镇中心卫生院均如期在年底前开业使用。落实基层医疗卫生机构“公益一类财政保障、公益二类事业单位管理”，调动基层医务人员积极性，印发《江门市关于加强基层医疗卫生人才队伍建设的实施方案》，推进基层医疗卫生人才队伍建设。推进医联体建设，16个紧密型医联体试点分院按二级医院标准建设基本完成；12个试点分院与总院统一法定代表，双向转诊、人员双向流动等方面配套措施逐步完善；16个试点分院门诊量、住院量较去年同期均上升；全市组建29个专科联盟，具有多元化、差异化和创新性的医联体“江门”模式得到普及和推广，江门市被国家卫生健康委员会确认为城市医联体建设国家试点城市，台山市、开平市、鹤山市、恩平市被确认为紧密型县域医疗卫生共同体建设试点县（市）；深化公立医院综合改革，从1月1日零时起，全市公立医疗机构全面取消医用耗材加成，同时调整医疗服务价格，推行医疗机构药品在省第三方药品电子交易平台和深圳市公立医院药品集团采购平台集中采购相结合工作机制，加快建立现代医院管理制度，启动江门市现代医院管理制度试点工作，确定台山市等2个县级市和江门市中心医院等12家医院作为市级建立健全现代医院管理制度的试点县和试点医院，全市36家医院完成章程制定工作，推进互联网＋医疗建设步伐不断加快，江门市作为首批6家远程医疗上线地市之一，实现上线功能并开展远程医疗运行，市中心医院、市五邑中医院、市人民医院已接入省互联网医院监管平台并致力探索5G医疗应用；江门市6家医疗机构入选省“互联网＋护理服务”试点医疗机构。规范公立医疗机构药品供应服务。开展药房延伸整治专项行动，开展药房延伸服务的公立医疗机构全部与企业签订终止合作协议，加快推进国家基本药物制度，江门市被省确认为全省5个整体推进国家基本药物制度试点之一，印发《江门市推进国家基本药物制度综合试点工作实施方案》，坚持国家基本药物主导地位，强化公立医疗卫生机构配备使用管理，明确评估后符合要求的慢性病患者，一次可开具12周以内相关药品，缓解“看病贵”“看病难”问题，组织开展市级“新基药粤健康”临床合理用药技能竞赛，选派代表队参加省级决赛并获团队二等奖。

【卫生信息化】　2019年，江门市开展基于居民健康档案的江门市区域卫生信息平台建设，医疗机构信息系统在逐步推广使用，初步实现医疗机构医疗系统与基本公共卫生系统互联互通数据共享。重建以省统一实名认证便民服务的江门市预约诊疗平台，配合省实施方案逐步实现江门市65家乡镇卫生院在2020年6月前接入省远程医疗平台二期工程。

【卫生健康系统政风建设】　2019年，江门市卫生健康系统树牢“四个意识”，坚定“四个自信”，坚决做到“两个维护”，坚持围绕中心、服务大局，坚持压实党风廉政建设主体责任，落实全面从严治党要求。细化主体责任清单，推动党风廉政建设任务分解，开展党风廉政建设落实情况监督检查，实施党风廉政建设情况考核评价。开展“不忘初心、牢记使命”主题教育，持续推进市直卫生健康系统党组织的政治建设、思想建设、组织建设、作风建设、纪律建设，推动和促进卫生健康事业创新发展。做好教育预防，促进领导干部廉洁自律，落实中心组学习制度，做好经常性思想教育，开展党规党纪专题教育，推动反腐倡廉宣传教育。严明党的纪律，保障党的路线方针政策和重大决策部署落到实处，严明政治纪律和政治规矩，严格执行民主集中制，推动中央“八项规定”精神落地生根。深化行政审批制度改革，深入开展廉政风险防控工作，加强财务监管工作，严肃组织人事纪律工作。强化行风建设，促使党员干部弘扬优良作风，深化行业作风专项治理和日常监督检查，深化公立医院改革，强化医药购销领域监管。加强党内监督，严查违纪违法，严肃党内政治生活，落实领导干部“八小时以外”活动的监督制度。落实谈话提醒制度，严肃查处违法违纪行为，严肃责任追究。

【医学教育与科研】　2019年，江门市继续加大江门市全科医生培养全科医生，全年累计招收学员350人，超额完成省卫生健康委员会下达的任务。做好江门市中心医院和江门市五邑中医院住院医师规范化培训招录和培训工作，市中心医院招收学员72人，市五邑中医院招收学员131人，均按要求进行规范化培训。做好江门市儿科医师转岗培训工作，台山、开平、恩平三市共选派12名学员到江门市有关儿科培训基地进行儿科转岗培训。加强江门市紧缺专业人才培训，各市（区）选派麻醉科医师转岗培训学员3名，康复科医师转岗培训学员2名，县级医院骨干专科医师培训学员4名，到江门市住院医师规范化培训基地江门市中心医院进行为期1年的专业培训。做好江门市订单定向培养医学卫生人才，台山、开平、恩平根据省发送的录取学生名单，跟定向学生签订《定向就业协议书》，定向学生并已按要求到指定高等院校学习。江门市卫生健康局（简称“江门市卫健局”）开展2019年度江门市卫生健康系统科研项目和新技术新项目推广应用项目申报工作，受理科研立项申请181项、新技术新项目130项，经专家评审，其中下达科研立项133项、达到市级领先水平的新技术新项目93项。开展2019年科研立项课题结题验收工作，受理申请市科技局结题项目122项、申请江门市卫健局结题项目56项、申请延期15项，申请中止研究7项。

【全民健康教育】 2019年，江门市以创建健康促进县区为抓手，提升居民健康素养水平。在蓬江区已成功创建全国健康促进示范区基础上，鹤山市、新会区成功创建成为省级健康促进县区，江海区、台山市、开平市、恩平市开展健康促进县区创建工作，并均按照工作进度要求，完成健康促进县区创建启动仪式、“将健康融入所有政策”宣讲和公务员巡讲等工作。开展全市健康素养水平监测工作，完成2019年国家健康康素养监测点工作任务。2019年8月8日江门市卫生健康局成功举办全市健康教育技能竞赛，知识竞赛和演讲比赛在现场决赛与全程直播，共吸引6.4万人次观看。江门市代表队在2019年广东省健康教育技能竞赛中喜获佳绩，江门市代表队共收获团队优秀奖、演讲比赛三等奖（现场赛）、健康素养监测技能竞赛三等奖（现场赛）、健康教育抖音短视频制作三等奖（非现场赛）4个奖项。开展培训，承办省级公务员巡讲4场，全市巡讲涵盖各类人群，提升居民健康素养。

【医养结合试点工作】 2019年，江门市深入推进医养结合试点工作，全市98家养老机构中有96家通过不同形式配备医疗服务，其中兼具医疗卫生与养老服务的医养结合机构14家。江门市卫生健康局印发《江门市医养结合人才培养实施方案》，于9月16—20日举办江门市首次医养结合人才培训班，来自辖属的四市三区的公办、民办养老机构及基层医疗机构的40名护理员骨干参加为期5天专业知识及技能培训。老龄工作于江门市持续实施“银龄安康行动”，全年全市老年人意外伤害综合保险参保人数达82万人，覆盖率达到100%，保费达2672万元，在广东省排名第五位。开展丰富多彩“敬老月”活动，为庆祝全国第7个法定老年节，全市各级党政领导、老龄工作委员会成员单位带头开展走访慰问活动，给老年人送上慰问金和慰问品，帮助解决实际困难，为老年人办好事实事，切切实实让老年人感受到党和政府以及社会的关怀和温暖。江门市老龄办于10月20日在东湖广场举办了大型文艺晚会，市直16个老年艺术团体参加演出。2019年12月31日，广东省“银龄安康杯”2020年老年迎春晚会粤西片区选拔赛在江门市总工会工人文化宫举行，江门市卫生健康局选送的节目分别获得一等奖和二等奖。

【卫生健康宣传教育】 2019年年初，江门市卫生健康局在《江门日报》分别推出2期1个整版的《凝心聚力建设“健康江门”—2019一线医疗访谈》专栏，详细报道江门市卫健局及市直各医疗卫生单位“一把手”上年的成绩单和新一年的工作部署。《健康江门》栏目现使用高清摄像机进行拍摄，画面质量优良，节目内容更紧贴时下市民的关注热点和江门本地实际，并结合当季流行疾病向市民普及科学健康知识，节目形式更丰富多样，受到市民关注。在广东省第五届卫生健康好新闻评选活动中，江门市选送的文字图片类作品分别荣获二等奖、三等奖各1个；广播电视类作品荣获三等奖1个；微博微信类作品荣获优秀奖1个。江门市卫生健康局荣获健康报社评为2019年度卫生健康宣传先进集体和2019年《中国人口报》新闻宣传工作先进单位。做好庆祝中华人民共和国成立70周年和医师节宣传工作，在《江门日报》庆祝中华人民共和国成立70周年特刊上刊登“江门市医疗卫生事业飞速发展——建设健康江门，守护百姓健康”专题文章。借助《健康江门》栏目，在江门电视台播出三期“新中国成立70周年暨医师节专题”节目，分别以“守护——在离‘艾’最近的地方”“乡村医生陈少甲”和“不忘初心的女中医人——余尚贞”为主题，介绍江门市杰出的医护工作者代表，展现出江门市医护工作者敬畏生命，对爱体恤，将自己的青春年华毫无保留地挥洒在自己的岗位上的奉献精神。节目在7月中旬至8月中下旬期间播出，并通过江门市卫生健康局新媒体账号宣传发布，受到广大人民群众的欢迎，在第二个医师节期间营造良好的节日氛围。在8月19日医师节当天，在《江门日报》刊登二分一版的宣传内容，并在显眼处刊登向全市广大医务工作者致敬的标语。与江门日报社联合推出“最美医生瞬间随手拍”活动，向全社会征集直观、传情的图片，弘扬真善美，传播医患正能量。收到投稿照片300多张，并择优在《江门日报》上刊登。与《南方日报》合作推出“五邑名医”系列报道，将江门市15位名医列入采访计划，于医师节当天在南方+App发出，共获得58.98万流量，逾12万人点赞，并将每位名医的故事在

《南方日报》江门观察刊登。

公共卫生

【疾病预防与控制】 2019年，江门市累计创建国家级慢病示范区1个（鹤山市），在蓬江区、新会区已启动省级慢病示范区创建工作。全人群死因监测覆盖率100%；肿瘤登记人口覆盖率100%，荣获国家癌症中心颁发的“2019年度肿瘤登记工作优秀奖”。完成年度中央补助心脑血管疾病监测、慢性阻塞性肺疾病监测人群随访等工作。免疫规划疫苗接种率大于95%。全市连续保持27年无脊髓灰质炎状态、连续31年无白喉病例报告。新购置检测仪器设备一批，食品安全风险监测能力得到加强。全市传染病疫情平稳，登革热疫情总体可控，艾滋病、结核病等重大传染病以及慢性病、职业病防控有力；艾滋病疫情快速上升势头有效遏制，结核病检测技术得到提升。全年全市法定传染病报告发病率971.65/10万（按审核日期统计，统计时间截至2020年3月9日），死亡率2.33/10万；与上年相比，发病率上升27.89%，死亡率下降14.40%；甲乙类传染病报告发病率388.46/10万，死亡率2.33/10万；与上年同期相比，发病率上升8.21%，死亡率下降14.40%。甲乙类法定传染病报告发病数居前五位的病种依次是乙肝、肺结核、梅毒、丙肝和淋病。江门市精神卫生工作全方位推进，综合水平连续多年排名全省前列，成为广东省2个获得“严重精神障碍管理治疗先进市”之一，同时被评为全国社会心理服务体系建设试点城市，稳步推进试点工作并得到国家调研组肯定。

【爱国卫生】 *爱国卫生运动* 2019年，江门市卫生健康局组织全市开展群众性爱国卫生运动，1—3月开展“迎新春、清蚊卵，除鼠害，保健康”为主题的冬春季爱国卫生专项活动；4月，江门市开展第31个爱国卫生月活动，各市（区）每月开展一次环境整治统一行动，各镇（街）每周组织社区、机关、企事业单位进行一次环境卫生大扫除；7—8月开展以防蚊灭蚊为重点的夏秋季爱国卫生运动；10月开展以登革热防控为主题的爱国卫生统一行动；结合国家卫生城市复审迎检工作，多次组织蓬江、江海、新会等区开展群众性爱国卫生统一行动，全年参与活动人数共计约10万人次，清除病媒生物滋生地约6000处，举办各类型宣传活动超110场次，发放各类型宣传物品超过35万份。通过本地广播电视、日报、新媒体等主流媒体，开展爱国卫生宣传活动，利用健康教育宣传栏、工作简报、微信公众号等多种宣传阵地和新媒体开辟爱国卫生工作动态宣传专栏，加大社会舆论监督力度。

国家卫生城市 2019年4月，江门市国家卫生城市巩固工作通过省复查组的技术评估，取得进入国家暗访的资格。在复审迎检关键时刻，市委、市政府、市政协领导分别带队督导国家卫生城市巩固工作，重点督导检查农贸市场、垃圾中转站、车站、背街小巷等重点难点区域，列存在问题清单并挂帐督办，市爱卫办组织行业主管部门分组开展督查，组成8个专项检查组和3个机动综合组开展不定期的随机巡查，有序推进暗访迎检，最终江门市国家卫生城市顺利通过国家暗访评估。

病媒生物防制 2019年，江门市卫生健康局开展明察、暗访相结合的专项督导巡查，全市共开展各类明察、暗访等共计6次，基本解决巡查反馈的问题。全市73个镇（街道）全部建立蚊媒密度监测点，做到登革热媒介密度监测镇（街道）全覆盖，并对检测发现的中高密度监测点及时进行清理整治；对省通报反馈情况，全面落实整改，整改覆盖率100%。按照既定工作规程，组织开展2个县级市、19个镇（街）病媒生物防制效果国家标准评估，鼠、蝇类达到国家标准的C级以上水平有19个镇（街）和2个县级市，一次性通过率达100%。举办全市性病媒生物防制技术培训班3场次，培训约1500人次。

农村卫生创建及复审 2019年，江门市共有2个国家卫生镇、2个省卫生镇接受复审并通过上级爱卫会复审核查。有7个乡镇创建国家卫生镇通过暗访检查，4个乡镇创建广东省卫生镇、3个乡镇创建江门市卫生镇通过技术评估；全市成功创建国家卫生镇累计13个，省卫生镇33个、江门市卫生镇20个。全市申报创建省、市卫生村1988条，有833条省卫生村和1151条市级卫生村通过考核验收。截至是年底，全市累计创建成省卫生村2758条，市卫生村4060条。

健康城市健康村镇 2019年，开展37个健康村建设示范试点，累计57个；健康社区、健康学校、健康医院、健康企业单位，建设试点90个，累计179个；健康家庭1205个，累计2015个；健康镇试点3个；健康村镇、健康细胞建设工作基本完成总体任务的进度目标。

控烟及无烟单位创建 2019年，江门市通过建立机构无烟支持性环境，设置无烟单位公告，设置室外吸烟区，加强控烟宣传及劝阻吸烟者控烟，将控烟工作列入单位考评奖惩制度，纳入各级健康促进示范单位创建活动，逐级建立无烟单位创建及巩固的长效管理体系。截至是年底，全市累计创建成无烟单位1141家。

【卫生应急】 2019年5月13—22日，江门市卫生健康局会同教育局、红十字会在全市范围内组织开展以“医校合作，卫生应急进校园”为主题的宣传周活动。全市各级医疗卫生机构派出卫生应急专家讲师、应急队伍，走进校园，开展卫生应急和卫生防病知识宣传活动，宣传周活动组织活动66次、卫生应急进学校65个、制作专题黑板39块、制作发放宣传资料15064份、现场接受咨询8148人次。

2019年江门市市级卫生应急队伍规范化建设有新突破，落实广东省卫生健康委“三指引两规范”（即市县级突发急性传染病类、紧急医学救援、突发中毒核辐射卫生应急队伍建设的三个指引和突发事件卫生应急信息报送的两个规范），推进市、县两级卫生应急队伍规范化建设工作。从队员选定、建立机制、加强配备和培训等方面入手，建设江门市“突发急性传染病类卫生应急队伍”“突发中毒、核辐射卫生应急队伍”“广东中毒急救分中心”“紧急医学救援卫生应急队伍”。其中核辐射卫生防护能力建设投入近200万元，用于市级卫生应急队伍购置应急服装、工作物资一批，健全队员信息资料和管理制度，向规范化建设迈进。根据机构改革后部门职能的变化调整，组织修订《江门市突发公共卫生事件应急预案操作手册》《江门市突发事件医疗卫生救援应急预案操作手册》。加强对突发公共卫生事件的联防联控工作，与江门海关联合制订和签署《江门海关与江门市卫生健康局应对口岸突发公共卫生事件合作机制》，有效应对新形势下口岸重大传染病疫情、群体不明原因疾病等突发公共卫生事件。联合珠海、中山两市卫健局和疾控中心开展三地寨卡疫情、埃博拉疫情卫生应急处置联合演练，检验三地跨区域卫生应急处置流程和处置机制，加强三地卫生应急处置协调配合工作。组织卫生应急队伍参加由江门市减灾委员会组织的全市防灾减灾日应急演练、市发展改革委员会的天然气管道泄漏应急救援联合演练、市市场监督管理局组织的全市食品安全示范性应急演练、江门市海上搜救应急综合演习等。做好重大活动的医疗卫生保障工作，保障了2019年全国现代农业产业园工作推进会暨培训班、2019广东省群众艺术花会（少儿艺术）、粤港澳大湾区考察团、2019广东（江门）轨道交通装备产业发展大会、第十五届人大五次会议、市政协十三届三次会议、2019世界排球联赛（广东·江门）等45项大型活动的顺利举办。

【卫生监督】 2019年，江门市卫生健康局按照国家卫生健康委下发江门市1366个随机监督抽检工作任务，任务完结率100%。全市各级卫生监督机构配备执法记录仪，在打击非法行医，重大案件调查取证，“双随机一公开”抽检中发挥重要作用，基本实现执法全过程记录规范化、制度化、常态化管理；落实信用体系建设工作，各级卫生健康部门和卫生监督机构多次联合公安、市场监督管理等部门开展系列联合执法行动，严肃查处违法违规行为。2019年，涉及医疗机构违法违规及非法行医行为93宗，罚款139.24万元，没收违法所得27万余元。及时公示查处结果；以暖企业、服务群众为宗旨，以许可发证标准和时限为底线，做好省委托事项审批工作，做好省委托事项的审批。全市开展涉水产品生产企业现场能力审核17间，许可涉水产品批件28个。开展消毒产品生产企业现场审核18间，许可消毒产品生产企业20间；完成广东省五年期学校卫生综合评价工作，2015—2019年五年来共对557所学校开展学校卫生综合评价，根据其综合评分结果进行A(优秀)、B(合格)、C(不合格)三级评价。评价A级学校13所、B级学校503所、C级学校41所；开展学校托幼机构及校外培训机构近视眼的防控宣传与监督执法，利用“全国爱眼日”“六一儿童节”期间，深入学校、商业区等进行预防近视眼知识普及宣传，提高民众的近视眼防控意识。完成学校、托幼机构和校外培训机构采光照明“双随机”抽检工作，及时公示和通报抽检结果，共同指导整改。全市检查检测托幼机构131间，校外培训机构64间。营造全社会防控青少年近视的良好氛围；依法整治儿童青少年近视矫医疗市场，以医疗机构和无证行医为整治重点，依法严厉打击医疗机构违规开展眼科诊疗、违规宣传以及查处未取得“医疗机构执业许可证”擅自开展眼科医疗服务的违法行为；全市共检查医疗机构314个，企业41个，检查从业人员897人；对检查发现1家医疗机构和1家眼镜经营单位的存在使用“康复”“恢复”等宣传表述，执法人员当场责令并督促被检单位立即撤除不当的宣传内容，维护群众健康权益。开展医院感染管理监督执法专项行动，全市排查医疗机构1165家，覆盖率65.01%；其中公立医院73家，覆盖率89.02%；民营医院28家，覆盖率100%；独立血透机构4家，覆盖率100%；母婴保健机构6家，覆盖率100%；采供血机构1家，覆盖率100%；县级公立医院（含妇幼保健院）44家，覆盖率100%。查处违法案件16宗，罚款46000元，同时对其中1间医院存在严重隐患的手术室、供应室责令停业整顿。强化江门市各医疗机构的医院感染管理工作，守住医疗质量安全底线；推进医疗卫生机构传染病防治分类监督综合评价工作，2019年监督评价医疗卫生机构382个，其中，二级以上医院34所、一级医院70所、未定级医疗机构271个、疾病预防控制机构6个和采供血机构1个。对二级以上医院、一级医院、疾病预防控制机构和采供血机构监督评价覆盖率为100%，对未定级医疗机构监督评价覆盖率为16.66%；评价结果为优秀的有84个、合格有293个、重点监督单位有5个（均为未定级医疗机构）。并将综合评价结果与日常管理相结合，纳入医疗卫生机构不良执业行为记分管理，切实提高监督执法效率和医疗卫生机构自身管理水平；联合整治“保健”市场乱象百日行动，重点打击以“预防”“保健”“治未病”等为名，或假借医学理论或术语欺骗、诱惑、强迫消费者接受非法诊疗，谋取不正当利益的行为，共出动检查人员561人次，组织和联合卫生协管单位检查检查社区、公园、广场等人员密集场所3个，检查宾馆、酒店等重点场所97个，重点检查“保健”类店铺67个，检查旅游景区、农村场镇、农村集市、城乡接合部等重点区域9个，开展行政指导、行政约谈36次，开展宣传活动1次，开展协作执法（处理群众投诉或部门转交线索）共2件，立案查处“保健”店未取得有效卫生许可证经营沐足项目1件，维护人民群众的合法权益。

【工作场所职业卫生监管】 2019年，江门市做好重点行业用人单位职业健康管理，全市重点行业用人单位职业病危害项目申报率达94.0%，工作场所职业病危害因素检测率为91.7%，接触职业病危害工人在岗职业健康体检率为96.2%，用人单位主要负责人与职业卫生管理人员培训率为94.0%。开展重点行业领域尘毒、高温作业等职业病危害专项治理，全市共监督检查企业879家，发现职业卫生隐患1845项，责令企业当场整改608项，责令限期整改1237项，行政警告企业10家，罚款0.25万元。开展重点行业工作场所职业病危害因素监测工作，全市已完成监测企业共253家。通过定向检查和“双随机”抽查开展职业健康执法工作，全市共监督检查重点行业企业1135家次，下达执法文书1113份，发现职业病危害隐患3860项次，责令当场整改872项次，限期整改2988项次，立案处罚5件，警告42件，罚款7.65万元。开展重点职业病监测和尘肺病回访工作，2019年全市重点职业病监测工作的县（市、区）覆盖率、职业健康检查机构覆盖率、职业病诊断机构报告率及医用辐射防护监测率均达到100%，尘肺病患者回访率约81.1%。做好职业病防护设施“三同时”监管工作，全市共完成建设项目职业病防护设施“三同时”98项，其中预评价48项，设计专篇17项，竣工验收33项；职业病危害现状评价41项。开展职业病防治知识宣传和培训工作，全市共出动宣传人员1.27万人次，接受现场咨询1.66万人次，发放宣传资料1.66万份，媒体宣传报道12次；全市举办培训班48期，接受培训人员5153人，发放培训资料5153份。推动完善职业病病人保障制度，加强与人力资源社会保障、财政、民政、医疗保障和工会等部门的沟通协调，健全完善工伤保险与基本医疗保险、大病保险、医疗救助和社会慈善等有效衔接的职业病救治救助保障制度。加强职业卫生（放射卫生）技术服务监管工作，组织召开职业卫生技术服务机构负责人、技术人员座谈会，开展职业卫生技术服务质量专项抽查，推动形成布局合理、服务规范的职业健康技术服务体系。开展医疗机构放射卫生监管工作，对全市医疗机构放射诊疗场所的放射设备、放射防护、放射工作人员个人剂量监测及职业健康检查等情况进行监督检查，强化对放射卫生日常监管力度。

中医药事业

【概况】 至2019年底，江门市中医类医疗机构总数达932个，辖属所有市区均设置中医医院，其中有三级甲等中医院1家、二级甲等中医院5家、中西医结合医院2家。全市中医类医疗机构床位4413张，比上年增长7.56%。全市中医类医疗机构门诊服务人次1588.21万人次，出院服务人次13.91万人次，分别同比增长40%、6.42%。全市中医类医疗机构有中医类别执业（助理）医师959人，中药师（士）184人。

【中医药法治建设】 2019年，江门市卫生健康局规范行政审批行为，完成广东省政务服务事项目录管理系统的事项目录划入工作，完善实施清单和权责清单，推行中医药行业行政审批事项清单制度并向社会公开公示。加强中医药监督执法检查，8月13—16日对全市各级各类中医类别医疗机构开展中药饮片采购验收专项检查工作，规范江门市中医类别医疗机构中药饮片的采购、验收行为，提升中医医疗机构的中医饮片质量和药事管理水平，确保群众用药安全。

【中医药文化建设】 2019年，江门市卫生健康局通过开展健康咨询、健康宣传、义诊等活动方式，多次开展“中医中药中国行”——中医药健康文化活动，普及中医药常识，提升民众中医药健康素养，促进民众的养成健康的生活习惯，培养健康生活方式。江门市五邑中医院恩平分院成立“中医药科普巡讲专家队伍”，创作系列科普图书、影视、音像等中医药文化精品，定期走进基层卫生院、机关、校园、家庭、社区、农村等开展义诊或举办中医药知识科普讲座，提高民众对中医药常识的知晓率。

【中医药服务能力建设】 2019年，江门市除2家中西医结合医院外，其余5家县级中医医院全部达到二级甲等中医医院水平。县级人民医院结合实际开设中医门诊、中医骨科和中医康复科等，诊治皮肤科、神经内外科、骨伤科等常见病症。县级妇幼保健院结合服务对象的需求，提供中药乳房按摩、中药穴位敷贴、中药浴、小儿推拿、中药封包等10多项中医药服务项目，发挥中医药特色优势，实现妇幼保健的中西医融合。100%的乡镇卫生院、社区卫生服务中心，69%社区卫生服务站和96%村卫生室均能应用中医药防病治病，中医药特色优势日益明显。镇村两级的门诊服务中，中医处方数占总处方数比例逐年提升，基层医疗卫生机构中医诊疗量占总诊疗量比例的40%。是年，江门市对0—36个月儿童实施中医药健康管理的人数占比达63.3%，对65岁以上老年人实施中医药健康管理的人数占比达56.5%。

【中医药健康服务】 2019年，江门市卫生健康局加强中医“治未病”服务网络建设，江门市五邑中医院治未病服务经广东省中医药局（简称“省中医药局”）评价为AAAA级。实施中医药健康促进工程，完善二级以上中医医院的“治未病”科建设，完善治未病预防保健信息平台。江门市所有的二级以上中医医院均已设立“治未病”科，配置中医健康干预类设备，使用网络信息系统对治未病服务提供信息化管理和支持，为居民提供融中医健康监测、咨询评估、养生调理、跟踪管理于一体的高水平、个性化、便捷化的中医养生保健服务。2019年全市中医治未病服务人次达44.08万人次。

【中医药科研与人才队伍建设】 2019年，江门市开展申报2020年度广东省中医药局科研课题项目，推荐上报2020年度广东省中医药局科研课题共22项，其中面上项目20项，专项研究项目2项，经过广东省中医药局的审批，获得批准立项的2020年度科研项目有16项。完成结题验收省中医药局到期的科研项目课题10项。加强基层中医药人才培养工作，与广东江门中医药职业学院合作，签约培养定向学生57人，10—12月对台山、开平、恩平三市的基层卫生技术人员，重点包括尚不能提供中医药服务的社区卫生服务中心和乡镇（街道）卫生院、社区卫生服务站、村卫生室卫生技术人员进行基层卫生技术人员中医药知识与技能培训，采取集中理论授课和临床见习两种培训方式培训44人。

基层医疗卫生

【概况】 至2019年底，江门市有基层医疗卫生机构1580家，其中卫生院63个，社区卫生服务机构27个，门诊部（所）612个，村卫生室878个；基层医疗机构拥有床位5135张，在岗职工12552人，其中卫生技术人员占86.03%。2019年全市基层医疗卫生机构总诊疗人次为2381.5万人，占全市总诊疗人次的52.52%。

【农村卫生机构建设】 2019年，江门市完成133间村卫生站的标准化建设，累计完成564间。为蓬江区潮连、江海区外海、新会区会城、开平市长沙、恩平市平石和东安6个社区卫生服务中心配备健康驿站设备。

【社区卫生机构建设】 2019年，蓬江区杜阮镇卫生院、新会区罗坑镇中心卫生院、台山市广海镇中心卫生院被省卫生健康委审核确定为社区医院。蓬江区杜阮镇卫生院创建“优质服务基层行”推荐标准单位并获得国家卫生健康委员会通报表扬，另有17个基层医疗机构通过基本标准审核。

【基层医疗服务能力提升】 2019年，江门市继续实施国家基本公共卫生服务，基本公共卫生服务项目财政补助经费标准提高到每人每年69元，江门市实际核拨到位的人均基本公共卫生服务经费补助70.82元。江门市在对基层医疗机构已有人员经费投入的基础上，追加人员经费1.6亿元，落实基层医疗机构“公益一类财政供给、公益二类事业单位管理”。全市共建立居民电子健康档案380.56万份，电子建档率为83.42%，持续提升0—6岁儿童、孕产妇、65岁以上老年人、慢性病患者等重点人群健康管理水平，医防融合度持续深化。全市推进家庭医生签约服务提质增效，上线签约服务信息系统，全部县（市、区）及镇（街）均开展家庭医生签约服务，全面上线签约服务信息系统。全市共组建699个团队，常住人口签约服务率为46.17%，重点人群签约服务率为74.75%。开展家庭医生“滚雪球”培训，2019年全市设置培训基地10个，参加培训的二、三级学员达到360人。发动基层医务人员参加健康管理师及健康管理员转型的培训，培训220人。

医政管理

【医疗质量和安全管理】 医疗机构日常监管 2019年，江门市卫生健康局严格按照有关法律法规和医疗机构的设置规划，落实医疗临床应用备案管理制度，严格技术准入，强化诊疗科目核准和人员准入管理。落实江门市卫生系统加强医疗服务监管体系建设工作方案和医疗机构设置规划，严格执行医疗机构的设置审批责任制，严格审查医疗机构执业登记，依法开展医疗机构现场校验审查工作。加强监督医疗机构，打击非法行医，净化医疗服务市场，推进医疗机构不良执业行为记分管理工作；把握审核关口，坚决打击虚假广告、医托等行为，按要求报送医疗广告信息至工商部门备案，及时查处、通报虚假违法（超范围）的医疗广告信息。2019年，处理涉及医疗机构违法违规及非法行医行为93宗，罚款139.24万元，没收违法所得27万余元。2019年共监督评价医疗卫生机构382个，其中，二级以上医院34所、一级医院70所、未定级医疗机构271个、疾病预防控制机构6个和采供血机构1个；对二级以上医院、一级医院、疾病预防控制机构和采供血机构监督评价覆盖率为100%，对未定级医疗机构监督评价覆盖率为16.66%；评价结果为优秀有84个、合格的293个、重点监督单位有5个（均为未定级医疗机构）。

医疗乱象专项整治 2019年，江门市卫生健康局根据《广东省卫生健康委等8部门关于开展全省医疗乱象专项整治行动的通知》文件要求，加强整治江门市医疗乱象，全面排查隐患，守住医疗质量安全底线。对全市28个二级以上公立医疗机构、720个基层公立医疗机构、4个二级以上民营医院及488个民营医疗机构进行督查整治工作。发现并处理违法违规行为情况83起，行政处罚机构55个机构，共罚款35.07万元；处理12人，其中6人无证行医，1人移送司法机关。

院感防控管理监督 2019年，江门市卫生健康局针对血液透析、重症监护室、美容、体检、口腔等专业重点领域、重点环节、重点机构，3次组织开展医疗机构感染防控排查整顿与监督执法专项“回头看”督导检查。经过3次专项督导，大部分医疗机构已经完成前期督导问题的整改，加强医院感染预防与控制管理。2019年7月，广东省卫生健康委员会培训专家讲师团到江门市举办医疗机构感染防控手把手培训班，各市（区）卫生健康局以及全市各级各类医疗机构分管领导、院感科、医务科等相关科室负责人和ICU（重症监护室）、新生儿科、血液透析等相关科室负责人约350人参加培训。此外，江门市卫生健康局共组织3164人次参加4期院感防控系列专题培训，提高医务人员的院感管理水平和防控能力，夯实医疗机构感染防控工作打下夯实的基础。

医疗质量安全管理 2019年12月，江门市卫生健康局根据广东省卫生健康委统一部署，组织专家组以抽查的形式对全市各级各类医疗机构开展医疗质量安全专项检查。

2019年行风建设 2019年，江门市卫生健康局按照广东省卫生健康委的要求，落实做好卫生健康系统行风建设和从业人员基本行为规范教育，成立行风建设领导小组，下设办公室，明确主要领导负总责，分管领导具体抓，医政医管部门负责行风建设，相关职能部门落实工作责任，纪检监察部门履行监督责任，形成各部门齐抓共管推进行风建设的良好局面，并将行风建设融入卫生健康系统工作，纳入医院日常管理和学科建设，与业务工作同布置、同安排、同检查、同考核，将医德医风考评结果与医务人员的晋职晋级、岗位聘用、评先评优和定期考核直接挂钩。是年底，江门市卫生健康局组织行风建设巡查组，到市直医疗卫生单位开展2019年度行风建设巡查。

护理服务质量提升 2019年，江门市卫生健康局推动实行“互联网＋护理服务”新模式。江门市中心医院、江门市人民医院、江门市残联康复医院、蓬江区杜阮镇卫生院、新会区会城街道办事处社区卫生服务中心、台山市广海镇中心卫生院6家“互联网＋护理服务”试点医院基本完成线下筹备工作。市中心医院、江门残联康复医院已全面开展线上出诊服务。2019年江门市护理学会共开展市级继续教育项目15个，内容涵盖静脉治疗、助产护理、四肢骨科护理、肿瘤护理、伤口造口护理、失禁护理、内分泌护理、神经科护理、危重症护理、脑卒中肺康复护理等领域，培训对象涵盖珠三角地区共3000余人。

【医师资格考试】 2019年6月15日—21日，江门市医师资格实践技能考试在江门市实践技能考试基地（仅含临床类别、中医类别）举行，应参加考试1452人次，实际参加实践技能考试1324人次；8月23日—25日举行综合笔试（第一试），应参加考试3125人次，实际参加考试3121人次；考试通过率52.94%。从2019年起，广东考区开展医师资格考试医学综合笔试“一年两试”试点工作，综合笔试“一年两试”第二试于11月23、24日举行，江门考点应参加考试人数1084人次，实际参加考试1060人次；考试通过率31.25%。

【血液管理】 2019年，江门市采血人数46221人次（含机采），比上年增长7.63%；采血量13.20吨，其中单采血小板5740份。江门市中心血站全年向临床发放总血量为11.96吨，同比增加5.67%；其中红细胞类制品59820.5U，比上年同期增长5.67%（其中RH阴性稀有血型血液供血263.5U，同比增长9.34%）；单采血小板5684个治疗量，同比增长11.53%；冷沉淀凝血因子23297U，同比增长11.75%；血浆类品种供血46117U，同比增长5.52%。血液供应态势保持平稳，基本满足医院供血需求。江门市中心血站完成46148份血清学标本的检测，无发生经输血传播感染性疾病的检测质量事故。

妇幼保健

【概况】 2019年，江门市共有妇幼保健机构6个，助产机构83个，婚前医学检查机构12个，产前诊断机构2个，产科床位数1759张，儿科床位数1277张。全市取得母婴保健技术服务资质人数3580人，妇产科执业医生人数845人，儿科执业医生人数570人。2019年全市户籍活产数41289人，其中男21670人、女19619人，孕产妇死亡率4.84/10万，婴儿死亡率1.11‰，5岁以下儿童死亡率1.94‰。

【妇幼公共卫生服务】 2019年，江门市妇幼基本公共卫生服务水平得到提升，全市孕产妇系统管理率95.4%，产妇产后访视率97.1%，新生儿访视率97.74%，3岁以下儿童系统管理率91.78%，7岁以下儿童健康管理率98.32%，0—6岁儿童眼保健和视力检查率96.04%。做好妇幼重大公共卫生服务项目，全市为42572名计划怀孕夫妇提供了免费孕前优生健康检查，目标人群覆盖率为88.39%；为2.58万名农村和流动人口妇女免费增补叶酸，有效预防神经管缺陷发生；为适龄农村妇女免费筛查宫颈癌、乳腺癌各54116例；推进预防艾滋病、梅毒、乙肝母婴传播工作推进，全市孕产妇艾滋病、梅毒、乙肝的检测率均超99.9%以上；开展免费地中海贫血血常规初筛共67689例，其中夫妇双方筛查共32192对。

【出生缺陷综合防控】 2019年，江门市卫生健康局继续开展出生缺陷综合防控，抓好孕前、孕中、产后各个环节防控。开展一级预防，以孕前检查、增补叶酸项目为抓手，实行孕前阶段健康教育、咨询、保健、预防等综合干预措施。规范开展二级预防，以孕产妇健康管理为基础，开展免费地贫防控、唐氏综合征筛查等产前筛查，全市进行产前唐氏综合征筛查有28535人，进行产前结构畸形筛查人数

26709人，有效减少严重缺陷儿的出生。深入开展三级预防，全市新生儿遗传代谢病筛查人数为48888人，新生儿遗传代谢病筛查率为99.74%；新生儿听力筛查人数为47896人，新生儿听力筛查率为97.72%；江门市出生缺陷检出率为18.3‰，出生缺陷儿得到及时治疗控制，避免严重致残或减轻残疾程度。

【人类辅助生殖技术管理】 截至2019年，江门市开展体外受精—胚胎移植（IVF-ET）及卵胞浆内单精子显微注射技术（ICSI）的机构有江门市中心医院、江门市妇幼保健院2个。强化对江门市中心医院、江门市妇幼保健院人类辅助生殖技术监督管理，8月，顺利通过省卫生健康委开展的全省人类辅助生殖技术管理风险现场排查，未发现存在违反法律法规的情况。

人口监测与家庭发展

【概况】 2019年，江门市人口自然变动处于平稳发展的态势。根据报表数据显示，江门市常住人口年末总人口为453.8万人，出生人数为45629人，自然增长率为3.92‰，符合政策生育率为92.96%；江门市户籍人口出生人数为43416人，符合政策生育率为94.17%；流入半年以上流动人口出生人数为9391人，符合政策生育率为84.25%；常住人口出生人口性别比为109.57。

【完善计划生育利益导向机制】 2019年，江门市落实计划生育家庭奖励扶助“四项制度”，指导各市（区）做好计划生育奖扶工作，兑现计划生育各项奖励扶助金。根据广东家庭发展奖扶信息管理系统报表数据显示，江门市全年农村部分计划生育家庭奖励对象3.9万人，各级财政共发放奖励金约7742.63万元；特别扶助对象2031人，各级财政共发放扶助金约2722.85万元；城镇独生子女父母计划生育奖励对象7.8万人，各级财政发放奖励金约12220.25万元；农村节育奖励对象4.1万人，各级财政发放奖励金约2896.82万元。上述四项奖励，合计奖励扶助对象16万人；发放奖励扶助金总额达2.55亿元。加大对计划生育特殊家庭的扶助关怀力度，将计划生育特殊家庭优先便利就医绿色通道全覆盖纳入年度医疗改革考核指标。市直确定江门市人民医院为市本级定点医疗机构，全市各级公立医疗机构开通计生特殊家庭医疗服务绿色通道，享受优先挂号、交费、检查、取药、住院等服务，推动各地落实各项扶助关怀措施。推进家庭医生签约服务工作，确保计划生育特殊家庭签约全覆盖。

【综合治理出生人口性别比】 2019年，江门市开展出生人口性别比综合治理工作，持续加大加度整治“两非”（非医学需要的胎儿性别鉴定、选择性别的人工终止妊娠），建立查处和打击“两非”工作机制，江门市卫生健康局、中共江门市委宣传部和政法委等13个单位联合发文开展打击防控采血鉴定胎儿性别行为和整治“两非”专项行动，采用不定期检查与专项监督相结合的方式，加强母婴保健卫生监督执法，不断健全区域协作机制，联合公安、食品药品、工商、市场监督等部门开展专项执法行动，对“两非”违法行为保持高压打击态势。全市各级开展打击“两非”专项行动，采取集中打击与经常性监督相结合、明察暗访与群众举报相结合的方式进行，对医疗卫生机构、个体私营诊所、药店等开展排查，重点执法督查开展母婴保健技术、B超诊断的医疗卫生机构进行督查，采取暗访等多种形式，深挖案源，严厉打击，确保出生人口性别结构保持正常。开展促进社会性比平等的宣传活动，营造有利于女孩成长的良好氛围和社会环境。

【关爱计划生育贫困家庭】 2019年，江门市计划生育协会为计划生育贫困家庭送温暖，发挥生育关怀基金的公益作用，争取党委政府、企业和社会各界的支持，为他们排忧解难。开展计划生育保险活动，有30万个计划生育家庭参加，由财政出资218万元扶持计划生育困难家庭购买计生保险。年底，广东省人口基金会、省计划生育协会、中国人寿保险股份有限公司广东分公司联合开展2019年“失独家庭”综合保险赠送慈善活动，捐赠13万多元为江门市1199名49至75周岁的计划生育失独家庭（指失去独生儿女的家庭）购买“失独家庭”综合保险，为困难计划生育家庭化解风险与提供保障。每逢春节、元旦、中秋等节日，计划生育协会会员都会深入计划生育困难家庭慰问帮扶，了解其生活状况，送去党和政府的关怀温暖。2019年年底，江门市计划生育协会将广东省人口基金会返还江门市的2019年“一元爱心”捐赠5万元，全额用于慰问计划生育特殊困难家庭，体现党和政府对计划生育家庭的关爱。联合江门市红十字会开展“一元爱心”救助活动，2019年救治7名计划生育困难家庭先天性心脏病、风湿性心脏病患者，提供坚强的医疗保障。

【流动人口计划生育服务与管理】 2019年，江门市全面推进流动人口基本公共卫生计划生育服务均等化工作，以流动人口卫生健康主题宣传活动为载体，推进健康教育和促进工作。开展“把健康带回家”“6+1”流动人口健康服务年、“5·29会员活动日”“5·31世界无烟日”“流动人口健康服务年”暨“健康中国行”等宣传活动，推进宣传教育、健康咨询服务、优生优育指导、计划生育家庭权益维护和流动人口服务管理等重点任务有效落实，全年为87532人提供服务。

【全面两个孩子政策实施情况】 2019年，江门市实施“全面两孩”政策，引导群众按政策生育。施行生育登记服务制度，优化生育登记流程，推行首接责任制、一次性告知、限时办结、委托代办、承诺制等制度。简政便民，推行生育服务网上办事，实现生育审批、登记等网上“一站式”办理。同时加强再生育咨询指导，落实计划生育奖励假制度，依法推进生育政策。推进医疗卫生机构等公共场所的母婴设施建设，按照标准要求，规范建设，注重实用功能，对照标准改造完善已建的母婴室。因地制宜设置母婴等候厅（区）、母婴专座等，为孕期、哺乳期以及携带婴幼儿的妇女提供绿色服务通道或便利服务。

2019年江门市卫生事业基本情况表

表30

项目 区域	卫生机构人员数（人）		卫生机构床位（张）		卫生技术人员（人）		
	合计	医院	合计	医院	合计	执业（助理）医师	注册护士
全市	37841	20663	24248	17632	32010	10934	15018
市直	8600	6977	6489	6005	7220	2304	3754
蓬江区	2809	713	2006	1241	2482	978	1032
江海区	1157	554	604	509	1013	378	473
新会区	6888	3934	4589	3330	5758	2016	2624
台山市	6621	2693	4170	1957	5829	1898	2704
开平市	4823	3007	2849	2369	3938	1253	1809
鹤山市	3701	1430	2026	1172	3177	1196	1412
恩平市	3242	1355	1515	1049	2593	911	1210

（黄杏梅）

体　育

【概况】 2019年，江门市办好群众体育活动，组织开展43项全民健身赛事件；开展推广普及健身气功工作，组织开展全民健身主题示范活动，做好江门市国民体质监测，统筹推进社会体育指导员工作，加强市体育总会和体育协会的业务监管指导等。建设江门市体育运动学校扩容提质项目；加强全民健身场地设施建设，完成江海区江南白水带体育公园、江海区礼乐新民体育公园、江海区外涨牛眠山社区体育公园、新会区北坑体育公园、恩平市君堂镇新君村体育公园共5个社区体育公园建设任务，至12月31日，全市有208个社区体育公园、省立绿道303千米与城市绿道551.9千米。承办2019年世界排球联赛江门站赛事、男子手球超级精英赛、全国少年儿童跳水锦标赛等多项重大体育赛事，获中国女排主教练郎平点赞：“感谢江门为我们提供这么好的比赛场地和赛事服务”，并题写“中国排球之乡——江门”题词；举办江门市第九届运动会，18个项目共产生442块金牌。

【群众体育】 2019年，江门市完成全市体育场地统计调查工作，全市有体育场地10721个，比2014年第六次全国体育场地普查多3749个，体育场地总面积1108.9346万平方米，人均体育场地面积2.41平方米（按江门市统计局2018年最新公布的江门市常住人口459.82万人计算）。完成国家体育总局部署的国民体质监测任务，江门市国民体质监测中心定期组织监测队伍到辖属的三区四市抽样监测，全年免费为近6553名群众进行国民体质监测。开展全民健身运动、元宵节、农民丰收节、健身气功展演等全市性群众体育活动和一系列全民健身赛事，组织参加11项省以上群体赛事活动、7项粤港澳大湾区赛事和交流活动、5项珠中江澳四地赛事交流活动等群体项目赛事活动，鼓励各市（区）层层举办赛事活动。承办广东省第四届传统龙舟锦标赛、广东省中小学生围棋锦标赛、广东省篮球联赛、第二届粤港澳大湾区自行车大赛4项省级群众体育赛事。全市逐步形成由市体校、县级业余体校、体育传统项目学校和网点学校组成的业余训练网络体系，在训运动员2000人，拥有市级体校1所、区级体校4所，其中市体育运动学校被国家体育总局评为2017—2020年“国家高水平体育后备人才基地”。开设训练项目14个，其中田径、游泳、举重、跳水、柔道、篮球、曲棍球、蹦床8个项目被广东省体育局评为2016-2020年“广东省单项重点基地”；击剑、摔跤、乒乓、体操、足球5个项目被广东省体育局评为2016—2020年“广东省重点班”。开设训练项目21个，其中8个项目被评为2016—2020“广东省单项重点基地”、5个项目被评为2016—2020“广东省重点班”。青少年体育工作扎实推进，全市535所中小学校全面开展“阳光体育运动”，全市共有11所省体育传统项目学校（2016—2020年）、116所市体育传统项目学校（2019—2023年）、2个国家级示范性青少年体育俱乐部、9个国家级青少年体育俱乐部、16个省级青少年体育俱乐部、1个省级青少年校外体育活动中心。

【江门市第九届运动会】 2019年4月至11月江门市第九届运动会各项目比赛在江门市各市（区）举行，江门市四市三区共七个代表团为参赛单位，参赛运动员、教练员达4300多人，运动会共设排球、网球、田径等18个竞赛项目，共产生金牌442块，田径项目有2人次2项刷新市纪录。

【举办2019年世界排球联赛（广东•江门）】 2019年5月31日至6月13日，由国际排联主办，中国排球协会、广东省体育局、江门市人民政府承办的2019年世界排球联赛（广东•江门）在江门体育中心举行。最终：伊朗、德国、意大利、中国，获得男排前四名，中国、美国、土耳其、波兰获得女排前四名。

联赛共计12场比赛逾4万名观众观赛。赛事直播收视率同时夺得CCTV5与广东体育频道当周收视冠军，CCTV5收视率高达1.47%。得到国际排联、中国排协、各参赛队、媒体及观众等高度赞扬。

【承办2019年粤港澳大湾区青少年（男、女子）排球锦标赛】 2019年11月13日至17日，由广东省排球协会、广东省学生体育艺术联合会、广东省篮球排球项目管理中心、粤港澳大湾区排球促进会主办，江门市文化广电旅游体育局、台山市文化广电旅游体育局承办的“2019年粤港澳大湾区青少年（男、女子）排球锦标赛”在台山市举行，参赛单位由珠三角九市、香港、澳门共十一支队组成。

【中国男子手球超级联赛】 2019年中国男子手球超级联赛（广东·江门）7月12日—14日由中国手球协会主办，华体集团有限公司承办、北京市体育局、苏州市体育局、广东省体育局、江门市文化广电旅游体育局、江门市蓬江区政府协办，在江门市体育中心举行。有中国华体、北京光彩、太平洋保险江苏、广东路环四庙等参加比赛。

【2019全国少年儿童跳水锦标赛】 2019年全国少年儿童跳水锦标赛8月23日—28日由国家体育总局游泳运动管理中心主办、广东省体育局承办、江门市文化广电旅游体育局、江门市蓬江区政府协办，在江门市体育中心举行。本次锦标赛共有来自全国各地22支队伍、160余名运动员参加。

【竞技体育】 2019年，江门市文化广电旅游体育局举办江门市第九届运动会、承办世界排球联赛等系列国内外大型体育赛事、开展一系列体育竞赛活动。江门市第九届运动会共设排球、网球、田径等18个比赛项目，产生金牌442块，其中田径项目有2人次2项刷新市纪录；江门市承办2019年世界排球联赛（江门站）、2019年全国女排锦标赛、2019年全国青少年花样游泳训练营及全国花样游泳U系列俱乐部赛、2019年全国少年儿童跳水锦标赛、2019全国男子手球超级精英赛、2019年国际男子篮球对抗赛（澳大利亚VS德国）等国际国内大型赛事，组织开展2019年江门市青少年阳光体育活动、2019年江门市青少年亲子冬夏令营、2019“侨乡武术进校园”系列活动、江门市校园足球冠军赛，其中“江门市室内5人制足球体校组女子12—13岁组”在全国第二届青年运动会获得第四名；江门籍体育运动员在国际赛事中，获得2项冠军、2项季军；在国内赛事中，获得2项冠军、1项季军；在省级比赛中，获得27枚金牌、46枚银牌、46枚铜牌；做好江门市体育运动学校扩容提质项目建设。江门市体育运动学校扩容提质项目完成年度计划投资2200万元。

【体育产业】 2019年，江门市文化广电旅游体育局要求各市（区）挖掘排球、武术、龙舟等乡土体育资源，探索打造“江门排球之乡”和“全国武术之乡”等品牌的途径，促进江门体育产业的发展。鼓励广东珠西国际会展中心利用场地优势，积极发展会展产业、体育产业。

（江门市文化广电旅游体育局）

2019年5月31日至6月13日，由国际排联主办，中国排球协会、广东省体育局、江门市人民政府承办的2019年世界排球联赛（广东·江门）在江门体育中心举行（市文广旅体局 供）

·责任编辑 关明珠·

人居环境

综　述

【生态环境法治建设】 2019年，江门市率先在省内出台《江门市潭江流域生态保护补偿办法》，促进潭江流域生态环境保护及上下游区域协同发展。理顺市县生态环境部门执法工作体制，印发实施《江门市生态环境行政执法工作细则》，厘清机构改革后市县两级生态环境部门执法职责边界，压实生态环境保护监管主体责任。推行行政执法公示、执法全过程记录、重大执法决定法制审核“三项制度”，建立生态环境行政处罚自由裁量权裁量制度,全面推进生态环境依法行政。印发实施《江门市环境保护责任考核实施意见》《江门市生态环境保护“一岗双责”责任制考核办法》，夯实各市（区）及市有关部门生态环境保护“一岗双责”责任（“一岗”是指领导干部职务对应的岗位；“双责”是指领导干部即要履行岗位业务工作职责，又要履行生态环境保护工作职责）。江门市生态环境局联合市司法局、市教育局，在江门市第一中学举办“服务大局普法行”生态环保法律进校园宣传活动，向广大师生宣传《中华人民共和国宪法》《中华人民共和国水污染防治法》《中华人民共和国大气污染防治法》《中华人民共和国固体废物污染环境防治法》等与群众生活息息相关的法律内容，推进生态环境法治建设工作纵深化发展。

【环境综合整治与监管】 2019年，江门市办结中央环境保护督察“回头看”和省级环境保护督察期间交办的694件信访案件，群众反映的生态环境问题得到解决。印发实施《江门市贯彻落实中央环境保护督察“回头看”及固体废物环境问题专项督察反馈意见暨省级环境保护督察反馈意见整改方案》，第一轮中央环境保护督察反馈意见的12项整改任务完成7项，其余的5项持续整改任务均达到进度要求；中央环境保护督察“回头看”及固体废物专项督察、省级环境保护督察反馈意见的41项整改任务完成29项，其余12项整改任务均达到序时进度，整改工作取得阶段性成效。坚持以改善环境质量为核心，以贯彻落实中央环境保护督察“回头看”及固体废物环境问题专项督察反馈意见暨省级环境保护督察反馈意见整改为契机，强化“双随机＋专项执法”的执法监管模式，深入开展“散（是指不符合当地产业布局等相关规划的工业企业，没有按要求进驻工业园区的规模以下工业企业）乱（是指不符合国家或省产业政策的工业企业，应办而未办理规划、土地、环保、工商、质量、安全，能耗等相关审批或登记手续的工业企业，违法存在于居民集中区的工业企业，工业摊点、工业小作坊）污（是指依法应安装污染治理设施而未安装或污染治理设施不完备的工业企业，不能实现稳定达标排放的工业企业）”工业企业（场所）综合整治、生态环境领域扫黑除恶专项斗争、“雷霆”—环境执法行动等专项行动，加大环境监管执法力度，保持环境监管执法高压态势，为打好打赢污染防治攻坚战保驾护航。

【建设项目环评审批】 2019年，江门市生态环境局优化建设项目环境影响评价（简称“环评”）环评审批服务效能，推进经济高质量发展。对重点项目加强服务指导，做好重点项目环评审批的指导与服务，加快完成重点项目环评审批工作。坚持建设项目严格环保准入制度，树立环评审批底线思维，坚守饮用水源保护区、自然保护区和生态严控区等环保“红线”，严把建设项目环保准入关。2019年，全市环保系统审批建设项目环评文件1359个，总投资约323亿元，环保投资约43亿元。全市6400多个项目通过网上备案系统完成登记表备案手续。强化环评审批管理，印发《江门市生态环境局建设项目环评文件会审制度（试行）》《江门市生态环境局建设项目环境影响评价文件技术评估管理办法（试行）》等文件，规范建设项目环评评估、审批工作，提高审批效率，提升行政服务效能。

【环境监管执法】 2019年，江门市各级生态环境监管部门保持环境执法高压态势，强化与各相关部门的联动执法，用足用好按日计罚、查封扣押、限产停产、移送公安行政拘留4个配套等执法手段。2019年，全市生态环境系统共出动执法人员4.58万人次，检查企业2.16万家次，立案查处环境违法案件747件，处罚款7422万元，用足用好4个配套办法，实施按日连续处罚案件3件，查封扣押案件104件，限产停产案件10件，移送公安行政拘留案件28件，移送涉嫌环境污染犯罪案件33件。通过加大人员投入、扩大执法覆盖面、强化科技手段运用等有力举措，在全市起到宣传和震慑作用。全年出动执法人员及检查企业家次与去年同比分别增长23%、29%，促使违法案件量与上年同比下降29%，在生态环境监管执法工作中取得显著成效。

【环境宣传与教育】 2019年，江门市生态环境局紧扣全市污染防治攻坚战中心工作，开展生态环境新闻宣传和环境宣传教育活动，营造良好的舆论氛围和社会环境。依托《江门日报》和江门电视台等市级主流媒体，壮大生态环境主流宣传。2019年，在《江门日报》开设“污染防治攻坚战”“守护蓝天白云”等专栏。刊发稿件229篇，刊登公示、红黑榜、双公开清单类稿件28篇。在江门电视台播出生态环境新闻63条，在《南方日报》及“南方＋”App刊登江门市环保新闻25篇；在《珠江环境报》刊登江门市环保新闻72篇。坚持以内容质量为核心，将“江门生态环境”微信公众号打造成省内具有一定影响力的生态环境政务新媒体品牌，2019年用户总量超过1.2万人，全年推送信息948条，总阅读量超过50万次。面向公众深化环境宣传教育活动，先后组织参加第六届广东省青少年环保科技创意大赛和“2019年广州•世界青少年环保交流大会”，与珠海、中山、阳江三市联合举办第十一届“珠中江阳”中学生环保活动（生态环保摄影大赛）；“6•5”世界环境日期间，全市开展30场系列宣传纪念活动，覆盖市民接近3400人。推动“不留白色污染”、生态环境领域扫黑除恶等主题活动进社区、进学校、进企业，营造良好的宣传氛围。组织开展江门市环保设施和城市垃圾污水设施公众开放活动，2019年江门市环境监测中心站及江门市碧源污水治理有限责任公司开展10场公众开放活动，参观人数达293人，促使各项环保设施变身环保教育课堂，提高公众生态环境保护意识。

（市生态环境局）

环境质量

【空气环境质量】 2019年，江门市国家直管监测站点空气质量优良天数比例为77.0%。在全年有效监测天数中，优天数占40.82%(共149天),良天数占36.16%（共132天），轻度污染天数占17.26%（共63天），中度污染天数占3.84%（共14天），重度污染天数占1.92%（共7天），无严重污染天气。二氧化硫日均值、二氧化氮日均值、可吸入颗粒物日均值、一氧化碳日均值、臭氧最大8小时平均值及细颗粒物日均值达到二级标准的天数占全年有效天数的比例分别为100%、97.5%、99.7%、100%、79.5%、99.7%。空气质量六项基本指标年平均浓度除臭氧外均达到国家二级标准限值要求,二氧化硫年平均浓度为7微克/立方米，二氧化氮年平均浓度为32微克/立方米，可吸入颗粒物（PM_{10}）年平均浓度为49微克/立方米，一氧化碳指标浓度为1.3毫克/立方米，细颗粒物（$PM_{2.5}$）年平均浓度为27微克/立方米，臭氧日最大8小时平均第90百分位数浓度为198微克/立方米。其中，$PM_{2.5}$、PM_{10}在2018年达到环境空气质量二级标准的基础上改善，与2018年同期相比分别改善6.9%、3.9%，改善幅度在珠三角九市中分别排第三位、第2位，其中$PM_{2.5}$年均浓度创历史最好水平。降尘年月均值4.13吨/平方千米•月，符合广东省推荐标准，月均值较上年略有下降。

表31

2019年环境空气质量情况表

年份	达到二级标准天数	全年有效天数	比例
2018年	295天	365天	84.9%
2019年	281天	365天	77.0%

表32

2019年江门市区空气主要指标监测一览表

年份	达到二级标准的天数占全年有效天数的比例					
	二氧化硫日均值	二氧化氮日均值	可吸入颗粒物日均值	一氧化碳日均值	臭氧最大8小时平均值	细颗粒物日均值
2018年	100%	97.3%	98.9%	100%	83.8%	97.0%
2019年	100%	97.5%	99.7%	100%	79.5%	99.7%

【水环境质量】 2019年，江门市区2个城市集中式饮用水源地水质优良，保持稳定，水质达标率100%。8个县级以上集中式饮用水源地（包括台山的石花山水库、坂潭水库、塘田水库，开平的大沙河水库、龙山水库，鹤山的西江坡山，恩平的锦江水库、江南干渠等）水质优良，达标率100%。西江干流、西海水道和省控跨地级市界河流交接断面水质优良，符合II—III类水质标准。江门河水质优良至轻度污染，水质类别为II—IV类，达到水环境功能区要求；潭江干流上游水质优良，中游及下游银洲湖段水质良至轻度污染，潭江入海口水质优良。列入广东省水污染防治行动计划的9个地表水考核监测断面分别为：西江下东和布洲，西江虎跳门水道，台城河公义，潭江义兴、新美、牛湾及苍山渡口、江门河上浅口。2019年度除牛湾断面未达III类水质要求外，其余8个监测断面水质均达标，年度水质优良率为88.9%，且无劣V类断面。全市共有跨地级市河流2条，设置西江干流下东、磨刀门水道六沙和布洲等3个跨市河流交接监测断面。2019年度全市跨市河流断面水质达标率为100%，同比上升8.3个百分点。

（市生态环境局）

【声环境质量】 2019年，江门市建成区昼间区域环境噪声质量处于一般水平，等效声级平均值56.98分贝，优于国家区域环境噪声2类区（指居住、商业、工业混杂区）昼间标准，与上年相比无明显变化。建成区交通干线道路两侧区域昼间噪声等效声级平均值达到国家区域环境噪声4类区（指城市交通干线两侧区域）昼间标准，质量处于较好水平，与上年相比无明显变化。各功能区等效声级年均值中，除1类区和4类区的夜间噪声外，其他功能区均符合相应功能区标准。

（市环境监测中心站）

表33 2019年江门市建成区区域环境噪声统计表

单位：分贝

年份	区域环境噪声均值	交通干线道路两侧噪声均值
2018年	56.95（昼间）	69.75（昼间）
2019年	56.98（昼间）	69.94（昼间）

【核与辐射环境】 2019年，江门市加强核与辐射安全管理工作，优化辐射安全许可证办理、换证工作程序，加强核与辐射安全专项检查，完善核应急保障体系，确保全市核与辐射安全。全市现有56个放射源涉源单位，在用放射源344枚；有193个射线装置单位，在用射线装置486台；所有核技术单位纳入全国核技术监管系统，并按照“一企一档”模式进行档案管理工作。全年办理辐射安全许可证换证45件，完成13枚废旧放射源的收贮工作。优化辐射许可证行政许可审批工作，将核发辐射安全许可证（Ⅳ、Ⅴ类放射源和Ⅲ类射线装置）的行政许可事项委托市生态环境局各市（区）分局进行审批和监管。健全核应急管理体系，完成市核应急委员会的优化调整，完成《江门市核应急预案》《江门市核应急操作手册》《江门市台山核电厂场外应急实施程序》的修订，组织开展2019年江门市核应急撤离安置演习，全年举办4次核安全文化科普宣传活动。组织开展辐射风险排查行动，出动执法人员68人次，检查核技术利用单位27家，发现、排除辐射安全隐患3起。落实台山核电特防期24小时领导在岗带班应急值班制度，全年未发生核与辐射安全事故，核与辐射环境安全、稳定。

绿色低碳

【低碳城市】 2019年，江门市将年度节能目标责任评价考核作为全市改革发展稳定的重要基础抓牢抓实。中共江门市委、市人民政府印发《关于统筹规范全市督查检查考核工作的管理措施》，将节能目标责任评价考核列入市级23项工作统筹实施考核，并将“节能降耗”列入《江门市2019年县域经济社会发展考核实施方案》绿色安全发展考核评价指标体系，作为加快构建推动经济高质量发展体制机制的重要内容。江门市全面落实各项节能措施，圆满完成节能目标责任评价考核目标任务，加快全市转方式调结构步伐，推动全市经济社会向持续性发展迈进。在广东省2018年度各地级以上市人民政府节能目标责任评价考核中，江门市被评为“完成等级”，获广东省人民政府予以通报表扬。在江门市组织开展的2018年度各市（区）人民政府节能目标责任评价考核中，鹤山市被评为“超额完成等级”，江海区、蓬江区、开平市、新会区、恩平市等被评为“完成等级”。是年，加快推进工业锅炉、窑炉燃料清洁低碳化替代，全市22台35蒸吨以下燃煤锅炉和4台35蒸吨及以上燃煤锅炉完成清洁能源改造或注销关停，26条建筑陶瓷生产线完成清洁能源改造或关停拆除；推动光伏、风电、核电等清洁能源项目规划建设，提升清洁能源消费比重，全市电源装机容量达1055万千瓦，清洁能源装机占比接近50%；推广应用新能源汽车，全市新增467辆公交车，全部为纯电动公交车，公交车电动化率超过90%。（江门市发展改革局 江门市生态环境局）

城央绿廊省级碧道建设试点 （市水利局 供）

【国家森林城市建设】 2019年，江门市牢固树立和践行“绿水青山就是金山银山”的发展理念，贯彻落实珠三角国家森林城市群和深化国家森林城市建设的工作部署，全力推进城乡绿化建设，提升城市生态品质，取得良好成效。根据《江门市国家森林城市建设总体规划（2015—2024年）》，指导、督促各市（区）抓紧抓实项目实施，并要求各市（区）指定一名联络人负责跟进，每个季度汇报一次工作进度。目前，总体规划各项中期任务正在稳步推进中，包括营造林、重点林业生态工程、生态公益林建设以及公园城市建设等任务。按照《江门市实施〈珠三角国家森林城市群建设规划（2016—2025年）〉工作方案》，指导、督促各市（区）推进国家森林城市、森林小镇和区域生态廊道、绿色生态水网等重点工程建设。在森林小镇建设方面，完成11个镇的森林小镇申报工作，其中新会区睦州镇，开平市塘口、百合镇，鹤山市共和镇、古劳镇，恩平市牛江镇共6个镇被评为“广东省森林小镇”。同时，继续指导、督促各有关镇开展森林小镇规划项目实施；对2016、2017年获授牌的森林小镇建设进行动态监测，并督促9个2020年有森林小镇建设任务的镇开展规划设计和专家评审工作。在绿美古树乡村建设方面，江门市计划完成7个绿美古树乡村建设。截至2019年12月底，已完成7个村的规划设计并通过专家评审，包括台山市的广海镇龙岗村和都斛镇义城村，开平市的蚬冈镇牛过塘村和马冈镇北湖村，恩平市的大田镇塘背村、横陂镇蓝田村和沙湖镇龙门村等，其中恩平市大田镇塘背村、横陂镇蓝田村于年底完成施工，其他村加快施工。4月21日，江门市与全省各市、县同时开展“森林城市·共建大湾区·森林惠民”主题宣传活动。此次主题宣传活动全市共设1个主会场、6个分会场，7场活动按“统一主题、统一时间”的要求举行。其中主会场设在江海区天鹅湾小学，开展共绘粤港澳大湾区森林资源分布图活动。此外，在6月下旬与各市（区）分别组织开展2019年“我为森林小镇添新绿”绿色植物送市民活动，向市民派送绿色植物和各类宣传小册子，调动市民群众参与的积极性。

【自然保护区建设】 2019年，江门市认真落实广东省林业局关于省级以上自然保护区违建涉林项目清查整治及广东省生态环境厅等六部门关于“绿盾2019”自然保护地强化监督等工作部署要求，全面排查整治全市各类自然保护地违建项目涉林问题，持续跟进相关工作。此外，广东台山上川岛猕猴省级自然保护区动物多样性监测体系及宣传教育中心建设项目已竣工并通过验收。广东江门古兜山省级自然保护区管理处完成矢量化地图制作及勘界立碑项目，明确保护区的界线范围；投入资金50万元全面开展保护区植物资源调查监测工作，并发现2种新物种，其中1种已鉴定完毕并以古兜山命名，另一种待出具鉴定结果；广东江门古兜山省级自然保护区总体规划修编已完成送审稿，送专家评审。广东恩平七星坑省级自然保护区林火远程监控中心配套建设项目已顺利通过竣工验收并投入使用；投入资金2603.72万元开展林地回收工作，并签订13宗林地回收意向书，共回收商品林389.49公顷。

【中华白海豚保护】 2019年，广东江门中华白海豚省级自然保护区管理处获广东省农业农村厅授牌“广东省水生野生动物救护科普基地”。年内，保护区管理处不断积极开展科普宣传、海豚救护、巡航管护、联合执法、环境监测、科研合作等工作，提升对中华白海豚的保护管理水平。一是完善基础设施，完成保护区海上界标项目建设。二是开展多样化科普宣传，举办粤港澳桂四地2019年海洋哺乳动物搁浅救护培训班，在全市主要沿海地区举办多期针对船员和渔民的海豚救护知识培训班，组织和承办“中华白海豚保护宣传日”和“全国海洋日”等大型宣传活动，举办多期科普夏令营，深入基层社区和中小学校开展宣传教育，利用新媒体开展互联网+自然教育。三是实现巡航管护常态化，全年出海巡航82船次；积极开展海豚救护工作，组织救护误入台山市端芬镇塘底村大同河的一头老年中华白海豚，妥善处理多起海豚搁浅死亡案例。四是开展科研调查，继续联合山东大学（威海）、中山大学、中国水产科学研究院南海水产研究所、华南师范大学等单位，在保护区及周边海域调查中华白海豚种群数量、渔业本底资源、海洋生态环境等。五是开展联合执法和环境监测，保护中华白海豚栖息地。

2019年5月31日，江门市在广东江门中华白海豚省级自然保护区管理处举办以“珍惜海洋资源，保护海洋生物多样性”为主题的海洋日活动。邀请台山市赤溪镇近百名中小学生前来参加活动 （市自然资源局 供）

【湿地红树林管护】 2019年，江门市湿地公园建设成效明显，获新华社刊文点赞。年内，按时按质完成江门市第十五届人民代表大会第五次会议第5070号议案《关于加强我市湿地保护和建设的建议》的办理工作。各市（区）湿地公园建设稳步推进。新会区石板沙区级湿地公园、江海区龙溪湖县级湿地公园相继获批设立。广东新会小鸟天堂国家湿地公园（试点）已完成河道清淤面积约5500平方米，河道实现基本畅通；游船码头重建工程(含科普长廊)已同步开展立项、招标工作，并已签订招标代理合同；观鸟楼升级改造工程已完成勘测设计并同意立项。广东开平孔雀湖国家湿地公园（试点）已完成原有旧凉亭和旧二层建筑物可靠性监测房屋鉴定，界桩、界碑和标志标牌已完成验收和结算，并向开平市人民政府申请办理工程款请拨手续；湿地生态监测项目已全面完成。广东台山镇海湾红树林国家湿地公园（试点）已完成湿地修复调查摸底工作、湿地修复及标识系统的设计书编制、湿地公园标识系统建设，并开展150亩红树林补植造林修复工作，种植白骨壤、秋茄、拉关木等红树林树种。

（江门市自然资源局）

2019年4月21日，全市联动开展2019年“森林城市·共建大湾区·森林惠民”主题宣传活动，100个亲子家庭在主会场共绘粤港澳大湾区森林资源分布图

（市自然资源局 供）

表34

2019年江门市县级以上自然保护地基本情况

序号	规范化名称	批复名称	专门管理机构	所在县级行政区域	级别	批准建立（晋升）年份	最终批复面积（公顷）
			自然保护区				
1	江门上川岛猕猴省级自然保护区	台山上川岛猕猴省级自然保护区	广东台山上川岛猕猴省级自然保护区管理处	台山市	省级	1990年	2281
2	江门古兜山省级自然保护区	江门古兜山省级自然保护区	广东江门古兜山省级自然保护区管理处	新会区 台山市	省级	2001年	11567.5
3	江门七星坑省级自然保护区	恩平七星坑省级自然保护区	广东恩平七星坑省级自然保护区管理处	恩平市	省级	2007年	8060.3
4	江门中华白海豚省级自然保护区	江门中华白海豚省级自然保护区	广东江门中华白海豚省级自然保护区管理处	台山市	省级	2007年	10747.7
5	江门恩平锦江源市级自然保护区	锦江源市级自然保护区	无	恩平市	市级	2006年	7535
6	江门台山曹峰山县级自然保护区	台山赤溪曹峰山县级自然保护区	无	台山市	县级	2005年	9459
7	江门开平百足山县级自然保护区	赤坎百足山自然保护区	无	开平市	县级	2005年	1131.5
8	江门开平梁金山县级自然保护区	梁金山自然保护区	无	开平市	县级	2005年	3545.8
9	江门开平狮山县级自然保护区	狮山自然保护区	无	开平市	县级	2005年	1694.2
10	江门恩平君子山县级自然保护区	君子山自然保护区	无	恩平市	县级	2004年	6800
11	江门台山红树林县级自然保护区	台山市镇海湾红树林县级自然保护区	无	台山市	县级	2000年	119.33
12	江门恩平镇海湾县级红树林自然保护区自然保护区	恩平市镇海湾红树林自然保护区	无	恩平市	县级	2005年	666.7
			风景名胜区				
13	江门圭峰山省级风景名胜区	圭峰山风景名胜区	江门市新会区圭峰山国家森林公园管理委员会（江门市新会区圭峰山风景名胜区管理委员会）	蓬江区 新会区	省级	1989年	5510
			森林公园				
14	广东圭峰山国家森林公园	圭峰山国家森林公园	江门市新会区圭峰山国家森林公园管理委员会（江门市新会区圭峰山风景名胜区管理委员会）	蓬江区 新会区	国家级	1997年	3550
15	广东北峰山国家森林公园	北峰山国家森林公园	无	台山市	国家级	2004年	1161.6
16	江门响水龙潭省级森林公园	广东响水龙潭森林公园	恩平市森林公园管理处（广东响水龙潭森林公园管理处、广东鳌峰山森林公园管理处）	恩平市	省级	2018年	703.36

续表

序号	规范化名称	批复名称	专门管理机构	所在县级行政区域	级别	批准建立（晋升）年份	最终批复面积（公顷）
17	江门河排省级森林公园	广东河排森林公园	无	恩平市	省级	1993年	3000
18	江门潜龙湾省级森林公园	广东潜龙湾森林公园	无	开平市	省级	2004年	2177
19	江门大雁山省级森林公园	广东大雁山森林公园	鹤山市大雁山森林公园管理委员会	鹤山市	省级	2006年	212.9
20	江门云乡省级森林公园	广东云乡森林公园	鹤山市址山镇农业综合服务中心（广东云乡森林公园管理委员会）	鹤山市	省级	2016年	1488.9
21	江门彩虹岭省级森林公园	广东彩虹岭森林公园	鹤山市宅梧镇农业综合服务中心（广东彩虹岭森林公园管理委员会）	鹤山市	省级	2017年	1620.26
22	江门金山省级森林公园	广东金山森林公园	开平市林业科学研究所（开平市金山公园管理处）	开平市	省级	2018年	295.07
23	江门白云石省级森林公园	广东白云石森林公园	开平市金鸡镇农业综合服务中心（开平市金鸡镇农产品质量安全监管公共服务站、广东白云石森林公园管理处）	开平市	省级	2019年	577.68
24	江门江海白水带市级森林公园	江门市白水带森林公园	江门市白水带风景名胜区管理处	江海区	市级	2015年	100
25	江门蓬江龙舟山市级森林公园	江门市龙舟山森林公园	无	蓬江区	市级	2016年	677.04
26	江门新会吉仔公市级森林公园	江门市吉仔公森林公园	无	新会区	市级	2017年	267
27	江门新会古斗市级森林公园	江门市古斗森林公园	无	新会区	市级	2017年	213.7
28	江门西坑市级森林公园	江门市西坑森林公园	无	恩平市	市级	2017年	185.4
29	江门开平大沙林场市级森林公园	江门市大沙林场森林公园	无	开平市	市级	2018年	153.4
30	江门鹤山聚堡山市级森林公园	江门市聚堡山森林公园	无	鹤山市	市级	2016年	172.4
31	江门开平狮子山市级森林公园	江门市狮子山森林公园	无	开平市	市级	2016年	429.2
32	江门开平大沙河县级森林公园	大沙河森林公园	无	开平市	县级	2005年	697.3
33	江门鹤山茶山县级森林公园	茶山森林公园	无	鹤山市	县级	2003年	1459.1
34	江门鹤山云宿山县级森林公园	云宿山森林公园	无	鹤山市	县级	2003年	536.4
35	江门恩平鳌峰山县级森林公园	恩平市鳌峰山森林公园	恩平市森林公园管理处（广东响水龙潭森林公园管理处、广东鳌峰山森林公园管理处）	恩平市	县级	2013年	440

续表

序号	规范化名称	批复名称	专门管理机构	所在县级行政区域	级别	批准建立（晋升）年份	最终批复面积（公顷）
36	江门鹤山大城山县级森林公园	鹤山市大城山森林公园	鹤山市雅瑶镇农业综合服务中心（雅瑶镇森林公园管理处）	鹤山市	县级	2015年	105.9
37	江门开平茅滩县级森林公园	赤水茅滩森林公园	无	开平市	县级	2014年	460.9
38	江门开平榄树角县级森林公园	大沙榄树角森林公园	无	开平市	县级	2014年	369.9
39	江门台山李指山县级森林公园	台山市李指山县级森林公园	无	台山市	县级	2017年	216.66
40	江门台山红岭县级森林公园	台山市红岭县级森林公园	无	台山市	县级	2016年	102
41	江门鹤山皂幕山县级森林公园	皂幕山森林公园	无	鹤山市	县级	2003年	2022.04
42	江门台山石花山县级森林公园	台山市石花山森林公园	无	台山市	县级	2013年	173.33
43	江门恩平西坑县级森林公园	西坑森林公园	无	恩平市	县级	1999年	7610
44	江门恩平清湾县级森林公园	清湾森林公园	无	恩平市	县级	1999年	6880
			湿地公园				
45	广东孔雀湖国家湿地公园	广东开平孔雀湖国家湿地公园	广东开平孔雀湖国家湿地公园管理处	开平市	国家级	2016年	2554.3
46	广东小鸟天堂国家湿地公园	广东新会小鸟天堂国家湿地公园	广东新会小鸟天堂国家湿地公园管理处	新会区	国家级	2016年	274.62
47	广东镇海湾红树林国家湿地公园	广东台山镇海湾红树林国家湿地公园	广东台山镇海湾红树林国家湿地公园管理中心	台山市	国家级	2017年	549.2
48	江门古劳水乡省级湿地公园	广东鹤山古劳水乡省级湿地公园	鹤山市古劳镇农业综合服务中心（广东鹤山古劳水乡省级湿地公园管理委员会）	鹤山市	省级	2018年	70.21
49	江门鹤山沙坪河南岸县级湿地公园	鹤山市沙坪河南岸湿地公园	鹤山市鹤山公园管理所	鹤山市	县级	2015年	15.73
50	江门台山石花北县级湿地公园	台山市石花北县级湿地公园	无	台山市	县级	2015年	25
51	江门恩平锦江县级湿地公园	恩平市锦江市级湿地公园	无	恩平市	县级	2015年	46.67
52	江门开平金山湖县级湿地公园	开平市金山湖湿地公园	无	开平市	县级	2015年	14.7
53	江门新会南坦葵林区级湿地公园	新会区南坦葵林区级湿地公园	无	新会区	县级	2016年	47.33
54	江门鹤山北湖县级湿地公园	鹤山市北湖县级湿地公园	鹤山市鹤山公园管理所	鹤山市	县级	2016年	16.4
55	江门恩平莲塘河县级湿地公园	恩平市莲塘河县级湿地公园	无	恩平市	县级	2017年	11.38

续表

序号	规范化名称	批复名称	专门管理机构	所在县级行政区域	级别	批准建立（晋升）年份	最终批复面积（公顷）
57	江门新会石板沙区级湿地公园	新会区石板沙区级湿地公园	无	新会区	县级	2019年	12.01
58	江门江海龙溪湖县级湿地公园	江海区龙溪湖县级湿地公园	无	江海区	县级	2019年	28.4
海洋特别保护区（海洋公园）							
59	江门台山乌猪岛县级海洋特别保护区	乌猪岛海洋特别保护区	无	台山市	县级	1997年	8000
地质公园							
60	广东地热国家地质公园	广东恩平地热国家地质公园	广东恩平地热国家地质公园服务中心	恩平市	国家级	2005年	8000

环境污染综合整治

【污染物总量减排】 2019年，江门市以大气和水污染防治攻坚战为抓手，严格执行环境保护准入制度，实施排污许可制，推进大气、水污染减排，改善环境质量。全年完成重点减排项目46项，其中清洁能源替代1项、城镇生活污水处理厂及管网工程28项，结构关停17项。全市化学需氧量、氨氮、二氧化硫和氮氧化物4项主要污染物排放比2015年减少9.47%、16.20%、11.73%、12.43%，均完成省下达的年度减排目标。

【水环境整治】 2019年，江门市深入推进水污染防治工作，印发实施《江门市2019年水污染防治攻坚战实施方案》《江门市2019年污染防治攻坚战重点工作任务清单》《潭江牛湾国考断面水质达标2019年攻坚实施方案》等系列方案、措施，坚决打好碧水攻坚战。加大潭江牛湾国考断面水质达标攻坚力度，牛湾断面控制区域内103家重点排污企业严格落实减排三分之一以上、尾水深度处理等措施，11个重点工业镇（街道）推进工业集中式污水处理设施建设，15个劣Ⅴ类断面水体已在年内消除。推进“散乱污”整治，完成列入省整治清单的3793家“散乱污”企业综合整治，完成率为100%；其中关停取缔类1160家，整合搬迁类59家，提升改造类2574家。强化入河（海）排污口规范化管理、整治，按照“立牌子”“开口子”“竖杆子”的要求，全面完成区域内入河排污口整治任务，并完成7个非法或设置不合理的入海排污口整治。加强城镇污水处理能力建设，全市建成城镇生活污水处理设施77座，处理能力达到122.19万吨/日，实现镇级生活污水处理设施全覆盖。全力打好黑臭水体治理攻坚战，市区建成区列入全国城市黑臭水体整治监管平台的12条黑臭水体，已消除黑臭11条，黑臭水体消除比例达到90%以上，完成年度目标。加快推进农村生活污水治理，完成1449个自然村农村生活污水处理设施覆盖任务。强化“双随机＋专项执法”的监管模式，建立全市县级饮用水水源地环境问题清单，组织开展县级城市集中式饮用水水源地环境保护专项行动，9月底前完成65个县级饮用水水源地环境问题整治。

【大气环境整治】 2019年，江门市以改善环境空气质量、不断提高空气质量优良天数比例为目标，聚焦协同控制臭氧和细颗粒物$PM_{2.5}$排放，多措并举，综合施策，全力打赢“蓝天保卫战”。加强工业污染治理，完成5463家“散乱污”企业和216台生物质燃料锅炉综合整治，主城区内87家高污染高排放行业企业完成关停搬迁，70家县级挥发性有机物重点监管企业“一企一策”整治完成，22台35蒸吨以下燃煤锅炉完成清洁能源改造或注销关停，26条建筑陶瓷生产线完成清洁能源改造或关停拆除。推进机动车尾气监控体系建设，完成8套遥感监测系统和18套黑烟车电子抓拍系统建设。加大在用车监管力度，建立多部门常态化路检路查机制，全年抽检柴油车1711辆，处罚超标车103辆。推广应用新能源汽车，全市新增纯电动公交467辆，公交电动化率达到92.15%。全面实施非道路移动机械低排放控制区管理，四市三区主城区划定为禁止使用高排放非道路移动机械区域。推进扬尘防治工作的制度化及常态化建设，将工地扬尘治理纳入日常监督和各种综合性的检查中，结合创文、创卫等工作部署，加强对工地的监管，发现问题立即督促整改，形成常态化的管理机制。推进餐饮油烟在线监控系统建设，全市100家重点餐饮企业已安装油烟在线监控系统，餐饮油烟监管精细化水平提升。

【固体废物污染防治】 2019年，江门市按照打赢污染防治攻坚战的部署和“摸底数、补缺口、查漏洞、压责任、严监管、强能力”的总体思路，完成国家生态环境部针对江门市发生的6起固体废物非法转移倾倒案件对江门市进行约谈的整改工作，加快整改落实中央环境保护督察“回头看”及固体废物环境问题专项督察反馈意见的整改落实。开展“清废除患2019”专项行动，加大力度打击违法行为，开展部门和区域联动执法，责令改正791家，立案108家，移送公安部门14家，严厉打击一批固体废物违法犯罪行为；对3000多家产废单位台账数据开展排查疏理和分析，将发现的涉嫌违法行为移送执法法部门依法处理。严格执行申报转移制度，建立市、县（区）、镇（街）、村（居）四级网络化排查监管体系，主动曝光一批固体废物环境污染典型案件和整改不力、问题突出的地区和单位，全市固体废物监管水平得到提升，有效遏制危险废物非法倾倒处置频发态势。加快江门全市“中西南北”4个固体废物处置中心的建设，全市每年新增工业固体废物处理能力50.3万吨/年（其中新增危险废物处置能力22.3万吨/年），江门市固体废物处置能力得到提升。

【城市噪音治理】 2019年，完成江门市声环境功能区调整工作，印发《江门市声环境功能区划》，自2020年3月1日起施行。强化建筑施工声环境监管，督促施工单位严格执行《建筑施工场界环境噪声排放标准》。推进工业企业厂界噪声污染防治，严格项目环境噪声“三同时”（同时设计、同时施工、同时投入使用）验收管理。强化部门协作联动，推进社会生活噪声污染防治，及时受理群众信访举报，加大违法行为的查处力度，社会生活噪声投诉按时办结率100%。2019年度江门市区昼间区域环境噪声等效声级平均值56.98分贝，优于国家声环境功能区2类区（居住、商业、工业混杂）昼间标准；道路交通干线两侧昼间噪声质量处于较好水平，等效声级为69.94分贝，符合国家声环境功能区4类区昼间标准（城市交通干线两侧区域 ）。

（市生态环境局）

东湖公园绿化 （市城市管理综合执法局 供）

·责任编辑 关明珠·

人物

国家级荣誉人物

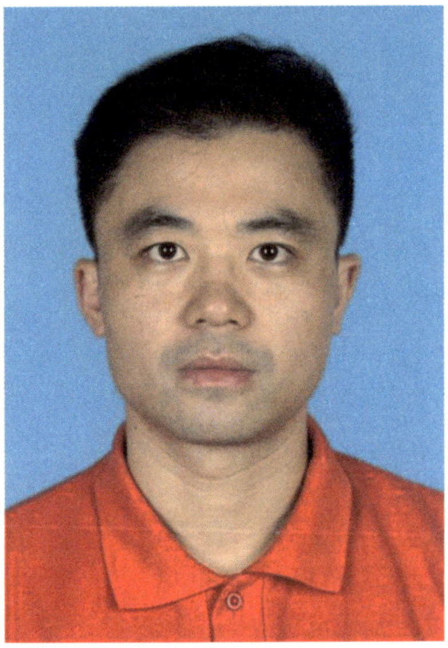

【2019年《全国五一劳动奖章》获得者　冯新源】 冯新源，男，1981年10月出生，汉族，中专文化，中共党员，鹤山雅图仕印刷有限公司印刷部技术主任。自2001年12月入职利奥集团雅图仕印刷有限公司，一直从事印刷工作，至2019年近17年。2019年，任印刷部技术主任职务，主要负责印刷技术的改造和革新及生产过程中技术难题的攻关等工作。先后编制公司印刷产品的工艺规程/操作规程/物料应用等作业标准。熟悉公司各类型印刷工艺要求，掌握各类印刷机型和测量仪器性能，善于将印刷技术的标准化和数据化应用于生产实践中，能灵活运用测量仪器快捷稳定控制产品质量。善于抓住印刷过程中的关键控制点，编制多种生产作业标准，解决生产过程中出现的各种技术难题。多年来工作表现出色，思想正派，行为规范，被公司评为“利奥好青年”，被当地镇政府评为“优秀共产党员”。2016年，企业因应市场发展需求，投入使用新型水油上光印刷。由于初时未能掌握新物料特性和生产方式，以致产能低、质量不稳定。他刻苦钻研，对新物料进行多次IR热风测试，分析测试数据，确定最佳的上光IR标准值。还运用测量仪器准确计算出墨层厚度/网点增大值/迭印率等印刷色彩数据，更好配合新型水油上光印刷，稳定新型水油上光质量及提升印刷效率，使机台产能由原先30%提升到95%，丰富公司的产品种类，提高产品的市场占有率，增进公司营利。工作上积极进取，发挥模范带头作用；在自身发展的同时，发挥技术示范和技术传承作用。在工作中注意培训技术骨干，针对不同的印刷岗位编制技术培训材料，开展及参与多种形式的技能培训，使员工了解自己所在岗位应具备的知识及操作技能，并对培训结果进行考核检验。作为高技能人才，至2019年为公司培训技术人员100人，均成为公司的技术骨干，在各自的岗位上独当一面。2010年，参加全国印刷职业技能大赛，冯新源取得(广东赛区)预选赛笔试第1名，获全国印刷行业技能大赛三等奖优异成绩，被授予“职业资格技师证”，2012年获授予“广东省岗位技术能手标兵” 称号，2014年获授予“印刷国家职业平版印刷技能竞技裁判证”，2018年获授予“广东省五一劳动奖章”。2019年4月23日被中华全国总工会授予“全国五一劳动奖章”。

（江门市总工会）

【全国离退休干部先进个人　李权亨】 李权亨，男，1954年12月出生，广东省江门市鹤山市古劳镇上升村民委员会莲花村人，中共党员。原鹤山市古劳中学校长，2005年8月退休。退休后，关注青少年成长问题，劝慰失足青年重新走向社会。帮助因故致残的游泳少年李汉华树立信心复泳，最终获得北京残奥会游泳赛金牌；关心家乡建设，为上升村和谐乡亲联谊会暨爱心慈善会成立、村道硬底化、村落文化遗迹保存等工作贡献力量，获评为2018年“感动鹤山十大人物”、2018年第一季“江门好人”和2018年第二季“广东好人”。2019年12月16日，在北京召开的全国离退休干部先进集体和先进个人表彰大会上获“全国离退休干部先进个人”称号。

（中共江门市委老干部局）

2019年12月16日，鹤山市离退休干部李权亨在于北京召开的全国离退休干部先进集体和先进个人表彰大会上获“全国离退休干部先进个人”称号

【人民满意的公务员　阮美兰】 阮美兰，女，中共党员，江门市残疾人联合会综合科科长。被中共中央组织部、中共中央宣传部授予“人民满意的公务员”称号。

（中共江门市委组织部）

【庆祝中华人民共和国成立70周年纪念章获得者　周令豪】 周令豪，2019年8月，获中共中央、国务院、中央军委颁发“庆祝中华人民共和国成立70周年”纪念章。

【庆祝中华人民共和国成立70周年

纪念章获得者　陈汉君】 陈汉君，2019年8月，获中共中央、国务院、中央军委颁发“庆祝中华人民共和国成立70周年”纪念章。

【庆祝中华人民共和国成立70周年纪念章获得者　雷良彬】 雷良彬，2019年8月，获中共中央、国务院、中央军委颁发“庆祝中华人民共和国成立70周年”纪念章。

【庆祝中华人民共和国成立70周年纪念章获得者　许文华】 许文华，2019年8月，获中共中央、国务院、中央军委颁发“庆祝中华人民共和国成立70周年”纪念章。

【庆祝中华人民共和国成立70周年纪念章获得者　沈　慎】 沈 慎 2019年8月，获中共中央、国务院、中央军委颁发“庆祝中华人民共和国成立70周年”纪念章。

【庆祝中华人民共和国成立70周年纪念章获得者　甘　犁】 甘 犁 2019年8月，获中共中央、国务院、中央军委颁发“庆祝中华人民共和国成立70周年”纪念章。

【最美奋斗者　杨万基】 杨万基，男，1963年8月出生，广东阳江人，汉族，中共党员。18岁起扎根上川岛从事气象观测工作，从零开始学习温度、湿度、气压、降水等基础气象观测知识。38年以来，克服条件艰苦、任务繁重的困难，不怕苦、不怕累，爱岗敬业、无私奉献，带领6名干部职工每天24小时轮流值班，承担每天8次观测、8次发报的繁重任务。2018年9月获评为“中国好人”、中国气象局“质量优秀测报员”等荣誉。2019年9月25日，在北京授予“最美奋斗者”称号。

2019年9月25日，杨万基在北京授予“最美奋斗者”称号

【刘新华】 广东省江门市鹤山国机南联摩托车工业有限公司设计总监。2019年12 月，颁发第十五届光华龙腾奖·中国设计业十大杰出青年奖，是江门市首位获此殊荣的设计师。至2019年年底，刘新华带领团队为企业全新设计20多款自主创新车型，获得国家审批通过的外观及结构专利超100项；多次参加中国优秀工业设计比赛、广东省“省长杯”设计大赛、广交会“CF 设计比赛”等各项设计比赛，取得优秀成绩。

【张健华、胡日强、杨炳华、胡桂影、黄伟明、伍京华、张小铮】 2019年7月，广东省委组织部对全省200名干部授予广东省“百名优秀村（社区）党组织书记”和“百名优秀村（社区）党组织第一书记”的称号，江门市张健华、胡日强、杨炳华、胡桂影、黄伟明、伍京华、张小铮榜上有名。此外，2019年10 月，市委网信办利用政务新媒体联盟高效互通的网络优势，传播正能量。其中，在“我为驻点村代言”大型网络公益助农活动中，在80多家政务微信统一发布信息，总阅读量近100万次，已成功助推8位乡村“第一书记”实现“作代言、树品牌、兴产业、促脱贫”工作目标。

【周丽娜、梁伟忠】 2019年9月，江门市紫茶小学教师周丽娜、台山市川岛镇中心小学教师梁伟忠获评“全国模范教师”称号。周丽娜是紫茶小学的班主任兼语文和思政课老师，在很多学生眼中，外表温柔、内心细腻、讲起课来就神采飞扬的她就像是一个“宝藏老师”。台山市川岛镇中心小学教师梁伟忠，扎根海岛教育默默耕耘32年，把一生最美好的青春年华和满满的爱心奉献给岛上的孩子们。

2019年广东省“五一劳动奖章获得者”

【梁庆宁】 广东省江门市鹤山国机南联摩托车工业有限公司设计总监。海鸿电气有限公司的高级工程师、技术总工程师、技术中心负责人。在岗从事技术研发近20年，获得国内外200项专利，其中45项为发明专利。带领海鸿公司研发团队研制的S13新型节能型变压器成为国家火炬计划项目和国家重点新产品，先后获得广东省科学技术奖二等奖、国家能源科技进步奖。2019年4月，获得广东省总工会颁发“广东省五一劳动奖章”。

【李孟阳】 广东国华粤电台山发电有限公司集控运行值长。自参加工作以来，先后参与国华台山电厂1—5号机组的运行检修、国华台山电厂6号、7号超临界百万机组的基建和调试等工作，撰写《6号锅炉燃烧调整方法》《超临界百万机组直流炉中间点控制方法》《超临界直流炉启动过程中给水控制方法》等优秀运行分析总结，为国华台山电厂提质增效作出突出贡献。先后参加国家能源集团首届火电集控值班员技能竞赛获超临界百万机组二等奖、国家能源集团技术能手、中央企业技术能手等。2019年4月，获得广东省总工会颁发“广东省五一劳动奖章”。

【吴清双】 广东四方威凯新材料有限公司高级主任工程师。从业后一直从事高档工业涂料（尤其是轮毂涂料产品）的技术开发，参与多个省市科技项目，获授权发明专利2件、江门市科技奖3项、参与起草广东省地方标准1项。在公司汽车轮毂涂料联合研究室工作，先后成功开发高防流挂JS200高档清漆，JS202系列轮毂面漆，电镀银、特殊银、高亮银、宝马银系列专利产品等，帮助公司成为国内最大的轮毂涂料制造商。2019年4月，获得广东省总工会颁发“广东省五一劳动奖章”。

【杨菊花】 女，中国移动通信集团广东有限公司江门分公司数据班班长。任职期间，多次担任技术项目负责人，承担PS域时延优化、智能管道PCC全国首次试商用、大数据挖掘等课题研究，其中“一种业务KQI和QOE的映射方法”“一种资源配置方法及配置装置”“策略控制装置与方法”3项发明专利获得国家授权；带领班组实现4项创新举措，获得颁发在岗技术革新奖。先后作为基层专业技术人员代表参加广东省第十一次党员代表大会和江门市第十二次党员代表大会，获2017—2018年度中国移动广东公司先进党员“岗区队”党员先锋岗称号。2019年4月获得广东省总工会颁发“广东省五一劳动奖章”。

【朱延安】 嘉宝莉化工集团股份有限公司水性漆事业部总经理。入职嘉宝莉集团后，主要负责开发企业水性漆项目，其间承担省市级项目12项，其中省级项目9项、市级项目1项、其他项目2项，获得政府核拨研发经费2780万元，项目达国际化水平。学术成果上，申请专利19项，其中发明专利17项，实用新型专利2项，授权5项，发表文章25篇。获中国石油和化学联合会技术发明一等奖、江门市科学技术奖励一等奖等奖项，获评为全国优秀化工科技工作者、江门市第五批优秀中青年专家和拔尖人才、中国涂料工业百年突出贡献人物等。2019年4月获广东省总工会颁发“广东省五一劳动奖章”。

【李柏文】 雅图高新材料有限公司研发部工程师。2012年成为雅图高新材料有限公司组建的水性修补漆项目组一员，主导“水性修补漆-1K金属色母开发”。在一年内，成功开发出珠光色母20个、银粉漆色母12个，产品性能媲美进口的品牌，产品推出市场后得到4S店客户认可，开创中国汽车修补涂料水性化新局面，为企业开拓高端市场铺平道路。2017年，成功开发出B1B2免中涂工艺水性高温原厂涂料，代表汽车原厂漆最高的涂装标准要求，为企业进入水性原厂漆提供有力技术支持。先后申请国家发明专利10项，获核批5项，2015年获得鹤山市发明创造奖一等奖，多次获评为公司优秀员工。获“鹤山工匠”称号，2019年4月获广东省总工会颁发“广东省五一劳动奖章”。

【甄永广】 鹤山市未来我来温控卫浴有限公司研发工程师。从事卫浴工作10余年，在恒温卫浴研究领域取得众多突破，攻克恒温龙头方面的众多难点，为公司申请20项发明专利，帮助公司成为恒浴卫浴行业的知名企业。评为鹤山市十大“鹤山工匠”，2019年4月获广东省总工会颁发“广东省五一劳动奖章”。

【吴 芳】 女，广东芳源环保股份有限公司副总经理。1995年6月，在中南大学粉末冶金研究院作为项目骨干参加完成国家重点攻关项目“新型主战坦克制动器用摩擦材料的研究”课题，该项目被鉴定达到国际先进水平。2001年7月至2004年10月，在五邑大学化学与环境工程系承担广东省2003年科技计划项目“废旧镍氢、镍镉电池及其生产废料的资源化利用”等项目，其中“江门市工业固体废弃物现状调查与处理处置技术研究”项目获得2002年江门市科学技术奖二等奖、2003年广东省环境保护科学技术奖三等奖，参加2017年创新创业大赛获一等奖等。2017年，获江门市第五批优秀中青年专家和拔尖人才称号，在国内外核心期刊发表论文20篇，其中超10篇为科学引文索引（SCI）、工程索引（EI）检索论文。2018年，被评为江门市创新领军人才、江门市（二级）高层次人才、2017年新会区第五批“优秀中青年专家和拔尖人才”。2019年4月获广东省总工会颁发“广东省五一劳动奖章”。

【张高星】 江门市中心医院心血管内科主任、江门市首席医学专家、中山大学硕士研究生导师、广东省医学心血管病分会副主任委员。带领心血管内科团队在2015年获中华医学会起搏与电生理学会颁发“ICD植入技术普及突出贡献奖”。带头建成国家级胸痛中心和“国家心血管病中心高血压专病医联体江门市分中心”，创立心内科心脏超声诊断和治疗室、心脏体外反搏室等。获广东省和江门市科研立项10余项，上海市科技进步二等奖，江门市科技进步多项一等奖、二等奖、三等奖，发表多篇高分SCI文章。在科研方面，多年招收、培养10名硕士研究生，其中4名考入博士、1名获中山大学优秀研究生称号。著有《右冠状动脉疾病》和《室上性心动过速：临床与进展》2部主编专著。2019年4月获广东省总工会颁发“广东省五一劳动奖章”。

【余启文】 江门市新会区人民医院普外科主任、中华医学会江门普外科分会委员、医院学术委员会委员、乳腺学科带头人。作为学科带头人，率先在江门地区开展乳腺癌根治术及保乳、乳房一期再造术，为乳腺癌晚期患者解除痛苦，被称为“幸福家庭缔造者”。2012年6月至2014年6月，响应国家号召，报名参加中国第26批援赤道几内亚医疗队，为医疗落后的国家给予技术、医药援助。尽管当地医疗卫生落后，传染病肆虐，甘冒风险，手把手传授医术，通过2年的医疗技术传教，提高受援地的外科技术水平。因工作表现出色，受当地医院和人民认可。2014年6月，赤道几内亚总统奥比昂亲自授予其总统勋章。2019年4月获广东省总工会颁发“广东省五一劳动奖章”。

【苏彩华】 江门海关统计分析处数据管理科副科长。起草海关统计分析、监测预警报告、地方经济外贸发展调研情况等报告2000篇，通过数据分析为侨乡经济建设贡献力量。每年加班时长超300小时，9年间报送《江门市外贸进出口动态》专文100篇。2014年，参与海关总署开展反映外贸稳增长专题调研，所拟的报告被《海关工作专报》采用并上报国务院。2016年，针对江门市外贸形势受全球经济大环境影响的情况，承担外贸进出口趋势影响分析工作，每月撰写《江门市外贸进出口动态分析》专文，获得省、市主要党政领导肯定批示。仅2016年有12篇统计分析文章获市领导批示，被省委省政府办公厅采用7篇次、23篇次被海关系统要情采用。2019年4月获广东省总工会颁发“广东省五一劳动奖章”。

【吴博诺】 男，1974年生，恩平市公安局桥峰派出所教导员。在20多年的刑侦生涯中，练就刑事侦查独门本领——“123”关系人追逃战法，巧用战法成功追捕在逃人员不下百名，包括潜逃长达21年的在逃人员，其被誉为“恩平市公安局福尔摩斯”，被评为江门地区优秀情报导侦专家，获立个人二等功1次、三等功7次，被评为“江门市公安局十佳卫士”“江门市公安机关十佳优秀刑事侦查员”。2019年4月获广东省总工会“广东省五一劳动奖章”。

【梁惠宜】 鹤山市第二中学教导处副主任兼高一级级长、教师。从事教育工作后，长期扎根在农村学校，爱岗敬业，忠于职守，服从学校分工安排，出色完成各项教育教学任务。2017—2018学年，主动申请到条件艰苦、空气稀薄的祖国边陲西藏奉献民族团结大业。通过严格选拔，到西藏林芝市巴宜区中学支教。在此期间，把一个数学成绩全年级倒数第一名的班级，提升到正数第一名。每学期都作为数学科最优秀的教师到米林县、波密县等送教下乡，指导中考备考，深受好评。因业绩显著，2018年在全国援藏教师中、在江门市唯一入选国家教育部全国乡村优秀青年教师培养奖励计划。2019年4月获广东省总工会颁发“广东省五一劳动奖章”。

2019年先进现役、退役军人

【吕福泰】 鹤山市退役军人事务局四级主任科员，1960年4月出生，1978年3月参加工作，1979年3月加入中国共产党。1978年2月入伍，当兵期间，两次参加中越自卫还击战，在战场上冲锋在前不怕牺牲，荣立一等功。2019年9月获中共中央、国务院、中央军委授予庆祝中华人民共和国成立70周年纪念章。

吕福泰同志一生忠于国家、忠于党，是一位有政治定力的老革命、老党员。他工作尽职尽责，虽然临近退休，仍然坚守在走访慰问、信访维稳工作第一线，舟车劳顿前往新疆、宁夏跟踪教育入伍新兵。坚持下乡入户，与退役军人交心沟通，强化人文关怀，让优抚对象能便捷反映诉求，尽快获得反馈。及时发现、介入帮扶困难优抚对象，让困难优抚对象家庭切实感受到党委和政府的关怀。认真处理退役军人来信来访和做好有关政策解释工作，坚持动之以情、晓之以理，尽量把矛盾解决在基层，消灭在萌芽状态，有效化解鹤山市当前涉军群体信访问题和不稳定因素，充分发挥了作为参战老兵在涉军维稳工作中的重要作用。

· 责任编辑 黄 蕾 ·

区（市）

蓬江区

综　述

【行政区划】 2019年，蓬江区是江门市辖区，县级建制区，是江门市的中心城区，江门市政治、经济、文化的中心。2019年，该区下辖棠下、荷塘、杜阮3个镇和环市、潮连、白沙3个街道办事处，村民委员会55个，社区居民委员会79个。

【位置·面积】 蓬江区地处东经112°～47′113°15′，北纬22°56′～22°79′之间，位于珠江三角洲西翼，江门市区蓬江河以北，北、东北分别与佛山南海区、顺德区隔江相邻，东南与中山古镇隔江相望，南与江海区、新会区相连，西与鹤山市沙坪、雅瑶接壤。辖区面积324.3平方千米。

【气候·河流】 蓬江区地处北回归线以南，属亚热带海洋性季风气候。冬短夏长，气候宜人，雨量充沛，光照充足。无霜期在360天以上，全年无雪。2019年，全区平均气温27.3℃，较常年平均值偏高0.6℃。汛期全区平均高温日数（日最高气温≥35℃）14.3天，较常年平均值偏多4.6天。全区年降雨量1871.6毫米，多年平均降雨量1808.3毫米，较常年同期略偏多。全年有5个台风影响蓬江区，分别为“木恩”“韦帕”“白鹿”“杨柳”“剑鱼”，影响台风个数与常年相近，但影响程度总体较小。辖区位于西江下游，区内河道属西江流域，境内河流纵横，水网密布，水域面积50.95平方千米，占市区总水域面积60.45%。主要河流有西江蓬江段25.4千米，江门河7.6千米，天沙河25.34千米，杜阮河13.5千米，其余小支流、小河涌数量众多，水资源总量约为3.31亿立方米。

【人口·民族】 2019年，蓬江区家庭户17.78万户，户籍总人口52.05万人。其中：男性25.51万人；女性26.54万人。出生人口6027人，人口出生率11.58‰；死亡人口2706人，人口死亡率5.2‰；人口自然增长率6.38‰。全年迁进人口4573人，迁出人口2690人。截至2019年年底，全区有39个民族；其中少数民族38个17743人，少数民族户籍人口4693人，流动人口13050人，人数较多的依次为壮族、土家族、苗族、瑶族、侗族、布依族、彝族、仫佬族、回族、蒙古族、满族。

2019年，有港澳台同胞约17.15万人，其中香港14万人、澳门3万人、台湾1500人。有蓬江区籍华侨华人8万人，华侨主要分布在亚洲的马来西亚、新加坡、泰国、印度尼西亚、越南等国，北美洲的美国和加拿大国，大洋洲的澳大利亚和新西兰两国，欧洲和非洲共34个国家和地区。

【社会经济发展】 2019年，蓬江区实现地区生产总值712.95亿元，比上年增长3.6%。其中：第一产业增加值5.46亿元，增长3.6%；第二产业增加值249.78 亿元，增长0.3%；第三产业增加值457.71亿元，增长5.6%。人均地区生产总值92754元，增长2.3%。地方一般公共预算收入27.54亿元，增长3.66%。固定资产投资增长4.1%。社会消费品零售总额303.87亿元，增长5.6%。外贸进出口总额383.7亿元，增长3%。居民人均可支配收入4.79万元，增长9.5%。

【工业】 2019年，蓬江区规模以上工业企业实现增加值203.66亿元，比上年增长0.1%。分注册类型看，国有及国有控股企业增长18.4%，外商及港澳台投资企业比上年增长8.4%，股份制企业比上年下降2.8%，集体企业比上年增长16.5%；分轻重工业看，轻工业增加值比上年下降4%，重工业增加值比上年增长3.1%；分企业规模看，大型企业比上年增长6.5%，中型企业比上年下降9.8%，小型企业比上年增长1.3%，微型企业比上年下降22%。高技术产业增加值比上年增长26.4%，占规模以上工业增加值的比重为9.05%，比上年提高27.3个百分点。其中，电子及通信设备制造业比上年增长26.4%。先进制造业增加值比上年下降0.7%，占规模以上工业增加值的比重为31.68%。其中，先进装备制造业比上年下降26.7%，高端电子信息制造业比上年增长26.7%，石油化工产业比上年下降10%。先进装备制造业中，智能制造装备比上年下降52.1%，节能环保装备比上年增长17.9%，新能源装备比上年下降34.8%，汽车制造比上年下降71.1%，卫星及应用比上年增长8.3%，重要基础件比上年下降4%。优势传统产业增加值比上年下降2%。其中，纺织服装比上年下降32.1%，食品饮料比上年增长86.8%，家具制造业比上年下降67.3%，建筑材料业比上年增长15.5%，金属制品业比上年下降19.4%，家用电力器具制造业比上年增长0.3%。六大高耗能行业增加值比上年增长9%，其中，非金属矿物制品业比上年增长25.2%，有色金属冶炼及压延加工业比上年增长4.2%。全年新增规模以上工业企业48家；嘉宝莉、天地壹号、中油碧辟、大参林、中汽运集团5家企业被认定为江门市总部企业。

【农业】 2019年，蓬江区实现农业总产值11.12亿元，比上年增长3.17%。其中种植业产值3.03亿元，下降0.96%；林业产值0.22亿元，下降22.87%；牧业产值1.87亿元，下降6.14%；渔业产值4.44亿元，增长6.81%；农林牧渔服务业产值1.56亿元，增长19.39%。全年粮食作物种植面积422.8公顷，油料种植面积80公顷，蔬菜种植面积3053公顷。粮食产量2248吨，比上年下降11.95%；油料产量236吨，下降8.9%；蔬菜产量6.88万吨，增长5.5%；水果产量3254吨，增长1.6%；水产品产量1.88万吨，增长7.16%；肉类产量5832吨，下降19.08%，其中猪肉产量200吨，下降94.43%。是年，蓬江区新增市级示范性农业新型研发机构2家，全区获市级认定的示范性农业新型研发机构5家。

【财政】 2019年，蓬江区地方一般公共预算收入27.54亿元，比上年增长3.66%；地方一般公共预算支出43.32亿元，增长7.58%。其中，教育支出9.95亿元，增长8.28%;社会保障和就业支出5.79亿元，增长12.11%；医疗卫生与计划生育支出3.66亿元，增长10.38%;科学技术支出1.92亿元，增长22.18%。是年，蓬江区落实措施扶持企业发展，全年兑现各级财政扶持企业专项资金43250.04万元。其中，支持企业技术改造及“机器人”应用项目10617.95万元，支持应用技术研究与开发项目12221.47万元，稳定外贸发展兑现扶持资金5885.99万元，推动会展产业及文体竞技发展兑现扶持资金982.27万元，支持珠三角与粤东西北产业共建项目兑现2102.77万元等。

【税务】 2019年，蓬江区组织税费收入2028092万元，比上年增长9.26%，增收171841万元，其中国内税收收入1219191万元，增长1.37 %，增收16506万元；海关代征收入105121万元，下降25.47%，减收35924万元；费金收入703780万元，增长37.32%，增收191259万元。是年，组织区库收入19.29亿元，比上年（可比口径）下降1.66%，减收0.32亿元。是年，蓬江区开出全省首张由第三方机构代开的增值税电子发票，全年为8591户自然人开具增值税电子普通发票14003份，开票金额3.09亿元。全省首台“智税通”高速办税自助终端机上线，拓宽“智能办税”渠道，服务项目有4大类26小项，让纳税人轻松快捷办税。推出全省首个“多渠道、全覆盖式”不动产线上办税系统“江门市不动产‘线上＋自助’税收平台”，覆盖全市范围内600多台“侨都之窗”政务服务自助机，纳税人可就近选择社区、大型综合体等办理相关业务。

【固定资产投资】 2019年，蓬江区固定资产投资比上年增长4.1%。分投资主体看，国有投资增长68.7%;民间投资下降11.5%;港澳台及外商投资下降46.5%。分产业看，第二产业投资下降26.6%，其中工业投资下降26.6%，制造业投资下降37.9%；第三产业投资增长17.4%。全年房地产开发投资144.47亿元，增长21.2%。商品房施工面积697.7万平方米，下降14.9%；商品房竣工面积69.1万平方米，下降54.5%。商品房销售面积90万平方米，下降23.4%；商品房销售金额85.83亿元，下降31.9%。商品房待售面积81.6万平方米，增长9.02%。

【个体私营经济】 2019年，蓬江区私营企业2.13万户，从业人员14.39万人，注册资金484.04亿元。个体工商户6.55万户，从业人员12.74万人，注册资金19.68亿元，分别比上年增长6.5%、4.86％和32.17％。全区实有市场主体总数94308户，增长4.5%。新登记市场主体总数13324户（不含外资），新增注册资金733465.24万元（不含外资），其中新设立企业3139户，新设立个体工商户10185户。

【建筑业】 2019年，蓬江区有资质等级以上建筑企业87家，比上年增加3家；实现总产值45.76亿元，增长18.74%；增加值25.87亿元，增长1.9%。建筑业企业竣工产值15.45亿元，增长22.81%；新签合同额49.59亿元，增长8.16%；施工面积238.09万平方米，下降4.43%；竣工面积46.39万平方米，下降16.31%；竣工价值7.05亿元，增长1%。是年，蓬江区有4项工程获市建设工程优质奖，其中1项获五邑杯奖；5项工程获市优质工程结构奖；9项工程获评为江门市建设工程安全生产文明施工示范工地。

【商业】 2019年，蓬江区实现社会消费品零售总额303.87亿元，比上年增长5.62%。分行业看，批发和零售业零售额288.87亿元，增长5.49%；住宿和餐饮业零售额15.01亿元，增长8.23%。在限额以上批发和零售业商品零售额中，粮油、食品、饮料、烟酒类增长11.86%，服装、鞋帽、针纺织品类下降9.56%，化妆品类下降9.08%，金银珠宝类下降16.05%，日用品类增长37.02%，体育、娱乐用品类下降30.78%，电子出版物及音像制品类下降35.16%，书报杂志类增长8.6%，家用电器和音像器材类下降12.36%，中西药品类增长16.02%，文化办公用品类增长49.83%，通信器材类增长115.89%，石油及制品类下降9.48%，家具类增长93.68%，汽车类增长0.66%，建筑及装潢材料类下降48.81%。是年，开展商贸行业专项检查工作，完成“双随机一公开”抽查计划4项，随机检查企业12家。先后组织各相关部门及近100家企业参加江门（北京）投资推介会、2019江港（澳）共建大湾区对接会、2019年慕尼黑上海光博会、第十三届中国（深圳）激光智能装备博览会、第五届珠江西岸先进装备制造业投资贸易洽谈会、2019江门（深圳）投资合作交流会、2019粤商大会、2019江门（广州）投资合作交流会等大型商务活动。

【旅游业】 2019年，蓬江区旅游业收入75.8亿元，其中国内旅游收入63亿元，旅游外汇收入8731万美元。全区有星级酒店2家，旅行社总社34家、分社14家，旅行社网点49家；全年接待游客859万人次，其中过夜游客488万人次、一日游游客371万人次。开拓旅游市场，举办“侨乡欢乐行万人游蓬江”启动仪式暨“中国体育彩票杯”珠三角龙狮邀请赛，棠下镇乡村文化旅游节暨牛肉美食节，2019年侨乡美食嘉年华暨蓬江区“粤菜师傅”工程展示等活动。

【对外经济贸易】 是年，蓬江区外贸进出口总额383.7亿元，比上年增长3%，其中进口总额57.6亿元，下降7.9%；出口总额326.1亿元，增长5.2%。全区进出口总额在全市排名第一位，占全市进出口总值26.92%。新批准外商直接投资企业80个，增资项目21个；合同利用外资2.63亿美元，下降43.47%；实际利用外资1.62亿美元，增长4.21%，完成总量和进度排名均位居全市第二名。全年新引进或增资扩产投资总额超1000万美元的外资项目3个，投资总额9465万美元。

【外事·侨务】 2019年，原蓬江区民族宗教和外事侨务局的外事工作职责划入区政府办公室，加挂区外事局牌子，在编人员2名。主要负责蓬江区因公出国任务的落实事项，草拟并报送区领导因公出国的计划安排以及跟进后续办理流程，确保区因公出国团组严格遵守政治规矩、外事和保密纪律；负责外国人来访资料收集和初审，协助市委外办核对资料，做好前期把关工作。全年严格执行因公证照管理制度，抓好审核报批工作，办理因公出国（境）99批163人次，办理外国人来访32批36人。其间因公出访团到美国、智利、阿根廷开展为期10天的经贸、青年文化交流，推介蓬江区投资环境，并与当地政府、商协会、企业代表、高校博士等深入洽谈，建立沟通交流互访机制；还分别拜访美东江门五邑青年联合会、智利江门五邑青年联合会。

是年，蓬江区接收中国港澳及海外侨胞捐赠慈善金额192.31万元，其中捐赠用于教育事业87.89万元，用于文体事业49.55万元，用于社会事业54.87万元。全年接待海外侨胞1批次16人次。开展上门送温暖慰问活动，全年送上节日慰问金2.16万元，为低保特困归侨发放生活救助资金9000元。全年办理华侨回国定居申请9件。

【教育】 2019年，蓬江区有中小学73所（公办中小学65所，民办学校8所），包括普通高级中学1所、十二年一贯制学校1所、职业技术学校2所、初级中学14所、九年一贯制学校7所、小学47所、特殊教育学校1所。在校中小学生89960人（公办学校77434人，民办学校12526人），其中高中3844人、职中241人、初中（含九年一贯制）22563人、小学63267人、特殊教育学校45人。是年，小学学龄儿童入学率103.44%，净入学率100%，小学毕业生升学率100%；初中学龄少年入学率107.76%，净入学率100%。初中户籍生三年保留率95.92%，高中阶段入学率102.92%，高中升学率98.85%。异地务工子弟45607名，占义务教育学生总人数53.14%。幼儿园101所（区直公办园2所，镇街村办园29所，民办园70所），在园幼儿21052人。中小学专任教师5221人，其中特殊学校专任教师9人、职业学校73人、高中351人、初中1976人、小学2812人；幼儿园专任教师1586人。全年全区教育总投入155899万元，其中国家财政性教育经费投入119289万元。

是年，蓬江区深化教育体制机制改革，挂牌成立农林小学教育集团和蓬江幼儿园教育集团。蓬江区教师发展中心挂牌，与广东第二师范学院通过省县共建，有机整合教研、电教和教师培训等职能，为全区教师专业发展培养提供良好的平台。投入资金7.9亿元（含社会资金），建设学校基础设施项目5个，分别为里仁中学、里仁小学、广东实验中学附属江门学校、范罗冈小学滨江校区二期、棠下中学食堂综合楼建设工程等。

【科技】 2019年，蓬江区地方财政科学技术支出(区本级)1.92亿元，比上年增长22.18%。全区组织申报国家级高新技术企业198家，通过认定的国家级高新技术企业127家，高新技术企业377家，存量位居江门市第一名。全年发明专利拥有量999件，全年专利申请量6519件，其中发明专利948件；专利授权量3545件，其中发明专利161件。组织申报广东省高新技术产品334项，通过认定264项。组织44家企业参加国家、省、市创新创业大赛，其中江门市三尚新材料科技有限公司获省赛初创组一等奖，获省赛成长组优胜奖8家，获市赛成长组三等奖10家。组织203家科技型小微企业录入江门市科技型小微企业名录库，全区955家企业入库。引导企业加人研发投入，组织100家科技型企业进行省级企业研发补助资金备案，研发准备金规模超14亿元。鼓励孵化服务载体建设，新增认定市级科技企业孵化器1家。新增认定市级众创空间2家，广东科技企业孵化育成平台上备案登记的众创空间13家，众创空间总面积31518平方米。是年，广东科炬高新技术创业园有限公司被评定为2018年度广东省科技企业孵化器运营评价优秀（A级）孵化器；珠西创谷（江门）科技园有限公司被评定为2018年度广东省科技企业孵化器运营评价良好（B级）孵化器。珠西创谷孵化器通过2019—2020年度广东省科技孵化育成体系高质量发展专项项目，被评为全市首家省级粤港澳科技企业孵化器。

【文化】 2019年，蓬江区推进公共文化设施建设，打造文化活动品牌，加强文物和非物质文化遗产保护工作。按照“1个总馆＋6个分馆＋18个服务点”的模式，蓬江区图书馆和蓬江区文化馆建成分馆4个、服务点18个。在已有的6个“村居欢乐送”服务点基础上新增棠下镇良溪村、荷塘镇禾冈村、杜阮镇长乔村、白沙街兴盛社区4个示范点，扩大服务范围。全年举办“百姓文化大舞台”800场次、“送戏下乡”50场、“送电影下乡”672场；开展弘扬传统文化活动90场；举办各类比赛、展览、讲座等阅读推广活动共567场次。是年，蓬江区获国家级奖项3个、省级奖项6个、市级奖项5个。潮连卢氏大宗祠、洪圣殿、陈白沙墓入选第九批省级文物保护单位名录。成功推选卢国超成为广东省省级非物质文化遗产项目洪圣庙会传承人。

【卫生】 2019年，蓬江区有医疗卫生机构(含各类门诊，下同）181个，其中医院2个、卫生院3个、社区卫生服务机构6个、村卫生室33个、其他137个。医疗卫生机构实有床位2006张，其中医院1241张。医疗卫生机构在岗职工2809人，其中卫生技术人员2482人。卫生技术人员中执业医师782人、执业助理医师196人、执业护士1032人、药剂人员170人、检验人员96人，卫生技术人员高级职称119人、中级职称301人。全区医疗机构收入4.86亿元，比上年增长10.29%；门诊总人次237.45万人次，增长8.47%；出院病人40156人，增长17.30%。是年，蓬江区代表江门市参加2018年度广东省国家基本公共卫生服务项目绩效现场评估，获广东省第二名。杜阮镇卫生院在2019年度“优质服务基层行”活动中表现突出，达推荐标准，被国家卫生和健康委员会通报表扬。棠下镇通过国家卫生镇评估验收。

【体育】 2019年，蓬江区体育场地面积221.13万平方米，人均体育场地面积2.89平方米/人，其中足球场地59个，篮球场551个，乒乓球场344个，全民健身路径253条，羽毛球场246个。新建文体公园3个、篮球场3个，新增18套健身路径共139件健身器材、乒乓球桌12张，翻新篮球场2个。开展全区体质测定与监测工作，组织1513人参加体质测定。举办包括广播体操、足球嘉年华、篮球嘉年华、平衡车比赛等蓬江区第三届体育节系列活动，其中足球嘉年华和篮球嘉年华，是蓬江区首次以“亲子体育”为切入点，利用趣味引导、家长学生共同参与的方式。举办各项会展文体活动59场，包括国际级体育赛事活动2项、国家级体育赛事活动6项、省级体育赛事活动2项，市级及以下级别体育赛事活动16项。是年，组队参加江门市第二十届体育节暨2019“中国体育彩票杯”江门市第九套广播体操展示活动，获“优秀奖”“优秀组织奖”和“体育道德风尚奖”，并在省赛中获“一等奖”；组织2支队伍参加江门市举办的2022年广东省第十六届运动会（群众体育组）江门市组织选拔赛，包揽冠、亚军；组队参加江门市第九届运动会，获“团队总分第四名”“金牌总数第四名”“最佳赛区”“体育道德风尚奖”。

【城乡建设】 2019年，蓬江区推进基础设施互联互通建设，印发《江门市蓬江区三年（2018—2020年）交通基础设施建设方案》。投入资金30亿元启动建设江门市滨江新区二期工程，开发范围南起华盛路，北至规划中的华丰路，东临西江，西至规划中的天沙河北路，规划面积3.8平方千米。蓬江区城市品质提升行动项目114项，总投资418.38亿元，计划投资66.97亿元，实际完成投资73.44亿元，完成投资率109.7%；根据市、区城市品质提升计划，完成中心城区38座社区公厕升级改造任务。投入资金143万元用于“五改”（改路、改房、改水、改厕、改灶）和环境整治。是年，潮连街卢边村获评为“中国传统村落”，坦边村获评为“江门市传统村落”；棠下镇河山村获评为“江门市宜居村庄”。

【环境保护】 2019年，蓬江区空气质量达标天数比例76.7%。二氧化硫年平均浓度8微克/立方米，二氧化氮年平均浓度34微克/立方米，可吸入颗粒物（PM10）年平均浓度52微克/立方米，一氧化碳日均值第95百分位数浓度（CO-95per）1.2毫克/立方米，细颗粒物（PM2.5）年平均浓度27微克/立方米，以上5项指标平均浓度均达国家二级标准限值要求。臭氧日最大8小时平均第90百分位数浓度（O3-8h-90per）198微克/立方米。蓬江区西江篁边集中式饮用水源地水质达标率均100%，区列入省考核的水污染防治行动计划的上浅口水质现状良好，达III类水质要求，各市控断面水质均稳步提升。市区昼间区域环境噪声等效声级平均值56.98分贝，优于国家声环境功能区2类区（居住、商业、工业混杂）昼间标准；道路交通干线两侧昼间噪声质量处于较好水平，等效声级69.94分贝，达国家声环境功能区4类区（城市交通干线两侧区域）昼间标准。是年，审批环评文件331项，其中报告书审批项目3项、报告表审批项目328项，登记表备案项目1452项，完成项目竣工验收96项。全年出动环保执法人员8672人次，检查企业4343家次，处理环境污染投诉事项4383项，整治“散乱污”企业1418家，作出行政处罚44宗，处罚金额618.3万元。完成省第五环保督察组交办的138宗案件，办结率100%。完成区纳入省、市考核清单的“散乱污”企业整治任务，完成率100%。

【人民生活】 2019年，蓬江区全体居民人均可支配收入47900.9元，比上年增长9.5%。居民消费价格增长3%。城乡最低生活保障对象583人；发放低保救济金531.15万元，下降31.02%。发放医疗救助13115人次，减少3197人次，减少19.6%；发放救助金337.81万元，减少46.41%。特困供养192人，增加54人，落实供养经费315.75万元，增长45.23%。全年城镇新增就业

8950人，城镇失业人员再就业5110人。城镇登记失业率2.01%，下降0.37%。促进创业1083人，发放就业创业补贴2296.73万元，其中发放企业补贴1165.95万元，惠及企业1559家；发放个人补贴1130.78万元，惠及6798人。

【社会保险】 2019年，蓬江区社会保险基金收入49.29亿元，其中企业养老保险24.85亿元、基本医疗保险12.84亿元。城镇职工基本养老保险参保28.61万人，城乡居民基本医疗保险参保20.80万人，基本医疗保险参保38.79万人，失业保险参保25.64万人，工伤保险参保27.93万人，生育保险参保27.04万人。全年领取养老金的离休、退休8.53万人，养老、失业、医疗、工伤、生育保险基金支出48.49亿元。

【工业园（区）建设】 2019年，蓬江产业转移工业园总体范围包括棠下镇江沙示范园区和杜阮镇骑龙山工业园区，以及金镜山工业园区，总面积2485公顷。列入省级产业转移园区（含产业集聚地）面积约1092公顷，其中棠下镇845公顷，杜阮镇247.5公顷；产业分布主要以高端电子信息、智能制造（含摩托车及零配件）、健康食品等，当中产业龙头企业有海信集团、大长江集团、康师傅、天地壹号等。是年，蓬江产业转移工业园被广东省工业和信息化厅列入2019年广东省循环化改造试点园区，成为江门市唯一的新增循环化改造园。

【信息化建设】 2019年，蓬江区印发实施《蓬江区“数字政府”改革实施方案》，制定《2019年蓬江区“数字政府”改革重点任务清单》。成立区“数字政府”改革建设工作领导小组，明确“数字政府”改革建设重大决策议事机制。召开区“数字政府”改革建设工作领导小组会议，明确2020年“数字政府”改革建设工作方向。是年，制定《蓬江区电子政务外网互联网协议第六版（IPv6）改造工作实施方案》，提升全区电子政务外网的综合服务及运维保障能力，全区各级各部门接入光纤电路230条，实现区、镇街、村居三级政务专网全覆盖，满足政务部门社会管理和公共服务等业务需求。完成首批3个单位4个业务系统的上云迁移工作，在全市县区中率先完成上云迁移工作。制定《蓬江区政务大数据平台建设方案》，通过梳理、归集、治理相关部门信息资源，逐步形成全区统一的数据标准规范和治理体系。

【重点建设项目】 2019年，蓬江区列入市重点项目90项，计划总投资587.7亿元，比上年下降5.5%；计划投资104.73亿元，增长8.7%；完成投资115.93亿元，完成年度投资计划110.7%。其中，完成较好的项目有蓬江区“四好农村路”建设项目、蓬江区黑臭水体综合治理工程、兰芳园食品项目等。

【重大庆典活动】 蓬江区推进粤港澳大湾区首批重大项目暨市重点项目一季度集中开工活动　2019年3月30日，蓬江区举行推进粤港澳大湾区首批重大项目暨市重点项目一季度集中开工活动，包括江门人才岛全岛水系改造工程在内的七大项目开工，计划总投资超35亿元。蓬江区加快推动“1+3”产业平台建设的同时，全面提升服务水平，与粤港澳大湾区各城市开展全面对接合作。

腾讯“WeCity未来城市”、华为落地江门人才岛　2019年8月30日，腾讯集团与蓬江区政府签署合作协议，推动腾讯“WeCity未来城市”在江门人才岛的融合落地，助力江门人才岛打造成为珠三角高品质人才培养示范基地、粤港澳大湾区创新发展示范区、国际人才云基地。9月5日，华为技术有限公司与蓬江区政府签署全面合作协议，依托江门人才岛建设契机，推进信息通信技术基础设施、人工智能、物联网、大数据、视频云、融合通信等新一代信息技术在江门人才岛开发建设过程中深度融合，共同将江门人才岛打造成为中小型智慧城市建设标杆。

蓬江区纪念罗贵建基良溪888周年活动　2019年11月29日，蓬江区纪念罗贵建基良溪888周年活动在蓬江区棠下镇良溪村举行。广府人联谊会执行会、香港黎氏宗亲会、江门(五邑)炎黄文化研究会、蓬江区炎黄文化研究会及代表江门市、蓬江区、棠下镇相关部门的领导嘉宾以及海内外罗氏宗亲等超1000人参加。活动筹得善款830816元，其中现金总额774208元，受捐赠物价值56608元。

蓬江区第四季度重大项目集中签约、动工（投产）活动　2019年12月18日，蓬江区举行第四季度重大项目集中签约、动工（投产）活动——联东U谷•江门蓬江国际企业港奠基仪式。活动现场，有22个项目集中签约、动工（投产），计划总投资额超150亿元。其中，8个签约项目计划总投资超68亿元，12个动工项目计划总投资超85亿元，2个项目集中投产。该项目主要引进智能装备、电子信息和新材料等优质企业，助力打造产业发展新平台，建成区域型示范性项目。项目占地面积约18公顷，首期占地6.66公顷，规划总建筑面积约10万平米，总投资超20亿元。

蓬江区人民政府、江门市中心医院、江门市第二人民医院共建紧密型医联体　2019年12月31日，江门市蓬江区人民政府、江门市中心医院、江门市第二人民医院共建紧密型医联体签约仪式在区政府举行，标志蓬江区探索深化医疗改革进入新征程。

表35

2019年蓬江区国民经济发展情况表

项目	单位	2019年	比上年增长（%）
年末常住人口	万人	77.27	1.06
地区生产总值	亿元	712.95	3.6
其中：第一产业增加值	亿元	5.46	3.6
第二产业增加值	亿元	249.78	0.3
第三产业增加值	亿元	457.71	5.6
人均地区生产总值	元	92754	2.3
农业总产值	亿元	11.12	3.17
工业增加值	亿元	224.49	0.3
全社会固定资产投资	亿元	—	4.1
外贸进出口总额	亿元	383.7	3.0
实际利用外资	亿美元	16203	4.21
地方财政一般预算收入	亿元	27.54	3.66
地方财政一般预算支出	亿元	43.32	7.58
社会消费品零售总额	亿元	303.87	5.6
全体居民可支配收入	元	47900.9	9.5

表36

2019年蓬江区社会事业基本情况表

项目		单位	2019年
基本设施建设	高速公路营业里程	千米	—
	公路通车里程	千米	—
	港口泊位	个	—
	航运通航里程	千米	—
	发电装机容量	万千瓦	—
	年末固定电话用户	万户	—
教育	中等专业学校（职业中学）	所	2
	中等专业学校（职业中学）在校学生	人	241
	普通中学学校	所	23
	普通中学学校在校学生	人	26407
	小学学校	所	47
	小学学校在校学生	人	63267
	在园幼儿	人	21052
	小学学龄儿童入学率	%	103.44
医疗 文化 体育	医院	所	2
	其中：县级医院	所	1
	等级医院	所	2
	医疗卫生机构床位数	张	2006
	其中：医院	张	1241
	影剧院	间	—
	体育馆	座	3

附件：2019年蓬江区内发生的居全国、全省、全市之最的事物

1.2019年1月8日，蓬江区人大常委会机关获评为“广东省县乡人大工作和建设先进集体”。

2.2019年6月6日，江门市首个“城管110”应急指挥中心在蓬江区城市管理和综合执法局启动运行。

3.2019年7 月25日，蓬江区在全市率先推行环卫一体化和市场化改革。

4.2019年10月8日，蓬江区连续第4年入选全国中小城市综合实力百强区。

5.2019年10月16日，蓬江区的陈白沙祠经国务院核定为第八批全国重点文物保护单位。

6.2019年11月，蓬江区成功创建国家农产品质量安全县。

7.2019年12月20日，蓬江区内的江门市植保有限公司被省农业厅认定为广东省重点农业龙头企业。

8.2019年12月25日，蓬江区推动“1＋N”多方主体参与社区治理入选广东省十大创新经验。

9.2019年，珠西创谷（江门）科技园成为全市首家获省认定的粤港澳台科技企业孵化器，被认定为省小型微型企业创业创新示范基地。

10.2019年，蓬江区获评为2019年度广东省“四好农村路”示范县。

11.2019年，蓬江区法治·平安文化园获省级“法治文化主题公园”和全省“十佳法治文化主题公园”称号。

表37　2019年蓬江区获全国系统表彰先进单位、荣誉称号统计表

单位名称	荣誉名称	授予单位	授予时间
蓬江区文化馆	第二届“戴爱莲杯”人人跳全国群众舞蹈展演“星级组织”奖	中国舞蹈家协会、广东省舞蹈家协会	2019年5月
蓬江区珠西智谷工会联合会职工书屋	全国“职工书屋”示范点	中华全国总工会	2019年12月
棠下镇良溪村民委员会	2019年度全国综合减灾示范社区	国家减灾委员会、应急管理部、中国气象局、中国地震局	2019年12月
广东科杰机械自动化有限公司	广东省五一劳动奖状	广东省总工会	2019年5月
江门顺丰速运有限公司五邑区销售部	广东省五一劳动奖状	广东省总工会	2019年5月
蓬江区人民法院刑庭	全省中基层法院2018年度奖励集体二等功	广东省高级人民法院	2019年9月
棠下派出所	集体二等功	广东省公安厅	2019年9月
江门市公安局蓬江分局刑侦大队	集体三等功	广东省公安厅	2019年10月
广东兴艺数字印刷股份有限公司职工书屋	广东省“职工书屋”示范点	广东省总工会	2019年12月
广东海信电子有限公司工会委员会	广东省模范职工之家	广东省总工会	2019年12月
江门东洋油墨有限公司工会委员会	广东省模范职工之家	广东省总工会	2019年12月
江门市电子八厂有限公司电子工段工会小组	广东省模范职工小家	广东省总工会	2019年12月
江门万富酒店管理有限公司江门分公司工会	广东省“爱心妈妈小屋”示范点	广东省总工会	2019年12月
江门市蓬江区第四次全国经济普查领导小组办公室	广东省第四次全国经济普查优秀集体	广东省第四次全国经济普查领导小组、广东省统计局	2019年12月

表38

2019年蓬江区获省级以上表彰的先进个人一览表

姓名	性别	工作单位及职务	荣誉名称	授予单位	授予时间
孙　科	男	蓬江区祥光社会工作服务中心主任	2018年度全国百姓之星	中华人民共和国教育部、全民终身学习活动周工作小组	2019年1月
周丽娜	女	江门市紫茶小学教师	全国模范教师奖章	中华人民共和国教育部、中华人民共和国人力资源和社会保障部	2019年9月
陈国柱	男	江门市紫茶小学教师	第二届全国中小学青年教师教学竞赛一等奖	中国教科文卫体工会全国委员会	2019年9月
李雪松	男	江门市公安局蓬江分局刑侦大队	新时代南粤民警之星	广东省公安厅	2019年3月
朱延安	男	嘉宝莉化工集团股份有限公司	广东省五一劳动奖章	广东省总工会	2019年5月
吴清双	男	广东四方威凯新材料有限公司	广东省五一劳动奖章	广东省总工会	2019年5月
区仲爱	女	江门市公安局蓬江分局出入境大队	广东省公安机关“出入境民警之星”之“出入境窗口之星”	广东省公安厅出入境管理局	2019年5月
陈耀棠	男	白沙街沙仔尾派出所	最美基层民警	广东省公安厅	2019年9月
晋仁霞	女	广东海信电子有限公司工会干部	广东省十大书香阅读成才奖	广东省总工会	2019年12月
孙　言	男	江门市公安局蓬江分局情报中心	个人二等功	广东省公安厅	2019年12月
谭建丰	男	江门市公安局蓬江分局食药环大队	个人二等功	广东省公安厅	2019年12月
黄春霞	女	江门市蓬江区城乡社会经济调查队副队长	广东省第四次全国经济普查优秀工作者	广东省第四次全国经济普查领导小组、广东省统计局	2019年12月
李鹏锋	男	江门市竞晖电器实业有限公司工会主席	广东省优秀工会工作者	广东省总工会	2020年1月
韩宏杰	男	中烟摩迪（江门）纸业有限公司工会主席	广东省优秀工会工作者	广东省总工会	2020年1月

闹市中的绿色明珠　　（陈国凯　摄）

江海区

综　述

【行政区划】 2019年，江海区是江门市辖县级建制区，与江门高新区合署办公。辖外海、礼乐和江南3个街道，设社区居民委员会26个、村民委员会36个。

（区淑仪）

【位置·面积】 2019年，在江门市东南部，是中心城区之一。地处珠江三角洲西缘、江门市东南部，东北隔西江与中山市古镇镇相望，南接新会区睦洲镇，西依江门水道与新会区会城街道分界，北靠蓬江南岸与蓬江区为邻。总面积109.16平方千米。

（高展鹏）

【气候·河流】 2019年，属亚热带海洋性气候，全年平均气温22.5℃，温和多雨，阳光充足，四季常青。西江干流江海区段全长13.23千米。

（高展鹏）

【人口·民族】 2019年，常住人口27.82万人。全年公安户籍人口17.61万人；全年人口出生率11.8‰，死亡率5.5‰，自然增长率6.3‰。全年户籍人口的主要构成男性占48.7%，女性占51.3%；17岁以下人口占18.9%，18－34岁人口占24.0%，35－59岁人口占39.0%，60岁以上人口占18.1%。

2019年，有海外侨胞及港澳同胞87211人，主要分布在世界31个国家及地区，其中以香港、澳门地区为主要居住地，其次为美国、加拿大等。有港澳社团4个，分别为旅港外海同乡会、澳门外海同乡会、香港礼乐同乡会和澳门礼乐同乡会，暂无海外社团。

（文　霞　周桂英）

【社会经济发展】 江门高新区（江海区）是江门融入粤港澳大湾区的东大门，中江、佛江、江珠3条高速公路横贯区内，广珠城轨、深茂铁路穿境而过，高新区公共码头首期工程业已竣工，动工建设高新区公共码头，邻近广东省第四大综合交通枢纽的珠西综合交通枢纽，与广州、澳门、东莞、佛山等城市形成1小时生活圈，与深圳、香港等城市形成2小时生活圈。江门高新区（江海区）在国家高新区的综合排名升至第57位，连续5年实现争先进位。

经济社会高质量发展。2019年，实现地区生产总值243.9亿元，比上年增长5.1%；规模以上工业增加值115.09亿元，增长7.6%；固定资产投资170.62亿元，增长15.2%，其中工业投资增长20.3%，技改投资增长32.8%，装备制造业投资增长172.08%；一般公共预算收入14.52亿元，增长8.2%；社会消费品零售总额53.91亿元，增长5.6%。多项主要经济指标增速保持全市前列。招商选资再创佳绩，成功引进超亿元重大项目29个，其中摩尔电子产业园和万达广场2个项目的投资额均超30亿元；工业项目平均投资强度每亩800万元，平均年创税每亩50万元，平均投资规模4亿元，均创历年新高。项目建设提质提速，全年重大项目动工53个，数量居全市最多，基本实现“拿地即开工、开工不停工、竣工即投产”，再次刷新“高新速度”；德昌、优美科2个龙头产业项目一期实现投产，摩尔电子项目实现落地即产出，龙头项目对三大战略性新兴产业集群发展的带动效应明显加强。

科技创新实力持续提升。全社会科学研究与社会发展占比提升至3.5%，高新技术产品占比61%。拥有国家级高新技术企业353家，科技型小微企业942家。规模以上工业企业研发机构覆盖率64.77%，主营业务5亿元以上工业企业研发机构全覆盖。每万人发明专利拥有量33件，为全国平均水平的2.6倍。现有国家级孵化器1家，省级孵化器2家，国家级众创空间2家。高端人才集聚效应加强，新增国家“万人计划”2人，成为全市唯一拥有“万人计划”人才的市（区）。科技载体建设成效显著，产业加速园引进优质项目20个，成功孵化培育科世得润、中粘3D打印材料、杜德生物医药等一批极具成长性的高新技术企业；高新区金融中心运营，首批入驻金融机构超30家，多家金融机构首次入驻江门；高新创智城引进有意向入驻企业总部10家，引进优秀创业项目40个，其中港澳青年创业项目10个、博士团队创业项目8个，初步建成集总部经济、高端人才、科技金融服务于一体的科技创新发展大平台。成功举办首届高新区创新创业大赛。

民生保障增强。优质教育卓有成效，与五邑大学、江门幼师、江门一中、景贤学校合作共建一批示范性、标杆性品牌学校，实现义务教育阶段全覆盖，新增优质公办学位1万个。引进“985”“211”“双一流”院校优秀毕业生及副高以上职称高层次人才118人，其中研究生37人，提高全区教师的整体素质；为新入职教师免费提供120套“拎包入住”人才公寓；在全市首创教育基金，确保人才“招得来、留得住”；实现公办小学免费“晚托”服务全覆盖。优质医疗服务提升，紧密型“医联体”建设走在全市前列，江门市中心医院江海分院、五邑中医院江海分院实现与总院一体化管理，医疗环境、医疗服务水平和医疗设备改善，专科共建、专家坐诊成效明显，辖区居民在家门口即能享受三甲医院服务。优质公共文化服务设施加快完善，龙溪湖阅读中心建成并免费开放，为市民提供高质量文化服务；新建儿童公园，是全国首个具有原创特色的高品质主题公园，填补江门市的空白；建设科技馆、图书馆和青少年活动中心等大型场馆。

城乡品质显著提升。城央绿廊工程加速推进，完成下沙水上人家棚户区拆迁，解决片区困难群众生活环境的问题；推动“四道贯通”慢行系统建设，新建演艺中心段、西江外滩段、胜利大桥段，建成11千米。乡村振兴成绩喜人，全省农村人居环境整治考核9项指标有8项排名全省第一位，综合考评在全省126个县级单位中位列第一名；在全市2018年度推进乡村振兴战略实绩考核综合得分排名第一位。河长制全面落实，麻园河、龙溪河两条黑臭水体治理主体工程完成，初步实现“长制久清”；新增的黑臭水体治理工程加速推进，截污工程基本完成，实现“不黑不臭”，全区河湖水环境质量明显改善。

全面深化改革深入推进。成立全国首家高新区知识产权运营公共服务中心，广州知识产权法院江门诉讼服务处、江门市中级人民法院知识产权巡回审判庭、江海区人民法院知识产权法庭等六大平台揭牌运营，为全区乃至珠三角地区企业提供高质量、高水平的知识产权保护服务。深入实施“放管服”，实现政务服务事项“一个标准”服务，完成江海区依申请类1259项服务事项的梳理；实现开办企业1天办结，首推身份证、居住证免费邮寄服务，“粤省事”自助办事程序注册率走在全市前列，完成工程建设项目综合窗口和大湾区综合窗口设置，实现“5+X”政府服务。

社会治理水平大幅提高。全区农村社区治理实验区建设取得阶段性成果，推行党员责任岗制度、村民议事协商制度和树立乡贤文化的经验做法，获得民政部肯定并受国家级媒体关注在全国推广。是年，礼乐街道英南村获“全国乡村治理示范村”称号。依法治区成效显著，被定为全省人大基层立法联系点的江南街道江翠社区获得全国人大常委会法工委高度评价，成为全省唯一向全国人大推荐的基层立法联系点；全区各街道及各村（社区）全部通过省级民主法治创建验收。社会大局和谐稳定，打击涉黑组织案件实现“零的突破”，安全生产、食品药品、消防减灾等领域形势总体平稳。

（郭泳诗）

【工业】 2019年，规模以上工业增加值115.09亿元，比上年增长7.6%；先进制造业、高技术产业和装备制造业增加值分别增长20.6%、11.2%、22.1%，占规模以上工业增加值比重分别为73.34%、38.52%、51.60%，增速和占比均位居江门市第一位。招商引资取得新突破，成功引进超1亿元工业项目29个，计划总投资额超128亿元，其中江门摩尔电子科技产业园项目投资额超30亿元，为全市2019年引进投资额最大的工业项目。全年动工重大项目53个，总投资额173.35亿元，动工项目数量和规模分别排名江门市第一名、第二名；69个市重点项目预计全年完成投资114.85亿元，完成年度计划135.04%，排名全市第二位。德昌电机产业城、优美科两大龙头项目如期投产。加快实施“智能制造”和“机器人应用工程”，汉宇集团机器人产业化项目一期、崇达电路二期等项目投入运营。全社会用电量29.48亿千瓦时，增长4.1%。

（马浩翔）

【农业】 2019年，农业总产值8.89亿元，比上年增长3.9%。落实“三农”政策，推动乡村振兴政策落地生根。全面推进乡村人居环境综合整治，完成“三清理”（清理村巷道及生产工具、建筑材料乱堆乱放，清理房前屋后和村巷道杂草杂物、积存垃圾，清理沟渠池塘溪河淤泥、漂浮物和障碍物）20450件（处），“三拆除”（拆除旧房危房、废猪牛栏及露天厕所，拆除乱搭乱建、违章建筑，拆除非法违规广告、招牌）1721宗（处）、115937平方米，“三整治”（整治垃圾、生活污水和水体污染）4011处。深化农业农村提质改革，全区31个有确权任务的行政村确认家庭承包地块1014块、面积3435公顷，完成农户签印确认16535户，颁证率99.5%，通过省级验收。加快农村基础设施建设，农村生活垃圾收运处理体系建设项目完成率100%；完成农村“厕所革命”任务，新建、升级改造公厕62座，实现每一个村（居）至少有一个公共厕所的任务和农村户厕无害化卫生改建；完成16个项目6.897千米的“四好农村路”建设，在全市考核排名第二位。礼乐街道向东村、丰盛村作为首批分散式污水处理设施建设试点投入试运行，解决11个自然村、3000人的生活污水排放问题，完成新增104个自然村覆盖污水处理设施的年度目标，100%自然村完成雨污分流改造。完成脱贫攻坚工作，是年在册贫困户135户455人，建档立卡贫困户人均可支配收入20229元，年均增幅29%；扶贫协作广西壮族自治区崇左市大新县实现脱贫“摘帽”，通过国家东西部扶贫协作考核，完成省、市阶段性对口帮扶任务。

（高展鹏）

【财政】 2019年，全区一般公共预算收入完成145182万元，比上年增长8.2%，完成市下达的收入任务。其中税收收入125067万元，占一般公共预算收入86.14%；非税收入20115万元，占一般公共预算收入13.86%，收入结构良好。全区一般公共预算支出完成197700万元，完成调整预算99.57%，增长11.29%。其中教育、社保、医疗、城乡事务等8项支出完成166044万元，增长12.64%。

（谭颖仪）

【税务】 2019年，全区组织税费收入71.38亿元，比上年增长3.06%，增收2.12亿元。组织国内税收收入50.35亿元，下降3.54%，减收1.85亿元。其中中央级收入22.04亿元，下降7.87%，减收1.88亿元；省级收入10.09亿元，下降5.7%，减收6098万元；市县级收入18.23亿元，增长3.68%，增收6469万元；区级收入12.51亿元，增长4.05%，增收4867万元。办理出口退税17.11亿元，增长10.46%，增退1.62亿元；免抵调库收入7亿元，增长43.44%，增收2.12亿元，分别创历史新高。费金收入21.02亿元，增长23.23%，增收3.96亿元。其中社保基金收入17.7亿元，增长18.87%，增收2.81亿元；其他费金收入3.33亿元，增长53.07%，增收1.15亿元。

（谭颖仪）

【金融】 2019年1月30日，召开高新区（江海区）2019年金融工作座谈会，邀请市科技局、市金融局、江门银保监分局和各银行分行、小贷、融资担保公司、广东金融高新区股权交易中心等金融机构的负责人参加。会上围绕金融服务实体经济、金融安全等主题开展讨论、研究，旨在加强政府部门、金融机构之间的沟通与联系，共建互信、互利、互助的良好合作关系，继续发挥好金融对地方经济的支持和带动作用，实现全区经济社会提质提速发展。

9月2日，江门高新区（江海区）派员赴澳门参加江门高新区管理委员会与工商银行（澳门）有限公司座谈会，双方签订《深化江澳合作共建跨境金融合作机制框架协议》，就促进江澳现代产业一体化、科技金融互融互通、铸造人才和金融服务高地、加强重点项目合作、共建江门高新区金融中心、筹建“江港澳”工商银行联合办事处等领域达成合作意愿。

10月21日，江门高新区金融中心挂牌运营，30家金融机构入驻，其中华润银行江门分行作为省一级分行在惠州、肇庆、江门三市竞争中优先落户江海区，实现全区分行级金融机构零的突破；兴业银行的葡语系国际货币清算中心、“一带一路”国家跨境业务中心、小币种货币结算中心落户江海区；广州银行粤西贷款审批中心进驻金融中心，服务范围覆盖珠海、中山、江门、湛江、茂名、阳江6个城市。江门高新区金融中心为江门市与粤港澳大湾区、“一带一路”沿线国家搭建金融纽带，完善信贷风险分担与补偿机制，提供齐全的金融业务品种和丰富的金融服务手段，缓解小微企业融资问题，促进普惠金融和经济社会发展。

（谭颖仪）

【固定资产投资】 2019年，全区固定资产投资170.62亿元，比上年增长15.2%。分产业看，第二产业投资41.3亿元，增长27.9%；第三产业投资106.8亿元，增长15.5%。分类别看，工业项目投资49.65亿元，增长20.3%，占全区固定资产投资的27.9%；技改投资41.38亿元，增长32.8%，占全区固定资产投资的27.9%；房地产开发投资79.88亿元，增长4.6%，占全区固定资产投资的51.5%；基础设施投资39.81亿元，增长56.2%，占全区固定资产投资的17.2%。

（马浩翔）

【个体私营经济】 2019年，全区推开“住所信息申报制”，简化市场主体住所登记手续，实行“住所信息申报＋负面清单”，由申请人作出符合事实和规定的承诺来办理登记，降低市场主体准入门槛，解决初创投资者发展的场所问题，通过住所申报制办理营业执照商事主体1875户。采取“键对键”式指导，安排专人把电子化预审申报材料中的错误及时准确的反馈给申请人；采取“一对多指导”工作模式，安排专窗开通绿色通道受理全程电子化业务，鼓励群众通过线上申请商事登记，全年办理全程电子化商事登记业务282件。拓宽商事主体登记领域政务业务申报渠道，指派专人指导群众使用“微信办照”申办营业执照，通过微信端办理营业执照市场主体1196户。加大商事登记银政直通车服务推广力度，依托商业银行营业网点多、覆盖面广、“互联网＋”应用普及的优势，推动商事登记窗口服务，将营业执照打印环节移至商业银行网点，由银行网点为商事主体提供营业执照打印、发放服务，为开办企业提供更多领照途径。

全区民营企业8680家，注册资金175.33亿元，分别比上年增长10.3%、18.87%；港澳台企业523家，注册资金160.78亿元。个体工商户21152户，增长15.75%。全区民间投资46亿元，占全区固定资产投资的47.1%。民营工业企业完成工业产值160亿元，占全区工业总产值40.3%。工业增加值33.08亿元，占全区工业增加值47.11%。全区有大型企业8家、中型企业109家，其余为小微型企业。其中规模以上中小微工业企业258家，主要分布在机电、新材料、电子信息及通讯等行业。新升规工业企业51家，3家企业申报认定广东省高成长中小企业。

（谭颖仪）

【建筑业】 2019年，区属建筑业企业完成产值7.84亿元。在建工程638项，在建面积720.3万平方米；发放施工许可证283项，面积276万平方米，比上年增加13.6%，造价67.7亿元，增长16.1%；人防易地建设审批收取人防易地建设费112.8万元；办理建筑工程竣工验收备案125项，建筑面积189.35万平方米，对外来施工、监理等企业进行登记备案68项；工程招投标监管完成招投标50项，招标控制价

104790.42万元，中标价145270.21万元，中标下浮率3.22%，节约资金4839.6万元。开展建筑工程质量大检查行动，检查在建工地56项，发出整改通知书53份；依法对辖区内在建工程所用的钢筋、水泥、石、砌块、建筑用砂等建筑材料进行不定期抽验。抽检建筑原材料质量检测87组，抽检结果合格。对预拌混凝土生产企业的砂、石、水泥、粉煤灰和膨胀剂抽检48批次，抽检结果合格。开展“质量月”活动，对全区建筑工地进行工程质量大检查，检查在建工程25项，下发质量整改通知书25份，发现质量隐患157个并跟踪监督整改。开展建筑工程安全生产大检查行动，检查在建工地270项次，排查安全隐患859个，发出安全整改通知书149份，暂停施工27份，并落实整改。全年项目备案125个，建筑节能审查率100%。新建建筑竣工验收阶段节能强制性标准执行率100%。推进绿色建筑发展，加强对绿色建筑设计、施工和运行的监管，全区范围内单体建筑面积大于1000平方米的新建民用建筑全部达到《广东省绿色建筑评价标准》一星B要求。严格执行施工图审查制度，坚持工程建设“先勘察、后设计、再施工”原则，完成施工图设计审查项目232项、面积272万平方米；对违反法律、法规和工程建设强制性标准问题严格把关，审查出违反强制性条文153条并跟踪整改。房地产市场完成投资78.89亿元，增长3.33%，新报建房地产项目面积208.02万平方米，增长14.7%，住宅销售面积41.25万平方米，基本与上年持平；商品住房销售金额42.72亿元；均价每平方米10357.39元。

（高展鹏）

【商业】 2019年，全区实现社会消费品零售总额53.91亿元，比上年增长5.6%，其中批发零售业实现零售额49.01亿元，增长5.2%；住宿餐饮业实现零售额4.90亿元，增长9.5%。

（马浩翔）

【旅游业】 2019年，礼乐街道创建乡村旅游示范街，策划打造“丰盛人家”丰盛村、“七彩南堡”英南村等2个乡村旅游示范村项目，打造“龙舟文化街”丰盛村景观带；外海街道打造陈少白故居爱国主义旅游景点。举办首届2019年江海乡村旅游文化节暨礼乐葡萄节活动，整合乡村旅游资源，结合区乡村振兴计划，以点带面，推进乡村旅游活动和乡村旅游示范点建设。推进旅游品牌建设，五一劳动节期间举办侨都龙狮文化节活动、中秋期间举办“金秋灯会”活动、11月举办“民间厨神”大赛，引入社会资本参与相关运作。全年旅游收入13.97亿元；接待游客127.96万人次，接待旅客67.47万人次。

（区淑仪）

【对外经济贸易】 2019年，全年外贸进出口总额250.4亿元。其中出口总额189.4亿元，进口总额61.0亿元。合同利用外资额4.91亿美元，比上年增长22.4%；实际利用外资2.31亿美元，增长48.7%。

（马浩翔）

【外事·侨务】 2019年，加强因公出国（境）管理工作，制止公款出国旅游，严格执行计划报批制度，严把审核审批关，执行因公出国（境）团组任务经费审核制度，有效控制因公出国人数与出国经费。办理因公出国证件4批17人次，办理外国入境邀请函申请共受理25批31人次；办理APEC商务旅行卡3批4人次。派员参加香港启迪中心、澳门江门同乡会、香港江门同乡会和香港五邑总会等港澳侨社组织的联欢晚会、周年庆、就职典礼活动。1月，举办江海区2019年迎春归侨座谈会，有区内70名归侨畅叙友谊，对全区经济社会建设提出意见和建议。3月5—日，在香港、澳门分别举行投资环境招商推介会。4月，区外事侨务局（简称“区外侨局”）和区法院联合设立江海区涉侨诉调对接工作室，为江门市首个在市（区）挂牌的涉侨纠纷诉调工作室，全年成功处理案件2件。5月，江海区在启迪之星（江海）成立粤港澳大湾区（江海）暖心聚侨义工队，开展活动3次，走访侨胞侨企20家次，慰问困难归侨3户。全年江门侨梦苑微信公众号、网站、侨宝App等发布信息282条，编印《江海侨刊》2期。

（周桂英）

【教育】 2019年，推进新学校建设，包括江门一中附属小学、江海区景贤初中、江门一中附属实验学校，新建学校于10月28日开工建设。继续投入4675万元，完善“三二一”工程（2016—2018年，蓬江、江海区各新建不少于3所公办义务教育阶段中小学校；新会区和开平、鹤山市各新建不少于2所；台山、恩平市各新建不少于1所）学校配套设备设施。全年投入1.5亿元进行学校升级改造，包括外海中心小学、中路小学、景贤小学二期、江南小学、礼贤小学等学校新建或扩建教学楼和体育馆。其中外海中心小学、中路小学教学楼和体育馆投入使用。投入2000万元，新建15个录播厅和4所学校的电脑实验室；投入600万元创建6所“广东省信息化中心学校”；投入300万元，升级改造中小学校运动场，麻二小学、礼乐二中运动场改造完成并交付使用；投入100万元，推进校园文化建设，建设美丽和谐校园，创建“六好”（领导班子建设好、思想道德教育好、活动阵地好、老师队伍好、校园文化好、校园环境好）校园、“四化”（净化、绿化、美化、校园文化）文明校园。筹设幼儿园2所、培训中心1所，设立培训中心1所。完成年度检查幼儿园42所、托儿所3所、民办学校4所和培训中心5所。全年符合入读条件的小学一年级新生3741人，增加249人，比上年增长7%。景贤小学、天鹅湾小学、实验小学和朗晴小学共提供学位1000个。外海中心小学、银泉小学、中路小学和麻一小学扩容10个班，增加学位500个。

全年面向社会公开招聘高层次人才130人，录取118人。解决新招聘教师住房困难，安排入住区人才公寓100人，免费入住15人。创建省、市、区“名师工作室”16个，实现学科全覆盖。全年派出骨干教师参加省市区各级培训300人次。2019年高考本科上线427人，全区高考首次突破400大关，本科上线率49.8%，本科入围率45.13%。2018—2019学年度“一师一优课、一课一名师”活动，江海区晒课任务1349节，晒课完成率119.57%，排名江门市第一名。2019年新增博士15人，硕士58人，高级职称专业技术人才70人，高技能人才334人。

（区淑仪）

【科技】 在2019年度公布的全国国家高新区排名中，江门高新区综合排名从62位提升至57位，连续5年实现争先进位。研发经费支出占地区生产总值3.43%，高新技术产品占比61%，居江门全市首位。全年高新技术企业352家，科技型小微企业942家，在库科技型中小企业262家。规模以上工业企业研发机构覆盖率64.77%，实现产值5亿元以上工业企业研发机构全覆盖。每万人发明专利拥有量33件，为全国平均水平的2.6倍。建有科技企业孵化器9家、众创空间10家。南大机器人为2019年全市唯一获核批省级新型研发机构资质的企业。成功孵化培育科世得润、中粘3D打印材料、杜德生物医药等一批极具成长性的高新技术企业。推动总部科技园、港澳青年创业孵化基地、粤湾云谷等多个孵化载体平台建设。产学研合作步伐加快，与西安交通大学科研院、广东科学技术职业学院签订合作协议，推动科研成果向江海区转移转化、培育新兴产业人才。是年，以高新区（江海区）为主场成功举办首届高新区创新创业大赛。年新增国家“万人计划”人才2名。

【文化】 2019年，建成龙溪湖阅读中心和区博物馆并对外免费开放。创建“文体超市”公共文体服务新模式，全年送出免费公共文化服务下基层200场次、农村公益电影放映下基层400场次。举办元旦春节系列活动、五一龙狮文化节、乡村旅游文化节系列活动、庆祝中华人民共和国成立70周年系列活动等主题文化活动。建成江海区文化馆总分馆制，形成1个总馆、3个分馆、9个服务点的架构。是年，礼乐传统木雕技艺和礼乐脱脂鱼干制作技艺纳入 区第三批非物质文化遗产代表项目名录。4月，江海区文联、江门演艺中心、江海区文化馆合作成立“侨都大剧院爱舞团”。原创的大型五邑非遗和民俗音画《侨都记忆》第一版、第二版在江门演艺中心侨都大剧院上演，成为江门市首部文旅融合精品剧目。全年获得市级以上文艺赛事奖项20个，其中书法《古诗二首》获广东省少儿艺术花会金奖;陈诗卉获“我的梦”广东省第六届演讲大赛金奖；聂亚男获“风雅颂”广东省第五届朗诵大赛银奖；音乐《记得儿时好》、曲艺《红船谣》获广东省少儿艺术花会铜奖；舞蹈《小儿郎》获广东省第五届少儿舞蹈大赛铜奖；伍映珊获江门市百姓故事宣讲大赛一等奖；根雕《纳福》获“中国工艺美术文化创意奖”铜奖。

（区淑仪）

【卫生】 2019年，全区有各级各类医疗机构100间，其中综合医院2家、中西医结合医院1家、社区卫生服务机构6家；门诊部12家，诊所、医务室等79家。各级、各类医疗卫生机构卫生技术人员1013人，其中执业（助理）医师377人，注册护士473人，药师81人，平均每千人口卫技人员3.73人。住院编制床位525张，实际开放床位537张，实际开放床位每千人口床位1.98张。建立家庭医生式服务团队26个，签约102385人，全区重点人群签约49874 人，残疾人签约2582人，贫困人口签约465人，计划生育特殊家庭签约138人。做好妇幼保健工作，免费孕前优生健康检查率100%，地贫筛查率100%，住院分娩的产妇全部进行艾滋病、梅毒和乙肝孕期检测，孕产妇死亡率为0，所生婴儿接受免费干预比例100%。2019年献血量62.17万毫升，比上年增长3%。

（文 霞）

【体育】 2019年，组织江海区SQ漂卡联2支民间卡丁车队代表中国赴马来西亚参加亚洲卡丁车耐力赛，获得多个分站赛冠军、单圈最快等名次以及亚洲耐力赛全年度积分总亚军，为江门市第一个卡丁车出国赛荣誉。是年主办国家级赛事有中国江海站花式足球城市积分赛、“体彩杯”全国汽车自驾运动营地攻防箭大赛（广东·江海站）；省级赛事有广东省传统龙狮邀请赛暨侨都龙狮文化节、广播电视网络杯-我爱足球”广东省五人足球争霸赛；市级赛事有江门市“体彩杯”功夫少年跆拳道大赛、“华发四季杯”五人足球、拔河、马拉松邀请赛；区级赛事有新中国成立70周年江海区“体彩杯”篮球（机关、企业、村居、青少你）大赛和青少年足球、乒乓球、夏冬令营、趣味运动会等。2月，完成投资1000万元的江南文化广场升级改造工程；完成白水带体育公园扩建，新增标准灯光篮球场18个并免费对市民开放；新建外海街道七西社区文体广场。全区合计文体广场65个、全民健身广场13个，人均体育面积2.75平方米。7月，成立江海区乒乓球协会。全年白水带体育公园举办足球公众日免费义教，举办“体彩杯”广场大明星100场、“体彩杯”功夫少年30场、文体超市活动200场；开展啦啦操、跆拳道社会体育指导员培训180名、国民体质监测1350人。

（区淑仪）

【城乡建设】 2019年，开展168项工程项目，年度投资46.64亿元。其中重点推进城央绿廊建设，高标准打造自江门船厂至江门港澳客运码头长20千米的集休闲运动、工业遗存、总部经济及观光于一体的城市河滨休闲景观带。是年，投资5亿元实施胜利大桥至江门大桥4千米全要素升级改造，实施江南路“三道贯通”、釜山公园升级改造、建筑外立面改造等项目以及沿线绿化、灯光全面提升。五邑路扩建工程西起外海大桥，终点位于江门大道，全长11.775千米，其中江海段10.325千米，设计为一级公路兼城市快速道路，设计速度每小时80 千米，工程项目投资19.04亿元。会港大道起于一行路平交口，终于江门大道东甲立交，全长9.3千米，先行实施礼睦路至江门大道东甲立交部分，项目全长7.12千米，一级公路，路基宽40米，设计速度为每小时80千米，双向8车道，总投资14.96亿元。

（高展鹏）

【环境保护】 2019年，全区三级河（湖）长巡河3893次，巡河发现问题714个并落实整改。推进河湖清乱专项行动，其中列入市河湖“清四乱”（乱占、乱采、乱堆、乱建）问题清单台账30件，整治销号30件，整改完成率100%；清理河湖漂浮物800吨、清理违章建（构）筑物35处、7000平方米、清淤河流长度41.44千米、清理行洪障碍物51处、清理整治排污口193个。全区基本实现无河道违法建筑、无非法排污、无大面积漂浮垃圾、无行洪障碍、无明显黑臭。在全市率先开展街道总河长向区总河长述职报告工作，在全市率先探索对河长制工作领导小组成员单位进行考核评议。建设碧道13千米，其中江海区城央绿廊碧道入选广东省大湾区碧道试点，成为江门市唯一入选的碧道试点。

（高展鹏）

【人民生活】 2019年，全区城镇居民人均可支配收入43874元，比上年增长8%。城镇新增就业人数5819人，城镇失业人员再就业4742人，就业困难人员实现就业385人。全年城镇登记失业率2.38%。全年开展劳动力技能培训597人，新增转移就业劳动力567人。城镇最低生活保障户数118户160人，城镇最低生活保障金支出181.55万元；农村最低生活保障户数153户236人，农村最低生活保障金支出200.31万元。

（文 霞）

【社会保险】 2019年，全区城镇职工基本养老保险参保154811人，其中企业职工基本养老保险参保118626人；城（乡）镇基本医疗保险参保227476人，其中城镇职工基本医疗保险参保151837人；失业保险参保102761人；工伤保险参保115646人；生育保险参保104690人；城乡居保参保43432人。社会保障卡持卡量25.7万人。城镇职工基本养老保险征收124026万元，其中企业职工基本养老保险征收93236万元，机关事业单位基本养老保险30777万元；城（乡）镇基本医疗保险（含12月生育保险）征收48357万元；失业保险征收1749万元；工伤保险征收1661万元；生育保险征收1562万元。

（文 霞）

【信息化建设】 2019年，按照全市“数字政府”综合改革工作要求，推动江海区“政务上云”，开展“江门市江海区政务信息系统建设与运维需求调研”工作，调查区内21个相关部门的网络和政务信息系统情况，研究并上报江海区本年度的政务上云计划，在全市率先完成现场调研和向上级提交第一批系统上云函件。江门市商事主体登记审批全程电子化智能化系统、信用中国（江门高新江海）双公示系统和农业三资（农村集体资金、资产、资源）管理系统开展“政务上云”迁移工作。

（谭颖仪）

【重点建设项目】 2019年，按照“四个一”（指一个项目一个领导带一套人马一抓到底）工作要求推进重点项目建设。年度总投资154.57亿元的95项重点项目完成投资额179.60亿元，完成率116.19%，超过时间进度16.19个百分点。其中列入省重点项目范围、年度总投资8.5亿元的项目4个，完成投资15.68亿元，投资完成率184.47%，超过时间进度84.47个百分点；列入市重点范围、年度总投资85.05亿元的80项，完成投资114.85亿元，投资完成率135.04%，超过时间进度35.04个百分点。在95项重点项目中，有21个进展超过时间进度，占项目总数的22.11%。其中德昌电机产业城项目投资完成率超过时间进度73.50个百分点、高新产业新城--交通道路项目投资完成率超过时间进度113.47个百分点、江海广场项目投资完成率超过时间进度80个百分点、春燕棉纺厂“三旧”（旧城镇、旧厂房、旧村庄）改造工程投资完成率超过时间进度107.5个百分点。

（杨泳欣）

【重大庆典活动】 2019年2月1日，江海区举行城央绿廊启用仪式和白水带体育公园揭幕仪式。城央绿廊是提升城市品质重要部署的一号工程，计划3年时间建设长20千米、纵深1千米纵深的集休闲运动、工业遗存、总部经济及观光于一体的城市中央河滨景观带，工程起始点为江门船厂至江门港澳客运码头。春节前，城央绿廊4千米启动段建成，实现骑行道、步行道、跑步道和绿化道等“四道”全程贯通，江南路全要素提升、白水带大道“白改黑”、釜山公园升级改造、体育公园扩建、江南文化广场升级改造和50幢建筑外立面“旧貌换新颜”等沿线重要节点工程均以高标准全面完成。白水带体育公园新增采用智能化管理的灯光篮球场18个并免费对外开放，球场周边配备有露天停车位150个和带有淋浴间的公共卫生间。

2019年10月21日，在江门高新创智城举行江门高新区金融中心揭牌暨

"政银企"全面合作签约仪式。金融中心规划10万平方米，分A座、B座建设，A座建筑面积3.2万平方米，由17层主楼和4层副楼组成，B座建筑面积6.9万平方米，由31层高层主楼和6层副楼组成，将引入银行、证券公司、保险公司、基金管理公司、信托投资公司等泛金融企业及配套中介机构，形成金融服务集聚区。高新区金融中心A座于10月投入使用，入驻金融机构30家。

（黎家宁）

表39　**2019年江海区国民经济发展情况表**

项目	单位	2019年	同比增长（%）
人口	万人	27.82	2.4
土地面积	平方千米	109.16	—
国内生产总值	亿元	243.90	5.1
人均国内生产总值	元	88724	3.2
工业总产值	亿元	502.06	-4.5
农业总产值	亿元	8.89	3.9
全社会固定资产投资	亿元	170.62	15.2
外贸出口总额	亿元	189.4	6.2
外贸进口总额	亿元	61	-22.1
实际利用外资	亿美元	2.31	48.7
地方财政一般预算收入	亿元	14.52	8.2
地方财政一般预算支出	亿元	19.77	11.29
社会消费品零售总额	亿元	53.91	5.6

（马浩翔）

表40　**2019年江海区社会事业基本情况表**

项目		单位	2019年
基本设施建设	高速公路营业里程	千米	—
	公路通车里程	千米	—
	港口泊位	个	—
	航运通航里程	千米	—
	发电装机容量	万千瓦	—
	年末固定电话用户	万户	—
教育	中等专业学校	所	0
	中等专业学校在校学生	人	0
	普通中学学校	所	6
	普通中学学校在校学生	人	13898
	小学学校	所	19
	小学学校在校学生	人	27069
	在园幼儿	人	8657
	小学学龄儿童入学率	%	100%
医疗文化体育	医院	所	3
	其中：县级医院	所	2
	等级医院	所	2
	卫生机构医院床位数	张	537
	平均每千人拥有床位	张	1.98
	影剧院	间	5
	体育馆	座	1

（区淑仪、文　霞）

2019年江海区获全国系统表彰的先进单位、先进个人名录一览表

表41

单位名称	荣誉名称	授予单位	授予时间
江海区	2019年信访工作“三无”县（市、区）	国家信访局办公室	2020年4月2日
江海区工商业联合会	全国“五好”县级工商联	中华全国工商业联合会	2019年12月18日
礼乐街道英南村	全国乡村治理示范村	中央农村工作领导小组办公室、农业农村部、中央宣传部、民政部、司法部	2019年12月31日

2019年江海区获省级以上表彰的先进个人一览表

表42

姓名	性别	工作单位及职务	荣誉名称	授予单位	授予时间
朱辉荣	男	高新区党工委副书记、江海区委副书记、区委政法委书记、区妇儿工委主任	全国维护妇女儿童权益先进个人	中华全国妇女联合会	2019年11月13日
龙　标	男	江海区司法局二级调研员	2019年度全国普法先进个人	全国普法办公室	2019年11月6日

（黎家宁）

高新江海区城市新貌　（江海区地方志办　供）

新会区

综　述

【行政区划】 2019年，新会区辖大泽、司前、罗坑、双水、崖门、沙堆、古井、三江、睦洲、大鳌10个镇和会城街道、经济开发区、圭峰区管理委员会（简称“管委会”）、江门站建设管理委员会4个派出机构，其中会城街道党工委（办事处）与圭峰区党工委（管委会）内设机构合署办公。

【位置・面积】 2019年，新会区地处北纬22°5′15″～22°35′01″、东经112°46′55″～113°15′43″之间。位于广东省南部，珠江三角洲西南部，西江、潭江下游。东西最大相距48.8千米，南北最大相距54.5千米，大陆海岸线长87.56千米。北与江门市蓬江区、江海区接壤，东与中山市相连，东南与珠海市斗门区相邻，西南与台山市交界，西与开平市接界，西北与鹤山市相接。全区面积1354.71平方千米。

【气候・河流】 2019年，新会区位于北回归线以南，属亚热带海洋性季风气候，雨量充沛，日照充足，温和湿润，无霜期长。2019年平均气温24℃，偏高1.6℃。全年各月气温除5月外均高于上年同期，高温日数15天。受23次不同强度冷空气影响，1月1日录得年最低气温7.9℃。年降水量1846.3毫米，有11次主要降水过程，其中5月24—30日受西南季风和切变线影响，出现大雨到暴雨，局部大暴雨。年日照时数1653.2小时，较历年平均偏少12%。有5个台风影响新会，分别为：1904号台风“木恩”、1907号台风“韦帕”、1911号台风“白鹿”、1912号台风“杨柳”和1914号台风“剑鱼”。受台风“韦帕”外围及残余环流影响，出现暴雨到大暴雨，最大降雨点为新会区三防水利测雨点崖门镇螺塘水库214.4毫米；境内河流属珠江三角洲水系，河道纵横交错，西江、潭江穿境而过，境内西江河段长20千米，集雨面积545.6平方千米；境内潭江河段长63.7千米，集雨面积1280平方千米。其中，潭江流经会城溟祖咀到崖门口一段称银洲湖，是西江、潭江汇集而成的崖门水道，全长35.1千米，宽1.5—2千米。境内河流集雨面积在50平方千米以上的有下沙河、甜水坑、天湖水3条；集雨面积10—50平方千米的有天等河、田金河、古兜冲、古井冲、水东河、横水坑、沙堆冲、址山河、沙冲河9条。

【人口・民族】 2019年，新会区户籍人口76.53万人；出生人口7771人，死亡人口4935人；人口出生率1%，自然增长率0.4%。全年人口主要构成中，男性占49.7%，女性占50.3%；0—17岁占17.1%，18—60岁占60.9%，60岁及以上占22%。全区人口以汉族为主，有壮族、瑶族、土家族、苗族、蒙古族等35个少数民族。各镇均有少数民族人口，境内无少数民族人口相对聚居点。

2019年，新会区有华侨华人约26万人，主要分布在世界70个国家和地区。有港澳台同胞约39万人。

【社会经济发展】 2019年，新会区跃居全国综合实力百强区第49位。全年地区生产总值806.22亿元，比上年增长7.1%；地方一般公共预算收入56.73亿元，增长1%；固定资产投资428.89亿元，增长12.1%；社会消费品零售总额322.3亿元，增长9.6%；进出口总额310.3亿元，下降4.2%。

【工业】 2019年，新会区规模以上工业产值1095.28亿元，下降2.1%。规模以上工业增加值282.31亿元，比上年增长9.3%。其中，先进制造业规模以上工业增加值103.6亿元，占全区规模以上工业增加值比重36.7%。装备制造业规模以上工业增加值70.28亿元，增长1.3%。高技术制造业规模以上工业增加值7.16亿元，占全区规模以上工业增加值比重2.54%。规模以上工业销售产值1047.56亿元，下降5.3%，产品销售率95.64%；利润总额63.84亿元，下降29.6%。

【农业】 2019年，新会区农林牧渔业总产值87.75亿元，比上年增长5.5%。其中，农业（种植业）24.72亿元，增长2.41%；林业0.97亿元，增长22.97%；牧业16.07亿元，下降8.31%；渔业43.54亿元，增长12%；农林牧渔服务业2.45亿元，增长47.91%。农作物总播种面积3.93万公顷，其中，粮食播种面积2.90万公顷，总产13.81万吨；蔬菜播种面积7453.33公顷，产量16.44万吨；新会柑种植面积3960公顷，产量10.31万吨。生猪上市量58.38万头，存栏量3.5万头。家禽上市量1285.95万羽，存栏量447.84万羽。农业机械化水平提高，农业机械总动力29.28万千瓦，农作物耕种收综合机械化水平62.53%。水稻耕种收综合机械化水平86.1%，其中水稻机耕率99%，机插率57%，机收率98%。2019年12月，新会区现代农业产业园被国家农业农村部和财政部认定为第二批国家现代农业产业园，新会陈皮全产业年产值85亿元。2019年7月，新会陈皮产业发展经验作为广东种植业唯一代表入选全国乡村产业振兴典型案例；2019年12月，新会陈皮入选中国地理标志农产品品牌声誉百强榜第29位，入选《中国农业品牌目录2019农产品区域公用品牌》；2019年12月，新会陈皮、新会柑茶获评广东省特色农产品优势区。

【财政】 2019年，新会区地方一般公共预算收入56.73亿元，比上年增长1%，其中，区级地方一般公共预算收入26.28亿元，下降0.34%；镇级地方一般公共预算收入30.45亿元，增长2.2%。全区地方一般公共预算支出90.52亿元（含上年结转、上级补助支出），增长10.46%，其中区级支出61.77亿元，增长13.55%；镇级支出28.75亿元，增长4.35%。全区地方一般公共财政预算实现收支平衡，略有结余。

【税务】 2019年，新会区税务部门组织税费收入184.22亿元，比上年增长4.29%。其中：海关代征收入6.97亿元，下降19.4%；国内税收收入118.79亿元，下降9.29%；组织费金收入58.45亿元，增长57.82%。全年办理出口退税18.61亿元，下降0.2%。落实减税降费政策，全年减税17亿元。强化依法治税，查补各项税款2.99亿元、滞纳金1.32亿元。优化税收营商环境，2019年9月起，创新提供“中午不打烊”“税险同窗”服务，推行全程预约办税，区税务局位列江门市2019年度纳税人满意度测评首位。

【金融】 2019年，新会区银行类金融机构存款余额984亿元，比上年增长6.02%，贷款余额664亿元，增长26.06%，存贷比67.5%。广发证券、华林证券、光大证券、广州证券、安信证券5家证券公司A股和基金交易额2258亿元；中国人寿、中国人保、平安财险、太平洋保险、阳光农业保险5家保险公司保费收入10.5亿元。小额贷款公司2家，贷款余额5.34亿元；融资性担保公司2家，在保余额2.85亿元。华夏银行新会支行开业，全区银行机构增至20家。推进政策性农业保险，农村住房保险续保参保农户13.6万户，覆盖率100%；政策性水稻保险早造承包面积4306.67公顷，晚造4206.67公顷。

【固定资产投资】 2019年，新会区完成投资428.9亿元，比上年增长12.1%，顺利完成区政府年度计划目标。第二产业投资154.3亿元，增长14.2%，其中装备制造业总体保持平稳发展，完成投资44.2亿元。第三产业完成投资271.6亿元，增长10.4%。

【个体私营经济】 2019年，新会区个体工商户227431户，比上年增长15.82%；资金数额158.9亿元，增长20.11%；私营企业13009户，增长8.17%，注册资本293.5亿元，增长14.24%。

【建筑业】 2019年，新会区建筑业总产值21.62亿元，比上年增长33.87%。在建工程建筑面积697.44万平方米，工程造价155.19亿元，竣工面积348.66万平方米，分别增长45.66%、38.51%、61.7%。推广使用散装水泥45.5万吨，商品混凝土168.85万立方米，区内新建建筑节能强制性标准比例100%。2019年4月30日新会东区学校获省优质工程结构奖，大泽镇卫生院综合楼、澳新食品三期厂房等项目获得“江门市建设工程优质奖”。江门市新会区会城市政建设工程有限公司、广东立盛建设有限公司、广东宇华建设工程有限公司3家建筑企业资质晋级。由建筑工程施工总承包三级资质升为二级资质。2019年12月27日，新会区骏凯豪庭二期18号楼项目成为江门市首个通过省级技术认定的装配式建筑项目。

【商业】 2019年，新会区商贸经济运行良好，商品销售额稳步增长，市场供求平稳，社会消费品零售总额322.3亿元，比上年增长9.6%。其中，批发业增长16.44%，零售业增长6.71%，住宿业增长7.86%，餐饮业增长8.21%。限额以上法人和个体消费品零售总额89.34亿元，增长13.84%。

【旅游业】 2019年，新会区全域旅游总收入156亿元，接待游客2274万人次，分别比上年增长18.2%和12.1%，其中过夜游客470万人次，增长11.98%。有旅行社19家，旅行社分社3家，旅行社网点50家；星级酒店3家；A级景区5处，非A级重点景区5处。2019年11月15日—20日在新会古典家具城举办第三届中国（新会）古典家具文化博览会，2019年11月8日在新会丽宫陈皮古道广场举办第五届中国•新会陈皮文化节，全年共举办特色旅游节庆活动51场；2019年7月5日在新会龙泉度假酒店举办“聚才引资乐游新会”2019新会文旅招商推介会。2019年12月25日，睦洲镇石板沙沓家风情岛成功创建为国家AAA级旅游景区；2019年9月24日，崖门镇京梅村被广东省文化和旅游厅评为首批广东省文化和旅游特色村；是年，崖门镇被江门市文化广电旅游体育局评为江门市乡村旅游示范镇，崖门坑口村、罗坑下沙村被江门市文化广电旅游体育局评为江门市乡村旅游示范村。

【对外经济贸易】 2019年，新会区进出口总值310.3亿元，比上年下降4.2%。其中，出口总值216.9亿元，增长1.9%；进口总值93.4亿元，下降15.9%。650家企业获各级补贴、奖励资金1500万元。抢抓“一带一路”建设机遇，开拓国际新兴市场，300家企业参加中国（波兰）贸易博览会、巴西中国品牌拉美展、阿根廷国际消费类电子及家用电器展览会以及第125、第126届中国进出口商品交易会等境内外知名展览53场。

【外事·侨务】 2019年，新会区接待涉侨来访136件、来电16件、来信

2件，处理由上级政府和侨务部门转来信访案8件，受理华侨回国定居事项23件。

【港澳事务】 办理港澳同胞入粤安葬事项3宗。办理因公临时赴港澳团组244批362人次，出访港澳共46批次191人次。接待各类港澳和海外团队、政商界人士近80批次5000多人次。2019年11月16日在新会龙泉酒店举办新会区第十五次归侨侨眷代表大会，140名代表参会。2019年4月15—17日在新会区御品南豪酒店，协助举办侨港新会商会110周年会庆暨世界恳亲大会和新会环球青年协会庆祝国庆70周年会员日活动。2019年5月18日在新会区接待香港行政长官林郑月娥考察访问团，陪同分别考察中集模块化建筑投资有限公司、中车广东轨道车辆有限公司、新会陈皮村、李锦记新会食品有限公司等企业。2019年分别在香港九龙尖沙咀弥敦道美丽华酒店和澳门万豪轩酒店，举办"走进新时代—筑梦大湾区"新港澳青年、粤港澳大湾区千人考察团等系列交流活动。

【交通运输】 截至2019年年底，新会区公路通车里程1537.3千米，公路密度每百平方千米113.45千米；等级公路1481.7千米，其中高速公路55.6千米，一级公路216.98千米，二级公路121.24千米，三级公路506.05千米，四级公路637.43千米；公路桥梁322座共28086.87延米，其中大桥33座17037.13延米；经营性码头泊位118个，其中万吨级泊位4个。全年交通行业公路运输完成客运量2324.6万人次，旅客周转量46083万人千米，分别比上年减少3.1%和8.1%；公路、水路货物运输量3213万吨，货物周转量331490万吨千米，分别增加2.9%和7.6%；港口货物吞吐量3650万吨，增长19.9%；集装箱吞吐量55.4万TEU，增长11.5%。拥有公共汽车347辆，新购置147辆纯电动公交车投入运营，公交电动化率超80%，完成城西枢纽站公交充电桩建设。有公交线路93条，日均客流量6.2万人次。全年交通基础设施完成投资51.4亿元（不含江门站），较上年增长23%；江门大道五邑路至三江段主辅道全线通车，佛开高速公路新会段扩建工程通车；中开高速公路新会段主体工程施工进展顺利，银洲湖高速公路动工建设，国道G240线新会段完成初步设计审查。

【邮政】 2019年，新会区邮政业务（含邮政企业、邮储银行和速递物流）总收入1.72亿元，邮政业务量（含邮政企业、速递物流）分别为函件33.76万件、包件104.64万件、特快专递57.1万件。邮政营业网点23个，有一星级投递部6个、四星级投递部1个。邮路（含寄递事业部）总长度12907千米，乡村通邮率100%，其中农村投递道段96条6484千米、城市投递道段73条6423千米。设置福农站（便民取款点）64个，村邮站98个。2019年9月与区传统古典家具历协会联合发行第三届中国（新会）古典家具文化博览会纪念邮册《中国古典家具之都•天工匠艺》。

【通信】 2019年，新会区新建光缆长度3634.17千米，新增光纤接入用户4.8万户，累计光纤用户111681户。新建公众移动通信基站542个（其中5G公众移动通信基站124个），新建基站站址193个（其中5G基站站址55个），公共区域WIFI连接点102个。

【教育】 截至2019年年底，新会区有全日制中小学校112所（含特殊教育学校1所），在校学生124131人，教职工8201人。其中小学66所，在校学生68251人；初中（含九年一贯制学校）30所，在校学生28848人；普通高中（含高级中学和完全中学）12所，在校学生18056人；中职学校（含技校）3所，在校学生8868人；特殊教育学校1所，在校学生108人。幼儿园145所，在园幼儿24936人，教职工3587人；开放大学、老干部大学各1所，在校学生分别为2589、3300人。全区专任教师9534名，其中，小学3447名，初中2357名，普通高中1350名，中等职业、中职中技学校542名，幼儿园专任教师1809名，特殊教育专任教师29名。高考再创佳绩，本科及高分优先投档线入围人数均位居江门市前列，其中本科上线3409人；高分优先投档线入围729人，净增长数占全市41%。中考总平均分551.75分，790分以上尖子生86人，位居全市前列。新增全国特色学校2所、广东省特色学校93所。2019年10月，新会华侨中学、新会第二中学获"全国青少年校园足球特色学校"称号。全年新增省"书香校园"2所、"广东省毒品预防教育示范学校"16所、首批省中小学中华优秀传统文化传承学校3所、第三批省中小学艺术教育特色学校4所。

【科技】 2019年，新会区科技研发（R&D）投入13.59亿元，占GDP比重1.68%。创新动能加快积蓄，建成市级科技企业孵化器7个，市级众创空间5个，中集智库、新会中科创新广场、江门未沃科、杨航电商科技产业园等汇聚新会创新走廊，进驻企业223家。中国科学院新会健康医疗大数据中心、中科健康创新生物科技、珠西综合质量检测服务平台动工建设。2019年10月11日，在新会区中科创新广场设立全国博士后创新（江门）示范中心新会分中心。企业研发机构建设成果显著，通过认定的省市级新型研发机构6家、省级新型研发机构孵化企业18家、省级以上创新平台99个、市级工程技术研发中心385家。在库高新技术企业359家，新增国家科技型中小企业285家，在库科技型小微企业953家。技术合同成交70项，合同成交金额2.73亿元。高新技术产品产值占规模以上工业总产值比重48.11%。2019年11月5日在新会人民会堂举办举办新会区第五届创新创业大赛；同时承办国家"双创"大赛港澳台赛新材料和生物医疗行业赛。新增培养、引进高层次人才382人，引进生物医药领域顶尖团队2个。

【文化】 2019年，新会区有区级文化场所4个，镇级文化站11个（含特级文化站4个、一级文化站7个），村级综合性文化服务中心226个。2019年9月，新会区创建成为“第二批省级公共文化服务体系示范区”，是江门市首个“省级公共文化服务体系示范区”市（区）。文化惠民活动丰富多样，2019年10月18日在新会体育馆成功举办第八届葵乡文化艺术节。全年举办展览74场，公益文艺培训班131场，开展送文化下基层活动89场，举办主题文化活动近2000场次。金牛山华侨义冢、凌东石戏台获核准成为第九批省级文物保护单位；司前龙舟习俗入选江门市第七批市级非物质文化遗产代表性项目名录。新会学宫维修和防雷工程、宏文社学维修工程、新会书院（第一期）修缮工程基本完工。67件文艺作品在省级以上比赛中获奖及在刊物中发表，新增国家级文艺家会员8人、省级18人，累计有国家级会员44人，省级会员309人。

【卫生】 截至2019年年底，新会区医疗卫生机构302家，床位4916张，从业人员5227人，全科医生320名，每万人口全科医生数3.68人。常住人口政策生育率94.38%，一孩、二孩生育登记9380对，再生育审批384对。对90周岁以上高龄老人实行免费医疗，惠及3508人，人均18240元。享受免费医疗金额1046.74万元。推进基层医疗卫生机构改革，完成区人民医院与古井镇中心卫生院紧密型医联体建设，规范化建设卫生站43家；区养老中心投入运营，新增养老床位650张，医疗床位350张；陈经纶医院投入运营。基本公共卫生服务水平提高，基本公共卫生服务/月人均经费补助标准由55元提高到69元。建立居民健康档案71.54万份，建档率82.31%；组建家庭医生服务团队160个，常住人口签约41.93万人，签约率48.25%；重点人群签约17.19万人，签约率80.82%。区人民医院顺利通过“国家卒中中心”认证和全市首家“危险性上消化道出血救治区域中心”认证，建立广东省医学3D打印应用转化工程技术研究中心新会区人民医院临床基地。依托区妇幼保健院建立“新会区危重孕产妇救治中心”；区中医院脾胃病科入选广东省“十三五”中医特色专科。通过省级健康促进区验收和国家卫生城市复审，罗坑镇、沙堆镇成功创建成为广东省卫生镇。

【体育】 截至2019年年底，新会区有各类体育馆19个，体育场地2455个，总面积191.44万平方米，人均拥有面积2.19平方米。全年举办体育赛事活动24项共1000场，举办2019年全国青少年体育冬夏令营（广东站）江门乒乓球夏令营；承办广东省第四届传统龙舟争霸赛、广东省摩托车越野邀请赛。体育组织壮大，拥有体育总会1个、体育类社会组织22个，新成立区网球协会、区羽毛球运动协会、区明安青少年体育俱乐部和区极限运动协会等组织。体育佳绩捷报频传，新会籍运动员获全国赛奖牌9枚；组队参加市第九届运动会（简称“市运会”），获得团体总分5053分、金牌总数262.5枚，实现参加市运会“双第一”以及“九连冠”好成绩，新会区获“体育道德风尚奖”和“最佳赛区奖”。

【城乡建设】 2019年，新会主城区建成区面积48.28平方千米，建制镇建成区面积36.85平方千米。投入65.59亿元开展81个城市品质提升工程项目，新建城区道路6条，人行天桥3座，“口袋公园”3个，慢行系统12千米，完成圭峰西路、育才路、冈州大道等10条道路“白改黑”（将水泥混凝土路面改建为沥青混凝土路面，达到环保、防尘、降噪和增添行车舒适性效果），老旧住宅加装电梯3座，升级改造集贸市场20个，拆除499件“两违”建筑（未经批准占用土地擅自建房的行为和没有取得建设工程规划许可证或者违反建设工程规划许可证核定的建房行为）。完成西坑垃圾填埋场封场工程。创新实施“夜间停车”，新增公共停车位1200个。推进小城镇扩容提质，投入9亿元新增建设面积60万平方米。完成“大棚房”清理整治。开展“三清一改”行动（清理农村生活垃圾、村内塘沟、畜禽养殖粪污等农业生产废弃物，改变影响农村人居环境的不良习惯），完成1249个自然村人居环境基础整治任务，80%村庄达到干净整洁村标准。新（改）建旅游公厕39座、农村公厕148座，无害化户厕普及率100%。建成农村污水处理设施327个、万里碧道14.4千米、“四好农村路”（建好、管好、护好、运营好农村公路）44.5千米。打造“葵乡美丽廊道”215千米。2019年12月14日睦洲石板沙村被2019年美丽乡村博鳌国际峰会评选为“2019中国最美乡村”。2019年2月14日古井镇慈溪村被广东省文联、广东省民间文艺家协会认定为第六批广东省古村落。2020年3月16日崖门镇坑口村、古井镇慈溪村获江门市住房和城乡建设局评为2019年江门市宜居村庄。

【环境保护】 2019年，新会区成功创建国家生态文明建设示范区，空气质量优良天数306天，西江水系基本保持Ⅱ—Ⅲ类水质，潭江干流总体达到Ⅲ类水质，城市集中式饮用水源地水质保持优良。紫水河、会城河治理成效稳定，龙湾河（新会段）实现“不黑不臭”，英洲海水道（城区段）综合治理工程动工。按期办结省环保督察组交办的110件案件，完成整治“散乱污”企业1233家、市级挥发性有机物（VOCs）重点监管企业14家、生物质燃料锅炉188台、入河排污口189个。加强环境监管执法，检查企业5365家次，办理信访投诉案件4898宗，发出责改决定书和限期改正通知书364份，作出行政处罚决定106件，处罚总金额1226.6万元，立案4件。

【人民生活】 2019年，新会区民生支出62.9亿元，比上年增长10.6%。城镇登记失业率1.7%，新增就业7436人，失业人员再就业5026人。全区共发放就业创业补贴1450.4万元。推进“两线合一”，投入1700万元完成脱贫“八有”指标，低保标准提升至每月每人850元，特困人员基本生活补贴标准提升至每月每人1360元；城乡居民基本养老保险基础养老金最低标准提高至每月每人195元；城乡医保财政补助标准提高至年人均520元；低收入群体医疗保障实现全覆盖。18家定点医疗机构实现异地就医结算，“一站式”救助覆盖全区24家定点医院。首家爱心厨房投入使用，居家养老服务站、长者食堂实现区镇全覆盖。新分配公租保障房159套。是年培训粤菜师傅383人次。对口扶贫的宁明县脱贫摘帽，派驻宁明县扶贫工作组获国家东西部扶贫考核优秀奖，通过市精准扶贫考核验收。推广休息日预约服务，办理业务2.9万件，服务群众3.1万人次。

【社会保险】 2019年，新会区城镇职工基本养老保险参保（含离退休）30.16万人，城乡居民社会养老保险参保28.37万人。城（乡）镇基本医疗保险参保74.96万人，其中城镇职工医疗保险参保31.36万人，城乡居民医疗保险参保43.6万人。工伤保险参保20.26万人，生育保险参保18.57万人，失业保险参保18.2万人。全年社保基金（不含机关养老、其他医疗）总收入53.58亿元，总支出56.64亿元（其中待遇支出54.94亿元），历年累计结余24.15亿元。

【工业园（区）建设】 2019年，新会区拥有深江产业园、珠西新材料集聚区、粤澳（江门）产业合作示范区、经济开发区、广东轨道交通产业园等核心园区，全部享受省级产业转移园政策。全年全区工业园实现规模以上工业增加值28.15亿元，比上年增长5.2%，完成工业固定资产26.75亿元，增长36.74%。深江产业园大泽园区、珠西新材料集聚区基础配套建设EPC工程加快推进，深江产业园司前园区（启动区）基础配套设施PPP工程动工，粤澳园区澳葡青年创业园基础配套设施PPP工程完成招标。崖门新财富环保电镀基地三期厂房完工、四方威凯综合楼封顶、中南高科首期厂房基本完成。芳源循环科技新能源材料等8个项目完成供地。新增签约项目8个，计划总投资93.8亿元，其中超20亿元项目3个。2019年8月30日，在江门万达嘉华酒店承办“湾区新枢纽 轨道产业城”2019广东（江门）轨道交通装备产业发展大会，促成11个意向项目签约入驻轨道交通产业园，加快打造世界级轨道交通产业基地。

【信息化建设】 2019年，新会区推进“数字政府”建设，政务网络出口带宽增长27%，数据存储扩容24%，利用大数据实施自动兑付“黄金十条”奖励3800万元，惠及企业141家，占“黄金十条”奖励的73%。推广新会区党政协同办公自动化系统和政务数据资源共享，43家单位实现无纸化办公，47家单位共享目录纳入江门市政务信息资源共享交换平台。完善网络安全技术体系，拦截攻击135万次。

【重点建设项目】 2019年，新会区15个项目纳入省重点项目，完成投资55.21亿元，完成年度投资计划124.42%；81个项目纳入市重点项目，完成投资133.78亿元，完成年度投资计划122.31%；124个区重点项目完成投资223.53亿元，完成年度投资计划114.18%。新澳重大技术装备创意创业园、芳源新能源动力电池正极材料生产、中南高科·新会融智创美产业谷等投资超20亿元的重大项目动工建设，华岩建材、崖门工业固体废物处置中心建设项目等36个项目竣工（投产）。

【重大庆典活动】 举行机构改革单位集中挂牌仪式 2019年，新会区完成深化机构改革各项任务，在2月18日举行新机构集中挂牌仪式。改革后，新会共设置区级党政机构30个，其中区委机构8个，区政府工作部门22个。举办重大项目集中开工暨“两看两比”活动（即看增量、看项目，比进度、比差距）。 2019年，新会区开展4次重大项目集中开工暨“两看两比”活动，展示项目48个，总投资260亿元。完工或投产项目12个、在建28个、开展前期工作8个。旺盈印刷包装、恒粤家具等投资超20亿元项目实现“当年签约、当年供地、当年动工”。

承办侨港新会商会110周年会庆世界恳亲大会 2019年4月15日，侨港新会商会110周年会庆世界恳亲大会在新会举行，来自美国、马来西亚、新西兰等国家和地区的海外乡亲、社团代表近200位乡亲回到家乡，畅述情谊，共谋发展。

承办全国现代农业产业园工作现场会。 2019年4月19日—20日，全国现代农业产业园工作现场会在新会陈皮农业产业园召开。国家农业农村部部长韩长赋与参会代表调研考察新会陈皮国家现代农业产业园的“大基地、大加工、大科技、大融合、大服务”建设情况，韩长赋对新会陈皮产业园标准化种植及引进引进“陈皮银行”等金融服务做法给予肯定。

接待香港行政长官林郑月娥考察 2019年5月18日，香港特别行政区行政长官林郑月娥带队到江门市考察。期间，林郑月娥一行在新会考察中集模块化建筑投资有限公司、中车广东轨道车辆有限公司、新会陈皮村、李锦记新会食品有限公司等企业，就携手共建粤港澳大湾区进行交流。

举办“聚才引资乐游新会”文旅招商推介会 2019年7月5日，新会区在新会龙泉度假酒店举办“聚才引资乐游新会”文旅招商推介会，向国内文旅龙头企业代表、专家学者，推介宋元崖门海战文旅、沙仔岛“侨都锦田”田园生态旅游区、蔡李佛功夫小镇等17个项目，组织与会嘉宾实地考察新会特色旅游资源，谋求合作共赢，推动新会文旅产业发展。

承办广东（江门）轨道交通装备产业发展大会 2019年8月30日，在江门万达嘉华酒店承办“湾区新枢纽轨道产业城”2019广东（江门）轨道交通装备产业发展大会，展示广东（江门）轨道交通产业园发展成果，推动江门打造世界级轨道交通产业基地。活动现场有11个意向项目签约入驻广东轨道交通产业园，意向总投资60亿元。中车广东公司的深圳地铁6号线新车成功下线、广州地铁6号线增购车辆项目开工、动车组检修项目奠基。

承办2019年中国农民丰收节五邑地区庆祝活动 2019年9月23日，江门市“贺硕果金秋、庆幸福丰年”农民丰收节活动在新会区陈皮村举行，该活动被纳入2019年中国农民丰收节“全国70地庆丰收全媒体直播活动”。活动以地方民俗文化特色节目、农业特色歌舞、表演等方式，向全国人民直播五邑民俗风情，分享丰收喜悦。

举办系列活动迎接新中国成立七十周年大庆 2019年9月30日，“盛世欢歌致敬祖国”新会区庆祝中华人民共和国成立70周年文艺晚会在新会人民会堂举行。10月1日上午，“我和国旗同框”爱国主义体验式教育活动先后在冈州广场和新会文化馆举行，70组新会亲子家庭一起拼国旗、唱国歌、观看阅兵式，用行动向祖国献礼。10月2日上午，“我和我的祖国”国庆大型群众文艺嘉年华活动在新会人民会堂广场举行，以爱国歌曲大家唱、游园会、主题摄影等形式，展示新会葵乡独特风土民情和文化成果。

举办第八届葵乡文化艺术节 2019年10月18日，新会区第八届葵乡文化艺术节在新会体育馆开幕。本届文化节以“奋斗新时代，筑梦新葵乡”为主题，在3个月内举办艺术展览10个、文艺演出7场、文艺赛事5项、大文化节庆活动4场共26项群众文化活动，描绘美丽新会，讴歌新时代葵乡人民积极投身粤港澳大湾区建设的奋斗精神。

举办第五届中国·新会陈皮文化节 2019年10月15日，第五届中国·新会陈皮文化节新闻发布会在北京人民大会堂成功举办。11月8—10日，第五届中国·新会陈皮文化节在陈皮古道广场开幕，活动以“美丽中国”“乡村振兴”为背景，通过举办产品展销博览会、产业发展论坛、陈皮美食节等形式，展示新会陈皮国家现代农业产业园高质量建设成果，推动新会陈皮产业做大做强。该次活动有40家企业签订合作协议，意向金额近15亿元；新会陈皮行业协会发布全球打假公告，200名协会成员宣誓共同维护新会陈皮品牌。

举办第三届中国（新会）古典家具文化博览会 2019年11月15日，第三届中国（新会）古典家具文化博览会在新会古典家具城举行。活动通过举办行业发展论坛、新会“广作”名优产品展、木工机械展等形式，展示新会古典家具产业发展成果。专家、行业精英等各界嘉宾600人相聚现场，紧扣“规范行业、提升产业、融入湾区”的主题探讨交流。

表43

2019年新会区国民经济发展情况表

项目	单位	2019年	比上年增长（%）
人口	万人	765313	0.2
土地面积	平方千米	1354.71	—
国内生产总值	亿元	806.22	7.1
人均国内生产总值	元	91450	5.1
规模以上工业总产值	亿元	282.31	9.3
农业总产值	亿元	87.75	5.5
全社会固定资产投资	亿元	428.89	12.1
外贸出口总额	亿元	216.9	1.9
实际利用外资	亿美元	1.01	完成100.78
地方财政一般预算收入	亿元	56.73	1.01
社会消费品零售总额	亿元	322.3	9.6
城乡居民储蓄存款余额	亿元	663.72	1.51

表44 2019年新会区社会事业基本情况表

项目		单位	2019年
基本设施建设	高速公路营业里程	千米	55.6
	公路通车里程	千米	1537.3
	港口泊位	个	115
	航运通航里程	千米	338
	发电装机容量	万千瓦	6.498
	年末固定电话用户	万户	14.33
教育	中职学校（含技校）	所	3
	中职学校（含技校）在校学生	人	8868
	普通中学学校	所	42
	普通中学学校在校学生	人	46904
	小学学校	所	66
	小学学校在校学生	人	68251
	幼儿园	所	145
	在园幼儿	人	24936
	小学学龄儿童入学率	%	100
医疗 文化 体育	医院	所	23
	其中：县级医院	所	6
	等级医院	所	15
	卫生机构医院床位数	张	4916
	平均每千人拥有床位	张	5.69
	影剧院	间	5
	体育馆	座	19

表45 2019年新会区获全国系统表彰先进单位、荣誉称号统计表

荣誉名称	获奖单位	获奖时间	颁奖单位
2018年度全国综合减灾示范社区	会城街道南兴社区 大泽莲塘村 会城街道民和社区	2019年1月	国家减灾委员会、应急管理部、中国气象局、中国地震局
全国巾帼建功先进集体	广东省江门市新会区司前人民医院妇产科	2019年3月	中华全国妇女联合会
全国五四红旗团委	新会技师学院	2019年4月	共青团中央
全国青少年校园足球特色学校	新会华侨中学、新会第二中学	2019年4月	教育部
全国第六届中小学生艺术展演活动优秀组织奖	新会区教育局	2019年4月	全国第六届中小学艺术展演活动组织委员会
国家东西部扶贫考核优秀奖	新会派驻宁明扶贫工作组	2019年5月	国家扶贫办
全国模范职工小家	三江镇景隆橡塑有限公司	2019年5月	中华全国总工会
2018年度母婴友好医院	新会区妇幼保健院	2019年7月	中国妇幼保健协会
全国先进优秀麻风院村	新会区皮肤医院	2019年9月	中国麻风防治协会
全国公安一级派出所	江门市公安局新会分局睦洲派出所	2019年12月	公安部
2018年度中国地方金融“十佳成长性银行”	江门农商银行	2019年11月	金融时报社、全国地方金融论坛办公室、地方金融研究院
2019年全国综合减灾示范社区	新会区古井镇古井社区	2019年12月	国家减灾委员会、应急管理部、中国气象局、中国地震局

续表

荣誉名称	获奖单位	获奖时间	颁奖单位
2019年全国乡村治理示范村	睦洲镇南安村	2019年12月	农业农村部农村合作经济指导司
2019年中国最美乡村	睦洲镇石板沙村	2019年12月	美丽乡村博鳌国家峰会组委会
国家3A旅游景区	睦洲镇石板沙村	2019年12月	江门市旅游景区质量等级评定委员会

表46　2019年新会区获全国系统表彰先进个人名录一览表

姓　名	性别	所在单位及职务	荣誉名称	颁奖单位	获奖时间
陈哲东	男	新会区农机安全监理站站长	2018年度全国农机安全监理示范岗位标兵	农业农村部、应急管理部	2019年1月
肖湘荣	男	三江镇人民政府司法所所长	全国模范司法所长	中华人民共和国司法部	2019年1月
廖长宏	男	新会区教育团工委副书记、梁启超纪念中学学校团委书记	全国航天特色学校优秀教师	中国宇航学会	2019年3月
李志强	男	江门市新会区救助管理站站长	全国民政系统先进工作者	人力资源和社会保障部、民政部	2019年3月
邹国怡	男	会城太极拳协会	第八届世界传统武术锦标赛男子E组传统陈式太极拳、男子E组陈式太极剑金牌	国际武术联合会	2019年6月
张松坚	男	区人民法院大泽人民法庭副庭长	全国优秀法官和第五届广东省“人民满意的公务员”	最高人民法院；广东省委、省人民政府	2019年1月 2019年7月
余惠云	女	新会技师学院教师	2019世界园艺博览会室内展品竞赛金奖	2019年中国北京世界园艺博览会组织委员会	2019年8月
周瑞兰	女	古井小学副校长	全国优秀教师	教育部	2019年9月
陈渭文	男	皮肤医院 党总支书记、院长	全国麻风院村先进工作者	中国麻风防治协会	2019年9月
容妙娜	女	新会葵城中学教师	2019年度全国中小学实验教学能手	教育部	2019年10月

附件：2019年新会区内发生的居世界、亚洲、全国、全省或全市之最的事物

1. 是年，新会区位居全国综合实力百强区第49位，比2018年晋升1位。

2. 是年，新会区承办全国现代农业产业园工作现场会，新会陈皮现代农业产业园被认定为第二批国家现代农业产业园，陈皮产业发展经验作为广东种植业唯一代表入选全国乡村产业振兴典型案例，全产值85亿元。新会陈皮入选为“淘宝天猫地方特色农产品地图”广东地区三种地标产品之一，新会陈皮品牌价值98.21亿元。

3. 是年，新会区成功创建“第二批省级公共文化服务体系示范区”，成为江门市首个“省级公共文化服务体系示范区”市区。

4. 是年，新会区送展的新会葵艺工艺画《粤韵葵风》在2019年北京世界园艺博览会荣获金奖。

5. 1月7日，新会区大鳌镇东风村在全市率先挂牌成立农村股份经济合作联合社，并向联合社成员颁证。

6. 10月8日，江门市不动产登记中心新会分中心开通全省首创的“中午不打烊”服务。

7. 12月7日，新会高级技工学校经省批复正式升级为新会技师学院，成为广东省首家县区级技师学院。

8. 12月16日，在2019美丽乡村博鳌国际峰会上，新会获“全国百佳旅游目的地”，睦洲镇石板沙村获“2019年中国最美乡村”。

9. 是年，新会籍运动员陈健新在2019加拿大残疾人自行车公路世界杯赛上勇夺男子T1级18.9千米大组赛第一名，在2019年UCI残疾人自行车公路世锦赛中夺得男子T1级20.8千米个人计时赛冠军和22.2千米大组赛冠军。

10. 是年，在由国家体育总局社会体育指导中心、中国龙舟协会、CCTV-5体育频道共同主办的中华龙舟大赛中，新会泓达堂陈皮龙舟队夺得总决赛2金1银及年度总冠军，获2020年亚洲龙舟锦标赛参赛资格。

（新会区人民政府办公室）

台山市

概 况

【位置·面积】 台山市位于广东省珠江三角洲西南部，东经112°18′—113°03′，北纬21°34′—22°27′之间。南濒南海，北靠潭江，东北与江门市的新会区相连，西北与江门市的开平市为邻，西南部与阳江市、江门市的恩平市毗邻，东南面的大襟岛与珠海市隔海相望。行政区域面积3287平方千米。

【行政区划】 2019年，台山市辖台城街道和大江、水步、四九、白沙、三合、冲蒌、斗山、都斛、赤溪、端芬、广海、海宴、汶村、深井、北陡、川岛16个镇。全市有行政村277个，居民社区36个。

【气候】 台山市属亚热带季风型气候，夏季盛吹南风，冬季盛吹北风，受海洋天气影响显著，夏季不酷热，冬季不严寒，气候温和，雨量充沛，日照充足，热量丰富。年平均气温22.3℃，最热月份（7月）平均气温28.4℃，最冷月份（1月）平均气温14.2℃。年均降雨量2007.7毫米，沿海地区降雨量2200毫米，年均暴雨日有10天。雨季正常始于4月上旬、中旬，结束于10月上旬，降雨集中在4—9月，占全年雨量的85%；冬春少雨，10月至次年3月雨量只占全年15%。每年5—11月是台风影响季节，相对集中在7—9月，年均有3—4个热带气旋影响台山。风有地理差异，沿海大于陆地，年平均风速陆地为2.4米/秒，沿海为5.0米/秒，两者相差1倍，尤以热带气旋和冷空气带来的强风更为明显，一般可相差2~3级。因冷空气、热带气旋造成8级以上的大风，在沿海平均每年约30天，而陆地仅4.5天。（注：气温、降水等气象要素统计源于1981—2010年的气象观测数据）

2019年，台山市天气特征是：开汛早，龙舟水偏重，气温高，第四季度干燥。年平均气温23.9℃、偏高1.6℃，年内最高气温38.1℃（7月18日），最低气温8.0℃（1月1日），年降雨量2370.9毫米、偏多近2成；前汛期4—6月雨量1013.8毫米、较常年偏多近2成，后汛期7—9月雨量1025.6毫米、偏多近2成。入秋后，总体气温偏高，无明显寒露风。年内受5个热带气旋（4号台风“木恩”、7号台风“韦帕”、11号台风“白鹿”、12号台风“杨柳”）影响，数量正常。其中“木恩”和“韦帕”影响较重。7月3—4日，受第4号台风“木恩”影响，全市出现暴雨到大暴雨，过程最大雨量点为都斛镇184.8毫米，沿海出现8级阵风；7月29日到8月3日，受第7号台风“韦帕”影响，全市风雨明显，有暴雨到大暴雨，过程最大雨量点为端芬镇531.9毫米，沿海阵风8到10级。

【主要河流】 台山境内河流分属2个流域，北部河流由东南向西北流归潭江，属珠江流域水系河流；南部和西南部河流从北向南注入南海，属粤西沿海诸小河水系河流。全市集雨面积100平方千米以上的河流10条，主河道总长334.4千米。其中属珠江水系河流有潭江、新昌水、五十水、三合水、公益水和白沙水6条，属粤西沿海诸小河水系河流有大隆洞河、斗山河、那扶河和深井河4条。集雨面积小于100平方千米、直接流入南海的河流7条，其中南部有东滘河、赤溪河、曹冲河、大马河，西部有海宴河、汶村河和那琴河。

【人口·民族】 2019年，全市户籍总人口96.80万人，比上年减少2649人。其中男性49.11万人，女性47.69万人。全市人口出生率8.80‰，死亡率6.91‰。全市有百岁寿星86人，男性15人，女性71人。

根据2011年8月户籍人口统计，台山市有少数民族户籍人口1.04万人，男性1005人、女性9424人，少数民族人口占总人口的1.06%。全市有民族32个，人数较多的少数民族有壮族、瑶族、苗族、土家族等。

台山是全国著名侨乡，根据2016年台山市侨情调查数据库数据，旅居海外华侨华人110多万人，分布在世界五大洲110多个国家和地区。有港澳台同胞50多万人。

【社会经济发展】 2019年，全市实现地区生产总值452.24亿元，比上年增长5.0%。其中：第一产业增加值101.56亿元，增长7.0%；第二产业增加值173.91亿元，增长4.5%；第三产业增加值176.77亿元，增长4.8%。三次产业结构比例22.46∶38.46∶39.08。第三产业增加值中，批发和零售业增长4.8%，交通运输、仓储和邮政业增长4.1%，住宿和餐饮业增长1.8%，金融业增长6.8%，房地产业下降0.3%；营利性服务业增长9.4%，非营利性服务业增长4.1%。人均地区生产总值47422元，增长4.9%。

【工业】 2019年，台山市规模以上工业增加值比上年增长5.7%，规模以上工业总产值增长4.6%。其中按经济类型分，国有企业下降41.4%；股份制企业下降2.5%；外商及港澳台商投资企业增长16.4%。十大支柱产业产值中，电力、热力生产和供应业增长31.2%，金属制品业增长1.7%，农副食品加工业增长6.5%，汽车制造业增长6.9%，电气机械和器材制造业下降

2.2%，皮革、毛皮、羽毛及其制品和制鞋业增长2.4%，通用设备制造业下降18.3%，非金属矿物制品业下降11.7%，计算机、通信和其他电子设备制造业下降14.3%，橡胶和塑料制品业增长35.8%。

【农业】 2019年，台山市农林牧渔业总产值178.04亿元，比上年增长0.8%。其中，种植业产值42.03亿元，增长6.8%；林业产值2.35亿元，下降2.7%；牧业产值12.88亿元，增长9.2%；渔业产值118.83亿元，下降3.1%；农林牧副渔服务业产值1.95亿元，增长7.8%。全年粮食播种面积70617.2公顷，增加3849.21公顷；甘蔗种植面积1006.68公顷，减少51.9公顷；花生种植面积4660.3公顷，减少51.2公顷；蔬菜种植面积2328公顷，增加1863公顷；水果种植面积6113.7公顷，增加146公顷。全年粮食总产量38.22万吨，增加3.1万吨；甘蔗产量8.6万吨，减少0.62万吨；花生产量1.29万吨，增加0.06万吨；蔬菜产量49.27万吨，增加5.6万吨；水果产量8.19万吨，增加0.97万吨。全年完成人工造林面积（含迹地更新）5614公顷，幼林抚育作业面积4457公顷，成林抚育面积2920公顷。全年肉类总产量4.46万吨，增加0.33万吨，其中猪肉产量2.48万吨，减少0.24万吨；禽肉产量1.94万吨，增加0.57万吨。全年水产品总产量39.89万吨，其中海水产品产量25.27万吨，增加0.66万吨；淡水产品产量14.62万吨，增加0.46万吨。年末全市农业机械总动力49.63万千瓦，减少0.59万千瓦；化肥施用量（折纯）4.65万吨，与上年持平。

【财政】 2019年，台山市地方公共财政预算收入31.65亿元，比上年增长8.2%，其中税收收入20.87亿元，增长3.5%；非税收入10.79亿元，增长18.7%。地方公共财政预算支出69.73亿元，增长11.9%。一般公共财政民生投入482998万元，占全市一般公共财政支出69.27%，比上年增支44706万元，增长10.2%。

【税务】 2019年，台山市税务局组织税费收入860564万元，比上年增长18.08%，增收131778万元。其中：海关代征收入29805万元，比上年增长153.47%，增收18046万元；税务部门组织国内税收收入554998万元，比上年增长3.84%，增收20541万元。国内中央级收入225483万元，比上年增长2.65%，增收5827万元；省级收入120848万元，比上年增长6.74%，增收7626万元；县（市）级收入208667万元，比上年增长3.52%，增收7088万元；社保费收入233411万元，比上年增长45.94%，增收73475万元；其他费金收入42,350万元，比上年增长87.11%，增收19716万元；办理出口产品退（免）税114200万元，比上年增长29.63%，增退（免）26100万元。

【金融】 2019年，台山市金融机构各项存款余额670.24亿元，比上年增长9.9%。其中：境内存款余额635.45亿元，比上年增长10.4%；境外存款余额34.79亿元，比上年末增长0.8%。是年末各项贷款余额468.64亿元，比上年增长10.7%，在各项贷款中：境内贷款余额465.0亿元，比上年增长10.7%；境外贷款余额3.64亿元，比上年增长12.8%。

【固定资产投资】 2019年，台山市全社会完成固定资产投资比上年增长12.6%。从登记注册类型来看，内资比上年增长10.7%；港澳台商投资同比增长41.3%；外商投资比上年增长6.9%。从产业划分来看，第一产业投资比上年增长872.1%；第二产业投资比上年下降10.0%；第三产业投资比上年增长45.0%。全市房地产开发投资97.44亿元，比上年增长34%；房屋施工面积541.31万平方米，比上年增长8.9%；商品房销售面积110.9万平方米，比上年下降10.1%。

【建筑业】 2019年，台山市有资质等级的建筑企业总产值24.91亿元，比上年下降18.7%；竣工产值13.35亿元，比上年下降32.7%；全年房屋建筑施工面积230.83万平方米，比上年下降10.1%；房屋建筑竣工面积73.66万平方米，比上年下降29.6%。

【商业】 2019年，台山市实现社会消费品零售总额278.95亿元，比上年增长9.3%。其中：批发和零售业零售额250.9亿元，增长9.4%；住宿和餐饮业零售额28.05亿元，增长8.0%。在限额以上批发和零售业商品零售额中，粮油、食品、饮料、烟酒类比上年下降6.7%，服装、鞋帽、针纺织品类比上年增长45.0%，化妆品类比上年增长721.4%，日用品类比上年增长25.1%，五金、电料类比上年下降30.7%，书报杂志类比上年增长8.9%，家用电器和音像器材类比上年增长24.1%，中西药品类比上年增长15.9%，石油及制品类比上年增长16.9%，机电产品及设备类比上年下降4.9%，汽车类比上年增长19.9%。

【旅游业】 2019年，台山市有旅游景区（点）35个，其中AAAA级旅游景区3个；五星级旅游饭店1家，三星级1家。旅行社17家，营业部7家。

是年，台山市创建国家首批全域旅游示范区；协调旅游项目落地、振兴乡村旅游工作、旅游基础设施建设、景区景点升级改造、旅游安全生产及行业管理等工作成效显著。广东省文化和旅游厅公布首批广东省100条乡村旅游精品线路名单，端芬镇汀江华侨文化走廊线路成功入选。从2011年起台山市连续九年获得“广东县域旅游竞争力十强”称号。

【对外经济贸易】 2019年，台山市外贸进出口总额99.8亿元，比上年下降27.5%。其中出口额85.9亿元，下降18.2%；进口额13.9亿元，下降57.4%。实现贸易顺差72亿元。实际利用外资1.52亿美元，增长43.1%。

【外事】 2019年，台山市共4个出国团外出进行招商及侨务访问活动；办理因公证照4批共20人；出访同意函2批共2人。全年接待外事外宾4批56人次。

【侨务】 加强海外交流联谊。2019年，台山市外事侨务局、市归国华侨联合会协助台山市政府接待海外重点社团，参与第六届世界海宴都同乡联谊恳亲大会、世界伍氏宗亲总会第十一届恳亲代表大会、白沙镇2019年第二届海内外乡亲恳亲大会、2019年水步镇海外乡亲联谊大会和世界梅氏宗亲总会第十四届恳亲大会。

【对外宣传】 2019年，台山市35家侨刊乡讯均正常出版，出版发行20万册，印发到110个国家和地区。优化《新宁杂志》、台山市海联微信公众号等对外宣传平台，及时更新内容。11月11日，举办《新宁杂志》创刊110周年顾问座谈会。通过台山华侨故事影视化宣传台山侨文化。支持海外专业人才到台山市成立影视文化公司， 7月28日正式启动拍摄由台山人编剧、导演、演绎、讲述台山华侨故事的电影《飘》；4月27日至5月1日协助中央电视台和江门电视台在美国和澳大利亚境内拍摄反映华侨华人历史的纪录片——《金山客》。

【捐赠管理】 是年，台山市外事侨务局继续将全市侨眷项目纳入动态管理，对每年10万元人民币以上捐赠项目按教育、卫生、体育等进行分类管理，对其中的重点人士、重点社团再进行归纳整理。全年接受华侨华人、港澳台同胞捐赠143件，捐赠人民币总额1950万元（改革开放以来，全市共接受华侨、港澳同胞捐赠公益事业项目19708宗，总额29.55亿元人民币）。

【交通运输】 2019年，台山市公路通车里程3128.7千米。其中，高速公路145.2千米，一级公路136.5千米。各种运输方式完成货运周转量97130.92万吨千米，其中公路货运周转量14365.34万吨千米；水路货运周转量82765.58万吨千米。完成客运周转量58795.16万人千米，其中公路客运周转量54486.4万人千米；水路客运周转量4308.76万人千米。港口货物吞吐量1835.91万吨；其中集装箱363.877万吨；港口旅客吞吐量427.03万人。年末民用车辆拥有量38.55万辆，实有的士78辆，实有公共汽车营运车辆100辆。

【邮政·通信】 2019年，台山市完成邮电业务总量77650万元，比上年增长3.49%。年末全市共设邮政局（所）31处，其中支局11处；全市固定电话用户14.21万户；移动电话用户86.5万户；互联网用户25.68万户。

【教育】 2019年，台山市有独立设置的幼儿园85所，在园幼儿2.32万人；全市共有小学54所，在校学生5.36万人；初中30所，在校学生2.31万人；高中7所，在校学生1.37万人；中等职业学校4所，在校学生0.71万人。特殊教育学校1所，在校学生317人。全市小学学龄儿童入学率100%，初中学龄人口入学率100%，初中毕业生升学率98.66%。全市高考升学人数5591人，高中升学率85%。预算内教育经费拨款15.94亿元，比上年增加1.58亿元，增长1.96%，占市财政总支出的23.06%；华侨和港澳同胞为兴建校舍、增添设备和奖教奖学助学捐资429万元。

【科技】 2019年，台山市地方财政科学技术支出1.4亿元，拥有县级以上科研机构2个。是年末全市拥有国家高新技术企业122家，累计认定高新技术产品621种；拥有专业技术职称人员28852人，其中获中级以上职称10677人。

【文化】 2019年，台山市拥有文化站17个，县级艺术表演团体2个。有公共图书馆1间，电子书藏量36万册，纸质书籍藏量38万册，图书馆全年流通人数25万人次，图书外借数16万册次，图书馆阅览室坐席数400个。有博物馆1个，馆藏文物8934件。设县级广播电台和电视台各1座，广播人口综合覆盖率100%，电视人口综合覆盖率100%，有线电视用户15.29万户。

【卫生】 2019年末，台山市卫生部门有医疗卫生机构377个，床位4170张，卫生技术人员5829人。卫生技术人员中执业（助理）医师1898人、注册护士2704人、药师（士）325人、技师（士）257人，其他卫生技术人员645人。

【体育】 2019年，台山市拥有体育社团57家，有社会体育指导员3288人。市体育健儿在国内赛事中，获得2项冠军；在省级比赛上，获得亚军和季军各1项；在江门市第九届运动会上，团体总分和金牌数均位列江门市第二名。

【城乡建设】 2019年，台山市投入9.85亿元开展城市品质提升行动，顺利通过全国文明城市提名城市年度测评。24条历史街区活化提质工程即将完工。金星大道东延线建成通车，星衢路、石岭路基本建成，石花文化广场平交口优化提升，新建市政道路3.94千米。新档案馆和华侨文化博物馆建成，金星湖湿地公园、长岭公园开门迎客。完成广场和公园绿化提升10万平方米、道路绿化提升12.5千米。新增“三旧”改造项目33.55公顷，完成“三旧”改造项目21.71公顷。水步镇国家新型城镇化标准化试点通过国家终期验收。完成全市275个行政村村庄规划编制。新建镇级污水处理厂4个，建成农村污水处理设施442个。建成无害化卫生公厕773间、户厕2.3万间，户厕普及率99.1%。完成“四好农村路”67千米，改造危桥5座。打造16个生态宜居示范村，53个行政村被评为“江门市生态村”。海宴镇五丰村成为国家级“一村一品”示范镇村和全国乡村治理示范村，斗山镇横江村、端芬镇东宁村获评为“中国传统村落”。

【环境保护】 2019年，台山市市区空气环境质量良好，达到国家大气环境质量二级标准，二氧化硫年均浓度9微克/立方米，二氧化氮年均浓度22微克/立方米。饮用水源水质达标率100%；城市水域功能水质达标率100%，跨市河流交接断面水质达标率100%；区域环境噪声平均值和交通干线噪声平均值分别为56.9分贝和

69.5分贝，达到国家考核标准。全年审批环保建设项目55项。全市有环境监测站1个，环境监测人员19人。建立烟尘控制区1个，烟尘控制面积21.3平方千米。建有污水处理厂18座。市区空气质量优良以上天数331天。工业废水处理排放达标率100%；工业危险废物无害化处理率100%；工业一般固体废物综合利用率100%。

【人民生活】 2019年，台山市从业人员53.33万人，其中第一产业28.36万人，第二产业10.96万人，第三产业14.02万人。全年城镇新增就业人员5468人，城镇失业人员再就业人员3776人，城镇实有登记失业人员6818人，城镇登记失业率2.62%；开展农村劳动技能培训双转移就业人员2630人。全市常住居民人均可支配收入24116元，比上年增长9.0%，扣除价格因素实际增长5.8%，其中农村常住居民人均可支配收入19084元，增长10.6%，扣除价格因素实际增长7.4%；城镇常住居民人均可支配收入29693元，增长7.4%，扣除价格因素实际增长4.3%。城镇居民人均住房面积45.58平方米，增长5.0%。

【社会保险】 2019年，台山市社会保险基金收入23.89亿元，其中企业养老保险8.88亿元，城乡居民养老保险3.55亿元。城镇职工基本养老保险参保人数18.22万人，城乡居民基本养老保险参保人数46.62万人，城乡基本医疗保险参保人数69.35万人，失业保险参保人数8.83万人，工伤保险参保人数11.23万人，生育保险参保人数10万人。养老、失业、医疗、工伤、生育保险基金支出28.52亿元。

【工业园（区）建设】 2019年，台山市工业新城被广东省工业园区协会评为“五星级园区”，园区污水处理实现全覆盖，新增平整土地66.67公顷，万亩园区纳入省产业园政策范畴。广海湾工业园区融入珠江口西岸高端产业集聚发展区，编制完成总体规划、产业布局、区位调整、区域环评4项文本，LNG（液化天然气）接收站项目确定选址。省农产品加工示范区“一区多园”格局加速形成，PPP基础设施项目开建，5个产业项目入园动工，省级鳗鱼现代农业产业园启动建设。大湾区农产品交易流通中心启动征地及规划编制工作。

【信息化建设】 2019年，台山市互联网用户25.7万户，比上年减少22.4%，新增光纤接入用户数约2万户，光纤入户率100%；光纤建设全年总投资900万元，新增光缆线路总长度3000千米，光纤总覆盖能力65万户；移动电话用户86.5万户，减少0.23%，移动宽带普及率32%，新建公众移动通信基站点超100个，原有基站升级扩容150个，完成63个5G基站试点建设并开展试用。全市实现全部行政村4G信号覆盖，自然村4G信号普遍覆盖。

【重点建设项目】 2019年，台山市列入省重点项目12项，总投资1104.4亿元，占年度投资计划的152.7%。列入江门市重点项目77项，总投资1447.2亿元，年度计划投资77.6亿元，占年度投资计划的153.6%。

表47 2019年台山市国民经济发展情况

项目	单位	2019年	比上年增长（%）
户籍人口	万人	95.39	-0.27
土地面积	平方千米	3287.8	—
地区生产总值	亿元	452.24	5.0
人均国内生产总值	元	4.74	4.9
工业总产值	亿元	689.89	-4.0
农业总产值	亿元	178.04	0.8
固定资产投资总额	亿元	307.68	12.6
外贸出口总额	亿元	99.8	-27.5
实际利用外资	亿美元	1.52	43.1
地方财政一般预算收入	亿元	31.65	8.2
社会消费品零售总额	亿元	278.95	9.3
住户存款余额	亿元	670.24	9.9

表48　　2019年台山市社会事业基本情况表

项目		单位	2019年
基本设施建设	高速公路营业里程	千米	145.2
	公路通车里程	千米	3128.7
	港口泊位	个	21
	航运通航里程	千米	441
	发电装机容量	万千瓦	537.26
	年末固定电话用户	万户	14.21
教育	中等专业学校	所	4
	中等专业学校在校学生	人	0.71
	普通中学学校	所	37
	普通中学学校在校学生	人	3.68
	小学学校	所	54
	小学学校在校学生	人	5.36
	在园幼儿	人	2.32
	小学学龄儿童入学率	%	100
医疗 文化 体育	医院	所	6
	其中：县级医院	所	3
	等级医院	所	2
	卫生机构医院床位	张	4170
	平均每千人拥有床位	张	4.37
	影剧院	间	1
	体育馆	座	2

表49　　2019年台山市获全国系统表彰先进单位、荣誉称号统计表

单位名称	荣誉名称	授予单位	授予时间
台山市	第四批国家级农村职业教育和成人教育示范县	国家教育部、国家科学技术部、国家农业农村部、国家林业和草原局、国家粮食和物资储备局	2019年2月
台山供电局台城营业厅	全国巾帼文明岗	中华全国妇女联合会	2019年3月
广东厨艺技工学校团支部	全国五四红旗团委	共青团中央	2019年5月
斗山镇浮石村	全国乡村旅游重点村	国家文化和旅游部	2019年7月
台山市	首批国家全域旅游示范区	国家文化和旅游部	2019年9月
台山市首届美丽中国田园博览会	十佳田园城市	美丽中国田园博览会组委会	2019年9月
中国人民解放军广东省台山市人民武装部	先进师旅团级单位党委	中央军事委员会国防动员部党委	2019年10月
台山市工商业联合会	2018—2019年度全国‘五好’县级工商联	中华全国工商业联合会	2019年12月
台山市供销合作社、冲蒌镇供销合作社	金扁担改革贡献奖	中华合作时报社、中华全国供销合作总社信息中心、中华人国供销合作总社声像中心	2019年12月

表50　　2019年台山市获全国系统表彰先进个人名录

姓名	性别	工作单位及职务	荣誉名称	授予单位	授予时间
梁伟忠	男	台山市川岛镇中心小学教师	全国模范教师	国家人力资源和社会保障部、国家教育部	2019年9月
杨万基	男	上川岛气象站站长	最美奋斗者	中共中央宣传部、中共中央组织部、中共中央统战部、中共国家机关工作委员会、中共党史和文献研究院、国家教育部、国家人力资源和社会保障部、国有资产监督管理委员会、中共中央军事委员会政治工作部	2019年9月

开平市

概 况

【位置·面积】 开平市位于广东省中南部、珠江三角洲西南面，地跨东经112°13′～112°48′，北纬21°56′～22°39′；东北连新会区，正北靠鹤山市，东南近台山市，西南接恩平市，西北邻云浮市新兴县。全市总面积1658.6平方千米，境内南、北、西部多低山丘陵，东部、中部多为平原，西北部为山地。潭江自西向东横贯市境腹地，地势自南北两面向潭江河谷地带倾斜，海拔50米以下的平原面积占全市总面积的69%，丘陵面积占29%，山地面积占2%。

（开平市档案馆）

【行政区划】 2019年，开平市辖三埠、长沙2个街道和月山、水口、沙塘、苍城、大沙、马冈、龙胜、赤坎、塘口、百合、蚬冈、金鸡、赤水13个镇。全市有42个社区，226个行政村。

（开平市民政局）

【气候】 2019年平均气温较常年显著偏高，部分月份气温异常，其中1—4月、12月平均气温显著偏高；平均气温23.6℃，比常年偏高1.0℃，年最高气温37.6℃（7月18日），年最低气温8.0℃（12月7日）。年日照略偏少，年总日照时数1545.9小时，较常年偏少13.2%。降水正常，年总降雨量2005.5毫米，较常年偏多7.2%，年内出现8天暴雨，年最大日雨量197.6毫米（5月29日）；各月降水分布不均匀，其中3—5月显著偏多；1月、9月、11月和12月显著偏少。5月29日受高空槽和切变线共同影响，全市出现大暴雨降水过程。全年共受2个热带气旋影响，分别是1904号台风“木恩”、1907号台风“韦帕”。其中，受1904号台风“木恩”影响，7月3日全市出现暴雨；受1907号台风“韦帕”影响，8月1日全市出现大暴雨和大风天气。2019年有4天大风，18天高温和8天雾。

（开平市气象局）

【河流】 开平市境内河流众多，当支流均单独统计时，全市河流43条，总长570.67千米，其中跨县河流16条，总长300.5千米；跨镇河流4条，总长85.05千米；镇内河流23条，总长185.12千米。

主要河流是潭江，主流发源于阳江市牛围岭山，干流自西向东流经江门恩平市、开平市、台山市和新会区，在新会区双水镇附近折向南流，从崖门口出海。潭江在恩平市境内称为锦江，进入开平市境内直到新会双水镇称潭江，在双水镇折向南流后称银洲湖；沿途于恩平市境内汇纳蓢底水、莲塘水，于开平市境内汇纳蚬冈水、白沙水、镇海水、新昌水、新桥水、址山水，于新会区汇纳会城河、江门水道、虎坑水道、下沙河，在崖门出口处与虎跳门水道汇合出黄茅海。潭江主流全长229千米，平均坡降0.45‰，流域总面积6026平方千米，在百合义兴入开平市，流经百合、蚬冈、赤坎、长沙、三埠、水口，在开平市境内河长56千米、集雨面积1580平方千米（仅开平境内）。在水口泮村流入新会区，最后在崖门流入南海。

（开平市水利局）

【人口·民族】 2019年，开平市户籍人口68.73万人，其中男性34.37万人，女性34.36万人。非农业人口24.30万人，占总人口的35.35%。全年出生人口0.65万人，出生率9.48‰；死亡人口0.46万人，死亡率6.73‰。人口自然增长率2.75‰，比上年下降3.10个千分点。民族以汉族为主，占全市总人口98.18%（源自2010年人口普查数据），其余为蒙古族、回族、藏族、苗族、布依族、满族、瑶族、土家族、黎族、高山族。

2019年，开平市旅居美国华侨华人23万人、加拿大国华侨华人13万人，其他海外乡亲16万人，分布于世界79个国家和地区。有港澳同胞26万人。同年，有开平海外社团组织40个，香港社团和澳门地区共社团16个。

（开平市统计局　中共开平市委统战部　邓锦荣）

【社会经济发展】 2019年，开平市实现地区生产总值382.48亿元（当年价），比上年增长0.5%。其中：第一产业增加值40.02亿元，增长7.73%；第二产业增加值165.44亿元，下降6.43%；第三产业增加值177.02亿元，增长6.84%。第一、二、三产业增加值的比重为10.46：43.26：46.28。人均地区生产总值5.34万元，增长1.81%。全社会固定资产投资总额比上年下降7.4%。社会消费品零售总额226.85亿元，增长7.00%。外贸出口总值128.8亿元，下降4.7%；实际利用外资5095万美元，增长7.56%。全年地方公共财政预算收入27.95亿元，增长7.17%。城镇居民人均可支配收入30740元，增长6.9%；农村居民人均可支配收入20703元，增长8.0%。

（开平市统计局）

【工业】 2019年，开平市规模以上工业企业309家，规模以上工业增加值110.6亿元，比上年下降16.2%。工业总产值下降16.0%。工业总产值中，按轻重工业分类，轻工业下降19.2%，重工业下降11.6%；按企业经济类型分类，外商及港澳台商投资企业下降5.2%；股份制企业下降27.9%；其他经济类型企业下降5.8%。（以上工业数据为月快报数据）

（开平市统计局）

【农业】 2019年，开平市农业总产值65.04亿元。全年农作物播种面积6.67万公顷，粮食收获面积4.22万公顷，总产23.87万吨，其中水稻全年收获面积3.88万公顷、总产19.85万吨。蔬菜收获面积1.7262万公顷、总产36.46万吨。全年水果总产5.77万吨。生猪全年出栏60.98万头，比上年增加6%；家禽出栏量3415.15万只，增加9.93%。年内全市淡水渔业养殖面积6814.26万公顷，其中精养池塘面积约4419.15万公顷；水产品总产量5.3万吨，增长约5.03%。

开平市有省级龙头企业9家，江门市级龙头企业20家，开平市级龙头企业28家。2019年新成立农民专业合作社26家，全市农民专业合作社共315家；其中有国家级示范社3家，省级示范社4家，江门市级示范社15家。同年，开平市农机总动力40.84万千瓦。拖拉机拥有量9069台，含大中型拖拉机249台，手扶拖拉机、微耕机等8820台；联合收割机拥有量805台，插秧机拥有量673台。全市拥有23家烘干中心共98台烘干机，烘干能力2000吨。全市水稻机耕面积40429公顷,机耕率99.71%；水稻机收面积40251公顷，机收率99.27%；水稻机插面积23253公顷，机插率57.35%，水稻综合机械化率86.87%，农作物综合机械化率66.26%。全市完成4.43万亩高标准农田建设。农业“政银保”合作贷款累计发放贷款1.13亿元。

重点打造广东名鹅、地理标志农产品马冈鹅以及绿皇肉鸡、合民“黑凤鸡”、裕茂“翠玉蜜枣”、旭日“咸蛋”等省级农业名牌。开平市有“三品一标”认证农产品89个，其中：绿色食品认证农产品10个，有机食品认证农产品16个，无公害农产品认证62个，广东省农业名牌产品17个。2013年起马冈鹅获得国家农产品地理标志认证。2016年起旭日咸蛋、马冈鹅、裕茂翠玉蜜枣、绿皇活肉鸡获评为广东省十大名牌农产品。

全市15个镇（街）成立农产品质量安全监管公共服务站，在生产环节抽检农产品样本82404份，合格率99.98%。其中：市级种植业产品1378份，合格率99.92%；水产品28份，合格率100%；畜产品12844份，合格率100%。镇级种植业产品50033份，合格率99.99%；畜产品17837份，合格率100%；水产品284份，合格率100%；委托第三方抽检1514份，合格率100%。

年内投入1.39亿元用于农村人居环境整治，开展以“三清一改”为重点的村庄清洁行动，完成清理农村生活垃圾34893.5吨，清理畜禽养殖粪污等农业生产废弃物291吨，开展宣传教育活动3869场次。通过持续整治，开平市全部村（居）完成“三清三拆三整治”（“三清理”：清理村巷道的生产工具、建筑材料乱堆乱放，清理房前屋后和村巷道杂草杂物、积存垃圾，清理沟渠池塘溪河淤泥、漂浮物和障碍物。“三拆除”：拆除危房、废弃猪牛栏及露天厕所茅房，拆除乱搭乱建、违章建筑，拆除非法违规商业广告、招牌等。“三整治”：整治垃圾乱扔乱放，整治污水乱排乱倒，整治“三线”（电力线、电视线、通信线）乱搭乱接。）农村人居环境整治任务，达到干净整洁村标准，完成524座农村公厕建设任务，基本实现每自然村按需配建1座公厕，累计完成户厕改造1207户，农村无害化户厕普及率达100%。高质量完成文化遗产区、生态功能保护区、农业种植养殖区、城乡结合部以及特色小镇“五种类型”生态宜居美丽乡村示范点建设，为创建省级生态宜居美丽乡村示范县提供示范引领作用。围绕潭江河流域水质达标任务，推动生猪养殖量压减工作，开平市生猪存栏量控制在11.15万头以内。推进非禁养区畜禽养殖场规范整治和废弃物资源化利用，全市畜禽粪污综合利用率92.08%，规模养殖场粪污处理设施装备配套率99.65%，大型规模养殖场粪污处理设施装备配套率达到100%。在潭江河开展人工增殖放流活动，放流品种有鲤鱼、鲮鱼、草鱼、鲢鱼、甲鱼、广东鲂等，共放流鱼苗905.87万尾，使潭江渔业资源得到休养生息。

2016—2019年，开平市落实扶贫资金1.0223亿元，2019年底，完成支出1.0163亿元，资金支出率99.41%；贫困户798户2748人全部完成脱贫任务，其中780户2689人达到脱贫标准、18户59人因缺乏劳动力家庭收入未达到脱贫标准被纳入保障户进行兜底保障；所有贫困户在有安全住房、有安全饮用水、有电用、有电视信号覆盖、有网络信号覆盖、子女有义务教育保障、有医疗保障、家庭有稳定收入或最低生活保障等8个方面全部达标；全市226个村民委员会集体收入超20万元以上。针对该市老区行政村行路难、饮水安全、农田水利、居住环境等问题，2016—2019年累计投入各类资金近1900万元，实施老区村基础设施项目111个，有效提高老区、边远山区村民的生产生活水平。

（开平市农业农村局）

【财政】 2019年，开平市地方一般公共预算收入实现279,547万元，比上年增收18,700万元，增长7.17%，其中税收收入完成188,799万元，非税收入完成90,748万元。全市地方一般公共预算支出完成514,066万元，增长30.48%。其中民生投入299,091万元，占全市一般预算支出的58.18%，增长27.91%。起草《关于深化开平市预算编制执行监督管理改革的意见》并由市人民政府发文至各单位执行，全面优化预算执行管控流程，强化部门单位主体责任意识，推动预算管理改革切实落地实施；同时修订《开平市本级财政专项资金管理办法（试行）》和《开平市市本级财政资金项目库管理办法（修订）》等配套文件，细化具体操作，做好政策衔接和项目对接工作，推动改革落地实施。

（开平市财政局　何浩林）

【税务】　2019年，开平市税务局累计组织税费收入799,788万元，比上年增长12.83%，增收90,969万元。其中，海关代征收入6,928万元，下降19.81%，减收1,712万元；国内税收收入520,370万元，增长0.90%，增收4,644万元；费金收入272,491万元，增长47.73%，增收88,037万元。其中，中央级税收收入（不含海关代征）222,657万元，下降0.55%，减收1,234万元；省级税收收入108,914万元，增长3.91%，增收4,101万元；市县级税收收入188,799万元，增长0.95%，增收1,777万元。

（开平市税务局　谭彩仪）

【金融】　2019年，开平市有12家金融机构（银行类），其中国有商业银行4家，股份制商业银行4家，政策性银行1家，邮政储蓄银行1家，农商行1家（开平农商银行），村镇银行1家。开平地区本外币各项存款余额678.40亿元，比上年增长8.64%；各项贷款余额402.76亿元，比上年增长16.37%。全市涉外收入17.80亿美元，比上年下降6.55%；涉外支出3.3亿美元，比上年下降20.53%；涉外收支顺差14.5亿美元，比上年下降3.65%。银行结汇收入12.52亿美元，比上年下降5.86%；售汇支出1.56亿美元，比上年下降4.88%；结售汇顺差10.96亿美元，比上年下降6%；跨境人民币结算27.7亿元人民币，比上年下降10.24%。

（人民银行开平支行）

【固定资产投资】　2019年，开平市固定资产投资完成271.27亿元，比上年增长-7.4%。其中，房地产业完成投资81.13亿元，增长80.03%。全社会投资中，第一产业完成投资4.07亿元，增长18.54%；第二产业完成投资95.65亿元，增长-27.18%；第三产业完成投资171.56亿元，增长8.46%。

（开平市发展和改革局）

【个体私营经济】　2019年12月底，开平市各类市场经营主体（不含外资企业）45764户，比上年增长7.49%；其中内资企业7932户，注册资本303.72亿元，分别增长5.76%、13.03%；个体户37516户，资金数额14.71亿元，分别增长7.97%、17.21%。经营面积超8000平方米的大型超市3家（含华润万家、昌大昌、大润发）。全市在册登记的商品交易市场（农贸市场）49个，含专业批发市场3个和农贸市场46个。

（开平市科工商务局）

【建筑业】　2019年，开平市重视建筑产业发展，潭江半岛酒店召开“中国建筑之乡”揭牌仪式及建筑产业总结表彰大会，表彰创“鲁班奖”突出贡献企业1家共50万元，兑现2018年《开平市关于加快发展现代建筑产业的实施意见》奖励11家企业共525.76万元。同年，全市建筑业完成产值208.01亿元，比上年增长3.83%。广东建邦杭萧装配式建筑产业园项目在开平市翠山湖新区动工建设，成为全国第二个、江门市首个“交地即开工”项目。获地级市以上优质工程27项和省科技进步、科技示范工程3项，其中，广东耀南建筑有限公司承建的港珠澳大桥珠海口岸工程（Ⅰ、Ⅱ、Ⅳ、Ⅵ标段）获2018—2019年度中国建设工程“鲁班奖”，广东金辉华集团有限公司承建的湛江市第二人民医院住院综合大楼（一期）获2018—2019年度国家优质工程奖。建安房地产完成税收15.90亿元，增长14.19%，占开平市税收总收入的30.56%。

（开平市住房和城乡建设局）

【商业】　2019年，开平市累计完成社会消费品零售总额226.85亿元，比上年增长7.0%。其中，批发业22.73亿元，增长7.27%；零售业179.68亿元，增长6.97%；住宿业1.51亿元，下降6.77%；餐饮业22.94亿元，增长8.02%。除住宿业有所下降，其他行业均实现正增长。其中，批发业和餐饮业增长靠前。近年，随小汽车在开平市普通家庭的逐渐普及，前期高速增长的汽车销售业逐步放缓；京东、淘宝、美团等新业态在开平市蓬勃发展，同时对当地家用电器、服装、家居等实体零售业带来冲击。

（开平市科工商务局）

【旅游业】　2019年，开平市接待海内外游客约865.56万人次，比上年增长12.88%，旅游收入约111.45亿元，增长21.11%。同年，开平市再次获评为广东旅游综合竞争力十强县（市）。2019年12月25日，开平市周文雍陈铁军烈士纪念馆和市博物馆成功获评国家3A级旅游景区。塘口镇入选省旅游风情小镇、省级休闲农业与乡村旅游示范镇。塘口镇强亚村入选首批省文化和旅游特色村。百合镇马降龙村、赤坎镇三门里村、塘口镇仓东村和自力村入选省第一批乡村旅游开发资源目录。百合镇创建江门市乡村旅游示范镇，马冈官堂村、大沙岗坪村创建江门市乡村旅游示范村。2019年，开平举办“湾区花正开——首届粤港澳大湾区文化艺术节暨2019世界文化遗产嘉年华”、2019中国侨都（江门）华侨华人嘉年华开平分会场——世界名厨之乡（开平）授牌仪式暨美食嘉年华、“带上家看碉楼”——2019世界房车休闲度假大会暨开平碉楼文化旅游节3项大型活动，约900人参加。年内，处理12345市民服务热线电话接到12宗旅游投诉、上级部门转办的投诉案件1宗、电话投诉2宗、其他意见咨询4宗，共受理办结19宗，结案率100%，满意率100%。至2019年12月31日，全市有旅行社7家，旅行社分社2家，营业部27家（其中6家暂停营业）。

（开平市文化广电旅游体育局）

【利用外资】　2019年，开平市新批准设立外商直接投资企业28家，增资项目9个；全年合同外资金额6503万美元，比上年增长226.95%；实际吸收外资金额5095万美元，增长7.56%。合同外资增资超千万美元的项目1个。全年实际吸收外资主要来源是广东开阳高速公路有限公司、开平百汇模具科技有限公司等企业增资。其中，广东开阳高速公有限公司合同外资增资2599万美元，于当年完成入资55%。

（开平市科工商务局）

【对外经济贸易】 2019年，开平市实现进出口总值152.6亿元人民币，出口总值128.8亿元、进口总值23.7亿元。主要进出口市场包括美国、东盟、欧盟和日本等，主要出口产品包括机电产品、水暖卫浴产品、牛仔服装及衣着附件、空气调节器(车用除外)以及农产品等。年内，开平市进出口企业的贸易方式是加工贸易和一般贸易，一般贸易进出口额约占全市进出口总额的57%,2018—2019年一般贸易成为开平市外向型企业的主要贸易方式。

（开平市科工商务局）

【外事·侨务】 2019年，开平市政审和办证上报批件139批；办理出境签注144人次；办理外国人入境0批0人次。接受侨胞捐赠物资折合港币1627.55万元，用于兴办教育、卫生、慈善、文化和社会福利等公益事业。接待海外侨胞1983人次，台港澳地区同胞1150人次发挥"集体家书"的作用，全年出版侨刊乡讯21种65期，印数16万册，面向国外发行9万册。受理侨务来信来访共120件，办结100件，结案率83.3%。

（中共开平市委统战部）

【交通运输】 2019年，开平市交通基础设施建设完成投资约3.56亿元（不含上级投资），完成年度投资计划99.93%。高恩高速公路于同年4月3日建成通车；中开高速公路开平段、开春高速公路开平段、开阳高速公路开平段改扩建工程及月山互通连接线工程进行路基桥涵施工；广台高速公路开平至台山段进行前期工作。开平市环城公路各项目施工建设获阶段性成果，东环段于同年6月通车，西环段于同年12月全线通车，北环东延线一期工程于同年8月通车，北环东延线二期工程进行路基桥涵施工，北环一期进行路基桥涵及国道G325跨线桥施工。台开快速路开平段开展路基桥涵施工。国道G325线鹤山址山至开平塘口段改建工程、美堂大道等项目前期工作加快推进。省道S295线苍城段路面改造工程、县道X557桥牛线改线一期工程以及罗村桥、南昌桥、十七驳桥、合二桥等危桥改建工程加快实施。完成新农村公路硬底化建设共62.91公里。新购置纯电动公交车49辆，配套建设电动公交车充电桩2个，优化调整公交线路17条。依法查处超限超载违法运输车辆1988辆，责令卸载货物3.24万吨；依法查处源头企业超限超载案件41件；治超非现场执法系统发出违法行为告知书4500份，依法查处非现场执法案件315件；开展道路运输市场整治，依法查处各类道路运政违法案件56件。年内，全市公路通车总里程达1609.31公里，其中境内高速公路68.53公里，公路密度达96.98公里/百平方公里。全市营运客车、货车共3300辆，道路客运企业4家，出租汽车企业3家，汽车客运站16个，普通货运企业97家，危险品运输企业8家；汽车驾驶培训学校7家，摩托车驾驶培训学校2家。全市航运通航里程104公里，水路运输企业备案1家，营业性运输船舶1艘，领取港口经营许可证的港口经营企业共8家，生产经营性泊位13个。

（开平市交通运输局）

【邮政】 2019年，开平市分公司提升邮政竞争力，促进邮政事业发展，年内完成业务收入10664万元，完成年计划93.6%；收支差全面完成上级下达的任务，完成年度计划的101.7%。

（中邮集团有限公司开平市分公司 李坚大）

【通信】 2019年，开平电信设施建设完成中兴OTN和华为政企OTN承载城域网以及传输骨干业务，为开平增加9×100Gb/s波道出口能力；完成开平汇聚波分环扩容12波道，开通16条10GE链路，扩容18块单板；增开1条往广州方向的出口链路；完成城域网核心汇聚5个MSE节点新增200*10G接入；完成新OLT设备新建64台，基本完成整个开平10G光覆盖。全年单点光缆需求共计1817项，新增分光器端口能力1.1万个，完成15条主干光缆建设。完成无线网络新增4G基站44个，扩容20个。完成开平市百合、塘口区域A设备归属B设备路由优化。资源管理系统所属六级地址8.8万条，七级地址32.43万条，十级地址79万条，完成智慧光网系统数据整理2896条。完成开平NGN业务迁改至IMS业务平台工作。深化退网设备的下电关停工作，完成贝尔7360、华为5680下网线割接工作32台。贯彻执行"三清三拆三整治"落实美丽乡村建设任务。年内完成85%乡镇农村主要线路整治。

（电信开平分公司）

【教育】 2019年，开平市有幼儿教育机构122个，在园幼儿25063人；中小学校93所，在校生98980人；高等院校（开平开放大学）1所；特殊教育学校1所，在校生135人。有公办教职工6405人，专任教师学历达标率100%，高等院校与高级中学教师研究生学历或硕士学位占比16.6%以上。三埠街道、月山镇、水口镇、沙塘镇、苍城镇、马冈镇、塘口镇、赤坎镇、百合镇、蚬冈镇、金鸡镇、赤水镇等12个镇（街）通过广东省教育强镇复评验收。完成开平市第一中学大礼堂、风采华侨中学综合楼、沙塘学校体育馆等工程建设。全面深化推进中小学教师"县管校聘"管理改革工作。7月，印发《2019年开平市义务教育学校教师竞争调配的实施方案》，通过竞争调配，均衡学科师资结构。继续推进第二批"三名"培养工程，有30人成为名校（园）长、名班主任、名教师工作室主持人，有220人成为名校长、名班主任和名教师培养对象。11月28日，开平市教师发展中心挂牌，招聘研究生、优秀本科教师72人，在职教师攻读硕士学位、本科共138人。年内，华侨、港澳台同胞及社会热心团体和人士捐资2000万元，开设“开平市奖教金”等奖教奖学助学金350万元。

（开平市教育局）

【科技】 2019年，国家新认定我市35家高新技术企业，全市存量数达132家。科技型中小企业入库登记数89家。新增科技型小微企业62家，累计320家。新增省级工程技术研究中心14家，累计49家。江门市级工程技术研究中心存量数184家。翠山湖海科创新中心被认定为“江门市科技企业孵化器”，开平市卫浴谷众创空间被认定为“江门市小微企业众创空间”。该市参加2019年江门市创新创业大赛，广东天菜农业有限公司获初创企业组一等奖，开平市飞滴无人机技术有限公司、耀昶嵘相变材料科技（广东）有限公司获初创企业组三等奖，广东月福汽车用品有限公司、开平市齐裕胶粘制品科技有限公司、开平市唯石卫浴有限公司获成长企业组三等奖。

（开平市科工商务局）

【文化】 2019年，开平市连续9届获评广东旅游综合竞争力十强县（市）。同年，获开平市被国际饭店与餐馆协会授予中国首个“世界名厨之乡”称号、《中国汽车报》社有限公司授予“中国自驾游目的地城市”称号。水口镇特色民间文化艺术泮村灯会被国家文化和旅游部命名为2018—2020年度“中国民间文化艺术之乡”。开平市周文雍陈铁军烈士纪念馆和开平市博物馆获评为国家3A级旅游景区。开平市博物馆被广东省文化和旅游厅评为全省博物馆运行评估优秀等次，为全省12家获得此殊荣的唯一县级博物馆。塘口镇入选省旅游风情小镇、省级休闲农业与乡村旅游示范镇。塘口镇强亚村入选首批省文化和旅游特色村。百合镇马降龙村、赤坎镇三门里村、塘口镇仓东村和自力村入选省第一批乡村旅游开发资源目录。组织参加2019年江门市第九届运动会，金牌总数排名第三位，为历史最好成绩。2019年6月开平市文化广电旅游体育局制订《开平市关于加快构建现代公共文化服务体系的实施方案》《开平市基本公共文化服务实施标准》，经开平市政府同意公布实施；高标准验收2018年和2019年建设的旅游厕所，2019年建设旅游厕所10家，其中3A厕所1家，2A厕所6家，1A3家。继续拓展省图书馆、文化馆总分馆制试点建设成果，促进公共文化资源向农村倾斜。推动完成赤坎展示馆和塘口文创大楼展馆建设。高标准打造2家特色自助图书馆（香港四邑商工总会分馆和税务分馆），其中税务分馆是全国首个在办税服务厅建设的图书馆，创新服务模式，为纳税人打造便捷的学习空间。开展幸福开平文化下乡、文化信息工程等公共文化工程，组织送演出、送戏曲、送图书、送电影、送展览“五下乡”活动，累计下乡活动48场次；联动各镇街分馆举办“4·23世界读书日”系列活动。5月16日，组织开平市镇濠泥鸡、玉石花盆景、喜一堂文创产品、大沙里红茶、好味朱古力和健芝源保健食品6个项目（企业）亮相中国（深圳）国际文化产业博览交易会（简称深圳文博会）。其中，玉石花盆景获得“中国工艺美术文化创意奖”铜奖；组织“开平民歌”（省级）、“镇濠泥鸡”（江门市级）、“玉石花盆景传统制作技艺”（江门市级）3个非物质文化遗产项目（简称“非遗”）参加江门市2019年“文化和自然遗产日”非遗主题活动；年内，举办文化艺术活动51场，其中演出25场、培训7场、艺术展览10场、其他9场。以传统节日为契机，组织传统文化活动9场。10月19—20日，举办广汽传祺·2019（第二届）环粤港澳大湾区城市自行车挑战赛（开平站）暨首届侨乡骑迹风情游活动，开创以自行车运动为主题的“体育＋旅游”新型体育旅游模式的先河。10月20—27日，分别在人民会堂、城市南广场举办2019年开平市第十六届“金秋曲艺敬老活动周”启动仪式晚会及优秀节目展演活动。利用本土“侨”文化优势，办好春节期间全民参与的灯光秀。继续开展“金秋曲艺敬老活动周”暨全市曲艺社团展演、“送戏送书下乡”、“农村电影放映工程”等品牌文化活动，扶持文艺创作，创作“乡村振兴示范村”歌曲，打造一批有开平元素、侨乡特色的文化艺术精品。开展形式多样、丰富多彩的广场文化、社区文化、农村文化、校园文化、企业文化、外来工文化等群众性文化活动。继续完善图书馆、美术馆、博物馆的展览布置工作。开展“非遗进校园”活动，让非物质文化遗产保护理念及非遗文化植根于青少年的学习生活中。在2019江门市群众艺术花会（少儿花会）中，开平市选送的作品喜获金牌和银牌各2枚、铜牌3枚。在“风雅颂”——第五届广东省朗诵大赛中，开平市选手李秀碧获江门市复赛金奖和江门赛区银奖，市文化馆获得优秀组织奖。7月12日，谭法宁“碉楼春韵”原创音乐展示晚会在市人民会堂举办。10月15—16日，2019年江门市第四届粤剧曲艺私伙局大赛在开平市水口镇泮村举行，江门市所辖的“四市三区”共15个民间曲艺社团、200名参赛选手同台竞技。年内，行政审批事项受理办结业务76项，其中新闻出版业务13项、文化市场业务53项、高危险性体育项目（游泳池）10项，其中新设立申请4项，经现场勘查条件不合格的撤回申请。2019年接受办事群众电话或窗口的业务咨询工作527次。在“全国文化市场统计直报系统”中，完成230家次的文化市场年报统计工作。组织市广播电视台配合开展联合整治“保健”市场乱象百日行动。6月13日，国家广播电影电视总局对开平市及该局意识形态和安全播出进行检查，给予肯定。年内，出动执法人员1300人次，检查各类文化经营单位350家次，查办1宗非音像出版单位出版的音像制品案件，发出《责令改正通知书》15份，处理23宗投诉，取缔销售非法出版物的游商地摊24个，依法查缴各类非法出版物1200份。对全市游泳池共检查25家次，出动检查人数75人次。发出责令整改通知书的2家次，年内整改完毕。协助举办2019年游泳救生员（初级）国家职业资格培训班。开展非法港澳游专项整治行动。7—10月期间共出动执法人员120人次，检查旅游经营单位30家次，旅行社20家、A级景区及星级酒店10家，其中责令没牌没证违规经营的2家旅行社停止营业。开展非物质文化遗产普查、发掘、整理和保护工作，多形式开展“非遗进校园”活动，年内举办5场。

（开平市文化广电旅游体育局）

【卫生】 2019年，开平市有各类医疗卫生机构260间（个），其中政府举办的医疗卫生机构25间、民营医疗机构51间、村级卫生站174间、医疗室10间。按照医院等级划分有三级甲等综合医院1间（开平市中心医院）、二级甲等综合医院1间（开平市水口医院）、二级甲等中医院1间（开平市中医院）、二级乙等综合医院1间（开平市第二人民医院）、一级甲等医院14间（镇级卫生院）。有卫生专业技术人才3292人，其中执业医师1013人，注册护士2113人，医生与护士的比例1：1.58，每千人口拥有医生数1.89人、拥有护士数2.98人；开放病床2860张，每千人口拥有病床4.03张，其中民营医院开放病床370张，占全市总数12.9%。推进医疗机构体制综合改革，实施紧密型“医联体”管理，开平市中心医院与水口医院、开平市中医院与马冈镇卫生院、开平市第二人民医院与赤坎镇中心卫生院分别结为紧密型“医联体”；由总院定期安排技术专家到分院坐诊、手术和带教，分院安排医护人员到总院进修培训，提供病人转诊服务，加强“医联体”基础设施和医疗设备建设，促进市级医疗资源下沉到基层卫生院，提升分院的综合服务能力。全年总院共下沉医疗专家320人次，下转病人129人次；分院共上派200名医生到总院进修，上送病人403人次。年内，开平市第二人民医院与赤坎镇中心卫生院整体搬迁工程完工，于12月30日开业。中心医院妇产儿科住院大楼于7月12日主体建筑封顶、妇幼保健计划生育服务中心妇幼保健综合大楼于10月5日主体建筑封顶。长沙社区卫生服务中心新院于8月26日启用。继续实施提升基层医疗卫生服务能力水平。面向社会公开招聘179名卫生专业技术人才。制定《开平市订单定向培养卫生人才实施方案》，开平成为广东省首个实施订单定向培养卫生人才的县级市，成功签约本地本科以上医学生37人。开平市人均基本公共卫生服务经费69元，全市累计建立居民健康纸质和电子档案60.19份，建档率84.72%，健康档案使用率59.63%。家庭医生签约服务38.31人，签约率53.92%，重点人群签约率70.27%。全年无甲类传染病病例，乙类传染病13种共2329例，丙类传染病7种共2429例，计划免疫“九苗”接种率超99%以上，农村群众卫生服务可及性及覆盖率达100%。开平市顺利通过广东省卫生城市复审，水口镇、月山镇顺利通过广东省卫生镇复审，蚬冈镇成功创建为江门市卫生镇，220个村成功创建为省市卫生村。创广东省健康促进示范单位137个（含机关单位26个、社区53个、学校40个、企业9个、医院9个）。全市成功献血8721人次，献血总量174.42万毫升。年内，出生人口7055人，符合政策生育率94.09%，出生率10.02‰，自然增长率2.89‰，出生人口性别比106.29。年内无孕产妇死亡，免费为6320名新婚夫妇开展孕前优生健康检查，覆盖率86.81%。有6458人享受农村部分计划生育家庭奖励，发放奖励金1131万元；享受农村部分计划生育家庭节育奖5068人，发放奖励金253万元；享受城镇部分独生子女父母奖8400人，发放奖励金1146万元；领取广东省计划生育家庭特别扶助金200人，发放补助金约216.4万元。外省流入开平市的外来总人口168959人（省外流入124991人，省内流入43968人），其中已婚育龄妇女49768人；流出总人口120459人，其中女性51718人，男性68740人；流入已婚育龄妇女建立信息卡者49768人。建立卫生行政许可、行政处罚结果公开公示制度和执法全过程记录，开展“双随机一公开”抽查工作。对公共场所卫生、饮用水卫生、医疗机构管理、放射卫生、传染病管理、学校卫生、消毒卫生等领域开展专项卫生监督执法行动46次，出动执法人员4916人次，执法车辆2148车次，检查各级各类管理相对人2148户次，发出行政处罚166宗，执行行政罚款54.314万元，没收、销毁违法药品、医疗器械一批。

（开平市卫生健康局）

【体育】 2019年，各行业、各社会团体各协会、各机关单位开展群众性体育活动30次。开平市各级社会体育指导员3401人，开展“8.8”全民健身活动日暨“第20届体育节”活动，实现“季季有主题，月月有活动”。争取各级资金约20万元，支持各镇（街）指导员服务站建设，开平市三埠街道、金鸡镇、大沙镇、塘口镇、龙胜镇、马冈镇、长沙街道、百合镇8个乡镇（街道）社会体育指导员服务站，获广东省A级社会体育指导员服务站称号（江门市共19个）；月山镇、苍城镇、水口镇、沙塘镇、赤坎镇5个乡镇（街道）社会体育指导员服务站，获广东省B级社会体育指导员服务站称号（江门市共13个）；创开平市历年参评最优成绩，也是该年度江门市七县市区最优成绩的县市区。开展国民体质监测活动，年内定点对月山镇350名村民进行体质监测，全年免费为1000人提供体质测定服务；推进体育场馆低收费开放，为群众提供方便、优惠、专业的体育活动场所，扩大体育人口。联合市教育局举办4次中小学生球类比赛、田径运动会等校园体育活动和竞赛，推进体校教练员进校园开展选材和带队训练工作。年内由开平市选送的转正运动员有2人在国家队、6人在省队、18人在省集训、100人在江门市集训。2019年，开平籍运动员取得多个奖项，彭健烽代表中国队在韩国光州参加世界游泳锦标赛，获得跳水一米板比赛第三名；张保钰代表广东队参加第二届青年运动会蹦床比赛，取得团体第三名；胡均源、李荣亮代表中国队参加亚洲杯青年赛预赛男子曲棍球比赛，在阿曼苏丹国当地的预赛决赛上夺冠；开平市有6名运动员参加在山西省太原市体育中心举行的第二届全国青年运动会，黄健华、胡列丰、黄家民代表广东队勇夺曲棍球团体第三名，张保钰代表广东队参加蹦床项目获得团体第三名，梁沃材、侯红鑫代表广东队参加举重比赛，分别获得67公斤级第七名、55公斤级第九名。

2019年，开平市新增24人考取救生员资格证，年内共有国家级救生员约151人；同年开平市新增4个取得《高危险性体育项目经营许可证》的游泳场所。至此，开平市取得高危险性体育项目许可证的游泳场所共22家。全年双随机抽查游泳池21次，出动检查100人次。该市祥龙体育中心全年运营收入约33万元，服务群众健身约6万人次，举办体育赛事和文体活动约40场次。年内，全市体育彩票销售网点64个，销售额9220.55万元，较上年的增长率位列江门市七县市区的第一名，超额完成江门市下达的基本任务和提高性任务。

（开平市文化广电旅游体育局）

【城乡建设】 2019年，开平深化“产业提升、城市提质、工作提效”以及创建全国文明城市的工作部署，提升城市交通路网品质，加快污水处理、环卫基础设施建设，推进教育、医疗设施建设，提高城市精细化管理水平，深入开展城区违章构筑物和广告牌整治工作。全市城市品质提升项目38项，完成投资约12.11亿元，其中完成宝源桥扩建、长振桥人行便桥改造、三江桥加固维修等城区桥梁加固改造；新美大道、环城公路东环段通车；完成西园路翠逸花园东门前、西郊小学、东河小学门前道路等道路改造；市固体废物综合处理中心一期一阶段项目投入试运营，市建筑垃圾消纳场开始接收市区建筑垃圾；新美污水处理厂、9个镇级污水处理厂和355个农村生活污水处理设施投入商业运营，完成330个自然村生活污水处理设施建设并投入使用；完成城区22间公厕升级改造；年度敷设天然气管网25.6公里；完成苍江中学教学楼及配套工程、沙塘学校体育馆工程、龙胜镇白村小学附设幼儿班综合楼工程建设；市第二人民医院完成迁建并开业；以网格化管理为基础，提升市区环卫市场化服务质量，确保市区生活垃圾无害化处理率达100%；拆除违法违章建（构）筑物9.30万平方米、违章户外广告设施990个，拆建并举，完成开华路片区及人民法院对出道路周边违建拆除和市政设施同步建设；持续深入开展国家园林城市建设工作，做好城区树木补种，共补种1500棵树木。

（开平市城市管理和综合执法局）

新增生态公益林1733公顷。建成村居公园33个、镇街公园1个、镇级森林公园1个、特色田园风光公园1个以及绿美古树乡村2个。马冈镇北湖村成为“广东十大魅力古树乡村”之一。白云石森林公园创建为省级森林公园，塘口、百合等镇成为广东省森林小镇。

（开平市林业局）

完成农村改水工程（二次改水）3宗，受益人口1.55万人。

（开平市水利局）

投入1.39亿元用于农村人居环境整治，开平市全部村（居）完成“三清三拆三整治”农村人居环境整治任务，达到干净整洁村标准，村庄保洁覆盖率100%。

（开平市农业农村局）

【环境保护】 2019年，开平市审批项目234个，完成网上登记表备案项目1516个。实施“技术暖企”，发放国版排污许可证78个，完成年度发证任务率100%。加大力度对企业日常巡查和监管，全市安装污染源自动监控并联网的企业共79家，其中水62家、气8家、水气8家、VOCs（挥发性有机物）1家，重点监控的排污企业46家。查处生态环境违法行为，实施行政处罚案件120件，罚没金额1323.052万元，实施6件限产停产整治、1件查封、4件行政拘留、1件按日连续处罚，向公安机关移送涉嫌环境违法犯罪案件2件。水污染防治工作，落实潭江牛湾攻坚工作，全面实施潭江流域重点企业污染物总量减排，与重点企业代表、属地镇（街）签订责任书，66家重点企业工业废水总排放量每天约3.7万吨，总体达到减排要求。开展入河排污口整治工作，完成124个入河排污口整治，完成率101.6%。加强水源地环境保护，开展大沙河水库、南楼备用水源、龙山水库饮用水水源地环境保护专项行动，辖区内的59个整治问题全部完成。大气污染防治工作，全市环境空气达标率87.4%，综合指数及改善幅度均在江门市（区）中排名第二位。全面完成169台生物质锅炉的整治或淘汰注销工作。全市启动争创全国“绿水青山就是金山银山”实践创新基地，把“两山”基地创建工作作为重点工作，探索绿水青山转化为金山银山的侨乡经验，助力开平市全面融入粤港澳大湾区并形成示范。

（江门市生态环境局开平分局）

【人民生活】 2019年，开平市城镇居民可支配收入30740元，比上年增长6.9%；农村居民可支配收入20703元，比上年增长8.0%。城乡居民储蓄存款余额470.98亿元，增长9.13%。城市人均公园绿地总面积18.2平方米。年内，全市有全国文明村1条，广东省文明村镇2条，江门市文明村65条；广东省文明单位4个，广东省文明窗口1个；江门市文明单位35个，江门市文明窗口19个；开平市标兵文明村457条，开平市文明单位521个，开平市文明窗口14个。

（开平市统计局）

【社会保险】 2019年，开平市城镇基本养老保险、城镇（乡）基本医疗保险、失业保险、工伤保险、生育保险、城乡居民养老保险参保人数分别为17.34万人、62.12万人、9.72万人、10.27万人、10.23万人、30.77万人。各项社保待遇均依时足额发放，全市离退休人员53134人，享受城乡居保待遇105461人，领取失业保险金10015人次，享受工伤保险待遇610人，享受生育保险待遇36348人次，办理基本医疗住院报销8.49万人次，特定病种门诊结算49.88万人次，普通门诊结算54.61万人次。支付各项社保待遇44.25亿元，其中养老保险金35.07亿元（含城乡居保养老金2.41亿元），基本医疗保险待遇80304.06万元，公务员医疗补助4805.71万元，失业保险待遇3213.77万元，工伤保险待遇1562.57万元，生育保险待遇1967.41万元。是年，各项社会保险基金总收入46.13亿元，其中城镇职工基本养老保险327554.18万元、城镇（乡）基本医疗保险91981.97万元、公务员医疗补助5351.68万元、失业保险2735.30万元、工伤保险2318.38万元、生育保险2140.63万元、城乡居民基本养老保险29220.12万元。各项社保基金结余21.47亿元。

（开平市人力资源和社会保障局）

【信息化建设】 科工商务局继续做好无线电安全保障工作，5月15日组织技术人员到开平市立新水库进行“三防”（防汛、防风、防旱）无线电应急保障训练。做好无线电频谱使用评估工作，利用固定监测站、移动监测车等设备，采集各无线电频率在不同时间、不同区域的信号，加以分析统计，以确定各频段在开平市辖区内的使用情况，为频率划分和调整提供依据。开平嘉士利集团的“焙烤食品工业云平台建设项目”通过江门市工信局组织的专家评审，成为2019年江门市工业互联网标杆示范项目，获得省级促进经济高质量发展专项扶持资金91.12万。

（开平市科工商务局）

【工业园（区）建设】 2019年，开平翠山湖科技园（原江门产业转移工业园开平园区）成功升级为独立的省级产业园，承接江门产业转移工业园（示范产业园）牌子并挂牌江门园管委会，加挂“侨梦苑”华侨华人创新产业聚集区江门（开平）园，并列入广东省制造业高质量发展综合评价单位。园区各项工作取得新突破，经济社会实现高质量发展。党建方面，贯彻落实基层党建三年行动计划，突出抓好“两新”组织党建工作。建成员工村党建服务中心，举办公益夏令营、企业职工亲子等特色党建活动。2019年，开平市翠山湖园区非公企业党委被评为开平市先进基层党组织。财税方面，全年地方一般公共预算收入8538万元，比上年增长14.42%；规模以上工业增加值10.56亿元；全社会固定资产投资43.86亿元；社会消费品零售总额2842万元，增长7.00%；外贸进出口总值11.41亿元。招商方面，成功举办“3·28”招商引资引智大会、“11·28”集中动工仪式，配合做好各个季度重大项目集中开工活动，为开平市及翠山湖招商引资打造旺盛声势。年内新引进项目10个，投资总额21.3亿元。包括建邦杭萧装配、欧莱宝环保新材料、索纳克生物科技、实吉开汽配、金麟食品等项目。截至2019年末，翠山湖累计签约项目170个、投资总额380.85亿元。除常规招商外，翠山湖把有限的人力、物力、资源集中于战略性重大项目招商。其中，对70亿元宏发高新产业城项目，于同年10月18日与深圳宏发集团签订合作协议；60亿元国电投资集团开平综合智慧能源项目，完成所有前期手续。项目方面，以行政审批局为平台，试点推行“投资承诺制改革、容缺审批机制”，全面加快项目建设，其中广东建邦杭萧项目成为全国第二个、江门市首个“交地即开工”项目。年内，翠山湖新增荣群铝业、志特新材料、建邦杭萧、百汇模具、鸿福堂、金麟食品、实吉开汽配、鼎新包装、思信服饰、宏邦制品、品鑫卫浴、敞开电气12家投试产企业。截至2019年年末，园区落户企业134家，投试产企业84家、在建项目17个。基建方面，2019年，翠山湖累计完成基建投资2.71亿元，累计投入36.7亿元。消防救援站落成启用，城东三路通车，峯景生态园基本完成建设，翠山春天商住小区三期竣工，翠山二路、供电二所、物流中心二期、怡翠华庭住宅小区、叠翠苑住宅小区、实验学校一期配套工程、职教中心二期等基建项目均按进度顺利建设。深入推进万亩园区开发建设，更新制作“一园四区”总体规划图（“一园”为翠山湖科技园，“四区”为月山、水口、沙塘、苍城4个工业集中区），完善各类专项规划，依法加快万亩园区用地预征地工作，为下一阶段高质量开发打下坚实基础。平台方面，全力冲刺省级高新区申报工作，完成全套申报材料上报；指导翠山湖海科创新中心成功申报江门市孵化器，为申报省高新区增光添彩。服务方面，突出开发人力资源，年内举办2场大型招聘会、1场校企供需见面会，协助企业解决用工问题。突出做好安全工作，持续纵深推进“生产、消防、食品”三大安全专项工作。重点整治环境，于5月与广东省工程技术研究所签约，完成园区污水处理厂全委托运营，成立一支环保巡查队伍，完成污水管网4项工程，升级技术力量，实现专业管理，提升治污成效。强化社会治理，落实扫黑除恶专项斗争，提升园区治理的法治化、专业化水平。2019年，翠山湖派出所获评为全省首批“枫桥式公安派出所”、“岭南示范公安派出所”。突出做好公共服务，持续完善重点配套员工村，配设专人管理，增设一批文体器材，启动公共饭堂建设并完成主体工程，为园区务工人员提供舒适的生活环境。

（翠山湖产业转移工业园管理委员会 许东兰）

【重点建设项目】 赤坎古镇项目 2019年赤坎古镇项目各项工作进展顺

利，基本扫除赤坎古镇项目政策性障碍。开平市第二人民医院建成开业，赤坎规划展示服务中心投入使用。加快推进古镇景区和新区建设，安置房一期工程建成投入使用，中心小学、幼儿园及地下停车场项目工程即将建成。

开平市家禽省级现代农业产业园　产业园位于开平市中南部，涵盖长沙、月山、苍城、马冈、金鸡5个镇（街），区域总面积约405平方千米，总投资2.09亿元，其中省级财政资金5000万元，企业自筹1.59亿元。项目按照“绿色主导、特色先行、品牌引领、科技支撑”的发展思路，打造“一心三区一带”（“一心”指马冈鹅产业科技创新中心；“三区”指绿色循环养殖示范区、外向型加工及物流贸易区、侨乡文化休闲旅游协同发展区；“一带”指特色产业融合优化发展带）的空间布局。构建以马冈鹅、生态蛋鸭和优质肉蛋鸡的蛋品为主的产业链，加快开平农业农村经济持续健康发展与产业精准扶贫。

广东建邦杭萧装配有限公司装配式建筑产业园　由广东建邦兴业集团有限公司、杭萧钢构股份有限公司和广东中投金控有限公司共同投资建设，计划总投资约10亿元，总用地面积约13.33公顷，该钢结构装配式绿色建筑产业园，主要生产装配式部品部件，具备年生产钢管束和钢梁柱12万吨、楼承板100万平方米、CCA板800万平方米的能力。预计年产值约11亿元。2019年5月24日，建邦杭萧钢构项目响桩动工，成为全国第二个、江门市首个“交地即动工”项目；12月28日投产试运行，实现“当年签约、当年动工、当年投产”。该项目建设是开平市实施供给侧改革，发展新兴产业的重要举措。

环城公路项目　2019年，环城公路东环、西环和北环东延线一期相继建成通车。该项目采用一级公路技术标准，设计每小时速度为80公里，为双向六车道的沥青混凝土路面。其中，东环段项目起点在三埠簕冲接南环，终点至金山大道与国道G325平交路口处，全长7.4公里，总投资10.82亿元；东环段横跨潭江河道的金山大桥，全长1512米，主塔塔高120米，桥面宽43米，主跨为180米的独塔空间双索面斜拉桥。西环段项目起点位于稔广线杜冈加油站东侧，终点与南环起点相接，全长6.1公里，路基宽度48米。北环东延线一期项目全长约4.56公里，总投资约3亿元，途经龙岑村北、东华村南，随后跨过水口河，经榄冲里、天河村，终点在水口镇红花村民委员会附近与省道S273（高铜线）相接。环城公路项目的建成通车，对完善开平市交通路网、缓解全市交通压力起重要作用。

开平市第二人民医院（赤坎镇中心卫生院）　该院新院址位于开平市赤坎镇石溪路22号，占地3.71公顷，按照二级综合医院标准建设，定位为开平市医疗次中心。建设内容包括门急诊大楼、住院大楼、保障大楼和公共卫生服务大楼，总建筑面积3.32万平方米，总投资2.01亿元。编制床位400张，设有内科、外科、妇产科、儿科、中医科等15个一级、二级专业科室，配置1.5T核磁共振成像（MRI）、128层电子计算机断层扫描（CT）、数字化X线摄影(DR)、四维彩超等高端医疗设备，开设有重症加强护理病房(ICU)、血液净化中心、层流手术室、内镜中心、检验中心，与广东省远程医疗视联网平台对接建立远程综合会诊中心，可满足年门诊量45万人次、住院量2万人次的服务需求。2017年，该医院被列为广东省“粤东西北地区中心卫生院升级建设项目”47家单位之一进行整体搬迁建设；2019年12月30日揭牌开业。

【重大庆典活动】　湾区花正开——首届粤港澳大湾区文化艺术节暨2019世界文化遗产嘉年华　6月28日，湾区花正开——首届粤港澳大湾区文化艺术节（江门分会场）暨2019世界文化遗产嘉年华在开平市自力村碉楼群启幕，举行8项活动，包括嘉年华开幕式、粤港澳世界文化遗产展览、文化旅游产业招商、广东青年文化和旅游创新创业大赛、开平文化旅游摄影艺术季暨首届沙飞摄影周、华侨文化遗产保护利用与社区发展研讨会、“开平碉楼与村落”申遗成功12周年文艺汇演、讲好中国故事系列四——“澳开世遗融入湾区奔向世界”吴在权书法展等。开幕式上，开平市与秘鲁著名古城库斯科市签订友好交流合作备忘录，加强经贸、交通运输、文化艺术、旅游等领域的交流合作。

首届“广东十大美丽乡村、广东美丽乡村精品线路”系列活动　9月25日，首届“广东十大美丽乡村、广东美丽乡村精品线路”评选结果在开平市揭晓。活动以县为单位，以“宜居宜业生态标准”、“规划优化配套标准”、“民俗文化传承标准”、“绿色农业发展标准”、“文明和谐乡风标准”5项标准评选出10个“广东十大美丽乡村”；以“村庄规划合理”、“基础设施完善”、“生态宜居环境美”、“一村一品产业旺”、“共享共治共建”5项标准评选出50个“广东特色乡村”；以“线路基础条件及主题特色标准”、“沿线乡村建设综合成效标准”、“游赏环境及服务配套标准”和“民俗传承及文化氛围标准”4项标准评选出20条“广东美丽乡村精品线路”。开平市的塘口镇自力村入选广东十大美丽乡村、碉楼侨乡美丽乡村精品线路入选广东美丽乡村精品线路、大沙镇大塘面村入选广东美丽乡村特色村，成为全省唯一同时获得广东“十大美丽乡村”“20条精品线路”“50条特色名村”3大奖项的地区。

（开平市人民政府办公室　司徒诗颖）

表51

2019年开平市国民经济发展情况表

项目	单位	2019年	同比（%）
户籍人口	万人	687318	-0.23
土地面积	平方千米	1658.6	0
地区生产总值	亿元	382.48	0.5
人均国内生产总值	元	5.34	1.81
工业总产值	亿元	—	—
农业总产值	亿元	77.97	综合发展速度105.83%
固定资产投资总额	亿元	—	-7.4
外贸出口总额	万元	128.8	-4.7
实际吸收外资	万美元万元	5095	7.56
地方财政一般预算收入	亿元	279547	7.17
社会消费品零售总额	亿元	226.85	7.00
城乡居民储蓄存款余额	亿元	470.98	9.13

（开平市统计局）

表52

2019年开平市社会事业基本情况表

项 目		单 位	2019年
基本建设	高速公路营业里程	千米	1609.31
	公路通车里程	千米	68.53
	港口泊位	个	13
	航运通航里程	千米	104
	发电装机容量	万千瓦	—
	年末固定电话用户	万户	10.15
教育	中等专业学校	所	2
	中等专业学校在校学生	人	3758
	普通中学学校	所	31
	普通中学学校在校学生	人	39750
	小学学校	所	58
	小学学校在校学生	人	55337
	在园幼儿	人	25063
	小学学龄儿童入学率	%	100
医疗 文化 体育	医院	所	6
	其中：县级医院	所	—
	等级医院	所	—
	卫生机构医院床位数	张	2901
	平均每千人拥有床位	张	4.2
	影剧院	间	6
	体育馆	座	1

（开平市统计局）

表53　2019年开平市获省系统表彰的先进单位名录一览表

荣誉名称	获奖单位	获奖时间	颁奖单位
广东省五一劳动奖状	开平市旭日蛋品有限公司技术研发部	2019年4月	广东省总工会

表54　2019年开平市获省系统表彰的先进个人名录一览表

姓名	性别	工作单位及职务	荣誉名称	授予单位	授予时间
李海燕	女	江门市开平福利院护理部部长	广东省五一巾帼奖	广东省总工会	2019年2月
梁庆宁	男	开平市海鸿电气有限公司技术中心负责人	广东省五一劳动奖章	广东省总工会	2019年4月

（开平市总工会）

附件：2019年开平市发生的居世界、亚洲、全国、全省或江门市之最的事物

1. 开平市荣获全国首个“世界名厨之乡”称号。
2. “鱼菜共生”创业项目成功孵化并获中国青年创新创业大赛金奖。
3. “规范预算编制”项目在全国县级财政管理绩效综合评价中排名第一。
4. 周文雍陈铁军烈士陵园成为省爱国主义教育基地、江门首个省级党员教育基地。
5. 建邦杭萧钢构项目成为江门市首个“交地即动工”项目，实现“当年签约、当年动工、当年投产”。

（开平市人民政府办公室　司徒诗颖）

开平南楼　（李美运　摄）

鹤山市

概况

【位置·面积】 鹤山市位于广东省中南部，珠江三角洲西翼，北邻佛山市高明区，东北与佛山市南海区隔西江相望，东南毗邻江门市蓬江区、新会区，西南与江门市开平市交界，西北接云浮市新兴县，总面积1082.73平方公里。国道G325、江鹤高速公路、江肇高速公路、佛开高速公路和江肇公路、江门大道纵横贯穿全市，客货船经西江水路可达香港、澳门，水陆交通畅通便利。

【行政区划】 鹤山市辖沙坪街道和雅瑶、古劳、龙口、桃源、鹤城、共和、址山、宅梧、双合9个镇，26个社区居民委员会，112个村民委员会，10个三峡库区移民村。鹤山市人民政府驻沙坪街道。

【气候·河流】 鹤山市地处北回归线以南，属南亚热带季风区，具有海洋气候特征。夏长冬暖，雨热同季，雨量充沛，光照充足。夏季和秋季多台风暴雨，冬季和春季有冷空气侵袭和偶有奇寒，无霜期长。全年总降雨量2176毫米，最大日降雨量135.1毫米（5月29日）；年平均气温23.4℃，最高气温37.8℃（7月18日），最低气温7.2℃（1月1日和1月2日）；年日照时数1760.4小时。鹤山紧靠西江，境内河流众多，主要河流有7条，全长共187.8千米，流域面积1003.28平方千米，除沙坪河属西江支流外，其余均属潭江水系。

【人口·民族】 2019年，全市公安系统登记户籍人口总户数11.56万户，年末户籍总人口381833人，平均每户3.3人，城镇人口189274人，乡村人口192559人。按性别分类，男性人口190190人，女性人口191643人。按年龄分类，18岁以下人口72112人，18—34岁人口90129人，35—59岁人口140985人，60岁以上人口78607人。出生人口入户3995人，死亡注销人口2491人。全市人口以汉族为主，有壮族、瑶族、回族等23个少数民族。

有旅居海外的华侨、华人和港澳台同胞36万多人，分布于50多个国家和地区。鹤山市是全国著名侨乡之一。

【社会经济发展】 2019年，鹤山市地区生产总值361.94亿元，比上年增长6.5%。人均地区生产总值70416元，增长5.6%。从产业结构看，第一产业增加值27.37亿元，增长6.3%；第二产业增加值169.38亿元，增长5.9%；第三产业增加值165.19亿元，增长7.1%。全年固定资产投资增长13.0%；社会消费品零售总额215.74亿元，增长8.6%。外贸进出口总值190.3亿元，增长6.3%；其中出口155.1亿元，增长3.7%；进口35.2亿元，增长19.5%。实际利用外资金额8632万美元。地方一般公共预算收入32.17亿元，增长6.8%。城镇常住居民人均可支配收入35382.1元，增速7.9%，扣除价格因素实际增速4.8%；农村常住居民人均可支配收入19317.7元，增速9.7%。

【工业】 2019年，鹤山市实现规模以上工业总产值526.27亿元，比上年增长6.0%，其中民营工业产值338.87亿元，增长5.7%。按轻、重工业分类，轻工业产值309.12亿元，增长7.7%；重工业产值217.16亿元，增长3.8%。按经济类型分类，股份制企业产值313.41亿元，增长5.3%；外商及港澳台商投资企业产值207.83亿元，增长6.9%；其他经济类型5.04亿元，增长21.4%。工业销售产值520.66亿元，增长6.9%。工业产品销售率98.9%。规模以上工业增加值147.86亿元，增长6.9%；其中装备制造业增加值44.86亿元，增长4.1%；高技术产业增加值13.11亿元，增长3.7%。全市有规模以上工业企业398家，其中亿元产值企业118家，增加8家，年产值超10亿元企业7家。全市民营规模以上工业企业299家，占规模以上工业企业数75.1%；实现产值338.87亿元，增长5.7%，占规模以上工业总产值64.4%。2019年，鹤山市投资结构持续优化，工业投资占比近50%，装备制造业投资突破60亿元，总量居江门全市首位。12月在深圳前海举办鹤山·深圳投资合作交流会，全年新签约项目投资额322亿元，其中超20亿元项目4个，国家高科技企业投资项目36个。62个江门市重点项目年度投资81.9亿元。59个大项目年内集中开（竣）工，总投资296亿元。鹤山工业城“一城三镇”总体规划获鹤山市政府批准实施，成为江门“侨梦苑”华侨华人创新产业聚集区分园，园区扩容726.7公顷；全年签约项目投资额首次突破200亿元；投入2.2亿元完成污水厂提标、第一幼儿园、行政服务中心等配套建设，鹤山市共和镇跻身全国千强镇。

【农业】 2019年，鹤山市实现农业增加值27.37亿元，比上年增长6.3%。粮食种植面积11053公顷，增长5.0%，总产量6.08万吨；其中水稻种植面积0.983万公顷，增长1.1%，总产量5.55万吨，增长1.2%。蔬菜复种面积12986公顷，增长5.1%，总产量29.83万吨，增长6.7%。花生种植面积1173公顷，总产量0.27万吨。水果产量1.68万吨，增长4.7%。水产品产量6.42万吨，增长8.1%。肉类产量5.82万吨，增长1.3%；其中猪肉产量3.55万吨，下降24.8%。促进第一、第二、第三产业融合发展，蔬菜、花卉、茶叶、休闲农业等农业基地加快发展，市举办第二届鹤山红茶文化节，茶叶产业园纳入省现代农业产业园建设名单。新增农产品品牌认证17个，培育新型农业经营主体24家。建成高标准农田1293公顷。

【财政】 2019年，鹤山市地方一般公共预算收入32.17亿元，比上年增长6.8%。其中：增值税增长3.4%，企业所得税增长7.7%。全市镇(街)财政收入18.34亿元，增长2.5%，占全市财政一般预算收入比重的57.0%。

【税务】 2019年，鹤山市国家税务局累计组织税费收入921492万元，比上年增长16.57%。其中，国内税收收入累计585789万元，增长2.70%，完成江门市税务局预期目标的100.08%；累计地方级收入341994万元，完成地方级目标的101.72%；累计社保费收入264804万元，增长56.42%。

【金融·保险】 金融机构本外币存款余额478.71亿元，比上年增长9.8%，其中人民币存款471.23亿元；金融机构本外币贷款余额406.57亿元，增长20.3%，其中人民币贷款404.68亿元。金融运行持续稳定。稳妥化解存量隐性债务10.1亿元，获省财政厅批复专项政府债额度3.5亿元。9个项目纳入省财政厅PPP项目库（注：PPP项目是政府方与社会资本方依法进行的项目合作），入库项目数量和规模居全省县级市前列。在江门市率先以国有资产平台设立专项资金，支持中小企业转贷续贷超10亿元。市国民小额贷款公司成为江门首家在省股权交易中心“江门诚信板”展示的企业。全年人寿及财产保险保费收入10.06亿元，增长5.6%，其中财产保险保费收入3.3亿元，增长11.5%，人寿保险保费收入6.76亿元，增长2.9%。

【固定资产投资】 2019年固定资产投资比上年增长13.0%，其中基础设施投资下降12.2%；房地产开发投资增长15.6%；其他投资增长19.5%。按产业分类，第二产业投资增长10.4%，其中工业投资增长10.4%，装备制造业投资增长26.3%，工业技改投资增长37%；第三产业投资增长17.2%。

【个体私营经济】 2019年全市私营企业7775户，注册资金229.34亿元；个体工商户30522户，注册资金15.76亿元。全市民营规模以上工业企业299家，占规模以上工业企业数75.1%；实现产值338.87亿元，比上年增长5.7%，占规模以上工业总产值64.4%。

【建筑业】 2019年，全市有资质等级以上建筑企业21家，实现建筑业产值17.97亿元，比上年增长13.7%。

【商业】 2019年，鹤山市社会消费品零售总额215.74亿元，比上年增长8.6%。按行业分类，贸易批发业零售额20.68亿元，增长10.0%；贸易零售业162.44亿元，增长8.3%；住宿业零售额1.12亿元，增长11.9%；餐饮业零售额31.51亿元，增长9.2%。

【旅游业】 2019年，鹤山市接待游客789.63万人次，比上年增长17.28%；旅游总收入71.26亿元，增长22.86%。其中接待过夜游客259.55万人次，不过夜游客530.09万人次，海外游客(含港澳台)人数77.1万人次。星级饭店2个，星级饭店客房总数344间，名胜风景区4个。推进粤港澳大湾区文化旅游合作工作，策划宣传，打造大湾区旅游项目新品牌。制定《鹤山市促进全域旅游发展实施方案》《2019年鹤山市打造珠三角乡村生态旅游中心工作方案》《鹤山市乡村可开发利用不可移动文物资源目录》《鹤山市乡村旅游可开发资源目录》。鼓励各镇、街探索开展特色旅馆、精品民宿建设，完善旅游驿站及点状停车场等配套设施，完成新改建旅游厕所6座。整合镇、街旅游节庆活动，全方位推介“珠三角乡村生态旅游中心”建设成果。推动醉美江门100村建设，共和镇来苏村获评为“广东最美乡村旅游目的地”称号，宅梧镇获评为广东省2018年度休闲农业与乡村旅游示范镇，龙口镇霄南村被认定为首批广东省文化和旅游特色村。鹤山红色文化两天游精品线路入围广东省文化和旅游厅首批“广东省乡村旅游精品线路”。2019年举办鹤山第三届梁赞咏春文化节暨乡村生态旅游嘉年华、龙口镇第四届鲜卑文化牛肉美食节、古劳水乡深度游览体验、雁山揽胜、全域旅游大行动、畅游鹤山精品线路体验等活动。加快推进华侨城和水城项目建设，培育龙头旅游企业，按照“北部山水文化＋物流商贸休闲区”规划，力促“两山一水”旅游走廊取得新成效。全力推进华侨城古劳水乡建设项目，提升古劳水乡旅游品牌价值。华侨城集团接管运营古劳水乡景区，举行古劳水乡大型文化生态旅游度假区奠基仪式，成功竞得第一期、第二期用地共约18.9公顷。华侨城古劳水乡文化旅游项目计划投资50亿元，规划分3期建设，于2024年建成并全面开放，以“自由流淌的水乡生活”为主基调，打造成为中国最美岭南水乡和粤港澳大湾区文化生态旅游度假标杆。

【对外经济贸易】 2019年，鹤山市外贸进出口总值190.3亿元，其中出口155.1亿元，比上年增长3.7%；进口35.2亿元，增长19.5%。主要出口机电产品72.1亿元、高新技术产品26.4亿元、印刷品26.1亿元，均保持增长；传统劳动密集型产品32.2亿元，下降

3.4%。外贸与引进外资平稳增长，对美国、欧盟各出口45.6亿元和29亿元，均增长2.3%。推进口岸提效降费和压缩通关时间，“一带一路”沿线国家等新兴市场有效拓展，全年外贸进出口总额增长6.3%，增速居江门全市首位。主导产业外资招商成效明显，年新引进外资企业21家，实际利用外资8632万美元，超额完成江门市下达任务。

【外事·侨务】 2019年，接待旅外乡亲1000人次。受理华侨回国定居申请22人次。严格把关做好高考生及中考生“三侨生”子弟证明开具工作，全年为15名符合条件的侨眷开具证明。核定筛选出符合省贫困归侨扶贫救助条件的人员28人次，2019年向特困（低保）归侨13人发放救助资金3.9万元；临时救助困难归侨13人，发放救助资金10.8万元，向2名困难归侨子女发放1.6万元助学金。联系旅美乡亲李英敏设立的金银岛教育基金，资助12万元支持困难学子完成学业。联系江门侨界青年联合会资助16名困难归侨、侨眷子女求学。协调各方力量，帮助原籍龙口镇80岁高龄的加拿大华人黄德良、黄松好夫妇成功恢复中国国籍。

【台港澳事务】 2019年，办理因公赴港澳签证88批共109人次，全年处理台商投诉求助10件次，办理企业公务赴台湾15人次。做好海外、港澳青少年交流工作，2019年举办“智利华裔青少年2019冬令营活动”、香港乐善堂刘德学校与鹤山市沙坪街道第六小学的“活力湾区，追梦未来”交流联谊活动、鹤山市优秀中学生访澳交流团等活动，加强港澳与鹤山青少年之间的沟通，促进鹤港澳三地青少年交流。向鹤山市台胞宣传党的十九大精神和国务院台湾事务办公室、国家发展和改革委员会“31条”措施、“粤台48条”和“江台56条”政策，引导台商台属热爱祖国，为早日完成中国统一事业做贡献。

【交通运输】 2019年，鹤山市交通基础设施建设累计完成投资10.38亿元，顺利完成年度投资计划。全年新建、改建、扩建地方公路46.3千米，公路通车里程1313.9千米，其中一级公路180千米，每百平方千米公路密度120公里。高速公路通车里程109.1千米。国道G325改线工程全线通车，新增一级公路13.2千米，完成“四好农村路”（建好、管好、护好、运营好）建设33.1千米。公路运输客运量853.51万人，旅客周转量29200.09万人千米，货运量150.64万吨，货物周转量9040.85万吨千米。水上运输货运量88.78万吨，货物周转量13097.08万吨千米。年末拥有公共汽车营运车116辆，公共汽车客运量458.20万人次，年末拥有出租汽车29辆。全市汽车保有量10.89万辆，新增9991辆，其中小型汽车保有量10.53万辆。年末摩托车保有量12.71万辆。机动车驾驶员20.91万人。2019年，鹤山市纳入管理的营运车辆1459辆，含客运车辆223辆，货运车辆1236辆；纳入管理的机动车维修业户250户，其中一类汽车维修企业1户，二类汽车维修企业13户，三类汽车维修业户176户，摩托车维修业户60户；纳入管理的机动车驾驶员培训机构5家；全市共有客运站（场）10个，其中鹤山汽车总站为一级站、宅梧车站为四级站，双合站场为“四合一”站场（集客运、物流、旅游集散、商场四大功能于一体），全市候车站（亭）点共有403个。2019年，鹤山市公共交通首末站5个，新增公交中途停靠站106个（其中共和10个，桃源38个，古劳12个，宅梧4个，双合10个，址山5个，龙口22个，鹤城5个）。全市共有公交车116辆，其中纯电动新能源公交车116辆，占比率100%，中心城区万人公交车拥有量10.47标台；全市共有纯电动公交车充电桩13支（其中鹤山汽车总站充电站11支桩，鹤山公园公交首末站2支桩）。2019年全市有经营性港口企业8家，水路运输企业4家，纳入管理的运输船舶16艘，合计40174.94载重吨。2019年，鹤山市完成水路运输货运量88.779万吨，比上年下降7%；港口旅客吞吐量28076人次，上升30.7%；港口货物吞吐量608.1131万吨，减少52.8%。

【邮政·通信】 2019年，鹤山市邮政业务总量8813.6万元，邮政业务收入8137.51万元，邮路长度2862公里，年末有邮政所14所。全年全市固定电话10.08万户，移动电话用户68.01万户，固定网络用户19.18万户。

【教育】 2019年，鹤山市地方一般公共预算对教育支出8.03亿元，比上年增长0.3%。全面实施免费九年义务教育，义务教育补助资金8187.8万元。市开放大学在校学生1155人，其中本科473人，大专682人，在校教师28人。中小学在校学生合计67159人。普通中学17所，在校学生24233人；职业中学1所，在校学生2734人；小学46所，在校学生40107人；特殊学校1所，在校学生85人。幼儿园（含分园）99间，在校学生20331人。普通中学升本科、大专人数2323人，其中本科1905人、专科418人。教育教学质量稳步提升，2019年高考成绩再创新高，全市普高类高考入围率继续保持100%；本科率高达84.41%，高分优先投档入围率26.74%，高考成绩继续领跑江门各市区。鹤山市教育局荣获2019年江门市高中阶段教育质量管理一等奖和初中阶段协同教育质量管理一等奖。全面推进集团化办学，成立鹤山一中教育集团等7个教育集团。加强师德师风建设，推进“县管校聘”教师管理改革，170名校长、教师交流轮岗，深入推进“名师工程”，成立市教师发展中心，落实新时代教师待遇政策。市通过广东省三类城市语言文字暨普通话基本普及县域验收。成功举办庆祝新中国成立70周年教育成果展。2019年教育基建工程竣工项目

14个，投资约1.3亿元；在建项目12个，投资约1.8亿元；推进项目7个，投资约9亿元。沙坪街道第一小学分校、沙坪街道第七小学二期工程、沙坪街道第二小学教学楼、古劳龙溪小学综合楼建成启用，新增优质学位共2700个。完成新址山小学、共和中学等学校新（扩）建工程，昆仑学校后续工程基本完成，市职教园区建设稳步推进。全市共投入1348万元用于学校信息化建设，其中683万元用于鹤山市第一中学、鹤山市沙坪街道实验中学，鹤山市昆仑学校、沙坪街道第一小学、鹤山市共和中学、沙坪街道第六小学6所广东省信息化中心学校建设。邀请省专家对教师信息技术应用进行全覆盖培训。2830名教师参与“一师一优课，一课一名师”活动，成功晒课3665节，居江门全市前列。鹤山市职业技术学校区伟民、尹一平获广东省教育“双融双创”行动暨2019年教师教育教学信息化交流及新媒体新技术教学应用活动三等奖。沙坪中学被确定为鹤山市家庭教育示范学校，雅瑶宝瑶小学被评为江门市首批性别平等教育试点学校。成功举办1万名中小学生咏春拳汇演暨国家武术段位考评。推动足球进校园活动，有全国青少年足球特色学校12所，广东省校园足球推广学校8所。深入贯彻落实中央《关于全面加强新时代中小学劳动教育的意见》，全年开展大型劳动实践活动322场次，参与学生近9万人次，参与率100%。组织未成年人参与文明校园创建志愿服务活动8.3万人次，参与慰问、义卖、义演、义务清洁、公益宣传等社区志愿服务活动1200场次，参与人数10236人次。

【科技】 2019年鹤山市创建省级企业工程中心6家。专利申请量2048件，其中发明专利244件；专利授权量1423件，其中发明专利74件，《专利合作条约》PCT国际专利申请量3件。截至2019年底，全市有效发明专利量482件，获得3C产品认证（国家强制性产品认证）的企业72家，高新技术企业179家。新增初级专业技术资格人员382人，新增中级专业技术资格人员157人，新增高级专业技术资格人员102人，按个人现有最高专业技术资格统计，年末有各类专业技术人员16868人，其中初级专业技术人员11207人，中级专业技术人员4486人，高级专业技术人员1175人。2019年，鹤山市落实与清华大学深圳研究生院、清华-伯克利深圳学院、同方股份有限公司签订《四方战略合作协议》，挂牌成立水木深研鹤山城市创新中心和清华大学深圳国际研究生社会实践基地。省科学院与世运电路科技股份有限公司共同建立江门市第一个“省科学院企业工作站”，共同成立一家以技术研发为导向的技术合作型企业，重点解决在5G、电动汽车方面集成电路应用的技术难题。五邑大学与中国科学院广东生物医药与健康研究院在鹤山市共建大动物模型研究中心，成为集基础研究、开发应用、技术服务于一体的生物医药基因实验大动物研究中心。

【文化】 鹤山市文化体育事业繁荣发展。2019年，鹤山市成功举办新春龙狮汇、第三届梁赞咏春文化节、纪念李铁夫诞辰150周年活动、鹤山首届市民运动大会、2019鹤山市万名中小学生咏春拳汇演暨国家武术段位考评等活动；其中12960名中小学生同时进行咏春拳套路表演和武术段位考评，这是国内首次开设万名中小学生国家武术段位考评，创造同一时间集体表演咏春拳和进行武术段位考试人数世界之最。以举办元旦、春节系列活动以及庆祝新中国成立70周年系列活动为重点，以市文化中心为主要阵地，保证图书馆、文化馆、博物馆的开放工作和服务质量，组织系列演出、讲座、展览、晚会、阅读推广等活动116场。市图书馆接待读者25万人次；市博物馆参观人数13.3万人，成为江门五邑第一个推出虚拟全景导览系统的博物馆。创新打造文艺精品，文艺作品累计上送作品40件，获地市级入选及获奖27个、省级7个、国家级5个，文化遗产保护取得实效，“陈山香火龙习俗”申报第五批国家级非物质文化遗产代表性项目（简称“非遗项目”）；挖掘、整理“鹤城紫丹陶艺制作技艺”和“古劳丽水游神习俗”2个项目，拟申报县级非物质文化遗产；以咏春、狮艺为重点推动非遗项目传承进校园活动。加强文物保护工作，开展鹤山市第五批文物保护单位的申报及评审工作并提请市人民政府公布；完成雅瑶镇陈山村文物建筑的普查工作；完成鹤山市现有12处文物保护单位的测绘及两线图划定，加强文保单位保护工作。完成24小时自助图书馆北湖站点和经华路站点的建设。加强文化、文物、新闻出版（版权）、广电、电影、旅游、体育等市场综合执法。出动检查人员1900人次，检查各类经营单位500家次，立案查办案件5宗，打击和取缔“黑网吧”2家，收缴违法上网电脑设备27台（套）。

【卫生】 2019年，全市医疗卫生机构250个，其中医院5个，社区卫生服务站2个，乡镇卫生院10个，诊所（医务室）101个，村卫生室128个，疾病预防控制中心1个，妇幼保健机构1个，专科疾病防治机构1个，卫生监督所1个。医疗卫生机构床位2026张，其中医院1052张。全市卫生人员在岗职工3701人，每千人拥有医疗床位3.6张，固定资产总值5.71亿元。卫生技术人员3177人。卫生技术人员中执业医师928人，执业助理医师268人，注册护士1412人，药师（士）233人，技师（士）138人，其他卫生技术人员198人，平均每千人拥有卫生技术人员6.2人，平均每千人拥有执业（助理）医师2.3人，平均每千人拥有注册护士2.8人。2019年医疗机构完成诊疗478.07万人次，出院病人4.97万人次。全市有万元以上大型设备1780件。全市公立医疗卫生单位门诊总数311.91万人次，收住病人4.86万人次，业务收入70773.54万元。2019年末，全市申报并通过江门市卫生系统医学科研立项18项，申报并通过江门市新技术项目推广应用立项9项。全市科研立项课题结题验收项目17项，科研立项课题阶段性进展验收20项。2019年全市3050人次无偿献血，献血量872980毫升，临床用血722000毫升，全年全市临床用血100%来自无偿献血。全年累计出动执法人员780人次，执法车辆240台次，检查医疗机构564间次，监督覆盖率100%。开展医疗专项执法行动11项，办理行政处罚案件90件，其中简易程序47件，一般程序43件，罚款25.27万元，没收非法所得143526元，取缔无证行医黑点8家，涉嫌构成非法行医罪移送公安机关1件。批准新设置医疗机构8家，新发证12家，注销机构16家，校验248家，新增放射诊疗单位1家。全年共监督检查公共场所1106户次，发出监督意见书723份，责令限期整改56件，立案查处86件，其中一般程序51件，当场行政处罚35件，处罚金额60200元。监督检查集中式供水单位14间次、二次供水单位52家次，共发出卫生监督意见书46份，责令限期整改16件，立案查处4件，处罚金额7000元；检查涉及饮用水卫生安全产品生产经营企业16家次，监督检查消毒产品生产企业12家次、餐饮具集中消毒企业4家次，共发出卫生监督意见书4份。

【体育】 2019年，举办各类运动会共23次，参加人员6.56万人次。参加全民健身人数22.8万人次。夯实体育基础设施，升级改造30多处健身场地。推进全民健身活动，成功举办鹤山首届市民运动会、2019鹤山市千村（居）篮球赛、贺岁杯篮球赛、贺岁杯足球赛、乡村杯足球赛、元宵节老年人门球赛、2019年鹤山市“健康人生，绿色无毒”中小学生乒乓球团体对抗赛等比赛。鹤山首届市民运动会设立11个比赛项目，3600名运动员参加700场比赛。2019鹤山市千村（居）篮球赛共有103支球队、1236名运动员参加182场比赛，累计现场观众和网络多平台直播浏览人数高达50万人次。鹤山市体育代表团参加2019年江门市第九届运动会取得93面金牌、团体总分2014.5分、总分第3名的成绩。体育彩票销售网点53个，全年销售总额5650万元。

【城乡建设】 鹤山市围绕城市品质提升核心任务，加快对“一城三中心”（珠西门户城市、珠西制造中心、珠西物流中心、珠三角乡村生态旅游中心）提质增效。2019年度城市品质提升目标任务清单有41项任务，年度投资约20.4亿元。截至12月底，动工建设41项，完工28项，累计完成投资20.66亿元，占年度投资计划的101%。2019年鹤山市创建的江门市宜居城镇1个（古劳镇）；江门市宜居村庄2个（址山镇昆联村民委员会、共和镇大凹村民委员会），均顺利通过江门市宜居城乡验收组验收。新城中心建设提质，完成《鹤山市城市总体规划（2018—2035年）及北部板块总体统筹规划》编制。278个小城镇提质增效项目启动，28项城市品质提升项目完工。5G网络实现“镇镇通”。文化中心图书馆、文化馆、博物馆、铁夫美术馆先后建成对外开放。西江大堤加固与环境整治工程动工。新增“三旧”改造3984公顷，改造老旧小区3个，启动沙坪城区及周边农村环境卫生“一把扫”（“户分类、村集中、统一清扫收运”）。完成供水专项规划，鹤山市第二水厂10万吨扩建工程投入运营。乡村振兴深入推进。全域推进农村人居环境整治，完成116个行政村规划编制和221个生态宜居美丽乡村项目，创建省生态宜居美丽乡村示范村11个、干净整洁村93个。共和镇来苏村被评为全国乡村治理示范村、江门示范标杆村。建立农村基础设施长效管护机制，建成622座农村公厕和110个自然村生活污水处理设施，实施垃圾分类试点19个。市成功举办第二届鹤山红茶文化节，鹤山市茶叶产业园纳入省现代农业产业园建设名单。新增农产品品牌认证17个，培育新型农业经营主体24家。建成高标准农田1293.3公顷、“四好农村路”33.7千米。投入1.47亿元提升农村中低压配电网。农村综合改革纵深推进，鹤山市被国家农业农村部确定为农村集体产权制度改革试点单位，耕地流转面积9.3万亩。宅梧镇、双合镇被评为广东省卫生镇，鹤山市创建省卫生村171个。

【环境保护】 2019年，鹤山市环境质量总体保持稳定。全市二氧化硫年平均浓度0.011毫克/立方米，二氧化氮年平均浓度0.033毫克/立方米，可吸入颗粒物（PM10）年平均浓度0.051毫克/立方米，细颗粒物（PM2.5）年平均浓度0.031毫克/立方米，一氧化碳年平均浓度1.4毫克/立方米，臭氧日最大8小时年平均浓度0.188毫克/立方米，环境空气质量优良天数比例80.3%。主要饮用水源水质达到国家《地表水环境质量标准》中的Ⅱ类水标准（即饮用水源标准）。区域环境噪声平均值55.2分贝（A），达到国家《城市区域环境噪声标准》中的2类标准（即商住区标准）。交通噪声平均值66.6分贝（A），达到《交通干线环境噪声排放标准》排放标准。深化“放管服改革”，2019年共审批项目177个，完成登记表备案740个，出具地块环境保护意见107个；推进落实排污许可制，全年完成112家企业（含首次申请98家、申请变更14家）国家排污许可证填报、审核、发放工作。国家生态文明示范县创建卓有成效，完成森林碳汇造林239.7公顷、生态公益林扩面2746.7公顷，创建江门生态村15个、乡村绿化美化示范村23个，古劳、共和成功创建为省森林小镇。整治生物质燃料锅炉178台，关停“散乱污”企业221家，在江门市率先实现公交车100%纯电动化。沙坪河综合整治一期工程运营、二期工程动工，成功入选全省首届国土空间生态修复十大范例。全市山塘、水库水质全面消除劣V类。71件中央、省环保督察交办案件全部办结。

【人民生活】 2019年，鹤山市居民人均可支配收入29433.7元，名义增速8.8%，扣除价格因素实际增速5.6%；城镇常住居民人均可支配收入35382.1元，名义增速7.9%，扣除价格因素实际增速4.8%；农村常住居民人均可支配收入19317.7元，名义增速9.7%，扣除价格因素实际增速6.5%。全年城镇登记失业人员3492人，城镇登记失业率2.4%。劳动力技能晋升培训补贴人数1036人次，新增转移就业2500人。

【社会保障】 社会保障逐步完善。2019年，财政民生投入30.5亿元，占一般公共预算支出71.1%。城乡最低生活标准和城乡居民基本养老保险基础养老金标准提高至每人每月850元和195元，基本医保三级定点医疗机构报销比例提高到65%。新建居家养老服务站9个、助残健身示范点2个，实现中心城区“大助餐”（注：居家社区养老服务“大助餐”工程，统筹规划建设长者食堂）全覆盖。完成棚户区改造26套，建成保障房115套。739户脱贫对象达到“八有”（有稳固住房、有饮用水、有电用、有路通自然村、有义务教育保障、有医疗保障、有电视看、有收入来源或最低生活保障）标准稳定脱贫。开展慈善公益暨广东扶贫济困日活动，全市共募集认捐善款3042.62万元，全年累计支出慈善救助资金2812.42万元，惠及困难群众超2.1万人次。截至12月底，全市注册志愿服务团体563个，志愿者5.77万人，累计志愿服务时长超27万小时。2019年，全市福利彩票销售量9563.83万元，超额完成年销售总任务，任务完成率在江门市排位第一名。

全市参加基本养老保险职工166467人，失业保险111782人，基本医疗保险职工158334人，工伤保险职工135919人，生育保险职工116301人，城乡居民基本医疗保险236063人。年末有敬老院10间，社会福利院1间，有床位909张，供养430人。散居供养588人。集体开支供养资金247.9万元。城镇和农村居民最低生活保障每人每月均为850元，居民最低生活保障对象2930人。

【工业园（区）建设】 位于鹤山市中部工业区，拥有完善快捷的交通网络，国道G325、佛开高速公路、江鹤高速公路、江肇高速公路、双和公路、江罗高速公路、广珠铁路纵横交错，距离广东省会城市广州市60公里、深圳市150公里、香港特别行政区93海里、澳门特别行政区63海里，与广州、佛山、中山、珠海、顺德、肇庆、阳江、深圳等城市形成1小时生活圈。附近30—40公里内有3个国家级一类港口：鹤山港、江门高沙港（3000吨）、新会深水港（1000吨），距离白云机场、珠海机场100公里，交通便利。工业城址山片区东邻国道G325，距广州白云国际机场约100公里，附近与佛开、开阳、江鹤、新台沿海等多条高速公路互通。园区规划为工业发展区、商业服务区、科研教育区、员工生活区、公共活动区、高尔夫俱乐部6项功能，是高起点规划、高标准建设的科技型、低碳型、生态型、效益型现代化产业基地。2019年，园区地区生产总值122.74亿元，比上年增长34.9%；工业增加值58.9亿元，增长51.96%；规模以上工业增加值57.7亿元，增长13.81%；进出口总值65.5亿元，增长5.82%。2019年，工业城园区面积由927.6521公顷扩展为1654.3681公顷（增加726.716公顷），抢抓广东省产业共建经济发展机遇。《鹤山市一城三镇总体规划修改（2018—2035年）》获市政府批准实施，在规划上充分与国家的粤港澳大湾区发展规划纲要对接，优化园区发展空间。加快工业园区和村级工业园升级改造工作，推进工业西区和新连工业区“三旧”改造单元规划。全年工业城签约落户项目16个，项目总投资228.9亿元，首次突破200亿元。其中，超10亿元的项目有鹤山万洋众创城项目、荣阳铝业项目、联东U谷项目、智诚科技项目，4个项目总投资207亿元。投资超1亿元以上项目8个，包括创维光电科技项目、瑞星新能源科技项目、华塑科技项目、领和复合材料项目、方盛汽车零部件项目、宏普欣电子科技项目、颢盈汽车零部件项目、龙浩智能装备项目。2019年，投入2.2亿元加快基础设施建设。悦和路、新连二联至工业区道路、A区民丰路至鹤翔西路连接线、C区玉堂路至丰盛路连接线扩建工程等新建道路建成，创强路（二期工程）完成总工程量的70%，B区同兴中路至省道270连接线工程（一期工程）抓紧建设。共和车站、工业城第一幼儿园投入使用；工业城污水管网、笔架山公园改造等配套设施有序推进。创新能力持续增强，新增企业经营管理人才2860人，新引进博士后1名，新引进博士和硕士各6人。协助清华大学深圳国际研究生院、清华—伯克利深圳学院举办清华大学创新领军工程博士·粤港澳大湾区项目招生宣讲会(鹤山专场)，为工业城更快更好融入粤港澳大湾区建设提供人才保障。广东世运电路科技股份有限公司成为江门市五邑地区首家挂牌“广东省科学院企业工作站”的企业，依托省科学院的科技优势开展广泛的产学研合作。11月举办鹤山工业城（共和镇）职工技能大赛，来自市工业城企业的20多名选手参赛，为经济社会发展提供坚实的智力支撑和人才保障。

【信息化建设】 加快信息基础设施建设。2019年，全市光纤宽带用户18.9万户，其中百兆宽带用户15.1万户。光纤宽带覆盖率100%。全市移动通讯用户69.3万户，建成移动通信基站2138座，其中4G基站1490座，5G基站97座。4G网络信号覆盖鹤山市全域98%以上区域，全市行政村覆盖率100%，自然村一级达97%以上。5G信息号基本实现沙坪城区连续覆盖，在各镇（街）中心区域实现5G网络“镇镇通”。全市累计19家工业企业完成21个工业互联网上云上平台项目。广东德和科技股份有限公司的“广东德和工业互联网生产协同平台”和鹤山市中富兴业电路有限公司的“智慧云平台”成功申报江门市工业互联网标杆示范项目。

【重点建设项目】 2019年鹤山市共有5个项目列入省重点建设项目计划，总投资82.3亿元，年度计划投资5.8亿元，累计完成投资6.69亿元，占年度投资计划的115.27%。共有62个项目列入2019年江门市重点建设项目计划，总投资457.6亿元，年度计划投资71.2亿元，1—12月项目累计完成投资81.91亿元，投资完成率115.08%，落实资金82.82亿元。本年度计划开工项目21项，实际开工项目20项，开工率95%。

【重大庆典活动】 鹤山市第三届梁赞咏春文化节暨乡村生态旅游嘉年华 11月15—17日，鹤山市第三届梁赞咏春文化节暨乡村生态旅游嘉年华开幕式在鹤山公园举行，是2019中国侨都（江门）华侨华人嘉年华的一部分。文化节以梁赞咏春为内核，推动文化体育旅游深度融合，强化品牌策略，全面开启“咏春＋市场开发”模式，整合全市文化体育旅游资源，构建文体旅项目策划、投资、运营新格局，推动鹤山市全域旅游提质增效。国家工业和信息化部产业政策司巡视员辛仁周，中国武术协会副主席、广东省武术协会主席田新德，江门市人大常委会副主任钟军，国家、省、江门市有关部门嘉宾，林贤进、聂加伟、冯细就、冯伟华等鹤山市四套班子成员，鹤山各界代表、海内外乡亲以及数千名市民观看演出。开幕式上播放鹤山城市形象宣传片《情义鹤山》，从鹤山咏春拳的历史文化、独具特色的地域风情等多方面展现鹤山风采。中共鹤山市委副书记、市长聂加伟在开幕式上致辞，表示“以武术为桥梁，以山水为纽带”，希望通过这次盛会，让各界朋友领略鹤山深厚的文脉底蕴和怡人山水风光，达到“以文聚客”“以武会友”的目的。同时期盼各界朋友关心、支持和宣传鹤山，到鹤山旅游观光、合作交流、投资兴业，携手共创鹤山美好明天。随后，相关领导和嘉宾上台共同启动开幕式。

举办“奋进新时代 筑梦大湾区”——2019鹤山深圳投资合作交流会 12月3日，鹤山市在深圳市前海开发区举办“奋进新时代 筑梦大湾区”——2019 鹤山·深圳投资合作交流会，现场签约和在谈项目43个，计划总投资173亿元。现场签约项目14个，计划总投资147.5亿元，其中超10亿元项目6个，涵盖装备制造、现代物流、文化旅游等行业。鹤山市领导林贤进、聂加伟、冯细就、冯伟华等以及江门市相关单位领导出席推介会。《人民日报·人民号》《中国产经新闻报》和中国改革网、中国小康网、澎湃新闻、财经头条等媒体网站平台报道及转载相关内容。这是鹤山主动承接深圳产业转移，融入粤港澳大湾区建设的又一新成果，鹤山是众多企业投资兴业的热土。

李铁夫艺术与革命学术研讨会在北京举行 12月22日，由鹤山市人民政府主办的李铁夫艺术与革命学术研讨会在北京举行。作为鹤山市纪念李铁夫诞辰150周年系列活动之一，研讨会邀请中国艺术研究院美术研究所、中国美术馆、《美术》杂志、中国油画协会、中央美术学院美术馆、广州美术学院等机构和院校的专家学者参加，受到《人民日报》海外网、《南方日报》《羊城晚报》《南方都市报》《广州日报》《江门日报》等近10家主流媒体关注报道。研讨会由凤凰卫视主持人王鲁湘主持。活动中，中共鹤山市委常委、宣传部部长张镇就致开幕词，并表示研讨会以艺术为桥梁，以铁夫为纽带，目的是搭建一个沟通的平台，希望让广大朋友能够更近距离接触鹤山、深度了解铁夫。活动现场，播放鹤山宣传片《情义鹤山》和《丹青不渝》，让与会嘉宾对艺术大师、革命先驱李铁夫及鹤山市生态、人文环境有全面了解。研讨会上，专家们深入探讨对李铁夫的艺术成就及其革命精神。

【珠三角交流活动】 7月17日，深圳市盐田港集团有限公司董事长孙波、总裁刘南安，中铁南方投资集团有限公司副总经理肖铁贤率领公司高层，组团到鹤山参观调研珠西物流中心并举行座谈。市领导林贤进、聂加伟、刘德贤、陈文、梁暖勋等参加座谈。中共鹤山市委书记林贤进介绍鹤山区位优势、产业发展优势等情况，指出珠西物流中心被中共江门市委定为珠西综合交通枢纽，纳入省交通“十三五”规划。与会人员共同观看鹤山市和珠西物流宣传片。考察团一行参观市江门北站、普洛斯物流园和维龙建设项目等。

12月20日，中共鹤山市委副书记、市长聂加伟带队赴深圳拜访深圳市盐田港集团有限公司，洽谈中铁、盐田港、鹤山三方合作事宜。江门市交通运输局局长许春绵，中铁南方投资集团有限公司副总经理肖铁贤，深圳市盐田港集团有限公司董事长孙波、总裁刘南安、副总裁彭洪波，鹤山市领导聂加伟、刘德贤、梁暖勋等参加洽谈。聂加伟指出，要加强具体合作事项对接，实事求是制定合作细则推动合作；要在中铁、盐田港、鹤山三方形成全面合作基础上，共同努力把合作平台推动成为“深圳-江门”合作平台，争取纳入支持深圳建设中国特色社会主义先行示范区的总体布局。

表55

2019年鹤山市国民经济发展情况表

项目	单位	2019年	同比增长（%）
人口(户籍)	万人	381833	0.72
土地面积	平方千米	1082.73	—
地区生产总值	亿元	361.94	6.5
人均国内生产总值	元	70416	5.6(按户籍人口计)
规模以上工业总产值	亿元	526.27	6
农业总产值	亿元	49.84	8.7
固定资产投资总额	亿元	277.61	13
外贸出口总额	亿美元	155.1	3.7
实际利用外资	亿美元	0.86	-14.9
地方财政一般预算收入	亿元	32.17	6.8
社会消费品零售总额	亿元	215.74	8.6
城乡居民储蓄存款余额	亿元	248.97	5.5（比年初）

表56

2019年鹤山市社会事业基本情况表

项目		单位	2019年
基本建设	高速公路营业里程	千米	109.1
	公路通车里程	千米	1313.9
	港口泊位	个	10
	航运通航里程	千米	—
	发电装机容量	万千瓦	—
	年末固定电话用户	万户	78.09
教育	中等专业学校	所	1
	中等专业学校在校学生	人	2734
	普通中学学校	所	17
	普通中学学校在校学生	人	24233
	小学学校	所	46
	小学学校在校学生	人	40107
	在园幼儿	人	20331
	小学学龄儿童入学率	%	100
医疗 文化 体育	医院	所	13
	其中：县级医院	所	3
	等级医院	所	11
	卫生机构医院床位数	张	2026
	平均每千人拥有床位	张	3.6
	影剧院	间	3
	体育馆	座	1

表57　　2019年鹤山市全国先进集体荣誉称号统计表

获奖单位	荣誉称号	表彰部门	表彰时间
鹤山市人民政府	国家农产品质量安全县	农业农村部	2019年11
鹤山市工商业联合会	2018-2019年度全国“五好”县级工商联	中华全国工商业联合会	2019年12
鹤山市第四次全国经济普查领导小组办公室（鹤山市统计局）	第四次全国经济普查先进集体	国务院第四次全国经济普查领导小组	2019年12
鹤山职校	2017—2018年全国节约型公共机构示范单位	国管局、国家发展改革委、财政部	2019年2
鹤山海关综合业务一科	全国巾帼文明岗	中华全国妇女联合会	2019年3
鹤山市水暖卫浴五金行业协会	国家外贸转型升级基地（水暖卫浴）	中华人民共和国商务部	2019年1
鹤山市共和镇	2019年度国家综合实力千强镇	中小城市发展战略研究院、国信中小城市指数研究院	2019年10

宜居新区　　（何建英　摄）

恩平市

概　况

【行政区划】　恩平市辖恩城街道以及沙湖、牛江、君堂、圣堂、良西、东成（与江门产业转移工业园恩平园区合署）、大田、横陂、大槐、那吉10个镇，174个行政村（社区）。

【位置·面积】　恩平市地处广东省西南部，地跨东经111°31′23″，北纬21°54′31″。市境周界265.5千米，东至江门市辖属开平市和台山市，南邻阳江市，西接阳江市辖属阳春市，北与云浮市辖属新兴县接壤，全市土地面积1693.60平方千米，其中耕地面积3.49万公顷。

【气候】　恩平市地处亚热带季风气候区，濒临南海，受低纬度和中高纬度天气系统的交替影响，气候复杂多变，台风、暴雨、强对流、雷电、旱涝、寒害及其次生灾害时有发生，常年平均气温22.5° C，常年平均降雨量2552.6毫米，是全国暴雨中心之一。2019年全市年降水量2461.0毫米，与常年量（2552.6毫米）持平略偏少；平均气温23.1℃，较常年气温值（22.5℃）偏高0.6℃，全年有17天高温，最高气温38.4℃(7月18日)，全年冷空气活动频繁但强度不强，最低气温5.6℃(12月7日)；日照时数1613.1小时，较常年日照时数（1626.3小时）略偏少。全年各月份降水分布不均，总体前多后少，降水主要集中在2—8月，9月起降水偏少，11月为建站以来首次出现无降水记录，10月中旬至12月中旬恩平国家气象站连续61天无有效降水，气象干旱，森林火险等级较高。气温方面，年初（1—4月）及6月、12月的平均气温偏高，2月显著偏高3.4℃，春节假期期间最高气温打破有气象记录极值；其余月份气温偏低，5月气温显著偏低1.0℃。汛期（4—9月）降雨量较常年基本持平；“龙舟水”为近9年的最多量，时间分布严重不均，5月下旬降水占比近80%。全年有4个台风影响恩平市，风雨总体偏弱，其中台风“韦帕”影响较严重，带来大暴雨和8—10级大风。

【河流】　锦江河　位于珠江三角洲水系1级支流潭江的上游，发源于阳江市牛围岭山，自西向东流经恩平市大田、恩城、东成、圣堂、君堂等镇（街），在沙湖镇蒲桥汇入潭江，全长128千米，集雨面积937平方千米，在恩平市境的流域面积1237平方千米，流域内有耕地面积2.4万公顷，占恩平市耕地总面积的76%。锦江干流灌区以种植水稻为主，是恩平市重点粮食产区。上游崇山峻岭，植被良好，雨量充沛，水资源丰富，建成大（二）型锦江水库以及水沾、江北、恩城、塘洲、东成、江洲等梯级开发的水闸，可兼顾水力发电。

朗底河　古称朗底水，位于锦江上游左岸，属山区性河流，发源于天露山脉的五马巡槽，自北向南流经朗底圩，在大田镇大岗头（土名）附近汇入锦江干流，全长27千米，集雨面积148平方千米，其中恩平市境集雨面积129.25平方千米。上游山高林密，是暴雨高发区，水资源丰富，河床较陡，多砾石，平均比降13.4%，建成小（一）型水库2个，控制集雨面积29.4平方千米，总库容1580万立方米，开发小水电站16个，装机容量7420千瓦，年发电量每小时1558万千瓦，水力资源有开发潜力。

牛江河　古称莲塘水，发源于天露山脉，向东南流经牛江、沙湖二镇，在沙湖镇蒲桥汇入潭江，全长44千米，流域面积252平方千米，其中在恩平市境流域面积187.06平方千米。上游多山，下游为低丘平原，平均比降4.77%，植被良好，雨量充沛，水资源丰富，上游建成西坑、宝鸭仔2个中型水库及小（一）型水库2个，小（二）型水库8个，控制流域面积121平方千米，装机容量4880千瓦，设计年发电量1422万千瓦时。

良西河　古称潭流水，发源于大雾顶二十四坑，向东南流经良西镇龙山、福坪行政村和圣堂镇长安行政村，在圣堂圩海仔口汇入锦江，全长29千米，流域面积82.1平方千米，河床比降0.87%。

那吉河　属漠阳江水系，发源于鸭仔岭，向东南流经那吉镇的那北、朗寸、那吉、七星塘、石湾、五乡、坪塘和大槐镇锦岭等自然村，在阳江市阳东区那龙圩与倒流河汇合汇入漠阳江，全长24.63千米，流域面积148.33平方千米，河床比降0.61%。

倒流河　发源于横陂镇方洞山，横跨恩平横陂、大槐二镇，向南汇入阳江市那龙河，全长28.3千米，流域面积192.92平方千米。

【人口·民族】2019年，全市户籍人口50万人，常住人口50.72万人。市民以汉族为主体，占99.52%；少数民族28个，人口最多的少数民族是有280人的壮族，其次是有250人的瑶族和有230人的蒙古族。有恩平市籍旅外华侨华人有37.4万人，分布在37个国家和地区，其中旅居委内瑞拉国的华侨华人18.05万人，占全市旅外侨胞总数的48.26%。港澳台地区11万人，占22.73%；有侨团组织82个，纳入恩平市“侨智库”的重点侨领143人。

【社会经济发展】 2019年，恩平市国民生产总值（GDP）完成186.91亿元，按可比价计算，比上年增长4.9%，增速排列江门市第五位。分产业看，第一产业增加值26.28亿元，增长4.1%；第二产业增加值51.85亿元，增长3.7%，其中工业增加值40.73亿元，增长2.0%，建筑业增加值11.12亿元，增长13.6%；第三产业增加值108.78亿元，增长5.8%，增速排列江门市第四位。第三产业发挥“压舱石”作用，第一产业、第二产业对经济增长的带动作用总体走弱。三次产业对GDP增长的贡献率分别为10.1%、22.3%和67.6%，分别拉动GDP增长0.5个百分点、1.1个百分点和3.3个百分点。三次产业的增加值占江门全市地区生产总值的比重由上年的11.8：28.5：59.7调整为14.1：27.7：58.2，第二产业、第三产业比重分别比上年下降0.8个和1.5个百分点，第一产业比重上升2.3个百分点。

【工业】 2019年，恩平市工业用电量21.28亿千瓦时，占全社会用电量的72.8%，比上年下降0.7%；工业增值税入库5.27亿元，增长9.5%。123家规模以上工业企业完成工业产值165.17亿元、销售产值154.61亿元，分别增长5.6%和6.1%；规模以上工业的产销率93.6%，较上年提高0.4个百分点。规模以上工业综合能源消费量38.36万吨标准煤，下降4.3%。在规模以上工业中，实现内销产值131.47亿元，增长7.0%；出口交货值23.13亿元，增长1.0%。内外销产值占销售产值比例约为85.0：15.0，内外销市场总体保持稳定。

全年实现规模以上工业增加值38.54亿元，比上年增长3.0%。其中，规模以上民营工业实现增加值30.22亿元，增长3.8%。恩平产业转移工业园实现规模以上工业增加值11.08亿元，占全市规模工业总量的28.7%，增长4.2%。全年全市规模以下工业实现增加值17.98亿元，扣除价格因素，可比价比上年增长1.0%，增速较上年下降1.6个百分点。水泥制造和建筑陶瓷业、纺织服装业分别完成规模以上工业总产值91.16亿元和21.71亿元；化学制造业、麦克风及电声器材制造业分别完成规模以上工业总产值9.96亿元和9.20亿元。水泥建陶业等四大传统优势行业实现规模以上工业增加值30.32亿元，占全市规模以上工业总量的78.7%。先进制造业完成规上工业增加值8.83亿元；高技术制造业完成规模以上工业增加值2.34亿元。先进制造业和高技术制造业比重分别为22.4%和6.0%。

【农业】 2019年，恩平市农作物播种总面积约4.2万公顷，包括粮食作物2.81万公顷、蔬菜0.68万公顷、经济作物0.64万公顷、水果0.41万公顷、其他0.07万公顷；其中全市水稻种植面积2.59万公顷，产量约12.5万吨，机械化综合水平81.90%，其中机耕率99.00%，机播率48.00%，机收率93.00%；春收马铃薯面积0.23万公顷，产量7.88万吨。恩平市创建成为第二批国家农产品质量安全市（县）。在全省率先举办“2019年中国农民丰收节”活动。丝苗米产业园入选2019年第一批省级现代农业产业园，成功申报“一村一品、一镇一业”省级农业特色产业项目7个。新增国家级重点龙头企业1家，江门市级重点龙头企业2家、农民专业合作示范社3家、示范性家庭农场4家，农产品质量安全示范基地6个，全国名特优新农产品2个，有机食品1个，良好农业规范（GAP）认证企业1家、面积19公顷，全市4074.66公顷稻田通过国家良好农业规范认证，产量3.06万吨。建设高标准基本农田1153.33公顷。恩平濑粉通过国家农产品地理标志登记保护专家评审，牛江镇被中国农业技术推广协会富硒农业技术专业委员会授予“富硒小镇”称号，沙湖镇被评选为全国“一村一品”（沙湖大米）示范镇，牛江镇被认定为广东省“一村一品、一镇一业”专业镇。农业绿色发展推进。恩平市国家农业绿色发展先行区通过国家第三方实地评估调研。完成《恩平市养殖水域滩涂规划（2018—2030）》编制工作。畜禽禁养区清理整治工作基本完成，清理禁养区养殖场249家，畜禽废弃物资源化利用率达预期目标。铺开废旧地膜回收工作。探索开展受污染耕地安全利用工作。农村人居环境整治成效显著，全市122个村民委员会达到干净整洁村标准，1个乡村振兴示范镇、12个示范村、3条精品线路建设成效初显；新建、改造乡村公厕576座，全市农村卫生厕所普及率和无害化卫生厕所普及率99.5%，全市村庄保洁覆盖面100%，全市农村生活垃圾收运处理覆盖面100%，农村生活垃圾有效处理率100%，受益群众31.72万人。综合改革推进，完成农村集体资产清产核资工作，被列为国家2019年度农村集体产权制度改革试点单位（第四批）。扶贫线和低保线“两线合一”改革试点工作，牛江、大槐省级乡村振兴综合改革试点工作，牛江镇省级土地流转试点奖补工作均保持推进。

【水利】 2019年，恩平市完成水利建设投资12190.43万元，疏浚河道146千米，改善灌溉面积约0.43万公顷。潭江河流治理工程PPP项目恩平段进入大规模施工阶段，完成投资6500万元；锦江河圣堂圩镇段治理工程完成投资2500万元；2019年3件中小河流治理项目提速推进，全部开工建设，完成投资1070万元；江洲水闸、塘洲水闸除险加固工程完成主体工程建设，进行收尾工作；恩城水闸除险加固工程按计划进度推进，完成投资800万元。锦江灌区续建配套与节水改造工程、恩平市村村通自来水工程收尾工作以及恩平市全域自然村集中供水全覆盖、4个中型灌区节水配套改造、全市水库大坝安全鉴定等项目前期工作推进。建成碧道长度10.9千米，提前完成年度建设任务；其中莲塘河沙湖段碧道建成长度3.5千米，锦江河段碧道建成长度7.4千米。2019年投入扶持水库移民资金2308.91万元，其中，发放水库移民补助资金984.72万元，投入扶持资金1324.19万元，实施改善水库移民生产生活条件项目35件（其中投入扶持资金453.72万元，实施改善水库移民生产条件项目2件；投入扶持资金870.47万元，实施改善水库移民生活条件项目33件）。

【财税】 2019年，恩平市财政总收入41.99亿元，比上年增长18.9%；财政总支出39.14亿元，增长23.1%；总收支相抵结余2.86亿元。全年完成一般公共预算收入12.09亿元，增长6.1%，高出年度计划目标（6.0%）0.1个百分点，增速排列江门第六位。其中，地方税收收入8.35亿元，增长3.3%；非税收入完成3.74亿元，增长12.8%。完成一般公共预算支出36.46亿元，增长21.0%。其中，一般公共服务、公共安全、教育、科技、社保就业、卫生健康、节能环保、城乡社区等八项民生支出合计完成29.40亿元，约占一般公共预算支出比重的80.7%，增长16.0%，增速较上年提高9.0个百分点；城乡社区、一般公共服务、节能环保等3大类民生领域支出增长较快，分别增长183.6%、42.4%和40.8%。税务部门组织税收收入21.69亿元，其中市库税收8.35亿元，镇级一般公共预算收入7.71亿元。

【金融】 2019年，恩平市金融机构本外币存款余额295.51亿元，比上年增长8.5%，其中住户存款余额、非金融企业存款余额分别为214.37亿元和38.92亿元，分别增长10.1%和23.6%；金融机构本外币贷款余额134.29亿元，增长25.5%，其中住户贷款余额90.22亿元，非金融企业及机关团体贷款余额42.18亿元，分别增长25.8%和24.4%。

【招商引资】 2019年，恩平市举办“生态城•新产业•启协同2019江门（恩平）”——深圳投资推介会和4场重大项目动工（投产）活动，推动投资项目落地见效。全年引进各类项目39个，投资总额83.82亿元，其中佳源帝都生态旅游综合体项目，总投资21.6亿元，实现20亿元大项目重大突破。恩平工业园首次独立考核获评为省级五星园区。大槐集聚区基本完成招商，基础设施和配套设施建设优化完善。东成集聚区基本完成预征地工作。全市新增规模以上企业15家，新增动工项目22个、当年招商当年动工项目9个，新增投产项目14个。落实增资扩产项目36个，投入资金7.4亿元，比上年增长12.4%。盘活一批闲置用地。

【固定资产投资】 2019年，恩平市完成固定资产投资（不含农户）比上年增长11.5%，高出年度新调整计划目标（10.5%）1.0个百分点，增幅排列江门第五位。其中，项目投资增长6.6%；房地产开发投资占固定资产投资总额的比重为44.6%，增长18.3%。按产业划分，第一产业完成投资增长4.2%；第二产业完成投资增长0.7%；第三产业完成投资增长17.6%。2019年，全市完成工业投资增长0.7%，其中制造业投资占工业投资的88.6%，增长0.3%；工业技术改造投资约占工业投资的比例为59.1%，增长15.6%；基础设施投资占固定资产投资总额的24.6%，增长28.7%。在项目投资规模方面，全市计划投资额500万元以上在库项目187个，增加6个，其中5000万元以上项目95个，增加14个，投资额增长9.8%；500万元—5000万元项目92个，减少8个，投资额下降3.4%。恩平产业转移工业园完成投资额占全市固投总额的14.0%。2019年，全市商品房施工面积500.73万平方米，增长37.8%；商品房销售额48.90亿元；商品房销售面积80.48万平方米；房地产行业税收入库5.74亿元，下降5.8%。截至2019年年底，商品房待售面积13.09万平方米，下降19.8%，是自国家和全省一系列“化解房地产库存”的决策部署后，恩平市连续第39个月出现商品房库存总量比上年下跌的现象。

【商业】 2019年，恩平市实现社会消费品零售总额118.81亿元，比上年增长9.2%，增幅排列江门第三位，高于年度计划目标（8.5%）0.7个百分点。其中，限额以上单位消费品零售额20.17亿元，增长5.0%，限额以下单位消费品零售额98.63亿元，占社会消费品零售总额的83.0%，增长10.1%。在全市限额以上单位纳入统计范围的16个商品零售类值中，机电产品及设备（-28.3%）、文化办公用品（-13.8%）2个商品零售类值降幅最大，其所占比重为8.9%；从绝对值看，汽车（34636万元）、中西药（13985万元）、石油及制品（13852万元）3个商品零售类值排列全市限上零售额总量的前三位，其比重高69.7%，分别增长28.7%、49.3%和3.5%。化妆品类商品零售额比上年增速最快，120.0%，其次分别是五金电料类（111.0%）、家具类（86.1%）。

【旅游业】 2019年，恩平市创建全国首个“中国避寒宜居地”，打响生态示范品牌。建成省“森林小镇”4个，其中横陂镇入选“全国最美森林小镇100例”。全省首个高速公路文商旅综合体沈海高速公路大槐服务区启用，被评为2019年“全国高速公路旅游主题服务区”。泉林黄金小镇获“中国酒店业最佳特色文旅小镇”称号。在全省率先举办中国农民丰收节庆祝活动，成功举办簕菜美食节、温泉欢乐节等系列活动，丰富旅游的人文内涵。全年旅游总收入56.8亿元，比上年增长20%，接待游客790万人次，增长12%。

【改革】 2019年，恩平市机构改革，设置市级党政机构36个，调整、理顺29个事业单位机构类别。商事制度改革，提前实现开办企业“一天办结”，全年新登记市场主体5922户、新增注册资本超20亿元。“放管服”改革，完成承诺制试点项目27个、“容缺审批”试点项目79个。推进农村集体产权制度改革，恩平市成为国家试点单位。省级乡村振兴综合改革试点示范镇创建工作、低收入对象帮扶改革创新试点工作、牛江镇省级土地流转试点奖补工作推进。市红十字会成立全省红会系统首个县级独立党组。市融媒体中心投入运营。

【教育】 2019年，恩平市《恩平市2018—2025年中小学校布局规划》落实。建立督办倒逼机制，加快推进2019年24个项目建设。完成恩城第三小学教学楼维修等13个项目建设，平东中学学生宿舍楼等11个项目开展立项、设计等前期工作。2020年开始实施的平东中学、东安中学、中南小学、江南中学等9所学校35个建设项目的设计、勘察等前期工作提前展开。落实学前三年行动计划，开展普惠性民办幼儿园认定和幼儿园办园行为专项督查评估工作，认定27所普惠性民办幼儿园，督查评估17所幼儿园。完成圣堂镇、君堂镇、牛江镇规范化中心幼儿园建设并投入使用，实现公办幼儿园全市各镇（街）全覆盖。推进集团化办学，将海外联谊学校与石栏小学组建成教学集团，实行一套班子两个校区的模式，以强带弱、捆绑发展。在冯如小学三至五年级各增加2个教学班，分流城区其他小学有449学生人，基本消除56人及以上大班额，拟于次年消除超省标准班额。确保持有居住证的外来务工人员随迁子女平等接受义务教育，2019年全市义务教育有外来务工人员随迁子女8173人，其中入读公办学校7498人，占比91.74%。回应群众，在城区小学开展校内课后服务工作，提供校内午托服务，增强教育服务能力，减轻家长教育负担。落实国家、省、市学生资助政策，做好家庭经济困难学生认定工作，实现从学前教育到义务教育到高中阶段教育再到普通高等教育资助全覆盖，办理符合国家助学政策的各类学生资助1.2万件，发放助学金约1116万元。启动生源地信用助学贷款工作，全年办理450名家庭经济困难的大学生申请信用助学贷款，合同金额359万元。社会团体（个人）资助江门市贫困家庭学生804人，资助总金额130万元。

【卫生】 2019年，恩平市开展医疗卫生重点项目建设。大槐镇中心卫生院易址迁建项目于2019年9月26日落成使用；恩平市人民医院妇儿大楼于12月31日开业使用；恩平市妇幼保健院新院于2020年4月开业。实施农村妇女“两癌”免费检查，2019年承担国家任务5000人、省任务59人，免费检查5059人；全年完成宫颈癌筛查5059人，完成率100%；乳腺癌筛查5059人，完成率100%。2019年，恩平中医药工作获2019年广东医改十大创新典型提名奖，通过全国基层中医药工作先进单位验收。完善市人民医院与沙湖镇中心卫生院、市中医院与大槐镇中心卫生院开展紧密型医联体建设。2019年，2家分院门诊就诊14.5万人次，比上年同期增加7365人次，比上年增长5.07%；，住院人数1850人次，比上年增加147人次，增长8%；上下转诊数543人次，增加44人次，增加8.82%。两医联体上下转诊数均有所增加。继续实施农村卫生站规范化建设，按分三年新建或改造82个村卫生站的规划，2018—2019年建设47个村卫生站，完成32个，14个在建，基本公共卫生服务水平明显提升。2019年，江门市落实人均60元基本公共卫生服务经费，从人员架构、工作制度、项目实施、资金保障等方面均正常运转，全方位为恩平市常住人口提供14项基本公共卫生服务。2019年，家庭医生签约服务工作进展顺利，组建家庭医生团队78个，签约服务258474人，常住人口签约率51.26%；其中，重点人群签约数99052人，重点人群签约率84.19%；残疾人签约率94.66%；贫困人口签约率100%；计划生育特殊家庭签约率100%。推进“银龄安康行动”，为全市60岁以上的98095名老年人购买个人意外伤害保险，政府出资购保资金980950元。

【文化】 2019年，恩平市投入1.3亿元建设新图书馆与博物馆。两馆建设项目于2019年10月12日动工。镇级自助图书馆建设位居江门市前列，落实自助图书馆建设资金300万元，是年先后启动8个镇级自助图书馆建设，实现镇级自助图书馆全覆盖。恩平市成为江门市内继蓬江区之后实现镇级自助图书馆全覆盖的第二个市（区）。组织开展“书香恩州•共享阅读”全民捐书活动，调动社会力量参与图书馆总分馆制建设；募集购书款项197740元，纸质图书33293册；每册书按30元折算，收到图书约39884册，价值约1196520元。文化遗产保护取得新成绩。“恩平濑粉制作技艺”“恩平烧饼制作技艺”申报成为江门市级非物质文化遗产名录。

【民生】 2019年，恩平市民生投入29.2亿元，比上年增长23.7%，推进十件民生实事。加强就业创业工作，是年，培养粤菜师傅289名。农村厕所建设实现自然村全覆盖。农村污水处理设施建设超额完成江门市下达的任务。投入1120万元建立农村人居环境整治保洁长效机制，实现自然村保洁员全覆盖。投入1100万元建立美丽乡村建设奖补机制，撬动社会资金2000万元。拆旧复垦工作有序推进。大槐镇中心卫生院新院开业，恩平市人民医院妇儿大楼建成启用，妇幼保健院新院建设推进。良西镇成为江门西部台开恩三市第一个国家卫生镇。县管校聘改革顺利推进，高考理科考生成绩跃居江门市前列，牛江、君堂、圣堂、那吉4个镇公办中心幼儿园建成使用。逐步开展小学“校内午托”服务，解决家长接送难问题。完成“四好农村路”示范路县道X831线恩城至良西段改建工程建设，建成一批农村公路，市新汽车总站动工建设。飞马大桥、西门大桥及一河两岸升级工程建设顺利推进。文化惠民水平提高，新图书馆、新博物馆建设，镇级自助图书馆建设走在江门前列，村级综合性文化服务中心实现全覆盖。建设新时代文明实践中心（所、站）186个。举办首届市民运动会。牛江镇创建“中国华侨国际文化交流基地”。恩平市肉联厂搬迁工作有序推进。

【社会治理】 2019年，恩平市加强法治建设，恩平市供电局被评为省法治文化建设示范企业。深化平安恩平建设，中央政法委《长安》杂志刊登牛江镇“小康农场”创新帮扶工作经验，东成镇综治中心多元化解矛盾纠纷成效评估获评省最好等次，沙湖镇社区戒毒（康复）服务中心被评为省级示范点。围绕“深挖根治”阶段性目标，开展扫黑除恶专项斗争，打掉涉黑犯罪集团1个，打掉涉恶团伙15个。推广“锋叔调解室”“槐事有解工作室”等特色调解品牌工作经验，在牛江镇鹏昌村成立江门市首家“第一书记调解室”。加强矛盾纠纷排查化解工作，全市没有发生大规模集体上访和群体性事件，实现“四个不发生”。重视安全生产、食品安全、消防安全、道路安全、森林防火工作，防范和遏制重大安全事故，社会大局保持平安和谐稳定。

【环境保护】 2019年，恩平市总体环境质量向好，饮用水源水质优良率100%；全年空气质量优良率91.3%，在江门四市三区中排名第一位；土壤环境安全总体良好。禁燃区控制规划完善，陶瓷行业“煤改气”工作加快推进。办结中央、省环保督察交办案件，完成年度污染防治攻坚战66项任务。完成列入省清单的125家“散乱污”企业整治工作，化解环境领域信访矛盾纠纷387件。投入1.8亿元加快推进水利设施建设，建成“碧道”10.9千米。建立完善环保“红黑榜”、河长制“红黑榜”制度，潭江义兴断面水质稳定达标，通过省考核。

【党建工作】 2019年，恩平市坚持提高政治能力。压实意识形态工作责任制，筑牢意识形态安全“护城河”“防火墙”。做好省委巡视江门反馈意见整改落实工作。市镇两级改造、新建镇村组党群服务活动场所166个，基本实现市镇村组四级党群活动阵地全覆盖。新建“两新”组织党支部6个，撤并、升格基层党组织51个，全市公立医院、中小学校党组织覆盖率100%。12个软弱涣散村（社区）党组织全部整顿摘牌。调整97名年龄偏大、能力偏弱村级干部，其中党组织书记69名。注重从基层一线、、艰苦岗位考察干部，选优配强关键岗位干部以及年轻干部、女干部。开展两轮巡察，对135个党组织进行巡察监督。整治形式主义、官僚主义，严肃问责不作为人员28人。各级纪检监察机关受理信访举报358件，全市党纪政务立案172件172人，处分党员干部176人。

【人民生活】 2019年，恩平市新增就业5136人，促进创业476人。就业专项资金使用1000万元（其中涉及企业补贴500万元），惠及400家企业2000人次。全年建档立卡精准扶贫2757人，城乡居民基本养老保险应参保的2209人全部参加。为精准扶贫对象提供“一对一”就业帮扶服务1058次，实现就业55人，向107名精准扶贫对像发放就业创业补贴391053.4元。设立就业扶贫点10个，安置42人就业。开发公益性岗位，安置27人(其中精准扶贫对象21人)。受理22个用人单位合计110人次的补贴申请，发放公益性岗位安置扶贫对象社保补贴103418.85元，公益性岗位补贴263450元，工资补助92159元。推进社保扶贫“一站式”结算工作，指导22家定点医疗机构完成精准扶贫医疗保障一站式结算系统改造，并按规定开展精准扶贫一站式结算工作。2019年全市“帮扶对象”享受精准扶贫医疗保障待遇5711人次，精准扶贫医疗报销146.71万元。受理精准扶贫零星报销234人次，报销金额24.51万元。为全市15542名低保、五保、孤独、残疾等服务对象发放各类补贴补助资金7694万元。

【社会保险】 2019年1月，恩平市城乡居民基本养老保险的基础养老金由每人每月148元增加至170元，上升14.9%；企业职工基本养老金每月人均增加127.11元，调整后，全市企业退休人员月人均基本养老金1999.44元。2019年12月，全市职工养老保险待遇支付6377.24万元，医疗保险(合并生育保险)待遇支付2661.67万元，工伤保险待遇支付18.11万元，失业保险待遇支付92.64万元，城乡养老保险待遇支付1195.29万元，城乡医疗保险待遇支付3617.54万元，“八险”待遇全部按时、足额、社会化发放。企业职工基本养老保险基金征收48460万元，完成江门市下达任务的115.0%。社会保险基金收入241046万元，支出270454万元，滚存结余84805万元。

【档案·史志】 2019年，恩平市做好文书档案接收进馆工作，丰富馆藏。完成54个全宗1103卷又4931件档案接收进馆任务，其中25个全宗320卷又2330件档案全部验收完毕消毒上架，验收3个全宗152卷档案。联合市摄影家协会开展“我和我的祖国”暨新中国成立70周年摄影作品收藏征集活动，面向社会公开征集作品150张，丰富馆藏档案资源。提供来信来函、电话查档服务。启动可预约查档服务，全年接待前来查阅利用档案、资料、现行文件卷次3420卷，利用人次785人次，为群众办理退休、确认工龄、婚姻证明等维护各种合法权益提供依据或凭证。推进档案信息化工作，一是完成第八期文书档案13766卷（1581494页）馆藏档案数字化工作，完成馆藏纸质数字化档案29442卷（3993190页），占2018年馆藏纸质档案的34.55%。二是推进数字档案馆（室）建设，数字档案馆（室）建设工作列入中共恩平市委市政府2019年重点督办事项工作要点的一项，全年投入60万元参与江门市数字档案馆（室）建设，完成硬件设备的采购、安装以及系统的部署，档案数据迁移及系统试运行进展顺利。

【重大庆典活动】 *广东省首个开放式文旅主题高速公路服务区启动运营* 2019年2月1日，广东省首个开放式文旅主题服务区沈海高速公路大槐服务区东区试运营。中共江门市委副书记、市长刘毅，江门市副市长林飞鸣，中共恩平市委书记谢超武，恩平市委副书记、市长刘兵等参加启用仪式。

2019恩平市文商旅展暨第五届簕菜美食文化节启动仪式 在广东面积最大、综合文商旅功能的沈海高速公路大槐服务区举行。活动以“智汇文旅商聚湾区”为主题，为期4天的簕菜美食文化节，以簕菜为媒介，挖掘整合恩平的地域美食、自然景观、历史文化，展示侨乡恩平的独特魅力及丰厚的文化底蕴，打造恩平簕菜国家地理标志品牌，为市民和游客带来集视觉、听觉、味觉的三重享受的盛宴。

恩平市泉林黄金小镇获国家级荣誉称号 4月11—12日，中国文旅集团（开曼）旗下广东恩平泉林黄金小镇在第五届中国旅游住宿业论坛暨2018—2019中国酒店业金光奖颁奖典礼中获得“中国酒店业最佳特色文旅小镇”称号。

恩平冯如文化濑粉美食节暨富硒健康产业推介会 9月6日上午，恩平市庆祝“2019年中国农民丰收节”恩平冯如文化濑粉美食节暨富硒健康产业推介会，在恩平市牛江镇开幕，集中展示恩平“农业＋旅游”成果，特色农产品和文化产业悉数亮相，“政府搭台，农企唱戏”向外界宣传恩平宜居宜业宜游的生态示范城市姿态，推动恩平“农业＋旅游”发展。

重大项目动工（投产）仪式 2019年，恩平市成功举办4场重大项目动工（投产）仪式。全年引进各类项目39个，投资总额83.82亿元。3月30日，恩平举行推进粤港澳大湾区首批重大项目暨市重点项目一季度集中开工活动，集中开工项目6个，总投资7.5亿元，涉及基础设施项目、产业项目和民生项目。6月28日，恩平举行2019年重大项目二季度集中开工仪式，启动3个重大项目建设，总投资5.3亿元；恩平中心城区飞马大桥及沿江路改建PPP项目于当日启动。9月26日，恩平市举行第三季度重大项目集中动工（投产）活动，有12个重大项目动工、投产，总投资近20亿元。11月21日，恩平市举行第四季度重大项目集中动工（投产）活动，有8个重大项目动工、投产，总投资10.2亿元。活动以1个主会场＋7个分会场的方式进行，8个重大项目涵盖工业、民生、文化旅游等领域，其中动工建设项目5个，投产项目3个。

恩平市获“中国避寒宜居地”称号 11月15日，“中国避寒宜居地”专家评审组在北京授予广东省江门恩平市“中国避寒宜居地”称号，颁发牌匾和证书。“中国避寒宜居地”的创建为恩平市赢得一张极具影响力的生态名片，对恩平市在气候资源开发利用、温泉康养生态旅游产业等方面的发展带来推动力。

2019江门（恩平）深圳投资推介会 11月16日，“生态城•新产业•启协同”2019江门（恩平）——深圳投资推介会在深圳举办。有20个项目签约，投资总额超50亿元。其中，12个较大的投资项目现场上台签约，投资金额39.6亿元。

第十七届恩平温泉欢乐节暨“中国避寒宜居地”推介大会 11月30日上午，2019中国侨都（江门）华侨华人嘉年华恩平分会场第十七届恩平温泉欢乐节暨“中国避寒宜居地”推介大会开幕。大会主题为“避寒宜居，宜游恩平”。在持续1个月的活动中，开展侨乡美食嘉年华、湾区赛车嘉年华、良西镇第四届四薯美食节、牛江镇“硒米”美食节、那吉镇黄金百香果遇上腊鸭鱼仔节和大田镇第三届菜心节等系列活动，挖掘和推介恩平温泉、生态、人文和美食文化，擦亮“中国避寒宜居地”招牌。

表58

2019年恩平市国民经济发展情况表

指标	单位	2019年	比上年增长（%）
地区生产总值	亿元	198.33	4.9
第一产业增加值	亿元	26.28	4.1
第二产业增加值	亿元	51.85	3.7
第三产业增加值	亿元	108.78	5.8
工业增加值	亿元	40.73	2.0
规模以上工业增加值	亿元	38.54	3.0
规模以上民营工业增加值	亿元	30.22	3.8
恩平产业转移工业园实现规模以上工业增加值	亿元	11.08	4.2
规模以下工业实现增加值	亿元	17.98	1.0
全市财政总收入	亿元	41.99	18.9
财政总支出	亿元	39.14	23.1
地方一般公共预算收入	亿元	12.09	6.1
地方一般公共预算支出	亿元	36.46	21.0
金融机构本外币存款余额	亿元	295.51	8.5
住户存款余额	亿元	214.37	10.1
非金融企业存款余额	亿元	38.92	23.6
金融机构本外币贷款余额	亿元	134.29	25.5
住户贷款余额	亿元	90.22	25.8
非金融企业及机关团体贷款余额	亿元	42.18	24.4
社会消费品零售总额	亿元	118.81	9.2
汽车	亿元	3.46	28.7
中西药	亿元	1.40	49.3%
石油及制品	亿元	1.38	3.5
旅游总收入	亿元	56.8	20

表59

2019年恩平市社会事业基本情况表

	项目	单位	2019年
基本设施建设	公路通车里程	公里	1548.963
	高速公路里程	公里	50.181
	港口泊位	个	4
	发电装机容量	万千瓦	5.5910
	年末固定电话用户	万户	5.76
教育	中职学校	所	2
	在校学生	人	1755
	特殊教育学校	所	1
	在校学生	人	72
	中学学校	所	24
	在校学生	人	21019
	小学学校	所	40
	在校学生	人	38743
	在园幼儿	人	13924
	小学学龄儿童入学率	%	100

续表

	项目	单位	2019年
医疗 文化 体育	主要医疗机构	所	5
	其中：县级医院	所	4
	等级医院	所	2
	卫生机构医院床位数	张	172
	平均每千人拥有床位	张	3.39
	电影院	间	4
	体育馆	座	1

表60

2019年恩平市获国家级表彰的先进单位名录

获奖单位	荣誉称号	授予单位	授予时间
恩平市	国家农产品质量安全市（县）	农业农村部	2019年11月
沙湖镇	全国“一村一品”（沙湖大米）示范镇	农业农村部	2019年9月
横陂镇	全国最美森林小镇100例	农业农村部	2019年4月
恩平大米	2019年第三批全国名特优新农产品	农业农村部	2019年9月
恩平大米	粤字号首批国家级区域公用品牌	农业农村部	2019年11月
恩平簕菜	2019年第三批全国名特优新农产品	农业农村部农产品质量安全中心	2019年9月
恩平市生猪稳产保供工作	在生猪稳产保供工作中表现突出，分别被农业农村部畜牧兽医局予以表扬	农业农村部 畜牧兽医局	2019年12月
广东大广农牧集团有限公司	第六批农业产业化国家重点龙头企业名单	农业农村部 国家发展改革委 财政部 商务部 中国人民银行 国家税务总局 中国证券监督管理委员会 中华全国供销合作总社	2019年11月
恩平凤山鸡	2019年第四批全国名特优新农产品	农业农村部	2019年12月
恩平濑粉	中华人民共和国农产品地理标志公示	农业农村部	2019年12月
牛江镇	（第七批）冯如故里——牛江镇荣获“中国华侨国际文化交流基地”	中华全国归国华侨联合会	2019年12月
牛江镇人民政府	富硒小镇	中国农业技术推广协会富硒农业技术专业委员会	2019年
牛江镇人民政府	中国华侨国际文化交流基地	中华全国归国华侨联合会	2019年
冯如纪念中学	全国航空特色学校示范校	中国航空学会科学部	2019年
刑事执行检察科	全国检察机关刑罚执行监督精品案件	最高人民检察院	2019年2月

表61

2019年恩平市获国家级表彰先进个人名录

姓名	性别	所在单位	荣誉称号	授予时间	授荣单位
梁翠芳	女	恩平市沙湖镇中心小学	全国优秀教师	2019年9月	教育部

表62

2019年恩平市获省级表彰的先进单位名录

荣誉名称	获奖单位	获奖时间	颁奖单位
城乡低收入对象帮扶改革先行试点地区	恩平市	2019年10月	广东省扶贫办
广东省法治文化建设示范企业	恩平供电局	2019年4月	广东省普法办公室
广东省职工书屋	恩平供电局沙湖供电所	2019年12月	广东省总工会办公室
广东省无烟单位	横陂镇卫生和计划生育局	2019年12月	广东省爱国卫生运动委员会
广东省无烟单位	横陂镇白庙村民委员会	2019年12月	广东省爱国卫生运动委员会
全省民政系统先进集体	恩平市社会福利院	2019年11月	广东省人力资源和社会保障厅
广东省“一村一品、一镇一业”专业镇	牛江镇	2019年10月	广东省民政厅
省级农村承包经营权流转奖补试点单位	牛江镇	2019年8月	广东省农业农村厅
粤港澳大湾区菜篮子生产基地	恩平市丰沃农牧有限公司	2019年11月	广州市农业农村局、江门市农业农村局
广东省名牌产品	五星丝苗米	2019年11月	广东省农业农村厅
“粤字号”区域公用品牌百强榜	恩平大米	2019年11月	
“粤字号”区域公用品牌百强榜	恩平簕菜	2019年11月	
“粤字号”区域公用品牌百强榜	恩平马铃薯	2019年11月	
2019年广东省省级示范场	东成镇十字果苗场	2019年12月	广东省农业农村厅
广东省森林小镇	牛江镇人民政府	2019年	广东省林业局
广东省“一村一品一镇一业”专业镇	牛江镇人民政府	2019年	广东省农业农村厅
广东（恩平）乡村振兴服务中心	牛江镇人民政府	2019年	中共广东省委农村工作办公室南方报业传媒集团
广东省健康促进示范社区	恩城街道新塘社区	2018年—2020年	广东省卫生和计划生育委员会
增补为广东省侨刊乡讯专业委员会委员单位	《恩平公报》社	2019年10月	广东省期刊协会
广东省巾帼创业基地	恩平市雪莊簕菜基地	2019年6月	广东省妇联、广东省农业农村厅
广东省百件优秀妇女儿童维权案例	恩平市维权站	2019年9月	广东省妇联
广东省社区戒毒社区康复工作示范点	沙湖镇社戒社康服务中心	2019年3月	广东省禁毒委员会
广东省卫生镇	沙湖镇	2019年3月	广东省爱国卫生运动委员会
广东省古村落（高园村）	沙湖镇高园村	2019年2月	广东省文联 广东省民间文艺家协会
广东省卫生村	沙湖镇成平村委会大麻坪村	2019年1月	广东省爱国卫生运动委员会
广东省卫生村	沙湖镇和平村委会和平村	2019年1月	广东省爱国卫生运动委员会
广东省卫生村	沙湖镇咀厚村委会员冈村	2019年1月	广东省爱国卫生运动委员会
广东省卫生村	沙湖镇那梨村委会梨西村	2019年1月	广东省爱国卫生运动委员会
广东省卫生村	沙湖镇南平村委会成春村	2019年1月	广东省爱国卫生运动委员会
广东省卫生村	沙湖镇南平村委会新平村	2019年1月	广东省爱国卫生运动委员会
获2019年广东省中小学英语朗读能力在线展示活动优秀组织奖	沙湖中学	2019年9月	广东教育学会外语教学专业委员会
广东省少先队先进中队	沙湖镇中心小学少先大队四（1）班中队	2019年6月	广东省教育厅 团广东省委 广东省少工委
广东省卫生村	潢步头鹅江村	2019年	广东省爱国卫生运动会
广东省卫生村	平安新屋中村	2019年	广东省爱国卫生运动会

续表

荣誉名称	获奖单位	获奖时间	颁奖单位
广东省卫生村	堡城南兴村	2019年	广东省爱国卫生运动会
广东省卫生村	堡城水寨村	2019年	广东省爱国卫生运动会
广东省卫生村	大湾直来里村	2019年	广东省爱国卫生运动会
广东省卫生村	琅哥蟹山村	2019年	广东省爱国卫生运动会
广东省卫生村	中安龙腰村	2019年	广东省爱国卫生运动会
广东省卫生村	太平高朗村	2019年	广东省爱国卫生运动会
广东省无烟单位	君堂镇人民政府	2019年	广东省卫生健康委
广东省无烟单位	君堂圩社区	2019年	广东省卫生健康委
广东省无烟单位	琅哥村委会	2019年	广东省卫生健康委
广东省无烟单位	东北雁村委会	2019年	广东省卫生健康委
广东省模范职工之家	恩平文泰工艺有限公司工会	2019年	
广东省模范职工之家	广东烟草江门市恩平市分公司工会	2019年	
省级职工书屋	江门恩平供电局沙湖供电所职工书屋	2019年	
省级职工书屋	恩平市东安中学职工书屋	2019年	
省级职工书屋	恩平市年乐学校职工书屋	2019年	
省级职工书屋	恩平市良西镇总工会职工书屋	2019年	

表63 2019年新会区获全国系统表彰先进个人名录一览表

姓　名	性别	所在单位及职务	荣誉名称	颁奖单位	获奖时间
吴博诺	男	恩平市公安局	广东省“五一”劳动奖章		2019年
叶春鸿	男	恩平市职教中心	广东开放大学体系中职教育先进教育工作者	广东开放大学附属职业技术学校	2019年7月
黄虹春	女	恩平市职教中心	广东开放大学体系中职教育优秀教师	广东开放大学附属职业技术学校	2019年7月
黎景鑫	男	恩平市职教中心	广东开放大学体系奥鹏远程教育教育“优秀教育工作者”	广东开放大学附属职业技术学校	2019年7月
梁健荣	男	恩平汽车总站	广东省优秀货车司机荣誉称号	广东省交通运输厅 广东省公安厅 广东省总工会	2019年9月
李小聪		恩平市侨联	广东省归侨侨眷先进个人称号	广东省人力资源和社会保障厅 广东省归国华侨联合会	2019年12月
刘尚昊	男	恩平市纪委监委	“我的梦-第五届广东省演讲大赛（江门赛区复赛）”银奖	我的梦广东省演讲大赛组委会	2019年
伍京华	男	恩平市纪委监委	广东省“百名优秀村（社区）党组织第一书记”	中共广东省委组织部	2019年

附录

文献专载·调研报告

文献专载

江门市人民政府关于公布第一批江门市海上丝绸之路史迹保护名录的通知

江府〔2019〕7号

各市（区）人民政府，市政府各部门、有关事业单位：

我市是古代海上丝绸之路的重要节点，也是著名的侨乡，中外经济文化交流历史源远流长。为进一步加强我市海上丝绸之路史迹的保护与管理，完善海上丝绸之路史迹保护机制，提高保护管理水平，根据《江门市海上丝绸之路史迹保护条例》规定，经组织评定，核定方济各·沙勿略墓园—大洲湾遗址等9处列入第一批江门市海上丝绸之路史迹保护名录，并予以公布。

各级各有关部门要认真贯彻落实《江门市海上丝绸之路史迹保护条例》，各司其职，各负其责，协同合作，建立健全保护机制，全面落实保护措施，切实做好海上丝绸之路史迹的保护、管理和合理利用工作，确保海上丝绸之路史迹得到有效保护和传承。

江门市人民政府

2019年3月4日

第一批江门市海上丝绸之路史迹保护名录

1. 方济各·沙勿略墓园—大洲湾遗址
2. 新地村天主教堂
3. “南海Ⅰ号”沉船点（台山水域）
4. 广海卫城城墙
5. 紫花岗烽火台
6. 紫花岗摩崖石刻
7. 官冲窑址
8. 杨太后陵
9. 慈元庙

江门市海上丝绸之路史迹保护条例

第一章　总则

第一条　为了加强江门市海上丝绸之路史迹保护，促进合理利用，根据《中华人民共和国文物保护法》《中华人民共和国文物保护法实施条例》等法律、法规，结合本市实际，制定本条例。

第二条　本条例适用于本市行政区域内海上丝绸之路史迹的规划、保护、利用和管理。

本条例所称海上丝绸之路史迹（以下简称“海丝史迹”）是指历史上反映本市与海上丝绸之路相关的，具有历史、艺术、科学价值的遗迹、遗址等。

第三条　海丝史迹的保护，应当遵循科学规划、保护为主、合理利用、加强管理的原则，保持海丝史迹的真实性、完整性。

第四条　市、县级人民政府负责本行政区域内的海丝史迹保护工作，将海丝史迹保护纳入本级国民经济和社会发展规划，所需经费列入本级财政预算。

市、县级人民政府应当建立联席会议制度，协调解决海丝史迹保护工作中的重大问题。

镇人民政府、街道办事处负责本辖区内海丝史迹的保护工作，引导村民委员会、居民委员会依法组织制定海丝史迹保护的村规民约、居民公约，支持村民委员会、居民委员会建立海丝史迹保护的群众性组织。

第五条　文物主管部门负责海丝史迹保护的监督管理工作，组织实施本条例。

知识产权主管部门应当加强对海丝史迹的名称、标识、品牌文化的建设、传播及保护，做好相关保护工作。

自然资源、住房城乡建设、发展改革、公安、民族宗教事务、林业、水行政、旅游、生态环境、外事等主管部门在职责范围内做好海丝史迹保护工作。

文化市场综合执法机构负责海丝史迹文物执法。

第六条　市人民政府文物主管部门建立海丝史迹保护专家委员会，负责海丝史迹保护的咨询、指导、评定相关工作。海丝史迹保护专家委员会由文化、文物、规划、土地、建筑、历史、经济、社会和法律等领域专家组成。

第七条　市、县级人民政府应当组织文物、旅游、教育、民族宗教事务等相关主管部门加强海丝史迹相关知识的宣传教育，增强全民保护意识。

教育主管部门应当将海丝史迹保护利用常识纳入中小学生教育内容，培育社会主义核心价值观。

新闻媒体应当加强对海丝史迹保护的公益性宣传。

第八条　任何单位或者个人都有依法保护海丝史迹的义务，有权检举损坏海丝史迹的行为。接到举报的部门应当及时处理；实名举报的，将处理结果告知举报人。

对海丝史迹的发现、保护或者管理工作作出突出贡献的单位或者个人，由市、县级人民政府依法给予表彰和奖励。

第二章　规划与保护

第九条　市文物主管部门应当制定海丝史迹评定标准，组织海丝史迹保护专家委员会论证评定，编制江门市海丝史迹保护名录。

海丝史迹保护名录包括列入世界文化遗产名录的海丝史迹；已核定公布为文物保护单位的海丝史迹；尚未核定公布为文物保护单位的海丝史迹。

海丝史迹保护名录由市人民政府核定并向社会公布。

海丝史迹保护名录需要调整的，由市文物主管部门按照本条第一款的规定论证评定，报市人民政府核定公布。

第十条　对列入保护名录的海丝史迹，县级人民政府文物主管部门应当会同同级城乡规划等主管部门编制本行政区内海丝史迹保护规划。

在海丝史迹保护规划编制过程中，文物主管部门应当依法将规划草案予以公告，并采取论证会、听证会或者其他方式征求专家和公众的意见。公告的时间不得少于三十日。

海丝史迹保护规划经依法组织评审并批准后公布施行。

经批准后的保护规划，必须严格执行，不得擅自更改；确需更改的，应当报原批准机关批准。

第十一条　海丝史迹保护规划应当与世界文化遗产保护规划相衔接。

海丝史迹的相关保护措施依法纳入城乡建设规划。

第十二条　海丝史迹保护规划应当包括下列内容：

（一）海丝史迹保护名录；

（二）保护原则、保护内容、保护要求；

（三）分类保护措施；

（四）保护规划实施方案。

列入世界文化遗产名录的海丝史迹应当划定遗产区和缓冲区；已核定公布为文物保护单位的海丝史迹依法划定保护范围和建设控制地带，并符合世界文化遗产遗产区和缓冲区的保护要求；尚未核定公布为文物保护单位的海丝史迹可以根据实际需要划定保护范围。

第十三条　对已核定公布为文物保护单位的海丝史迹，应当依法设置保护标志，作出标志说明，建立记录档案，指定保护机构或者专人负责管理。

县级文物主管部门应当与保护机构或者专人签订海丝史迹保护责任书，明确海丝史迹保护的责任和义务。

尚未核定公布为文物保护单位的海丝史迹，由县级文物主管部门对其名称、类别、年代、位置、范围等予以登记并公布，作出标志说明，建立记录档案。

第十四条　在已核定公布为文物保护单位的海丝史迹遗产区或者保护范围内，不得进行与海丝史迹保护无关的建设工程或者爆破、钻探、挖掘等作业，因特殊情况需要进行前述作业的，应当依法报请批准。

第十五条　在已核定公布为文物保护单位的海丝史迹缓冲区或者建设控制地带内修建的建筑物或者构筑物，其形式、高度、体量、色调等必须与海丝史迹的历史风貌相协调，工程设计方案应当依法报请批准。

第十六条　任何单位或者个人不得刻划、涂污或者损毁海丝史迹保护标志、说明牌等设施。

禁止从事危及水下文物安全的捕捞、爆破等活动。

第十七条　市、县级人民政府应当做好海丝史迹原生态资源保护工作，逐步依法将海丝史迹周边第一重山范围内的林木林地纳入生态公益林管理，并对林木林地权利人依法给予公平、合理的补偿。

第十八条　任何单位或者个人发现相关海丝史迹的，应当保护现场，立即报告当地文物主管部门；在进行建设工程或者在农业生产中发现的，施工单位或者个人应当立即停止施工。

文物主管部门接到报告后，如无特殊情况，应当在12小时内赶赴现场，并在7日内提出处理意见。

第十九条　县级文物主管部门应当建立日常监测、巡查制度，及时制止、纠正和查处破坏海丝史迹的行为，并建立健全日常保护记录档案。

第二十条　对危害已核定公布为文物保护单位的海丝史迹安全、破坏其历史风貌的建筑物、构筑物，县级人民政府应当及时调查处理，必要时，对该建筑物、构筑物依法予以拆迁。因拆迁造成所有权人或者使用权人经济损失的，应当依法给予公平、合理补偿。

第二十一条　县级文物主管部门应当制定海丝史迹保护应急预案。

发生或者可能发生危及海丝史迹安全的突发事件时，县级文物主管部门应当立即启动相应的应急预案，采取必要的应急措施，同时报告县级人民政府、上级文物主管部门。

第三章　合理利用

第二十二条　海丝史迹的利用应当符合海丝史迹保护规划，尊重当地的宗教习俗和民间风俗，不得破坏海丝史迹。

第二十三条　具备条件的海丝史迹应当向社会公众开放，保护机构或者专人可以根据实际情况控制参观范围、参观时间和参观人数。

鼓励和支持设立展示和传播海丝史迹文化的博物馆、陈列馆等文化场馆。

第二十四条　文物主管部门应当加强同其他相关部门合作，挖掘整合当地海丝史迹旅游资源，发展特色旅游产业，鼓励多方力量开发特色文化创意产品。

发展旅游产业不得危及海丝史迹的安全，破坏海丝史迹及其周边环境的真实性和完整性。

第二十五条　海丝史迹用于拍摄电影、电视、广告和其他音像资料或者举办大型活动的，拍摄单位或者举办者应当与保护机构或者专人签署协议，明确海丝史迹保护措施和责任。

第二十六条　市、县级人民政府应当充分发挥海丝史迹的桥梁纽带作用，加强与其他国家、地区和国际组织的交流与合作。

第二十七条　鼓励社会力量通过捐赠、设立海丝史迹保护社会基金等方式参与海丝史迹保护工作。

鼓励和支持志愿者组织或者个人积极开展有关海丝史迹的宣传和保护活动。

鼓励和支持高等院校、科研机构或者个人开展海丝史迹保护的科学研究，促进海丝史迹研究成果的推广和使用。

第四章　法律责任

第二十八条　文物主管部门以及其他有关单位和部门有下列行为之一的，由其上级行政机关责令改正；情节严重的，对直接负责的主管人员和直接责任人员依法给予处分；构成犯罪的，依法追究刑事责任：

（一）未依法编制、未依法报批以及违反法定程序变更海丝史迹保护规划的；

（二）接到报告后无特殊情况，未在12小时内赶赴现场，并在七日内提出处理意见，造成严重后果的；

（三）未制定海丝史迹保护应急预案的；

（四）未建立并落实日常监测、巡查制度的；

（五）其他滥用职权、玩忽职守、徇私舞弊的行为。

第二十九条　违反本条例第十四条规定，在已核定公布为文物保护单位的海丝史迹遗产区或者保护范围内，进行与海丝史迹保护无关的建设工程或者爆破、钻探、挖掘等作业未依法报请批准，造成严重后果的，处5万元以上50万元以下的罚款；情节严重的，依法由原发证机关吊销资质证书。

第三十条　违反本条例第十五条规定，在已核定公布为文物保护单位的海丝史迹缓冲区或者建设控制地带内修建建筑物或者构筑物，其工程设计方案未依法报请批准，对海丝史迹的历史风貌造成破坏的，处5万元以上50万元以下的罚款；情节严重的，依法由原发证机关吊销资质证书。

第三十一条　违反本条例第十六条第一款规定，刻划、涂污或者损毁海丝史迹保护标志、说明牌等设施的，由公安机关责令改正，给予警告，并处200元以下的罚款。

第五章　附则

第三十二条　本条例自2019年3月1日起施行。

注：2018年10月31日江门市第十五届人民代表大会常务委员会第十七次会议通过　2019年1月16日广东省第十三届人民代表大会常务委员会第九次会议批准

江门市人民政府办公室关于印发《江门市深化医药卫生体制改革近期重点工作任务》的通知

江府办〔2019〕13号

各市（区）人民政府，市政府各部门、有关事业单位，中直、省直驻江门有关单位：

《江门市深化医药卫生体制改革近期重点工作任务》已经市人民政府同意，现印发给你们，请认真贯彻执行。实施过程中遇到的问题，请径向市深化医药卫生体制改革（建设卫生强市）领导小组办公室（市卫生健康局）反映。

江门市人民政府办公室

2019年3月11日

江门市深化医药卫生体制改革近期重点工作任务

为深入贯彻习近平新时代中国特色社会主义思想和党的十九大、十九届二中、三中全会精神，深入贯彻习近平总书记对广东重要讲话和重要指示批示精神，认真落实党中央、国务院关于实施健康中国战略和深化医药卫生体制改革的决策部署，根据《广东省人民政府办公厅关于印发广东省深化医药卫生体制改革近期重点工作任务的通知》（粤府办〔2018〕44号），结合我市实际，现提出深化医药卫生体制改革近期重点工作任务。

一、有序推进分级诊疗制度建设

（一）加强基层医疗卫生服务体系建设。大力推进县级公立医院升级建设，所有有基建工程的建设项目在2019年“五一”前主体工程出地面，2019年年底前封顶，装修类项目在2019年10月前完工。（台山市、开平市、恩平市政府，市卫生健康局、市发展改革局、市财政局、市自然资源局、市住房城乡建设局负责，列在第一位的部门为牵头部门，下同）

（二）规范医疗联合体建设和发展。推进医联体网格化管理，落实全省医疗联合体的建设指引和国家医疗联合体建设、分级诊疗考核要求。鼓励中医医院、社会办医疗机构及康复、护理等机构参与医疗联合体建设，社会办医疗机构及康复、护理等机构参与医联体建设的比例达20%。以专科协作为纽带，进一步发挥专科联盟的作用。市中心医院、市五邑中医院要进一步推广深圳罗湖医院集团以“强基层、促健康”为医疗联合体运营核心目标，以医保基金总额预付为主要利益导向机制，以家庭医生为居民健康“守门人”的经验。（市卫生健康局、市发展改革局、市财政局、市医保局、市社保局、市民政局、市残联负责）

（三）完善不同级别医疗机构的医疗服务价格、医保支付等政策，拉开报销比例，引导合理就医。（市医保局、市社保局、市卫生健康局负责）

（四）做实做细家庭医生签约服务。在稳定签约数量、巩固覆盖面的基础上，把工作重点向提质增效转变，优先做好重点人群签约服务，提高签约服务质量。落实家庭医生签约服务医保费用结算，签约服务费可用于人员薪酬分配。基层医疗卫生机构要设置家庭医生签约服务区（健康驿站），优化服务流程，慢性病患者可以由签约医生开具慢性病长期药品处方。加强签约服务的考核与评价。落实为养老机构符合条件的入住老人提供家庭医生签约服务的政策。（市卫生健康局、市医保局、市社保局、市发展改革局、市民政局、市扶贫办、市残联负责）

（五） 深化基层医疗卫生机构综合改革，探索和推动疾控机构、慢性病防治机构、县级妇幼保健机构体制机制创新，落实财政保障政策，落实“允许医疗卫生机构突破现行事业单位工资调控水平，允许医疗服务收入扣除成本并按规定提取各项基金后主要用于人员奖励”要求。对基层医疗卫生机构全面实行公益一类财政供给、公益二类事业单位管理，切实落实好政府实行公益一类财政供给的保障责任，进一步完善基层医疗卫生机构绩效工资制度。（市委编办、市财政局、市人力资源社会保障局、市卫生健康局负责）

（六）完善医疗卫生县镇一体化、镇村一体化管理，推动县域综合改革。基层医务人员实行“县招县管镇用”。（市卫生健康局、市财政局、市人力资源社会保障局负责）率先在台山市探索建立区域医疗联合体编制统筹使用机制，医疗联合体内人员流动不受编制性质限制。（台山市政府，市委编办、市人力资源社会保障局、市卫生健康局负责）

（七）开展优质服务基层行活动，加强基层医疗卫生机构标准化建设，进一步完善基层医疗卫生机构质量管理体制机制。（市卫生健康局、市发展改革局、市人力资源社会保障局、市财政局负责）

二、加快建立现代医院管理制度

（八）深化医疗服务价格改革。落实医疗服务价格调整，加快建立以成本和收入结构变化为基础、及时灵活的价格动态调整机制，通过规范诊疗行为，降低药品、医用耗材等费用腾出空间，优化调整医疗服务价格。重点优化调整体现医务人员技术劳务价值的价格，降低大型医用设备检查治疗和检验等价格。加快审核新增医疗服务价格项目。调整中医服务项目价格不受调价总量限制，落实对儿科的倾斜政策。全面取消医用耗材加成，由此减少的合理收入，全部通过调整医疗服务价格予以补偿。（市医保局、市财政局、市卫生健康局、市人力资源社会保障局、市社保局负责）

（九）督促落实区域卫生规划，合理控制公立医院单体规模和床位数。（市卫生健康局、市发展改革局、市财政局负责）推动国有企业办医疗机构改革。（市国资委、市卫生健康局负责）

（十）研究制定公立医院财政投入保障办法，科学界定政府投入责任。（市财政局、市卫生健康局负责）

（十一）推进公立医院薪酬制度改革试点。完善公立医院薪酬水平与绩效工资总量核定办法。市人民医院、市结核病防治所对公立医院薪酬改革试点工作经验进行总结、归纳。（市人力资源社会保障局、市卫生健康局、市财政局负责）

（十二）加强公立医院党的建设和行业党建工作指导。制定加强公立医院党的建设工作的实施意见，建立公立医院党建工作考核评价体系。（市卫生健康局、市委组织部、市教育局负责）

（十三）提高医院科学化、精细化管理水平。培育现代医院管理制度示范医院。在20%的二级、三级公立医院和10%的社会力量举办的非营利性医院开展制订章程试点工作。建立健全公立医院全面预算管理、成本管理、财务报告、信息公开以及内部和第三方审计机制。公立医院全面落实总会计师制度。（市卫生健康局、市发展改革局、市财政局、市人力资源社会保障局、市委编办负责）

（十四）研究制定公立医院实行编制备案制、员额制管理的指导意见。积极推动公立医院实行全员聘用，新设的公立医院可实行员额制管理。（市委编办、市人力资源社会保障局、市卫生健康局负责）继续开展公立医院综合改革效果评价考核，根据考核结果分配补助资金。（市卫生健康局、市财政局负责）

三、加快健全全民医保体系

（十五）提高医疗保障水平。将基本医疗保险一档住院统筹年度最高支付限额由原来的20万元提高到30万元，一档住院统筹三级定点医疗机构的支付比例由原来的55%提高到65%，一档普通门诊统筹在基层定点医疗机构最高支付限额由原来的180元/年提高到240元/年。进一步完善大病保险工作机制。（市医保局、市财政局、市卫生健康局、市社保局、市保险行业协会负责）

（十六）改革医保支付方式。全面实施按病种分值付费，实施按病种分值付费病种数不少于4000个。完善按病种分值付费的结算办法，着重提高创新技术的病种分值标准，将日间手术纳入按病种分值付费范围，探索将符合条件的门诊术前检查纳入按病种分值付费范围和对同病同效的中医治疗病例给予相同支付标准。（市医保局、市卫生健康局、市社保局负责）

（十七）全面落实异地就医结算政策，扩大定点机构覆盖面。（市医保局、市财政局、市卫生健康局、市社保局负责）

（十八）强化医保对医疗行为的监管。以定点医疗机构和定点零售药店及参保人员为主要检查对象，以住院和门诊服务、药店购药服务为主要检查内容，开展打击欺诈骗取医疗保障基金专项行动，着力解决“挂床”住院、骗保等问题，科学控制医疗费用不合理增长。（市医保局、市财政局、市公安局、市卫生健康局、市市场监管局、市社保局负责）

（十九）发展商业健康保险。完善以政府购买服务方式引导具有资质的商业保险机构等社会力量参与基本医保的经办服务。（市医保局、市社保局、市保险行业协会负责）

（二十）积极开展长期护理保险制度试点。优化职工个人账户功能，支持职工医保参保人使用个人账户资金购买商业健康保险。（市医保局、市人力资源社会保障局、市社保局、市保险行业协会负责）扩大职工医疗互助覆盖面，促进医疗互助健康发展。（市总工会负责）

四、完善药品供应保障制度

（二十一）全面推行药品集团采购。在全市范围推进公立医疗机构药品跨区域联合集中采购改革，通过药品集中带量采购的有效途径，合理管控药品价格，降低药品费用。（市卫生健康局、市医保局、市发展改革局、市社保局、市市场监管局、市国资委负责）

（二十二）落实基本药物制度。持续巩固基本药物制度实施成效，将基本药物制度与分级诊疗、家庭医生签约服务、慢性病健康管理等有机结合，在高血压、糖尿病、严重精神障碍等慢性病管理中，在保证药效前提下优先使用基本药物。（市卫生健康局、市财政局、市医保局、市市场监管局负责）

（二十三）配合抗癌药降税政策，开展目录内抗癌药集中采购，落实国家谈判药品的报销政策。（市医保局、市卫生健康局、市社保局负责）

（二十四）加强短缺药品供应保障监测预警，建立短缺药品及原料药停产备案制度，制定市级短缺药品储备目录，合理确定储备规模，开展承储企业遴选及储备工作。（市卫生健康局、市工业和信息化局、市财政局、市市场监管局负责）

（二十五）落实国家治理高值医用耗材和过度医疗检查的改革方案。（市卫生健康局、市医保局、市社保局负责）执行国家医疗器械编码规则，探索实施高值医用耗材注册、采购、使用等环节规范编码的衔接应用。（市市场监管局、市卫生健康局、市医保局、市社保局负责）推进医疗器械国产化，促进创新产品应用推广。（市工业和信息化局、市发展改革局、市卫生健康局、市医保局、市市场监管局、市社保局负责）

（二十六）鼓励新药和仿制药研发，加快仿制药一致性评价工作，积极组织推荐市内有关单位申报国家、省科技重大专项以及重点研发计划重点专项。（市科技局、市卫生健康局、市市场监管局负责）

（二十七）试行零售药店分类分级管理，支持零售药店连锁发展，允许门诊患者自主选择在医疗机构或零售药店购药。（市市场监管局、市卫生健康局、市医保局、市商务局、市社保局负责）

（二十八）规范药品使用行为。继续落实处方点评等制度，组织二级以上公立医院对辅助性用药实施重点监控。探索建立医院药师管理制度，完善药师管理政策。（市卫生健康局、市医保局、市社保局负责）

五、加强综合监管制度建设

（二十九）按省的有关部署，出台江门市改革完善医疗卫生行业综合监管制度的实施方案。建立完善医疗卫生行业综合监管的协调机制和督察工作机制。（市卫生健康局、市发展改革局、市医保局、市市场监管局、市社保局负责）

（三十）建立健全医疗卫生行业信用机制、综合监管结果协同运用机制和黑名单制度。（市卫生健康局、市发展改革局、市医保局、市市场监管局、市社保局负责）利用全省医院和医师执业监管信息系统，执业医师实行代码唯一制，执业监管记录纳入对医师的诚信评价。（市卫生健康局负责）

（三十一）建立健全各级各类医疗卫生机构管理制度。全面开展各级各类公立医疗卫生机构绩效考核，原则上按年度进行，考核结果向同级政府报告，与医疗卫生机构财政补助、薪酬总体水平、负责人晋升和奖惩等挂钩，并以适当方式向社会公开。（市卫生健康局、市财政局、市人力资源社会保障局、市社保局负责）

（三十二）加强综合监管体制机制改革创新，按照“双随机一公开”的监管方式和执法全过程记录制度要求，对全省卫生健康领域被监督单位开展监督抽查，做到全过程留痕，实现责任可追溯。推广实施医疗卫生机构传染病防治分类监督综合评价。加强中医药监督执法。（市卫生健康局、市市场监管局负责）推动对涉医违法犯罪行为开展联合惩戒。（市卫生健康局、市医保局、市市场监管局、市公安局、市社保局负责）

六、建立优质高效的医疗卫生服务体系

（三十三）实施高水平医院建设。市中心医院争取进入省实施“登峰计划”第三批重点建设医院，打造珠西医疗中心。（市卫生健康局、市发展改革局、市科技局、市教育局、市财政局、市医保局、市社保局负责）

（三十四）完善国民健康政策，普及健康知识，开展健康促进、体质监测、健身指导，完善健康保障，增强个

人健康责任意识，努力让群众不得病、少得病。（市卫生健康局、市教育局、市文化广电旅游体育局负责）

（三十五）加强基本公共卫生服务。2019年人均基本公共卫生服务经费补助标准提高至60元，新增经费主要用于基本公共卫生服务项目的提质扩面。（市财政局、市卫生健康局负责）优化基本公共卫生服务项目，提高服务质量。提升突发公共事件卫生应急处置能力。（市卫生健康局负责）

（三十六）构建慢性病防治结合工作机制，加强慢性病防治机构和队伍能力建设，推动医疗机构提供健康处方、运动处方。（市卫生健康局、市文化广电旅游体育局负责）

（三十七）推进实施全民健康保障工程建设规划，加强县级医院以及妇幼健康、精神卫生、疾病预防控制等医疗卫生机构建设，提升疑难病症诊治能力。（市卫生健康局、市发展改革局、市财政局负责）

（三十八）完善公共卫生服务体系建设。落实国家关于加强疾病预防控制体系建设指导性文件，改革完善疾病预防控制网络。（市卫生健康局、市发展改革局、市人力资源社会保障局、江门海关负责）落实国家卫生防疫津贴政策。（市人力资源和社会保障局、财政局、卫生健康局、江门海关负责）

（三十九）按照省的有关部署，出台江门市新时代中医药传承创新发展三年行动方案。深入实施基层中医药服务能力提升工程“十三五”行动计划。实施中医药传承创新工程，开展中医药诊疗技术重点攻关和成果转化，市五邑中医院作为区域中医诊疗中心（肛肠）培育单位，要完善中医专科专病防治体系，提高中医药疑难疾病诊治能力和水平。（市卫生健康局、市发展改革局、市财政局负责）

（四十）深入实施健康扶贫，继续做好大病专项救治，实施地方病、传染病综合防治和健康促进攻坚行动，采取有效保障措施减轻贫困人口就医负担。制定重点地方病防治三年攻坚行动方案、职业健康专项行动计划。（市卫生健康局、市扶贫办、市财政局、市医保局、市社保局、市民政局、市应急管理局负责）

（四十一）落实省卫生健康委关于促进3岁以下婴幼儿照护服务发展的指导性文件。（市卫生健康局负责）

（四十二）持续深入推进医养结合。推动医疗资源富余地区的部分医疗机构转型为康复医院、护理院，鼓励医疗机构开设老年科，增加长期护理床位。实现50%左右的居家社区养老服务站点引入医疗机构为老年人提供医疗服务;所有二级以上医疗机构开设为老年人提供挂号就医等便利服务。（市卫生健康局、民政局、市发展改革局、市医保局负责）

（四十三）实施新一轮改善医疗服务行动计划。大力推广分时段预约诊疗、智能导医分诊、候诊个性化提醒、检验检查结果线上查询、诊间结算、移动支付等线上服务。（市卫生健康局负责）

七、统筹推进相关领域改革

（四十四）推进健康服务业发展。落实国家、省健康产业发展行动纲要。研究建立健康产业统计体系和核算制度，开展健康服务业核算。（市发展改革局、市卫生健康局、市统计局负责）

（四十五）促进社会办医加快发展。制定促进社会办医机构实施办法。允许公立医院与民营医院合作，通过医疗联合体、分级诊疗等形式带动支持社会办医发展。积极向上级相关部门争取诊所建设试点。（市卫生健康局、市发展改革局负责）开展中医诊所备案。（市卫生健康局负责）

（四十六）积极稳妥推进医师多点执业，完善备案制管理。全面推行医疗责任保险，医疗责任保险覆盖全省二级以上公立医院。引导和规范护士多点执业、“互联网＋”护理服务等新模式新业态探索发展。（市卫生健康局、市发展改革局、市保险行业协会负责）

（四十七）加快发展“互联网＋医疗健康”。推进江门市区域卫生计生信息平台建设，通过市政府信息资源共享交换平台，推动医疗机构实现诊疗信息共享。完善健康医疗信息标准，促进健康医疗大数据有序、高效汇聚应用。完善基层医疗卫生机构管理信息系统。推进智慧医院建设。（市卫生健康局、市发展改革局、市医保局、市政务服务数据管理局负责）健全互联网诊疗收费政策，进一步完善医保支付政策，按国家和省规定逐步将符合条件的互联网诊疗服务纳入医保支付范围。（市医保局、市社保局、市卫生健康局负责）

（四十八）医教协同深化医学教育改革。推进全科医生培养与使用激励机制改革。实施加强基层卫生人才队伍建设三年行动计划。加强全科医生、儿科医生队伍建设，加大全科医生特设岗位招聘力度。继续开展县（市、区）、镇（街道）、村（居）卫生人员能力提升培训，全面推开乡村全科执业助理医师资格考试。开展中医医术确有专长人员医师资格考核。实施基层人才专项公开招聘，完善住院医师、全科医师规范化培训制度。继续实施订单定向培养医学大学生项目。加强全科医学师资培训。（市卫生健康局、市人力资源社会保障局、市教育局、市财政局负责）

各地、各有关部门要高度重视深化医改工作，市医改办要建立医改重点任务台账，加强医改工作监测，定期通报各地改革进展情况，并继续开展医改任务落实情况的检查考核工作。

江门市地名管理办法

第一章　总则

第一条　为了规范地名管理，实现地名标准化、规范化，适应城乡建设、社会发展和人民生活需要，根据《地名管理条例》《广东省地名管理条例》及有关法律法规，结合本市实际，制定本办法。

第二条　本办法适用于本市行政区域内地名的管理活动。

第三条　本办法所称地名，是指用作标示方位、地域范围的地理实体名称，包括：

（一）山、河、湖、海、岛礁、沙滩、滩涂、湿地、岬角、海湾、水道、沟谷、洲、坝、涌、泉、瀑、洞、地形区等自然地理实体名称；

（二）各级行政区域名称和各级人民政府派出机构所辖区域名称；

（三）保税区、高新区、试验区、开发区、工业园区等经济功能区名称；

（四）城镇、自然村、农林牧渔场、盐场、矿山及城市内和村镇内的路、街、巷等居民地名称；

（五）大楼、大厦、花园、公寓、别墅、商业中心等建筑物、住宅区名称；

（六）台、站、港口、码头、机场、铁路、公路、水库、渠道、堤围、涵洞、水闸、水陂、电站等专业设施名称；

（七）公园、广场、体育场馆、风景名胜区、自然保护区、旅游度假区、文物古迹、纪念地等公共场所、休闲旅游、文化设施名称；

（八）城市道路、桥梁、隧道、立交桥等市政交通设施名称；

（九）其他具有地名意义的名称。

第四条　地名管理应当坚持尊重当地历史和现状，维持地名相对稳定和延续，确保地名规范使用的原则。

第五条　地名管理实施统一管理，实行分类、分级负责制。

县级以上人民政府应当加强对地名管理工作的组织领导，将地名管理工作经费列入本级财政预算。

镇人民政府（街道办事处）应当按照职责做好本辖区内的地名管理工作。

市地名主管部门主管本市行政区域内的地名管理工作及负责组织实施本办法；县级地名主管部门按照权限划分，负责辖区内的地名管理工作。

发展改革、教育、公安、财政、自然资源、住房城乡建设、城市管理综合执法、交通运输、文化广电旅游体育、市场监管等主管部门，应当按照各自职责做好地名管理工作。

第六条　县级以上人民政府应当建立健全地名管理工作联席会议制度，由地名主管部门定期召集相关部门研究和协调地名管理工作。

第七条　县级以上人民政府应当建立地名管理专家咨询机制，委托专家参与地名研究、整理、发掘、保护和宣传工作，为地名管理决策提供建议。

第八条　县级以上地名主管部门和有关主管部门应当加强地名信息协作，及时互通基础信息，实现地名相关管理信息资源共享。

负有地名管理职责的主管部门应当将处理违反地名管理规定的单位和个人违法信息录入公共信用信息平台，并及时向社会公布。

第九条　县级以上地名主管部门应当会同城乡规划、交通运输、住房城乡建设等主管部门编制本级行政区域的地名专项规划，报同级人民政府批准后组织实施。

地名专项规划应当包括构建城市地名命名体系，制定区块空间布局的命名指引，拟定规划的城市道路、桥梁、隧道以及公园、广场等公共场所名称等内容。

经批准的地名专项规划为地名命名、更名的依据，未经法定程序不得修改。确需修改的，应当按照原批准程序进行。相关行政管理部门、规划编制单位应当将地名专项规划中确定的名称纳入相应管理系统。

第十条　公民、法人和其他组织应当使用标准地名，对违法使用地名以及破坏地名标志等行为有权向相关部门投诉和举报。

公民、法人和其他组织有权对地名管理工作提出意见和建议。

第二章　地名的命名、更名和销名

第十一条　地名的命名应遵循下列原则：

（一）不得损害国家主权、领土完整、民族尊严和破坏社会和谐；

（二）符合城乡规划要求，反映当地历史、地理、民俗、文化和地方特色；

（三）符合地名专项规划；

（四）尊重当地群众意愿，与有关各方协调一致；

（五）维护地名稳定性。

第十二条　地名的命名应当符合下列要求：

（一）市内重要的自然地理实体名称，同一县级市（区）内的镇（街道）名称，同一镇（街道）内自然村名称，同一城镇内的路、街、巷、建筑物、住宅区名称，不应重名、同音；

（二）不得以著名的山脉、河流等自然地理实体名称作行政区划名称；自然地理实体的范围超出本行政区域的，不得以其名称作本行政区域的名称；

（三）镇名称应当与其政府驻地名称一致，街道办事处名称应当与所在街巷名称一致；

（四）道路、街巷、住宅区应当按照层次化、序列化、规范化的要求予以命名；

（五）以地名命名的台、站、港口、码头、机场、水库、矿山、大中型企业等名称应与所在地的名称一致；

（六）一般不以人名作地名，禁止使用国家领导人的名字、外国人名、外国地名作地名。

第十三条 地名的命名应当符合下列规范：

（一）使用规范的汉字，避免使用生僻或易产生歧义的字；

（二）地名应当由专名和通名两部分组成，通名用字应当能真实反映其实体的属性（类别）；

（三）不得使用单纯序数作地名；

（四）禁止使用重叠通名。

第十四条 地名通名的使用应当符合国家和省的有关规定。建筑物、住宅区地名通名的使用应当具备与通名相适应的占地面积、总建筑面积、高度和绿地率等。

第十五条 地名的命名、更名应当按照规定的程序进行申报与许可，未经批准，任何单位、组织和个人不得擅自对地名进行命名、更名。

未经批准命名、更名的地名，不得公开使用。

第十六条 除按规定需由国家、省批准外，地名专项规划已经确定且无需改变的地名命名由原批准的人民政府或者其委托的地名主管部门批准。

地名专项规划尚未确定，或者确需改变地名专项规划已经确定的名称的，地名命名、更名的申请和审批程序按照本办法第十七条至二十一条规定执行。

第十七条 行政区划名称的命名、更名，按照国家有关行政区划管理的规定办理。

第十八条 自然地理实体名称的命名、更名按照下列程序和权限审批：

（一）市内著名的或者涉及市内各县级行政区域之间的自然地理实体名称的命名、更名，由有关县级人民政府提出申请，经市地名主管部门审核并征求相关县级人民政府的意见后，报市人民政府审批；

（二）县级行政区域范围内的自然地理实体名称的命名、更名，由主管部门提出申请，经所在地县级地名主管部门审核后报本级人民政府审批。

第十九条 居民地名称的命名、更名按照下列程序和权限审批：

（一）城市内一般的路、街、巷名称的命名、更名，由县级城乡规划主管部门提出申请，经所在地县级地名主管部门审核后，报本级人民政府审批；涉及两个或以上区行政区域之间的城市道路的命名、更名，由市城乡规划主管部门提出申请，经市地名主管部门审核后，报市人民政府审批；

（二）镇、村内的路、街、巷名称的命名、更名，由所在地镇人民政府提出申请，报县级地名主管部门审批；

（三）圩镇、自然村名称的命名、更名，由镇人民政府（街道办事处）提出申请，经县级地名主管部门审核后报本级人民政府审批；

（四）农林牧渔场、矿山、专业设施名称、公共场所和文化设施等名称和其他具有地名意义的企事业单位名称的命名、更名，由有关单位或者专业单位向其专业主管部门提出申请，经征得所在地地名主管部门同意后，由专业主管部门审批。

第二十条 建筑物、住宅区以及住宅区内道路名称的命名、更名，由建设单位提出申请，由所在地县级地名主管部门审批。

以“五邑”或者“江门”等字样冠名的建筑物、住宅区的命名、更名，建设单位应当向所在地县级地名主管部门提出申请，由受理申请的地名主管部门组织论证审核后，报市地名主管部门核准。

第二十一条 市政交通设施名称的命名、更名，由所在地县级城乡规划主管部门提出申请，经所在地县级地名主管部门审核后报本级人民政府审批。涉及两个或以上区行政区域之间的市政交通设施名称的命名、更名，由市城乡规划主管部门提出申请，经市地名主管部门审核后报市人民政府审批。

第二十二条 申报地名的命名、更名时，应当提交以下材料：

（一）地理实体的性质、位置、规模；

（二）命名、更名的理由；

（三）拟用地名的用字、拼音、含义；

（四）申报单位和有关方面的意见及相关材料。

第二十三条 地名的更名应当遵循下列规定：

（一）不符合本办法第十一条第（一）项规定的地名，必须更名；

（二）不符合本办法第十二条第（一）、（三）、（五）项和第十三条第（一）项规定的地名，在征得有关方面和当地群众同意后更名；

（三）一地多名、一名多写，应当确定一个统一的名称和用字。

不属于前款规定范围，可改可不改的或者当地群众不同意更改的地名，不予更改。

第二十四条 下列地名在命名、更名前，地名主管部门或者专业主管部门应当予以公示，并组织论证或者听证：

（一）在本市范围内具有重大影响的；

（二）风景名胜区、文物保护单位；

（三）地名主管部门或者专业主管部门认为需要组织专家论证或者听证的其他地名。

第二十五条 因自然变化、行政区划的调整和城乡建设等原因而消失的地名，当地地名主管部门或者专业主管部门应当予以销名。专业主管部门予以销名的，要报当地地名主管部门备案。

第二十六条 地名的命名、更名，受理机关自受理申请之日起二十个工作日内作出是否准予许可的决定；但涉及公众利益，需要征求有关方面意见并进行协调的，受理机关自受理申请之日起两个月内作出是否准予许可的决定。

经批准命名、更名和销名的地名，批准机关应当自批准之日起十五个工作日内向社会公布，并按程序逐级报省地名主管部门备案。

第二十七条 地名的冠名权不得实行有偿使用，但法律、行政法规另有规定的除外。

第三章 标准地名的使用

第二十八条 经批准的地名为标准地名。标准地名由地名主管部门向社会公布并负责编纂出版。

下列范围内必须使用标准地名：

（一）涉外协定、文件；

（二）机关、团体、企事业单位的公告、文件；

（三）报刊、书籍、广播、电视、地图和信息网络；

（四）道路、街、巷、楼、门牌、公共交通站牌、牌匾、广告、合同、证件、印信等。

第二十九条 地名的书写、译写、拼写应当符合国家有关规定。

第二十条 建设单位中办建设用地手续和门牌、商品房预（销）售证及不动产权证时，凡涉及地名命名、更名的，应当向自然资源、公安、住房城乡建设、不动产登记等主管部门提交标准地名批准文件。

第三十一条 地名类图（册）上应当准确使用标准地名。

公开出版有江门市行政区域范围内各类地名的地名图、地名图册、地名图集（包括电子版本）等专题图（册），属于全市性的，出版单位应在出版前报市地名主管部门审核；属于县级范围的，报所在地县级地名主管部门审核。县级地名主管部门应将审核情况报市地名主管部门备案。

办理地名类图（册）审核手续，应当提交下列材料：

（一）地名类图（册）核准申请书；

（二）试制样图（册）；

（三）编制地名类图（册）所使用的资料说明。

地名主管部门应当自受理申请之日起一个月内作出是否准予许可的决定。

第四章 地名标志的设置和管理

第三十二条 行政区域界位、路、街、巷、住宅区、楼、门、村、交通道路、桥梁、纪念地、文物古迹、风景名胜、台、站、港口、码头、广场、体育场馆和重要自然地理实体等地方应当设置地名标志。

第三十三条 各级人民政府应当按照国家有关标准和省的有关规定设置地名标志。同类型的地名标志，其设置位置和样式应当统一。

地名标志的设置，由所在地地名主管部门统一组织，各有关部门按照管理权限和职责负责设置、维护和更换。

（一）圩镇、行政村、自然村地名标志的设置和管理，由所在地镇人民政府（街道办事处）负责；

（二）本市行政区域内城区、镇建成区的路、街、巷等地名标志的设置和管理，由城市管理和综合执法主管部门负责；本市行政区域内城区、镇建成区以外的路、街、巷等地名标志的设置和管理，由所在地镇人民政府负责；

（三）自然地理实体地名标志，由所在地县级人民政府有关行政主管部门负责；

（四）公路、桥梁、港口、码头、车站、风景名胜、文物古迹、纪念地、游览地、自然保护区、广场、公园、体育场馆等的地名标志，由其主管部门按照管理权限和职责负责设置、维护和更换；

（五）行政区域界位的地名标志的设置和管理，由地名主管部门负责；

（六）城镇道路交通指示标志、住宅区和居民点的门（楼）牌的编制、设置及管理，由公安部门负责。

第三十四条 任何单位和个人不得擅自移动、涂改、玷污、遮挡和损毁地名标志；不得在地名标志上悬挂各类物品；工程建设单位因施工等原因需要移动地名标志的，应当事先报所在地县级地名主管部门或者有关专业主管部门同意，并在施工结束前负责恢复原状，所需费用由该工程建设单位承担。

第五章 江门侨乡历史地名保护

第三十五条 县级以上人民政府应当加强本行政区域内侨乡历史地名保护工作的领导，坚持使用为主、注重传承的原则，合理利用本地历史地名，形成侨乡地缘文化特质和区域特征。各级地名主管部门具体实施侨乡历史地名保护管理工作。

第三十六条 本市实行江门侨乡历史地名保护名录制度。地名主管部门应当将侨乡地名保护列入地名专项规划，并与历史文化名镇、名村、古村落保护规划相衔接。

市地名主管部门应当建立江门侨乡历史地名评价体系，编制本市侨乡历史地名保护名录，报市人民政府批准后对外公布。

县级地名主管部门应当对辖区内的侨乡历史地名进行普查，做好资料收集、记录、统计等工作，建立侨乡历史地名档案。

第三十七条 列入江门侨乡历史地名保护名录且仍在使用的地名不得更名。

列入江门侨乡历史地名保护名录但尚未使用的地名，

应当按照地域就近优先启用；未被启用的，应当采取相应措施加以保护。

第三十八条　对列入江门侨乡历史地名保护名录的地名所涉及的地理实体，需要进行拆除或者迁移的，除依法办理有关手续外，负责拆除或者迁移的管理部门应当会同本级地名主管部门制定地名保护措施。

第六章　地名的公共服务

第三十九条　县级以上地名主管部门应当依照档案管理法律法规的规定，收集、整理、鉴定、保管地名资料，保证地名档案完整、准确，防止地名资料的丢失和损坏。

第四十条　县级以上地名主管部门应当加强地名公共服务工作，在执行国家保密规定的前提下，开发地名资源，向社会无偿提供基础性地名公共服务，引导社会力量参与地名文化建设、地名服务开发，开展地名研究、整理、发掘、保护和宣传工作。

第四十一条　县级以上人民政府及其地名主管部门应当加强地名信息化建设，建立地名信息公布平台，及时向社会公布命名、更名和注销的地名信息，提升管理服务科技水平。

第四十二条　因行政部门依照职权作出地名命名、更名和销名决定，致使公民、法人和其他组织的证照和批文的地名信息与标准地名不一致的，受到影响的公民、法人或其他组织有权要求有关行政部门在各自职责范围内免费提供换发证照等服务，但法律法规另有规定的除外。

第七章　法律责任

第四十三条　违反本办法第十五条、第二十九条、第三十一条第一款和第二款、第三十四条等规定的，按照《广东省地名管理条例》等有关规定处理。

第四十四条　地名主管部门和其他有关行政部门有下列行为之一的，对负责的主管人员和其他直接责任人员，视情节轻重，由其上级主管部门或者所在单位给予处分；构成犯罪的，依法追究刑事责任：

（一）对符合条件的地名命名、更名或者地名类图（册）申请不依法予以许可的；

（二）对不符合条件的地名命名、更名或者地名类图（册）申请予以许可的；

（三）无法定事由，不在规定期限内作出是否准予许可的决定的；

（四）利用职权收受、索取财物的；

（五）其他滥用职权、徇私舞弊的行为。

第八章　附则

第四十五条　本办法中下列用语的含义：

（一）江门侨乡历史地名，是指1949年10月1日前形成的具有江门区域特征和历史文化价值和纪念意义的地名；

（二）地名标志，是指为社会公众使用所设立标示地理实体名称的标志；

（三）城市内一般的路、街、巷，是指蓬江、江海、新会等三区行政区域范围内及台山、开平、鹤山、恩平等四市主城区范围内一般的路、街、巷。

第四十六条　本办法自2019年6月1日起施行。

江门市人民政府关于印发《江门市公共文化事业建设三年工作方案》的通知

江府〔2019〕14号

各市（区）人民政府，市有关单位：

《江门市公共文化事业建设三年工作方案》业经市人民政府同意，现印发给你们，请认真组织实施。实施中遇到的问题，请径向市文化广电旅游体育局反映。

江门市人民政府
2019年5月5日

江门市公共文化事业建设三年工作方案

为贯彻落实市委十三届九次全会提出开展“公共文化事业建设年”工作精神，推动我市公共文化建设实现跨越式发展，繁荣侨乡文化事业，充分发挥文化建设在社会经济发展中的重要作用，不断满足人民群众的文化需求，提升江门文化软实力，现制定《江门市公共文化事业建设三年工作方案》。本方案根据《公共文化服务保障法》《公共图书馆法》的相关规定，对标我省全面建成小康社会关于公共文化方面指标以及《广东省基本公共文化服务实施标准（2015-2020年）》的各项指标要求，从补短板、创品牌、争先进等三个推进层次，规划我市公共文化事业发展从2019年至2021年达标提质工作方向，体现文化、旅游、体育融合发展，促进我市公共文化事业全面发展，提高人民群众对公共文化事业的参与度和满意度。

一、指导思想

以习近平新时代中国特色社会主义思想为指导，全面贯彻党的十九大和十九届二中、三中全会精神，深入贯彻习近平总书记重要讲话精神。认真贯彻落实市委十三届九次全会精神，积极对接一带一路倡议和粤港澳大湾区战略，按照补短板、提效能、创品牌、促繁荣的工作思路，以重大文化设施建设为重点，以完善公共文化设施网络、提升服务效能、加快创意文化产业发展、传承优秀传统文化、建设华侨华人文化交流合作重要平台、繁荣侨乡文艺、培育文化人才为主线，加大政策和资金支持力度，全面提升公共文化服务水平，促进全市文化事业和文化产业全面发展，满足人民群众多样化、多层次的文化需求，增加人民群众对文化的获得感和幸福感，为江门建设四个走在全国前列示范城市，打造成珠江口西岸新的增长极和沿海经济带上的江海门户，全面建成小康社会提供强有力的文化支撑。

二、工作目标

2019年，实施全市公共文化事业补短板计划。各市（区）政府出台基本公共文化服务实施标准目录。全市启动建设一批重大文化设施项目，如江门五邑图书馆改扩建项目和江门五邑华侨华人博物馆升级改造项目，蓬江区文化中心、江海区图书馆、恩平市图书馆和博物馆。加大公共文化服务设施投入力度，如公共图书馆（室）藏书购置，解决当前公共图书馆（室）人均藏书册数人均不足1.2册，县级公共图书馆，乡镇（街道）综合文化站（室）藏书人均年新增册数不足0.03册的短板。市级公共文化机构（文化馆、博物馆、图书馆、美术馆）法人治理完成率达到100%，县（区）级文化馆、图书馆总分馆制建成率达100%。缩短全市公共文化服务软指标差距，人均公共文化财政支出达到省对江门的指标要求。

2020年，在全省公共文化服务评价中全面达标，创建我市公共文化事业建设的特色品牌。全市建成一批重大文化设施建设项目，市、县（区）级图书馆和文化馆均达到国家一级馆建设标准，完成江门五邑图书馆改扩建、江海区图书馆、恩平市图书馆和博物馆等设施项目。建成蓬江区博物馆、江海区博物馆并投入使用。公共图书馆（室）人均藏书册数达到人均1.2册，县级公共图书馆，乡镇（街道）综合文化站（室）藏书人均年新增册数达到0.03册。基层文化设施建设和文化专职人员数量、培训均按要求完成。公共文化体育设施提升、文化遗产保护、对外文化交流、文旅体产业融合发展等工作走在全省前列，形成一批具有江门五邑侨乡特色的公共文化事业建设品牌活动。公共文化财政支出占比和人均公共文化投入达到省对江门的指标要求。

2021年，在全省公共文化服务评价中进入优秀级别，力争我市公共文化事业发展在全省处于先进水平。市、县（区）、镇（街道）三级公共文化设施免费开放服务内容丰富、方式创新。全面高标准完成市内各级重点文化设施建设，全面完成基层文化阵地建设任务。江门市博物馆力争达到国家一级馆标准。公共图书馆（室）人均藏书册数达到人均1.5册以上，县级公共图书馆，乡镇（街道）综合文化站（室）藏书人均年新增册数多于0.05册。力争有一批文艺作品获省级、国家级奖项，并产生广泛的影响力，在全省文艺创作工作中处于先进行列。公共文化财政支出占比和人均公共文化投入达到省对江门的指标要求并处于较前列位置。

三、重点任务

（一）公共文化设施提升三年行动工程

充分发挥公共文化设施保障人民群众基本文化权益、建设幸福侨乡中的带动作用，实施公共文化设施提升三年行动工程，加大各级公共文化设施建设力度，进一步完善市、县（区）、镇（街道）、村（社区）四级公共文化设施网络。

1.规划建设一批重大文化设施。加快规划建设一批与江门城市发展定位相匹配，在省内具有先进水平、代表城市形象的重大文化设施，掀起新一轮文化设施建设高潮，确保2020年前全市各级公共图书馆、文化馆均达到国家一级馆标准，进一步提升江门的文化影响力和辐射力。2019年，继续推进市“四馆”整合项目，完成市美术馆、市文化馆改造项目收尾工作并对外开放，完成市体育馆维修工程，加快江门五邑图书馆改扩建、江门五邑华侨华人博物馆升级改造、市体育运动学校扩容提质的项目建设。推动各市（区）标志性文化设施建设，启动建设蓬江区文化中心、江海区图书馆、台山市华侨文化博物馆、鹤山铁夫美术馆、恩平市图书馆和博物馆。力争到2020年，全部完成上述重点文化设施工程建设。［牵头单位：各市（区）人民政府，市文化广电旅游体育局，责任单位：市发展改革局、市财政局、市国资委］

2.推动基层文化设施提档升级。在完成基层综合性文化服务中心全覆盖的基础上，抓住实施乡村振兴战略有利契机，主要采取盘活存量、调整置换、集中利用等方式，重在完善和补缺，进一步提升基层综合性文化服务中心覆盖率和服务水平。全市范围内有条件的村均建有至少一个文化祠堂，城区范围内出门300米见文化活动场地，500米见文化公园为目标，利用住宅小区配套设施、闲置校舍办公场地以及其他公共服务设施增加市民活动阵地建设，活化文物建筑、祠堂、旧民居开放作为市民休闲活动场所，加大基层文化阵地建设力度，力争2019年完成总任务的50%，到2021年全面完成基层文化阵地建设任务。完成旅游厕所新建改建任务，2019年至2020年全市每年完成42家新建改建任务。社区文化活动阵地要围绕文艺演出、读书看报、文体活动、教育培训、陈列展览等内容，具备政策宣传、文化娱乐、体育健身等基本功能。农村文化祠堂要作为开展乡风文明建设、文明教育实践、村史展览、村规民约展示、粤曲私伙局、非遗展示及书画艺术创作等活动的场所，成为群众性精神文明建设和文化传播的重要阵地。文化公园要配备阅报栏（或电子阅报屏）、公益广告牌、体育健身设施和夜间照明设备等，有条件的地方可搭建戏台舞台。［牵头单位：各市（区）人民政府，责任单位：市委宣传部、市文化广电旅游体育局］

3.维修保护一批重点文物。实施陈少白故居改建江海区博物馆、新会区工人文化宫、新会书院、新会学宫、梁启超故居纪念馆、开平碉楼、恩平宗谱楼修缮等一批维修保护工程，适时开展江门市甘化厂工业遗产修缮。切实把文化与旅游紧密结合起来，发挥文物应有的历史价值和经济价值。［牵头单位：市文化广电旅游体育局，责任单位：各市（区）人民政府］

4.建设标志性城市雕塑。结合2019年美国太平洋铁路通车150周年这个重要的历史节点，为铁路华工树立丰碑，建设铁路华工城市雕塑，表达中国政府和家乡人民对150年前铁路华工的致敬，丰富我市侨文化内涵。（牵头单位：市文化广电旅游体育局，责任单位：市委外办、市自然资源局）

5. 建设互联网＋文旅体设施管理平台。通过政府服务数据平台，将各市（区）文化、旅游、体育设施场馆数据对社会公众进行开放预订，让市民便捷享用。2019年完成市区文化、旅游、体育设施互联网数据平台搭设和对公众服务，2021年扩展到四市各主城区。［牵头单位：市文化广电旅游体育局，责任单位：各市（区）人民政府］

（二）公共文化服务提质增效工程

1.提高公共文化产品和服务供给能力。深入推进公共图书馆、文化馆（站、室）、博物馆、美术馆、纪念馆、非物质文化遗产传习所等免费开放，实施公共文化场馆（站）公益培训、邑起阅读大联盟、国学堂、中国画展出季等品牌文化服务项目，有效保障城乡群众基本文化权益。增加文化供给，到2020年底，全市人均公共藏书达到1.2册以上，县级公共图书馆、乡镇（街道）综合文化站（室）藏书年新增不少于人均0.03册，每月为每个行政村（社区）提供1次以上电影播映服务。［牵头单位：市文化广电旅游体育局，责任单位：各市（区）人民政府，市委宣传部］

2.完成文化馆、图书馆总分馆制建设。推进和基本完成全市文化馆、图书馆总分馆制建设，建立以市级馆为中心馆，县市、区级馆为总馆，乡镇（街道）综合文化站为分馆，行政村（社区）综合文化室为服务点的总分馆体系。至2019年全部完成全市文化馆图书馆总分馆制建设。深化联合图书馆联盟建设，扩展阅读便民范围，全市新建24小时自助图书馆21家，总数达到60家，实现市、县（区）、镇（街）公共图书馆（室）通借通还。继续开展邑起阅读大联盟活动，拓展阅读渠道，促进阅读进咖啡厅、进影院、进商场。［牵头单位：市文化广电旅游体育局，责任单位：各市（区）人民政府］

3.开展“十分钟文化圈”创建活动。利用社区和农村的文化公园、文体广场、演出舞台等文化载体，组织开展粤剧下乡、高雅艺术进校园、粤剧进校园、侨乡武术进校园、快乐文艺小分队广场文化惠民演出、快乐曲艺开心唱广场私伙局演出等活动，推动公共文化服务深入融入群众，激发基层群众参与文化活动的热情，全年开展各类文化演出活动300场以上。［牵头单位：市文化广电旅游体育局，责任单位：各市（区）人民政府］

4.打造群众文化活动品牌。策划举办好新春音乐会、激情广场大家唱、全民读书活动、周末大舞台、侨乡书香节、戴爱莲舞蹈大赛、粤剧曲艺周、私伙局大赛等，以及各市（区）特色群众文化品牌活动，丰富群众精神文化生活。举办首届江门少儿艺术花会，高质量高水平承办好广东省少儿艺术花会。承办纪念李铁夫先生诞辰150周年纪念活动暨中国油画大家江门写生活动。［牵头单位：市文化广电旅游体育局，责任单位：各市（区）人民政府，市委宣传部、市文联］

5.引进社会力量参与公共文化服务。采取政府购买服务、项目补贴、定向资助等方式，引进社会力量参与公共文化服务和管理，加大公共文化服务特别是高雅艺术演出、大型文化活动、公益性文化活动等方面的社会采购力度，借助社会力量办文化；市级公共文化机构（文化馆、博物馆、图书馆、美术馆）法人治理完成率达到100%；用好我市民办文化场馆扶持资金，支持民办文化场馆利用自有资源开展公益性文化服务。［牵头单位：市文化广电旅游体育局，责任单位：各市（区）人民政府］

（三）华侨华人文化交流合作重要平台建设工程

1.加强重大平台谋划策划。制定和完善华侨华人文化交流合作重要平台建设工作方案，邀请国家级的规划咨询团队高水平编制重要平台建设规划方案。积极加强与上级部门沟通，争取国家和省有利政策和华侨华人文化重大项目落户我市，充实我市重要平台建设。加强与港澳有关部门联系，对接落实江港澳三地文化交流合作事宜。（牵头单位:市文化广电旅游体育局，责任单位：开平市人民政府，市委统战部、市委台港澳办）

2. 打造有重大影响品牌活动。继续办好中国侨都（江门）华人嘉年华活动，提升世界江门青年大会凝聚力影响力，持续开展《少年中国说》粤港澳台暨海外华裔青少年系列活动，积极实施侨文化寻根工作，策划开展江港澳中小学生夏令营、工作营等研学文旅活动，举办中国（江门）侨乡文化博览会，举办粤港澳大湾区世界文化遗产嘉年华，承办首届粤港澳写生文化节。探索举办世界大湾区文化论坛，策划举办港澳江门五邑节活动。［牵头单位：市委宣传部、市委统战部，责任单位：各市（区）人民政府，市委台港澳办、市教育局、市文化广电旅游体育局、江门市广播电视台］

3.组织举办系列文化交流活动。2019年，集中推出开平－澳门世界文化遗产嘉年华活动、粤港澳青年文化之旅、纪念司徒美堂诞辰151周年系列活动、北美铁路华工暨新宁铁路开通110周年纪念活动、中国侨都（江门）华人嘉年华活动、香港江门五邑节活动、 2019年国际排联世界排球联赛（江门站）、国际五人制足球赛事、《少年中国说》粤港澳台暨海外华裔青少年文化交流活动、江门粤剧传习所赴澳门参加“庆澳门回归祖国20周年”粤剧演出等一系列侨乡文化品牌和文化交流活动，营造强大的平台建设声势。（牵头单位：市文化广电旅游体育局，责任单位：台山市人民政府，开平市人民政府，市委宣传部、市委统战部）

（四）传统文化保护传承工程

1.创建国家级侨乡文化生态保护实验区。瞄准2020年创建国家级侨乡文化生态保护实验区目标，扎实推进实验区创建工作。启动江门市非遗展馆（厅）前期工作，推进非物质文化遗产综合展馆分馆和各类非遗专题展示馆和传习所建设。加大非遗宣传力度，完成省级非遗项目微视频制作，利用新媒体自媒体扩大我市项目社会影响力。推动非遗项目进校园，实现省级以上非遗项目全部进校园，从娃娃抓起培养非遗保护传承群体。以全域旅游带动文旅结合，将新会陈皮、小冈香、大有凉果、古典家具、东古酱料等非物质文化遗产资源转化为文化旅游资源，结合旅游集散中心的建设打造便民、传承、展示相融合的对外服务窗口。鼓励扶持民间特色博物馆设立，促进非遗进景区、进乡村。推动文化与旅游相互促进发展。借鉴东莞非遗美食节、佛山秋色巡游活动经验，在鹤山古劳举办以东古酱料为代表的传统技艺类生产性保护的展示活动，打造非遗知名品牌。［牵头单位：市文化广电旅游体育局，责任单位：各市（区）人民政府］

2.打造“21世纪海上丝绸之路”重要节点。继续推动海上丝绸之路申报世界文化遗产工作，重点做好相关史迹点的文物保护等级升级，史迹点的文化内涵研究、台山上川岛考古遗址公园建设、举办江门海域水下考古阶段性成果展览及学术研讨会、撰写出版江门五邑海丝文化展览图录等，为下一步申报世界文化遗产做好充分准备。（牵头单位：台山市人民政府，市文化广电旅游体育局）

3.加强侨乡特色文物保护。进一步加强世界文化遗产开平碉楼与村落的保护利用工作，进一步扩展世界文化遗产保护范围和内容。充分利用我市古村落、古祠堂和文物遗址，以江门长堤历史街区、台山台城历史街区、汀江圩近代华侨建筑群、浮月洋楼、开平碉楼、赤坎近代华侨建筑群等华侨文物为重点，串珠成链，打造5条具备侨乡特色历史文化游径，提升我市华侨文物的整体影响力和展示水平。加强对陈白沙、梁启超、陈垣、司徒美堂、陈少白、冯如、陈宜禧等名人故居、纪念馆的修葺维护和利用，充实文化内涵和展示内容，建成具有广泛影响力的爱国主义教育基地，延续城市历史文脉。加大国家重点文物保护单位的申报工作，将白沙祠、上川岛大洲湾遗址、开平风采堂等一批省级文物保护单位升级为国家重点文物保护单位。加强红色文化研究，做好全市革命文物保护，实施革命旧址维修保护行动、红色革命军事文化遗产维修保护行动，推动红色旅游持续健康发展。加强主城区历史文化展示，2020年前，蓬江区要结合墟顶和长提风貌街的改造，融入非遗传承项目打造特色博物馆。［牵头单位：市文化广电旅游体育局，责任单位：各市（区）人民政府］

（五）文化创意产业发展工程

1.加快文化创意产品开发。立足我市已建成的公共文化服务设施网络，以及我市丰富的文化遗产资源，引导和支持文创企业开发、利用崖门海战、海上丝绸之路、闯金山、碉楼建筑等历史文化资源和陈白沙、梁启超、冯如等名人资源，设计生产特色文创产品、旅游纪念品，将文化价值转化为社会价值、经济价值。［牵头单位：市文化广电旅游体育局，责任单位：各市（区）人民政府，市文联］

2.探索建立文创基金。借鉴周边城市经验出台我市文旅、文创方面政策，探索建立市一级文创基金，并联合各市（区）成立子基金，吸引粤港澳、华侨华人文创产业，创造条件推进华侨华人文化交流合作重要平台、侨梦苑、人才岛加快建设，形成文创产业集群，引导公共文化服务与文化、旅游、体育产业融合发展，如推进文化＋旅游、文化＋体育、文化＋农业等。组织文化企业组团参加深圳文博会，全面推介我市文化发展成果和城市形象。［牵头单位：市文化广电旅游体育局，责任单位：各市（区）人民政府］

（六）文艺精品创作工程

1. 创作本土文艺经典。以社会主义核心价值观为主导，大力弘扬进取、勤劳、开放、包容的侨乡文化精神，注重侨乡文化精神的研究开发，重点支持以华侨文化为主题，突出江门地域特色、体现侨乡文化精神，积极培育陈白沙、梁启超、李铁夫、司徒美堂、陈宜禧、陈少白、冯如等名人题材，开平碉楼与村落、崖门古战场、海上丝绸之路遗迹、小鸟天堂、古劳水乡等人文自然题材文艺作品。2019年，瞄准国家艺术基金、精神文明建设五个一工程评选和省艺术节评选等活动，组织创作投排粤剧《梁启超》，话剧《父子家国》《大道无疆》，音乐剧《侠影•咏春》《戴爱莲》，广播剧《大侠梁赞》《今生无悔》，小说《家族之城》《康梁》等一批侨乡题材和现实题材文艺精品。［牵头单位：市委宣传部，责任单位：各市（区）人民政府，市文化广电旅游体育局、市文联］

2. 提升群众文化创作水平。借助我市承办省少儿艺术花会、戴爱莲杯“人人跳”舞蹈大赛的契机，切实提升我市群众文艺创演水平；加强对少儿文艺作品创作投排，选拔优秀作品参加省少儿花会，力争取得优异成绩。组织开展文艺作者采风活动，做好年度群众文艺作品评选工作。加大我市文艺精品创作扶持力度，建立扶持激励机制。［牵头单位：市委宣传部、市文化广电旅游体育局、市文联，责任单位：各市（区）人民政府］

3. 打造侨乡文化品牌。擦亮中国舞蹈之城、中国曲艺之乡（新会、台山、开平）、中国摄影之乡（开平）名片，以及打造中国美术写生之城、中国武术文化之乡等作为江门城市文化品牌，全力推进。［牵头单位：市文联，责任单位：各市（区）人民政府］

（七）文化人才培育工程

1.加强人才队伍建设。建立文化系统人才数据库，收集掌握文化各专业类别人才、非遗项目传承人、非遗项目中的实用人才等基本情况。开展文化名家、名家工作室评选工作。组织全市性文化干部培训，提高文化干部的理论水平和业务能力。举办多种形式的中青年文艺人才培训班、鼓励和扶持各种形式的文艺人才学习提升项目，广泛开展对外文化交流活动，推动我市人才队伍建设。保障农村基层文化队伍人才培训时间，达标配备专门的基层文化设施管理人员。［牵头单位：市文化广电旅游体育局，责任单位：各市（区）人民政府］

2.加大专业人才引进力度。坚持全职引进和柔性引进相结合，努力引进文化艺术和文物保护人才、文化科技人才、文化经营和管理人才，切实转变我市文化高水平人才队伍薄弱的现状。（牵头单位：市文化广电旅游体育局，责任单位:市人才工作局）

3.发展壮大文化志愿者队伍。进一步突出公益性，招募有一技之长的文化文艺人才加入志愿服务，完善文化志愿者人才库。搭建服务平台，各级文化场馆根据业务特点，创设文化志愿服务品牌，提升文化志愿服务质量。利用乡镇文化站开展乡镇文化站基础文艺普及及培训服务。（牵头单位：市文化广电旅游体育局）

四、保障措施

（一）强化组织领导。成立市公共文化事业建设年工作领导小组，由市政府主要领导担任组长，市分管领导担任副组长，成员由各市（区）政府主要负责人，市委宣传部、市委统战部相关负责同志，市委外办、市委台港澳办、市人才工作局、市发展改革局、市教育局、市财政局、市自然资源局、市文化广电旅游体育局、市国资委、市文联、江门市广播电视台主要负责人组成。工作领导小组下设办公室在市文化广电旅游体育局，负责统筹协调和进度督办工作。

工作领导小组办公室负责制定推进“公共文化事业建设年”工作的具体实施方案，明确总体思路、工作目标、重点任务和时间安排。各市（区）、各有关部门要把“公共文化事业建设年”工作作为我市建设“四个走在全国前列”示范城市、全面建设小康社会，以及文明城市、文化强市的重要内容，提高思想认识，要作为“一把手”工程全力加以推进。

（二）加大投入保障。加大政府财政投入力度，建立健全同财力相匹配、同人民群众文化需求相适应的政府投入保障机制，设立公共文化事业建设、文化遗产保护专项资金。抓好人均公共文化财政支出补短板工作，将人均公共文化财政支出列入市政府的专项督办、考核任务，2019年我市人均公共文化财政支出必须达到省对江门指标要求，各市（区）达到我市财政支出指标要求。创新社会力量投入公共文化事业建设方式，积极引入社会资源参与公共文化事业建设。通过政府购买服务、项目补贴、以奖代补等方式，鼓励和引导社会力量提供公共文化产品和服务。积极发动和引导海外华侨和社会热心人士捐赠公共文化建设事业。

（三）开展督促检查。把“公共文化事业建设年”重点工作任务纳入我市十件民生实事考核指标，各市（区）、各单位自2019年6月份起，每季度向工作领导小组办公室报送进度进展情况（见附件），工作领导小组办公室每季度向领导小组报送进度情况。工作领导小组将不定期组织对“公共文化事业建设年”工作的督促检查，对好的做法和经验及时总结、推广，对工作进度不理想的地方和单位进行通报。

（四）浓厚宣传氛围。采取丰富多彩的宣传报道形式，对我市公共文化建设年工作进行宣传报道。充分利用微信公众号等新型媒体互动性强、覆盖面广、参与度高的特点，定期推送公共文化事业建设年工作信息，并结合报纸、电视、电台等传统媒体做好宣传，达到传播效果最大化，增强侨乡文化吸引力。

江门市人民政府办公室关于印发《江门市推进严格规范公正文明执法的实施意见》的通知

江府办〔2019〕18号

各市（区）人民政府，市政府各部门、有关事业单位：

为推进我市严格规范公正文明执法，提高依法行政工作水平，经市人民政府同意，现将《江门市推进严格规范公正文明执法的实施意见》印发给你们，请认真贯彻执行。执行中遇到的问题，请径向市司法局反映。

江门市人民政府办公室

2019年5月9日

江门市推进严格规范公正文明执法的实施意见

《中共中央关于全面推进依法治国若干重大问题的决定》提出要“坚持严格规范公正文明执法”，党的十九大报告再次对“建设法治政府，推进依法行政，严格规范公正文明执法”作出重要部署。严格规范公正文明执法，是评价各级行政机关是否切实履行行政执法职责、维护法律权威的标尺，对树立行政执法管理的严肃性和公信力、打造良好的营商环境、提升人民群众的获得感、幸福感、安全感等有重要的意义。为进一步加强我市法治政府建设工作的短板治理，加快提升行政执法的规范化、信息化水平，树立法治政府形象，结合本市实际制定本《意见》。

一、总体要求

（一）指导思想

以习近平新时代中国特色社会主义思想为指导，全面贯彻党的十九大和十九届二中、三中全会精神，深入贯彻习近平总书记重要讲话精神。以严格规范公正文明执法为着力点，推动形成权威高效的行政执法体系和职责明确的政府治理体系，确保行政机关依法履行法定职责，切实维护人民群众合法权益，为补齐依法行政短板、推进法治政府建设奠定坚实基础。

（二）基本原则

1.坚持合法行政的原则。行政执法部门应当做到“法有规定不可违，法无授权即禁止”，要严格执行法律、法规、规章的规定，依法行使权力、履行职责。

2.坚持合理行政的原则。行政执法要以目的正当性确保执法行为的公正，按照行为适当的原则，坚持人性化的执法方式，平等地对待行政管理相对人，充分尊重和保障行政管理相对人的合法权益。

3.坚持程序正当的原则。行政执法应当坚持程序公平、执法公开，保障公众的参与权、知情权，以程序公正促进实体公正，切实增强行政执法的社会可接受度。

4.坚持高效便民的原则。行政执法部门应当不断提高效率，提供优质服务，优化办事流程，减少行政相对人办事成本。

5.坚持诚实守信的原则。行政执法部门非因国家、公共利益或其他法定事由不得撤销、变更已经生效的行政决定，对行政相对人由此受到的财产损失要依法予以补偿。向社会提供的行政执法行为相关信息要全面、准确、真实。

6.坚持权责一致的原则。行政执法部门在依法履行管理职责过程中，要保持行政权利和法律责任的统一，切实做到“执法有保障、有权必有责、用权受监督、违法受追究、侵权须赔偿”。

二、实行严格执法

（三）全面履行政府职能，按照上级统一部署，推进机构、职能、权限、程序、责任法定化。继续加大简政放权力度，创新社会治理方式，更加重视公共服务和社会管理，切实解决就业、教育、医疗、社会保障、保障性住房等人民群众最关心的问题。

（四）加强事中事后监管，推进“双随机一公开”跨部门联合监管。要全面落实“双随机一公开”制度，合理确定随机抽查的比例和频次，减少多头检查、重复检查，建立公平、规范、有效的监管模式，切实提升政府监管效能。

（五）加大执法力度，切实严格执法，做到执法必严，违法必究。尤其重点查处危害安全生产、食品药品安全、自然资源和环境保护、社会治安等方面的违法案件，维护公共利益和经济社会秩序。

（六）规范行政执法主体资格。行政执法主体应当将本部门的主体信息及其调整情况向社会公告，接受社会监督。

1.行政执法部门的职权应当有法律、法规、规章的授权或者依法委托，并由“三定”方案和权责清单等形式予以明确。

2.依法接受行政执法部门委托的其他行政部门或者管理公共事务的事业组织可以在委托权限范围内开展行政执法活动，行政处罚例外。委托执法应当通过书面方式进行，委托执法文书应当符合法定的形式，同时报送同级司法行政部门备案审查。

（七）落实行政执法人员持证上岗制度。行政执法部门应当组织本单位需从事执法相关工作的在编在岗人员参加司法行政部门组织的行政执法人员综合法律知识网络培训和网上考试，培训考试合格并取得《行政执法证》后方可上岗从事行政执法活动。对取得国家统一法律职业资格的人员可简化或免于执法资格考试。法律、法规另有规定的，从其规定。

（八）实行权责清单动态管理制度。行政执法部门应当根据法律法规规章立改废释情况、机构和职能调整情况等，及时将权责清单进行调整和公布，接受社会监督。要强化权力监督和问责机制，切实维护清单的严肃性、规范性和权威性。对不按清单履行职权的单位和人员，要依法依纪追究责任。

三、坚持规范执法

（九）规范行政执法流程，遵守执法程序。行政执法部门应当按照《广东省行政执法公示办法（试行）》第七条程序信息的相关规定编制行政执法程序流程图、行政执法程序、服务指南等。

（十）严格落实行政执法公示制度。行政执法部门应当按照事前、事中、事后环节及时将主体信息、职责信息、依据信息、程序信息、清单信息、监督信息、执法人员身份、执法窗口岗位、当事人权利义务、行政执法结果等信息主动向当事人或者社会公众公开、公布。

1.要建立健全执法决定信息公开发布、撤销和更新机制，已公开的行政执法决定被依法撤销、确认违法或者要求重新作出的，应当及时从信息公示平台撤下原行政执法决定信息。

2.每年1月31日前应当公开上年度行政执法数据和相关行政复议、行政诉讼等数据，并形成分析报告报本级人民政府和上级行政主管部门。

（十一）严格落实行政执法全过程记录制度。行政执法部门要通过文字、音像等记录形式，对行政执法的启动、调查取证、审核决定、送达执行等全部过程进行记录，并全面系统归档保存，做到执法全过程留痕和可回溯管理。

1.要不断完善文字记录，使用规范的文书记录相关执法活动。

2.要规范音像记录，制定行政执法全过程音像记录清单，并向社会公开。要按照工作必需、厉行节约、性能适度、安全稳定、适量够用的原则配备音像记录设备、建设询问室和听证室等音像记录场所。

3.要建立健全现场执法记录设备和执法全过程记录的管理制度，明确专门人员负责现场执法记录设备的存放、维护、保养、登记、管理以及音像记录的使用、归档、保存，行政执法人员应当在音像记录制作完成后24小时内将记录信息储存至指定的平台或存储器。

4.要规范行政执法档案，完善执法案卷管理制度，切实落实有关人员岗位责任，做到及时归档，并认真参照《广东省行政执法案卷评查标准》《广东省司法厅 广东省档案局关于印发行政执法档案管理办法（试行）的通知》等规定，提高案卷制作的规范化水平。

5.要充分发挥全过程记录信息对案卷评查、执法监督、评议考核、舆情应对、行政决策和健全社会信用体系等工作的积极作用，善于通过统计分析记录资料信息，发现行政执法薄弱环节，改进行政执法工作。

（十二）严格落实重大执法决定法制审核制度。行政执法部门作出重大执法决定前，要严格进行法制审核，未经法制审核或者审核未通过的，不得作出决定。

1.要明确具体负责本单位重大执法决定法制审核的工作机构，法制审核机构要与执法机构相分离，并按照原则上不少于本单位执法人员总数5%的要求配齐、配强法制审核人员，对于基层法制审核人员不足的问题，可探索建立健全法律顾问、公职律师统筹调用机制。

2.要结合本部门行政执法行为的类别、执法层级、所属领域、涉案金额等因素，制定重大执法决定法制审核目录清单并向社会公开。

3.重大执法决定法制审核的内容包括：一是行政执法主体、执法程序是否合法；二是案件事实是否清楚，证据是否合法充分，适用法律、法规、规章是否准确等；三是行政执法文书是否完备、规范，违法行为是否涉嫌犯罪、需要移送司法机关等。法制审核机构完成审核后，要根据不同情形，提出同意或者存在问题的书面审核意见。

4.要确定法制审核流程，明确送审材料报送要求和审核的方式、时限、责任，执法机构作出处罚决定前要按审核流程及时将相关材料报送审核机构，未经法制审核便作出决定造成严重后果的，要追究案件承办机构及相关承办人员的责任。

5.案件未通过法制审核被退回的，由承办机构与法制审核机构先行协商，协商不成的，提交行政机关负责人集体讨论决定。

四、提升公正执法

（十三）严格执行行政执法告知的相关规定，确保行政相对人的知情权。行政执法部门实施行政处罚、行政强制、行政检查、行政征收等影响相对人合法权益的行为时，应当告知执法的内容、法律依据以及行政相对人依法享有的陈述权、申辩权、听证权、救济权等。实施行政许可、行政确认等行为时，应当一次性告知行政相对人办事程序以及需提交全部材料的目录，让行政相对人“最多跑一次”。

（十四）健全行政执法听证制度。行政执法部门应当按照《行政处罚法》《行政许可法》等相关法律规定，保障行政管理相对人或者利害关系人依法享有听证的权利。对于符合听证条件的案件，应当举行听证，并制作听证笔录。

（十五）严格执行回避的有关规定。行政执法人员在从事执法活动过程中有下列情形之一的，应当回避：一是本人是案件的当事人或其近亲属;二是本人或其近亲属与本案有利害关系;三是与本案当事人有其他关系可能影响案件公正处理的。办案人员的回避，由所在机关分管领导决定;分管领导的回避，由所在机关主要负责人决定;主要负责人的回避，由所在机关其他负责人集体决定。部门行政规章对回避另有规定的，从其规定。

（十六）坚持罚缴分离，罚款全部上缴国库的原则。除当场收缴罚款外，作出罚款决定的行政机构应当与收缴罚款的机构分离， 罚款必须全部上缴国库，任何行政机关、组织或者个人不得以任何形式截留、私分或者变相私分。

（十七）准确适用行政执法依据，确保实体公正，防止适用法律错误。行政执法部门作出行政执法决定应当有明确的法律法规规章依据，执法文书能准确适用相应的条款，执法行为的种类、幅度要与案件的事实和情节相适应，符合法律法规规章的规定。

（十八）建立健全行政裁量权基准制度，并在具体执法案件中予以运用。行政执法部门应当建立健全本部门的行政执法裁量规则和标准，要根据本单位现有职权和法律、法规、规章的变化情况，及时调整并向社会公开。并且在行政执法过程中能严格执行，切实减少行政执法的随意性。

五、促进文明执法

（十九）转变执法理念。行政执法人员要进一步强化证据意识、程序意识、权限意识和自觉接受监督意识，凸显社会主义法治新要求，以人民为中心，努力让人民群众从每一起案件、每一项执法活动中都能感受到公平正义。

（二十）改进执法方式。行政执法人员要坚持以事实为依据、以法律为准绳严格执法，坚决维护法律的权威和尊严，又要准确把握社会心态和群众情绪，重点优化环保、消防、税务、市场监管、城市管理等领域的执法方式，努力做到融法、理、情于一体，力求实现执法效果最大化。

（二十一）提升执法素养。通过各种形式的培训学习和研讨交流，加强执法人员政治思想和业务素质教育，着力提升执法人员严格规范公正文明执法的能力，打造高素质的执法队伍。

（二十二）严明执法纪律。行政执法部门要严禁执法人员态度蛮横、粗暴执法，以执法名义打击报复行政相对人，高压整治吃拿卡要、以权谋私、以罚代管的行为。

六、深化综合行政执法改革

（二十三） 按照党政机关机构改革整体部署，推进重点领域执法体制改革，组建市场监管、生态环境保护、文化旅游市场、交通运输、卫生综合监督等综合执法队伍。

（二十四）优化力量配置。推进执法力量向基层和一线倾斜，做到执法重心和力量同步下移、着力解决权责交叉，多头执法的问题。

（二十五）行政执法部门应当建立健全行政执法和刑事司法衔接机制，完善案件移送标准和程序。建立行政执法机关、公安机关、检察机关、审判机关信息共享、案情通报、案件移送的制度，实现行政处罚和刑事处罚无缝对接。

七、加强行政执法监督

（二十六）加强对行政执法的各方监督，多管齐下，对行政执法过程中存在违法或不当执法、选择性执法、任性执法、刁难企业和群众等执法不规范不公正不文明的行为以及零执法、消极执法、怠于履责、监管缺位等惰政懒政的情况，要进行责令整改、约谈、通报，情节严重的，可提请或者建议任免机关、监察机关对直接负责的主管人员和其他直接责任人员依法给予处分。

1.要加强行政执法部门内部层级监督。县级以上人民政府、上级行政执法部门要认真贯彻落实《广东省行政执法监督条例》《广东省行政许可监督管理条例》，按照《广东省行政执法案卷评查办法》的规定，对下级行政执法部门开展行政执法案卷评查工作，要对案卷评查结果进行通报。

2.要自觉接受人大、政协和司法监督。行政执法部门应当认真听取和办理人大代表、政协委员的意见和建议。对人民法院受理的行政诉讼案件，行政机构负责人应当积极出庭应诉，自觉履行法院生效裁判。高度重视司法建议、检察建议、复议建议等的办理工作，及时反馈意见，并将反馈情况报备同级依法行政工作领导小组办公室（司法局）。

3.要加强专门监督。审计机关应当加强对行政事业性收费和罚没收入等资金的审计监督，监察机关应当加强对行政执法人员勤政廉洁情况的监督。

4.要注重社会监督。各级行政执法部门应当通过开通举报箱、电子信箱、热线电话，负责人参加《民生热线》等监督途径，切实保障人民群众举报、投诉的权利，并根据人民群众的批评与建议，不断改进行政执法工作。对于新闻媒体曝光的行政违法案件，要认真核实查处并回应社会关注，落实责任追究。

（二十七）落实行政执法责任制。行政执法部门应当落实岗位职责，严格责任追究。对行政执法人员因故意或者过失不履行、不正确履行法定职责，产生危害后果或者不良影响的，应当按照"谁执法、谁负责"的原则，严肃追究行政执法人员的行政责任，构成犯罪的，移送司法机关追究刑事责任。

（二十八）实行赔偿责任追究。行政执法人员故意或重大过失导致国家赔偿的，赔偿义务机关必须依法追偿责任人的赔偿费用。行政执法行为造成重大损失或者恶劣影响的，监察机关应当对行政执法主要负责人进行问责，问责情况应当及时向社会公布。

（二十九）建立健全行政执法争议协调解决机制。行政执法部门因行政执法发生争议的，应当遵循合理配置行政执法权、提高执法效能的原则进行协调。

1.涉及同一系统内部不同地区行政执法部门间因管辖区域等问题产生的争议，由上一级行政主管部门负责协调。

2.涉及具体适用有关法律、法规、规章时发生的争议，由同级司法行政部门负责协调，涉及行政执法部门间因管理职能交叉产生的争议，由县以上机构编制管理部门会同同级司法行政部门负责协调。

3.涉及综合管理领域内不同行政执法部门因管理事项分工以及执法衔接、配合等问题产生的争议，由共同上一级行政机关负责协调。

4.争议未协调完毕之前，不得单方作出处理决定。协调机关在协调过程中，发现不立即执法可能对公共利益或者公民合法权益造成重大影响的，可以决定由某个行政执法部门先行执法。

（三十）实行重大行政处罚决定备案制度。行政执法部门作出责令停产停业、吊销许可证或者执照、较大数额罚款等重大行政处罚决定，应当自作出行政处罚决定之日起15日内报依法行政工作领导小组办公室备案。较大数额罚款标准可参照《广东省行政处罚听证程序实施办法》执行。

（三十一）实行行政执法数据报送制度。为加强对行政执法的监督，促进行政执法主体依法履职，行政执法部门应当每半年向本级政府、上一级主管部门报送一次行政执法数据，如存在零执法的行政执法类别应说明原因情况。7月31日前报送1-6月份的执法数据，次年1月31日前报上一年度的执法数据。报送范围包括：行政处罚、行政许可、行政强制、行政征收、行政检查、行政裁决、行政给付、行政确认、行政奖励等行政执法数据和相关行政复议、行政诉讼等数据。

（三十二）实行行政执法败诉案件报告制度。各级行政执法机关应当在收到人民法院判决书、裁定书生效之日起30日内向本级政府和上一级主管部门报告行政执法败诉案件情况。报告案件范围包括：被人民法院判决撤销、部分撤销或判决变更的案件；被人民法院判决违法或者无效的案件；被人民法院判决一定期限内履行法定职责的案件；行政机关改变其所作的行政行为，原告同意并申请撤诉，经人民法院裁定准许的案件。报告内容包括：原行政行为的事实、证据、法律依据和行政处理决定；人民法院判决认定的事实、证据、法律依据和判决裁定的结果；诉讼中被告改变行政行为的原因，改变的结果；败诉的原因和经验教训。

八、强化组织保障

（三十三）加强组织领导。要充分发挥全面依法治市委员会办公室、依法行政工作领导小组办公室的平台作用，切实抓好对行政执法工作的统筹协调和指导监督。各级政府及行政执法部门要进一步强化严格规范公正文明执法的责任意识，把行政执法相关工作提上重要议事日程，定期听取有关工作情况汇报，及时解决行政执法工作面临的重大问题，切实抓好落实，加快优化我市法治化的营商环境。

（三十四）加强执法队伍建设和经费保障。各级政府及行政执法部门要重视加强执法队伍建设，保证与其承担的执法工作任务相匹配。行政执法经费全额纳入部门预算管理，要保障行政执法、执法人员培训考试、行政执法监督网络平台运作等经费，提高行政执法信息化水平和装备水平。

（三十五）加强督促检查。行政执法部门要依据相关法律法规规章加大对行政执法工作的督促、检查、指导力度，找准工作中的薄弱环节，对症下药，及时有效地解决短板。要结合本部门实际，在年度重点工作安排中对加强行政执法作出针对性部署。要通过开展座谈交流等多种形式的活动，总结提出有效提高行政执法水平的对策或建议。

（三十六）强化考核及结果运用。严格规范公正文明执法作为法治政府建设的一项重要指标，要将其纳入年度法治建设目标考核任务和绩效考核指标体系，加强考评结果的运用。

（三十七）推行行政执法案例指导。行政执法部门要建立完善执法案卷典型案例的通报制度，每年至少评选一次优秀案卷和问题案卷供本系统或单位执法人员学习借鉴，指导提升我市的行政执法案卷质量。

（三十八）本实施意见与法律法规规章规定不一致的，以法律法规规章为准。

江门市人民政府关于印发《江门市打造粤港澳大湾区西翼医疗中心行动方案（2018—2020年）》的通知

江府〔2019〕18号

各市（区）人民政府，市政府各部门、有关事业单位：

现将《江门市打造粤港澳大湾区西翼医疗中心行动方案（2018—2020年）》印发给你们，请认真贯彻执行。执行中遇到的问题，请径向市卫生健康局反映。

江门市人民政府

2019年5月14日

江门市打造粤港澳大湾区西翼医疗中心行动方案（2018—2020年）

前 言

方案编制目的：推进粤港澳大湾区建设，努力塑造健康湾区。明确江门市打造区域医疗中心的思路，科学制定打造区域医疗中心的目标任务，谋划打造区域医疗中心的行动方案，从而提升区域医疗综合服务能力，提高区域人民群众健康水平，把江门打造成为珠江西岸新增长极和沿海经济带上的江海门户和建成“四个走在全国前列”示范城市。

方案主要内容：以维护人民群众健康为宗旨，以提升区域医疗服务能力为着力点，实施“名院名科、质量控卫、科教兴卫、人才强卫、智慧助卫、中医药提升、医养结合、固本强基”八大工程，突出临床服务能力、医学科技创新平台和人才引育三大重点，实现我市医疗卫生事业发展新跨越。

方案编制依据：根据《粤港澳大湾区发展规划纲要》《中共中央国务院关于深化医药卫生体制改革的意见》（中发〔2009〕6号）、《国务院关于促进健康服务业发展的若干意见》（国发〔2013〕40号）、《中共广东省委广东省人民政府关于建设卫生强省的决定》（粤发〔2015〕15号）、《广东省人民政府关于印发广东省构建卫生高地行动计划（2016-2018年）的通知》（粤府函〔2015〕363号）、《广东省人民政府关于印发广东省深化公立医院综合改革行动方案的通知》（粤府〔2018〕52号）、《关于印发广东省推进粤港澳大湾区建设三年行动计划（2018-2020年）的通知》（粤大湾区办〔2019〕4号）、《中共广东省委广东省人民政府关于贯彻落实《粤港澳大湾区发展规划纲要》的实施意见》（粤发〔2019〕3号）、《江门市人民政府关于印发江门市构建医疗卫生高地行动方案（2016-2018年）的通知》（江府函〔2016〕169号）、《江门市人民政府关于印发江门市深化公立医院综合改革行动方案的通知》（江府〔2019〕6号）等。

方案期限：2018年—2020年。

第一部分 方案背景

一、基本定义

按照2017年原国家卫生计生委颁布的《“十三五”国家医学中心及国家区域医疗中心设置规划》的解读，区域医疗中心是指根据区域卫生规划和医疗机构设置规划、承担区域内疑难危重症的诊断与治疗、各级各类医学人才培养及开展科学研究等工作的医疗机构，其医疗技术水平、临床服务能力、医疗质量和安全、教学和科研能力具有区域内领先水平。据此推出，江门市成为粤港澳大湾区西翼医疗中心的要求是江门的医疗技术水平、临床服务能力、医疗质量和安全、教学和科研能力具有粤港澳大湾区西翼的领先水平。

二、重要意义

江门市打造粤港澳大湾区西翼医疗中心，是实现江门医疗卫生事业发展新跨越的迫切需要，是市委、市政府打造大健康产业的要求，是广东医疗卫生事业战略布局的重要内容，是塑造健康湾区的重要抓手。

（一）打造区域医疗中心是适应医药卫生体制改革新形势的必然要求。当前，医改已进入深水区，改革任务更加繁重、艰巨。打造区域医疗中心的总体目标和当前深化医药卫生体制改革精神高度一致，积极探索符合江门实际的医疗卫生事业改革与发展之路，实现医药卫生体制改革与医疗卫生事业发展的有机统一，有助于提升医疗卫生服务能力和服务水平。

（二）打造区域医疗中心是适应卫生事业发展的必然要求。打造区域医疗中心与“塑造健康湾区”“卫生强省”“卫生强市”相吻合，符合医疗卫生事业发展总体规划，有利于充分发挥区域医疗中心的技术优势和核心作用，有利于解决医疗资源总量不足等问题，有利于促进医疗卫生服务体系整体效能的提高和人民群众健康水平的改善。

（三）打造区域医疗中心是适应江门建设大健康产业战略的必然要求。作为健康产业的重要组成部分，江门医疗卫生事业必须融入江门建设大健康产业的发展战略。打造区域医疗卫生中心，整合江门地区卫生资源，在卫生资源总量、健康指标、服务能力、管理水平、辐射能力等方面迅速加强，既符合江门发展方向和城市定位，有利于进一步完善和提升江门城市功能，增强城市的服务、聚集和辐射能力，符合江门携手港澳塑造国际化、人性化一流营商环境的要求，有利于促进江门经济社会高质量和高水平发展。

（四）打造区域医疗中心是满足人民群众健康需求的必然要求。随着经济社会发展和人口增长，人民群众的医疗服务需求持续释放，医疗卫生服务能力尤其是高质量、高水平医疗服务供给侧与需求侧之间的矛盾更加突出。打造区域医疗卫生高地，调整优质资源布局，坚持高端与基本医疗卫生服务并重，在区域内解决患者看病就医问题，在分级诊疗的框架中满足了群众的健康需求。

三、面临形势

（一）有利条件。江门医疗卫生事业经过长期的努力和近年快速发展，已在区域内形成了一定的比较优势，医疗卫生的集聚与辐射作用初步显现。主要体现在：一是三级医疗机构的数量和门类在区域领先，城市二级以上的优质卫生资源分布相对集中，平均密度大。二是重点专科建设及科研教学有所成效，全市已形成包括心血管内科、泌尿外科、骨科、脑病科等一批特色科室，部分重点专科和特色科室技术水平位居区域前列。三是疾病预防控制、卫生监督、精神卫生、妇幼保健、职业病防治等公共卫生工作的水平和服务能力明显提升。

新形势、新任务为全市医疗卫生事业发展提供了难得的发展机遇。一是全国卫生与健康大会明确，把人民健康放在优先发展战略地位，努力全方位全周期保障人民健康，为江门卫生事业发展指明了方向。二是深化医药卫生体制改革，为江门医疗卫生事业发展提供强大动力。三是国务院促进健康服务业发展的新要求，为江门医疗卫生事业发展注入活力。四是国家实施粤港澳大湾区战略和省实施“卫生强省”战略，为江门医疗卫生事业发展提供良好机遇。五是城乡居民对健康和公共卫生需求日益增长，为医疗卫生事业发展提供了坚实保障。六是江门发展大健康产业和建设“卫生强市”，打造“医疗卫生高地”的要求，为江门医疗卫生事业发展搭建了更高平台。

（二）不利因素。与粤港澳大湾区内其他城市相比，与省内同级地市相比，尤其是与区域医疗卫生高地的功能和要求相比，江门医疗卫生事业尚存在一定差距。一是重点专科建设和领军人才培养方面存在差距，个体核心竞争优势不够明显。二是缺乏医学科研创新平台和载体，无法开展科研，在站博士后需到外市开展科研工作。三是城乡卫生基础设施建设还不完善，医院建设与卫生新要求还不相适应。四是卫生信息化建设滞后于现代医疗卫生管理和发展需求。

随着江门经济社会的加速发展，新型工业化进程的加速推进，环境与生态的改变，江门医疗卫生事业仍然面临一些新的困难和挑战。一是随着人民生活水平的不断提高和健康意识的不断增强，人口数量的不断增加，人口老龄化发展趋势以及环境与生态的改变，卫生工作任务更加繁重，压力更加巨大。二是经济社会发展新阶段带来居民健康需求和期望的新变化，人民群众对医疗卫生服务的要求更高、更迫切、更多元化。三是区域竞争不断加剧，周边地区一些城市不断更新医疗卫生发展目标，加大医疗卫生投入，加快推进医疗卫生事业发展，占领区域医疗卫生制高点的竞争更趋激烈。四是国家大力推动中医药事业的振兴发展，坚持中西医并重的方针，江门侨乡中医药文化雄厚，但道地药材的品牌打造、传统中医药文化的挖掘等与新型经济的发展形势相脱节。

第二部分 指导思想、基本原则和主要目标

一、指导思想

坚持以习近平新时代中国特色社会主义思想为指导，全面贯彻党的十九大和十九届二中、三中全会精神，深入贯彻习近平总书记关于粤港澳大湾区建设重要论述和全国卫生与健康大会精神，认真贯彻粤港澳大湾区发展规划的体现。坚持以维护人民群众健康为宗旨，以人人享有基本医疗卫生服务为目标，以名院名科、质量控卫、科教兴卫、人才强卫、智慧助卫、中医药提升、医养结合、固本强基为重点，以制度创新、机制创新和管理创新为动力，以科技进步和信息化建设为支撑，推动健康服务业持续快速发展，建设医疗卫生水平高、服务能力强、辐射范围广的粤港澳大湾区西翼医疗中心，为富有活力和国际竞争力的一流湾区和世界级城市群的经济社会发展提供强有力的侨乡健康力量。

二、基本原则

（一）坚持顶层设计，统筹规划的原则。

坚持符合卫生计生事业发展总体规划，坚持中西医并重，结合江门医疗卫生资源现状，服务江门城市功能定位，促进健康服务业发展，探索具有江门特色的医疗卫生事业发展道路。

（二）坚持择优设置，合理布局的原则。

重点建设一批管理水平高、基础设施好、医疗技术先进、服务能力强的医院学科，开展行动计划。树立区域共同发展的理念，带动优质医疗资源整合和纵向流动，解决区域间医疗资源不平衡的结构性矛盾，形成与区域经济社会发展水平相适应、布局合理的卫生服务网络。

（三）坚持政府主导，市场调配，融入国家战略的原则。

坚持政府主导，部门联动，健全财政投入保障机制和监管机制。坚持改革驱动，以改革为动力，全面深化医药卫生体制改革，更加注重市场调配资源作用，动员社会力量参与，多元发展。主动融入粤港澳大湾区国家战略，与相关部门建设项目、资金投入相结合，形成工作合力。

（四）坚持整体效益，促进全面发展的原则。

充分发挥区域医疗中心技术优势和核心作用，加强医疗卫生服务资源的整合利用，中西医协作，提升整体服务能力和技术水平，提高医疗卫生服务体系的整体性和协调性，促进医疗卫生事业科学发展。

三、主要目标

江门市建设区域医疗中心，立足于粤港澳大湾区，不断深化医药卫生体制改革，全面提升医疗卫生综合实力，构建现代化医疗卫生服务体系，促进健康服务业发展。通过实施“八大”工程（名院名科、质量控卫、科教兴卫、人才强卫、智慧助卫、中医药提升、医养结合、固本强基），把江门市打造成为粤港澳大湾区西翼医疗中心。

到2020年，重点在以下几个方面取得实效：

——居民健康素质明显改善。主要健康指标区域领先。全市人均期望寿命保持在79岁以上；婴儿、孕产妇死亡率分别稳定控制在3‰、10/10万以内；法定传染病控制在低发水平，人群健康水平进一步提高。

——卫生体制机制进一步完善。健全协调统一的医疗卫生管理体制、高效规范的医疗卫生机构运行机制、可持续发展的医疗卫生科技创新机制和人才保障机制、政府主导的多元卫生投入保障机制，卫生体制机制进一步完善。

——卫生资源配置得到优化。优化卫生资源配置，适当调整城乡卫生资源布局，发展健康服务业，鼓励民营资本进入医疗卫生领域，培育新型卫生资源，完善“公共卫生服务体系、医疗服务体系、医疗保障体系、药品供应保障体系”四位一体的基本医疗卫生制度，充分发挥医疗卫生对区域性中心城市的健康支撑作用和向毗邻区域的辐射带动作用。

——卫生综合实力全面提升。卫生资源总量明显增加，核心竞争力显著提升。全市建成三级医疗卫生机构12个，国家重点专科1-2个、省级重点专科（实验室）25-30个；完成国家级科研课题5项、省级科研课题29-33项。全面建成以三级医院为主体，公共卫生机构为支撑，其它医疗卫生机构为基础的医疗卫生服务框架体系，使医疗中心主要指标在粤港澳大湾区西翼处于领先地位。

第三部分 重点任务

通过加大投入、政策支撑、创新机制、优化布局、转型发展、强壮队伍、学科建设、科研支撑、现代管理、结对帮扶等促进城乡医疗卫生均衡发展。走重点提升内涵与适度规模扩张相结合，充分发挥各自优势的差异化发展道路，形成以市中心医院为龙头、市五邑中医院和市人民医院为两翼、其他医疗卫生机构各具优势与特色，建成技术一流、服务一流的粤港澳大湾区西翼“双一流”医疗核心圈。

一、实施“名院名科”工程，创建领先医疗水平

以存量医疗资源调整和内涵拓展为主线，采取“做强做优、重点突破”的发展思路，优化卫生资源的空间布局，创建区域领先、布局合理、分工清晰、功能互补、错位发展的医疗服务体系，出台实施江门市高水平医院建设“登峰计划”。一是做强优质资源医院。全力支持江门市中心医院争取入选广东省高水平医院第三批重点建设医院，努力建设成为粤港澳大湾区西翼的区域医疗中心（综合医院）；推动市五邑中医院跻身全省中医院行列前10名，努力建成粤港澳大湾区西翼区域中医（专科）诊疗中心；推动市人民医院跻身全国地级城市医院100强。二是做

优特色专科医院。以市妇幼保健院、市第三人民医院、市口腔医院、市皮肤医院等专科医疗机构为主体，形成优势突出的特色医疗技术的现代化三级专科医院，为区域人民群众提供特色医疗卫生服务。争取市妇幼保健院跻身全国地市级妇幼保健院综合排名前30名。三是做好县级医院。加快开平市中心医院的发展进程，把新会区人民医院、台山市人民医院建成三级甲等医院；加强对江门银葵医院的基础设施、人才队伍、学科建设等方面的指导，促进民营医疗卫生机构健康发展，把医院建成以医养结合为特色的三级甲等医院。四是强化优势重点专科。充分利用省级重点专科建设的成果,对标学习全国前十的重点专科建设，配套市级重点专科建设经费，争创国家重点专科，进一步强化在区域内有突出影响的特色专科：市中心医院泌尿外科、消化内科、肾内科和重症医学科，市五邑中医院脑病科和骨科，市人民医院心血管内科，市妇幼保健院医学遗传中心。五是创建诊疗中心。发挥重点专科的协同作用，在全市创建一批具有领先示范作用的诊疗中心：市中心医院消化内镜诊疗中心、微创外科中心、重症医学中心，市五邑中医院综合卒中中心、骨科诊疗中心、临床研究中心，市人民医院心脏诊疗中心、应急救治中心，市妇幼保健院妇女儿童健康研究中心。［责任单位：市卫生健康局、市财政局、市科技局、市人力资源社会保障局、市民政局，各市（区）政府］

二、实施“质量控卫”工程，构筑医疗服务安全体系

启动实施2018至2020年新一轮改善医疗服务3年行动计划，进一步落实《医疗质量管理办法》，进一步完善医疗质量管理与控制组织体系，加强重点专业医疗质量管理与控制工作，加强各专业质控组织体系建设，以医务管理、病理、检验、影像、医院感染、病案等专业为重点，加强质量管理与控制，力争到2020年成立20个专业的市级医疗质量控制中心。扩大室间质评项目数量和覆盖范围，提高检查、检验同质化程度，推动检查、检验结果互认。加强远程会诊体系建设，推动远程病理和影像诊断，提高优质医疗资源利用率，促进资源下沉。加强住院病历及病案首页质量管理与控制，推动信息化质量控制工作。

加强疾病分级诊疗过程中医疗质量连续化管理。各级医疗机构要按照基层首诊、双向转诊、急慢分治、上下联动的分级诊疗制度建设要求，强化“以患者为中心，以疾病为链条”的医疗质量管理工作。完善推广市人民医院肿瘤疾病管理模式，严格落实相关疾病诊疗规范、指南和临床路径，提高相关疾病在不同级别、不同类别医疗机构诊疗行为的同质化水平。依托医疗联合体、对口支援等分工协作模式，落实相关疾病入、出院和双向转诊标准，创新患者综合管理分工协作机制，打破疾病管理的机构壁垒。

加强重点病种及医疗技术质量管理和费效比控制，依托各医疗质量控制中心，以发病率、死亡率较高，费用负担较重的部分病种和医疗技术作为切入点，进一步规范临床诊疗行为，提升诊疗质量，加强成本核算、过程控制、细节管理和量化分析，不断优化费效比。研究建立相关病种和医疗技术的投入产出分析模型，加强全过程成本精确管理，优化投入产出比，减轻人民群众不合理看病就医负担。通过信息化手段加强质控和费效相关信息的收集、分析与反馈。

提升县级医院和民营医院医疗质量安全水平，强化县级公立医院和民营医院依法执业意识，进一步完善医疗质量安全管理制度，理顺工作机制，提升医疗质量和医疗安全水平。以麻醉、重症医学、影像、检验、病理、产科、儿科等专业为重点，指导县级公立医院和民营医院加强专科能力建设。以介入技术、内镜技术和血液净化等诊疗技术为重点，加强相关医务人员的培训力度，提高适宜技术临床应用能力，保障医疗质量和医疗安全。［责任单位：市卫生健康局，各市（区）政府］

三、实施“科教兴卫”工程，增强医疗科技创新要素

紧跟粤港澳大湾区打造国际科技创新中心的步伐，高度重视医学基础科研平台和临床研究试验平台的建设，围绕重点专科建设和重大疾病防治需求，加强与先进科研机构、优质企业和本地教育资源等的交流合作，建立产学研协同创新体系，增强医疗科技创新要素。一是搭建全市共享式科研平台。深刻认识到科研平台是实现科研成果的重要载体，是高层次人才发挥才能的必备条件。围绕基础和临床科研需求，整合市直医疗机构和各相关单位资源，共同搭建江门市卫生系统共享式科研实验室（江门市医学研究中心），实现投入与产出的良好运转，力争2020年建成广东省重点实验室。引入第三方投资科研平台，积极探索与粤港澳大湾区优质高校、中国科学院、五邑大学、江门博士后创新（江门）示范中心、广东江门中医药职业学院等相关单位的交叉平台合作。二是积极创办学术期刊。争取在江门创办区域内第一本医药大健康类学术期刊，争夺科技话语权和优质出版资源。三是组织科研攻关，促进科研成果产出和转化。按照“抓机遇、边申报、边创建、边发展、应报尽报”的总体要求，借助合作单位资源和共享式科研实验室，全力推进重点专科科研项目的申报。力争到2020年实现国家自然科学基金面上项目零突破，发表SCI论文不少于20篇，发明专利不少于5项。转变纯粹科研观念，创新激励机制和绩效配置，促进科研成果的商业转化，助推临床技术和江门经济的发展。四是建立医学数据库。合理利用医院丰富的病例资源和江门市城乡居民疾病谱，建立临床样本库、遗传数据库等专科专病数据库，建立医学大数据中心，为政府制定防治疾病政策提供参考。五是加强医学教育体系建设。继续推进医教研协同发展，加强三级医院与国内外知名院校合作共建临床医学院、研究生培养基地、博士后培养基地，建立适应医学人才培养

的医院运营机制。引进外资开展办学模式合作，并与广东江门中医药职业学院共同开设国际护理学校，培养高端护理人才。加强国家住院医师规培基地建设，继续抓好医学继续教育能力建设，承担国家级学术活动不少于5项/年，省级学术活动不少于20项/年。完善对基层人才的培养程序，努力发挥协作医院的传帮带作用，助推区域医学教育中心建设。［责任单位：市卫生健康局、市科技局、市人力资源社会保障局、市人才工作局，各市（区）政府］

四、实施“人才强卫”工程，建设高素质卫生队伍

加强医疗卫生人才队伍建设，建立可持续发展的人才保障机制，促进人才队伍数量和质量的同步提高，注重成果和业绩导向，全面提高全市医疗队伍的综合素质和专业水平。一是加强高水平人才和团队引进。人才是医疗发展的第一资源。围绕专科建设，采取全职引进与柔性引进并举的策略，健全与省、市人才政策相衔接的人才政策，以具有竞争力的配套政策吸引海内外高水平人才和团队加盟，不少于2个引进对象/年。二是加强专职科研人员和博士（后）人员的引进。基于共享科研实验室，逐步建立专职科研队伍，构建“人才蓄水池”，与临床发展相辅相成。完善专职科研系列设岗和聘任机制，建立符合科研事业发展需求的人力资源制度，激发专职科研人员的创新活力。依托合作高校和高水平人才平台，积极共建博士后创新实践基地。加强博士（后）队伍，完善录用机制，博士不少于8人/年，进站博士后不少于4人/年。对于博士（后）人才，可采取组织考察的方式直接招聘。三是加强院内人才培养，形成合理的人才结构。全面实施“名医”战略，完善与“名医”相适应的课题研究、项目培训、人才补贴等制度。有计划、有重点地选拔培养学科带头人，培养在学科领域学术水平高、骨干作用发挥好、发展潜力大的中青年技术人才，形成合理的人才结构。争取到2020年拥有一批省、市医学领军人才、杰出青年医学人才以及省市级名医、名中医。四是加强对外交流与合作，互访国内外知名高校，鼓励海外、港澳医务人员到我市开展学术交流和私人执业医务人员短期执业，促进医疗卫生人才队伍提升。定期举办海内外青年学者医学发展论坛，加强我市卫生人才政策宣讲。［责任单位：市卫生健康局、市人才工作局、市科技局、市人力资源社会保障局、市委外办、市委台港澳工作办公室、市委编办，各市（区）政府］

五、实施“智慧助卫”工程，推进医疗信息化进程

按照“统筹规划、分步实施”的原则，充分利用全市现有卫生信息化资源，将建成江门市区域卫生健康信息平台，以居民电子健康档案、全员人口数据、电子病历共享和远程医疗系统建设为切入点，建设包括公共卫生、计划生育、医疗服务、医疗保障、药品供应保障、综合卫生管理等范围的卫生信息应用系统。加强医院电子病历等信息系统建设，三级医院和有条件的二级医院要加快开展院内信息平台建设和健康信息互联互通标准化成熟度测评，推动医院院信息标准化建设和信息系统互联互通，深化医疗服务的全流程智能化应用，提升业务协同和医疗管理的智能化水平，推动“互联网＋医疗健康”快速发展，提高医疗服务质量和效率，进一步提升人民群众医疗健康获得感。加强与省卫生健康委员会和市级相关部门的数据共享和业务协同，不断提升智能化健康信息服务水平。（责任单位：市卫生健康局、市政务服务数据管理局、市财政局）

六、实施“中医药提升”工程，开创中医药事业新局面

完善中医药服务体系，夯实中医药基层工作，重视中医药人才培养，强化中医药科技创新。推进中医中药在重点疾病防治和应对突发公共卫生事件中的作用，利用中草药资源丰富、中医药文化底蕴深厚的优势,加强中医药理论研究及中医传承创新,在促进中医药产业发展上求实效，提升中医药现代化综合服务能力。

加强国家中医药管理局区域中医（专科）诊疗中心项目和省级重点中医专科的建设，到2020年建成国家中医重点专科4个，省级中医重点专科10个。在市五邑中医院打造辐射周边、省内领先的“中西医结合肺病研究中心”“骨科手术机器人区域治疗中心”“中医立体康复治疗中心”，在市中心医院建设省级国医馆，在市人民医院打造特色的中西医结合肿瘤医疗中心，在市妇幼保健院实施“中医妇幼融合”计划。融合港澳实验室的力量推进新会陈皮研究院建设，共同建立国际认可的新会陈皮生产种植规范化和中医药产品质量标准，建立以保健及药用产品为主的新会陈皮特色产业，推进中医药标准化、国际化。加大各市（区）中医院的建设力度，力争把新会区中医院和台山市中医院建设成为国内县级中医医院。

打造中医药文化宣传教育基地，推进中医药进农村、进社区、进家庭的“三进”工程。全市100%的乡镇卫生院和社区卫生服务中心建成中医药文化、中医特色突出的中医科室，基层医疗机构中，中医执业医师占医师总数的20%以上，100%的社区卫生服务站和80%村卫生室能够提供中医药服务，中医药服务量达到42%以上。加强中医人才培养，到2020年，培养省级以上名中医7名，市级名中医20名，中医人员比“十二五”期末增加30%以上；积极推广中医药适宜技术，扩大中医药服务领域，到2020年，100%的乡镇卫生院和社区卫生服务中心均能开展15项以上中医药适宜技术，100%的社区卫生站和村卫生室均能开展6项以上中医药适宜技术。

发挥中医药“治未病”在健康保健中的优势，开展中医体质辨识、亚健康调理、养生保健等服务。支持中医机构与健康服务、旅游产业开发，促进阳光康养和养老产业等健康服务业发展，融入粤港澳大湾区中医药健康产业，打造广东省中医药文化养生旅游示范基地。［责任单位：

市卫生健康局、市工业和信息化局、市人力资源社会保障局、市农业农村局、市市场监管局、市文化广电旅游体育局、市民政局，各市（区）政府］

七、实施“医养结合”工程，推进大健康产业快速发展

一是鼓励医疗卫生机构与养老服务融合发展，支持养老机构开展医疗服务，推动医疗卫生服务延伸至社区。鼓励民营、社会资本投资医养结合项目，壮大医养结合规模和队伍，共同打造医养结合特色示点。作为第一批国家级医疗卫生和养老服务试点城市，将打造国家级医疗卫生和养老服务试点工作列入了江门市重点改革项目。逐步建立健全“以居家为基础、社区为依托、机构为补充、医养相结合”的多层次养老服务体系，2020年将建成完善覆盖城乡、资源共享、保障有力、支付合理、人才充足、运行有效的医养结合体制机制。二是鼓励社会资本在符合国家政策、区域卫生规划的前提下，以出资新建、参与改制、托管等多种形式投资特色专科、开展高端医疗服务，在我市打造国际健康科技城，引领粤港澳大湾区国际医疗健康科技行业方向。建立健全医疗机构评审和医疗质量评价机制，将社会办医疗机构纳入评审评价范围。三是鼓励医疗机构打造区域健康服务中心，将健康融入诊疗环节，借助医联体，延伸出健联体。鼓励社会资本进入健康体检、疾病康复、健康养生等健康相关产业，形成多层次、多样化健康服务。四是积极鼓励社会资本参与医疗机构的产学研项目，将成果融入市场，扩大江门市医药产业圈，促进江门大健康产业发展，同时反哺医疗卫生投入。五是加强与港澳在养老服务、社会工作等领域的资金、项目、机制、人才全方位合作。加大引进港澳资本在我市投资兴建养老机构，引入港澳社区服务理念，进一步完善港澳居民养老保险政策，打造优质示范项目，促进医养深度融合。［责任单位：市卫生健康局、市民政局、市商务局、市发展改革局、市人力资源社会保障局，各市（区）政府］

八、实施“固本强基”工程，提升卫生服务能力

（一）增强疾病预防控制和卫生应急处置能力。加强市县两级疾病预防控制机构能力建设，加大地级市疾控机构仪器设备配置和投入、加强人才培养和引进力度。抓好重大传染病、地方病的综合防治。建立市级卫生应急指挥决策系统平台，健全完善各类突发公共卫生事件应急预案,加大应急队伍培训和演练,建立和完善应急物资储备制度，推动自然灾害等突发公共事件的医疗卫生救援、重大传染病疫情等突发公共卫生事件的应急处置能力的升级。把市疾控中心建成区域一流的公共卫生技术服务中心和技术指导中心，形成以市疾控中心为主体、市（区）疾控机构为基础的区域疾病防控体系。［责任单位：市卫生健康局、市财政局、市人力资源社会保障局、市应急管理局，各市（区）政府］

（二）全面加强卫生监督执法能力建设。完善市、县（市、区）、街道（乡镇）三级卫生监督网络体系，加强对医疗服务、职业卫生、放射卫生、公共场所、生活饮用水、学校卫生的监督管理，强化卫生监督网格化管理，提升全市卫生监督管理水平。建立起结构合理、运转协调、行为规范、执法有力、办事高效的卫生监督新机制。［责任单位：市卫生健康局，各市（区）政府］

（三）加强院前急救体系建设。探索对市级120应急指挥调度职能进行优化调整，逐步建立健全市级120应急指挥调度体系，将全市有条件的医院纳入体系建设管理，接受应急调度指挥中心的统一指挥调度，使院前医疗资源得到合理配置与有效利用；加强急救指挥系统信息化建设，对接应急、公安、消防、气象、水文等系统，联通救护人员个人信息终端，及时接收突发事件现场信息，在指挥中心提高预判能力的同时发挥指挥中心技术支援作用，提升急救效率和现场急救成功率；加大新型急救装备配置，提升一线急救人员应对突发情况的现场处置能力。完善粤港澳大湾区紧急医疗救援联动机制，研究开展非急重病人跨境陆路转运服务，探索跨境转诊合作试点。推动县（市、区）级急救体系建设，改善院前急救装备，完善急救指挥网络，提升县域院前急救能力。［责任单位：市卫生健康局、市委编办、市应急管理局、市政务服务数据管理局、市公安局，各市（区）政府］

（四）提升妇幼保健服务水平。加强妇幼卫生机构的基础设施、重点学科、人才队伍建设，提高急救和保健服务能力，切实降低孕产妇死亡率和婴幼儿死亡率。完成市妇幼保健院儿科大楼建设，建成环境优美、设施一流、功能完善的市妇幼保健院和市妇女儿童医院。建成布局合理、系统规范、高效流畅的市、县（市、区）、乡镇三级产儿科急救网络，为产儿科急危重症救治、转运建立起指挥协调、反应灵敏、运行通畅的急救绿色通道，同时充分发挥江门市孕产妇危急重症救治中心（设在江门市中心医院）对急危重症孕产妇救治培训、技术指导、会诊、定点收治的作用。由江门市中心医院、江门市妇幼保健院牵头，完善生殖医学中心、产前诊断中心、新生儿疾病筛查中心、地中海贫血诊断中心、儿童保健中心的建设。形成以江门市中心医院、江门市妇幼保健院为主体，各市（区）妇幼保健院以及各级设产科的综合医院、中医院为支撑的区域一流的妇幼保健网络。［责任单位：市卫生健康局,各市（区）政府］

（五）健全精神卫生服务体系。加大投入，加强精神卫生机构的软、硬件建设，推动县级综合医院精神卫生科设置的落实，强化对严重精神障碍患者的管理。着力在心理咨询、心理治疗、老年精神卫生、康复医疗等方面形成特色和区域优势。把市第三人民医院建成区域一流，具有精神卫生、心理卫生、医学康复及医养结合等特色为一体的精神卫生中心。［责任单位：市卫生健康局,各市（区）

政府]

（六）强化采供血服务能力。完善采供血体系，健全突发公共卫生事件应急献血队伍；配置血液核酸检测设备，开展血液核酸检测项目，保障临床用血安全。健全实验室质量管理体系，全面提升血液检测质量。完善全市无偿献血网点，构建采供血机构与医疗卫生机构的卫生信息平台。把市中心血站建成在血液质量管理、血液检测、临床用血指导等方面处于区域一流水平的中心血站。［责任单位：市卫生健康局，各市（区）政府］

（七）加强基础设施建设。以基础设施重点项目（见表1）为载体，建设一批卫生重大基础设施，增强医疗卫生发展后劲和区域竞争力与辐射力。健全完善城市社区卫生服务机构和农村三级医疗卫生服务机构基础设施，使江门各级医疗卫生机构的基础设施齐全、功能完善、服务支撑能力大幅提升。［责任单位：市卫生健康局、市发展改革局、市财政局、市自然资源局，各市（区）政府］

表64

医疗卫生基础设施重点项目（投资金额5000万元以上）规划表

序号	项目名称	建设规模	建设起止年限	项目总投资（万元）	备注
1	广东江门中医药职业学院二期建设项目	五邑地区中医药及卫生行业大专层次人才培养基地，建筑面积约4.4万平方米。	2017年-2020年	22800	
2	新会区妇幼保健院	总建筑面积5万平方米。	2018年-2022年	38170	
3	鹤山市人民医院搬迁建设项目	建筑总面积108780平方米，其中地上建筑面积92220平方米，地下建筑面积16560平方米。	2016年-2019年	46591.7	
4	恩平市妇幼保健院综合大楼	新建妇幼保健院综合楼，总建筑面积1.267万平方米。	2015年-2020年	7087	
5	江门市中心医院新综合大楼	新综合大楼。	2019年-2024年	50000	
6	江门市人民医院综合楼	总建筑面积约4.1万平方米。	2018年-2020年	24000	
7	江门市妇幼保健院二期	总建筑面积6万平方米。	2018年-2020年	48000	
8	江门市第三人民医院门诊医技综合大楼项目	规划总建筑面积为28216平方米。	2018年-2020年	14000	
9	台山市妇幼保健院搬迁工程	占地面积约80亩，建筑面积约42000平方米	2018年-2020年	9000	
10	银葵医院	民营综合性医院，总建筑面积70万平方米。	2015年-2020年	400000	
11	开平市南华医院	民营综合性医院及养老院，总建筑面积3万平方米。	2015年-2020年	20000	
12	开平市第二人民医院	开平市第二人民医院升级建设，总建筑面积33200平方米，项目已动工建设。	2017年-2019年	20100	
13	大槐中心卫生院	大槐镇中心卫生院易址迁建工程，总建筑面积31931.38平方米，项目已动工。	2017年-2019年	18000	

（八）增强优质公立医疗卫生服务供给能力，努力为市民群众提供更高质量的医疗卫生服务保障。为缓解科研教学产地匮乏.就医环境拥挤不堪，医院空间不足等受限因素，为我市提供优质高效的三级公立医院医疗卫生服务，推动实现高质量发展，充分发挥江门市中心医院丰富的人才、技术和管理等品牌优势，主动向现代化的滨江新城挺进，积极探索建设江门市中心医院（滨江院区），冲刺广东省高水平医院，并将沉淀百年的优质医疗资源更广泛、更深入地辐射到新城新区。［责任单位：市卫生健康局、市发展改革局、市财政局、市自然资源局］

第四部分 保障措施

一、加强组织领导

建设粤港澳大湾区西翼医疗中心是一项庞大的系统工程，是全市上下的共同责任，需要统筹协调、整体联动、有序推进。建立健全区域医疗中心建设协调机制，确保打造医疗中心各项工作顺利开展，将此项工作纳入我市发展总体规划及年度计划，纳入市政府目标绩效管理。

落实各级、各部门职责，分解目标任务，制定支持性政策和具体措施，为各项建设项目的顺利实施和重点工作的推进提供保障。各医疗单位签署目标责任书，形成工作合力。加强宣传舆论引导，充分动员全社会广泛参与，为区域医疗中心建设营造良好的舆论氛围和社会环境。

二、推进体制创新

推动体制机制创新是粤港澳大湾区建设的持久动力，谋划各项体制机制创新的政策，加快建设粤港澳大湾区西翼医疗中心。一是切实从粤港澳大湾区国家战略的层面去思考，涉及跨区域、跨部门的体制机制创新，畅通大湾区医疗卫生的所有合作要素，共同推进医疗中心建设。二是完善公立医院运行机制，建立现代医院管理制度，明确所有者和管理者的责权。建立竞争性用人机制，实行以全员聘用和岗位设置管理为核心的人事管理制度。三是构建支持医疗科技创新的体制机制，鼓励临床创新技术项目的合法开展，积极配套相应产业扶持政策和医保政策。四是建立激励性的分配机制，依据科学的绩效考核评价体系，实现区域医疗中心建设扶持资金的激励型导向分配，充分发挥各相关单位和人员的积极性和主观能动性。

三、健全保障机制

制定重点专科建设方案，新增专科建设扶持资金，配套国家规定的建设经费，通过技术准入、科研立项、设备购置等“绿色通道”，由各级财政专项落实补助经费。跟紧新形势，合理调整医疗卫生机构服务收费和医保支付政策，完善多渠道补偿机制，保障医疗卫生机构正常运行。发挥财政基本保障作用，建立政府主导的多元化卫生投入机制。确立政府在提供公共卫生和基本医疗服务中的主导地位。基本医疗服务由政府、社会和个人三方合理分担费用；特需医疗服务由个人直接付费或通过商业健康保险支付。财政卫生支出占经常性财政支出的比例逐年提高。新增政府卫生投入向重点专科建设、城乡居民基本医疗保障、卫生人才、公共卫生等倾斜。积极争取上级资金支持。

四、强化考核评估

本行动方案是江门市打造区域医疗中心的指导性文件，各市（区）政府、市有关部门、各有关医疗卫生单位要按照本规划要求，结合实际制定相应的工作方案，将每年工作要点与本规划实施目标相衔接。区域医疗中心规划实施工作纳入市委、市政府对各市（区）政府、市有关部门的年度目标考核。2019年底对本规划执行情况进行中期评，并视实施情况对相关工作目标进行适当调整，加强对实施过程的监督管理，研究解决执行中出现的问题和困难，争取2020年实现建成区域医疗中心。

五、扩大合作交流

深化和拓展国际国内多渠道、多层次、多领域、多学科的医疗卫生合作。抓住塑造健康湾区的机遇，在粤港澳大湾区积极作为，广泛吸收国际国内资金、先进技术、设备和智力，共建粤港澳大湾区西翼医疗中心。扩大学术交流和人员互访，学习和借鉴先进发达国家和发达城市在医疗技术、公共卫生等方面的成功经验。建立区域良性互动的合作机制，积极与港澳、粤西、华南毗邻地区广泛开展医疗卫生交流活动，不断提升江门医疗卫生的影响力和辐射力。

江门市人民政府关于印发《江门市政府质量奖评审管理办法》的通知

江府〔2019〕22号

各市（区）人民政府，市政府各部门、有关事业单位，中直、省直驻江门有关单位：

《江门市政府质量奖评审管理办法》业经市政府同意，现印发给你们，请认真贯彻执行。执行过程中遇到的问题，请径向市市场监管局反映。

江门市人民政府

2019年7月18日

江门市政府质量奖评审管理办法

第一条　为引导、激励我市企业或组织建立和实施卓越的质量管理，提高产品、工程、服务、环保的质量水平和效益，推进质量强市建设，增强我市经济综合竞争力，根据《中华人民共和国产品质量法》《中共中央国务院关于开展质量提升行动的指导意见》《中共广东省委广东省人民政府关于实施质量强省战略的决定》和《江门市人民政府办公室关于印发“江门质造”品牌提升行动方案（2017-2020）的通知》（江府办〔2017〕33号）的有关规定，结合本市实际，制定本办法。

第二条　本办法所称江门市政府质量奖（以下简称市政府质量奖）是江门市政府设立的最高质量奖项，由市政府批准、表彰和奖励，主要授予在江门市登记注册，具有法人资格，质量管理绩效显著，产品、工程、服务、环保质量以及自主创新能力、品牌建设能力、市场竞争力等在国内外处于领先地位，对全市经济社会发展做出卓越贡献的企业或组织。

第三条　市政府质量奖的评审遵循科学、公正、公平、公开和自愿的原则，坚持高标准、严要求、好中选优，运用数据和事实，量化分析，综合评价。

第四条 市政府质量奖每五年评选奖励一次，每届获奖企业或组织数量不超过10家。当届的申报企业或组织达不到条件的，奖项可以空缺。

第五条 市政府质量奖评审标准应体现先进性、科学性和有效性。评审标准主要按照GB/T 19580《卓越绩效评价准则》和GB/Z 19579《卓越绩效评价准则实施指南》最新版本执行，并借鉴和吸收国际先进质量奖的评审标准。

第六条 市政府质量奖评审委员会（以下简称评审委员会）负责组织协调市政府质量奖的评审活动，日常工作由市市场监管局承担。评审委员会成员名单由该局会同有关部门提出，报市政府批准后公布。

评审委员会成员每届任期为五年，自市政府批准之日起至下届评审委员会成员经市政府批准之日止，评审委员会成员可连任。

第七条 评审委员会的主要职责是：

（一）组织、指导和监督市政府质量奖评审活动的开展，处理和决定市政府质量奖评审过程中出现的重大事项；

（二）审定市政府质量奖评审实施细则、评审程序等重要工作规范；

（三）审查、公示评审结果，提请市政府批准拟授奖企业或组织名单。

第八条 市市场监管局负责市政府质量奖的日常管理与监督工作。包括：

（一）制订市政府质量奖工作计划并组织实施，组织制（修）订市政府质量奖评审实施细则、评审程序等规范并监督实施；

（二）接受申请并组织开展资格审查；

（三）确定并公布评审专家组人员组成、工作制度、议事规则等；

（四）向市政府和评审委员会提交评审结果，报告质量奖工作进展情况；

（五）组织宣传、推广先进质量方法、管理技术以及应用成果；

（六）监督获奖企业或组织持续实施卓越绩效管理，规范使用获奖荣誉。

第九条 市市场监管局根据需要，可以将材料评审、现场考评和综合评价等专家评审工作通过聘请权威质量管理专家组成评审专家组完成，也可以按照政府采购有关规定委托社会组织实施，并对评审活动进行监督。

受委托的社会组织应当符合下列条件：

（一）从事质量科研或者专业技术服务的非营利性法人组织；

（二）具备相适应的资格能力及相关领域业务经历；

（三）按规定组织评审专家组，并报市市场监管局核准。

受委托的社会组织对其工作的规范性和公正性负责，并承担相应的责任。

第十条 评审专家组由5名以上（含5名）评审专家（包括行业专家）组成，实行组长负责制。其主要职责是：

（一）对企业或组织的申报资料进行评审，提出现场考评的候选企业或组织建议名单；

（二）制订现场考评实施计划，对企业或组织实施现场考评；

（三）提出建议授奖的企业或组织名单。

第十一条 各市（区）市场监管局会同有关部门、社会团体及相关专家负责本行政区域内市政府质量奖的申报、推荐工作。各市（区）市场监管局会同有关部门同时对此负责监督管理。

第十二条 申报市政府质量奖的企业或组织，必须同时具备下列基本条件：

（一）依法在江门市行政区域内登记注册3年以上，具有独立法人资格，并依法纳税；

（二）拥有自有品牌、自主技术；

（三）质量管理体系健全并有效运行，已逐步实施卓越绩效模式管理，质量管理绩效显著，自主创新能力、品牌建设能力、市场竞争力等在行业内处于领先地位；

（四）在近3年国家或省、市、县级等各级各类质量监督抽查、执法监督抽查中没有不合格记录，最近3年没有消费者重大投诉，建设工程零质量事故；

（五）企业或盈利性组织经济效益好，经营规模、年利税额、总资产贡献率等指标位居市内同行业前列，并保持良好的发展势头；非盈利性组织社会贡献突出并获主管部门推荐；

（六）诚实守信经营，市场信誉良好，顾客满意程度高；

（七）积极履行社会责任，近3年来没有发生重大质量、安全、环保、卫生等事故，没有因违反生产经营、知识产权、劳动保障、环保、安全生产、税收、进出口贸易等法律法规受到刑事或行政处罚，未因产品质量问题受到国外警示通报或索赔。

第十三条 评审按如下程序进行：

（一）公布评审相关事项。市市场监管局在市级主要媒体、网站上发布当年市政府质量奖的评审公告，向社会公布当年市政府质量奖评审的相关事项和要求。

（二）企业或组织申报。凡符合申报条件的企业或组织，在自愿的基础上，对照评审标准进行自我评价并提交自评报告，如实填写申报表格，提供有关材料，并按规定日期报送所在地市场监管局。

（三）组织推荐。各市（区）市场监管局在收到企业或组织申报材料后会同本地有关部门、社会团体核实申请企业或组织是否符合申报条件，并形成推荐意见连同申报材料在规定期限内报送市市场监管局。

（四）材料初审。市市场监管局汇总各地推荐材料后，对企业或组织的申报材料进行形式审核，对申报材料不完备的企业或组织，及时通知有关企业或组织予以补充完善；对申报材料完备的企业或组织，将该企业或组织的相关材料送评审专家组评审。

（五）材料评审。评审专家组对照评审标准、评价细则和其他评审具体要求，对申报材料进行评审，形成材料评审报告，提出进入现场考评的候选企业或组织建议名单。每次评审，进入现场考评的候选企业或组织数量不超过当次评审拟评出的获奖企业或组织数量的1.5倍。

对曾获得《江门市人民政府办公室关于印发“江门质造”品牌提升行动方案（2017-2020）的通知》中提及的相关品牌荣誉的企业或组织，在评审过程中同等条件下予以优先考虑。

（六）现场考评。由市市场监管局组织评审专家对候选企业或组织建议名单进行审核，确定现场考评企业或组织，由评审专家组按照评审标准、评价细则和其他评审具体要求进行现场考评，形成现场考评报告。

（七）综合评价。评审专家组在现场考评结束后，根据材料评审和现场考评情况对候选企业或组织进行综合评价打分，并按得分高低排序，形成综合评价报告，提出推荐获奖企业或组织名单送市市场监管局。

（八）征求意见。市市场监管局根据推荐获奖企业或组织名单征求市人力资源社会保障、生态环境、住房城乡建设、卫生健康、应急管理、海关、税务等部门和行业主管部门的意见，上述部门在规定期限内反馈意见，市市场监管局形成意见汇总，并与推荐获奖企业或组织名单、综合评价报告提交评审委员会审议。

（九）初选公示。评审委员会审议确定拟获奖企业或组织名单，并向社会进行为期10天的公示。市市场监管局负责受理和核查公示期间的投诉并向评审委员会提交书面核查报告。对查实有不符合本办法第十二条情形的企业或组织取消其拟奖资格。

（十）审定报批。评审委员会根据公示情况，提出获奖企业或组织名单报请市政府审核批准。批准后的名单通过新闻媒体等向社会公布。

第十四条　获市政府质量奖的企业或组织由市政府给予表彰奖励，颁发奖牌和证书，每家获奖企业或组织奖励50万元。

第十五条　对获得中国质量奖、中国质量奖提名奖、广东省政府质量奖、广东省政府质量奖提名奖的企业或组织，分别一次性给予100万元、50万元、50万元、30万元的奖励。对获得中国质量奖、中国质量奖提名奖、广东省政府质量奖的个人，分别一次性给予20万元、10万元、10万元的奖励。

第十六条　奖励经费按照《江门市人民政府办公室关于印发“江门质造”品牌提升行动方案（2017-2020）的通知》执行，由市本级和各市（区）财政按1:1比例共同承担。

第十七条　企业或组织获市政府质量奖的，间隔一届后可重新申报。再次获奖的企业或组织，只授予证书和称号，不再给予资金奖励，不占当届奖励名额。

第十八条　获奖企业或组织应发挥模范带动作用，积极宣传、推广、交流其质量管理的成功经验，推动全市广大企业或组织质量管理水平的提升。

第十九条　市场监管部门会同各相关行业主管部门负责对市政府质量奖获奖企业或组织的产品、工程、服务、环保质量及卓越绩效运行情况进行监督管理。

第二十条　对弄虚作假、以不正当手段骗取市政府质量奖的企业或组织，经调查属实的，评审委员会要及时提请市政府撤销其市政府质量奖奖项，收回证书、奖牌，追回奖金，并向社会公告。该企业或组织在存续期间不得再申报市政府质量奖。

第二十一条　获奖企业或组织在获奖后5年内如发生下列情形之一的，评审委员会应当调查核实，情况属实的，由评审委员会提请市政府撤销其市政府质量奖奖项，收回证书、奖牌，并予以公告。被撤销奖项的企业或组织不得参加下一届市政府质量奖的评审。

（一）发生重大质量、安全、环保、卫生等事故的。

（二）产品、工程、服务、环保质量不稳定，产品经国家级、省级和市、县级等各级各类质量监督抽查、执法监督抽查判定为不合格的、或发生消费者重大投诉且投诉有效的。

（三）产品、工程、服务、环保质量问题被国外通报或索赔，造成国家形象和产品信誉受到较大损害的。

（四）提供的商品或者服务被人民法院或政府职能部门判定存在欺诈消费者行为，使消费者的合法权益受到严重损害的。

（五）经营管理不善，出现严重经营性亏损的。

（六）其他违反市政府质量奖宗旨与原则的重大事项。

第二十二条　获奖企业或组织可以在其宣传活动中宣传获得市政府质量奖的荣誉和展示市政府质量奖标志，但必须标明获奖的年份。市政府质量奖标志不得用于具体产品及其外包装。

被撤销奖项的企业或组织自奖项撤销之日起不得继续使用市政府质量奖标志。

第二十三条　参与推荐和评审的机构和个人要严守工作纪律，公正廉洁，保守秘密。对推荐和评审过程中滥用职权、玩忽职守、徇私舞弊的机构和个人，取消其推荐和评审资格，并提请有关部门或所在单位按照有关规定追究责任并向社会公告；涉嫌犯罪的，依法移送司法机关处理。

第二十四条　除本办法规定的市政府质量奖评审机构外，其他任何组织或个人不得以任何名义开展与市政府质量奖有关的评审活动。任何组织或个人不得伪造、冒用市政府质量奖标志、证书和奖牌，违者依法追究法律责任。

第二十五条　本办法自2019年9月1日起施行，有效期5年。

江门市人民政府关于印发江门市拥军优属实施办法的通知

江府〔2019〕25号

各市（区）人民政府，市政府各部门、有关事业单位，中直、省直驻江门有关单位：

《江门市拥军优属实施办法》业经市人民政府同意，现印发给你们，请认真贯彻执行。执行过程中遇到的问题，请径向市退役军人事务局反映。

江门市人民政府

2019年8月13日

江门市拥军优属实施办法

第一条　为做好拥军优属工作，加强军政军民团结，保卫国家安全，维护社会稳定，促进经济建设，根据《军人抚恤优待条例》《广东省拥军优属规定》以及国家有关法律、法规，结合我市实际，制定本办法。

第二条　在本市行政区域内的机关、团体、企事业单位、社会组织、基层群众自治组织和公民都应自觉履行拥军优属的职责和义务。

第三条　各级人民政府应进一步加强拥军优属工作的领导，担当有为，争创一流。

第四条　各级人民政府应提高政治站位，加强组织领导，明确职责和制定措施，把拥军优属工作作为任期目标管理和干部政绩考核的内容，建立随军家属就业和双拥工作激励机制，及时协调和解决拥军优属工作和军地关系中的重点难点问题。

第五条　各级人民政府应广泛深入持久地开展创建双拥模范城（县）和军民共建社会主义精神文明活动，将拥军优属的宣传工作纳入爱国主义和全民国防教育规划，各地认真开展拥军优属宣传教育活动，广播、电视、报刊、标语、公共交通设施和微信、微博等网络平台应当加强拥军优属的宣传报道，在部队驻地的道路、车站、码头等醒目位置设置拥军优属宣传标语，培育拥军优属的良好社会风尚。本地新闻媒体单位应根据双拥工作不同时段的内容和要求，开辟双拥工作宣传教育专题专栏。

各高等学校、高级中学和相当于高级中学的学校应当将课堂教学与军事训练相结合，对学生进行国防教育，鼓励有条件的社会组织参与国防教育培训；有条件的小学和初级中学可以组织学生开展国防教育为主题的少年军校活动。

第六条　各级人民政府和有关部门应当保障驻军粮油、水电、燃料、副食品和日常生活用品的供应；支持和配合驻军完成军事训练、战备执勤、军事演习、国防施工、营房建设、抢险救灾等任务；支持帮助驻海岛、边远地区的部队搞好水、电、道路、交通、通讯等基础设施建设和农副业生产，改善部队的工作和生活条件。部队在执行军事演习、抢险救灾等重大任务时，公民和组织应当提供方便条件，给予支持和配合。

第七条　各级人民政府应当动员社会各界开展科技拥军和文化拥军活动，广泛开展科技、教育、文化、法律、卫生等多形式融合活动，协助培养军地两用人才。

积极开展基层共建活动，持续推进开展拥军活动，从生活、娱乐、文化宣传等方面促进部队基层建设。

第八条　保护军事设施的安全，在建设开发或施工过程中，对涉及军事设施的，应事前与部队及国家安全部门协商，由军用设施属地相关部门牵头妥善处理解决。

第九条　在本市行政区域内的公路、桥梁、隧道、渡口等，军队车辆一律免费通行；部队车辆通过时，有关部门应保证优先通行；公共场所的停车场，军队车辆一律免费停放。

第十条　各级人民政府及有关部门和单位应当按照国家、省和市有关安置政策做好军队退役军人、军队离退休干部、军队无军籍退休退职职工、部队随军家属和军转干部随调配偶等对象的接收安置工作，支持鼓励退役军人自主择（就）业、创业发展。

第十一条　随军家属就业安置工作本着属地管理、分级负责、对等安排、优先优待、就地就近的原则，坚持市场调节与行政调配、推荐安排与双向选择、自谋职业与自主创业等相结合的办法安置。各级人民政府根据部队随军家属的职业、学历、专业技能、工作经历和个人的求职愿望实行就业指导和推荐。

随军家属随军前为在编在岗公务员的，按照《广东省军人随军家属就业安置实施办法细则》等上级文件进行安置。

鼓励随军家属自谋职业或自主创业。随军家属就业方式实施“5+X”模式，即实施定向招聘和安置为重点、军民共建单位、双拥成员单位、社团组织、拥军爱心企业安置为辅的方式进行，根据实际情况，增加“X”项目。具体按照《江门市“助力随军家属就业工程”组织实施方案》（江民〔2018〕65号）实施。

第十二条　企事业单位接收安置的军队转业干部、随调配偶、符合政策安排就业的复员退伍军人、部队随军家属和本单位军属，与其他职工同等条件下，应当在安排工种、班次等方面给予照顾；在企业兼并、改制实行经济性裁员中，在同等条件下优先招用。

第十三条　在机关、社会团体、企业事业单位工作的残疾军人，享受与所在单位工伤人员同等的生活福利和医疗待遇。所在单位不得因残疾将其辞退、解聘或者解除劳动关系。

第十四条　各级人民政府应当动员社会各界关心支持部队、军休所和光荣院建设，扶持退役军人和其他优抚对象创业和就业。对符合相关文件要求的退役军人，享受有关就业、创业扶持政策。

第十五条　各级人民政府应当落实各项优抚政策，对按照政策规定享受抚恤定补的残疾军人、烈士遗属、因公牺牲军人遗属、病故军人遗属、在乡复员军人、带病回乡退伍军人、参战涉核退役人员，由所在县级退役军人事务部门按照不低于省规定的标准给予定期抚恤或定量补助。

对未就业的江门驻军和江门舰现役军人随军家属（已安置但因本人原因仍未就业的除外），由军人驻军所在市（区）退役军人事务部门按不低于当地城镇最低生活保障线的标准给予生活补贴，江门舰由江门市退役军人事务部门给予补贴。所需生活补贴经费从每年度军人抚恤优待经费中列支。

各级人民政府应当根据当地经济社会发展和人民群众生活水平的实际，按照抚恤补助标准自然增长机制相应加大军人抚恤优待经费投入，认真落实各项优抚政策，确保抚恤补助经费与经济社会发展相适应，确保优抚对象的生活水平与当地人民群众的生活水平同步提高。

第十六条　一至六级残疾军人、孤老烈属、孤老复员军人的医疗费用按照规定予以保障。一至四级残疾军人享受特约门诊待遇。残疾军人、烈士遗属、因公牺牲军人遗属、病故军人遗属、在乡复员军人、带病回乡退伍军人、参战涉核退役人员享受医疗优惠待遇。

困难退役军人等优抚对象在参加医疗保险时享受个人缴费优待；因重、特大疾病住院的，由当地政府给予临时医疗救助，具体按照我市有关规定办理。

移交地方政府安置的军队离退休干部、退休士官、自主择业的军队转业干部、军队无军籍退休退职职工以及军队离退休干部无经济收入的家属、遗属的医疗保障，按照国家、省有关规定执行。

第十七条　符合条件的困难退役军人等优抚对象承租公共租赁住房的，由其户籍所在市（区）人民政府按照《关于进一步做好我市优抚对象和复退军人住房保障工作的通知》（江建函〔2018〕2116号）实施。

第十八条　义务兵服役期间，其家庭由当地人民政府发给优待金或给予其他优待，优待标准和具体办法由各级人民政府制定，优待金支出列入各市（区）人民政府财政预算。

第十九条　凡本市户籍入伍现役军人在服役期间每获得荣誉称号或者立功受奖的，以及本市户籍居民每获得国家、省爱国拥军模范荣誉称号的，由户籍所在地的市（区）人民政府给予奖励，并组织镇政府（街道办事处）人员到其家中慰问祝贺，奖励标准如下：

（一）现役军人荣获中央军委和国家授予荣誉称号者、本市户籍居民获得国家爱国拥军模范荣誉称号者，给予70000元人民币奖励；

（二）现役军人荣获各大战区、各军兵种和省授予荣誉称号者、本市户籍居民获得省级爱国拥军模范荣誉称号者，给予60000元人民币奖励；

（三）荣立一等功者，给予40000元人民币奖励；

（四）荣立二等功者，给予20000元人民币奖励；

（五）荣立三等功者，给予3200元人民币奖励；

（六）评为优秀士官者，给予1000元人民币奖励。

其中，义务兵年内每获得上述荣誉称号、立功受奖或者被评为优秀义务兵的，按照《江门市民政局　江门市财政局　江门军分区动员处关于做好我市义务兵家庭优待金和退役士兵自主就业安置补助金发放工作的通知》（江民优〔2018〕4号）的标准增发一次性优待金，如一次性优待金标准低于前款标准的，按本办法发放。

第二十条　本市户籍的优抚对象在遭遇突发事件、意外伤害、重大疾病或其他特殊原因导致基本生活陷入困境，其他社会救助暂时无法覆盖或救助之后基本生活暂时仍有严重困难的，按照有关文件要求给予应急性、过渡性的救助。

第二十一条　在本市范围内的公立医疗机构，现役军人和残疾军人、烈士遗属、因公牺牲军人遗属、病故军人遗属、复员军人、带病回乡退伍军人、参战涉核退役人员以及军队离退休干部，凭有效证件免收门诊挂号费，并在挂号、就诊、检查、化验、取药时享受优先服务等优待，符合相关条件的优抚对象可以按照有关规定享受医疗费用优惠政策。医疗机构应当在服务窗口设立明显的优先优惠标志。

第二十二条　军人子女的教育优待，具体按照《广东省教育厅　广东省军区政治部关于军人子女教育优待办法的实施细则》（政干〔2013〕138号）规定执行。转业干部随迁子女当年转学、入学的，享受与驻军现役干部子女转学、入学同等的优惠待遇。

对困难退役军人的直系子女入读本市、县（区）普通高中（含中等职业学校）及参加普通高考考取全日制本科、大专院校的给予助学金补助，具体补助办法按照有关规定办理。

第二十三条　现役军人凭本人《军（警）官证》《士兵证》，残疾军人凭本人《残疾军人证》，本市户籍且享受定期抚恤补助的烈士遗属、因公牺牲军人遗属、病故军人遗属、在乡复员军人、带病回乡退伍军人、参战涉核退役人员凭公交公司的优抚卡，军队离休干部凭本人《老干部离休荣誉证》或《离休干部荣誉证》，军队退休干部凭本人《军官（文职）退休证》等有效证件可全程免费乘坐市内公共汽车。本市行政区域的高铁、轻轨、客运汽车站、码头和公共汽车站及其他公共性服务单位，应对上述对象依法设立优先服务窗口、设立明显标识，并给予优先优惠服务。

第二十四条　现役军人凭本人《军（警）官证》《士兵证》，残疾军人凭本人《残疾军人证》，本市户籍且享受定期抚恤补助的烈士遗属、因公牺牲军人遗属、病故军人遗属、在乡复员军人、带病回乡退伍军人、参战涉核退役人员凭凭本人《优抚对象抚恤补助登记证》，军队离休干部凭本人《老干部离休荣誉证》或《离休干部荣誉证》，军队退休干部凭本人《军官（文职）退休证》等有效证件进入本市行政区域内的公园、旅游景点、图书馆、博物馆、展览馆以及爱国主义教育基地等公共场所（设施），在正式开放期间一律免收门票。

第二十五条　各级人民政府为烈士遗属、因公牺牲军人遗属、病故军人遗属家庭和中国人民解放军现役军人家庭、退役军人家庭悬挂光荣牌。

第二十六条　各级人民政府应当加强对处理军队官兵涉法问题的组织领导，依法保护军人的合法权益。司法行政机关应当指导法律援助机构、法律服务机构协调和处理军队官兵及其家属涉法问题，及时有效地提供法律服务。

第二十七条　每年清明节、烈士纪念日等重要重大节庆日期间，各级人民政府、企事业单位和社会组织应当充分利用烈士纪念设施、爱国主义教育基地、国防教育基地等资源，组织开展祭奠烈士、缅怀英烈、爱国主义教育活动。

各级人民政府应当做好烈士纪念设施保护管理，维护管理经费从每年度军人抚恤优待经费中列支。

第二十八条　按照“团结—协商—团结”的方针，妥善处理军民、军地矛盾和纠纷。发生军民、军地矛盾和纠纷时，相关部门应坚持爱护军队、维护团结、实事求是、互让互谅的原则，及时协商，妥善处理。

第二十九条　各级人民政府应当定期走访驻军部队和优抚对象，了解情况，征求对拥军优属工作的意见和建议，不断改进和完善拥军优属工作。督促各企业事业单位不断完善拥军优属服务网络组织，制定拥军优属的具体制度、公约、办法。

各级人民政府每年组织检查拥军优属政策的落实情况，按照国家和省的有关规定，举办“双拥模范集体”“双拥模范个人”的授予和“最美军嫂”评选活动，对在拥军优属工作中作出贡献的单位和个人进行表彰奖励。

第三十条　对侵犯军人及其家属人身权利，妨碍军人执行勤务以及破坏军事设施、扰乱军营正常秩序，属于违反治安管理行为的，由公安机关依法给予治安处罚；涉嫌犯罪的，由司法机关依法追究刑事责任。

第三十一条　对符合政府安排工作条件的军队转业干部、复员退伍军人、部队随军家属，任何单位不得拒绝接收。

第三十二条　军人抚恤优待所需经费由各级人民政府分级负担，并将分担经费列入财政预算安排。军人抚恤优待经费必须专款专用，并接受财政、审计部门的监督、审计。

第三十三条　各级人民政府和各单位依据上级政策规定和本实施办法，结合当地实际情况，制定具体的实施细则。

第三十四条　机构改革期间，上级有关文件对于消防、边防、边检人员优待保障政策作出进一步明确要求的，以上级文件为准。

第三十五条　本实施办法自2019年9月1日起施行，有效期五年。

江门市人民政府关于印发《江门市市级财政专项资金管理办法（试行）》的通知

江府〔2019〕26号

各市（区）人民政府，市政府各部门：

现将《江门市市级财政专项资金管理办法（试行）》印发给你们，请认真贯彻执行。执行过程中遇到的问题，请径向市财政局反映。

江门市人民政府

2019年8月20日

江门市市级财政专项资金管理办法（试行）

第一章　总则

第一条　为进一步规范市级财政专项资金管理，提高财政资金使用效益，根据《中华人民共和国预算法》（简称《预算法》）等法律法规和省、市深化预算编制执行监督管理改革要求，参照《广东省省级财政专项资金管理办法（试行）》，结合我市实际，制定本办法。

第二条　本办法所称市级财政专项资金（以下简称市级专项资金），是指为支持我市经济社会各项事业发展，由市本级财政通过一般公共预算、政府性基金预算、国有资本经营预算安排，具有专门用途和绩效目标的财政资金。

中央和省级财政补助资金以及按照现行财政管理体制对下级政府的返还性支出和一般性转移支付资金、市财政部门直接按因素法或固定标准分配的财政资金等，不纳入市级专项资金管理范围，按照国家、省和市有关规定管理。

第三条　市级专项资金实行目录清单管理。市本级设立的改善和保障民生、支持经济高质量发展以及促进社会各项事业发展等各类专项资金纳入市级专项资金目录清单管理，对其存续、调整情况进行动态跟踪，符合以下条件之一的原则上应纳入市级专项资金管理。

（一）市本级自行设立，具有专门用途，并纳入年度预算和绩效管理的专项资金。

（二）市本级按上级要求设立或配套安排的专项资金（除列入一般性转移支付资金外）。

（三）面向企事业单位、社会组织或个人申请，由市业务主管部门负责组织、申报、审核和制定资金分配使用计划的专项资金。

（四）根据中长期发展规划连续滚动安排的事业发展类专项资金。

市级专项资金管理目录清单由市财政部门每年更新、公布。

第四条　市级专项资金管理遵循以下原则：

（一）集中财力，保障重点。市级专项资金优先保障中央、省和市部署的重大改革、重要政策和重点项目资金需求，不留“硬缺口”。加强各种来源财政资金的统筹使用，集中财力办大事。

（二）严格设立，规范管理。市级专项资金设立应符合公共财政支出范围，遵循财政事权和支出责任相匹配原则，不得与财政收支规模、增幅或生产总值等挂钩。未按规定程序报批，不得在政策性文件、工作会议及领导讲话中，对市级专项资金新增设立、增加额度等事项作出规定、要求或表述。严格控制市级专项资金的数量和规模，不得每办理一项工作或开展一项事业新设一项市级专项资金。市级专项资金使用性质、管理特点类同、支持对象相近的，应予以归并或整合。按照中央、省和市重大战略部署设置项目,实行大专项管理，依据部门职能设置资金用途、方向（二级项目），一项用途由一个部门分配。

（三）提前储备，动态调整。树立“先谋事，再安排资金”的理念，科学谋划市级专项资金支持重点，做实项目前期研究论证，提前储备项目，确保市级专项资金安排与项目有效衔接。市级专项资金结合项目库储备，根据各部门事业发展中长期规划和三年滚动预算谋划，对市级专项资金额度进行动态管理。

（四）绩效优先，加强考核。全面实施预算绩效管理,加强市级专项资金绩效目标申报、审核和监控，建立“预算编制有目标、预算执行有监控、预算完成有评价、评价结果有应用”的全过程绩效管理机制。加强绩效评价结果运用，将各市（区）财政管理评价结果与相关支持政策挂钩。

（五）定期退出，滚动安排。除国家和省政策要求设立的市级专项资金外，每项市级专项资金支持的政策实施期限一般不超过3年，最长不超过5年。确需继续实施的，在实施期满前一年开展研究论证和绩效评价，并按新设立市级专项资金程序申请报批。

（六）公开透明，接受监督。健全监管机制，全面推进信息公开，主动接受人大、审计等部门和社会各界监督，保障市级专项资金阳光透明运行。

第二章　预算编制

第五条　市业务主管部门要按照市委、市政府决策部署，围绕全市经济社会发展规划和重大专项规划，对照分管行业领域事业发展的目标任务，研究确定市级专项资金重点支持方向。

第六条　市业务主管部门应通过内部集体研究、实地调研、专家论证、委托第三方专业机构评审等方式，对新增设立市级专项资金的必要性、科学性、合理性、可行性等进行研究论证。属于上级政策要求和市委、市政府重大决策部署的，按照有关规定开展研究论证。

第七条　与省级专项资金分类相衔接，市级专项资金目录分为战略领域、财政事权、政策任务结构编制（样表见附件2-4）。“战略领域”由财政部门根据省、市重点工作部署结合实际情况统一设置，动态调整；“财政事权”（对应项目库“一级项目”，以下简称“一级项目”）根据财政事权和支出责任划分改革要求，由市财政部门会同市业务主管部门按部门职责梳理设置；“政策任务”（对应项目库“二级项目”，以下简称“二级项目”）由市业务主管部门根据年度需完成的重点工作任务设置。每个一级项目市级专项资金由一个业务主管部门负责管理，二级项目涉及跨部门的，应由业务内容占主导地位的业务主管部门统筹，相关部门主动衔接做好预算编制等事宜。

市业务主管部门按照轻重缓急原则对二级项目进行排序，按零基预算原则，结合中期财政规划确定额度，具体项目可结合年度实际情况安排，不受以往年度项目基数限制。在不增加一级项目资金总额的前提下，对二级项目进行调整结构或新增额度的，市业务主管部门可按程序纳入目录清单编报。属于跨年度支出的，应该分年度编制预算。

市业务主管部门编制的市级专项资金政策任务目录清单，需按“三重一大”要求经部门党组会议、办公会议集体审议，报分管市领导专题研究或审核后，报市财政部门。市财政部门复核后，汇总报分管财政工作的市领导核呈市长审批。如因收支平衡需要，压减经批准的市级专项资金预算，由市财政部门按程序纳入年度预算草案报批。

第八条　市业务主管部门应在制定市级专项资金政策任务目录清单时同步明确具体项目审批权限归属。

市级专项资金根据不同政策任务和审批权限建立“部门保留审批项目清单”和“财政部门参与分配项目清单”。市财政部门原则上不参与市级专项资金的具体项目审批，对需全市统筹的重大支出的部分市级专项资金，纳入“财政部门参与分配项目清单”，具体项目结合年度部门预算安排情况确定。对各部门保留审批的项目，纳入“部门保留审批项目清单”，市业务主管部门要通过竞争性分配、专项评审论证、委托第三方专业评估机构、集体研究审核等方式，研究确定保留和下放项目。

属于直接面向基层、量大面广、由市（区）或用款单位实施更为便捷有效的资金，原则上由市业务主管部门依法将具体项目审批权限下放市（区）或用款单位，从事前审批或复核改为事后备案，符合条件的要按因素法切块下达资金。根据“大专项+任务清单”的管理要求，市业务主管部门通过集体研究等方式，充分考虑任务量、积极性和用款绩效等情况，采用因素法切块分配到市（区）或用款单位，由市（区）和用款单位分配到具体项目。

第九条　市级专项资金全面实行项目库管理。市业务主管部门、各市（区）按照“谁审批、谁组织申报”的原则，根据三年中期财政规划额度，做好项目储备，原则上提前一年组织项目研究谋划、评审论证、入库储备和排序择优，做好“项目等钱”。未纳入项目库的项目不得安排预算。建立政府投资项目库，基础建设投资项目应完成项目立项审批程序后再安排市级专项资金。

第十条　市业务主管部门在编制专项资金目录清单时，应设定项目总体绩效目标，未按要求设定总体绩效目标或总体绩效目标审核未通过的，原则上不得纳入项目库。在编制年度部门预算时要对应年度的预算计划编制专项资金“二级项目”的年度绩效目标，设置合适的绩效指标，确保可量化、可评估。市财政部门对有关业务主管部门报送的绩效目标进行审核，审核结果作为项目执行监控和事后绩效评价的依据。

第十一条　市业务主管部门可从市级专项资金中适当安排下一年度项目的前期论证、立项、入库评审等工作经费。工作经费计提额度或比例由各项市级专项资金管理办法具体规定，计提总量不得超过该“一级项目”金额的3%（其他文件有专门规定的按其规定执行）。

第十二条　市业务主管部门、财政部门在编报预算时，应对存在以下情形的市级专项资金进行调整、压减或撤销。包括：原设立的目标已完成，无需再安排的；审批政策依据等发生变化，不适合再安排的；支出结构不合理，使用分散的；审计、监督检查和绩效管理发现违法违规问题情节严重，或整改无效的；绩效评价结果为中、低、差的；群众满意度低的；预算执行进度缓慢或连年结转结余的。

第十三条　市业务主管部门因新增职责或阶段性重大工作任务，统筹当年预算及中期财政规划资金额度仍无法解决，确需新设市级专项资金“一级项目”的，由市业务主管部门会财政部门按以下程序报批：

（一）设立总金额在100万元（含100万元）以下的，由分管市领导审核后，报分管财政工作的市领导审批，并抄报市长。

（二）设立总金额在100万元到500万元（含500万元）的，由分管市领导同意后，报分管财政工作的市领导审核，报市长审定。

（三）设立总金额在500万元以上的，由分管市领导同意后，报分管财政工作的市领导审核，报市长审定，提交市政府常务会议审议。设立总金额3000万元（含）以上的，按照《中共江门市人民政府党组工作规则（试行）》提交市政府党组会议审议。

第十四条　市级专项资金设立后，资金使用用途、范围和规模原则上不得随意变更。因客观原因确需变更的，变更内容涉及今后主要任务、资金主要用途和范围，或下一年度调增金额超过该一级项目原资金额度20%的，由市业务主管部门按上述第十三条规定办理；20%（含20%）以下的，按预算编报程序办理。年度预算执行中的调整，按本办法第十九规定办理。

第十五条　市业务主管部门细化编制市级专项资金预算时，对保留市级审批项目的，要细化选取具体项目和明确绩效目标；对下放审批权限的，要将资金和绩效目标细化分配至市（区）或市直用款单位。市财政部门汇总纳入预算草案按规定报批，并办理资金提前下达和预算批复。

各业务主管部门要提前研究确定市级专项资金用途、方向（二级项目）和金额，报分管市领导审批后纳入部门预算申报，逐步实现细化到具体可执行项目。严格控制部门代编预算，同时，为应对难以预见的年中突发事件等支出，可适当安排预留机动资金，预留资金原则上不超过该一级项目资金总额的15%。

第三章　预算执行

第十六条　部门预算批复后30日内，由市业务主管部门制定预算执行承诺书（执行计划），报市财政部门备案，作为预算执行监督的依据。市业务主管部门每月对照分析预算执行，定期评估分管领域各级资金使用和项目实施情况。

第十七条　严格按照《预算法》规定时限要求办理资金分配、下达。各业务主管部门要提前做好组织具体项目申报、评审、分配、公示等前期工作，项目审批及调整方案按照“三重一大”要求由市业务主管部门党组会议、办公会议集体审议后，提出具体分配使用方案，按以下审批权限规定办理：

（一）年度预算已细化到具体项目的，或按因素法分配有关政策文件已明确具体分配标准和支出范围的，由市业务主管部门提出用款申请，市财政部门办理资金下达。

（二）年度预算或按规定程序已分配到使用用途和方向（二级项目），未细化具体项目的支出：

1. 列入市财政参与分配项目清单的项目，由市业务主管部门会同市财政部门报分管市领导和分管财政工作的市领导审批；

2. 未列入市财政参与分配清单且属于部门保留审批清单的项目，且该二级项目年度预算总额在100万元（含100万元）以下的，由业务主管部门审批；100万元以上的，由市业务主管部门报分管市领导审批。

（三）年度预算编制环节没有细化到使用用途和方向

（二级项目）的专项资金，由业务主管部门提出资金分配使用方案，会同市财政部门，按以下程序报批：

1.年度预算安排总额100万元（含100万元）以下的，报分管市领导审批；

2.年度预算安排总额100万元到500万元（含500万元）的，报分管市领导审批，并抄报分管财政工作的市领导；

3.年度预算安排总额500万元到1000万元（含1000万元）的，由分管市领导审核后，报分管财政工作的市领导审批，并抄报市长；

4.年度预算安排总额1000万元以上的，由分管市领导和分管财政工作的市领导审核后，报市长审批。

（四）对于实行“大专项＋任务清单”管理下放审批权限的市级专项资金，市（区）在收到资金和任务清单后30日内制定资金分配方案，及时拨付资金，并报市业务主管部门备案，由市业务主管部门汇总报市财政部门备案；其他市级专项资金按其专项资金管理办法规定办理。

第十八条　市级专项资金的分配使用应当遵循以下原则要求：

（一）一级项目分配到二级项目（用途或方向）的要求。

1.优先保障中央、省、市相关政策或考核任务目标资金需求，不得留下资金缺口；

2.优先解决已立项（开工）项目的资金缺口，不得留下“半拉子”项目；

3.优先保障基本民生项目需求，不得擅自提标扩围。

（二）二级项目分配到三级项目（具体项目）的要求。

1.积极推行“大专项＋任务清单”管理模式，根据工作任务分配资金，并同步制定具体任务清单；

2.优先采用因素法分配资金，其中属于民生领域的支出，应当主要采用人口、面积、里程、规模等客观因素法进行分配；财力性的补助资金应当制定分类分档补助标准进行分配；推动工作的引导性资金，根据工作开展的客观条件、难易程度、以往工作业绩和绩效等情况，可以分类设定保障性、激励性、工作性等因子和权重，采取综合因素法分配。各部门要定期评估分配因素的合理性，根据实际情况调整优化分配因子和权重，提高资金分配的科学性。

3.采取项目法分配的资金应当通过公开征集、专家评审、集体决策、公开公示等程序分配。面向竞争性领域的资金，要优先采取竞争性分配方式。

4.各专项资金的具体管理办法应说明资金分配的主要原则、具体程序和分配办法。

第十九条　市级专项资金严格按照经批准的预算执行，强化预算约束，年度预算执行过程中除自然灾害等突发事件外，原则上不追加支出。年中出台的新增财政支出的政策措施，原则上列入以后年度预算安排；严格控制预算调剂，确需调剂资金的，按以下审批权限规定办理：

（一）不同一级项目之间的调剂。根据上级或市委、市政府有关要求，因工作任务目标变化，需在不同一级项目资金调剂的，按以下审批权限审批：调剂金额在100万元（含100万元）以下的，由分管市领导审核后，报市政府分管财政工作的领导审批；调剂金额在100万元到500万元（含500万元）的，由分管市领导同意后，报市政府分管财政工作的领导审核，报市长审批；调剂金额在500万元以上的，由分管市领导同意后，报市政府分管财政工作的领导审核，报市长审批后提交市政府常务会议审议。

（二）一级项目内部具体使用用途和方向（二级项目）之间的调剂。由预算单位提出，经市财政部门审核，对符合一级项目的任务目标、绩效目标、使用范围的，按累计调剂金额：调剂金额在该一级项目支出总额10%以下（不含10%）的报市财政部门审核办理，抄报分管市领导；调剂金额达到10-20%以下（不含20%）的，报分管市领导审批；调剂金额达到20%及以上的，经分管市领导和市政府分管财政工作的领导审核后，报市长审批。

（三）其他调剂。在支出项目（二级项目）不变的情况下，对支出科目（含功能分类科目和经济分类科目）、采购目录、基本支出内部明细支出、项目内部明细支出（包括三级项目之间）等变更，由预算单位提出，经市财政部门审核，对符合该项目的任务目标、绩效目标、资金用途和使用范围的给予办理。

第二十条　采用“大专项＋任务清单”管理下放审批权限的市级专项资金，市业务主管部门应在资金下达（含提前下达）时同步下达任务清单（样表见附件7）。每个专项资金“一级项目”需单独制定任务清单，区分约束性任务和指导性任务。市业务主管部门原则上不得在下达任务清单、接受备案等过程中指定具体项目及金额。

允许市（区）和用款单位在完成约束性任务后，在一级项目范围内，将未支出资金在同一类级科目下统筹使用（对部分明确规定专项专用，结余结转滚存使用的资金除外），并在15日内将统筹情况报市业务主管部门备案，由市业务主管部门汇总报市财政部门备案。

第二十一条　市级专项资金下达后，项目实施单位应加快组织实施，按照规定的开支范围加快支出进度。市级专项资金除特殊情况外，连续结转两年且年度预算执行率均低于50%，或绩效评价结果不合格，或市纪委监委、财政、审计等部门发现市级专项资金在管理、使用上存在违法违纪违规问题，情节严重或整改无效的，应予调整或撤销。

项目实施完毕后，市业务主管部门和用款单位要按照“谁审批具体项目，谁验收考评”的原则，自主或委托第三方专业机构组织项目验收或考评，并及时将验收或考评结果报同级财政部门备案。

第二十二条　市业务主管部门在每年6月30日前部门代编预算未分配的项目，由市财政部门报市政府批准后收回。各市（区）和用款单位未按要求及时审批项目或因不具备实施条件无法在年底前实际支出的，由市财政部门收回统筹重新安排。

第二十三条 市业务主管部门、用款单位、各市（区）业务主管部门对项目验收考评、监督检查、内部审计、绩效管理等工作经费，可从本年度市级专项资金中安排的工作经费列支或按照政府购买服务方式开支。

市级专项资金安排工作经费使用要严格执行中央八项规定和厉行节约的相关要求，除中央、省和市有文件规定外，不得将工作经费用于行政事业单位编制内人员工资、津贴补贴、奖金和其他福利支出，楼堂馆所建设、修缮和其他无关支出。

第四章 预算监督

第二十四条 预算执行阶段，市业务主管部门要按照事前支持项目和事后支持项目的不同类型加强市级专项资金绩效目标监控，对监控中发现与既定绩效目标发生偏离的，及时责成项目单位采取措施予以纠正；情况严重的，调整、暂缓或者停止执行。

第二十五条 预算年度终了及预算执行完毕，由市（区）主管部门和用款单位开展市级专项资金使用情况自评。市业务主管部门负责对市级专项资金开展绩效评价，形成自评报告报市财政部门备案。市财政部门结合市业务主管部门绩效自评情况和当年工作重点，对市级财政专项资金开展绩效自评复审和重点绩效评价。强化绩效结果运用，将财政专项资金绩效评价结果报市政府、市人大；重点绩效评价结果作为下年度预算安排的重要参考依据，评价结果为优、良等次的项目，原则上优先保障，在下年度预算安排予以倾斜，评价结果为“低”、“差”的项目，督促项目主管部门整改，并由市财政部门视情况终止拨款或收回资金、减少以后资金安排，直至撤销项目。

第二十六条 市业务主管部门要加强对市级专项资金管理关键岗位和重点环节的廉政风险排查和防控，对专项资金预算执行、资金使用效益和财务管理进行跟踪监控。市财政、审计部门要按照《预算法》及相关规定进行监督检查。

第五章 信息公开

第二十七条 市业务主管部门是本部门分管市级专项资金信息公开公示的责任主体。项目实施单位要及时以适当方式公开资金使用情况。下放项目审批权限的市级专项资金，由市（区）业务主管部门、用款单位对管理过程产生的相关信息进行公开公示。

第二十八条 除涉及保密要求或重大敏感事项不予公开的市级专项资金信息外，市级专项资金的分配、执行和结果等全过程信息按照“谁制定、谁分配、谁使用、谁公开”的原则向社会公开。主要内容包括：

（一）市级专项资金目录清单。

（二）各项市级专项资金的具体管理办法。

（三）市级专项资金项目申报通知（申报指南），包括申报条件、扶持范围、扶持对象、审批部门、咨询电话等。

（四）项目计划情况，包括申报单位、申请金额、安排金额、绩效目标、项目立项储备等。

（五）资金分配方式、程序和结果，包括资金分配明细项目、金额和分配对象等；完成约束性任务后剩余资金统筹使用情况。

（六）市级专项资金使用情况。

（七）市级专项资金绩效评价、监督检查和审计结果，包括项目财务决算报告、项目验收考评情况、绩效自评报告和财政部门反馈的重点评价报告、财政财务监督检查报告、审计结果等。

（八）公开接受和处理投诉情况，包括投诉事项和投诉处理情况以及其他按规定应公开的内容。

第二十九条 市业务主管部门应在相关信息审批生效后20日内通过本部门门户网站、相关信息系统等载体向社会进行公开。市（区）业务主管部门、用款单位也要通过本部门或本级政府、上级主管部门门户网站及其他信息载体进行公开。

第六章 职责分工

第三十条 市财政部门负责牵头拟定总的市级专项资金管理办法；汇总编制市级专项资金预算，审核市业务主管部门市级专项资金目录清单、绩效目标、新增事项等；组织总预算执行，办理资金下达和拨付；对预算执行和绩效目标实现情况进行监控通报，组织开展重点绩效评价和抽查等；配合做好纳入“财政部门参与分配项目清单”的具体项目审批等事务。

第三十一条 市业务主管部门全面负责本部门预算编制和执行，对下达市直用款单位和市（区）的市级专项资金执行情况承担指导和监管责任。包括：制定本部门市级专项资金具体管理办法；负责部门项目库管理；申报市级专项资金预算、目录清单、绩效目标，制定明细分配方案；制定下达任务清单，对分管市级专项资金预算执行情况进行跟踪监管；负责分管市级专项资金绩效管理、信息公开；对纳入“部门保留审批项目清单”的市级专项资金，做好组织项目审批、验收和考评。

第三十二条 各市（区）承担市级下达市级专项资金的预算执行、绩效目标监控、任务清单实施的主体责任，负责根据上级下达任务清单和绩效目标组织项目实施和资金管理。包括：将市下达的市级专项资金纳入市县预算全流程规范管理，做好细化分配或转下达工作；承担上级下放审批权限的具体项目审批；负责提前储备项目和做好项目库管理；组织项目实施和监管，加强资金管理，做好信息公开、绩效自评、项目验收考评等工作；接受市级监督检查和绩效评价。

第三十三条　用款单位对项目实施和资金使用负责，严格执行市级专项资金预算，具体组织项目实施，加强财务管理，接受验收考评、监督检查和绩效评价。

第三十四条　市审计部门依法按照“谁主管、谁审批、谁使用、谁负责”原则，对市级专项资金的管理分配使用等实施审计监督，向市政府提出审计结果报告；按规定将审计发现的违法违规案件线索移交监察机关。

第七章　责任追究

第三十五条　对存在以下情形的，追究相关部门、市（区）、用款单位及责任人责任。

（一）对市级专项资金预算执行进度慢、效果差的市业务主管部门和市（区）政府主要领导、分管领导，由市财政部门提请市政府进行约谈。

（二）对负责市级专项资金管理的市业务主管部门领导、内设部门领导、经办人员，以及其他协管部门、中介机构有关人员和评审专家在市级专项资金评审、分配、审批过程中存在违法违规行为的，按照“谁审批、谁负责”的原则，视情节轻重追究责任。

（三）各业务主管部门对市级专项资金使用单位在申报、管理、使用过程中存在虚报、挤占、挪用等违法违规行为的，依法依规作出严肃处理，追回资金，将失信信息纳入社会信用体系实施联合奖惩，并向社会公开。情节严重的，原则上5年内停止其申报市级专项资金资格。

（四）各市（区）有关部门未按规定将资金拨付到用款单位的，按有关规定进行问责。

（五）涉嫌违法犯罪的，依法移送司法机关处理。

第八章　附则

第三十六条　市业务主管部门可结合实际需要细化制定各项市级专项资金的具体实施细则，报市财政部门备案。

第三十七条　市财政部门依托“数字政府”以及省、市财政管理一体化信息平台，建立市级专项资金全流程留痕机制，将市级专项资金分配使用纳入监控范围，并为市业务主管部门和各市（区）管理使用市级专项资金提供信息技术支撑。

第三十八条　其他市级专项资金有关管理规定与本办法不符的，按照本办法执行。

第三十九条　各市（区）政府可参照本办法制定财政专项资金管理办法。

第四十条　本办法自印发之日起实施，有效期3年。

附件：1. 市级财政专项资金预算编制执行流程图
2. 市级财政专项资金目录（样表）
3. 市级财政专项资金财政参与分配项目清单（样表）
4. 市级财政专项资金部门保留审批项目清单（样表）
5. 市级财政专项资金新增设立申报表
6. 可行性研究报告（编写提纲）
7. 市级财政专项资金任务清单（样表）

附件1　市级财政专项资金预算编制执行流程图

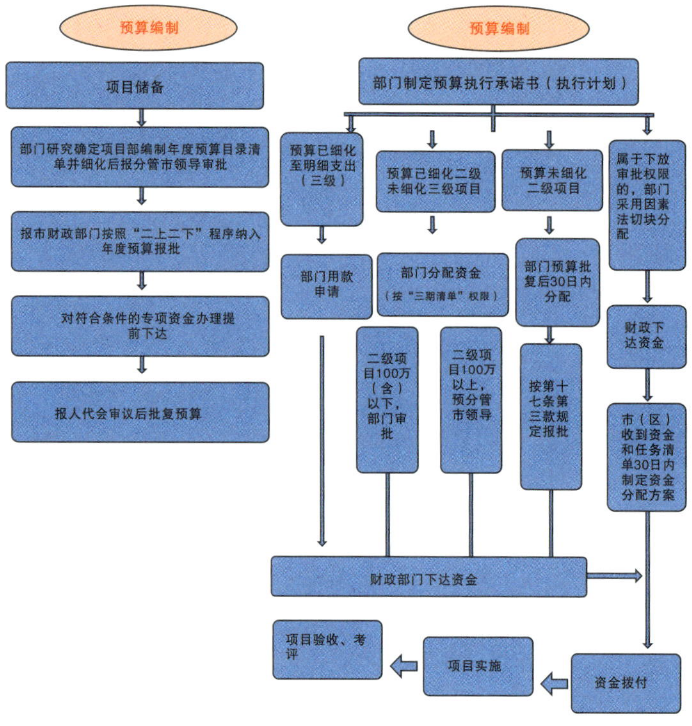

附件2　市级财政专项资金目录（样表）

战略领域	专项资金名称（一级项目）	主要用途	资金额度				实施期限
			合计	保留市级审批	下放用款单位	下放市县	

主管部门：　　　　所属年度：　　　　金额单位：万元

附件3　市级财政专项资金财政参与分配项目清单（样表）

主管部门：　　　　所属年度：　　　　金额单位：万元

战略领域	财政事权（一级项目）	政策任务（一级项目）	金额	主要用途	绩效目标

附件4　市级财政专项资金部门保留审批项目清单（样表）

主管部门：　　　　所属年度：　　　　金额单位：万元

战略领域	财政事权（一级项目）	政策任务（一级项目）	金额	主要用途	绩效目标

附件5　市级财政专项资金新增设立申报表

填报日期：　　　　　　　　　　　　（单位盖章）　　　　　　　　　　　单位：万元

申报单位		单位编码	
市级专项资金名称		设立年限	
申报责任人		联系电话	
设立依据		新增设立资金总额	
设立原因及背景			
年限内每年资金安排计划			
使用范围和方向			
分配办法和分配方式			
绩效目标			
部门审核意见			
市财政局审核意见			

附件6　可行性研究报告（编写提纲）

一、基本情况

（一）单位基本情况：申报单位名称、地址及邮编、联系电话、法人代表姓名、人员、资产规模、财务收支、上级单位及所隶属的主管部门名称等情况。

可行性研究报告编制单位的基本情况：单位名称、地址及邮编、联系电话、法人代表姓名、资质等级等。

参与管理市级专项资金的单位基本情况：单位名称、地址及邮编、联系电话、法人代表姓名等。

（二）市级专项资金申报负责人基本情况：姓名、性别、职务、职称、专业、联系电话、与专项资金相关的主要情况。

（三）市级专项资金基本情况：名称、性质、使用单位及范围、主要工作内容、预期总目标及阶段性目标情况；绩效目标；总投入情况（包括人、财、物等方面）。

二、必要性与可行性

（一）市级专项资金设立或变更背景情况。使用收益范围分析；需求分析；是否符合国家、省和市的政策，是否属于国家、省和市政策优先支持的领域和范围。

（二）市级专项资金设立或变更的必要性。设立或变更对促进事业发展或完成行政事业性工作任务的意义与作用。

（三）市级专项资金设立或变更的可行性。市级专项资金安排的主要工作思路与设想；市级专项资金预算的合理性及可靠性分析；市级专项资金绩效目标分析，包括绩效指标分析；与同类项目的对比分析；市级专项资金预期绩效目标的持久性分析。

（四）市级专项资金实施风险与不确定性。实施存在的主要风险与不确定分析；对风险的应对措施分析。

三、实施条件

（一）人员条件。市级专项资金协管部门及负责人的组织管理能力；主要使用单位及参加人员的姓名、性别、职务、职称、专业、对使用范围的熟识情况。

（二）资金条件。市级专项资金投入总额及投入计划；对财政预算资金的需求额；其他渠道资金的来源及其落实情况；

（三）基础条件。专项资金协管部门，使用单位及合作单位完成目标已经具备的基础条件（重点说明使用单位及合作单位具备的设施条件，需要增加的关键设施）。

（四）其他相关条件。

四、进度与计划安排

市级专项资金使用的阶段性目标情况，分阶段实施进度与计划安排情况。

五、主要结论

附件7　市级财政专项资金任务清单（样表）

序号	一级项目名称	二级项目名称	任务要求/目标	任务性质	实施方式	实施标准	工作量	完成时限	备注
1	与专项资金目录清单一致	与专项资金目录清单一致	反映可量化、可操作、可执行、可检验的任务和目标	约束性/指导性	反映组织实施方法方式	应对照执行的相关标准	反映完成任务和目标的产出	反映时限要求	其他
2									
3									
4									
5									
负面清单： 反映资金不得投入的领域、范围、对象和用途等。									

江门市知识产权局 江门市财政局关于专利扶持实施办法

第一章 总则

第一条 为深入贯彻党的十九大精神，倡导创新文化，强化知识产权创造、保护、运用，实施创新驱动发展战略，发挥财政资金在社会发展领域的引领作用，根据《广东省人民政府关于知识产权服务创新驱动发展的若干意见》《广东省人民政府关于印发广东省建设引领型知识产权强省试点省实施方案的通知》等规定，并结合我市实际，制定本办法。

第二条 本办法的专利扶持资金是指由市、县财政安排，用于促进我市专利事业发展的专项资金。

第三条 本办法中的扶持资金由市本级财政与项目所在市（区）财政按比例分担，其中：对蓬江区、江海区、新会区、鹤山市按3：7比例分担，对台山市、开平市、恩平市按1：1比例分担。

第二章 部门职责

第四条 市知识产权局负责市本级扶持资金的预算编制和执行，对下达市（区）的资金执行情况承担指导和监管责任；单独制定和发布扶持资金申报指南，负责项目评审、公示以及项目计划下达、验收等工作。市知识产权局按“谁使用、谁负责”的原则，负责扶持资金使用安全、绩效评价、信息公开等。

第五条 市财政局负责落实市本级承担的扶持资金，监督检查扶持资金的管理和使用情况，组织资金绩效评价等。

第六条 各市（区）知识产权主管部门负责项目的初审，组织项目实施和监管；加强资金管理，确保专款专用；开展专项资金跟踪监控、绩效评价、信息公开等工作。

第七条 各市（区）财政部门负责落实属地承担的扶持资金，监督检查扶持资金的管理和使用情况，组织资金绩效评价等。

第三章 扶持范围

第八条 本办法的扶持对象是在本市从事专利相关领域工作或生产经营活动，并在2019年1月1日至2020年12月31日期间获得本办法涉及的扶持事项的单位和个人，包括：

（一）在本市注册的企事业单位、社会团体；

（二）有关机关单位；

（三）自然人。

第九条 本办法的扶持范围：

（一）普惠性专利资助，包括：

1. 国内发明专利授权资助；

2. 港澳地区发明专利授权资助；

3. PCT专利申请、进入国家阶段授权资助；

4. 专利代理机构资助；

5. 专利保险资助；

6. 专利权质押融资贷款费用资助；

7. 专利维权资助。

（二）竞争性专利项目补助，包括：

1. 江门市知识产权示范企业；

2. 企业运营类专利导航项目；

3. 企业高质量专利培育项目。

（三）国家、广东省知识产权项目嘉奖，包括：

1. 国家、广东省知识产权示范、优势单位；

2. 中国专利奖、广东专利奖；

3. 广东杰出发明人奖；

4. 首次通过《企业知识产权管理规范》国家标准认证单位。

第四章 普惠性专利资助

第十条 国内发明专利授权资助

授权国内发明专利，每件资助0.3万元（获国家知识产权局费用减缴的每件资助500元）。通过专利代理机构代理申请的每件再资助其代理服务费的80%，每件资助额不超过0.4万元。对个人名义申请的专利同一年度资助数量不超过5件。全市各级资助总额不超过资助对象缴纳的官方规定费用和实际发生专利代理服务费总额。

第十一条 港澳地区发明专利授权资助

授权港澳地区发明专利，每件资助0.3万元。通过专利代理机构代理申请的每件再资助其代理服务费的80%，资助额不超过0.4万元。对个人名义申请的专利同一年度资助数量不超过5件。

第十二条 PCT专利申请、进入国家阶段授权资助

（一）以本市地址申请PCT专利，且在PCT申请国际检索单位书面意见（237表）或者专利性国际初步报告（409表）（中文版本）中显示该专利至少一项权利要求同时具备新颖性、创造性、实用性的，单位每件资助1万元，个人每件资助0.5万元。

（二）以本市地址申请的PCT专利进入国家阶段获得美国、日本和欧盟国家授权的，每件资助3万元；获得其他国家或者地区授权的，每件资助2万元；同一PCT专利申请最多获得境外2个国家或者地区的专利授权资助。

第十三条 专利代理机构资助

（一）资助对象需符合以下全部条件。

1. 在我市注册的专利代理机构或者在我市设立的专利代理分支机构，上一年度为我市企业提供专利托管服务。

2. 未申请发明专利的企业托管后应有发明专利申请，有发明专利申请的，托管后发明专利申请量增长30%以上。

3. 为每家托管企业的研发人员和知识产权管理人员免费开展一次以上知识产权培训。

4. 免费指导托管企业建立知识产权管理制度。

（二）资助标准。

每托管一家企业资助2500元，同一代理机构资助不超过20万元。

第十四条 专利保险资助

专利保险可按实际支出保费的50%给予资助，对同一单位每年的专利保险资助总额不超过2万元。具体资助的险种和条件需符合当年度申报指南（或申报通知）要求。

第十五条 专利权质押融资贷款费用资助

（一）资助对象需符合以下全部条件。

1. 在江门市内注册、纳税，拥有发明或实用新型专利的企业。

2. 实现专利权质押融资贷款时，产生了银行利息、贷款保证保险费用、评估费用的。

3. 在国家有关部门已办理专利权质押登记手续的。

4. 符合国家产业政策，有真实的生产经营需求和市场交易背景。

5. 财务状况良好，无不良信用记录。

6. 申报材料真实可靠。

（二）资助标准。

1. 银行贷款利息资助。根据企业申请，按照单笔贷款最高不超过实际支付利息的50%给予贴息资助。单笔贷款按照实际付息月数计付贴息。贴息期限从2019年1月1日至2020年12月31日止。

2. 评估费用资助。企业贷款成功后，按照最高不超过单笔实际贷款额度的0.5%给予一次性费用资助。

3. 贷款保证保险费用资助。按照最高不超过单笔实际贷款额度的1．2%给予一次性费用资助，资助金额不超过实际支付费用。

企业同一笔贷款利息已获得政府（包括国家、省、市）部门的财政资金补贴的，不再享受本条规定的补贴。同一企业年度内享受的专利权质押融资贷款费用资助最高不超过15万元。

第十六条 专利维权资助

本市单位或者个人获得国内专利授权后，在法院提起专利侵权诉讼，最终生效判决专利侵权成立的，每件给予5万元资助。侵权是否成立以法院最终生效的判决书为准。

第五章 竞争性专利项目补助

第十七条 通过竞争性方式，择优选择江门市知识产权示范企业给予一次性补助3万元。江门市知识产权示范企业应当符合以下条件：

（一）企业重视知识产权工作，已设立知识产权管理机构并配备了专职工作人员，每年均有较稳定的知识产权工作经费投入。

（二）企业已建立较为健全的知识产权管理制度和激励机制，并有效执行。

（三）企业拥有的有效发明专利和实用新型专利总数不少于10件，或者发明、实用新型和外观设计专利总数不少于30项（其中发明专利不少于2件）；积极开展电子申请，近两年无恶意非正常申请行为。

（四）企业上一年度专利产品销售额占总销售额收入的比重不低于30%（规模以上企业视情况可放宽到不低于10%）。

（五）企业知识产权保护意识较强，按照知识产权制度和规章来处理知识产权纠纷，近三年无制造和销售假冒产品、无行政和司法程序认定的侵犯知识产权行为。

第十八条 通过竞争性方式，择优选择企业运营类专利导航项目最高给予一次性补助20万元。企业运营类专利导航项目应当符合以下条件：

（一）申报单位应当为广东省知识产权保护重点企业、国家或广东省或江门市知识产权示范和优势企业、通过贯标认证企业、高新技术企业或规模以上企业。

（二）申报单位在我市重点培育发展行业中产业地位突出，已开拓海外市场或协同创新需求大。

（三）具备开展专利导航、专利预警分析、专利布局、专利质押融资等专利运营基础。

（四）单位有效发明专利拥有量不少于5件，申报当年度新增发明专利申请不少于5件。

（五）知识产权管理体系比较完善，有专职知识产权管理人员。

第十九条 通过竞争性方式，择优选择企业高质量专利培育项目最高给予一次性补助10万元。企业高质量专利培育项目应当符合以下条件：

（一）申报单位应当为广东省知识产权保护重点企业、国家或广东省或江门市知识产权示范和优势企业、通过贯标认证企业、高新技术企业或规模以上企业。

（二）申报单位创新能力强，具备开展专利检索分析、专利挖掘、专利布局、专利孵化等工作基础。

（三）单位有效发明专利拥有量不少于3件，申报当年度新增发明专利申请不少于5件。

（四）知识产权管理体系比较完善，有5名以上专职知识产权管理人员。

（五）以外观设计专利产品为主营业务的产业龙头企业可适当放宽标准，单位有效发明专利拥有量不少于1件，拥有的外观设计专利创新程度高、稳定性强，专利产品经济效益好、市场占有率高。

第六章 国家、广东省知识产权项目嘉奖

第二十条 国家、广东省知识产权示范、优势单位嘉奖

（一）获国家知识产权示范单位的，每家奖励20万元；

（二）获国家知识产权优势单位、广东省知识产权示范单位的，每家奖励10万元；

（三）获广东省知识产权优势单位的，每家奖励3万元。

第二十一条 中国专利奖、广东专利奖嘉奖

（一）获中国专利金奖或者中国专利外观设计金奖的，每项奖励20万元；

（二）获中国专利银奖或者中国外观设计银奖、广东专利金奖的，每项奖励15万元；

（三）获中国专利优秀奖或者中国外观设计优秀奖、广东专利银奖的，每项奖励10万元；

（四）获广东专利优秀奖的，每项奖励5万元；

（五）获广东杰出发明人奖的，每人奖励2万元。

第二十二条 首次通过《企业知识产权管理规范》国家标准认证的，且单位专利申请量、授权量或拥有量达到当年度申报指南（或申报通知）要求的，每个单位一次性补贴不超过5万元。

第七章 资金申报和审批

第二十三条 申报普惠性专利资助、竞争性专利项目和配套补贴所需的材料，以当年度在江门市市场监督管理局（知识产权局）网站上发布的申报指南（或申报通知）为准。

第二十四条 普惠性专利资助和配套补贴采用核准制，申请人据实申请，及时将申报资料提交所在市（区）知识产权主管部门，各市（区）知识产权主管部门初审后报市知识产权主管部门，市知识产权主管部门核准并拟定名单，并对外公示5个工作日，经公示无异议后，市县两级财政部门足额落实应承担资金，并按程序拨付。

第二十五条 竞争性专利项目采取评审制，每年竞争性专利项目奖补数量由当年项目申报指南进行公布。申请人据实申请，及时将申报资料提交所在市（区）知识产权主管部门，各市（区）知识产权主管部门初审后报市知识产权主管部门，市知识产权主管部门组织专家评审拟定项目资助计划，并对外公示5个工作日，经公示无异议后，市县两级财政部门足额落实应承担资金，并按程序拨付。

第八章 资金管理和监督

第二十六条 专利扶持资金必须专款专用，任何部门、单位、个人不得挤占、挪用及擅自改变资金用途。

第二十七条 财政部门可随机审查资金申报材料的真实性和准确性，有权要求资金申报主体提供相关补充说明材料。如有违反下列情况的，知识产权主管部门将停止拨款，收回以前拨付的资金，通报有关部门纳入征信记录；涉嫌造假者，移交司法机关依法处理：

（一）违反财经纪律。

（二）出具虚假材料、凭证骗取资金。

（三）项目实施主体与资金申报主体不符。

（四）假借江门企业名义骗取财政资金。

（五）其他与江门市专利扶持资金规定不符的不当行为。

第九章 附则

第二十八条 同一年度、同一单位或者个人当年内申报的专利扶持总额原则上不得超过100万元。

第二十九条 自2019年9月26日起施行，有效期至2021年12月31日止，原《江门市知识产权局 江门市财政局关于印发江门市本级财政知识产权经费管理办法的通知》（江知〔2013〕14号）废止。

江门市人民政府关于印发《江门市推动革命老区振兴发展实施意见》的通知

江府〔2019〕31号

各市（区）人民政府、市有关单位：

经市委同意，现将《江门市推动革命老区振兴发展实施意见》发给你们，请认真贯彻执行。执行过程中遇到的问题，请径向市发展改革局反映。

江门市人民政府

2019年9月25日

江门市推动革命老区振兴发展实施意见

为深入贯彻习近平总书记关于老区苏区工作重要指示精神，贯彻落实《中共广东省委广东省人民政府关于进一步推动我省革命老区和原中央苏区振兴发展的实施意见》（粤发［2019］11号），加快推进我市革命老区振兴发展，现提出以下意见。

一、总体要求

以习近平新时代中国特色社会主义思想为指导，全面贯彻党的十九大和十九届二中、三中全会精神，深入贯彻习近平总书记对广东重要讲话和重要指示批示精神，继续传承弘扬革命老区精神，按照省构建“一核一带一区”和市加快构建“三区并进”区域发展新格局的要求，加大扶持力度，完善政策支撑体系，补齐民生领域短板，提升发展内生动力，建立促进革命老区振兴发展的长效机制。到2020年，现行标准下全市革命老区农村相对贫困人口全部实现稳定脱贫，确保在全面建成小康社会进程中一个都不掉队；到2022年，全市革命老区基本公共服务水平进一步提升，经济社会发展取得更大实效，人民群众获得感、幸福感、安全感更加充实、更有保障、更可持续。

二、支持政策

根据全市革命老区村基础设施现状、人均可支配村集体收入水平等多方面条件对比，将全市423条革命老区村划分为一类老区村、二类老区村和三类老区村，分类实施予以支持。

（一）加大财政保障力度。严格落实省委、省政府《关于进一步推动我省革命老区和原中央苏区振兴发展的意见》，确保财政投入与革命老区振兴目标任务相适宜。围绕乡村振兴战略，统筹安排加大对革命老区的人居环境改善、产业扶持、配套服务体系等方面的财政支持力度。优先支持老区村（不含社区）生态宜居美丽乡村建设。统筹省市县三级生态宜居美丽乡村建设资金，优化结构向老区村倾斜，按2018—2027年10年每个老区村平均投入1200万元标准，加大支持老区村（不含社区）生态宜居美丽乡村建设。加强生态补偿，从市级按规定提取的农村建设用地拆旧复垦指标市统筹资金中，安排不少于50%用于一类、二类老区村的道路、饮水、公共服务设施、革命遗址保护利用等基础设施项目建设。从2020年起，对我市一类老区村的六大类底线民生保障项目，根据省、市确定的底线民生项目的资金保障标准，新增支出部分（剔除中央、省补助后）市级给予50%的补助。统筹原有资金和进一步加大投入，增加市级扶持革命老区振兴发展资金，从2020年起，市级每年安排500万元，支持老区村重点项目建设和发展提升。［市财政局牵头，市委宣传部、市发展改革局、市人力资源社会保障局、市交通运输局、市卫生健康局、各相关市（区）政府配合］

（二）推动基础设施提档升级。以解决革命老区群众反映最普遍、最迫切的道路、饮水、公共服务设施等问题为重点，按照“缺什么补什么”的原则，分阶段分步骤重点推进革命老区生态文明建设、“四好农村路”村道建设、巷道硬化、安全饮水、垃圾污水处理等基础设施建设，逐步全域向革命老区村延伸覆盖和提档升级，补齐基础设施建设短板。按省要求落实“四好农村路”建设的市级补助资金，财政部门统筹发行地方政府债券用于革命老区沙土路硬底化等农村交通基础设施建设；市（区）人民政府要落实基础设施建设的主体责任，并分年度安排财政预算投入。加快推动农村公路提档升级，优先解决革命老区200人以上自然村的村道硬底化问题，持续推进革命老区农村公路建设。继续推进城乡客运一体化建设，加快开平马冈、鹤山双合的“四合一”农村客运站场建设进度，进一步优化台山广海、恩平沙湖的“四合一”农村客运站场示范点运营效果，提升客运服务水平。着力改善未通自来水的革命老区村饮水安全问题，加快供水设施改造，强化水质净化处理工艺，推进村村通自来水工程建设；2020年年底前，基本实现全市革命老区村集中供水全覆盖，建立农村饮用水源安全保障管理制度和水质监测体系。加快推动电力、电信、商贸、邮政、供销等基础设施网络建设，到2022年，基本完成革命老区农村电网改造升级及通广播电视、物流快递、光纤信息网络全覆盖。［市发展改革局、市交通运输局牵头，市工业和信息化局、市财政局、市自然资源局、市生态环境局、市住房和城乡建设局、市水利局、市农业村村局、市商务局、市邮政管理局、各相关市（区）政府配合］

（三）加快推进公共服务均等化。支持革命老区加快推进在公共教育、公共卫生、公共文化、公共交通、生活保障、就业保障、医疗保障等基本公共服务均等化，结合“数字政府”建设工程，推动基本公共服务向革命老区下沉，补齐公共服务领域短板。推进革命老区基层综合公共服务资源有效整合和设施共建共享。健全党群服务中心和村级公共服务管理平台，发挥社工组织的补充作用，积极构建和完善集行政服务、农村信息直通车服务、金融保险、农机推广、农村电商、供销、乡村旅游以及培训就业、医疗、卫生、教育、文化、工伤、失业、社保等服务于一体的行政村“30分钟农村基层服务圈”。统筹推进革命老区城乡义务教育一体化改革发展，促进义务教育优质均衡标准化发展，优化学前教育资源配置，增加普惠性学前教育资源供给。推进医联体和健康村镇建设，加强乡镇卫生院标准化和革命老区村农村卫生站规范化建设，建立完善分级诊疗制度，进一步完善基层医疗卫生服务体系。加快推进革命老区社会服务体系建设，加大市、县两级福利彩票公益金的支持力度。以广播电视服务网络、公共图书馆和文化站（馆）、体育场（馆）等为重点，提升革命老区文化体育公共服务水平。［市财政局牵头，市委组织部、市发展改革局、市教育局、市民政局、市人力资源社会保障局、市文化广电旅游体育局、市卫生健康局、市医保局、市政务服务数据管理局、各相关市（区）政府配合］

（四）加强对革命遗址保护、开发和利用。加强革命老区红色历史和革命文化研究，深化红色资源和文化价值利用。全面推进“红色村”建设、加大“红色遗址”保护利用、深挖整理“红色史料”等工程，大力挖掘红色资源，传承红色基因，擦亮一批具有侨乡特色的“红色文化名片”。加大对革命老区红色革命遗址的保护利用力度，突出重点推进《江门市红色革命遗址保护利用行动实施方案》。建立革命遗址分类定级制度，从历史价值、保存状况、环境条件、权属现状等方面，对全市现存革命遗址进行综合评估、分类定级，制定修缮、改造方案，分期分步实施。按照“保护为主、科学规划、合理利用、先急后缓、重点优先”的原则，制定红色文化资源保护开发利用的中长期发展规划，对革命遗址所在区域内的开发布局、文化旅游、交通建设等进行统一规划，为红色文化资源的可持续发展理顺体制机制，推动红色资源保护、开发和衍生产业发展。依托开平周文雍陈铁军烈士陵园，台山林基路烈士系列纪念设施，鹤山址山云清楼和张怀楼，恩平镬盖山六壮士纪念公园等革命遗址，加快红色旅游开发建设，推进红色旅游持续健康发展。以江门五邑华侨华人博物馆、开平司徒美堂故居、南楼纪念公园、台山飞虎队纪念亭等为重点，大力培育一批颇具五邑侨乡特色的“华侨华人爱国情怀”旅游线路和主题产品，打造文化旅游重要目的地。［市委宣传部牵头，市委组织部、市委党史研究

室、市财政局、市自然资源局、市住房和城乡建设局、市文化广电旅游体育局、各相关市（区）政府配合]

（五）增强老区发展的内生动力。积极引导革命老区紧紧抓住粤港澳大湾区建设的重大历史机遇，推进振兴发展。统筹使用省级以下高标准农田建设、农业综合开发、现代农业生产发展等相关项目资金，加快资金使用和项目落地。支持高标准创建市级以上现代农业产业园，强化园区企业与普通农户的利益联结机制，扶持和带动区域特色产业和小农户发展。围绕丝苗米、茶叶、畜禽、鳗鱼、南美白对虾、饲料、新会陈皮等特色优势产业，开展“十百千万”产业振兴行动，鼓励有条件的镇村发展电子商务、休闲旅游等新产业新业态，推进“一村一品、一镇一业”，积极创建一批主导产业突出、区域特色优势明显、市场前景较好、农民增收效果显著的专业老区村和专业老区镇。着力发展优质高效绿色生态农业，推进农产品加工业、田园综合体、农村旅游休闲等特色产业项目建设，拓展产业多种功能，发展休闲农业、乡村旅游和森林旅游休闲康养，构筑农业、林业与旅游、文化等三产融合发展平台，鼓励低收入人口以闲置资源入股的方式发展乡村旅游等新产业，带动参与生产和经营，拓宽低收入革命老区人民增收渠道。［市农业农村局牵头，市工业和信息化局、市财政局、市科技局、市水利局、市商务局、各相关市（区）政府配合］

（六）支持乡村振兴和脱贫攻坚。加大力度支持革命老区实施乡村振兴战略，切实抓好革命老区村的公共服务设施配套建设和以垃圾处理、污水治理为重点的村庄环境整治，改善相对落后革命老区村的生活条件。加大力度解决革命老区村的高标准基本农田建设，加快推进小型农田水利重点县、灌区节水改造工程、山塘水库除险加固工程等，着力改善老区村的农田水利设施。进一步巩固好脱贫成果，加大扶持革命老区村集体经济发展，加强医疗、教育、农村危房改造等“输血”政策落实，聚焦产业、就业、创业等“造血”关键措施，建设一批“造血”扶贫项目，实现贫困户长效增收、稳定脱贫和共同富裕，确保2020年实现高质量脱贫目标。切实做好老区革命烈属、伤残军人、老复员军人和“五老”人员的抚恤补助工作，并依照国家有关规定，适当提高补助标准。对符合就业困难人员条件的革命老区优抚对象家庭成员优先安排公益性岗位，机关、企事业单位招聘辅助人员向优抚对象的家庭成员倾斜。对符合城乡居民基本养老保险代缴费条件的革命老区贫困人员，由当地政府按规定全额代缴城乡居民基本养老保险保费。［市农业农村局牵头，市委编办、市工业和信息化局、市民政局、市财政局、市人力资源社会保障局、市自然资源局、市退役军人事务局、各相关市（区）政府配合］

（七）完善老区发展用地保障机制。用活用好城乡建设用地增减挂钩政策，全面推进革命老区农村建设用地拆旧复垦，到2027年完成革命老区农村旧住宅、废弃宅基地、空心村等闲置建设用地的拆旧复垦。优先保障重点革命老区的用地需求，争取省根据各地区存量建设用地盘活情况、重大产业项目供地情况、土地利用年度计划执行情况等给予适当计划指标奖励，优先安排建设项目使用林地定额，加快办理建设项目使用林地审核审批手续。积极向省争取农村新产业新业态和农民住房专项用地指标，专项用于农产品精深加工、休闲农业、乡村旅游、农村家庭手工业、体验农业和创意农业以及农村住房发展。［市自然资源局牵头，市财政局、市农业农村局、各相关市（区）政府配合］

（八）进一步加强老区基层组织建设。强化革命老区干部队伍建设，建立健全老区农村“两委”干部任职资格由县级15部门联审机制，坚决把不符合条件的人选挡在门外。“多源头”储备革命老区村党组织书记后备人才，开展“本土人才培养计划”和“党员人才回乡计划”，拓宽渠道、创新方式，注重在外出务工经商人员、农村创业致富带头人、村（社区）书记（主任）助理、复退军人等群体中动员培养优秀党员担任村党组织书记。提升革命老区农村基层党组织政治领导力，推动农村各类基层组织向村党组织报告制度在革命老区落实落地，以“四个工作清单”为抓手加大软弱涣散老区村（社区）党组织的整顿工作力度，夯实党组织在农村工作中的领导核心。结合“百名第一书记”驻村工程，由驻村第一书记帮助一批软弱涣散、集体经济薄弱等革命老区村搞好党建、抓好发展，推动农村基层组织建设全面进步、全面过硬。结合亿元保障计划的深入实施，对红色村党建示范工程加大资金和政策支持力度，大力打造兼具红色文化展示和党建示范引领于一体的革命老区村示范点。充分发挥侨乡优势，引导港澳同胞、台湾同胞、华侨及海外人士等广大社会成员，通过爱心捐款、志愿服务、结对帮扶等形式参与革命老区建设。［市委组织部牵头，市委统战部、市委外办、市委台港澳办、市人力资源社会保障局、市农业农村局、市退役军人事务局、各相关市（区）政府配合］

三、保障措施

各市（区）各部门要进一步提高政治站位，切实担负起革命老区振兴发展的历史责任，建立党委领导、政府负责、部门协同、社会参与的工作机制，整合各级财力和各类资源，推动革命老区加快振兴发展。市相关部门要结合各自职能，制定重点领域专项规划或工作方案并推进实施，要在重大项目、重大合作事项方面加强对革命老区的指导；实施过程中的重要工作及时向省对口部门汇报，争取指导支持。蓬江、新会、台山、开平、鹤山、恩平是推进老区振兴的责任主体，要加强组织领导，细化目标任务，制订具体措施，全面推进落实，确保完成目标任务。

革命老区的广大干部群众要继续发扬自力更生、艰苦奋斗的优良传统，不等不靠，齐心协力，不断开创我市革命老区振兴发展的新局面。

附件
江门市革命老区振兴发展政策支持范围
一类老区村（60个）
新会区（3个）
大泽镇：五和村
双水镇：上凌村
司前镇：田边村
台山市（13个）
北陡镇：沙湾塘村、沙头冲村、石蕉村、寨门村、小洞村
赤溪镇：磅礴村
冲蒌镇：官窦村
端芬镇：隆文村、墩寨村
深井镇：江东村、大洞村、龙岗村、那南村
开平市（26个）
赤水镇：三合村、高山村、东山村、林屋村、长塘村、步栏村、松南村、高龙村、和安村、瓦片坑村
大沙镇：大塘村、白沙村、岗坪村、新星村、夹水村、西湾村、联山村
金鸡镇：游东村、五联村、金鸡村、红光村、向北村、石迳村
蚬冈镇：群星村
月山镇：水四村、水三村
鹤山市（1个）
龙口镇：协华村
恩平市（17个）
横陂镇：湾海村、塘莲村
君堂镇：新塘村、琅哥村
良西镇：龙山村、那湾村、鹤坪村、松柏根村、龙安塘村
那吉镇：潭角村、大莲村、黄角村、那北村、那西村、七星塘村、沙河村
沙湖镇：横陂村

二类老区村（212个）
蓬江区（1个）
荷塘镇：三丫村
新会区（9个）
大泽镇：田金村、同和村、张村村
三江镇：联和村、新江村
沙堆镇：梅阁村
双水镇：仓前村
崖门镇：田边村梁黄屋村
台山市（77个）
白沙镇：西村村
北陡镇：平山荫村、那琴村、大步头村、沙咀村、陡门社区、下洞村
赤溪镇：冲金村
冲蒌镇：前锋村
川岛镇：水平村、沙堤村、芙湾村、独湾村、川西村、川东村、马山村、联南村、飞东村、大洲村、塔边村、三洲社区
都斛镇：都阳村
台城街道：合新社区
斗山镇：唐美村、横江村、浮石村、秀墩村、安南村
端芬镇：海阳村、莲湖村、寻皇村
广海镇：城北村、中兴村、广海城社区
海晏镇：升平村、三兴村、东联村、那陵村、永和村、澳村、石美村、肖美村、海通村、丹堂村、廓峰村、沙栏村、河东村、和阁村、联南村、仑定村、春场村、新河村、洞安村、五丰村、联和村
三合镇：联安村
水步镇：密冲村、乔庆村
深井镇：獭山村、井西村、那中村、河西村、小江村、河东村、联和村、那北村、井东村、沙潮村、那扶圩社区
汶村镇：汶　村、白沙村、小担村、五乡村、高朗村、上头村、大担村、渔业村
开平市（19个）
百合镇：厚山村
苍城镇：联兴村、大罗村、联和村
赤坎镇：灵源村、永坚村
大沙镇：黎雄村、星山村、沃富村、蕉园村
金鸡镇：锦湖村、联庆村、高镇村
龙胜镇：和兴村
马冈镇：荣塘村
塘口镇：以敬村、仲和村
月山镇：水二村
长沙街道：三江社区
鹤山市（43个）
古劳镇：茶山村、新星村、古劳村、上升村、丽水村
鹤城镇：先锋村、禾谷村、鹤城村、南洞村、小官田村、坪山村、东坑村、坑尾村、南中村
龙口镇：五福村、尧溪村、沙云村、青文村、那白村、三洞村、福迳村

双合镇：双桥都村、合成村、先庆村
宅梧镇：白水带村、荷村、村漱云村、上沙村、靖村村、下沙村、双龙村、选田村、泗云村、堂马村
址山镇：昆联村、新莲村、禾南村、昆阳村、昆华村、云新村、四九村、云东村、云中村
恩平市（63个）
大槐镇：大朗村、锦新村、塘冲村、沙栏村、大槐村、石坳村、河湾村、良洞村
大田镇：上南村、白石村、华南村、东南村、朗西村
东成镇：下湖村、鹿颈村、石桥头村、牛皮塘村、四联村、石岗村
恩城街道：石泉村、禄平村、新楼村
横陂镇：岐联村、白庙村、虾山村、白银村、横平村、甘围村、南华村、横西村、新潮村、横盘村
君堂镇：平安村、石潭村、杨屋村、西园村、潢步头村、沙冈村、新君村、清湖村
良西镇：福坪村、雁鹅村
牛江镇：莲华村、马龙塘村、岭南村、龙湾村、仕洞村
沙湖镇：伍边村、咀厚村、关村村、东岸村、下凯村、那梨村、南塘村、扁冲村、成平村、高园村、水楼村
圣堂镇：三联村、长安村、区村村、三山村、水塘村

三类老区村名单（151个）
蓬江区（8个）
荷塘镇：篁湾村、塔岗村、禾冈村、良村村、南村村
杜阮镇：松岭村、中和村
棠下镇：三堡村
新会区（15个）
司前镇：白庙村、石乔村
崖门镇：龙旺村
大泽镇：潮透村、沙冲村
会城街道：潭冲村
大鳌镇：新地村、十围村、百顷村、新一村、南沙村、深滘村、新联三村、十六顷村、大鳌社区
台山市（49个）
端芬镇：三洞村
广海镇：团村
冲蒌镇：朝中村、竹洛村
海宴镇：望头村
三合镇：东联村
深井镇：康华村、蓝田村
汶村镇：沙奇村、九岗村、横山村、凤村
斗山镇：田稠村、莲洲村、福场村、西栅村、六福村、西乔村、曹厚村
川岛镇：高笋村、茅湾村、家槟村、山咀村、甫草村、略尾社区
都斛镇：银塘村、龙和村、南村、西墩村、沙岗村、大纲村、丰江村、坦塘村、莘村、白石村、金星村、古逻村、东坑村、竞丰村、下莘村、园美村
台城街道：大亨村、南坑村、石花村、长岭村、岭背村、白水村、罗洞村、泡步村
开平市（18个）
苍城镇：新村村
赤坎镇：塘美村、五龙村
马冈镇：大厂村
沙塘镇：丽新村
龙胜镇：棠安村、黄村村、齐洞村
水口镇：金山村
月山镇：水一村、金村村、天湖村
三埠街道：仁亲村、思始村、南山村、燕山村、三围村、迳头社区
鹤山市（24个）
桃源镇：甘棠村
古劳镇：麦水村
址山镇：昆中村、东溪村
龙口镇：粉洞村、四堡村
雅瑶镇：陈山村、昆东村、南靖村
鹤城镇：新联村、城西村、万和村、南星村、五星村
共和镇：平汉村、新连村、大凹村、民族村、来苏村、铁岗村、良庚村、南坑村泮、坑村、里元村
恩平市（37个）
君堂镇：君圩村
圣堂镇：歇马村、进职村
大田镇：朗北村、黄沙村、炉塘村、朗底圩村、岑洞村
东成镇：石路村、东新村、上湖村、横岗头村
横陂镇：横东村、大亨村、蓝田村、围边村
牛江镇：昌梅村、鹏昌村、梨园村、莲塘村、黄泥坦村
沙湖镇：乌石村、上凯村、圣园村、南平村、和平村
恩城街道：西安村、联合村、米仓村、塘劳村、石青村、平富岗村、

江门市人民政府办公室关于印发《江门市促进5G产业发展行动方案（2019-2022）》的通知

江府办〔2019〕24号

各市（区）人民政府，市政府各部门、各直属机构，中直、省直驻江门有关单位：

《江门市促进5G产业发展行动方案（2019-2022）》业经十五届72次市政府常务会议审议通过，现印发给你们，请认真贯彻执行。执行过程中遇到的问题，请径向市工业和信息化局反映。

江门市人民政府办公室

2019年9月26日

江门市促进5G产业发展行动方案（2019-2022）

为进一步贯彻落实《广东省加快5G产业发展行动计划（2019-2022年）》，抢抓粤港澳大湾区发展机遇，加快构建现代产业体系，推动经济高质量发展，促进5G网络、技术、产品与应用融合，充分发挥5G对经济社会发展的带动和促进作用，培育新动能，结合我市实际，制定本方案。

一、工作目标

到2020年底，江门市主城区（即蓬江区、江海区及新会区会城街道，下同）基本实现5G网络连续覆盖，全市5G基站累计达2404座；打造2-3个5G应用示范场景；引进一批5G产业领域项目。

到2022年底，全市基本建成5G宽带城市，主城区及各市城区、产业园实现5G网络连续覆盖，全市5G基站累计达8891座；累计打造5G应用示范场景10个以上。5G全生态产业聚集发展，打造一批示范带动作用较强、特色鲜明、可复制可推广的行业应用标杆企业，推动5G融合发展。培育一批发展潜力大、竞争力强的中小企业，自主创新能力明显提高，推动我市新一代信息技术、新材料等新兴产业发展迈上新台阶。

二、重点任务

（一）加快推进5G网络建设。

1.加强基站规划引领。中国铁塔江门分公司（以下简称江门铁塔公司）会同各电信运营商统筹提出5G基站建设需求。2019年底前市工业和信息化局会同市自然资源局编制江门5G基站建设专项规划，并于2020年6月底前纳入市国土空间规划、市综合交通一体化规划及控制性详细规划，将5G基站站址、机房及管线、电力等配套设施纳入市政基础设施专项规划，将交通干线与重要交通枢纽场所基站纳入建设规划。各市（区）和有关部门在制定国土用地、城乡住房建设、交通设施等规划时，要同步落实5G网络站址、机房、电源、管道、电力和天面等配建空间，并明确规划、建设与管理要求。市工业和信息化局、市自然资源局、市住房城乡建设局、市交通运输局、市城市管理综合执法局要研究强化规划衔接、加快智慧杆建设、加强5G基站与通信管道用地保障等落实措施。［市工业和信息化局、市自然资源局、市发展改革局、市住房城乡建设局、市交通运输局、市城市管理综合执法局、江门供电局、江门电信公司、江门移动公司、江门联通公司、江门广电公司、江门铁塔公司、各市（区）政府负责。排第一的为牵头单位，下同］

2.加快开放公共资源。市级机关事业单位、学校、医院、国有企业等作表率，除法律法规明确规定不得开放的情形外，公共建筑应当免费开放。积极推动各有关单位免费开放政府机关、事业单位、国有企业等所属公共设施资源以及城市道路、绿化带、公共绿地、公园广场、公交站台、校园、港口、客运站场等场所和设施，支持5G及通信网配套设施建设。市国资委协调国有企业、市教育局协调学校、市卫生健康局协调医院、市交通运输局协调交通运营企业开放公共资源支持基站建设，市政务服务数据管理局开放公共数据资源支持5G应用。每年1月初向电信运营企业、铁塔公司公布公共建筑、绿化用地、物业资源开放清单。支持利用住宅建筑、公共建筑、商业建筑等的附属设施开展5G通信网建设，确保5G网络深度覆盖。［市工业和信息化局、市教育局、市公安局、市自然资源局、市住房城乡建设局、市交通运输局、市卫生健康局、市国资委、市城市管理综合执法局、市政务服务数据管理局、江门供电局、江门铁塔公司、各市（区）政府负责］

3.积极推进5G智慧杆塔建设。各级政府要整合利用路灯杆、信号杆、监控杆、电力杆（塔）等社会杆（塔）资源，加快统筹规划建设智慧杆及配套资源和“一杆多用”改造。2019年9月底前市工业和信息化局牵头编制出台江门市一杆多用“智慧杆”试点实施方案。分年度编制市政道路杆塔信息目录和智慧杆需求汇总表，2019年底前在蓬江区、新会区打造“智慧杆”示范路2-3条。2020年1月起，全市新建道路要统一规划和建设智慧杆，现有道路各类存量杆塔实施分批改造为智慧杆。各级政府要加强对智慧杆建设所需必要资金的保障力度，支持中国铁塔江门分公司以划片区方式推进智慧杆建设与运营。［市工业和信息化局、市自然资源局、市公安局、市住房城乡建设局、市交通运输局、市城市管理和综合执法局、江门铁塔公司、各市（区）政府负责］

4.稳步推进5G网络建设。加强资源调配，优先在市区、重点产业园区、重点产业集聚区部署5G网络建设，支撑5G应用建设，总体上按市主城区—各市城区—城镇区域—农村重点区域的次序推进我市5G网络建设。加强公共服务机构、重点产业园区、重点产业集聚区、交通枢纽、重点商业圈，大专院校、医院、旅游景区等重点区域的5G网络部署，构建连续覆盖的5G网络，强化网络与应用的协调发展。［各市（区）政府、市工业和信息化局、江门电信公司、江门移动公司、江门联通公司、江门广电公司、江门铁塔公司负责］

5.简化审批流程降低运维成本。市工业和信息化局牵头会同发展改革、自然资源、生态环境、住房城乡建设、交通运输、城市管理综合执法、公路等部门进一步简化基于5G网络设施建设的审批流程，规范标准，缩短周期，提高审批效率，为通信网络建设提供便利。对5G基站环评实行报备制；5G基站占地不超过5平方米的按照公共设施占地处理。建立基站用电报装绿色通道，提高通信设施用电报装效率。公变区域基站全部采用直供电供电；专变红线内，新建建筑要预留线路及计量装置位置并按“一户一表”向基站设备供电，具备条件的存量转供电基站三年内分批改造为直供电。禁止任何单位或个人在基站运行维护过程中违规收取额外费用。（市工业和信息化局、市自然资源局、市生态环境局、市住房城乡建设局、市交通运输局、市市场监管局、市城市管理综合执法局、市公路局、江门供电局按职责分工负责）

（二）优化5G产业生态。

6.建设5G产业技术创新服务平台。支持工业园区或5G信息技术企业联合研究机构、行业龙头企业、高等院校共同建设5G创新中心和5G实验室，加强前沿、关键、共性技术研发和应用。积极推动市内高等院校、重点职业院校开设5G技术课程。支持建设面向5G的公共服务平台，鼓励支持政府、高校院所、企业等共同参与，建设5G产品认证、应用测试、网络监测、产业分析、基站运维、解决方案等面向企业的公共服务平台。（市科技局、市教育局、市工业和信息化局、市市场监管局、五邑大学、江门职业技术学院负责）

7.打造5G产业发展载体。充分发挥江门作为全国首批小微企业创业创新基地城市的示范带动作用，支持各类园区、小微双创基地、众创空间发展专业化、精细化的5G众创空间、创新型孵化器、加速器等各类孵化培育载体。支持5G骨干企业在江门设立区域总部、研发机构、孵化基地，推动5G骨干企业与制造企业对接，举办5G产业发展大会、5G创新大赛等活动。支持打造5G示范园区，结合我市产业空间布局，依托江门高新技术开发区等基础条件好的工业园区，择优建设5G研发基地、生产基地和应用基地，优先保障基地内园区规划和年度用地指标，以及交通、能源、通信、标准厂房、人才公寓等基础配套，促进形成特色鲜明、功能完善、企业聚集的5G产业集聚区。鼓励电信运营商联合工业园区开展“5G＋工业互联网”示范园区建设，到2022年底前，建成1个5G产业园。［市工业和信息化局、市科技局、市自然资源局、各市（区）政府负责］

8.支持5G及产业链企业科技创新。鼓励5G及产业链企业建设工程研究中心、企业技术中心等国家级和省、市级研发平台，并优先支持申报扶持奖励。鼓励江门云科智能、地尔汉宇、利和兴等企业攻关“卡脖子”技术，依托5G加速AI在各个领域的应用。鼓励产业链企业实施基于5G项目技术改造，对符合申报条件的技改项目，优先支持项目入库，基于5G项目技术改造的设备纳入扶持范围，给予实际完成投资额一定比例的资金扶持。［市科技局、市工业和信息化局、市财政局、各市（区）政府负责］

9.培育壮大5G产业。依托我市电子信息及新材料产业具备的良好基础，做大做强与5G基础材料领域相关的企业，重点培育5G器件、5G网络与基站设备、5G天线以及智能终端制造等产业。制订涵盖元器件、集成电路、天线、通信设备、智能终端等5G全产业链骨干企业目录，分类培育一批5G新型智能硬件、5G小型化基站设备、5G高频元器件等细分领域骨干企业。加快发展物联网、大数据、云计算、信息安全等新兴信息服务的核心产业和关联产业，大力发展超高清视频（4K/8K）等产业，支持海信电子、唯是等企业研发生产融合5G技术的超高清视频产品。鼓励中小企业创业投资机构、双创基地及众创空间运营机构在5G技术与工业、农业、文旅、金融、教育、物流、商贸等领域跨界融合创新应用，孵化和培育一批5G应用型企业，形成信息消费新的增长点。［市工业和信息化局、市科技局、市商务局、各市（区）政府负责］

10.积极开展产业链招商。加大5G产业招商引资力度，积极引进国际国内5G骨干企业。瞄准国内外5G领军企业，重点围绕《广东省发展改革委关于进一步明确我省优先产业发展的通知》中优先发展的与5G相关产业，开展上门招商、精准招商、委托招商。加大招商宣传力度，做好江门市投资环境的宣传推介。对特别重大的招商引资项目，采取“一事一议”的方式给予支持。将投资1亿元以上的5G产业重大制造业项目纳入全市重点制造业项目库，加强跟踪服务。［市商务局、市发展改革局、市工业和信息化局、市财政局、各市（区）政府负责］

（三）加快5G应用试点示范。

11.5G＋智能制造。依托江门高新技术产业开发区、开平翠山湖科技产业园等产业聚集区，在高端装备制造、新一代信息技术、新能源汽车、大健康、新材料五大新兴产业等优势领域建设基于5G网络的工业互联网，开展机器视觉、工业控制、工业AR/VR等应用，打造5G智慧工厂。支持江门云科智能、地尔汉宇、广东南大机器人等企业率先使用5G技术，打造可复制、可推广的“5G＋人工智能”示范项目1至2个。［市工业和信息化局、各市（区）政府负责］

12.5G＋智慧农业。以广东江门国家农业科技园区、广东省江门市新会区现代农业产业园、恩平市丝苗米产业园、江门水产产业园、开平市家禽产业园、台山市鳗鱼产业园等产业园为切入点，构建基于5G网络的智慧农业互联网，大力推动“江门5G智慧农业科创园”建设，推动以种植、畜牧、水产养殖和农机等领域的智慧农业示范应用。［市农业农村局、市工业和信息化局、各市（区）政府负责］

13.5G＋4K/8K超高清视频。支持开平电视台县级融媒体建设试点、广东广电新会分公司CCTV-4K超高清视频直播、赤坎古镇文旅项目及宝骏小冈香业城5G＋4K超高清视频等项目建设，加快推进4K/8K超高清视频在演出赛事直播、游戏娱乐、景点宣传等领域应用。江门广播电视台及有条件的县级市电视台要积极开展5G＋4K/8K超高清视频直播活动。各电信运营商在各市（区）提供4K/8K超高清传输，带动超高清视频融媒体平台发展。［市文广旅体局、市工业和信息化局、江门电信公司、江门移动公司、江门联通公司、江门广电公司、各市（区）政府负责］

14.5G＋智慧政务。坚持“全省一盘棋”工作机制，贯彻《江门市“数字政府”建设总体规划（2019—2021年）》，配合推动“粤省事”小程序以及协同办公平台5G技术适配性改造，推广使用“江门易办事”App，提供移动端高速办事体验。基于5G技术打造高标准智慧政务服务体系，加快建设“政务服务无堵点城市”。大力支持数字江门网络建设有限公司运用5G技术实现政务信息互联互通、数据共享，推动全社会对大数据的综合开发利用。［市政务服务数据管理局、市工业和信息化局、各市（区）政府负责］

15.5G＋智慧医疗。加快推进江门市中心医院等5G智慧医院项目建设，发展远程监护、移动式院前急救、远程医疗等应用。推进5G技术在互联网医院、医学影像、数字化手术室、卫生应急指挥等领域的应用，至少建成1个“5G＋智慧医疗”示范。（市卫生健康局、市工业和信息化局负责）

16.5G＋智慧教育。以五邑大学、江门职院、南方职院等为重点，依托5G网络技术开展智慧双师课堂、远程全息投影教学、云AR沉浸式互动学习、平安校园和VR实验室等5G智慧校园应用，促进教学质量提升、资源优质共享和校园智慧管理，至少建成1个5G＋智慧教育示范项目。（五邑大学、江门职业技术学院、市教育局、市工业和信息化局按职责分工负责）

17.5G＋智慧旅游。以开平碉楼与村落、开平立园、新会小鸟天堂等重点景区，依托5G网络技术开展5G＋VR全景直播、5G＋AR鹰眼、5G＋AI旅游服务、5G＋社交分享、景区一体化管控等应用，探索5G技术在景区娱乐体验场景的深层次应用，至少建成1个5G＋智慧旅游示范项目。［市文广旅体局、市工业和信息化局、各市（区）政府负责］

18.5G＋智慧城市。依托物联网、云计算、大数据等技术，结合5G网络技术优势，开展5G＋智能交通、5G＋智慧电网、5G＋智慧城市安防、5G＋智慧照明等应用建设，打造2—3个5G＋智慧城市示范项目。［市政务服务数据管理局、市公安局、市交通运输局、市城市管理综合执法局、江门供电局、市工业和信息化局、各市（区）政府负责］

三、保障措施

（一）加强统筹协调。将我市5G网络建设和产业发展协调工作纳入江门市信息基础设施建设工作联席会议，建立以市政府分管工业信息化的领导负责5G产业发展统筹推进工作机制，由市工业和信息化局牵头，市直有关职能部门、江门供电局、电信运营企业、江门铁塔公司按职责分工负责，协调推进5G产业发展。制定目标责任考核办法，明确年度建设任务，加强督促检查，确保各项工作按进度推进。各市（区）要建立健全本地5G产业发展工作协调机制，调动各方面资源力量，加快5G产业发展。［市工业和信息化局、各有关职能部门、各市（区）政府负责］

（二）加强用电用地等资源要素保障。市发展改革局要会同江门供电局等单位，执行省发展改革委研究出台的降低通信基站用电成本的政策措施，积极推动符合条件的电信运营企业、江门铁塔公司参与电力市场交易，按规定程序推动全市通信基站纳入一般工商业用电、享受峰谷电价优惠。江门铁塔公司统筹各电信运营企业建设需求，制定建设计划，及时将需要独立占地的5G基站和网络建设用地需求报送各级自然资源管理部门，各市（区）政府要将独立占地的5G基站和网络建设用地需求纳入年度计划，合理安排用地。［市发展改革局、市自然资源局、江门供电局、江门铁塔公司、江门电信公司、江门移动公司、江门联通公司、江门广电公司、各市（区）政府负责］

（三）加强网络信息安全保障及宣传引导。各级政府要加大信息基础设施安全保护政策法规和相关知识的宣传普及力度，加强5G通信网络、重要信息系统及数据资源保护。加大5G频谱资源使用保护力度，依法打击违法用频行为。5G基站设置与使用单位应主动协调解决合法无线电台（站）使用单位的干扰问题，无线电台（站）使用单位应积极配合。各级政府要按照属地管理原则，负责协调解决阻扰施工、非法逼迁等妨碍信息基础设施建设与安全保护的行为，各级公安机关要对恶意破坏通信基础设施的行为进行严厉打击。［各市（区）政府、市委网信办、市工业和信息化局、市公安局负责］

（四）加大财政资金扶持。市财政统筹工业扶持等相关专项资金支持5G 产业发展与示范应用，充分发挥各级财政资金的引导、带动和放大作用，撬动社会投资，推动5G产业发展。鼓励市相关基金对符合投资范围的5G企业和重点项目给予融资支持，引导各类资本扶持5G企业发展。各电信运营企业要积极争取上级公司的资金支持，加大5G网络基础设施建设力度。［市财政局、市科技局、市工业和信息化局、市金融局、市国资委、江门铁塔公司、江门电信公司、江门移动公司、江门联通公司、江门广电公司、各市（区）政府负责］

（五）加快人才聚集。发挥侨乡优势，落实《关于进一步集聚新时代人才建设人才强市的意见》等人才政策，加快引进5G产业领域各类人才，积极协助相关企业、机构引进和培育5G产业发展急需的高端管理人才和高端技术人才。支持从事5G产业及产业链的各类企业、人才以及团队，支持申报人才扶持政策，营造我市5G产业良好的发展环境。［市人才工作局、市人力资源社会保障局、各市（区）政府负责］

江门市人民政府关于印发《江门市公共租赁住房管理实施细则》的通知

江府〔2019〕32号

各市（区）人民政府，市有关单位：

《江门市公共租赁住房管理实施细则》业经市政府十五届七十三次常务会议审议通过，现印发给你们，请认真贯彻执行。执行过程中遇到的问题，请径向市住房城乡建设局反映。

江门市人民政府

2019年10月17日

江门市公共租赁住房管理实施细则

第一章　总则

第一条　为加强我市公共租赁住房管理，规范运营与使用，完善市区住房保障体系，根据《公共租赁住房管理办法》（住房和城乡建设部令第11号）、《广东省城镇住房保障办法》（广东省人民政府令第181号）等有关规定，结合我市实际，制定本实施细则。

第二条　本实施细则适用于本市行政区域内公共租赁住房的规划与建设、申请与审核、分配、租赁、使用与退出等监督管理工作。

第三条　本实施细则所称公共租赁住房，是指由政府投资、统筹建设或由政府提供政策支持，其他各类主体投资建设或通过其他方式筹集，纳入政府统一管理的限定建设标准、租金水平、供应对象的保障性住房。

第四条　本市公共租赁住房建设、管理应当遵循政府主导、社会参与、以需定建、适度保障、公开、公平、公正的原则。

第五条　公共租赁住房着重解决保障对象的阶段性居住困难，根据申请人家庭的人口规模分配、租赁不同面积的套型住房，满足基本居住需求，定向出租，只租不售，超标退出，循环使用，规范管理。

第六条　市住房保障主管部门负责全市公共租赁住房的组织督导和协调工作，负责制定全市保障性住房发展规划，建立公共租赁住房信息管理系统。县级住房保障主管部门负责本辖区公共租赁住房的规划和建设，保障对象资格审核和年审，房屋分配和租赁等管理工作。

县级以上住房保障主管部门负责确定公共租赁住房租金标准，并结合市场租金适时调整。

财政主管部门负责筹集公共租赁住房建设管理资金和年度预算管理；民政主管部门负责核实低保家庭等困难家庭的收入情况；退役军人主管部门负责核实转业复员退伍军人、军烈属等住房困难群体的资格；公安机关负责核实申请对象及其家庭成员拥有机动车辆权属情况；人力资源和社会保障主管部门负责核实申请对象及其家庭成员缴交社会保险费情况；税务机关负责核实申请对象及其家庭成员纳税情况；市场监督管理部门负责核实申请对象及其家庭成员的商事登记情况。

镇人民政府或者街道办事处应当协助有关部门，做好公共租赁住房管理相关工作。

第二章　规划、建设与房源筹集

第七条　县级以上人民政府应当将公共租赁住房建设用地纳入年度土地供应计划，并根据需求制定住房保障土地储备计划，确保用地供应。

县级以上人民政府根据上级下达的指标任务，结合本市的经济发展、房价水平和公共租赁住房的供求情况，组织编制公共租赁住房保障规划和年度计划。

第八条　公共租赁住房来源：

（一）政府投资建设、购买、租赁或者依法收回、回购、没收的住房；

（二）政府委托企业或者其他组织建设、配套建设的住房，企业或者其他组织按照与政府约定建设、配套建设的住房；

（三）单位自筹建设的住房；

（四）产业园区集中配套建设的住房；

（五）社会赠予政府的住房；

（六）其他途径筹集的住房。

第九条　新建的成套公共租赁住房，坚持户型合理、功能齐全、质量优良、绿色环保的原则，单套建筑面积控制在60平方米以下。

第十条　公共租赁住房的资金来源主要包括：

（一）中央和省安排的专项补助资金；

（二）当地财政年度预算安排的资金；

（三）提取贷款风险准备金和管理费用后的住房公积金增值收益余额；

（四）每年提取土地出让净收益一定比例的资金；

（五）通过创新投融资方式和公积金贷款筹集的资金；

（六）出租公共租赁住房及配套设施回收的资金；

（七）经政府批准可纳入公共租赁住房筹集使用范围的其他资金。

第十一条　公共租赁住房建设按照国家现行有关规定免收各项行政事业性收费和政府性基金；依法落实国家现行的税收优惠政策。

第十二条　公共租赁住房应当在不动产登记簿和不动产权属证书上载明公共租赁住房性质。

第三章　申请与审核

第十三条　公共租赁住房区分不同对象实行分类保障，保障对象主要是城镇中等偏低收入住房困难家庭、新就业职工、符合保障条件的外来务工人员及环卫工人、公交车司机等从事社会公益服务性特殊行业人员。

符合下列条件的住房保障对象可申请公共租赁住房：

（一）在本地无住房或者住房面积低于规定标准；

（二）收入、财产低于规定标准。

符合低收入条件的保障对象除按前款规定执行外，在房源不足的情况下，可申请租赁补贴，解决基本居住需求。

保障对象资格标准由公共租赁住房所在地住房保障主管部门根据实际情况制定，适时调整，报同级人民政府批准后向社会公布实施。

第十四条　公共租赁住房的申请人向户籍或者就业所在地镇人民政府或者街道办事处提出申请。

以家庭为申请单位的，应确定一名符合申请条件且具有完全民事行为能力的家庭成员作为申请人，申请人与共同申请人之间必须有法定的赡养、抚养或扶养关系并共同生活。

申请人不具备完全民事行为能力的，须由其监护人代为提出申请。

第十五条　申请公共租赁住房应提交的材料包括：

（一）公共租赁住房申请审批表；

（二）申请人及共同申请家庭成员身份户籍状况；

（三）收入状况；

（四）住房状况；

（五）家庭资产申报表；

（六）诚信承诺书；

申请公共租赁住房需要提交的材料由住房保障主管部门公布公共租赁住房申请资料清单或受理通告。

申请人及其共同申请的家庭成员按本实施细则的规定提供申请材料，并对申请材料的真实性负责。

第十六条　公共租赁住房申请受理后，由住房保障主管部门会同民政等有关部门审核并向社会公示。

第四章　轮候与分配

第十七条公共租赁住房实行轮候分配，在轮候期间，申请人和共同申请人的户籍、收入、财产和住房等情况发生变动的，申请人应主动向原受理单位申报。申请人因情况发生变化不再符合规定条件的，受理单位应取消其公共租赁住房轮候资格，并书面告知。

轮候时间超过3年的，受理单位应对申请人是否符合规定的相关资料重新审核，申请人应予以配合。经审核，申请人仍然符合规定条件的，其原轮候次序不变；申请人因情况发生变化不再符合规定条件的，受理单位应取消其公共租赁住房轮候资格，并书面告知。

第十八条符合条件的申请人取得公共租赁住房轮候资格，登记为轮候对象，县级住房保障主管部门应建立轮候登记册，在市住房保障网站进行公示。以下情况依次序拥有轮候优先权或不受轮候限制：

（一）轮候对象中享受国家定期抚恤补助的优抚对象、复退军人、孤寡老人、中重度残疾人员、单亲妇女家庭、一户多残家庭等特殊保障对象，按照上述次序从现有公共租赁住房房源中优先选房，同类人员的选房次序按资格公示先后排列；

（二）依法被政府征收个人住宅且被征收人符合住房保障条件的，不受轮候限制，按照国家和省有关规定优先给予住房保障；

（三）单位自主建设、产业园集中配套建设的公共租赁住房，筹建单位和产业园内部的企业员工（个人）享有优先配租权利。该类型保障房的分配和管理由保障房项目投资单位实施，并将租住名单、相关租赁情况等向同级住房保障主管部门报备；

（四）在房源不足时抽中轮候号的申请人，在有相应空置房源时，按轮候号的顺序直接配租入住。

以上符合条件的优先配租对象只能享受一次优先配租权利。

第十九条　公共租赁住房的分配，应按照以下程序办理：

（一）住房保障主管部门根据房源、轮候对象制定分配方案，并向社会公示；

（二）在公共租赁住房进行分配5日前向轮候对象发出租赁分配通知书，告知分配时间、地点以及拟分配的房源地址；

（三）公共租赁住房的分配必须做到公平、公开、公正，以公开摇号或电子系统摇号等方式进行，分配后公示结果；

（四）轮候对象通过摇号方式选房并确定房号后，在规定期限内签署租赁确认书。

第二十条　公共租赁住房分配后，申请人凭租赁确认书及相关证件与公共租赁住房管理部门签订书面租赁合同。租赁合同应包括以下内容：

（一）合同当事人的姓名或名称；

（二）房屋的公安门牌号码、用途、面积、结构、室内设施和设备以及使用要求；

（三）租赁期限、租金数额和支付方式；

（四）房屋维修责任；

（五）物业服务、水、电、燃气等相关费用的缴纳责任；

（六）退回公共租赁住房的相关条约；

（七）承租人已租住公房的，应于签订公共租赁住房租赁合同30日内退出原租住公房。

（八）违约责任及争议解决办法；

（九）其他应当约定的事项。

第二十一条　除不可抗力外，轮候对象发生以下情况之一的，视同放弃住房保障的权利。再次申请的，应当重新轮候：

（一）未按住房保障部门规定的时间、地点参加选房的。

（二）参加选房但拒绝选定住房的。

（三）已选房但拒绝在规定时间内签订租赁合同的。

（四）其它放弃配租权利的情况。

第二十二条　公共租赁住房租赁合同期限一般为3年。住房保障主管部门每3年核查一次保障对象有关情况，对低收入条件保障对象每年核查一次。

第五章　租金标准与租赁补贴

第二十三条　公共租赁住房的租金按套型建筑面积计收。按照家庭收入情况，实行差别化租金，采取租金减免方式分档计租。租金具体标准由住房保障主管部门提出意见，报同级政府批准后公布执行。

承租人的家庭人均住房（含自有产权房屋）建筑面积超过同期县级人民政府公布的住房保障面积标准的，差额面积部分按照房屋所在地房屋租金市场参考价全额计收。

第二十四条　政府投资的公共租赁住房的租金收入按照政府非税收入管理的有关规定缴入同级国库，实行收支两条线管理，专项用于偿还公共租赁住房贷款本息及公共租赁住房的维护、管理等。

第二十五条　住房保障主管部门应根据当地的人均保障建筑面积、家庭人口、补贴标准、收入水平、区域因素、低保标准、物价指数等因素制定租赁补贴标准并适时调整。

符合低收入条件的保障对象，已承租公共租赁住房的，其租赁补贴直接在租金中予以扣减；因所需房源不足未能承租公共租赁住房的，其租赁补贴可申请直接发放，并签订租赁补贴协议。

低收入条件和具体补贴办法由县级人民政府确定。

第二十六条　租赁补贴应按照以下程序发放：

（一）住房保障主管部门核定申请人符合租赁补贴发放条件的，向申请人发出《办理租赁住房补贴的通知》；

（二）申请人自收到通知之日起30日内向住房保障主管部门提交租赁合同或租赁补贴协议办理租赁补贴申请和备案手续。

住房保障主管部门应当定期核查租赁补贴发放对象的有关情况，对不再符合保障条件的，发出书面通知并停止发放租赁补贴。

第六章　使用与退出

第二十七条　承租人应当按照合同约定的租赁用途和使用要求合理使用房屋，因使用不当等原因造成承租房屋和设施损坏的，承租人应当负责修复或承担赔偿责任。

第二十八条　公共租赁住房实施物业管理的，承租人应当与物业管理服务单位签订物业管理服务合同，并由承租人支付相关物业管理费用。

第二十九条　公共租赁住房承租人，如租赁合同或租赁补贴协议期满需申请续约的，应在租赁合同或租赁补贴协议期满3个月前向原申请部门提出申请，并如实申报家庭人口、收入、住房、财产等变动情况。相关部门按照本实施细则第十五条的规定及下列程序办理。

（一）经审核仍符合公共租赁住房租赁资格的，由住房保障主管部门与承租人重新签订租赁合同或租赁补贴协议。

（二）经审核不再符合公共租赁住房租赁资格的，承租人应当自收到书面通知之日起30日内结清有关费用并腾退。有正当理由暂时无法腾退的，给予最长不超过6个月的延长租住期，延长期内租金按照房屋所在地房屋租金市场参考价计收；无正当理由逾期不腾退并拒不执行的，依法申请人民法院强制执行并按照房屋所在地房屋租金市场参考价的2倍计收。

（三）新就业职工、外来务工人员、青年医生、青年教师、环卫工人、公交司机等因工作调整离开原工作单位的，原用人单位及其本人须及时向所在地的住房保障主管部门申报。申报后给予原承租人不超过6个月的延长租住期，并由原承租人携带与市区新就业单位签订的劳动（聘用）合同、新就业单位为申请人出具的购买社会保险的资料复印件以及本人收入状况等资料到住房保障部门办理续约手续。延长期满未能办理续约手续的，住房保障主管部门收回原租住的公共租赁住房。延长期满后仍不腾退的，租金按照房屋所在地房屋租金市场参考价的2倍计收。

第三十条承租人有下列情形之一的，应当按照合同约定支付违约金，住房保障主管部门应当根据合同约定或者法定情形，解除合同并收回公共租赁住房：

（一）无正当理由连续6个月以上未在公共租赁住房内居住的；

（二）无正当理由连续2个月或者累计6个月以上未缴纳租金的；

（三）擅自互换、出借、转租、抵押公共租赁住房的；

（四）将公共租赁住房用于经营性用途或者改变使用功能的；

（五）因故意或重大过失，造成租赁的公共租赁住房严重损毁的；

（六）存款、股票基金等资产价值超过规定数额或者经审核不再符合保障条件的；

（七）法律、法规规定或者合同约定的其他违法、违约情形。

第七章　监督与责任

第三十一条　住房保障主管部门会同民政、公安等有关部门采取定期走访、抽查等方式，加强对公共租赁住房承租人的监督检查，及时掌握承租人的人口、收入及住房、财产变动等有关情况，对认定不再符合公共租赁住房保障资格的可提前解约。

第三十二条　住房保障主管部门应加强公共租赁住房相关信息档案管理及信息公开工作，建立公共租赁住房建设项目档案、房源信息档案和保障对象档案，完善信息公开制度。

第三十三条　住房保障主管部门实施监督检查，有权采取以下措施：

（一）询问与核查事项有关的单位和个人，并要求对与核查事项相关的情况作出说明、提供相关证明材料；

（二）依法检查住房使用情况；

（三）查阅、记录、复制保障对象与住房保障工作相关的资料，了解公共租赁住房住户家庭成员、家庭收入和财产状况；

（四）对违反住房保障相关法律、法规、规章规定的行为予以制止并责令改正。

有关单位和个人应当配合监督检查，如实提供与住房保障有关的资料。

住房保障主管部门及其工作人员，对工作中知悉的公民个人信息应当保密，但按照规定应当予以公示的个人信息除外。

第三十四条　住房保障主管部门应当建立信用管理黑名单公示制度，对以下违法或违约行为定期于住房保障网公示：

（一）以欺骗等不正当手段，登记为轮候对象或者承租公共租赁住房，并受到行政处罚的；

（二）转借、转租或者擅自调换所承租公共租赁住房的；

（三）改变所承租公共租赁住房用途、破坏或者擅自装修所承租公共租赁住房拒不恢复原状的；

（四）无正当理由连续6个月以上闲置公共租赁住房的；

（五）在公共租赁住房内从事违法活动的；

（六）违反其他法律法规行为的。

承租人有前款所述行为，住房保障主管部门按照有关规定收回公共租赁住房。承租人自退回公共租赁住房之日起五年内不得再次申请公共租赁住房；造成损失的，依法承担赔偿责任。

第三十五条　用人单位为申请人申请公共租赁住房出具虚假证明材料的，依法追究责任单位及其相关责任人的法律责任。构成犯罪的，依法追究刑事责任。

第三十六条　承租人违反本实施细则有关规定，按照《公共租赁住房管理办法》、《广东省城镇住房保障办法》等有关规定处理。

第三十七条　住房保障主管部门、其他相关职能部门及其工作人员在公共租赁住房管理工作中有下列行为之一的，由任免机关或监察机关按照管理权限依法给予处分；构成违法犯罪的，依法追究刑事责任：

（一）滥用职权、徇私舞弊、玩忽职守；

（二）挪用、截留或者私分住房保障资金的；

第八章　附则

第三十八条　各市（区）可参照本实施细则制定本辖区的公共租赁住房管理办法，在满足本实施细则规定的保障对象住房需求的基础上，可扩大公共租赁住房保障范围。

社会力量投资建设的公共租赁住房可参照本实施细则执行。

第三十九条　本实施细则与国家、省今后颁布的政策有抵触的，以国家、省的相关政策规定为准。

第四十条　本实施细则自2019年12月1日起施行，有效期5年。

江门市人民政府关于印发江门市鼓励和促进总部经济发展实施办法的通知

江府〔2019〕33号

各市（区）人民政府，市政府各部门、各直属机构，中直、省直驻江门有关单位：

《江门市鼓励和促进总部经济发展实施办法》业经市政府十五届六十九次常务会议审议通过，现印发给你们，请认真贯彻执行。执行过程中遇到的问题，请径向市工业和信息化局反映。

江门市人民政府

2019年11月5日

江门市鼓励和促进总部经济发展实施办法

第一章　总则

第一条　为鼓励和促进总部经济发展，加快形成总部经济规模效应，不断提升城市综合竞争力，推动全市经济实现高质量发展，根据市政府的战略部署以及国家有关法律、法规，结合我市实际，制定本实施办法。

第二条　本实施办法所称的总部企业包括综合型总部企业和职能型总部企业。

第三条　鼓励和促进总部经济发展实行市本级与市（区）联动，以各市（区）为主的工作机制。江门市建立发展总部经济工作领导协调机制，由市政府召集，人才工作、发展改革、教育、科技、工业和信息化、财政、人力资源社会保障、自然资源、住房城乡建设、农业农村、商务、市场监管、统计、金融、税务等相关职能部门协同落实总部经济相关政策，市工业和信息化局负责日常工作。各市（区）政府是总部经济发展工作的主要实施主体，应当建立相应的工作领导协调机制，协同做好总部企业引进、培育服务、总部企业认定和奖补等有关工作。

第二章　总部企业认定

第四条　申请总部企业认定的企业，须承诺5年内注册地不迁出江门市，不改变在江门市的纳税义务，并符合第五条的认定条件。

第五条　总部企业认定条件。

（一）综合型总部企业认定条件。

1.在江门市行政区域内注册，具有独立企业法人资格，依法开展经营活动，并对其在国内外所投资或管理、服务的全部或部分企业，行使统一经营、投资、管理、研发、销售、结算等总部职能的企业。

2.拥有实际主营业务收入的下属企业（全资或控股比例在50%以上）不少于3家。

3.除上述条件外，还需按行业分类分别符合以下条件：

（1）制造业总部企业：上年度在我市结算的主营业务收入5亿元以上、财政贡献额度不低于1500万元。其中：高端装备制造、新一代信息技术、新能源汽车及零部件、大健康、新材料等新兴产业，上年度在我市结算的主营业务收入3亿元以上、财政贡献额度不低于1000万元。

（2）现代服务业总部企业（房地产业除外）：批发零售、连锁经营、电子商务等，上年度在我市结算的主营业务收入5亿元以上、财政贡献额度不低于1500万元；设计研发、物流配送、商务会展、文化创意、服务外包，上年度在我市结算的主营业务收入1亿元以上、财政贡献额度不低于800万元。

（3）建筑业总部企业：具有二级以上施工总承包企业资质，上年度在我市结算的主营业务收入5亿元以上、财政贡献额度不低于1500万元。

（4）现代农业总部企业（农产品生产型企业）：上年度在我市结算的主营业务收入2亿元以上、财政贡献额度不低于800万元。

“主营业务收入”指总部企业在上一年度汇算清缴完毕后在我市形成的主营业务收入，以税务部门数据为准（下同）。

（二）职能型总部企业认定条件。

在江门市行政区域内注册，具有独立企业法人资格，依法开展经营活动，经总公司（母公司）授权，承担总公司（母公司）在一定区域内的销售、运营、研发等部分总部职能，管理和服务的分支机构不少于3个，且所有分支机构均发生相应业务。按不同类型，需分别符合以下条件：

1.销售中心职能总部（房地产业除外）：上年度在我市结算的主营业务收入5亿元以上、财政贡献额度不低于1500万元。

2.运营中心职能总部：上年度在我市结算的主营业务收入3亿元以上、财政贡献额度不低于1000万元。

3.研发中心职能总部：具备完善的研究、开发、实验条件，有稳定的研发经费来源，上年度研发经费支出总额不低于5000万元。

（三）直接认定条件。

除符合第（一）和第（二）项认定条件被认定为总部企业外，满足下列条件之一的企业，可直接认定为总部企业。

1.我市企业在境内A股市场上市（A股即沪市A股、深市A股，含科创板、中小板和创业板等）。

2.我市企业直接在境外上市，或我市企业以存在控制关系的境外公司在境外上市且由我市企业承担境内生产、销售、研发等总部职能（境外上市是指国内股份有限公司向境外投资者发行股票，并在境外证券交易所公开上市）。

3.我市企业上年度被评定广东省企业100强（广东省企业联合会、广东省企业家协会）、中国企业500强（中国企业联合会、中国企业家协会）、世界企业500强（福布斯）。

第三章　政策扶持

第六条　本实施办法涉及的扶持资金由市本级与属地政府按财政管理体制共同分担。

第七条　企业认定奖和落户奖。

（一）认定奖。本地现有企业首次认定为总部企业的，按认定上一年主营业务收入规模给予奖励。其中主营业务收入在5亿元以下的，奖励10万元；5亿元以上—10亿元以下的，奖励15万元；10亿元以上—50亿元以下的，奖励20万元；50亿元以上的，奖励30万元。本条中所称“以下”含本数，“以上”不含本数。

（二）落户奖。新设立或迁入我市的企业经认定为总部企业的，可申请总部企业落户奖，奖励额度按该企业被认定为总部企业后的第一个经营年度对本市财政贡献的50%计算，综合型总部每个企业奖励最高不超过1000万元，职能型总部每个企业奖励最高不超过500万元。

第八条　经营贡献奖。

（一）增量奖。企业主营业务收入和地方财政贡献额度均实现正增长，且在我市结算的主营业务收入比上一年度增加3000万元以上的，按主营业务收入增量1%给予奖励，奖励额度不超过企业对本市财政贡献增量额度的50%。

（二）倍增奖。企业在政策实施期内首次实现主营业务收入比上一年度增长1倍以上（含1倍）2倍以下的，按企业当年获得增量奖奖励金额的40%给予奖励；首次实现增长2倍以上（含2倍）的，按企业当年获得增量奖奖励金额的60%给予奖励。

总部企业若同时满足我市同类型政策资金奖补条件的（如大型骨干企业扶持、招商引资奖励等以企业年主营业务收入和地方财政贡献增量额度为计算奖励标准的），可选择有关奖补扶持政策，申请经营贡献奖的不得重复享受同类型资金奖补。

第九条　领军企业奖励。

企业认定为总部企业后，被评为广东省企业100强（广东省企业联合会、广东省企业家协会）、中国企业500强（中国企业联合会、中国企业家协会）、世界企业500强（福布斯）的，分别给予一次性奖励50万元、100万元、200万元。企业如在同一年度获得上述两个以上不同称号的，以其最高称号的奖励标准给予一次性奖励；企业如在政策实施期内的不同年度获得上述两个以上不同称号的，按照已获最高称号及奖励情况补差计奖。

第十条　办公用房补贴。

（一）租赁补贴。总部企业租赁自用办公用房的，以实际租赁办公用房面积（不含配套设施）和租金总额，一次性给予24个月的租金补贴，补贴金额不超过住房和城乡建设部门公布的该办公用房所在区域房屋租金指导价的80%，且最高不超过200万元。

（二）购置补贴。总部企业购置办公用房的，在取得房产交易备案并投入使用后，以实际购买办公用房面积（不含配套设施）按每平方米300元的标准给予一次性补贴，补贴金额最高不超过500万元。

第十一条　支持技术改造。

支持总部企业技术改造，对应用信息技术、数字技术等先进技术和自动化、智能化等先进设备改造现有工艺技术和装备，提升企业制造智能化水平的技术改造投资项目，按我市技术改造扶持政策予以支持。

第十二条　用地保障。

（一）对总部企业建设用地，优先纳入年度土地供应计划，优先安排用地指标。

（二）总部企业在工业用地、仓储用地上对厂房、仓储用房进行改建、扩建和利用地下空间，在符合规划、不改变用途的前提下，提高容积率和建筑密度的，不再增收土地价款差额。

（三）总部企业利用“三旧”改造场地建设总部办公、生产用房的，按“三旧”改造相关优惠政策予以支持。

第十三条　加强人才服务。

（一）人才奖。总部企业可提取不超过当年获得经营贡献奖励金额的50%奖励给企业核心管理和技术人员，奖励给个人的奖金缴纳的税收，市县对地方留成部分给予全额补贴。

（二）鼓励总部企业高级管理人才、高端专业技术人员等在江门市工作和发展，有关支持政策按现行人才政策执行。

第十四条　拓宽融资渠道。

支持总部企业通过资产重组、合资合作、依法发行债券、引进创业基金等多种方式融资、上市，鼓励符合条件的总部企业发起设立产业投资基金，有关政策按我市现行扶持企业上市和融资政策执行。

第四章　认定和奖补流程

第十五条　总部企业认定（认定奖）申报材料要求。

（一）江门市总部企业认定申请表（原件）；

（二）企业及其分支机构的营业执照、隶属关系的有关材料；

（三）由具资质的专业机构出具的企业财务审计报告，其中研发中心职能总部的财务审计报告需明晰企业研发经费支出情况；

（四）跨国公司投资地区总部（外商投资企业）须提供属地市（区）商务主管部门的审核意见。

符合直接认定条件的企业提供上述第（一）、（二）款材料。

第十六条　总部企业认定（认定奖）程序。

（一）申报。企业按本实施办法向属地市（区）工业和信息化主管部门提交相关申报材料。

（二）审核。各市（区）工业和信息化主管部门会同属地总部经济工作领导协调机制相关职能部门审核，经同级政府同意后报市工业和信息化局。

（三）复核。市工业和信息化局协同市总部经济工作领导协调机制相关职能部门对申报材料进行复核，并将通过复核的企业名单向社会公示，公示时间为5个工作日。

（四）批准。公示无异议的，报请市政府批准认定。公示有异议的，市工业和信息化局将根据异议内容进行核实处理。

第十七条　奖补申报材料要求。

（一）企业法人签署的《江门市总部企业奖补资金申请表》（原件）；

（二）企业申报办公用房补贴的，另须提供租赁自用办公用房、购置办公用房的合同或权属证书等相关材料。

第十八条　奖补资金审批程序。

（一）审核。各市（区）工业和信息化主管部门受理企业提交的申报资料，会同属地总部经济工作领导协调机制相关职能部门审核，经同级政府同意后报市工业和信息化局。

（二）复核。市工业和信息化局协同市总部经济工作领导协调机制相关职能部门对各市（区）报送的总部企业申报材料进行复核，并上报市政府。

（三）审定。市政府审定执行。

第十九条　总部企业的认定和奖补申报工作每年一次，具体时间以当年通知为准。

第五章　服务与监管

第二十条　各级政府相关部门应简化办事程序，为总部企业办理外商投资许可、市场监管、税务、外汇、出入境检验检疫等相关手续开辟绿色通道，提供政策、法律等咨询服务。

第二十一条　建立总部企业信息库。市工业和信息化局协同市总部经济工作领导协调机制相关职能部门每年对已认定的总部企业进行动态评估，经评估连续两年不符合认定条件的，取消其总部企业资格，停止享受相关扶持政策。

第二十二条　总部企业须按期全面履行有关承诺，对申报材料真实性负责，企业所在辖区政府予以监督核实。

第二十三条　总部企业发生更名、重组等重大事项的，应在办理相关手续后10个工作日内将相关情况报各市（区）工业和信息化主管部门，由各市（区）政府核实后报市工业和信息化局备案确认。

第二十四条　总部企业享受补贴的办公用房，5年内不得出（转）租、不得出售其办公用房，不改变用途。若发生用途改变，须在变更用途前30日内向属地市（区）工业和信息化部门报告，并按原补贴拨付渠道退回该改变用途部分的补贴。

第二十五条　总部企业违反其对本实施办法的有关承诺或隐瞒真实情况、弄虚作假获得奖补的，取消其总部企业资格，市（区）资金使用主管部门负责追回其所得奖补资金，按原渠道退回财政部门，并按照国务院《财政违法行为处罚处分条例》（国务院第427号令）等有关规定追究相关责任人的责任，记入企业信用信息档案，构成犯罪的，移交司法机关处理。

第二十六条　市工业和信息化局协同市总部经济工作领导协调机制相关职能部门对总部企业奖补资金在市本级财政资金范围内进行查重，市（区）工业和信息化主管部门会同属地总部经济工作领导协调机制相关职能部门负责辖区财政资金范围内进行查重。

第二十七条　市及各市（区）总部经济工作领导协调机制相关职能部门在资金管理工作中应严格遵守财经纪律和廉政建设的有关规定，认真履行职责，自觉接受社会公众和监察、财政、审计等部门的监督检查。

第六章　附则

第二十八条　本实施办法中除第七条外，其余条款所称“以上”、“以下”、“不超过”、“不低于”、“不少于”均含本数。

第二十九条　本实施办法自2019年12月6日起施行，有效期3年。如遇国家政策调整，或上级、本级政府出台新的政策，则以新的政策为准。

江门市人民政府关于进一步加强终身职业技能培训推进高技能人才队伍建设的若干意见

江府〔2019〕37号

各市（区）人民政府，市政府各部门、有关事业单位，中直、省直驻江门有关单位：

根据《中共中央关于坚持和完善中国特色社会主义制度推进国家治理体系和治理能力现代化若干重大问题的决定》《国务院关于推行终身职业技能培训制度的意见》（国发〔2018〕11号）、《中共中央办公厅国务院办公厅印发关于提高技术工人待遇的意见的通知》（中办发〔2018〕16号）、中共中央组织部人力资源社会保障部《关于印发<高技能人才队伍建设中长期规划（2010—2020年）>的通知》（中组发〔2011〕11号）和《中共广东省委办公厅广东省人民政府办公厅关于印发〈新时期产业工人队伍建设改革实施方案〉等三个文件的通知》（粤办发〔2018〕56号）等相关要求，为健全终身职业技能培训制度，深入实施创新驱动发展战略和人才强市战略，助推我市经济高质量发展和高效能转型升级，经市委同意，结合本市实际，提出如下意见。

一、指导思想

以习近平新时代中国特色社会主义思想为指导，全面贯彻党的十九大和十九届二中、三中、四中全会精神，深入贯彻习近平总书记对广东重要讲话、重要指示批示以及关于人才工作的系列重要指示精神，认真落实省委“1+1+9”工作部署和市委“1+1+5”工作举措，紧紧围绕江门产业发展目标，构建服务全民终身职业技能培训的教育体系，着力培育一批技能精湛的“五邑工匠”，为工业立市、振兴实体经济、促进企业发展壮大提供重要的技术技能人才支撑，为加快打造珠江西岸新增长极和沿海经济带上的江海门户，努力为广东实现“四个走在全国前列”、当好“两个重要窗口”作出积极贡献。

二、目标任务

全面落实国家高技能人才振兴计划，培养造就与江门经济社会发展目标相适应、结构和素质与行业产业需求相匹配的技术技能人才队伍。实施五邑工匠培育工程，大力提高技能人才待遇水平。发挥职业院校（含技工院校，下同）培养高技能人才的重要作用，强化企业培养高技能人才主体责任，构建高技能人才政校企合作培养联盟，开展校企一体化的实训模式，加快培养储备规模庞大、技艺精湛的五邑工匠大军。力争到2025年底，全市高技能人才总量达到17万人，占技能人才总量比例的35%以上。

三、主要措施

（一）创新高技能人才培养机制。

1.探索粤港澳技能人才培养机制。积极引进港澳师资、资金等社会办学力量，鼓励和支持港澳服务提供者在江门独资或合资设立职业培训学校。推动我市职业院校、培训机构与港澳职业教育机构开展师生交流、师资培训、技能培训、项目引进等方面的合作。鼓励和支持港澳行业协会、培训机构独立或联合承办职业技能竞赛。积极为港澳企业员工、港澳人员、有意赴港澳就业的劳动者开展职业技能培训，探索职业技能证书联合认证。

2.打造乡村振兴高技能人才队伍。围绕乡村振兴战略，结合现代农业企业、现代农业产业和现代农业产业园建设，扶持建设地方特色农业院校和专业。落实技能提升培训补贴相关政策，打造涉农特色职业培训项目品牌，大规模开展职业技能和农业实用技术培训。开发涉农项目、乡村振兴产业品牌专项职业能力种类，探索建立涉农职业技能等级评价机制，培养乡村工匠，储备能农能工的复合型乡村高技能人才。

3.发挥企业培养高技能人才的主体作用。鼓励企业建立职工终身培训制度，逐步完善高技能人才培训、考核、使用、待遇相结合的激励机制。大力培育“企业首席技师”，同时大力推行名师带徒制度和技能进修培训。引导企业深化内部分配制度改革，薪酬待遇水平要向高技能人才和一线技术工人倾斜，提高高技能领军人才待遇水平。鼓励企业制定高技能人才津贴和奖励标准，对为企业发展做出突出贡献的高技能人才进行重奖，把培养、使用和留住高技能人才三者有机结合起来。

（二）积极引进高技能人才。

4.加大引进国际化高技能人才力度。结合中欧（江门）中小企业国际合作区项目建设、先进制造业、战略性新兴产业、现代服务业等重点产业和重点工程项目，积极引进德国“双元制”等培养模式，以“中欧高技能人才培训合作示范学院”为核心，引进国际化高层次高技能人才，符合条件的可享受我市引进人才相关优惠政策。

5.积极引进国内优秀高技能人才。各级政府结合本地产业和重点工程项目，积极引进国内具有技术攻关、技术革新、发明创造等重大业绩成果的高技能人才。其中，经我市认定（评定）为高层次人才的可享受安居租房补贴、子女接受义务教育等方面的相关优惠政策。

6.支持用人单位引进优秀高技能人才。鼓励用人单位从市外、国外引进我市急需紧缺的高级技师、技师。支持国有企业采取年薪制、协议工资等方式，引进急需紧缺高技能人才，所需薪酬计入当年单位工资总额，不作为工资总额基数。职业院校教师公开招聘可采取直接考核的方式引进高技能领军人才、世界技能大赛优胜奖以上获得者、国家级职业技能竞赛前三名、省级职业技能竞赛第一名、国家级技能大师、南粤技术能手、广东省技术能手、省级技能大师和培养世界技能大赛优胜奖以上获得者的专家教练等。

（三）建设培养高技能人才的重点项目。

7.实施强校工程。利用民办教育发展专项资金，进一步加大对民办中职学校的支持力度；公办职业院校所办企业或开展校企合作、生产经营活动、社会培训、为企业提供技术服务等所得合法收入，经主管部门批准可用于绩效工资分配，其中突破调控水平部分以备案方式单列核增。在基础能力建设、专业建设、国际交流合作、技能竞赛、构建服务全民终身职业技能培训教育体系等各方面给予政策倾斜和资金扶持；在实训设备投入与技能竞赛训练基地建设、师资队伍培养和引进、国际合作项目引入、产业共建及校企合作、职业培训政策性补贴、智慧校园建设等方面加大资金投入力度。到2020年，重点支持江门市技师学院建设世界技能竞赛集训基地和技术技能创业孵化基地，促进江门市技师学院纳入高等职业院校；争取将江门市新会高级技工学校升级为技师学院；促进台山市技工学校建设国家重点技工学校和高级技工学校；支持江门市第一职业学校集团化办学；全市创建1所全国示范性高等职业学院；创建5—10个省级以上示范专业。

8.集中力量办好高技能人才培训基地。鼓励职业院校与企业合作建设高技能人才培训基地。鼓励高技能人才培训基地开发与产业发展相适应的高技能人才培训课程，扩大“互联网＋”远程职业培训试点规模。各级政府对接本地产业对技术技能人才的需求，在高技能人才研修提升培训、高技能人才能力评价、职业技能竞赛、高技能人才职业标准开发、高技能人才培训课程研发、技能鉴定题库开发、实训设备购置、职业培训师资培养、高技能人才成果交流等方面加大资金投入力度和政策支持。

9.聚集社会力量打造“湾区技谷”品牌。以“湾区技谷”为载体，以江门市省级高技能人才公共实训基地为依托，每年加大财政投入支持力度，逐步实现统筹全市乃至珠江西岸技能人才培养优质资源，面向我市企业、院校自主培养技能人才和劳动者技能提升学习免费提供资源（场地、设备和课程）开放使用公益服务。同时打造粤港澳技能人才集训和能力提升综合服务平台，将江门市省级高技能人才公共实训基地建成国家级高技能人才公共实训基地，成为高端技能人才培训教学、实操训练、能力评价鉴定、技能竞赛、技术交流、产学开发、研训融合、求职招聘等于一体的综合服务体和企业“技能人才管家”。

10.设立高技能人才研修院。鼓励和支持海内外知名学术机构、职业院校、培训机构、实训基地和行业组织设立高技能人才研修院。积极承接国家级、省级、市级高技能人才交流活动，建立高端产业人才联盟，举办高层次高技能人才发展研修和教育培训，推动高技能人才与专业服务机构、企业进行资智、企智对接，搭建高技能人才思想交流、绝招绝活展示平台；挖掘和保护具有民族特色的民间传统技艺，实现代际传承，使之发扬光大。

11.创建“粤菜师傅”五邑菜系研修机构。深入推进

“粤菜师傅”工程，促进“粤菜师傅”培育、就业创业和职业发展，从师资科研实力雄厚、培训质量较高的职业院校、培训机构或实训基地中择优整合创建“粤菜师傅”五邑菜系研修机构，为“粤菜师傅”工程在江门落地生根，向全国乃至世界推广“五邑菜系”提供强有力的学术理论支撑，丰富江门饮食文化内涵，更好地传承和发展江门特色美食文化，更有效地促进粤菜师傅就业创业。

（四）进一步完善高技能人才补贴政策体系。

12.实施职业技能培训补贴。各级政府和各市（区）人力资源社会保障部门要对参加职业技能提升培训的城乡劳动者，每提升一级职业资格，符合条件的给予劳动力职业技能提升补贴。

13.企业高技能人才养老保险补贴政策逐步推行至全市。在市区实施高技能人才养老保险补贴的基础上，全市全面推行高技能人才养老保险补贴，对在我市企业工作并缴纳企业职工基本养老保险费的高技能人才，由各市（区）根据当地产业发展需要，选定一定数量的职业工种进行高技能人才养老保险补贴，每一技术等级补贴期限最长为3年。每人每一技术等级只能申领一次。

14.落实高级技师生活补贴。对获得高级技师资格后在我市工作满1年的人员，给予一次性1万元生活补贴。

15.落实企业首席技师政府津贴。充分发挥高技能领军人才在生产管理、技术革新、项目攻关和技能人才培养上的促进作用。鼓励企业自主认定首席技师，每年全市遴选不超过20名企业首席技师授予江门市“首席技师”称号，对符合条件的，给予每人每月1500元市政府津贴，期限最长为3年。对获评的江门市“首席技师”择优向省推荐参评南粤首席技师评选。

16.推行技能大师工作室津贴。每年对符合条件的“江门市技能大师工作室”“粤菜师傅技能大师工作室”的企业、研发中心、职业院校和公共职业技能实训基地等载体，给予一次性建设经费资助10万元，对其中领衔的技能大师给予每人每月津贴1500元，期限最长为3年。

17.实施培养国际认证高技能人才资助。对本地企业或培训机构出资培养企业高技能人才且取得国际认证资格证书的，经评估认定后给予企业或培训机构每人一次性1万元的资助，每人只能申领一次。

18.提高高技能领军人才政治经济待遇。对获得全国劳动模范、全国五一劳动奖章、中华技能大奖、全国技术能手等荣誉以及享受省级以上政府特殊津贴的人员，或省政府认定的“高精尖缺”高技能人才，纳入政府部门联系专家范围。探索实行高技能领军人才在工会等群团组织中挂职和兼职；鼓励用人单位试行高技能领军人才年薪制和股权期权等激励政策；鼓励高技能领军人才更多参与国家、省、市科研项目和科技创新成果转化，开展科技攻关和创业创新活动。探索逐步建立高技能领军人才疗休养制度。

（五）完善高技能人才成长评价交流机制。

19.加大职业技能竞赛培养选拔高技能人才力度。落实《江门市提升高技能人才质量冲击世界技能大赛五年行动计划（2017—2021年）》，开展各种形式的岗位练兵和职业技能竞赛等活动，对获得市级职业技能竞赛名次的选手，按《江门市人民政府关于印发〈关于进一步集聚新时代人才建设人才强市的意见〉的通知》（江府〔2019〕1号）相关规定给予资金支持和激励。对在江门市设立的世界技能大赛国家集训基地给予一次性50万元资金支持，设省级职业技能竞赛集训基地给予一次性20万元资助。

20.拓展高技能人才职业发展空间。根据省部署安排，建立高技能人才与工程技术人才的职业发展贯通机制，畅通工程领域高技能人才申报工程技术类职称通道，落实优秀高技能人才和高层次工程技术人才互认政策，建立职业资格、职业技能等级与相应职称比照认定制度。在公务员报考录用、企事业单位招聘、考核定级、职位晋升、工资待遇等方面，取得高级工和技师（高级技师）职业资格（职业技能等级）证书的技能人才，分别与大专和本科学历人员同等对待；在职称评审中，技工院校中级技工班毕业生与中专学历人员同等对待，高级技工班毕业生与大专学历人员同等对待，预备技师（技师）班毕业生与本科学历人才同等对待。取得专业技术职称的高技能人才可聘用在专业技术岗位。

21.创新技能人才评价与待遇相衔接的机制。开展国家职业资格鉴定、职业技能等级认定和专项职业能力考核的多元化技能人才评价模式。贯彻职业技能等级制度，引导和支持企业自主开展技能评价。落实江府〔2019〕1号文相关规定，支持大中型企业贴近生产需要、贴近岗位要求、贴近职工素质提高，自主设置评价标准和实施考评。

22.搭建高技能人才交流服务平台。各级公共就业（人才）服务机构设立高技能领军人才服务窗口，为高技能领军人才提供“一对一”服务，建设高技能人才专业市场，建立高技能人才数据库，及时准确收集和发布高技能人才的供求信息，引导高技能人才合理流动。

（六）营造有利于高技能人才成长的良好环境。

23.加强组织领导，形成工作合力。充分发挥市场在资源配置中的决定性作用，切实加强各级政府对高技能人才工作的引导，努力构建政府统筹协调，培养单位、用人单位以及社会组织等积极参与的高技能人才工作良好格局。加强高技能人才工作的宏观指导、政策协调、财政投入和组织推进，实现高技能人才队伍建设与产业政策、就业政策、社会政策联动，形成整体合力。

24.加强经费投入，确保有效运转。各级政府每年要在辖区人才专项资金和促进就业创业资金安排相应经费重点用于高技能人才培养体系、培养载体建设，支持高技能人才培养、引进、使用、评价、激励、选拔、交流以及打造“粤菜师傅”工程等项目资金支出，纳入年度预算。本意见所需人才专项资金和促进就业创业资金，由市本级财政和各市（区）财政按比例分担。各级政府和相关部门要统筹引导企业结合生产经营和技术创新需要，制定技术工人培养规划和培训制度，建立健全人才工作体制机制，发挥各级工青妇等群团组织的支持、监督和动员作用，落实专职工作人员和工作经费，加强对人才管理服务。确保企业职工教育培训资金落实到位，并向一线技术工人倾斜。

25.加强督导考核，务求工作实效。各市（区）和有关部门要深入调查研究，加强工作指导，密切跟踪技能人才相关待遇、资金和措施的落实情况。加强督导检查，认真总结经验，推动各项政策措施落到实处，确保技能人才队伍建设取得成效。

（七）附则。

26.本意见对意见实施前的人才政策补贴标准进行调整的，按本意见调整后标准执行；

27.已按《江门市人力资源和社会保障局江门市财政局关于印发江门市高技能人才培育资助办法的通知》（江人社发〔2016〕495号）享受我市技能人才政策补贴且本意见实施后尚未到期终止的，继续按江人社发〔2016〕495号文规定标准享受至到期终止为止；

28.之前以最高技术等级按《江门市人力资源和社会保障局江门市财政局关于印发江门市高技能人才培育资助办法的通知》（江人社发〔2016〕495号）享受市区企业高技能人才养老补贴的，不能再以同一技术等级在江门市蓬江、江海和新会区重复申领江门市企业高技能人才养老保险补贴。

29.已按《江门市人力资源和社会保障局江门市财政局关于印发江门市高技能人才培育资助办法的通知》（江人社发〔2016〕495号）享受江门市首席技师补贴、技能名师工作室补贴、国际认证高技能人才补贴的，不能重复享受企业首席技师政府津贴、技能大师工作室津贴、培养国际认证高技能人才资助。

30.全日制在校生、机关工作人员、参照公务员法管理的事业单位工作人员，以及已达到法定退休年龄或提前退休的人员不列入申领范围。国家和省另有规定的，从其规定。

31.本意见从2020年1月1日起实施，有效期至2023年12月31日。

2019年江门市国民经济和社会发展统计公报

江门市统计局 国家统计局江门调查队

2020年3月23日

2019年，江门坚持以习近平新时代中国特色社会主义思想为指导，全面贯彻党的十九大和十九届二中、三中、四中全会精神，坚持稳中求进工作总基调，落实出台“六稳”政策措施，抢抓“双区驱动”机遇，全力推进稳增长、促改革、调结构、惠民生、防风险、保稳定各项工作，为全面建成小康社会和“十三五”规划收官之年打下扎实基础。

一、综合

年末全市常住人口463.03万人，其中城镇人口308.89万人，占常住人口的比重（常住人口城镇化率）为66.71%，比上年提高0.21个百分点；乡村人口154.14万人，占常住人口的33.29%。年末人口密度487人/平方公里，比上年提高3人/平方公里。年末公安户籍人口400.11万人。

表65　　2019年全市及各市（区）人口数

市（区）	常住人口		户籍人口（万人）
	绝对值（万人）	城镇人口比重（%）	
全市	463.03	66.71	400.11
蓬江	77.27	99.59	52.05
江海	27.82	99.75	17.61
新会	88.16	66.50	76.53
台山	95.39	47.46	96.80
开平	71.77	57.21	68.73
鹤山	51.65	63.23	38.18
恩平	50.97	52.13	50.19

经广东省统计局统一核算，2019年全市实现地区生产总值（初步核算数）3146.64亿元，比上年增长4.3%。人均地区生产总值达到68194元，增长3.5%。

分产业看，第一产业增加值254.23亿元，增长6.3%；第二产业增加值1352.54亿元，增长2.5%；第三产业增加值1539.87亿元，增长5.8%。三次产业结构为8.1∶43.0∶48.9。

图1　2019年三次产业增加值占地区生产总值比重（%）

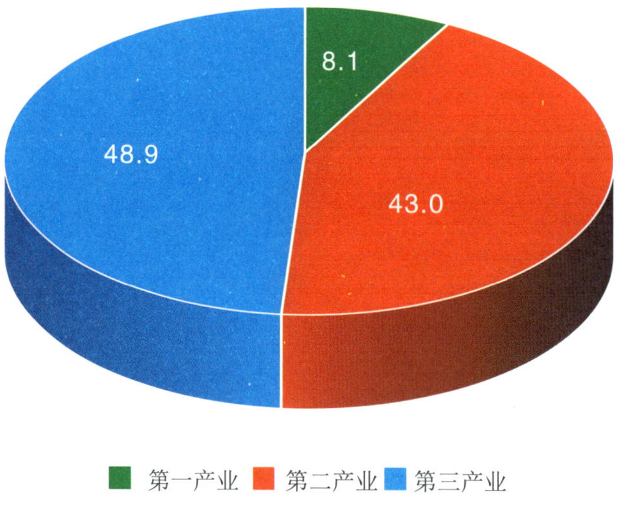

全年居民消费价格比上年上涨3.0%。分类别看，食品烟酒类价格上涨7.5%，衣着类价格上涨2.6%，居住类价格上涨0.6%，生活用品及服务类价格上涨2.0%，交通和通信类价格下降1.5%，教育文化和娱乐类价格上涨1.3%，医疗保健类价格上涨2.5%，其他用品和服务类价格上涨3.6%。工业生产者出厂价格下降0.2%，商品零售价格上涨2.2%。

图2　2015—2019年居民消费价格涨跌幅度

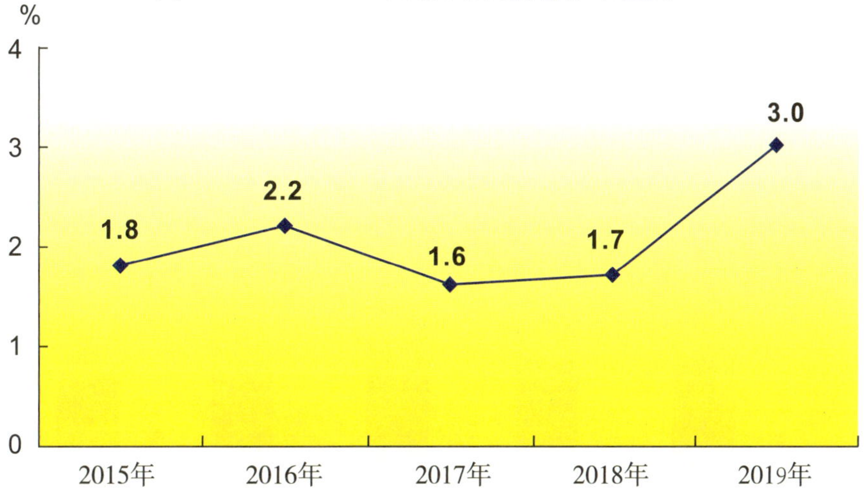

表66

2019年居民消费价格指数

指标名称	价格指数（上年=100）	涨跌幅度（%）
一、食品烟酒类	101.7	3.0
粮　食	102.0	7.5
鲜　菜	100.2	2.0
畜　肉	111.1	5.5
水产品	93.7	32.2
蛋　类	106.8	5.9
鲜瓜果	110.0	5.8
二、衣着类	100.4	12.6
三、居住类	99.7	2.6
四、生活用品及服务类	101.2	0.6
五、交通和通信类	102.5	2.0
六、教育文化和娱乐类	102.5	-1.5
七、医疗保健类	101.5	1.3
八、其他用品和服务类	101.5	2.5
	100.9	3.6

全年城镇新增就业47118人，城镇失业人员再就业31953人。城镇登记失业率2.12%，比上年末降低0.25个百分点。促进创业人数4836人。

年末私营企业7.15万户，注册资金2120.05亿元，从业人数47.88万人，分别比上年增长7.9%、16.7%和1.0%；个体工商户43.89万户，注册资金234.65亿元，从业人数71.72万人，分别比上年增长12.2%、21.1%和8.8%。

全年税收收入502.02亿元，比上年下降3.6%。其中，工业收入238.84亿元，下降9.6%；房地产业收入97.67亿元，增长14.9%；批发零售业收入38.92亿元，下降17.3%；金融业收入27.60亿元，增长11.5%；租赁和商务服务业收入11.08亿元，下降16.8%。

全年地方一般公共预算收入256.80亿元，比上年增长5.3%。其中，税收收入174.34亿元，增长0.8%。全市地方一般公共预算支出424.02亿元，比上年增长12.0%。其中，教育支出84.67亿元，增长7.6%；卫生健康支出47.76亿元，增长8.6%；社会保障和就业支出68.33亿元，增长19.1%。

二、农业

全年粮食作物播种面积18.1万公顷，比上年增长3.1%；糖蔗种植面积1746.67公顷，下降4.3%；油料种植面积1.24万公顷，增长4.5%；蔬菜种植面积7.33万公顷，增长5.1%。

全年粮食产量93.22万吨，比上年增长5.0%。糖蔗产量16.82万吨，下降4.3%；油料产量3.20万吨，增长7.3%；蔬菜产量162.38万吨，增长7.8%；水果产量38.07万吨，增长7.2%。

全年肉类总产量28.89万吨，增长3.0%。其中，猪肉产量14.89万吨，下降15.4%；禽肉产量13.70万吨，增长40.7%。全年水产品产量79.20万吨，增长3.4%。

图3 2015—2019年粮食产量及其增长速度

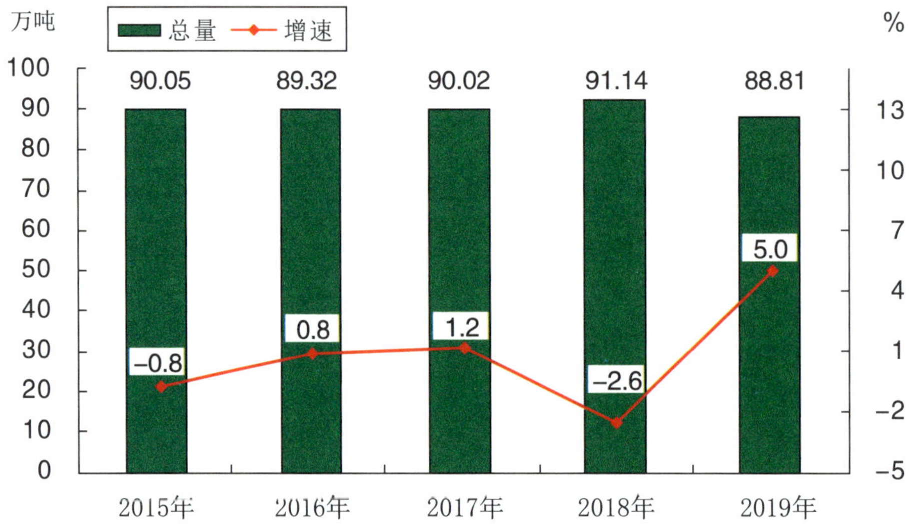

三、工业和建筑业

全年规模以上工业增加值比上年增长1.5%。分注册类型看，国有及国有控股企业增长25.6%，民营企业下降4.8%，外商及港澳台投资企业增长7.2%，股份制企业下降3.2%，集体企业增长5.0%；分轻重工业看，轻工业下降2.7%，重工业增长5.7%；分企业规模看，大型企业增长3.2%，中型企业增长2.7%，小型企业下降0.4%，微型企业下降21.8%。

图4 2015—2019年规模以上工业增加值增长速度

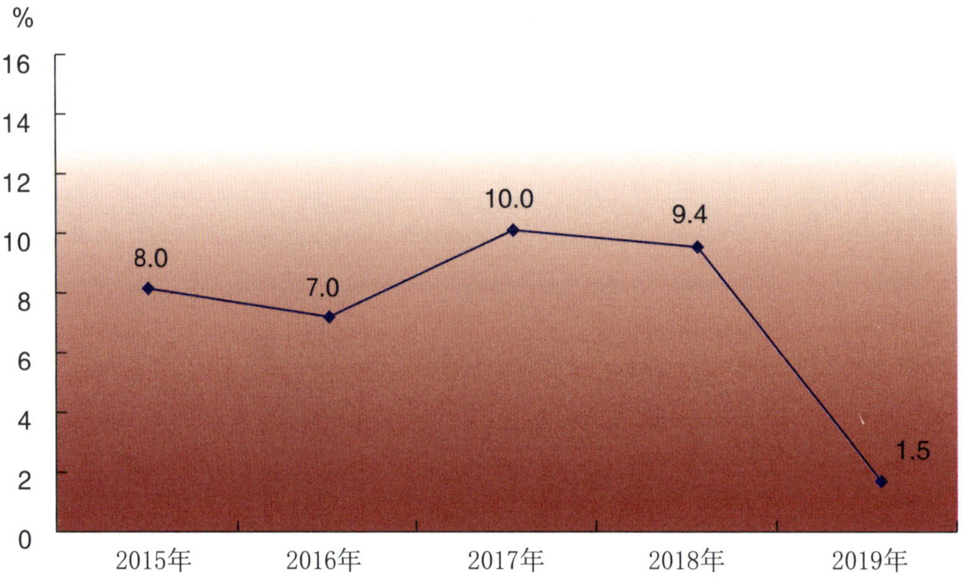

高技术产业增加值比上年增长17.3%，占规模以上工业增加值的比重为11%，比上年提高1.7个百分点。其中，医药制造业增长6.5%，电子及通信设备制造业增长19.6%，计算机及办公设备制造业下降4.6%，医疗仪器设备及仪器仪表制造业增长5.2%。

先进制造业增加值比上年增长4.0%，占规模以上工业增加值的比重为39.6%。其中，先进装备制造业下降7.3%，高端电子信息制造业增长34.3%，石油化工产业下降15.2%。先进装备制造业中，智能制造装备下降17.7%，船舶与海洋工程装备下降5.3%，节能环保装备下降11.5%，轨道交通设备增长40.5%，新能源装备增长7.2%，汽车制造业下降15.1%，卫星及应用下降3.8%，重要基础件下降8.7%。

优势传统产业增加值比上年增长4.3%。其中，纺织服装下降24.1%，食品饮料增长32.8%，家具制造业下降26.1%，建筑材料业增长2.7%，金属制品业下降8.5%，家用电力器具制造业增长12.7%。

六大高耗能行业增加值比上年增长2.6%，其中，石油、煤炭及其他燃料加工业增长10.1%，化学原料和化学制品制造业下降24.7%，非金属矿物制品业增长11%，黑色金属冶炼及压延加工业下降60.3%，有色金属冶炼及压延加工业下降6.2%，电力、热力生产和供应业增长20.8%。

规模以上工业企业资产负债率53.04%，流动资产周转率1.92次，成本费用利润率5.94%，产品销售率96.22%，全员劳动生产率23.07万元/人。实现利润总额230.77亿元，同比下降0.5%。企业亏损额17.41亿元，比上年下降53.3%。企业亏损面17.16%，比上年上升1.2个百分点。全年规模以上工业企业每百元营业收入中的成本为82.98元,比上年下降0.09元

表67

2018年主要工业产品产量情况

产品名称	计量单位	产量	增长（%）
饲料	万吨	356.10	2.7
布	万米	7955.00	-32.0
服装	万件	14615.00	-58.1
家具	万件	1316.77	-3.8
机制纸及纸板	万吨	230.81	13.1
涂料	万吨	57.43	35.9
化学纤维	万吨	8.34	10.9
塑料制品	万吨	60.73	8.7
水泥	万吨	515.83	-3.0
平板玻璃	万重量箱	3013.72	4.7
铝材	万吨	5.68	-11.7
金属集装箱	万立方米	409.35	-41.0
日用不锈钢制品	万吨	9.95	-13.2
摩托车	万辆	321.21	-0.6
原电池及原电池组	万只	63935.00	5.1
房间空调器	万台	478.96	7.6
电风扇	万台	2240.50	4.3
家用洗衣机	万台	184.72	4.7
打印机	万台	371.14	-8.2
印制电路板	万平方米	800.59	-11.5
灯具	万只	12479.23	-8.0

全年建筑业增加值152.23亿元，比上年增长1.6%。资质等级以上建筑企业243个，比上年增加8个。

四、服务业

全年批发和零售业增加值比上年增长2.5%，住宿和餐饮业增加值增长3.3%，金融业增加值增长8.4%，房地产业增加值增长2.9%，其他服务业增加值增长7.3%。现代服务业增加值占服务业增加值比重58.6%。生产性服务业增加值占服务业增加值比重39.6%。

全年规模以上服务业企业实现营业收入178.46亿元，比上年增长1.7%；利润总额22.36亿元，增长6.4%。分行业看，信息传输、软件和信息技术服务业营业收入增长24.9%，水利、环境和公共设施管理业下降5.9%，科学研究和技术服务业下降0.7%，卫生和社会工作增长68.6%，租赁和商务服务业增长5.4%，居民服务、修理和其他服务业增长16.4%。

全年交通运输、仓储和邮政业增加值增长4.1%。水陆货运量16901万吨，比上年增长6.3%；货运周转量178.22亿吨公里，增长5.9%。水陆客运量8935万人，下降5.1%；客运周转量58.54亿人公里，下降4.6%。港口货物吞吐量6834万吨，下降27.1%。全年邮政业务总量27.50亿元（2010年不变价），可比增长22.5%；通信业务总量355.96亿元（2015年不变价），可比增长47.6%。年末移动电话用户864.55万户，比上年增长5.6%。

年末公路通车里程9538公里，其中高速公路489公里，一级公路919公里。公路密度100公里/百平方公里。年末机动车拥有量230.77万辆，比上年末增长5.0%，其中，民用汽车保有量88.21万辆，增长12.1%，其中轿车55.17万辆，增长13.2%；摩托车保有量142.01万辆，增长1.1%；挂车5408辆，增长23.6%。年末拥有民用运输机动船350艘，比上年末减少20艘。

五、固定资产投资

全年固定资产投资比上年增长8.3%。分投资主体看，国有投资增长14.2%；民间投资增长6.2%；港澳台及外商投资增长1.8%。分产业看，第一产业投资增长19.2%；第二产业投资下降5.0%，其中工业投资下降5.0%，制造业投资下降3.6%；第三产业投资增长17.4%。

图5　2015—2019年固定资产投资额增长速度

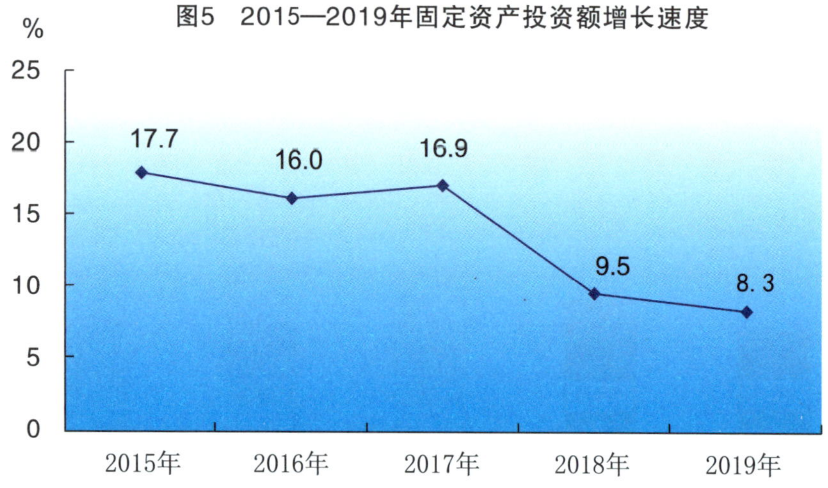

全年房地产开发投资717.45亿元，比上年增长24.8%。商品房施工面积4163.58万平方米，增长13.8%；竣工面积535.19万平方米，增长14.8%；销售面积666.92万平方米，下降2.6%；销售额514.57亿元，下降10.6%

表64　2018年分行业固定资产投资增长速度

行业名称	比上年增长（%）
固定资产投资	8.3
农、林、牧、渔业	0.2
采矿业	-13.6
制造业	-3.6
电力、燃气及水的生产和供应业	-10.8
建筑业	75.2
交通运输、仓储和邮政业	68.7

续表

行业名称	比上年增长（%）
信息传输、软件和信息技术服务业	18.6
批发和零售业	-53.5
住宿和餐饮业	-8.1
金融业	—
房地产业	22.8
租赁和商务服务业	-41.0
科学研究和技术服务业	-41.5
水利、环境和公共设施管理业	26.0
居民服务、修理和其他服务业	-91.7
教育	12.0
卫生和社会工作	6.8
文化、体育和娱乐业	186.0
公共管理、社会保障和社会组织	109.2
国际组织	—

六、国内贸易

全年社会消费品零售总额1520.43亿元，比上年增长8.0%。分地域看，城镇消费品零售额1154.16亿元，增长6.5%；农村消费品零售额366.27亿元，增长14.6%。分行业看，批发和零售业零售额1377.13亿元，增长8.0%；住宿和餐饮业零售额143.30亿元，增长8.5%。

图6 2015—2019年社会消费品零售总额及其增长速度

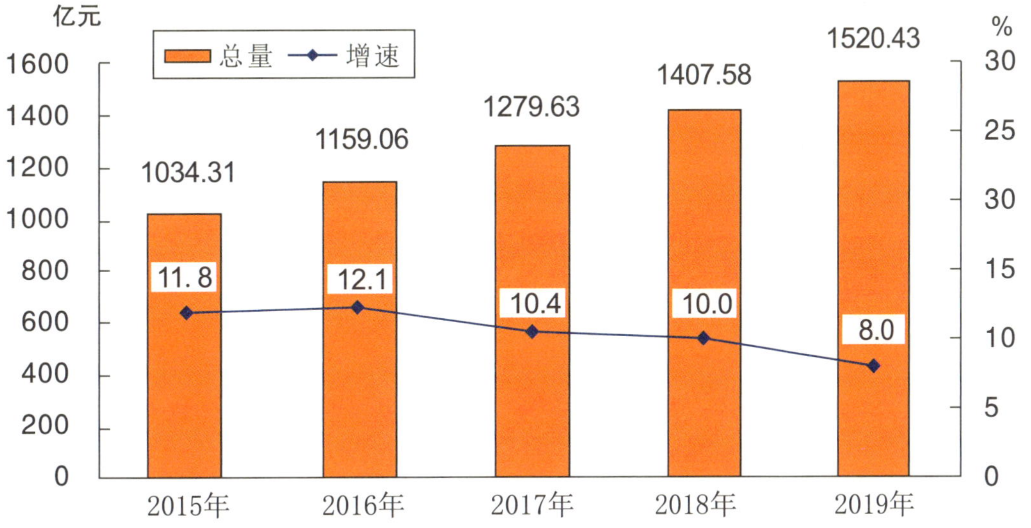

在限额以上批发和零售业商品零售额中，粮油、食品、饮料、烟酒类比上年增长9.8%，服装、鞋帽、针纺织品类下降6.6%，化妆品类增长34.9%，金银珠宝类下降0.2%，日用品类增长29.0%，体育、娱乐用品类增长31.5%，电子出版物及音像制品类下降37%，书报杂志类下降2.2%，家用电器和音像器材类下降1.4%，中西药品类增长20.5%，文化办公用品类增长10.1%，通信器材类增长85.4%，石油及制品类下降8.3%，汽车类增长2.6%，建筑及装潢材料类下降11.2%。

七、对外经济

全年外贸进出口总额1425.4亿元，比上年下降3.2%。其中，进口总额289.3亿元，下降17.2%；出口总额1136.1元，增长1.2%。对“一带一路”沿线国家进出口322.4亿元，下降0.8%。出口分贸易方式看，一般贸易出口782.0亿元，增长7.0%；加工贸易出口342.3亿元，下降7.3%。出口前三大商品为家电、纺织服装、印刷电路，出口值分别为151.4亿元、119.6亿元和57.4亿元，其中家电和印刷电路增长7.3%、1.9%，纺织服装下降5.0%。出口高新技术产品138.5亿元，增长2.4%，占全市出口总值的12.2%。

图7　2015—2019年外贸进出口总额

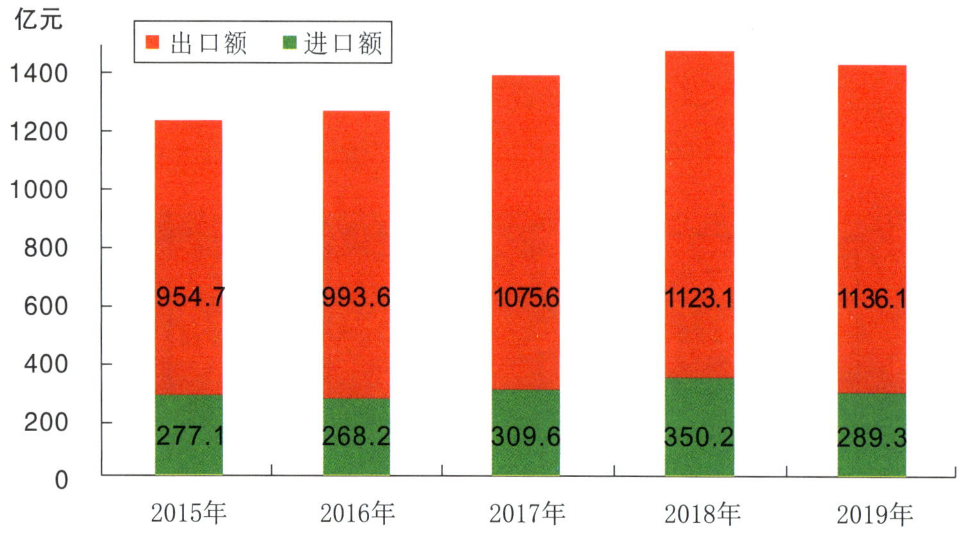

全年合同利用外资13.92亿美元，比上年下降34.1%。实际利用外资8.23亿美元，增长12.1%。在实际利用外资中，分产业类型看，电力、热力、燃气及水生产和供应业增长350.3%；制造业下降69.0%；计算机、通信和其他电子设备制造业下降49.9%；批发和零售业增长672.8%；房地产业增长674.6%。分来源地区看，来自香港5.32亿美元，下降1.0%；来自澳门0.18亿美元，增长54.5%；来自欧洲1.89亿美元，增长59.5%；来自北美洲0.02亿美元，下降85.7%；来自南美洲的英属维尔京群岛0.61亿美元，增长175.5%。

八、金融

年末中外资金融机构本外币存款余额4946.81亿元，比上年末增长9.2%，其中，境内存款余额4744.20亿元，增长9.1%，境内存款中住户存款3059.53亿元，增长9.9%；境外存款余额202.61亿元，增长13.1%。年末中外资金融机构本外币贷款余额3667.71亿元，增长16.8%，其中，境内贷款余额3631.07亿元，增长16.8%，境内贷款中住户贷款1550.25亿元，增长17.6%；境外贷款余额36.64亿元，增长10.9%。

年末各类保险公司61家，比上年增加3家。全年保费收入168.44亿元，比上年增长11.9%，其中，人寿保险业务收入130.98亿元，增长14.9%；财产保险业务收入37.46亿元，增长2.7%。共支付各项赔款39.54亿元，下降23.7%，其中，人寿保险业务赔款19.13亿元，下降36.7%；财产保险业务赔款20.41亿元，下降5.4%。

九、人民生活和社会保障

全年江门居民人均可支配收入32323元，比上年增长9.4%，扣除价格因素实际增长6.2%。

图8　2015—2019年城镇居民人均可支配收入及其增长速度

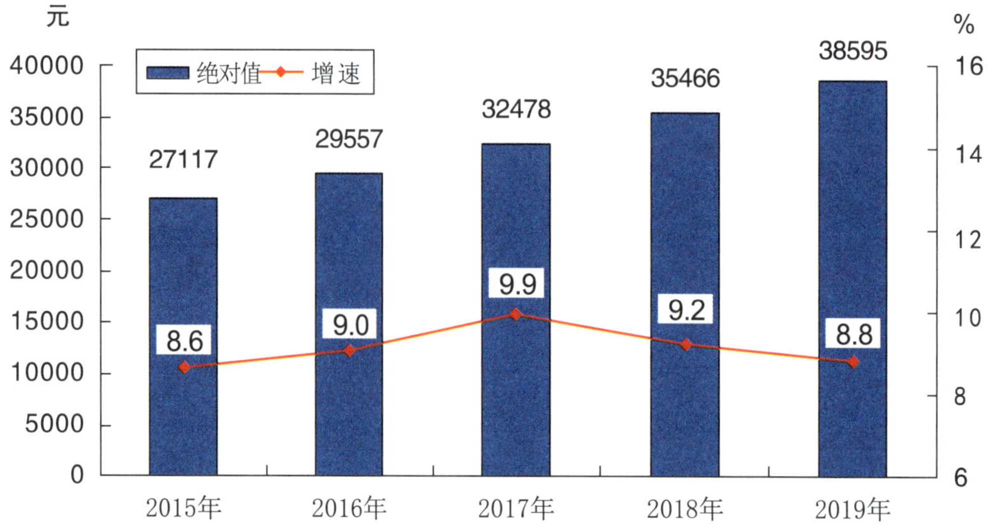

全年农村常住居民人均可支配收入19873元，比上年增长9.5%，扣除价格因素实际增长6.3%。其中，工资性收入14251元，占全部可支配收入的71.7%。

图9 2015—2019年农村居民人均可支配收入及其增长速度

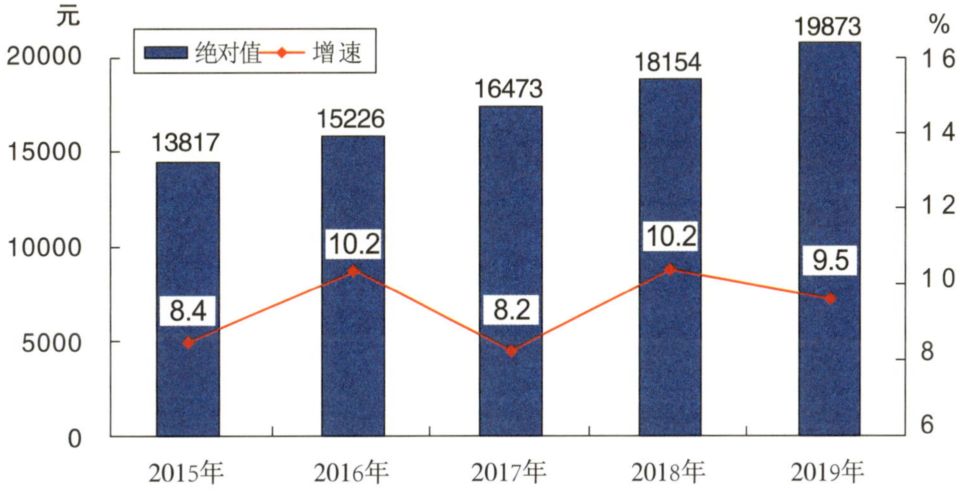

全年社会保险基金收入264.52亿元，其中企业养老保险86.77亿元，城镇职工基本医疗保险（含生育）47.23亿元，城乡居民基本医疗保险22.32亿元。城镇职工基本养老保险参保人数148.03万人，城乡居民基本养老保险参保人数152.92万人，城镇职工基本医疗保险参保人数141.93万人，城乡居民基本医疗保险参保人数249.43万人，失业保险参保人数89.04万人，工伤保险参保人数101.16万人，生育保险参保人数93.62万人。年末领取养老金的离休、退休人数35.09万人，养老、失业、医疗、工伤、生育保险基金支出267.20亿元。

年末拥有社会福利院6间，福利院床位3090张，收寄养人数1543人；敬老院68间，敬老院床位6056张，供养人数1218人。拥有社区服务设施2311个，社区服务中心覆盖率100%。

2019年全市居民最低生活保障标准850元/人月，比上年提高50元/人月。年末最低生活保障对象户数16222户，人数30677人。全年共发放低保救济金20979万元，比上年减少10.9%。年末特困供养人数9400人，全年落实供养经费15230万元，增长15.6%。全年全年门诊和住院费用医疗救助支出5583万元，救助100824人次；医疗救助资助参保支出1728万元，资助参保51174人。

十、教育和科学技术

全年高等教育(含成人教育)招生3.42万人，在校学生8.19万人，毕业生1.87万人。中等职业技术学校招生1.82万人，在校学生4.79万人，毕业生1.77万人。普通高中招生2.84万人，在校学生7.84万人，毕业生2.40万人。初中招生4.96万人，在校学生14.20万人，毕业生4.34万人。小学招生6.35万人，在校学生34.95万人，毕业生5.04万人。幼儿园入园儿童5.21万人，在园幼儿14.37万人。小学学龄儿童入学率100%，小学升学率100%，初中适龄少年入学率100%，初中升学率99.1%，高中升学率85.6%。

全年地方财政科学技术支出15.30亿元，比上年增长16.2%。全市高新技术企业1582家（拟通过），省级以上创新平台413个。年末发明专利拥有量4078件。全年专利申请量20475件，其中发明专利3055件；专利授权量13282件，其中发明专利647件。全市拥有各类专业技术人数20.72万人，增长3.0%，其中中级职称以上8.41万人，增长3.1%。

十一、文化、旅游、体育和卫生

全年地方财政文化旅游体育与传媒支出11.56亿元，比上年增长16.7%。年末全市拥有群众文化艺术馆8间，文化站73个。拥有公共图书馆8间，公共图书馆藏书量460.55万册，图书馆全年流通人数154.07万人次，图书外借151.28万册次，图书馆阅览室座席6286个。拥有博物馆7个，博物馆文物藏品7.20万件，其中一级藏品6件。拥有广播电视台6个，广播电台节目7套。广播人口综合覆盖率100%，电视人口综合覆盖率100%。

全年旅游总收入690.52亿元，比上年增长17.5%。全年接待游客7674万人次，比上年增长18.2%，其中，接待一日游游客4219万人次，比上年增长11.9%；接待过夜游客

3337万人次，比上年增长22.6%。

年末全市拥有体育场馆30个，市级体育协会（俱乐部）51家，现有三级社会体育指导员11000名，二级社会体育指导员4425名。全市体育彩票年销售总额5.36亿元。江门籍体育健儿在国际赛事中，获得2项冠军，2项季军；在国内赛事中，获得2项冠军，1项季军；在省级比赛上，获得27金、46银、46铜。

年末全市拥有医疗卫生机构(含各类门诊，下同)1658个，其中医院48个。医疗卫生机构实有床位24248张，其中医院17632张。医疗卫生机构在岗职工37841人，其中卫生技术人员32010人。卫生技术人员中执业（助理）医师10934人，注册护士15018人，药师（士）2063人，技师（士）1437人，其他卫生技术人员2558人。

十二、资源、环境和安全生产

年末全市领海基线以内海域面积2886平方公里，大陆海岸线414.8公里，拥有大小岛屿561个，其中大于500平方米海岛130个（含赤鼻岛），海岛面积249.941平方公里。

全年规模以上工业综合能源消费量758.45万吨标准煤，比上年下降9.0%。全年全社会用电量294.64亿千瓦时，比上年增长4.4%。分产业看，第一产业用电量13.13亿千瓦时，增长3.2%；第二产业用电量202.83亿千瓦时，增长2.9%，其中工业用电量增长2.8%；第三产业用电量40.44亿千瓦时，增长10.5%。城镇居民生活用电量23.99亿千瓦时，增长6.5%；乡村居民生活用电14.24亿千瓦时，增长7.4%。

全市全年水资源总量140.15亿立方米。年平均气温23.7摄氏度，比上年上升0.7摄氏度；年降雨量2291.7毫米，比上年减少132.7毫米；年日照量1710.9小时，比上年增加98.4小时。

全市大气环境质量良好，市区空气质量达标天数占比为77.0%。全市主要河流水质良好，其中西江干流、西海水道和省控跨地级市界河流交接断面水质优良，符合Ⅱ～Ⅲ类水质标准。江门河水质优良至轻度污染，水质类别为Ⅱ～Ⅳ类，达到水环境功能区要求；潭江干流上游水质优良，中游及下游银洲湖段水质良至轻度污染，潭江入海口水质优良。市区饮用水源水质达标率为100%。城市区域环境噪声平均值为56.98分贝，优于国家区域环境噪声2类区（居住、商业、工业混杂）昼间标准；道路交通干线两侧昼间噪声质量处于较好水平，等效声级为69.94分贝，符合国家4类区（城市交通干线两侧区域）昼间标准。

全年农作物受灾面积450.7公顷。自然灾害受灾5.36万人次，自然灾害直接经济损失1.28亿元。全市共发生生产安全事故156起，死亡91人，受伤102人，直接经济损失2270.9万元，事故起数和受伤人数分别比上年上升17.3%和67.2%，死亡人数和直接经济损失分别下降11.7%和10.6%。分行业看，商贸制造业和建筑业事故起数分别下降9.1%和33.3%，交通运输和仓储业及其他行业事故数均同比上升21.2%和100%。道路交通万车死亡率为1.31。

注：

1.本公报中2019年数据为初步统计数，统计图中2015-2018年数据为年报数。

2.地区生产总值、三次产业及相关行业增加值、人均地区生产总值绝对数按现价计算，增长速度按可比价计算；地方一般公共预算收入增长速度按可比口径计算。

3.人口密度为常住人口口径。

4.农业相关历史数据根据第三次全国农业普查结果进行修订。

5.从2011年起，规模以上工业统计口径由年主营业务收入500万元调整为2000万元及以上；固定资产投资项目统计起点由计划总投资50万元提高到500万元，增速为可比口径。限额以上批发和零售业统计标准为：批发业年主营业务收入2000万元及以上；零售业年主营业务收入500万元及以上。

6.规模以上服务业包括年营业收入1000万元及以上，或年末从业人员50人及以上的交通运输、仓储和邮政业，信息传输、软件和信息技术服务业，房地产业（不含房地产开发经营），租赁和商务服务业，科学研究和技术服务业，水利、环境和公共设施管理业，教育，卫生和社会工作；年营业收入500万元及以上，或年末从业人员50人及以上的居民服务、修理和其他服务业，文化、体育和娱乐业法人单位。

7.先进制造业包括装备制造业、钢铁冶炼及加工业、石油及化学制造业。高技术制造业包括医药制造业，航空、航天器及设备制造业，电子及通信设备制造业，计算机及办公设备制造业，医疗仪器设备及仪器仪表制造业，信息化学品制造业。六大高耗能行业包括石油加工炼焦及核燃料加工业、化学原料及化学制品制造业、非金属矿物制品业、黑色金属冶炼及压延加工业、有色金属冶炼及压延加工业、电力热力的生产和供应业。

8.对外贸易数据按当年的美元汇率折算为人民币。

资料来源：本公报中户籍人口、机动车拥有量、道路交通事故数据来自市公安局；城镇就业和失业、专业技术人员、社会保障数据来自市人力资源社会保障局和市医保局；专利、私营企业和个体工商户数据来自市市场监管局；税收数据来自市税务局；财政数据来自市财政局；水产品产量数据来自市农业农村局；海域和海岛面积、大陆海岸线数据来自市自然资源局；货物进出口数据来自江门海关；利用外商直接投资数据来自市商务局；公路里程和密度、民用运输船

舶、公路和水路运输、港口货物吞吐量数据来自市交通运输局；邮政业务总量数据来自市邮政管理局；通信业务总量数据由省反馈；移动电话用户数据来自市工业和信息化局；货币金融数据来自人民银行江门中心支行；保险业数据来自市保险行业协会；高新技术企业、科技计划项目数据来自市科学技术局；高等教育数据来自五邑大学、江门职业技术学院、江门开放大学、广东南方职业学院、江门中医药职业学院和江门幼儿师范高等专科学校，其他教育数据来自市教育局；广播电视、公共图书馆、文化馆（站）、博物馆、旅游、体育数据来自市文化广电旅游体育局；卫生数据来自市卫生健康局；社会福利组织、福利彩票、低保特困数据来自市民政局；气象数据来自市气象局；环境监测数据来自市生态环境局；水资源数据来自市水利局；农作物受灾面积、自然灾害受灾面积及直接经济损失和安全事故数据来自市应急管理局；其他数据来自市统计局和国家统计局江门调查队。

表68

2018年江门市经济社会发展主要指标

指标名称	单位	绝对值	增长（%）
常住人口	万人	463.03	0.7
地区生产总值	亿元	3146.64	4.3
其中:第一产业增加值	亿元	254.23	6.3
第二产业增加值	亿元	1352.54	2.5
第三产业增加值	亿元	1539.87	5.8
人均地区生产总值	元	68194	3.5
粮食产量	万吨	93.22	5.0
规模以上工业增加值	亿元	---	1.5
固定资产投资	亿元	---	8.3
社会消费品零售总额	亿元	1520.43	8.0
进出口总额	亿元	1425.4	-3.2
其中：出口总额	亿元	1136.1	1.2
进口总额	亿元	289.3	-17.2
实际利用外商直接投资额	万美元	82329	12.1
地方一般公共预算收入	亿元	256.80	5.3
地方一般公共预算支出	亿元	424.02	12.0
税收收入	亿元	502.02	-3.6
金融机构本外币存款余额	亿元	4946.81	9.2
金融机构本外币贷款余额	亿元	3667.71	16.8
旅游收入	亿元	690.52	17.5
居民人均可支配收入	元	32323	9.4
城镇常住居民人均可支配收入	元	38595	8.8
农村常住居民人均可支配收入	元	19873	9.5
居民消费价格指数	%	103.0	3.0
全社会用电量	亿千瓦时	294.64	4.4
其中：工业用电量	亿千瓦时	200.79	2.8

社会经济统计资料

表69　　江门市经济和社会发展情况（一）

指　标	2018年	2019年
土地面积（平方公里）	9506.92	9506.92
年末常住人口（万人）	459.82	463.03
年末户籍人口（万人）	398.91	400.11
年末从业人员（万人）	247.13	272.27
第一产业（万人）	77.68	77.55
第二产业（万人）	88.03	87.54
第三产业（万人）	81.42	107.18
生产总值（亿元）	2900.41	3146.64
第一产业（亿元）	201.69	254.23
第二产业（亿元）	1408.15	1352.54
工业（亿元）	1329.89	1201.74
第三产业（亿元）	1290.57	1539.87
人均生产总值（元）	63328	68194
生产总值增速（%）	7.8	4.3
第一产业增速（%）	4.1	6.3
第二产业增速（%）	8.4	2.5
工业增速（%）	8.7	2.6
第三产业增速（%）	7.7	5.8
人均生产总值增速（%）	7.2	3.5
农业总产值（亿元）	361.69	459.25
农业总产值增速（%）	3.9	4.9
粮食总产量（万吨）	88.81	93.22
全部工业企业单位数（个）	46118	41071
全部工业总产值（亿元）	5074.48	4950.39
规模以上（亿元）	4406.66	4246.64
规模以上工业增加值（亿元）	1085.24	1008.60
规模以上工业增加值增速（%）	9.4	1.5
规模以上工业利润总额（亿元）	229.44	223.07
规模以上工业利润总额增速（%）	0	-0.5
工业综合经济效益指数（%）	247.81	—

注：生产总值、工业及农业总产值均为现行价，增长速度按可比价计算。

表70

江门市经济和社会发展情况（二）

指标	2018年	2019年
固定资产投资额增速（%）	9.5	8.3
房地产开发增速（%）	27.6	24.8
客运量（万人）	9418	8935
货运量（万吨）	15894	16901
单位GDP能耗（上升或下降，%）	-4.89	-2.46
社会消费品零售总额（亿元）	1407.58	1206.96
海关进出口总额（亿元）	1473.26	1425.40
进口总额（亿元）	350.16	289.31
出口总额（亿元）	1123.10	1136.09
实际外商直接投资（亿美元）	7.34	8.23
税收总额（亿元）	520.57	502.02
国税（亿元）	—	—
地税（亿元）	—	—
地方公共财政预算收入（亿元）	244.05	256.83
地方公共财政预算支出（亿元）	377.88	421.24
人民币存款余额（亿元）	4401.20	4831.16
城乡居民人民币存款余额(亿元)	2475.88	2662.11
人均储蓄存款余额（元）	53845	57493
人民币贷款余额（亿元）	3084.25	3617.72
在岗职工年平均工资（元）	71371	80332
城镇常住居民人均可支配收入（元）	35466	38595
农村常住居民人均可支配收入（元）	18154	19873
居民消费价格总指数（%）	101.7	103
高等院校在校学生（万人）	4.42	4.8
中等职业在校学生（万人）	4.59	4.79
小学在校学生（万人）	33.74	34.95
卫生机构病床数（张）	23482	24248
卫生技术人员数（人）	30479	32010

表71

2019年江门各市（区）生产总值结构

单位：万元

指标	全市	蓬江	江海	新会	台山	开平	鹤山	恩平
生产总值	31466433	7129538	2439024	8062184	4522379	3824834	3619362	1869112
农林牧渔业	2601246	61046	52398	493792	1023624	426689	277828	265869
工业	12017416	2244902	1313225	3815005	1570206	1148104	1518647	407327
建筑业	1522272	258703	75273	221380	173579	506319	175823	111195
批发和零售业	1893419	656636	126816	331125	228241	240399	222877	87325
交通运输、仓储和邮政业	922546	209068	57725	124224	37029	246109	116386	132005
住宿和餐饮业	603803	162441	40936	93571	98513	77206	72075	59061
金融业	2139392	985226	75621	325069	239152	210540	205210	98574
房地产业	2143427	589092	284943	324811	255943	219354	238922	230362
其他服务业	7622911	1962424	412086	2333207	896091	750115	791595	477393
第一产业	2542330	54586	51765	483689	1015576	400188	273667	262859
第二产业	13525414	2497844	1388498	4033295	1739133	1654373	1693800	518471
第三产业	15398689	4577108	998761	3545200	1767670	1770273	1651895	1087782

表72

2019年江门市行政区划

单位：个

市（区）	镇	街道办事处	村民委员会	居民委员会
全市	61	12	1050	266
蓬江区	3	3	55	79
江海区	0	3	36	26
新会区	10	1	193	34
台山市	16	1	277	36
开平市	13	2	226	42
鹤山市	9	1	112	26
恩平市	10	1	151	23

表73

2019年江门市森林资源情况

市（区）	活立木蓄积量（万立方米）	森林覆盖率（%）	森林面积（千公顷）	森林蓄积量（万立方米）
全市	2490.10	44.62	424.28	2488.60
蓬江区	84.70	26.17	8.43	84.70
江海区	6.80	4.58	0.50	6.80
新会区	211.90	31.30	42.41	211.90
台山市	756.90	45.67	150.07	756.80
开平市	431.80	45.49	75.42	430.50
鹤山市	403.20	52.51	56.88	403.20
恩平市	594.80	53.46	90.58	594.80

注：森林覆盖率，是指以行政区域为单位森林面积与土地面积的百分比。此表中森林面积为有林地＋国家规定灌木＋四旁林木面积；但是竹林和国家规定灌木无蓄积，四旁林木蓄积无法统计，故森林蓄积量为有林地中的乔木林蓄积。直属国有林场的数已合并入各市（区）。

表74

2019年江门市户籍人口情况

市（区）	年末总人口（人）	按性别分（人）		按城镇、乡村分（人）		年末总户数（户）
		男	女	城镇人口	乡村人口	
全市	4001066	2008539	1992527	2106101	1894965	1210308
蓬江区	520549	255077	265472	510011	10538	177755
江海区	176136	85713	90423	176136	0	55815
新会区	765313	380691	384622	409403	355910	234362
台山市	968011	491096	476915	408943	559068	276758
开平市	687318	343730	343588	242987	444331	197988
鹤山市	381833	190190	191643	189274	192559	115628
恩平市	501906	262042	239864	169347	332559	152002

表75

2019年江门市户籍人口迁移情况

单位：人

市（区）	迁入		迁出		净迁移
	省内迁入	省外迁入	迁往省内	迁往省外	
全市	39779	11335	46677	9082	-4645
蓬江区	1940	2633	1484	1206	1883
江海区	4598	1900	3554	376	2568
新会区	11467	1066	12776	1406	-1649
台山市	1634	1457	4214	3141	-4264
开平市	6970	841	9436	1790	-3415
鹤山市	6909	2026	7136	588	1211
恩平市	6261	1412	8077	575	-979

表76

2019年全市分行业在岗职工人数与工资情况

行业	年末人数(人)	平均人数(人)	工资总额(万元)	平均工资(元)
合计	558954	556232	4468340	80332
（一）按企业、事业、机关分组				
1.企业	415929	414319	2930329	70726
2.事业	80431	79869	863973	108174
3.机关	55472	55170	635938	115269
4.民营非营利组织	6848	6601	35007	53033
5.其他	274	273	3093	113304
（二）按国民经济行业分组				
1.农、林、牧、渔业	1009	964	6547	67914
2.采矿业	94	94	640	68128
3.制造业	258400	258460	1719723	66537
4.电力、燃气及水的生产和供应业	3524	3518	33072	94008
5.建筑业	35768	34491	260256	75456
6.批发和零售业	30181	30111	198677	65982
7.交通运输、仓储和邮政业	14477	14630	118469	80977
8.住宿和餐饮业	8266	8114	36345	44792
9.信息传输、计算机服务和软件业	5860	5860	56192	95891
10.金融业	13964	14010	227057	162068
11.房地产业	14958	15249	105729	69335
12.租赁和商务服务业	16542	16195	101406	62616
13.科学研究、技术服务和地质勘查业	6398	6243	51760	82908
14.水利、环境和公共设施管理业	5943	5952	36053	60573
15.居民服务和其他服务业	3469	3453	15201	44022
16.教育	49635	49026	471853	96245
17.卫生、社会保障和社会福利业	31210	30914	365498	118231
18.文化、体育和娱乐业	2360	2353	18247	77547
19.公共管理和社会组织	56896	56595	645615	114076

表77

2019年江门市在岗职工年末人数

单位：人

市（区）	合计	国有单位	集体单位	其他单位
全市	558954	131702	16230	411022
蓬江区	170450	33922	4079	132449
江海区	54099	5912	1059	47128
新会区	99400	18077	2587	78736
台山市	70481	27314	5333	37834
开平市	73113	19065	2207	51841
鹤山市	66660	13717	402	52541
恩平市	24751	13695	563	10493

表78

2019年江门市在岗职工工资总额

单位：万元

市（区）	合计	国有单位	集体单位	其他单位
全市	4468340	1455915	109916	2902509
蓬江区	1495768	466869	37644	991255
江海区	403951	79032	8308	316611
新会区	850635	209719	20698	620218
台山市	486033	247782	25125	213126
开平市	560768	179444	10963	370361
鹤山市	506572	164632	2993	338947
恩平市	164613	108437	4185	51991

表79

2019年江门市在岗职工年平均人数

单位：人

市（区）	合计	国有单位	集体单位	其他单位
全市	556232	130792	16045	409395
蓬江区	168132	33561	4090	130481
江海区	54275	5892	1078	47305
新会区	99258	17881	2592	78785
台山市	70288	27075	5132	38081
开平市	73294	19038	2178	52078
鹤山市	67265	13620	404	53241
恩平市	23720	13725	571	9424

表80

2019年江门市在岗职工年平均工资

单位：元/人

市（区）	合计	国有单位	集体单位	其他单位
全市	80332	111315	68505	70898
蓬江区	88964	139111	92038	75969
江海区	74427	134136	77064	66930
新会区	85699	117286	79853	78723
台山市	69149	91517	48958	55966
开平市	76509	94255	50339	71117
鹤山市	75310	120875	74094	63663
恩平市	69398	79007	73285	55169

表81　　**2019年江门市城镇就业和失业变化情况**　　单位：人

市（区）	本年失业人员总数			本年失业人员安排就业人数		本年末尚有失业人员数		城镇登记失业率（%）
	合计	本年新增失业人员		合计	其中：女性	合计	其中：女性	
		小计	其中由就业转失业					
全市	67806	42984	19921	31953	14390	26005	12095	2.12
蓬江区	11667	4195	1895	5110	2350	6179	2594	2.01
江海区	9241	7064	3271	4742	2298	3030	1382	2.38
新会区	11375	5869	2864	5026	2558	5708	2728	1.7
台山市	10099	6818	3165	3776	1019	3130	1254	2.62
开平市	8650	5319	2670	5513	2825	2922	1055	2.35
鹤山市	9519	7763	3647	4105	2016	3492	2444	2.37
恩平市	7255	5956	2409	3681	1324	1544	638	2.26

表82　　**2019年全市主要工业产品产量**

产品名称	单位	生产量	产品名称	单位	生产量
盐酸	吨	110413	打印机	台	3711410
烧碱	吨	82257	彩色电视机	台	5536156
涂料	吨	574316	自来水生产量	万立方米	44205
化学纤维	吨	83448	发电量	亿千瓦小时	421.38
塑料制品	吨	607281	其中：火电	亿千瓦小时	229.16
水泥	万吨	515.83	水电	亿千瓦小时	0.96
平板玻璃	万重量箱	3013.72	风电	亿千瓦小时	4.61
日用玻璃制品	吨	217943	太阳能发电	亿千瓦小时	1.60
瓷质砖	万平方米	8308.06	饲料	吨	3561033
铝材	吨	56847	成品糖	吨	15041
金属集装箱	万立方米	409.35	酱油	吨	1104579
日用不锈钢制品	吨	99455	小麦粉	吨	240583
民用钢制船舶	载重吨	214086	方便面	吨	242692
摩托车	万辆	321.21	饮料	吨	817595
变压器	千伏安	6806288	纱	吨	30141
电动机	千瓦	5527157	布	万米	7955
电力电缆	千米	756523	服装	万件	14615
原电池及原电池（非扣式）	万只	63935	皮革鞋靴	万双	537.2
家用洗衣机	台	1847193	家具	万件	1316.77
家用电风扇	万台	2240.50	机制纸及纸板	万吨	230.81
空调器	台	4789573	光电子器件	万只	2545822
集成电路	万块	136781	灯具及照明装置	万只	12479.23

表83

2019年江门市全社会工业企业数

单位：个

指标名称	全市	江门市区				台山	开平	鹤山	恩山
		合计	蓬江区	江海区	新会区				
规模以上企业	2458	1354	491	306	557	239	323	412	130
1.轻工业	1315	686	253	147	286	126	218	251	34
2.重工业	1143	668	238	159	271	113	105	161	96

表84

2019年江门市全社会工业总产值

单位：万元

指标名称	全市	江门市区				台山	开平	鹤山	恩山
		合计	蓬江区	江海区	新会区				
全部工业总计	49503878	28133801	10546967	5175110	12411724	6898896	5480391	6596680	2394109
一、规模以上企业	42466364	25598600	9626456	4890351	11081793	5766641	4207538	5381538	1512047
1.轻工业	19064713	11128738	2882293	1535719	6710727	1979317	2554515	3038293	363850
2.重工业	23401651	14469861	6744163	3354632	4371066	3787324	1653023	2343245	1148197
二、规模以下企业	7037514	2535202	920511	284759	1329931	1132256	1272853	1215142	882062

表85

2019年江门市工业企业主要经济效益指标

指标名称	计算单位	合计	市区				台山	开平	鹤山	恩山
			小计	蓬江区	江海区	新会区				
工业经济效益综合指数	%									
1.总资产贡献率	%	8.40	9.82	9.58	8.70	10.56	5.24	11.27	9.77	6.34
2.资本保值增值率	%	96.37	85.48	60.82	102.45	112.11	114.66	106.20	115.83	99.37
3.资产负债率	%	56.20	53.12	52.55	51.37	54.42	62.47	53.73	53.49	57.81
4.流动资产周转率	次	1.83	1.82	2.20	1.62	1.66	1.85	2.11	1.70	1.72
5.成本费用利润率	%	5.74	5.72	5.08	6.20	6.07	8.05	5.10	4.70	2.94
6.全员劳动生产率	元/人	217982.987	241606.92	212911.01	178041.07	310337.82	307384.17	165647.62	149835.25	163080.09

注：七大经济效益指标的国家标准值及权数：①总资产贡献率：10.7，权数为20；②资本保值增值率：120，权数为16；③资产负债率：60，权数为12；④流动资产周转率：1.52次，权数为15；⑤成本费用利润率：3.71，权数14；⑥全员劳动生产率：16500元/人，权数为10；⑦产品销售率：96，权数为13。

表86

江门市农村经济情况

指标 \ 年份	单位	1995年	2011年	2012年	2013年	2014年	2015年	2016年	2017年	2018年	2019年
乡镇户数	户	774070	863912	856141	856631	819597	813896	813470	806586	866092	862485
乡镇人口	万人	286.94	299.06	300.86	302.34	293.19	284.3	283.43	283.93	301.74	302.33
乡镇劳动力	万人	147.8	171.01	173.08	191.81	193.21	186.04	187.33	187.56	195.97	202.36
农业总产值	亿元	98.68	254.22	272.73	286.48	308.21	319.88	331.71	338.00	361.69	459.25
其中：											
1.种植业	亿元	49.33	76.59	86.16	91.81	98.68	105.17	112.94	116.66	128.14	143.29
2.林业	亿元	1.56	6.4	6.58	6.64	7.86	8.25	8.07	9.69	10.63	9.39
3.牧业	亿元	24.06	73.14	72.73	71.01	70.41	76.02	79.90	72.56	67.32	89.50
4.渔业	亿元	20.45	94.23	103.16	112.74	126.26	125.17	121.52	127.85	143.20	202.81
主要产品产量											
粮食	万吨	139.17	89.49	93.07	88.79	90.05	89.32	90.02	91.14	88.81	93.22
水产品	万吨	34.29	69.27	71.24	72.75	74.59	77.1	74.00	75.39	76.57	79.20
肉类	万吨	17.37	25.79	26.72	26.82	27.42	28.10	28.43	28.07	28.05	28.89
水果	万吨	8.17	21.15	22.60	23.44	23.04	23.56	25.75	27.44	35.52	38.07
蔬菜	万吨	98.53	109.27	112.24	112.73	110.59	110.52	137.06	142.40	150.60	162.38

注：2006—2018年农业数据根据全国第三次农业普查修订。

表87

2019年江门市农业总产值

单位：亿元

市（区）	合计	种植业	林业	牧业	渔业	农林牧渔服务业
全市	459.25	143.29	9.39	89.50	202.81	14.27
蓬江区	11.12	3.03	0.22	1.87	4.44	1.56
江海区	8.89	2.88	0.02	0.14	5.70	0.15
新会区	87.75	24.72	0.97	16.07	43.54	2.45
台山市	178.04	42.03	2.35	12.88	118.83	1.95
开平市	77.97	29.90	2.69	29.09	9.88	6.42
鹤山市	49.84	18.20	1.79	17.11	11.73	1.01
恩平市	45.64	22.53	1.34	12.33	8.70	0.73

注：从2005年开始农业总产值由地级市单独计算，其结果可能不等于各市、区汇总数。

2019年江门市农业总产值增速

表88

市（区）	合计	种植业	林业	牧业	渔业	农林牧渔服务业
全市	4.9%	6.8%	-6.0%	5.8%	3.1%	11.3%
蓬江区	3.2%	-1.0%	-22.9%	-6.1%	6.8%	19.4%
江海区	4.4%	9.6%	-32.0%	-84.8%	18.7%	52.0%
新会区	5.5%	2.4%	-23.0%	-8.3%	12.0%	47.9%
台山市	0.8%	6.8%	-2.7%	9.2%	-3.1%	7.8%
开平市	5.8%	-0.8%	4.2%	17.6%	0.4%	1.6%
鹤山市	8.7%	7.3%	-1.0%	7.1%	16.9%	8.2%
恩平市	13.5%	22.8%	-17.9%	6.1%	4.9%	6.6%

江门市主要农作物播种面积和产量（一）

表89

市（区）	农作物播种总面积（亩）	粮食作物（全年）		
		播种面积（亩）	亩产（公斤/亩）	总产量（吨）
全市	4587474	2718041	343	932205
蓬江区	58451	6794	277	1883
江海区	43765	791	244	193
新会区	589232	434745	318	138072
台山市	1656377	1059258	361	382167
开平市	1015018	632665	334	211325
鹤山市	425328	165802	367	60838
恩平市	799303	417986	330	137726

续表

市（区）	（一）稻谷			①夏收		
	播种面积（亩）	亩产（公斤/亩）	总产量（吨）	播种面积（亩）	亩产（公斤/亩）	总产量（吨）
全市	2490103	350	870523	1202003	352	423083
蓬江区	3786	219	828	1908	271	518
江海区	148	351	52	67	358	24
新会区	366549	330	120948	181940	354	64388
台山市	992996	365	362257	474926	361	171272
开平市	581793	341	198549	273930	346	94894
鹤山市	147387	377	55530	71358	385	27493
恩平市	397444	333	132359	197874	326	64494

续表

市（区）	②秋收			（二）玉米		
	播种面积（亩）	亩产（公斤/亩）	总产量（吨）	播种面积（亩）	亩产（公斤/亩）	总产量（吨）
全市	1288100	347	447440	47155	382	18023
蓬江区	1878	165	310	599	896	537
江海区	81	346	28	25	560	14
新会区	184609	306	56560	16748	361	6052
台山市	518070	369	190985	9951	453	4505
开平市	307863	337	103655	14501	301	4370
鹤山市	76029	369	28037	5071	487	2468
恩平市	199570	340	67865	260	296	77

续表

市（区）	（三）薯类			大豆		
	播种面积（亩）	亩产（公斤/亩）	总产量（吨）	播种面积（亩）	亩产（公斤/亩）	总产量（吨）
全市	135174	1265	171050	26915	203	5477
蓬江区	2005	1002	2010	298	195	58
江海区	308	1266	390	115	200	23
新会区	37003	1126	41656	9078	221	2010
台山市	39383	1448	57035	10421	197	2055
开平市	28086	1219	34231	4469	190	851
鹤山市	11562	1028	11881	875	257	225
恩平市	16827	1417	23847	1659	154	255

表90　2019年江门市主要农作物播种面积和产量（二）

市（区）	甘蔗			其中：蔗糖		
	播种面积（亩）	亩产（公斤/亩）	总产量（吨）	播种面积（亩）	亩产（公斤/亩）	总产量（吨）
全市	55123	5731	315892	26171	6426	168182
蓬江区	86	8058	693	11	1818	20
江海区	8200	5512	45198	0	0	0
新会区	8493	5252	44604	543	5223	2836
台山市	15102	5691	85950	10798	6007	64867
开平市	2554	3664	9358	119	2714	323
鹤山市	1336	5988	8000	0	0	0
恩平市	19352	6309	122089	14700	6812	100136

续表

市（区）	油料作物			其中：花生		
	播种面积（亩）	亩产（公斤/亩）	总产量（吨）	播种面积（亩）	亩产（公斤/亩）	总产量（吨）
全市	185643	172	31992	184294	173	31816
蓬江区	1201	197	236	1171	192	225
江海区	26	577	15	21	524	11
新会区	4646	198	920	4482	199	892
台山市	71054	183	13018	69904	184	12885
开平市	50308	160	8072	50308	160	8072
鹤山市	17626	152	2676	17626	152	2676
恩平市	40782	173	7055	40782	173	7055

续表

市（区）	烟叶			木薯		
	播种面积（亩）	亩产（公斤/亩）	总产量（吨）	播种面积（亩）	亩产（公斤/亩）	总产量（吨）
全市	0	0	0	34460	1626	56032
蓬江区	0	0	0	25	1160	29
江海区	0	0	0	10	1000	10
新会区	0	0	0	1003	1463	1467
台山市	0	0	0	6483	1531	9928
开平市	0	0	0	8532	1412	12049
鹤山市	0	0	0	299	1666	498
恩平市	0	0	0	18108	1770	32051

续表

市（区）	蔬菜			果用瓜类		
	播种面积（亩）	亩产（公斤/亩）	总产量（吨）	播种面积（亩）	亩产（公斤/亩）	总产量（吨）
全市	1100213	1476	1623831	23064	1710	39437
蓬江区	45823	1501	68788	958	2270	2175
江海区	30355	1430	43408	2124	1638	3480
新会区	111834	1470	164371	1647	1146	1888
台山市	349158	1411	492686	11599	1922	22293
开平市	258932	1408	364567	486	1045	508
鹤山市	194813	1531	298290	6137	1450	8898
恩平市	109298	1754	191721	113	1726	195

表91

2019年江门市主要水果种植面积和产量

市（区）	水果合计		（一）柑、橘、橙		（二）香（大）蕉		（三）菠萝	
	年末实有面积（亩）	总产量（吨）	年末实有面积（亩）	总产量（吨）	年末实有面积（亩）	总产量（吨）	年末实有面积（亩）	总产量（吨）
全市	343785	380653	112542	163978	42776	100218	463	492
蓬江区	1540	3254	288	423	730	2220	0	0
江海区	3125	7154	849	2095	895	1800	0	0
新会区	89354	155149	61880	109927	11195	29444	165	274
台山市	91706	81863	10985	13316	10150	22280	0	0
开平市	63196	57732	14161	9413	10751	23572	0	0
鹤山市	31564	16828	5372	6071	1512	3577	275	192
恩平市	63300	58673	19007	22733	7543	17325	23	26

续表

市（区）	（四）荔枝		（五）龙眼		（六）番石榴		(七)芒果	
	年末实有面积（亩）	总产量（吨）	年末实有面积（亩）	总产量（吨）	年末实有面积（亩）	总产量（吨）	年末实有面积（亩）	总产量（吨）
全　市	86631	22281	58893	24071	5850	11983	1851	1788
蓬江区	79	61	120	106	22	13	79	36
江海区	0	0	1	2	29	108	0	0
新会区	8709	5189	3653	2653	996	2810	330	266
台山市	46366	6263	13235	6681	0	0	375	594
开平市	12324	2205	9109	2459	4375	8618	602	660
鹤山市	9358	2476	7548	577	428	434	465	232
恩平市	9795	6087	25227	11593	0	0	0	0

表92

2019年江门市水产养殖面积

面积：亩

市（区）	合计	海水养殖	淡水养殖
全　市	829335	278085	551250
蓬江区	31350	0	31350
江海区	12735	0	12735
新会区	136395	0	136395
台山市	398925	269175	129750
开平市	103530	0	103530
鹤山市	66570	0	66570
恩平市	79830	8910	70920

表93

2019年江门市水产品产量

单位：吨

市（区）	合计	其中：淡水产品
全市	791973	488820
蓬江区	18840	18840
江海区	26799	26799
新会区	179887	143508
台山市	398884	146206
开平市	53034	53034
鹤山市	64208	64208
恩平市	50321	36225

表94

2019年江门市畜牧业生产情况

市（区）	年末牛存栏量（头）	年末羊存栏量（头）	年末生猪存栏量（头）	全年肉猪存栏量（头）	家禽出售（只）	禽蛋产量（吨）
全市	17860	15182	562910	1989310	96549182	37256
蓬江区	224	0	0	2800	3868820	37
江海区	0	0	0	2818	267620	162
新会区	250	1483	41652	282846	22324982	1205
台山市	8531	5914	117206	337297	12935617	7950
开平市	3705	5728	82406	609782	34151498	11049
鹤山市	816	257	138000	460506	15535603	898
恩平市	4334	1800	183646	293261	7465042	15955

表95

2019年江门市肉类产量

单位：吨

市（区）	合计	牛肉	羊肉	猪肉	禽肉	兔肉
全市	288850	473	301	148904	137019	126
蓬江区	5832	0	0	200	5632	0
江海区	614	0	0	242	372	0
新会区	50811	0	20	20906	29878	7
台山市	44576	280	74	24803	19410	9
开平市	94667	93	183	45915	47611	110
鹤山市	58185	38	6	35512	22160	0
恩平市	34165	62	18	21326	11956	0

表96

2019年江门市农业机耕、用电、化肥、水利情况

市（区）	农村用电量（万千瓦时）	有效灌溉面积（公顷）	机收面积（公顷）	农业机械总动力（万千瓦特）	化肥施用量（折纯量、吨）	农药施用量（吨）
全　市	1726227	108456	171179	177.8	123049	5962
蓬江区	304070	399	520	14.9	2489	93
江海区	16414	1601	93	4.1	4924	600
新会区	448758	16777	23948	29.3	13970	1119
台山市	381493	43308	67437	53.6	46536	2014
开平市	67365	18366	41975	40.8	25320	1098
鹤山市	290849	12620	11613	18.5	13806	428
恩平市	217278	15385	25593	16.5	16004	610

表97

2019年江门市工业投资增速

市（区）	工业合计	采矿业	制造业	电力、燃气及水的生产和供应业
全　市	-5.0%	-13.%6	-3.6%	-10.8%
蓬江区	-26.6%	—	-37.9%	123.2%
江海区	20.3%	—	24.1%	-6.3%
新会区	14.2%	-38.6%	14.3%	23.3%
台山市	-10.3%	4.8%	5.6%	-29.9%
开平市	27.0%	19.9%	-29.0%	-11.4%
鹤山市	10.4%	-32.7%	13.6%	-23.3%
恩平市	0.7%	14.5%	0.3%	1.7%

表98

2019年江门市房地产开发投资情况

分类	单位	全市	蓬江	江海	新会	台山	开平	鹤山	恩平
房地产投资	万元	7174549	1444737	848819	1589772	974372	811270	802366	703213
其中：土地购置费	万元	2247488	705705	482919	595432	163034	117557	107712	75129
按工程用途分：									
其中：住宅	万元	5562472	1115525	542729	1133360	793245	665743	679610	632260
办公楼写字楼	万元	113735	8179	207	103654	551	789	165	190
商业营业用房	万元	533396	121279	120613	60860	114620	43750	36893	35381
其他	万元	964946	199754	185270	291898	65956	100988	85698	35382
商品房屋建筑施工面积	万平方米	4163.58	697.73	578.09	642.46	541.31	494.97	708.29	500.73
商品房屋建筑竣工面积	万平方米	535.19	69.09	59.63	148.68	130.55	32.53	77.29	17.42
商品房实际销售面积	万平方米	666.92	90.03	55.48	111.46	110.90	87.91	130.67	80.47
其中：住宅	万平方米	562.36	61.67	46.28	88.29	89.18	78.72	119.81	78.41
商品房竣工房屋价值	万元	2548352	369222	207721	571762	991865	143339	212446	51997
商品房实际销售额	万元	5145701	858327	535193	947416	718981	618104	978649	489031
其中：住宅	万元	4535294	689215	472012	784553	634230	563827	914490	476967
房地产开发企业	个	567	97	45	103	106	81	77	58

表99

2019年江门市分行业固定资产投资增速

分类	2019年比2018年增长
全市固定资产投资	8.3%
一、 按建设性质分	
1.新建	12.2%
2.扩建	-8.4%
3.改建	-10.9%
4.其他	29.2%
二、按行业分	
1.农、林、牧、渔业	0.2%
2.采矿业	-13.6%
3.制造业	-3.6%
4.电力、燃气及水的生产和供应业	-10.8%
5.建筑业	75.2%
6.批发和零售业	68.7%
7.交通运输、仓储和邮政业	18.6%
8.住宿和餐饮业	-53.5%
9.信息传输、软件和信息技术服务业	-8.1%
10.金融业	—
11.房地产业	22.8%
12.租赁和商务服务业	-41.0%
13.科学研究和技术服务业	-41.5%
14.水利、环境和公共设施管理业	26.0%
15.居民服务、修理和其他服务业	-91.7%
16.教育	12.0%
17.卫生和社会工作	6.8%
18.文化、体育和娱乐业	186%
19.公共管理、社会保障和社会组织	109.2%
20.国际组织	—

2019年江门市建筑业基本情况

表100

分项	全市	蓬江	江海	新会	台 山	开 平	鹤山	恩 平
一、企业个数（个）	229	87	9	33	28	30	21	21
二、建筑业合同情况(亿元)								
签订的合同额	575.75	87.94	4.85	39.51	56.88	308.50	45.11	32.95
1.上年结转合同额	303.27	38.35	0.95	24.74	30.92	163.27	29.47	15.58
2.本年新签合同额	272.47	49.59	3.91	14.77	25.97	145.23	15.64	17.37
三、承包工程完成情况(亿元)								
1.直接从建设单位承揽工程完成的产值	318.39	46.37	4.10	15.67	26.89	190.12	18.14	17.10
①自行完成施工产值	314.01	45.19	4.10	15.67	24.88	189.76	17.93	16.48
②分包出去工程的产值	4.38	1.19	0.00	0.00	2.01	0.36	0.21	0.62
2.从建设单位以外承揽工程完成的产值	2.38	0.57	0.00	0.08	0.03	1.67	0.03	0.00
四、建筑业总产值（亿元）	316.38	45.76	4.10	15.75	24.91	191.42	17.97	16.48
其中：装饰装修产值	5.45	0.82	0.08	0.39	0.19	0.80	0.81	2.37
在外省完成的产值	5.52	0.60	0.00	0.00	2.00	1.62	0.73	0.57
1.建筑工程产值	277.89	37.65	2.78	12.90	22.58	176.18	15.02	10.79
2.安装工程产值	22.40	7.33	0.34	2.01	1.92	3.40	2.95	4.45
3.其他产值	16.09	0.79	0.98	0.84	0.41	11.85	0.00	1.23
五、竣工产值(亿元)	160.64	15.45	2.38	7.82	13.35	95.53	16.72	9.38
六、房屋建筑施工面积(万平方米)	2401.03	238.09	9.80	136.76	230.83	1372.23	288.38	124.94
其中：本年新开工面积	690.12	87.71	2.25	47.76	59.11	377.25	89.89	26.16
七、从业人员情况（人）								
计算劳动生产率的平均人数	74273	10260	1368	5143	11069	34241	7356	4836
年末从业人数	73803	10444	1358	5749	11249	32362	7102	5539
其中：工程技术人员	8064	1946	191	1173	1105	1784	1091	774

注：以上数据的统计范围为资质以上总承包、专业承包建筑企业。

表101

2011—2019年江门市运输邮电业发展情况

指标	单位	2011年	2012年	2013年	2014年	2015年	2016年	2017年	2018年	2019年
机动车辆总数	万辆	218.64	236.68	253.61	267.33	276.60	250.60	293.37	219.77	230.77
其中：汽车	万辆	31.97	36.12	41.01	45.7	51.83	61.05	69.98	78.73	88.21
轿车	万辆	16.42	19.07	22.54	26.25	30.96	36.92	42.96	48.73	55.17
摩托车	万辆	186.41	200.32	212.36	221.38	224.48	189.24	223.02	140.41	142.01
货运量	万吨	8180	8996	9999	13926	13177	14057	14975	15894	16901
其中：公路运输	万吨	5246	5760	6487	9995	9471	10361	11167	12333	13226
水运运输	万吨	2934	3236	3512	3931	3706	3696	3808	3561	3675
货物周转量	万吨公里	1071885	1152885	1350682	1682397	1584857	1694403	1866187	1683582	1782209
其中：公路运输	万吨公里	581242	622407	713574	991596	936284	1024068	1115345	1260186	1355296
水运运输	万吨公里	490643	530478	637108	690801	648573	670335	750842	423396	426914
客运量	万人	19052	19578	20102	9545	9239	9746	9606	9418	8935
其中：公路运输	万人	18870	19379	19906	9324	9047	9555	9369	9198	8709
水运运输	万人	182	199	196	221	192	191	237	220	226
客运周转量	万人公里	605515	644636	673124	596095	573605	606477	611027	613436	585369
其中：公路运输	万人公里	600131	639069	667633	590362	568441	601556	605137	608588	579149
水运运输	万人公里	5384	5567	5491	5733	5164	4921	5890	4848	6219
货物吞吐量	万吨	5914.17	6210.67	6737.08	7352.17	7524.62	7923	8267.42	9368.84	6832.03
邮电业务总量	万元	233053	538270	600664	829559	1021786	1660173	1288557	2643138	3834539
固定电话用户数	万户	134.6	134.8	138.27	144.87	129	119.93	105.14	90.7	98.8
固定电话机总量	万部	134.6	134.8	138.27	144.87	129	119.93	105.14	90.7	98.8
移动电话机用户数	万户	512.41	592.93	599.26	600.86	614.2	623.91	699.37	607.46	551.9
固定电话普及率	部/百人	30.1	30.1	30.7	32.11	28.5	26.54	23.3	19.73	21.48

表102

2019年江门市社会消费品零售总额

单位：万元

市（区）	社会消费品零售总额	增长（%）	按行业分		
			批发业	零售业	住宿和餐饮业
全市	12069599	8.0	1351076	9402937	1315586
蓬江区	2543711	5.6	119871	2188408	235432
江海区	605852	5.6	42231	353996	209625
新会区	2611480	9.6	738064	1541933	331483
台山市	2115202	9.3	89340	1843264	182598
开平市	1767791	7.0	179043	1415565	173183
鹤山市	1510747	8.6	160651	1262177	87919
恩平市	914816	9.2	13646	805824	95346

表103

2019年江门市个体工商户及私营企业情况

指标	个体工商户			私营企业		
	期末户数（户）	期末从业人员（人）	期末资金总额（万元）	期末户数（户）	期末从业人员（人）	期末注册资本（万元）
总计	438928	717212	2346486	71507	478766	21200536
一、按市分						
市区	315037	440718	1853173	46807	293806	13970855
台山	34088	79847	113383	6208	49263	2177830
开平	37516	77049	147105	6733	56036	1874854
鹤山	30522	79928	157564	7775	58477	2293350
恩平	21765	39670	75261	3984	21184	883647
二、按行业分						
第一产业	3160	9063	110942	1405	8164	470154
第二产业	39642	111159	160866	26934	220244	8877127
(1)采矿业	27	61	345	107	907	109166
(2)制造业	33696	98976	127712	21943	189112	6408981
(3)电力、燃气及水的生产和供应业	37	118	1129	246	1998	87992
(4)建筑业	5882	12004	31679	4638	28227	2270988
第三产业	396126	596990	2074679	43168	250358	11881840
(1)交通运输、仓储及邮电通信业	140248	258598	385392	19921	111715	3222523
(2)信息传输、计算机服务和软件业	8132	12700	54016	1523	8584	362578
(3)批发和零售业	35122	80640	143226	1324	9463	159266
(4)住宿和餐饮业	779	1219	3110	1677	9282	287282
(5)金融业	24	35	44	578	5328	1127136
(6)房地产业	1116	1938	2851	2677	17409	1353642
(7)租赁和商业服务业	178710	182889	1392673	7396	41812	3136787
(8)科研、技术服务和地质勘查业	899	1556	3213	4662	26688	1658905
(9)水利、环境和公共设施管理业	121	291	905	326	1979	110591
(10)居民服务和其他服务业	27927	50410	69731	1577	9118	214903
(11)教育	955	1994	5410	278	1756	27742
(12)卫生、社会保障和社会福利业	527	1343	4369	129	1157	83239
(13)文化,体育和娱乐业	1561	3372	9735	1071	5892	128878
(14)其他	5	5	5	29	175	8368

表104

2019年江门市居民收支情况

项目	2019年
江门市居民人均可支配收入（元）	32323
工资性收入	23544
经营净收入	2567
财产净收入	3017
转移净收入	3195
江门市居民人均生活消费支出（元）	21647
食品烟酒	8095
衣着	808
居住	4384
生活用品及服务	1129
交通通信	3207
教育文化娱乐	2669
医疗保健	1016
其他用品和服务	340

表105

2012—2019年江门市能源消费基本情况

指标	单位	2012年	2013年	2014年	2015年	2016年	2017年	2018年	2019年
一、全社会综合能源消费总量	万吨标准煤	1070.82	1097.06	1147.08	1160.04	1189.59	1226.75	1257.87	1279.64
二、规模以上工业能源消费情况									
综合能源消费量	万吨标准煤	748.31	852.46	786.28	730.64	699.73	746.29	824.48	758.45
其中：电力消费量	亿千瓦时	108.35	114.37	119.55	121.97	124.04	133.22	138.86	158.25
万元工业产值能源消费量	吨标准煤	0.25	0.28	0.22	0.18	0.16	0.18	0.19	0.18
万元工业产值电力消费量	千瓦时	357.48	371.8	329.74	300	283.41	320.14	315.11	366.99
节能量	万吨标准煤	-233.06	-92.97	218.42	136.59	85.05	-68.38	-34.17	48.35
节电量	万千瓦时	-357661	-44056	152466	118928	71250	-152838.2	22172	-223716
三、用电情况									
全市用电量	亿千瓦时	196.14	207.3	227.87	237.13	248.4953	267.12	281.78	294.64
其中：工业用电	亿千瓦时	136.62	148.26	159.16	164.43	171.09839	186.75	196.91	200.79
居民生活用电	亿千瓦时	23.53	24.12	28.93	30.44	32.55189	33.40	34.68	38.23
其中：乡村用电	亿千瓦时	9.56	9.23	10.79	11.54	12.301924	12.60	21.75	14.24
城市用电	亿千瓦时	13.97	14.89	18.14	18.9	20.249966	20.80	12.93	23.99
四、主要物资消费量									
原煤	万吨	1315.1	1508.39	1325.13	1200.26	1127.64	1146.08	1294.55	1026.39
燃料油	万吨	19.9	20.69	18.53	18.7	16.82	14.81	8.87	6.71

注：根据第三次全国经济普查结果对能耗总量自2010年度起进行修正。

表106　2019年江门市海关进出口总额（按贸易方式分）

单位：亿元

项目	进出口总额	进口总额	出口总额
总计	1425.40	289.31	1136.09
一般贸易	952.39	170.35	782.05
来料加工装配贸易	54.16	22.60	31.56
进料加工贸易	392.98	82.24	310.74
加工贸易进口设备	0.47	0.47	0.00
外商投资企业作为投资进口的设备、物品	0.87	0.87	0.00
保税监管场所进出境货物	8.57	6.30	2.26
其他	15.96	6.48	9.48

表107　2019年江门市海关进出口总额（分市、区）

单位：亿元

市、区别	进出口总额	进口总额	出口总额
全市	1425.40	289.31	1136.09
蓬江区、江海区	634.11	118.61	515.50
新会区	310.31	93.37	216.94
台山市	99.78	13.88	85.90
开平市	152.55	23.71	128.84
鹤山市	190.32	35.18	155.13
恩平市	38.33	4.55	33.78

表108　2019年江门市海关进出口总额（按企业性质分）

单位：亿元

项目	进出口总额	进口总额	出口总额
总计	1425.40	289.31	1136.09
1.国有企业	6.39	2.05	4.34
2.中外合作企业	17.06	3.03	14.03
3.中外合资企业	253.32	60.24	193.08
4.外商独资企业	480.12	108.18	371.94
5.集体企业	4.32	0.57	3.75
6.私营企业	656.26	107.32	548.94
7.其他	7.93	7.91	0.01

表109 **2019年江门市海关出口情况** 单位：亿元

项目	出口总额	增长（%）
总计	1136.09	1.17
一、按贸易方式统计		
1.一般贸易出口	782.05	7.00
2.加工贸易出口	342.30	-7.31
其中：来料加工	310.74	-7.31
3.其他贸易出口	11.74	-48.57
二、按企业性质统计		
1.国有企业出口	4.34	6.53
2.三资企业出口	579.05	-2.67
3.其他企业出口	552.70	5.48

表110 **2001—2019年江门市旅游发展情况**

指标	计算单位	2001年	2006年	2013年	2014年	2015年	2016年	2017年	2018年	2019年
旅游机构	个	90	158	168	172	185	175	183		382
旅游机构职工人数	人	7900	8108	7997	8305	8736	8520	8784		10520
旅游宾馆	家	58	473	493	879	889	892	899		844
按星级分：五星	家	1	6	6	6	5	5	5		4
四星	家	4	2	2	2	2	1	1		1
三星	家	20	17	18	15	13	9	9		6
二星	家	6	2	2	2	2	0	0		0
旅游宾馆客房	间	9302	34590	35390	44121	44851	45487	46239		46407
旅游宾馆床位	张	16922	60030	61030	66294	67156	68280	70284		69119
旅游宾馆客房出租率	%	54.6	61.85	61.2	65.1	66.5	65.2	63.4		63.3
旅游收入合计	亿元	49.70	185.28	223.28	279.00	339.62	409.90	492.53	587.48	690.52
国际旅游收入	万美元	10500	69918	79767	84318	96887.1	109324.09	129047.64	135315.47	176782.49
1.商品性收入	万美元	3824	18956	19064	20152	23880.2	26150.09	32417.3025		44408.49
2.劳务性收入	万美元	6676	50962	60703	64166	73006.9	83174	96630.3425		132374.00
国内旅游收入	亿元	41.00	141.16	173.89	227.19	279.81	337.31	405.40	497.29	568.37
旅游景点	处	30	62	62	64	64	66	70		72

注：1.2009年开始旅游宾馆数据包括所有住宿设施。2.2010年以前的旅游景点数据统计不齐。

表111

2019年江门市银行信贷储蓄基本情况

单位：亿元

市（区）	2019年				2018年			
	人民币存款余额	人民币贷款余额	城乡居民储蓄存款余额	人均储蓄年末余额（元）	人民币存款余额	人民币贷款余额	城乡居民储蓄存款余额	人均储蓄年末余额（元）
全　市	4831.16	3617.72	2662.11	57493	4397.04	3074.4	2755.55	53845
市　区	2757.04	2196.80	1342.22	69455	2513.59	1861.97	1246.71	65249
台山市	642.56	462.14	442.20	46357	580.65	421.85	409.83	42986
开平市	661.83	402.58	430.58	59994	607.10	345.96	402.76	56299
鹤山市	471.23	404.68	260.77	50488	427.93	337.62	246.41	48174
恩平市	291.26	134.29	185.99	36490	267.77	107.00	169.84	33486

表112

2019年江门市保险业务基本情况

单位：亿元

市（区）	保费收入	
	财产保险公司业务	人身保险公司业务
全　市	37.46	130.98
蓬江区、江海区	16.58	104.01
新会区	7.43	7.65
台山市	3.32	4.60
开平市	4.48	4.88
鹤山市	3.30	6.76
恩平市	2.35	3.09

表113

2019年江门市卫生事业发展情况

指标	全市	市直	蓬江	江海	新会	台山	开平	鹤山	恩平
一、卫生机构数	1658	23	181	97	271	377	243	251	215
其中：医院	48	9	2	3	10	6	7	5	6
二、卫生机构床位数	24248	6489	2006	604	4589	4170	2849	2026	1515
其中：医院	17632	6005	1241	509	3330	1957	2369	1172	1049
三、卫生机构人员数	37841	8600	2809	1157	6888	6621	4823	3701	3242
其中：医院	20663	6977	713	554	3934	2693	3007	1430	1355
其中：卫生技术人员	32010	7220	2482	1013	5758	5829	3938	3177	2593
执业（助理）医师	10934	2304	978	378	2016	1898	1253	1196	911
执业医师	8951	2271	782	307	1639	1376	1023	928	625
执业助理医师	1983	33	196	71	377	522	230	268	286
注册护士	15018	3754	1032	473	2624	2704	1809	1412	1210
药师（士）	2063	373	170	81	391	325	300	233	190
技师（士）	1437	363	96	39	234	257	193	138	117
其他卫生技术人员	2558	426	206	42	493	645	383	198	165

表114

2019年江门市文化事业发展情况

项目	单位	全市	市直、蓬江、江海	新会	台山	开平	鹤山	恩平
一、广播电视台数	个	6	1	1	1	1	1	1
广播电台节目套数	套	7	2	1	1	1	1	1
广播全年播出时间	时：分	47450	13140	6570	6570	8760	6570	5840
广播覆盖率	%	100	100	100	100	100	100	100
电视台节目套数	套	9	3	1	1	2	1	1
电视全年播放时间	时：分	52992	18615	6205	2670	17520	6022	1960
电视覆盖率		100	100	100	100	100	100	99
二、公共图书馆	间	8	3	1	1	1	1	1
公共图书馆藏书	万册	460.55	160.25	74	32	91.3	56	47
图书流通人数	万人次	154.07	45.57	14	25	11.5	30	28
图书外借册次	万册次	151.28	77.13	30	15.8	14	12	2.35
阅览室座席数	个	6286	2100	1500	328	1665	500	193
群众文化艺术馆	间	8	3	1	1	1	1	1
文化站	个	73	9	11	17	15	10	11
三、博物馆	个	7	2	1	1	1	1	1
收藏品件数	件	72040	39513	6275	8934	5177	6369	5772
其中：一级品	件	6	1	5	0	0	0	0

表115

2019年江门市各类学校情况（一）

项目	单位	全市	市直	蓬江	江海	新会	台山	开平	鹤山	恩平
一、普通中学										
学校数	所	193	8	23	11	42	37	31	17	24
在校学生数	人	220370	13405	26407	11585	46941	36966	39775	24253	21038
教职工人数	人	20622	1438	2547	1248	4721	3596	3274	2060	1738
其中：专任教师	人	18720	1172	2327	1085	4380	3269	3041	1825	1621
二、小学										
学校数	所	381		47	19	66	76	71	42	60
在校学生数	人	349472	3929	63312	25708	68322	53786	55447	40172	38796
教职工人数	人	20387	480	3845	1434	4082	3473	3065	2045	1963
其中：专任教师	人	18864	312	3631	1262	3938	3196	2841	1826	1858
三、幼儿教育										
学校数	所	632	17	101	46	145	85	100	89	49
在校学生数	人	143662	6371	21052	8755	24936	23230	25063	20331	13924
教职工人数	人	18560	931	3239	1309	3587	2519	2874	2693	1408
其中：专任教师	人	9757	486	1586	632	1809	1478	1591	1351	824
四、升学率、入学率										
小学学龄儿童入学率		100.00%	100.00%	100.00%	100.00%	100.00%	100.00%	100.00%	100.00%	100.00%
小学升学率		100.00%	100.00%	100.00%	100.00%	100.00%	100.00%	100.00%	100.00%	100.00%
初中适龄少年入学率		100.00%	100.00%	100.00%	100.00%	100.00%	100.00%	100.00%	100.00%	100.00%
初中升学率		99.07%	98.71%	99.94%	99.96%	99.19%	98.67%	98.75%	99.03%	98.47%
高中升学率		85.63%	86.67%	92.12%	95.15%	79.30%	89.03%	86.83%	82.41%	87.70%

表116

2019年江门市各类学校情况(二)

项目	单位	全市	市直	蓬江	江海	新会	台山	开平	鹤山	恩平
一、高等院校（全日制）										
学校数	所	5	5							
在校学生数	人	2953	2953							
教职工人数	人	2371	2371							
其中：专任教师	人	47976	47976							
二、中等职业教育学校										
学校数	所	19	7	1		2	4	2	1	2
在校学生数	人	47855	23075	241		9968	6324	3758	2734	1755
教职工人数	人	2793	1021	60		527	465	355	186	179
其中：专任教师	人	2502	868	52		473	432	332	175	170
1.普通中等专业学校										
学校数	所	6	5				1			
在校学生数	人	11179	10427				752			
教职工人数	人	490	441				49			
其中：专任教师	人	388	340				48			
2.成人中等专业学校										
学校数	所	1				1				
在校学生数	人	4464				4464				
教职工人数	人	255				255				
其中：专任教师	人	218				218				
3.技工学校										
学校数	所	3	1			1	1			
在校学生数	人	14840	7673			5504	1663			
教职工人数	人	644	275			272	97			
其中：专任教师	人	589	237			255	97			
4.职业高中										
学校数	所	9	1	1			2	2	1	2
在校学生数	人	17372	4975	241			3909	3758	2734	1755
教职工人数	人	1404	305	60			319	355	186	179
其中：专任教师	人	1307	291	52			287	332	175	170

表117　　市政、园林绿化情况

项目	单位	全市	市区	台山	开平	鹤山	恩平
城区面积	平方公里	1123.69	566.00	156.77	157.02	81.40	162.50
其中：建成区	平方公里	300.74	158.01	31.60	33.46	36.02	41.65
建成区绿化覆盖率		45.17%	45.34%	43.68%	45.20%	47.04%	44.00%
建成区绿地率		41.62%	43.51%	36.13%	40.52%	41.63%	39.50%
绿化覆盖面积	公顷	20549.28	13556.50	1756.44	1512.33	1694.51	2029.50
其中：建成区	公顷	13584.26	7164.52	1380.30	1512.33	1694.51	1832.60
园林绿地面积	公顷	1123.69	566.00	156.77	157.02	81.40	162.50
其中：建成区	公顷	300.74	158.01	31.60	33.46	36.02	41.65
公园绿地面积	公顷						
人均公园绿地面积	平方米						
公园个数	个	413	342	17	13	11	30
公园面积	公顷	3822.55	2490.99	335.20	298.47	355.44	342.45

表118　　全市社会保险情况

项目	单位	2019年
社会保险基金收入	万元	2645157
其中：基本医疗保险	万元	472284
企业养老保险	万元	867729
城镇职工基本养老保险参保人数	人	1480297
城乡居民基本养老保险参保人数	人	1529232
城乡基本医疗保险参保人数	人	2494322
失业保险参保人数	人	890409
工伤保险参保人数	人	1011607
生育保险参保人数	人	936180
年末领取养老金的离休、退休人数	人	350917
城镇居民最低生活保障标准	元	850
农村居民最低生活保障标准	元	850

表119

全市社会福利情况

项目	单位	2019年
社会福利院	间	6
社会福利院床位数	张	3090
福利院入住人数	人	1543
敬老院	间	68
敬老院供养人数	人	1218
敬老院床位数	张	6056
年末低保对象户数	户	16222
其中：城镇	户	2390
年末低保对象人数	人	30677
其中：城镇	人	3969
离退休人员	人	502

主题索引

说明

1. 本索引采用主题分析方法，按主题词汉语拼音顺序排列。

2. 本刊的《特辑》《大事记》《社会经济统计资料》《文献法规》和《附录》等篇目未作索引。

3. 所以的主题词后面的数字表示内容所在页码，数字后面的拉丁字母（a，b，c）表示该页自左至右的栏别。

A

B

C

D

E

F

G

H

J

K

L

M

N

P

Q

R

S

T

W

X

Y

Z